中华古籍保护计划

ZHONG HUA GU JI BAO HU JI HUA CHENG GUO

·成果·

《海峡两岸中华古籍保护论著提要(2000-2010)》编委会　编

海峡两岸中华古籍保护论著提要

2000-2010

国家图书馆出版社

图书在版编目（CIP）数据

海峡两岸中华古籍保护论著提要:2000—2010/《海峡两岸中华古籍保护论著提要（2000—2010）》编委会编.—北京:国家图书馆出版社,2021.6
ISBN 978 - 7 - 5013 - 7119 - 8

Ⅰ.①海…　Ⅱ.①海…　Ⅲ.①古籍—图书保护—著作—内容提要—中国—2000—2010
Ⅳ.①G253.6

中国版本图书馆 CIP 数据核字（2020）第 229784 号

书　　名　海峡两岸中华古籍保护论著提要(2000—2010)
著　　者　《海峡两岸中华古籍保护论著提要(2000—2010)》编委会　编
责任编辑　许海燕

出版发行　国家图书馆出版社(北京市西城区文津街 7 号　100034)
　　　　　（原书目文献出版社 北京图书馆出版社）
　　　　　010 - 66114536　63802249　nlcpress@ nlc.cn(邮购)
网　　址　http://www.nlcpress.com
排　　版　京荷(北京)科技有限公司
印　　装　北京武英文博科技有限公司
版次印次　2021 年 6 月第 1 版　2021 年 6 月第 1 次印刷

开　　本　787 × 1092　1/16
印　　张　42.5
字　　数　840 千字
书　　号　ISBN 978 - 7 - 5013 - 7119 - 8
定　　价　320.00 元

编委会

1

序一

李致忠

目录是治学的津梁，提要目录就更能辨章学术，指引堂奥。中国古籍保护协会成立伊始，便致力搜集编制《海峡两岸中华古籍保护论著提要》，应该说是一种远见卓识。

提要目录的编制，向来难度较大，但对他人来说则是方便万家，泽被后世。任何人著书立说，目的大概有两个：一个是把自己的治学成果编纂成帙，借以总结、提高、反映自己的学术水准；一个是出版发行后给感兴趣的读者披阅。前者好说，因为是自己的著作，自己熟悉，容易翻检；而后者则不然，因不熟悉其论著内容、体例，就不便检阅。如果为读者着想，在自己撰著时就考虑撰写一篇简明提要，附在文前卷首，给读者提供方便，效果就会更好。

由国家倡导的古籍保护工作，从 2007 年至今，在国家的高度重视以及业界同仁的共同努力下，取得了举世瞩目的成绩。编制相关提要，以便于读者梳理古籍保护学术类别源流，即类求书，因书究学，是很有意义的举措，也是完全能够做到的善事。《海峡两岸中华古籍保护论著提要》正是本此宗旨应运而生的产物，令人欢欣鼓舞。

此《论著提要》，按其性质，属于回溯性检索工具书。编者立意新颖、收录宏富、体例得法，按成文年份，比较全面地网罗了在中华古籍保护方面取得的研究成果，为古籍工作者进一步开展相关研究提供了有效的检索工具，非常有意义，值得肯定。

中国大陆和台湾地区是中华古籍的存藏重镇，由两岸古籍保护民间组织合作，开展古籍保护工作，意义非常。《论著提要》冠以"海峡两岸"，直切主题，对弘扬祖国优秀传统文化、进一步加强中华古籍保护，意义深远。

《论著提要》的编纂体例较为得体。正文按照题名的汉语拼音音序组织,排列有序,便于查找。并且著录规范,附录详备,充分发挥了图书馆工作者的优势。著录事项包括论著题名、著者题名、刊物题名及卷次、出版者、出版地、出版年、版次、页码等。尤其值得肯定的是,编者还为所收论著编制了内容提要,为使用者寻求所需提供了门径。这些论著提要,言简意赅,条理清晰,既方便读者,又提高了自身的学术价值。书后还编制了题名和著者拼音索引,扩展检索途径,功用更全。

《论著提要》收录条目相对完备,几乎把该年限内的主要研究成果囊括殆尽。其中包括古籍修复、古籍普查、古籍编目、古籍存藏环境(包括古籍书库温湿度、防火防盗、防虫防霉),以及版本鉴定、古籍整理、古籍再生性保护(包括古籍影印出版、古籍缩微复制、古籍数字化建设)等,可以说涵盖了古籍保护的方方面面。《论著提要》的编纂者,通过查阅和利用大量的研究资料和相关的网络资源,系统整理了发表在海峡两岸暨香港、澳门的期刊(包括网刊)、报纸、论文集、个人专集、不定期连续出版物、学位论文等文献中与古籍保护研究相关的论文与著作。

《论著提要》是国内首部关于古籍保护论著提要的检索工具书,出版后得到了读者的积极反馈。这是对两岸古籍保护工作者携手辛勤编撰工作的肯定,也进一步坚定了双方发扬优良传统、延续出版该项目的信心和决心。本卷认真总结前卷编纂过程中的经验得失,在编纂体例、收录范围、内容提要等方面做了新的修订和补充,力求精益求精,以尽可能完善的著作奉献给读者,也用实际行动推动两岸古籍保护交流,推动中华优秀传统文化的创造性转化和创新性发展。

《论著提要》的编纂出版,较为系统地钩稽了以往年份中的古籍保护研究成果,为广大古籍从业人员从事古籍保护与研究工作、为古籍保护主管部门领导规划古籍保护工作,开拓了广阔的参考视野。有鉴于此,我乐观其成,并放言数语,聊作前序。

著书立说,一家之言。况且,编写提要工具书是一项复杂而烦琐的工作,难免有遗珠之憾,不足之处敬请广大读者斧正。

2021 年 4 月 23 日于北京

序二

吴哲夫

我们华夏民族素来认真于知识的追求与文明的开创。先民为了能确保知识成果且能有效予以传播推广，从文字创造使用伊始，就致力于文字载体的改良以及便捷生产图书方法的研发。经过长时间的探索，先后发明了造纸与印刷技术。纸张轻便实用，印刷术能轻易将一件著作体化身成千百，廉价供应给读者。唐宋以后，中国文化在这两项利器的羽翼下，学术发展迅速且多元，以是著作日繁，出版业蓬勃，书籍的交易成为社会经济活动的重要内容。据外国学者推估，到 19 世纪为止，中国图书的生产量超过世界各民族总和甚多，不难想见我国先民是多么热衷于知识的研发与传播。

古代书籍量虽然庞大，但纸书毕竟是脆弱的文物，如果典藏环境不佳、保管方法不善，书册便容易遭受到物理、化学、生物、人为等等因素的迫害。所以历代知识界对已具岁月的古籍，无不细心呵护，或修补裱衬已损伤与老化的古籍，或制定妥善的人事保管制度，或建构优良完美的典藏库房，更利用覆刻的手段，抢救具有散亡危机的孤本秘籍。这种种的措施，确实对保护古籍产生巨大的效果。时至今日，古籍传存量日渐稀少，保护古籍更加重要，许多学者为了民族珍贵遗产能久存不坠，乃不辞劳苦地投入维护行列。他们在前贤既有的基础上，配合现代先进的科学技术，进行钻研、操作，又将所获的理论与技术撰文发表，提供各古籍保管机构与私人藏家取参利用。在学者倡导流风下，兴起了一股古籍保护的浪潮，各守藏单位，一方面积极培育维修专业人员，一方面改善典藏环境，添购各种新式器材，古籍的保护大业于焉大为落实。

两岸因为有共同的民族血脉及相同的文化渊源，所以在维护民族文化议题上,始终心念一致,同心同德。近年来由于两岸人民亲情的贴近,学术交流非常的热络,学术资源的共建共享成为大家的共识。此次两岸古籍保护协(学)会,为了提升维护古籍的质量与成效,辛勤搜集两岸学者古籍保护方面的大作,分篇撰写其提要,再编辑索引出版,以方便检寻。个人因曾长期从事珍贵古籍的守藏工作,深深了解此一工具书问世的重要性,欣喜之余,乃敢不计自己的浅陋,应编委会诸位友人之约,为撰数言,也借以对所有编辑者的辛劳,致上无限的敬意。

2016 年 12 月写于台北近郊外双溪

编　　例

　　一、本书收录 2000 年至 2010 年间在海峡两岸暨香港、澳门发表、出版的与古籍保护有关的论文和著作，收录文献的类型包括：

　　A ——论文集中的析出文献

　　C ——论文集

　　D ——学位论文

　　J ——期刊文章

　　N ——报纸文章

　　M——专著

　　二、收录文献的来源以互联网所载为主，还包括部分参编单位的馆藏文献、向作者征集和采购文献等。限于互联网未载、编目时间短和耳目未及等原因，有些较为重要的论著此次没有收录进来，我们计划再版时予以增补。

　　三、著录的主要内容：序号、题名（篇名或书名）和文献类型代码、著者、刊名或论文集的编者和题名、出版单位、发表出版的时间和摘要等。

　　四、在台湾、香港和澳门地区发表的论文，在刊名后标注"在某地区发表"，置于括弧内；台湾、香港和澳门地区的学位论文，在其所属的大学后标注地区名称，置于括弧内；在台湾、香港和澳门地区出版的著作，在出版者后标注地区名称，置于括弧内。

　　五、正文所收论文和著作，依据题名（篇名或书名）汉语拼音顺序编排。字母和数字开头的题名排于末尾；有前后顺承关系的题名，如上、中、下，按顺承关系排序。

　　六、条目的著者无从查考的，著录"作者不详"。

　　七、条目的摘要，以照录原文献所附的摘要为主，对篇幅过长和不符合要求的内容,酌情删改。对没有摘要的条目,根据原文内容和小标题拟定摘要;原文无法查阅者,著录"阙如"。有关联的条目,提要内容相同时,后面的条目著录"同上"。

八、条目的文字采用标准简化字著录。原论著题名含有异体字、外国文字及特殊字符的,依原题名著录。

九、条目发表出版的时间,依照中国知网文献导出格式著录。论文集、学位论文和专著仅著录出版年。期刊文章按照"年,期:页码"的形式著录,年刊的期数用"00"表示,增刊用"S"表示。报纸文章按照"年－月－日＋版次"的形式著录,如:"2009－12－24B02"为2009年12月24日B2版。

十、为了便于查检,我们特编制了题名拼音索引和著者拼音索引,附录于正文之后。在著者索引中,合著者分别立目。

目　　录

A

0001

安多藏族地区的金石碑铭[J]/吴景山. --西北民族研究,2002,04:41－45

本文对安多藏族地区的碑拓资料进行了收集和整理,并对该地区从唐代至今的历史、经济、文学、军事等方面的内容作了论述。

0002

安徽大学图书馆古籍保护工作[J]/郑玲. --大学图书情报学刊,2010,02:89－91

本文概述了安徽大学图书馆古籍保护工作在人员培训、古籍普查、存藏环境、古籍数字化方面取得的成绩以及完善和改进的措施。

0003

安徽古籍丛书·方盉山诗集(全二册)[M]/(清)方文撰. --合肥:黄山书社,2010

本书为影印本,分上下两册,是明末清初枞阳遗民诗人方盉山诗歌的总集,被列入《安徽古籍丛书》之皖人别集专辑,是研究方盉山以及诗歌的重要文献资料。

0004

安徽古籍丛书·明实录安徽经济史料类编[M]/傅玉璋,王鑫义主编. --合肥:黄山书社,2003

该书被列入《安徽古籍丛书》,收录了《明实录》中记载的有关安徽地区的经济史料,内容包括农业、工商业、赋税徭役、仓储、交通运输、灾荒与赈济等。

0005

安徽省图书馆所藏徽州祁门善和程氏宗族文书研究[J]/沈昕. --安徽史学,2010,05:79－83

祁门善和程氏是徽州程氏宗族的重要支派,在徽学研究中具有重要地位。本文对安徽省图书馆藏明清祁门善和程氏宗族归户文

书的主要内容作了综述。

0006

澳门大学图书馆古籍电子化计划简述[A]/邓骏捷. --首都师范大学电子文献研究所、中国诗歌研究中心、中国传统文化数字化研究中心.第一届中国古籍数字化国际学术研讨会论文集[C],北京:北京国学时代文化传播股份有限公司,2007

本文简述了澳门大学图书馆古籍电子化计划,包括大型古籍丛书电子版购置、馆藏古籍文献电子化、与本校中文系合作整理出版《澳门大学图书馆古籍特藏图录》、参与"中文古籍书目资料库"合作项目等。

0007

澳门大学图书馆古籍特藏图录[M]/澳门大学图书馆编. --澳门:澳门大学出版中心(澳门地区),2006

本书分为历代名著、乡邦文献和宗教译述三部分,共收录古籍百余种,其著录项有书名、卷数、作者,并考证了版本年代,说明其版式特征,注明批校者、藏印等内容。

0008

澳门大学图书馆线装书及古籍的源流——兼谈该馆现藏方志及方志之应用[J]/王国强. --澳门图书馆暨资讯管理协会学刊(在澳门地区发表),2002,04:41－50

本文从馆藏概况、方志类书籍说明、方志类书目、馆藏分析、方志资料利用等方面,介绍了澳门大学图书馆线装书及古籍源流、方志应用等情况。

0009

澳门各藏书系统汉文古籍的特色[J]/邓骏捷. --文献,2009,03:108－117

本文从政府公藏、学校所藏以及教堂寺庙所藏三个方面介绍了澳门各藏书系统汉文

古籍的特色。

0010

澳门汉文古籍藏书的系统特色[J]/邓骏捷. --文化杂志(在澳门地区发表),2009,71:173 – 184

本文在调查澳门各藏书单位现存汉文古籍的基础上,探讨提出古籍善本、地方文献以及西方宗教类古籍是澳门地区政府公共藏书、学校学术藏书、教堂寺庙宗教藏书系统中汉文古籍的三大特色。

0011

澳门图书馆古籍及民国出版品数位化发展概况[J]/王国强. --澳门图书馆暨资讯管理协会学刊(在澳门地区发表),2009,11:53 – 54

本文介绍了澳门图书馆古籍及民国出版品藏书概况、电子化发展历程、操作软件、著录书籍、使用情况等。

0012

澳门图书馆馆藏中文古籍探源[J]/林金霞. --澳门图书馆暨资讯管理协会学刊(在澳门地区发表),2002,04:25 – 40

本文从澳门图书馆收藏古籍的范围、整体概况、历史源流、整理利用和未来发展等方面,介绍了该馆藏中文古籍相关情况。

0013

澳门文献资源的开发利用[J]/黄洁碧. --澳门图书馆暨资讯管理协会学刊(在澳门地区发表),2000,03:37 – 46

本文介绍了澳门文献资源的定义、特点,从鼓励创作和唤起保存书籍意识、建立人名地名机构名称的权威控制、开发利用信息产品、有效催缺、建立资源共享网络等方面,论述了澳门文献资源开发利用的情形。

B

0014

把四川大学古籍所建设成宋代文献资料中心——曾枣庄教授谈《全宋文》编纂经过[J]/吴铭能,黄博.--国文天地(在台湾地区发表),2006,07:102-106

《全宋文》由曾枣庄主编,2006年9月上海辞书出版社出版。本文从《全宋文》在争论中知难而进、拟定整体细密的编纂规划、出版一波三折、编纂的其他附产物等方面,介绍了该书的编纂经过。

0015

白寿彝古籍整理理论初探[J]/史明文.--贵州文史丛刊,2003,02:24-26

本文总结了白寿彝先生的古籍整理理论,提出古籍整理要有计划,要加强联系、统一领导、互相配合,要为现实服务,要培养专门人才等主张。

0016

白族宗教文化重要文献史料述评[A]/杨丽奇.--中国民族图书馆.第十次全国民族地区图书馆学术研讨会论文集[C],沈阳:辽宁民族出版社,2008

本文对大理地区白族佛学经典文献进行了简要论述,探讨了这一特殊文献史料的学术价值。

0017

版本目录学家潘景郑先生藏书考略[A]/王世伟.--辅仁大学图书馆.2004年古籍学术研讨会论文集[C],新庄:辅仁大学(台湾地区),2004

本文考略了版本目录学家潘景郑先生藏书世家的历史、藏书特点及其旨趣,附有潘氏当年购藏古籍文献的目录。

0018

版本学浅说[J]/高举红.--晋图学刊,2005,03:73-76

本文阐述了版本学的定义及其研究对象与范围,概述了古籍善本的划分标准、历代版刻的基本特征和鉴定版本的方法。

0019

版本学形成的时间与相关问题[J]/熊飞,徐宝珍.--图书与情报,2003,04:28-30

本文讨论了版本学的定义、内涵及其形成古籍版本学的社会条件和内在要素,分析了西汉版本学研究的状况,得出其学科体系形成于西汉的结论。

0020

版本学中"善本"概念的考察与反省[J]/林世奇.--中山女高学报(在台湾地区发表),2005,05:1-16

本文通过对古今"善本"的内涵、外延与演变加以考察、归结和反省,使"善本"的甄别、理论上的界定、实际应用中所应掌握的尺度更为明确。

0021

版本再造的"得而复失"与"失而复得"——以《中庸集解》、《中庸辑略》为例[J]/严佐之.--中国文哲研究通讯(在台湾地区发表),2008,02:79-96

本文以《中庸集解》《中庸辑略》为例,论述了古籍因版本再造而导致原本文献的失传;失传文献可通过版本再造失而复得;再造的宗旨是要求真复原。

0022

版刻本《文镜秘府论》汉字音的特色与现象[J]/王荣正.--思辨集(在台湾地区发表),2003,06:17-35

《文镜秘府论》是唐代来华的日本名僧空海针对日本人编写的诗文指南,有图书寮本、高野山三宝院本、高山寺本及版刻本四种。

本文探讨了版刻本的汉字音表记和语音现象，与图书寮本进行了比较说明。

0023

宝笈来归——记"故宫"新藏宋本《婺本点校重言重意互注尚书》[J]/吴璧雍. --"故宫"文物月刊（在台湾地区发表），2005，269：30－37

《婺本点校重言重意互注尚书》南宋刻本2003年曾出现在古籍拍卖市场，台北"故宫"博物院经过一番努力将此书入藏。本文介绍了该书版式、内容和版本流传等情况。

0024

保安族文化形态与古籍文存[M]/马少青编著. --兰州：甘肃人民出版社，2001

本书是国家民委全国少数民族古籍整理研究室"十五"规划重点资助项目。介绍了甘肃保安族从13世纪形成至2000年历史与现状，对其中反映民族风土人情的古籍进行了梳理。

0025

保定学院图书馆珂罗版精印珍品考[J]/段永辉，李晓泽. --保定师范专科学校学报，2007，04：108－109

珂罗版是19世纪70年代从国外传入的复制绘画、手迹的平版印刷技术。本文对保定学院图书馆藏三种珂罗版精印本的递藏源流、版式印刷、内容等方面进行了考证。

0026

保护古籍 传承文化——访文化部副部长周和平[J]/禾青. --紫光阁，2008，07：17－19

本文是2008年国务院公布第一批《国家珍贵古籍名录》和全国古籍重点保护单位名单后，时任文化部副部长周和平就《名录》评审标准、古籍保护政策措施、政府经费投入等相关问题答记者问。

0027

保护古籍的展览书涵（函）研制[J]/廖原. --文物保护与考古科学，2003，01：43－45

本文对西北大学文博学院研制的展览书函的制作材料及工艺流程进行了简要分析，多项性能实验证明，该书函具有防蛀、防霉、防紫外线、防有害气体、防鼠咬，且透明度好、气密性好、有一定防火性的特点。

0028

保护流失的珍贵遗产——水书[A]/骆娴. --中国民族图书馆. 第十一次全国民族地区图书馆学术研讨会论文集[C]，沈阳：辽宁民族出版社，2010

本文探讨了水族和布依族水书的重要性、独特性及水书流失的原因，并提出水书收集保护存在的问题和解决方案。

0029

保护少数民族戏曲古籍文献刻不容缓——浅谈公共图书馆在少数民族戏曲古籍文献保护中的重要作用[A]/罗玉芳. --中国民族图书馆. 第十次全国民族地区图书馆学术研讨会论文集[C]，沈阳：辽宁民族出版社，2008

本文以少数民族地区戏曲古籍文献保护为例，探讨公共图书馆在少数民族戏曲古籍和非物质文化遗产保护中的主体地位、有效途径和重要作用。

0030

保护中华古籍 维系文化根脉——关于古籍保护的现状、难题及措施分析[J]/刘伟红. --丝绸之路，2009，04：15－17

本文针对我国古籍保护现状及存在的问题，提出建立古籍保护工作协调机制、改善古籍保管条件、加强古籍保护人才培养、加快推进修复工作、加强古籍整理出版研究、加大古籍保护资金投入等建议。

0031

鲍廷博在古籍版本学方面的贡献浅探[J]/张晓丽. --皖西学院学报，2009，04：110－112

本文通过对鲍廷博在古籍版本学研究领域中成就的探讨，提出地方历史文献与地方文化研究对于古籍保护的价值。

0032

碑帖大家陈锡钧[J]/王巨安. --东南文化，2008，04：85－88

本文梳理了清末碑帖大家陈锡钧的生平、藏品与著述。

0033

北京大学数据分析研究中心数字化成果概

述[J]/韩丽霞,谢卫平. --文学遗产,2005,05:155 – 156

本文介绍了北京大学中文系使用计算机分析系统对文献进行智能化研究和整理所形成的学术成果:格律诗自动标注;《全宋诗》重出诗提取;文献中的字及字组分析;自作诗分析。

0034

"北京大学数字图书馆古文献资源库"的建设[J]/姚伯岳. --数字图书馆论坛,2006,12:12 – 17

本文概述了"北京大学数字图书馆古文献资源库"建设内容和数据库系统软件设计情况,并对其发布平台"秘籍琳琅"的功能及使用方法予以较为详细的介绍。

0035

北京大学图书馆藏家谱十种[A]/李雄飞. --北京大学图书馆. 北京大学图书馆第九届五四科学讨论会论文集[C],2009

本文撷取并简述了北京大学图书馆藏稀见家谱10种,均为《中国家谱综合目录》所不载者,包括谱名(含谱籍、卷数)、撰修者、版本、册数、内容简介、家族概况(含本宗始迁祖、迁徙时间、迁徙缘由、家族名人)、历次修谱情况(含初修时间、纂修特色)、评价等。

0036

北京大学图书馆古籍修复工作之思考[J]/李雄飞,吴晓云. --大学图书馆学报,2006,04:66 – 70

本文从北京大学图书馆古籍典藏条件、经费问题、管理方法以及修复人员培养等方面,分析了馆藏古籍破损严重的原因和修复工作存在的问题,从实际出发,提出解决方案。

0037

北京大学图书馆馆藏满文古籍孤本提要[J]/李雄飞. --满语研究,2006,01:67 – 74

《中国少数民族古籍总目提要》北京地区满文卷编委会为北京大学图书馆开列海内外孤本清单17种。重新著录这些孤本,不仅能够纠正《世界满文文献目录(初编)》和《全国满文图书资料联合目录》中的错误,还有助于推进相关研究工作。

0038

《北京大学图书馆馆藏满文古籍孤本提要》补叙[J]/李雄飞. --满语研究,2007,01:141 – 144

作者所撰《北京大学图书馆馆藏满文古籍孤本提要》一文,介绍了该馆实际所藏13种满文古籍孤本。由于撰写时过于仓促,致使文章存有失之详考、语焉不详之处。特撰此文,以为前文订正与补充,并附有部分书影,使读者对该部分满文古籍文献有更为直观的了解。

0039

北京地区东巴文古籍总目[M]/北京市民族古籍整理出版规划小组办公室多语种编辑部编. --北京:民族出版社,2009

本书按云南香格里拉三坝东巴经传统分类法分编,包括祭天仪式、超荐仪式、开丧经、祭亡经、替生经等24类,概述了纳西族政治、法律、哲学、历史、宗教、文学艺术、语言文字、天文地理等的基本特色。

0040

北京古籍丛书·国朝宫史(全二册)[M]/(清)鄂尔泰,(清)张廷玉等编纂;左步青点校. --北京:北京古籍出版社,2001

本书分为6类,其中训谕4卷、典礼6卷、宫殿6卷、经费3卷、官制2卷、书籍15卷,对研究清代官修图书及学术流变具有重要参考价值。

0041

北京古籍丛书·钦定国子监志(全二册)[M]/(清)文庆等纂修;郭亚南等点校. --北京:北京古籍出版社,2000

本书内容包括圣谕、天章、庙志、学志、辟雍志、礼志等。篇目设计"别户分门,至周且备",是古代"太学志"的典范之作,对促进北京历史文化资源的开发利用、国学教育研究以及北京史研究具有重要史料价值。

0042

北京古籍丛书·日下旧闻考(全四册)

[M]/(清)于敏中等编纂;瞿宣颖等点校.--北京:北京古籍出版社,2001

本书是迄今所见清代官修的规模最大、编辑时间最长、内容最丰富、考据最翔实的北京史志文献资料集。

0043

北京古籍丛书·石渠余纪[M]/(清)王庆云著;王湜华点校.--北京:北京古籍出版社,2001

本书是一部对后世研究清代建国至道光年间政治经济史影响深远且较为系统的笔记。由于其丰富的官方档案材料和颇具特色的编辑风格而具有重要的史料价值。

0044

北京金代碑刻叙录[J]/范军.--北京文博,2000,01:88-96

本文是作者据北京金代碑刻资料、按时间顺序所做的叙录,除已注明出处外,其他均采自中州古籍出版社的《北京图书馆藏中国历代石刻拓本汇编》第46、47册金代部分。

0045

北京师范大学图书馆古籍善本书目:1902—2002[M]/北京师范大学图书馆古籍部编.--北京:北京图书馆出版社,2002

本书共收入北京师范大学图书馆藏善本书目3281种,其中经部394种、史部955种、子部573种、集部1300种、丛书部59种,著录内容包括书名、卷数、著者、版本、册数、行款格式、索书号等。

0046

北京市古籍善本集萃·千古奇闻(二函八册)[M]/(清)李渔编.--北京:学苑出版社,2009

本书系清康熙十八年(1679)刻本的影印本。该书为李渔晚年完成的史学代表作,包含了作者经世致用、正统观念及封建伦理纲常的史学思想。

0047

北京图书馆藏"《新序》宋刻本"刊刻时代考[J]/陈茂仁.--书目季刊(在台湾地区发表),2002,01:43-46

本文作者对北京图书馆藏宋刻本《新序》的刊刻年代进行了考证。据避讳、刻工姓名、刊刻情况等,考证此书刊刻时间为始于北宋,成刻于南宋初年。

0048

《北京图书馆藏中国历代石刻拓本汇编》正误[J]/王丽华.--甘肃民族出版社,2007

由中州古籍出版社1989年出版、北京图书馆金石组编的《北京图书馆藏中国历代石刻拓本汇编》,收录了自战国到民国时期的石刻拓片近两万种,共100册,另附索引1册。本文作者将该书汇编中存在的讹误一一校正,以供读者研究使用。

0049

北京图书馆出版社古籍影印书目[M]/北京图书馆出版社编.--北京:北京图书馆出版社,2007

本书目共收录北京图书馆出版社1983年至2007年正式出版的古籍影印图书1000余种,分为四部分:中华再造善本、自(新)编丛书、其他图书、特装珍藏本图书。

0050

北京图书馆古籍珍本丛刊目录(附索引)[M]/国家图书馆古籍组,北京图书馆出版社编.--北京:北京图书馆出版社,2000

《北京图书馆古籍珍本丛刊》共收古籍473种,近8000卷,分经、史、子、集四部。所收古籍有宋、金、元、明、清的刻本;元、明、清的抄本、稿本。本书为该丛刊的目录、索引。

0051

北京图书馆普通古籍总目·第四卷·地志门[M]/北京图书馆普通古籍组编.--北京:北京图书馆出版社,2003

本书所收录的地志门书共8774种、17670部、137329册,涉及出版于1911年之前以古典装帧形式出现的写本和印本图书,以及1911年之后以古典装帧形式出现、内容与中国古代地志文化有关的图书。

0052

北京图书馆善本古籍流浪六十年——祝愿国宝早日完璧归赵[J]/钱存训.--传记文学

（在台湾地区发表），2001，06：15－18

本文介绍了抗战时期北平图书馆所藏善本古籍南迁、运美、赴台的艰辛曲折经历，反映了当时的时代背景与外交关系，阐明了作者对于图书主权归属和希望国宝完璧归赵的主张。

0053

北京文物精粹大系·古籍善本卷［Ｍ］／北京市文物局编．--北京：北京出版社，2001

本丛书从北京文博单位各类传世和出土的文物藏品中选出数千件精品，予以收录。其中《古籍善本卷》共收录善本150件、碑帖81件。

0054

北京重要图书馆古籍文献的典藏与整理概况［Ｊ］／卢锦堂．--（在台湾地区发表），2000，83：1－4

本文介绍了位于北京地区的中国国家图书馆、北京大学图书馆、清华大学图书馆、首都图书馆、北京市东城区图书馆等单位珍贵古籍文献的典藏特色与整理成果。

0055

北美地区中文古籍文献整辑工作近况举要［Ｊ］／沈津．--汉学研究通讯（在台湾地区发表），2005，04：17－21

本文从加拿大麦基尔大学东亚系与美国哈佛燕京图书馆合作将明清妇女著作数字化，哈佛燕京图书馆近年购置明清古籍善本和现存1800种线装古籍的编目，美国研究图书馆中文善本数据库建设等方面，介绍了北美地区珍贵古籍文献采访、著录和数字化所取得的成果。

0056

北美古籍文献资源建设与数位化的调查［Ｊ］／陈同丽．--澳门图书馆暨资讯管理协会学刊（在澳门地区发表），2009，11：105－114

本文介绍了北美学术图书馆中文善本藏书问卷调查情况、北美东亚图书馆中文善本数量及其特色，以及该馆馆藏数字化及其合作利用的计划。

0057

北宋刻本《长短经》［Ｊ］／陈先行．--澳门图书馆暨资讯管理协会学刊（在澳门地区发表），2002，04：71－74

《长短经》是由唐代赵蕤所著的一本实用性韬略奇书。本文论述了该书作者情况以及北宋刻本的成书年代、刻印特点、学术价值等。

0058

《北堂书目》：记录西学东渐的重要历史文献［Ｊ］／毛瑞芳．--史学史研究，2007，04：112－118

本文介绍了《北堂书目》的编纂背景和内容，包括中西文化交流记录、北堂藏书的主要内容和来源、《北堂书目》与金尼阁传入7000部西文书的关系，以及它对中西交通史研究的意义和价值。

0059

被隐藏的联系性：《四库全书总目》唐代别集提要的文学史叙述［Ｊ］／曾守正．--淡江中文学报（在台湾地区发表），2009，21：119－152

本文以文学史叙述的角度，重建四库馆臣在唐代别集提要中的诗歌史图像、古文谱系，并试图诠释其隐含的文学内涵和文化思想。

0060

《本草集方》成书及刊刻年代考［Ｊ］／吴璧雍．--"故宫"学术季刊（在台湾地区发表），2002，02：37－61

本文以台北"故宫"博物院藏孤本《本草集方》为对象，从编辑方式、草药名称和文字用法等角度，考证了该书的刊刻年代。

0061

本草学相关古籍数字化及示范库构建方法研究［Ｊ］／孙海舒，牛亚华．--国际中医中药杂志，2010，06：525－526

本文对本草学所涵盖的相关古籍文献数字化整理研究方法，和本草学古籍文献展示中国传统医药文化的手段，进行了探讨。

0062

《本草原始》版本考察［Ｊ］／张卫，张瑞贤．--中医文献杂志，2010，01：2－5

本文对中国中医科学院藏永怀堂本《本

草原始》进行了研究。从体例、药物文字及药图等方面对《本草原始》初刊本和永怀堂本进行了比较分析,为《本草原始》版本研究提供了新的线索。

0063

本馆旧籍整理工作纪实暨珍贵医学书刊数位典藏发展愿景[J]/黄婉君.--台湾大学医学院图书分馆馆讯(在台湾地区发表),2001,51:1-2

本文论述了台湾大学医学院图书分馆旧籍整理概况,提出了读者可随时随地通过OPAC查检所需书目资料、协助台湾地区医学旧籍联合目录编制、汇整本馆医学特藏资料编制目录等珍贵医学书刊数位典藏发展愿景。

0064

本所藏汉代石刻画象拓本的来历与整理[J]/邢义田.--古今论衡(在台湾地区发表),2001,06:2-9

台北"中央研究院"历史语言研究所藏有一批汉代刻画像拓本。本文梳理了该批拓本藏品的来源、内容、搜集流转经历及整理情况。

0065

笔记小说校点举误[J]/王宝红.--西藏民族学院学报(哲学社会科学版),2008,05:114-116

由于不明俗语词的含义,现今整理出版的笔记小说中经常出现标点、校勘方面的失误。本文从中择取十余条,结合清代笔记小说中俗语词的用例,做出补正。

0066

毕摩文化发掘研究的新成果——《彝族古代毕摩绘画》评介[J]/白兴发.--世界宗教研究,2004,02:147-149

本文从"内容丰富,极具资料价值和研究价值""鞭辟入里,揭示古代毕摩绘画文化内涵"两个方面,对彝族古代毕摩绘画研究做出评述,以供参考。

0067

毕昇泥活字实证研究访问综记[J]/尹铁

虎.--中国印刷,2003,12:90-94

本文为"毕昇泥活字印刷发明实证研究"课题组对甘肃武威孙寿岭、扬州广陵古籍刻印社、天津图书馆、湖北英山博物馆和中国科学院自然科学史研究所、中国科技大学等单位专家学者电话与信函访问的综述性报告。

0068

毕沅《释名疏证》引《广韵》异文试评[J]/魏宇文,王彦坤.--甘肃社会科学,2005,01:54-55+59

清代学者毕沅《释名疏证》引用《广韵》异文58条,或据以订正今本,或明指《广韵》讹误,或引出以供参考。本文对毕氏的考证方法进行了评述,见其得失,以为利用异文校勘古籍者提供借鉴。

0069

毕沅与陕西地方文献[A]/侯葛奇.--陕西省图书馆学会.陕西省图书馆学会第五次会员代表大会暨学术研讨会与全国图书馆部室主任工作、学术研讨会论文集[C],2003

本文简述了清代学者毕沅运用实地考察与文献考证相结合的方法,从事陕西地方文物资源和古籍资源的研究,其研究成果具有很高的史料价值和学术价值。

0070

避讳和古籍版本鉴定[J]/江林森.--文艺生活·文艺理论,2009,03:68-69

本文从"利用避讳鉴定古籍版本,可以鉴定古籍的大体成书年限;根据讳字还可以考证古籍的刻处;利用避讳可以作为其他鉴定方法的补充"三方面,阐述了利用避讳鉴定古籍版本是一种简洁且行之有效的方法。

0071

避讳在古籍版本鉴定中的作用[J]/赵雅丽.--语文学刊,2006,16:128-129

本文介绍了我国古代的避讳制度,从避讳的方法上分析了避讳对古籍版本鉴定的重要作用。

0072

边贡《华泉集》版本考述[J]/谢莺兴.--东海中文学报(在台湾地区发表),2004,16:

263 – 296

本文据《明史·艺文志》和明末清初学者黄虞稷《千顷堂书目》对明代诗人边贡《华泉集》的记载,探讨《华泉集》的刊刻流传、版本卷数及内容收录的异同。

0073

编辑需要全面认识和应用数字化古籍[J]/ 李宁. --出版参考,2007,15:22

本文论述了古籍数字化产生误用别字问题的原因和特点,提出编辑人员在应用数字化古籍时需要注意的问题,建议尽可能使用图文版数字化古籍。

0074

编制《中国少数民族文字古籍定级标准》综述[A]/ 杨崇清,杨长虹. --中国民族图书馆.第十一次全国民族地区图书馆学术研讨会论文集[C],沈阳:辽宁民族出版社,2010

本文从筹备调研、起草文本、标准测试、论证修订四方面综述了《中国少数民族文字古籍定级标准》的编制过程。

0075

编撰《中国家谱总目》　弘扬中华历史文化[A]/ 王鹤鸣. --国家图书馆古籍馆.2004 年地方文献国际学术研讨会论文集[C],北京:北京图书馆出版社,2006

本文从准备、启动、编纂、汇总审稿四方面综述了《中国家谱总目》的编撰经历,并阐释了编撰意义。该书由海内外近千家谱牒文献收藏单位、谱牒研究人员以及数以千计的家谱私人收藏者参与协作完成。

0076

编纂《中华大典·宋辽金元文学分典》的回顾[J]/ 曾枣庄. --四川大学学报(哲学社会科学版),2000,01:73 – 77

本文从综述编纂过程、基本评估、进度措施、后续工作四方面,对编纂《中华大典·文典·宋辽金元文学分典》进行了回顾和小结。

0077

《扁鹊仓公传》随笔——汉初齐地医学传承自秦越人[J]/ 张寿仁. --国际简牍学会会刊(在台湾地区发表),2001,03:223 – 225

《扁鹊仓公传》是西汉史学家司马迁创作的一篇传,记述战国扁鹊(秦越人)和西汉仓公(淳于意)两位名医事迹。本文考证提出,司马迁将扁鹊和仓公同立一传,意指仓公传承扁鹊之学,汉初齐地医学传承自扁鹊。

0078

变藏书楼为信息源——中国传统藏书楼的虚拟再现[J]/ 陈梧华. --河北工业大学成人教育学院学报,2005,03:55 – 58

本文从中国传统藏书楼古籍资源的保护、藏书楼古籍利用的现状、古籍数据库向电子信息资源的转化、虚拟现实技术与传统藏书楼的虚拟再现四方面,论述了应用数字化技术,以实现古籍资源共享和传统藏书楼的虚拟再现。

0079

辨伪学的歧途——评《尚书古文疏证》[J]/ 杨善群. --淮阴师范学院学报(哲学社会科学版),2005,03:396 – 401

本文以清代前期考据学代表人物阎若璩《尚书古文疏证》为例,提出其证伪运用了八种手法,绝大部分似是而非,暴露出古籍辨伪中的一些问题,值得学术界的重视。

0080

"辨章考镜,汲古开新"——台湾师大总图"镇馆三宝"之一《宋版孟子》版本考述[J]/ 赖贵三. --孔孟月刊(在台湾地区发表),2008,545/546:29 – 31

本文对台湾师范大学总图藏"镇馆三宝"之一《宋版孟子》进行了版本考述,认为该书应为明覆刊宋本,具有一定的版本价值。原书 14 册,今存 1 函 11 册(缺卷二至四)。

0081

"辨章考镜,汲古开新"(1):本校典藏线装善本古籍历史源流考述[J]/ 赖贵三. --"国立"台湾师范大学图书馆通讯(在台湾地区发表),2005,66:15 – 21

本文从前台湾当局领导人陈诚捐赠图书 1500 册、东北大学寄存图书 13762 册、馆藏卢氏所藏线装书 4288 册、台湾地区教育管理机构拨交国语推行委员会图书 500 余册等方面,考证了台湾师范大学图书馆典藏线装善本古籍的历史源流。

0082

辨章学术 考镜源流——《中国古代诗文名著提要》撰辑[J]/傅璇琮.--书目季刊(在台湾地区发表),2004,02:99-114

学者傅璇琮主编《中国古代诗文名著提要》,选择古代有代表性的诗文别集和诗文评著作,以提要形式加以介绍,包括著者简历、内容要旨、学术价值和版本情况等。本文是该书的11篇样稿,供学界参考。

0083

裱褙用浆糊性质之分析[J]/张丰吉,徐健国.--林业研究季刊(在台湾地区发表),2000,03:37-46

本文分析了在古籍修复裱褙中,调制浆糊应用各种原料淀粉的糊化温度,同时分析了各类浆糊的添加剂包括明矾、乳香和花椒等对浆糊黏度、PH值和白度的影响,以及不同浆糊与纸张保存的关系。

0084

濒危档案文献遗产保护策略研究[D]/马翀.--中国人民大学,2008

本文围绕濒危档案文献保护问题和相关理论,构建了档案文献分级保护模型,并提出档案文献遗产全国性调查、濒危档案文献遗产抢救性保护和预防性保护的策略。

0085

兵不可一日不备——清代军事文献特展简介[J]/李天鸣.--"故宫"文物月刊(在台湾地区发表),2002,01:52-65

本文介绍了台北"故宫"博物院"兵不可一日不备——清代军事文献特展"。展览分为"著名战役""兵制与武器""国防设施"三个单元;展品包括清廷平定准噶尔、安南的战图,《方略》《纪略》多种官书和相关史籍、档案等珍贵文献。

0086

《般若波罗蜜多心经》版本研究[J]/徐鸿文.--东方人文学志(在台湾地区发表),2006,02:217-229

《般若波罗蜜多心经》系佛教大乘经典,

版本众多。本文从《大般若经》、姚秦时代、唐、宋、元、明、清及年代不详等方面,考证了该书的版本系统。

0087

般若波罗蜜多心经的版本与图像[J]/陈清香.--慧炬(在台湾地区发表),2008,531:4-9

《般若波罗蜜多心经》是大乘佛法的教义总纲。该书有姚秦鸠摩罗什、唐玄奘等7家译本传世。本文介绍了该书的译本版本和插图情况。

0088

博物馆古籍保护研究初探——以大连市旅顺博物馆为例[J]/杨煜.--丝绸之路,2010,08:90-92

本文以旅顺博物馆古籍保护为例,阐述博物馆古籍保护的重要性,结合欧美古籍保护理论引进所取得的新进展,分析国内古籍保护存在的问题和原因,提出博物馆古籍保护和利用的途径与措施。

0089

柏克莱加州大学东亚图书馆中文古籍典藏现况与整理计划[A]/杨王爱玲.--中国国家图书馆.中文善本古籍保存保护国际研讨会论文集[C],北京:北京图书馆出版社,2002

本文简述了美国柏克莱加州大学东亚图书馆中文古籍的收藏内容和整理编目状况,分析了该文献典藏保存现况和未来整理计划。

0090

柏克莱加州大学东亚图书馆中文古籍善本书志[M]/陈先行主编;柏克莱加州大学东亚图书馆编.--上海:上海古籍出版社,2005

本书志包括美国柏克莱加州大学藏清乾隆六十年(1795)以前全部中文刻本及稿、钞、校本,按经、史、子、集、丛五部分类,另附书名、著者、版本索引,为近年出版的反映海外图书馆汉籍收藏的重要工具书。

0091

补《全宋诗》34首[J]/彭国忠.--古籍整理研究学刊,2002,06:78-83

本文依据清代藏书家姚衡、姚晏兄弟《凤墅残帖释文》,辑补了《全宋诗》未收之诗34

首。《凤墅残帖释文》取材于宋刻宋人手迹。

0092

补文渊阁四库全书之元人别集[M]/袁冀著. --台北:文史哲出版社(台湾地区),2010

本文作者依据各省艺文志中的元代诗文,历时四年,对文渊阁四库全书的元人诗文集进行辑补。该文集附录了原作的碑铭行状、诗文集序等内容。

0093

《补遗雷公炮制便览》的收藏、保护与捐献——兼谈原收藏者王聘贤老中医[A]/王华南. --中国中医科学院中医药信息研究所. 首届中医药信息发展大会[C],2006

本文介绍了贵州省已故老中医王聘贤先生潜心研究和收集中医药古籍文献的事迹,其中包括他重金购置并捐献国家明代彩绘本草中医古籍《补遗雷公炮制便览》的杰出贡献。

0094

不为一家之蓄 俟诸三代之英:徐行可先生捐赠古籍文物 50 周年纪念集[C]/杜建国主编. --武汉:武汉出版社,2010

该文集为纪念徐行可先生向国家捐赠古籍文物 50 年和对湖北省图博事业的卓越贡献而作。

0095

不遇良工,宁存故物——有感于善本古籍的修复[A]/王清原. --中国中医科学院中医药信息研究所. 首届中医药信息发展大会[C],2006

本文以辽宁省图书馆善本古籍书品调研为例,认为该馆善本古籍精品保管完好,得益于前辈修复良工的付出,对亟待培养当代修复良工的必要性进行了论述,并得出古籍保护"不遇良工,宁存故物"的结论。

0096

布依族古文字研究[J]/周国茂. --贵阳学院学报(社会科学版),2010,04:56 – 63

本文论述了布依族文字的形成、特点、使用范围和价值,呼吁进一步加强布依族古文字的调查研究。

C

0097

《采艾编翼》初考[J]/李姝淳,刘小斌. --广州中医药大学学报,2009,04:420 – 421 + 426

本文研究论述了清代医家叶茶山《采艾编翼》的版本资料、主要内容和学术成就,以期为《采艾编翼》的进一步研究提供参考。

0098

采用《四部分类法》类分中国少数民族古籍的几点建议——以《中国少数民族古籍总目提要·满族卷》书籍分类实践为例[J]/卢秀丽. --图书馆学刊,2008,03:123 – 125

本文依据《中国少数民族古籍总目提要·满族卷》书籍分类的实践,提出"因书设类",将《四部分类法》类目体系予以调整和扩充,规范少数民族古籍分类的几点建议。

0099

参加中文文献资源共建共享合作会议理事会第三次会议纪要[J]/顾力仁. --(在台湾地区发表),2010,124:22 – 25

本文回顾了中文文献资源共建共享合作会议成立以来的成果,介绍了本次理事会议程,提出一系列合作意向和建议:合作会议及合作项目应有利于长远发展;合作应求同存异,持积极态度和韧性精神;继续推动并加强华文书目的合作发展;办好第八次共建共享合作会议。

0100

残书相合——基于古籍保护的业务实践[A]/郝瑞平. --詹福瑞. 国家图书馆第十次科学讨论会获奖论文选集[C],北京:国家图书馆出版社,2010

古籍中的残书相合(配书),是古已有之的文化传统。本文基于古籍保护的业务实践,对各种残书相合的理由和依据进行了探讨。

0101

残宋本吴仁杰《陶靖节先生年谱》的文献价值[J]/丁延峰. --文学遗产,2010,06:131 – 133

本文依据中华书局 1962 年版《陶渊明资料汇编》所录《陶靖节先生年谱》,从文字避讳、版本刻印、内容缺失、文字讹误等方面对残宋本吴仁杰《陶靖节先生年谱》的文献价值进行了探讨。

0102

藏经楼粉螨综合防治案例[J]/王飞生,刘敏超. --昆虫知识,2002,01:70 – 71

本文介绍了广东韶关某寺院藏经楼的藏书环境、螨虫危害情况,以及综合防治方案与实施步骤,并对防治效果进行了分析。

0103

藏书印的内容及价值[J]/霍曼丽. --图书与情报,2004,02:22 – 24

本文论述了古籍藏书印的由来、内容、价值和现实意义,介绍了现今馆藏图书印的作用以及钤盖应注意的问题。

0104

藏书印的源流类型及功能[J]/熊焰. --收藏家,2003,09:60 – 64

藏书印是指收藏者在购置或拥有的典籍图书上钤盖体现藏本所有者关系和表达藏书者个性爱好的印章。本文阐述了藏书印的源流、类型和功能。

0105

藏书与文化——中国古代私家藏书文化研究刍议[J]/周少川. --安徽大学学报,2003,02:92 – 99

本文介绍并阐述了中国古代私家藏书的发展线索、特征和藏书文化研究的对象、作用、意义,探讨了从文化视角开展古代私家藏书研究的基本思路和方法。

0106

曹寅的藏书与《楝亭书目》[J]/窦秀艳. --山东图书馆季刊,2002,02:87-89

本文介绍了清代文人曹寅的藏书缘起、来源和特征,以及《楝亭书目》收书数量、分类和特色,提出《楝亭书目》是清代较有特色的书目之一。

0107

《草堂雅集》的版本系统及成因[J]/谷春侠,刘惠. --楚雄师范学院学报,2010,04:23-28

元末诗歌总集《草堂雅集》有元刊本、俗本和徐渭仁清抄本等版本体系。从收录和编次对比看,元刊本体系可替代俗本体系,而与徐渭仁清抄本体系差异较大。民国时期《草堂雅集》陶湘刻本综合了以上三个体系的优长。

0108

册府撷英——国家珍贵古籍特展图录(二〇〇九)[M]/国家图书馆,国家古籍保护中心编. --北京:国家图书馆出版社,2009

本书从数百种珍贵古籍中精选书影近300幅,分先秦两汉简牍、写本时代文献、宋元善本、明清善本、明清稿抄本、佛教典籍、地方志、舆图、拓本与钤印本、少数民族文字文献等10个单元。

0109

查寻古代典籍的方法[J]/冯晓庭. --国文天地(在台湾地区发表),2002,207:4-9

本文从确定可资依据的古籍、查询古籍的流传状况以及庋藏处所、透过丛书查询古籍、实例说明等方面,介绍了查寻古代典籍的方法。

0110

阐释《古籍修复技术规范与质量要求》[J]/杜伟生. --国家图书馆学刊,2006,03:19-25

《古籍修复技术规范与质量要求》是为规范全国图书馆开展大规模古籍修复工作而制定的推荐性标准。本文就标准的使用范围、结构、部分名词术语、质量标准,以及在标准中反映的修复理念、技术等方面作了阐释。

0111

《昌黎先生文集》清同治广东述古堂刻陈澧父子批点本考述[J]/李福标. --图书馆论坛,2009,04:176-178

本文对清同治年间广东述古堂刻本《昌黎先生文集》陈澧父子批点本进行了考述,认为韩愈文集经理学大师陈澧及其子陈宗颖批点,对义理有颇多发现。该批点本是考察晚清岭南学术界对韩文接受情况的珍贵文献。

0112

长春地区图书馆古籍分布与利用现状调查研究[J]/魏佳坤,李谷悦. --图书馆学刊,2009,01:17-19

本报告通过对长春地区图书馆的走访调查和信息分析,指出图书馆古籍保护工作中存在的问题并提出相应对策。

0113

《长恨歌传》版本辨析[J]/马萌. --文学遗产,2008,01:148-150

本文通过对《长恨歌传》宋代《丽情集》本和通行本与白居易《长恨歌》情感倾向的比较,为陈寅恪、詹锳两位先生的研究寻求内证,进一步澄清了《长恨歌传》的版本问题。

0114

长江流域部分经济地理古籍文献提要[J]/唐黎. --科技信息(科学教研),2008,21:186-187

本文汇集了先秦至清末长江流域部分经济地理方面的相关古籍文献,对所录文献的各家之说进行提要,揭示了该流域丰富的自然资源,便利的水陆交通,雄厚的经济基础,科学的治水经验,浓重的人文底蕴。

0115

长泽规矩也对印刷史和版本学的重要贡献[J]/陈东辉. --书目季刊(在台湾地区发表),2008,03:1-19

长泽规矩也是日本近现代著名汉学大师,擅长宋本鉴定与研究,在汉籍版本学方面成绩卓著,《和汉书的印刷及其历史》为其代表作之一。本文简述了长泽在印刷史和版本学领域的杰出贡献,指出个别研究成果尚有可商榷或疏漏之处。

0116

长泽规矩也与古籍刻工研究[J]/陈东辉,彭喜双.--上海高校图书情报工作研究,2008,04:47-50

本文论述了日本近现代汉学大师长泽规矩也在古籍刻工研究领域的重要贡献,并指出其研究所存在的不足之处。

0117

常熟藏书家刻书抄书考[J]/曹培根.--图书馆理论与实践,2007,06:116-118

本文从刻书概况、丛书辑刊、古籍抄写等方面,介绍了常熟藏书家为中华典籍的生产、流传所做出的贡献。

0118

常用中医古籍数据库评价与分析[J]/李兵,贾守凯.--陕西中医学院学报,2009,04:86+封3

本文在对中医古籍数据库特点和用户对象调查基础上,提出数据库建设的评价要素和指标,探讨了数据库评价体系的构建模式,并与常用中医古籍数据库进行了对比分析。

0119

抄本《清绮斋藏书目》著录正误[J]/柳和城.--图书馆杂志,2004,05:76-77+75

《中国古籍善本书目·史部》下册收录的北京图书馆和上海图书馆藏清抄本《清绮斋藏书目》两种著录有误,本文进行了辨正。

0120

晁补之词编年匡补[J]/李朝军.--古籍整理研究学刊,2008,04:12-15

刘乃昌、杨庆存《晁氏琴趣外篇·晁叔用词》和乔力《晁补之词编年笺注》对北宋文学家晁补之词进行了编年校注。本文对其中编年可商榷的16首词进行了考辨。

0121

晁公武佚文三则[J]/杨大忠.--古籍整理研究学刊,2010,03:80-81

晁公武是南宋著名的目录学家,著述颇多,但大多散佚。本文在前人辑佚的基础上,从《郡斋读书志》中辑录佚文两则,从宋末《文献通考·经籍考》辑录一则,并加以考证。

0122

晁说之与《晁氏客语》的关系[J]/夏长朴.--"国立"编译馆馆刊(在台湾地区发表),2000,01:149-163

本文针对宋代学者晁说之《晁氏客语》若干疑点进行了深入探讨,认为该书著录、内容、思想和称谓方面,都有明显疑点,提出《晁氏客语》为拼凑而成的质疑。

0123

朝鲜本系统《寒山诗》版本源流考[J]/李钟美.--文献,2005,01:46-63

本文依托朝鲜覆刻元本(韩国精神文化研究院藏)、断俗寺本(中国国家图书馆藏)、奉恩寺本(韩国精神文化研究院藏)、朝鲜刻本(中国北京大学图书馆藏),对朝鲜本系统《寒山诗》版本源流进行了考辨。

0124

朝鲜古典汉文小说《姜虏传》考释[J]/崔雄权,褚大庆.--古籍整理研究学刊,2009,05:1-12

朝鲜古典汉文小说《姜虏传》迄今有六种不同版本,作者对其中四种版本进行了仔细校勘,认为朝鲜金日成综合大学图书馆藏《花梦集》本为最善。

0125

朝鲜刻本明代文言小说之东亚传播[J]/崔溶澈.--书目季刊(在台湾地区发表),2003,04:21-30

本文介绍了中国明代文言小说在朝鲜半岛和东亚的流传过程,有的收录朝鲜教科书;有的收录朝鲜刻本的汉语丛书;有的成为完整的朝鲜刻汉文古籍;为便于阅读,有的经朝鲜文人诠释后,成为当地读本。最著名的是林芑的《剪灯新话》,在朝鲜和日本广为流传。

0126

朝鲜《医方类聚》的版本流传[J]/梁永宣.--江西中医学院学报,2007,05:47-50

1445年成书的《医方类聚》是朝鲜的医学巨著,其中收集保存了许多中国的珍贵医学史料。本文介绍了《医方类聚》成书经过及流传情况,该书曾辗转日本,于日本文久元年(1861)重新刊刻后传回韩国,并先后在韩国、中国台湾及中国大陆重新刊印。

0127

朝鲜早期史书辨析[J]/徐健顺.--东疆学刊,2006,02:45-63

本文从"古记是朝鲜早期所有史书的通称""朝鲜早期史书的分类""朝鲜早期通史及其改造""旧《三国史》辨析"四方面,对朝鲜早期史书的作者、成书年代和内容进行了辨析和考证。

0128

沉潜的美学——谈"故宫"宋刊本东坡先生和陶渊明诗[J]/吴璧雍.--"故宫"文物月刊(在台湾地区发表),2006,284:22-27

台北"故宫"博物院藏《东坡先生和陶渊明诗》宋刊本,内容包括陶渊明、苏轼、苏辙三人诗作,以渊明在前,和诗在后,依次序编辑而成。本文介绍了该书的版本情况、校勘价值和美学意义。

0129

尘故庵藏《三国演义》版本述略[J]/宁稼雨.--明清小说研究,2006,04:86-91

本文是作者对自己的私人书斋——尘故庵所藏《四大奇书第一种》(清聚锦堂刻)、《官板大字全像批评三国志》、《铜板全像第一才子书》(清聚盛堂刊)三种毛批《三国演义》版本的特征和价值做的简单缕析。

0130

陈第和《东番记》[J]/程美明.--中南民族大学学报(人文社会科学版),2003,S1:119-120

本文简述了明朝文人陈第《东番记》的写作经过、内容和价值。该书是研究台湾古地理的宝贵文献,也是研究高山族的第一手资料。

0131

陈第及其世善堂藏书[D]/庄琳芳.--福建师范大学,2008

本文较为全面地对明代福建古音韵学家、藏书家陈第的世系、著述和藏书进行了研究:考证了陈第世系,汇编陈第曾孙陈元钟作品;考证了陈第作品版本和内容,汇编了陈第零散诗文;通过理清版本源流,考证了《世善堂藏书目录》之"断种秘册"的真伪和世善堂藏书去向。

0132

陈广忠等著《古典文献学》述评[J]/郑丽娟.--中国语文通讯(在台湾地区发表),2007,81/82:123-126

当代学者陈广忠等著《古典文献学》,系黄山书社2006年出版的文献学专著,是全国高等院校古典文献学、文史哲有关学科教材。本文述评了该书的框架内容、编纂特点、创新之处等。

0133

陈奂家抄本《管子》的版本价值[J]/巩曰国.--古籍整理研究学刊,2010,04:75-77

本文论述了上海图书馆藏清代陈奂家抄本《管子》的版本价值。该抄本不仅为《管子》文本校勘提供了版本依据,亦可作为校正墨宝堂本诸家传录资料的重要参照。

0134

陈建《通纪》书名与版本考[J]/钱茂伟.--古籍整理研究学刊,2008,03:44-49

本文根据新发现的明代陈建《通纪》原著,考证出该书全称是《皇明通纪》;同时归纳了原刻本的八大特征;并对"国图本""北大本""天一阁本"三个重刻本的版本特征作了梳理。

0135

陈奇猷《韩非子新校注》伪校伪注初揭[J]/张觉.--中国文化研究,2005,01:131-141

上海古籍出版社2000年出版陈奇猷校注的《韩非子新校注》,是《韩非子集释》(中华书局上海编辑所1958年出版)的修订本。作者认为该书存在伪校伪注问题,并列举其失误之处,加以揭示和勘正。

0136

《陈氏香谱》版本考述[J]/刘静敏.--逢甲人文社会学报(在台湾地区发表),2006,13:45-78

本文论述了北宋《陈氏香谱》刊刻和之后

各版本流传的情形，并以四库本《陈氏香谱》为底本，以适园丛书本《新纂香谱》为辅，参考明代《香乘》，对该书进行了校勘，以期为后续研究提供参考。

0137

陈熙晋及《骆临海集笺注》[J]/丁小明. --贵图学刊,2009,02:54 - 55

本文向读者介绍了晚清学者义乌乡贤陈熙晋，政暇留功数十载，刊校辩正，订漏补阙，集成《骆临海集笺注》10 卷行世，成为骆宾王文集的传世佳本。

0138

《陈训慈日记》中有关文澜阁《四库全书》抗战迁徙事摘录[J]/陈训慈著；徐永明整理. --中国文哲研究通讯(在台湾地区发表),2000,01:261 - 271

陈训慈曾任浙江省立图书馆馆长，日记中提及其操劳致力文澜阁《四库全书》在抗战期间迁徙事宜，是文澜阁书史的珍贵资料。本文将《陈训慈日记》中有关文澜阁战时迁徙记载予以摘录公布。

0139

陈垣对避讳学和校勘方法论的贡献[J]/张春喜. --法制与社会,2007,02:621 - 622

本文综述了陈垣先生对避讳学和校勘方法论的杰出贡献：继承乾嘉考据学传统，将传统人文精神与近代科学结合起来，治学考史；创立目录学、年代学、避讳学、校勘学，并运用于古籍整理研究的实践；独创"史源学"，为历史考据提供科学方法。

0140

陈垣校勘方法论[J]/邓瑞全. --五邑大学学报(社会科学版),2002,01:41 - 44

本文介绍了陈垣先生的"校法四例"，即对校法、本校法、他校法和理校法，诠释了每种校勘方式的内涵和具体操作办法，第一次勾勒出古籍校勘的方法论体系，将考证方法融入校勘实践之中，极大地丰富了校勘学的内容。

0141

陈垣先生对校勘学的贡献[J]/章继光. --五邑大学学报(社会科学版),2001,03:40 - 42

本文论述了陈垣《元典章校补释例》和"校法四例"。陈垣先生第一次从理论上对古籍校勘做出系统总结，使得自西汉末开始的校勘学在 20 世纪 30 年代成为一门成熟学科。

0142

陈垣与《校勘学释例》[J]/邓瑞全. --五邑大学学报(社会科学版),2001,03:31 - 35

本文介绍了陈垣校勘《元典章》分析校出的 12000 条错误并撰写《校勘学释例》的事迹。该书对历代校勘古籍的方法、通例和一般原则做了系统归纳和总结，使校勘学走上科学的轨道。

0143

陈子龙十八首佚诗辑存[J]/叶石健. --古籍研究,2002,03:48 - 50

本文从中华人民共和国成立后刊行的《天启、崇祯两朝遗诗》中辑录了明末陈子龙佚诗 18 首，未见收录于陈子龙生前各种诗文集中，以供陈诗爱好者和研究者参考。

0144

谶纬文献的禁毁和辑佚[J]/李梅训,庄大钧. --山东大学学报(人文社会科学版),2002,01:41 - 44

本文论述了谶纬文献自汉代形成后历遭禁毁、隋唐后散佚殆尽的过程。通过明清辑佚诸家乃至近现代学者们的辛勤努力、大量注疏和类书的征引，为我们了解与研究提供了条件。

0145

谶纬文献及其辑佚问题例说[J]/张峰屹. --新亚论丛(在台湾地区发表),2010,11:30 - 37

本文以存世谶纬佚文述说"皇""帝"的资料为例，列举了谶纬文献辑佚中存在的把谶纬佚文杂错入篇、把非谶纬文字辑作谶纬文等现象，分析其原因，同时指出了辑佚谶纬佚文的文献价值。

0146

成都市古籍联合目录[M]/成都图书馆编著. --成都:四川大学出版社,2004

本书收录古籍图书目录 12310 种,30 余万册,以经、史、子、集、丛分类,其中经部 1698 种,史部 3231 种,子部 2794 种,集部 4081 种,丛部 506 种,反映了历史文化名城成都古籍收藏状况。

0147

程廷祚《〈尚书古文疏证〉辨》述评[J]/赵铭丰. --(在台湾地区发表),2010,01:125 - 148

本文分析论述了清代文人程廷祚《〈尚书古文疏证〉辨》的三个重点:"逻辑基点的部分谋合""深耕文献的考辨策略""《疏证》不足举隅",借此廓清程廷祚为《疏证》作"辨"的意义。

0148

充分发挥古籍文献在公共文化服务中的重要作用[J]/何芳. --四川图书馆学报,2009,06:22 - 24

本文从丰富的古籍文献是中华民族优秀文化的重要载体、开展古籍普查是弘扬传统文化的有效手段、充分发挥古籍文献在公共文化服务中的重要作用三方面论述了古籍文献在公共文化服务中的作用。

0149

重见天日的"毡皮书"——展望哈萨克文古籍工作[A]/阿扎提. --中国民族图书馆. 第十一次全国民族地区图书馆学术研讨会论文集[C],沈阳:辽宁民族出版社,2010

本文论述了哈萨克文古籍的历史传承和在哈萨克历史文化形成中的地位和作用,并介绍了哈萨克文古籍文献的搜集、整理、研究和出版情况。

0150

重庆市古籍保护中心工作汇谈[J]/袁佳红. --重庆图情研究,2008,04:56 - 58

本文回顾总结了重庆图书馆(重庆市古籍保护中心)成立以来的工作情况,并展望了未来发展。

0151

重庆医科大学图书馆馆藏中医药学古籍善本叙录[J]/刘晓凤,高明芳. --医学信息,2004,12:845 - 847

重庆医科大学图书馆存有古籍善本 268 册,其中中医药善本书共 8 种,本文对此作了简介。

0152

重印修订标点本《楚辞补注》错讹举隅[J]/侯体健. --古籍整理研究学刊,2007,04:92 - 94

《楚辞补注》是宋人洪兴祖为东汉王逸的《楚辞章句》作的补注,共 17 卷。中华书局 1983 年刊印此书标点本,2002 年重印《楚辞补注》(修订本),改正了原书点校错误 70 余处。本文作者就再度发现的错讹进行了辨析。

0153

出土简帛书籍题记述略[A]/骈宇骞. --辅仁大学图书馆. 2004 年古籍学术研讨会论文集[C],新庄:辅仁大学(台湾地区),2004

本文从书题、目录、篇题、章题四方面,介绍了出土简帛书籍题记,认为出土简帛书籍题记对日后书籍制度的形成有着深远的影响,是现今研究古代书籍制度形成和发展的珍贵资料。

0154

出土《诗》学简帛材料研究综述[J]/曹建国,张玖青. --汉学研究通讯(在台湾地区发表),2007,04:12 - 23

本文从阜阳汉简《诗经》、郭店楚简、上博简《孔子诗论》、采风曲目、逸诗等方面,综述了我国出土《诗》学简帛材料的研究状况。

0155

出土文献的检索与利用[J]/翁敏修. --国文天地(在台湾地区发表),2002,207:20 - 24

本文分析了《新史料检索与利用》《简帛佚籍与学术史》等帮助了解出土文献的基础书籍,以及研究成果的目录检索;介绍了文献内容、图版出处、释文与延伸考证的相关著作。

0156

出土文献整理面临的机遇与挑战——从出土简牍谈起[J]/李均明. --中国文物科学研究,2006,02:33 - 35

本文以出土文献简牍为例,论述了我国出土文献的种类、数量,以及整理、保护中存在的问题,从技术、人才、协调管理方面提出了建议措施。

0157

初论乾隆朝北京城书籍市场的分布与货源——以李文藻《琉璃厂书肆记》为中心的探讨[J]/廖振旺. --台湾师大历史学报(在台湾地区发表),2006,36:53-100

本文从考察清代藏书家李文藻《琉璃厂书肆记》入手,论述了乾隆年间北京城书籍市场的分布与货源,探讨了书籍市场与城市商业发展、居民结构变化之间的关系。

0158

《初学记卷十八·师第一》校勘记一则[J]/荣国庆. --吉林省教育学院学报,2008,05:103-104

《初学记》系唐代徐坚撰古代中国的综合性类书,共30卷,分23部313个子目,中华书局1962年刊印此书。本文就刊印本《初学记卷十八·师第一》中的讹文一处、脱文一处、倒文两处,做了校勘。

0159

刍议高校图书馆古籍整理工作[J]/徐筱红. --高校图书情报论坛,2006,01:48-50

本文从古籍文献的时代特点、保护方法及整理利用方面,探讨了高校图书馆古籍整理工作。

0160

刍议古旧美术文献保护与利用——以西安美术学院图书馆馆藏为例[J]/王沛. --中国校外教育,2010,18:54-55

本文以西安美术学院图书馆古旧美术文献馆藏情况为例,分析了美术类古旧文献的类型和保存现状,探讨了信息环境下古旧美术文献保护和利用的途径。

0161

刍议图书馆民间文献资源建设[J]/刘晓莉. --河南图书馆学刊,2008,02:90-93

本文通过对民间文献概述和存藏状况的分析,提出图书馆界应重视民间文献资源的共建共享,承担起保存人类文化遗产的职责。

0162

楮墨芸香——国家珍贵古籍特展图录(二〇一〇)[M]/国家图书馆,国家古籍保护中心编. --北京:国家图书馆出版社,2010

国家古籍保护中心于2010年举办了"楮墨芸香——国家珍贵古籍特展",从国务院批准公布的第三批《国家珍贵古籍名录》中选用魏晋南北朝五代时期文献、宋元善本、明清善本和稿抄本、佛教典籍、舆图、拓本与钤印本、少数民族文献、西文善本300多种,汇集展出,并编辑图录,集结成册。

0163

《楚辞集注》校勘补零[J]/杨曦. --成都大学学报(教育科学版),2008,05:105-107

宋端平本《楚辞集注》是迄今所能见到的《楚辞》最古、最完整的一个刻本,具有重要的文献校勘价值。作者在整理研究学校图书馆楚辞类古籍文献过程中,发现该书校勘部分的三处疑误,特撰文提出商补性意见。

0164

《楚辞》相关古籍整理的几点思考[J]/黄建荣. --职大学报,2008,01:33-34

本文从类别和对象、现状与任务、步骤与措施三方面论述了《楚辞》文献整理的相关问题。

0165

楚国金文资料分期汇编[J]/林清源. --兴大人文学报(在台湾地区发表),2003,33上:115-148

本文论述了楚国金文资料特色和文献价值,介绍了编写《楚国金文资料分期汇编》相关情况,并附有《楚国金文资料分期简表》和《疑似楚国金文资料分期简表》。

0166

楚雄旧志全书校注后记五则[J]/曹晓宏,周琼. --楚雄师范学院学报,2006,02:83-87

本文介绍了5种清代旧志全书校注后记:康熙《武定府志》校注后记;康熙《镇南州志》校注后记;咸丰《镇南州志》校注后记;光绪《镇南州志》校注后记;民国《镇南县志》校注后记。

0167

楚雄彝族自治州彝文古籍保护现状及对策 [J]/普家清. --云南图书馆,2010,01:82 – 84

本文论述了在楚雄彝族自治州古籍普查中,针对彝文古籍保护现状、特点、存在问题和保护对策所做的调查、分析。

0168

楚雄州公共图书馆古籍文献的现状、保护和开发利用[J]/姜荣文. --云南图书馆,2006,04:13 – 14

本文在实地调查的基础上,以数据说明楚雄州古籍图书收藏、保护和开发利用现状,为州、县级公共图书馆开展古籍保护工作提供建议。

0169

川滇黔桂彝文文献调查与研究[J]/李建平,马锦卫. --中央民族大学学报(哲学社会科学版),2010,05:87 – 93

本文通过对川滇黔桂彝文古籍文献存藏、搜集、整理、研究的田野调查,发现彝文文献数量庞大,内容丰富;载体分类上独具特色。

0170

传播海外的建本图书[J]/方彦寿. --福州大学学报(哲学社会科学版),2006,02:05 – 09 + 112

宋明以后,建阳刻本广泛传播至日本、朝鲜、东南亚和西欧各国,在中外文化交流史上产生了重要影响。作为历史上古籍的重要生产基地,以建阳为代表的福建刻书业,可称为"海上书籍之路"的重要源头。

0171

传钞《老子》古文辑说[J]/徐在国,黄德宽. --"中央研究院"历史语言研究所集刊(在台湾地区发表),2002,02:205 – 269

随着战国文字研究的深入,对传钞古文的研究也愈来愈引起学者的重视。本文将传钞《老子》古文汇为一篇,与出土郭店楚简《老子》及其他古文字资料相对照,认为传钞《老子》古文不仅来源有据,而且相当可靠。

0172

传承人类的记忆——"云南民族古籍文化遗产展"特色分析[J]/谢沫华,杨莉. --中国博物馆,2005,02:74 – 76

本文总结了云南民族古籍文化遗产展的成果及特色,旨在探索民族、民间文化在博物馆的展现形式。

0173

《传奇汇考》及其相关戏曲考释书目——从《传奇汇考》到《曲海总目提要》及《曲海总目提要补编》[J]/江巨荣,(日)浦部依子. --戏剧研究(在台湾地区发表),2009,03:125 – 145

《传奇汇考》是清代重要的曲学著作。本文参考日本京都大学石川谊臣抄本和日本大阪大学硕园精抄本,探讨了《传奇汇考》的存目。《曲海总目提要》是近代文人董康编辑的古代戏曲目录提要。作者分析比较了《传奇汇考》和《曲海总目提要》剧目组成、来源和文字异同,同时分析比较了杜颖陶编著的《曲海总目提要补编》所补曲目和考释文字。

0174

传世藏书本《方言》校勘献疑[J]/王宝刚. --古籍整理研究学刊,2000,02:31 – 34

本文从古文献整理研究的角度,针对李传书先生《方言》点校本在校勘方面的疏漏,尤其在校勘体例上出现的失校、误校以及改动底本而不校记等问题做了分析论证。

0175

传世孤本南宋明州刻本《集韵》初探[J]/王世伟. --中国图书馆学报,2002,04:75 – 78

南宋明州刻本《集韵》是现存《集韵》的最早刻本。本文介绍了明州本《集韵》的版式与刻工,考证该本子为述古堂影宋抄本《集韵》所据之底本,并详细探讨了其收藏源流。

0176

传世孤本《史拾》概述[J]/晓光. --图书情报通讯,2002,03:55 – 56

《史拾》是明末编纂的一部史学文献,传世极少。本文对现藏于西北大学图书馆,为海内外仅存收集齐全的孤本《史拾》加以介绍,以期对史籍整理研究工作有所参考。

0177

传世宋刊孤本的惊人文献学术价值[J]/史

克非. --典藏古美术(在台湾地区发表),2000,93:30 – 31

2000年4月28日,上海图书馆入藏江苏常熟翁氏六代世藏的善本古籍85种542册,其中有一些宋刊孤本,该批国宝级古籍曾流失外海半个多世纪。本文介绍了该批翁氏藏书的流传情形、珍稀书目、文献学术价值等。

0178

传世珍宝奎虚藏 古雅幽香扑面来——山东省图书馆入选首批《国家珍贵古籍名录》宋元本古籍叙录[J]/杜云虹. --山东图书馆季刊,2008,04:39 – 41 + 44

2008年3月1日,国务院批准颁布了首批《国家珍贵古籍名录》2392种,山东省图书馆共有38部珍贵古籍入选,其中宋、元本古籍为8部,本文对此逐一做了叙录,以飨读者。

0179

传是楼主徐乾学的编书、藏书和刻书活动[J]/徐学林. --出版科学,2007,03:83 – 87

本文介绍了清初著名藏书家传是楼主徐乾学藏书、著述、编纂官书、刻书活动的主要业绩,从侧面观照了清初汉族名宦官场生涯的艰难。

0180

传统藏书保护方法的研究与借鉴[J]/胡维青,刘晓武,陈少川. --图书馆杂志,2003,12:32 – 34

本文介绍了叶德辉藏书保护理论和陈秀清古籍保护修复论述,并对两者进行了比较分析,探索了传统古籍保护方法中值得继承和发扬的内涵。

0181

传统文化与创新型古籍修复人才的培养[J]/黄玉琰,葛怀东,曹千里,陈英,颜丽. --文教资料,2009,27:76 – 78

本文从高校应加强从业人员的文化内涵,培养学生对传统文化热爱精神、加深对文献价值的认识,培养高素质、高水平、创新型应用人才等方面,论述了传统文化与创新型古籍修复人才的培养。

0182

传统文化与古籍整理的现代化[A]/吴宏一. --中华书局编辑部."中国传统文化与21世纪"国际学术研讨会论文集[C],北京:中华书局,2003

本文论述了中国古代文学文献的现代诠释问题,认为无论是注释、翻译、还是评介、诠说,都要注意把握时代性、通俗性和准确性。

0183

传统舆图资源的特征与整理开发[J]/李云. --大学图书馆学报,2005,06:73 – 76

本文针对目前图书馆传统舆图资源开发滞后的问题,提出应根据传统舆图资源的特征,做好整理保护,建立准确快捷的查询系统,加快数字化进程的对策和建议。

0184

传统与超越——两种中文古籍善本目录的比较分析[A]/宋平生. --中国图书馆学会.21世纪图书馆可持续发展战略[C],北京:北京图书馆出版社,2001

作者通过参加《中国古籍善本书目》和美国《RLG中文善本书国际联合目录》编制工作,对两个项目进行了比较。本文介绍了RLG目录编制工作特点,以及对中国古籍编目工作的影响。

0185

传统与近代的交融——梁启超古籍辨伪成就述论[J]/李廷勇. --史学理论研究,2002,02:130 – 137 + 161

本文梳理了梁启超的辨伪成就,展示梁氏在此文化思潮中所占据的重要地位。

0186

创书林精品 延湖湘学脉——《湖南图书馆古籍线装书目录》出版[J]/沈图. --船山学刊,2008,03:224

本文从收录数量种类、编目体例、特点影响等方面,介绍了湖南图书馆编纂的《湖南图书馆古籍线装书目录》。

0187

春华秋实——记《中国古籍善本书目》的编辑工作历程[J]/骆伟. --图书馆论坛,2010,06:284 – 288

本文从善目编辑的缘由和筹办经过、四

次全国性工作会议、善目总编工作、编辑工作的几点启示等方面,回顾了《中国古籍善本书目》编辑工作历程。

0188

春秋一度 书中千年——参加古籍保护试点工作的实践与思考[J]/周越,刘冰. --图书馆学刊,2009,02:93 – 96

全国古籍保护试点工作于2007年8月开始,历时1年,共有57家古籍收藏单位参与,旨在通过古籍普查、定级、编制目录等工作,为在全国范围全面展开古籍保护工作积累经验。本文系作者参加试点工作实践的认识与思考。

0189

《淳化阁帖》传世版本系统概述[A]/何碧琪. --秘阁皇风——《淳化阁帖》刊刻1010年纪念论文集[C],香港:香港中文大学文物馆(香港地区),2003

《淳化阁帖》是宋太宗命王著甄选秘阁所藏历代名人法书摹刻的丛帖,被后世称为法帖之祖,流传版本众多。本文考证了该书的宋、明、清翻刻版本系统,论述了各系统间的关系。

0190

《词旨》作者考辨——兼及古籍著者规范之意义与原则[A]/杨靖. --詹福瑞. 国家图书馆第八次科学讨论会论文集[C],北京:北京图书馆出版社,2005

元代《词旨》系词论修辞学史上的重要著作。基于该书不同版本,其卷端所题著者不同,本文对《词旨》作者进行了考辨。经查证辨析,初步判定作者为陆行直,由此说明古籍著者规范的意义与原则。

0191

从《藏书十约》述叶德辉置书要略之法[J]/田傲然,王纪坤. --兰台世界,2009,18:53 – 54

本文论述了清代藏书家叶德辉《藏书十约》在藏书建设方面的十个专题思想与体会,给后人留下一部可资借鉴的古籍整理指南。

0192

从重印《文渊阁四库全书》谈起(上)[J]/王书辉. --历史月刊(在台湾地区发表),2008,246:135 – 137

台湾"商务印书馆"1986年影印出版《文渊阁四库全书》,2008年计划用数位扫描制作的方式重印。本文从重新再版及数位化、过度依赖《文渊阁四库全书》须慎防三大误点谈了作者的见解和思考。

0193

从重印《文渊阁四库全书》谈起(中)[J]/王书辉. --历史月刊(在台湾地区发表),2008,247:135 – 137

(同上)。

0194

从重印《文渊阁四库全书》谈起(下)[J]/王书辉. --历史月刊(在台湾地区发表),2008,248:135 – 137

(同上)。

0195

从出土非文字材料运用看《尔雅》研究前景[J]/冯华. --通化师范学院学报,2009,05:49 – 51 + 73

本文论述了利用出土材料中的非文字材料,如古建筑遗址和古器物等,对《尔雅》进行"新证"研究,不仅可以完善《尔雅》研究的不足,同时还可检验《尔雅》对一些词语训释的正确性,由此说明对传世古籍的整理研究要重视非文字材料的作用。

0196

从电影《国家宝藏》谈纸质文物保存内涵[J]/岩素芬. --林业研究专讯(在台湾地区发表),2005,05:15 – 17

本文以电影《国家宝藏》为例,从预防性、善后性文物保存和文物的科学研究等方面,探讨了纸质文物保存的技术和内涵。

0197

从《俄藏黑水城文献》看西夏文书的制作与保护[J]/尚世东. --宁夏社会科学,2006,04:107 – 112

本文根据《俄藏黑水城文献》,结合其他文献和文物考古资料,对西夏文书的制作材料和工具、制作方式、页面格式、装订形式以及西夏文书的封面和裱褙等问题做了全面的探讨。

0198

从高校用户信息需求变化谈古籍特色数据库的建设[J]/郑辉.--图书馆学研究,2003,09:33 - 35 + 41

本文分析了现代信息环境下,用户对高校图书馆古籍文献的需求,提出亟须建设反映馆藏特色的古籍数据库并提供资源共享,同时探讨了高校古籍特色数据库建设在选题、功能、建库标准和共享方面的问题和解决途径。

0199

从《庚己编》书名之讹说起[J]/李解民.--中国典籍与文化,2005,03:101 - 107

本文以《庚己编》书名之讹为例,论述了古籍整理应注意"整理应以研究为基础;掌握必要的文化常识;具备相应的文字素质",进而论及了古籍出版的相关问题。

0200

从古代藏书楼看现代古籍管理[J]/华海燕.--重庆科技学院学报(社会科学版),2010,08:65 - 67

本文从保护措施、图书流通、古籍整理三方面,论述了传统典籍保护的技术与措施,说明现代古籍保护与管理不仅要利用现有的科技手段,还应传承和借鉴古代私家藏书楼的做法和经验。

0201

从古典文献学角度论伪书的价值[J]/刘识文.--兰台世界,2008,10:44 - 45

本文从史料价值、学术价值、思想价值等方面,论述了伪书的存在价值,试图说明对待伪书不仅要看到它的弊端,同时也应认识其价值,使其更好地为现今古籍传承研究利用服务。

0202

从古籍保护角度谈当前古籍函套工作得与失[J]/侯富芳.--图书馆建设,2010,09:83 - 85

古籍原有函套是古籍不可分割的一部分,带有丰富的古籍信息和藏书人信息,不可轻易抛弃;在为古籍定制、加装新函套时,应该注意装潢和黏合等原材料的安全性,并注意内在和外观审美等相关工艺。

0203

从古籍保护看图书馆古籍人才培养的契机[J]/周新凤.--河南图书馆学刊,2008,05:130 - 131 + 134

本文从领导重视、工作实践、把握机遇、少走弯路、重视培养、人员遴选、专业培训等方面,论述了图书馆古籍人才的培养方法和途径。

0204

从古籍编目看提高古籍工作人员素质的必要性[J]/罗丽丽.--图书馆,2002,04:82 - 83

本文从认识和了解古籍、掌握古汉语知识、熟悉古籍分类、掌握古籍编目知识、有良好的职业道德五方面,论述了图书馆古籍编目人员应具备的职业素质,分析了具备和提升这些素质的必要性和可行性。

0205

从古籍工具书的编纂看古籍编目问题[J]/胡良.--大理学院学报,2008,03:55 - 58

本文从古籍工具书编纂角度,列举了古籍编目存在的著录问题、分类问题和用字问题,分析了产生这些问题的原因,提出通过落实健全的机制和完善的标准、增强开放意识、采取多种形式提高人员素质的措施建议。

0206

从古籍馆的藏书谈古籍的保护和修复[J]/卜林,边沙.--农业图书情报学刊,2010,05:148 - 150 + 162

本文围绕国家图书馆古籍馆藏书建设,结合古籍保护与修复工作实例,为古籍保护与修复工作提出一些建议。

0207

从古籍记载考察古代农业文献散聚[J]/袁红军.--四川图书馆学报,2005,04:47 - 48

本文介绍了《四库全书总目提要》等古籍中有关农业的文献,按照目录学规则对其进行了归类和梳理,有助于对我国古代农业文化的研究,以及对现代农业文化发展提供启示和借鉴。

0208

从古籍普查谈中小型图书馆古籍工作存在的问题与对策[J]/刘峨.--图书馆学刊,2010,04:47-48+98

本文以古籍普查登记为切入点,论述了中小型图书馆古籍保护工作中存在的问题,并提出若干对策。

0209

从古籍史料特性论史料征引问题——以"儒家的心之模型"为例[J]/邱耀初,许鹤钟.--本土心理学研究(在台湾地区发表),2000,14:237-283

本文以"儒家的心之模型"为例,论证了征引史料建构理论可能会产生偏误的情形,并说明论断的真伪应取决于证据,而非决定于研究者所信仰的方法论。

0210

从古籍修复人员的角度谈古籍的修复与保护管理工作[J]/边沙.--管理观察,2010,10:247-249

本文以作者的工作实践为例,概述了古籍保护与修复工作应该如何贯彻"保护为主,抢救第一,合理利用,加强管理"的方针政策,并以事例说明了该项工作的迫切性。

0211

从古籍中析出地方文献——萧山发现首部《政绩志》简述[J]/赵荣伟.--图书馆研究与工作,2003,03:76-77

本文介绍了明代萧山知县张选《政绩志》的发现经过,并对萧山建县2000多年迄今面世的地方文献《政绩志》作了初步考证。

0212

从广东方志及地方文献中新发现的《全宋诗》辑佚73首[J]/李君明.--岭南文史,2007,02:07-14

作者因参编《全粤诗》而从明清文献特别是广东方志和地方文献中析出《全宋诗》未收诗,辑成《〈全宋诗〉辑佚73首》。本文介绍了所辑佚诗的排列顺序和作者考证方法。

0213

从广西古籍修复人员现状谈古籍修复人才队伍建设的创新[J]/黄艳,郭玉玲.--图书馆界,2010,03:43-44+47

本文以广西壮族自治区主要古籍收藏单位为例,论述了古籍修复人才的老化、断层是当前古籍保护工作面临的重要问题,提出在加大人才培养的同时,还应创新人才队伍建设思路,尽快形成一支数量和质量均能满足基本需求的古籍修复人员队伍。

0214

从归庄佚文辑录略窥遗民文集整理的常见问题[A]/秦蓁.--上海社会科学院《传统中国研究集刊》编辑委员会.传统中国研究集刊(第一辑)[C],上海:上海人民出版社,2006

昆山归庄是明末清初重要的遗民人物。上海古籍出版社出版的《归庄集》是目前为止收录其作品最齐全的别集。本文以归庄佚文辑录为例,梳理了遗民文集整理中的常见问题,认为归庄著作内容涉及天文、地理、历法、音韵等,搜集整理虽有难度却有意义。

0215

从国图馆藏看金陵书局所刻书[J]/苏晓君.--中国典籍与文化,2010,01:83-91

本文以国图馆藏金陵书局刻书为例,较为详细地介绍了该书局刻书的类别、版本特征、品种和在国图的藏量,同时对江南书局刻书也做了统计,并浅谈了对两书局关系的初步理解。

0216

从汉语史角度看古籍注释、校点例[J]/冯春田.--山东图书馆学刊,2010,02:94-98

本文通过古籍校点、注释中存在的误释或误点的分析,论述了从汉语史研究角度对误释误点问题可以进行考察,从而说明注意汉语史研究将有助于古籍整理。

0217

从《汉志》《隋志》《四库全书》看经史子集学术源流[J]/洪树华,方丽萍.--求索,2006,01:171-174

本文论述通过《汉书·艺文志》《隋书·

经籍志》《四库全书总目》三部综合性古籍目录,可以领略经、史、子、集四大部类著录书籍的数量和不断发展变化的大致脉络,从而了解中国古代学术源流。

0218

从互见文献看古书的校点问题[J]/潘铭基. --中国语文通讯(在香港地区发表),2003,66:41 – 48

本文列举了古籍整理中,经书、二十四史等点校刊印存在的问题,提出采用不同典籍里记载的相同故事的文字相互校勘的互见文献对校法,校勘诸书新式标点本,可以发现其中的可商榷之处。

0219

从《画一元龟》谈日本古汉籍的收藏[J]/吴哲夫. --书目季刊(在台湾地区发表),2001,03:9 – 16

本文以宋代千卷大书宋版《画一元龟》为例,论证了日藏古代汉籍的重要价值。全文探讨《画一元龟》的内容和存藏概况,引述了其他传存于日本的善本作旁证,呼吁在重视珍罕日藏汉籍的同时,还应重视其他普通汉籍。

0220

从回族古籍的特点看其学术文化价值——兼论编纂《中国少数民族古籍总目提要·回族卷》的意义[J]/吴海鹰. --回族研究,2007,03:61 – 65

本文分析了回族古籍的文化价值、学术研究价值、史料价值、社会价值和开发利用价值,并对编纂《中国少数民族古籍总目提要·回族卷》的意义进行了探讨。

0221

从惠栋《古文尚书考》的"阎君之论"探析阎若璩《尚书古文疏证》抄本的传布[J]/赵铭丰. --(在台湾地区发表),2008,01:185 – 224

清代文人惠栋《古文尚书考》所征引的"阎君之论",突显了阎若璩惠抄本《尚书古文疏证》与人不同的特征。本文通过相关数据的汇整,重新考订阎氏《疏证》抄本传布的历史轨迹,据此说明惠栋《古文尚书考》与阎氏《疏证》之间的关系。

0222

从简本《武王践阼》看出土文献与传世文献[J]/杨真. --青年文学家,2010,14:225

本文通过简文《武王践阼》考察传世文献与出土文献在校读与释读以及文本的构成研究方面所产生的相互作用,以期深入理解出土文献在研究古籍中发挥的作用,以及传世古籍在出土文献的整理中提供的参考作用。

0223

从建筑学角度探析古籍保护方法[J]/奚可桢. --东南文化,2006,02:94 – 96

古代藏书场所的建筑材料、建筑样式、建筑装饰等对古籍收藏起到了预防各种灾害的保护作用。本文从建筑学角度对此进行了探析。

0224

从《解愠编》到《广笑府》——谈一部明刊笑话书的流传与改编[J]/王国良. --汉学研究集刊(在台湾地区发表),2008,06:113 – 128

本文以明代笑话书《解愠编》为例,论述了原书的编辑形式、内容,以及《解愠编》与《笑府》拼凑而成的伪书《广笑府》刊印缘由与改编过程,还原事实真相,以期解决读者之困扰与学界的争议。

0225

从近代日人来华访书看中华典籍的文化意义[J]/钱婉约. --中国文化研究,2007,01:121 – 131

本文以20世纪前半期日本中国学家来华访书为考察对象,通过梳理代表性人物回忆录、访购书目、学术考察报告等文献,分析近代日本对于中国汉籍搜求研究的基本状态、主要特色,以及中华古籍善本对于异域邻邦的学术文化意义。

0226

从抗战期间抢救珍贵古籍的一段馆史说起[J]/卢锦堂. --(在台湾地区发表),2001,89:6 – 8

本文记述了1933年至抗战期间,原国立中央图书馆筹备处收集图书文献,以及抗战期间经由上海有识人士协助,组成同志会,秘密搜购大量可能流失善本古籍的经过。

0227

从历代目录看《拾得诗》之版本及其流传情况[J]/方志恩.--东方人文学志(在台湾地区发表),2004,04:1-12

本文论述了唐、宋、元、明、清历代典籍目录及国内外图书馆藏书目录有关《拾得诗》版本情形,并梳理了该书的版本流传情况。

0228

从历史和现实双向审视中国古籍目录之体系架构[J]/袁学良.--图书馆理论与实践,2008,05:64-66

本文从历史和现实的不同角度,分析论述了中国古籍目录的类目体系、类序、解题和特有的学术思想,提出基于中国古代学术的综合性思维方式,古籍目录具有明显的学科混沌特征。

0229

从民族文化保护和发展角度看民族医药古籍整理[J]/冯岭,黄福开.--中国民族医药杂志,2009,08:9-10

本文从民族医药学古籍在民族文化中的重要地位、民族医药学古籍的危机、民族医药学古籍整理手段和民族医药学古籍信息平台设想4个方面探讨了民族医药学古籍的整理、保护和研究。

0230

从"明人文集联合目录与篇名索引资料库"谈古籍数位化的使用问题——以何景明《大复集》为例[J]/陈惠美.--侨光技术学院通观洞识学报(在台湾地区发表),2008,10:63-73

"明人文集联合目录与篇名索引资料库"是台北汉学研究中心整合台湾地区图书馆藏明人文集建置的资料库,具有篇目、书名、作者等检索功能。本文以何景明《大复集》为例,分析了该数据库在使用中存在的问题,提出建议。

0231

从目录版本学到古籍整理——访华东师范大学严佐之教授[J]/苏琬钧.--国文天地(在台湾地区发表),2010,03:106-110

本文系台北市立教育大学硕士生苏琬钧对华东师范大学教授严佐之关于目录版本、古籍整理等的专访情况。从曲折的求学过程、亲炙大师风采、古籍重编的心路历程、目前计划等方面予以介绍。

0232

从欧阳询到赵孟頫——吴兴体在元代古籍版面的推广[D]/关印.--中国美术学院,2010

本文介绍了元代书籍版面的特点,分析了从欧阳询到赵孟頫——吴兴体在元代书籍版面推广过程中,文人士大夫阶层对版面美学造成的影响,从古人版面字体美学的角度,批评了当代汉字版面字体的滥用现象,并提出了改进意见。

0233

从排印古籍建议选用一百个繁体字说起[J]/郑张尚芳.--语文建设通讯(在香港地区发表),2010,95:6-8

本文系作者1999年向全国古籍整理出版规划领导小组《古籍整理出版情况简报》的一份建议。提出有部分汉字存在同音代替、一简多繁等情况,只出简体容易引起词义混淆和阅读障碍,建议印刷古籍有计划的保留有限繁体字。

0234

从曲律看《聊斋俚曲集》的校勘[J]/李焱.--古籍整理研究学刊,2000,04:46-52

清代文学家蒲松龄《聊斋俚曲集》现存版本主要有上海古籍出版社路大荒《蒲松龄集》和学林出版社盛伟《蒲松龄全集》,前述版本的断句或韵脚确定时有微瑕,本文运用内证法和外证法对此进行了校勘。

0235

从人文关怀视角看历史文献的保存、开发和利用[J]/李俊恒,李俊杰.--新世纪图书馆,2007,02:35-37

本文从历史文献的含义与范围变化入手,分析了我国图书馆现行历史文献服务方面存在的问题与不足,对图书馆历史文献保存、开发和利用、如何体现人文关怀提出了见解。

0236

从《日本访书志》看杨守敬的目录学思想与成就[J]/倪梁鸣. --图书情报论坛,2006,02:72－74

本文通过对杨守敬《日本访书志》的分析,探讨了在中西文化交流的背景下,该书作者不同于传统学者的目录学思想与成就。

0237

从《三字经》看古籍作者辨伪的主要方法[J]/陈雪梅. --河南图书馆学刊,2009,02:118－120

本文以《三字经》为例,论述了古籍作者辨伪的角度和方法:包括名家注疏和版本实物、人物传记或地方志记录、作者学术背景、其他作品佐证、作品文体和语言特点、作品产生地域特点以及作品传播路线等。

0238

从《商君书》辑定年代看古籍整理的几项要素[J]/冯树勋. --书目季刊(在台湾地区发表),2004,03:69－90

本文通过对《商君书》成书时代的考析,探讨了古籍整理的要素,提出古书编辑及流通要注意相关人物,包括发言者、作者、编者及改编者,均可能对原典的形貌有不同程度的影响。

0239

从诗经图发展史看清代乾隆《御笔诗经图》[J]/吴璧雍. --"故宫"学术季刊(在台湾地区发表),2002,03:91－137

清乾隆四年至十年(1739—1745),乾隆与词臣陆续书写《诗经》310篇,同时敕画院诸臣根据宋人马和之毛诗图笔意,完成《御笔诗经全图书画合璧》。本文介绍了诗经图的发展历史和该书相关情况。

0240

从《史记杂志》看王念孙校勘古籍的方法[J]/杨捷. --才智,2009,22:201－202

《史记杂志》是清代王念孙校勘古籍专著《读书杂志》中的一部分。本文从王念孙对《史记杂志》的校正中,总结出作者校勘古籍的若干种方法,以期在古书校读方面给人以启示。

0241

从事维吾尔文古籍工作的几点心得——以国家图书馆古籍馆藏维吾尔文古籍为例[A]/姑丽尼格尔·艾斯卡尔. --中国民族图书馆. 第十一次全国民族地区图书馆学术研讨会论文集[C],沈阳:辽宁民族出版社,2010

本文以国家图书馆古籍馆藏维吾尔文古籍为例,介绍了馆藏维吾尔文古籍的基本情况、存在不足、保护与开发等问题。

0242

从《书林清话》看叶德辉对古代印书缘起与发展的认识[J]/沈俊平. --(在台湾地区发表),2001,02:181－195

本文根据清代版本目录学家叶德辉《书林清话》,梳理了叶德辉对中国古代印书缘起和发展的认识,结合当今研究成果,论述了作者对这个领域的贡献与缺失。

0243

从书写到印刷的历史建构:钱存训《中国古代书籍纸墨及印刷术》析评[J]/刘怡伶. --(在台湾地区发表),2005,74:35－50

本文从篇章结构对照、新旧版本对照、同类他本比较三方面,对钱存训《中国古代书籍纸墨及印刷术》进行了研究,梳理了中国印刷术的研究趋向。

0244

从书院文化数据库建设看古籍文献数字化[J]/郑章飞. --图书馆,2006,06:75－77

本文介绍了书院文化数据库建设工作,揭示数字化对保护和传承古籍文献的现实意义,由此讨论了古籍数字化应遵循的原则。

0245

从《四库全书》到《续修四库全书》[J]/宋木文. --中国图书评论,2002,06:6－8

《续修四库全书》为《四库全书》的续编,系国家重点出版工程。本文从《四库全书》的成书及其历史背景说起,介绍了《续修四库全书》的编纂缘起,出版情况和重要意义。

0246

从《四库全书》内诗文评著作看唐五代女性诗歌创作[J]/郭海文. --东方人文学志(在台

湾地区发表),2005,04:217 – 228

《四库全书》及《四库存目》中有一些诗文评类著作收录了唐五代女性诗歌,给予了较高评价。本文以《本事诗》《唐诗纪事》《全唐诗话》等为例予以说明,总结了唐五代女性诗歌的创作成就。

0247

从《四库全书总目》对明代经学的评价析论其评价内涵的意义[J]/杨晋龙.--中国文哲研究集刊(在台湾地区发表),2000,16:523 – 585

本文以《四库全书总目》评价经学为例,梳理了《总目》评价经学发展的依据:时间之先后、考证之良窳、国运之盛衰、科举之内容、帝王之态度等,论述了《总目》以考证为"本",以义理为"佐"的评价内涵。

0248

从《四库全书总目》"史部·史评类"对于所录明代著作的评述分析明人的史评论著[J]/张维屏.--政大史粹(在台湾地区发表),2002,04:89 – 107

本文通过对《四库全书总目》"史部·史评类"所录明代著述的评价,分析了明人史评类论著在学术渊源与时代因素影响之下,所呈现的特点。作者认为,《总目》分析明人史评论著多缺乏学术根底,辞藻亦多浮夸,是基于特定的政治立场与学术观点。

0249

从《四库全书总目·四书类》论析政治与学术发展之关系[J]/叶锦霞.--儒学研究论丛(在台湾地区发表),2010,03:227 – 247

本文通过分析《四库全书总目·四书类》,梳理了政治权力对于学术发展的作用,讨论了馆臣们身兼学者与官员双重身份撰写提要,能否摆脱政治权力的影响等重点。

0250

从《四库全书总目提要》看纪昀的小说观[J]/吴丽珠.--国文天地(在台湾地区发表),2003,220:67 – 72

本文以从《四库全书总目提要》选录的小说为例,从"小说本色、小说以叙事为主,为作者耳目所及;以笔记小说为范畴,不包括传奇、白话小说;小说的功用"等方面,探讨了清代学者纪昀的小说观。

0251

从温州地方文献订补《全宋诗》[J]/潘猛补.--温州师范学院学报,2006,04:1 – 9

本文就温州地方文献中发现的《全宋诗》失收作品和疏误之处,进行了辑佚和订误,为完善《全宋诗》和温州地方史的研究提供参考。

0252

从文化层面浅析汉、唐、宋三朝文献编纂活动[J]/邓茜.--档案学研究,2001,05:15 – 17

本文以汉、唐、宋代为基点,从文化层面对该时代文献编纂活动内涵进行了探讨,重新定位了活动价值,分析了活动对文化积累、传播和发展的积极作用,以及两者之间的互动关系。

0253

从文献整理角度谈郭沫若对甲骨学的贡献[J]/罗业恺.--楚雄师范学院学报,2009,04:50 – 56 + 60

郭沫若在研究甲骨文的过程中,对其进行了系统整理,取得巨大成果。本文从文献整理的意义出发,探讨了郭沫若对甲骨学形成的贡献。

0254

从文渊阁四库全书本《明诗综》看四库馆臣之删改典籍[J]/陈惠美.--东海大学图书馆馆讯(在台湾地区发表),2006,52:35 – 44

本文在调查台湾地区公藏《明诗综》版本刊刻源流的基础上,对两个主要版本系统进行了对比分析。文章以《文渊阁四库全书》系统《明诗综》为蓝本,讨论了四库馆臣对典籍的删改。

0255

从我馆古籍数字化谈方正德赛(DESI)软件的应用和问题[J]/陈秀云.--农业图书情报学刊,2005,10:163 – 165

本文以海南师范大学图书馆古籍数字化为例,基于方正德赛(DESI)系统软件的应用,论述了古籍再生性保护和特色数字资源库开发的措施,对方正德赛(DESI)系统软件提出了适应古籍开发需求的建议。

0256

从我国编辑出版的历史看当前抢救、整理民族古籍的重大意义[A]/王苹. --中国民族图书馆.第九次全国民族地区图书馆学术研讨会论文集[C],沈阳:辽宁民族出版社,2006

本文从民族古籍编辑出版工作的现状与问题、整理民族古籍的重要意义、民族古籍整理工作中应注意的问题等方面论述了当前抢救、整理民族古籍的重要意义。

0257

从吴晓铃藏书看现代学者的古籍收藏特点[J]/杨之峰. --图书情报工作,2009,S2:161 - 163

本文从专业特点、版本特点、购藏、编目、利用等,概述了我国著名戏曲小说研究专家、藏书家吴晓铃的藏书情况,归纳出现代学者收藏古籍的共同特点,为图书馆编目、典藏和读者利用提供参考。

0258

从夏文彦到雪舟——论《图绘宝鉴》对十四、十五世纪东亚地区的山水画史理解之形塑[J]/石守谦. --"中央研究院"历史语言研究所集刊(在台湾地区发表),2010,02:229 - 287

本文围绕元末明初夏文彦《图绘宝鉴》编辑和出版,论述了作者对该书如何成为一本成功的画学参考书以及对读者形塑了何种画史知识的认识,探讨了从夏文彦到雪舟(日本画家)十四、五世纪东亚地区山水画发展史以及《图绘宝鉴》对其的影响。

0259

从现代服务理念论古籍阅览的开放性[J]/李文遴. --河南图书馆学刊,2003,05:51 - 53

本文围绕"古籍阅览室应采取现代图书馆开放性的阅览模式"的论题,从"提出这一设想的原由、支撑这一设想的原由、实现这一设想应具备的条件"等方面进行了论述。

0260

从"现代经济理论"论《四库全书总目》——

经济学及其相关概念与传统中华文化研究[J]/杨晋龙. --"故宫"学术季刊(在台湾地区发表),2008,01:133 - 169

本文从经济学及其相关概念与传统中华文化的研究出发,借助"现代经济理论",说明《四库全书总目》的现代意义。

0261

从写样到红印——《豫恕堂丛书》中所见的晚清书籍初刻试印程序及相关史料[J]/陈正宏. --中国典籍与文化,2008,01:91 - 98

本文以清代文人沈善登编刊的《豫恕堂丛书》为依据,探讨了晚清书籍刻印过程中从写样到红印初刻试印的程序。论文大致复原了写样、校正写样、刻版等基本环节,钩稽了刊刻工价等相关史料。

0262

从《新刻韵学大成》看明代丛书刊刻一现象[J]/陈绍博,娄育. --渤海大学学报:哲学社会科学版,2005,05:15 - 18

本文对《格致丛书》收录的明代韵府类书籍《新刻韵学大成》真实面貌进行了考辨,证明《新刻韵学大成》和《韵学事类》实为同一部书,由此引发对明代刊刻丛书弊病"变幻名目,割裂首尾"的认识。

0263

从修复工作实例谈天津图书馆古籍保护工作[J]/万群. --图书馆工作与研究,2009,07:83 - 85

本文以天津图书馆古籍修复工作为例,论述了该馆实施"中华古籍保护计划"中,开展古籍保护工作的过去、现在和未来。

0264

从雅纳俗:"乐类"典籍在中国古代目录分类上的流变分析[J]/刘美玲. --台湾图书馆管理季刊(在台湾地区发表),2005,01:64 - 76

本文从中国历代书目的分类体系中,分析了"乐类"典籍目录分类的流变,探讨了其学术思想发展与目录分类之间的关系。

0265

从一副楹联看直隶图书馆藏书之命运[J]/柴汝新. --文物春秋,2010,01:76 - 78

本文通过当年直隶图书馆的一副楹联,介绍了直隶保定藏书的一段历史:直隶图书馆接收了原莲池书院万卷楼劫后余存的图书善本,万卷楼沿袭自元代贾辅的藏书楼,这批藏书历经沧桑,多次散佚又重整,部分幸存至今。

0266

从彝文古籍记载看中华远古文明的老根子 [J]/陈英. --毕节师范高等专科学校学报(综合版),2003,02:22 – 24

本文围绕中华民族远古文明如清气浊气论、青红白黑黄"五色观""天地人"三才文化等,在彝文古籍中均有记载的史实,从历史学和彝学研究角度,论述了彝文古籍是保存中华远古文明老根子的宝库。

0267

从银雀山汉简看王念孙对《晏子春秋》的校勘[J]/唐德正. --管子学刊,2004,04:91 – 93

本文通过对照70年代山东银雀山出土汉简中的《晏子春秋》,分析论述了清代语言学家王念孙对《晏子春秋》校勘的成就与局限。

0268

从引书看《广韵》的文献学价值[J]/熊桂芬. --中国典籍与文化,2006,01:35 – 40

北宋《广韵》是一部重要的韵书,由隋陆法言《切韵》经过唐五代及宋初诸家增字加训而成,其中增引了很多典籍,因而在目录、版本、校勘、辑佚等方面,有着不容忽视的文献学价值。

0269

从涌泉寺古籍被淹看当前古籍保护工作的紧迫性[J]/苏品红,林世田. --国家图书馆学刊,2006,04:38 – 42

本文以涌泉寺被淹古籍为例,围绕其存在的霉变、破损、虫蛀、裂口问题,提出通过建立恒温恒湿藏经库、除霉杀菌和修复、限制开放藏经殿等措施加以保护,呼吁发挥政府职能和社会力量,提升古籍保护意识。

0270

从用户信息需求变化谈古籍特色数据库的建设[J]/郑辉. --信息窗,2002,04:22 – 25

本文通过分析古籍文献不同用户群体的信息需求变化,提出建设古籍文献特色数据库需要关注的几个问题及解决途径。

0271

从袁枚佚札佚文看《随园诗话》版本及刻书时间[J]/包云志. --古籍整理研究学刊,2004,01:94 – 96

本文通过考证清代袁枚致李宪乔的两通佚札和袁枚佚文《星湖诗集序》,厘清了袁枚《随园诗话》的最早版本及其两个重要版本的刊刻时间,解开了《随园诗话》版本问题的百年之谜。

0272

从越南俗文学文献看敦煌文学研究和文体研究的前景[J]/王小盾. --中国社会科学,2003,01:164 – 176 + 208

本文介绍了越南汉喃文古籍的存藏现状,揭示了其中俗文学古籍在内容和性质上与敦煌文献的同一性,进而讨论了敦煌文学研究和中国文学文体理论的发展前景。

0273

从韵脚字谈《全宋诗》的校勘问题(四则) [J]/徐朝东. --古籍整理研究学刊,2002,05:57 – 58

北京大学古文献研究所于1998年编辑出版了《全宋诗》。本文针对其存在的四个校勘问题,从韵脚字读音角度进行了考证。

0274

从"整理国故"看哈佛燕京学社汉学引得丛刊的价值[J]/马学良,孙蕊. --图书情报工作,2010,07:111 – 114

本文将哈佛燕京学社"汉学引得丛刊"置于"整理国故"背景下进行分析,论述了汉学引得丛刊产生的时代背景,及其与"整理国故"的相互关系,从而揭示"汉学引得丛刊"的学术价值。

0275

从中国大陆当代古籍整理的现状看其类别、方式方法及走向[J]/曹亦冰. --古籍整理研究学刊,2005,01:1 – 7

本文回顾了中国大陆当代古籍整理的缘起,论述了中国大陆当代古籍整理的现状,阐述了古籍整理的类别和方式方法以及今后走向。

0276

从《中华再造善本》谈再造古籍的开发利用[J]/何维义. --图书馆界,2008,02:31 – 33

本文围绕《中华再造善本》的产生及其所承载的历史使命,阐述了再造古籍开发利用应该坚持人本管理、全面开放、广为社会所用的观点。

0277

从中医古籍书名中管窥先贤医家的医学精神[J]/刘瑜,黄一卓. --江苏中医药,2010,05:68

本文对众多中医古籍书名进行了分析,以此感悟先贤医家的医学精神。

0278

从中医古籍数据库建设看中医古籍数字化[J]/李兵,刘国正,符永驰,裘俭,张伟娜. --中国中医药信息杂志,2009,03:92 – 93

本文论述了中医药古籍医学数据库建设、中医古籍数字化存在的障碍,对中医古籍数字化建设提出了建议。

0279

从装潢看版本——以清代皇家书籍为典型[J]/朱赛虹. --故宫博物院院刊,2000,02:70 – 77

本文以对清代皇家书籍装帧方面所做的调查为依据,总结其特色和风格,论证其在版本鉴别中的意义,提出在现代图书出版中应重视装帧问题。

0280

丛青轩集译注(全二册)[M]/(明)许獬著;方清河译注. --金门:金门县文化局(台湾地区),2008

《丛青轩集》系明学者许獬著。本书为金门县文化局(台湾地区)2008 年出版的"金门古书新译丛书"系列之一,由当代学者方清河进行译注。

0281

崔致远与《桂苑笔耕集》[J]/刘烈学. --图书情报论坛,2004,01:60

《桂苑笔耕集》系朝鲜文人崔致远的代表作。本文以此为例,论述了我国现存古籍中刻本居多,抄稿本次之,活字印本较少。活字排版易于抽换,便于校勘,错字脱字现象较少,故流传至今的活字印本大多为珍贵古籍,《桂苑笔耕集》朝鲜活字印本就是其中一种。

0282

《翠寒集》光盘版的研制与开发[J]/刘元红,刘菁. --天津师大学报(自然科学版),2000,03:55 – 57

本文以元代宋无《翠寒集》光盘版的研制与开发为例,介绍了古籍文献的数字化研制和开发方法,论述了古籍文献保护与利用的关系,及数字化技术在文献保护和利用中的作用。

0283

存史与证史——《四库禁毁书丛刊》及其文献价值[J]/田款,魏书菊. --历史教学,2002,04:57 – 58

北京出版社历时三年出版了《四库禁毁书丛刊》。本文根据四库禁毁书所具有的原始性、丰富性和珍稀性特点,浅谈了《丛刊》出版对史学研究的贡献。

0284

存世谶纬佚文的文献形态及其文献价值[J]/张峰屹. --古籍整理研究学刊,2010,04:14 – 20

本文针对存世谶纬佚文错杂混乱的问题,以"皇"和"帝"资料为例,总结存世谶纬佚文零散不成系统,形态不很确定的特征,提出了在使用时,需把可信的谶纬佚文视为整体,以之作为汉代历史研究的思想背景。

0285

存在争议的籀文[J]/潘玉坤. --古籍整理研究学刊,2002,05:36 – 41

本文从文献研究的角度,论证了数篇存在争议的籀文。通过重要文本比勘对照,参考出土文物和文献材料,探讨各家主张之是非得失。目前尚无法论断者,将不同意见忠实罗列,评判则付阙如。

0286

打开金匮石室之门:古籍善本[M]/陈先行著. --上海:上海文艺出版社,2003

本书制作精美,运用图册形式,收录各个时期、各个门类国宝级古籍善本100种,以个案解析的方式,阐述古书价值的鉴定、真伪辨别等内容。

0287

《大慈恩寺三藏法师传选译》译注补正[J]/刘玉红. --绵阳师范学院学报,2007,04:74 – 76

本文评价2011年凤凰出版社出版的《大慈恩寺三藏法师传选译》是一部高质量的古籍今译著作,对其中存在的误译误释之处加以译注补正。

0288

《大戴礼记》诂正[J]/方向东. --南京师大学报(社会科学版),2007,02:148 – 153

由西汉礼学名家戴德编著的《大戴礼记》因为两汉经师所传注,以致篇章残落,亡佚过半,今本多有残缺的内容。自北周卢辩作注以来,至清代校释者甚多,然疑义未能尽明。本文选取部分条目加以辨正,以资探讨。

0289

《大谷文书集成》古籍写本考辨[J]/刘安志. --新疆师范大学学报(哲学社会科学版),2004,01:44 – 47

作者从日本小田义久教授主编的《大谷文书集成》中考订出《论语》(何晏集解)、《春秋左氏传》(杜预集解)、《千字文》等唐写本十数件,为深入认识唐代西州地区的教育、中原文化西传及影响提供了不可多得的素材。

0290

大观:宋版图书特展[M]/林柏亭主编. --台北:"故宫"博物院(台湾地区),2006

"大观"是台北"故宫"博物院举办的北宋书画、汝窑文物、宋版图书的大型展览。本次展览的28种古籍珍本从博物院收藏的200余部宋版书中选出,包括罕见孤本和原刻初印珍本。本书为该次展览展出的古籍图录。

0291

大规模古籍电子化关键技术及实现[D]/王晓波. --中国科学院软件研究所,2000

本文在参与《文渊阁四库全书》电子版项目基础上,总结探讨了大规模古籍电子化的关键技术及实现;探讨了OCR相关的前后处理技术,以及Unicode的实现方式。

0292

大规模古籍数字化之汉字编码选择[J]/刘博. --科技情报开发与经济,2006,05:53 – 54

本文分析了ISO/IEC10646和Unicode对古籍数字化的重要意义,探讨了以Unicode为汉字编码的古籍数字化的跨平台展现。

0293

大理地区白族古籍与汉族古籍的比较研究[A]/赵黎娴,赵静. --中国民族图书馆. 第十次全国民族地区图书馆学术研讨会论文集[C],沈阳:辽宁民族出版社,2008

本文选取几种类型的白族古籍和汉文古籍进行了比较研究,此研究有助于挖掘大理地区民族古籍在历史学、宗教学、伦理学、民俗学、文学和语言学等方面的价值。

0294

大理古代私人藏书考略[J]/杨萌,杨锐明. --大理,2010,02:60 – 64

本文论述了大理古代私人藏书产生的条件与发展,以及私人藏书家、私人藏书的特点和作用。

0295

大理民族古籍整理刍议[A]/赵静,李跃

龙. --中国民族图书馆. 第十一次全国民族地区图书馆学术研讨会论文集[C],沈阳:辽宁民族出版社,2010

本文从大理民族古籍主要构成、整理工作概况、整理工作中应注意的问题三方面,对大理民族古籍整理工作进行粗浅的探讨。

0296

大理文献目录学的发展概述[J]/何俊伟. --大理学院学报(社会科学版),2006,09:57 - 59

本文围绕大理文献目录学的形成、目录的不同类型、目录学的特点、目录学研究所面临的问题,概述了大理目录学的发展。

0297

大理州白族古籍存藏现状调查研究[A]/刘丽,赵松富. --中国民族图书馆. 第十次全国民族地区图书馆学术研讨会论文集[C],沈阳:辽宁民族出版社,2008

本文依据调查材料和文献资料,分析了大理州白族古籍存藏现状、内容特点及存在问题,并结合工作实践,探讨了白族古籍保护的基本策略。

0298

大丽铁路中下段沿线古籍文献资源及其保护与开发研究[J]/鲁刚. --云南民族大学学报(哲学社会科学版),2009,04:136 - 140

本文探讨了大丽铁路中下段沿线地方民族古籍文献资源保护与开发的相关问题,论述了其对生态环境保护、促进地方经济发展的现实意义。

0299

大连图书馆藏古籍书目(全二十册)[M]/张本义主编. --桂林:广西师范大学出版社,2009

本套书目收录了大连图书馆藏古籍26万册,包括满铁文献中的古籍线装书10万余册,其中最具特色的是明清小说、地方志和丛书;受赠罗振玉家藏9万余册;受赠曾任张作霖时代辽宁省省长王永江家藏3万册。

0300

大连图书馆藏少数民族古籍图书综录[M]/

杨丰陌,张本义主编. --沈阳:辽宁民族出版社,2006

本书是多种民族古籍图书的综合书目,涵盖了大连图书馆藏满、蒙古、朝鲜、回、藏、维吾尔、女真、西夏等8个少数民族、7种民族文字的古籍图书。每部书单独立目,并附有书影。

0301

《大连图书馆藏少数民族图书综录》述评[J]/闫立新. --满族研究,2006,04:127 - 128

本文简述了大连图书馆馆藏少数民族图书现状,分析了《大连图书馆藏少数民族图书综录》在内容、编排方法和出版形式方面的独到之处,对该书存在的可商榷之处提出了看法。

0302

大连图书馆古籍保护工作探索[J]/程宪宇. --图书馆学刊,2010,01:28 - 29

大连图书馆是国务院公布的首批古籍保护重点单位之一。本文论述了大连图书馆馆藏古籍保护现状,介绍了古籍保护的相关措施。

0303

大连图书馆馆藏满文文献概述[J]/阎立新. --满语研究,2004,01:86 - 91

本文介绍了大连图书馆馆藏满文文献的存藏、源流、内容,分析了该批文献的历史价值与学术意义。

0304

大陆高校古籍整理的领航者——安平秋教授[J]/叶纯芳. --国文天地(在台湾地区发表),2006,03:107 - 111

本文介绍了北京大学中文系教授安平秋在古籍整理与研究工作方面取得的成果,举例分析了其研究成果的历史意义与学术价值。

0305

大陆古籍数字化的现状及存在的问题[A]/杨琳. --首都师范大学电子文献研究所、中国诗歌研究中心、中国传统文化数字化研究中心. 第一届中国古籍数字化国际学术研讨会

论文集[C],北京:北京国学时代文化传播股份有限公司,2007

本文介绍了大陆古籍数字化建设现状和所取得的成果,对数字化过程中存在的生僻字录入显示、检索程序、常用字处理软件兼容性等问题提出了改进建议。

0306

《大清畿辅先哲传》标点失误举例[J]/李洪芬.--邯郸师专学报,2000,02:19-21

《大清畿辅先哲传》是记载清朝畿辅地区人物的传记集,具有较高的史料价值。北京古籍出版社出版的标点本存在因不识姓名、不知地名等造成的失误,本文特举例说明,以免讹误再传。

0307

《大唐新语》校札[J]/李南晖.--古籍整理研究学刊,2000,05:27-35

本文以中华书局1984年版为底本,广参众本,在通校全书的基础上,选择有代表性的讹误数十条,按类编排,汇为一编。

0308

《大唐新语》佚文辨证[J]/胡可先.--古籍整理研究学刊,2004,06:86-87

本文对中华书局1994年版《唐宋史料笔记丛刊》本《大唐新语》所辑佚文加以辨证,考证其时代与《大唐新语》成书年代不合,属于误辑。

0309

大型中文古籍数字化系统的设计与实现[A]/马少平,姜哲,金奕江,黄宇.--中国中文信息学会基础理论专业委员会.第八届全国汉字识别学术会议论文集[C],2002

本文探讨了中文古籍数字化的方法问题,以一个中文古籍数字化系统的设计为例,介绍了系统的各个组成部分和大型中文古籍《四库全书》数字化的实现。

0310

大型中文古籍《四库全书》自动版面分析系统[J]/姜哲,马少平,夏莹.--中文信息学报,2000,02:14-20

本文以《四库全书》特点和版面分析难点为切入点,论述了自动版面分析系统的结构设计和一些关键技术原理,并对系统的研制和开发作了小结。

0311

大学生疏远古籍文献的原因与对策[J]/陈雁鸣.--辽宁医学院学报(社会科学版),2009,04:126-128

本文分析了高校图书馆古籍文献受到大学生冷落的原因,提出了图书馆应构建具有本馆特色的古籍文献收藏体系、加大服务项目和馆藏古籍的宣传、提高管理者业务素质和职业道德、通过互联网补充古籍文献资源的建议。

0312

大学图书馆古籍特藏文献资源建设、管理与服务——以上海大学图书馆为例[A]/盛兴军,沈红.--江苏省图书馆学会.2010年全国图书馆文献资源建设研讨会论文集[C],2010

本文以上海大学图书馆为例,论述了在信息资源数字化和共建共享趋势下,大学图书馆馆藏布局、资源结构和信息保障方式方面发生的深刻变化,探讨了新信息环境下高校图书馆古籍特藏文献的建设、管理与服务。

0313

《大藏经目录》,文苑中的一支奇葩——《蒙古文甘珠尔·丹珠尔目录》问世[J]/乌林西拉.--内蒙古图书馆工作,2003,03:69-71

本文论述了《蒙古文甘珠尔·丹珠尔目录》这一国家级科研项目的编制体例和特点,以及它的学术价值、实践意义和社会影响。

0314

傣族《兰嘎西贺》故事不同版本原因初探[J]/郑筱筠.--民族艺术研究,2004,02:63-68

本文梳理了云南傣族地区流传的《兰嘎西贺》故事版本,认为泰国的《拉玛坚》并不是唯一的源头。究其原因,与历史上东南亚一带宗教传播的复杂性有关,也与民间文学的变异性、创造性特点相关。

0315

丹波元胤《医籍考》目录学特点简评[A]/

张伟娜. --中国中医科学院中医药信息研究所. 首届中医药信息发展大会［C］,2006

本文简述了丹波元胤《医籍考》目录学的特点,认为该书在当时是一部最大规模的中医专科目录,也是现存中医古籍书目中比较完善且系统的一部,流传甚广,对后世医学书目的编写产生过较大影响。

0316

当今时代图书馆古籍保护新探［J］/胡明丽. --陕西教育（高教版）,2008,06:105

本文从古籍数字化建设、新版古籍的利用和提高馆员业务水平三个方面,提出了数字化时代图书馆古籍保护工作可采取的新举措。

0317

当今主流汉字输入法述评——兼谈古籍整理适用的输入法［J］/罗忠毅,李戎. --电脑知识与技术,2005,05:47 – 49

本文针对目前我国主流汉字输入法的最新版本进行评述,讨论了适宜于古籍整理输入法的基本特点,提出未来智能输入法应走双引擎、多字集、音形结合的道路。

0318

当前社会文化环境对方块壮字文献的生存、传承的影响——以龙州、象州、忻城三县为例［J］/陈华萍,高魏,黄南津. --今日南国（理论创新版）,2010,02:126 – 127

本文以广西龙州、象州、忻城三县为例,分析了方块壮字文献生存、传承的积极因素和消极因素,提出促进方块壮字文献生存、传承应该采取的措施。

0319

当前图书馆古籍保护工作的现状与存在的问题［A］/王清原. --中国国家图书馆. 中文善本古籍保存保护国际研讨会论文集［C］,北京:北京图书馆出版社,2002

本文阐述了古籍保护工作的重要性,并根据《古籍保护问卷调查表》,对当前图书馆古籍保护及修复的现状作了分析,针对一些问题提出建设性意见。

0320

当前中文古籍出版面临的挑战与对策分析

［J］/杨虎. --编辑之友,2002,05:21 – 23

本文论述了当前中文古籍出版面临的 5 项挑战,分析了古籍数量庞大、国家重视阅读传统经典、现代科技飞速发展、畅销书频出等潜在优势,提出了争取国家倾斜性政策、增强优化选题意识、分层出版等多种对策。

0321

当下古籍出版的困难与机遇［J］/张继红. --出版广角,2007,04:9 – 10

本文针对当前市场经济形势下古籍图书整理出版现状,分析探讨了古籍出版行业的困难,并对存在的机遇进行了论述。

0322

档案后设资料应用发展之研析［J］/陈亚宁,陈淑君. --（在台湾地区发表）,2002,01:29 – 57

本文针对档案后设资料的现状与未来趋势,采取文献探讨与个案研究方法,论述了档案的定义、各国档案后设资料的应用与设计,并从后设资料应用的观点和层面及对数字图书馆领域的影响等两方面提出建议。

0323

档案学角度谈加强古籍的管理［J］/周莹莹. --佳木斯教育学院学报,2010,06:255 + 257

本文从“尝试运用全宗原则对古籍档案进行管理;树立主动服务的理念,加强对古籍档案的信息开发;古籍档案管理与研究工作对馆员素质的要求”等方面,提出了加强古籍档案管理的措施。

0324

道璨著述版本考［J］/黄锦君. --四川图书馆学报,2004,05:74 – 76

本文对宋末诗僧释道璨的诗文集《无文印》和《柳塘外集》进行比较,探讨其源流发展,借以补正历来对道璨作品及其版本方面认识的缺省和谬误,还其本来面目。

0325

德藏吐鲁番本《文选》校议［J］/束锡红,府宪展. --西域研究,2006,03:56 – 63

本文通过对德国柏林印度艺术博物馆藏

Ⅲ520 号吐鲁番《文选》写本的校议,初步确定了其书写年代和版本价值;并以德藏本为底本,与今传本校勘,揭示德藏本与其他藏本的异同。

0326

德国巴伐利亚公立图书馆中国古籍善本述录[J]/张西平. --世界汉学,2003,01:160 – 166

本文介绍了德国慕尼黑巴伐利亚公立图书馆收藏的中国古籍善本,详细列举了宋元刻本、明代刻本与明清时期耶稣会士中文著作藏本的存藏情况。

0327

《登科记考》订补[J]/薛亚军. --古籍整理研究学刊,2002,05:29 – 31

本文补入清人徐松《登科记考》失收、后世学者未补及之唐代进士 13 人,订正了《登科记考》卷十九徐氏关于钱徽下进士及第人数、重试及第人数、重试驳落人数辨正之误,并移正了该书卷二十明经王淑之顺序。

0328

《登科记考》订补八则[J]/彭万隆. --古籍研究,2000,01:33 – 37

本文根据民国时期商务印书馆印《丛书集成初编》本《莆阳黄御史集》,在黄滔行年考证的基础上,对清代徐松《登科记考》作一些订补,供研究者参考。

0329

《登州府志》的版本简介[J]/刘正. --中国地方志,2009,04:44 – 46

清《登州府志》先后出现过多种版本,国内外仅有的版本存在一些著录错误。本文从版本学角度出发,对 11 种不同版本的《登州府志》进行介绍。

0330

地方古籍文献数字化建设初探[J]/王频. --成都大学学报(社会科学版),2008,03:91 – 92

本文论述了地方古籍文献数字化建设意义、建设措施,针对存在问题提出建议。

0331

地方灰色文献征集中的问题及其对策[J]/

苏文珠. --河北科技图苑,2007,05:69 – 71

本文针对地方灰色文献征集中存在的信息不畅、出版单位分散、印行数量少、发行范围小等问题,结合工作实践提出了相应对策。

0332

地方老照片搜集刍议[J]/唐桂艳,张素勤. --山东图书馆季刊,2003,04:96 – 98

本文论述为保证地方文献完整性,搜集地方老照片十分必要,提出了搜集途径:出版物、机构、民间、域外。其中图书馆有丰富的地方历史文献资源老照片,包括古籍、旧平装书、旧报刊、新出版物,尤应着力。

0333

地方民族古籍文献与历史文化名城旅游资源开发[J]/成瑶. --大理学院学报,2009,07:69 – 71

本文论述了地方民族古籍文献和历史文化名城的含义,以及地方民族古籍文献为开发历史文化名城提供的旅游资源,探讨了如何以文献为依托,开发名城旅游资源的举措。

0334

地方文献古籍书目数据库之建设[J]/石含芳. --图书与情报,2002,02:62 – 63 +79

本文介绍了甘肃省图书馆藏西北地方古籍文献的源流、内容,揭示地方文献古籍书目数据库与其他类型数据库的不同特点,阐述了甘肃省图书馆地方文献数据库建设积累的经验。

0335

地方文献类古籍收集、整理述例[J]/刘汉忠. --广西地方志,2006,06:30 – 33

本文在介绍部分著作、版本、馆藏、提要等古籍目录的基础上,举例论述了寻访古籍、校理古籍以及古籍存佚考查等收集整理方法。

0336

地方文献收集与目录利用[J]/闫毅,黄尚辉. --大众科技,2007,04:204 – 205

本文介绍了多种古籍文献书目的内容及其用途,并论述如何利用古籍书目,挖掘、收集古籍中的地方文献。

0337

地方文献与研究——谈《安徽文献研究集刊》之出版与内容［J］/蔡雅如. --国文天地（在台湾地区发表），2010，302：90－93

《安徽文献研究集刊》是 2003 年创设的地方文献研究专门刊物，由安徽省高等学校人文社科学重点研究基地与淮北煤炭师范学院合办。本文介绍了该刊的出版与台湾典藏现状、内容与定位等情况。

0338

地方文献在古籍整理中的作用——从编纂《全元文》说起［A］/杨玉芬. --国家图书馆古籍馆. 2004 年地方文献国际学术研讨会论文集［C］，北京：国家图书馆出版社，2006

本文基于凤凰出版社大型断代文献总集《全元文》的编纂，论述了编纂意义：地方文献保存了大量社会、经济、政治、文化、自然环境变迁资料，对古籍整理作用重要，也给研究者带来便利。

0339

地方志的整理与古籍整理出版事业［J］/许逸民. --中国地方志，2005，10：31－33

本文介绍了中华人民共和国成立以来，历次古籍整理出版和方志纂修的顶层机构、项目规划和学术成果，梳理了地方志整理出版与古籍整理出版事业的关系。

0340

地方志引书挖掘系统的设计与实现［J］/白振田，衡中青，侯汉清. --图书馆杂志，2008，08：50－54

抄本《方志物产》是 1950 年中国农业遗产研究室辑录整理国内近 9000 种方志的专题性资料。本文以《方志物产》为语料，设计并构建了一个地方志引书挖掘系统，重点讨论了引书的模式提取、N－gram 分词识别等功能算法。

0341

地（市）级公共图书馆如何做好古籍普查工作［J］/吴长兰. --贵图学刊，2009，03：65－66

本文从充分认识全国古籍普查意义、认真学习古籍普查相关知识、为古籍普查营造良好氛围、结合实际开展古籍普查、严格按标准和程序进行普查等方面，探讨了地（市）级公共图书馆如何做好古籍普查工作。

0342

第二批国家珍贵古籍名录图录（全十册）［M］/中国国家图书馆，中国国家古籍保护中心编. --北京：国家图书馆出版社，2010

本书是 2009 年 6 月国务院公布的第二批《国家珍贵古籍名录》的图录。共收录全国 280 余家文献收藏机构的珍贵典籍 4478 部。

0343

第三次"两岸古籍整理研究学术研讨会"会议纪要［J］/涂静慧. --（在台湾地区发表），2001，88：5－8

第三次海峡两岸古籍整理研究学术研讨会于 2001 年 4 月 18 日在台北举行。本文记述了会议缘起、与会人员、会议筹备工作、会议议程和古籍文献资讯系统成果展。

0344

第三次两岸古籍整理研究学术研讨会论文综述［J］/钱月莲. --汉学研究通讯（在台湾地区发表），2001，03：91－97

本文围绕第三次"两岸古籍整理研究学术研讨会"的议题："古典文献的考订及研究""两岸对于海外现存中国古籍的调查、搜集、整理与利用的现况与展望""两岸现藏域外汉籍的搜藏与利用"，综述了研讨会成果。

0345

第一批国家珍贵古籍名录图录（全八册）［M］/中国国家图书馆，中国国家古籍保护中心编. --北京：国家图书馆出版社，2008

本书是 2008 年 3 月国务院批准颁布的第一批《国家珍贵古籍名录》的图录。共收录全国文献收藏机构的珍贵典籍 2392 种，包括汉文古籍 2282 部，民族文字古籍 110 部。

0346

《第一批国家珍贵古籍名录图录》的版本学价值［J］/李景文. --大学图书馆学报，2009，06：69－74＋105

本文讨论了《第一批国家珍贵古籍名录图录》版本学价值：鲜活再现了我国现存珍贵

古籍的原貌;是书影产生以来的集大成之作;
所揭示的版本形式齐全;记录的典籍收藏流
变清晰可见;版本鉴定严谨,说明文字内容
丰富。

0347

典藏数位化的实务与技术[J]/洪淑芬.--
(在台湾地区发表),2002,01:79－115

本文探讨了数字化建设必要的前置作
业:资料数字化方式、为各种不同类型资料选
择适用的扫描仪、为建置资料库而作的特殊
设计、保存数字化档案必备的环境控制与设
备等,提出完成这些项目,需提前做好规划。

0348

**典藏数位化建构的历史研究网络:以台湾
大学典藏古碑拓本与《淡新档案》的参照研究
为例**[J]/洪淑芬,罗雅如.--大学图书馆(在
台湾地区发表),2006,02:65－99

本文运用"台湾文献文物典藏数位化计
划"数据库,针对台湾大学典藏古碑拓本与清
末台湾淡水、新竹官府文书《淡新档案》中的
特定案例进行参照研究,梳理了该数据库中
涉及的相关历史问题。

0349

典藏:纸质文物维护实务研讨会专集[C]/
黄金富编.--台北:中华纸文物维护学会(台湾
地区),2005

本论文集围绕四个部分展开讨论:图书
的收纳——册页装帧;善本古籍保管维护及
其修护方法;东方纸质文物的保存与修
复——用料及技法;传统工艺技法。

0350

典册载籍——古代图书精华展[J]/卢雪
燕.--"故宫"文物月刊(在台湾地区发表),
2006,278:10－21

本文介绍了台北"故宫"博物院举办的古
代图书精华展:第一单元,认识古书——以实
物说明中国图书发展变化和印刷术演变;第
二单元,古书欣赏——印刷字体的变化、华美
的装帧、细致的插图。

0351

点校本《汉书》误排举隅[J]/谢秉洪.--书

品,2006,01:82－88

本文根据作者从事《汉书》校勘时发现的
点校本排印错误,选取25例,略作考辨说明。

0352

点校本《明史》校读札记[J]/喻学忠.--古
籍整理研究学刊,2007,04:38－42

本文针对中华书局点校本《明史》中史实
记载错误和字句失校之处,从进士所赐赠官
和谥号的漏误,进士登科时间的错误,进士任
职的职官漏误方面对部分进士传记进行
考证。

0353

点校本《明史》列传补校廿六则[J]/刘渝
龙.--古籍整理研究学刊,2010,03:67－70

本文针对中华书局点校本《明史》存在校
勘未尽的不足,就点校本中某些列传试作
补校。

0354

点校本《千顷堂书目》子部儒家类校正[J]/
姜雨婷.--文教资料,2010,18:44－45

清黄虞稷撰《千顷堂书目》是明人研究的
重要著作。本文针对上海古籍出版社点校本
《千顷堂书目》中存在的文字讹误,对其加以
考订。

0355

点校注释本《钦定理藩部则例》评述[J]/忒
莫勒.--内蒙古社会科学(汉文版),2006,05:
41－46

本文评述了张荣铮、金懋初等点校注释
《钦定理藩部则例》的失误之处。

0356

电脑辅助撷取河间六书方剂专论资料[J]/
陈逸光.--中医药杂志(在台湾地区发表),
2001,01:1－9

本文以电子河间六书测试为例,介绍了
电脑辅助资源检索的流程:利用计算机程序
从数据库中撷取方剂专论的药物组成;筛选
出药物群组;人工核对数据;将整理出的方剂
登录中医药古籍文献网站供使用。

0357

电脑软体辅助编辑文字编——从《上博楚

简文字编》的编辑及其资料库的建构谈起[A]/罗凡晸,邹浚智.--辅仁大学中国文学系、中国文字学会.第十八届中国文字学国际学术研讨会论文集[C],新庄:辅仁大学（台湾地区）,2007

本文介绍了《上博楚简文字编》和字形数据库的编辑建置成果。作者主持软件开发设计与背景数据的建置,工作小组完成上海博物馆藏楚简一至五册的初编工作,并已将数据上传网站试运行。

0358

电子版中医古籍的文献学考察[J]/沈澍农.--中医文献杂志,2002,03:32-34

本文从文献学的角度,对电子版中医古籍的文本和功能问题进行考察。文本方面包括选目略有不足、版本选择失当;功能方面包括检索功能、打印和编辑功能有待改进等问题。

0359

电子佛典数位化的运用与展望[J]/释惠敏.--佛教图书馆馆讯（在台湾地区发表）,2000,24:6-11

本文介绍了数字化文献与多价文献模式的基本概念,探讨资讯科技与佛学研究结合的可能性,并以实例说明电子佛典数字化的制作与运用。

0360

电子古籍的异体字处理研究——以电子《广韵》为例[J]/尉迟治平.--语言研究,2007,03:118-122

本文以宋代韵书《广韵》电子文本为例,论述了作者对电子古籍中异体字处理的观点:基于计算机的方法是关联异体字的码点,基于语言学的方法是整理异体字的字形,一个字位一形一码,是最佳的最终解决方案。

0361

电子古籍文献检索资源概述[J]/王兆鹏.--古典文学知识,2003,04:78-86

电子古籍文献是指以电子光盘和因特网为载体的并且具有多种检索功能的中国古籍文献。本文分光盘数据库和网络数据库两大类,对电子古籍文献检索的资源择要予以介绍。

0362

电子文本的简繁转换——关于简体古籍逆向工程的实验报告[J]/郭小武.--语言文字应用,2000,04:79-86

本文系古籍电子文本简繁转换的实验报告,其中1924字"简繁转换疑难字集"和相关分析研究,对提高电子文本"繁→简→繁"转换的可靠性、保真度有很好的参考价值。

0363

电子文献资料库之运用与结晶——《汉达古籍研究丛书》简介[J]/郑淑君.--国文天地（在台湾地区发表）,2007,09:87-90

本文从"灵活运用人工、电子文献检索;体例依循善制、凡例纲目明确;解决训诂问题,裨益学者研究"方面,介绍了《汉达古籍研究丛书》充分利用人工和电子资源的长处进行编纂的情况。

0364

电子资料库与古籍辑佚——以《四部丛刊·论语集解》检索《论语郑氏注》为例[J]/陈金木.--明道通识论丛（在台湾地区发表）,2009,06:45-64

本文以从《四部丛刊·论语集解》中辑佚《论语郑氏注》为例,探讨了以电子数据库从事古籍辑佚检索时应遵循的检索步骤、方式、可能遇到的问题和解决之道。

0365

电子资源的长久保存[J]/陈昭珍.--佛教图书馆馆讯（在台湾地区发表）,2001,25/26:36-44

本文通过分析电子资源不易保存的原因,介绍了欧美各国有关电子资源长久保存的研究和策略,供国内数字化典藏相关单位参考。

0366

雕版古籍"墨等"考——以影宋明州大字本《徐公文集》为例[J]/骆秀文.--成都大学学报（社会科学版）,2009,03:88-89

本文以影宋明州大字本《徐公文集》为

例,考查了"墨等"现象的形成原因、后代版本校勘讹误演变情况,讨论了古籍印刷及古籍装帧与当时政治和社会文化生活的关系。

0367

雕琢未周、瑕疵明显的大工程——《全明词》、《全清词·顺康卷》疏误综检[J]/潘承玉,吴艳玲. --求索,2004,07:181-184

本文从时代讹误、词作漏收、体例乖违等方面阐述了国家大型重点古籍整理项目《全明词》《全清词·顺康卷》存在的瑕疵,供之后修改与完善参考。

0368

《叠山公祠堂记》点校疑误订正[J]/欧阳楠. --古籍整理研究学刊,2002,01:85-87

东北师范大学古籍整理研究所《古籍整理研究学刊》总第90期《叠山公祠堂记》点校多误,本文对此提出订正意见。

0369

丁晏的藏书与刻书[J]/许乔凯. --东吴中文研究集刊(在台湾地区发表),2009,15:67-87

本文介绍了清代经学家丁晏藏书及编刻《颐志斋丛书》的事迹,认为丁晏刻书有两个贡献:所刻之书多为经书,有助于学者治经;刊刻地方文献《石亭记事》,保存了当地人文事迹。

0370

定县汉简研究综述[J]/马玉萌. --文教资料,2009,08:85-86

1973年出土的定县汉墓竹简,包括《论语》《儒家者言》《文子》等多种古籍。本文综述了经过30余年的整理,对简本文献的性质、价值等研究取得了丰硕成果。

0371

东巴古籍文献资源的服务体系建设构想[J]/和帖森,张菊. --云南图书馆,2010,02:75-77

本文就如何科学地保护云南纳西族东巴古籍文献,提出了建构完善的管理服务体系的建议。

0372

东北地区古籍线装书联合目录(全四册)

[M]/辽宁省图书馆,吉林省图书馆,黑龙江省图书馆主编. --沈阳:辽海出版社,2003

《东北地区古籍线装书联合目录》共3册附索引1册,收录了东三省51个单位所藏的古籍线装书,包括善本古籍和普通古籍,著录款目总量达10万条。

0373

东北地区古籍线装书联合目录索引[M]/辽宁省图书馆,吉林省图书馆,黑龙江省图书馆主编. --沈阳:辽海出版社,2003

本书为《东北地区古籍线装书联合目录》索引。分为书名索引和著者索引,依四角号码次序排列,另附有《索引字头笔画检字》《索引字头拼音检字》。

0374

《东北地区古籍线装书联合目录》札记[J]/赵嫄. --书目季刊(在台湾地区发表),2008,04:69-75

《东北地区古籍线装书联合目录》由黑龙江、吉林、辽宁省图书馆联合编纂,辽海出版社2003年出版,共4册。本文对该书的编纂缘起、内容特色和分类著录等进行了论述。

0375

东北地区馆藏古籍数字化资源的建设及其意义[J]/毛建军. --图书馆学刊,2006,04:87-88

本文讨论了古籍数字化的意义,介绍了东北地区馆藏古籍数字化建设情况和成果。

0376

东北少数民族古籍文献的收集任重而道远[A]/赵文宇. --中国民族图书馆.第十次全国民族地区图书馆学术研讨会论文集[C],沈阳:辽宁民族出版社,2008

本文分析研究了东北少数民族古籍文献收集整理工作现状、任务、问题,以及面临的机遇和挑战。

0377

东波塔香山古文献探秘[J]/黄鸿钊. --行政:澳门公共行政杂志(在澳门地区发表),2002,58:1237-1244

葡萄牙东波塔国家档案馆藏香山古文献

是珍贵的历史资料,记载了清代广东香山县社会政治、经济、文化生活。本文介绍了这些文献以及在葡萄牙保管的情况。

0378

东莞古籍编撰史述略[J]/冯玲. --图书馆论坛,2005,03:246 – 248

本文通过对东莞古籍编辑情况的梳理,分析了东莞古籍编撰的特点,并介绍了四位著名的古籍编辑家及其代表著作。

0379

东海大学古籍整理概述[J]/谢莺兴. --东海大学图书馆馆讯(在台湾地区发表),2001,02:19 – 20

本文介绍了台湾东海大学图书馆古籍整理历程、线装古籍整理方式和编订书目成果等概况。

0380

东海大学馆藏善本书简明目录——集部别集类·汉晋南北朝之属[J]/陈惠美,谢莺兴. --东海大学图书馆馆讯(在台湾地区发表),2010,107:64 – 66

本文介绍了台湾东海大学馆藏善本书简明目录——集部别集类·汉晋南北朝之属。所收《蔡中郎集》《陶渊明文集》《庾开府全集》著者、版本、藏印、板式等内容。

0381

东海大学图书馆藏和刻本线装书简明目录初稿[M]/陈惠美,谢莺兴编. --台中:东海大学图书馆(台湾地区),2005

本书包括各和刻本书名、卷数、册数、撰编译注者、版本(含刊刻年代、刊刻者、藏板者)等,依馆藏线装古籍六部分类法归类编排。

0382

东海大学图书馆馆藏和刻本线装书概述[J]/谢莺兴. --东海中文学报(在台湾地区发表),2003,15:23 – 63

本文概述了台湾东海大学所藏古籍的来源和整理情况;探讨近人对和刻本的界定,并介绍了该馆和刻本线装书收藏情况、特色和文献价值。

0383

东汉经学对版本学发展的促进[J]/张次第. --图书馆学刊,2009,02:25 – 26

本文论述了东汉时期今文经与古文经之争对版本学发展的促进:广搜异本,择善而从;利用考证方法,鉴定版本的真伪。本文兼论了儒家经典标准本树立对版本学发展的意义。

0384

《〈东京梦华录〉笺注》注文拾误[J]/汪祎. --古籍整理研究学刊,2008,02:33 – 37

本文针对黑龙江大学研究员伊永文《〈东京梦华录〉笺注》一书在注文方面存在的问题,选取其中 11 则分类加以指正。

0385

《东莱集》语词考释[J]/黄灵庚. --古籍整理研究学刊,2004,04:57 – 63

本文用排比书证的方法,考释宋代《东莱集》中疑难词语 20 例,拟对于宋代文献整理,特别是研习宋代理学有所参考。

0386

东坡词笺注补正[J]/陈永正. --南京师范大学文学院学报,2002,04:45 – 48

东坡词有南宋傅干、近人龙榆生及薛瑞生诸名家笺注,然诸家亦有未及处,本文补正36 则。

0387

东吴大学图书馆珍善本古籍书志初稿[J]/魏宇萱,李明侠. --东吴大学图书馆馆讯(在台湾地区发表),2010,31:1 – 30

本文系东吴大学图书馆藏珍善本古籍书志的初稿。编撰体例包括:书名、卷数、册数、馆藏索书号、编著评校者、版本、板框尺寸、内封、牌记、序跋、题词、凡例、图像、卷端、点校、题跋及藏书章等。

0388

东乡族文化形态与古籍文存[M]/马自祥,马兆熙编著. --兰州:甘肃人民出版社,2000

东乡族系我国少数民族之一,主要分布在甘肃临夏回族自治州。本书介绍了东乡族文化发展的历史特征,包括东乡族的语言文字(古籍碑帖)、文学、艺术、教育、宗教、科技等。

0389

东亚传世汉籍文献译解初探[C]/郑吉雄,
张宝三主编. --台北:台湾大学出版中心(台湾
地区),2005

本书所收论文以东亚研究为视角,以儒
家经典为核心,以文化研究为脉络,观察汉籍
译解方法的相关问题,探讨了经典与价值理
念之变迁及其展望。

0390

东亚汉籍版本学序说——以印本为中心
[A]/陈正宏. --李浩、贾三强. 古代文献的考
证与诠释——海峡两岸古典文献学国际学术
会议论文集[C],上海:上海古籍出版社,2006

本文从印本出发,将中国古籍版本与域
外汉籍版本结合,加以系统考察,论述了"东
亚汉籍版本学"概念,并就相关问题提出作者
的见解。

0391

东亚文献研究资源论集[C]/潘美月,郑吉
雄编. --台北:台湾学生书局(台湾地区),2007

本书分为三篇,上篇是东亚文献系列讲
座:探讨了中国大陆汉籍、韩国汉文著作、美
国哈佛燕京东亚图书馆藏本、中国台湾大学
图书馆珍本收藏。中篇为东亚文献资源与研
究:和刻本、海东金石文集的文献分析。下篇
是韩国存藏的中国古籍:关于韩国藏中国古
籍存藏调查,中国古籍中五种韩国刊本的文
献价值。

0392

东瀛所藏元代冯子振《居庸赋》述略[J]/张
文澍. --文献,2008,03:100 - 106

本文对藏存日本的元代冯子振《居庸赋》
真迹及其作者作了简要介绍。

0393

董鼎《书传辑录纂注》研究[D]/许华峰. --
"中央大学"(台湾地区),2000

本文以元代董鼎《书传辑录纂注》为依
据,论述了南宋蔡沈《书集传》成书、刊行流通
的经过,以及当时学者对《书集传》的态度;对
《辑录纂注》的引书情况做出说明,澄清以往

对该书中陈大猷、董琮的误解。

0394

懂点礼制于古籍整理有益[J]/陈成国,舟
人. --古汉语研究,2004,03:105 - 108

本文从中华书局出版的古籍中举十例说
明,懂点礼制礼学,于标点、解说等古籍整理
工作大有益处。

0395

动态的制度史——《文献通考》之史学方法
[J]/李宗翰. --台大历史学报(在台湾地区发
表),2010,46:1 - 34

本文通过分析南宋马端临《文献通考》的
组织架构,讨论了马的史学方法。《文献通
考》的史学方法:将典章制度置入历史脉络
中,进行动态观察与分析,据以探究其利弊
得失。

0396

《窦太师针经》版本及传本研究[J]/黄幼
民,黄龙祥. --上海针灸杂志,2009,04:246 -
247

本文对比了元代针灸古籍《窦太师针经》
两种版本的异同,分析了其三种传本各自的
特点与历史源流,以理解该书在针灸学发展
中的重要性和对针灸临床的指导意义。

0397

《读礼通考》略论[J]/邓声国. --东吴中文
学报(在台湾地区发表),2004,10:37 - 52

本文立足于清初学者徐乾学的《读礼通
考》,逐一论述该书的体例与文献编排原则、
考证方法,以及所体现出来的徐氏治学传承
和学术影响,以便今人准确把握徐氏《仪礼》
丧礼学研究方面的成就。

0398

读《全清词·顺康卷》献疑[J]/陆勇强. --
学术研究,2004,06:129 - 133

《全清词·顺康卷》是国家古籍整理出版
重点规划项目,由中华书局2002年正式出版,
全书20卷。本文论述了该书存在的取舍标准
不统一、有漏辑与失收者、作者生卒年的考订
多有失误等问题。

0399

读《全唐文》札记[J]/尹楚兵. --古籍整理

研究学刊,2005,01:60－62

清编《全唐文》存在种种疏误。本文对其中的小传疏略、题误,文字的衍脱、讹误等分别作了补正。

0400

读上博简《孔子诗论》札记[J]/冯胜君. --古籍整理研究学刊,2002,02:11－13

本文考证了上海博物馆藏战国竹简《孔子诗论》中的"旁德""业(蘗)",并对几处篇名提出新解。

0401

《读书敏求记》标点指瑕[J]/时永乐,门凤超. --河北大学成人教育学院学报,2006,01:82－83

清初藏书家钱曾《读书敏求记》是一部重要的古籍善本书目。书目文献出版社(今国家图书馆出版社)1984年出版的校点本,在标点方面存在一些问题,本文对其中部分不当者进行了考证。

0402

读书宜求善本——以《阅微草堂笔记》研究上的版本问题为例[J]/王鹏凯. --东海大学图书馆馆讯(在台湾地区发表),2009,99:52－64

《阅微草堂笔记》系清学者纪晓岚以笔记形式写成的文言短篇志怪小说。本文以该书研究上的版本问题为例,介绍了该书的清刻本情形、坊间通行本存在的问题和影响,提出了读书宜求善本等思考。

0403

《读书志》的文献学成就[J]/卓越. --古籍整理研究学刊,2008,02:22－26

本文考察了清代学者朱绪曾目录学专著《开有益斋读书志》在目录学、校勘学方面的成就,揭示了其所反映的学术思想。

0404

读《四库总目》小札[J]/周春健. --书目季刊(在台湾地区发表),2010,01:73－80

本文是作者翻检中华书局1965年影印《四库全书总目》"四书类"和"史部传记类"的札记。所录数则的诸书排列,以《四库总目》中的先后为序。

0405

读王焕镳《墨子校释》札记[J]/施谢捷. --古籍整理研究学刊,2003,03:81－83

本文对文史学家王焕镳先生《墨子校释》(1987年11月浙江古籍出版社出版)中几处校释可商者进行了辨正,提出不同意见。

0406

读《翁方纲与〈四库全书〉》续貂[J]/李孟晋. --书目季刊(在台湾地区发表),2006,03:35－38

何广棪教授《翁方纲与〈四库全书〉》考述了翁氏参与编纂《四库全书》始末。本文作者参考陈先行《古籍善本》中《清翁方纲纂〈四库提要稿〉》,引录其中罕见材料和论点,以续《翁方纲与〈四库全书〉》之颠末。

0407

读《永乐大典》补阙一则[J]/何广棪. --大陆杂志(在台湾地区发表),2000,01:48

陈汝锡系宋绍圣四年(1097)进士,处州青田人。《永乐大典》引《处州志》以记载陈汝锡生平,在汝锡子下注"原本阙"。作者考证后提出,陈汝锡儿子名棣,《永乐大典》此卷书写以避明成祖朱棣名讳之故,写作"原本阙"。

0408

《读渔洋诗随笔》考释[J]/周兴陆. --古籍整理研究学刊,2006,03:17－20

清代梁章钜的《读渔洋诗随笔》,记述了他和师友对王士禛诗歌的评论,是研究《渔洋山人精华录》的重要文献。本文考证此书的撰著时间,并阐释其理论价值。

0409

读张家山汉简《二年律令》札记[J]/周波. --古籍整理研究学刊,2007,02:53－56

本文对《张家山汉墓竹简·二年律令》释注提出八则新的考释意见;改释了部分简文;对简文中出现的几个职官名和地名进行了考证。

0410

读《中国版本文化丛书》——由《佛经版本》而想到的[J]/沈津. --书目季刊(在台湾地区

发表),2005,04:23 - 28

本文评述了江苏古籍出版社《中国版本文化丛书》,认为李际宁先生所撰《佛经版本》学术思路和研究成果有新于叶德辉,并指出了《丛书》中体制和史实方面的不足和错误。

0411

读《中国少数民族古籍总目提要·土家族卷》[J]/彭林绪. --民族论坛,2008,11:44 - 46

本文是《中国少数民族古籍总目提要·土家族卷》书评。作者认为该书是湘鄂渝黔川五省市合作结晶,具有全面性、科学性、适用性特点,为土家族政治、经济、文化研究提供了丰富的史料。

0412

杜宝《大业杂记》佚文辑补[J]/饶道庆,阮成城. --古籍整理研究学刊,2010,06:19 - 22

唐代杜宝著《大业杂记》宋代以后逐渐散佚。前人对《大业杂记》的佚文已做过辑录,但有不少遗漏,本文对此作了补充和考证。

0413

杜道坚《老子》注略论[J]/刘固盛. --古籍整理研究学刊,2000,01:13 - 17

本文阐述了宋元之际道教学者杜道坚老学著作的主要思想,认为其中核心内容"皇道帝德"说反映了当时以儒家政治道德学说解释《老子》已达到新的高度,可看出该时期老孔同归、儒道交融思想发展趋势。

0414

杜诗王洙注研究[J]/蔡志超. --慈济技术学院学报(在台湾地区发表),2009,14:1 - 14

北宋王洙注是现存较早且数量较多的杜诗旧注。目前对杜诗王洙注的研究,多集中在作者身份查考方面。本文试图对王洙注出现时间,纰误舛缪的现象做出说明。

0415

杜荀鹤集版本源流考述[J]/金镐. --"故宫"学术季刊(在台湾地区发表),2003,04:133 - 166

本文考述了唐代杜荀鹤集的版本源流、编纂者、成书问题、名称、卷数和流传等,指出其校勘方面的不足,说明重新校勘杜荀鹤集

的必要性。

0416

杜预《春秋经传集解》研究综述[J]/方韬. --湖北师范学院学报(哲学社会科学版),2010,02:76 - 80

西晋杜预的《春秋经传集解》在经学史和《左传》学史上具有重要地位。本文综述了杜预生平思想研究、《春秋经传集解》文献学研究和经学史研究。

0417

杜预著述考[J]/方韬. --图书馆理论与实践,2010,01:53 - 57

杜预是西晋杰出的政治家和经学家。本文对其存世 12 种著述进行了考证和介绍,认为重新整理杜预全部著述很有必要。

0418

对保护、修复民族古籍的几点思考[J]/董晓军. --图书情报论坛,2009,03:67 - 69

本文阐述了保护修复民族古籍的重要意义,从重视现有条件下的古籍保护,筹措资金,重视民间古籍修复,对古籍修复人员进行培训等方面对民族古籍的保护修复做出思考。

0419

对楚雄彝族文献开发利用的思考[J]/刘渝松. --楚雄师范学院学报,2008,06:43 - 45

本文梳理了国内外民族学研究者对彝族文献的研究,提出应尽快建设楚雄彝族文献特色信息库,使其成为可持续开发利用的文化资源,并且形成楚雄师范学院图书馆的特色信息资源。

0420

对大陆古籍大馆所藏"善本"的书品分析和对"普本"的思考[A]/罗琳. --中国国家图书馆. 中文善本古籍保存保护国际研讨会论文集[C],北京:北京图书馆出版社,2002

本文以《四库全书存目丛书》和《四库禁毁书丛刊》底本征集及其配补为依据,论述了大陆收藏中文古籍较多的图书馆馆藏善本的残缺破损状况,并对原因和典藏环境作了分析。

0421

对大足宝顶《父母恩重经变》重新研究[J]/胡文和.--中华佛学学报(在台湾地区发表),2002,15:115-140

本文介绍了大足宝顶《父母恩重经》变相图形和铭文内容,分析其中几部未能图像化的原因,认为《父母恩重经》有五个版本。宝顶变相图形是一新版本。

0422

对读法及其在古籍整理中的应用[J]/舒怀,赵铮.--湖北大学成人教育学报,2000,04:3-6

对读法是根据古籍的形成与传播、汉语历史演变总结出来的传统读书方法。本文认为运用对读法,可便捷解决古籍整理中文字校勘、语词训诂考据问题,但博览群书、善于利用书目,是应用对读法的前提。

0423

对古籍数字化建设及其学术应用的若干思考[A]/唐磊.--首都师范大学电子文献研究所、中国诗歌研究中心、中国传统文化数字化研究中心.第一届中国古籍数字化国际学术研讨会论文集[C],北京:北京国学时代文化传播股份有限公司,2007

本文从"现有古籍数字资源亟需进行普查与整合;学者需要提高自身信息能力,并根据信息时代的知识生产、传播特点更新知识储备,发展新的学术方法"方面,论述了对古籍数字化建设和学术应用的思考。

0424

对古籍数字化进程中若干问题的思考[J]/叶莉.--图书馆界,2010,04:9-11

本文从古籍数字化的概念谈起,介绍了中文古籍数字化工程现状,并针对古籍数字化进程中存在的问题进行了思考。

0425

对古籍修复配纸的几点认识[J]/曲秀忠,孙军平.--黑龙江科技信息,2008,09:92

作者根据从事古籍修复工作的实践,认为古籍修复过程中修补用纸的选配,应以便于修复师精心修复,让古籍文献体现应有的

历史研究与文物价值为出发点。

0426

对古籍整理工作的若干思考[J]/王济九.--济南职业学院学报,2007,03:88-89

本文简要谈了古籍整理的意义,包括重要性和必要性,古籍整理方法与方式,并探讨了古籍保护与修裱技术和古籍整理工作的现代化、数字化进程。

0427

对古旧文献保护的几点思考[A]/林胜.--中国民族图书馆.第九次全国民族地区图书馆学术研讨会论文集[C],沈阳:辽宁民族出版社,2006

作者在为读者提供文献查询服务的过程中发现古籍保护工作的不足和纰漏,借此阐述了一些看法和建议,旨在提高古旧文献的保护意识。

0428

对广西地方志地情文献数据库系统建设的探讨[J]/邓鸣鸣.--广西地方志,2001,05:40-42

本文介绍了我国地方志、地情文献数据库的建设发展情况,阐述了建立广西地方志、地情文献数据库的必要性和作用,并对建立广西地方志、地情文献数据库提出几点建议。

0429

对回族古籍整理研究工作的思考[J]/钟银梅.--回族研究,2007,03:82-85

本文对当前回族古籍整理工作的重要意义、现实基础和潜在动力进行了阐述,就如何加强回族古籍整理研究工作展开思考,并提出六项具体对策与措施。

0430

对吉林省图书馆古籍的调查与分析[J]/陈玉红,刘芳.--图书馆学研究,2007,11:100-101

本文对吉林省图书馆最近两年开展的古籍调查工作进行了分析,结合古籍保护与利用的特点提出今后吉林省图书馆古籍工作的对策。

0431

对建立古籍书目数据库的思考[J]/陈美

亚.--江西图书馆学刊,2001,03:63-64

本文从自建古籍书目数据库还是以后套录古籍书目数据库,本馆所建书目数据库是否能达到规范化要求,古籍丛书子目怎么建库为好等三个方面,对建立古籍书目数据库进行了思考,提出一些建议。

0432

对善本古籍特藏文献酸度的检测与分析[J]/李景仁,周崇润.--图书馆工作与研究,2003,03:32-34

本文以国家图书馆古籍特藏文献酸度检测为例,对检测结果进行了多角度分析,提出防酸去酸的建议。文章对制定防酸、去酸计划具有重要参考价值。

0433

对《四库全书》厥功至伟的华籍韩人金简[J]/陈东辉.--"故宫"文物月刊(在台湾地区发表),2001,02:104-107

《四库全书》编纂副总裁金简系朝鲜国义州人,因通晓满洲语被乾隆帝信任,加入清朝旗籍。本文介绍了金简生平以及其对《四库全书》编纂做出的重要贡献。

0434

对图书馆古籍管理和利用的思考[J]/黄琴.--贵图学刊,2005,02:29-30

本文通过论述图书馆古籍资料保护与利用的关系,说明古籍保护的最终目的在于利用,并讨论了古籍利用的途径。

0435

对图书馆馆藏古籍文献的管理与利用的一点看法[J]/余兵.--图书情报通讯,2006,04:30-31

本文从制度和技术层面,探讨了图书馆馆藏古籍文献管理问题,提出抢救和保护古籍文献的根本目的是合理利用,应正确认识保护与利用的关系,积极改善古籍文献利用的条件。

0436

对图书馆缩微工作的再认识[J]/林树元,陈颖松.--数字与缩微影像,2009,01:42-44

本文回顾了国内外图书馆缩微工作发展历程,分析论述在数字化时代图书馆缩微工作仍然具备存在的价值,展望了文献缩微工作的前景。

0437

对我国古籍数字化相关问题的研究[J]/牛惠萍,张琳.--当代图书馆,2006,01:39-42

本文围绕古籍数字化发展现状,对古籍数字化的格式和基本特征进行了分析,针对使用网络阅读古籍问题、古籍版本问题、数字化文献版权问题和古籍数字化发展趋势等,提出了建议和对策。

0438

对我国寺志研究、整理和出版的思考[J]/曹顺利.--湖南省社会主义学院学报,2004,02:38-39

本文论述了我国寺志的文献价值,提出应重视这部分古籍的研究和整理,以期进一步继承和发扬祖国的宝贵文化遗产,推进宗教、文学、历史乃至旅游等领域的研究。

0439

对我国图书馆古籍管理数字化的三点认识[J]/陈微.--图书馆论坛,2008,03:61-64

本文从图书馆古籍数字化的可行性和重要性,分类法在图书馆古籍管理中的应用,图书馆古籍数字化工作的前景与未来方面,论述了对图书馆古籍管理数字化的认识。

0440

对一套古籍多卷书标识系统的分析和著录[J]/葛园园.--农业图书情报学刊,2007,10:170-171

本文通过对一套古籍多卷书标识系统的分析和著录,阐述在进行多重标识系统的多卷书著录时,应保证逻辑上的准确性,并选用最优著录方式。

0441

对医学古籍修复中配纸问题的几点认识[J]/刘晓东,刘琦,郭玉清.--医药产业资讯,2005,18:88-89

本文从医学古籍配纸应严格遵循"整旧如旧"原则,为古籍配纸要做到知纸、懂纸,注意搜求旧纸,配纸时注意适宜的采光条件,古籍修复不要急于求成等方面谈了对医学古籍修复配纸问题的认识。

0442

对于存放在非标准库房内文献档案的保护[J]/魏正光.--数字与缩微影像,2010,01:47-48

本文介绍了8种适用于非标准库房保护文献档案的产品,提出在非标准库房内保存文献档案,需采用全面系统的消毒、温湿度的控制和进行小范围的单独保护。

0443

对于古籍数字化的思考[J]/朱开忠.--数字与缩微影像,2005,03:23-25

本文从使用者角度,论述了古籍数字化应以古籍专家为主导,全面考虑、合理规划;注意古籍数字化产品的研究支持;安徽省图书古籍数字化要以安徽文献为主要内容等思考。

0444

对于中国兽医古籍的发掘和整理[J]/于船.--中华传统兽医学会会刊(在台湾地区发表),2001,02:11-18

本文列举了我国历代出现的主要兽医古籍,系统论述了当代以来进行的发掘整理工作,提出要走中西兽医相结合的道路,进一步充实和促进我国兽医科技的现代化。

0445

对《中国中医古籍总目》编撰工作的体会与思考[J]/裴俭,刘国正.--图书馆工作与研究,2009,05:53-55

本文综述了全国范围的3次中医古籍资源调查情况和《中国中医古籍总目》编撰工作,对该书编撰过程中遇到的相关问题进行了分析与思考。

0446

对中文古籍数字化的几点建议[J]/蓝永.--兰台世界,2008,16:11-12

本文从实践出发,对中文古籍数字化提出5点建议:科学看待中文古籍数字化;实现多个层次的融合;应由国家力量组织和实施;改进中文古籍数字化人才培养的思路;克服功利心理,遵循科学的研究方法。

0447

《敦煌碑铭赞辑释》补订[J]/赵红.--古籍整理研究学刊,2006,05:48-50

《敦煌碑铭赞辑释》由兰州大学敦煌学研究室郑炳林编著、甘肃教育出版社1992年7月出版。本文核校了该书部分原文,提出录文、标点、考释方面的问题,

0448

敦煌本邈真赞拾遗[J]/荣新江.--敦煌学(在台湾地区发表),2004,25:459-463

1994年台北新文丰出版公司出版了荣新江参与整理的敦煌学研究专著《敦煌邈真赞校录并研究》。随着新资料公布,本文补充校录了《阴氏邈真赞》《张氏绘佛邈真赞》两篇该书未收入的邈真赞内容。

0449

敦煌本《搜神记》补校[J]/莫艳,周远军,刘吉宁.--赤峰学院学报(汉文哲学社会科学版),2010,02:73-74

敦煌本《搜神记》是研究该书可见本子中成书年代最早的古本,但也存在不少校录失误、错讹。本文针对这些问题比勘文例,审辨文字,为敦煌文书和其他古籍的整理提供借鉴。

0450

敦煌变文《八相变》校注商补[J]/俞晓红.--文学与文化,2010,03:47-53

本文就王重民《敦煌变文集》,潘重规《敦煌变文集新书》,黄征、张涌泉《敦煌变文校注》等,对敦煌变文《八相变》的校释提出商补性意见,凡44则,以求教于方家。

0451

《敦煌变文集》补校散录[J]/黄大宏.--古籍整理研究学刊,2005,05:61-69

本文作者参考数十年间学者对《敦煌变文集》的校勘成果,就其尚未涉及或已经校正尚存疑义之处,提出意见并进行了补校。

0452

《敦煌变文校注》校补[J]/俞晓红,詹绪左.--励耘学刊(语言卷),2010,01:83-100

本文对《敦煌变文校注》中部分录文、校勘和注释提出了商补性意见。

0453

敦煌变文《燕子赋》研究（上）[J]/高婉瑜. --大陆杂志（在台湾地区发表），2001,05：30－35

《燕子赋》是敦煌变文故事赋的代表作，反映唐朝逃户问题的严重性，其甲本现共有九个版本，乙本仅存一个写本。本文考证了《燕子赋》版本与作者、写作年代、讽刺艺术、鸟类争巢母题源流等。

0454

敦煌变文《燕子赋》研究（下）[J]/高婉瑜. --大陆杂志（在台湾地区发表），2001,06：41－45

（同上）。

0455

敦煌伯二五一一号韦澳《诸道山河地名要略》第二残卷校订古籍讹误之举例[J]/林平和. --辅仁国文学报（在台湾地区发表），2010,30：271－280

本文就敦煌伯二五一一号韦澳《诸道山河地名要略》第二残卷与相关古籍互校，列举可校订古籍讹误的六个例子。

0456

敦煌残卷《观音证验赋》与永明延寿[J]/王翠玲. --成大中文学报（在台湾地区发表），2002,10：167－182

本文分析了中国文学史上的赋体撰述、僧侣著作、观音信仰灵验记类著作，认为现今为上海图书馆藏的敦煌残卷《观音证验赋》极可能是唐代高僧永明延寿撰述并佚失千年的《观音灵验赋》。

0457

敦煌的讲唱体文献[J]/（日）荒见泰史. --敦煌学（在台湾地区发表），2004,25：261－278

本文介绍了在敦煌发现的具有散韵相兼特征的讲唱体文献。该文献以中国传统诗文、讲故事形式为基本，吸收或组合佛经等原典的内容，是为了讲唱演出而形成的新型讲唱文学形式。

0458

敦煌古籍流失及其整理的研究[J]/郑惠珍. --茂名学院学报，2002,02：32－34

本文介绍了敦煌古籍流失及其整理的研究，论述了其历史价值和分布现状，并对近百年来的敦煌古籍收集整理成果作了概括总结。

0459

敦煌古籍叙录[M]/王重民著. --北京：中华书局，2010

本书将敦煌遗书中除佛经以外的200多种典籍按经、史、子、集四部分类，记收藏编号和录刊布说明，汇集各家题跋或节录有关论文，考订篇目、作者、年代及其价值，是敦煌学入门的基本工具书。

0460

敦煌金刚经及其相关文献之题记探讨[J]/释永有. --世界宗教学刊（在台湾地区发表），2003,02：111－139

敦煌遗书中76项金刚经及17个与金刚经相关的文献具有题记。本文以此为例，探讨了金刚经遗书书写制作年代，如何制作，书写制作和供养者，遗书题记中的祈愿以及金刚经遗书的流传地区等内容。

0461

敦煌经部文献合集介绍[J]/张涌泉. --中国唐代学会会刊（在台湾地区发表），2008,15：117－121

本文介绍了中华书局2008年出版的《敦煌经部文献合集》主要内容，认为该书全面考察现已公布的所有敦煌经部文献，通过分类、汇聚、定名、缀合、汇校，把所有相关写卷与校录成果类聚一起，是敦煌文献整理研究的集大成之作。

0462

《敦煌契约文书辑校》补正[D]/王璐. --南京师范大学，2007

本文以敦煌契约文书原卷真迹印刷图版的字形为依据，以传世典籍和其他文献为佐证，参考最近几年辑录敦煌契约文书的著作和相关论文,择加考订辩驳,对部分录文作了校订。

0463

敦煌儒家文献的分类[J]/韩锋.--孔子研究,2007,03:114-117

本文对敦煌儒家文献进行了系统梳理和分类,将其分为经典、历史、蒙训和杂著四大类,并展开综合研究。

0464

敦煌四部籍与中古后期社会的文化情境[J]/张弓.--敦煌学(在台湾地区发表),2004,25:311-335

本文归纳与梳理了敦煌先唐典籍及其文化意涵,社会文化变迁在敦煌典籍中的痕记,敦煌典籍所见敦煌地区的学术与文化。对典籍蕴含的学术信息,特别是历史文化情境,试做一些新的探索。

0465

敦煌文献的装帧形式与文献纸张的轴向断裂[A]/周崇润.--林世田,蒙安泰.国际敦煌项目第六次会议论文集[C],北京:北京图书馆出版社,2007

本文论述了我国古籍装帧的起源和发展,以及敦煌文献的装帧形式和特点,分析了卷轴文献轴向断裂的原因,提出保护敦煌文献的措施。

0466

敦煌文献流散与回归的艰辛历程[J]/潘德利,王文风.--图书情报工作,2010,07:10-13

本文介绍了敦煌文献在海外各国分布及其再生性回归情况,记录敦煌文献发现、流失与回归的艰辛历程。

0467

敦煌文献整理:百年行与思[J]/张涌泉.--新华文摘,2009,09:109-112

本文回顾了敦煌文献整理的百年历程,论述了敦煌文献整理存在的不足,对敦煌文献整理未来所要做的工作进行了思考。

0468

敦煌文献中的识星作品——《玄象诗》[J]/郑慈宏.--中国文化大学中文学报(在台湾地区发表),2002,07:107-140

本文以敦煌文献中的《玄象诗》为对象,通过与韩传《天文步天歌》的比对考察,认为《玄象诗》并非民间通俗识星作品。可能为吴太史令陈卓所作。该文献是目前所见最早建立三垣、二十八宿的识星作品。

0469

敦煌文献字词例释[J]/张涌泉.--敦煌学(在台湾地区发表),2004,25:347-357

浙江大学古籍研究所在广泛搜集阅读敦煌文献基础上,拟汇集所有敦煌文献语词和疑难俗字,编纂《敦煌文献语言大典》。本文系该词典的部分样条,供学者参考指正。

0470

敦煌写本《春秋经传集解》残卷校正阮刻本十则[J]/李索.--古籍整理研究学刊,2009,04:30-32

本文将现已发现的近40件《春秋经传集解》敦煌写本(残卷),同传世的以宋刻十行本为底本的阮刻本相比勘,发现有价值的异词百余处,择取十处予以考释,以正阮刻本之缺误。

0471

敦煌写本题记的甄别[J]/窦怀永.--文献,2009,02:26-31

本文讨论了敦煌写本题记甄别的问题,认为用前代写本背面来书写与社会文书上的杂写题记应甄别;蒋孝琬编目的题记应与原卷区别;近现代人为沽利而伪造的题记应甄汰。

0472

敦煌写本《优婆塞戒经》版本研究[J]/林世田,汪桂海.--文献,2008,02:33-41

本文论述了敦煌写本楹雅珍《优婆塞戒经》的版本问题,分析《优婆塞戒经》七卷本与十一卷本之间的关系,为今后研究该经不同版本的形成过程提供参考。

0473

敦煌写卷古籍序初探[J]/李树亮.--求索,2010,07:243-244+35

本文从敦煌写经序文入手,论述了序文

的分布、形式、位置、特点及价值等,对敦煌写经中的典籍(非宗教部分)作一些新的探索。

0474

敦煌遗书保护与"中华古籍特藏保护计划"[A]/张志清. --林世田,蒙安泰. 国际敦煌项目第六次会议论文集[C],北京:北京图书馆出版社,2007

本文介绍了国家图书馆敦煌遗书修复保护工作,包括修复原则的确定、大规模修复工作的开展,以及敦煌遗书出版、数字化和保存环境的改善等内容,揭示了"中华古籍特藏保护计划"实施情况。

0475

敦煌遗书微卷目录对照检索系统初探[A]/丁原基,曾敏玲. --辅仁大学图书馆. 2004年古籍学术研讨会论文集[C],新庄:辅仁大学(台湾地区),2004

本文叙述了敦煌遗书的发现与散失过程、有关敦煌遗书目录的编纂情形,介绍了"敦煌遗书微卷目录对照检索系统",提出整合现有各种纸本索引,以多渠道检索途径和良好的检索功能,方便阅览敦煌遗书微卷的构想。

0476

敦煌遗书用纸概况及浅析[A]/杜伟生. --林世田,蒙安泰. 国际敦煌项目第六次会议论文集[C],北京:北京图书馆出版社,2007

本文通过对敦煌遗书用纸长度、厚度、加工工艺、纤维品类特征的分析和研究,概述了中国国家图书馆所藏敦煌遗书的用纸情况。

0477

敦煌印沙佛文与燃灯文校录补正[J]/赵鑫晔. --古籍整理研究学刊,2007,06:90 – 94

王三庆、王雅仪先生联名撰写的《敦煌文献印沙佛文的整理研究》的附文——印沙佛文文本和燃灯文文本存在一些问题,本文试对录文进行校勘。

0478

《敦煌愿文集》之《儿郎伟》校补[J]/钟书林,张磊. --敦煌学辑刊,2009,03:114 – 119

黄征、吴伟先生合著的《敦煌愿文集》弥补了敦煌愿文研究的空白。本文在吸收黄、吴二位先生成果的基础上,对《敦煌愿文集》中的《儿郎伟》进行部分校补。

0479

敦煌韵书的校勘学价值举例[J]/关长龙. --语言研究,2007,03:43 – 46

本文论述了敦煌抄本韵书对传世和当代新撰辞书的校勘价值:辨明俗字源流;补充书证脱误;增收字形字义;剔除伪音伪义;匡正承传讹误。

0480

多版本佛经文献之检索及浏览系统设计[D]/徐惠芬. --台湾大学(台湾地区),2000

本文阐述了多版本佛经文献检索和浏览系统的设计思路:多层的主从式架构;对资料前置处理、应用伺服器和Cache设计构想;具有"词汇分析""引言查询"功能等。

0481

多维视野下的唐代文学研究——中国唐代文学学会第十一届年会暨国际学术研讨会综述[J]/刘明华,杨理论. --西南师范大学学报(人文社会科学版),2002,06:157 – 160

本文综述了2002年5月举行的"中国唐代文学学会第十一届年会暨国际学术研讨会",总结该会议所取得的学术研讨成果:文献整理及考辨成果,理论探讨、文体及作家作品研究,E时代古籍整理与研究。

E

0482

俄藏敦煌 ДХ12012 号《书仪》疏证[J]/陈国灿. --敦煌学(在台湾地区发表),2004,25:407 – 418

本文介绍了俄藏敦煌 ДХ12012 号《书仪》所涉及的养男、分家、雇佣、入社、家书等 6 件社会应用文书,逐件加以标点、定题、注释和疏证。

0483

俄藏敦煌 Ф242《文选注》写卷校释[J]/刘明. --古籍整理研究学刊,2008,06:28 – 38

俄藏敦煌 Ф242《文选注》写卷是研究唐初《文选》学的重要文本。本文针对该写卷进行了校释,以更好地揭示其文学文献价值。

0484

俄藏黑水城文献西夏文世俗部分叙录[J]/魏灵芝. --图书馆理论与实践,2005,02:118 – 119

本文依据上海古籍出版社影印出版的《俄藏黑水城文献》(7—11 册),对其所载西夏文世俗文献部分予以扼要叙述,以便更多读者了解和使用。

0485

俄国典藏《红楼梦》资料与红学研究的发展[D]/(俄)叶卡琳娜. --成功大学(台湾地区),2009

本文以俄国红学与《红楼梦》翻译研究为基础,介绍前人研究成果,包括大陆和台湾地区藏本研究情况;分析了《红楼梦》俄全译本翻译的优缺点和成因,讨论了俄国红学家研究小说的方向与观点。

0486

俄罗斯藏敦煌医药文献的学术价值初探[J]/李应存,李金田,史正刚. --中医药通报,2006,03:33 – 38

本文从 6 个方面对俄藏敦煌医学文献学术价值进行了初探:供内经研究之参考;早期的《脉经》节选本;妇科秘方;《五脏论》书新发现;开启童蒙重医药;中印医学互交流。

0487

俄罗斯国立图书馆东方文献中心的收藏[J]/段洁滨. --四川图书馆学报,2006,05:75 – 77

本文介绍了俄罗斯国立图书馆收藏的东方文献,分析了东方学专家队伍的构成和读者来源,总结了馆内研究团队目前对东方文献所做的工作。

0488

《尔雅》与诸经传注关系条辨[J]/李亚明. --古籍整理研究学刊,2000,03:8 – 10

《尔雅》是儒学经典之一,与诸经传注有不同程度的关联。本文逐条辨明《尔雅》与《周易》《尚书》《诗经》《周礼》《仪礼》《礼记》《春秋左传》《春秋公羊传》《春秋谷梁传》及其传注关系。

0489

《尔雅》注本文献系列价值浅议[J]/杨薇. --湖北大学成人教育学院学报,2007,03:44 – 47

本文论述了《尔雅》经过不断"具体化"和"重建",构筑了《尔雅》流传与研究的学说体系,同时也保存了一些其他的古代文献资料,为今天全面了解古代文献流传、存佚情况起到重要作用。

0490

二十多年来我国少数民族古籍研究综述[A]/马春燕. --中国民族图书馆. 第十次全国民族地区图书馆学术研讨会论文集[C],沈阳:辽宁民族出版社,2008

本文从少数民族古籍概念界定、特点和

价值研究、少数民族古籍工作意义、整理方法和步骤研究、少数民族古籍抢救及编辑出版研究等方面，综述了近 20 年我国少数民族古籍研究历程和最新成果。

0491

二十卷本《搜神记》的构成及整理[J]/周俊勋. --西南师范大学学报（人文社会科学版），2003,03:140 – 143

《搜神记》是一部古代志怪小说集，作者为东晋史学家干宝，已散佚，今本《搜神记》二十卷辑录自唐宋时期类书。本文从古籍整理角度，比较各类书引用材料的异同，梳理了今本《搜神记》辑录上的问题。

0492

二十年来颜师古《汉书注》研究述略[J]/王智群. --古籍整理研究学刊，2003,04:58 – 61

本文回顾了 20 世纪 80 年代以来，对颜师古《汉书注》的研究和成果，认为该研究突破了前人仅注重刊谬补缺的局限，从语言文字角度对颜注的音韵、训诂等方面都做了探讨。

0493

二十年磨一剑——介绍《日藏汉籍善本书录》[J]/蔡翔宇. --国文天地（在台湾地区发表），2008,275:98 – 101

《日藏汉籍善本书录》系严绍璗编写的大型古籍工具书，2007 年由中华书局出版，著录日藏汉籍10000 余条目。本文介绍了该书的编纂原则、著录内容、优点特色等。

0494

二十世纪大陆地区清代词学文献整理述略[J]/陈水云. --书目季刊（在台湾地区发表），2002,02:21 – 28

本文从清代词学文献整理的两次高峰、重要特征、影印和整理目录方面，论述了 20 世纪大陆地区清代词学文献整理概况。

0495

二十世纪后半期《二十四史》系列古籍整理出版述略及思考[J]/王素芳. --古籍整理研究学刊，2003,05:66 – 77 + 41

本文从“二十四史”原籍重印、补充订正、配套索引和书目等检索工具编制、普及本整

理和数字化等方面，系统阐述了我国 20 世纪后半期“二十四史”整理和出版情况及其思考。

0496

二十世纪《淮南子》研究[J]/杨栋，曹书杰. --古籍整理研究学刊，2008,01:78 – 88

本文通过史料分析和归纳总结，阐述了 20 世纪《淮南子》研究的时代特色和自身特点，为未来《淮南子》的研究拓展了视野。

0497

二十世纪末缩微技术与光盘技术在图书馆的应用[J]/刘保华，孟新民. --缩微技术，2000,01:18 – 19 + 38

本文以《四库全书存目丛书》为例，介绍了 20 世纪末缩微技术、光盘、网络资源在电子化图书馆中的相互关系及作用。

0498

二十世纪蒲松龄及《聊斋志异》文献的搜集、整理与刊布[J]/苗怀明. --古籍整理研究学刊，2006,06:16 – 19

本文从蒲松龄及《聊斋志异》文献的搜集、整理、刊布等方面，介绍了 20 世纪蒲松龄及《聊斋志异》文献的研究状况。

0499

二十世纪四库学研究之误区——以《四库全书总目》为例[J]/崔富章. --书目季刊（在台湾地区发表），2002,01:1 – 19

本文以《四库全书总目》为例，论述了总目“浙本翻刻殿本”说法的形成、传播及其影响，指出这种说法的错误之处。

0500

二十世纪以来宋代古籍整理述评[J]/王利伟. --古籍整理研究学刊，2005,03:6 – 15

本文回顾了 20 世纪以来现存宋代古籍的整理概况，通过统计分析，对其特征和规律加以总结，旨在把握宋代古籍的整理状况，为今后的整理规划提供参考。

0501

二十世纪中国古籍目录研究与实践综述[J]/王锷. --图书与情报，2001,04:2 – 9 + 16

本文从整理编纂出版等方面，综述了 20

世纪中国古籍目录研究与编纂工作,分析了存在的不足,提出相应的解决方案。

0502

《二十四诗品》别笺[J]/凌郁之. --古籍整理研究学刊,2004,04:89 – 94

《二十四诗品》前人笺注有多种,本文于前人所注之外续有所获,或有可助理解文义之材料,亦并录以备考。

0503

二十四史版本研究[D]/赵惠芬. --中国文化大学(台湾地区),2001

本文采用文献考证法和比较研究法,以"二十四史"史料、前人笔记、日记、书信、藏书志、版刻图录、图书馆藏善本书目和版本学、图书文献史、出版史、历史文献学相关论著等为参考,揭示"二十四史"版本面貌及其历史定位。

0504

二十五年以来《中原雅音》研究之检讨[J]/董冰华. --古籍整理研究学刊,2003,01:30 – 37

《中原雅音》是一部记录北方时音的亡佚韵书。本文从年代、作者、编著体例、韵目、基础方音以及是否为韵书等方面,对1978—2002年间《中原雅音》的有关研究进行了综述。

0505

二十五史音乐志(第一卷)[M]/刘蓝辑著. --昆明:云南大学出版社,2010

本书对"二十五史"中的音乐史料进行了搜集和整理,并以朝代划分篇章,加以注释、译文、解读、补遗和评说。

F

0506

发挥地区中心图书馆的作用,加强区县图书馆古籍图书保护工作——天津图书馆为区县图书馆古籍保护工作所做的几件实事[A]/万群.--中国国家图书馆.中文善本古籍保存保护国际研讨会论文集[C],北京:北京图书馆出版社,2002

本文从普查各区县图书馆收藏古籍的情况,举办首届区县图书馆古籍整理保护培训班,承接武清县(今武清区)图书馆馆藏古籍整理、分编、修复业务方面,介绍了天津图书馆是如何发挥地区中心图书馆作用的。

0507

发展与提高港澳地区古文献修复工作[J]/童芷珍.--澳门图书馆暨资讯管理协会学刊(在澳门地区发表),2002,04:107-110

本文从古文献修复的产生与发展、原则与修复方式的选择、港澳地区古文献修复队伍现状、培养建设港澳地区古文献修复专业队伍等方面,论述了发展提高港澳地区古文献修复工作的相关情况。

0508

《法藏敦煌藏文文献》发布会暨敦煌藏学国际学术讨论会综述[J]/束锡红.--中国藏学,2008,01:239-241

2006年9月在兰州召开了敦煌藏学国际学术讨论会,本文是对参会的国内外敦煌学、藏学界学者就敦煌学、藏学,以及相关领域中的一些重要论题和流失海外的敦煌藏文文献的编辑出版等讨论所做的综述。

0509

"法藏文库"中国佛教学术论典序的现代意义及其内涵[J]/赵汝明.--海潮音(在台湾地区发表),2004,02:25-27

星云法师为台湾佛光山文教基金会印行的《法藏文库》写了一篇序文,指明了该文库成立的理念趣向,也是中国佛教学术论典的要旨。本文分析了该序言的现代意义和内涵。

0510

法国国家图书馆明清天主教文献(全二十六册)[M]/(比)钟鸣旦,(荷)杜鼎克,(法)蒙曦主编.--台北:台北利氏学社(台湾地区),2009

本书作者对法国国家图书馆藏明清时期天主教文献进行了整理汇编,被称为当代最完整的历史文献之一。全书共收录原书、重刊本和手稿191种,按主题编排。它们是17—18世纪中国出版西方科学与宗教书籍的见证。

0511

法律文献研究及法学古籍整理中最为重要的成果之一[J]/田涛.--南京大学法律评论,2010,01:315-317

本文介绍了南京大学教授钱大群先生《唐律疏义新注》的研究成果,彰显了法律文献研究、法学古籍整理对中国法律史研究的重要意义。

0512

《法苑珠林校注》斠补[J]/王东.--古籍整理研究学刊,2010,04:51-56

本文作者对该书中可商榷的28例校点进行斠补。

0513

《法苑珠林校注》商补[J]/王东.--古籍整理研究学刊,2008,03:91-93

唐释道世撰写的《法苑珠林》是一部重要的佛教类书。中华书局2003年12月出版了由周叔迦、苏晋仁整理的《法苑珠林校注》。本文作者对该书中可商榷的15例校点进行了商补。

0514

《樊川集》版本述略[J]/郝艳华.--图书馆学刊,2003,03:60-61

本文通过对唐代杜牧诗文集《樊川集》版本情况的简述,为杜牧诗文研究和校勘提供参考。

0515

《樊川文集夹注》版本述略[J]/郝艳华.--图书馆杂志,2004,04:79-80

《樊川文集夹注》为朝鲜刻本,目前国内尚存两件:辽宁省图书馆藏明正统五年(1440)全罗道锦山刻本;国家图书馆藏朝鲜古刻本,无明确刊刻年代。本文简要介绍了以上两个版本和《樊川文集夹注》在朝鲜半岛的流传情况。

0516

泛在知识环境下古籍资源开发主体研究[J]/李海瑞.--科技情报开发与经济,2008,29:11-13

本文通过比较,对图书馆等古籍资源开发主体在泛在知识环境下,主体地位、技术手段、开发过程和发展变化进行了研究。

0517

梵语 Gilgit 写本两万五千颂《般若波罗蜜经·第十四品》之校勘及其相关问题[J]/宗玉嬡.--"中央研究院"历史语言研究所集刊(在台湾地区发表),2008,02:301-341

《般若波罗蜜经》属现存最早的佛教经典之一。本文依托梵语 Gilgit 写本两万五千颂《般若波罗蜜经·第十四品》,参考梵、藏、汉各种传本进行校勘,并就相关问题展开探讨,以对大乘思想发展史研究提供参考。

0518

方大琮与《铁庵集》研究[D]/陈姿莹.--东吴大学(台湾地区),2007

《铁庵集》系南宋理宗朝文臣方大琮文集。本文论述了该文集自明代成书后的版本收藏情况;依托正德本中留下的资料,增补了方大琮的生平事迹,为后世提供了研究南宋闽广两地的史料。

0519

方东树著述考略[J]/陈晓红.--古籍整理研究学刊,2010,03:21-24

本文依据清代文人方东树和弟子郑福照的著作以及相关文献,以年代为序,考略了方氏著述的卷数、版本、馆藏、出处等。

0520

方崧卿《韩集举正》的文献学价值[J]/史明文.--书目季刊(在台湾地区发表),2005,01:11-25

《韩集举正》系南宋文人方崧卿校理韩愈诗文集时所做的校勘记,为宋代重要文献学著作。本文阐述了该书在校勘学、版本学、注释学等方面的价值。

0521

《方言笺疏》同族词的研究方法及其评价[J]/徐朝东.--古籍整理研究学刊,2000,05:46-48

本文对清代训诂学家钱绎的《方言笺疏》所系联同族词的方法进行了系统的归纳和评价。

0522

方志类古籍题名规范问题研讨[A]/石光明.--国家图书馆古籍馆.第二届地方文献国际学术研讨会论文集[C],北京:国家图书馆出版社,2009

本文讨论了方志类古籍题名的特点,探讨了题名规范化标目的选取原则,以及在方志类古籍题名规范数据制作中的问题与处理方法。

0523

方志中的金诗拾遗[J]/薛瑞兆.--古籍整理研究学刊,2006,06:31-36

本文从现存方志中辑得《中州集》《全金诗增补中州集》《全金诗》等未曾收录的金代诗歌73首(43人作),并随诗文注明出处,如遇歧义,略加按语辨析。

0524

防范重于救治——试谈图书馆的古籍保护[J]/罗丽丽.--山东图书馆季刊,2006,03:36-37

本文讨论了图书馆的古籍保护问题,提出为使古籍尽可能地延长保存期,应防范重于救治。

0525

仿木刻版本水书之我见[J]/陈琳. --贵州文史丛刊,2008,01:102 - 104

本文依据藏于贵州省荔波县原定明弘治年间的1册木刻水书,从行款、字数、版式、书口等基本鉴定元素入手,通过比对汉文古籍木刻版的雕刻工序,提出该水书系手抄本并非木刻本的观点。

0526

仿生杀虫剂保护古籍的应用研究[J]/谢宇斌. --图书馆杂志,2009,06:44 - 45 + 96

本文对运用仿生杀虫剂杀灭古籍虫害的方法进行了研究,提出该类杀虫剂能高效广谱地灭杀古籍虫害、不影响文献的纸张字迹、对人体安全、对环境友好的观点。

0527

访遗补疏 知行并举——就孟村县古籍普查实践浅论个人经历和见解[J]/吕英军. --图书情报通讯,2008,02:56 - 57

本文以河北省孟村县古籍普查为例,简述了实施该项工作的过程做法及体会和认识。

0528

非物质文化遗产保护视野中的藏文古籍文献的抢救与保护——从西南民大藏文古籍文献抢救与保护的现状谈起[J]/奔嘉. --台湾原住民研究论丛(在台湾地区发表),2010,08:233 - 243

本文从非物质文化遗产保护的视角,探讨了藏文古籍文献形成中所蕴含的非物质文化因素,结合西南民族大学抢救和保护藏文古籍文献的实践,提出了"救人救环境""保持藏文古籍活态发展"是抢救和保护工作关键的观点。

0529

非物质文化遗产保护应重视非正式出版物的征集[J]/宋丽华. --图书馆建设,2010,09:40 - 42

本文以西安鼓乐乐谱、华阴老腔剧本为例,论述非物质文化遗产相关文献的价值、保存现状,提出了图书馆征集非物质文化遗产相关文献的对策。

0530

非物质文化遗产视角下的中国古籍版本文化保护[J]/李明杰. --图书馆,2009,03:4 - 9

本文从非物质文化遗产的视角对古籍版本文化保护进行审视,通过调查和案例分析,论证古籍版本具有非物质文化遗产属性,从"传承"和"记忆"两大途径提出了古籍版本非物质文化遗产保护的具体措施。

0531

丰富学术、嘉惠学林——《中国珍稀古籍善本书录》简介[J]/洪楷萱. --国文天地(在台湾地区发表),2007,12:86 - 89

《中国珍稀古籍善本书录》系学者沈津编著的文献类工具书,2006 年由广西师范大学出版社出版,为哈佛燕京图书馆学术丛刊第六种。本文从撰写书志的方向、取材与内容范围、编辑特点等方面,介绍了该书情况。

0532

风华再现:纸质文物维护实务研讨会研习手册[M]/黄金富编. --台北:中华纸文物维护学会(台湾地区),2004

2004 年10 月,在台湾汉学研究中心召开了"纸质文物维护实务研讨会",会议围绕书页及文献劣损的修复、传统工艺装裱技法的探讨、文物系统性修复检测及工序、水浸书籍的干燥处理技术等问题展开研讨,本书为该研讨会的论文集。

0533

《封泥考略》的作者、版本和辑录封泥数量辨析[J]/郑宇清. --东方人文学志(在台湾地区发表),2010,04:185 - 203

本文围绕清代《封泥考略》一书,展开研究认为:该书的辑者兼考释者为吴式芬和陈介祺,参与考释的人有吴重熹和翁大年,总成者为吴重熹;其版本可分成两大系统,三种版本;辑录封泥的总数为 843 枚,其中吴藏 271 枚,陈藏 572 枚,另收 3 枚陈藏泥印。

0534

冯浩《玉谿生诗笺注》研究[J]/蔡子葵.--古籍整理研究学刊,2006,01:12-18

本文综述了清代文人冯浩《玉谿生诗笺注》3种版本的概况,分析阐明各版本在编订诗歌年份、笺解注释与诗歌文字校改方面的变化特征,并肯定此书对李商隐其人其诗研究的贡献。

0535

冯敏劝《小有亭集》及其生平考略——兼补《全明散曲》48小令4套数[J]/叶晔.--古籍整理研究学刊,2010,02:66-71

上海图书馆藏有明代学者冯敏劝《小有亭集》26卷,其中散曲2卷,收录小令48支、套数4套,为谢伯阳编《全明散曲》所未收。本文将之标点整理,结合相关文献,对冯敏劝的家世、生平及《小有亭集》版本情况进行梳理和考订,纠正学界常见的讹误。

0536

冯惟敏诗辑考[J]/张秉国.--古籍整理研究学刊,2008,05:56-58

随着明代剧作家冯惟敏《山堂缉稿》重新问世,目前所知的冯惟敏诗作较以前大为增加。由于学术界对其诗作的考辑尚不完备,本文在时贤研究的基础上,加入新辑得的冯惟敏诗6首,对其诗作进行了重新统计。

0537

《凤台集序》——研究高启的新见文献[J]/史洪权.--古籍整理研究学刊,2007,04:69-70

本文所辑《凤台集序》是明初谢徽为著名诗人高启《凤台集》所作序文,保存在明人朱存理《珊瑚木难》中,是现存唯一一篇评论高启金陵时期诗歌作品的文字。本文通过对其内容的解析,揭示了此序对高启诗学思想与创作研究的独特价值。

0538

佛典中的俗定字与古文献整理[J]/曾良.--汉语史研究集刊,2006,00:178-191

在古籍校勘中,字词的理解往往必须结合俗写来解决。本文选取佛教典籍中的一些俗字进行考索,有的可能还谈不上是俗字,而是与俗写密切相关。在此列举出来,期对古籍整理、语言文字研究和辞书编纂有所裨益。

0539

佛山市图书馆古籍目录[M]/王惠君主编;刘淑萍编辑整理.--佛山:佛山市图书馆,2009

本书收录佛山市图书馆线装古籍三千余种,四万三千余册,按经、史、子、集、丛分类。这是一部为古籍研究者方便了解和检索该馆古籍的基本工具书。

0540

拂去尘埃 珍籍生辉——南京图书馆馆藏韩国文献述略[J]/刘小云.--图书馆理论与实践,2004,06:66-67

本文介绍了南京图书馆历史文献部所藏韩国文献资料,并对已出版的《中国所藏高丽古籍综录》不尽之处进行补充。

0541

拂去古籍之尘——管窥学科馆员在文献服务中的地位和作用[A]/谢敬.--华北地区高等学校图书馆协作委员会.华北地区高校图协21届学术年会(天津)论文集[C],2007

本文结合古籍工作中遇到的问题,例如"查旧"、保护与利用等,来讨论如何发挥学科馆员在文献服务中的主体地位和桥梁作用。

0542

福建古代地方文献研究探析[J]/郑金帆.--河南图书馆学刊,2009,01:132-134

本文通过对福建古代地方文献研究范围的分析,对其研究现状进行思考,探讨了今后的研究方向及发展中可能出现的问题。

0543

福建省少数民族古籍丛书·满族卷[M]/林文斌编著.--北京:民族出版社,2004

本书为福建省满族的历史档案资料汇编,涉及该省满族历史发展中政治、军事、经济、文化、教育等方面内容。书中收录了《福州驻防志》《琴江志》《琴江续志》《孤愤集》《重建珠妈祖庙碑记》等著作及文献。

0544

福建省少数民族古籍丛书·蒙古族卷

[M]/福建省少数民族古籍丛书编委会编. --福州:海风出版社,2007

本书是福建省蒙古族的历史档案资料汇编,内容包括萨氏福建蒙古族古籍资料、萨氏族谱、著述选辑、山氏福建蒙古族谱牒等资料。

0545

簠斋陈介祺藏书初探(上)[J]/吴翰儒. --东吴中文研究集刊(在台湾地区发表),2009,15:85 – 96

本文介绍了清代金石学家陈介祺(1813—1884)生平事略、家世背景及其藏书观。陈介祺簠斋藏书在文献形式上,写本、刻本、拓本兼收,以复制金石文字为目的。

0546

簠斋陈介祺藏书初探(下)[J]/吴翰儒. --东吴中文研究集刊(在台湾地区发表),2010,16:139 – 165

(同上)。

0547

傅斯年图书馆善本古籍题跋辑录(全三册)[M]/汤蔓媛纂辑. --台北:"中央研究院"历史语言研究所(台湾地区),2008

本书辑录了台湾傅斯年图书馆善本古籍题跋,内容包括叙论、题跋释文、图版。其题跋多为名家学者所撰,除学术版本考订价值外,同时展现了名家学者的墨迹。

0548

傅图收藏的"项子京旧藏"古籍[J]/李宗
焜. --古今论衡(在台湾地区发表),2003,10:24 – 38

项子京是明末大收藏家,台湾傅斯年图书馆收藏善本古籍中有四部钤有项氏收藏印。本文考证了四部古籍中的项氏钤印情况,提出其中有伪刻的印记。

0549

傅奕与墓志文献的起源——《幼学琼林》纠谬一则[J]/李永明. --山东图书馆季刊,2006,01:103 + 123

本文使用古籍校读的方法,纠正《幼学琼林》在正文和注文中的错误,在此基础上探讨了墓志文献的起源。

0550

傅增湘与明抄本《吴正传先生文集》[J]/邱居里. --历史文献研究,2009,01:325 – 336

傅增湘是中国近代著名的文献学家,毕生精研目录、版本、校勘之学。本文以傅增湘对明抄本《吴正传先生文集》校跋为例,总结典籍校勘的主要内容。

0551

傅子版本源流试拟[J]/陈茂仁. --屏东教育大学学报(在台湾地区发表),2007,26:405 – 444

本文依据晋代傅玄所作《傅子》不同抄本刻本和版本源流表,试图厘清此书存世版本的概况和彼此关系,为进一步研究提供参考。

G

0552

改革开放以来内蒙古自治区蒙古文古籍研究工作概述[J]/哈斯托亚. --内蒙古科技与经济,2010,22:112 – 113

本文介绍了内蒙古自治区蒙古文古籍的研究队伍、研究领域、研究理念、研究方法,为蒙古族文化遗产的开发利用提供参考。

0553

改革开放以来内蒙古自治区蒙古文古籍整理出版工作概述[J]/哈斯托亚. --内蒙古科技与经济,2010,24:118 – 119

本文从宗教古籍、蒙古语文古籍、文学古籍文献、民俗文化古籍文献的整理和研究等方面,概述内蒙古自治区改革开放 30 年来的蒙古文古籍整理出版工作所取得成果。

0554

改革开放以来 30 年间我国古籍整理出版的成就[J]/李文遴,李文斌. --云南图书馆,2010,04:85 – 87

本文从数量、质量、品种等方面,概述了改革开放 30 年间在政府投入、高校专业力量支持、数字化建设推进下,我国古籍整理出版事业所取得的成就。

0555

甘南藏族自治州金石碑刻资料的收集与整理[J]/吴景山. --古籍整理研究学刊,2003,01:38 – 42

本文简要介绍了甘肃省甘南藏族自治州所收集的 120 种碑刻铭文资料,涉及当地从唐代至今历史、经济、文学、军事等方面内容。

0556

甘肃蒙古族文化形态与古籍文存[M]/李玉宁编著. --兰州:甘肃民族出版社,2004

本书上溯蒙古族民族形成的 11 世纪,下至公元 2000 年,介绍了甘肃蒙古族的历史与现状,对反映其地民族风土人情等的古籍进行梳理。

0557

甘肃省哈萨克族文化形态与古籍文存[M]/白贤编著. --兰州:甘肃人民出版社,2002

本书分为上下两篇,介绍了甘肃省哈萨克族文化形态、古籍民歌谚语、哈萨克族文化产生发展的自然环境与文化背景、哈萨克族的文化艺术等内容。

0558

甘肃省图书馆藏古籍述略[J]/易雪梅. --图书与情报,2002,02:43 – 46

本文介绍了甘肃省图书馆古籍收藏历史,收藏状况,重点藏书,馆藏文献整理、开发利用等情况。

0559

甘肃省图书馆古籍工作九十年综述[J]/曾雪梅. --第一届图书馆史学术研讨会论文集[C],2006

本文从古籍资源的历史背景及其内容、古籍整理与保护、古籍研究与开发等方面,回顾总结甘肃省图书馆建馆 90 年来古籍工作的发展历程和成就。

0560

甘肃土族文化形态与古籍文存[M]/李占忠,闫万象,哈守德编著. --兰州:甘肃民族出版社,2003

本书分为“甘肃土族文化形态”和“甘肃土族古籍文存”两篇,包括甘肃土族历史源流、现状、生存环境、历史文献、口碑古籍等。

0561

甘肃文献书目五种解题[J]/王锷. --书目季刊(在台湾地区发表),2003,03:101 – 107

本文介绍了《甘肃文献录》《陇右文献录》《陇右著作录》《陇右方志录》《陇右金石录》

等五种甘肃文献书目的内容、作者、刊印情况等。

0562

港台地区古籍数字化现状分析及启示[J]/王立清,董梅香,肖卫飞.--图书情报工作,2006,08:87-90+109

本文介绍了香港台湾地区古籍数字化具有重视区域规划发展、公益性、学术性、服务对象多元化等特点。

0563

高阁穷年 青简刊雠——记苏颂任职馆阁时的文献工作[J]/李瑞方.--知识经济,2010,08:169-170

本文介绍了北宋学者苏颂在任职馆阁期间的文献工作:整理集贤院书籍、校正医学书籍等,不仅为古代文献学研究保存了史料,其校勘态度、校勘方法至今仍有参考价值。

0564

高拱著作版本考辨[J]/岳天雷.--古籍整理研究学刊,2005,01:71-76

本文从明代文人高拱著作初刻本、万历《高文襄公集》、笼春堂《高文襄公文集》三个刻本入手,辨析版本书目、编订原则、卷数差别、内容异同等问题。

0565

《高力士墓志》研究补证[J]/王连龙.--古籍整理研究学刊,2007,05:32-34

唐代潘炎撰文、张少悌书写的《高力士墓志》碑,记载了唐人高力士世袭、宦绩、家庭等内容。本文通过志传对照,对碑文涉及的高力士入宫时间、教育情况、除授官职等进行了考证。

0566

高丽藏本《一切经音义》所引《周易》异文考[J]/王华权.--湖北社会科学,2010,06:114-116

《一切经音义》是唐代僧人释玄应、释慧琳编著的训诂学音义类专著。本文通过高丽藏本《一切经音义》所引《周易》与今本《周易》的异同比较,揭示其引用《周易》的价值。

0567

《高僧传》的史料、语料价值及重新校理与研究[J]/董志翘.--东南大学学报:哲学社会科学版,2004,04:111-116

梁代僧人慧皎《高僧传》是我国目前完整保留下来的最早的僧传。中华书局1992年版《高僧传》由汤用彤先生校点整理,本文试图对该书的史料、语料价值予以辨析,对其中存在的讹误作重新校理。

0568

《高僧传》校点商榷[J]/王东.--江海学刊,2006,05:180

本文根据中华书局2004年第4次印本《高僧传》,在前人校勘的基础上,择5例进一步校点商榷。

0569

《高僧传》校点商榷(续)[J]/董志翘.--古籍整理研究学刊,2000,01:26-32

本文参考日本国藏《高僧传》写本(石山寺本、七寺本),对中华书局1997年第3次印本《高僧传》校勘,再度发现可商榷之处36例。

0570

《高僧传》校点商议[J]/鲍金华.--古籍整理研究学刊,2007,04:53-56

本文对中华书局1997年《高僧传》中的误校误点提出商榷的意见。

0571

高校馆藏中医药古籍的现代化专业管理模式探讨[J]/李丛,黄秀英,谢玲付,骞峰.--江西中医学院学报,2006,06:8-9

本文针对高校馆藏中医药古籍管理存在问题展开探讨,从提升中医药古籍文献的利用价值、建立现代化专业管理模式、解决古籍文献藏与用的矛盾等方面提出建议。

0572

高校图书馆的古籍保护与利用[J]/张宝珠.--天津市经理学院学报,2007,01:55-56

本文围绕高校图书馆古籍保护与利用,提出加大资金投入、提升开发力度、藏用并举等建议。

0573

高校图书馆古籍保护的现状与展望[J]/程仁桃,杨健.--图书馆工作与研究,2009,08:

61－63

本文回顾了近年来高校图书馆古籍保护在集体合作、数字化、人才培养等方面取得的成绩,分析在宏观管理、技术设备、专业人才、资金支持等方面存在的问题,并提出相应对策。

0574

高校图书馆古籍保护工作初探[J]/焦俊梅.--韶关学院学报(社会科学),2006,04:120－121

本文从管理制度、保管条件、维护手段等方面,概述高校图书馆古籍保护工作的现状,提出建立健全古籍管理制度、提高人员素质、强化保护意识、加强古籍修复等建议。

0575

高校图书馆古籍保护与专业人员培训对策研究——以 D 大学图书馆为个案[D]/陶玉婷.--东北师范大学,2010

本文以 D 大学图书馆为例,从理论与实践上探讨古籍保护和人才培训的途径和方法。通过对存在问题的归因分析提出对策,包括:树立古籍保护的新观念;加大人力物力投入;加快古籍的数字化进程;加强对古籍的修复工作;积极开展古籍再生性保护工作;培养古籍保护专业人员等。

0576

高校图书馆古籍部门工作之思考[J]/朱琴.--科技情报开发与经济,2005,23:27－28

本文探讨高校图书馆古籍部在当今图书馆工作从传统走向现代化的过程中,在文献保藏、服务读者的方式方面所应做出的突破和创新。

0577

高校图书馆古籍的管理及利用[J]/刘清华.--兰台世界,2006,24:65－66

本文通过对高校图书馆古籍管理与利用的现状分析,探讨了开发与利用的途径,提出抓好基础工作、解决典藏问题、联合出版、对古籍部门政策倾斜等建议。

0578

高校图书馆古籍工作刍议[J]/陈莉.--图书

馆学刊,2004,01:62－63

本文根据高校图书馆存在的人才结构失衡和适用人才缺乏、服务和开发职能明显失衡、存在权责不清"模糊"管理现象等问题,从人才结构、职能定位、工作管理三方面,提出针对性的建议。

0579

高校图书馆古籍和民国文献保护与抢救工作研究[J]/张福生,张文增,赵希.--数字与缩微影像,2009,02:1－4

本文根据数据调查,分析了高校图书馆古籍和民国文献保护与抢救工作存在的问题,提出相应的工作对策。

0580

高校图书馆古籍文献的开发与利用[J]/史伟.--图书馆学刊,2010,03:93－95

本文分析了高校图书馆古籍文献开发利用方面存在的问题,提出建设数据库、研究读者需求、开拓服务新途径、提高人员素质、加强古籍增值性信息开发等建议。

0581

高校图书馆古籍文献的研究开发与利用[J]/宗玉梅.--洛阳大学学报,2004,03:126－128

本文针对高校图书馆古籍文献的研究开发与利用,提出建立图书目录体系、编制工具书、深层次开发文献、加快古籍数字化建设、宣传开拓新的服务途径等建议。

0582

高校图书馆古籍文献需求状况及对策研究[J]/李天保,王延军.--黑龙江史志,2010,03:72－73

本文从高校图书馆古籍的收藏状况与读者借阅分析入手,总结读者需求的特点和规律,提出解决古籍藏书结构与读者需求失衡的建议。

0583

高校图书馆古籍资源学科化知识服务的实践与思考[J]/李文林,曾莉,张稚鲲.--医学信息学杂志,2010,10:63－66

本文以中医院校师生古籍资源需求为

例,指出高校图书馆从学科化知识服务的角度盘活古籍资源的现实意义,并提出具体实施方法和建议。

0584

高校图书馆善本特藏在新时期的开发利用——中华再造善本工程进入高校[J]/宋雅琳,曾庆霞.--内蒙古科技与经济,2006,13:113 – 115

本文从中华再造善本工程进入高校切入,提出高校图书馆应该抓住这一契机,从文献保存、利用、开发、推广、人才培养等方面,提升文献保障工作的水平。

0585

高效开发利用旧志信息资源的构想——计算机在旧志检索中的应用[J]/吕志毅.--中国地方志,2003,01:45 – 49

本文论述了高效开发利用旧志信息资源的构想:评估地方志的信息资料价值、分析自动化检索旧志的趋势、实现旧志信息计算机检索、输入计算机系统的运作、建立旧志载体入机检索系统等。

0586

高原地区纸质文物保护研究[J]/杨珺.--青海社会科学,2010,04:79 – 81

本文针对高原地区气候与保存环境的特殊性,对纸质文物的伤害与防护展开讨论,提出解决问题的相应建议。

0587

《(稿本)中国古籍善本书目》书名索引(全三册)[M]/天津图书馆编.--济南:齐鲁书社,2004

本书系为《(稿本)中国古籍善本书目》编制的书名索引。根据实际需要,将稿本全文作为本书的附录,并对类目顺序进行了调整。

0588

《格古要论》版本辨析[J]/朱仲岳.--中国历史文物,2006,01:81 – 88

《格古要论》系明初重要的文物鉴赏专著,该书后人曾多次增补修订,故存世有多种版本。本文介绍了《格古要论》的不同版本,以方便读者对此有较为全面的了解。

0589

个人收藏的古籍与书画保护策略[J]/陈绪军.--科技情报开发与经济,2010,26:82 – 83

本文在简述个人藏书与公共藏书区别的基础上,介绍了作者对个人收藏与保护古籍和书画的认识。

0590

根深实遂 膏沃光晔——读严绍璗教授《日藏汉籍善本书录》[J]/崔文印.--北京大学学报(哲学社会科学版),2007,05:153 – 155

本文向读者介绍了由中华书局出版、北京大学严绍璗教授编著的《日藏汉籍善本书录》(全三册)一书。该书收录了上古以来传入日本列岛而现存于世的汉籍善本10400余种(清代与清之后的典籍不予著录),全书近400万字,以四部法分类。

0591

庚辰本《石头记》七十一至八十回之版本研究[J]/刘广定.--"中央大学"人文学报(在台湾地区发表),2002,25:71 – 91

本文系庚辰本《石头记》七十一至八十回的版本研究:分析了错字之"音误"与"形误";探讨了"抄手"的身份;从漏抄及妄改,试探"改者"对小说文本的了解;由故事内容的前后不一致,推测"底本"情况;揭示批改用语的时代性以及辨明并无避讳字。

0592

更好地保存、保护古旧文献资料[J]/张宁梅.--重庆图情研究,2007,04:31 – 32 +45

本文论述古旧文献资料保护的重要性,提出古旧文献资料保护应做的工作,以及修复工作应注意的问题。

0593

工欲善其事 必先利其器——谈中医药古籍藏书目录的编制[J]/胡滨,鲍晓东.--图书馆研究与工作,2010,04:69 – 71

本文回顾了新中国成立来三次全国性中医药古籍收集与书目编制工作,并对《浙江中医药古籍联合目录》这部书目成果进行了介绍。

0594

公藏古籍目录编制的现况与展望[J]/卢锦

堂. --澳门图书馆暨资讯管理协会学刊(在澳门地区发表),2002,04:173 - 185

本文论述了古籍公藏目录编制的现状,就如何结合传统理念与资讯科技、提供内容丰富和便捷有效的检索服务进行了探讨,并针对未来发展提出了相关建议。

0595

公共图书馆古籍参考咨询工作建设[J]/石菲. --边疆经济与文化,2007,06:154 - 155

本文论述了公共图书馆古籍参考咨询工作的现状,提出应从整合资源、建立馆藏古籍数据库、加强馆际合作、实现资源共享、优化人员配置、强化馆员技能培训和知识储备、发展数字化参考咨询服务等方面入手,深化和提高古籍参考咨询工作。

0596

公共图书馆古籍全文数据库的开发与建设[J]/毛建军. --中小学图书情报世界,2007,02:57 - 59

本文在调查研究的基础上,论述了国内公共图书馆古籍全文数据库建设现状。

0597

公共图书馆古籍数字化的实践与思考[J]/康尔琴. --图书馆工作与研究,2010,08:8 - 10

本文从古籍数字化的必要性和国内公共图书馆古籍数字化实践入手,分析了存在的问题:缺乏统一规划,重复建设严重,缺乏经费支撑,区域发展不均衡,缺乏统一标准,阻碍资源共享;提出了加强统一规划、合作共建、资源共享的措施。

0598

公共图书馆古籍专题信息咨询服务探讨[J]/程卫军,贾幼宾. --江西图书馆学刊,2009,04:77 - 78

本文论述了开展古籍专题信息咨询服务的必要性,提出建立服务机构、提高咨询人员信息素养、调整馆藏布局、处理好藏用关系、开设专题阅览室、建立文献数据库、加强馆际协作、设立联合参考咨询网站、编制专题书目、实行有偿服务等建议。

0599

公共图书馆开展古籍文献缩微阅览探讨[J]/陈天伦. --缩微技术,2000,04:15 - 17 + 24

本文从解析缩微胶片使用特性入手,分析了我国公共图书馆古籍缩微文献的收藏情况,提出丰富古籍缩微文献信息资源、建立阅览专题、设置检索平台,逐步形成符合读者需求、多种技术复合的公共图书馆古籍缩微文献阅览系统。

0600

功在当代 利在千秋——浙江图书馆古籍保护与阅览设施更新工程述实[J]/丁红. --图书馆研究与工作,2003,03:68 - 69 +75

本文从整修古籍书库,改善藏书环境;更换古籍外装具,改善储藏条件;刷擦积尘,消除霉蛀隐患;拓宽库房空间,搬迁善本书库;书库与阅览室布局调整方面,简述了浙江图书馆古籍保护与阅览设施更新工程。

0601

功在当代 泽及后世——《续修四库全书》的编辑与出版[J]/李国章,王兴康. --出版广角,2002,09:70 - 72

本文从论述《续修四库全书》出版意义入手,介绍了该书的编纂出版工作,包括内容确定、收录范围、入选标准、编纂要求、出版流程等。

0602

功在千秋的事业——新中国古籍整理出版成就[M]/杨牧之主编;全国古籍整理出版规划领导小组办公室编. --北京:中华书局,2003

本书从亲切的关怀、辉煌的历程、珍贵的史料、丰硕的成果四部分,介绍了自新中国成立以来我国古籍整理出版工作成果。

0603

构建和谐古籍文献服务环境探究[J]/刘二苓. --重庆科技学院学报(社会科学版),2010,12:143 - 144

本文结合古籍文献服务中的工作实践,从图书馆员、知识媒体、读者服务三个方面,论述了建设和谐的古籍文献服务环境是解决藏与用矛盾的良好途径。

0604

构建中国大型古籍书库——论四库类丛书

的互补性[J]/邹爱芳. --图书与情报,2006,
02:116 - 119

本文从内容、时间、版本和学术性等方面阐述了《四库全书》《续修四库全书》《四库全书存目丛书》《四库禁毁书丛刊》《四库未收书辑刊》相互之间的互补性。

0605

构建中华古籍层级保护体系的设想——从古籍价值属性创新古籍保护思路[J]/李明杰. --图书馆杂志,2009,03:14 - 19

本文在论述中国古籍保护历史与现状的基础上,主张从中华古籍的文物、学术、艺术基本价值属性出发,构建层级保护体系:对古籍实体实施原生性保护,对古籍内容实施再生性保护,对古籍版刻工艺、修复技术、鉴赏方法等实施非物质文化遗产保护。

0606

孤本古医籍整理与实践[A]/李鸿涛,薛清录. --中国中医科学院中医药信息研究所.2008 年学术年会论文集[C],2009

中国中医科学院图书馆先后进行三次中医古籍文献资源调查,发现将近半数的中医古籍已为孤本。本文叙述了孤本古医籍整理情况和古医籍的整理思路。

0607

孤本李香岩手批纪评苏诗[J]/曾枣庄. --长江学术,2008,01:130 - 133

晚清文人李鸿裔(李香岩)手批纪昀评《苏文忠公诗集》。本文对该书作了考证,并对纪评、李批做出了比较研究。

0608

孤岛时期上海爱国学者对抢救古籍的贡献[J]/房鑫亮. --历史教学问题,2007,06:17 - 21

本文介绍了孤岛时期上海爱国学者面对流散的珍稀古籍,不顾个人安危,组织文献保存同志会,与敌伪斗争,抢救了大量珍贵文献,使其成为海峡两岸图书馆珍藏。

0609

《孤树裒谈》小考[J]/郭小霞. --古籍整理研究学刊,2004,06:21 - 24

本文对《孤树裒谈》作者、版本、材料来源、内容做初步考证,以就教于方家。

0610

《姑妄言》校点本的几个问题[J]/黄廷富. --古籍整理研究学刊,2007,02:39 - 40

《姑妄言》是一部在国内失传已久的孤本小说,具有文献和文学价值。现行影响较大的点校本存在错字、脱文与衍文、标点之误、正文误作评语、删节等问题,本文试作补正。

0611

古代白话文献校勘零札[J]/李申. --古籍整理研究学刊,2007,06:71 - 72

本文从"借音字未能补出本字""形误字不据字形校改""俗字误为残字""语误为衍文""疑有脱字而误增""疑为衍文而误删"六个方面入手,分析研究了敦煌变文等古白话文献的校勘问题。

0612

古代藏书印刍议[J]/刘宁,耿波,秦玉蓉. --图书馆杂志,2007,11:77 - 78

本文以《山东大学图书馆古籍善本书目》所收录的藏书印为例,探讨古代藏书家对藏书印所赋予的精神内涵,进而提示今人要学习古人的读书、爱书、求知精神,传承中华优秀传统文化。

0613

古代藏书之保护[J]/冯淳玲. --图书与情报,2003,04:75 - 76 + 78

中国古代私家藏书自春秋战国时期就已产生,私人藏书家在长期实践中,形成了大量行之有效的藏书保护方法,更有一些有心之士,将这些经验寻绎归纳,著述传世。本文就古代藏书保护方法略作整理,以期对今天的古籍保护工作有所参考。

0614

古代丛书的计算机著录[J]/陈素清,张焱,王淑梅. --图书馆理论与实践,2004,04:108 - 110

古代丛书在古籍中占有举足轻重的地位。它的计算机著录与中文普通丛书的计算机著录有显著区别。本文对古代丛书的计算机著录方法进行了分析探讨。

0615

古代类书整理的重大收获——评校订本《册府元龟》[J]/陈尚君.--古典文献研究,2008,00:545－561

由南京大学古典文献研究所周勋初教授主持校点出版的《册府元龟》,是迄今中国学者采用新式标点和科学方法整理完成的单本古籍整理工程,也是此部北宋史学类书在宋、明两代四次刊本后再次刊刻的全新文本,对中古文史研究具有重大贡献。

0616

古代农业文献分类体系考略[J]/张敏.--兰台世界,2009,21:59－60

本文以清代《四库全书总目》中古农业文献记载为例,探讨了古代农业文献综合性和专业性的分类,提出通过分类把中国古代农业文献中有用部分梳理出来,可为当前的农业生产服务。

0617

古代农业文献整理与归类分析[J]/马海松.--安徽农业科学,2007,08:2499－2500

本文围绕清代《四库全书总目提要》,介绍了其中古代农业文献的分布情况,并对其进行了归类和整理。

0618

古代书法文献释读疏误简评[J]/刘启林.--古籍整理研究学刊,2002,05:87－90

本文从近年出版的古代书法文献译注本中,摘出训诂释读谬误数十例加以评述,并提出书法古籍的整理研究亟待提高质量,切忌急功近利的观点。

0619

古代书目编撰的特点[J]/曹之.--中国图书馆学报,2002,01:75－77

本文阐述了中国古代书目编撰具有连续性、时代性、学术性和技术性的特点:即重视古籍书目编撰的连续性;书目数量、分类、著录因时而异;书目类序、按语、解题、分类无不体现学术性;书目分类、著录与题解需讲究技术和方法。

0620

古代书学著作著录述论[J]/王宏生.--古籍整理研究学刊,2008,02:18－21

本文分析了从《汉书·艺文志》到《四库全书总目》历代目录学著作对书学著作的著录情况,介绍了我国古代书学的发展概况,并力图揭示其历史原因。

0621

古代私家藏书的文化价值[J]/刘萍.--洛阳大学学报,2000,03:95－96

本文通过对我国古代、近代私家藏书的分析,探讨了私家藏书特有的文化价值,提出私家藏书是社会进步的标志,是中国文化维系的重要纽带,是播扬文化、创新前进的源泉,是"基于文化良知的健全人格"形成的催化剂。

0622

古代私家藏书印浅谈[J]/邱煌.--图书馆研究与工作,2004,02:73－74

本文论述了藏书印在中国印学史上的独特地位,受到私人藏书家的重视。当代随着藏书建设和篆刻艺术的发展,藏书印日益丰富多彩,展现出深厚的文化内涵。

0623

古代苏州藏书家以抄书、刻书保存流传典籍的功绩[J]/钱万里,陆汉荣.--苏州市职业大学学报,2004,02:22－25

苏州藏书家在中国藏书史上占有一席之地。本文探讨了古代苏州藏书家以抄书、刻书活动保存流传中华文化典籍的功绩。

0624

古代体育文献及其社会功能[J]/孙林.--高校图书情报论坛,2006,04:26－28

本文从经、史、子、集四部以及类书对我国古代体育文献进行指引性介绍,分析探讨了古代体育文献的社会功能,指出在研究中应注意的问题。

0625

古代图谱类书法文献的源流与分类[D]/尹志贤.--吉林大学,2009

本文在对古代存佚的图谱类书法典籍调查整理的基础上,首次将传统意义上的图谱一分为二,并从功用上加以分门别类,就其中每类文献的发展源流加以钩沉梳理,廓清古代图谱类各自所属文献的数量、分布、存佚等方面的内容。文章还就图谱类书法文献的目录学理论进行有益探讨,以期对图谱文献学和书法技法的进一步研究有所裨益。

0626

古代图书档案防蠹方法刍议[J]/张美莉. --图书馆建设,2010,12:102 – 103 + 107

中国古代在文献收藏和保护的过程中形成了一整套因地制宜、行之有效的科学方法,如利用莽草、雌黄、潢纸、椒纸、七里香、鱼石子、皂角、万年红等材料化学防蠹,通过杀青、晾晒等方法物理防蠹,简便经济,迄今仍适用于基层图书馆的文献收藏工作。

0627

古代文献保护方法的现实价值研究综述[J]/王国强,孟祥凤. --图书与情报,2010,01:30 – 33 + 61

本文从图书馆建筑、图书防蠹、防霉和装帧修裱等方面,综述了近 30 年国内对古代文献保护方法的研究成果。

0628

古代文献辨析二则[J]/杨琳. --古籍研究,2000,01:28 – 30

本文通过对《渊鉴类函》等类书讹误的举证和李商隐《柳枝五首序》等疑难词句的释疑,论述在文史研究中使用类书应核正原文;如原作已佚,当与相关材料加以比勘。

0629

古代文献的药物防蠹方法探究[J]/刘阳. --档案,2010,06:43 – 45

本文对古代利用中草药、矿物质药物等驱蠹保护文献典籍的方法加以探究,揭示其蕴含的科学技术,不仅可为现今纸质文献保护提供借鉴,亦可为纸质文物鉴定提供参考。

0630

古代遗产的现代保护——谁来修补装订中国古籍[A]/罗南熙. --中国国家图书馆. 中文善本古籍保存保护国际研讨会论文集[C],北京:北京图书馆出版社,2002

本文从书籍装帧者及修复者的职业可见性与相互协作、用以装订与修复书籍的材料、工具及设计、修补书籍的手册、古籍保护职业态度等方面,论述了与古籍装订修复者关联的问题。

0631

古代语言文字学文献整理与研究的新收获——评党怀兴先生著《〈六书故〉研究》[J]/杨宝忠. --古籍整理研究学刊,2003,01:94 – 96

《六书故》系宋末元初学者戴侗所著。本文介绍并论述了陕西师范大学教授党怀兴《〈六书故〉研究》一书及其贡献:揭示《六书故》的文字排列体系;讨论《六书故》引用钟鼎文、唐本《说文》资料释文字问题;论述《六书故》提出的"因声以求义"的理论及其实践;分析《六书故》词义特点等。

0632

古代中医文献的分类及其研究——兼论马继兴文献研究方法[J]/万芳. --中医文献杂志,2004,03:1 – 4

本文介绍并论述了中国中医科学院资深研究员、中医文献学家马继兴在古代中医传世文献、辑佚文献、出土文献、海外文献四个领域所进行的研究。

0633

古代综合性书目中的医籍归类和分类[J]/刘婷,杜杰慧. --中华医史杂志,2008,04:239 – 242

本文通过对《汉书·艺文志》《隋书·经籍志》《通志·艺文略》《国史·经籍志》等古代综合性书目中医古籍归类和分类的研究,提出现代中医药学著作的分类方法仍是有待研究的课题,中医药古典文献的整理研究为其提供了参考借鉴。

0634

"古道照颜色——先秦两汉古籍国际学术研讨会"纪要[J]/罗燕玲. --中国文哲研究通讯(在台湾地区发表),2009,01:69 – 79

2009 年 1 月 16 日由香港中文大学、中国文化研究所举办的"先秦两汉古籍国际学术研讨会"在香港中文大学召开。本文综述了会议概况、主题、演讲内容和九个分会场所发表的论文。

0635

古典白话小说整理的又一创举——评黄山书社新版《红楼梦》[J]/陆林.--学术界，2006，04：296－300

作者评述了黄山书社新版《红楼梦》，认为该书对小说原本混一不分的代词、助词用现代汉语规范，人物对话以现代小说形式分段，符合当代读者阅读习惯，拉近了与古代文本的阅读距离，是对古典白话小说整理出版既有形式的革新，体现了古籍整理的当代意识。

0636

古典目录学起源初探启示录[J]/钱昆，宣立颖.--知识经济，2009，17：162－163

本文通过对古典目录学起源和现代目录学研究现状的探析，论述了目录学是一门具有悠久历史和优良传统的学科，同时通过统计数据说明目录学在图书馆学专业课程设置中的重要意义，为目录学研究及目录学教育提供了借鉴。

0637

古典文献数字化：选择与契机[J]/陈诚.--新世纪图书馆，2003，02：40－43

现代数字技术发展推进了中华古典文献的数字化进程，本文探讨了在此进程中给传统国学研究与古籍整理出版带来的思想转变和机遇选择。

0638

古典文献学研究领域的杰作——王绍曾先生《目录版本校勘学论集》评介[J]/王承略.--书目季刊(在台湾地区发表)，2005，01：35－40

《目录版本校勘学论集》系山东大学文史哲研究院专刊丛书系列图书之一，学者王绍曾主编，2011年9月由上海古籍出版社出版。本文介绍了该书作者概况、编纂情形、学术价值、文献价值和创新之处等。

0639

古典文献整理研究与当代意识[J]/徐时

仪.--上海师范大学学报(哲学社会科学版)，2001，05：118－124

本文论述了古典文献整理研究与当代意识的关系，认为整理研究要从当代意识出发，探讨历代学者研治古典文献的内在精神实质，发掘民族发展之勃发生机的源泉，进而创建具有现代特色的中国古典文献学理论体系，发挥中国古典文献学在当前社会主义精神文明建设中的作用。

0640

古典文献专书辞典编纂原则与方法的有益实践——评《十三经辞典》[J]/王鸿滨.--辞书研究，2005，02：145－151

由陕西人民出版社出版的《十三经辞典》是一部大型文献专书辞典。本文介绍了该书的编纂特点、学术价值、实际效用，认为该书具有百科性、科学性、针对性的特点，论述了该书将古籍整理与研究相结合、提供汉语史语法和词汇研究的原始材料、补足修订大型语文辞书、运用计算机进行古籍整理等所作出的贡献。

0641

古典新义——闻一多整理古籍的成就[J]/文春霞.--广西右江民族师专学报，2004，05：30－32

本文从创建《诗经》新训诂学、分训《楚辞》、推动"庄注学"的发展三方面，概述了闻一多先生古籍整理成就。

0642

古籍版本的鉴别与辨伪[J]/王玉信.--中国工人，2010，01：59

本文介绍古籍版本的多种伪造手段，论述如何进行古籍版本的伪书辨伪。

0643

《古籍版本登记》著录细则探微[A]/张磊.--中国图书馆学会.中国图书馆学会年会论文集(2009年卷)[C]，北京：国家图书馆出版社，2009

本文探讨了"中华古籍保护计划"之古籍普查《古籍登记表》著录，在查考题名与自拟题名、其他题名信息、古籍附刻著录方面所存在的问题,以期对《古籍版本登记》著录细则的修订提供参考,从而使普查数据更加规范统一。

0644

古籍版本鉴定述评[J]/杨莉.--社科纵横,2004,06:147 – 148

本文通过梳理历代古籍版本的特征,以及比较各版本在刻印、批校、注解等方面的差异,论述古籍版本鉴定需深入了解版本知识,掌握鉴定方法,去伪存真,去粗取精,精校精注,方能事半功倍。

0645

古籍版本鉴赏——藏书家如何对待版本?[J]/卢锦堂.--"全国"新书资讯月刊(在台湾地区发表),2004,72:21 – 24

本文从似魔似佞又如痴、劫中求书热心肠、闲话藏书启发多等方面,论述了藏书家对待版本的态度和与版本的联系。

0646

古籍版本鉴赏——从珍惜善本秘笈说起[J]/卢锦堂.--"全国"新书资讯月刊(在台湾地区发表),2004,66:15 – 19

本文叙述了珍贵古籍愈不可多得、藏书家难以访寻善本的史实,从古籍版本鉴赏、古籍善本访求与政府支持、利用公藏机构维护和保存古籍方面,提出加强古籍文献保护和利用的建议。

0647

古籍版本鉴赏(第二版)[M]/魏隐儒著.--北京:北京燕山出版社,2009

本书介绍了古籍版本鉴赏的意义和鉴赏方式、古籍雕版印刷发生发展概况等。该书附录丰富,分为"古籍版本常用术语及作伪揭示"和"古籍装订修补知识"。

0648

古籍版本鉴赏——古籍·版本·善本[J]/卢锦堂.--"全国"新书资讯月刊(在台湾地区发表),2005,82:21 – 25

本文从古籍范围的确定、版本概念的演变、善本评价的标准方面,介绍了古籍版本、善本相关情况。

0649

古籍版本鉴赏——古籍善本的维护与流通[J]/卢锦堂.--"全国"新书资讯月刊(在台湾地区发表),2005,78:7 – 11

本文从历来藏家的心态、维护修复的概况、珍品流通的可贵等方面,论述了古籍善本的维护与流通。

0650

古籍版本鉴赏——古籍市场今昔[J]/卢锦堂.--"全国"新书资讯月刊(在台湾地区发表),2004,69:17 – 20

本文从古籍书店的经营、古籍拍卖的兴盛、古籍书价的走势等方面,介绍了古籍市场的发展概况。

0651

古籍版本鉴赏——古籍装帧演变[J]/卢锦堂.--"全国"新书资讯月刊(在台湾地区发表),2006,87:18 – 22

本文从简册与帛书、纸本——卷子装(卷轴装)、梵夹装、经折装、旋风装与龙鳞装、黏叶装与缝缋装、蝴蝶装、包背装、线装等方面,介绍了古籍装帧演变历史。

0652

古籍版本鉴赏——海内外公藏古籍现况[J]/卢锦堂.--"全国"新书资讯月刊(在台湾地区发表),2004,67:6 – 10

本文从上下求索用心比较、公藏古籍知有多少、遍访珍藏各具特色等方面,论述了海内外公藏古籍现况。

0653

古籍版本鉴赏——略论古籍藏书题跋一类文字的建构话语[J]/卢锦堂.--"全国"新书资讯月刊(在台湾地区发表),2005,75:21 – 24

本文从一个新的研究方向、《四库全书总目》与《天禄琳琅书目》、乾嘉时期及以后等方面,论述了古籍藏书题跋一类文字的建构话语。

0654

古籍版本考辨——以牌记著录为例[J]/谢莺兴.--东海中文学报(在台湾地区发表),

2002,14:97 - 127

牌记是古籍版本鉴别的依据之一。本文以"扬州阮氏琅嬛仙馆刊本"《经籍纂诂》、"武英殿聚珍板原本"《春秋繁露》、"监本礼记殷氏藏板"《礼记集说》三部书牌记著录为例,分析实际操作中的错讹,提示后人在判别古籍版本时,不能仅凭牌记。

0655

古籍版本类型之———连城四堡雕版印刷发展概况[A]/黄青松. --福建省图书馆学会. 福建省图书馆学会 2009 年学术年会论文集[C],2009

本文通过对清末连城四堡书坊的形成条件、传入发展、地域影响、从业书商、主要分类、兴衰走向、现存古籍等概况综述,研究考证了四堡书坊对雕版印刷形成的历史作用。

0656

古籍版本学的研究内容[J]/时永乐,门凤超. --图书馆理论与实践,2008,04:57 - 59

本文论述了古籍版本学的研究范围,包括版本学基本理论、版本学史、版本鉴定、版本类型、版本源流、版本目录学、版本断代研究、版本地域研究和古籍装订形式研究等,并对其内容进行了探讨。

0657

古籍版本异文的自动发现[J]/肖磊,陈小荷. --中文信息学报,2010,05:50 - 55

本文以《三传春秋经》为例,提出古籍版本异文自动发现方法:由 bigram 计算得到句珠相似度,根据相似度发现最有可能的句珠配对,在异文句珠中不断地去掉最长"同文"并输出异文。结果表明,句珠配对全部正确,异文配对算法也能够正确发现全部符合定义的异文。

0658

古籍版本与校勘[J]/李胜文. --菏泽师专学报,2002,01:96 - 97

本文论述了古籍整理中版本与校勘的关系,即选择好的版本,经过精心校勘、校正错讹、补充佚漏、删削衍文,适当地标点和注释。

0659

古籍版本杂谈[J]/李润波. --中国档案,

2010,07:79 - 81

版本鉴别是判定古籍收藏价值的基本职能,本文通过对殿本、官刻本、监本、蓝本、坊刻本、私刻本、家刻本等版本以及收藏价值的介绍,以期帮助读者学习古籍版本相关知识,提升公众古籍保护意识。

0660

古籍版本中的"机器板"问题[J]/刘淑萍. --图书馆论坛,2009,04:173 - 175 + 181

"机器板"是版本学的特殊名词,系广东刊印的古籍所特有的。本文在研究基础上,试析"机器板"的版本形式、名称来源及鉴定时应该注意的问题。

0661

古籍版本中的剜改旧版现象(上)[J]/郭立暄. --图书馆杂志,2002,10:75 - 78 + 20

本文探讨古籍雕版印刷和流传过程中剜改旧版的现象,列举剜改出现的部位,分析其改动原因。

0662

古籍版本中的剜改旧版现象(下)[J]/郭立暄. --图书馆杂志,2002,11:70 - 76 + 49

(同上)。

0663

古籍版本种种[J]/张喜梅. --太原师范专科学校学报,2000,03:88 - 90

古籍主要是指 1911 年以前历朝的写本、刻本、稿本、拓本等。本文从古籍的刊刻时代、刻书单位等 10 种不同属性,对古籍的种类进行划分。

0664

古籍版刻时代鉴定方法述例[J]/陆广文. --广西民族学院学报(哲学社会科学版),2002,S1:270 - 272

本文从 11 个方面论述了审定古籍版刻时代的方法,同时认为在利用这些方法时,要立足古籍现况,以一法为主,兼顾它法,综合考虑,尽量把可能导致审定失误的因素考虑进来,得出合乎事实的结论。

0665

古籍版式与版本鉴定[J]/曹之,霍艳芳. --

图书情报知识,2009,04:78 - 80 + 94

本文论述了古籍版本的由来、发展和历代版式的特点,以及利用版式鉴定古籍版本的方法。

0666

古籍保存新法[J]/张佳正. --科学月刊(在台湾地区发表),2003,03:233

本文分析了目前古籍面临的纸张酸化变黄变脆难题,介绍了意大利科学家发明的一种能够维持更久的去酸方法:其利用微小的氢氧化钙粒子深入到纸张纤维,与二氧化碳反应形成碳酸钙附着在纸张中,进而保存古籍。

0667

古籍保管与修复面临的问题及对策[A]/苗满田,曹鑫,马红岩. --山东省档案学会. 齐鲁档案论坛——山东省档案学会 2009 年学术年会会刊[C],2009

本文探讨了古籍保管与修复面临的主要问题,分析了引发问题的原因,提出通过有效保管古籍,发掘对文化脉络的描述与传递作用,借鉴积极意义,实现古籍价值现代化和最大化的对策建议。

0668

古籍保护方法研究[J]/王美英. --图书情报知识,2000,04:47 - 49

本文在介绍古籍直接保护的基础上,重点论述了古籍间接保护的新方法,即缩微复制、影印出版、电子扫描和光盘存储;此外,还提出了"古籍保护之保护"的新概念。

0669

古籍保护方法综述[J]/梁桂英. --韩山师范学院学报(社会科学版),2005,02:94 - 97

本文从古籍收藏环境、防虫防蛀、整理修复等方面,综述了古往今来古籍保护的方法。

0670

古籍保护工作必须"六措并举"——对中小型公共图书馆古籍保护工作之我见[J]/冯春阳. --图书情报通讯,2010,03:44 - 47

本文针对古籍保护工作的现况,分析面临的形势与存在的问题,建议中小型公共图书馆开展古籍保护工作必须"六措并举"。

0671

古籍保护工作浅谈[J]/张群. --图书馆研究与工作,2003,01:64 - 66

本文从工作实际出发,论述了现行古籍保护中存在的问题、原因以及措施与方法,并就古籍保护工作未来发展提出了建议。

0672

古籍保护盲点多 亟待制定专门法[J]/席锋宇. --中国美术馆,2009,05:89 - 90

本文论述了当前我国古籍保护工作存在有经费不足、人才匮乏、立法缺失等问题。作者提出应加快制定古籍保护条例和公共图书馆法,以形成完整有效的保护体系。

0673

古籍保护新探索[C]/张志清,陈红彦主编. --杭州:浙江古籍出版社,2008

本书收录了 2002 年以来国家图书馆古籍馆在文献保护方面阶段性研究成果,内容包括保存保护的经验与方法、文献修复的实践与研究、古籍保护理念的倡导与践行、全国古籍保护的规划与展望等。

0674

古籍保护与古籍修复人才的培养[A]/张玉范. --中国国家图书馆. 中文善本古籍保存保护国际研讨会论文集[C],北京:北京图书馆出版社,2002

本文以北京大学图书馆藏书和保护状况为例,论述了图书馆传统古籍保护方法的重要意义,指出古籍保护的当务之急是修复问题,特别是古籍修复人才的培养,建议开展地域性的交流合作,促进古籍修复行业的交流发展。

0675

古籍保护与开发的策略与建议[J]/刘家真,程万高. --中国图书馆学报,2009,03:15 - 20

本文认为目前我国古籍开发的思路和手段单一,利用面较窄,在数字化过程中损坏古籍的问题严重。应借鉴台湾地区开发古籍的经验,让社会各界参与古籍数字化的公开征选计划;同时建立与数字化紧密结合的古籍开发长期规划、近期目标。在古籍开发过程中要制定监管制度,加大对损坏古籍的惩罚力度。

0676

古籍保护——与时间赛跑的事业[J]/薄茹.--北京观察,2007,05:51-57

本文从古籍保护工作的重要性入手,提出古籍保护是与时间赛跑、古籍普查工作具有开创意义、古籍修复任重道远,探讨提出数字化是古籍整理发展的未来方向。

0677

古籍保护与文化传承——从成都图书馆的古籍保护谈起[J]/杨丹蓉.--四川图书馆学报,2008,05:79-81

本文以成都图书馆为例,阐述了古籍保护的重要意义和路径,对保护措施、注意事项、普查征集和数字化等提出了见解。

0678

古籍保护之我见[J]/荣志向.--大众文艺(理论版),2008,04:101

本文从叙述我国古籍保护工作现状、开展古籍保护的重要性和紧迫性、加强宣传提高认知、重视人才培养等方面,对实施中华古籍保护计划后的工作实践进行了梳理。

0679

古籍保护中的虫害防治及建议[J]/谢宇斌.--大学图书情报学刊,2009,04:66-69

本文通过对第一批全国古籍重点保护单位虫害防治措施的统计,解析了古籍虫害防治面临的问题,提出加大资金投入、改善古籍存藏环境、成立灭虫防蛀专门机构、提供专业产品等建议和对策。

0680

古籍碑帖的鉴藏与市场[M]/陆三强、陈根远著.--济南:山东美术出版社,2008

本书分为上、下两编,介绍了古籍碑帖的鉴藏与市场。上编包括古籍版本知识、版本特点和鉴别方法,版本的收藏与拍卖,版本的拍卖例说等。下编包括碑帖的基本知识,历代金石文字和拓本的鉴定,碑帖市场与价格,历代金石拓本的鉴定例说等。

0681

古籍编辑工作漫谈[C]/全国古籍整理出版规划领导小组办公室编.--济南:齐鲁书社,2003

2002年10月,全国古籍整理出版规划领导小组办公室举办了第二期古籍社编辑培训班,本书由该培训班9位授课专家的讲稿结集而成。

0682

古籍编目工作中若干问题的探讨[J]/章良.--农业图书情报学刊,2010,06:125-128

图书馆古籍编目工作中存在有著录规则不统一、分类法不统一、文字使用问题、忽视提要项、古籍目录使用困难等问题,本文结合工作实践对此进行了探讨,并对解决这些问题提出见解。

0683

古籍编目规范化若干问题探讨[J]/王波、王艳.--图书馆建设,2009,07:19-20

古籍编目工作在分类标引、主题标引、文字使用等方面存在书目数据难以规范的问题。作者结合工作实践,对古籍编目工作规范化提出了建议对策。

0684

古籍编目 薪火相传——《河南省图书馆古籍善本书目》编纂有感[J]/周新凤.--河南图书馆学刊,2010,05:128-130

《河南省图书馆古籍善本书目》是该馆建馆百年以来的第一部馆藏古籍善本书目,蕴含了几代古籍编目人员的劳动成果和心血结晶。本文对此书目的编纂经过和编纂心得进行了回顾总结。

0685

古籍编目中的完整本复本问题与著录规则的修订[J]/鲍国强.--国家图书馆学刊,2005,02:28-30

本文在阐述《UNIMARC指南》和《ISBD(A)》关于"古籍完整本复本著录"原则要求的基础上,对新的古籍著录规则在完整本和复本特征著录方面的具体规定做出了说明。

0686

古籍辨伪与汉语史研究[J]/陈东辉. --书目季刊(在台湾地区发表),2010,03:51-64

本文采用汉语史的研究方法,从语料分析、方言特征、著者生平、印制年代、有效利用已有成果等方面,论述了古籍辨伪问题。

0687

"古籍部"在数字图书馆中的价值实现[J]/李海瑞. --内蒙古科技与经济,2009,07:364-365

本文介绍了图书馆古籍部门在数字时代从事古籍资源开发利用所拥有优势和存在问题,探索了实现自身价值的方式与途径。

0688

古籍"藏板(版)"考略[J]/骆伟. --图书与情报,2004,01:30-32

本文介绍了古籍"藏板(版)"概念,论述了古籍标示"藏板(版)"的不同用意,提出辨明"藏板(版)"用意应从古籍序言、题记、后人题跋、藏书志、原书内容、外形特征等进行综合考证。

0689

古籍藏书印刍议[J]/张宝珠. --图书馆学刊,2008,05:128-129+138

本文列举现存馆藏古籍藏书印,论述了古籍藏书印的价值和意义,提出古籍藏书印是艺术品的观点。

0690

古籍常识丛谈[M]/崔文印著. --北京:中华书局,2009

本书是关于古籍版本领域内常识问题的知识读物,内容包括对古籍版本形式、行款、装订的介绍,用纸、字体、避讳等;古籍版本中重要典籍介绍;对历代藏书的统计和古代皇家藏书的情况;对古代禁书与文字狱的介绍等部分。

0691

古籍虫蛀及防治方法[J]/吴美娟. --图书馆研究与工作,2002,01:73-74

本文针对当前古籍存藏中发生的虫蛀现象,分析阐述了原因和发现途径,提出预防杀灭方法的建议。

0692

古籍出版发行信息的 CNMARC 格式著录[J]/杨健,吴英梅. --图书馆工作与研究,2004,04:42-44

本文尝试在《国际标准书目著录[古籍(善本)]》(即《ISBD(A)》)的基础上,针对中国古籍的特点,结合实例,对古籍出版发行信息在 CNMARC 格式中的著录进行了分析阐述。

0693

古籍出版思与行[M]/孙宝瑞著. --郑州:郑州大学出版社,2004

本书收录论述古籍出版的文章若干篇,全书分为四部分:理论研究、图书评论、文学作品、出版动态。

0694

古籍丛残汇编(全七册)[M]/钟肇鹏编. --北京:北京图书馆出版社,2001

本书收录了分散在不同丛书中的古类书、古佚书 150 余种。这些典籍分别成于三国至北宋之间,其内容涉及经史子集类,均为史料价值高、版本稀见、流传不广之书。计有《皇览》、《修文御览》、《玉烛宝典》、《文馆词林》、《鸣沙石室古籍丛残·类书丛残》、《类林》、《琱玉集》、《七略别录佚文》、《七录目录》、《汉魏遗书抄》(104 种)、《茆氏辑古逸书》(10 种)、《经典集林》(30 种)。

0695

古籍丛书版本探微[J]/邹爱芳,孙婷. --图书馆理论与实践,2006,03:63-64

本文阐述了不同古籍丛书因编辑年代、编辑宗旨、编者、版本流传诸方面的不同而产生的差异,力求指引读者有效地选择使用适合自己需要的古籍丛书版本。

0696

古籍丛书编目方法 CNMARC 格式之我见[J]/马囡. --科教文汇(下旬刊),2008,09:243

作者从工作实践出发,以揭示古籍丛书内容和便于检索为目的,提出了古籍丛书在

CNMARC 格式中的著录规则。

0697

古籍丛书的分类体系[J]/刘宁慧. --(在台湾地区发表),2010,01:55 - 124

本文依据明代迄今古籍丛书目录(含综合目录丛书部类、丛书专门目录)和学者意见,分析了丛书分类体系的发展过程,考察了各分类法形成背景与分类得失,并指出《中国丛书综录》存在的分类问题。

0698

古籍丛书的计算机编目[J]/陈军,闫瑞君. --情报杂志,2002,07:77 - 78

本文围绕古籍丛书的重要地位、特殊性及 MARC 格式特点、MARC 格式著录方式,探讨了古籍丛书计算机著录实际操作中的一些问题,提出由于古籍丛书本身的特殊性和复杂性,对机读目录的分类依据、著录标准问题都会造成影响。

0699

古籍丛书的开发与利用[J]/魏书菊,王杏允. --图书馆论坛,2002,04:110 - 111 + 26

本文从注重对古籍丛书目录的介绍、编制丛书子目索引,开发古籍信息资源、提高工作人员业务素质、建立合理的阅读机制等方面,论述了开发利用古籍丛书过程中应注意的若干问题。

0700

古籍丛书的 CNMARC 格式著录[J]/闫瑞君,刘军. --晋图学刊,2003,01:56 - 58

本文依据古籍数据库建设实践,分析了古籍丛书的复杂性,以及利用 CNMARC 格式著录古籍丛书时遇到的问题和处理方法。

0701

古籍丛书目纠误录[J]/曹培根. --四川图书馆学报,2000,01:63 - 64

《中国丛书综录》是目前国内规模大、收录广、体例完备的一部古籍丛书联合目录。本文从该书中查纠错误 10 条,予以勘误。

0702

古籍丛书使用障碍分析[J]/邹爱芳. --江西图书馆学刊,2006,02:71 - 72

本文从古籍丛书自身的特点、使用者的文献检索能力、文献的组织管理三个层面,分析古籍丛书使用中存在的障碍。

0703

古籍丛书知多少——《中国丛书综录》与《中国丛书广录》的综合考察[J]/刘宁慧. --书目季刊(在台湾地区发表),2010,02:13 - 42

本文以上海图书馆编《中国丛书综录》与补续之阳海清《中国丛书广录》两目为例,分析比较编辑性质、著录差异,结合考察古籍丛书主要书目内容,以期估算传世知见文献数量,作为整体丛书文献发展的认识基础。

0704

古籍丛书著录的问题及其总目资料库之建置构想[A]/刘宁慧. --辅仁大学图书馆.2004 年古籍学术研讨会论文集[C],新庄:辅仁大学(台湾地区),2004

本文阐述古籍丛书在书目中的收录范围、分类方式及著录项目、栏位等方面的差异不足,提出为根本改善古籍丛书著录与利用的问题,需要前瞻资讯技术的成就,建设具有总结性、联合性及功能性的总目资料库。

0705

古籍档案的数字化建设分析[J]/张宛艳. --档案管理,2009,05:41 - 42

作者根据古籍档案数字化建设的实践,分析了古籍档案整理利用的特点以及数字化实现方式和存在问题,提出了个人对古籍档案数字化建设的思考。

0706

古籍、档案原件无损消毒及库房系统保护方式浅论[J]/魏正光. --档案学研究,2009,03:63 - 64

档案、古籍入库保存前的消毒工作十分必要。本文从保护的范畴和现状、目前抢救和保护工作、常见消毒方式及基本缺陷、综合预防消毒和独立环境控制等方面,论述了档案、古籍入库保存前的无损害消毒和库房系统保护方式。

0707

古籍的保护、利用和服务以及法制化问题

[J]/王冰. --重庆图情研究,2010,02:51-54

本文从古籍的保护、利用和服务出发,论述了该项工作应纳入国家信息基础设施建设之中,除加大资金投入外,还应制定相应的政策法规,走上法制化道路。

0708

古籍的藏与用[A]/童正伦. --贾晓东. 思考·探索·创新——2006年首届浙江省公共图书馆馆长论坛论文集[C],杭州:浙江古籍出版社,2006

本文围绕"主藏论"和"主用论",分析了古籍文献藏和用的辩证关系,认为"古籍之用非常重要,藏尤为重要,藏应重于用,保护是第一位",对如何减少古籍使用损坏、延长寿命问题,提出了建议。

0709

古籍的分类法和主题词[J]/郑恒雄. --书艺(在台湾地区发表),2002,38:7-13

本文论述了古籍在古代的分类体制和当代对于古籍的分类方法,介绍了海峡两岸近年来编订的数种主题词表或标题表。

0710

古籍的利用价值——以福州师专图书馆部分古籍为例[J]/朱元洁. --福州师专学报,2000,04:75-77+80

本文在阐述古籍书对当前我国改革开放、发展经济的重要作用后,对福州师专图书馆收藏的部分古籍进行分类,并介绍其主要内容,以使读者能更快捷地找到自己所需要的史料。

0711

古籍的流散及其原因[J]/赵欣. --安徽文学(下半月),2007,03:59-60

本文总结了我国历史上的政治浩劫和战争浩劫对古籍损毁的负面影响,分析由于思想局限性、存藏知识匮乏等人为原因造成的古籍损毁状况。

0712

古籍的书名及 CNMARC 格式著录[J]/闫瑞君. --图书馆学研究,2003,08:71-73

本文从方便读者利用书名检索的角度出发,分析古籍书名的多样性,及各种书名在CNMARC格式中的著录。

0713

古籍的外衣——函套[J]/谢莺兴. --东海大学图书馆馆讯(在台湾地区发表),2006,62:38-47

本文从古籍文献的保护形式出发,介绍了中国古代先后出现的几种书籍装订方法,论述了古籍外衣的作用与类型,以及古籍装置"函套"后的注意事项。

0714

古籍的 CNMARC 格式著录探讨[J]/刘怡,田建良. --图书情报知识,2004,06:52-54

本文通过对古籍和古籍著录项目的认识分析,提出了关于古籍 CNMARC 格式著录(以ILAS环境为例)的意见,为资源共享和古籍数字化提供技术支持。

0715

古籍、地方志与历史博物馆[A]/邱明. --广西壮族自治区博物馆. 博物馆与旅游——广西壮族自治区博物馆第二届学术研讨会论文集[C],2009

本文论述了在历史博物馆中,古籍和地方志利用的重要作用以及开展相关保护工作的重要性。

0716

古籍典故[M]/陈鸿彝,汪玉川著. --西安:太白文艺出版社,2004

本书以散文形式介绍了历代经典古籍的创作、收藏、流传情况,重点讲述了有关古籍的相关史实、历史知识与典故。

0717

古籍点校疑误汇录(全六册)[M]/国务院古籍整理出版规划小组编. --北京:中华书局,2002

国家古籍整理出版规划小组办公室自1983年至1990年,逐年将各种文史哲期刊和大专院校学报上发表的有关古籍整理的批评性文章汇编,题名为《古籍点校疑误汇录》。并陆续印发和出版。本书共分八册,此次只出版了前第六册。

0718

古籍点校札记十则[J]/宋石青.--晋东南师范专科学校学报,2002,03:10-12

作者参与了《全辽金诗》《全辽金文》的点校工作,遇到难断之句、难解之词都记录在案,遍检辞书、辨明正误。本文即以作者记录的点校古籍中的误句为例,指出错误原因、纠正方法。

0719

古籍电子化产品的用字问题[J]/班吉庆.--扬州大学学报(人文社会科学版),2006,04:62-66

本文以网络版《千字文》为例,列举了电子版本在甄别错别字、繁简字、异体字方面存在的不足,呼吁有关部门采取相应措施,建立健全规章制度,科学管理,努力提高古籍电子化产品的用字水平。

0720

古籍电子化问题探析[J]/张尚英.--安徽师范大学学报(人文社会科学版),2002,02:244-248

古籍电子化代表了古籍整理未来发展方向,有着传统方式不可比拟的优势。本文列举了现有古籍电子化存在的缺陷并加以分析,认为达到形式上不缺字、不错字、图文对照,功能上通用性好、检索方便、输出灵活、传输通畅、辅助研究,是今后古籍电子化的努力方向。

0721

古籍电子化与中国古代文史研究——以文渊阁《四库全书》电子版原文及全文检索版为中心[J]/范子烨.--东南大学学报(哲学社会科学版),2004,02:111-114+128

本文分析了文渊阁《四库全书》电子版原文及全文检索版等多家古籍电子化工程及数据库的特点,简要介绍了其涉及的中国大陆以及香港、台湾地区的多家专业网站,探讨中国大陆的全文检索版《四库全书》和《四部丛刊》的历史意义与学术价值。

0722

古籍电子化中生僻汉字的处理[J]/闫凡蕾,林仲湘,李龙.--华侨大学学报(自然科学版),2003,03:331-334

本文就古籍电子化中遇到的生僻汉字问题进行了深入研究。在对生僻汉字进行分析统计的基础上,进而对其进行编码、造字;根据生僻汉字的特点,设计了易学易用的输入法;较好地解决了古籍电子化中遇到的生僻汉字的存储、检索和显示的问题。

0723

《古籍定级标准》举例[J]/李国庆.--图书馆工作与研究,2008,01:82-85

本文对2006年8月5日由国家文化部发布、同年10月1日实施的中华人民共和国文化行业标准(WH/T20-2006)——《古籍定级标准》的各项条款内容进行举例,旨在答疑解惑,便于使用。

0724

《古籍定级标准》释义[J]/李致忠.--图书馆工作与研究,2008,01:77-81

本文对2006年8月5日由国家文化部发布、同年10月1日实施的中华人民共和国文化行业标准(WH/T20-2006)——《古籍定级标准》的各项条款内容进行释义,以飨读者。

0725

《古籍定级标准》中的"级别等次"和"四原则"释评[J]/杨慧漪.--图书与情报,2007,05:89-91+96

在古籍普查中,明确定级工作中的相关概念,甄别定级过程中的复杂情况,对于保证定级标准的严密科学、推动普查工作的顺利实施十分重要。本文对文化部颁布的《古籍定级标准》中的"级别等次"和"四原则"条款作了释评。

0726

古籍防护技术漫谈[J]/洪亚军.--中国教育技术装备,2006,07:63-65+68

本文从古籍书库防光、防有害气体和防尘,温湿度调控,霉菌防治,虫鼠防治等四个方面,论述了古籍的预防保护技术。

0727

古籍分类管见[J]/郑明.--图书馆学研究,

2009,02:46-48

本文论述了当前古今图书按照各自独立的分类法分类的现状,分析了两者差异和实践中的问题,呼吁在四部分类法的基础上适时制定并出版一部专门的古籍分类法,并从类目设置、索引编制等方面提出了笔者的设想。

0728

古籍工作漫谈[J]/陈琳.--山东图书馆季刊,2002,04:96-98

本文通过对古籍分类、编目、读者服务等工作的阐释,论述了省级图书馆古籍工作的特点和工作人员应当具备的业务素质。

0729

古籍馆古籍阅览工作探析[J]/卜林.--图书情报工作,2010,S1:318-320+240

本文以国家图书馆古籍馆为例,从充分发挥馆藏资源及为读者提供多方位的服务入手,探讨做好古籍阅览工作的方法途径。

0730

古籍管理人员健康保障研究[J]/黄俊霞.--科技情报开发与经济,2008,23:91-92

本文分析并列举了古籍书库中存在的污染问题,以及对管理人员健康所造成的物理危害、化学危害和生物危害,据此提出了相关预防保障措施的建议。

0731

古籍函套除尘法[J]/李颖.--图书馆建设,2003,05:130

本文以个人工作实践为例,细致描述并从实介绍了去除古籍函套上灰尘的有效方法。

0732

古籍函套的制作工艺介绍[J]/白淑春,白放良.--图书馆理论与实践,2008,04:76-79

本文通过实践操作,从必备材料、工具及操作规程、工艺规程等方面,介绍行长书套、四合套、书盒三种四式函套手工制作工艺,供古籍保护同行制作使用。

0733

古籍合作编目的前景——华文书目资料库

合作发展研讨会的回响[J]/顾力仁.--(在台湾地区发表),2000,83:13-17

华文书目资料库合作发展研讨会于2000年在台北召开。本文从古籍编目意义和重要性、古籍书目资料库建设状况与问题、标准规范建立、未来古籍合作编目发展方向等方面,论述了该研讨会的回响。

0734

古籍活字本特征及价值浅谈[J]/邱成英.--图书情报论坛,2008,04:69-71

本文分析了古籍活字本的特征,阐述了活字本的起源、运用、价值,提出了只有熟悉掌握活字本的特征及相关知识,才能真正做到对之了解和鉴别的观点。

0735

古籍机读目录记录控制号浅谈[J]/危志强.--江西图书馆学刊,2007,02:45-47

本文介绍了机读目录记录控制号及作用,并详细说明用ILASII修改记录控制号的方法。

0736

古籍机读目录建设[J]/张太平,阎瑞萍.--图书馆理论与实践,2002,06:74-75

本文介绍在书目数据库建设中,古籍机读目录格式处理及古籍分类法的使用情况。

0737

古籍辑佚学在数码时代的发展机缘——史广超《〈永乐大典〉辑佚述稿》序[J]/陈尚君.--古籍整理研究学刊,2009,06:56-58

本文是为史广超博士新著《〈永乐大典〉辑佚述稿》所作序,介绍该选题的思考过程、写作追求、创新见解,借此评述前代古籍辑佚的成就得失,认为古籍数码化为现代学者从事古籍辑佚提供了新的机遇。

0738

古籍校点误例辨正——《儒藏》校点书稿审阅札记[J]/张衍田.--儒家典籍与思想研究,2009,00:433-483

本文以审读校点《儒藏》书稿为例,选取有代表性的案例百余个,一一考释辨正,指出错误,并对产生错误的原因进行分析。

0739

古籍校勘浅谈[J]/杨彧.--安徽文学(下半

月),2008,06:288-289

本文通过举例分析古籍存在的讹误,讨论了校勘的目的和方法。

0740

古籍校勘中的形讹与借字辨析[J]/谈莉. --淮北煤炭师范学院学报(哲学社会科学版),2003,04:95-97

本文引用实例,分析了古籍整理中遇到的汉字形体演变和语音古今差异问题,论述了通假字因避讳而导致字形替代的文字借用现象与字形错讹的异同之处。

0741

古籍校释·今注·今译评介论集[M]/李振兴著. --台北:人间出版社(台湾地区),2001

本书汇集了屈万里、王梦鸥、鲁宾先、王叔岷等海峡两岸学者在古籍校释、今注、今译等方面的研究成果和心得,帮助读者更好地涉猎古籍或者精读古文。

0742

古籍今注新译丛书·新译菜根谭[M]/吴家驹注译. --台北:三民书局(台湾地区),2009

《菜根谭》是明代文人洪应明编著的以处世思想为主的格言式小品文集。本书以明刻本为底本进行了校勘注释,每则附有评析,系古籍新注新译丛书之一。

0743

古籍举要[M]/钱基博著. --长沙:岳麓书社,2010

本书为清代国学大师、教育家钱基博先生(钱钟书之父)所撰,系作者读陈澧《东塾读书记》时随记而成。全书共分十七卷,包括孝经、论语、孟子、周易、尚书、诗、周礼、仪礼、礼记、春秋、小学、诸子、西汉、郑学、三国、朱子等中国古代典籍的读书举要。

0744

古籍考辨丛刊(第一集)[M]/顾颉刚主编. --北京:社会科学文献出版社,2010

我国国学大师顾颉刚先生20世纪30年代编辑了《辨伪丛刊》,或整理专书,或记录内容相类和时代相近的文字。该书1955年改名为《古籍考辨丛刊》,由中华书局出版第1集。

2010年,顾先生的学生王煦华主持了《古籍考辨丛刊》的修订,以繁体横排,再版重印。

0745

古籍考辨丛刊(第二集)[M]/顾颉刚主编;王煦华整理. --北京:社会科学文献出版社,2009

本书收集由顾颉刚先生和古籍专家赵贞信辑点的5种古籍通论和5种经学典籍,由顾颉刚先生的学生王煦华整理。

0746

古籍滥印呈三弊:误注 乱点 臆译[J]/朱树谦. --扬州教育学院学报,2009,02:23-25

本文论述了古籍滥印的表现形式及其原因:编者不熟悉有关史实而望文生义,产生误注;具体点校者不熟悉典章制度或古汉语程度有限,而出现重大断句错误;因编译人员既缺乏必备的历史知识,又臆断以致出错。

0747

古籍联合目录编目运作模式研究[J]/郑春汛,赵伯兴. --图书馆建设,2008,09:43-46

本文分析论述了现有古籍联合目录运作模式所形成的问题,提出在计算机与网络技术发达的今天,以编撰团队与藏书单位分离的古籍联合编目新模式,将有效地缓解古籍联合目录数量偏少与古籍实际总量较多的矛盾,提升编撰效率和出版数量、质量。

0748

"古籍联合目录资料库合作建置研讨会"纪实[J]/蔡慧瑛. --(在台湾地区发表),2001,88:9-11

台湾汉学研究中心于2000年5月31日,邀请台湾相关合作馆及大陆六所著名古籍收藏单位代表、学者专家,召开了"古籍联合目录资料库合作建置研讨会"。本文系该会议纪要,介绍了会议时间、参会人员、内容、经过等。

0749

古籍联合目录资料库合作建置研讨会纪要[J]/谢佩婕. --(在台湾地区发表),2004,102:23-24

台湾汉学研究中心于2004年9月27日、

29日,邀请台湾相关合作馆、大陆及港澳地区相收藏古籍重要图书馆,召开了"古籍联合目录资料库合作建置研讨会"。本文系该会议纪要,介绍了会议时间、参会人员、内容、经过等。

0750

古籍流通的意义——善本和藏书史[J]/(日)高桥智. --中国典籍与文化,2010,01:96 – 108

本文从探讨清代藏书家杨守敬观海堂藏书意义出发,介绍了日中两国从明末至今古籍善本和日本江户初期至末期汉籍的流通大要,据此说明建构正确的古籍流通学体系的必要性。

0751

古籍略述[J]/骆伟. --澳门图书馆暨资讯管理协会学刊(在澳门地区发表),2002,04:65 – 70

本文介绍了中国古籍的定义、标准、皮藏、探访等,提出了标准的改进意见和探访中应该注意的问题,介绍了若干做法。

0752

古籍木函套炭化现象探究[A]/龚德才. --广西壮族自治区博物馆等. 全国第十届考古与文物保护化学学术研讨会论文集:文物保护研究新论[C],北京:文物出版社,2008

本文依据古籍木函套炭化现象分析测试结果,对炭化可能的原因进行了分析,同时将模拟实验的结果公之于众,以求为珍贵古籍善本书的保护提供科学依据。

0753

古籍目录编纂例说——《清人著述总目》编纂札记[J]/杜泽逊. --文献,2009,03:93 – 107

《清人著述总目》是国家清史纂修工程重大项目。本文通过对该书编纂实践总结,举例说明对"古书撰人出现歧异、古书不题撰人"情况都应进行考证:著录古书撰人要明确籍贯;运用甲子纪年判定古书刊抄年份要谨慎;古书分类应该借鉴各家书目。

0754

古籍目录史上的丰碑——记《书目答问》其

后的订补稿[J]/刘采隼. --图书馆,2004,01:94 – 95

晚清名臣张之洞在目录学家缪荃孙协助下编纂的《书目答问》,是一部专门检索古籍的综合性选目。该书出版百年之后,湖北文史馆员刘德刚对原书错讹和漏落之处予以订补,作《书目答问订补》。本文论述了订补《书目答问》的过程、方法及其意义。

0755

古籍目录索引的制作——以《内蒙古自治区线装古籍联合目录》为例[J]/何远景. --中国索引,2004,01:28 – 30

本文综述了《内蒙古自治区线装古籍联合目录》索引的编制过程,以及利用电脑自编选目、排序、归并等程序应用的思路与经验。

0756

古籍破损状况及修复保护方法初探[J]/付荣芳. --重庆图情研究,2009,04:55 – 56

本文梳理了造成古籍破损的多种现象和原因,从实际出发,围绕古籍修复需有专门技法、古籍修复要因地制宜两方面,探讨了古籍修复的一些方法。

0757

古籍普本数字化的障碍与措施[J]/沈秀琼. --图书馆研究与工作,2003,01:63 + 75

古籍普本数字化,受到来自观念、管理和书目控制方面的障碍。本文从转变观念,协调合作,建立联合目录数据库,协作开发等方面,提出了推动古籍普本数字化的建议措施。

0758

古籍普查登记中的几点体会——佛经普查登记[A]/李莉. --中国民族图书馆. 第十次全国民族地区图书馆学术研讨会论文集[C],沈阳:辽宁民族出版社,2008

在古籍普查中,佛教典籍的普查登记较其他古籍有独特之处。本文举例论述,因佛经古籍结构、版本类别、装帧形式有着各自的称谓和特点,著录登记时,应将所有版本项目标示完全,特别要辨别清楚雕版、印刷、装帧三者的关系。

0759

古籍普查工作探讨[J]/张红. --图书馆工作

与研究,2009,09:75 - 77

全国古籍普查工作开展之后,各馆在申报国家、省级《珍贵古籍名录》和"重点古籍保护单位"时,对古籍清理、著录、定级、人才培养等均需统计和思考建议。本文从古籍普查入手,论述了古籍清理、定级标准、保护管理、人员培训、可能遇到的问题以及发展思路,供申报之参考。

0760

古籍普查问题研究[A]/刘培生.--中国中医科学院中医药信息研究所.2007 年学术年会论文集[C],2008

本文研究探讨了古籍普查中可能遇到的封面与牌记处理、责任者项著录、丛书子目著录、篇目著录和如何处理批校题跋等问题。

0761

古籍普查与古籍数字化[J]/莫俊.--图书馆工作与研究,2010,10:66 - 68 + 101

古籍普查与古籍数字化是新时期与古籍相关的重大课题。本文分析了两者在对象、数量、主持、手段、模式、成果、目的及意义等方面的联系和区别。

0762

古籍其他题名信息的 CNMARC 格式著录[J]/陈素清,闫瑞君.--图书馆学研究,2002,02:86 - 87

本文结合古籍书目数据库的建设实践,通过实例,对古籍其他题名信息加以分析,并对其 CNMARC 格式著录等进行了探讨。

0763

古籍全文数据库的理想实现模式[J]/程佳羽.--图书馆建设,2006,03:54 - 56

本文从中文古籍的自身特点出发,从设计理念、支持模式、构筑方式方面对古籍全文数据库的实现模式进行了阐述,期待能以用户和研究为中心,提出可供参考的设计方案和努力方向。

0764

古籍全文数据库建设的技术与实践[J]/李璐.--图书馆学研究,2004,11:22 - 25

本文阐述了古籍全文数据库的开发方

式,结合《四库全书》电子版开发过程,深入分析了以图文结合方式建立古籍全文数据库的系统流程与原理,提出当前我国古籍全文数据库建设的努力方向。

0765

古籍散亡原因初探[J]/时永乐,门凤超.--图书馆工作与研究,2010,10:73 - 78

中国是一个文明古国,历代先贤留下了丰富的文化典籍,但从古至今,古籍散亡的现象也十分严重。本文梳理总结了造成古籍散亡的 15 条原因。

0766

古籍善本[M]/陈先行著.--台北:猫头鹰出版家庭传媒城邦分公司(台湾地区),2009

本书通过 270 多张古籍刻本与写本的精美图片,加上鲜为人知的书林轶事,为读者讲述了古籍善本收藏与鉴赏知识,包括如何确定价值、如何判别版本真伪、如何欣赏美感等。书末附有古籍版本概说、常见纸张与装帧形式、版面术语、明清名家稿抄本特征表及专有名词索引等。

0767

古籍善本[M]/顾音海,陈宁著.--上海:上海文化出版社,2008

《古籍善本》系"收藏起步丛书"之一种,为初涉收藏领域读者的启蒙书。本书从探源谈史、古籍版本、善本赏析、辨伪技巧、藏家知识、古籍修复等方面,介绍了相关知识。

0768

古籍善本[M]/韦力著.--福州:福建美术出版社,2007

本书论述了中华古籍分期与简史、藏书起源与历代王朝对藏书之重视、古代私家藏书概况、古今善本观的异同、如何鉴别版本、收藏古籍的工具书等内容。

0769

古籍善本的电子化探索[J]/李德胜.--晋图学刊,2004,01:54 - 56 + 61

本文通过对静电复印、影印、缩微复制等技术手段的比较,介绍了古籍善本数字化之数据库建设、全文光盘制作的方法和流程,同时论述了相关网站的建设要点。

0770

古籍善本电子化管理系统的设计与实现[J]/肖爱斌. --图书情报工作,2008,11:132 - 135

本文论述了在古籍善本电子化管理系统设计与实现过程中,应充分考虑电子化存储、整理、检索等特点;综合应用图像处理、分析识别、分布式数据库复制及同步技术;研究、设计并实现其数字化采集、图像去噪、存储、处理、浏览和数字加密等功能。

0771

古籍善本手稿的修复[A]/李大东. --西北大学文博学院、中国化学会应化委员会考古与文物保护化学委员会、中国科技考古学会(筹).文物保护与科技考古[C],西安:三秦出版社,2006

笔者长期从事古籍修复工作,具有对各种不同破损程度古籍善本手稿整旧如旧修复的丰富经验。本文据此论述了其在实践中形成的独到见解和有效方法。

0772

古籍善本数据库建设之探讨[J]/张芳梅,李文遴,刘卫武. --图书馆理论与实践,2005,02:37 - 38

本文论述了古籍善本数据库建设的必要性,梳理了相关建设条件,结合工作实践,探讨并提出建设措施与具体方法。

0773

古籍善本四种叙录[J]/段永辉,李晓泽,李冠楠. --兰台世界,2008,08:49 - 50

本文对保定学院图书馆藏明代陈继儒编《古文品外录》等4种古籍,从版式印刷、版本流传、文本内容等方面进行了深入探讨。

0774

古籍摄影与古籍保护[J]/赵建忠. --图书馆学刊,2010,07:14 - 16

本文通过对古籍摄影的特殊性、分类、方法技巧和摄影中常见问题的介绍,系统阐述了古籍摄影与古籍保护的关系。

0775

古籍生色——简介院藏套印本《杜工部集》[J]/吕季如. --"故宫"文物月刊(在台湾地区发表),2008,298:30 - 37

台北"故宫"博物院藏清光绪二年(1876)粤东翰墨园刊六色套印本《杜工部集》,为目前所见印刷史上套印颜色最多者。本文以此书为例,探讨了王世贞、王慎中等评点的特点以及六色套印的刊刻方式。

0776

古籍收藏问答[M]/龚笃清编著. --长沙:湖南美术出版社,2008

本书从古籍基本知识、古籍收藏者素养、古籍鉴别方法、各朝代刻印本等方面,介绍了古籍收藏常识,系古籍知识普及本。

0777

古籍收藏与鉴赏[M]/陈鸿彝著. --西安:陕西人民出版社,2008

本书是一本面向古籍收藏和爱好者,介绍古籍收藏与鉴赏知识的普及类读物,内容包括从金石到简书、汉魏竹帛与晋唐写本、中国古籍的版本构成、古籍版本的识别与欣赏、古籍收藏与市场前景等。

0778

古籍书后索引述论[J]/时永乐,门风超. --图书与情报,2002,04:51 - 55 + 61

本文以大量文献资料为例,论述了古籍书后索引的功用、类型和存在问题。

0779

古籍书库科学化管理初探[J]/张利. --农业图书情报学刊,2010,06:120 - 122 + 128

本文论述了图书馆古籍书库科学化管理的意义所在,提出"古籍文献分析评估、分类管理古籍文献的模式、构建工作质量评价体系"等图书馆古籍文献科学化管理的对策建议。

0780

古籍书库灾害的防治[J]/王晓红. --四川图书馆学报,2007,02:42 - 44

本文以贵州省图书馆为例,揭示了馆藏古籍文献保管现状和存在的问题,针对虫、水、火潜在危害,提出了预防和保护措施的建议。

0781

古籍书目检索网站述略［J］/熊伟华.--现代图书情报技术,2004,09:76 – 79

本文介绍了国内古籍书目检索网站的总体状况,分析比较了各自特点和不足之处,就网络连接有局限不稳定、缺乏主题标引和数据库检索说明、与普通文献分合库问题、古籍书目检索机读数据缺乏国家标准等问题提出了改进建议。

0782

古籍书目数据处理初探［J］/陈立新.--图书情报工作,2001,S1:114 – 117

本文从古籍书目著录规则、著录特征、书目数据处理实例等方面,分析探讨了在数字网络环境下作者对图书馆古籍书目数据处理的见解。

0783

古籍书目数据的特点与回溯建库的准备［J］/陈玉红.--图书馆学研究,2002,08:48 – 50

本文分析论述了古籍书目数据的特点,结合吉林省图书馆古籍编目工作实际,提出建立古籍回溯数据库应从完善基础业务工作做起。

0784

古籍书目数据库标准化建设的多维思考［J］/章忠平.--图书馆学刊,2009,02:76 – 79

本文对古籍书目数据库标准化建设中古籍标引、古籍著录、软件选择、人员配备等问题进行了多维思考。

0785

古籍书目数据库的标准与评价研究［J］/毛建军.--图书馆理论与实践,2009,06:30 – 33

加强标准与评价体系研究是顺利实施古籍书目数据库建设的重要前提。本文归纳古籍书目数据库建设5个标准:机读目录格式标准;古籍著录规则标准;古籍分类法标准;主题标引标准;统一字库标准。为了更直观地了解这些标准,作者选取国家图书馆、上海图书馆等较大型古籍书目数据库进行了比较分析。

0786

古籍书目数据库的设计与开发［J］/李锐,杨清林.--现代情报,2010,09:71 – 74

本文以北京林业大学图书馆古籍书目数据库建设为例,论述了系统功能和流程设计与开发的模式,阐述了部分特色功能的具体实现,并对系统实施后的运行情况进行了讨论。

0787

古籍书目数据库的质量控制［J］/褚玉茹.--河北科技图苑,2002,06:36 – 37

本文以河北师范大学图书馆古籍书目数据库建设实践为例,提出古籍书目数据库建设的质量控制要素为:严格执行统一的古籍著录规则和目录格式;做好基础工作的准备;配备专业编目人员;进行科学有效的管理。

0788

古籍书目数据库规范化亟须解决的几个问题［J］/陈微.--福建广播电视大学学报,2008,05:61 – 62 +71

本文概述了古籍书目数据库规范化亟须解决的四个问题:建立统一的机读目录格式、遵守统一的著录规则、使用统一的分类法、依据统一的主题标引,并提出了可行性建议。

0789

古籍书目数据库建设存在的问题及措施［J］/姚秀敏.--江西图书馆学刊,2002,04:20 – 21

本文分析论述了古籍书目数据库建设中存在的问题,提出了确立建库观念与方针、出台标准化古籍机读目录格式、建立权威性协调机构、采用《中图法》和“四部法”作为编目依据、研发适用于古籍著录的应用软件、做好人员培训等应对措施。

0790

古籍书目数据库建设面临的问题及对策［J］/李荣慧.--图书与情报,2000,01:45 – 48 + 56

本文论述了古籍书目数据库的建设所面临问题,有针对性地提出了相关对策。

0791

古籍书目数据库建设问题研究［D］/王雨

卉.--北京师范大学,2010

本文总结了古籍书目数据库发展建设的现状与特点,分析借鉴传统古籍目录的优势,设想出理想的古籍书目数据库应具备的特点,探讨了建设过程中存在的共享、转换、人才问题,并提出解决对策。

0792

古籍书目数据库建设中的用字问题[J]/范瑞娥.--河北科技图苑,2002,06:74-75

本文论述了古籍书目数据库建设中的用字问题,认为现有的古籍著录标准尚欠妥善,在使用汉字时存在混乱现象,在简繁字的转换方面有待进一步完善。

0793

古籍书目数据库建设中若干问题的探讨[J]/李淑芬,郑振鹏.--图书馆学刊,2005,04:87-88

本文结合SulcmisⅢ系统建设古籍书目数据库实践,对建库过程中著录标准、机读目录字段、特殊著录、编目效率、质量提高等问题进行了探讨。

0794

古籍书目数据库题名著录的技巧[J]/陈军.--江苏图书馆学报,2001,02:29-30

本文阐述了古籍书目数据库中题名著录的规范问题,并依照MARC格式举例说明不同情况下题名著录的技巧。

0795

古籍书目数据库责任者信息的著录[J]/王云龙,陈素清.--图书馆学研究,2002,03:56-57+38

本文从古籍书目数据库建设的规范性、实用性出发,分析因责任者信息的复杂给著录工作带来的问题,提出区别于以往传统手工著录方法的观点与对策。

0796

古籍书目数据库中地方志MARC格式初探[J]/陈军.--情报杂志,2001,10:78-79

本文结合著录实例,探讨了古籍中地方志的MARC格式著录特点、著录原则等。

0797

古籍书目数据库中繁简字的使用[J]/阎瑞君,陈军.--图书与情报,2003,03:36-38

本文从古籍书目数据库中繁简字的著录使用、古籍书目数据库应加入繁体字著录、古籍书目繁体字字段的设置入手,明确书目数据库建设中繁简字使用的相关要求:按不同层次设置三个字库、建设繁简字转换系统、提升编目人员业务素质等。

0798

古籍书页污损原因及清除方法[A]/宋丽钦.--福建省图书馆学会.福建省图书馆学会2007年学术年会论文集[C],2007

本文从气候条件与温湿度、有害生物、人为因素等方面论述古籍污损的原因,介绍了书页污渍、霉斑的清除和修复方法。

0799

古籍数据库系统的检索方法与进阶技巧[J]/杨志芹.--兰台世界,2008,24:21-22

本文以文渊阁《四库全书》为例,对古籍数据库的检索方法进行了较为翔实的介绍,设计了若干检索样例,配以图表指导读者利用,并对数据库检索系统的未来发展提出了见解。

0800

古籍数位化工具箱[A]/陈郁夫.--文献与资讯学术研讨会论文集(在台湾地区发表)[C],2001

古籍数字化"工具箱"包括编辑器、字处理、校对、图档、分段标点、字辞典、秀图列印、资料库等八部分。本文介绍和诠释了"工具箱"的作用以及与古籍数字化流程和组成部分的关系。

0801

古籍数字化存在的问题及对策[J]/刘灵西.--佳木斯教育学院学报,2010,03:115+117

本文论述了古籍数字化定义,分析了数字化过程中存在的问题,提出了相应对策和建议。

0802

古籍数字化的保真问题[J]/丁侃,柳长华.--中医文献杂志,2009,02:31-33

本文从实践出发,探讨了古籍数字化过程中出现的载体转换和发布形式的保真问题,提出了解决问题的新思路。

0803

古籍数字化的保真原则[J]/郑云彩. --科技信息,2010,22:342

古籍数字化过程中应把"保真"作为首要原则,树立精品意识、规范古籍数字化体例、做好相关人员的培训。

0804

古籍数字化的发展概述[J]/郝淑东,张亮,冯睿. --情报探索,2007,07:114 – 116

本文回顾了古籍数字化建设历程,论述了古籍数字化存在问题,提出古籍数字化的未来发展趋势。

0805

古籍数字化的概念与内涵[J]/毛建军. --图书馆理论与实践,2007,04:82 – 84

古籍数字化是以利用和保护古籍为目的,采用计算机技术,将常见的语言文字或图形符号转化为能被计算机识别的数字符号,制成古籍文献书目数据库和古籍全文数据库,揭示古籍文献信息资源的系统工作。本文论述了古籍数字化的意义、要素、目的、原则,阐释了数字化古籍的基本类型和特征。

0806

古籍数字化的回顾与展望[J]/段泽勇,李弘毅. --图书馆理论与实践,2004,02:37 – 39

本文论述了在信息化飞速发展的时代,古籍整理与研究手段的数字化已成为图书馆古籍保护工作大势所趋,针对当前如何开展古籍数字化建设提出了笔者的见解。

0807

古籍数字化的几点思考[J]/王发社. --图书馆论坛,2006,03:121 – 122 + 170

随着文献信息载体向数字化、网络化发展的趋势,古籍应以新的载体形态取代传统的文献介质。本文就古籍数字化建设展开思考。

0808

古籍数字化的进展与问题[J]/陈立新. --上海高校图书情报工作研究,2003,02:36 – 38

本文简述我国古籍数字化建设的发展概况,并对古籍数字化建设面临的建立统一的古籍机读目录、支持古籍数字化的汉字平台、古籍文献规范文档、古籍影像处理的标准化,以及研究适合古籍的 Metadata 等问题进行了探讨。

0809

古籍数字化的四种合作模式初探[A]/刘益妍. --《图书情报工作》杂志社、图书情报工作研究会.《图书情报工作》杂志社、图书情报工作研究会第23次图书馆学情报学学术研讨会论文集[C],2010

本文探讨了古籍数字化的四种合作模式:手掌模式、哑铃模式、长方形模式和眼镜模式,并对信息保真度、运行成本等进行了比较研究。

0810

古籍数字化的现状及对策[J]/厉莉. --江西图书馆学刊,2002,01:57 – 58

本文针对古籍数字化建设现状,论述了存在的问题,提出统一标准、做好数据库建设、培养新型研究人员等对策建议。

0811

古籍数字化的现状研究[J]/汪琳. --兰台世界,2009,22:75 – 76

本文探讨并分析了我国的大陆、台湾、香港地区及国外古籍数字化建设的现状、取得的成果和面临的问题。

0812

古籍数字化的现状与发展方向[J]/孟忻. --中国索引,2008,01:39 – 41

本文论述了近年来古籍数字化取得的可喜成绩以及面临亟待解决的问题,提出了建设一系列符合统一标准且具有较高水平的专题数据库,需要凝聚 IT 和文史研究领域两方面人才和智慧的见解。

0813

古籍数字化的障碍及解决方案[J]/王明慧. --农业图书情报学刊,2006,08:31 – 33

古籍在数字化的过程中因为不同于普通

文献的外观及内容特性而遇到一系列的障碍,本文将问题一一列出,并提出了相应的解决方案。

0814

古籍数字化对学术的影响及其发展方向[J]/郑永晓.--社会科学管理与评论,2006,04:81-88

数字化是古籍再生性保护的重要手段,有利于促进学术发展。古籍数字化需要凝聚IT领域和文史研究界的智慧,通过对相关问题的深入研究,建立交叉学科——数字文献学。

0815

古籍数字化发展的几个阶段[J]/段泽勇,李弘毅.--福建图书馆学刊,2002,01:45-46

本文从历史发展的角度,分析了不同阶段古籍数字化发展的基本特色,针对当前古籍数字化中遇到的问题,提出自身看法。

0816

古籍数字化概念的形成过程探析[J]/毛建军.--科技情报开发与经济,2006,22:160-162

概念研究是古籍数字化研究的核心问题。本文论述了古籍数字化概念的形成经历了早期实践、术语混用和概念形成3个阶段。

0817

古籍数字化工作刍议[J]/赵坚.--图书情报通讯,2009,03:32-34

本文从实际出发,结合使用数字化古籍文献的感受,围绕版本、检索、阅读、保真方面,讨论了目前古籍数字化工作的利与弊。

0818

古籍数字化工作统筹协调机制的构建[J]/陈得媛.--中国图书馆学报,2009,05:47-51

本文在对古籍数字化工作中的乱象与隐忧分析的基础上,提出古籍数字化工作统筹协调机制的构建策略:将古籍数字化上升为国家事业;成立业界联盟;基于元数据统一数据格式;培养专门复合型人才等。

0819

古籍数字化理论与实践[M]/毛建军主编.--北京:航空工业出版社,2009

本书基于古典文献学,从理论和实践两个层面,分析古籍数字化开发与建设问题,为古籍数字化基本理论的构建提供可行策略。

0820

古籍数字化述略[J]/任敬党.--鞍山师范学院学报,2001,04:106-108

本文简述了我国古籍数字化的建设情况和发展趋势。

0821

古籍数字化所面临的问题及对策[J]/苏文珠.--河北科技图苑,2007,03:19-21

本文针对古籍数字化中缺乏统一管理、制作单位各行其是、产品重复和质量参差不齐等问题,提出了改进建议。

0822

古籍数字化相关问题的开放思考[J]/童顺荣.--兰台世界,2009,18:17-18

本文从文化角度分析了古籍数字化的重要意义,从统筹管理、版权保护开放、资源导航、学术合作、社会效益等方面,论述了存在的问题以及开放思考的建议。

0823

古籍数字化需要树立整理的观念[J]/由明智.--中国出版,2005,10:45-46

本文论述了整理是古籍数字化过程中的重要环节,以及古籍字形整理的主要原则,强调整理工作的好坏决定古籍数字化内容质量的优劣。

0824

古籍数字化研究的回顾与思考[J]/毛建军.--国家图书馆学刊,2007,03:62-65

本文从历年来我国学者对汉字字符集研究成果入手,回顾分析了古籍数字化元数据研究与理论研究的成果与不足,提出了笔者的思考与建议。

0825

古籍数字化与图书馆古籍采集工作的新变化[J]/毛建军.--深图通讯,2006,04:42-44

本文从分析图书馆古籍数字化资源采集背景、意义、途径、资源管理等入手,论述了随着数字化建设的推进和馆藏古籍资源内容形式的变化,图书馆古籍数字化资源的采集策略和管理方法也应随之改变。

0826

古籍数字化与文化共享[J]/刘明华.--西南大学学报(社会科学版),2008,06:157-160

作者认为古籍数字化的理想境界是实现文化共享,其服务对象是大众和学者两大群体。本文提出从建立公益性的"中国古籍基本读物网"、注册式的研究性局域网入手,实现古籍数字化资源共享。此外,还可从版本权威性和文化共享多层性上逐步实现书目、文献、成果和检索软件的共享。

0827

古籍数字化与文献信息资源共享[J]/张雪梅.--天津工业大学学报,2002,03:85-86

本文论述了怎样制作图像版的古籍电子出版物、全文版古籍电子出版物,以实现古籍书目数字化和古籍善本数字化,并在此基础上,探讨了怎样实现古籍文献的资源共享。

0828

古籍数字化与学术研究[J]/吴夏平.--贵州教育学院学报,2007,06:69-72

本文分析论述古籍数字化成果显著,但其应用也存在不少问题。数字化本身的障碍、研究性质的差异、数字化导致思维方式转变等因素,影响到学术研究,在利用时应持审慎态度。作者认为,只有坚持现代信息技术工具本位,创建个性化的数据库,才能更好地利用数字化文献推进科研发展。

0829

古籍数字化之趋势[J]/王纯.--图书馆理论与实践,2000,03:50-51

本文论述了古籍数字化的重要意义以及中国古籍数字化的现状、不足和发展趋势。

0830

古籍数字化中的汉字录入与显示[J]/徐健,肖卓.--图书与情报,2006,06:79-82

本文针对古籍数字化工作中大量繁难汉字录入和显示困难问题,从计算机汉字输入与显示的基本原理入手,从五个方面提出了

解决方案,对提高古籍数字化工作效率具有一定借鉴意义。

0831

古籍数字化中的汉字信息处理[A]/胡佳佳.--北京师范大学等.2007年全国博士生学术论坛——中国语言文学论文集[C],2007

本文针对古籍数字化中汉字缺字问题,分析了产生原因,在总结汉字分级与排序方法的基础上,提出对于字符集中的字形除了进行大量整理和规范外,在字符集的设计中,也需要有一种可扩展的机制来反映同一个字的各种字形间的对应信息。

0832

古籍数字化中基于关系的 XML 数据库[J]/胡佳佳.--农业图书情报学刊,2010,02:92-96

本文讨论如何在计算机中存储与检索这些经过 XML 标注的古籍文本,即建立 XML 数据库。一个基本做法是在关系型数据库上增加 XML 映射层,提高其自身的灵活性,而其成熟的管理机制也可对 XML 数据库起到优化作用。

0833

古籍数字化资源的深度开发[J]/徐清,石向实,王唯.--图书情报工作,2007,03:95-97+79

本文以20世纪80年代以来的古籍数字化实践为基础,论述了对古籍数字化资源进行深度开发的必要性和可行性,提出可从提供基于超文本的立体阅读环境、建立强大的智能化检索系统;科学准确的分析和统计数据三方面,加强古籍数字化资源的深度开发。

0834

古籍数字画廊的实践与探讨[J]/厉莉,赵瑾.--图书情报工作,2004,07:76-77+99

本文以中国科学院图书馆特藏文献数字画廊的内容、特点、风格、制作、技术介绍为例,探讨在人员、设备、资金不足的情况下,如何实现古籍文献的数字化。

0835

古籍数字资料的搜集与应用[A]/王文

涛. --首都师范大学电子文献研究所、中国诗歌研究中心、中国传统文化数字化研究中心. 第一届中国古籍数字化国际学术研讨会论文集[C],北京:北京国学时代文化传播股份有限公司,2007

本文分析我国开展古籍数字化工作的必要性,指出了目前我国古籍数字化工作存在的不足,应将扎实的学术功底与先进的电脑网络知识相结合,充分利用与享受信息技术带来的方便快捷,提高学术研究的质量和效率。

0836

古籍数字资源长期保存的需求与实践[A]/ 张磊,卢颖,徐强. --上海图书馆.第四届上海国际图书馆论坛论文集[C],上海:上海科学技术文献出版社,2008

本文以数个古籍数字化项目为例,介绍了古籍数字资源长期保存的经验,分析了面临的主要难题,提出针对元数据标准、存储媒体、数据封装、数字化制作方面的参考策略。

0837

古籍数字资源的知识库建设解析[J]/程佳羽,史睿. --数字图书馆论坛,2006,12:1 - 4 + 11

本文从古籍的特点出发,探讨了古籍数字化的发展趋势,对古籍数字资源知识库的概念、设计理念、构筑方式等进行了解析,由此对新型数字图书馆的构建模式提出了设想。

0838

古籍数字资源述略[J]/杨朝霞. --大学图书馆学报,2000,03:15 - 19

本文概述了大陆和台湾、香港地区已开发的古籍数字资源以及数据库建设的概况。

0839

古籍宋刻本鉴赏[J]/徐学. --中国科技信息,2008,13:185 - 186

本文从宋刻本印制形式和内容两方面,探讨了宋代古籍刻本的主要特征和形成原因,以期对古籍宋刻本的鉴赏有所帮助。

0840

古籍索引的电子化实践[J]/毛建军. --中国

索引,2006,04:37 - 40

本文论述了古籍索引的电子化实践划分为计算机与古籍索引编制的早期实践、古籍索引编制电子化的全新阶段、古籍索引与古籍全文检索数据库三个阶段,认为计算机与古籍索引编制的结合,开创了古籍索引研究的新领域。

0841

古籍索引电子化与古籍图谱数据库的建设[J]/毛建军. --档案与建设,2009,02:13 - 14 + 18

本文论述了古籍索引电子化概念、古籍索引编制的电子化实践,举例介绍我国古籍图谱索引的编撰情况。

0842

古籍索引研究 20 年回顾及其电子化趋势[J]/毛建军. --辞书研究,2007,05:21 - 29

本文对近 20 年来我国古籍索引研究情况作了回顾,论述了计算机技术应用于古籍索引编制的电子化实践。

0843

古籍题名信息的 CNMARC 格式著录[J]/陈素清,孟珊,王云龙. --情报杂志,2002,03:69 - 71

本文论述了在古籍 CNMARC 格式著录中,须对各种题名信息进行规范控制,才能提供准确、规范、完备的检索点,提高古籍的查准率、查全率。

0844

古籍题名 CNMARC 格式著录之探讨[J]/荆惠萍. --晋图学刊,2008,05:78 - 82

本文探讨了古籍题名 CNMARC 格式著录问题,从怎样选取正题名入手,对其字体的使用、正题名的规范化著录,提出具体的处理方法。

0845

古籍题签刍议[A]/李莉. --中国民族图书馆.第十一次全国民族地区图书馆学术研讨会论文集[C],沈阳:辽宁民族出版社,2010

本文通过对古籍题签的起源、演变、特征分析,说明题签是标示古籍不可或缺的一部分,同时题签还能彰显古籍的艺术风采。

0846

古籍同书异名的 CNMARC 格式著录[J]/ 陈素清.--图书馆理论与实践,2002,04:52 - 53

题名检索是古籍主要的检索途径之一,而古籍的同书异名现象普遍,给读者查检带来不便。本文讨论了如何用 CNMARC 格式全面、规范地著录同书异名古籍,对提高查准率、查全率具有实际意义。

0847

古籍图书编校常见错误及其原因分析[J]/ 徐桂秋.--中国编辑,2008,05:64 - 66

古籍图书从整理方式上可分为整理(点校)、影印、今译三大类。本文根据整理方式的不同,举例说明常见的编校错误并分析出错原因。

0848

古籍图书的收藏与保护[J]/卜林.--农业图书情报学刊,2008,03:114 - 117

本文以国家图书馆古籍馆为例,针对普通古籍收藏与保护问题,从范围、现状、途径、人才培养等方面提出建议。

0849

古籍图书机读目录编制刍议[A]/张磊.--国家图书馆图书采选编目部.第一届全国文献编目工作研讨会论文集[C],北京:国家图书馆出版社,2006

本文根据古籍的特殊性,针对古籍机读目录编制过程中存在的问题,从实施统一著录规则、加强数据规范控制、重视古籍编目人员培训方面,探讨解决途径。

0850

古籍图书破损状况与古籍修复及保护方法的探讨[A]/张建龙.--林世田,蒙安泰.国际敦煌项目第六次会议论文集[C],北京:北京图书馆出版社,2007

我国传世古籍约有 10 万余种,但存藏现状令人担忧,抢救性保护势在必行。本文结合笔者在古籍抢救性保护修复工作中遇到的问题,对有关解决方案的思路作简要介绍。

0851

古籍挖掘与现代的文化——谈《突厥语大词典》与维吾尔文学的关系[J]/艾克拜尔·卡德尔.--东疆学刊,2008,02:103 - 108

《突厥语大词典》是现存规模最大的一部古代突厥语词典,集古代维吾尔民间文学之大成。本文围绕该词典收录的 11 世纪以前的突厥民族的谚语、民间诗歌、史诗、民歌,分析其认识价值和美学价值,论述了《突厥语大词典》与维吾尔文学的关系。该词典的成就和意义已超出了语言学的领域。

0852

古籍网络资源述略[J]/李明杰.--图书馆建设,2002,03:84 - 86

本文依据我国大陆和台湾、香港地区古籍网络资源分布状况的网上调查,针对我国古籍网络资源建设存在的问题提出建议。

0853

古籍文本抽词研究[J]/曾艳,侯汉清.--图书情报工作,2008,01:132 - 135

本文以从古籍《齐民要术》中抽取普通词和专有名词实验为例,论述了将常用于处理现代文本的 N 元组法移植到古籍文本检索中进行实义词提取的方法。说明基于古籍文本检索没有现成的词表可用,上述方法基本可行。

0854

古籍文献的检索工具书概述[J]/王兆鹏.--古典文学知识,2003,02:98 - 107

随着科学技术的发展和传播方式的变革,古籍文献的检索工具由纸质文本检索逐渐转向电子文本检索。本文分上下两篇介绍了传统纸质文献的检索工具书、检索途径和方法。

0855

古籍文献的检索工具书概述(续)[J]/王兆鹏.--古典文学知识,2003,03:101 - 110

(同上)。

0856

古籍文献的数字化探析[A]/李颖.--中国民族图书馆.第十次全国民族地区图书馆学

术研讨会论文集［C］,沈阳:辽宁民族出版社,2008

本文论述了古籍文献数字化意义、书目数据库和全文数据库建设、存在的问题和对策。

0857

古籍文献的损坏与修复［J］/王芳. --希望月报(上半月),2007,12:49

本文通过梳理古籍文献的特点,分析了古籍文献的损坏因素,对应地描述了修复步骤方法和措施。

0858

古籍文献对历史学术研究的重要作用和影响［J］/张宏. --科技情报开发与经济,2007,10:50－51

本文从古籍文献撰制的目的和意义、古籍文献资料中存在的问题及其原因、残缺及失真的古籍文献对历史学术研究的作用和影响、正确保护与利用古籍文献的几点建议等方面,论述了古籍文献对历史学术研究的重要作用和影响。

0859

古籍文献机读目录格式问题探微［J］/张亮. --情报探索,2009,01:125－126

本文回顾了古籍文献著录从手工到数字化编制的发展历程,重点探讨了汉语古籍数字化著录中机读目录格式存在的问题。

0860

古籍文献借阅的保护对策研究［J］/蒋红. --河南图书馆学刊,2003,01:40－42

作者根据工作实践,总结提出解决好藏用矛盾、最大限度地保护和利用古籍文献10个方面的经验做法。

0861

古籍文献开发存在的问题与发展方向［J］/杨华. --兰台世界,2009,12:64－65

本文论述了古籍文献开发的必要性和存在的问题,描述了通过数字图书馆建设,实现古籍文献资源共享的发展方向。

0862

古籍文献数位过程汉字编码规范［D］/杨贸

景. --台北大学(台湾地区),2007

本文回顾了台湾地区25年来古籍数字化的发展过程,探讨并分析了古籍文献通过METADATA的输入和XML标志文本文件达到文献学上的共识,以及中文内码的形成及发展等汉字编码规范问题。

0863

古籍文献数位化的价值浅谈［J］/陈惠美. --国文天地(在台湾地区发表),2007,02:11－15

本文从有助于辨明句读、有助于校勘异同、有助于辨正疑伪、有助于搜讨遗佚等方面,介绍了古籍文献数位化资料对校读古籍的帮助和价值。

0864

古籍文献数字化的几点思考［J］/侯福丽. --今日科苑,2009,22:153

本文介绍了古籍文献数字化类型,探讨了数字化过程中面临的问题,提出了相应的解决措施。

0865

古籍文献数字化浅析［J］/赵晓星. --科技情报开发与经济,2007,06:93－94

本文阐述了数字化对古籍文献应用与传播的重要意义,介绍了我国古籍文献数字化现状,探讨了面临的问题。

0866

古籍文献数字化与数字图书馆建设［J］/黄玮夏. --情报科学,2010,08:1269－1271＋1277

本文论述了古籍资源特性和数字化基础,提出图书馆古籍文献数字化与数字图书馆建设的意义、途径和方法。

0867

古籍文献数字化中的图书馆人文精神［J］/涂湘波. --中国图书馆学报,2008,04:103－105

本文从敬畏图书馆制度、维护图书馆权利、对弱势群体关怀及坚持图书馆职业精神等方面,论述了古籍文献数字化的人文意义。

0868

古籍文献缩微品机读目录的几个特殊著录

[J]/范志毅,程玲,管小柳.--情报杂志,2003,09:122-123

本文探讨了古籍文献缩微品机读目录建库的几个案例:古籍文献缩微品形态特征信息的著录、无总题名之合刻(订)文献的著录、古籍文献题名附属部分的著录、古籍文献的版本和版本说明的著录、古籍缩微品收藏信息、管理信息及责任信息的著录等。

0869

古籍文献特点及其在保存保护工作中的数字化探讨[J]/许彤.--资治文摘(管理版),2010,06:203

本文探讨了古籍文献特点以及数字化的定位、版本选择和全文检索技术等,提出要以协作开放精神对待古籍保存保护中的数字化工作。

0870

古籍文献信息服务中存在的问题及对策[J]/许慧娟.--济南职业学院学报,2008,02:93-96

本文分析了传统文献服务方式对古籍利用的制约,以及古籍数字化现状和存在的问题,探讨了网络环境下提高古籍文献利用率的途径。

0871

古籍文献修复的实践与探索——以大连图书馆为例[J]/于海英.--图书馆学刊,2009,10:83-85

本文以大连图书馆古籍文献修复实践为例,探讨了古籍修复工作的发展趋势。

0872

古籍文献研究与利用的新层面[J]/王忠.--青海民族学院学报,2006,03:155-157

本文论述了从新的时代要求出发,运用新的观念、先进的技术和科学的方法,系统审视和回顾古籍文献,从中提取有用的材料,为当前研究项目服务,是古籍服务于现代化建设的一个重要方面,也是古籍研究的一个新突破。

0873

古籍文献与现代化技术[J]/陈立新.--图书情报工作,2000,09:49-51

本文从回顾古籍文献传统管理模式入手,简述了当前古籍文献的存藏状况,探索了利用现代化技术管理古籍的模式。

0874

古籍文献整理浅议[J]/刘刚.--科技情报开发与经济,2004,10:19-20

本文结合数字图书馆的建设,简述了古籍文献的整理范围,"制定规范核对标准、标准的款目格式、著录文字、著录级次、规定信息源"等整理方法,以及整理的具体操作。

0875

古籍文献资源的管理与利用之管见[J]/杨宏.--河南图书馆学刊,2006,01:74-76+81

本文论述了中华人民共和国成立以来我国古籍文献资源管理与利用的概况、成就与存在的问题,提出在保护古籍文献资源的前提下,放宽借阅权限、全方位培训古籍文献管理人员、做好宣传与书目编制工作、引进现代化技术对古籍文献资源进行管理与利用等建议。

0876

古籍文献资源的整理利用及其保护[J]/康琳.--科技资讯,2008,12:181+183

本文介绍了古籍文献资源整理、利用和保护的现状,提出古籍文献存在保护与利用的矛盾,应提高公众对古籍文献资源的认知程度。

0877

古籍文献资源共享的障碍及前期准备[J]/朱赛虹.--法律文献信息与研究,2000,02:26-28+18

本文指出了文献类型因素在"共享"中的障碍,概述了中国古籍资源在国内外的分布情况,分析了行政部门所有制对古籍资源共享的不利影响,并借鉴国内外的既有作法,论述了促进古籍资源"共享"的若干可行性准备工作。

0878

古籍文献 CNMARC 格式著录规范化问题[J]/赖碧淡.--图书馆学刊,2007,02:125-

127

本文根据 ILAS Ⅱ 系统的功能,探讨古籍文献 CNMARC 格式常用字段和特殊字段规范化著录问题,论述了古籍文献编目的标准化、规范化是实现书目资源、文献资源共享的必备条件。

0879

古籍线装书裱补述要[J]/吴哲睿. --台湾图书馆管理季刊(在台湾地区发表),2010,03:51 – 65

本文概述了古籍装帧形式的演进,裱补材料、裱补工序以及古籍的保存方法。

0880

古籍线装书修复之研究[J]/陈宁. --中国科技信息,2005,15:238 – 239

本文介绍了古籍线装书的基本知识、修复方法和修复过程,综述了修复工作的内涵和意义。

0881

古籍修补工作中值得注意的问题——以文学古籍版《清平山堂话本》影印本对古籍的改动为例[J]/曾昭聪,刘玉红. --图书馆工作与研究,2009,08:55 – 57

本文以文学古籍版《清平山堂话本》影印本对古籍的改动为例,认为其对漫漶、墨丁、空白等处的修补(修改),有不少违背了影印古籍的初衷,强调古籍修补及其影印工作应遵循不妄改原文的原则。

0882

古籍修复档案刍议[J]/丁小明. --兰台世界,2010,17:11 – 12

本文分析了建立古籍修复档案的必要性,阐释了古籍修复档案的重要作用,提出建立古籍修复档案应注意的问题。

0883

古籍修复档案内容设置及其重要性探析[J]/王阿陶,许卫红. --档案学通讯,2010,05:68 – 71

本文论述了古籍修复档案概念,对修复档案所包含的内容进行了分析,阐释了建立古籍修复档案的重要性,呼吁应给予更多的关注,尽快制定古籍修复档案的标准和管理细则。

0884

古籍修复档案浅探[J]/杜伟生. --文津学志,2007,00:171 – 174

本文以 2003 年由国家图书馆善本特藏修复组编制古籍修复档案管理系统为例,分析其设计原则和作用,说明建立古籍修复档案的重要意义。

0885

古籍修复工具的准备与维护[J]/王洁. --图书馆研究与工作,2008,01:68 – 69

本文根据作者的实践经验,论述了古籍修复过程中工具的准备和维护,提出该项工作对于提高古籍修复效率和质量的重要意义。

0886

古籍修复工作的现状及改进建议[A]/肖晓梅,韩锡铎. --林世田,蒙安泰. 国际敦煌项目第六次会议论文集[C],北京:北京图书馆出版社,2007

本文分析了古籍修复工作面临的现状和问题,提出应得到国家主管部门的重视、提高图书馆馆长对古籍修复的认识、改善人才培养渠道、建立行业标准、加强科学研究、开展学术交流、保证物资供应等建议。

0887

古籍修复工作台的改进[J]/孙永平. --图书馆建设,2008,09:113

作者根据 20 余年从事古籍修复的经验,通过不断摸索和改进,设计了一款新型的古籍修复工作台。本文介绍了该工作台减轻劳动强度、提高工作效率、保证修复质量的优点和实际操作使用方法。

0888

古籍修复工作中的知识管理[J]/许卫红,王阿陶. --大学图书馆学报,2010,02:45 – 49

本文论述了古籍修复工作的知识含量,提出构建融古籍修复档案管理、工作流管理的集成系统,打造古籍修复共享平台,从而实现古籍修复工作的知识管理。

0889

古籍修复工作中值得注意的几个问题[J]/
袁东珏. --四川图书馆学报,2007,04:78－81

本文阐述了古籍修复工作中"整旧如旧"
原则、所修文献的补佚、修复技艺地域差异等
几个值得注意的问题。

0890

古籍修复管理系统设计构想[J]/许卫红. --
图书馆建设,2010,12:104－107

本文根据古籍修复管理工作发展趋势,
论述了古籍修复管理系统基本功能和拓展功
能的设计构想。

0891

古籍修复技术工艺流程[J]/杜伟生. --版本
目录学研究,2010,00:509－525

作者从事古籍修复多年,本文根据其工
作经验,总结梳理了古籍修复技术工艺流程。

0892

古籍修复技术浅说[J]/安晓东. --内蒙古图
书馆工作,2005,04:167－170

本文论述了古籍修复的相关技艺,包括
虫蛀鼠啮的修补、水迹污痕的祛除、水湿粘连
的揭法、换书皮、订线、金镶玉装书以及糟朽
焦脆纸张的修复托裱等。

0893

古籍修复技艺[M]/朱赛虹著. --北京:文物
出版社,2001

本书论述了古籍修复的现代技艺、传统
技法、心得体会和研究成果,介绍了作者多年
收集的关于古籍修复的古今文献资料。

0894

古籍修复人才的培养[J]/葛怀东. --图书馆
论坛,2007,01:146－148＋109

本文分析了古籍修复人才缺失原因,论
述了应从古籍修复工程的政策导向、办学理
念和实效、职业化认证等方面,保障古籍修复
人才的专业培养。

0895

古籍修复人才培养的探索与实践[J]/曹千
里,葛怀东. --金陵科技学院学报(社会科学
版),2006,02:70－73

本文以金陵科技学院古籍修复人才培养
实践为例,阐述试点经验,从人才培养方案特
色定位、课程体系构建、专业教学开展等方面
进行了探索。

0896

古籍修复——图书馆任重道远[J]/王沥. --
农业图书情报学刊,2006,08:89－90

本文对我国图书馆古籍修复工作的现状
及存在问题进行了分析,并对如何做好古籍
保护与修复工作提出了建设性的意见。

0897

古籍修复用纸的纸库建设刍议[J]/汪帆. --
兰台世界,2010,06:57－58

作者认为建立完善的古籍修复用纸纸库
是准确、快速地寻找合适补纸的重要途径,也
是最大限度地提高古籍修复质量的保证。本
文对古籍修复用纸纸库的建立和管理等进行
了具体探讨。

0898

古籍修复与人才培养[J]/陈红彦. --国家图
书馆学刊,2008,03:69－71

本文通过对古籍保护试点单位修复人员
数量、职称、学历结构的调研,以及古籍保护
工作需求分析的论述,指出修复人才匮乏是
古籍保护工作的瓶颈,提出应通过不同途径
培养古籍修复人才,并为他们的成长和工作
提供良好的环境。

0899

古籍修复与文物保护[A]/赵元升. --故宫
博物院、中国文物保护技术协会. 传统装裱技
术研讨会论文集[C],北京:故宫博物院,2005

本文对古籍修复工作的整个过程作了较
为详细的介绍,并对古籍修复与文物保护的
关系及其重要意义,阐述了作者的看法。

0900

古籍修复原则[J]/杜伟生. --国家图书馆学
刊,2007,04:79－83

"整旧如旧"一直以来被认为是古籍修复
的基本原则,但是业界对此认识不尽相同。
本文试图通过对修复工作诸方面的分析,采
用国际上通行术语,论述有关修复原则的

内容。

0901

古籍序跋集[M]/鲁迅著. --北京:人民文学出版社,2006

本书收录了1912年至1935年间作者辑录或校勘古籍的序跋35篇,包括朱育《会稽土地记》序、孔灵符《会稽记》序、《百喻经》校后记等。全书按各篇写作时间先后排序,对正文中的资料性差错,本书编辑参照相关文献作了必要的订正。

0902

古籍序跋集 译文序跋集[M]/华山编. --北京:中国文史出版社,2002

《古籍序跋集》收录了1912年至1935年鲁迅为辑录或校勘古籍所写的序跋;《译文序跋集》收录了鲁迅为自己翻译和与别人合译外文书所做的序跋,以及单篇译文在报刊上发表时所写的"译者附记"等。

0903

古籍序跋在揭示著者方面的文献价值[J]/王国强. --图书馆论坛,2009,06:271 – 274

文献序跋保存了著者大量的信息和生平资料。本文论证了古籍序跋在揭示著者署名、著者家世生平和著述时间方面的文献价值。

0904

古籍"旋风装"演变探微[J]/方俊琦. --浙江师范大学学报(社会科学版),2009,04:49 – 53

本文在综合前人研究成果的基础上,探讨了古籍旋风装的形成、发展和演变过程,认为其经历了旋风叶卷子(龙鳞装)、旋风叶(叶子)、旋风册子(经折装)三种不同的装帧形态。

0905

古籍研读札记——汉藏比较与古音研究的若干用例[J]/施向东. --声韵论丛(在台湾地区发表),2001,10:21 – 36

本文列举实例,揭示了运用上古音研究和汉藏比较研究成果获取古籍研究新结论的方法和途径;辨析了古籍注释中若干问题,对

一些有争议的旧说提出了新解。

0906

古籍异文论文字的演变规律以《说文解字注》为主要研究材料[J]/张晓芬. --书友(在台湾地区发表),2005,217:15 – 40

本文以《说文解字注》为主要研究材料,从"问题意识、何谓异文、古籍异文产生的原因与来源、《说文解字》中异文的类别、文字的演变规律"等方面,探讨了古籍异文论文字的演变规律。

0907

古籍佚书拾存(全八册)[M]/殷梦霞,王冠选编. --北京:北京图书馆出版社,2003

本套书收录了成书于清代至民国间的辑佚、辑录之作六种,涉及古代佚存典籍二百余种,这六种图书是《佚笈姑存》《佚书拾存》《佚礼扶微》《佚存丛书》《佚存甲集》《辑佚丛刊》。

0908

古籍印本鉴定概说[M]/陈正宏,梁颖编. --上海:上海辞书出版社,2005

本书由"通行印本的鉴定""特殊印本的鉴定""印本鉴定专题""印本鉴定的辅助工具"四编和两个附录组成,介绍了古籍印本的基础知识和鉴定技能。

0909

古籍英译典范——记汉学家刘殿爵[J]/郑丽娟. --国文天地(在台湾地区发表),2010,299:96 – 100

刘殿爵系当代汉学家,本文从生平大略、治学旨趣、编撰索引、奠定基石、学术与人格等方面,论述了其从事古籍英译等相关情况。

0910

古籍影印出版丛谈[C]/全国古籍整理出版规划领导小组办公室编. --天津:天津古籍出版社,2006

本书是全国古籍整理出版规划领导小组办公室举办的第五期古籍出版社编辑培训班的讲义,收录了《古籍影印的理念与实践》《一名图书馆员眼中之古籍影印本》《海外敦煌西域文献的编辑出版》《古籍图录整理编辑漫

谈》《浅谈古籍书画复制与摄影》等文章。

0911

古籍影印的生命在于"存真"[J]/耿铭.--攀登,2009,03:101-108

作者在研读《慧琳音义》时,发现源于同一底本不同出版社影印《慧琳音义》存在不同之处,相对底本,产生"异动"现象。本文在列举"异动"现象基础上,分析了造成"异动"的原因,阐明"存真求实"对于古籍影印工作的重要意义。

0912

古籍用汉字库的要求[A]/李先耕.--首都师范大学电子文献研究所、中国诗歌研究中心、中国传统文化数字化研究中心.第一届中国古籍数字化国际学术研讨会论文集[C],北京:北京国学时代文化传播股份有限公司,2007

本文认为汉字文化圈所使用的汉字库,在ISO10646-2000汉字字符集最新的扩展C之后,一般古籍用字可以得到解决,但还存在避讳字、古文字等问题。文章建议古籍数字化所用汉字库的字体选择,除硬笔宋体、仿宋及其变体外,还应有软笔的仿颜、欧、柳、赵、台阁体等。

0913

古籍与档案原件无损消毒及库房系统保护方式[J]/魏正光.--数字与缩微影像,2009,03:29-30

本文论述了古籍与档案原件保护的范畴及其抢救保护的意义,系统介绍了古籍和历史档案无损消毒和库房存藏环境保护的方式方法。

0914

古籍元数据标准的设计及其系统实现[J]/姚伯岳,张丽娟,于义芳,廖三三.--大学图书馆学报,2003,01:17-21

本文讨论了古籍著录的对象范围、古籍的著录级别、古籍的基本著录单位,以及著录对象之间不同关系等有关元数据标准确立的基本性问题,在此基础上介绍了北京大学数字图书馆古籍元数据标准的结构、内容和系统实现。

0915

古籍元数据探析[J]/杨梅.--云南图书馆,2004,02:78-79

本文论述了古籍全文数据库建设中古籍元数据设计的重要性。元数据因其简洁、高效的检索效果比机读目录更适于网络展示和应用。古籍元数据的设计应体现专业性、互操作性、可扩展性等特点。

0916

古籍阅览服务点滴谈[J]/李文遴.--科技情报开发与经济,2003,08:13-15

本文论述了古籍阅览室的服务宗旨,在于通过全方位服务,使读者有效利用文献资料,而文献资料价值在服务中得以充分实现。本文从提高图书馆员的职业道德和业务素养方面,探讨了做好图书馆古籍阅览服务工作的方法和途径。

0917

古籍杂谈[M]/穆衡伯著.--南京:凤凰出版社,2010

本书按经、史、子、集、丛分类收录了180篇古籍,从历史、版本、装帧、印制、目录学、出版人、出版事等方面,介绍了古籍文献相关基础知识,是一本古籍普及读物。

0918

古籍珍本游记丛刊(全十六册)[M]/国家图书馆分馆编.--北京:线装书局,2003

本书选编国家图书馆珍藏的稀见古籍抄本游记174种,内容涉及全国各地和少量的外国名胜古迹。

0919

古籍珍稀版本知见录[M]/施廷镛编著;李雄飞校订.--北京:北京图书馆出版社,2005

本书是图书馆专家施廷镛先生的遗著,内容涉及版本知见、雕版印刷史、金石碑铭、甲骨简册、版本鉴定、工具书介绍等。

0920

古籍整理出版丛谈[C]/全国古籍整理出版规划领导小组办公室编.--扬州:广陵书社,2005

本书是全国古籍整理出版规划领导小组办公室 2004 年举办的古籍出版社编辑培训班上专家授课的讲稿汇编,收录有《出版改革与古籍整理出版工作》《古籍编辑与图书成本核算》《经学研究的热点与出版契机》《文学研究与古籍整理杂说》等论文。

0921

古籍整理出版的宏伟工程:《续修四库全书》[M]/上海古籍出版社编. --上海:上海古籍出版社,2002

本书介绍了《续修四库全书》编纂缘起、过程、主要参加者、总目等内容,附有影印时商借古籍版本全国相关图书馆目录。

0922

古籍整理出版的困境与出路[J]/徐潜. --古籍整理研究学刊,2003,03:89 – 93

本文回顾了一个世纪以来我国古籍整理出版的历程,通过对当前传统文化典籍整理出版趋势和消费状况的分析,提出在现代经济社会中传统的典籍整理出版方式已不能适应社会多方面、多层次的需求,应该走商业价值与文化价值并重的道路。

0923

古籍整理出版漫谈[C]/全国古籍整理出版规划领导小组办公室编. --上海:上海古籍出版社,2004

本书是全国古籍整理出版规划领导小组办公室举办的第三期古籍出版社编辑培训班的讲义汇编,专家们从出版理论与古籍整理现状相结合的角度出发,围绕当前我国古籍整理出版发行面临的形势任务、古籍图书的结构调整、市场扩容、宣传推广等内容展开授课。

0924

古籍整理出版十讲[M]/全国古籍整理出版规划领导小组办公室编. --长沙:岳麓书社,2002

本书论述了我国古籍整理出版面临的形势与任务,探讨了古籍出版中的版本识别、校勘和底本选择问题,提出古籍标点、校勘、注释、影印、今译等整理方式的具体规范。

0925

古籍整理出版要符合时代精神[J]/柳斌杰. --中国出版,2009,10:6 – 8

本文围绕认识古籍整理出版工作的重要性;做好古籍整理出版规划;加强古籍整理出版质量;培养古籍整理出版专业队伍;重视古籍整理补贴项目评审;完善管理机制,落实全国古籍整理出版规划领导小组办公室工作职责;推动实施"走出去"战略方面,论述了古籍整理出版工作。

0926

古籍整理的地域倾向[J]/沈蕙. --图书与情报,2009,04:153 – 156

本文介绍了古籍整理地域倾向的表现形式,分析了地方古籍整理和研究的意义。以甘肃地方古籍为例,提出应重视地方古籍的整理、开发和利用,并注意整理的全面性、连续性和方法多样性。

0927

古籍整理的精品——评董志翘先生的《〈观世音应验记三种〉译注》[J]/于建华. --泰山学院学报,2009,05:141 – 144

本文从版本、俗字、词汇、语法四个方面,评述了南京师范大学教授董志翘《〈观世音应验记三种〉译注》。

0928

古籍整理的理论与实践[J]/(日)乔秀岩. --版本目录学研究,2009,00:5 – 34 + 390 – 391

本文从古籍整理的基本概念入手,对其理论与实践作了阐述,指出目前古籍整理与点校出版工作存在的问题,以及应该采取的策略方法。

0929

古籍整理的两个问题[J]/半夏. --出版广角,2004,06:40 – 41

本文围绕"整理与否""功利与否"两个古籍整理中常被关注的问题,论述了古籍整理工作的意义,提出了不能为了金钱名利而整理古籍,应站在国家民族的宏观角度来对待的观点,呼吁有关部门对古籍整理工给予重视和相应的物质支持。

0930

古籍整理的时代特色[J]/吴永萍. --图书与情报,2003,06:27 – 29

本文论述了古籍整理的时代特色和"古为今用"的现实意义,提出现代信息技术可以把古籍整理研究水平提升到新的高度、中国历代古籍整理工作无不具有显著的时代特征和鲜明的民族特色、将古籍转化为推动社会发展与进步的现实动力是时代赋予古籍整理工作的历史使命等观点。

0931

古籍整理的途径、规范与方法——从《李德裕文集校笺》说开去[J]/胡可先. --中国文化研究,2001,02:46 – 50

本文围绕由河北教育出版社出版,傅璇琮与周建国合撰的《李德裕文集校笺》,从编年、校勘、辑佚、辨伪四个角度分析了该书的学术特点,认为书中所昭示的学术研究途径、规范和方法,对目前古籍整理具有启迪意义。

0932

古籍整理的新收获——评《全上古三代秦汉三国六朝文》新版横排校点本[J]/王君夫. --长春师范学院学报,2001,01:51 – 53

本文围绕由河北教育出版社出版,陈延嘉、王同策、左振坤等校点的《全上古三代秦汉三国六朝文》展开评析,作者认为该书采用新式标点、简体横排,不仅把爱好古文的读者从古文译注中解脱出来,同时也为该书的研究提供了快捷方便的阅读条件。

0933

古籍整理的又一重要收获——读黄源《书谱译注》[J]/汤序波,陈全明. --贵阳金筑大学学报,2003,01:66 – 69

唐代孙过庭《书谱》在中国书法史上具有独创性和开拓性意义,被书法界公认为有史以来最著名的一部书法论著。黄源《书谱译注》对《书谱》进行了独到的研究和译注。本文评述了《书谱译注》的学术意义,认为该书为世人理解《书谱》搭建了便捷之桥,黄源当为《书谱》研究史上的有功之人。

0934

古籍整理概论[M]/曹林娣编著. --北京:北京大学出版社,2007

本书讲授了中国古代文献典籍的形式内容和整理、校勘、标点、注释有关知识,列举实例并在每章后附练习题,系古籍整理实用类教材读物。

0935

古籍整理概论[M]/黄永年著. --上海:上海书店出版社,2001

本书是作者依据多年从事古籍整理的实践经验、对该项工作进行的理论概括和系统总结。全书分为八章,包括:底本、影印、校勘、辑佚、标点、注译、索引、其他等,涵盖了古籍整理的各个方面,对有关学科研究人员有辅导作用。

0936

古籍整理工作的历史回顾与发展趋势(上)[J]/王世伟. --图书馆杂志,2000,07:15 – 17

本文分为上下两篇,介绍了1949年以来图书馆古籍整理工作,特别是馆藏文献整理编目、编纂影印、缩微复制以及现代信息技术运用方面所取得的成绩;介绍了台湾、香港地区图书馆古籍工作的进展情况,并就古籍整理工作未来的发展趋势作了探讨。

0937

古籍整理工作的历史回顾与发展趋势(下)[J]/王世伟. --图书馆杂志,2000,08:9 – 11

(同上)。

0938

古籍整理古字形补释刍议[A]/单周尧. --赵伯雄、周国林、郑杰文.古籍整理研究与中国古典文献学学科建设国际学术研讨会论文集[C],济南:山东大学文史哲研究院古典文献研究所,2009

本文以实例说明中国古代就有用古字形解释古籍的方法,建议在古籍整理工作中利用现代数字化技术,将古字形整理录入到古籍注释数据库中,以方便研究和利用。

0939

古籍整理过程中对免费网络资源的利用[J]/沈蕙. --图书馆建设,2009,05:31 – 33

本文介绍了免费古籍数字资源情况,论

述如何利用免费古籍数字资源,以及免费古籍数字资源的搜集与整合,为古籍整理工作服务。

0940

古籍整理和出版若干问题刍议[J]/赖炳伟. --古籍整理研究学刊,2001,02:57－61

本文就古籍整理和出版、专业知识人才培养做了陈述。

0941

古籍整理和文史研究中应注意避讳问题[J]/卞仁海. --漯河职业技术学院学报,2008,06:63－64

本文论述了古籍文献中的文字避讳现象,以及利用文字避讳和时代对应关系进行版本鉴定、伪书辨别等考证工作的方法。

0942

古籍整理讲义[M]/来新夏著. --厦门:鹭江出版社,2003

本书是20世纪60至80年代作者讲授古籍整理的15篇讲义,包括《论分类》《论目录》《论版本》《论工具》《论考据》《论诸子百家》《论地方志》等。

0943

古籍整理教程[M]/时永乐著. --保定:河北大学出版社,2003

本书是关于古籍文献整理的教材,包括古籍概说、版本、校勘、标点、注释、辨伪和辑佚等内容,适用于全国古籍保护工作、高校古典文献学专业教学、古籍专业研究与出版。

0944

古籍整理、利用的常规与失误[J]/郝娟. --南京中医药大学学报(社会科学版),2006,01:46－49

本文围绕版本选用和引用文献两方面,论述了古籍整理与利用的常规与失误,强调"溯源"在古籍整理和利用中的重要性。

0945

古籍整理浅谈[C]/程毅中著. --北京:北京燕山出版社,2001

本书收录有关古籍整理的文章26篇,包括《古籍整理浅谈》《鲁迅论古籍整理》《古代

校勘学的得失与当代古籍整理》等,论述了古籍整理意义、如何整理、古籍雕印发生发展概况等。

0946

古籍整理如何适应现代化需要[A]/李裕民. --中华书局编辑部."中国传统文化与21世纪"国际学术研讨会论文集[C],北京:中华书局,2003

本文论述了近百年来古籍整理经历的三个阶段、当前古籍整理中存在的问题,从影印出版尚未面世的古籍、开展学术批评、规范古籍整理体例、提高注释水平、推动高质量工具书的出版等方面,提出改进古籍整理的措施和建议,以更好地适应现代化需要。

0947

古籍整理通用系统及其中字典的编纂[J]/朱小健. --语言文字应用,2000,03:99－103

本文提出古籍整理通用系统应具备功能,讨论了字典编纂在义项的选择及排列、词义的解释、书证的使用、字音标注、字属性标注等方面的特点。

0948

古籍整理系列:善本古籍史部目录——正史类二[J]/谢莺兴. --东海大学图书馆馆讯(在台湾地区发表),2002,04:38－42

本文介绍了东海大学图书馆藏古籍整理系列:善本古籍史部目录——正史类二,汉司马迁撰,唐司马贞索隐旧钞本史记129卷18册情况。

0949

古籍整理研究丛稿[M]/诸伟奇著. --合肥:黄山书社,2008

本书收入的是与古籍、古籍整理有关的文章,大多以安徽历代典籍为研究主体,展现了安徽古籍,尤其是明清古籍的特色价值,论述了古籍整理、古籍出版诸多理论与实践问题。

0950

古籍整理、研究方法的历代变迁与"东方本位"学术方法体系的探讨[A]/郑杰文. --赵伯雄、周国林、郑杰文.古籍整理研究与中国古

典文献学学科建设国际学术研讨会论文集[C],济南:山东大学文史哲研究院古典文献研究所,2009

本文介绍了孔子整理和研究古籍的态度及方法,探讨了汉代至清代古籍整理和研究方法的递变,分析了西学东渐与近现代古籍整理研究方法的变迁及"东方本位"学术研究方法体系的重构。

0951

古籍整理研究方法与理论的几点思考[A]/卢盛江. --赵伯雄、周国林、郑杰文. 古籍整理研究与中国古典文献学学科建设国际学术研讨会论文集[C],济南:山东大学文史哲研究院古典文献研究所,2009

本文就古籍整理研究的方法与理论进行探讨,认为古籍整理研究要尽可能看原始材料,并举例说明在古籍整理时要把整理和理论性研究结合起来。

0952

古籍整理要有计划、有深度[A]/陶文鹏. --中国国家图书馆. 中国古典文献学国际学术研讨会论文集[C],2009

本文阐述了各出版社之间古籍整理的选题问题,指出选题时要尽量避免重复,避免浪费物力、人力资源,提出要注意古籍整理的深度开发,版本要精良,内容要全面,附录尽可能重要的研究史料,或是予以笺注等。

0953

古籍整理与避讳[J]/王增群,赵新莉. --云南图书馆,2001,02:70 – 72

本文论述了避讳的产生和发展、避讳的种类,力图对从事古籍整理的工作人员有所启发和帮助。

0954

古籍整理与辨伪求真[J]/王树民. --河北师范大学学报(哲学社会科学版),2004,02:153 – 156

本文论述了古籍整理工作中辨伪求真的重要性,指出以往辨伪工作存在的偏差,强调古籍整理要重视原书的真义,达到古为今用的目的。

0955

古籍整理与出版专家论古籍整理与出版[C]/杨牧之主编. --南京:凤凰出版社,2008

本书收录136篇论文,从50年来《古籍整理出版情况简报》中精选,内容包括:古籍整理与出版的重大意义;古籍整理与出版的情况与问题;古籍整理与出版业务探讨与建议;古籍整理与出版的人才培养。

0956

古籍整理与古籍出版[D]/珠拉. --内蒙古大学,2009

本文从历史、语言、文学角度研究了古籍产生的根源、搜集机构、搜集活动、搜集成效等内容;对新中国成立以来古籍出版情况分阶段进行了介绍,并依据内容将其划分为校注型、说明型和对比型。

0957

古籍整理与文化传承的所思所想[J]/武晓丽. --兰台世界,2010,02:30 – 31

本文通过对古籍整理意义的阐述,对我国古籍整理的现状及其与文化传承的关系加以分析思考。

0958

古籍整理与研究现代化漫谈[J]/郝继东,田泉. --古籍整理研究学刊,2002,05:94 – 96 + 77

本文论述了古籍现代化的标志为资料搜集快捷和手段先进、成果形态电子化呈现、功能多元化等方面,认为目前古籍整理与研究的现代化进程仍处于起步阶段,随着信息技术的发展和人才的投入,未来前景可期。

0959

古籍正题名的CNMARC格式著录[J]/陈素清. --图书馆工作与研究,2002,01:26 – 28

本文结合古籍书目数据库建设实践,通过实例对古籍正题名的CNMARC格式著录进行了初步探讨。

0960

古籍纸本资源数字化加工处理方法探索[A]/塔娜. --《图书情报工作》杂志社、图书情报工作研究会.《图书情报工作》杂志社、图书

情报工作研究会第 21 次学术研讨会论文集［C］,2009

本文以中国农业大学西校区图书馆《农书古籍图像》全文数据库建设为例,介绍了该校对古籍纸本资源数字化加工处理、古籍纸本图像扫描和图像处理过程中参数选择和若干特殊处理方法的探索。

0961

古籍智能整理与开发系统构建研究[J]/常娥,黄建年,侯汉清.--情报资料工作,2009,04:43-47

本文针对开发古籍通用整理平台问题,结合情报学、自然语言处理、机器学习的技术经验以及知识工程领域在构建专家知识库中取得的成果,搭建了集自动编纂、注释、校勘、断句标点于一体的古籍智能整理与开发的原型系统,构建了古籍整理的专业知识库,包括古代人名、地名、异名别称模式、断句模式等,以满足古籍整理工作需要。

0962

古籍注释与汉语语法研究[J]/张觉,欧冬梅.--书目季刊(在台湾地区发表),2010,01:1-8

本文提出古籍注释中的语法研究成果一直不受重视问题,认为这种重论文专著而轻古籍注释成果的现代研究观念,使我们自觉或不自觉地将古籍注释与古汉语语法研究截然割裂开来,实际上是一种抛弃古代优秀研究传统的不良倾向。

0963

古籍注释中的几个问题[J]/孟繁之,曹泳兰.--古籍整理研究学刊,2007,01:19-24

本文从古籍注释常识、符号规范两方面,探讨了古籍整理中注释问题,概述了两岸三地及海外对古籍注释的研究成果。

0964

《古籍著录规则》商榷——有关僧人姓氏著录规则刍议[J]/王燕飞,鲁先进.--云南图书馆,2009,02:72-74

中国佛教典籍卷帙浩繁,本文结合《古籍著录规则》,通过对僧人姓氏的考证,提出了这一特殊群体姓氏规范著录的建议。

0965

古籍著录中的室名别号[J]/许孟青,钟敏.--兰台世界,2010,06:60-61

在古籍整理著录中,对时代、版本、作者的鉴定,尤其是相同姓名、别号、室名的辨别是一项复杂而细致的工作。本文对古籍著录涉及作者、室名、别号的参考工具书作了介绍。

0966

古籍著录中帝王干支纪年与公历的自动转换[J]/杨志芹,曹进军.--情报探索,2008,08:64-66

本文针对古籍著录系统对帝王干支纪年转换为公历纪年支持度较低的情况,提出可外挂程序弥补缺陷,通过描述干支纪年与公历的转换算法,实现辅助转化系统的建立。

0967

古籍装潢中的浆糊问题研究[J]/王国强.--国家图书馆学刊,2010,01:82-85

本文围绕古代书籍装潢中的浆糊配方问题、防腐防蠹科学原理的借鉴和应用,以及实际应用中所涉及问题展开研究。

0968

古籍装帧浅谈[J]/周道霞,黄贤虞.--重庆图情研究,2005,03:58-61

本文以重庆版古籍装帧中的经折装、线装、卷轴装为例,对古籍装帧种类作了简要介绍。

0969

古籍咨询工作中的新视角[J]/卜林,张杰.--农业图书情报学刊,2009,08:71-73

本文讨论古籍咨询的服务创新问题,提出了内容咨询的新概念,认为根据个人自身条件,咨询人员可对古籍内容进行研究,这有利于与读者进行深入的交流,提高咨询水平的深度。

0970

古籍资料的合作馆藏维护——日本经验的借镜[J]/洪淑芬.--大学图书馆(在台湾地区发表),2001,02:71-88

本文以日本文学研究资料馆为例,论述了古籍整理的工作范畴、中文古籍的典藏概要、中文古籍合作议题,阐述海峡两岸建立"合作馆藏维护"的必要性和实施建议。

0971

古籍资源数字化建设[A]/寇江涛.--《图书情报工作》杂志社、图书情报工作研究会.《图书情报工作》杂志社、图书情报工作研究会第21次学术研讨会论文集[C],2009

本文论述了在信息化发展的今天,古籍资源收藏利用面临的机遇和问题,就如何依据现有条件,通过数字网络建设发扬光大我国优秀传统文化提出建议。

0972

古籍资源数字化建设的一些探讨[J]/余述淳.--大学图书情报学刊,2003,02:69-71

本文论述了古籍数字化建设的必要性和国内外古籍数字化建设的状况,提出在古籍数字化建设中需要解决的若干问题。

0973

古籍自动校勘的研究和实现[J]/常娥,侯汉清,曹玲.--中文信息学报,2007,02:83-88

本文讨论古籍自动校勘的意义,详细阐述了古籍自动校勘系统的总体设计及实现,包括选题和资料收集、自动校勘的对象和方法,深入讨论了古代官名表、人名表、地名表等自动校勘辅助工具的建设问题。

0974

古籍 Blog 及其应用研究[J]/娄明辉.--图书馆学研究,2010,22:29-32

本文通过网络访问,调查了目前中文古籍博客现状。古籍博客与其他类型博客相比具有很强的学术性,应用于古籍研究中,将促进业界资讯、人才培养和学术交流与共享。

0975

古籍 CNMARC 格式著录的题名信息与检索点的生成[J]/陈艳军.--图书馆学刊,2002,05:34-36

本文结合建立古籍书目数据库遇到的实际问题,探讨 CNMARC 格式下古籍题名信息的著录和检索点的生成。

0976

古籍 MARC 格式有关问题探讨[J]/王彤.--津图学刊,2003,03:56-58

本文对古籍文献的 MARC 格式著录规范进行研讨,以期推进古籍书目数据标准化和信息网络资源的共建共享。

0977

古籍 100 字段及相关字段的著录方法[J]/王凤英.--江西图书馆学刊,2005,01:28-29

本文结合古籍著录规则以及从事古籍数据库建设的实践,针对古籍特征,就 100 字段及相关字段的著录方法进行了分析探讨。

0978

《古今经传序略》所载佚文两篇[J]/王洪军.--古籍整理研究学刊,2009,04:27-29

明末清初张隽辑录的《古今经传序略》,保存了大量明代文献。笔者在整理过程中,发现了佚文温璜《易解自序》和韩昌箕《历代史衡自序》,对此进行了考证,以补史志之遗缺。

0979

《古今名媛百花诗余》校录[J]/林玫仪.--中国文哲研究通讯(在台湾地区发表),2005,03:169-246

《古今名媛百花诗余》为清人归淑芬所编的女性词选集。本文论述了该书的编纂与典藏、所咏群花种类、学术价值等。

0980

《古今图书集成》版本考[J]/赵长海.--古籍整理研究学刊,2004,03:43-47

清代《古今图书集成》留世档案很少,许多细节问题有待考证。由于该书卷帙浩繁,编辑印制时间较长,各图书馆在版本和编辑印制著录上,常有讹误之处。本文针对此类问题,对照版本实物详细考证、多方考察,力求纠正常见错误。

0981

古今图书集成电子资料库非制版权标的[J]/丁静玫.--理律法律杂志双月刊(中文)(在台湾地区发表),2005,05:2-3

本文提出了《古今图书集成》电子资料库

与《著作权法》规定的整理印刷或类似方式重制版面的行为有别,不属于制版标的,不得申请制版权登记。

0982

《古今图书集成》原文电子版及其对图书馆古籍工作的影响[J]/张学军. --聊城师范学院学报(哲学社会科学版),2000,04:88-89

本文从《古今图书集成》原文电子版的问世,分析了对图书馆古籍工作的影响和在索引上的改进,以及存在的问题。

0983

《古今图书集成》在朝鲜的传播与影响[J]/金镐. --东华汉学(在台湾地区发表),2010,11:241-272

本文论述了《古今图书集成》传入朝鲜的过程,对当时朝鲜社会产生的影响,从韩中图书交流和西学传入朝鲜的角度,探究了《古今图书集成》传入朝鲜的文化内涵。

0984

《古今源流至论》中的宋代《宝训》佚文[J]/许振兴. --古籍整理研究学刊,2000,04:53-60

本文以南宋后期福建地区书坊刊刻的、专供科举应考类书《古今源流至论》为辑佚对象,辑得现已散亡的宋代《宝训》佚文71条。

0985

古旧地方文献影印出版的实践与探索[J]/倪俊明. --图书馆论坛,2007,06:79-81+280

本文介绍了广东省立中山图书馆地方文献影印出版项目,分析了其具有整理模式多元性,整理队伍开放性,整理内容系统性,集整理、征集、研究于一体性等特点。

0986

古老的记忆——云南民族古籍[M]/李国文,昂自明,李孝友,杨光远,徐丽华,萧霁虹,聂金祥编著. --昆明:云南教育出版社,2000

本书从"民族文字古籍""民族口承古籍""汉文民族古籍"三个方面,展示云南民族古籍的概貌。

0987

《〈古列女传〉与先秦两汉典籍重见资料汇编》及《〈大戴礼记〉与先秦两汉典籍重见资料汇编》[M]/何志华,朱国藩编著. --香港:香港中文大学出版社(香港地区),2004

本书以《大戴礼记》及《古列女传》为纲,按年代先后列出与《大戴礼记》内容重见的先秦两汉典籍,并利用香港中文大学中国文化研究所汉达古文献资料库,以电脑检索系统,将群书与《大戴礼记》重见的内容加以辑录。

0988

古农书本体的构建及其可视化[J]/何琳,杜慧平,侯汉清. --图书馆杂志,2007,10:45-49

本文对古农书进行了全面的揭示,系统地描述古农书的版本、内容、相关的研究论著,并利用protégé对古农书本体进行可视化显示。通过古农书本体可以有效实现对信息资源的整合、导航以及智能检索。

0989

古书背后的档案重现[J]/吴宇凡. --档案(在台湾地区发表),2008,03:74-87

公牍纸本是古人利用公私废旧纸张背面印刷的古籍印本,是一种重要的古书档案。本文论述了公牍纸本的产生背景、保存现状、整理意义以及对后世的影响等。

0990

古书标点规矩谈[J]/任福禄. --咸阳师范学院学报,2003,03:64-67

本文从古书句读到标点的历史源流切入,论述了古书标点的重要意义;通过分类列举现行古籍标点中误点误断的例证,梳理了古书标点的基本方法。

0991

古书标点致误种种[J]/任福禄. --咸阳师范学院学报,2004,03:81-82

本文通过对现行点校本古籍中误标误点若干例证的错误分析,归纳出了古书标点的常见错误及其原因。

0992

古书法数位典藏与加值应用模式——以清乾隆三希堂初拓本书法为例[J]/林联发,许

有麟,陈协志,柯菁菁,邱文鸿. --资讯科学应用期刊(在台湾地区发表),2006,02:21－40

本文以清乾隆三希堂初拓碑帖为例,介绍了古书法数字化与加值应用模式,提出将中国固有文化典籍内容,整编并赋予新时代的诠释和加值应用,得以创造出精致的人文数字化内容产业及文化加值产业,以提供国际化人文教育市场共享,进而提升中国知识经济布局全球化的竞争优势。

0993

《古书疑义举例》引书考异[D]/王瑄. --铭传大学(台湾地区),2009

清学者俞樾《古书疑义举例》被视为训诂学科的重要书籍。本文解释了该书引文资料中产生异文的现象,评述了该书的历史贡献和缺憾。

0994

古书注释发凡[J]/张成秋. --语文学报(在台湾地区发表),2005,12:1－23

本文通过对《周易》《诗经》《春秋三传》《尔雅》《史记》《楚辞》《老子》《白香词谱》等进行注释的典型例子加以解析,使古书注释类型及通用原理原则清楚地显示出来,以给阅读研究古文者提供方便。

0995

《古微书》谶纬辑佚研究[J]/普义南. --问学集(在台湾地区发表),2002,11:59－102

《古微书》系明清间孙瑴所编,是开启明清谶纬辑佚风气的专著。本文从《古微书》前谶纬著录概况、成书与内容等方面,论述了该书的谶纬辑佚研究情况。

0996

古文书契约的修护与保存——以"国立"台湾历史博物馆筹备处之折损契约为例[D]/丘世馨. --台南艺术大学(台湾地区),2005

本文以台湾历史博物馆筹备处99件折损古文书契约为研究对象,概述了因折叠存放而受损的古文书契约的修护过程及其收藏保存方式,明确了记录在案的意义:便于了解文物及管理现状,改善文书契约的保存方式及典藏材料,修护文物并稳定状况,使文物的内容、历史资讯得以保存。

0997

古文献数字语料库的异形字处理[J]/王东海. --语言文字应用,2005,04:116－120

异形字的处理策略直接关系到古文献资料库字符集平台的字量与古籍文本化过程。本文论述了从文字构形角度关注古文献数字语料库的异形字问题,提出异形字分为笔画异写字与部件异构字,在处理时应采取不同策略。

0998

古文献学研究若干领域的回顾与展望[J]/陈东辉. --汉学研究通讯(在台湾地区发表),2008,03:5－15

本文从古文献学的研究领域、加强对古文献学的理论总结研究、加强古文献学自身的学科理论建设、加强对近现代(20世纪)古文献学研究史的总结研究等方面,对古文献学研究领域进行了回顾展望。

0999

古文献研究的风向球——谈《北京大学中国古文献研究中心集刊》的出版与内容[J]/蔡雅如. --国文天地(在台湾地区发表),2010,299:92－95

《北京大学中国古文献研究中心集刊》由北京大学中国古文献研究中心于1999年12月创刊。本文介绍了该刊的出版及台湾典藏情况、内容与特色分析等。

1000

《古文苑》收录之宋玉赋校记[J]/姚军. --辽东学院学报(社会科学版),2010,06:86－89

本文是对北宋面世的《古文苑》收录宋玉所作6篇赋进行的校勘,分析比较了朱碧莲与吴广平两先生的译注,提出了作者的见解。

1001

古文字材料在古书释读中的重要作用举例[J]/彭裕商. --四川大学学报(哲学社会科学版),2005,05:116－119

本文列举了用古文字材料校读古籍解决疑难问题的实例,强调了古文字材料在古文释读中的重要作用,特别是地下出土的古文字材料保持了古时原貌,没有经过后人整理和窜改,可信度较高。

1002

古写本《文馆词林》文字问题三议[J]/吴金华,季忠平. --中国文字研究,2006,01:47 – 56

抄成于唐代的古写本《文馆词林》具有多方面的研究价值。本文结合《日藏弘仁本文馆词林校证》中存在的文字问题,对俗字、讹误字、避讳字的整理与研究提出意见。

1003

古彝文医药典籍论述[A]/朱崇先. --彝族古文献与传统医药开发国际学术研讨会组委会. 彝族古文献与传统医药开发国际学术研讨会论文集[C],昆明:云南民族出版社,2002

本文从已发掘整理的彝族医药古籍及古彝文文献记载的医药资料入手,对其中的彝医基础理论,收载的病种、药物、临床价值等进行了简介,提出作者对彝文古籍发掘整理和彝药开发的建议。

1004

古越藏书楼及其对地方高校图书馆的启示[J]/许经纬. --湖州师范学院学报,2008,04:126 – 128

本文论述了古越藏书楼开放的办馆理念,以用为主的藏书思想,开明的读者意识,留给当代图书馆许多宝贵的文化遗产。作者提出地方高校图书馆可以从中得到多方面的启示,即扩大开放,创新发展,张扬特色,充分发挥服务功能,从而提升图书馆软实力。

1005

"故宫"家族谱牒文献资料库的建置与运用[A]/王景鸿. --辅仁大学图书馆. 2004年古籍学术研讨会论文集[C],新庄:辅仁大学(台湾地区),2004

本文介绍了台北"故宫"博物院家族谱牒文献资料库的建置与运用,包括影像档与目录检索档。进一步举例分析,因其资料庞杂,体例多变,相较于其他善本古籍,族谱存在着更多的歧异处和特殊性,强调家族谱牒文献资料库建设的必要性与族谱研究的重要性。

1006

"故宫"善本古籍的典藏特色及其数位化发展概况[J]/吴璧雍,许媛婷. --大学图书馆(在台湾地区发表),2006,02:34 – 49

本文从"故宫"典藏特色、数位化流程及进展,数位化的成果展现方面概述了台北"故宫"博物院20万册善本古籍的收藏和特色,以及自2003年起古籍文献数字化所获得的成果。

1007

故宫遗藏珍贵文献的流散与回归[J]/张洪钢,胡永强. --图书馆学刊,2010,12:98 – 100 + 110

清朝末代皇帝溥仪所导演的故宫文献流散悲剧,给中华民族文化造成了无法弥补的损失。本文从故宫的文物积累、故宫遗藏的离乱溃散、故宫遗藏的流失下落、故宫流失海外文献回归难题等方面叙述了故宫遗藏珍贵文献的流散与回归。

1008

顾广圻校勘学思想述论[J]/黄光. --郑州大学学报(哲学社会科学版),2009,06:159 – 161

顾广圻被誉为"清代校勘学第一人",其校勘学思想为"不校校之",校勘方法表现为对校、重考据、重视古本善本等。顾广圻的理论对当今古籍整理校勘仍具深刻的启示。

1009

《顾黄书寮杂录》征集地方文献的特色[J]/丁原基. --(在台湾地区发表),2008,01:93 – 111

《顾黄书寮杂录》由齐鲁书社于1984年出版,系20世纪30年代初时任山东省立图书馆馆长王献唐搜求辑录的地方文献资料汇编。本文评述了此书文献价值及特色,表彰王献唐的治学精神与成就,从中可窥见清中叶以后部分学者风尚与学术动态。

1010

顾千里的校勘学——思想与方法[J]/张志云. --古籍整理研究学刊,2005,04:7 – 15

本文从清代校勘学家顾千里的校勘学思

想和形成探析、在清代校勘学中的地位及影响、校勘方法举要等方面论述了其校勘学思想和方法。

1011

顾廷龙古籍整理理论初探[J]/曹志敏,史明文. --贵州文史丛刊,2005,02:72 - 74

本文探析了版本学家顾廷龙古籍整理理论:古籍整理是一项系统复杂的工作,整理时要编制古籍目录,有计划、有步骤地进行;要使用多种手段和方法进行整理,培养人才,做好配套工作。

1012

顾廷龙先生版本学思想述略[J]/吴建伟. --兰州学刊,2006,06:39 - 41

本文简述了顾廷龙先生版本学思想:版本学是一门独立学科;将新书纳入版本学研究范畴;稿校抄本可视为善本;重视明清刊本价值和研究;版本鉴定要从直接实践中来;对唐宋蜀刻本进行总结。

1013

关于安徽古籍存藏与保护情况的调查[J]/朱开忠. --图书馆理论与实践,2009,05:86 - 89

本文通过对安徽省古籍存藏的系统调查,介绍了安徽古籍家底、存藏书库、保护制度措施、保护设备设施等现状,提出安徽古籍保护环境亟须改善,加大经费投入、提高古籍保护意识、争取政府和单位领导重视和支持等建议。

1014

关于安徽师范大学图书馆古籍保护工作的思考[J]/张霞云. --大学图书情报学刊,2009,03:68 - 70

本文分析了安徽师范大学图书馆古籍保护现状,认为古籍工作重点在于保护现有古籍,应从存放环境、装具条件、流通过程方面着手改进,尽可能减缓、降低动态发展中的损坏。

1015

关于毕节地区彝文古籍整理现状及其人才建设[J]/禄玉萍. --科教文汇(下旬刊),

2008,09:218 - 219

本文以贵州省毕节地区彝文古籍保护为例,论述了目前彝文古籍收集、整理和翻译工作等方面存在的问题,尤其是人才匮乏的挑战,提出开设彝语言文字教学院校,培养彝文古籍翻译、研究人才的建议。

1016

关于《长生殿》全本工尺谱的印行本[J]/吴新雷. --戏曲学报(在台湾地区发表),2007,01:123 - 136

本文研究了清代《长生殿》全本工尺谱印行本,比较清代文人冯起凤《吟香堂长生殿曲谱》和艺人殷溎深传承的《长生殿曲谱》,指出殷传本是昆班台本,为适应登台演出对《长生殿》原著进行了删节调整。以定情、苦像、弹词三出为例,说明艺人适当的节略措施是经过长期舞台实践的二度创作,值得称许。

1017

关于大陆以外中国家谱公藏[J]/王鹤鸣. --图书馆杂志,2000,01:51 - 53

本文介绍了美国哥伦比亚大学东亚图书馆、哈佛燕京图书馆、美国国会图书馆、美国犹他州家谱图书馆,日本国立国会图书馆、东洋文库、东京大学东洋文化研究所、京都大学东洋学文献中心,中国台湾汉学研究中心、台北"故宫"博物院图书文献馆、台湾"中央研究院"民族学研究所图书馆收藏中国家谱的现状。

1018

关于当前古籍普查与申报国家珍贵古籍名录的思考[J]/骆伟. --山东图书馆学刊,2010,04:90 - 92

本文针对全国古籍普查与申报国家珍贵古籍名录工作存在的标准界线不清、有些标准定得过低或审核不严、"清稿本"和明内府刻本定位困难等问题,提出建议和思考。

1019

关于地方高校图书馆古籍保护工作可持续性发展的几点思考[A]/李筑宁. --《图书情报工作》杂志社、图书情报工作研究会.《图书情报工作》杂志社、图书情报工作研究会第23

次图书馆学情报学学术研讨会论文集[C],2010

本文论述了古籍保护在地方高校图书馆工作中的地位、可持续性发展思路和措施,强调要结合实际,促进古籍保护工作全面、协调、可持续性发展。

1020

关于东巴古籍定级的若干问题[A]/赵世红.--中国民族图书馆.第十次全国民族地区图书馆学术研讨会论文集[C],沈阳:辽宁民族出版社,2008

本文论述了云南丽江纳西族东巴古籍收藏、整理、出版和版本等情况,提出了明确标注年代的按年代定级;根据抄写东巴在世时间,结合经书所记干支年推断年份;根据朝代纪年和地支推算年份等定级建议。

1021

关于对保护修复民族古籍的几点思考[A]/董晓军.--中国民族图书馆.第十次全国民族地区图书馆学术研讨会论文集[C],沈阳:辽宁民族出版社,2008

本文分析了中国少数民族古籍概念、保护和开发利用意义,提出了要重视现有条件下的一般性保护工作、加大古籍修复资金投入和人员培训力度等建议。

1022

关于对天一阁藏书破损原因及保护措施的探析[A]/李大东.--中国文物保护技术协会.中国文物保护技术协会首届学术年会论文集[C],2001

本文通过对天一阁藏书破损原因调查,证实书虫是直接危害古籍的最大杀手,呼吁灭虫、修复、护养古籍等应引起文物保护工作者高度重视,采取切实可行的保护措施。

1023

关于法律古籍的编目、排架及其他[J]/张群.--法律文献信息与研究,2007,04:45-46

本文从法律古籍编目、排架入手,提出按照中图法分类存在的不便之处,建议按照汉语拼音字母对法律古籍排序排架。

1024

关于方志调到史部二级类的探讨[J]/王若.--图书馆学研究,2002,12:46-47

本文对《东北三省古籍线装书联合目录》编辑过程中四部分类表的设置进行了讨论,提出应把方志从传统四部分类表中的史部三级类提到二级类目,并对这一类目修改的必要性进行了探讨。

1025

关于高校图书馆专题特色数据库建设若干问题的探讨[J]/唐金华.--河北科技图苑,2007,03:36-37+45

本文研究了高校图书馆专题特色数据库建设的必要性、遵循原则及其意义。

1026

关于古籍保护措施之我见——从海南省的古籍保护谈起[J]/王芹,冯永建.--图书情报工作,2005,03:130-132

本文以海南师范学院图书馆古籍保藏库古籍存藏、防虫、除虫经验和不足为例,介绍了广东省各高校图书馆在古籍保护方面所采取的举措,指出我国南方地区地处热带、亚热带地区,古籍虫害严重,应引起有关部门重视。

1027

关于古籍保护的思考[J]/朱榕.--河南图书馆学刊,2010,05:131-133+140

本文从修复古籍、编制书目、出版古籍、数字化古籍等方面,回顾中华人民共和国成立以来国家古籍保护方面取得的成就,分析古籍保护工作中存在的经费紧张、专业人员缺乏、机制不完善等问题,提出了相应的措施和建议。

1028

关于古籍电子化产品的全局化整合[J]/李肇翔.--中国出版,2002,10:46-48

本文就目前古籍类电子出版物存在的问题,提出了在技术保障、产品开发现状、市场前景以及全局化整合等方面的见解。

1029

关于古籍害虫防治技术的现状与设想[J]/赵云.--沧桑,2006,03:76-77

本文介绍了目前我国古籍虫害防治所采

用的预防和治理技术,从加强现代化技术应用、促进古籍修复技术发展和修复人才培养等方面提出了设想和建议。

1030

关于古籍联合目录数据库的构建[J]/李致忠. --中国图书馆学报,2000,05:36-39

本文围绕构建中国古籍联合目录数据库所涉及的一系列准备工作展开探讨,包括:中国古籍界定;怎么设置款目;机读格式、著录规则、使用手册的统一;分类法、主题词、书名和著者姓名规范问题。

1031

关于古籍全文数据库建设工作的思考[J]/乔红霞. --河南图书馆学刊,2001,04:58-60

本文概述了我国古籍全文数据库建设工作,围绕工作目标和内容,提出古籍整理工作与计算机技术、网络技术相结合,建设古籍全文数据库的设想建议。

1032

关于古籍善本的数字化问题[J]/孙继林. --图书馆杂志,2000,07:18-19+17

本文论述了古籍善本保护与数字化关系、数字化古籍善本的使用特征、数字化古籍善本制作与服务方式,展望了古籍管理业务改革。

1033

关于古籍书志体例的思考[J]/骆伟. --书目季刊(在台湾地区发表),2010,02:1-12

本文通过我国古今书志源流梳理,对历代书志体例的比较分析,提出应构建更为科学的现代书志体例,并就其结构提出建议。

1034

关于古籍数字化的思考[J]/李为实. --四川图书馆学报,2002,03:74-77

本文论述了加强古籍数字化建设必要性、如何对古籍数字化进行规范控制等问题,对未来网络环境下的古籍数字化建设提出了建议。

1035

关于古籍数字化的一些思考[A]/彭国忠. --首都师范大学电子文献研究所、中国诗

歌研究中心、中国传统文化数字化研究中心.第一届中国古籍数字化国际学术研讨会论文集[C],北京:北京国学时代文化传播股份有限公司,2007

本文针对古籍数字化的趋势,分析了古籍数字化过程中信息是否能够全部、真实地再现问题,针对信息化之后出现的误引误用常态,青年一代整体阅读古籍能力下降,数字化法律秩序有待完善等问题提出了建议。

1036

关于古籍数字化建设相关问题的思考[J]/耿伟杰. --科技情报开发与经济,2010,29:27-30

本文论述了古籍数字化建设意义、古籍数字化建设中存在问题、解决方法和未来展望。

1037

关于古籍数字化理论建构的思考[J]/毛建军. --高校社科动态,2006,04:40-43

本文指出古籍数字化研究中存在古籍整理学界参与少、理论研究相对滞后的问题,提出构建古籍数字化系统理论可以为古籍数字化出版提供基础理论、开拓古籍整理和古典文献学专业新视野、为文史研究者提供新思维和新工具的建议。

1038

关于《古籍特藏破损定级标准》的编制[J]/张平. --国家图书馆学刊,2006,03:14-18

本文围绕《古籍特藏破损定级标准》,从可以实现为破损古籍修复排序、掌握各类破损古籍数量与致损原因、建立古籍保存状况档案数据库、为制定修复保护计划提供依据等方面论述了编制目的和意义。

1039

关于古籍文献保护与利用的讨论——图书馆古籍文献限制使用的合法性与合理性辨析[J]/李丹. --图书馆建设,2005,03:21-22

本文以苏州图书馆发生的不允许读者对孤本进行全部复制和抄录事件为例,分析了古籍文献限制使用的合法性与合理性依据,提出发生在苏州图书馆的事件,实质是图书

馆对相关制度规范的认识和立场存在问题。

1040

关于古籍文献数字化的几个问题[J]/张艳红. --图书情报知识,2003,01:54-56

本文围绕古籍数字化,分析了数字化古籍文献的优先选择、信息组织、产品形式和性能评价等问题,提出了建设具有高扩展性的"数字古籍文献系统",以实现古籍文献数字化工业化流程的建议。

1041

关于古籍整理的几个问题[J]/张德信. --中国地方志,2005,10:34-44

本文论述了古籍整理的三个问题:整理古籍的重要性和必要性;古籍整理的形式:校勘、标点、注释;标点与标点错讹举例。

1042

关于古籍注释的多元思考[J]/周洪. --信阳师范学院学报(哲学社会科学版),2000,03:105-109

本文围绕古籍整理和注释,提出了古籍注释必须考察历史环境,注意方言领域,古籍注释者应掌握一定科学知识,可从考古发现中得到启发等观点。

1043

关于古籍资源数字化建设中几个问题的探讨[J]/李筑宁. --图书情报工作,2010,S1:312-315

本文围绕图书馆古籍资源数字化工作,提出应结合馆藏古籍资源的结构体系和特点,制定完善的建设方案,统筹安排,有计划、有步骤、高效率地组织实施等建议。

1044

关于馆藏古籍线装文献数据库建设的探讨[J]/牛陶兰. --图书情报知识,2002,03:59-61

本文以中南财经政法大学图书馆古籍文献数据库建设为例,论述了该校古籍文献存藏现状与特点、建立古籍线装文献数据库的意义,书目数据库、文摘数据库、全文数据库的特征功能,探讨了古籍文献现代化管理的必要性和可行性。

1045

关于和刻本十三经注疏[J]/(日)长泽规矩也著;萧志强译. --中国文哲研究通讯(在台湾地区发表),2000,04:57-63

本文介绍了《春秋左传注疏》《孝经注疏》《尔雅注疏》《尚书注疏》《大学注疏》《论语注疏经解》《毛诗注疏》《周易兼义》《周易注疏校勘》《论语注疏校勘记》等日本刻本十三经注疏的版本系统及概况。

1046

关于《皇朝地理志》的几点初步认识[J]/华林甫. --"故宫"学术季刊(在台湾地区发表),2007,03:141-180

本文围绕台北"故宫"博物院庋藏的四种清地理志书:甲、乙、丁本《皇朝地理志》和丙本《大清国史地理志》,梳理了甲本与丁本的关系,认为丁本是甲本的母本。论述了该书价值,认为今天新修《清史·地理志》应充分吸收《皇朝地理志》的成果。

1047

关于基层图书馆古籍保护工作的思考与建议[J]/秦磊. --科技风,2010,18:40

本文围绕基层图书馆古籍保护工作,提出要改善现有馆藏古籍保存条件、对珍贵史料进行再生性保护、加快专业古籍修复人才培养、加强古籍保护社会宣传等建议。

1048

关于基层图书馆古籍保护工作的思考与建议[J]/张红. --图书情报工作,2010,03:130-133

本文围绕基层图书馆古籍保护工作,提出引入"寄存制度",改善珍贵古籍保护条件;加强地方文献史料保护,将民国早期文献定为古籍四级,有计划、有选择地影印出版;采用"缩微技术"抢救古籍等建议。

1049

关于建立古籍修复档案的几点想法[A]/李际宁. --中国国家图书馆. 中文善本古籍保存保护国际研讨会论文集[C],北京:北京图书馆出版社,2002

本文阐述了建立古籍修复档案的重要

性,指出古籍修复的客观记录是保留古籍整理研究的重要信息。应注意古籍修复之前客观状况的记录,修复之中所用材料、工艺以及修复内容的记录。

1050

关于建立流失海外中国图书文献中心的几点设想［J］/朱凡. --图书馆论坛,2003,05:37－39

本文从论述建立流失海外中国图书文献中心必要性和紧迫性出发,分析了流失海外中国图书文献中心的基本构成,围绕图书与期刊、照片与幻灯片、数据库与网络资源共享等方面提出了改进的设想和建议。

1051

关于旧方志数字化的一些思考［J］/陈静. --广东史志. 视窗,2006,04:29－30

本文分析了旧方志数字化后所具有的便于流通、使用、储存等优点,对比了旧方志数字化中采用图像版和文本版的优劣,并以旧方志《广东通志》数字化测试为例,对旧方志数字化工作提出了改进建议。

1052

关于康有为著大同书"倒填年月"之商榷［J］/马洪林. --广东文献季刊(在台湾地区发表),2004,02:21－31

历史学家汤志钧认为康有为《大同书》"倒填成书年月"。本文考证提出康有为《大同书》的写作过程是漫长而清晰的,倒填成书年月一说纯属无中生有;该书是中华民族的优秀文化遗产,在研究相关问题时,应防止民族文化虚无主义的学术倾向。

1053

关于满文文献编目的几点思考［A］/朱志美. --中国民族图书馆. 第十一次全国民族地区图书馆学术研讨会论文集［C］,沈阳:辽宁民族出版社,2010

满文文献包括古籍、档案、拓片、舆图等,不同形式的文献编目需相互借鉴并有所区别。本文探讨了古籍、档案类文献、拓片类等满文文献编目中的问题。

1054

关于美国哈佛燕京图书馆的中文善本古籍

保存保护和整理［A］/沈津. --中国国家图书馆. 中文善本古籍保存保护国际研讨会论文集［C］,北京:北京图书馆出版社,2002

本文从来源、数量、保存、保护、近期计划等方面,论述了美国哈佛大学燕京图书馆馆藏中文古籍善本的保存保护和整理情况。

1055

关于民族古籍数字化的思考［J］/王兰. --图书馆学研究,2003,08:45－47

本文围绕现阶段民族古籍数字化建设中存在的问题,从改变传统观念、成立管理机构、统一标准规范、加强横向联合等方面提出了对策建议。

1056

关于明钞本北宋天圣令残卷的问世［J］/(日)冈野诚著;翁育瑄译. --法制史研究(在台湾地区发表),2002,03:289－298

《天圣令》系宋仁宗天圣七年(1029)修成的法典。本文考证后提出,"天圣令"名称可见于宋代书目,在宋代起"天圣令"也被称为"官品令";天一阁博物馆藏明钞本《官品令》残卷就是北宋天圣令残卷。

1057

关于南诏和大理国史料事类索引编制的思考［J］/何俊伟. --大理学院学报,2010,07:15－17

本文围绕南诏和大理国史料事类索引的编制问题,论述了南诏和大理国史料索引编制的意义和编制现状;强调了在编制过程中,事类索引编制的重要性及其学术价值。

1058

关于抢救整理出版闽南文化典籍的再思考［A］/胡沧泽. --福建省炎黄文化研究会、台湾中华闽南文化研究会. 海峡两岸之闽南文化——海峡两岸闽南文化研讨会论文集［C］,福州:福建人民出版社,2009

本文围绕闽南文化典籍的抢救整理与出版,提出对已经出版的闽南文化典籍中的孤本、善本重版印行;散见各处的典籍建立珍贵古籍名录,择优出版;对保存在东南亚和世界各地的闽南文化典籍抢救、整理与出版等建议。

1059

关于陕西基层公共图书馆古籍保护情况的调查研究[J]/翟淑君.--科技管理研究,2010,13:250-253

本文简述了陕西基层公共图书馆古籍保护情况的调查研究,从人力资源、古籍保护与开发、专项资金方面,提出保护和利用的建议。

1060

关于使用丹诚软件编制中文古籍机读目录的几个问题[J]/杨光辉,眭骏.--上海高校图书情报学刊,2002,03:26-28

本文针对使用丹诚软件编制中文古籍机读目录遇到的问题,从查重、拼音自动生成、目录卡片打印、字段设置、编目软件人格化等方面,提出逐步完善软件系统编目功能的建议。

1061

关于收取"文献保护费"的调查分析[J]/张蓉.--图书馆学刊,2008,02:32-33+39

本文调查了部分高校和公共图书馆对古籍和近代文献收取文献保护费的现象,分析了收费原因和公众态度,认为收取文献保护费可以在不影响读者需求的同时,尽量保护文献原有价值,降低读者使用率,减少书籍破损,也为保护提供了象征意义的资金。

1062

关于塔吉克族古籍的搜集整理及编目[J]/古丽佳罕·胡西地力.--中共伊犁州委党校学报,2010,03:105-106

本文回顾了我国中华人民共和国成立以来对塔吉克族古籍搜集整理及编目工作情况,分析了塔吉克族古籍题材形式、内容特点和收集整理保护意义。

1063

关于图书馆古籍管理利用的思考[J]/刘朝志.--科技资讯,2009,35:242+244

本文从分析图书馆古籍管理、利用现状和存在问题入手,提出了加强人才培养、树立藏用并重观念、加大现代化技术应用力度及

投入等建议。

1064

关于图书馆古籍管理现代化的思考[J]/赵明.--图书馆学刊,2000,01:56-58

本文从古籍是图书馆文献体系的重要组成部分、古籍工作不应是图书馆现代化盲区、古籍藏用矛盾呼唤管理方式与服务方式的现代化等方面,探讨了图书馆现代化转型进程中古籍部门的工作思路。

1065

关于《图书馆古籍特藏书库基本要求》的说明[J]/周崇润.--国家图书馆学刊,2006,03:26-31

本文论述了《图书馆古籍特藏书库基本要求》的编制目的、原则、主要内容和依据等。

1066

关于《韦承素墓志考释》的几项意见[J]/叶国良.--古今论衡(在台湾地区发表),2002,07:37-40

本文针对《古今论衡》第六期载《韦承素墓志考释》中对唐代韦承素夫妇墓志考释的错误,列举考释了误释文字、遗漏、断句不当、解读错误40条。

1067

关于我馆古籍食品文献数据库建设的探讨[J]/潘小枫.--中国图书情报科学,2004,05:25-26

本文介绍了江南大学梅园校区图书馆藏古籍资源的现状和特色,分析了建立古籍食品文献数据库的条件与必要性,对开发前景作了展望。

1068

关于我国少数民族古籍资源数字化建设探讨[J]/包和平.--图书馆建设,2003,04:25-26

本文在综述我国少数民族古籍存藏概况的基础上,论述少数民族古籍数字化的重要性和迫切性,探讨了少数民族古籍数字化的基本策略。

1069

关于西北地区古籍普查保护与书目数据库

建设合作机制的设想[A]/谢梅英.--中国图书馆学会、甘肃省图书馆学会.西北五省(区)图书馆第十次科学讨论会论文集[C],2010

本文以宁夏地区古籍普查保护工作现状为例,针对古籍文献存放环境差、古籍修复人员匮乏、版本鉴定专家青黄不接等问题,提出了实施区内图书馆间横向合作,建立西北五省区古籍保护合作联盟的建议。

1070

关于西部图书馆特色数据库建设的思考[J]/王兰.--图书馆学刊,2003,04:41-42

本文论述了西部图书馆特色数据库建设的必要性和可行性,对总体设计、建设原则等提出了思考建议。

1071

关于影印《四库全书》的延续问题[J]/李祚唐.--天府新论,2004,04:90-94

本文提出《四库全书》不同阁本的相同书种多有卷数、篇数出入,卷篇相同者也存在文字差异现象。建议将同属国宝的文溯、文津阁本《四库全书》和文澜阁本原卷及补抄本付诸影印,为学者创造研究便利,有利于保存流传。

1072

关于域外所藏中国古文献的若干思考[A]/陈东辉.--天一阁博物馆.《天一阁文丛》第八辑[C],杭州:浙江古籍出版社,2010

本文介绍了海外中国古文献存藏概况和有关论著,提出在国内从事古籍整理研究时,应当尽可能利用流散在域外的中国古文献。

1073

关于藏文古籍整理出版中的几个问题[J]/曲甘·完玛多杰,仁青当周.--青海民族研究,2000,02:86-88

本文针对藏文古籍整理出版中涉及的人名、书名、年代、古词古语、异体字、分段、标题、修改等问题的处理,提出了作者的见解思考。

1074

关于真福寺本《礼部韵略》[J]/水谷诚,张丽娟.--古汉语研究,2000,04:5-10

我国学界公认宋代科举韵《礼部韵略》早已亡佚。本文考察了日本真福寺藏《礼部韵略》《附释文互注礼部韵略》等,比较其与《集韵》在韵目、小韵、反切和增字方面的异同,以此考证《礼部韵略》原刊本面貌。

1075

关于制定古籍数字化标准的思考[J]/姚俊元.--图书馆理论与实践,2010,02:50-52

本文论述了古籍数字化标准的概念、制定古籍数字化标准的必要性,并就制定古籍数字化标准提出了思考和建议。

1076

关于"中国丛书书目数据库"的制作[J]/于翠艳.--中国索引,2008,01:41-44

《中国丛书综录》是20世纪以来最具影响的大型古籍检索工具书之一。本文以《中国丛书综录》为基础,探讨了"中国丛书书目数据库"制作和制作中面临的问题、如何完善等。

1077

关于中国古典文献学学科内容设置问题之我见——20世纪诸家古典文献学著述比较研究之一[J]/邓声国.--书目季刊(在台湾地区发表),2004,04:1-16

本文通过20世纪诸家古典文献学著述的比较研究,围绕各家专著的内容设置和学术地位,就如何完善中国古典文献学学科内容设置提出了见解。

1078

关于中国古籍的定级[J]/李致忠.--国家图书馆学刊,2006,03:2-8

《中国古籍定级标准》是"中华古籍特藏保护计划"的实施标准之一。本文对该标准的等级划分和划分原则做出说明:遵从"历史文物性、学术资料性、艺术代表性"原则;级次划分为一至四级,一至三级下又分为甲、乙、丙三个等次。

1079

关于中国古书的几个问题——读古书、注古书、整理古书、应用古书[A]/作者不详.--辅仁大学中国文学系、中国训诂学会.纪念王

静芝教授九秩晋五诞辰暨训诂学专题学术研讨会论文集［C］,新庄:辅仁大学(台湾地区),2010

本文论述了中国古书还有没有读的价值,中国古书如何去读、从何读起,中国古书该不该整理、如何整理,如何从中国古书中摄取营养、消化吸收、发挥功能等问题。

1080

关于《中国中医古籍总目》编纂体例的探讨［J］/孙建春. --中医文献杂志,2009,02:34 - 36

本文通过对中国科学院上海生命科学信息中心图书馆藏中医古籍目录与《中国中医古籍总目》进行比较,探讨了《总目》编纂体例的优点和不足,提出改进建议。

1081

关于《中国中医古籍总目》的编纂与使用［J］/刘振远. --中华医史杂志,2010,04:216 - 221

本文概述了《中国中医古籍总目》在编纂过程中,对古籍分类、书名、成书年份、著者、出版年、版本著录等方面进行的修订。提出该书在实际应用中仍然存在纰漏,需要加以注意。

1082

关于《中华再造善本》的说明［J］/李致忠. --国家图书馆学刊,2003,02:7 - 8

本文论述了《中华再造善本》的出版意义、选目工作、编纂分类情形,介绍了该书的装帧形式和正文用纸。

1083

关于中医食疗古籍文献整理研究的思考［J］/林琦. --中医文献杂志,2009,05:35 - 36

本文从论述中国古籍整理研究意义和思路出发,提出对中医食疗古籍文献进行系统整理的建议,以及建立中医食疗古籍文献数据库、实现文献资源共享、开发利用中医食疗古籍文献的思考。

1084

《〈观世音应验记三种〉译注》献疑［J］/杨琳. --汉语史学报,2008,00:292 - 300

《观世音应验记三种》系南朝时期三种观世音应验故事的集合编本,江苏古籍出版社于2002年整理出版了译注本。本文对该书译注内容提出了24条商榷意见。

1085

《观堂集林》校误十则［J］/吴土法,何莹. --浙江社会科学,2005,05:167 - 169

《观堂集林》系晚清国学大师王国维代表著作,也是古代文史研究者必读之书。作者勘校了该书中的十处误字,供研读者参考。

1086

官书局刻书考略［J］/张磊. --图书馆,2001,02:76 - 77

古代官书局刻印书籍世称"官书局刻本""局本",在版本著录上则著录为某局刻本。本文考察了官书局刻书特点,论述其兴盛的原因和不足。

1087

莞城图书馆古籍珍藏［M］/莞城图书馆编. --东莞:莞城图书馆,2008

本书是广东省东莞莞城图书馆藏明清时期珍本和善本的汇编。汇编文献从馆藏两千余册古籍中精选。

1088

馆藏古籍科学与人文管理模式探索［J］/钟稚鸥. --中山大学学报(社会科学版),2002,03:143 - 148

本文在阐述馆藏古籍人文价值的基础上,揭示利用现代科技手段管理古籍的盲点,提出馆藏古籍管理应建构科学与人文相结合的管理模式。

1089

馆藏古籍书目数据库建设［J］/石春耘,梅芹. --图书馆建设,2002,02:29 - 31

本文论述了古籍书目数据库建设的原则、标准、软件、人员等,提出在建设过程中应保证数据标准化和规范化,为资源共享打下良好基础,文章还讨论了数据库建设实践中其他应注意的问题。

1090

馆藏古籍书目数据库建设的实践与思考

[J]/王会丽.--农业图书情报学刊,2005,06：21－23

本文结合河南大学图书馆古籍书目数据库建设实践,就古籍建库中存在的更新管理观念、强化技术支持、信息化人才培育等问题提出建议。

1091

馆藏古籍整理系列:善本古籍史部正史类简明目录[J]/谢莺兴.--东海大学图书馆馆讯(在台湾地区发表),2001,01:6

(阙如)。

1092

馆藏古籍状况及修复[A]/郭金芳,李英.--中国文物保护技术协会.中国文物保护技术协会第四次学术年会论文集[C],北京:科学出版社,2007

本文以故宫博物院图书馆藏古籍为例,介绍了古籍保护与修复的常规方法,以及对"整旧如旧"理念的理解。

1093

馆藏《梅溪先生文集》实为天顺本考[J]/胡莺.--辽宁师专学报(社会科学版),2008,03:20－21

东北师范大学图书馆古籍部藏有宋代王十朋著《梅溪先生文集》对策1卷、奏议4卷。本文从序跋对比和刻工情况两方面对其版本进行考辨,证明该馆藏善本实为天顺本,而非正统本。

1094

馆藏日人注疏《孟子》版本述略[J]/谢莺兴.--东海大学图书馆馆讯(在台湾地区发表),2006,57:27－33

本文整理考订了台湾东海大学图书馆藏日人注疏《孟子》版本情况,对馆藏"和刻本线装书"的界定范围和是否进行"和刻本初稿"的订补提出了见解和思考。

1095

馆藏善本探秘之一:《古今图书集成》之用纸[J]/杨居让.--当代图书馆,2007,03:11－13

清朝雍正铜活字印版《古今图书集成》,

由于存世不多,大多数人未能目睹,因此许多撰述者对于《古今图书集成》刷印用纸及其纸张颜色存在许多错误的说法。作者通过比对、调研、走访,再加上馆藏的佐证,对此进行了总结订正,将真实情况陈述出来,以期与同行共享。

1096

馆藏善本探秘:《重刊襄阳郡志》孤本质疑[J]/杨居让.--当代图书馆,2008,04:4－6

陕西省图书馆所藏明天顺三年(1459)刻本《重刊襄阳郡志》历来被称作孤本,作者经与相关资料记载比对考订,认为该书虽属陕西省图书馆独家收藏,但仍可能有相同版本流传。

1097

馆藏水书初探[A]/谭敏.--中国民族图书馆.第十次全国民族地区图书馆学术研讨会论文集[C],沈阳:辽宁民族出版社,2008

水书是贵州少数民族水族的特有古籍。本文从图书馆学角度,提出了抢救、搜集、整理、收藏水书的价值、困境以及解决措施。

1098

馆藏铜活字本《古今图书集成》[J]/杨居让.--图书馆工作与研究,2005,05:57－58

本文介绍了清雍正铜活字版《古今图书集成》,由乾隆皇帝赐给陕西籍状元王杰,其后在陕西地区流传,最后归陕西省图书馆收藏的辗转流传过程。

1099

馆藏文献优先数字化的选题范围思考[J]/刘家真.--图书馆杂志,2002,10:21－26

本文论述了优先数字化的馆藏文献选题范围:工具书类文献,法律、法规与标准类文献,特色文献等,并对这些范围内的文献选题进行深入讨论。

1100

馆藏线装古籍一隅[J]/刘捷.--科技情报开发与经济,2005,15:52－53

本文介绍了德州学院图书馆馆藏线装古籍、善本古籍和具有特色的古籍,认为古籍版本鉴定是一项学术性很强的工作,图书馆将古籍整理编目、分类,并向读者揭示,亦为建立馆藏古籍数据库进行必要准备。

1101

馆藏浙江通志述略[J]/刘平平.--中国地方志,2005,05:42-46

本文介绍了浙江图书馆藏《嘉靖浙江通志》《康熙浙江通志》《雍正浙江通志》《民国浙江续修通志稿》《民国重修浙江通志稿》情况,认为该馆藏历代《浙江通志》刻本、手稿众多,需要有计划、有重点地整理和研究。

1102

馆藏珍贵古籍叙要十种[J]/何满红,刘秀荣.--晋图学刊,2010,03:102-104

山西大学馆藏古籍十余万册,以地方文献和明清文集见长,有33种入选《山西省珍贵古籍名录》。本文特选其中10种,加以介绍和提要。

1103

馆藏中医药古籍特色数据库的构建[J]/张云.--中华医学图书情报杂志,2005,06:29-30

本文论述了南京中医药大学图书馆中医药古籍数据库建设的背景条件、步骤和内容,建设标准和全文数据库建设技术等。

1104

管窥《四库全书总目》校勘的内容、方法与特点——以史部提要为中心[J]/史丽君.--四川图书馆学报,2004,06:66-70

本文以对《四库全书总目》史部提要校勘文字脱误歧异、篇卷繁复残缺问题为例,提出《总目》校勘中利用对校法、本校法、他校法和理校法等方法,体现了与版本研究紧密结合等校勘特点。

1105

《管子》版本述略[J]/巩曰国.--管子学刊,2002,03:11-19

中国古代文献《管子》版本众多。本文在历代著录和所见版本基础上,对《管子》版本进行了考察,介绍主要版本的基本情况,澄清前人的一些误解,勾勒出自汉朝刘向校订本以来《管子》版本源流演变的发展线索。

1106

《管子》校释整理的几个问题——兼谈黎翔凤《管子校注》[J]/巩曰国.--管子学刊,2010,04:21-25

本文以清人黎翔凤《管子校注》为例,论述了《管子》校释整理中底本校本的选择、资料的搜集利用、文本的校勘与注释等问题,提出仔细梳理版本源流,广泛搜求包括未刊稿本、出土文献在内的各种资料,是做好《管子》校释整理的基础;力避主观武断,强为做解,是校勘与注释中需特别注意的问题。

1107

《管子》书刍议[J]/廖苍洲.--修平人文社会学报(在台湾地区发表),2004,03:1-16

本文针对历来学者对《管子》书的篇目、版本、作者及学派归属多有论述、莫衷一是的情况,汇集梳理各家著述、专论,加以分析探讨,阐述见解。

1108

广博宏丽 卓绝华夏——《西南文学文献》绪论[J]/徐希平.--西南民族学院学报(哲学社会科学版),2003,03:327-329

本文是为《西南文学文献》所做的绪论。文章梳理了我国西南地区历代本土作家文学发展渊源、创作成就和主要特征,结合西南各省区现存别集概貌简介,对丛书编选宗旨、选录标准及分类原因等做了说明。

1109

广东藏书家的历史地位及其贡献[J]/曾洁莹.--科技情报开发与经济,2006,12:71-73

本文论述了广东藏书家在岭南藏书史上做出的贡献,以及在岭南文化研究中的地位和作用。

1110

广东畲族古籍资料汇编——图腾文化及其他[M]/朱洪,李筱文编.--广州:中山大学出版社,2001

本书收录并介绍了广东畲族图腾画卷叙文、姓氏宗亲族谱、流传民间歌谣,以及历史文献中相关记述等古籍资料。

1111

广东省立中山图书馆缩微文献全文数据库

的建设与利用[J]/饶露玫.--图书馆论坛,2005,04:202-204

本文介绍了广东省立中山图书馆缩微文献数字化、缩微文献全文数据库建设、数据库标引著录以及数据库利用情况。

1112

广东省中医药古籍文献整理研究的思考[J]/史俏蓉,陈裕,孔翊翌.--中医药导报,2007,11:97-98

本文介绍了广东省中医药古籍概况、整理研究意义,以及广东省中医药古籍整理研究的思路与方法:考证古籍和系统总结。

1113

广西地方古籍整理的历史、成就和价值——《广西地方古籍整理研究丛书》总序[J]/梁扬.--广西大学学报(哲学社会科学版),2010,05:81-87

本文介绍了广西地方古籍整理工作包括普查、整理和研究等,论述了在确定选题和整理研究中应该采取的方法,以及《广西地方古籍整理研究丛书》的价值。

1114

广西民族古籍善本保护与开发[A]/张鹤珊.--中国民族图书馆.第九次全国民族地区图书馆学术研讨会论文集[C],沈阳:辽宁民族出版社,2006

本文论述了广西少数民族古籍的收集、整理、保护及成果,介绍了其开发利用情况,提出保护与开发中应注意的问题。

1115

《广雅疏证》校勘记[J]/张其昀.--古籍整理研究学刊,2010,01:45-51

《广雅疏证》系清代学者王念孙研究古代训诂的一部代表性著作。本文将以《畿辅丛书》为底本的香港中文大学出版社本,和以王氏家刻本为底本的中华书局本进行对校,认为王氏家刻本优于《畿辅丛书》本;如兼采各家的校勘成果,可望得到该书的一个善本。

1116

《广韵》版本系统简述[J]/李俊杰.--古籍整理研究学刊,2006,06:63-64

本文围绕《广韵》版本的传承,介绍了《广韵》张士俊泽存堂藏板系统、曹楝亭藏本系统、明内府本系统、《古逸丛书》系统、南宋巾箱本系统以及新版系统版本情况。

1117

《广韵》的计算机处理及又音研究[D]/仝小琳.--华中科技大学,2003

本文以张氏泽存堂本《广韵》为研究对象,对《广韵》进行计算机处理,建立了数据库,并在数据库基础上作了反切上下字的统计系联工作、又音互见和不互见研究,初步探索了古籍字形计算机处理办法。

1118

归有光编《玉虚子》辨伪[J]/陈炜舜.--汉学研究(在台湾地区发表),2006,02:449-482

本文在四库馆臣研究的基础上,补充论证明代归有光编《玉虚子》注文评语抄自王逸《楚辞章句》等多部古籍,全书校勘草率,论点前后矛盾,为坊贾射利之本;同时又讨论了《诸子汇函》全书学术价值和明中叶以后作伪风气的蔓延。

1119

规范与实践:文学古籍校勘漫议[J]/邓绍基.--北京工业大学学报(社会科学版),2003,04:69-74

本文阐述古籍整理与校勘工作密不可分,在长期历史实践中形成的校勘学原则与规范应当继承发扬;针对不同古籍与不同需要,校勘方法应有所变通,校勘记的表现方式也要随之有所不同,要杜绝文学古籍校勘工作中的随意性。

1120

《贵州古旧文献提要目录》之《汉上消闲集》条目著录驳正[J]/熊树华.--贵图学刊,2003,04:31-32

本文针对贵州历史文献研究会1996年编撰的《贵州古旧文献提要目录》中《汉上消闲集》著录条目存在的卷数、出版年代以及题名项失误予以驳正,意在对该目录加以完善。

1121

贵州苗族古籍总目提要[M]/李锦平,李天

翼编著. --贵阳:贵州民族出版社,2008

本书由贵州民族出版社 2008 出版,系贵州、广西、云南、湖南等省区协作编纂完成,收集了近千条贵州苗族古籍目录,包括书籍类、讲唱类、铭刻类和文书类等。

1122

贵州少数民族古籍研究(一)[C]/陈乐基主编. --贵阳:贵州民族出版社,2001

本书收录贵州省少数民族古籍研讨会上的论文,包括《对贵州民族古籍工作的思考》《浅谈贵州民族古籍的种类和特点》《理性与民族古籍翻译》《试论中国鼓楼文化的存在与价值》等。

1123

贵州少数民族古籍研究(二)[C]/陈乐基主编. --贵阳:贵州民族出版社,2010

本书精选贵州省少数民族古籍研讨会论文 20 余篇,内容包括通论、专论,精品分析、对策意见和措施等。

1124

贵州省古籍联合目录(全二册)[M]/陈琳主编. --贵阳:贵州人民出版社,2007

本书收录贵州省主要图书馆现存馆藏古籍目录,是查询该省古籍目录的工具书。

1125

贵州彝文古籍整理翻译研究[M]/陈光明,李平凡主编. --贵阳:贵州民族出版社,2008

本书回顾了贵州省彝文古籍整理翻译研究工作,按学科、类型等进行梳理,介绍了有关情况。

1126

郭店竹书校勘与考释问题举隅[J]/颜世铉. --"中央研究院"历史语言研究所集刊(在台湾地区发表),2003,04:619 - 672

本文以郭店竹书出土文献为例,论述了竹书文本的特点,以及与出土文献校勘考释相关问题,举例说明整理出土文献时可借鉴的心得体会。

1127

《国策》校证·金石篇[J]/杨昶. --古籍整理研究学刊,2004,02:87 - 89

《战国策》在传世过程中,产生了不少文字讹误,引起歧义。本文对其中 10 例进行校释,并引用古代金石文字资料为据,以证己说。

1128

国际敦煌项目(IDP)第六次会议综述[J]/林世田. --敦煌学辑刊,2005,03:165 - 168

国际敦煌项目是促进敦煌文献保护研究、数字化的国际合作组织,2005 年 4 月 22—25 日在中国国家图书馆举行了第六次会议。会议以敦煌遗书的保护与修复、敦煌纸张分析、敦煌文献数字化以及古籍修复等为主题。本文是对该次会议的综述。

1129

国际敦煌项目(IDP)与敦煌西域文献数字化国际合作[J]/刘波. --数字图书馆论坛,2010,01:42 - 49

本文介绍了国际敦煌项目概况和北京中心的工作,论述了敦煌西域文献数字化项目特色和国际合作,并对工作愿景进行了展望。

1130

国家博物馆图书馆善本古籍保护工作[J]/赵东. --中国文物科学研究,2007,01:66 - 71

本文以中国国家博物馆图书馆收藏的善本古籍为例,论述了博物馆保护管理古籍的方法和措施,包括树立保护意识、建立完善的管理体制、利用先进技术等。

1131

国家级珍贵古籍名录:水书[J]/周泽亮,姚炳烈,潘朝霖,吴贵飙,罗春寒. --原生态民族文化学刊,2009,04:130 - 131 + 125

本文从水书被列入《国家珍贵古籍名录》切入,论述了这一水族古老文化遗产濒临失传的现状,强调真正意义的抢救和保护工作任重道远。

1132

国家农业图书馆农业古籍数据化的探讨与实现[J]/盛玲玉. --农业图书情报学刊,2005,12:11 - 13 + 16

本文探讨了国家农业图书馆农业古籍数字化的目的和意义,介绍了农业古籍数字化所采取的两种策略,并对在实施过程中使用的数字化技术进行了阐述。

1133

国家图书馆藏古籍题跋丛刊(全三十册)
[M]/国家图书馆编.--北京:北京图书馆出版社,2002

本书收录了国家图书馆藏题跋类古籍67种,多为明、清及民国时期著名藏书家、目录学家或学者著作,影印版本包括大量刻本及少数抄本和稿本,书后附有《题跋篇名索引》。

1134

国家图书馆藏绣本《地藏菩萨本愿经》述略
[J]/苏晓君.--国家图书馆学刊,2003,02:89-91

本文概述了国家图书馆藏绣本经折装《地藏菩萨本愿经》,介绍了绣本经的经文、译者、特征和工艺,初步考证了此经的年代。

1135

国家图书馆藏《易筋经义》抄本的介绍与评述[J]/周伟良.--西安体育学院学报,2008,06:1-5+53

国家图书馆保存有郑振铎先生收藏的旧抄本《易筋经义》,该本对研究《易筋经》具有珍贵的学术价值。本文从版式藏印、文本内容及学术意义等方面,对该抄本进行了评述。

1136

国家图书馆出版社古籍影印图书序跋精选
[M]/国家图书馆出版社编.--北京:国家图书馆出版社,2009

本书精选国家图书馆出版社古籍影印类图书序跋70多篇,基本梳理出该社影印图书发展脉络。序跋均为相关专家学者撰写,既有对读者的导引作用,也有极高的学术价值。作者包括任继愈、启功、朱家溍、黄永年、周绍良、来新夏等。

1137

国家图书馆古代"地方志"全文数字化一期工程的实践[J]/蓝德康.--数字图书馆论坛,2007,04:41-47

国家图书馆馆藏"古代地方志"由中易公司承担全文数字化,第一期已在2004年末完成。本文介绍了此期工程选用的全文数字化系统平台、工程进度、工程要求、工程中遇到的技术问题和解决方案、使用汉字数情况、质量控制措施等。

1138

国家图书馆古籍修复工作60年[J]/杜伟生.--图书馆工作与研究,2008,09:59-63

本文记述了中华人民共和国成立以来国家图书馆的古籍修复工作,包括国家图书馆保护修复专业科组的设立、修复原则的确立与完善、修复方案档案细则的制订、科研培训工作的探索及成果。

1139

国家图书馆馆藏方志来源与书目编次[A]/杨印民.--詹福瑞.国家图书馆第十次科学讨论会获奖论文选集[C],北京:国家图书馆出版社,2010

本文介绍了国家图书馆所藏旧方志由清内阁大库拨交、国子监移藏、北海图书馆并入等来源途径,回顾了缪荃孙、袁同礼、谭其骧、万斯年等学者参与馆藏方志书目编修的相关情况。

1140

国家图书馆馆藏彝文古籍分类实践与分类法探索[J]/杨怀珍.--楚雄师范学院学报,2010,09:80-86

本文在国家图书馆藏彝文古籍分类基础上,参考现代图书分类法和以往彝文古籍分类法研究成果,建构一套符合馆藏实际的分类法体系,将国家图书馆彝文古籍分为23个大类。

1141

国家图书馆普通古籍书库的管理及利用
[J]/卜林.--管理观察,2010,04:61-62

本文从做好基础业务工作、耐心引导读者、注重自身素质提高等方面,论述了建立完善的普通古籍管理制度和加大书库管理、资源开发利用力度的思考。

1142

国家图书馆普通古籍总目·第五卷·传记门[M]/国家图书馆普通古籍组编.--北京:国

家图书馆出版社,2008

本书收录了国家图书馆 1911 年以前的古籍写本和印本图书,以及 1911 年以后以古典装帧形式出现的传记门图书,共 8042 种 11469 部 63180 册,按总论、总传、列女、分传、氏族谱、外国人传记等类排列,书后附有书名、著者、传主和四角号码索引、笔画检字表。

1143

国家珍贵古籍选刊·荣德生遗命捐赠、无锡图书馆馆藏[M]/陈文源主编.--扬州:广陵书社,2009

本书收录荣德生先生捐赠无锡市图书馆的《范文正公集》《马端肃公奏议》《诸儒讲义》《古源山人日录》《孟东野诗集》和《古文类选》六种珍本古籍,均入选《国家珍贵古籍名录》,具有重要的版本价值和学术研究价值。

1144

国立北平图书馆拍摄及影印出版敦煌遗书史事钩沉[J]/刘波,林世田.--敦煌研究,2010,02:113 – 119

本文钩稽排比国家图书馆旧档中有关拍照影印敦煌遗书的档案文件,再现了国立北平图书馆 20 世纪 30 年代拍照并计划影印敦煌遗书的史实,认为此举不仅有力推动了流失海外敦煌文献的回归,促进了中国早期敦煌学的发展,对今天流失海外的古籍文献回归也具有借鉴意义。

1145

国立国会图书馆藏《永乐大典》的保存和利用以及日本的研究情况[A]/(日)相岛宏.--中国国家图书馆.《永乐大典》编纂 600 周年国际研讨会论文集[C],北京:北京图书馆出版社,2003

本文介绍了日本国立国会图书馆藏《永乐大典》的保存环境和方式、阅览规则、借阅方法,以及日本对《永乐大典》的研究状况。

1146

"国立"台中图书馆数位典藏作业现况与发展[J]/赖忠勤.--大学图书馆(在台湾地区发表),2006,02:50 – 64

本文介绍了台中图书馆所建置的数字典藏系统,包括地方文献、旧版报纸、古文书及日文旧籍等内容,论述了数字化工作背景、加值功能以及遭遇的困难,并从公共图书馆角度提出数字化未来的发展方向。

1147

国内公共图书馆古籍书目数据库的建设与思考[J]/毛建军.--深图通讯,2007,02:43 – 45 + 62

本文论述了国内公共图书馆古籍书目数据库建设意义,分析数据库开发与建设情况,提出数据库建设存在缺乏单位间合作和长期计划、数据库标准不一、缺少远程文献传递等问题。

1148

国内孤本《辨症入药镜》考[J]/孙建春.--中医文献杂志,2010,03:11 – 12

经过文献考证和有关专家鉴定,中国科学院上海生命科学信息中心收藏明崇祯刻本《辨症入药镜》六卷为国内孤本。本文通过介绍该书著者生平事迹和内容提要,说明该书的文献价值和临床参考价值。

1149

国内古籍特色数据库建设现状分析[J]/孙琴.--四川图书馆学报,2006,02:30 – 32

本文围绕国内古籍特色数据库建设蓬勃发展的现状,在对已建古籍特色数据库资源介绍的基础上,分析了存在的问题,提出改进建议。

1150

国内科研院所古籍数字化资源的建设[J]/毛建军.--图书馆建设,2007,02:41 – 44

本文介绍了国内科研院所古籍资源数字化情况、古籍书目数据库和古籍全文数据库的开发建设,列举了一些科研院所所取得的成果。

1151

国内农业古籍数字化资源建设初探[J]/毛建军.--农业图书情报学刊,2006,09:24 – 26

本文在调研基础上,介绍了国内农业古籍数字化资源建设基本情况,探讨提出整合农业古籍数字化资源的构想。

1152

国内失传中医古籍的复制回归与发掘整理之路[A]/郑金生.--中国中医科学院中医药信息研究所.首届中医药信息发展大会[C],2006

本文介绍了国内失传中医古籍复制回归和发掘整理的情况,论述抢救回归国内失传中医古籍的缘起、以日本为试点复制回归失传中医古籍的实践,"国内失传中医善本古籍的抢救回归与发掘研究"课题申报、立项、完成情况,以及课题深化与成果转化等内容。

1153

国内失传中医善本古籍的抢救回归与发掘研究[J]/马继兴,郑金生.--医学研究通讯,2005,05:28 – 29

本文为2002年科技部基础性工作专项经费资助项目总结,介绍了完成海外主要藏书机构所藏中医古籍及国内失传古医书的调查,复制、回归国内失传中医善本古籍、出版精选回归善本古籍医书等工作内容和成果。

1154

国内外察合台文文献研究概述[J]/王爽.--和田师范专科学校学报,2009,02:230 – 231

本文概述了国内察合台文献研究成果,国外察合台文献研究主要国家、著名学者、研究内容、研究特点和取得的成果。

1155

国图藏明手抄本《图绘宝鉴》题跋考释——兼论书画类古籍题跋整理及研究之意义[J]/郭建平.--南京艺术学院学报(美术与设计),2010,04:38 – 40 + 193 – 194

本文以国家图书馆藏明手抄本《图绘宝鉴》的题跋整理与考释为例,说明书画类古籍题跋承载了大量文化信息,是文人学者思想精华之所在,对此类题跋的研究具有重要的艺术史意义。

1156

国外古籍修复人才的科学培养对我们的启示[J]/陈红彦.--国家图书馆学刊,2009,04:75 – 80

本文介绍了国外古籍修复人才培养情况,认为其正规的学历教育、合理的课程设置、从业人员知识构成、在职培训多渠道专业化制度化、古籍修复保护人员的合理配置等,可为中国古籍保护与修复人员队伍建设提供借鉴。

1157

国外和台港地区的中国古籍索引编制概述[J]/陈东辉.--中国索引,2004,01:12 – 18

本文介绍了国外和台港地区中国古籍索引编制概况。提出国外汉学界对中国古籍索引非常重视,编制了大量中国古籍索引,尤以日本为最;中国台港地区在古籍索引编制方面也取得了较大成绩。

1158

国外图书馆古籍保管与利用制度研究[J]/于良芝.--大学图书馆学报,2005,06:6 – 14

本文介绍了国外图书馆保管与利用制度由一系列行业规范及图书馆规章构成,内容涵盖古籍收集、整理(分编)、日常保管、失窃危机处理、展览、出售等方面,反映了国外图书馆试图在不同需要、不同立场、不同权益之间寻求平衡的努力。

1159

国外中文古籍数字化资源概述[J]/毛建军.--当代图书馆,2006,04:30 – 34

本文从国外中文古籍数字化背景、公共图书馆中文古籍数字化资源开发与建设、科研院所图书馆中文古籍数字化资源开发与建设、专题网站的中文古籍数字化资源、国际合作开发建设中文古籍数字化资源五个方面,对国外中文古籍数字化资源建设进行了概述。

1160

《国语补音》三种版本校异(吴语、越语部分)[J]/郭万青.--中华人文社会学报(在台湾地区发表),2010,13:66 – 89

本文通过宋刻宋元递修本《国语补音》与四库全书本和湖北先正遗书本对校,发现三种版本歧异之处达676条,其中"吴语""越语"部分共得61条,为之辨正疏解,以有益于《国语补音》的研究及流布。

1161

《国语集解》订补 [J] / 叶晓锋. --古籍整理研究学刊,2010,05:84 – 89

近现代学者徐元诰《国语集解》为读者提供了良多有价值的资料,但部分注解或校订存在可商榷之处,特别是出土文献以及考古发现研究都可以与其互证。本文旨在根据古文字材料和考古发现进展,对《国语集解》作初步订补。

1162

《国语集解》订补(《楚语》部分) [J] / 戎辉兵. --古籍整理研究学刊,2009,03:31 – 34

作者认为,近现代学者徐元诰《国语集解》可称为《国语》校注本之最佳者。本文梳理了其中可商榷、补充之处,形成札记数条,予以订补。

1163

《国语集解》校注探微 [D] / 周静. --南昌大学,2006

本文分析总结了《国语集解》的校注成就和特色,并对其遗留问题进行了研究。

1164

《国语》韦昭注辨正札记 [J] / 俞志慧. --语文知识,2010,01:4 – 7

三国吴韦昭注是目前《国语》最早注本,对研究《国语》有重要价值,然其中有一些注释不尽如人意。本文选取《国语》韦昭注 10 例加以辨正,就正于方家。

1165

《国语》疑义新证 [J] / 赵生群,苏芃. --古籍整理研究学刊,2007,02:41 – 44

《国语》是先秦的一部重要历史典籍。本文针对其中《周语》《鲁语》部分的疑难词语进行了考释辩证。

H

1166

哈佛燕图稀见明刻本《全像新镌一见赏心编》之编纂、作者及其插图解题[J]/徐永明. --中正大学中文学术年刊(在台湾地区发表),2010,15:265－290

本文对美国哈佛燕京图书馆藏稀见明刻本《全像新镌一见赏心编》的编纂情况、编者和33幅插图分别作了介绍、考证和解题,认为《一见赏心编》与《金瓶梅词话》存在一定关系,小说中的性爱描写和插图是晚明反理学、张扬个性、肯定情欲思潮下的产物。

1167

海南地方古籍文献的再生性保护与开发利用研究[J]/李敏,陈秀云. --科技情报开发与经济,2010,31:24－25

本文阐述了海南地方古籍文献再生性保护研究意义,介绍了海南地方古籍文献资源分布与搜集情况,探讨了文献再生性保护与信息开发的优化模式,提出应注意的问题。

1168

海南省古籍保护工作刍议[J]/冯锦福. --海南师范大学学报(社会科学版),2008,03:145－147

本文从古籍保护管理机制建立、古籍普查开展、科学保护措施采用等方面,提出了海南省古籍保护工作相应的措施。

1169

海南省古籍保护之我见[J]/王芹. --中国图书情报科学,2004,05:14－15

本文以海南师范学院图书馆为例,介绍了当地气候条件下,该馆在保护古籍、虫霉防治方面所做的工作和取得的经验。

1170

海内孤本明万历《汉阳府志》点校心得[J]/王汗吾,彭忠德. --中国地方志,2010,10:57－

61＋5

明万历《汉阳府志》孤本从日本复印回国,点校出版,弥足珍贵。本文介绍了该书在点校中充分应用参校、本校、他校等多种方法,将异体字、俗体字、雕版习用字改正为通用简体字,并针对姓氏加数字用法、"零残"用法,以及对部分地名采用了点校参订。

1171

海外回归古医籍善本又一新作出版——《海外回归中医古籍善本集粹》[A]/万芳. --中华中医药学会医史文献分会. 中华中医药学会第九届中医医史文献学术研讨会论文萃[C],2006

本文介绍了《海外回归中医古籍善本集粹》出版背景、丛书概况、版本价值、丛书整理学术特色等。

1172

海外回归中医古籍善本集萃(全二十四册)[M]/曹洪欣主编. --北京:中医古籍出版社,2005

本书汇编了从日本复制、回归的中国已佚古医籍21种。该套书影印出版,一次推出众多含宋、元版的珍稀中医善本古籍,为中华人民共和国成立以来中国图书出版史上的罕见之举。

1173

海外回归中医善本古籍丛书(第一册)[M]/郑金生主编. --北京:人民卫生出版社,2002

本书系《海外回归中医善本古籍丛书》之一,共收书9种,主要是中医诊断书,以宋、元脉书居多,包括《通真子补注王叔和脉诀》《补注通真子脉要秘括》等。

1174

海外回归中医善本古籍丛书(第二册)[M]/郑金生主编. --北京:人民卫生出版社,2002

本书系《海外回归中医善本古籍丛书》之二,收载《医门秘旨》《苈斋医要》两部我国稀见的综合性医书。

1175

海外回归中医善本古籍丛书(第三册)[M]/郑金生主编. --北京:人民卫生出版社,2002

本书系《海外回归中医善本古籍丛书》之三,收录《医学新知全书》。该书系明代医学家朱朝樾所著,共 11 卷,内容涉及中医临床所必需的诊断、药物、伤寒杂病、内外、妇儿、五官各科方治。

1176

海外回归中医善本古籍丛书(第四册)[M]/郑金生主编. --北京:人民卫生出版社,2002

本书系《海外回归中医善本古籍丛书》之四,共收录两种综合性医书,均在我国失传。其中《医经会解》8 卷,是一部与临床紧密结合的内科医书;《医学统宗》为丛书,由《治病针法》等 6 部分组成。

1177

海外回归中医善本古籍丛书(第五册)[M]/郑金生主编. --北京:人民卫生出版社,2003

本书系《海外回归中医善本古籍丛书》之五,共收书 4 种,以内科书为主,包括《活人心统》《丹溪秘传方诀》《杂症要略》《血症全集》。

1178

海外回归中医善本古籍丛书(第六册)[M]/郑金生主编. --北京:人民卫生出版社,2003

本书系《海外回归中医善本古籍丛书》之六,收有三种明代医书、两种清初医书,包括《程斋医抄撮要》《医林统要通玄方论》《新刊东溪节略医林正宗》《资蒙医径》《内府秘传经验女科》,均为临床实用医书。

1179

海外回归中医善本古籍丛书(第七册)[M]/郑金生主编. --北京:人民卫生出版社,2003

本书系《海外回归中医善本古籍丛书》之七,收录《山居便宜方》《救急疗贫易简奇方》《试效神圣保命方》《叶氏录验方》《医家必用》5 部古代方书。

1180

海外回归中医善本古籍丛书(第八册)[M]/郑金生主编. --北京:人民卫生出版社,2003

本书系《海外回归中医善本古籍丛书》之八,共收有 6 种明清方书,包括《李氏家藏奇验秘方》《小青囊》《商便奇方》《万全备急方》《万全备急续方》《槐荫精选单方》。

1181

海外回归中医善本古籍丛书(第九册)[M]/郑金生主编. --北京:人民卫生出版社,2003

本书系《海外回归中医善本古籍丛书》之九,共收有 5 种古代药学著作,包括《图经备要本草诗诀》《补增图经节要本草歌括》《日用本草》《药性会元》《仁寿堂药镜》。

1182

海外回归中医善本古籍丛书(第十册)[M]/郑金生主编. --北京:人民卫生出版社,2003

本书系《海外回归中医善本古籍丛书》之十,收有《药性要略大全》《秘传音制本草大成药性赋》《医方药性·草药便览》《夕庵读本草快编》《吸毒石原由用法》《本草补》6 种明清本草著作。

1183

海外回归中医善本古籍丛书(第十一册)[M]/郑金生主编. --北京:人民卫生出版社,2003

本书系《海外回归中医善本古籍丛书》之十一,收录有关伤寒书两种:《甦生的镜》和《伤寒阐要编》,对《伤寒论》辨证施治、方药活用进行了探赜阐发。

1184

海外回归中医善本古籍丛书(第十二册)[M]/郑金生主编. --北京:人民卫生出版社,2003

本书系《海外回归中医善本古籍丛书》之十二,收有《针灸捷径》《医学管见》《神农皇帝真传针灸图》《军门秘传》《编集诸家婴儿病证幼幼方论》《儿科方要》《儒医精要》《答朝鲜医问》《医学疑问》《素问逸篇》《脏腑指掌图书》《经穴指掌图书》《脉微》《医医》《说疗》等 15 部古医集。

1185

海外回归中医善本古籍丛书(续)(第一册)
[M]/曹洪欣主编. --北京: 人民卫生出版社,2010

　　本书为《海外回归中医善本古籍丛书》(续)之一,收录《风科集验名方》一种。《风科集验名方》为风科疾病专著。该书引用众多元以前医书资料,对研究宋金元医学发展,乃至辑佚古医书,具有文献价值。

1186

海外回归中医善本古籍丛书(续)(第二册)
[M]/曹洪欣主编. --北京: 人民卫生出版社,2010

　　本书为《海外回归中医善本古籍丛书》(续)之二,收录《黎居士简易方论》(附:《决脉精要》)和《医学指南捷径六书》两种。两部书整理出版,对中医临床、科研、教学具有较高的实用价值。

1187

海外回归中医善本古籍丛书(续)(第三册)
[M]/曹洪欣主编. --北京: 人民卫生出版社,2010

　　本书为《海外回归中医善本古籍丛书》(续)之三,收录《延寿神方》《保生馀录》《寿世仙丹》三种医方书。其中《延寿神方》采用"证治方法"列举治疗方剂;《保生馀录》以临床各科和疾病进行分类处方;《寿世仙丹》则收录了内、外、妇、幼科的经验良方。三部医方书均为明代作品,在我国早已失传。

1188

海外回归中医善本古籍丛书(续)(第四册)
[M]/曹洪欣主编. --北京: 人民卫生出版社,2010

　　本书为《海外回归中医善本古籍丛书》(续)之四,收录《传信尤易方》和《医方集略》两种。《传信尤易方》以收录短小有效方剂为主,按疾病类方;《医方集略》则以收录医家各论、医案和秘方,简明实用为主,均为明代刊刻本。

1189

海外回归中医善本古籍丛书(续)(第五册)

[M]/曹洪欣主编. --北京: 人民卫生出版社,2010

　　本书为《海外回归中医善本古籍丛书》(续)之五,收录《魏氏家藏方》《医学原始》两种。《魏氏家藏方》收录的方剂为作者亲自使用的有效方;《医学原始》为医学理论书籍,对了解我国古代中医人体理论具有研究价值。

1190

海外回归中医善本古籍丛书(续)(第六册)
[M]/曹洪欣主编. --北京: 人民卫生出版社,2010

　　本书为《海外回归中医善本古籍丛书》(续)之六,收录《十便良方》《脉法正宗》两种。《十便良方》为南宋著名医方书,按治疗疾病编排;《脉法正宗》为脉学专著,对了解我国南宋以前临床医学和明代以前脉学的发展具有研究价值。

1191

海外回归中医善本古籍丛书(续)(第七册)
[M]/曹洪欣主编. --北京: 人民卫生出版社,2010

　　本书为《海外回归中医善本古籍丛书》(续)之七,收录《内科百效全书》《济世碎金方》(附《秘传神仙巧术各色奇方》)两种。《内科百效全书》为实用内科专著,由著名医家龚居中撰;《济世碎金方》为医方书,主要为家传集验方和走方医的医方医技,具有较高的文献价值。

1192

海外回归中医善本古籍丛书(续)(第八册)
[M]/曹洪欣主编. --北京: 人民卫生出版社,2010

　　本书为《海外回归中医善本古籍丛书》(续)之八,收录《仁文书院集验方》《如宜妙济回生捷录》和《伤寒百问经络图》三种。《仁文书院集验方》为医方著作;《如宜妙济回生捷录》为临床专著;《伤寒百问经络图》是以问答形式讨论伤寒病症的著作。

1193

海外回归中医善本古籍丛书(续)(第九册)
[M]/曹洪欣主编. --北京: 人民卫生出版

社,2010

本书为《海外回归中医善本古籍丛书》（续）之九,收录《诸症辨疑》《医圣阶梯》《医学四要》3 种。《诸症辨疑》强调用方用药精准,辨明诸症;《医圣阶梯》为综合性医书,涉及内科杂症、妇、儿、五官等病症 150 多种;《医学四要》为医学小丛书,收有 4 种医书,内容各不相关,包括医书难字要字注音释义、一般急救、制药、妇科等。

1194

海外回归中医善本古籍丛书（续）（第十册）[M]/曹洪欣主编.--北京:人民卫生出版社,2010

本书为《海外回归中医善本古籍丛书》（续）之十,收录《全婴方论》《全幼对症录》《幼科辑粹大成》和《胎产救急方》4 种。《全婴方论》《全幼对症录》《幼科辑粹大成》为儿科专著;《胎产救急方》为妇产科专著。

1195

海外所藏及国内《联目》未载之本草古籍述略[J]/郑金生.--中华医史杂志,2001,01:8 – 13

本文简介了 14 种海外所藏和国内《全国中医图书联合目录》未载录的本草古籍,包括作者、成书年代、卷数、分类、药物数目、内容特色、收藏地点、复制回国与否等。

1196

海外中国少数民族文献的保护与抢救——以美国国会图书馆中国少数民族文献收藏为中心[J]/何红一.--江西社会科学,2010,12:168 – 173

本文以美国国会图书馆藏中国少数民族古籍文献为例,论述了海外中国少数民族文献是当前中国少数民族文化遗产保护中一个不容忽视的领域,分析了海外中国少数民族文献大多处于急需抢救性保护与整理的现状,提出抢救性保护建议。

1197

海王村古籍书目题跋丛刊（全八册）[M]/中国书店编.--北京:中国书店,2008

本书共收录清代至民国初年各类书目中

的题跋 30 种,包括登记式书目、解题式书目、题跋式书目等。每册书后附有索引。

1198

海峡两岸点校"史部"古籍的回顾与检讨[J]/王清信,叶纯芳.--中国文哲研究通讯（在台湾地区发表）,2001,03:215 – 249

本文以《四库全书》《续修四库全书》所收史部古籍为对象,从正史类、编年类、纪事本末类、别史、杂史、诏令奏议、传记、载记、地理、职官、政书、目录、史评等方面,介绍了各类史书整理情况,提出了检讨建议。

1199

海峡两岸学人共同的学术成果——评《全元曲》[J]/田同旭.--中文学报（在台湾地区发表）,2000,06:213 – 215

由徐征、张月中主编的十二卷校注本《全元曲》,是有元一代杂剧和散曲作品的总汇,1998 年由河北教育出版社出版。本文介绍了该书的编纂历程、编写体例、成书特点、创新之处、学术贡献等。

1200

海源残阁散世珍籍考略[J]/毕鲁燕.--图书馆工作与研究,2004,02:44 – 46

驰名中外的聊城杨氏海源阁藏书下落始终为众多学者关注。本文以"售书总单"、《中国版刻图录》《楹书隅录初编》《北京图书馆善本书目》为依据,分析考证海源残阁所藏 23 种宋元珍本售于日本的传闻不实。

1201

海源阁藏书精品述略[J]/崔国光.--烟台师范学院学报（哲学社会科学版）,2002,01:101 – 103

山东聊城杨氏海源阁是我国晚清著名私家藏书楼。在海源阁藏书中,杨氏视宋版"四经四史"为镇阁之宝,别辟书室以珍藏,额其室名为"四经四史之斋"。本文对海源阁所藏"四经四史"作了介绍。

1202

《邯郸梦记》校注本两种述评[J]/陈志云.--戏剧文学,2008,08:98 – 101

本文论述了吴秀华《汤显祖〈邯郸梦记〉

校注》和李晓、金文京《邯郸梦记校注》两种校注本在校注范围、体例、版本选择与校勘注释方面的不同，说明两注本各具特色，反映了学界关于《邯郸梦记》研究的最新成果。

1203

涵义丰富 题材广泛——中医药文献整理研究内容举要[J]/段逸山.--医古文知识,2003,01:42-43

本文通过对西汉以来中医药文献的整理研究,论述了中医药文献整理研究的意义、题材和方法,包括古籍影印与校注、类书丛书汇编、通检编制、古籍辑佚以及文献数据库建设。

1204

《韩非子》读记[J]/颜世铉.--台大中文学报(在台湾地区发表),2005,23:31-60

本文是作者读《韩非子》所做的14则札记,多结合新近出土考古、文献资料作为校读依据。每则札记先列《韩非子》本文,次征引相关前贤批注,最后就问题进行讨论。

1205

《韩非子》校勘商榷[J]/时永乐,王景明.--古籍整理研究学刊,2000,02:26-30

自清末至今,《韩非子》一书出现多种校注本,均以影宋乾道本为底本,用其他版本进行校勘,纠正了不少讹误,但也存在误校现象,原因为不知字词古义和不明通假。本文对部分误校字词提出商榷,作了考证。

1206

韩国收藏中国古籍的现况[J]/潘美月.--新世纪图书馆,2006,01:10-14

本文介绍了韩国国立中央图书馆、奎章阁等机构收藏中国古籍现状、文献价值及整理利用情况,为海内外学者从事学术研究提供帮助。

1207

韩国收藏中国农业古籍概况[J]/王华夫.--农业考古,2010,01:414-416

本文介绍了韩国国立中央图书馆、精神文化研究院、涧松文库等文教单位收藏的39种中国农业古籍,其中农业概论19种、时令占

候7种、土壤耕作5种、大田作物1种、园艺作物1种、畜牧兽医1种、蚕桑5种。

1208

韩愈之昌黎先生集善本考源[J]/王嘉铃.--嘉南学报·人文类(在台湾地区发表),2007,33:341-356

本文从版本学角度考证《昌黎先生集》,由宋至清罗列其刻本特色、流传情形,注明目前图书馆的收藏情况,另述及日本和韩国对此著作的收藏现状。

1209

汉初百年朔闰析究——兼订《史记》和《汉书》纪日干支讹误[J]/黄一农.--"中央研究院"历史语言研究所集刊(在台湾地区发表),2001,04:753-800

本文分析学界所推汉初百年朔闰表的优缺点,指出如何利用已出土简牍使汉历还原趋于完善,推算出一种较接近当时实际应用的历表。同时通过此表筛检出162则《史记》和《汉书》中纪日干支有误的条目,追索其原委。

1210

汉初《礼记·乐记》的版本材料与成书问题[J]/刘跃进,孙少华.--古籍整理研究学刊,2006,04:25-28

对于汉初《礼记·乐记》成书年代与作者的考察,学界过去多关注史书记载和前人评论,未注意其版本材料。本文通过比较史书记载的汉初《礼记·乐记》版本和材料来源,从另一个角度考察其作者及年代问题。

1211

汉代文献的丛集与《两汉全书》的编纂——《两汉全书》前言[J]/董治安.--澳门文献信息学刊(在澳门地区发表),2010,03:104-114

《两汉全书》是山东大学出版社2009年出版的海内外第一部两汉现存文献总汇。本文系该书前言,概述了汉代以来汉籍文献丛集汇编情形,介绍了该书特点、编纂过程。

1212

汉籍工具书编辑经验谈[A]/曾荣汾.--辅

仁大学图书馆.2004年古籍学术研讨会论文集[C],新庄:辅仁大学(台湾地区),2004

本文作者根据多年工作实践,论述了参与汉籍工具书编辑的心得体会和对工具书编辑人才养成的认识,提出汉籍整理需要建立目录、版本、全文、词汇、语法、释义等多种资料库建议。

1213

汉籍司法案例文献整理观念及实例析介[J]/曾荣汾,古永昌.--汉学研究集刊(在台湾地区发表),2009,08:23－51

本文以《折狱龟鉴》一书为例,分析了汉籍司法案例文献使用时存在的困难,认为以"义类关键词"方式整理这些文献,可方便司法警学参考利用。文章提出了整理汉籍司法案例文献可采用的方式及理念。

1214

汉籍文献宝库中的又一奇葩——和刻本[J]/刘曼丽,戴晓芹.--图书馆理论与实践,2008,02:45－47＋58

本文以首次公布西北大学图书馆珍藏的和刻本汉籍为切入点,论述了和刻本汉籍独特文献价值,并对日本刊印的和刻本汉籍、回归情况以及和刻本在中日传统文化双向交流中的作用作了介绍。

1215

《汉书古今人表疏证》订误[J]/张汉东.--古籍整理研究学刊,2000,03:28－29

近现代学者王利器、王贞珉先生所著《汉书古今人表疏证》,是人表研究资料最详备的集成性专著。本文订正了曹郏时、梁卜昭父、后夔玄妻等几条出处错误,敇手、厚成子、鲍国、祝佗父等几处断句错误,以及荡泽子山的人名标号错误。

1216

《汉书》旧注商榷若例[J]/郑贤章.--求索,2006,01:208－210

本文列举了颜师古《汉书注》、王念孙《读书杂志·汉书》、王先谦《汉书补注》、杨树达《汉书窥管》、吴恂《汉书注商》、陈直《汉书新证》等《汉书》旧注中的疏漏之处,提出商榷意见。

1217

《汉书》考校研究——以中华书局点校本为中心[J]/谢秉洪,赵生群.--中国典籍与文化,2007,01:104

《汉书》系东汉史学家班固编撰的第一部纪传体断代史,如今流传最广的版本为中华书局1962年整理出版的新标点本。本文以此书为例,通过与其他版本进行对校,提出了该本存在的史料、底本、校勘、注释、标点等问题。

1218

《汉书·艺文志·方技略》医籍书目文献探析[J]/刘耀,王锦贵.--情报资料工作,2003,02:46－48

本文通过《汉书·艺文志·方技略》著录医籍书目与当时流传、后世传行的书目对比,并依据现存世古籍所载内容,探究《汉书·艺文志·方技略》著录的医籍"名虽亡而实未亡"后世不见载录的原因。

1219

《汉书》整理平议[J]/谢秉洪.--南京师大学报(社会科学版),2006,02:139－144

中华书局点校本《汉书》有不少疏漏。本文从古籍整理规范角度出发,以点校本对比底本,从文字校勘方面予以考察,说明其中存在径增、径删、径改、径移、文字处理失范等问题。

1220

《汉书》知见版本考述[J]/赵惠芬.--书目季刊(在台湾地区发表),2003,03:27－47

《汉书》为我国第一部纪传体断代史,据班固叙传应有百篇,但是根据历代公私书目记载,此书卷数似有参差。本文依据历代书目与现存版本,考证并厘清其卷数问题;并通过分析,依照时代顺序考证了《汉书》"知见版本"。

1221

汉唐时期地方文献的收集、整理与研究[J]/刘跃进.--国家图书馆学刊,2005,01:17－21

本文从比较《汉书·艺文志》《隋书·经籍志》著录史籍要目和分类情况入手,探讨汉魏以来各种史书急剧增加的深层次原因,概述唐宋后地方文献的收集整理情况,就汉唐时期地方文献资料汇编、文献综论、专题研究等提出建议。

1222

《汉魏南北朝墓志汇编》标点辨误[J]/魏平.--古籍整理研究学刊,2004,01:85-89

《汉魏南北朝墓志汇编》由赵超编著、天津古籍出版社出版。本文对书中存在的破散词语、文字释读不当、句子断限错误、语义层次不清等问题进行了订正。

1223

《汉魏南北朝墓志汇编》校理[J]/毛远明.--漳州师范学院学报(哲学社会科学版),2004,03:82-87

本文依据善本,参以别本,重新校勘了赵超编著、天津古籍出版社出版的《汉魏南北朝墓志汇编》,发现全书错、脱、倒、误者千条以上,特校理之。

1224

汉文古籍图录[M]/于兰生,赵兰香著.--兰州:甘肃人民美术出版社,2010

本书为"西北民族大学图书馆珍贵文献丛书"之一,共收录汉文古籍109种,其中部分古籍收入《中国古籍善本书目》,6种古籍入选《国家珍贵古籍名录》。

1225

汉译电子佛典制作与运用对资讯时代华语社会的贡献[J]/释惠敏.--现代化研究(在台湾地区发表),2002,30:61-65

本文从"扫描辨识,看图比较,缺字处理,多语言版本、异译本等对照,促进华语文化资产的数位图书馆、博物馆技术发展"等方面,论述了汉译电子佛典制作与运用对资讯时代华语社会的贡献。

1226

汉语古籍电子文献书目提要[A]/张三夕,盛莉.--李浩、贾三强.古代文献的考证与诠释——海峡两岸古典文献学国际学术会议论文集[C],上海:上海古籍出版社,2006

本文论述了编写汉语古籍电子文献书目提要的意义和拟采用的编写办法:尽可能广泛收集各种版本的汉语古籍电子文献,有选择地撰写书目提要。文中还示范了编写古籍电子文献书目提要的三篇样稿。

1227

汉语古籍电子文献提要(1)[J]/张三夕,盛莉.--书目季刊(在台湾地区发表),2005,03:77-89

汉语古籍电子文献提要(1)的内容包括《汉籍全文检索系统(四)》、《四部丛刊电子版》(2001.1.0版)、《国学备览》电子光碟、《文渊阁四库全书电子版》、《二十五史全文检索系统3.0版》、《中华历史文库》电子光碟等。

1228

汉语古籍语料库的建立方法[J]/杨建军.--辞书研究,2006,04:107-114

本文结合汉语古籍文献和计算机技术的实际情况,从规划、电子文本的形式、整理和校勘、语料入库等方面介绍了汉语古籍语料库的建立方法。

1229

汉语古籍语料库的建立原则[J]/杨建军.--辞书研究,2006,02:97-103

本文从完整性和穷尽性、准确性和纯粹性、开放性和稳定性三方面,分析论述了汉语古籍语料库的建立原则。

1230

汉语文古籍机读目录格式使用手册[M]/鲍国强,程有庆主编.--北京:北京图书馆出版社,2001

本书根据国家标准及相关文献著录基本原则编制,包括古籍机读目录可能使用的所有字段、子字段以及古籍类型,提供了通用格式注释和古籍的主要类型样例。

1231

《汉语文古籍机读目录格式使用手册》探微[J]/张磊.--图书馆工作与研究,2003,01:23-25

本文以使用《汉语文古籍机读目录格式使用手册》为例,探讨了如何处理集部140字段、附录、附刻文献及其著录、连接字段使用时的注意事项。

1232

汉语文古籍书目数据的四个统一[J]/鞠福琴. --图书馆学研究,2002,10:38 – 39

本文论述了编制《汉语文古籍机读目录》中,关于汉语文古籍书目数据的四个统一:著录用文字统一;1912年之后出版的线装书著录格式统一;140和141以及相关字段的著录统一;905字段和141、316字段中的$5子字段的著录统一。

1233

汉语文古籍文献目录资源的共建共享——CALIS古籍联合目录系统[J]/喻爽爽,谢琴芳. --大学图书馆学报,2005,03:23 – 26

本文介绍了CALIS古籍联合目录系统的创建条件、创建过程、建设原则、系统功能和软件平台,阐述了该项目对汉语文古籍资源共享的意义。

1234

汉语文古籍文献书目数据库建设管见[J]/谢琴芳. --大学图书馆学报,2003,06:49 – 53

本文探讨了在当前信息技术和网络环境下,汉语文古籍文献书目数据库建设应如何选择古籍文献书目记录的元数据格式、建立适应古籍文献编目对象特点的编目环境、实现资源共享等问题。

1235

汉字电子录入与古籍整理[J]/朱腾云. --周口师范学院学报,2009,01:146 – 149

本文探讨了信息技术和网络环境下,古籍整理的新方向、新发展,论述了汉字电子录入手段、相关工具软件、大型电子古籍数据库疑难汉字的处理方法及借鉴意义。

1236

"翰林院印"与四库进呈本真伪之判定[J]/刘蔷. --图书馆工作与研究,2006,01:60 – 62

"翰林院印"是判定四库进呈本的主要标志之一。本文论述了鉴定"翰林院印"真伪的办法,并总结了判明四库进呈本及四库底本的依据。

1237

好书还得巧打扮——论古籍图书的装帧设计[J]/胡艳红,田灿. --科技编辑研究,2005,04:55 – 57

装帧艺术是书籍的美学灵魂。本文论述了古籍图书装帧设计应把握的三个要素:准确把握风格、充分开拓意境、妥善处理关系。

1238

何晏《论语集解》版本考辨[J]/周昌梅. --古籍整理研究学刊,2005,01:77 – 82

本文考察了三国时期何晏等人撰《论语集解》版本源流及存佚,梳理其在我国唐宋明清时期的递藏情况,对其版本在日本的存藏情形也做了考辨。

1239

和刻本萨都剌集版本考[J]/杨光辉. --民族文学研究,2006,03:23 – 26

本文介绍了元代少数民族诗人萨都剌诗集流传日本的情况,对现存和刻本萨都剌集进行了梳理考证。

1240

河北大学图书馆馆藏历史文献及其特色[J]/崔广社. --图书馆工作与研究,2005,02:33 – 36

本文概述了河北大学图书馆藏方志、家谱、舆图、手札、释家经典及碑碣拓片等历史文献及其特色。

1241

河北大学图书馆西文古籍简介[J]/刘二苓,李会敏. --才智,2010,31:131

本文概述了河北大学图书馆藏西文古籍的源流、内容、语言、出版和印刷等情况。

1242

河北省图书馆古籍数字化工作构想[J]/苏文珠. --理论界,2009,12:222 – 223

本文论述了河北省图书馆古籍数字化的重要意义、选题标准和工作设想,围绕相关问题提出建议和思考。

1243

河东古籍整理与研究的现状与对策[J]/闫

惠馥,米淑琴. --图书馆学刊,2010,11:31 - 34

本文在河东地区存藏古籍调研基础上,分析论述了河东古籍整理研究意义、河东古籍存藏特点,并针对河东古籍整理研究中存在领导重视不够、经费投资不足、古籍人才匮乏等问题提出对策建议。

1244

《河间医集》校勘拾遗[J]/陈增岳. --古籍整理研究学刊,2003,02:52 - 54

刘河间在中国医史上属金元四大家之一,著述颇多。孙冶熙先生搜集刘氏及其门人、私淑者整理的书籍共9种,编就《河间医集》。本文查考刘河间著述诸多单行本,与《河间医集》进行校勘,纠正了该书中存在的差错疏漏。

1245

河南气候特征与古籍图书的保护[J]/王瑞. --河南图书馆学刊,2003,06:64 - 66

本文依据河南所处地理位置、四季气候特征、人文因素等,提出该地区古籍书库管理和古籍图书保护的措施和建议。

1246

河南省古籍文献资源存藏现状概述[J]/席会芬. --河南图书馆学刊,2008,06:91 - 94

本文概述了河南省古籍文献资源存藏分布和存藏条件,对该省加强古籍文献资源保护的措施提出建议。

1247

河南省回族古籍总目提要[M]/李尊杰主编. --郑州:中州古籍出版社,2009

本书收录回族古籍书籍类122册、铭刻类230通、文书档案类10条、讲唱类6条。反映了河南省回族古籍文献整理概貌。

1248

河南省市县图书馆古籍善本联合目录[M]/王爱功,李古寅主编. --长春:吉林文史出版社,2009

本书系河南省市县图书馆古籍善本联合目录,依照《中国古籍善本书目》经、史、子、集、丛五部分类法排列。

1249

河南省图书馆古籍善本书目[M]/刘中朝主编. --长春:吉林文史出版社,2009

本书除收录《中国古籍善本书目》标识该馆的780多种善本外,还对部分馆藏善本古籍书目进行了筛选整理,予以著录收入。

1250

河南省图书馆特藏源流考[J]/任大山. --河南图书馆学刊,2006,05:137 - 139

本文对河南省图书馆近百年来珍贵特藏、源流,以及特藏机构的变化加以考证,辑录成文。

1251

河南省珍本古籍稿本及乡邦稀见书精粹录评[J]/徐丽. --河南图书馆学刊,2004,03:90 - 92

河南省公共图书馆藏有不少古旧手稿本和清稿本,对研究地方史和地方志有重要的史料价值和学术价值。本文评介了河南古籍地方文献中稿本地方文献和乡邦稀见书。

1252

河南图书馆珍本古籍初探[J]/李古寅. --河南图书馆学刊,2001,01:74 - 77

本文从手稿本、稀见书、禁毁书方面,探讨了河南省公共图书馆藏珍本古籍的价值。

1253

《鹖冠子》研究:以历代文献探讨为例[D]/萧士轩. --台北大学(台湾地区),2008

《鹖冠子》为先秦黄老学派典籍之一,辞古义茂,思想杂芜。本文对历代书目资料和前贤观点做了综合性探讨,以期解读《鹖冠子》成书年代、作者、思想源流,以及其与西汉以前诸子学的关联等。

1254

黑城文书《新编待问》残叶考释与复原[J]/虞万里. --汉学研究(在台湾地区发表),2003,01:307 - 334

从内蒙古额济纳旗黑城遗址出土的《新编待问》残叶,是元代袁俊翁《新编待问集四书疑节》一书的部分内容。本文论述了袁俊翁生平行历和残叶复原情况,认为残叶发现不仅对《新编待问集四书疑节》刊刻年代、行款版式提供了实物对照,还为探讨元代科举制度施行情况、文化交流等提供了实证。

1255

黑龙江地方古籍整理（第一辑）（全四册）
[M]/李兴盛主编. --哈尔滨：黑龙江人民出版社,2010

本书介绍了我国黑龙江地方古籍整理工作开展情况和取得的成就。包括黑龙江省地方史志、已有研究成果集成、档案整理和对解密档案的刊布等内容。

1256

黑龙江省古籍现状调查分析与对策研究
[J]/金凤. --图书馆建设,2010,02:36 – 39

本文调查分析黑龙江省各公共图书馆古籍收藏现状,提出应充分发挥政府职能,重视古籍保护工程;加强古籍保护专业人才队伍建设;建立健全古籍收藏单位管理制度;进一步做好古籍的开发和利用;营造宣传古籍保护的良好氛围;推进古籍修复工作的开展等对策建议。

1257

黑龙江省少数民族古籍整理工作综述[J]/
张嘉宾. --黑龙江民族丛刊,2001,04:122 – 126

本文系黑龙江省少数民族古籍整理工作综述,介绍了相关工作开展情形和取得成果:已整理出版古籍14部,有两部正在印刷中,同时明确了今后五年的工作目标。

1258

红河哈尼族彝族自治州古籍存藏情况调查与分析[A]/马慧,赵春玲. --中国民族图书馆. 第十次全国民族地区图书馆学术研讨会论文集[C],沈阳：辽宁民族出版社,2008

本文对云南省红河哈尼族彝族自治州古籍存藏情况进行了调查与分析,论述了少数民族古籍文献保护存在的问题,以及加强保护工作的办法和措施。

1259

红河彝族文化遗产古籍典藏（全二十册）
[M]/李涛,普学旺主编. --昆明：云南人民出版社,2010

本书收录了流传于云南红河哈尼族彝族自治州的滇南彝族古籍善本、珍本及孤本93部。全书按创世史诗、叙事长诗、神话传说、民间故事、丧葬礼仪、驱秽除邪、祈福祭祀、天文历算、绘画艺术、医药卫生顺序排列。

1260

《洪武圣政记》考索[J]/许振兴. --东方文化（在香港地区发表）,2005,01/02:28 – 38

明洪武八年(1375)侍讲学士宋濂与僚属编纂的《洪武圣政记》,是明太祖敕编的唯一一部圣政记,也是明朝第一部当代史。本文探讨了《洪武圣政记》编纂、进奏与流传情况,考证了全书卷数、类目、体例与内容。

1261

洪兴祖《论语说》辑补[J]/宫云维. --古籍整理研究学刊,2010,06:23 – 28

南宋学者洪兴祖著有《论语说》,作者曾辑得洪氏《论语说》佚文20 余条,撰《洪兴祖〈论语说〉辑佚》刊于《文献》季刊。本文论述了作者新辑洪氏《论语说》佚文50 余条,以及原《洪兴祖〈论语说〉辑佚》中阙漏之处——辑补的情况。

1262

洪颐煊《读书丛录》版本考述[J]/贾慧如. --图书馆学刊,2009,09:101 – 103

《读书丛录》是清代洪颐煊经史考据类著作集大成者,有初刻本、重印本、重刻本、节钞本及丛书本等不同版本。本文就各种版本源流及状态作出考察,认为富文斋本与吴氏醉六堂本较为完整,富文斋本当属其中最善者。

1263

鸿胪井石刻考略[J]/赵德祥. --古籍整理研究学刊,2004,03:12 – 14

唐代鸿胪井石刻是唐朝与渤海国地方政权关系的实物史料,具有重要研究价值。然而长期以来,记载该石刻正文的文字及石刻式样、拓片版本、鸿胪卿之名等方面多有错误,以讹传讹。本文对此作了考证,以恢复其真实面目。

1264

《后汉纪》校读札记[J]/高明. --古籍整理研究学刊,2004,02:90 – 95

本文对《后汉纪》进行整理校读,更正了现在流行的《后汉纪》整理本中存在的26条校勘标点问题。

1265

《后汉纪》校读续记[J]/高明.--古籍整理研究学刊,2006,05:41-44

东晋文学家、史学家袁宏著《后汉纪》是研究东汉历史的重要文献,现在流行的两种整理本在校勘方面仍有可商榷之处。本文从文献对勘和语言研究角度,对其中一些问题进行校正。

1266

《后汉纪》校议[J]/吴金华.--古籍整理研究学刊,2001,02:31-35

《后汉纪》是东晋学者袁宏撰写的编年体东汉史,天津出版社1987年出版了周天游《后汉纪校注》。本文对该书中的若干校理问题,提出了商榷订正意见。

1267

《后撰和歌集》修复纪要[J]/杨时荣.--"国立中央图书馆"台湾分馆馆刊(在台湾地区发表),2000,05:75-85

《后撰和歌集》系日本村上天皇下令编纂的和歌集,也是第二本敕撰和歌集。本文为该书修复纪要,从原装形式与材料、过去曾经修复情形、现在劣损情况、准备采行之修复方式与使用材料、修复后检测、修复图式等方面予以介绍。

1268

胡刻本李善注《文选》引《广雅》考异[J]/郭宝军.--古籍整理研究学刊,2008,03:68-78

本文将胡刻本李善注《文选》征引《广雅》的700余条,与今本《广雅》比对的相异条目和今本《广雅》未收录条目进行考释,从中归纳出《文选》引用字书的体例。

1269

胡适批点的《明夷待访录》[J]/孙宝山.--中国文哲研究通讯(在台湾地区发表),2008,02:123-130

黄宗羲《明夷待访录》在中国政治思想史上占有重要地位。作者在进行版本调查时,在北京大学图书馆善本特藏阅览室发现了胡适批点的《明夷待访录》。本文对该批点本的版本、批点情况、发现的意义进行了分析介绍,对批语加以考辨。

1270

胡适与我国早期的古籍索引编制[J]/梁丽.--兰台世界,2009,17:30-31

本文从宣传古籍索引编制重要性、探讨索引理论及编制方法、在"新文化运动"中提出"整理国故运动"等方面,论述了胡适对我国早期古籍索引编制工作的贡献。

1271

湖北回族古籍资料辑要[M]/答振益主编.--银川:宁夏人民出版社,2007

本书从族谱、碑刻、经济、文教卫生、社会团体、历史人物方面对该省回族历史文化加以介绍。全书共分6章。

1272

湖北省图书馆藏古籍善本图录[M]/万群华,胡银仿主编.--北京:北京图书馆出版社,2004

本书依照传统通行排列方式,以书影和文字相结合的形式,收录该省图书馆藏古籍善本图录180种。

1273

湖北省图书馆馆藏古籍来源述略[J]/石洪运.--图书情报论坛,2006,01:78-80

湖北省图书馆古籍藏书已达45万册。本文概述了该馆百余年来通过多方收集、访求购置,特别是私人藏书家、社会机构团体和个人售予捐赠等,丰富和充实馆藏古籍的经历。

1274

湖南图书馆古籍线装书目录(全五册)[M]/湖南图书馆编.--北京:线装书局,2007

本书是对湖南图书馆藏古籍善本的第一次全面整理,对传播湖湘文化和揭示馆藏具有重要意义。按经、史、子、集、丛五部分类法分类,附有综合索引。

1275

虎年窥虎——中国古籍中的虎记事[J]/许

晓倩. --"故宫"文物月刊(在台湾地区发表),
2010,323:74-81

本文以古籍中老虎记事以及老虎对于维系生命存续医药价值的叙述,说明古籍文献的研究和利用价值。

1276

互联网上的免费古籍书目[J]/李锡凤. --山东图书馆季刊,2007,02:95-98

本文针对读者利用互联网查找古籍资源困难较多的问题,以作者长期从事古籍编目的工作实践和熟练应用互联网资源的经历,简要介绍了利用互联网查找免费古籍书目的方法。

1277

互联网上古籍文献信息资源查询——Word 下快速链接站点的方法[J]/陈燕. --现代情报,2003,01:62-63

本文根据古籍文献涉及的广义内容,搜索、整理出部分古籍文献相关网站信息,以如何在 Word 页面下快速链接站点为例,介绍了互联网上查询古籍文献信息资源的方法。

1278

沪皖两地强势联手 文化精品巨制打造——建国以来古籍整理之最《全宋文》出版侧记[J]/吴寿兵. --中国出版,2006,12:46-47

本文记述了安徽教育出版社和上海辞书出版社联合出版《全宋文》的过程,以及有关人士对《全宋文》的评价,对今后古籍整理出版项目合作和宣传推广提出了建议。

1279

《花庵词选》版本源流考[J]/史云. --江南大学学报(人文社会科学版),2008,06:110-113

本文从单行本和合刻本入手,梳理分析了南宋黄昇《花庵词选》的历代刊本,介绍了这些刊本的内容和流传关系,为深入研究《花庵词选》版本目录提供参考。

1280

《花月双纸新释》修复纪要[J]/杨时荣. --"国立中央图书馆"台湾分馆馆刊(在台湾地区发表),2000,04:84-90

本文系《花月双纸新释》修复纪要,从原装形式与材料、过去曾经修复情形、现在劣损情况、准备采行之修复方式与使用材料、修复后检测、修复图式等方面予以介绍。

1281

华南地区古籍善本保护与保存[A]/林子雄. --中国国家图书馆. 中文善本古籍保存保护国际研讨会论文集[C],北京:北京图书馆出版社,2002

本文对我国华南地区(广东、广西)省级公共图书馆古籍善本保护与保存情况做出调查,论述了该地区环境特点、古代藏书家保护古籍善本的经验、现代图书馆实践、未来展望与设想等。

1282

华人族谱网站与目录探讨[A]/陈昭珍,廖庆六. --辅仁大学图书馆. 2004 年古籍学术研讨会论文集[C],新庄:辅仁大学(台湾地区),2004

本文探讨了海峡两岸和海外华人族谱网站以及族谱目录建置情况,介绍了台湾师范大学图书馆资讯学研究所研究团队建立的"台湾族谱资讯服务网"。

1283

淮南王作《离骚传》考[J]/张继海. --古籍整理研究学刊,2006,06:12-15

汉武帝时淮南王刘安做的是《离骚传》还是《离骚傅》,历来颇有争议。本文依据王逸《楚辞章句》,分析论证淮南王所作是《离骚传》的合理性和可能性;指出尹湾汉简《神乌傅》出土并不能证明刘安所作就是《离骚傅》,应以科学谨慎态度对待出土文献与传世文献。

1284

《淮南子》高诱注佚文辑考[J]/李秀华. --古籍整理研究学刊,2010,02:72-78

高诱注《淮南子》北宋时期出现散佚。本文从历代文献中搜罗散佚的高注近 70 条,对其真伪做考辨。

1285

皇城聚珍:清代殿本图书特展[M]/吴璧雍

主编.--台北:"故宫"博物院(台湾地区),2007

本书系台北"故宫"博物院举办的清代殿本图书特展图录。全书分为两部分:从图书内容看清代帝王如何追求文治武功,证实其统治地位;从书籍印制和装潢看清代印刷及装帧工艺成就,了解清代殿本图书内容和工艺巧思。

1286

《皇明史惺堂先生遗稿》版本考[J]/杨光辉.--上海高校图书情报学刊,2000,04:52-55

本文考证了存世的明代史桂芳撰《皇明史惺堂先生遗稿》版本,纠正了《中国古籍善本书目》《四库全书存目丛书》以及台湾《"国立中央图书馆"善本书序跋集录》对此书版本著录的错误。

1287

皇权与教化——明清两代的内府编印了什么书?[J]/吴璧雍.--"故宫"文物月刊(在台湾地区发表),2007,293:22-30

本文以明清两代内府编印图书为例,通过比较分析,认为清代更重视其立国典章制度和正统地位,《四库全书》《古今图书集成》就是例证;明代藩府刻本是明代印本中最有特色的书籍,注重质量和传承,为清代所不及。

1288

黄道周《易象正》的成书、版本及崇祯本的发现[J]/翟奎凤.--吉林大学社会科学学报,2010,04:24-28+159

《易象正》是明末著名易学家黄道周代表作。本文从《易象正》成书历史背景、版本及崇祯本的发现等方面,介绍了黄道周和《易象正》,确认吉林大学图书馆藏崇祯十六年(1643)刻本为国内孤本。

1289

黄帝内经贯珠词典库之研发与应用[J]/陈逸光.--中医药杂志(在台湾地区发表),2002,01:49-57

本文研究了包括《黄帝内经》在内的中医经典数据库NW2001,发现4-Gram是最优化

的库词典,在中医典籍因特网贯珠集应用上效率很高,便于索引NW2001数据库有关中医学术理论的出处。

1290

《黄帝内经》全文检索软件研制开发[J]/高学全.--天津中医学院学报,2002,02:41-42

本文介绍了《黄帝内经》全文检索系统研制过程、研发技术、检索方法,以及该系统远程、准确、快速、智能化、多功能的特点。

1291

黄帝内经(图文版)(全六册)[M]/本书编委会编.--北京:大众文艺出版社,2010

本书系当代《黄帝内经》整理本,采用文字与图片相结合的方式,在全注全译的同时,编选大量相关图片,较直观地对原著进行立体解析。尤其将一年四季的养生要点与《黄帝内经》的理论紧密结合起来,提供了切实有效的指导。

1292

黄冈地方古籍的数字化方案与措施[J]/魏蔚,易平.--农业图书情报学刊,2009,01:97-98+109

本文围绕数字化时代传统古籍整理的意义和解决方法,以黄冈文化名人及著作为出发点,讨论了黄冈地方古籍的数字化方案与措施。

1293

黄金及其《开国功臣录》考[J]/刘曙初.--古籍研究,2002,01:42-44

本文论述了明代学者黄金生平及其主要著作《开国功臣录》的写作、刻印、版本等情况。

1294

黄丕烈藏书及其流传研究[D]/李开升.--北京师范大学,2008

本文通过对黄丕烈题跋书目的分析,考证了黄跋本和藏量、黄氏未跋藏本约300种、黄氏著录宋本约205种;介绍论述了收藏黄氏书较多的9位藏书家;梳理了现存黄氏藏书情况和流传脉络。

1295

黄丕烈藏书印考论[J]/彭文静.--高校图书

馆工作,2003,01:13 - 15 + 24

本文结合藏书、题跋和其他载籍,分析了黄丕烈藏书印的来龙去脉,评述了他运用藏书印辨别古籍源流的方法。

1296

黄丕烈刊刻中医古籍考[J]/黄晶,万芳. --北京中医药大学学报,2008,04:240 - 242

本文从刻书宗旨、刻书特点方面,论述了清藏书家黄丕烈对中医古籍保存整理所作出的贡献。

1297

黄丕烈与古籍刊刻[J]/张立,杨薇. --出版科学,2006,05:60 - 63

本文介绍了清藏书家黄丕烈藏书特点、藏书和刻书目的,以及将其对版本校勘的卓识应用到图书刻印出版方面的事迹。

1298

黄石市图书馆馆藏古籍线装书目[M]/官东平,王一鸣,王朝霞主编. --武汉:武汉出版社,2007

本书是黄石市图书馆馆藏古籍线装书目,系对该馆藏古籍线装书的一次全面整理。

1299

《黄氏补千家注纪年杜工部诗史》的版本流传[J]/房新宁,李川. --兰台世界,2010,06:67 - 68

南宋黄希、黄鹤父子著《黄氏补千家注纪年杜工部诗史》,是两宋时期一部很有特点的杜诗注本。该书版本主要有:宋版、元版、清版。本文对这三个时代不同版本的流传情况作了介绍。

1300

《黄氏补千家注纪年杜工部诗史》的辑佚价值[J]/房新宁,李川. --时代文学(上),2010,06:189

《黄氏补千家注纪年杜工部诗史》是较早为杜诗编年的一个集注本。本文阐述了该书对杜甫诗歌和保存宋以前文献具有辑佚价值。

1301

黄永年古籍版本学思想述略[J]/李永明. --

山东图书馆季刊,2008,01:35 - 38

本文从界定中国古籍版本学研究对象和范围、对古籍版本学一些重要概念和重大问题辨析、致力于古籍版本学学科体系建设等方面,论述了当代版本学家黄永年的古籍版本学思想。

1302

黄永年古籍序跋述论集[C]/黄永年著. --北京:中华书局,2007

本书是黄永年先生辞世后,其弟子辛德勇等广搜黄永年研究论述古籍序跋的各类文章汇编而成,分为"自藏典籍识语""经眼典籍题记""校印典籍说明""版本目录研究""书人书事杂记"五部分。

1303

黄虞稷藏书考略[J]/毛文鳌. --山东图书馆季刊,2006,04:109 - 111

黄虞稷是明末清初著名藏书家、目录学家和历史学家,本文论述了黄虞稷藏书来源、藏书内容、藏书楼建制、藏书管理、藏书流通等情况。

1304

黄宗羲的藏书活动[J]/冯晓霞. --中共宁波市委党校学报,2010,06:121 - 124

本文介绍了明末清初藏书家黄宗羲的藏书和藏书楼,论述了他在读书抄书、编撰图书、保存传播古籍、护藏家乡文献方面做出的重要贡献。

1305

黄宗羲《深衣考》得失及其意义重探——兼议《四库全书总目·深衣考》提要[J]/孙致文. --儒学研究论丛(在台湾地区发表),2010,03:169 - 184

本文梳理了黄宗羲《深衣考》论点,认为该书对"深衣"服制的考订,展现了"儒者之学,经纬天地"的怀抱。论述了《四库全书总目·深衣考》提要无论基于何种原因,否定了《深衣考》的价值,今日学者仍应审慎评价此书得失,体察作者著述的用心。

1306

《回族典藏全书》的成书过程及文献特征

[J]/雷晓静. --回族研究,2008,03:41 – 45

《回族典藏全书》由宁夏社会科学院搜集整理,甘肃文化出版社和宁夏人民出版社2008年联合出版,被誉为"回族四库全书"。本文介绍了该书编纂项目的设计思考、成书过程、文献特征等。

1307

回族古籍收集、整理的历史与现状[J]/马广德. --回族研究,2007,03:77 – 81

本文论述了回族古籍收集整理的历史、现状、特点和存在问题,提出相关对策建议,并对未来发展作了展望。

1308

回族古籍文献数据库建设探讨[J]/马淑萍. --宁夏社会科学,2008,05:94 – 96

本文论述了开发建设回族古籍数据库的意义、方式方法及实施过程,指出存在问题,提出相应对策。

1309

回族古籍整理兼及郑和二三事[J]/吴建伟. --回族研究,2005,04:33 – 36

作者通过考证《航海图》编著者和郑和朝觐等问题,论述了回族古籍整理工作的意义,提出编辑《回族典藏全书》的构想。

1310

回族古籍整理中训诂问题偶见述[J]/吴建伟. --回族研究,2000,04:60 – 63

本文针对近年来回族古籍整理中出现的少量比较明显的差错,从校勘、注释、版本、音训等方面对这些差错进行考证,以期从事回族古籍整理的专家学者在校勘和训诂方面给予足够重视。

1311

毁铜昔悔彼——谈清宫铜活字印刷书籍[J]/陈昈仁. --"故宫"文物月刊(在台湾地区发表),2007,293:62 – 69

本文从清宫铜活字设与毁、铜活字印刷书籍、铜活字印刷制作等方面,介绍了清宫铜活字印刷书籍的情况。

1312

惠洪词补辑十四首[J]/何忠盛. --古籍整理研究学刊,2010,03:71 – 73

《全宋词》收有惠洪词21 首。作者在研读惠洪《石门文字禅》中,发现被《全宋词》漏收的惠洪词多达14 首。本文对此进行了补辑,并辨析了漏收原因。

1313

慧琳《一切经音义》与古籍的解读[J]/姚永铭. --中国语文通讯(在香港地区发表),2000,55:13 – 19

《一切经音义》是唐代释慧琳编著的训诂学音义类专书。本文以经史子集中的具体实例,论述了该书在古籍解读方面的作用。

J

1314

机编古籍索引探讨——以《道德经》语词索引自动编纂为例[J]/王雅戈,杜慧平.--图书馆论坛,2008,05:34-37

本文以《道德经》两种版本索引编纂为对象,探究索引之星、WORD以及自编索引软件等索引工具的应用,尝试了古籍索引的自动编纂,利用所编索引对两种版本《道德经》的字频、词频进行分析。

1315

机读目录中古籍丛书的特殊字段[J]/闫瑞君.--现代情报,2003,04:144-145

古籍丛书与普通古籍有很大差别,在机读目录中的著录比较复杂。本文研究了机读目录中古籍丛书的几个特殊字段。

1316

积极有效推进古籍保护——记2009年重庆市古籍保护工作[J]/袁佳红.--重庆图情研究,2010,02:55-57

本文介绍了2009年重庆市古籍保护工作在经费保障、人才培养、名录申报、古籍普查、古籍修复等各方面取得的成果。

1317

基于本体的古籍知识库建设初探[J]/罗晨光,山川,王珊.--现代图书情报技术,2007,04:8-11

本文以古籍描述元数据著录规则为基础,提出基于本体语义的古籍知识库建设方案,给出知识库的结构框架,并以语义网为工具对方案作简要实现。

1318

基于本体的历史年代知识元在古籍数字化中的应用——以《三国志》历史年代知识元的抽取、存储和表示为例[J]/肖怀志,李明杰.--图书情报知识,2005,03:28-33

本文以《三国志》历史年代知识元的抽取、存储和表示为例,通过历史年代本体建立的语义关联,聚集同一或相关历史年代和史实知识元,为古籍数字化知识发现功能的实现提供思路。

1319

基于传统目录学的古籍文献数据库建设之思考[J]/郑永晓.--科研信息化技术与应用,2010,02:50-55

本文论述了传统目录学功能及在古籍数据库建设中的作用、传统目录学与索引及全文检索优劣对比、应用于数据库建设的探索与途径等问题,认为新时期古籍数据库建设应重视传统目录学与现代数据库技术的结合。

1320

基于读者行为特征的数据库购买决策研究[J]/周剑,王艳,邓小昭.--图书情报工作,2009,21:68-71

本文以古籍数据库为例,研究了读者对纸质文献与古籍数据库的利用行为特征,古籍数据库与纸质文献的重复程度和投入产出情况,为古籍数据库的购买决策提出建议。

1321

基于二值图像水印的古籍数字化图像版权保护及其实现[J]/张军亮,朱学芳.--现代图书情报技术,2010,09:79-83

本文针对古籍数字化图像多为二值图像的特征,设计了应用二值图像数字水印技术保护版权的方案,分析了水印嵌入的安全性和不可见性。实验结果表明,该方法能够有效满足数字化古籍版权保护需要。

1322

基于分类的民族古籍本体构建与知识创新——以彝族典籍为例[J]/李晓菲,郁奇.--

大连民族学院学报,2008,05:465－469

本文以彝文典籍为例,在已有彝文古籍分类的基础上,探讨了如何利用领域本体理论和方法构建少数民族古籍本体,从而实现知识管理和知识创新。

1323

基于汉字字形的西夏文字版面分析方法研究[J]/马希荣,王行愚.--计算机工程与应用,2002,01:45－46＋84

基于汉字字形的西夏文字有6000字,西夏文字的信息处理有利于西夏学研究和西夏书籍出版。本文就西夏文字版面分析方法进行了研究和实验。

1324

基于可见水印的古籍图像版权保护技术研究[D]/计云倩.--苏州大学,2010

古籍资料多采用扫描、影印技术以图像形式保存,数字水印技术可以保护图像类的数字资源的版权。本文在综合前人研究成果基础上,结合古籍图像特征,提出了基于可见水印的古籍图像保护方案。

1325

基于实践层面的古籍数字化开发层次的再认识[J]/毛建军.--数字与缩微影像,2007,02:5－8

本文从编制古籍电子索引、建立古籍书目数据库、古籍原文图像复制、汇编古籍电子丛书、古籍标点今译普及等方面,论述了古籍数字化开发应分层次。

1326

基于图像的数字化农业古籍全文检索方案[J]/常春,潘淑春,卢文林,皮介郑.--情报杂志,2005,06:56－57

本文介绍了农业古籍数字化意义、古籍数字化过程中计算机图像检索现状,提出基于图像的数字化古籍全文检索的方案:建立简体字、繁体字和古籍用词的图像相对应的术语数据库;建立索引数据库,达到对数字化古籍的全文检索。

1327

基于图像分割的古彝文字识别系统研究[J]/王嘉梅,文永华,李燕青,高雅莉.--云南民族大学学报(自然科学版),2008,01:76－79

目前国内对古彝文字的识别研究几乎还是空白。本文介绍了基于图像分割的古彝文字识别系统,重点讨论了图像分割和字符识别,包括图像细化、大小归一化、模板匹配等关键技术。仿真结果表明在一定范围内该方法行之有效。

1328

基于信息抽取的古籍知识检索系统研究[J]/杨志芹.--情报科学,2009,08:1219－1221＋1226

本文分析了古籍数据库信息检索系统存在的不足,提出通过利用信息抽取技术(IE)实现语义智能检索,使古籍数据库具有强大的智能检索功能和知识研究功能。

1329

基于知识管理理念的古籍服务工作[J]/金凤.--农业图书情报学刊,2010,12:370－372

本文概述了知识管理内涵,探讨图书馆工作中应用知识管理的可行性、措施与策略,并对在知识管理理念下做好古籍服务工作提出建议。

1330

基于知识元的中医古籍计算机知识表示方法[N]/柳长华.--中国中医药报,2004－11－22001

中医古籍计算机知识表示方法,是通过对中医古籍知识结构、语义解释方式以及语义关系的分析研究,建立语义解释关联,实现数据库检索。本文从古籍知识结构、古籍计算机知识表示和基于知识元的知识解析等方面,对中医古籍计算机知识表示方法进行了阐述。

1331

基于中文信息处理的古籍整理研究评述[J]/赵阳,顾磊.--图书情报工作,2010,03:116－119＋63

本文从古籍自动录入、自动断句、自动编纂以及自动翻译等方面,对基于中文信息处理技术的古籍整理研究现状进行概述,探讨了存在的问题,展望了今后的研究工作。

1332

基于 ASP. NET 的古籍书目检索系统研究与开发[J]/徐丽. --河南图书馆学刊,2010,05:16 – 17

本文总结古籍书目检索系统建立的作用与意义,介绍了基于 ASP. NET 的古籍书目检索系统所使用的关键技术,以及该古籍书目检索系统的设计方法。

1333

基于 ERWIN 的民族古籍数字化保护系统数据模型研究[J]/达哇彭措,李勇. --科技信息(学术版),2007,25:11 – 12

本文基于民族古籍文献数字化保护技术研究项目,分析了关系数据库的建模方法,重点对 Erwin 应用进行研究,构建了民族古籍著录和查询子系统相应的逻辑模型和物理模型。

1334

基于 Hibernate 的民族古籍数字化系统数据持久层应用[J]/李勇,于洪志,达哇彭措. --南通大学学报(自然科学版),2008,02:18 – 21

本文对目前常用的数据持久化解决方案进行了比较分析,提出民族古籍数字化保护系统在引入 Hibernate 持久层框架后,有效降低了三层架构间层与层的耦合度,提高了系统的可扩展性和可维护性。

1335

基于 JSP 的藏文古籍著录系统设计研究及实现[J]/施艳蕊,单广荣. --电脑与电信,2007,11:1 – 2 + 13

本文对藏文古籍著录内容、著录系统界面设计和基本功能实现进行了研究。基于JSP 的藏文古籍著录系统包括四个子系统:书籍著录系统、铭刻著录系统、文书著录系统和讲唱著录系统。

1336

基于 J2EE 的民族古籍文献保护系统设计与实现[J]/姚亚兵,戴玉刚,张华秋. --江汉大

学学报(自然科学版),2009,01:58 – 61 + 65

本文依据民族古籍文献数字化保护项目分析,设计实现了基于 J2EE 的民族古籍文献保护系统。该系统具有高扩展性、低耦合性和良好的可维护性,可实现藏、蒙、维、朝鲜语文字输入与显示。

1337

基于 J2EE 架构的民文数字图书馆建设的探讨[J]/王晓,单广荣,姜乐乐,张显政. --甘肃科技,2009,04:87 – 88

本文以民族古籍文献数字化保护技术项目为例,着重探讨了基于 J2EE 的民文数字图书馆体系结构,分析了民文数字图书馆体系结构的发展情况、优势及应用前景。

1338

基于 RDA 的中国古籍版本资源描述设计(一)[J]/宋登汉,周迪,李明杰. --图书馆,2010,04:51 – 53

本文是基于 RDA(资源著录与检索)的中国古籍版本资源描述的设计说明,介绍了RDA 的发展历程、目标、原则,以及 RDA 体系的逻辑关系框架、RDA 元素。

1339

基于 RDA 的中国古籍版本资源描述设计(二)[J]/宋登汉,周迪,李明杰. --图书馆,2010,05:49 – 52

本文从中国古典文献传承与古代目录学思想的 RDA 因素分析、古籍版本资源描述RDA 元素的设计框架、古籍版本资源描述的RDA 元素设计的实现等方面,论述了基于RDA 的中国古籍版本资源描述设计。

1340

基于 SOA 技术的中医药古籍文献网络平台的构建研究[A]/符涛,吴非,黄荣生,高原,杜雅川. --中华中医药学会. 第三届中医药现代化国际科技大会论文集[C],2010

本文探讨了如何结合中医药古籍文献研究模式,借助互联网优势,采用先进的面向服务的体系结构 SOA 技术,构建中医药古籍文献网络平台方法,以期实现对不同标准的中医药古籍数据库整合,对数据库有效利用,实

现中医药古籍文献资源共享。

1341

基于 TRS 的古籍数据库建设［A］/王丽华. --中国索引学会. 2005 年中国索引学会年会暨学术研讨会论文集［C］,2005

本文论述了 TRS 信息检索发布系统构成及功能特点,探讨了以 TRS 信息检索发布系统为平台的古籍数据库建设问题,提出古籍数字化工作存在的不足和相应对策。

1342

基于 TWAIN 的民族古籍数字化图像采集方法研究［J］/张留杰,单广荣. --科学技术与工程,2007,07:1375 – 1379

本文以少数民族古籍数字化保护技术开发为基础,分析了扫描仪的二次开发方法,讨论了 TWAIN 接口扫描仪二次开发的优缺点,以及可实现的基本功能。

1343

基于 Unicode 的中国蒙古文古籍版本数据库的构建［J］/黄飞龙,札·义兰. --内蒙古民族大学学报,2009,03:160 – 161

本文阐释了传统蒙古文信息处理平台的选择问题,介绍了采用浏览器/服务器(Browser/Server)架构,制作并应用的中国蒙古文古籍版本数据库系统,探讨这一系统的可持续性建设和更多可完善的细节。

1344

基于 XML 的古籍信息标注［J］/魏慧斌. --汕头大学学报,2006,05:49 – 52 + 91

本文论述了采用 XML 技术作为古籍信息标注语言的优势,介绍 XML 信息标记的设计模式,分析了基于 XML 的信息检索,以及处理软件研发的构建方式。

1345

基于 XML 的藏文古籍文献搜索引擎的研究［J］/付婷. --电脑与电信,2008,08:33 – 35

本文探讨了藏文古籍文献搜索引擎建设的方法,分析采用 XML 技术建立搜索引擎的优越性和必要性,提出基于 XML 搜索引擎的基本结构框架和实现的关键技术。

1346

《跻春台》校点商榷［J］/别敏鸽,王秀丽. --

文山师范高等专科学校学报,2005,03:46 – 48 + 59

《跻春台》是清末四川中江人刘省三编撰的话本小说集,对研究近代汉语有珍贵语料价值。江苏古籍出版社 1993 年出版的蔡敦勇校点本错误较多,本文从点、校两个方面对该点校本提出商榷意见。

1347

《跻春台》三种整理本勘误举例［J］/蒋宗福. --方言,2005,01:87 – 90

《跻春台》是一部具有鲜明四川方言特色的话本小说集,现存三种整理本均存在整理者不熟悉四川方言而误校误点并率意妄改原书的错误,本文对此加以勘误。

1348

《稽神录》校勘拾遗［J］/刘婧. --邢台学院学报,2009,04:52 – 53

上海古籍出版社 2001 年出版《宋元笔记小说大观》,收编了《稽神录》六卷,拾遗一卷,补遗一卷。本文订正了该书中存在的误校和标点错误 11 处。

1349

吉藩本《抱朴子外篇》的版本学和文献学价值［J］/陈清慧. --"故宫"学术季刊(在台湾地区发表),2008,02:105 – 122

本文在梳理《抱朴子外篇》版本源流基础上,从《抱朴子》内篇、外篇、别旨关系,卷篇架构,《百家》《文行》重出问题,吉藩本不同于其他版本的处理方式等方面,对吉藩本加以考证,论述其在《抱朴子》研究中的版本学和文献学价值。

1350

吉林大学图书馆古籍工作之管见［J］/董润丽. --图书馆学研究,2000,03:93 – 94

本文作者基于多年在吉林大学图书馆古籍部工作经历,总结了该馆的一条龙管理方式、读者服务工作、加强目录建设、工作人员业务水平提高、古籍开发利用等方面经验,认为图书馆古籍工作包含诸多方面,但基础工作不容忽视。

1351

吉林大学图书馆馆藏抄稿本家谱叙录［J］/

董润丽,朱永慧. --古籍整理研究学刊,2004,05:86-90

本文将吉林大学图书馆藏的21种稀见抄稿本家谱做以叙录,旨在揭示馆藏,供家谱研究及爱好者参考利用。

1352

吉林大学文物室藏古陶文[J]/吴振武,于闻仪,刘爽. --史学集刊,2004,04:94-99

吉林大学文物室藏有一批古陶文实物,皆未经著录。本文按国别与时代,对这些陶文作了分类梳理,并对若干陶文的释读提出了新的意见,供著录研究者参考。

1353

吉林省图书馆古籍珍本著录现状及版本价值分析[J]/陈艳华. --图书馆学研究,2007,09:46-47+77

本文介绍了吉林省图书馆藏古籍孤本、珍稀本的收藏现状、著录情况和版本价值。

1354

吉林省图书馆古籍珍品叙录[J]/陈艳华,赵庆禹. --当代图书馆,2005,01:65-66

本文介绍了吉林省图书馆藏《书集传音释》《书经便蒙详节》《古经解钩沉》《汉隶字源》《篆林肆考》《大学一卷 中庸一卷 论语二卷 孟子二卷》等6种孤本的提要、版本特征与文献价值。

1355

吉林省图书馆入选首批《国家珍贵古籍名录》古籍的版本及价值[J]/陈艳华. --图书馆学刊,2009,02:91-93

本文介绍了吉林省图书馆首批入选《国家珍贵古籍名录》的3种古籍版本及其价值,包括:双桂书堂刻本《书集传音释六卷首一卷末一卷》、唐写本《无量寿现经》、《西山先生真文忠公读书记甲集三十七卷乙集下二十二卷丁集二卷》。

1356

吉林省图书馆缩微数据库的建设[J]/林树元. --图书馆学研究,2004,10:44-45

本文结合具体工作实践,阐述了吉林省图书馆缩微数据库建设的重要意义、作用及基本流程。

1357

吉林文史版《小窗幽记》译注辨正[J]/陶易. --皖西学院学报,2007,06:104-108

《小窗幽记》系明学者陈继儒创作的小品文集。本文对吉林文史出版社1999年版《小窗幽记》注释译本的谬误之处,逐条辨正补缺。举凡译文曲解、标点讹错、人物典故误植或缺注等处,皆尽可能予以更正或补充。

1358

汲古阁刻经考略[J]/毛文鳌. --图书馆杂志,2010,01:69-71

《径山藏》是我国第一部方册本大藏经。本文以该书刊刻为例,考察了常熟汲古阁毛晋通过募捐、校雠、注资等方式助刊《径山藏》的史实,重新判定了汲古阁在出版史上的地位。

1359

《汲古阁珍藏秘本书目》的著录体例及其价值述论[J]/丁延峰. --图书馆理论与实践,2009,06:46-50

本文揭示了《汲古阁珍藏秘本书目》概貌、著录情况、意义价值,认为该书目是中国第一部传世鬻书目录,为了解清初书价乃至文化经济市场流通情况提供了参考史料,促进了版本目录发展完善和近代善本观的形成。

1360

汲冢《周书》考[J]/王连龙. --古籍整理研究学刊,2005,01:14-19

本文对河南卫辉出土的《周书》作了考证:《周书》晋太康元年(280)复出于汲地魏国贵族墓;所出汲冢《周书》卷数可观,其文字为战国晚期魏国古文;荀勖《中经新薄》、汲冢《周书》、孔晁注本《周书》辑得《汲冢周书》共十卷。

1361

即类求书 因书究学——《新中国古籍整理图书总目录》评介[J]/陈亦伶. --国文天地(在台湾地区发表),2007,06:95-98

《新中国古籍整理图书总目录》2007年1

月由长沙岳麓书社出版,系统反映了1949年到2003年我国的古籍文献整理成果。本文论述了该书的内容分类、体例特点、编纂建议。

1362

集海外散存方志谱牒 展历代修志编谱全貌——哈佛大学燕京图书馆、美国国会图书馆、哥伦比亚大学东亚图书馆考察见闻与思考[J]/邵长兴. --中国地方志,2010,04:53-56+6

本文叙述了作者2007年在哈佛大学燕京图书馆、美国国会图书馆、哥伦比亚大学东亚图书馆的考察见闻和思考,认为方志机构与方志工作者应重视海外散存古方志与谱牒的收集;发挥中央和地方的积极性,对此项工作给予支持和帮助,设专门机构,专司其事;对从事该项工作的中青年专家学者委以重任。

1363

《集千家注分类杜工部诗》版本考略[J]/袁佳红. --重庆图情研究,2009,03:55-57

《集千家注分类杜工部诗》存世版本众多,历来争论不休。本文以重庆图书馆藏《集千家注分类杜工部诗》为例,对其版本情况进行了考证。

1364

辑录民族古籍史料的一个好范本——评《湖北回族古籍资料辑要》[J]/闫天灵. --民族大家庭,2008,04:50-51

本文是《湖北回族古籍资料辑要》书评,介绍了该书主要内容、学术价值,认为其是目前收录湖北省回族古籍资料最全的一部史料集,特别是对新史源的大力开拓,对于区域民族古籍史料整理具有示范作用。

1365

辑录宋元方志词话[J]/刘荣平. --古籍整理研究学刊,2000,03:11-18

本文辑录了现存41种宋元方志中的词话,在尊重文献原貌前提下,进行适当的整理:原文错误者予以纠正,空缺者予以补缀,内容重出者则出具互见,均在括号中说明。

1366

辑佚致误原因之探讨——以清人辑佚书为例[J]/陈惠美. --树人学报（在台湾地区发表）,2010,08:145-160

本文以清人辑佚书为例,探讨了在辑佚书籍过程中的致误原因。

1367

辑注本《启颜录》商补[A]/董志翘. --李浩、贾三强. 古代文献的考证与诠释——海峡两岸古典文献学国际学术会议论文集[C],上海:上海古籍出版社,2006

上海古籍出版社出版由曹林娣、李泉辑注的古代笑话专集隋《启颜录》,存在漏校、误校、误注,黄征撰《辑注本〈启颜录〉匡补》一文对此加以订正,但是该书还存在黄文尚未言及的问题。本文再次校核敦煌本原卷,研读录文及注释,梳理出《启颜录》辑注本校点、注释可商补之处25条,以求正于方家。

1368

济南市图书馆馆藏古籍书目[M]/郭秀海主编. --北京:中国文史出版社,2005

本书系该馆藏古籍书目汇编,为传播鲁文化和挖掘馆藏、展示馆藏提供依据。

1369

计算机数据库技术在中医药学文献研究中的应用[J]/张颖,岳慧平,刘建平. --辽宁中医药大学学报,2008,11:220-221

计算机数据库技术对中医文献研究起到了推动作用。本文在回顾该项工作历史过程的基础上,从古籍原文浏览和检索、辨证论治规律探讨、中医文献数据统计分析等方面,论述了计算机数据库技术应用情况。

1370

计算机应用于古籍整理研究概况[J]/林尔正,林丹红. --情报探索,2007,06:28-29

本文介绍了计算机应用于古籍标点、整理校勘、笺注等古籍整理研究情况,论述了古籍数字资料数据库建设、古籍整理计算机辅助研究系统、古籍知识表示研究等。

1371

计算机与古籍整理研究手段现代化[J]/于亭. --古汉语研究,2000,03:66-70

本文从计算机汉字大字符集和通用工作

平台、计算机古籍资料库建设、古籍整理辅助研究系统等方面,就古籍整理研究手段现代化问题阐述看法。

1372

计算机在古籍整理中的应用[M]/吴洪泽,张家钧编著.--成都:四川大学出版社,2009

本书在参考软件开发说明书和同行科研成果的基础上编写而成,内容包括:计算机应用基础、计算机在古籍整理中的应用、古籍数字化、汉字库及相关问题、古籍文本的编辑、古籍书版的制作、影印古籍、网络古籍资源述略等。

1373

《记洞过水》非段玉裁所作辨[J]/陈鸿森.--"中央研究院"历史语言研究所集刊(在台湾地区发表),2002,04:735-750

清文人戴震《戴东原集》卷六和段玉裁《经韵楼集》卷七均收有《记洞过水》一文,对此文的作者学界历来所见不一。本文通过考证认为,该文作者当为龚导江。戴震因喜其文寓意隽永,故为增入考核诸语;段玉裁在梓刻《戴东原集》时,将《记洞过水》收入戴集。至于段集亦有此文,则是因为段氏身后其家人编次遗集时误收。

1374

记人代之古今 标卷帙之多少——评《湖南图书馆古籍线装书目录》[J]/来新夏.--中国文化,2008,02:154-155

本文对《湖南图书馆古籍线装书目录》一书的编制体例、学术价值及其出版的意义等进行了评介。

1375

纪晓岚与《四库全书》[J]/林骅.--怀化学院学报,2007,10:53-55

本文介绍了清代名臣纪晓岚的生平事迹,特别是其奉旨致力于《四库全书》收集、整理、校勘工作,对《四库全书》的完成和中国古籍的收藏流传做出卓越贡献。

1376

纪昀反宋学的思想意义——以《四库提要》与《阅微草堂笔记》为观察线索[J]/张丽珠.--汉学研究(在台湾地区发表),2002,01:253-276

本文以纪昀手定的《四库提要》和他杂记见闻的《阅微草堂笔记》为考察,对其反宋学的意识形态进行了阐述。认为纪昀反宋学与清廷思想暗合,借《提要》和《笔记》对宋学展开论战。

1377

纪昀与《史通削繁》——以史学批评为中心的探讨[J]/林时民.--台湾师大历史学报(在台湾地区发表),2002,30:57-78

《史通削繁》是纪昀史学代表作。本文论述了纪昀删削、保留《史通》篇章的情况,揭示其以儒者气度与风格,对原作或删削或保留,其评论平和与雍容,展现了中国文化的气质。作者认为纪昀的学术成就或不如顾炎武、王夫之,甚至戴东原、章学诚,但仍令人欣赏敬佩。

1378

纪昀撰《四库全书总目》说之论析[J]/王鹏凯.--东海大学图书馆馆讯(在台湾地区发表),2009,97:46-77

本文认为《四库全书总目》浙本并非据武英殿本翻刻,两种版本并不相同。如果要引述《四库全书总目》,当依据武英殿本《四库全书总目》,而非浙本。

1379

季羡林谈古籍整理出版[N]/柴剑虹.--光明日报,2008-10-11005

本文介绍了国学大师季羡林对日本、美国、俄罗斯敦煌学家的治学范围、敦煌和新疆出土少数民族语言文字文献整理研究与出版的看法与见地。

1380

既"述"且"作"甘苦自知——谈《全元文》编纂与个人学术研究[J]/李军.--中国典籍与文化,2007,02:114-118

《全元文》由北京师范大学古籍研究所编纂、江苏古籍出版社出版。本文介绍了该书编纂历程、特点、学术意义和研究价值,回顾了作者参加《全元文》项目因而确定元代文学文献研究方向的过程。

1381

继承、保护和挖掘中文古籍文献发扬图书馆的传承精神[A]/高丽萍.--陕西省图书馆学会.和谐社会中的图书馆建设与发展——陕西省图书馆学会第六次科学讨论会论文集[C],2007

本文从继承和保护传统文化是图书馆主要的社会职能、传播文化是图书馆的使命、对中文古籍文献进行深度挖掘和数字化等方面,论述了图书馆的传承精神。

1382

继绝存真 传本扬学——《中华再造善本》编纂出版情况简介[J]/李致忠.--中国出版,2003,09:45－46

本文指出《中华再造善本》是一项重要的文化建设工程,指出编纂出版的意义,回顾了中国雕版印书的历史,介绍了该书选目的指导思想和编纂体例等内容。

1383

继往开来 加倍努力 全面推进辽宁的少数民族古籍工作——辽宁省少数民族古籍工作回顾与思考[J]/阎向东,陈峻岭.--满族研究,2001,03:11－17

本文从组织建设、人才培养、整理出版等方面,对辽宁省少数民族古籍整理工作进行了回顾和总结,分析了存在问题和改进措施,对未来发展进行了展望。

1384

寄教化于翰墨之间——谈清乾隆御笔诗经图[J]/吴璧雍.--"故宫"文物月刊(在台湾地区发表),2001,219:54－61

清乾隆四年至十年(1739—1745),乾隆与词臣陆续书写《诗经》310篇,同时敕画院诸臣根据宋人马和之毛诗图笔意,完成《御笔诗经全图书画合璧》。本文从临写过程的迷思、创作的艺术性等方面,探讨了该图的创作者、学术价值等。

1385

冀东南地区民族古籍文献源流和保护初探[A]/吕英军.--中国民族图书馆.第九次全国民族地区图书馆学术研讨会论文集[C],沈阳:辽宁民族出版社,2006

本文介绍了冀东南地区民族古籍文献的源流,及民族地方古文献原发性特点和分散性特点,提出采用各种先进技术,对冀东南地区少数民族古籍进行保护、开发、利用,在科学管理理念的指导下建立长效保护机制的设想。

1386

冀淑英古籍善本十五讲[M]/冀淑英著.--北京:国家图书馆出版社,2009

本书由冀淑英先生生前在国家图书馆授课的讲稿整理而成。全书分为15讲,系统介绍了国家图书馆古籍善本藏书的基本情况和源流,对奠定国家图书馆善本藏书基础的宋元珍本、名刊名抄等分别分析论述了特点。

1387

加拿大多伦多大学东亚图书馆藏中文古籍善本提要[M]/余梁戴光,乔晓勤主编.--桂林:广西师范大学出版社,2009

本书收录了加拿大多伦多大学东亚图书馆所藏中文古籍善本,以及民国元年(1912)以前所有抄本、稿本的提要,共计625种。依据中国古籍传统分类法,分为经、史、子、集四部,后有丛部。各部内古籍基本上按照《四库全书总目》分类排序。

1388

加强古籍保护 传承历史文化[J]/蔡彦.--浙江高校图书情报工作,2008,03:30－34

本文介绍了绍兴图书馆在加强古籍保护、传承历史文化的长期工作中,逐渐形成独具特色的古籍保护模式——"绍兴模式"。

1389

加强民族古籍保护 构建社会和谐文化[J]/马小琴.--青海民族学院学报,2008,03:8－11

本文从加强少数民族古籍保护工作现实意义、存在问题、解决措施等方面,论述了对少数民族古籍挖掘保护,不仅有利于构建多元文化和谐局面,而且有利于弘扬创新少数民族优秀文化传统。

1390

《嘉定钱大昕全集》失收题跋六则[J]/杨洪升. --图书馆工作与研究,2007,03:48 – 49

钱大昕系清代学术巨擘、史学大家、乾嘉学派代表人物。江苏古籍出版社于1997年12月编辑出版了《嘉定钱大昕全集》。本文作者从《"国立中央图书馆"善本题跋真迹》和《四部丛刊》中发现集外题跋6则,爰为补辑。

1391

嘉兴竹枝词、棹歌体诗史料价值考述[J]/姚春兴. --图书馆研究与工作,2009,03:67 – 68 + 73

本文以嘉兴地域为例,考述了历代古籍和地方文献中有关竹枝词、棹歌体诗的史料价值:岁时风俗、民间艺术、船渔文化、稻作文化、传统农桑、历史陈迹、文化交流等。

1392

甲骨文献全文数据库的建设与思考[J]/毛建军. --图书馆学研究,2010,23:37 – 38 + 36

本文介绍了甲骨文献全文数据库的概念和开发建设情况,围绕资源重复建设、数据库兼容、资源共享问题给出了思考建议。

1393

甲骨文献整理(两种)[J]/蒋玉斌. --古籍整理研究学刊,2003,03:5 – 8

本文整理甲骨原始文献,将《甲骨文合集补编》《浙江省博物馆新藏甲骨文字》等著作中的7片甲骨缀合为3组;梳理了《甲骨文合集》已著录的几版安阳殷墟出土花园庄东地H3类型甲骨。

1394

《〈兼名苑〉辑注》订补[J]/冯利华. --古籍整理研究学刊,2009,04:54 – 58

近年有学者钩沉中日典籍中《兼名苑》佚文,整理为《〈兼名苑〉辑注》一书。本文对书中注释以及佚文作了补充。

1395

检索东北地方古籍文献应注意的问题[J]/孟祥荣. --现代情报,2005,08:194 – 195 + 197

本文讨论了东北地方古文献跨国性问题,从内容和形成原因、跨国性表现、跨国性

资料范围外延、著者国别、表达文字等方面,论述了该文献所表现的特点,提出研究人员在检索该地区古籍文献资料时应充分考虑跨国性因素。

1396

《剪灯余话》日本天理图书馆藏本考辨[J]/乔光辉. --文献,2005,02:65 – 73

1990年中华书局和上海古籍出版社先后在《古本小说丛刊》和《古本小说集成》中,将日本天理大学天理图书馆《剪灯余话》藏本影印出版,该藏本是目前所能见《剪灯余话》的最早刻本。本文对该藏本进行了考辨,以求正于方家。

1397

《简帛金石资料库》中汉简释文的版本问题[J]/汪文俊. --简牍学报(在台湾地区发表),2002,18:309 – 330

本文从资料库建立的工作底本、版本源流问题、版本校勘问题等方面,探析了台湾历史语言研究所《简帛金石资料库》中汉简释文的版本问题。

1398

简帛医籍的发现与整理[J]/薛茜. --井冈山医专学报,2009,04:12 – 13

近百年来,随着考古学的发展,大量涉及中医的简帛不断地被发现,这对于重修医学史与校勘古医籍具有其他文献无法替代的重要作用和学术价值。本文对周家台秦简、居延汉简、武威医简、马王堆汉墓帛书、阜阳汉简、张家山汉简等包含的医籍文献分别作了介绍。

1399

简帛医籍异字同形现象与中医古籍校勘二例[A]/罗宝珍. --中华中医药学会医史文献分会. 全国医史文献学科建设发展创新研讨会论文集[C],2010

异字同形指音义不同而形体相同的文字现象。本文以简帛医籍中的两例异字同形现象为例,通过分析字形,对古医籍同形字进行了考辨。

1400

简论河北大学图书馆的馆藏特色[J]/崔广

社. --河北大学学报(哲学社会科学版),2001,03:191-192

本文简述了河北大学图书馆方志、家谱、舆图、书画、名人手札和金石、碑碣拓片等馆藏文献,其中方志、家谱类图书为该馆的特色馆藏。

1401

简论建国以来东北古文献的整理与研究[J]/李德山. --东北史地,2004,03:43-48

本文将中华人民共和国成立55年来东北古文献整理研究情况,分为档案文献、典籍文献和金石文献(报刊文献附)三大部分,进行专题论述,并在余论部分对东北古文献的整理研究特点进行了总结。

1402

简论《山海经》吴宽抄本[J]/张步天. --湖南城市学院学报,2008,02:9-11

本文从介绍明代学者吴宽的书法造诣入手,论述吴宽《山海经》抄本为目前发现的明代最早抄本,有很高的版本学价值,揭示了该时期《山海经》版本的繁荣。

1403

简论中医古代文献在古汉语研究中的价值[A]/许敬生. --中华全国中医药学会医古文分会. 中华中医药学会第十六届医古文学术会议论文集[C],2006

本文从语法、词汇、修辞、医林掌故等方面,举例论述了中医古代文献在古汉语研究中的价值。指出中医古代文献丰富了古汉语内容,为古汉语语法学、词汇学、修辞学等研究提供了生动形象的例证,做出有益补充。

1404

简明古籍整理与版本学[M]/骆伟著. --澳门:澳门图书馆暨资讯管理协会(澳门地区),2004

古籍整理与版本学发端先秦,倡始两汉,历唐宋元明清,成为一门传统学科,素为学者所重视。本书共分八章,由古文献定义起始,至综合古籍历史知识结束,层次分明,脉络清晰,结构合理。可供学科教育、研究交流以及图书馆古籍存藏建设参考。

1405

简评《东海大学图书馆藏和刻本线装书简明目录初稿》[J]/林耀椿. --"全国"新书资讯月刊(在台湾地区发表),2006,93:24-26

本文围绕重要意义、和刻本善本界定、编书体例、修订范围、商榷意见等,对由谢莺兴编订的《东海大学图书馆藏和刻本线装书简明目录初稿》做出评述。

1406

简述大理古代汉文大藏经庋藏[J]/何俊伟. --沧桑,2007,06:23-24

本文论述了大理地区古代汉文大藏经收藏和发展因素、历代汉文大藏经收藏版本、对大藏经的整理等,并对其价值做出归纳。

1407

简述高等中医院校图书馆古籍保护与开发利用——以南京中医药大学图书馆为例[J]/刘小兵,顾宁一. --江西中医学院学报,2009,05:77-80

本文以南京中医药大学图书馆为例,从加强古籍保护人员培养、古籍保护机构建设、争取学校在财力方面的大力支持、开展学术研究活动等方面,论述了高等中医院校图书馆如何开展古籍保护与开发利用。

1408

简述高等中医院校图书馆新印古医籍的管理与利用[J]/刘小兵. --农业图书情报学刊,2009,12:100-103

各高等中医院校图书馆近年来收藏了相当数量的新印古医籍。本文从重要性、特点、数量、收集利用等方面,阐述了新印古医籍的学术价值,以及应引起中医院校师生、研究专家、管理者和相关读者重视的观点。

1409

简述高校历史学专业图书馆的古籍保护工作[J]/郭婷. --文教资料,2010,24:190-191

本文从采取严密防火安全措施、加强防光措施、严格温湿控制、做好古籍防虫工作、加强现代化技术在古籍保护中的应用等方面,论述了高校历史学专业图书馆古籍保护方向和重点。

1410

简述新疆少数民族古籍整理出版情况［J］/ 郭德兴. --伊犁师范学院学报（社会科学版），2008，02：56－57

本文结合新疆维吾尔自治区民族文化遗产保存现状，从文献古籍、讲唱古籍、金石铭刻类古籍、汉文少数民族古籍方面，分析了少数民族古籍整理出版范围。

1411

简谈大理古籍文献中的善本［J］/杨萌，杨锐明. --大理，2007，01：58－60

大理是西南边疆的政治、经济、文化中心，该地区各县市图书馆、档案馆、博物馆现存古籍据不完全统计近10万册，古籍善本33种。本文对古籍善本概念及大理古籍善本作了简要介绍。

1412

简议校勘记和古文献的不恰当省略——以宋代晁氏相关文献为例［J］/李朝军. --南昌大学学报（人文社会科学版），2007，05：85－88

宋代著名世家晁氏文人辈出，著述甚丰，历来文献有关他们及其作品的记载存在混淆和疑误。本文以晁氏文献为例，说明校勘记和古文献中存在不恰当省略现象，提出个人见解。

1413

碱性物质在小麦淀粉浆糊中应用的比较研究［J］/秦佳心. --档案学通讯，2008，06：72－75

小麦淀粉浆糊在档案、图书、古籍、字画修裱中使用广泛。本文通过实验，分析研究了适合加入小麦淀粉浆糊中的碱性物质，检测其防霉性能，为纸质材料去酸及虫霉防治提供新思路。

1414

建国前岭南中医喉科文献整理初探［J］/郭强，李计筹. --中医文献杂志，2008，02：25－27

岭南中医喉科文献记载了该地区独特的喉病治疗方法，具有重要文献价值。本文整理了中华人民共和国成立前岭南地区喉科文献专著流传情况，评述了现存喉科文献的学术特点。

1415

建国五十年来我国西夏文献整理研究简述［J］/杨志高. --古籍整理研究学刊，2002，02：40－44

本文从俄藏黑水城文献、国内存世出土的西夏文物文献、汉文西夏文献整理及综述研究等方面，论述了中华人民共和国成立50年来我国西夏文献整理研究工作取得的成就。

1416

建国以来云南省少数民族古籍工作述论［D］/王丽萍. --云南大学，2010

本文回顾中华人民共和国成立以来云南省少数民族古籍存藏情况、主要工作和取得成就，总结开展少数民族古籍工作经验，分析存在不足，提出了相应解决措施。

1417

建国50年中国古籍出版的成就［J］/王育红. --渭南师范学院学报，2002，03：89－93

本文从出书结构、影印古籍、整理出版、古籍数字化等方面，概述了中华人民共和国成立50年来我国古籍出版事业取得的重要成就。

1418

《建康实录》校读札记［D］/谢秉洪. --南京师范大学，2003

现存宋本唐史学家许嵩撰《建康实录》存在残缺讹误，目前通行的两部整理点校本也未臻完善。本文简述《建康实录》研究现状，对两部整理点校本校勘成果作了订补，对现存宋本原文进行了校读勘误。

1419

《建康实录》校勘札记［J］/季忠平. --古籍整理研究学刊，2002，03：80－83

《建康实录》目前有中华书局和上海古籍出版社两部整理点校本，均有讹误之处。本文依据《建康实录》宋绍兴刻本及《三国志》相关内容进行校勘，纠正了其中19处文字错误。

1420

《建康实录》十二题（上）［J］/吴金华. --南

京晓庄学院学报,2006,03:21 – 32

《建康实录》系唐许嵩所撰史学专著。本文从思想内容、撰写体例、文本演变、文献价值、整理校点等方面,将作者整理研究该书的见解归纳为十二题,分上下两篇予以论述。

1421

《建康实录》十二题(下)[J]/吴金华. --南京晓庄学院学报,2006,05:18 – 28

(同上)。

1422

《建康实录》宋本校勘刍议[J]/季忠平. --文献,2001,03:23 – 31

本文通过对《建康实录》宋绍兴刻本与中华书局整理点校本进行对比,发现中华书局本存在的问题,指出利用宋本可以纠正当前通行本中承清刊、钞本而来的讹误,补正脱失,保留当时语言文字的原貌。

1423

建立和完善鄂尔多斯地区民族古籍文献保护机制刍议[J]/李红斌. --科技情报开发与经济,2010,30:81 – 83

本文阐述了鄂尔多斯地区蒙古族古籍文献搜集普查工作,从建立民族古籍保护机制和统筹规划做好古籍保护工作方面,论述了建立和完善鄂尔多斯地区民族古籍文献保护机制的措施。

1424

建立南诏文化数字化图书馆的思考[J]/茶慧娟. --大理学院学报,2007,S1:111 – 113

本文分析了建立南诏文化数字化图书馆的重要意义,并从功能建设和资源建设方面探讨如何建立南诏文化数字化图书馆。

1425

建立西夏文献专题数据库的设想[J]/黄秀兰. --图书馆理论与实践,2004,03:79 – 81

本文梳理了西夏文献资源建设状况,论述建立西夏文献专题数据库的必要性,探讨了建立专题数据库的准备工作和质量保证问题。

1426

建立"信息交换用古汉字编码字符集"的必

要性及可行性[J]/周晓文,李国英. --北京师范大学学报(社会科学版),2006,01:77 – 81

本文从古汉字特点、字量、分类、编码方式等方面,讨论了建立"信息交换用古汉字编码字符集"的可行性,提出对古汉字进行单独编码是完全必要可行的,综合分类法是对古汉字进行分类优先选择的方法。

1427

建立中医典籍检索平台与中医古难字解决方案[J]/陈擎文,游士贤,萧耀晟. --明道学术论坛(在台湾地区发表),2009,01:18 – 33

中医古籍有很多缺难字和罕用字,在目前编码系统中没有支持编码。本文提出了以1994年版"中医药造字档"为依据,将4112个中医罕用字逐一校对目前 Unicode 所支持编码,并将剩余编码以字型图片显示的解决方案。

1428

建设古籍家谱书目数据库 延伸大学图书馆社会职能——以哈尔滨师范大学图书馆古籍家谱书目数据库为例[J]/庞春妍,过仕明. --图书馆建设,2010,06:65 – 68

本文以哈尔滨师范大学图书馆古籍家谱书目数据库为例,分析馆藏家谱特征和功能价值,论述了古籍家谱书目数据库建设的重要性、存在问题和解决途径,探讨了未来发展方向。

1429

建设古籍注释研究理论框架的重要意义[J]/黄亚平. --古籍整理研究学刊,2002,03:43 – 45

本文概述了古籍注释研究现状,阐明建立古籍注释学理论框架的现实意义,指出从注释理据、作法原则、使用方法、注释批评标准、注释术语规范等方面入手,建设古籍注释学学科体系的理论模式。

1430

建设藏文古籍机读目录需要解决的基本问题[J]/先巴. --西藏研究,2010,06:101 – 107

本文从藏文古籍的定义、著录范围、著录单位、著录对象之间的关系、信息来源、著录用文字、类目和主题词表、著录格式与著录规则方面,探讨了建设藏文古籍机读目录需要解决的基本问题。

1431

《剑南诗稿校注》补正一则[J]/刘蔚.--文学遗产,2002,03:111

钱仲联先生所著《剑南诗稿校注》由上海古籍出版社1985年出版。作者偶见其中一条注释有误,聊作订补。

1432

剑溪堂刻本《书经》考述[J]/徐子方.--盐城师范学院学报(人文社会科学版),2008,02:17-19

本文依据书口、版式、字体、用纸、内封面和避讳等作出判断,剑溪堂刻本《书经》刊行于明神宗万历年间,与北图藏元明间宗文书堂刻本《书集传音释六卷》同出一个版本系统,具有重要版本价值。

1433

鉴藏印释文辨析[J]/何芳.--四川图书馆学报,2010,06:72-75

本文结合典型实例,说明了篆刻用字中的繁体、异体、简化、变体、合文等情况,提出鉴藏印释文辨析过程中应注意的问题,以期对古籍普查工作有所裨益。

1434

鉴赏、学术,取用咸宜——《中国古籍稿钞校本图录》赏读后记[J]/严佐之.--书目季刊(在台湾地区发表),2001,04:103-108

陈先行编著的《中国古籍稿钞校本图录》2000年由上海书店出版社出版,本文系该书赏读后记。介绍了该书图文并茂的编纂特点,以及在鉴别版本真伪优劣等方面的作用,指出存在的问题。

1435

江标及其《灵鹣阁丛书》研究[D]/谢莉珠.--东吴大学(台湾地区),2010

本文介绍了清末学者江标的生平、著述、学术成就和藏书情况,论述其编印《灵鹣阁丛书》的重要贡献和学术价值。

1436

江苏第二批国家珍贵古籍名录图录(全二册)[M]/马宁主编.--南京:凤凰出版社,2010

本书汇编了江苏省33家单位入选的480部第二批国家珍贵古籍,495幅图片和相关文字说明,均依据各单位申报资料编辑而成。

1437

江苏公共图书馆馆藏古籍数字化的思考[J]/蔡晓川.--河南图书馆学刊,2007,06:93-95

本文在介绍江苏公共图书馆开展古籍数字化工作意义、有利条件的基础上,探讨了当前古籍数字化工作中面临的问题及今后的工作思路。

1438

江苏古籍序跋与书评[C]/苏古编选.--南京:江苏古籍出版社,2000

本书系江苏古籍序跋与书评汇编,收录了《宋平江城坊考》序、《太湖备考》前言、《曲谱研究》评介等有关江苏古籍文献整理和出版的序跋书评百余篇。

1439

《江苏旧方志提要》补遗[J]/杜吉华.--江苏地方志,2003,01:28-30

由徐复、季文通先生主编,江苏古籍出版社1993年出版的《江苏旧方志提要》,共收录江苏历代志书1270余种。本文收辑《提要》所未收载者,按体例逐条编写,以补《提要》遗漏。

1440

江苏省馆藏古籍数字化的建设与意义[J]/毛建军.--新世纪图书馆,2006,05:58-59+62

本文分析了江苏省各大图书馆对馆藏古籍资源数字化的经济技术优势,调查古籍数字化资源建设和分布情况,为全国其他省份古籍数字化工作提供借鉴,对充分利用江苏省馆藏古籍数字化资源起导航作用。

1441

江苏首批国家珍贵古籍名录图录[M]/江苏省文化厅,江苏省古籍保护中心编.--南京:凤凰出版社,2008

本书汇编了江苏省藏列入首批《国家珍贵古籍名录》的所有古籍书影,附有简要的版本情况概述。图片文字均依据各单位申报《国家珍贵古籍名录》资料编辑而成。

1442

江西古代文献的整理及现代意义[J]/刘凯军,周銮书. --黄山学院学报,2000,03:58-59

江西人民出版社1998年出版《江西古文精华丛书》,囊括了江西省古代哲学、史学、诗词、散文、游记、奏议、序跋、碑记、笔记、书信、传记等文献。本文简述该书各卷内容,从中窥见江西古文概貌。

1443

江西名山志的文献价值简论[J]/刘凯军. --古籍研究,2000,01:120-123

本文介绍了江西省古籍整理规划办公室与江西人民出版社协作出版的《江西名山志丛书》,论述了该书文献价值。

1444

江西省图书馆馆藏珍本古籍图录[M]/周建文,程春焱主编. --南昌:江西人民出版社,2010

本书分为刻本、套印本、石印本、稿本和钞(写)本五部分,以图录形式展示了江西省图书馆馆藏珍本古籍图书面貌。

1445

江淹文集版本源流考[J]/郑虹霓. --古籍整理研究学刊,2007,06:62-70

本文梳理了江淹文集自宋迄今的版本源流和编排情况。江淹文集版本源流分为宋本系统和整理本系统,每个系统内部,以时间为序,对诸版本的授受源流、钞刻时代、篇目增删以及版本特点进行说明,比较了它们之间的优劣异同。

1446

姜夔诗集校正[J]/马丽梅. --苏州教育学院学报,2009,02:55-56

北京大学古文献研究所20世纪末整理编纂了《全宋诗》。该书对姜夔诗歌的搜集整理,存在编排体例欠科学、校辑不严谨、漏收、错收等瑕疵,本文对此进行了补辑校正。

1447

蒋士铨集外文辑补[J]/徐国华. --文献,2006,01:169-174

上海古籍出版社1993年出版《忠雅堂集校笺》,是清代学者蒋士铨诗(词)文最完整丰富的整理本。本文从清人诗文集中辑录未收入该书的蒋氏序文四篇,作了标点和必要考辨,予以辑补。

1448

蒋士铨题寄袁枚、赵翼的若干集外诗文辑考[J]/朱则杰. --广州大学学报(社会科学版),2006,09:61-65

袁枚、赵翼、蒋士铨均为清中叶诗人,并称"乾隆三大家"。三人间相互都有交往,但蒋士铨题寄袁枚赵翼的若干诗文,其本集却没有收全。本文对这些作品进行了搜集考证,澄清某些历史问题。

1449

焦循定稿《仲轩易义解诂》写钞本考释[J]/赖贵三. --中国学术年刊(在台湾地区发表),2001,22:1-31+467-468

本文论述了清代焦循定稿《仲轩易义解诂》写钞本的学术渊源和传承情况,并就此书残钞本"乾""坤""屯""蒙"四卦内容,分析说解,以抉发其中象数、义理并重的诠释义涵,希望为清人《易》学文献研究提供参考。

1450

校点本《建康实录》卷十一商榷及思考[J]/丁福林. --盐城师范学院学报(人文社会科学版),2006,01:72-77

唐许嵩所撰《建康实录》是记载六朝事迹的重要史书。近年来,中华书局、上海古籍出版社两种校点本先后出版,但其中疏漏之处时有所见。本文就其中第十一卷略作辨析。

1451

校勘补正 复原保真——《辑校〈万历起居注〉》读后[J]/庞乃明. --丝绸之路,2010,22:40-42

明《万历起居注》错简、脱字、衍字等失误较多。2010年1月天津古籍出版社出版了《辑校〈万历起居注〉》,对此进行了勘误辑校。

本文从辑残补缺、文本校正、复原保真三个方面,探讨了《辑校〈万历起居注〉》史学价值。

1452

校勘辑佚刍议——点校辑佚柳开诗后记[J]/李可风. --山西教育学院学报,2000,03:3 - 6

本文以校勘辑佚北宋文学家柳开诗为例,阐述了校勘与辑佚的基本方法和步骤,探讨了校勘学有关书目、版本、考证、辨伪诸问题。

1453

校勘学与孔子校勘古籍三原则[J]/唐昌福,饶爱民. --湖南城市学院学报,2005,05:75 - 77

本文讨论了中国历代对目录与校勘学的界义争论问题,辩证"校勘"含义,介绍了孔子校勘古籍的三大原则:言必有据,无征不信;崇尚平实,排斥虚妄;多闻阙疑,慎言其余。

1454

校注清乾隆十九年四卷本《白水县志》的几点体会——兼谈旧志校注应该注意的几个问题[J]/何连有. --陕西史志,2005,05:40 - 41

本文以校注清乾隆十九年(1754)四卷本《白水县志》为例,指出校注涉及事项包括标点、断句、标音、勘误、释词、解句及修改版式等,同时从"读、辨、简"方面对旧志校对工作进行了分析论述。

1455

接受与再生:《平山冷燕》之书写续衍与转化研究[D]/李宜桦. --成功大学(台湾地区),2007

本文从清初才子佳人小说《平山冷燕》与续衍文本的微观比较出发,辅之以文学史、小说发展史和文化交流史宏观角度,论述了中国古典小说续衍现象、文化脉络与跨国交流情形,探究小说由因至创、由接受而再生的续衍转化轨迹。

1456

揭傒斯佚文二篇[J]/李舜臣. --南京师范大学文学院学报,2005,02:52

本文收录元代文人揭傒斯《此山诗集跋》一篇,为李梦生先生校点、辑佚,系上海古籍出版社 1985 年《揭傒斯全集》所未收者,并拟定题目,加了标点和按语;另述及《中书省刑部题名记》一文,亦不见于《揭傒斯全集》,一并补入。

1457

劫波渡尽,薪火相传——《清华大学图书馆藏古籍善本书目》编辑随想[J]/马庆洲. --中国图书评论,2003,08:59 - 60

本文从近 20 年编撰《清华大学图书馆藏古籍善本书目》出发,介绍了清华大学图书馆创建发展历程,讲述了馆藏古籍善本历尽劫难、薪火相传的历史。

1458

结构研究视野下的《老子》材料讨论[J]/宁镇疆. --汉学研究(在台湾地区发表),2006,02:425 - 447

本文从结构研究视角对《老子》不同版本加以讨论。指出对于传世本《老子》结构,应该分清是得之古本还是源于整理者自己的意见,探讨了郭店《老子》甲、乙两组的版本结构。

1459

结合陈垣《校勘学释例》谈谈古书校勘的方法[J]/葛莱云. --宿州教育学院学报,2004,03:73 - 75

本文以陈垣先生《校勘学释例》为基础,通过对古书错误问题分析,重点探讨了古书校勘方法:对校法、本校法、他校法、理校法。

1460

解读古籍里的印章[J]/苟廷颐. --图书馆学研究,2010,14:99 - 101

本文分析历代印章特点,探讨了如何识别印章,考究印章特点,从印章中找寻历史朝代痕迹,为鉴定古籍版本和年代提供依据。

1461

解放前中华书局古籍整理出版工作中的两大项目——《四部备要》和影印本《古今图书集成》[A]/白化文. --中华书局编辑部."中国传统文化与 21 世纪"国际学术研讨会论文集[C],北京:中华书局,2003

本文从中华书局和商务印书馆竞争角度，观察中华人民共和国成立前中华书局整理出版《四部备要》和影印本《古今图书集成》情况，论述了中华书局主要得失和发展历程。

1462

介析《从古籍看中亚与中国关系史》书评[J]/张华克. --（在台湾地区发表），2010，181：59 - 67

本文从前言、中亚定义、论史态度、丰富的内容、疑问探讨、结语等方面，对《从古籍看中亚与中国关系史》一书进行评述。

1463

借鉴国外历史文献保护方法 促进我国农业古籍有效珍藏[J]/潘淑春，景卫东，刘俐. --农业图书情报学刊，2005，09：9 - 12

本文以加拿大国家图书档案馆先进的历史文献保存技术和方法为例，分析了当代科学技术发展对历史文献保护的意义，针对中国农业科学院图书馆农业古籍保存现状与存在问题，提出对策建议。

1464

借鉴日本经验加强我国古籍保护人才培养[J]/田丰. --辽宁广播电视大学学报，2009，02：9 - 11

日本对古籍保护专业人才培养进行过有益探索，有着日趋成熟的培养模式。本文总结了日本成功经验，对我国古籍保护人才培养和队伍建设提出建议。

1465

借鉴循证医学实践方法研究中医古籍的思考[J]/刘迈兰，吴曦，任玉兰，马婷婷，梁繁荣. --时珍国医国药，2010，03：726 - 727

本文介绍循证医学理论和实践，提出借鉴循证医学实践方法研究中医古籍的思考：分类挖掘整理临证案例，将中医学特色与循证理念融入数据库建设，对古籍本身及实践经验分级，指导临床实践。

1466

借全国古籍普查之东风，加强古籍保护与整理[J]/裴文玲. --中小学图书情报世界，2008，10：40 - 41 + 48

本文以调研济南市图书馆古籍书库设施、古籍保存现状为例，提出古籍保护工作中存在的问题，探讨了相应对策。

1467

今本《墨子》前七篇新考[J]/徐华. --古籍整理研究学刊，2009，02：74 - 79

本文通过对今本《墨子》前七篇分析研究，推断《亲士》《修身》属墨子早年自著，《所染》至《三辩》五篇为其早期门人弟子所记；探讨了墨子自著为何偏少，以及"兼爱"在墨子整个学说思想体系中的地位。

1468

今本《史记》校读记[J]/张玉春. --史学史研究，2004，02：57 - 62

《史记》刻本产生于北宋淳化五年（994），与唐以前写本文字多有不同。本文据《太平御览》所引《史记》异文，考证了刻本《史记》文字的某些讹、误、衍、夺，为今人正确利用《史记》提供依据。

1469

今钞本《随园诗话稿本》述略[J]/潘荣生. --古籍整理研究学刊，2003，06：70 - 77

清袁枚《随园诗话》未见著录或言及有稿本存世。本文以江苏省泰州市新华书店20世纪70年代初传钞《随园诗话稿本》为底本，考证了《随园诗话》版本源流，对比了不同版本在内容上的异同。

1470

今传《古文孝经指解》并非司马光原本考[J]/舒大刚. --中华文化论坛，2002，02：105 - 111

本文考察了司马光传世《古文孝经指解》和大足石刻范祖禹书《古文孝经》，发现今传《古文孝经指解》并非司马光原本，而是经过后人加工，在经文上有很大改动。为了恢复原貌，应以大足石刻本进行重新整理和校正。

1471

今注本《北齐书》（卷一七至卷二三）[D]/王珺. --华南师范大学，2008

本文概述了《北齐书》校注意义、历史现状、校勘记等，并对宋本、四库本、百衲本和中华书局点校本《北齐书》中的失校误校之处进行了勘正。

1472

金梁《四库全书纂修考跋》及相关内容考释[J]/李国庆.--图书馆工作与研究,2000,06:19－20

《四库全书纂修考》是近代学者金梁所撰的研究《四库全书》专著,本文以新发现的一组史料为据,对该书和相关内容中涉及的学术问题进行讨论。

1473

金陵刻经印刷技艺传承与非物质文化遗产保护人才培养[J]/黄玉琰,葛怀东.--神州民俗,2009,08:38－40

本文从金陵刻经印刷技艺历史与现状、文化遗产保护对古籍修复人才培养作用、金陵刻经印刷技艺传承人才培养实施与启示等方面,论述了古籍修复与金陵刻经印刷技艺通力合作是非物质遗产保护的有效途径。

1474

《金楼子》校读小识[J]/耿广峰.--现代语文(语言研究),2009,02:8－10

梁元帝萧绎撰写的《金楼子》曾经散佚,今本为后人所辑,讹误甚多。本文以中华书局1985年出版《丛书集成初编》为底本,据《四库全书》本等,从误文、脱文和衍文三个方面对其进行了校正。

1475

《金楼子·兴王》校读札记[J]/刘洪波.--古籍整理研究学刊,2008,02:38－40

梁元帝萧绎撰写的《金楼子》因流传散佚,众版本参照比勘时存在讹误。本文就《金楼子·兴王》错讹之处举例勘误,以希对《金楼子》研究有所裨益。

1476

金门林树梅刻书考[J]/杨永智.--东海中文学报(在台湾地区发表),2003,15:205－237

本文追溯了清代金门学者林树梅嗜古稽文、著述等身、刻书刊印的事迹,并从断简残编、札记著录中翻检钩稽,得林氏刻书存世书目41种。希望通过相关考证,揭示林树梅成

书立说的宗旨。

1477

《金瓶梅词话》校点再补[J]/刘敬林.--古籍研究,2006,02:138－144

本文作者曾以《〈金瓶梅词话〉校点拾补》为题,就国内影响较大的《金瓶梅词话》校点本存在的共性失校误校词语作了补正(见《中国语文》2006年第3期)。后又有新的发现,以《再补》为题,做成此文。

1478

金圣叹佚诗佚联新考[J]/陆林.--古籍整理研究学刊,2008,06:48－51

清学者金圣叹著述甚多,然而直接反映其思想感情和生平交游的诗文存世极少。本文新辑得其佚诗12首、佚联等3则,为金圣叹文学创作和生平史实研究提供了新资料。

1479

《金石录》版本源流考[J]/王慧.--山东图书馆季刊,2004,04:87－91

《金石录》是宋代金石考古学家赵明诚极具学术价值的金石碑刻专著。本文考述了《金石录》南宋刻本、明抄本、清代刻本抄本等版本源流。

1480

金石文献小考[J]/赵子夫,高月起.--河南图书馆学刊,2007,02:129－131

本文介绍了金石文献的特点、发展和重要价值,论述了古今学者进行的相关搜集、整理及研究工作。

1481

《金文编》订补三例[J]/林文华.--美和技术学院学报(在台湾地区发表),2003,01:24－36

近现代著名古文字学家容庚先生《金文编》是学者从事金文研究的必备工具书。本文运用最新研究成果和出土文字资料,考证《金文编》收字分部,并对书中的疏漏之处,提出订补意见。

1482

《金文总集》与《殷周金文集成》之比较——以附录(说明)及收录数量为例[J]/陈美

琪. --中文学报(在台湾地区发表),2000,06:165-184

《金文总集》与《殷周金文集成》是由海峡两岸分别编纂的大型金文研究工具书。本文以附录(说明)和收录数量为例,对二者进行了比较分析。

1483

金溪雕版印书探究[J]/吴定安. --寻根,2005,06:91-94

研究古籍涉及浙本、蜀本、建本者较多,涉及赣本或金溪版本者很少。本文就"金溪书"始于何时、繁盛时间、风格特征和衰落情况等作了探究。

1484

金元明三史《方技传》校订[J]/高伟. --古籍整理研究学刊,2000,03:34-36

中华书局标点本"二十四史"是经过校勘的较好版本,但漏校错误依然不少。本文校订了金、元、明三史《方技传》中张从正、李杲、滑寿、吕复、倪维德、周汉卿、王履等几位名医传记中的错误。

1485

近代藏书大家傅增湘研究[D]/孙荣耒. --山东大学,2007

本文介绍了近代藏书家傅增湘的藏书聚散始末、藏书特色、聚书途径、版本鉴定、校勘方法、成就和对前人的继承超越,论述了他在流布古籍事业方面采用的原则方法及主要贡献。

1486

近代古籍文字讹误情况例释[J]/杨继光. --汉字文化,2009,06:61-66

基于一些近代汉语古籍点校本存在文字讹误,其中有些形近字经常相混,本文举例揭示了此类常见情形,做出正确详尽的解释,希望对古籍整理工作起到示例性和建设性作用。

1487

近代日本之汉籍收藏与编目[A]/(日)高田时雄. --辅仁大学图书馆. 2004年古籍学术研讨会论文集[C],新庄:辅仁大学(台湾地区),2004

本文从公私图书馆、大学图书馆、个人藏书和藏书目录编纂方面,论述了明治以来日本搜集中国古籍的历史和相关情况。

1488

近代文献的保护修复刍议[J]/解说. --图书馆学刊,2008,05:111-113

本文以上海图书馆、广东中山大学图书馆近代文献修复为例,分析了我国近代文献保存现状和破损原因,提出应当重视近代文献保护与修复工作的思考和建议。

1489

近二十年来我国西部地区民族古籍工作论述[J]/莎日娜,张利. --中央民族大学学报,2004,06:64-68

本文从古籍搜集整理、编辑出版和开发利用等方面,论述了近二十年来我国西部地区少数民族古籍工作情况,提出伴随西部地区振兴,民族古籍整理和开发工作必将得到长足发展。

1490

近年《二十四诗品》真伪讨论综述[J]/姚大勇. --云梦学刊,2000,04:50-51+68

《二十四诗品》一般认为是晚唐司空图所撰。近年来其真伪问题引起学界热烈讨论,焦点集中在《诗品》文献辨析、版本源流、司空图和《诗品》诗学思想异同三方面。本文综述了正反两方意见和讨论意义。

1491

近年来中国图书馆古籍修复工作的调查与回顾[J]/吴格. --国家图书馆学刊,2002,01:30-39

本文通过对中国图书馆古籍修复工作的调查回顾,论述了近年来古籍修复工作取得的成绩、修复人员培训和队伍建设情况,提出今后古籍修复人员培养对策。

1492

近三百年古籍目录举要[M]/严佐之编著. --上海:华东师范大学出版社,2008

本书对近三百年来古籍目录著述中较为重要和有价值的文献进行了梳理,对其源流、古籍收藏、学术价值等做了论述。

1493

近十年古籍书目数据库建设研究概述[J]/
徐清,王唯. --图书情报知识,2006,05:37-41

本文从古籍收录范围、分类与主题标引、
数据格式、著录标准、汉字平台与通用编目软
件等方面,论述了近十年我国古籍书目数据
库建设和研究概况。

1494

**近世中国绣像小说图文关系序说:以所见
几种元明通俗小说刊本为例[J]/**陈正宏. --中
正大学中文学术年刊(在台湾地区发表),
2010,01:247-264

本文以作者所见的几种元明通俗小说刊
本为例,说明近世中国绣像小说图文不相匹
配的情形,并考究了成因;通过《插增田虎王
庆忠义水浒传》与双峰堂刊《京本增补校正全
像忠义水浒志传评林》比较,提出后者图像改
动以文本为中心,可证绣像小说至此以提供
文字阅读为第一要务。

1495

**近五十年来台湾古典文献研究的荟萃——
《古典文献研究辑刊》简介[J]/**陈亦伶. --国
文天地(在台湾地区发表),2009,286:88-91

《古典文献研究辑刊》系潘美月、杜洁祥
主编,2006 年由台北花木兰文化出版社出版。
本文介绍了该书的编撰缘起、学术价值、收录
内容、编撰体例、特点等。

1496

近现代文献酸化危机与防治思考[J]/张金
萍. --文物保护与考古科学,2008,S1:95-99

本文对近现代文献酸化现状进行了介
绍,对国内外现有脱酸保护方法进行了综合
性比较,并结合近现代文献酸化的特点及所
面临的严峻局面提出了建设性意见。

1497

近现代香港、澳门藏书家研究[J]/骆伟. --
澳门文献信息学刊(在澳门地区发表),2009,
01:34-43

本文分析论述了近现代香港和澳门藏书
家产生的历史背景和原因,介绍了港澳两地

现存古籍数量、私人藏书家类型、港澳粤古籍
优势互补特点,以及港澳藏书家对加速港澳
两地文教事业发展的影响。

1498

**近 10 年中文古籍数字化建设研究——兼台
湾、大陆、香港的比较分析[D]/**韦楠华. --南
京大学,2007

本文调研了国内外近 10 年中文古籍数字
化建设现状、研发成果和特色,重点研究了港
台尤其是台湾地区古籍数字化的成功经验。

1499

近 50 年来古籍整理出版之特色[J]/黄义
侠. --农业图书情报学刊,2007,01:130-133

本文论述了近 50 年来我国古籍整理出版
特色:慎选底本、校注精当;巨著频现、网罗全
面;形式多样、系列整齐;视野开阔、重点突
出;注重文化积累、讲求学术质量;文化传承
与地方色彩。

1500

近 50 年来中国古籍出版研究[D]/王育
红. --南京大学,2001

本文从政治经济、文化政策、社会学术思
潮、整理出版人才等方面,论述了近 50 年来我
国古籍出版事业受到的影响和研究概况。

1501

晋代古籍版本学考略[J]/曹之. --新世纪图
书馆,2006,05:63-65

晋代是我国古籍版本学发展时期。本文
从同书异本、校勘活动、版本学家和标志性成
果四方面,论述了晋代古籍版本学成就。

1502

《晋书》辨疑[J]/吴金华,吴新江. --古籍整
理研究学刊,2000,04:42-45

本文对《晋书》里的某些可疑文句略作辨
析,所举 25 例涉及通行本(中华书局版)中的
校点问题,希望能对《晋书》整理研究工作有
所帮助。

1503

《晋书斠注》研究[D]/宋一明. --山东大
学,2007

《晋书斠注》是吴士鉴在清末民初针对唐

修《晋书》所做的一部具有集大成性质的史注。本文对吴士鉴生平和著述,《晋书斠注》成书、刊刻、校勘、注释、体例、辨误等进行了研究。

1504

京都大学所藏钞本《水经注疏》概述[J]/刘正. --河南科技大学学报(社会科学版),2005,04:5 – 8

日本京都大学所藏钞本《水经注疏》是国内学者知之甚少的钞本。国内郦学家陈桥驿曾发表过一篇介绍此钞本的文章,作者校勘时发现该文错误颇多。本文是作者就此钞本仔细校对后写成的概述。

1505

经部古籍索引综录[A]/李文涛. --中国索引学会、复旦大学图书馆. 2010 年中国索引学会年会暨学术研讨会论文集[C],2010

经部古籍在我国传统四部典籍中占据统摄性位置,因内容庞杂、语言诘屈、义理深奥等,难以为今人提挈把握,编制索引弥补了这一不足。本文广览众多编制索引文献,综录整理了 2010 年以前已出版的经部古籍索引名录。

1506

经典古籍在数位化激荡下的反冲击——评《易经解码》[J]/逍遥游. --"全国"新书资讯月刊(在台湾地区发表),2006,90:16 – 17

本文是对林家骥编著《易经解码:动态平衡分类法》的书评。文章分析了经典古籍在数字化激荡下的反冲击情况,认为该书不仅打破了中国五术里各门各派的门户藩篱,也重新阐释了先圣先贤著书论述所要传达的经验与观念。

1507

经典诠释中的两种定向之接转初探——以《老子》之自然的新诠释为例[J]/刘笑敢. --清华学报(在台湾地区发表),2005,01:189 – 210

本文以关于《老子》之自然的新诠释为例,分析了经典诠释中追求基本含义与可能意义两种定向之间衔接转化的内在机制,探讨了从客观性思想诠释到主观性思想创造之间接转的关节点。

1508

《经典释文》异文释例[J]/申红义,梁华荣. --古籍整理研究学刊,2009,03:35 – 39

本文根据出土简帛文献,对《经典释文》中的异文进行研究,揭示《经典释文》中各种异文的内涵和本质,有助于深入理解经典中的异文现象。

1509

《经典释文音义辞典》的编纂原理[J]/黄坤尧. --励耘学刊(语言卷),2006,01:41 – 62

本文以丁、丈、三、上、下、不、丐、且、丕、世、丘、并十二字为例,说明《经典释文音义辞典》的编纂特质,指出该书编纂原理是以字为单位,按部首编排;每字先列读音,次列经籍例句,逐项说明,解释各音的词性、意义及用法。

1510

经济不发达地区公共图书馆古籍保存现状及对策研究——以湘西自治州七县一市图书馆为例[J]/赵奇钊,章小萍. --图书馆,2006,02:66 – 68

本文以湘西土家族苗族自治州七县一市图书馆为例,实地调查了经济不发达地区公共图书馆古籍保存现状,分析古籍保存和资源开发价值,对该地区公共图书馆保存整理古籍提出建议。

1511

"经济文章磨白昼"——龚自珍之藏书研究[J]/许永德. --有凤初鸣年刊(在台湾地区发表),2010,06:315 – 337

本文论述了清学者龚自珍寻书、借书、抄书、藏书事迹,以及有志于目录学、科名掌故、金石和舆地之学的经历。指出龚自珍毕生以"甄综人物、搜辑文献"为己任;其藏书目的不是为了夸富炫古,而是"经世致用"。

1512

经录中著录汉译《玉耶女经》及其四部传本考索[J]/杨翠筠. --东方人文学志(在台湾地区发表),2006,01:167 – 180

本文运用目录学与版本学研究方法,以汉译《玉耶女经》四部不同传本《佛说玉耶女经》《玉耶女经》《玉耶经》《佛说阿遬达经》为例,探讨了《玉耶女经》著录与在中国历史上的传播情况。

1513

《经义考》征引《文献通考·经籍考》考述[J]/杨果霖.--孔孟月刊(在台湾地区发表),2000,10:25-37

《经义考》为清朱彝尊考证历代经籍存佚的著作。本文从著录内容分析、著录数量分析、优劣比较三方面,分析了该书征引宋末元初史学家马端临《文献通考·经籍考》相关情况。

1514

精抄、精藏善本书——铁琴铜剑楼特色之一[J]/周惠琴.--苏州科技学院学报(社会科学版),2004,02:87-89

铁琴铜剑楼是我国古代私家藏书的代表。本文记述了历代主人精抄善本流播典籍,精藏善本功绩卓著,使那些稀见珍本得以保存流传至今的事迹。

1515

精品荟萃 流芳千古——记天津图书馆藏徐世章捐赠古籍善本书[J]/白莉蓉.--图书馆工作与研究,2007,06:72-74

天津文物收藏家徐世章先生,于1954年将集其毕生心血收藏的珍贵文物和图书全部捐赠国家。本文就所捐赠古籍善本书的总体情况和重点藏书作一介绍,方便读者进行研究利用。

1516

景日昣与《嵩岳庙史》[J]/张惠民.--河南图书馆学刊,2003,05:83-84

清景日昣编撰《嵩岳庙史》系唯一存世的中岳庙志书。本文论述了该书作者生平、编撰过程、社会影响,以及存世版本的考证情况。

1517

静嘉堂文库所藏宋元善本图书[J]/(日)增田晴美著;吴璧雍译.--"故宫"文物月刊(在台湾地区发表),2002,231:36-57

本文从静嘉堂文库沿革、陆心源藏书、《静嘉堂文库唐宋元版书录》编纂、宋元古籍简介、受宋版书影响的日本刻本等方面,概述了静嘉堂文库所藏宋元善本图书情况。

1518

《镜花缘》版本补叙[J]/李雄飞,郭琼.--中国文化研究,2007,03:151-155

本文以北京大学图书馆馆藏为基础,对陈炜先生撰《〈镜花缘〉版本知多少》中著录的《镜花缘》清代版本作补充,考证了《镜花缘》作者、各版本特征、刊刻收藏源流,纠正了前人著录中的讹误。

1519

九种抄本推拿古籍述要[J]/程东旗,刘培生,程英.--中医文献杂志,2002,04:32-33

本文介绍了中国中医研究院图书馆藏《秘传推拿妙诀》《小儿推拿秘诀》等9种抄本推拿古籍的内容、刊刻情况、学术要点等。

1520

《旧唐书·代宗纪》纠谬一则兼论广德二年开汴事[J]/王力平.--古籍整理研究学刊,2001,01:23-25

本文结合史传、诗文材料考订有关史实,从版本源流上指出了《旧唐书·代宗纪》有关开汴工程记载错误的原因,同时得出了开汴工程是由刘晏策划和领导,并借助于河南节度使的军队力量完成的结论。

1521

《旧唐书·地理志》校疑二则[J]/王京阳.--中国历史地理论丛,2000,02:174-178

今本《旧唐书》文字传刻有讹误,志文中有前后歧异或脱漏之处。本文以《旧唐书·地理志》中庭州之置年及唐天授二年(691)之置鼎州等处为例,通过内校等方式略加辨析,对史文有所补正。

1522

《旧唐书·高力士传》辨误三则[J]/王连龙.--中国典籍与文化,2008,04:114

本文以《高力士神道碑》《高力士墓志》碑志材料为依据,发现《旧唐书·高力士传》对高力士相关事迹记载存在讹误,加以辨正。

1523

《旧唐书·经籍志》著录书名考误[J]/武秀成. --古籍整理研究学刊,2002,04:92 – 95

《旧唐书·经籍志》无善本传世,今人亦未作专门整理,通行本文字讹脱颇多。本文从新、旧二志同源出发,采用二志比勘方法,参考《隋志》等书目著录、史传记载、古书称引等,对《旧志》著录书名讹误做了 22 条考辨。

1524

《旧唐书》整理研究的重要成果——评《〈旧唐书〉辨证》[J]/郝润华. --古籍研究,2007,01:292 – 298

本文针对上海古籍出版社 2003 年 5 月出版武秀成《〈旧唐书〉辨证》进行评述,介绍了该书对《旧唐书》的编纂与流传,干支系时与《经籍志》中的文字讹误,以及前人近人在考证中出现的疏误。

1525

《旧唐书》至乐楼抄本与叶石君校本考略[J]/武秀成. --古籍整理研究学刊,2004,01:35 – 41

本文考察《旧唐书》至乐楼抄本及叶石君校本的流传情况,发现清初至乐楼抄本已多有残缺,其后则不知下落;而原以为可能亡佚的叶石君校本则幸存于湖南图书馆;对叶石君校本价值进行举例性质说明,认为其最有校勘价值的是本纪部分。

1526

《旧五代史》校读札记[J]/董恩林. --古籍整理研究学刊,2001,06:29 – 33

本文对《旧五代史》由于版本流传而导致的错误、《旧五代史》记载方面失实、后人对《旧五代史》考证方面失误等可疑可榷之处进行了考证,以就教于行家。

1527

旧译汉传佛教论典翻译品质诤论之研究——以《大智度论》与《中边分别论》为主[D]/叶宣模. --佛光大学(台湾地区),2008

本文采用质性研究的文献诠释与哲学诠释两种研究方法,对《大智度论》《中边分别论》进行检验,认为在版本差异、体例分判、译家增删、译义忠实度与译名精确度等五个范畴中,两部论著皆有瑕疵存在。

1528

旧志古城图在复原古代城市历史面貌中的作用——以古代广州城地图为例[J]/曾新. --中国地方志,2005,08:32 – 37

本文以古代广州城地图为例,提出在复原古代城市历史面貌中,古城图是准确复原城市区位的重要文献、系统认识城市整体自然环境的可靠史证、研究城市形制和境域变迁的重要依据、考订城市布局及道路变迁的基础资料。

1529

旧志和其他古籍(古旧)文献整理工作的基本做法和体会[J]/罗方贵. --广西地方志,2006,06:26 – 29 + 63

本文论述了柳州市地方志部门通过影印、翻印、标点、点校、编纂等形式,对柳州市旧志和其他古籍(古旧)文献进行比较全面地挖掘,初步摸清家底,出版相关成果情况,总结了古籍研究整理的经验体会。

1530

旧志整理步骤与方法琐谈——以整理清乾隆五十九年版《当阳县志》为例[J]/李德平. --广西地方志,2007,05:23 – 24

本文以整理研究清乾隆五十九年(1794)版《当阳县志》为例,论述了旧志整理一般要经过底本寻找、编辑整理、出版发行等三个阶段,在方法上要通过校勘、标点、注释、翻译、修版等多样多头并举。

1531

旧志整理应当注意的几个问题[J]/张世民. --中国地方志,2006,07:36 – 40

本文提出了旧志整理应当注意原则和方法、旧志整理质量、旧志整理人员素质和旧志整理规划与作用等问题,应引起旧志整理部门高度重视。

1532

句图论考[J]/凌郁之. --文学遗产,2000,05:42 – 49

句图是中国古典诗评的一种特殊门类，在唐宋时期流行。本文探讨了句图与诗格、诗话的关系，句图特点、意义及其流变等；稽考了唐宋句图三十多种，初步廓清了句图面貌。

1533

《钜鹿东观集》校注［D］/王艳. --四川大学,2006

《钜鹿东观集》是宋代魏野所撰的诗文集。本文考证魏野的生平事迹和其诗歌的艺术特色，对其诗作进行校注，为研究者提供了一个较为完善的《钜鹿东观集》校注本，提出他在文学史上的应有地位。

1534

据出土的先秦《缁衣》版本再考证《都人士》逸诗的原文［J］/郭静云. --东华人文学报（在台湾地区发表）,2010,17:1 – 20

经学家们提出毛公《都人士》第一章与全诗有异，可能原来并非同一首诗。除《毛诗》外，第一章亦引入《缁衣》《左传》《新书》。本文根据这些引文以及新近出土的《缁衣》简本，逐步推论、复原《都人士》第一章本属的逸诗原貌。

1535

《卷盫书目》与叶景葵藏书思想［J］/王红蕾. --理论界,2009,11:118 – 119

本文介绍了近代藏书家叶景葵致力于古籍搜集整理、所藏丰富的事迹。他所编撰的《卷盫书目》从目录、版本和校勘等多方面反映了其藏书思想，揭示出的学术精神与研究方法对推进"中华古籍保护计划"顺利实施具有的借鉴意义。

1536

《绝妙好词》版本考［J］/张雁. --古籍整理研究学刊,2001,04:27 – 33

本文从历代书目、题跋入手，以时间为序，考察了"于词选中最为善本"的宋代词集《绝妙好词》自元代至近代的流传版刻情况，对诸传刻本、钞本的授受源流、钞刻时代及版式特点进行说明，比较了它们之间的优劣异同。

1537

郡邑丛书之研究［D］/林照君. --台湾大学（台湾地区）,2000

本文围绕所收集的 86 部郡邑类丛书，论述了收书地域范围、起讫年代、种数，以及实质内容、特色和价值，认为郡邑丛书的兴起，与刻书、藏书风气兴盛、重视乡邦文献传统，以及清同治光绪时期国势衰微，政府与民间因而致力于振兴文化有关。

1538

《郡斋读书志》的分类及其与《崇文总目》的关系［J］/郝润华. --史林,2006,05:156 – 161

本文论述了《郡斋读书志》分类方法和在类别设置上的贡献，并和《隋书·经籍志》《旧唐书·经籍志》《新唐书·艺文志》《崇文总目》等唐宋时期重要书目分类情况作比较，得出《郡斋读书志》分类并非如前人所说只依据了《崇文总目》的结论。

K

1539

开百年尘封 惠后世学人[J]/王天海.--贵州文史丛刊,2005,03:91-92

本文论述了蒋南华、黄万机、罗书勤三先生将尘封百年的《楚辞考辨》手稿整理校注并出版的情况。指出郑知同《楚辞考辨》校注本出版,对贵州省历史文献保存和流传、"楚辞学"深入研究,具有重要意义。

1540

开创了中国古籍全国性书目的先河[J]/傅璇琮.--中国图书评论,2005,07:53-54

本文系作者为线装书局2005年5月出版《中国古籍善本总目》一书写的序,记述了该书立项背景、编纂过程、成书特色、学术价值与出版意义。

1541

开发地方文献 服务《广州大典》——"广东文献书目数据库"建设述评[J]/谢妙慧.--河南图书馆学刊,2008,02:97-99

本文从"开发地方文献 服务《广州大典》"入手,围绕数据库建设意义、规划、技术、特色及应用价值等多个问题,论述了"广东文献书目数据库"建设基本情况。

1542

开发贵州古籍文献资源 为地方经济建设服务[J]/张陶.--中共贵州省委党校学报,2010,06:118-119

本文介绍了贵州古籍文献资源具有载体多样性、内容涵盖面广、民族特色和不可统计性特点。古籍文献具有文化、学术研究、史料和社会价值,提出要充分利用古籍文献为地方经济建设服务,利用文化效应催生地方经济发展的设想。

1543

开发利用古籍文献资源研究——以西北师范大学图书馆为例[J]/蒄琼.--社科纵横,2006,11:147-148

本文以西北师范大学图书馆为例,论述了开发和利用古籍文献资源的重要性,提出对馆藏古籍进行深入研究开发的办法。

1544

开放古籍平台的意义与实作[J]/叶健欣.--佛教图书馆馆讯(在台湾地区发表),2004,39:51-59

本文探讨了古籍在数字化出版过程中面临的两个主要难题:交换码导致的缺字和不同软件数据库间无法互通,提出基于构字式动态字形产生,适用于古籍XML描述语言,开放式全文检索系统,构筑一个"开放古籍平台"等对策建议。

1545

"开聚书之门径","标读书之脉络":论"藏书志"目录体制结构——以张金吾《爱日精庐藏书志》为中心[J]/严佐之.--中华文史论丛,2002,01:255-282

本文阐述了前人对"藏书志"作为一种目录体制特征的认识,分析清代藏书家张金吾《爱日精庐藏书志》体制结构特点和对后出书志产生的影响,指出后出书志虽在《爱日精庐藏书志》基础上有所变化,但"藏书志"在目录体制上有其特定内涵,值得书志编撰者持守。

1546

开辟校勘学的新天地——读刘尚荣校点《黄庭坚诗集注》[J]/邹同庆.--书品,2004,01:24-29

本文是中华书局2003年出版刘尚荣先生新校点本《黄庭坚诗集注》的书评。文章评析介绍了刘尚荣先生在校勘学方面取得的成绩,认为该书是近年来黄庭坚研究中最有价值的成果。

1547

开宋代私家藏书提要目录先河的李淑与《邯郸图书志》[J]/方建新.--文献,2005,02:92－107

本文记述了宋代藏书家李淑生平著述、藏书活动、自撰《邯郸图书志序》内容体例,辑录了《郡斋读书志》《直斋书录解题》《玉海》中记载引用的《邯郸图书志》材料,认为该书开宋代私家藏书提要目录先河。

1548

开拓创新出精品——上海古籍出版社图册类书籍的特色[J]/李国章.--出版广角,2001,02:76－77

本文介绍了上海古籍出版社图册类书籍的特色:专业优势、创新意识与文化积累相结合;学术性、知识性、鉴赏性相结合;实施精品战略,面向读者,面向市场,实现社会效益与经济效益的较好结合。

1549

《开有益斋读书志》的撰写、流传与刊印[J]/卓越.--图书馆杂志,2008,06:79－80

朱绪曾《开有益斋读书志》是清代读书志典型著作,以往学者对该志撰写流播情况较少留意。本文考察了《开有益斋读书志》撰写、流散、整理及刊印过程。

1550

开展地域文化研究 弘扬民族优秀文化——承德民族师专的古籍整理和清代文学研究[J]/于佩琴.--承德民族师专学报,2007,01:22－24

本文介绍了承德民族师专在古籍整理和清代文学研究方面取得的成绩,包括:校点《钦定热河志》和《承德府志》,挖掘整理避暑山庄宫廷音乐,出版译注鉴赏避暑山庄御制诗文、外八庙碑文、楹联、额联九部专著,对清代作家纳兰性德研究取得的成绩等。

1551

《刊正九经三传沿革例》校勘思想探微[J]/李建军.--图书馆理论与实践,2007,06:58－60

《刊正九经三传沿革例》系南宋文学家岳珂撰,也是我国今传最早的一个完整校勘条例。本文论述了其校勘思想:厘定从书本、字画、注文、音释到句读、脱简、考异一整套校勘程序;运用对校、本校、他校等多种校勘方法;不轻于改,宁"衍"勿"逸"等重要校勘原则。

1552

康熙《皇舆表》的编撰及其在苏州的刊刻过程考[J]/曹红军.--新世纪图书馆,2007,03:53－55

《皇舆表》是清康熙年间奉敕编纂的一部重要地理著作。本文介绍了该书编纂过程和编修、刊刻源流,认为该书可作为图书馆古籍编目人员重视考订的典型例证。

1553

康熙台湾舆图修复报告[M]/李子宁主编.--台北:台湾博物馆(台湾地区),2007

康熙台湾舆图为台湾博物馆珍贵藏品之一,也是台湾现存最古老清晰的地图。本报告为此图原件及摹本两件作品送往日本修复的纪录。

1554

《(康熙)杏花村志》的社会影响与价值[J]/张敏慧.--安徽师范大学学报(人文社会科学版),2009,03:350－353

《(康熙)杏花村志》为中国古村志佼佼者,乾隆间收入《四库全书》。本文介绍了该书的作者、版本、编辑体例,分析其在旅游文献资源搜集、民俗文化描述、职官考试记录等方面的文化内涵和社会价值。

1555

康熙、雍正《唐陆宣公集》均刻竣于陕[J]/杨居让.--西安文理学院学报(社会科学版),2008,02:60－62

本文通过对陕西图书馆藏康熙版、雍正版《唐陆宣公集》对比研究,发现《中国古籍善本书目》收录雍正版《唐陆宣公集》实际上是康熙版重修本。两版《唐陆宣公集》均为年羹尧在陕西主持刊刻,校订者和刻工都是南方人。

1556

康显贞《词苑丽则序》考实[J]/张固也.--

学术论坛,2009,03:145-149

《文镜秘府论》引录一篇唐人文论,日本学者怀疑是《芳林要览序》。本文以四方面证据作考察,指出这篇文论实为唐中宗或睿宗时康显贞所撰《词苑丽则序》,是初唐诗风向盛唐诗风转变的重要标志。

1557

抗战期间古籍抢救与古书业——以郑振铎与书贾间相关活动为探讨重点[D]/方国璇.--台北大学(台湾地区),2008

本文以抗战时期为时间点,根据郑振铎《劫中得书记》《求书日录》及致蒋复璁信札等相关资料,探讨郑振铎先生在古籍抢救艰辛过程中,如何搜购珍贵典籍,以及与书贾之间的买卖相关活动和往来互动情形等。

1558

抗战期间国图善本迁移始末[J]/邱五芳.--图书与情报,2003,02:72-75

本文依据国图档案和有关人士当年信件,介绍了抗战期间国图善本迁移、管理,以及相关人士保护国宝的曲折经历。

1559

抗战时期香港方面暨冯平山图书馆参与国立中央图书馆抢救我国东南沦陷区善本古籍初探[J]/卢锦堂.--(在台湾地区发表),2003,02:125-146

本文从国家典籍维护与"文献保存同志会"成立、香港方面有关善本收购与在沪善本转运工作、冯平山图书馆暂代保存国立中央图书馆所购善本古籍经过等,论述了抗战期间国立中央图书馆联络有识之士于沪、港两地搜购善本古籍,使许多珍贵图书文献不致沦入异域的历史。

1560

考辨精微发旧覆 立论宏通开新篇——评王立群先生《〈文选〉成书研究》[J]/贾全明.--华东理工大学学报(社会科学版),2007,01:116-119

《文选》是南朝梁萧统编选的中国现存最早一部诗文总集,关于该书编者、成书过程、影响意义、方法论等在学界争议较多。本文

认为河南大学教授王立群新著《〈文选〉成书研究》对这些问题的考辨梳理做到了考辨精微、立说有据,具有方法论意义。

1561

考工记注译(先秦古籍 科学 技术 设计 艺术)[M]/张道一注译.--西安:陕西人民美术出版社,2004

先秦古籍《考工记》是一部关于科学技术和设计艺术的专著。本书以图文并茂的形式对《考工记》进行了注译,内容包括总论、攻木之工、攻金之工、攻皮之工、设色之功、刮摩之工等。

1562

考古发现与《楚辞》校读[D]/徐广才.--吉林大学,2008

本文将传世文献与考古材料结合,在充分吸收已有成果的基础上,从文字校勘、词语训释、相关史实阐发、作者和作品真伪等方面对《楚辞》校读,试图得到一个"近真"的《楚辞》文本。

1563

《考古图》钱曾藏本非影宋本考[J]/李玉奇.--古籍整理研究学刊,2001,05:50-54

宋吕大临金石学著作《考古图》之《四库全书》著录本为清初钱曾影钞本,钱氏谓系据北宋刊本,至今罕有异议。本文经过考证认为,钱本虽较其他元明刊本为优,但已经过元罗更翁考订,实为元大德陈翼子刊本,并非宋本之旧。其他元刊本皆逊于钱本,并非大德刊本。

1564

考据学与中国美术古籍研究——对当前美术古籍研究的一点思考[J]/邵军.--湖北美术学院学报,2002,04:24-25

本文论述了中国美术古籍研究历史现状,提出对中国美术古籍研究应包括对其记载、叙述、解释作用等,还应关注其史观、方法概念范畴等理论;理论必须建立在前者基础之上,前者则直接建立在对美术古籍版本辨识、文句考释、校勘等学问之上。

1565

考索之功与独断之学——评《清词研究丛

书》[J]/夏志颖.--古籍研究,2009,S1:423 - 427

本文对南京大学张宏生教授主编的《清词研究丛书》中的 8 部专著作了简评,探讨《丛书》价值,认为该丛书展示了清词这一新的学术增长点的研究成绩。

1566

柯琴家藏本《来苏集》研究[D]/柳璇.--上海中医药大学,2009

本文从版式、纸张、眉批、钤印、正文内容等方面,对明末清初人柯琴家藏本《来苏集》进行了考证,指出该本与今通行《伤寒论注》异文 2500 余处。总结了该书采用的注释方法以及在注释《伤寒论》方面体现的学术价值。

1567

可洪《随函录》与汉文佛经校勘[J]/郑贤章.--古籍整理研究学刊,2006,05:45 - 47

五代可洪撰写《新集藏经音义随函录》是一部对佛典中出现的字进行形体辨析、读音标示、意义阐释的专著,除文字、音韵、训诂方面价值外,对汉文佛经校勘整理具有重要价值。本文列举 10 例,以引起学界对该典籍的重视。

1568

《可洪音义》注释失误类析[J]/韩小荆.--西南交通大学学报(社会科学版),2007,01:77 - 81

《可洪音义》是五代时期一部以辨析手写佛经中疑难俗字为目的的大型佛经音义著作。本文从不明讹字而误释、不明经意而误释、不明假借而误读、承用误本而失校四方面,对其注释中存在的失误进行了分析。

1569

克服做古籍修复的心理障碍[J]/骆廷.--图书馆论坛,2005,05:212 - 213

本文从接触认识古籍、不畏惧古籍破损虫蛀、男女都可以做、文化学历要求等方面,阐述了从事古籍修复如何克服心理障碍等问题。

1570

客观著录古籍的同书异名探讨[J]/康安宇.--图书情报论坛,2009,01:62 - 65

同书异名是古籍流传过程中产生的书名变化现象。本文分析论述了著录古籍书名依据、同书异名的理由,提出古籍同书异名客观著录的方法与过程。

1571

空前绝后的"藏书年谱"力作——读《弢翁藏书年谱》书后[J]/白化文.--书品,2001,02:10 - 12

本文是对天津图书馆研究馆员李国庆《弢翁藏书年谱》的书评,简介了藏书家周叔弢生平,并从时代和个人、家族因素、藏书量多质精的角度,分析评述了周叔弢的藏书家地位,以及该书的重要价值。

1572

孔安国《论语孔氏训解》探微[J]/唐明贵.--古籍整理研究学刊,2010,04:5 - 9

西汉经学大师孔安国所著《论语孔氏训解》被清代学者视为伪书。本文辨析该书并非伪书,只是屡经后人口传笔抄及增删,失去了原来模样。揭示了孔安国对《论语》注解重在训诂、兼及大义特点,认为《论语孔氏训解》是迄今尚存的最古老《论语》注本,也是儒家经典中"行于世"的最早注本。

1573

孔晁《国语注》与韦昭《国语解》[J]/樊善标.--大陆杂志(在台湾地区发表),2001,03:1 - 8

《国语》是春秋时期左丘明所撰的国别体著作,三国吴人韦昭、西晋孔晁都曾为该书作注。本文考察了孔晁生平事迹,并将孔晁《国语注》佚文与韦昭《国语解》进行比较,以了解魏晋之际注释学的流变过程。

1574

《孔丛子》现存版本的篇卷分合及其变化[J]/孙少华.--古籍整理研究学刊,2010,02:31 - 35

本文介绍了现存《孔丛子》版本,皆明代以后刊刻,大致分为没有删节的全本、删节或节录本两种。全本《孔丛子》的篇卷分合,与北宋宋咸所见七卷本、三卷本一致,且明代以后的版本,多出于宋咸注本与程荣《汉魏丛书》本。删节或节录本,多为明清赏萃、点评需要而刊刻。

1575

孔继涵及其《微波榭丛书》研究[D]/廖柏榕. --东吴大学(台湾地区),2009

本文介绍了山东藏书家孔继涵生平、著述、学术思想,论述了其编辑的《微波榭丛书》的特色、内容、价值和出版情况。

1576

《孔雀东南飞》札记二则[J]/郑丽萍. --语文月刊,2008,10:26 – 27

中国古典文学专家余冠英在《乐府诗选》中谈到《孔雀东南飞》"由口传到写定,中间难免经文人修饰,但保存着的民歌特色还是很多,语言也还是通俗的",但汉代距离现代毕竟久远,在个别字词方面,如果注释未能标注清楚的话,往往容易让读者产生疑惑和理解偏差。本文试从这首诗中选取两处进行探讨。

1577

孔颖达《毛诗正义》中《尚书大传》的异名辨析[J]/李慧玲. --上海大学学报(社会科学版),2008,02:76 – 80

汉《尚书大传》系唐孔颖达《毛诗正义》中征引较多的文献,但孔氏对此书征引使用了很多异名,妨碍了后人对《毛诗正义》的正确理解。本文通过分类归纳孔氏所引《尚书大传》12种异名,对因此引起的混乱进行了梳理纠正。

1578

《孔子家语》版本源流考略[J]/金镐. --"故宫"学术季刊(在台湾地区发表),2002,02:165 – 201

《孔子家语》最早著录于《汉书·艺文志》。本文考察了《孔子家语》版本源流,认为有三国魏王肃注本、元王广谋注本、明何孟春注本、白文本四个系统,并以现通行的几种《孔子家语》版本为例,分析存在不足,提出重新校勘该书的必要性。

1579

《孔子家语》"层累"形成说考辨[J]/杨朝明,魏玮. --古籍整理研究学刊,2009,01:7 – 11

在学术界逐渐摒弃《孔子家语》"伪书"说的同时,仍有学者认为该书是经汉孔安国等人之手由《说苑》等文献"层累"而成的。本文通过对比《说苑》《家语》互见材料,进行了相关辨析。

1580

《孔子家语》分卷变迁考[J]/张固也,赵灿良. --孔子研究,2008,02:56 – 67

今本《孔子家语》分为10卷,与早期书目记载的27卷、21卷都不相符。本文从分析敦煌本《家语》残卷的分卷方法入手,对汉唐时期《家语》分卷变迁做出考证,认为今本确系源自汉孔安国所编27卷本,但经过六朝、唐代两次卷目合并,应该不是王肃重编的伪书。

1581

孔子之前《诗》的编撰与流传[J]/刘宇. --长春师范学院学报(人文社会科学版),2008,02:22 – 25

本文通过对《左传》《国语》等典籍中收录关于《诗》的资料进行统计分析,认为孔子之前的《诗》可能经过三次重大编辑,最后由孔子编定整理出了今天所见的《诗》版本。

1582

快速发展 成绩显著——古籍整理出版三十年[J]/黄松. --古籍整理研究学刊,2008,06:88 – 91

本文论述了新中国建立以来党和政府重视古籍整理出版事业概况、改革开放以来古籍整理出版工作成绩,提出了对目前古籍整理出版工作的见解和思考。

1583

窥豹一斑 尝鼎一脔——谈宋版图书的策展思惟[J]/吴璧雍. --"故宫"文物月刊(在台湾地区发表),2007,286:20 – 27

本文以台北"故宫"博物院举办的宋版书展览为例,从展览空间布局、选取版本特色、单元部分等方面,探讨了宋版书的策展思路。

1584

窥基《因明入正理论疏》研究[J]/郑伟宏. --复旦学报(社会科学版),2005,03:132 –

137

唐玄奘法师弟子窥基的《因明入正理论疏》是集唐疏大成之作,被后世尊称为《因明大疏》。本文论述了该书成为汉传佛教逻辑权威著作的原因,并对其主要理论贡献和失误作了钩玄提要。

1585

《困学纪闻》版本流传考述[J]/展龙,吴漫. --图书馆工作与研究,2006,01:14-16

本文介绍南宋王应麟《困学纪闻》自问世以来出现的各种版本,其中元泰定二年(1325)刊刻版为各版本之源头,清道光五年(1825)翁元圻辑注本在清代各笺注本中最优,目前通行本有商务印书馆1959年本及1998年《新世纪万有文库》本。

1586

《困学纪闻》元刻本考述[J]/马丽丽. --古籍整理研究学刊,2008,04:43-47

《困学纪闻》在元代有两种刻本。清代藏书家多怀疑他们手中的元泰定二年(1325)刻本为明刻本,而无序跋本才是真正的元泰定刻本。本文经考证认为,真正的元泰定刻本现藏日本,国内所藏元本只有无序跋本,而所谓"元泰定本"其实是明翻刻本。

1587

《刺虎子弟书》残本修复心得[A]/杨胜锋,乔雪梅. --中国民族图书馆. 第十一次全国民族地区图书馆学术研讨会论文集[C],沈阳:辽宁民族出版社,2010

中国民族图书馆馆藏《刺虎子弟书》残本破损严重,该书曾经被修复过,修复时所用衬纸为石印古籍书页。本文介绍了《刺虎子弟书》残本修复心得:为了便于保护,以最少干预为原则,保留原有修复装订形式。

L

1588

来知德《周易集注》版本考述[J]/谢莺兴. --东海中文学报(在台湾地区发表),2001,13:107 – 150

明来知德《周易集注》现存"明万历二十七年(1599)梁山刊本"为最早刊本。迭经后人重刊,书名与卷数发生了变化。本文据各家所载,对台湾现存板本考证,归纳出了该书刊刻系统:一为四川系统,即康熙十六年(1677)凌夫惇圈点批注、高裔映校雠本;一为江浙系统,即以崇祯五年(1632)史应选辑本为主。

1589

兰花古籍撷萃[M]/莫磊选编. --北京:中国林业出版社,2006

本书选编整理《第一香笔记》《兰蕙镜》《艺兰四说》《艺兰秘诀》4种较有代表性的兰花古籍,加以注释、翻译和点评,以此了解古人如何养兰、鉴兰。该书是指导栽培和欣赏兰花的读物。

1590

兰花古籍撷萃(第二集)[M]/莫磊选编. --北京:中国林业出版社,2007

本书选编整理《兰谱奥法》《兰易》《兰易十二翼》《兰史》《兰言述略》《莳兰实验》6种有关兰花的古籍,对其进行了校订、注释、今译和点评。

1591

兰台石渠——陕西省图书馆馆藏珍品大观[J]/谢林. --收藏,2010,12:82 – 86

本文介绍了陕西省图书馆馆藏古籍来源和概况,重点揭示了两大镇馆之宝宋元版《碛砂藏》与清铜活字版《古今图书集成》和其他珍藏古籍,以及陕图收藏的书画、碑帖、民国报刊。

1592

兰溪欣见万历版罗教宝卷全帙[J]/李烈

初. --收藏界,2008,02:104 – 106

罗教是明朝罗梦鸿创建的民间宗教,其弟子将罗梦鸿言论记录为宝卷"五部六册",于明正德四年(1509)刻板印行。明清两朝虽多次翻刻,但存世全本不多。作者在浙江兰溪市方衡君先生处见到"五部六册"齐全的万历元年(1573)版罗教宝卷,特载文予以揭示。

1593

兰州师范学校图书馆古籍保护工作述略[A]/汪双英. --甘肃省图书馆学会.甘肃省图书馆学会成立30周年纪念大会暨2009年年会论文集[C],2009

本文论述了兰州师范学校图书馆藏古籍概况、古籍保护工作和以古籍特色立馆的办馆思路。

1594

雷梦辰谈古籍版本鉴定[J]/老九. --青少年书法(青年版),2008,05:52 – 55

本文从古籍版本、古籍用纸、古籍用字、古籍用墨和版式等方面,介绍了版本目录学家和藏书家雷梦辰对古籍版本鉴定的见解。

1595

《类编标注文公先生经济文衡》编者考辨[J]/罗积勇,张秋娥. --长江学术,2010,02:143 – 147

《类编标注文公先生经济文衡》是宋代一部分类辑录朱熹论道论政的重要典籍。关于该书编者,古今著录分歧较大。本文从该书宋版中的两篇序言和宋人马括生平等内容分析,认为该书编者应为马括。

1596

类书的起源与归部分类问题探析[J]/张晚霞. --科技情报开发与经济,2008,18:53 – 55

本文论述了我国古代类书的起源、历代封建统治者组织编纂类书的政治目的,列举了历代书目对类书的归部分类,提出在古籍书目各部类、当代图书书目各学科以及综合性图书类均应设立相关类书类目的建议。

1597

类书和《幼学琼林》[J]/黄子房.--海南师范学院学报(社会科学版),2006,04:132 - 135

本文分析类书体例、内容和作用,简要介绍了几本主要类书。认为明末程登吉著《幼学琼林》微型类书对于阅读一般古籍特别是唐宋以来著作,至今仍有价值。

1598

类书在辑佚校勘中的凭证作用[J]/徐威.--北京联合大学学报(人文社会科学版),2003,02:61 - 63

本文阐述了类书因其独特的编纂方式,在辑佚校勘古籍方面发挥凭证的重要意义,提出由于类书本身的历史局限性,在利用类书进行辑佚校勘工作时,应对其凭证作用持严谨的科学态度,以确保质量。

1599

类书、总集误收颜延之诗文辨正[J]/杨晓斌.--文史哲,2006,04:108 - 111

颜延之系南朝宋文学家,隋唐以来编纂的许多类书总集中辑录保存了大量颜延之诗文,但有些内容属于误辑、误著和误引、失考者。本文就影响较大的几部书中的错误举例予以说明辨正。

1600

《楞严经》真伪考辨[J]/龙延.--古籍整理研究学刊,2003,03:43 - 46

《楞严经》是中国佛教史上的一部重要佛典,因为其内容与佛教显教各经论存在诸多分歧,自古以来学者对此书真伪问题存在争议。本文从语言文化角度予以考证,提出该书确为中国本土人士所撰。

1601

冷冻灭书虫与古籍保护的几个问题[J]/梁桂英.--科技情报开发与经济,2005,13:75 - 76

本文以韩山师范学院图书馆古籍保护现状为例,指出冷冻法是杀灭书虫的有效方法,介绍了灵香草作为古籍防虫之法的绿色环保作用,就古籍保护问题提出了思考建议。

1602

离词、辩言与闻道——论戴震《屈原赋注》[J]/廖栋梁.--辅仁国文学报(在台湾地区发表),2009,28:329 - 366

《屈原赋注》系清学者戴震著作。本文阐述戴震如何通过"考据""文章""义理"治学原则,勾连出复杂章句背后可能或本应存在的屈原"本意",借此阐明心志,说明《屈原赋注》在"楚辞学史"的价值定位,以及戴震的哲学思想。

1603

《〈离骚经〉王逸注》两种版本比较[J]/张实龙.--古籍研究,2001,01:8 - 11

《〈离骚经〉王逸注》有多种版本流传。本文从缺笔避讳、内容删节等方面,对照辨析南宋淳熙八年(1181)《文选》本(中华书局1974年影印出版),以及明正德戊寅(1518)高第黄省曾刊刻本(现藏上海图书馆),提出其代表两种不同的传本系统,且相互存在联系。

1604

黎庶昌及其《古逸丛书》考论[J]/张新民.--古籍整理研究学刊,2006,04:1 - 7 + 86

本文详述清学者黎庶昌搜访刊刻《古逸丛书》经历,并以《日本国见在书目》《玉篇》《文馆词林》《姓解》《史略》《太平寰宇记》诸书为例,逐条撮述流传原委,考证版本真伪,订正今人讹误,从中了解该书文献价值,重新评价黎庶昌学术贡献。

1605

黎族藏书·古籍资料汇编(全二十册)[M]/海南省民族学会编.--海南:海南省民族学会,2006

《黎族藏书·古籍资料汇编》汇集1949年以前海南关于黎族的中外古籍资料,系海南民族学会查找搜集海南岛未藏的珍贵图书资料252种编印而成。

1606

黎族非物质文化古籍价值刍议[J]/欧利

华.--琼州大学学报,2006,06:64-65

本文从黎族文身图案、织锦图案、竹契刻纹等非物质文化角度出发,对黎族的古籍价值加以探究。

1607

黎族古籍及其价值[A]/王华北,高泽强.--中国民族图书馆.第十次全国民族地区图书馆学术研讨会论文集[C],沈阳:辽宁民族出版社,2008

本文通过介绍黎族古籍的特点、文化内涵,探讨了黎族古籍的价值。

1608

黎族古籍文献发掘的探索与实践[J]/陈秀云.--科技情报开发与经济,2009,27:14-15

本文论述了黎族古籍文献的年代界定、收藏特点、收藏现状和分布概况,说明了黎族古籍文献的搜集方法与实践。

1609

黎族古籍文献流散轨迹与再生性回归策略研究[J]/赵红,陈秀云.--图书与情报,2010,03:151-154

本文通过梳理黎族古籍文献的收藏分布与流散轨迹,从创建黎学书目数据库、建立馆际间合作关系、实行招标专项课题、加强对零散黎族古籍的编辑与制作、促进黎族古籍数字化、深入民间及世界各地收集黎族古籍资源等方面,论述了流散海内外黎族古籍文献再生性回归的策略建议。

1610

《礼部韵略》在宋代的流布[J]/李子君.--古籍整理研究学刊,2006,01:92-96

本文利用宋代史书和传世的宋人书目、笔记、文集、别集及其他相关史料,对《礼部韵略》在宋代的流布做了较为细致的阐述,力图为宋代韵书史、音韵学史研究提供一份切实可信的资料。

1611

《礼记》成书再考[J]/黄娜,潘斌,郑雨欣.--四川教育学院学报,2007,11:30-32

《礼记》是中国古代一部重要的典章制度选集,关于其成书时间和纂集者,学界尚未有

定论。《隋书·经籍志》有关记载常被认为是《礼记》并非为西汉戴圣纂集的证据,本文对此进行了反驳,还提出了《汉书·艺文志》所记载"记百三十一篇"包括《礼记》四十九篇等观点。

1612

《礼记·礼器》的成篇年代[J]/王锷.--古籍整理研究学刊,2007,05:18-20

本文对比《礼记·礼器》与《周礼》《仪礼》、郭店楚简等记载,考证了《礼记·礼器》成书时间,提出该书应成篇于战国中期。

1613

《礼记·乐记》产生佚文的原因及佚文钩稽[J]/王祎.--古籍整理研究学刊,2010,06:14-18

《礼记·乐记》在流传过程中出现亡佚情况。本文论述了该书产生佚文的原因包括自身、秦汉古籍编纂通例以及客观政治环境等,并对保留《礼记·乐记》佚文较多的文献进行了钩稽。

1614

《礼记·乐记》作于公孙尼之说辨误[J]/刘心明.--山东大学学报(哲学社会科学版),2002,01:76-79

《礼记·乐记》是一部集中体现先秦儒家音乐思想与礼教思想的重要文献,人们以为其作者是孔子再传弟子公孙尼。本文依据可靠文献资料考辨,否定了其作者是公孙尼的观点。

1615

《礼记》郑注引书说略[J]/杨阳.--古籍研究,2000,01:22-27

《礼记》是中国古代一部重要的典章制度选集。东汉郑玄曾引用书籍32种为《礼记》作注。本文从引书广泛、功能多样、方法各异三方面,论述了郑玄利用群书对《礼记》进行诠释、补充、校正的情况。

1616

《礼记·缁衣》浅谈——从郭店简、上博简看今本《缁衣》[J]/陈良中.--古籍研究,2003,03:5-7

上海博物馆藏战国楚竹书(上博简)《纴衣》、湖北郭店楚墓竹简(郭店简)《缁衣》在章数、章序、简文等方面基本相同,今本《缁衣》与二者差别较大。本文经过对比分析,指出从文字繁简、义理优劣、文气流畅、达意准确等方面,上博简和郭店简本保持了故书原貌,较今本《缁衣》为优。

1617

《礼经学》校点札记[J]/周洪.--古籍整理研究学刊,2010,04:41-44

《礼经学》为清末礼学大师曹元弼编纂的经学教科书。本文作者在对该书进行整理的过程中,根据相关文献,校证了27处标点错误。

1618

《礼书通故》整理本点校订补[J]/顾迁.--经学研究论丛(在台湾地区发表),2010,18:129-140

黄以周《礼书通故》是清代三礼之学的集大成作,中华书局于2007年4月出版了王文锦先生点校本,但存在断句错误、失校漏校等不足。本文对该点校本断句有误和校勘未及之处,提出了十数条校正补充意见。

1619

《李白集校注》校勘指瑕[J]/江合友.--景德镇高专学报,2003,01:57-58

近现代学者瞿蜕园和朱金城整理的《李白集校注》1980年由上海古籍出版社出版,其所据底本为清乾隆刊本王琦辑注《李太白文集》。本文将两书对读,提出了《李白集校注》存在的失误之处。

1620

李慈铭《越缦堂读书记》评析[D]/殷月英.--北京师范大学,2005

《越缦堂读书记》系晚清名士李慈铭的读书札记汇编,收录作者对近千种古籍的评议。本文对书中的札记进行了分类归纳,总结了李慈铭校读史籍的方法、特色和文献学方面的成就。

1621

李东阳佚作辑考[J]/丁延峰.--古籍整理研究学刊,2009,02:43-48

李东阳是明代茶陵诗派领袖,著述宏富。今人编有《李东阳集》(周寅兵点校)和《李东阳续集》(钱振民辑校)。作者于专题研究之际,意外获得李东阳佚作四篇,做了迻录、标点、考证,以期于文集再版时有所助益。

1622

李鼐《梅花衲》对《全宋诗》校勘、辨重和辑佚的文献价值[J]/张福清.--古籍整理研究学刊,2010,03:74-79

《全宋诗》出版以来,学界不断涌现对其校勘、辑佚和辨重的论文,陈新等《全宋诗订补》是《全宋诗》近年汇总性的校勘补订成果。作者研究李鼐集句诗《梅花衲》,与《全宋诗》互校,发现了较多重复或尚未辑佚的诗句或诗文,作一一辨析。

1623

李吉甫及其《元和郡县志》[D]/屈新福.--安徽大学,2009

《元和郡县志》是我国现存最早的地理总志,唐元和宰相李吉甫编撰。本文探讨了作者的思想倾向,论述了该书编纂情况、书法体例、思想内容、学术贡献,以及在训诂学和地理学方面的文献价值。

1624

李劼人藏书考[J]/王嘉陵,郭志强.--四川图书馆学报,2003,05:71-73

本文以历史档案和调查统计数据为依据,记述考证了近现代作家、文学翻译家李劼人的藏书规模、素质、特色、捐赠以及在四川省图书馆的入藏情况。

1625

李梦阳《空同子》叙录[J]/萧家怡.--东方人文学志(在台湾地区发表),2007,04:101-128

明代中叶开展了文学复古运动,前七子之首李梦阳所著《空同子》是其一生思想的汇总。本文梳理《空同子》内文及其他相关材料,分析了此书呈现的文学思想,概述李梦阳思想主张。

1626

《李密墓志铭》录文辑校[J]/姚美玲.--古

籍整理研究学刊,2003,05:86-89

本文汇集诸家关于《李密墓志铭》录文,从语言文字角度对其加以校勘,使墓志铭文真貌得以呈现。

1627

李善《文选注》引小学类书目考略[D]/邵秀丽. --华中师范大学,2010

南朝梁萧统编纂的《文选》是我国现存最早的一部诗文总集,唐代知名学者李善曾为其作注。本文考辨了李善《文选注》流传亡佚情况,分析了该书征引当代小学类书书目、次数等情况。

1628

李商隐《井泥四十韵》写作年代考辨[J]/刘小兵. --大连大学学报,2009,01:45-48

唐代诗人李商隐诗歌《井泥四十韵》的创作年代未有定论。本文根据诗歌流露的思想情绪与李商隐生平事迹,运用"诗史互证"等方法,结合古籍版本中李商隐诗集篇目编次情况,认为"大中十二年"(858)一说较为合理。

1629

《李商隐诗歌集解》中的赘注问题[J]/王东峰,上官成俊. --哈尔滨学院学报,2008,12:87-90

刘学锴、余恕诚编撰的《李商隐诗歌集解》是一部优秀的诗歌注释著作。该书力求资料全面丰富,汇集前人注释多有因袭、雷同之处,赘注现象非常突出。本文列举数例,提出商榷意见。

1630

李商隐诗歌评点的若干文献学问题——以复旦大学图书馆藏三色评点本为中心[J]/周兴陆. --古籍整理研究学刊,2004,02:75-82

复旦大学图书馆藏《重订李义山诗集笺注》三色评点本,目前尚不为学界所知。本文通过与其他评点本作比较,指出该书的朱彝尊评点是更为完整可靠的朱评文字,可校正已知朱评的大量讹误;从中窥见杨守知和金介评点李商隐诗的概貌;冯浩引录的钱良择评点,多数是抄录朱彝尊的评语。

1631

李商隐《字略》真伪考辨[J]/曹建国,张玖青. --文学遗产,2004,03:54-60

唐代诗人李商隐著有古文集字书《字略》。由于原书失传很久,人们记载介绍李商隐著述情况时,基本上不提此书。本文对《字略》作了较为详赡的考述,证明其作者是李商隐,而非李尚隐。

1632

李焘本《说文解字》考评[J]/杜冰梅. --古籍研究,2001,04:91-95

《说文解字》是东汉经学家、文字学家许慎编著的文字工具书。本文以李焘本《说文解字》为例,考述了该书因历代刊刻传承出现的错误。

1633

李涂与《文章精义》[J]/闵泽平. --古籍整理研究学刊,2001,04:41-42

《文章精义》为宋末元初李涂所编的文论。本文介绍了李涂生平,总结了该书编纂特点、学术价值和对今人研究古文的启示。

1634

李学勤主编标点本《毛诗正义》点校献疑[J]/赵茂林. --诗经研究丛刊,2009,02:372-381

作者近年研习《诗经》,对当代学者李学勤主编标点本《毛诗正义》有一些疑问,汇总在本文,以请教《十三经注疏》整理工作委员会的专家及其他学者。

1635

李一氓先生的古籍整理思想[J]/周国林. --华中师范大学学报(人文社会科学版),2001,04:114-118

李一氓先生曾任国务院古籍整理出版规划小组组长。本文总结了其古籍整理思想:把古籍整理视为中华民族特有"精神生产",对古籍整理下限、整理重点和先后缓急、新领域开拓等做了大量探索;重视前人基本方法,强调总结新的途径;整理要有研究成果,最终目的是总结出科学概论。

1636

李膺《益州记》佚文考辨[J]/唐建. --中华

文化论坛,2005,03:65-69

梁蜀人李膺《益州记》是古代巴蜀最有影响的地方志之一。该书佚文存世数量较多,但从内容分析,部分佚文作者不应是李膺;古籍所引撰者失名《益州记》佚文,多被误断为李膺所作。本文将非李膺所撰《益州记》之佚文33条,逐条加以辨析。

1637

李渔《窥词管见》浅析[J]/黄雅莉.--语文学报(在台湾地区发表),2005,12:57-85

本文从词之文体论、词之创作论出发,分析了李渔词学批评著作《窥词管见》中呈现的词学见解,探讨相关理论问题。

1638

李约瑟《中国科学技术史》引译古代史料错讹举要[J]/夏诗荷,管成学.--古籍整理研究学刊,2005,04:92-95

中国科学院外籍院士李约瑟《中国科学技术史》是一部享誉世界的著作,但存在一些古籍史料翻译错误。本文从古籍数词翻译错误、古文献人名断译错误与古史书校勘标点错误方面,予以举例说明。

1639

李贽著作研究[D]/王冠文.--台北大学(台湾地区),2008

本文为研究李贽个人著作版本状况的论文。全文详细列出李贽每一本著作的提要、序跋、目录、版本,并讨论其版本流传、禁毁情形,同时进行辨伪;列出李贽著作目前可见的所有古籍善本、影印本、排印本与电子文献,并在每本著作的研究后面附上目前可见的相关研究论文。

1640

理想电子古籍的标准[J]/杨琳.--中国典籍与文化,2009,04:51-57

本文分析了当前古籍数字化的趋势,总结了理想电子古籍的五项标准:文本可靠;生僻字能正常显示;每一种书都有版本信息,提供数字文本与图版文本互相对照的功能;检索程序功能完善;能很好地兼容常用字处理软件。

1641

《理学宗传》校点失读举正[J]/万红.--上饶师范学院学报,2010,05:49-54

中州古籍出版社2003年出版了张显清先生主持整理的《孙奇逢集》,其中《理学宗传》学术价值极高,但校点错误颇多。本文对该书标点和校勘疏误进行了一一举证,分析了其错误原因。

1642

理雅各英译《书经》及《竹书纪年》析论[J]/刘家和,邵东方.--"中央研究院"历史语言研究所集刊(在台湾地区发表),2000,03:686-739

19世纪西方汉学家理雅各发表了英文译注《中国经书》,第三卷为《书经》(包括《竹书纪年》)。本文记述了理雅各译注《书经》的重要学术成就,指出其为中国古典文献的翻译注释开辟了新途径,彰显了他对于中国学术史的贡献。

1643

《历代地理指掌图》作者之争及我见[J]/郭声波.--四川大学学报(哲学社会科学版),2001,03:89-96

《历代地理指掌图》是现存最早一部中国历史地图集,旧题苏轼著,有人怀疑系伪托,但至今尚无定论。本文从该书文风、内容、版本等进行考察,肯定了伪托说,还从四川地方文献中找到一些材料,证明真正作者是北宋巴县人税安礼。

1644

《历代妇女著作考》价值初探[J]/谢玉娥.--湘潭大学学报(哲学社会科学版),2007,06:114-119

《历代妇女著作考》是一部记载我国古代妇女著作的专题文献目录和工具书,是妇女与性别研究学科专题的宝贵资料。本文分析了该书的专题目录价值、专题工具书价值和专题文献价值。

1645

历代湖北词人知见词集简目初编[J]/谢永芳.--古籍整理研究学刊,2008,04:18-26

本文是一篇历代湖北词人知见词集简目。作者经过检索总集、别集、选本、方志、馆藏目录及目录学著作,考录出至少179家湖北词人词集的馆藏情况及零散词作的具体来源。仅知其有词或词集而暂未之见者,亦酌情予以著录。

1646

历代《史记》版本著录考论[J]/张玉春.--古籍整理研究学刊,2001,03:1-7

本文依据历代《史志》及官、私修《书目》载《史记》著录情况,考察了国内外现存《史记》的诸本承继和流传轨迹,为《史记》版本系统确立提供根据。

1647

历代《史记》版本著录考论(续)[J]/张玉春.--古籍整理研究学刊,2001,06:50-56

(同上)。

1648

《历代文话》七人谈[J]/吴小如,罗宗强,曾枣庄,谭家健,董乃斌,吴承学,傅璇琮.--中国图书评论,2008,07:117-123

复旦大学王水照教授历时十余年所编《历代文话》,选录我国文章学资料(专书和单独成卷者)143种,627万字,已由复旦大学出版社出版。本文是7位古文献专家对该书成书特点和学术价值的分析探讨。

1649

历代中医护理古籍荟萃[M]/张先庚主编.--北京:中医古籍出版社,2010

本书是国内外首部整理中医护理古籍的专著,查阅古典医籍200余种,引用古医籍160本,选用原文千余条。上篇为中医护理总论,中篇为中医护理技术,下篇为病症护理。

1650

《历科进士表》编纂缘起、栏目设计意图及相关问题[J]/吴宣德,马镛,王志明.--清史研究,2008,02:118-129

本文论述了《历科进士表》编纂背景、编纂意图、成文特点、学术价值等。

1651

历史地理古籍提要[J]/朱惠荣.--西南古籍研究,2001,00:103-114

本文为《中国古籍总目提要》历史地理古籍卷完成的部分内容。所介绍古籍多为行记,涉及边事、政务、战争、矿业、朝觐等,以及记载边疆和域外历史地理的随笔或杂记,具有重要史料价值。

1652

历史地理古籍提要(二)[J]/朱惠荣.--西南古籍研究,2004,00:27-42

(同上)。

1653

历史地理古籍提要(三)[J]/朱惠荣.--西南古籍研究,2006,00:55-71

(同上)。

1654

历史古籍医学史料研究的过去与未来[A]/张星.--中华中医药学会.中华中医药学会第十九届全国医古文学术研讨会论文集[C],2010

本文回顾了当代对历史古籍中医学史料的整理和研究状况,总结其关注力度与关注面上存在的问题,对古籍医学史料研究的未来做出了展望。

1655

历史学家吴枫的古典文献学成就初探[J]/纪晓平,王凤华.--图书与情报,2005,06:108-110

《中国古典文献学》记载了历史学家吴枫先生的文献学术成就。本文对《中国古典文献学》及吴枫先生的其他文献学研究成果给予了评述。

1656

立足现实 展望未来——重庆图书馆的缩微工作现状及发展方向[J]/张丁,杨红友.--数字与缩微影像,2005,04:51-52

重庆图书馆是"全国图书馆文献缩微复制中心"首批设立的拍摄网点之一。本文回顾了近20年来该馆为抢救国家珍贵文献资料所做的缩微影印工作,分析了其历史意义、学术价值和未来的发展方向。

1657

丽江木氏土司档案文献评述[J]/陈子丹.--

古籍整理研究学刊,2004,06:25-28

丽江木氏土司在统治滇、川、藏纳西族地区数百年间,形成了内容丰富的碑碣、摩崖、谱牒、图表、传记、文书、亲供册等。本文择其重要者,对载体形式、内容构成、史料价值和某些学术观点做出了评述。

1658

利用电脑技术整理旧志探索[J]/黄楚芬.--中国地方志,2007,06:21-25

本文根据作者近年来参与整理、翻印 20多部潮州府县旧志的实践,探索了如何利用现代科学手段整理古籍,论述了扫描参数设置、软件技术运用、"修旧如旧"整理手法以及旧志整理后综合利用等情况。

1659

利用电子技术对中医古代典籍再生性保护的探索[A]/孙海舒,符永驰,王蕊,李斌,鲍玉琴.--中国中医科学院中医药信息研究所. 2007年学术年会论文集[C],2008

本文探索了中国中医科学院图书馆利用电子技术对中医古代典籍的再生性保护,论述了该馆古籍数字化工作的历程、内容、方案和应用实践经验,简述了古籍书目数据库建设服务现状。

1660

利用图书馆现代化开发古籍服务新领域 [J]/刘曼丽.--科技文献信息管理,2000,03: 18-20+62

本文从古籍缩微影印和电子数据库两个方面,论述了利用现代化技术开发古籍服务的相关应用,总结了提高古籍管理人员现代化素质的具体措施。

1661

利用信息技术进行中医康复古籍文献整理研究的思考——试析中风康复古籍文献整理方法[J]/李灵辉,林尔正,林玉婷,林丹红.--中医药导报,2010,10:103-104+107

本文以中风病康复古籍整理方法为例,从文献范围界定、中医病种选择、中医古籍文献来源、计算机整理中医康复古籍文献方法等方面,探讨了利用信息技术进行中医康复古籍文献整理研究的思路方法。

1662

利用资料探勘技术建构中医药典籍查询系统[D]/张硕吟.--亚洲大学(台湾地区),2007

本文利用资料探勘技术,将中医药典籍的数位文字资料作为资料库,建置了中医药典籍知识库查询系统。该系统能以类别、年代、作者等作为关键字,进行关联查询和布尔查询,通过计算在中医药典籍的词频来代表关键字的重要性。

1663

利用 Sulcmis Ⅲ 建立古籍书目数据库的实践和体会[J]/梁桂英.--图书馆学刊,2006,04: 114-115

本文结合工作经验,通过利用 Sulcmis Ⅲ系统建立古籍书目数据库的实践,重点探讨了古籍分类标引、主题标引、提要字段以及丛书的著录等问题。

1664

郦道元《水经注》的编辑体例及特色[J]/陈东林.--徐州师范大学学报,2005,02:130-133

《水经注》是北魏郦道元所撰的中国地理名著。本文介绍了该书编创合一的编辑体例,论述了其注大于文的编辑风格,广征博引、校考并重的编辑方式,体系严谨、文理兼容的编辑特色。

1665

《笠翁一家言初集》考述[J]/黄强.--文献, 2006,04:51-60

《笠翁一家言初集》系清文学家、戏剧家李渔文集。本文考证论述了该书的版本特色和成书时间,比照了不同版本之间的异同。

1666

傈僳族档案文献及其开发利用[J]/陈子丹.--档案学通讯,2008,03:35-38

本文介绍了现存的傈僳族口碑古籍、木刻文书、音节文字文献、官方汉文碑刻和民间人事石刻等档案文献特点,揭示其在研究傈僳族历史、宗教、文学和语言文字方面的重要价值,提出了开发利用建议。

1667

《联绵字谱》及其对中医古籍训诂的启示
[J]/王姝琛，崔为.--长春中医学院学报，
2004,03:62－63

《联绵字谱》是近代学者王国维编录古代
联绵字的专著，收在《王国维遗书》。本文介
绍了《联绵字谱》概况、成书特点、作者在研究
该书过程中得到的启示。

1668

《楝亭集》未收录的曹寅诗三首[J]/张一
民.--古籍整理研究学刊，2007,01:34－35

清人邓汉仪《诗观二集》中辑录了曹寅诗
三首，出于曹寅未刊诗稿《野鹤堂草》，因诗稿
迷失，《楝亭集》未收。本文对这三首诗进行
了介绍分析。

1669

"良师须具补天之手"——中国古籍修复：
人才与队伍[D]/阎燕子.--南京大学，2009

本文论述了中国古籍修复人才现状、培
养古籍修复人才队伍必要性，总结了培养人
才和提高古籍修复人员素质的具体方法。

1670

凉州遗存藏文古籍考略[J]/卢亚军，苏得
华，更登三木旦.--图书与情报，2006,02:
127－130＋5＋145－146

本文在作者实地参与整理凉州（甘肃武
威）遗存藏文古籍基础上，论述了该批古籍产
生的历史背景与文化渊源、发现与初步整理
过程、主要内容、若干特征稽考、价值评价等。

1671

《梁公九谏》成书考述[J]/罗筱玉.--古籍
整理研究学刊，2005,06:80－84

《梁公九谏》为宋代讲史话本。本文考辨
了该书版本、序言作者和成书过程。

1672

梁启超对文献学普及化方向的探索及意义
[J]/彭树欣.--图书馆论坛，2009,06:255－
258＋234

本文论述了近代国学大师梁启超对文献
学普及化方法的探索、文献学研究工作学术
价值和重要贡献，分析了其文献学普及化的

表现形式。

1673

梁启超文献学思想研究[D]/梁松涛.--河
北大学，2005

《饮冰室合集》是近代国学大师梁启超著
作集。本文以该书为第一手资料，探讨了梁
启超在文献学领域里的一系列理论构建，评
价了其在学术史上的地位。

1674

《梁书》点校辨正[J]/熊清元.--古籍整理
研究学刊，2005,02:73－78

中华书局点校本《梁书》被学界认为是
"目前最佳版本"，但该书存在一些校勘失误。
本文列举其标点、校勘方面的问题21例，予以
辨正。

1675

梁武帝与《昭明文选》、《玉台新咏》的编纂
[J]/胡旭.--古籍整理研究学刊，2004,05:
16－23

本文回顾了梁武帝生平和作品特点，分
析《昭明文选》《玉台新咏》的编纂背景与特
点，阐释了梁武帝的文学思想。

1676

两岸三地古籍与地方文献[C]/澳门图书馆
暨资讯管理协会编.--澳门：澳门图书馆暨资
讯管理协会（澳门地区），2002

本书包括地方文献4篇，古籍整理研究
11篇。

1677

两岸文化交流的璀璨明珠——台湾版《徐
霞客游记》简介[J]/李惠铨.--思想战线，
2006,03:9－10

本文介绍了云南大学朱惠荣教授《徐霞
客游记全译》的成书过程和学术价值。该书
以《徐霞客游记》为名被选入台湾古籍出版有
限公司出版的《中国古籍大观》丛书。

1678

《两般秋雨庵随笔》标点指误[J]/唐子
恒.--山东教育学院学报，2000,05:26－28

《两般秋雨庵随笔》系清学者梁绍壬所撰
笔记。新疆人民出版社1995年出版了文白对

照本,在整理上失误颇多。本文就其标点失误问题列例分析,探讨了失误原因。

1679

两大中文古籍数据库比较研究[J]/孙琴. --新世纪图书馆,2007,01:52 - 53 + 85

本文从收录内容、数据格式、检索功能、检索结果利用、销售方式等方面,对两大中文古籍数据库"中国基本古籍库"和"国学宝典"进行了比较分析,以促进专业古籍数据库的建设完善。

1680

两汉魏晋南北朝古籍编目史略[J]/曹之. --图书情报论坛,2001,02:54 - 59

两汉魏晋南北朝时期是我国古籍编目的产生和初步发展时期,可考书目有 66 种。本文介绍了该时期古籍编目概况和编目特点。

1681

两汉著述总汇 一代文献巨编——从两汉文献整理的历史看《两汉全书》编纂出版的学术文化意义[J]/王承略. --澳门文献信息学刊(在澳门地区发表),2010,03:118 - 121

《两汉全书》是山东大学出版社 2009 年出版的两汉现存文献最为完整的大型丛编,收录 870 余名两汉人物的论著。本文梳理了两汉文献整理历史,介绍了该书编纂出版的特点、贡献和学术文化意义。

1682

两汉《左传》学概述[J]/李卫军. --重庆社会科学,2007,03:42 - 45

本文介绍了汉代学者所处的学术政治环境,分析总结了两汉《左传》学的经学研究情况和史学研究成果。

1683

两宋雕版印刷黄金时代中的杭州刻书业研究[J]/仇家京. --杭州研究,2010,01:182 - 185

两宋时期,杭州成为全国四大刻书中心之一。本文分析了杭州刻书业兴盛成因、两宋杭州刻本风貌和特点,介绍了南宋定都临安后,官、私、坊三大刻书业尤其是"坊刻"对传承中国古代文化遗产做出的贡献。

1684

两唐书崔融列传补正[J]/过文英. --江南大学学报(人文社会科学版),2007,03:47 - 50

崔融为唐代文章四友之一,在初唐文坛上具有较高声誉。两唐书均为崔融列传,但失之简略,多有讹误,如关于崔融家世、仕宦经历等。本文结合崔融诗文、《唐会要》及石刻文献等多种资料,进行了补正。

1685

两"逸"之比——《尚书·无逸》与《国语·论劳逸》对读[J]/沈利斌,赵俊芳. --古籍研究,2000,01:19 - 21

《尚书·周书·无逸》与《国语·鲁语下·公父文伯之母论劳逸》从内容到形式颇有共同点,可对读比较。两文均包括了修身齐家治国平天下等儒家传统思想,文中"不逸"对历代君民的无奢、勤劳是很好的规范,可管窥中华民族传统美德和文化精神。

1686

两种《古今图书集成》电子版的比较——兼谈古籍电子索引的标准与规范[J]/毛建军. --图书馆理论与实践,2008,03:28 - 30 + 51

本文回顾了国内外利用计算机编制古籍索引历史,对比两种电子版《古今图书集成》后提出:古籍电子索引规范化和标准化决定着数据库自动化和网络化水平,提出了编制电子化古籍索引的理想模式与规范。

1687

两种善本《顺治十二年乙未科会试进士三代履历便览》之比较[J]/马镛,吴宣德. --图书馆杂志,2009,11:70 - 73

上海图书馆藏《顺治十二年乙未科会试进士三代履历便览》初刻本,国家图书馆藏有该书康熙年间重刻本。两种善本体例相同,但内容有诸多差异;各有优缺点,可以取长补短,参酌而用。本文对比列举了两种版本的异同。

1688

量身打造:论线装古籍"六合套"的制作[J]/谢莺兴. --东海大学文学院学报(在台湾地区发表),2000,41:151 - 170

函套是一种传统的书籍护装物,有四合套和六合套两种。本文从函套所需材料和工具入手,提出"六合套"在量身订制过程中,裁剪上要注意各部位尺寸不同;连接组合时,要注意折合空间预留,避免不合身,影响古籍与函套之间的贴合度。

1689

辽代文学史料整理的回顾与思考[J]/刘达科.--山西师大学报(社会科学版),2003,02:22－27

我国辽文学史料整理呈现由散而聚、百川汇海之势。本文通过梳理辽文学史料保存、整理历史和现状,阐述了对辽文学研究领域的见解思考。

1690

辽宁省图书馆藏古籍精品图录[M]/王筱雯主编.--沈阳:沈阳出版社,2008

本书介绍了辽宁省图书馆馆藏宋元刻本、明刻本、清刻本、套印本、活字印本、抄本、稿本、校本、满文本、蒙文本、藏文本、古代朝鲜本、日本本、绘本、书帖、信札等195部古籍。

1691

辽宁省图书馆馆藏满文古籍书说[J]/卢秀丽.--满族研究,2001,02:63－65＋21

辽宁省图书馆收藏了大量满文书籍,已经整理的有大约260种400多部。本文按照四部分类法对馆藏满文古籍图书分别作了介绍。

1692

辽宁省图书馆满文古籍图书藏书状况的统计与辨析[J]/卢秀丽.--满族研究,2008,02:83－86

本文介绍了辽宁省图书馆馆藏满文古籍图书状况、种数及数量,分析了这批古籍藏书的历史价值和学术意义。

1693

辽宁省图书馆满文古籍图书综录[M]/卢秀丽,阎向东编著.--沈阳:辽宁民族出版社,2002

本书收录辽宁省图书馆所藏满文本、满汉合璧本、满蒙合璧本、满蒙汉合璧本、满蒙藏汉合璧本、藏回满蒙汉合璧本、满汉蒙藏托忒蒙维吾尔合璧本等266种古籍。

1694

辽沈地区中医药古籍文献建库构想[A]/马家伟,彭强.--中共沈阳市委员会、沈阳市人民政府.科学发展与社会责任(B卷)——第五届沈阳科学学术年会文集[C],2008

本文论述了我国辽沈地区建立中医药古籍文献数据库的意义、建库原则、建库步骤、建库类型和要求等。

1695

《辽左见闻录》及作者王一元[J]/董润丽.--古籍整理研究学刊,2003,01:91－93

《辽左见闻录》系清康熙年间文士王一元在旅居沈阳时所写的见闻笔记,是记载我国辽东故实较早、价值颇高的专著。本文介绍了王一元概况,揭示了该书的史料价值和版本价值。

1696

《聊斋志异》子弟书研究[D]/贾静波.--北京大学,2005

子弟书是清八旗子弟首创并流行的讲唱文学,《聊斋志异》子弟书是以《聊斋志异》故事为题材改编的篇目。本文从原著观念对子弟书改编影响、改编特征的市民化倾向、市民化倾向深层探寻等方面,分析了该书精神意蕴体现出的市民化特征。

1697

《列女传》校读琐记[J]/邓军,李萍.--古籍研究,2003,02:22－24

西汉刘向撰《列女传》是一部介绍中国古代妇女事迹的传记性史书。当代学者刘晓东校点,辽宁教育出版社1998年版《列女传》,校正了原刻本中一些错误,但失校和错讹之处仍有不少。本文列举了刘晓东本的一些校点错误。

1698

《列子》考辨三题[D]/李彬源.--福建师范大学,2006

本文对列子其人其书,《列子》整理、流传及注本,《列子》思想源流和作用影响等三个问题进行了基础性考辨,以推动《列子》研究全面深入开展。

1699

《列子》目录研究［J］/许富宏. --古籍研究,
2003,02:20 – 21

本文比较张湛本与刘向本目录,分析《列
子》目录分类与特征,得出了《列子》目录当为
刘向命定的研究结论。

1700

《列子》伪书说述评［J］/管宗昌. --古籍整
理研究学刊,2006,05:11 – 16

本文介绍了当今学界的几种《列子》伪书
说,提出了作者自己的见解,阐释了古籍整理
研究的原则。

1701

《列子》真伪考述评［J］/郑良树. --中国文
哲研究通讯(在台湾地区发表),2000,04:
209 – 235

本文从刘向《叙录》问题、诸家序列、与其
他古籍关系、思想内容晚出、事物及材料晚
出、采用后代词汇语法等方面,论述了历代学
者争论《列子》真伪的六个主要课题。

1702

《列子》撰写时代考——从词汇史角度所作
的几点补证［J］/王东,罗明月. --西南交通大
学学报(社会科学版),2009,06:1 – 7

当今学界认为,《列子》名为先秦古籍,实
则是晋人的伪作。本文对书中十几个汉末魏
晋时期的词语进行了考证,以期补充学界的
"伪书说"观点。

1703

《林景熙集》版本考［J］/顾永新. --古籍整
理研究学刊,2000,05:43 – 45

《林景熙集》宋元之际已有传本,今传世
本有五卷本和十卷本两个系统及综合二本而
成的鲍本系统等。本文考察了明清以来该书
的各种版本,探究了各版本的源流情况,构建
了该书的版本系统。

1704

林景熙佚文《春声君传》［J］/潘猛补. --温
州师范学院学报,2001,02:28 – 29

宋末爱国诗人林景熙托物言志的讽谕小
品很有特色。新发现的佚文《春声君传》就是

一篇佳构,从中可看出作者林景熙的高风亮
节。本文分析了该篇佚文的特色和作者的文
学思想。

1705

林占梅《潜园琴余草》版本考［J］/徐慧
钰. --台湾文学学报(在台湾地区发表),2006,
09:105 – 154

清中叶北台诗人林占梅撰《潜园琴余
草》,生前未曾刊刻全集,后世流传诸多版本
或是手抄本、刊刻不全选本,差异颇大。本文
对《潜园琴余草》进行了版本考证,比较了各
版本优劣;对林占梅事迹加以补充,厘清一些
问题。

1706

林仲懿《南华本义》之研究［D］/王云. --华
东师范大学,2009

林仲懿《南华本义》是清初一部极具特色
的注《庄子》著作。本文根据文献资料,考证
论述了林仲懿生平、家世、交游和《南华本义》
的成书时间等。

1707

《临川先生文集》年月与阶官疑误十一则
［J］/寿涌. --古籍整理研究学刊,2009,02:
24 – 30

《临川先生文集》系北宋王安石的著作
集。由于一些数字或年号字形相似,在传抄
翻刻过程中产生了混同,使某些文章所记年
月与官职出现舛误。本文依据南宋李焘《续
资治通鉴长编》,对一些年月和官职之误进行
了辨正。

1708

《麟台故事》研究［D］/王海英. --吉林大
学,2004

《麟台故事》是南宋学者程俱记述北宋一
代翰林故实的著作。本文从文献学、历史学
等角度,论述了《麟台故事》的研究价值、编
撰、著录版本、史料价值,程俱的馆阁管理思
想,《麟台故事》与后代典籍编纂的关系等。

1709

《麟溪集》辑者考辨［J］/桂宝丽. --中国典
籍与文化,2001,03:49 – 50

书目文献出版社 1988 年出版的《北京图书馆古籍珍本丛刊》第 114 册,收录了据明成化十一年(1475)郑珊、郑琥刻本影印《麟溪集》,集前署名"明郑太和辑郑玺续辑"。本文考辨提出,《麟溪集》最初应为元代郑文融所辑。

1710

《麟溪集》文献考辨[D]/施贤明. --北京师范大学,2010

《麟溪集》是元末明初学者郑太和创作的一部文学类著作。本文依据《中国古籍善本书目》,对国内所藏主要《麟溪集》版本厘清源流,指出了各本编纂中存在的问题,订正了著录题跋对该书的误读和研究者相关论文中的谬误。

1711

《灵枢·刺节真邪》中五邪刺校注[J]/张瑞峰,卢君艳. --上海针灸杂志,2010,05:325 - 326

五邪刺是针对五种邪病所用不同针具治疗的总称。《灵枢》《针灸甲乙经》《太素》三本中医古籍中均有关于五邪刺的记载,但文字互有出入,正文与注文互相混淆,致历代注家断句多误,注释多望文生义。本文对比了三本古籍医书关于该内容的异同,考校了相关文句。

1712

凌稚隆《史记评林》探析[J]/朱志先. --古籍整理研究学刊,2009,04:89 - 93

明学者凌稚隆汇集历代研究《史记》优秀成果,编撰《史记评林》。本文介绍了《史记评林》的内容、撰写方法、学术价值,总结了凌稚隆在《史记》研究上的建树。

1713

岭南灸法古籍《采艾编》与《采艾编翼》整理及相关研究[D]/周睿. --广州中医药大学,2010

本文对清岭南灸法古籍《采艾编》《采艾编翼》进行了整理校注研究,归纳其学术特色,探讨了《采艾编》灸法上的用穴特色,梳理了《采艾编翼》方剂内容各方来源情况,对书

中热证用灸等作了论述。

1714

岭南医家罗芝园《鼠疫汇编》整理及相关研究[D]/李建梅. --广州中医药大学,2005

本文以《中医古籍校注通则》为准则,从校勘、标点、注释三方面,对清末岭南医家罗芝园《鼠疫汇编》进行了整理,考证版本源流,探究了书中中医鼠疫防治理论和临床用药特点。

1715

岭南医家潘名熊《叶案括要》整理及相关研究[D]/胡经航. --广州中医药大学,2006

本文考证了清岭南医家潘名熊《叶案括要》版本源流,选定底本、主校本、参校本;对该书进行了校勘、标点、注释,形成点校注本;结合潘名熊传世著作,整理研究其生平、学术思想和临证经验,形成了医论格言选萃及医案选编。

1716

刘安及宾客著述考略[J]/漆子扬. --古籍整理研究学刊,2006,01:38 - 41

淮南王刘安是西汉文学家、思想家。本文统计了目前所见到的历代典籍著录刘安等人的著述,介绍了刘安及淮南宾客的学术著作、文学作品和后人伪作。

1717

刘秉忠《藏春乐府》研究[D]/林妙玲. --成功大学(台湾地区),2006

元开国名臣刘秉忠词作《藏春乐府》真实记录了其心态情感,透露当时词坛氛围,在金元之际词史上具有代表意义。本文从版本校订、生平交游、内容风格、形式特色、山谷诗论的承继等方面,对该词作展开了论述。

1718

刘长卿集版本考述[J]/陈顺智. --文献,2001,01:105 - 118

刘长卿是唐大历年间著名诗人。关于刘长卿集的版本研究,有万曼《唐集叙录·刘随州文集》、蒋寅翻译的日本高桥良行《刘长卿集传本考》、储仲君《刘长卿诗编年笺注》所附《〈刘随州集〉版本考》。本文对该三篇专题文

章进行了概括总结,提出了作者的见解。

1719

刘承干与嘉业堂藏书楼[J]/邹育华. --东南文化,2004,06:91 - 92

浙江南浔嘉业堂藏书楼兴起于 1910 年,是旧中国私家藏书楼最后的辉煌。其主人刘承干为收藏古籍做出了贡献。本文对刘承干和嘉业堂藏书楼作了介绍,肯定了其在我国古典书籍的保护与存藏上所作出的贡献。

1720

刘国钧先生与西北地方文献——纪念刘国钧先生诞辰 110 周年[J]/罗康泰. --新世纪图书馆,2009,05:85 - 87

本文以纪念近代图书馆学家刘国钧先生诞辰 110 周年为契机,论述了刘国钧先生开创国立西北图书馆和对西北地方文献的征集所花费的巨大心血和重要贡献。

1721

刘琏、刘璟、刘鹰存世著作版本略考——兼论编校《刘琏、刘璟、刘鹰集》的价值与意义[J]/张宏敏. --浙江工贸职业技术学院学报,2009,02:93 - 98

明初学者刘琏、刘璟、刘鹰同属浙江文成刘氏家族。本文考述了刘琏《自怡集》、刘璟《易斋稿》《遇恩录》、刘鹰《盘谷集》《翊运录》的存世版本,提出开展相关编校整理工作,可以为文成刘氏家族"文化世家"命题确立提供文本素材,使浙南家族文化在新时期得到弘扬宣传。

1722

刘敏中《中庵集》考论[J]/邓瑞全,谢辉. --古籍整理研究学刊,2008,06:11 - 16

《中庵集》是元文学家刘敏中所撰诗词文集。本文梳理《中庵集》现存各种版本,将其分为元刻本和四库本两大系统,阐述了《中庵集》在元代文史研究中具有的重要史料价值。

1723

刘文典《淮南鸿烈集解》研究[D]/王丽. --南昌大学,2010

《淮南子》是西汉淮南王刘安主持编写的一部哲学著作,近代学者刘文典写有《淮南鸿烈集解》。本文梳理了《淮南子》历代校注研究、版本流传情况,论述了刘文典生平学术、校注内容、校勘方法、后期补校工作等,客观评价了《淮南鸿烈集解》的贡献与不足。

1724

刘向《别录》佚文辑补[J]/王连龙. --图书馆理论与实践,2009,11:59 - 60

《别录》是西汉经学家刘向所撰的官府藏书目录,于唐后流传无序,自清以来《别录》辑本虽有十家之众,然所辑佚文多陈陈相因。本文根据唐宋人文集,新辑得刘向《别录》佚文二则,略做考证。

1725

刘向及其校书活动[J]/吴修芹,陈霞. --兰台世界,2006,08:55 - 56

刘向是汉代杰出的目录学家、思想家、经学家,成帝年间奉旨校书。本文介绍了刘向生平,总结了他在档案文献整理与编纂方面取得的重要成就。

1726

刘向刘歆父子与档案文献编纂[J]/李东风. --平原大学学报,2000,04:105 - 106

本文论述了西汉经学家刘向、刘歆父子把版本收集、校勘、考据、整理、编目等熔为一炉,形成了整理古籍的原则方法,创立目录学、校雠学,促进了档案史料编纂工作的开展,对古代文化保存、积累和传播做出了重要贡献。

1727

刘向《新序》版本述略[J]/郝继东. --古籍整理研究学刊,2006,02:94 - 95

西汉刘向撰《新序》是历代用来规谏帝王子民的好教材,手抄版刻者甚多,但其流传情况历来缺少考证。本文考订了《新序》成书年代,并对从汉到近现代的源流情况作了整体介绍。

1728

刘孝标《世说注》考略[D]/赵建成. --黑龙江大学,2003

本文从原始材料出发,考查了南朝梁文学家刘孝标《世说注》作注时间、施注原则、方法,引用及存书目等问题,总结了前辈学者针对该问题的研究成果,考证了刘注史部正史类29种著作。

1729

刘孝标《世说注》撰著时间考 [J]/赵建成. --古籍整理研究学刊,2009,01:19 – 21

南朝梁文学家刘孝标《世说注》撰著时间目前学术界尚无定论。本文从刘孝标为《世说新语》作注所需要的条件出发,结合其生平,得出刘孝标《世说注》撰著时间当在梁武帝天监十五年(516)至普通二年(521)之间。

1730

刘孝绰集校注 [D]/曹冬栋. --东北师范大学,2006

本文概述了南朝梁诗人刘孝绰生平事迹、思想性格、诗文内容、艺术特色等,对其现存诗文进行了辑佚、校勘、考订与注释。附录中收录刘孝绰年表和历代评论资料汇编。

1731

刘歆与目录学 [J]/周宏琰. --兰台世界,2008,04:53 – 54

西汉经学家刘歆继承其父刘向遗志,编成了我国第一部综合性图书分类目录《七略》,在中国目录学史上具有开创之功。本文介绍了《七略》基本情况,分析了该书对我国古代目录学的创新之处。

1732

刘墉、周永年、吴大澂、叶昌炽未刊信札四通考释 [J]/包云志. --古籍整理研究学刊,2006,03:66 – 69

本文对山东大学图书馆藏清四通未刊信札原件进行了整理、校点与注释:刘墉致刘埻信是了解清代科举制度的第一手资料;周永年致李宪嵩信是周存世五通信札之一;吴大澂致祁世长信对了解清流派人物的处境和心态很有帮助;叶昌炽致刘永诗信记录了八国联军入侵中国,义和团运动在北京的一些真实情况。

1733

刘永文编《晚清小说目录》 [J]/李庆国. --汉学研究(在台湾地区发表),2009,04:377 –

382

《晚清小说目录》由当代学者刘永文编写,于2008年11月由上海古籍出版社出版,是近代小说目录研究的专著。本文系对该书的书评,介绍了该书收录范围、研究方法、内容特点、不足之处等。

1734

《刘禹锡诗集编年笺注》注释商榷 [J]/罗筱玉. --古籍整理研究学刊,2001,03:29 – 32

当代语言学家蒋维崧等人编著《刘禹锡诗集编年笺注》,填补了刘禹锡诗集无注本的空白,但其注释仍有可商榷之处。本文列举23例,与注者进行探讨。

1735

刘知几与柳宗元辨伪方法论略 [J]/贾名党,孟祥东. --晋中学院学报,2009,05:7 – 10

本文比较了唐代文学家柳宗元和刘知几的古籍辨伪方法,指出柳宗元继承了刘知几从史实和文义等层面考辨古籍真伪的路径,并从源流、语言文字、古籍著者考辨及伪书价值等方面对古籍辨伪方法作了新拓展。

1736

刘子翠及其诗歌成就简论 [J]/杨国学. --莆田学院学报,2010,01:47 – 53

本文简述了宋代学者刘子翠生平和著述,运用抽样考察与定性分析相结合的方法,分析了刘子翠的诗作特点与艺术风格。

1737

《刘子校释》简评 [J]/任朝霞. --古籍整理研究学刊,2000,05:59 – 61

本文针对中华书局版《新编诸子集成》收录的当代学者傅亚庶先生所撰《刘子校释》做出了评述,在将该书与诸多版本进行比较之后,高度评价了傅亚庶版本的编纂特色和学术价值。

1738

《刘子遗书》及《刘子全书》考 [J]/高海波. --鹅湖学志(在台湾地区发表),2007,38:223 – 241

《刘子遗书》《刘子全书》系明代理学家刘宗周所撰。本文梳理两书的编辑刊刻情况后提出:《刘子遗书》没有丢失,被收于《四库全书》中;《刘子全书》刻于 1687 年,编辑工作主要是董场负责。

1739

《刘子》作者和创作时间新考[J]/陈志平. --古籍整理研究学刊,2007,04:14 – 18

本文将《刘子》文字思想和南朝文学理论家刘勰、北齐思想家刘昼生平比对,论证此书并非二人所作。通过分析《隋书·经籍志》等记载,指出《刘子》为晋人作品,创作于 220 年至 288 年间,作者为魏晋间人。

1740

流散海外中国古籍的回归与思考[J]/潘德利. --沈阳师范大学学报(社会科学版),2006,06:147 – 149

本文分析了流散海外中国古籍回归的重要意义、回归方式和成效,从排除限制古籍回归障碍、借助国际横向合作之力、依据相关国际公约追索、重视遏制古籍再流失方面,提出了未来古籍回归的建议。

1741

流失海外纳西族东巴经档案文献保护研究[J]/华林. --云南档案,2009,02:35 – 36 + 41

本文梳理了纳西族东巴经档案文献流失海外的历史及现状,并结合档案文献与古籍、文物关系,多视角探讨了保护抢救问题。

1742

流寓日本之中国珍善本古籍述状[J]/潘德利,金咏梅. --图书馆论坛,2004,06:282 – 285

本文概述了流落日本的中国珍善本古籍情况,探究了日本人搜集获得中国古籍的途径和手段,展望了中国古籍善本再造与全球资源共享的发展前景。

1743

柳集版本丛考[J]/刘汉忠. --广西地方志,2009,04:42 – 46

《柳宗元集》在柳宗元辞世后由刘禹锡编辑,经北宋初穆修刊刻后,版本繁复。本文重点选择柳集各类型刻本,考证了其刊传情况和版本特点。

1744

《柳集版本丛考》续[J]/刘汉忠. --广西地方志,2009,06:21 – 24 + 33

本文选择宋代绍兴初年柳州州署刻本等柳集版本、名家评点本等,说明了其刊传、版本特点和学术价值。

1745

柳集版本丛考(续二)[J]/刘汉忠. --广西地方志,2010,02:28 – 32

本文围绕《国家珍贵古籍名录》柳集初传、善敬堂本柳集等若干论题,考证了《柳宗元集》多种类型版本的刊传、特点及学术价值。

1746

《柳集版本丛考》(续三)[J]/刘汉忠. --广西地方志,2010,05:24 – 28

本文对柳宗元集祖本、柳集朱墨套印本等若干论题,或考证,或介绍版本的刊传、特点及学术价值。

1747

柳州地方古文献《越雪集》的寻访及其文献价值——略谈地方古籍的征集工作[J]/郭丽娟. --图书馆界,2006,03:37 – 40

本文介绍了广西柳州地方古文献《越雪集》的探访过程、文献价值,分析了其作者和诗歌创作成就,剖析了该书在订正史料讹误方面具有的参考作用。

1748

柳宗元永州山水文章明版述异[J]/梁颂成. --湖南科技学院学报,2005,09:47 – 49

中央民族大学图书馆藏明嘉靖刻本何镗辑《古今游名山记》,收录柳宗元永州山水文章 14 篇。本文对照中华书局 1979 年 10 月版《柳宗元集》相应篇目和校勘记,辑录了该文章不同版本间的相异之处,供学界研究。

1749

柳宗元与古籍辨伪研究[J]/林艳红. --桂林师范高等专科学校学报(综合版),2004,03:89 – 92

我国辨伪学史最早可追溯至先秦,但首位将古籍辨伪当作学问加以研究的是唐代学者柳宗元。本文从开创古籍辨伪方法先河、推动古籍辨伪研究发展等方面,探讨了柳宗元在辨伪学方面的重要贡献和影响。

1750

六朝碑刻词语考释[J]/王盛婷. --古籍整理研究学刊,2004,05:65 - 67

本文选取汉魏六朝石刻若干词条,采用排比例证、词义溯源、结构分析等方法进行了考释,以求对前贤或辞书成说有所补正。

1751

六朝后期江南义疏体《易》学谫论——以日藏汉籍旧钞本《讲周易疏论家义记》残卷为中心[J]/童岭. --"中央研究院"历史语言研究所集刊(在台湾地区发表),2010,02:411 - 465

本文以日藏汉籍旧钞本《讲周易疏论家义记》残卷为例,从义疏体分类、《经典释文》"异本说"出处等方面,重新评估了六朝后期江南地区义疏体《易》学价值及其在魏晋与隋唐经学史的地位,从该卷辑出 12 家先唐《易》遗说若干。

1752

六分法到四分法与我国古代图籍的发展[J]/高举红. --图书情报工作,2006,S1:247 - 248 + 246

本文回顾了我国古代图书分类发展史,介绍六分法创立背景、四部分类法产生和由六分法过渡到四分法的原因,探讨了我国古代图书分类法的演变发展规律。

1753

六盘水市彝族"口传古籍"初探[A]/王留德. --贵州省档案局、贵州省档案学会. 贵州省档案局、贵州省档案学会"纪念贵州省档案馆成立 50 周年"学术交流会论文集[C],2010

本文论述了贵州六盘水市彝族历史、彝族古籍文献存藏情况、口传古籍的形成和面临形势,总结了抢救和保护彝族口传古籍的重要意义。

1754

《六十种曲评注》之重大贡献[J]/蒋星煜. --山西师大学报(社会科学版),2008,01:27 - 31

山西师范大学戏曲文物研究所黄竹三、冯俊杰教授主编,吉林人民出版社 2001 年出版了大型古籍整理图书《六十种曲评注》。本文分析论述了该书的编纂特点、出版意义、学术价值和贡献。

1755

《六书通》评略[J]/陈泽新,李二年. --长春大学学报,2008,11:35 - 37 + 41

《六书通》是明末清初一部古文字字书,前人对该书评价不一。本文结合古文字与古代字书研究成果,探讨了《六书通》成书情况、文献流传和字形价值,指出了该书存在的问题。

1756

《龙龛手镜》疑难字考释[J]/邓福禄. --语言研究,2004,03:99 - 101

辽代释行均著《龙龛手镜》是一部以辨别汉字异体为主的字书,书中有两类在当今不易识别的疑难字:音义俱全但构形意图不明的字;只有注音而无释义的字。本文考释了分属这两类的 10 个疑难字,纠正了《汉语大字典》《中华字海》一些失误。

1757

龙起涛及其诗经学著作《毛诗补正》[A]/蔡明蓉. --辅仁大学中国文学系. 第六届先秦两汉学术国际研讨会论文集[C],新庄:辅仁大学(台湾地区),2007

清代乾道以降,知识分子有感于内忧外患,前仆后继投入经国济世行列。学者龙起涛倾毕生之力,完成《毛诗补正》。本文从龙起涛生平及著作出发,建构其诗经学旨归,并从诗经学发展脉络说明了龙氏诗经学的学术价值。

1758

龙榆生《东坡乐府笺》与傅干《注坡词》[J]/赵晓兰,佟博. --辽东学院学报(社会科学版),2010,04:122 - 130

南宋傅干《注坡词》是苏轼词的最早笺注。本文指出近现代学者龙榆生先生《东坡乐府笺》除大量采录《注坡词》之外,还对其作了必要增补和订正,但也有漏收及沿袭讹误之处。

1759

龙璋辑《字书》所据《玄应音义》版本考
[J]/许启峰. --西华大学学报(哲学社会科学版),2010,04:28 - 30

《字书》是记录魏晋时期实际词汇面貌的辞书,今已失传。唐释玄应《一切经音义》是现存最早的一部佛经音义书,流传版本分为丽藏本和碛砂藏本系统。清代学者龙璋从《玄应音义》中辑出《字书》佚文 182 条。本文考证后提出,龙璋辑佚《字书》所据《玄应音义》本属于碛砂藏本系统。

1760

陇东学院图书馆馆藏古籍概述[A]/李大舟. --甘肃省图书馆学会. 甘肃省图书馆学会 2008 年年会论文集[C],2008

甘肃陇东学院建成了全省同类院校图书馆中具有一定藏量和特色的古籍文献资源库。本文概述了陇东学院图书馆古籍来源,对主要藏本及大致情况按经、史、子、集分类进行了介绍。

1761

卢文弨钞校题跋本考略[J]/陈修亮. --书目季刊(在台湾地区发表),2004,02:65 - 97

卢文弨是清代校勘学家、藏书家。本文从经史子集四部分,考述了前代学者收录的卢氏钞校题跋本 314 种,介绍了其校勘所据底本、校本、年代及底本现藏何处等。

1762

卢文弨校勘学思想与方法[J]/陈修亮. --古籍整理研究学刊,2005,01:41 - 45

本文从提高校勘质量、恢复古书原貌、强调多闻阙疑、探求著书义例、重视古籍旧本而不盲从、汇合众家之说等方面,介绍了清代学者卢文弨的校勘学思想;从广罗众本、重视他校、寻求义例、运用小学、以名物史实典制为校勘依据等方面,探讨了其校勘学方法。

1763

卢文弨学术研究[D]/夏艳. --中国人民大学,2005

本文分析了清代学者卢文弨生平、学术与清代学术史,探讨了其校勘学思想构成,从学术史角度描述卢氏学术的形成过程,勾画出卢氏与周边学者形成的学术关系网,由卢文弨具体一点窥及整个朴学发展进程。

1764

《芦川词》若干名物札记[J]/陈庆元. --书品,2003,01:71 - 76

上海古籍出版社 1991 年出版《芦川词》,为《宋词别集丛刊》中的一种,系南宋词人张元干词集。本文针对书中的若干名物进行了考订,以札记形式就正于校注者和读者。

1765

《庐山古今诗词选》注解商正[J]/尹鲁. --九江师专学报,2001,03:76 - 79

汪国权等人编著的《庐山古今诗词选》由江西美术出版社分别于 1993 年、1997 年出版。本文比较了前后两版,举例说明前版中的瑕疵在第二版中并没有得到修正,指出了新增补篇目在注释等环节上产生的新错误。

1766

泸州市图书馆古籍地方志馆藏目录(四川省部分)[M]/吴原原主编. --泸州市图书馆,2010

本书系地方志书目整理成果之一,为各部门各地区提供地方历史、地理、风土习俗等线索。

1767

"卤地"抑或"恶地"——兼说合理对待传世文献问题[J]/辛德勇. --书品,2006,06:67 - 74

本文以《史记》中西汉关中龙首渠灌溉土地品质问题校注为例,分析了文中出现的"卤地"与"恶地"的含义差别,论述作者对古籍整理和历史研究中应该合理对待传世基本文献的见解思考。

1768

《鲁颂·闳宫》研究[D]/顾永霞. --首都师范大学,2008

《鲁颂·闳宫》是《诗经》中最长的一首诗,共 120 句,482 字。本文梳理考证了《鲁颂·闳宫》作者、创作时间、创作主旨和史料价值。

1769

鲁通甫诗文集版本述略[J]/郝润华,王照年.--文献,2008,02:187-189

晚清文人鲁一同诗文集包括《通甫类稿》四卷、《通甫类稿续编》二卷、《通甫诗存》四卷、《通甫诗存之馀》二卷和《通甫类稿补编》二卷等。本文考察了各诗文集成书、流传和版本情况。

1770

鲁迅的版本学成就探析[J]/余乐.--科技情报开发与经济,2010,23:67-68

本文从版本考证与目录学功能结合、版本鉴定侧重内容、强调"合于实用"善本观等方面,探讨了鲁迅在古籍版本研究上取得的成就。

1771

鲁迅的版本意识和版本实践[J]/杨一琼,吴萱.--图书馆理论与实践,2007,05:126-127

本文分析了鲁迅的版本意识、版本见解和对善本的态度,梳理了鲁迅一生中在古籍整理方面所取得的重要成就;提出目前有关鲁迅版本学方面的研究还较薄弱,亟待加强。

1772

鲁迅的文献学成就[J]/李峰.--史学史研究,2004,04:42-47

本文介绍了鲁迅的文献学成就:力求穷尽所有资料,所辑佚文数量、质量堪称一流;精通版本学,对校勘原则有深刻把握,能够熟练运用各种校勘方法;利用比较、推理与实证相结合以及钩稽之法考辨史实,解决疑难问题。

1773

鲁迅对整理中国古代文学文献的重大贡献[A]/陈建根.--程章灿.中国古代文学文献学国际学术研讨会论文集[C],南京:凤凰出版社,2006

本文从辑录佚文、校订旧集和选编史料三方面,介绍了鲁迅在中国古典文学文献整理方面的贡献。

1774

鲁迅古籍藏书漫谈[M]/韦力著.--福州:福建教育出版社,2006

本书以漫谈形式概述了鲁迅所藏古书概貌,传统典籍对鲁迅思想形成的影响,揭示鲁迅对于传统目录版本学的把握。

1775

鲁迅古籍整理的特点及其对当代档案编研工作的借鉴意义[J]/徐溶.--山西档案,2009,02:32-33

本文从钩沉辑佚,缜密拼补;注重正史,兼顾杂书;言必有据,考而后信;考订工作,文物互证四方面,分析了鲁迅古籍整理的特点和借鉴意义。

1776

鲁迅古籍整理思想研究[D]/智延娜.--河北大学,2007

本文从版本、校勘、辑佚等三个方面对鲁迅古籍整理思想作了整体研究,论述了他在古籍整理方面的贡献。

1777

鲁迅辑校整理古籍的成绩与影响——以《古小说钩沉》、《唐宋传奇集》、《嵇康集》为例[J]/王国良.--东吴中文学报(在台湾地区发表),2001,07:1-23

本文以《古小说钩沉》《唐宋传奇集》《嵇康集》为例,探讨了鲁迅辑校整理古籍取得的成绩以及对后世的影响。

1778

《鲁迅辑录古籍丛编》所收《百喻经》版本质疑[J]/朱金顺.--河北学刊,2000,02:86-87

《百喻经》为印度僧人伽斯那撰,其弟子在南北朝时将该经译为汉文传世。鲁迅曾对此书进行了刻印校勘。本文经过考证后提出,《鲁迅辑录古籍丛编》所收的《百喻经》在版本上有欠妥之处。

1779

鲁迅所辑《郭子》校勘记[J]/李柏.--古籍整理研究学刊,2008,06:45-47

《郭子》系晋郭澄之所撰的轶事小说集,佚文散见于唐宋类书,现存《郭子》以鲁迅《古小说钩沉》所收较为完备。本文对鲁迅所辑《郭子》进行了校勘,对笔者以为欠妥之处进行了订正。

1780

鲁迅与《沈下贤文集》[J]/宋志坚.--寻根,
2010,02:82 – 85

本文介绍了唐代文人沈下贤生平和《沈下贤文集》特点,梳理了鲁迅对《沈下贤文集》的校勘抄录情况和对沈下贤创作小说的选编和评论工作。

1781

鲁迅原典文献校勘类型述略[J]/徐鹏绪,
李广.--青岛大学学报,2004,06:41 – 50

本文分析了鲁迅原典文献校勘含义、特点、内容对象、方法和理论,并按照不同标准对鲁迅原典文献的校勘成果进行了分类研究。

1782

鲁迅、郑振铎与《永乐大典》[J]/崔石岗.--
图书馆理论与实践,2001,03:65 – 66

本文根据鲁迅先生将《永乐大典》残本入藏国家图书馆,依据该书进行古籍校勘和郑振铎先生提议并指导举办《永乐大典》展览等相关史料,介绍了鲁迅和郑振铎在校勘、保护《永乐大典》方面做出的贡献。

1783

鲁迅治学与《太平御览》[J]/周生杰.--绍
兴文理学院学报(哲学社会科学版),2009,
03:24 – 27

本文论述了鲁迅利用《太平御览》对古籍进行的校勘、辑佚和学术研究工作,以及鲁迅提出《太平御览》编纂方面的不足。

1784

陆楫及其《古今说海》研究[D]/李昭鸿.--
中国文化大学(台湾地区),2010

《古今说海》是中国第一部小说丛书,收录唐宋到明代文言小说135种,明嘉靖二十三年(1544)由云间陆氏俨山书院刊行。本文分上、下两篇,上篇按照分章分节方式,依所标目予以申论考证;下篇遵循《古今说海》分四部七家原则,考述了各子目书作者、传本和内容。

1785

陆贾《新语》与《春秋谷梁传》[J]/王初
庆.--先秦两汉学术(在台湾地区发表),2007,
07:39 – 62

《春秋谷梁传》是战国谷梁赤撰儒家著作。《新语》是西汉陆贾的政论散文集,书中引用《春秋谷梁传》传义和内容。本文考察陆贾及《新语》内容,梳理孔子、子夏、荀子传经脉络,提出了《谷梁》在汉代以前已有传本等观点。

1786

陆奎勋与《明史》修纂考述[J]/段润秀.--
古籍整理研究学刊,2007,04:19 – 23

清代学者陆奎勋于雍正元年(1723)参修《明史》。本文回顾了陆奎勋生平和其修纂《明史》的方法、成就,提出他修史工作中的局限性与不足。

1787

《陆士衡文集》版本考[J]/檀晶.--图书馆
杂志,2004,01:72 – 76

西晋文学家陆机作品散佚情况十分严重。宋代徐民瞻搜集整理《晋二俊文集》,将陆机作品编为《陆士衡集》十卷。本文以时间先后为序,介绍了《陆士衡文集》宋、明、清三代刻本情况。

1788

陆心源古籍版本鉴定方法论略[J]/李永
明.--兰州学刊,2008,11:201 – 204

本文从版本比对、版本流变等方面,对清末藏书家、版本学家陆心源版本鉴别方法进行了总结评价。

1789

陆心源所藏方志流失日本考[J]/巴兆祥.--
安徽大学学报(哲学社会科学版),2007,06:
127 – 132

1907年,陆心源藏方志403种被日本静嘉堂收购。本文从陆心源藏书和其方志搜集活动、静嘉堂对陆氏藏书的收购、东传陆氏旧藏方志调查及其文献价值等方面,考察了相关情况。

1790

陆游诗注商榷[J]/钟振振.--江西社会科
学,2004,04:181 – 184

游国恩等选注的人民文学出版社《陆游诗选》、朱东润选注的上海古籍出版社《陆游选集》，是陆游诗当代选注本出版较早、质量较高、影响较大的两种。两注本有一些误读误注，本文择其较重要者 7 条，提出了商榷意见。

1791

逯钦立先生辑校《先秦汉魏晋南北朝诗》的前后[J]/刘孝严. --古籍整理研究学刊,2010,05:28 - 31

当代学者逯钦立编《先秦汉魏晋南北朝诗》系中国先秦至隋的诗歌总集,1983 年由中华书局出版。本文介绍了逯先生辑校该书的过程,高度评价了老一辈学者对古籍整理工作的态度,表达了作者对先生的深厚感情。

1792

路在何方——关于古籍图书出版出路的粗浅思考[J]/冯保善. --出版广角,2005,06:10 - 12

本文从拓宽视阈、精品意识、物惟求新三方面,探讨了古籍出版新形式,强调古籍图书出版要有精品意识,希望出版社能够探索新的出版道路,提出了古籍图书出版出路的思考。

1793

《论语笔解》提要补正[J]/李最欣. --古籍整理研究学刊,2008,03:41 - 43

《论语笔解》是唐文学家韩愈对于《论语》内容看法的集解。本文考证后提出,该书成书时卷数应是 10 卷;成书时间是在北宋中期之前;成书方式是韩愈、李翱讨论之后,李翱据记忆撰写。

1794

《论语》辨疑三则[J]/刘海滨. --古籍整理研究学刊,2001,05:34 - 38

本文对孔子《论语》中三章的注解进行了辨析。其中,"攻乎异端,斯害也已"一章是千百年来争论不休的公案,作者提出了新解;后两则是对通行的解释质疑,提出了不同意见。

1795

《论语集解》集校[D]/王晶. --北京师范大学,2007

三国时期的《论语集解》吸收了汉魏时期《论语》注释的优秀成果。本文考订了《论语集解》撰集者,分析了成书、刊刻、流布与现存状况,运用古籍整理知识对现存主要版本进行了校勘。

1796

《论语》札记二则[J]/徐前师. --古籍整理研究学刊,2001,04:40 - 41

本文从词汇、语法、语境三方面,对《论语》两个常用词"保""信"释义提出了自己的见解。

1797

论北碚图书馆文史藏书的开发与利用[J]/代真荃,梁夏夏,邓小昭. --重庆图情研究,2003,03:44 - 49

本文分析了重庆市北碚图书馆文史藏书现状、该馆对文史藏书的保护利用措施,提出了开发利用对策建议,展望了未来发展。

1798

论布依族文献古籍的发掘整理与研究[J]/周国炎. --贵州民族学院学报(哲学社会科学版),2010,02:29 - 32

本文介绍了我国布依族文献古籍研究概况,从为布依族历史文化研究开辟新视野、继承弘扬布依族传统文化、保存珍贵语言材料、推动布依族文化交流史研究等方面,论述了发掘整理布依族文献古籍的意义。

1799

论《草堂诗余》成书的原因[J]/杨万里. --文学遗产,2001,05:51 - 59

《草堂诗余》是南宋书坊选编的一本词集。本文从该书行文特点、编纂方式、地域特征等方面,探讨了该书在南宋后期成书的原因。

1800

论陈云对我国古籍整理工作的贡献[J]/孙东升. --南昌大学学报(人文社会科学版),2003,05:72 - 76

本文从重视古籍、亲自指导、政策保障、人才培养方面,综述了陈云同志对我国古籍整理工作做出的重要贡献。

1801

论重编《全汉赋》——以费编《全汉赋》在文献整理上的问题为借鉴［J］/李时铭. --逢甲人文社会学报（在台湾地区发表），2001，03：21－46

当代学者费振刚等编《全汉赋》是学界多年来参用的汉赋总集，但在编辑体例和排印方面存在不足。本文从选文、版本、校勘、断句、排印、标点等方面，检讨了该书处理技术上的疏失。

1802

论楚雄民族古籍文献的收集、保护、开发和利用［A］/张欲辉. --中国民族图书馆.第十次全国民族地区图书馆学术研讨会论文集［C］，沈阳：辽宁民族出版社，2008

本文介绍了楚雄民族古籍文献概况、收集途径和保护方法，分析了开发利用楚雄彝族古籍文献前景。

1803

论戴震理校法的得与失［J］/徐道彬. --南京师范大学文学院学报，2008，02：181－185＋96

本文梳理了清学者戴震善于博综群籍、贯通文字声训、分析归纳义例等校勘古籍手段，分析了戴震理校法的特色和得失。

1804

论单行本《史记索隐》的唐写本特点［J］/张玉春. --史学集刊，2002，02：35－40

《史记索隐》是唐代司马贞撰写的《史记》注本。本文从唐写本卷次、唐写本系统等方面分析了单行本《史记索隐》的特点，对校正今本《史记》讹误有重要价值。

1805

论地方文献之采集——以族谱为例［J］/廖庆六. --（在台湾地区发表），2002，02：53－63

本文介绍了作者多年来在旧书摊淘书、访书的经过和收获，以族谱为例讨论了地方文献的采集门径与范围，为公共图书馆图书文献采集提供参考。

1806

论地震灾害后羌族古籍及研究史料的保护与重建［A］/刘丽娜. --中国图书馆学会.中国图书馆学会年会论文集（2009年卷）［C］，北京：国家图书馆出版社，2009

本文论述了汶川大地震后羌族古籍和研究史料的存藏情况，从拓宽收集途径、注意收集灰色文献、扩大搜集区域等方面，提出了保护重建措施。

1807

论东巴档案在旅游热潮中的价值扩展［J］/和璇. --兰台世界，2007，01：15－16

本文论述了东巴档案在旅游热潮中的价值扩展问题，提出在实现东巴档案价值扩展过程中，必须注重民族精神传递和文化内涵，并从社会环境、社会档案意义、档案管理水平方面，分析了价值扩展的条件。

1808

论敦煌写本《尚书》的异文类型及其特点［J］/钱宗武，陈楠. --古籍整理研究学刊，2006，03：47－52

本文将今传本《尚书》与敦煌写本《尚书》逐字对照，归纳出八种异文类型，推演文字雅俗流变规律，求证敦煌写本《尚书》异文特点，并通过语言学方法评价了两书的文献价值。

1809

论《敦煌遗书总目录》之编纂［J］/方广锠. --佛教图书馆馆讯（在台湾地区发表），2003，35/36：6－20

本文论述了编纂《敦煌遗书总目录》的重要意义；世界敦煌汉文遗书的收藏与编目情况；敦煌遗书目录的著录方法；正在编纂中的《敦煌遗书总目录》主要内容。

1810

论《方舆胜览》的地理学价值——兼谈本文献的作者问题［J］/周怀宇. --古籍研究，2002，03：68－74

南宋徽州学者祝穆等编撰的《方舆胜览》，是一部以南宋地理区划为纲的全国性地志。本文论述了该书在历史地理、经济地理、人文地理方面的贡献和在地学学术上的影响，探讨了作者情况。

1811

论方志文献资料的学术价值——以文史为

例[J]/曾一民.--能仁学报(在香港地区发表),2000,07:193－216

据《中国地方志联合目录》,中国大陆各大图书馆藏地方志8264种,据《台湾公藏方志联合目录》,台湾各大图书馆藏3530种。本文以文史为例,论述了方志文献资料的学术价值。

1812

论覆按原书的重要意义——校读《论衡》随笔[J]/杨宝忠.--河北大学成人教育学院学报,2000,03:9－11

《论衡》为东汉思想家王充代表作。本文针对《论衡》校注中以讹传讹现象,提出从事古籍整理工作当覆按原书;勤于翻检可避免因误解前人校语导致的疏误、承袭前人谬误,还可以找出前人未发现的问题,提高古籍整理水平和质量。

1813

论覆刻本[A]/姚伯岳,于义芳.--北京大学图书馆.北京大学图书馆第九届五四科学讨论会论文集[C],2009

本文介绍了覆刻本概念、源流、种类、鉴定和评判方式等,从"与原本关系扑朔迷离;多为畅销书,读者适应面广;与原本刊刻时间较为接近"方面,总结了覆刻本的特点。

1814

论高校古籍书库的科学管理[J]/汪琳.--福建高教研究,2010,06

本文提出了高校古籍书库科学管理方法:制定并遵守专门规章制度,排架科学、合理,确保古籍书库不因各种因素而损坏,确保古籍文献的良好保存,有效保障古籍工作人员健康。

1815

论高校图书馆古籍部的人文管理[J]/钟稚鸥.--学术研究,2002,06:175－177

本文从部门重新命名意义、重新组合、管理理念改变等方面,论述高校图书馆古籍部是重要的人文学科资源基地,其管理发展趋势应以人文管理为导向,立足于传统文化传承传播,顺应时代发展而变革。

1816

论高校图书馆古籍阅览室对大学生的拓展性服务[J]/董桂琴.--大学图书情报学刊,2003,04:73－74

本文分析了高校图书馆古籍阅览室难以吸引大学生的原因,列举古籍阅览室满足大学生古籍文献需求的措施,论述阅览室应对大学生开展的拓展性服务。

1817

论古典文献数字化[D]/陈诚.--苏州大学,2004

本文论述了古典文献与数字化、古典文献数字化必然趋势、技术支持、中文古典文献数字化现状(光盘工程、网络资源)以及数字化重要意义。

1818

论古籍辨伪的拨乱反正[J]/杨善群.--学术界,2007,04:70－79

本文通过《孙子》《老子》等大批古籍由"伪"变真的考证过程,阐述当前学术界对古籍辨伪拨乱反正取得的丰硕成果,论证了这种辨正工作的原因、重要性及深远历史意义。

1819

论古籍藏书章整理的意义[J]/王延红.--图书馆论坛,2005,05:214－215

本文从帮助识别古籍版刻时代、了解古籍收藏和流传过程、丰富馆藏资料、是古籍整理重要环节等方面,论述了古籍藏书章整理的意义。

1820

论古籍出版发展的现状与对策[J]/马美著.--湖南科技学院学报,2007,01:185－187

本文分析了古籍出版受信息多元化冲击、题材相对狭窄、读者人数减少等困境,提出坚定推动古籍出版发展信念、丰富古籍图书市场、促进古籍出版形态和阅读形式多元化、提高古籍图书市场竞争能力等建议。

1821

论古籍的数字化[J]/彭江岸.--河南图书馆学刊,2000,02:63－65

本文探讨了古籍数字化的必要性、可能

性、发展现状和相应技术,分析了图像版数字化古籍占据存储空间较大、全文版数字化古籍缺乏支持整理研究的中文平台、读者阅读习惯能否相应改变等问题。

1822

论古籍电子化对古籍研究之影响——以"汉达文库"为例[J]/梁德华.--中国语文通讯(在香港地区发表),2009,85/86:95 – 106

本文以香港中文大学开发的"汉达文库"为例,从可以方便地进行文本排比、快速寻找古籍异文、考订古书原文的句读等方面,分析了古籍数字化系统对古籍研究的积极辅助作用。

1823

论古籍电子文献学研究范畴的确立[J]/毛建军.--图书馆理论与实践,2010,09:46 – 48 + 88

古籍数字化为古典文献学研究提供了全新的研究手段和思维模式,诞生了古籍电子文献学新学科。本文从目录学和版本学研究新视野、计算机辅助校勘辑佚等方面,综述了古籍电子文献学研究的范畴。

1824

论古籍分类法体系构建的政治文化思想基础[J]/袁学良.--四川图书馆学报,2005,02:77 – 80

本文论述了我国古籍分类法体系构建的政治文化思想基础:以统治者"仁政"思想为正宗,以"六经"为核心,尊经崇儒,排斥其他,将科学技术视为王权的奴婢。

1825

论古籍工作者应具备的业务素质及其提升途径[J]/张华艳.--甘肃科技,2010,13:105 – 107 + 42

本文提出古籍工作者应具备热爱古籍工作、专业知识扎实、掌握一定计算机技能和网络知识等业务素质,从在工作实践中总结经验、积极参与国家相关在职培训和各种学术交流会议、从事一定科研活动等途径予以提升。

1826

论古籍工作者在计算机应用中的职责、任

务和作用[J]/李筑宁.--贵州民族学院学报(哲学社会科学版),2008,01:201 – 205

本文分析了古籍工作者在计算机应用中的职责;总结了进行规划计划、制定系统功能设计方案、检验功能设计实现情况、组织系统应用、制定数据采集原则等任务;论述了提出应用需求、检验应用系统、在实际应用中下好功夫等作用。

1827

论古籍科技文献信息的开发利用及其举措[J]/李晴.--情报学报,2000,S1:48 – 50 + 75

本文介绍了古籍科技文献信息资源对世界科技和社会发展的影响,从增强开发利用意识、培养开发利用古籍信息资源的专业队伍、扩展信息服务范畴等方面,总结了开发利用举措。

1828

论古籍扫描技术[J]/田建平.--电子出版,2003,01:43 – 46

本文从扫描仪操作者应具备的古籍知识、古籍扫描的基本要求、完整扫描、修补、扫描与印刷、黑白灰三度处理、痕迹处理、底本选择、操作保护等方面,总结了古籍扫描技术的要义。

1829

论古籍善本数据库在数字图书馆工程建设中的重要地位[J]/游战洪,叶金菊,戴吾三.--大学图书馆学报,2001,02:20 – 23

本文从解决保管和利用古籍善本矛盾、为中外学者研究利用提供有效服务、建设中国数字图书馆重点资源库和样板工程、在全球推广中华优秀传统文化等方面,论述了古籍善本数据库在数字图书馆工程建设中的重要地位。

1830

论古籍社图书的选题策划[J]/落馥香.--编辑之友,2002,S1:22

本文结合工作实践,针对古籍出版社选题策划,提出"突出特色,突出风格;突破藩篱,有所拓展;在固有中求新颖"等建议。

1831

论古籍数字化建设[J]/吴民.--高校图书馆

工作,2009,04:34 - 35 + 38

本文介绍了古籍数字化建设进展、问题和技术,论述版面分析、去污、特征抽取、匹配、校对、数字化制作等基本程序,分析了古籍书目数据库建设中的古籍分类与主题词标引情况。

1832

论古籍数字化资源的协调建设[J]/赵葆英,苏沫. --兰台世界,2010,08:52 - 53

本文从古籍数字化发展现状分析入手,围绕当前数字资源建设缺乏整体规划与协调、标准混乱、基础工具开发缺失等问题,提出了协调建设的基本策略。

1833

论古籍损坏的环境因素及其防护[J]/许彤. --黑河学刊,2010,08:141

本文从古籍特藏库房湿温度对古籍纸张的影响、光对古籍纸张及字迹的危害、对古籍书库的要求等方面,分析了古籍损坏的环境因素,提出了防护对策。

1834

论古籍损坏的环境因素及其防治[J]/宋丽钦. --农业图书情报学刊,2010,06:123 - 124 + 135

本文分析了古籍特藏库房环境因素对古籍保存和产生有害生物的影响,探讨了如何应用现代技术抑制或阻止有害生物危害古籍。

1835

论古籍阅览室服务之管见[J]/杨凡. --科学时代(上半月),2010,08:242 - 243

本文分析了古籍阅览室在接待读者方面存在的问题和不足,提出深化读者与馆员交流、辅以古籍数字化、使用影印古籍满足读者需求等建议。

1836

论古籍阅览室信息共享空间的建设[J]/王会丽. --现代情报,2009,06:55 - 58 + 61

本文分析了古籍阅览室中存在古籍利用限制多、资源分散、服务设施不完善、管理队伍力量薄弱等问题,提出建设信息共享空间;

提高古籍管理人员素质,创造协作学习环境;加强古籍资源整理开发,提升古籍保护意识和水平。

1837

论古籍整理的新方式——古籍数字化[D]/蓝永. --山东大学,2007

本文分析了古籍整理传统方式的缺点、古籍数字化现状和存在的问题,论述了古籍数字化是古籍整理的必然发展趋势,以及做好数字化工作的对策建议。

1838

论古籍资源的开发与地方文化建设[J]/乔红霞. --洛阳大学学报,2002,03:122 - 125

本文论述了古籍资源开发和地方文化建设的关系,举例分析二者行之有效的结合方式,提出开发古籍资源有利于充实地方文化内涵、提高城市文化品位;地方文化建设为古籍资源开发提出了更高、更新要求。

1839

论《古今图书集成》及其索引的应用价值[D]/滕黎君. --广西大学,2003

本文通过对《古今图书集成》创新性和实用性的描述,揭示其价值所在;通过帮助读者更方便利用《古今图书集成》、对编制古典文献的示范性能等方面,提出了索引的应用价值。

1840

论古类书的现代功能[J]/周蜀蓉. --四川图书馆学报,2002,03:78 - 80

本文从科学研究、保存古籍、辑佚与校勘、高新技术、文献体裁等方面,论述了古类书的开发利用等现代功能。

1841

论顾千里的校勘学思想[J]/张志云. --湖北大学学报(哲学社会科学版),2004,04:432 - 435

清代藏书家顾千里受到传统校勘特别是宋人校勘思想的深刻影响。本文介绍了顾千里校勘学思想形成过程、在清代校勘学中的地位影响和对当今的启示。

1842

论顾千里对校勘学的贡献[J]/魏思玲. --洛

阳工学院学报(社会科学版),2002,04:48 -
51

本文从注重收罗众本、辨明版本源流、讲求不同版本互勘、多本互勘等方面,评述了清代藏书家顾千里校勘古籍的基本方法和学术贡献,指出其将古籍校勘实践理论推向一个新的高峰。

1843

论顾廷龙先生的护书精神[J]/王世伟. --图书馆论坛,2004,06:252 - 255

本文从藏书、购书、征书、捐书、校书、救书、修书、编书、跋书、印书、题书等方面,论述了图书馆学家顾廷龙先生的护书精神。

1844

论顾廷龙先生对中国现代图书馆事业的贡献[A]/王世伟. --中国图书馆学会.中国图书馆事业百年[C],北京:北京图书馆出版社,2004

本文从创办合众图书馆、征访搜集各类稿抄校本、编制全国古籍联合目录、主编《续修四库全书》等方面,总结了图书馆学家顾廷龙对中国现代图书馆事业做出的贡献。

1845

论广东省立中山图书馆缩微与数字技术的发展[J]/饶露玫. --数字与缩微影像,2005,03:9 - 12

1985 年全国图书馆文献缩微复制中心成立,广东省立中山图书馆是中心成员馆,利用缩微技术抢救保护了大批珍贵文献。本文论述了该馆缩微影像技术等应用,以及数字化缩微文献全文数据库开发利用情况。

1846

论桂馥的《说文解字义证》[D]/王浩. --河北师范大学,2002

《说文解字义证》是清代桂馥撰的文字学著作。本文从该书内容、体例、成就、局限等方面,对该书做出了较为全面的分析和评价。

1847

论郭璞的《方言》校理[J]/华学诚. --中文自学指导,2007,02:15 - 18

汉扬雄《方言》是训诂学一部重要的工具书,晋代学者郭璞曾对该书进行过校理。本文举例介绍了郭璞校理内容的表达方式,对郭注中文字异写内容提出了见解。

1848

论《国语》版本暨《古今韵会举要》引《国语》例辨正[J]/郭万青. --人文中国学报(在香港地区发表),2010,16:479 - 520

《古今韵会举要》是元代学者熊忠所撰的韵学著作。本文以该书引用《国语》79 处文字为例,说明了一些例句和今传《国语》存在的差异,反映了北宋以前《国语》版本的文字异同。

1849

论《汉书·艺文志》的编次[J]/尹海江. --华中科技大学学报(社会科学版),2006,03:103 - 106

汉班固编撰的《汉书·艺文志》是中国现存最早的目录学文献。本文考察了该书编次价值取向和图书总目、子目的分类情形,提出该书编次反映了当时的学术等级,体现了作者的价值判断和"辨章学术,考镜源流"的学术思想。

1850

论合并后高校图书馆古籍信息服务工作的深化[J]/董桂琴,李雪艳. --红河学院学报,2003,06:91 - 93

高校合并意味着图书馆教育信息资源重组,对古籍信息服务提出了新的课题。本文分析了合并后高校图书馆深化古籍信息服务工作的必要性和有利条件,就如何深化古籍信息服务做出阐述。

1851

论洪亮吉的《比雅》[J]/赵伯义. --古籍研究,2001,04:99 - 103

《比雅》是清代洪亮吉所编的分别解释意义相类语词的专著。本文从词语差别、文化信息、说解形态方面,评述了该书在训诂上的特色,以及在释条辑录、筛选、编排上存在的缺陷。

1852

论黄丕烈藏书题跋的独特个性[J]/赵荣

蔚. --图书与情报,2009,03:123 – 128

《士礼居藏书题跋记》是清藏书家黄丕烈题跋记的代表性著作。本文以该书为例,分析了黄丕烈先生藏书题跋体现出的"佞宋刻,嗜旧钞,为先贤存古留真;精校勘,细考辨,求古籍尽善尽美;广交友,析疑义,显乾嘉士人风貌"等个性风格。

1853

论黄丕烈对校勘学的贡献[J]/董迎霜. --黑龙江史志,2009,18:42 – 43

本文介绍了黄丕烈在校勘古籍方面广搜异本、择善而从、力主"死校"的求实态度,分析了他一生中撰写千余篇古籍题跋的重要贡献。

1854

论回族典籍文献的搜集、整理与开发[A]/钟银梅. --中国民族图书馆. 第十次全国民族地区图书馆学术研讨会论文集[C],沈阳:辽宁民族出版社,2008

本文介绍了回族典籍文献的内涵、特点,总结了当前搜集整理回族典籍文献工作取得的成绩和不足,探讨了整理开发新趋向。

1855

论基于高校传统人文教育的汉语古籍文献数字化导读系统开发[J]/盛莉. --人文论谭,2009,00:281 – 286

本文分析了汉语古籍文献数字化导读系统对促进高校传统人文教育发展的重要意义,探讨了该系统的开发构建模式。

1856

论基于岭南文化的广东地方古籍开发与利用[J]/钟东,冯吉. --图书馆论坛,2007,05:153 – 155 + 94

本文从岭南文化继承发展、图书馆学和古文献学角度,梳理了广东地方古籍开发利用的历史现状和存在问题,提出了对策建议。

1857

论简帛的文献学研究价值[J]/张显成. --古籍整理研究学刊,2005,01:34 – 40

本文从目录学、版本学、校勘学、辨伪学、古籍文意解读等角度,论述了简帛的文献学研究价值。

1858

论蒋星煜的《西厢记》考证[D]/陈丹. --上海交通大学,2007

戏曲史家蒋星煜是《西厢记》版本学研究的当代学者。本文从版本研究、剧本研究、考证学研究、现代改编本研究方面,考证了蒋星煜的《西厢记》研究专著。

1859

论《郡斋读书志》辨伪证据的互补性[J]/杨大忠. --古籍研究,2009,S1:344 – 354

南宋晁公武《郡斋读书志》是我国现存最早的私人解题目录,包含了丰富的辨伪学思想。本文考述了书中的辨伪证据,分析了《郡斋读书志》辨伪互补性的意义。

1860

论开发民族古籍的多视角研究——蒙古学古籍工作探实[J]/包梅兰. --前沿,2008,02:171 – 174

本文从民族古籍、蒙古学古籍组成、蒙古学古籍收藏、语言学素养、开发利用现代意识等视角,提出对蒙古学古籍开发利用的措施建议。

1861

论客家梅州地区书院文献的搜集与整理[J]/李惠芳. --重庆科技学院学报(社会科学版),2009,05:168 – 169

本文从研究书院文献的作用和功能出发,借鉴古代书院文献搜集整理的基本方法,探讨了广东客家梅州地区书院文献搜集整理的新发展模式。

1862

论《孔子家语》的真伪及其文献价值[J]/王承略. --烟台师范学院学报(哲学社会科学版),2001,03:14 – 18

《孔子家语》是一部记录孔子和孔门弟子思想言行的著作。有学者认为三国魏王肃伪造了本书,以托古攻击郑玄之学。本文考证后提出王肃伪造全书的观点不能成立;该书保存了原始、比较准确可靠的资料,具有重要文献价值。

1863

论《隶释》文献学价值[J]/李新伟.--书目季刊(在台湾地区发表),2008,02:63-71

两宋之际洪适编撰《隶释》保存了大量原始碑刻资料。本文探讨了洪适运用多种方法,从不同角度进行考释,使此书具有了重要考证、校勘和补遗价值。

1864

论凌濛初刻本《西厢记》[J]/黄季鸿.--古籍整理研究学刊,2003,03:54-60

《西厢记》印本一般都以明文学家凌濛初刻本作为底本。本文分析了凌本体例与元杂剧的关系,探讨了该版本在注释校勘上的优势、文艺批评鉴赏方面的特色。

1865

论刘咸炘对《四库全书总目》图书分类体系之辨正[J]/曾纪刚.--书目季刊(在台湾地区发表),2008,02:7-30

本文探讨了清代学者刘咸炘对《四库全书总目》提出批判的角度立场,分析了其辨正议定四部门类的方法和原因,如何吸收借鉴转化章学诚等人的校雠理论与著录成果,提出了哪些新的观点。

1866

论刘向、刘歆和《汉书》之关系[J]/汪春泓.--古籍整理研究学刊,2009,05:40-52

刘向、刘歆父子是西汉经学家,《汉书》是东汉史学家班固编撰的中国第一部纪传体断代史著作。本文根据《汉书》中重要传主的遴选和刘氏父子关系等相关史料,揭示了刘向、刘歆与《汉书》的关联,更清晰地展现《汉书》成书历程。

1867

论鲁迅整理古籍的动因及方法[J]/许智银.--烟台师范学院学报(哲学社会科学版),2001,04:115-118

本文从对古文化的热爱、自身责任感和使命感、浓郁的故乡情结与深厚的古籍功底等方面,分析了鲁迅整理古籍的动因,阐述其整理古籍的方法有汇辑法、略校法和汇校法。

1868

论马端临《文献通考》及其在今日的意义[J]/周圣智.--中国文化研究所学报(在香港地区发表),2008,48:123-145

《文献通考》是宋学者马端临以个人之力完成的一部中国史学史巨著。在宋代史事史料了解和引证方面,一直受到学者重视。本文论述了《文献通考》概况及其在当今的学术价值和重要意义。

1869

论《毛诗》的经本及其学派归属[J]/王承略.--福建论坛(人文社会科学版),2000,03:33-34

《毛诗》是西汉鲁国毛亨和赵国毛苌辑注的古文《诗》。在西汉初兴之际,其"古文"简本不见于西汉文献记载,但却历来被列在古文经派。本文就上述两个问题做了探讨说明。

1870

论民族高校图书馆民族古籍工作的可持续性发展[J]/李筑宁.--贵州民族学院学报(哲学社会科学版),2010,04:140-142

本文论述了民族高校图书馆加强民族古籍工作的方式、途径,从培养专业人才队伍、加大民族古籍资源开发利用力度、推动工作创新、加强制度建设、加快数字化步伐等方面提出了建议。

1871

论民族古籍的保护与开发[J]/何丽.--图书馆理论与实践,2003,02:62-63

本文介绍了民族古籍的概念和存藏情况,提出应采取延缓性与再生性保护措施,论述了民族古籍开发方式、要处理好的关系及应注意问题。

1872

论民族古籍文献的文化价值[J]/朱雄全.--黑龙江民族丛刊,2006,04:107-112

本文论述了民族古籍文献是了解中国宗教文化形成发展的重要文字依据,是中国历史上文字应用、思想开放与文化兼收并蓄的见证,具有特殊的文化价值。

1873

论民族古籍整理中的翻译问题[J]/包和

平,王学艳. --图书馆学刊,2005,04:51 – 53

本文从汉译民族古籍的意义、原则、底本选择、翻译体例、人员素质等方面,论述了我国民族古籍整理中的翻译问题。

1874

论民族自治地方的古籍保护[A]/荼芳. --中国民族图书馆. 第十次全国民族地区图书馆学术研讨会论文集[C],沈阳:辽宁民族出版社,2008

本文介绍了我国民族自治地方的古籍保护现状、目的、意义和开发价值,提出要在有所侧重的基础上兼顾全局、加强口碑文献的搜集和保护、寻找行之有效的抢救保护措施等建议。

1875

论明人整理宋集的成绩[A]/巩本栋. --莫砺锋. 谁是诗中疏凿手——中国诗学研讨会论文集[C],南京:凤凰出版社,2007

本文从明人对宋集的整理基础,明代公私对宋元遗籍的搜集保存,对宋人别集的刊刻、抄录、重辑、选编、注释等方面,论述了明人整理宋集的成绩。

1876

论纳西族东巴古籍的价值及开发利用[J]/郑荃. --思想战线,2000,04:91 – 92

本文介绍了纳西族东巴古籍的哲学、文学、历史、科技、文字学研究价值,从汇编东巴文古籍目录、译注东巴文古籍文献、开展东巴文化研究交流工作、为民族经济发展服务方面提出了开发利用建议。

1877

论《埤雅》对专科辞典编纂的贡献[J]/杨薇. --辞书研究,2006,04:162 – 167

《埤雅》是宋代陆佃撰写的专门解释名物的专著。本文论述了《埤雅》以解说名物形状、特征、性能为目标的释义方式,为开创专科词典体制作了成功尝试;吸纳宋代名物研究成果,丰富了辞书类型,拓展了辞书空间。

1878

论钱曾对版本目录学的贡献[J]/马娴. --图书馆学刊,2010,12:103 – 105

明末清初私人藏书家钱曾撰《读书敏求记》是我国现存第一部版本目录学专著。本文从古籍著录项目、古籍版本鉴定方法、善本书目编制体例方面,论述了钱曾对版本目录学的贡献。

1879

论《钱注杜诗》的诗史互证方法[J]/郝润华. --首都师范大学学报(社会科学版),2000,02:70 – 76

《钱注杜诗》系清代文人钱谦益所著。本文论述了该书是以经学考证方法为基础,以史学实证方法为架构进行的文学阐释,是诗史互证的典范著作,具有重要学术价值。

1880

论黔西北彝文古籍文献数字化建设[J]/禄玉萍,吴勰,黄卫华. --毕节学院学报,2010,09:18 – 22

本文论述了我国黔西北地区彝文古籍文献数字化建设的必要性、战略意义、原则,分析了存在的问题,提出了数字化技术选择方案。

1881

论清代彩绘地图的特点和价值[J]/姚伯岳. --中国典籍与文化,2007,04:84 – 89

清代彩绘地图是中国古代传统地图的典型代表和精华。本文介绍了清代彩绘地图的特点、价值评判标准,分析了西学东渐背景下清代彩绘地图的相关变化。

1882

论清代《孔子家语》研究专著[J]/萧敬伟. --东方文化(在香港地区发表),2008,02:83 – 99

本文选取三种清代《孔子家语》研究专著,论述了各书的考辨方法和理据,提出清儒对《家语》真伪问题的论说,在论证方法、观念上都存在不足。认为对于《孔子家语》真伪问题,应结合现有新材料、新方法,做深入考析。

1883

论清代名人存世书目收集整理及其数据库的构建[A]/曾庆森. --福建省图书馆学会. 福建省图书馆学会 2006 年学术年会论文集

［C］,2006

本文列举了中华民族文化古籍流失国外的事例,分析了收集整理清代文化名人存世书目的意义,提出将该书目整理建成数据库,可以使《清史稿·艺文志》更加完备;在数据库基础上将其加入到四库存目丛书,便于珍贵古籍传承。

1884

论清代乾隆时期的辑佚书活动［J］/高长青. --甘肃高师学报,2005,03:106 - 109

清乾隆时期辑佚书活动影响深远,在中国学术史上占有重要地位。本文从大规模整理古典文献活动、索觅古类书和校勘古类书活动两方面,论述了清乾隆时期征求天下遗书和纂修《四库全书》等重要成就。

1885

论清代中晚期私家书目与《四库全书总目》之关系——以《楹书隅录》为例［J］/丁延峰. --书目季刊(在台湾地区发表),2007,02:89 - 105

本文以清学者杨绍和撰《楹书隅录》为例,论述了清中晚期私家书目与《四库全书总目》的双向交互关系:私家目录常以《总目》为参照,对《总目》有所改进;《总目》对私藏目录有指导作用。该关系反映了中国目录学史在清代的沿革变化。

1886

论清人整理宋人别集的贡献［J］/巩本栋. --东华汉学(在台湾地区发表),2008,07:129 - 164

本文从清初士人保存前代文献意识、四库馆臣辑录宋集取得成绩、清人对宋集宋注的整理与传播等方面,探讨了清人整理宋人别集做出的贡献。

1887

论阮元《十三经注疏校勘记》两个版本系统［J］/钱宗武,陈树. --扬州大学学报(人文社会科学版),2007,01:24 - 28

本文考证出清学者阮元《十三经注疏》有两个版本系统:嘉庆十三年(1808)文选楼单刻本、嘉庆二十一年(1816)南昌府学合刻本。从内容、源流、校勘等角度,对比了两个版本的异同优劣。

1888

论少数民族古籍的出版［J］/热汉古丽,张邯. --图书馆理论与实践,2005,06:105 - 106

本文论述了我国少数民族古籍出版的内容、方式、渠道、意义和重要性,提出了多渠道争取资金支持、处理好特殊古籍与一般古籍的关系、根据不同情况采取不同出版方式等应注意的问题。

1889

论少数民族古籍的档案界定问题［J］/华林. --档案学通讯,2005,02:91 - 93

本文探讨了少数民族古籍的理论界定、少数民族古籍与档案的关系、少数民族古籍档案界定的现实意义,论述了少数民族古籍分散管理问题的解决途径。

1890

论少数民族古籍的收集工作［A］/曹娇林. --中国民族图书馆.第十次全国民族地区图书馆学术研讨会论文集［C］,沈阳:辽宁民族出版社,2008

本文分析了少数民族古籍的概念、特点,论述了对少数民族古籍的全面性、历史性、广泛性、民族性收集原则,提出了加大宣传力度、建立专门机构、开展专项研究、充分利用现代化手段等策略。

1891

论少数民族古籍的数字化建设［A］/赵东. --中国民族图书馆.第十次全国民族地区图书馆学术研讨会论文集［C］,沈阳:辽宁民族出版社,2008

本文介绍了少数民族古籍数字化概念、基本特征、建设意义、使用的软件系统和相关标准,提出了建设过程当中应注意的问题。

1892

论少数民族古籍人才培养［A］/杜娟. --中国民族图书馆.第十次全国民族地区图书馆学术研讨会论文集［C］,沈阳:辽宁民族出版社,2008

本文分析了少数民族古籍现状与保护措

施,提出了适应数字化趋势、培养一专多能的复合型人才、有针对性地培养本民族古籍人才、切实提高从业人员专业知识水平、古籍人才多元培养等建议。

1893

论少数民族古籍文献法律保护的独特性[J]/韩小兵.--法学杂志,2004,03:68－69

本文介绍了少数民族古籍文献特点、法律保护的战略特性,论述了少数民族古籍文献保护法律手段的多样性。

1894

论邵晋涵古籍整理研究之成就[J]/杨绪敏.--古籍整理研究学刊,2004,05:49－53

本文从"撰写《尔雅正义》,订补前人注疏阙误;辑编散佚已久的《旧五代史》,为后人提供宝贵经验;撰写诸史提要;为重修《宋史》作了准备工作"等方面,论述了清代史学家邵晋涵的古籍整理研究成就。

1895

论《神会语录》之编集年代及编集者刘澄的背景[J]/陈盛港.--普门学报(在台湾地区发表),2004,21:227－247

《神会语录》是唐代高僧荷泽神会对学佛人士修学佛法问题作答的语录。本文探讨了刘澄本、石井本、胡适本等语录版本的编集年代,分析了刘澄的背景,对石井本《大乘顿教颂并序》与《六代祖师传记》中有关"惠能传记"的部分做了研究。

1896

论《诗经·桧风》的创作时代[J]/王建国.--古籍整理研究学刊,2004,03:15－18

《诗经·桧风》在春秋时代不受重视,后人对《桧风》四首诗的主题解释也往往牵强附会。本文运用了组诗研究方法,将四诗联系起来分析,认为《桧风》创作于东周初年郑武公灭桧之后,是一组桧遗民抒发亡国之痛的诗篇。

1897

论数字化古籍资源的检索与利用[J]/邱笄,万永兰,巫岚.--江西图书馆学刊,2006,01:73－75

本文论述了两岸三地网络环境下数字化古籍资源的检索与利用,提出了注意选择数字化古籍版本、选择有一定特征的数字化古籍等应注意的问题。

1898

论数字图书馆时代古籍文献资源的信息服务[J]/戴月俊.--情报资料工作,2002,S1:158－142

本文阐述了古籍文献资源数字化必要性,从古籍书目数字化、古籍全文数字化、建立电子文献古籍数据库等方面,分析了古籍文献信息服务的未来发展趋势。

1899

论数字影像技术、存储技术和网络技术在图书馆古籍保护、利用中的应用[A]/胡舒.--中国图书馆学会.第21届十五城市公共图书馆工作研讨会论文集[C],2009

本文介绍了数字影像技术在图书馆古籍保护利用中的应用、存储技术在古籍数字化中的应用,分析了网络技术对古籍数字资源与读者的影响。

1900

论司马迁的文献学成就[J]/纪丽真.--齐鲁学刊,2006,01:117－121

本文从对古文献的大量保存、对古文献的考信态度、以文献为基础的目录学成就方面,论述了汉代史学家司马迁的文献学成就。

1901

论《四库全书》收录的明代《四书》著作[J]/闫春.--兰州学刊,2008,10:187－190

本文从收录标准和所收明人《四书》著作、四库馆臣的批评立场与明人四书学著作特点、《四书大全》特征等方面,分析了《四库全书》收录的明代《四书》著作价值与局限性。

1902

论《四库全书总目》解题的体例、考证与评论——以史部编年类解题为例[J]/林璎.--淮北煤炭师范学院学报(哲学社会科学版),2008,01:14－18

本文以《四库全书总目》史部编年类解题为例,归纳出其解题的完整体例模式,论述了

《四库全书总目》纂修者如何通过该体例,对作者、内容、版本、史料来源等内容进行考证。

1903

论宋代版本学的开创性[J]/李明杰. --津图学刊,2004,05:44 – 48

本文从版本学术语系统建立、源流考订、鉴定、目录和研究专著等方面,论证了宋代版本学在中国古籍版本学史上的开创性地位。

1904

论宋代的出版管理[J]/郭孟良. --中州学刊,2000,06:159 – 164

宋代印刷出版兴盛引起统治者高度重视,促进形成了初具规模的出版传播管理控制体系。本文介绍了宋代官方对出版传播的限禁举措、行政管理手段,列举了一系列对违法行为的追缉惩处例证。

1905

论宋代的《古文孝经》学[J]/舒大刚. --四川大学学报(哲学社会科学版),2004,03:98 – 104

《古文孝经》是旧称汉孔安国所注的儒家经典。本文考证了该书真伪问题,纠正了南宋以来关于该书的错误认识,考察了该书在宋代的流传和研究历史。

1906

论宋代的图书盗版与版权保护[J]/祝尚书. --文献,2000,01:77 – 87

本文分析了宋人版权观念的萌生过程、宋代书商盗版活动,论述了密藏稿本、抓紧编刻家集、向上举报由官府出面禁止盗版活动、官府发布文告等版权保护措施。

1907

论宋人韩文善本观的演进及其古籍版本学意义[J]/全华凌. --云梦学刊,2009,06:100 – 103

宋代学者在对唐文学家韩愈文章研习过程中,发现韩文版本繁多、鱼龙混杂,通过数代人校勘,逐渐形成了明确的韩文版本校雠标准。本文分析了朱熹对欧阳修善本观的突破和科学善本观的确立、宋代韩文善本观的古籍版本学意义。

1908

论宋修《成都志》[J]/金生杨,屈洪斌. --中国地方志,2006,06:46 – 52

宋代地方官编撰的《成都志》较完整记载了四川的历史、方物。本文论述了宋代六次纂修《成都志》的背景、过程、基础和重要意义。

1909

论孙里衍跋南宋小字本《刘子》[J]/陈志平. --古籍整理研究学刊,2006,06:57 – 62

上海图书馆藏孙里衍跋南宋小字本《刘子》是目前唯一可见的宋版《刘子》。本文考证了其流传过程,通过比对文字注释,发现该书有后人补配痕迹,并非全宋本。附录部分考察了清代宫廷所藏宋本的流传情况。

1910

论唐五代笔记——《全唐五代笔记》前言[J]/陶敏. --湖南科技大学学报(社会科学版),2008,03:93 – 100

本文系当代学者陶敏主编、三秦出版社《全唐五代笔记》的前言。探讨了唐五代笔记的历史、文学和文献校勘史料价值,提出其在流传中出现了亡佚、错乱、伪造等问题,梳理了今人整理笔记存在的伪书伪文未辨、佚文未辑、讹文未正等情形。

1911

论图书馆的古籍保护[J]/丁小明. --科技情报开发与经济,2010,10:74 – 76

本文论述了古籍是不可再生的文化资源、古籍保护是一项与时间赛跑的事业;梳理了我国传统古籍保护理念与实践、国外图书馆古籍保管利用的制度建设,提出了古籍保护要做到藏重于用、防重于治等建议。

1912

论图书馆地方文献数字资源平台建设[J]/仇家惊. --图书馆研究与工作,2007,03:70 – 71

本文介绍了地方文献的地域性、独特性,论述了图书馆地方文献数字资源平台建设的方式方法、意义和前景。

1913

论图书馆古籍编目人员的素养[J]/周会

会.--科技情报开发与经济,2010,17:23-25

古籍编目对从业人员素养有着较高要求。本文提出图书馆古籍编目人员应具备爱岗敬业精神、传统文化底蕴、创新求实意识等基本素养和编目专业知识等专业素养。

1914

论图书馆古籍数据库的专题开发[J]/黄少丹.--科技情报开发与经济,2006,24:94-95

本文介绍了古籍数据库开发方式,提出了应重视主题标引规范化、结构标准化、古籍编目人员知识结构合理性等问题,列举了保护古籍数据库知识产权、构筑古籍数据库网络监管等方法。

1915

论图书馆古籍文献保护工作中文献影像技术的应用[J]/曾少文.--四川图书馆学报,2008,04:27-30

本文介绍了图书馆古籍文献保护工作中文献影像技术应用现状,提出了应加大文献影像技术应用力度,列举了维护文献影像品的措施。

1916

论图书馆古籍文献的开发与利用[J]/张陶.--中共贵州省委党校学报,2009,06:127-128

本文分析了目前图书馆古籍文献重要性和管理现状,从转变重藏轻用的传统观念、加大古籍管理人才培养、积极使用古籍数字资源、扩大馆藏古籍文献宣传等方面,提出了图书馆古籍文献开发利用对策。

1917

论图书馆古籍文献的破坏因素及保护措施[J]/邵永初.--老区建设,2008,08:53-54

本文分析了图书馆古籍文献收藏利用中存在的自然、人为破坏因素,从"采取多种方法防治害虫霉菌;改善典藏环境,防止光照、有害气体和灰尘侵蚀;控制调节库房的温度湿度;规范管理制度,杜绝人为破坏"方面提出了保护措施。

1918

论图书馆馆藏古籍的计算机回溯编目[J]/

姚伯岳.--数字图书馆论坛,2007,02:43-48

本文从收录范围、方式方法、古籍著录单位、著录原则、著录内容规范和图书馆古籍书目数据库共建共享等方面,探讨了图书馆藏古籍计算机回溯编目情况。

1919

论挖掘、收集和整理维吾尔医药古籍文献明确鉴定的几点问题[J]/阿布都卡地尔·阿布都瓦依提.--中国民族医药杂志,2006,04:64-66

本文从充分认识重要意义、掌握古籍文献时代下限、用历史眼光对待古籍文献撰写地域、正确看待文献记载的文字问题、充分估计文献数量等方面,论述了挖掘、收集和整理维吾尔医药古籍文献明确鉴定的相关问题。

1920

论王念孙的文献学成就[J]/杜季芳.--孝感学院学报,2010,05:114-117

本文介绍了清语言文字学家、校勘训诂学家王念孙《广雅疏证》《读书杂志》两部代表性成果,分析其丰富校勘学思想和精审校勘方法,探讨了对后人的启示。

1921

论王念孙《墨子杂志》的研究方法及其成就[D]/卞春霞.--扬州大学,2010

本文以江苏古籍出版社《读书杂志》为研究版本,围绕王念孙《读书杂志》中《墨子杂志》的校勘、训诂内容和方法,探讨了其学术影响和不足,分析了王念孙乃至清儒在古籍研究上的方法和成就。

1922

论王树楠对整理编纂乡邦文献和地方志的贡献[J]/刘芹.--山东理工大学学报(社会科学版),2009,01:92-95

王树楠是近代史学家、方志名家。本文论述了他主持编纂整理乡邦贤哲古籍文献、河北地方志和其师友文集、文稿资料等成果,分析了其学术价值与重要意义。

1923

论王应麟《困学纪闻》的文献学价值[J]/吴漫.--图书与情报,2004,05:40-47

《困学纪闻》系南宋学者王应麟文献学成就代表作。本文论述了该书在文献注释、校勘、考证、辨伪等领域的创新之处和学术价值。

1924

论王重民对敦煌文献整理研究的贡献[J]/王桂兰. --深圳大学学报（人文社会科学版），2002,03:87 - 94

在 20 世纪中国敦煌学研究进程中，学者王重民对敦煌典籍的寻访、辑轶和研究整理、书目编制等工作，为该学科"中国化"提供了全面系统的史料。本文论述了他在敦煌文献整理方面采用的研究方法和学术成果价值。

1925

论网络环境下的古籍书目数据库规范化[D]/王法. --北京大学，2005

本文概述了我国古籍书目数据库规范化研究、建设情况和各要素发展现状，对"古籍书目数据库"和"规范化"进行了界定，对实现网络环境下古籍书目数据库规范化提出了建议。

1926

论网络环境下高校图书馆古籍读者服务工作[J]/匡小烨. --科技情报开发与经济，2007,14:25 - 26

本文介绍了高校图书馆古籍工作内容，探讨了网络环境下古籍读者服务对象、古籍工作人员现状、古籍读者服务现状。

1927

论文渊阁钞本《四库简目》的校勘价值——以集部为例[J]/周录详，胡露. --古籍研究，2005,01:295 - 302

文渊阁钞本《四库全书简明目录》具有重要校勘价值，可据以校正通行本错误。本文以集部为例，举数则予以证明。

1928

论闻一多《楚辞校补》[J]/王伟. --黄石理工学院学报（人文社会科学版），2010,04:37 - 42

近代学者闻一多《楚辞校补》系《楚辞》校勘集大成之作。本文总结了该书特点和学术

史意义，分析了闻一多校勘取得重要成就的原因。

1929

论闻一多的楚辞研究[D]/杨庆鹏. --贵州大学，2008

本文介绍了闻一多的人生履历、学术道路、学术视野和研究方法，按照其关于《楚辞》研究三项任务"说明背景、诠释词义、校正文字"的划分，举例分析了三类著述的概况、内容、方法、得失。

1930

论闻一多先生关于古籍整理"三项课题"的思想[J]/杨天保. --广西师范大学学报（哲学社会科学版），2004,02:120 - 123

本文介绍了近代学者闻一多的文献整理观，分析了他所认为整理古代文献必须完成的"三项课题"，论述了其对我国古籍整理事业做出的贡献。

1931

论我国古籍整理的几个重点[J]/郑杰文. --陕西师范大学学报（哲学社会科学版），2008,05:120 - 123

我国古籍文献根据流传和保存形式，可划分为世传古文献、出土文献、民间古文献、域外古汉籍四类。本文介绍了四类古籍的特色和整理工作重点，对我国古籍整理事业未来作了展望。

1932

论吴师道《战国策校注》的训诂特色[D]/陈梦晴. --福建师范大学，2009

从东汉起就有学者为《战国策》作注，尤以宋代鲍彪注本流传甚广，但其谬误较多，元吴师道从字词典故等方面对其进行了匡正。本文比较吴师道校注本与鲍本，归纳出了吴注的训诂特色和价值。

1933

论先秦典籍分类法的历史分期[J]/袁学良. --图书与情报，2002,01:18 - 22

本文探讨了汉代目录名著《七略》以前我国典籍分类的初始发展，将先秦典籍分类发展划分为三个历史时期，分析了不同时期的

基本情况和特点。

1934

论项目管理方法在国家重点档案抢救工程中的运用[J]/周耀林,金磊.--四川档案,2009,06:18 - 20

本文通过对重大项目的比较,分析了国家重点档案抢救工程项目存在的问题,剖析了项目管理方法在国家重点档案抢救工程中的运用,提出了注意事项。

1935

论徐𤊹的藏书活动[D]/王小平.--福建师范大学,2009

徐𤊹是明代藏书家、文学家、目录学家。本文研究了徐氏生平和对藏书的整理传布、利用情况,通过他与同时期著名藏书家、书贾的交流活动,揭示了徐氏藏书活动的特点与价值。

1936

论徐锴《说文解字系传》中的引文[J]/张秋霞,刘黎.--河南纺织高等专科学校学报,2005,02:49 - 51

为了纠正唐学者李阳冰对汉许慎《说文解字》的篡改,五代南唐学者徐锴著《说文解字系传》。本文提出徐锴引用古籍有注释说明许慎说解,补充说明字引申义,指明古籍用字假借、古今异体等作用,还指出了引文不足。

1937

论《续修四库全书》[J]/宋木文.--图书馆,2002,03:91 - 93

国家重点出版工程《续修四库全书》是对《四库全书》的续编工作,于1994年启动。本文探讨了续补《四库全书》的必要性,总结了该书的收录范围和意义,论述了盛世修典的有利条件。

1938

论《续修四库全书提要》的史学价值[J]/陈晓华.--史学史研究,2008,04:111 - 116

《续修四库全书提要》是近代出版家王云五编撰的大型古籍丛书,收录《四库全书总目》以外古籍提要10070篇。本文从收录范围、中西交流、收录科学书籍等方面,论述了该书的重要史学价值。

1939

论训诂学对古籍整理的重要作用[J]/于群.--呼伦贝尔学院学报,2008,05:44 - 45 + 13

训诂学原理方法为古籍整理提供了客观科学的研究手段。本文探讨了训诂学对古籍整理断句(标点)、文本校勘、注释、翻译等的重要作用。

1940

论颜师古的《匡谬正俗》[J]/赵伯义.--河北师范大学学报(哲学社会科学版),2004,01:97 - 101

唐代颜师古撰《匡谬正俗》是一部刊正误解字义和误读字音的专著。本文从考释古籍正文、纠正古注误训、探求俗语来源方面介绍了该书内容,评述了该书在编写体例、研究课题、保存资料方面的学术价值,分析了注音、取例讹误。

1941

论耶律铸和他的《双溪醉隐集》[J]/李军.--民族文学研究,2004,02:18 - 22

《双溪醉隐集》是元耶律铸创作的诗集。四库馆臣从《永乐大典》中辑录出六卷本《双溪醉隐集》,其后四库传抄本均出现不同程度的遗漏或错简。本文对此进行梳理,分析了版本特色和历史价值。

1942

论彝文古籍的收藏、抢救与保护[J]/张邡.--西南民族大学学报(人文社科版),2005,09:40 - 41

本文针对彝文古籍收藏、散存和受损情况,提出了彝文古籍保护措施策略:制定整体规划,建立长效机制;广泛布点拉网,坚持常年搜集;运用现代科技,实施有效保护;统一建"库",信息共享。

1943

论彝文古籍《能素恒说》的史学价值[A]/王子尧.--彝族古文献与传统医药开发国际学术研讨会组委会.彝族古文献与传统医药开

发国际学术研讨会论文集[C],昆明:云南民族出版社,2002

《能素恒说》是我国贵州毕节地区彝文经师王兴友保存下来的彝文古籍珍本,记录了彝族先民哎哺氏族41组共358代谱系和历史。本文介绍了该著作主要内容、体例特点、研究意义和史学价值。

1944

论应酬诗在古籍整理的价值——以唐大历诗人作品为例[J]/谢海平. --逢甲人文社会学报(在台湾地区发表),2003,06:29 - 42

本文以唐大历诗人作品为例,从考察作家身世、考察作家交游、补充史籍阙漏方面,论述了应酬诗的古籍整理价值,提出应酬诗除了作文学欣赏文本之外,也是整理古籍赖以考证的有力线索。

1945

论俞樾在校勘学上的成就[J]/王其和. --古籍整理研究学刊,2010,02:14 - 20

本文介绍了晚清经学家俞樾的古籍校勘内容、校勘方法,评述了他对我国古籍整理事业做出的贡献。

1946

论元代道教典籍的编纂——以仙传和宫观山志为例[J]/刘永海. --西南民族大学学报(人文社会科学版),2006,04:127 - 130

元代道教典籍数量众多,收入《道藏》的元代道教仙传和宫观山志有30多种。本文论述了元代道教典籍的编纂群体、编纂目的、编纂方式、历史意义和学术价值。

1947

论元代道教史籍及其文献学价值[J]/刘永海. --内蒙古大学学报(哲学社会科学版),2005,05:50 - 56

本文介绍了元代道教史籍的体裁和特征,从对道教史籍的校勘辑佚、对世俗史籍的必要补充方面,评述了元代道教史籍的文献学价值。

1948

论藏族古籍文献装帧艺术[J]/德吉白珍. --西藏艺术研究,2010,04:32 - 39

本文论述了藏族古籍文献简策、卷轴、梵夹装的装帧形式来源和特点,重点介绍了梵夹装的来源及护经板、扉页画像等特征。

1949

论张元济的文献整理成就[D]/张会芳. --郑州大学,2009

本文从古籍文献校勘、编辑出版和藏书事业三方面,总结了近代出版家张元济的文献整理成就和主要思想。

1950

论争与流传相终始的历史地图集——谈院藏《历代地理指掌图》[J]/吕季如. --"故宫"文物月刊(在台湾地区发表),2008,304:46 - 53

宋代《历代地理指掌图》是今存最早舆地图集,其作者、版本、成书年代均尚无定论。本文据台北"故宫"博物院藏明刊本《历代地理指掌图》为中心,探讨了此书涉及的相关问题。

1951

论郑振铎在版本学方面的贡献[J]/陈振文. --莆田学院学报,2009,01:30 - 35

本文从搜集考证版本源流方面眼光独到、鉴定评价版本方法灵活多样、版本目录学价值认识和把版本目录学引向更广的实际应用领域方面,论述了郑振铎在版本学方面的贡献。

1952

论郑振铎在文献学上的贡献[D]/陈振文. --福建师范大学,2008

本文从"参与整理文献工作和丰富的文献学思想;在目录、版本、校勘等方面做出突出贡献;在前人基础上挖掘原资料,利用新材料,确立其现代文献学家地位"方面,论述了郑振铎在文献学上的贡献。

1953

论政治与经学流向对《四库全书总目》评骘标准的影响[J]/许崇德. --"故宫"学术季刊(在台湾地区发表),2007,03:95 - 140

《四库全书总目》历来被视为汉学排诋宋学的工具。本文以该书为例,探讨了政治和学术互动现象,指出清高宗出于政治需要,借汉学家攻击宋学家重门户与结党的举措;汉学家亦出于学术需要,通过指陈宋学乖谬,借助考据训诂还经典原貌。

1954

论纸质文献的保护方法[J]/侯亚菲.--科技创业月刊,2005,09:141-142

本文介绍了曝晒驱蠹灭菌、染纸避蠹、药物防蛀、建筑保护、装帧保护等纸质文献保护的传统方法,以及再生保护等现代方法,揭示了我国在文献保护方法上的进展、问题和不足。

1955

论中国古代"藏书家"的定义:以明代为例[J]/陈冠至.--教育资料与图书馆学(在台湾地区发表),2010,01:119-144

学界针对古代藏书家定义而作的专论寥若晨星,在定义时存在困境。本文以明代藏书家为例,厘清了中国古代藏书家的定义。

1956

论中国古典文献的"语文注释"[J]/陈金燕.--东南传播,2006,08:70-71

本文分析论述了"文献"的含义和作用;注释对中国古典文献的重要性;中国古典文献"语文注释"的内涵条件、依据和类型。

1957

论中国古籍"丛部"之构建[J]/阳海清.--图书情报论坛,2009,02:3-10

本文从文献分类角度,探讨了构建中国古籍"丛部"的依据、原则、范围,以及特殊情况的处理。

1958

论中国历代对孙过庭《书谱》的评价与诠释[J]/洪文雄.--逢甲人文社会学报(在台湾地区发表),2010,20:143-185

唐人孙过庭以草书撰写《书谱》,在中国书法史上影响广远。本文考察了历代对《书谱》的评价诠释,认为该书理论先有稳固的地位,其书迹在唐朝时只位居能品,因为深得右军笔法且以真迹面貌流传,在后世逐渐成为至宝。

1959

论中国散藏书仪写卷版本及P.3442《书仪》的定名与年代问题[J]/黄亮文.--敦煌学(在台湾地区发表),2010,28:73-89

本文论述了中国散藏敦煌书仪写卷概况,考证提出P.3442卷的题名应从写卷书题和史志目录所载,为《书仪》,而非《吉凶书仪》;成书年代当在武则天载初元年(689)之后、玄宗之前,最晚也在玄宗即位之初。

1960

论中医图书馆古籍的开发[J]/李会敏.--图书馆理论与实践,2005,01:93-94

本文从转变重藏轻用管理观念,加强中医古籍宣传,提高馆员素质,编制二、三次文献,加快中医古籍网络化建设等方面,论述了中医图书馆古籍的开发问题。

1961

论周祖谟先生《尔雅校笺》的校勘成就[J]/顾涛.--古籍整理研究学刊,2003,04:51-57

本文梳理了近现代学者周祖谟代表作《尔雅校笺》的949条校语,概括了周校所采用的校勘方法和取得的突出成就。

1962

论朱绪曾的文献学成就——以《开有益斋读书志》为例[J]/卓越.--东南文化,2007,04:54-59

《开有益斋读书志》是晚清学者朱绪曾代表作,体现了朱氏的历史文献学成就。本文以此书为例,从目录学、校勘学、版本学方面论述了其文献学思想成就。

1963

论朱彝尊《词综》的文献价值[J]/于翠玲.--古籍整理研究学刊,2005,05:24-31

朱彝尊《词综》是清代影响最大的词选本。本文论述了该书版本来源、编纂体例、校勘考订内容,分析了其词籍版本目录学价值。

1964

论注释在古籍整理与研究中的地位与作用[J]/马玉红.--邯郸农业高等专科学校学报,2005,01:40-42

本文从古籍注释起源、注释与古籍整理、

注释与古籍研究方面,论述了注释在古籍整理与研究中的地位与作用。

1965

论《篆隶万象名义》的"又切"及整理方法[J]/郭萍. --古籍整理研究学刊,2005,05:55 – 60

《篆隶万象名义》是日本沙门空海撰写的汉语中古字书,其一字多反切现象不同于一般韵书"又音"特点,称为"又切"。本文从该书语音系统出发,提出了整理"又切"的操作方法,认为此法应贯穿该书音系整理的全过程。

1966

罗甸民族古籍的文化底蕴[J]/杨昌厚. --贵州民族宗教,2007,04:58 – 59

贵州罗甸民族古籍是黔南各族人民在历史长河中用勤劳、智慧创造出来的优秀民族传统文化。罗甸民族古籍有三种形式:石碑古籍,出现在历史上政治、经济、文化相对进步的城镇和村庄;书籍古籍,传承在道教、佛教等宗教界人士手中;口碑古籍,流传在各地民间艺人中。本文分析论述了罗甸民族古籍的文化底蕴和历史价值。

1967

罗香林所藏黄遵宪诗文手迹[J]/吴振清. --文献,2007,04:119 – 126

近现代历史学家罗香林原藏《岭南三诗人墨迹》册页,内收清爱国诗人黄遵宪手迹。本文综述了黄遵宪致胡晓岑书函一件、手书赠诗一件、手录《山歌》十五首及题记、草书《遣闷》诗一首。

1968

罗振玉辑《王子安集佚文》之文献价值[J]/杜衡. --古籍整理研究学刊,2000,04:12 – 14

《王子安集》是唐诗人王勃诗集。民国罗振玉辑得《王子安集佚文》,收入《永丰乡人杂著续编》;当代学者何天林注《重订新校王子安集》,汪贤度编《王子安注》,均不及罗本考校精审。本文将三本佚文对校,凸显了罗本文献学价值。

1969

罗振玉《经义考目录·校记》研究[J]/杨果

霖. --书目季刊(在台湾地区发表),2000,04:15 – 33

近代学者罗振玉《经义考目录》书末附有"校记"一卷,校勘群目,颇有采获,有助于《经义考》纠谬,能收致参证之效。本文以此校记为例,探究了罗振玉的校勘义例,评价了该书优劣。

1970

洛阳出土北魏墓志丛札[D]/赵阳阳. --南京师范大学,2007

本文依据《洛阳出土北魏墓志选编》《新出魏晋南北朝墓志疏证》书后所附和其他相关图版,校勘了两书录文,补正阙文;依据洛阳出土北魏墓志的新材料,对上述诸书中未收墓志进行了辑录。

1971

《洛阳伽蓝记》丛考[J]/王建国. --古籍整理研究学刊,2010,04:32 – 36

北魏杨衒之撰《洛阳伽蓝记》是记述北魏洛阳佛寺的地理历史著作,在版本校勘、文字训释等方面有阙疑之处。本文对"火凤舞""绿水歌""白马寺经函"等前贤未充分揭示之处进行了考证。

1972

《吕氏春秋》高诱注研究[D]/王丽芬. --南京师范大学,2005

本文从校勘、词训、音注、句训等方面,论述了《吕氏春秋》高诱注的训诂体例、术语、方法、训诂思想、理论、成就和不足,重点揭示了高诱训诂材料中蕴含的词义关系和语法分析。

1973

吕氏《春秋集解》十二卷本作者与流传之探索[J]/张宗友. --中国典籍与文化,2009,04:10 – 14

《春秋集解》是一本对《春秋》做注解的书籍,有十二卷和三十卷本。本文比较了两卷本著录内容,认为十二卷本作者当为宋学者吕本中,三十卷本是在十二卷本基础上增益而成;十二卷本可能亡于宋元之际。

1974

《吕氏春秋》校释札记(一)[J]/张富祥. --

古籍整理研究学刊,2008,04:27－32

《吕氏春秋》现存东汉高诱注,有元、明旧刊本十多种。清代以来,系统校理此书或择要训释者不下百余家,但至今仍有难以通读的地方。本文挑选部分内容,就前人注解等提出了商榷意见。

1975

《吕氏春秋》校释札记(二)[J]/张富祥. --古籍整理研究学刊,2008,05:26－33

（同上）。

1976

《吕氏春秋》明宋邦乂刻本辨识[J]/杨居让. --图书馆理论与实践,2010,05:59－61

《吕氏春秋》明宋邦乂刻本有多种。本文考证后指出:陕西李先生收藏的是原刻本;涵芬楼藏本是依据原刻本的重修本;甘肃农业大学图书馆藏本、丁丙《善本书室藏书志》记本、杜信孚《明代版刻综录》选本,同为涵芬楼藏本的重修本。

1977

《吕氏春秋》注文版本及著录情况[J]/马辉芬. --图书馆理论与实践,2008,06:62－64

《吕氏春秋》是秦吕不韦集合门客编撰的一部黄老道家名著。本文考察了该书的著录情况,考证了该书的班固、卢植注版本系统和高诱注版本源流。

1978

《吕陶年谱》补正[J]/戴扬本. --图书馆杂志,2009,08:75－77

吕陶系宋仁宗皇祐年间进士。本文考辨了《吕陶年谱》中有关谱主的生卒年岁,考订了该书中未提到的吕陶在英宗治平年间上书等重要史事。

1979

吕兆禧和他的《东方先生集》[J]/李江峰. --古籍整理研究学刊,2008,04:63－67

明学者吕兆禧有《东方先生集》传世,是明代较早出现的东方朔作品辑本。本文介绍了吕兆禧生平、著述和交游情况,分析了该书的文献学价值。

1980

吕祖谦佚文补遗[J]/黄灵庚. --古籍整理研

究学刊,2008,01:29－31

南宋理学家吕祖谦,世称东莱先生,其生前著作54种,但有半数散佚。笔者近年主持《吕祖谦全集》编纂出版,点校《东莱集》,对集外所得佚文81题作了补遗、考辨,供学人参考。

1981

旅港所见善本书选录[J]/李孟晋. --玄奘学报(在台湾地区发表),2000,01:75－88

本文介绍了作者旅港期间所见的善本书,包括《考工记辑注》上下卷、《闽刻本孝经注疏》9卷、《大学衍义补》161卷、《大唐嵩山会善寺故大德道安禅师碑》原拓本、《三希堂法帖》原拓本32册等。

1982

《履斋示儿编》考述[J]/赵伟含. --哈尔滨学院学报,2010,05:83－86

《履斋示儿编》为宋代笔记,由于产生年代久远,所以在流传的过程中出现了很多版本。本文主要以年代为顺序对《履斋示儿编》的版本和著录情况进行考述,并在综合前人观点的基础上,对其作者以及书中的可取与不足之处做简要分析。

1983

略论避讳在古籍版本鉴定中的作用[J]/刘广红. --社科纵横(新理论版),2007,02:226－227

本文主要通过避国讳论述古人避讳在考定书刻的时间断限,确定版本的刊刻年代,以及鉴定古籍版本的真伪和版本的刊刻演变中所起的作用。

1984

略论高校图书馆的古籍文献电子化建设[J]/刘峻嵘. --文教资料,2009,17:186－188

本文分析了高校图书馆古籍文献电子化建设的必要性、意义、优越性,提出了注重古文献的准确性、利用现代手段、尽量保持原汁原味,保存与开发利用并重等建议。

1985

略论高职图书馆古籍的管理[J]/张伟. --科技信息,2009,36:517＋520

本文分析了高职图书馆古籍的重要意义,提出高职图书馆古籍管理必须培养高素质的古籍馆员,运用现代信息技术,做好科技古籍的收藏保护和修复。

1986

略论公共图书馆古籍管理及其合理利用 [J]/李艳敏. --黑龙江史志,2010,05:107 + 109

本文分析了公共图书馆古籍整理存在的"重藏轻用;目录不完善;管理编目人员缺乏,人才结构失衡;缺乏现代化管理利用手段"等问题,提出了"改变管理观念,藏用结合;加强人才队伍建设;采取主动,广泛宣传"等针对性建议。

1987

略论古籍凡例的价值与作用[J]/马刘凤. --档案学通讯,2010,06:89 – 92

古籍凡例是贯穿于全书的写作规范。本文从图书编撰的依据和原则、史料价值、版本学价值、目录作用、书评作用等方面,论述了古籍凡例的价值和作用。

1988

略论古籍附注信息的 MARC 著录[J]/荆惠萍. --晋图学刊,2010,02:66 – 69

在古籍 CNMARC 书目数据中,3--附注块的信息对揭示文献特征具有重要参考价值,能为读者提供全面检索服务。本文通过大量实例,描述了彼此相关、极易混淆的几个附注字段和其他常见的附注字段。

1989

略论古籍管理工作中计算机应用的几个策略性问题[J]/李筑宁. --贵州民族学院学报(哲学社会科学版),2009,05:200 – 202

本文从稳步发展、从实际出发、重在分析、实行拿来主义、逐步实现古籍管理工作计算机化等方面,论述了古籍管理工作中计算机应用的策略性问题。

1990

略论湖北地方古籍文献整理的意义[J]/林久贵. --湖北大学学报(哲学社会科学版),2004,04:436 – 439

本文回顾了湖北地方古籍文献整理工作,从为地方经济文化建设服务、满足不同群体日益增长的文化需求、发展繁荣壮大出版事业等方面,总结了湖北地方古籍文献整理的意义。

1991

略论回族典籍文献之保护[J]/吕毅,徐黎. --图书馆理论与实践,2009,12:97 – 98 + 121

本文从回族典籍文献保护必要性、可行性、现代化技术等方面,论述了回族典籍文献保护的最佳途径。

1992

略论回族古籍的数字化[A]/贾志宏. --中国民族图书馆.第十次全国民族地区图书馆学术研讨会论文集[C],沈阳:辽宁民族出版社,2008

本文根据回族古籍语言特点,从汉文、阿拉伯语、小儿锦语言等方面,论述了回族古籍数字化,以及数字化过程中存在的和应注意的问题。

1993

略论《慧琳音义》的校勘[J]/徐时仪. --长江学术,2009,01:119 – 125

《慧琳音义》是佛经音义类的集大成之作。本文论述了该书的校勘工作,辨析了慧琳自作音义与其转录玄应音义的区别,比较了慧琳引及的经史子集四部典籍与今传本的异同之处。

1994

略论《慧琳音义》各本的异同[J]/徐时仪. --长江学术,2008,03:152 – 159

《慧琳音义》又称《一切经音义》,是唐代慧琳所做的一部语言学巨著。本文对比了该书各版本的异同,发现《中华大藏经》本与韩国高丽大藏经研究所出版的海印寺本高丽大藏经光盘图像版相似,大通书局本与狮谷白莲社本相近。

1995

略论江南制造局版古籍[A]/萨枝新. --福建省图书馆学会.福建省图书馆学会 2010 年

学术年会论文集[C],2010

本文回顾了江南制造局沿革和翻译馆成立过程,介绍江南制造局出版的各类译书,分析了出版译书的意义。

1996

略论近代出版家张元济在传承传统文化方面的贡献[J]/詹文君.--历史教学问题,2007,01:72－73＋20

本文回顾了近代出版家张元济生平,论述了其不遗余力抢救和搜集古籍珍本,大量辑印古籍,为我国民族文化遗产整理和传承做出的卓越贡献。

1997

略论《旧唐书》版本于各代的刊刻状况[J]/赵惠芬.--东海大学图书馆馆讯(在台湾地区发表),2006,59:24－33

《旧唐书》为后晋刘昫等撰,是最早系统记载唐代历史的一部纪传体史籍。本文论述了该书主要内容、卷数和各代的版本刊刻状况。

1998

略论梁启超的古籍整理思想[J]/安尊华.--贵州文史丛刊,2007,01:88－91

本文从怀疑精神是考证古籍前提、求真是考证目的、总结四种校勘方法等方面,总结了梁启超的古籍整理思想,提出了其局限性和对我们的启示。

1999

略论鲁迅《古籍序跋集》的内容——以小说、历史为中心[J]/李拉利.--运城学院学报,2009,03:54－55

本文介绍了鲁迅序跋写作和古籍整理方面成就,着重探讨了鲁迅《古籍序跋集》在小说、史学方面的内容和学术价值。

2000

略论鲁迅整理魏晋古籍的成就及影响[J]/王涛.--黑龙江史志,2009,14:42－43

本文从文献学、文化学、小说学、方志学角度,总结了鲁迅整理魏晋古籍工作成就,并以《会稽郡故书杂集》《嵇康集》《古小说钩沉》为例,分析了鲁迅辑本对魏晋文学整理、

研究起到的参照检验作用。

2001

略论蒙古文古籍文献的开发与利用[J]/宝音.--内蒙古民族大学学报(社会科学版),2006,01:35－38

本文论述了蒙古文字与蒙古族古籍文献的形成和发展;蒙古文古籍文献收藏、研究利用情况;蒙古族古籍文献的抢救与开发。

2002

略论蒙古文古籍文献的搜集、保护、利用[A]/安亮军.--中国民族图书馆.第十次全国民族地区图书馆学术研讨会论文集[C],沈阳:辽宁民族出版社,2008

本文论述了蒙古民族古籍文献的国内外散存分布现状、搜集和保护情形,提出了利用蒙古民族古籍文献促进地方经济建设、推进学术研究利用的建议。

2003

略论民族古籍的"藏"与"用"[J]/吴中平.--新世纪图书馆,2009,05:42－44＋13

本文运用民族学、图书馆学方法,探讨了民族古籍的收藏难点和开发利用问题,阐述了民族古籍工作对发展多元文化与构建和谐社会具有的意义。

2004

略论民族古籍的整理方法[J]/于萍海.--中央民族大学学报,2000,02:66－69

本文从民族古籍今译、汉译、注释、校勘和标点方面,探讨了民族古籍整理工作中的具体方法。

2005

略论民族古籍整理现代化[A]/朱崇先.--中国民族古文字研究会.中国民族古文字研究会第七次学术研讨会论文集[C],2004

本文分析了民族古籍整理现代化的内涵、定义、时代背景和基础条件,提出观念转变更新、资金不足问题及应对方法、适应技术变迁的问题和策略、培养人才与更新知识等建议。

2006

略论宁夏地区古籍普查与古籍保护工作的

开展[J]/张京生,尹光华.--图书馆理论与实践,2009,10:86-89

本文论述了中华古籍保护的重要意义、宁夏地区古籍收藏管理保护现状、开展古籍普查与保护工作的建议。

2007

略论前代学者在元刻《史记》彭寅翁本著录中的得失[J]/张兴吉.--求是学刊,2004,05:109-113

元刻《史记》彭寅翁本作为珍稀宋元旧本,在《史记》版本体系中占有重要地位,国内外学者在本书著录上存在诸多问题。本文分析了日本涩江全善、傅增湘、贺次君等学者著录该书的一些错误。

2008

略论清代诗文集的整理编纂及其价值意义[J]/黄爱平.--清史研究,2010,02:131-136

《清代诗文集汇编》收录清代诗文集4000余种,由中国人民大学和北京大学联合编纂、上海古籍出版社2010年出版。本文论述了该书的整理编纂过程、内容特点和价值意义。

2009

略论清刻善本[J]/王慕东.--图书与情报,2000,01:77-79

本文从善本的由来与演变、清刻善本鉴定、清刻中的清人著述、清刻中的前代著述等方面,论述了清刻善本相关情况。

2010

略论《尚书》的整理与研究[J]/王世舜.--聊城师范学院学报(哲学社会科学版),2000,01:85-92

《尚书》是中国第一部古典文集。本文论述了《尚书》整理研究须信守"阙疑";该书文本在战国中期以前已产生;文字释义应吸取甲骨文、金文研究成果,但决不能生搬硬套;将词语放在具体语言环境中研究等观点。

2011

略论少数民族古籍文献的科学管理、开发和利用[J]/林秀.--内蒙古图书馆工作,2007,03:37-38+29

本文从做好民族古籍收集工作、编目符合民族古籍特色规律、重视民族古籍上架流通等方面,论述了少数民族古籍文献的科学管理问题,提出汇集编撰出版、组织专家鉴定评估等开发利用的建议。

2012

略论宋元明清以来史志书目对荒政典籍的著录[J]/邵永忠,范红霞.--图书与情报,2005,03:81-84

本文将宋元明清以来史志书目中对荒政典籍的著录归纳为7种情况,分析论述了各自渊源、传承脉络、历史文化背景、学术价值。

2013

略论《隋志》及其文献学价值——兼及对《中文工具书》的两点订正[J]/邵平.--图书馆理论与实践,2001,01:51-52

本文从《中文工具书》两处关于"史志"的表述入手,分析了《隋志》作为通代性典制史志的性质特点,探讨了该书的价值。

2014

略论图书馆善本古籍的修复[J]/杨晓黎.--图书馆工作与研究,2002,06:20-23

本文从古籍修复技术传承、善本古籍修复基本原则、善本古籍修复材料要求和修复方法等方面,论述了图书馆善本古籍修复相关问题。

2015

略论图书馆图书文献的保管与储藏[J]/谭珊珊.--淮南师范学院学报,2003,05:112-113

本文从对书籍的防尘、防光照、防火、防潮及霉变、虫蛀等方面,探讨了图书馆图书文献的保管与储藏举措。

2016

略论王念孙《读书杂志》一书的校勘学特色[J]/孙计康.--图书馆学刊,2009,04:82-84

《读书杂志》以读书札记形式,记录了清朴学大师王念孙晚年研究古籍的成果。本文介绍了该书成书缘由、学术背景和校勘特色。

2017

略论王琦《李太白全集》的校勘[J]/胡振龙.--古籍整理研究学刊,2005,03:77-80

清人王琦《李太白全集》是李白诗文注释中的经典著作。其采用的校勘方法可归纳为对校法、本校法、他校法、理校法和综合校勘法。本文介绍了五种校勘方法的特点和该书学术价值。

2018

略论王先谦文献整理的成就[J]/刘旭青.--孔孟月刊(在台湾地区发表),2003,05:33-46

王先谦系清末民初史学家、经学家、训诂学家,治学注重考据校勘。本文介绍了王先谦生平概况,从集注类、钞纂类、校刊类等方面,论述了其文献整理的主要成就。

2019

略论我国古籍数字化的选题[J]/王立清.--图书情报工作,2005,03:62-64

本文指出了在古籍数字化的选题过程中应把握几种原则,总结了目前我国古籍数字化工作中存在一些问题,并对这些问题提出了几条对策。

2020

略论我国民族古文献的体系及意义[J]/范波.--贵州民族研究,2002,01:127-131

本文介绍了我国民族古文献的研究概况,探讨了民族古文献的定义和其体系,分析了民族古文献特有的价值和意义。

2021

略论西双版纳少数民族古籍收集与开发[J]/肖安云.--情报杂志,2010,S1:324-326

本文分析了我国西双版纳少数民族古籍现状、在收集中应注意的问题,从丰富旅游文化含量、为教学科研服务、为开发文化产业和情报研究服务、提升古籍品牌等方面,论述了开发意义。

2022

略论《荀子校释》的创新之处[J]/张启成.--贵州教育学院学报,2007,01:53-56

当代学者王天海《荀子校释》,是继晚清王先谦《荀子集解》后对《荀子》校勘注释的集大成作。本文评述了其中颇具新意的条目,与台湾学者毛子水《荀子训解补正》进行对比,展示了学者校读的不同风格和学养。

2023

略论元泰定本《广韵》[J]/马月华.--文献,2010,02:120-124

《广韵》是我国北宋陈彭年等奉诏修撰的一部韵书。本文介绍了北京大学图书馆藏元泰定本《广韵》的源流、特点和在校勘方面的得失。

2024

略论中国古籍的分类[J]/王文英.--图书馆学刊,2006,04:116-117

本文介绍了四部分类法、中图法等中国古籍分类方法,论述了使用《中图法》类分古籍的原则和方式。

2025

略论中文善本古籍的保护工作[A]/林永祥.--中国国家图书馆.中文善本古籍保存保护国际研讨会论文集[C],北京:北京图书馆出版社,2002

本文探讨了中文善本古籍保护中的防火防盗、书库温湿度和防霉防虫技术、开发利用等问题,提出要根据各地、各单位具体情况和特点,制订相应保护措施。

2026

略述汪中《策略谡闻》嘉庆刊本的校勘价值[A]/谢冬荣.--国家图书馆古籍馆.第二届地方文献国际学术研讨会论文集[C],北京:国家图书馆出版社,2009

《策略谡闻》系清学者汪中所撰,国家图书馆藏一部嘉庆十一年(1806)德成堂刻本。本文将此本与《新编汪中集》中的《策略谡闻》对校,论述了该刊本在校误字、校脱文、校衍文等方面的校勘价值。

2027

略谈古籍保护在中医文献整理研究上的作用和意义[J]/蔡华,盛增秀.--浙江中医杂志,2010,07:536

本文以浙江省中医药研究院为例,分析了古籍保护在中医文献整理研究上的作用,指出古籍保护是传承发扬祖国医学文化遗产的基础工作,具有重要意义。

2028

略谈古籍采访的几个问题[J]/翟云仙,陈剑光. --图书馆学研究,2001,02:28 – 29

本文从古籍图书管理、经费使用、数字化、人员素质等方面,探讨了古籍文献采访工作中存在的问题,提出对策建议。

2029

略谈古籍整理研究中方向与专题的确立[J]/张兴武. --古籍整理研究学刊,2000,03:1 – 4

本文探讨了如何确立古籍整理研究的学科地位和学术价值,评述了古籍整理研究工作中的探索精神,指出整理研究方向取决于研究者个人学术发展需要,新方向的确立往往意味着新的充实和提高。

2030

略谈古籍注释中的逻辑思维[J]/韩格平. --古籍整理研究学刊,2002,03:40 – 42 + 49

本文从形式逻辑、辩证逻辑等规律入手,探索了如何运用现代逻辑学思维和基本原理指导古籍注释工作。

2031

略谈《古书版本学概论》[J]/田爱虹. --传奇·传记文学选刊(理论研究),2010,11:65 + 71

当代学者严佐之编撰《古籍版本学概论》,由华东师范大学出版社2008年出版。本书评述了该书出版的影响和学术价值,列举了书中的不足之处。

2032

略谈刘文典对《淮南鸿烈》的贡献[J]/彭君华. --安徽师范大学学报(人文社会科学版),2001,03:456 – 459

《淮南子》自东汉起就有学者对其作注,近代学者刘文典《淮南鸿烈集解》是历代校注本中的重要一种。本文分析了刘文典校勘的方法特色,评述了其对《淮南鸿烈》研究做出的贡献。

2033

略谈明清古籍俗字的释读[J]/曾良,林鹭兵. --江南大学学报(人文社会科学版),2009,02:108 – 112 + 116

本文分析了俗字与正确理解古籍语义之间的关系,探讨了古籍整理中的俗字处理方式,总结了明清古籍整理中的俗字处理原则。

2034

略谈《容斋随笔》的版本[J]/孔凡礼. --古籍研究,2003,02:5 – 11

《容斋随笔》是南宋学者洪迈的读书笔记。本文论述了该书的版本源流、特色和文献学价值。

2035

略谈宋代别集的整理[A]/孔凡礼. --中华书局编辑部."中国传统文化与21世纪"国际学术研讨会论文集[C],北京:中华书局,2003

本文从宋总集、宋别集和宋笔记三方面,介绍了作者从1977年至今从事古籍整理的心得体会。

2036

略谈拓片的装裱与修复[J]/刘宁. --文博,2010,04:76 – 80

本文论述了拓片卷轴装、册页装、古籍装的装裱和装帧形式,以一幅造像碑的破损旧拓片为例,论述了拓片的揭裱修复方法与修复原则。

2037

略谈宗教类古籍题名及规范化问题[A]/苏晓君. --詹福瑞. 国家图书馆第八次科学讨论会论文集[C],北京:北京图书馆出版社,2005

本文介绍了汉语文古籍题名规范数据的制作情况,分析了其中宗教类古籍题名的突出特点,阐述了对于这些题名规范化的理解。

M

2038

马德新《朝觐途记》研究［J］/丁蓉.--中山大学研究生学刊（社会科学版），2008，03：60－69

《朝觐途记》系清代伊斯兰教学者马德新所撰，描述了朝觐情景和各地风土人情。本文论述了该书的版本源流、特色和文献学意义。

2039

马端临与《文献通考》［A］/王德毅.--宋史研究集（第三十二辑）［C］，台北：兰台出版社（台湾地区），2002

（阙如）。

2040

马国翰与《玉函山房辑佚书》［D］/李敏.--湖北大学，2003

《玉函山房辑佚书》系清代学者马国翰编撰的一部规模巨大的辑佚书。本文概述了马国翰生平与学术经历，介绍了该书撰写缘起、成书过程、流传情况、类目划分、编排体例、收书原则、辑佚方法等，列举了不足之处。

2041

马继兴《马王堆古医书考释》的训诂特点及成就［J］/黄作阵.--北京中医药大学学报，2006，03：158－161

本文是湖南科学技术出版社1992年出版的马继兴《马王堆古医书考释》书评，介绍了该书内容特点、学术价值，分析了该书在文字学和训诂学方面取得的成果。

2042

马叙伦《老子校诂》刍议［J］/李春晓.--古汉语研究，2009，02：69－74

《老子校诂》是近现代学者马叙伦编著的一部哲学著作。本文评述了中华书局1974年11月重印的《老子校诂》校勘特点，肯定了作者采用的研究方法，举例分析了该书在校勘、训诂方面取得的学术成就。

2043

马学良文集［C］/中央民族大学中国少数民族语言文学学院编.--北京：中央民族大学出版社，2009

本书汇编了马先生公开发表、具有广泛影响的研究成果。

2044

满文古籍经眼录［A］/李雄飞.--北京大学图书馆.北京大学图书馆第九届五四科学讨论会论文集［C］，2009

本文系作者参与《中国少数民族古籍总目提要》项目过程中，对所经眼满文古籍撰写的提要，揭示了满文古籍的内容、特点和价值。所录各书均为《全国满文图书资料联合目录》中著录的孤本及珍稀版本。

2045

满文古籍书名著录之我见［J］/卢秀丽.--满族研究，2007，02：122－126

本文分析了满文古籍书名著录存在问题，提出了设置"书名""并列题名""书名附注"三项著录满文古籍书名的建议，归纳了满文古籍书名著录方法。

2046

满文与满文古籍文献综述［J］/吴元丰.--满族研究，2008，01：99－113＋128

本文从满文创制及改进、满文古籍文献和种类、编目与分类、发现与研究、翻译与整理出版等方面，对满文与满文古籍文献进行了综述。

2047

漫话藏书章［J］/范开宏.--山东图书馆季刊，2002，01：116－117

本文介绍了藏书章演变历史，从提醒后

人珍藏图书、表达对前人追思、祈求神物护持、记述家族荣光等方面,论述了藏书章的主要内容。

2048

漫谈"国家"数位典藏［A］/谢清俊. --文献与资讯学术研讨会论文集(在台湾地区发表)［C］,2001

我国台湾地区于 2001 年 1 月启动典藏数位化计划,参与单位包括台北"故宫"博物院、历史博物馆等七家单位,目标是通过数位化促进人文与社会、产业与经济发展。本文介绍了该计划的缘起、内容、沿革、前景等。

2049

漫谈余怀《玉琴斋词》稿本及其流传［J］/陈晓明. --图书馆杂志,2006,11:76 – 78

《玉琴斋》为明末清初的余怀所作,辞藻艳俊凄丽。本文介绍了作者生平,分析了稿本版本上与内容上的特点,论述了该书的研究价值。

2050

漫议世纪交替古籍整理出版的现状及趋势［J］/徐潜. --社会科学战线,2002,02:263 – 265

本文针对 2000 年初中国古籍整理出版的现状及趋势进行了思考。文章分析了当时市场萎缩的大环境下潜在的商机与活力,探讨了传统经典的通俗化出版的具体前景,论述了经典名著快餐化的趋势和特点。

2051

毛本《花间集》来源管见［J］/罗争鸣. --古籍研究,2001,04:30 – 32

《花间集》系我国文学史上第一部文人词选集,毛晋汲古阁刊本是一个比较精审的明刊本,其来源尚无定论。本文考证后提出,该刊本是毛晋参考融汇多种版本,较多沿袭公文纸印本的一个新版本。

2052

毛晋汲古阁藏刻书兴盛缘由新探［J］/毛文鳌. --常熟理工学院学报,2009,01:102 – 105

本文从文化环境、师友襄助、学术底蕴、经济财力诸方面,分析了常熟毛晋汲古阁藏刻书的兴盛缘由。

2053

毛晋刻书题跋辑考［J］/丁延峰. --古籍研究,2009,S1:189 – 196

明末清初藏书家毛晋收藏刻书时留下了大量题跋。本文对毛晋刻书题跋 12 篇进行逐篇点校,考释了所题原刻本概貌和刊刻情形。

2054

毛晋与汲古阁刻书考略［J］/苏晓君. --中国典籍与文化,2006,03:49 – 57

本文考察了明末清初藏书家毛晋与汲古阁刻书等情况,介绍了其笔记专著《津逮秘书》版本特征,补充了《明毛氏汲古阁刻书目录》《汲古阁刻板存亡考》内容。

2055

毛声山批评《第七才子书琵琶记》"浮云客子序"作者考［J］/文革红. --苏州大学学报(哲学社会科学版),2008,03:79 – 81

本文考证了清初学者毛声山批评的《第七才子书琵琶记》"浮云客子序"作者,提出衣言堂是浮云客子所有之堂,"浮云客子序"由彭氏家族中的彭珑执笔。

2056

《毛诗后笺》的经学色彩［J］/郭全芝. --古籍研究,2002,03:17 – 19

《毛诗后笺》是清代经学家胡承洪经学著作。本文从文字训诂与辞义探究、《诗》《序》出现矛盾时的处理方法方面,阐述了该书的经学色彩以及在研究方法上对经学内容的重视。

2057

《毛诗注疏》版本流变考略［J］/曹诣珍. --古籍整理研究学刊,2006,03:70 – 72

《毛诗注疏》系唐孔颖达解读《毛诗》重要注释的儒家经典。本文考述了该书的版本流变情形,指出了学者在相关问题上的失误。

2058

毛氏《增修互注礼部韵略》之版本流传与体例专有词探析［J］/徐旻馨. --中正大学中国文学研究所研究生论文集刊(在台湾地区发表),2010,12:79 – 106

南宋毛晃、毛居正父子修订的《增修互注礼部韵略》，对宋代韵书史和汉语音韵史具有重要研究意义。本文探析了该书的版本流传情形，以及毛氏修订该书的校订增删、辩论考证之专有词等。

2059

《懋勤殿法帖》选帖、排次问题初探［J］/张多强.--吉林工程技术师范学院学报，2010，08：52－53

《懋勤殿法帖》是清代康熙年间由朝廷组织刊刻的一部大型的汇刻丛帖，法帖完成后存于内府，故外界流传较少。本文从该法帖的选帖、排次两方面入手，将其与宋代《淳化阁帖》进行对比，指出《懋勤殿法帖》多取《淳化阁帖》之形制规模。

2060

《梅花喜神谱》在版本学与诗学上的价值［J］/钱天善.--问学集（在台湾地区发表），2003，12：175－190

《梅花喜神谱》为南宋时宋伯仁所作，是目前所能见到最早的版画画谱。本文介绍了《梅花喜神谱》在版本上、艺术上、文学上具有多方面的价值，并着重讨论《梅花喜神谱》的版本学和诗学价值，以补前人多将研究重点放在其艺术价值的不足。

2061

《梅尧臣集编年校注》再注八十四则［J］/寿涌.--中华文史论丛，2010，03：253－302＋399

当代学者朱东润对宋诗人梅尧臣诗作进行了系统编年校勘，广采夏敬观先生成果，编撰《梅尧臣集编年校注》。本文梳理考证了朱、夏两位先生未能厘清的人事，逐页排比对照，卷页诗题均按朱先生原书开列。

2062

《梅苑》版本考［J］/张雁.--古籍整理研究学刊，2003，02：78－82

南宋黄大舆编《梅苑》是现存最早的专题性咏物词选。本文从书目、题跋入手，考察了该书自宋以来的流传版刻情况，考证了诸传刻本和钞本的授受源流、钞刻时代、版式特点和优劣异同。

2063

媒介变化与当前古籍整理——传播学视野中的古籍整理［J］/金英.--中国出版，2004，01：43－44

本文从传播媒介与古籍整理、大众媒介与古籍整理、新媒介条件下的古籍整理新趋势方面，论述了传播学视野中的古籍整理。

2064

美国俄亥俄州立大学图书馆中文古籍书录（修订版）［M］/（美）李国庆编著.--桂林：广西师范大学出版社，2008

本书以清宣统年间为下限，收录了美国俄亥俄州立大学图书馆藏中文古籍252种266部。全书以经、史、子、集、丛分类编排，著录书名、卷数、著者、版本、版式等。

2065

美国哥伦比亚大学东亚图书馆所藏《全汉志传》［J］/石昃.--古典文献研究，2008，00：337－343

《全汉志传》是明熊大木所撰白话长篇历史演义小说。美国哥伦比亚大学东亚图书馆藏明代三台馆梓行的《全汉志传》十五卷本，此前未为学界所知。本文从内容、版式、版本流传等方面，对此珍本作了介绍。

2066

美国国会图书馆藏中国古籍善本概略［J］/潘德利.--图书情报工作，2003，06：114－117

本文对美国国会图书馆藏中国古籍善本书进行了统计，探究了该馆搜集获得途径和该批善本的版本价值，展望了古籍善本数字化与全球资源共享前景。

2067

美国普林斯顿大学葛思德东方图书馆的中医古籍藏书［A］/赵元玲.--中国中医科学院中医药信息研究所.首届中医药信息发展大会［C］，2006

本文介绍了美国普林斯顿大学葛思德东方图书馆藏中医古籍情况，提出该馆藏中医古籍有很多是善本书，以明清时期为主。

2068

美国图书馆藏宋元版汉籍研究［D］/卢

伟. --北京大学,2010

本文概述了美国国会图书馆和各大东亚图书馆收藏中国古籍的历史与现状,以每个图书馆为单位,对所藏125部(宋版65部,元版60部)汉籍进行了考述,对重要刻本进行了重点研究。

2069

美国主要东亚图书馆所藏中国古籍文献及其展望[J]/沈津. --(在台湾地区发表),2001,01:97-114

本文论述了美国东亚图书馆所藏中文古籍,从宋元明清不同版本,尤其是抄本、稿本及有特点的图书等层面做了揭示。指出东亚图书馆应加强编制各种专题目录、撰写书志等工作,实现资源共建共享。

2070

《蒙川遗稿》版本考辨及佚文补辑[J]/丁治民,封传兵. --温州大学学报(社会科学版),2007,06:23-26

《蒙川遗稿》是宋学者刘黻的诗文作品集,有四库全书本、孙诒让校勘本、南京图书馆藏清丁丙跋明抄本传世。本文考证了该书内容、三种版本相互关系和优劣,还在方志中辑得佚文《云门福地记》一篇。

2071

蒙古民族古籍文献实现数字化浅析[A]/安亮军. --中国图书馆学会.2008年"图书馆服务转型:研究与实践"学术研讨会论文集[C],2008

本文论述了蒙古文古籍文献散存分布现状和保护利用困境,认为文献数字化服务可以促成最广泛的信息交流和资源共享,是对蒙古文古籍文献的最佳保护。

2072

蒙古文古籍出版技术的演变之探索[D]/图亚. --内蒙古大学,2010

本文用统计法,统计出了蒙古文古籍出版技术的种类和使用次数;用文献学分析法,解释出版技术有关概念;用历史比较法,横向比较概括出了各朝代蒙古文古籍出版技术的使用情况,纵向比较概括出其演变特征。

2073

蒙古文古籍文献的研究与利用[A]/宝音. --中国民族图书馆.第十次全国民族地区图书馆学术研讨会论文集[C],沈阳:辽宁民族出版社,2008

本文介绍了蒙古文字和蒙古族古籍文献形成发展情形,从宗教和法律、历史、语言文字以及文学方面,论述了对蒙古文古籍文献的收藏研究利用建议。

2074

蒙古文古籍形制的演变概况[D]/黄荣. --内蒙古大学,2010

本文介绍了蒙古文古籍的形制演变过程,概述了元、北元、清朝和民国等四个时期蒙古文图书中频繁出现的形制。

2075

蒙古学古籍善本档案的搜集整理[J]/包梅兰. --档案与社会,2008,01:35

蒙古学古籍档案内容丰富,包括历史、语言、文学、艺术、哲学、宗教、天文、地理、医学等书面文献,金石文献以及口碑文献。本文介绍了蒙古学古籍善本档案的搜集状况、保护方法和开发利用情况。

2076

蒙学类古籍浅谈[J]/李远,王惠敏. --图书馆论坛,2001,05:113-114

本文分析了古代蒙学类图书的类型、特点、形式和整理情况,展望了蒙学类古籍开发利用前景。

2077

蒙医药古籍文献的学术实用价值及其整合意义[J]/程立新,额尔德木图. --内蒙古医学院学报,2009,06:648-650

本文分析了蒙医药古籍文献研究现状、学术价值、文献整合战略意义和保护整理中的问题,提出了加强宣传、出版现代化蒙医古籍、加快研究蒙医古籍文献队伍建设、理论实践相结合等对策。

2078

《孟子音义》校正[J]/李爱国. --湖北社会科学,2009,01:130-134

《孟子音义》是北宋孙奭所撰的经书注释,有多个版本存在着缺漏和讹误。本文对比不同版本,参考唐陆德明《经典释文》、玄应《一切经音义》等音义书,回查了每个字头在《广韵》中的音韵地位,最大限度恢复该书原貌。

2079

梦窗词集版本考[J]/周茜. --古籍整理研究学刊,2003,05:49 – 54

《梦窗词》是宋词人吴文英的词作集,通行版本有《梦窗甲乙丙丁稿》四卷本和《梦窗词集》一卷本。本文考述了两种版本的源流和特点,分析了由此演变而来的几种版本特色。

2080

觅籍阅史看白国——白子国研究古籍文献选编[M]/张昭主编;弥渡县"白子国研究"课题组编. --昆明:云南民族出版社,2005

白子国,唐初之前中国西南边疆一个多部族联盟的地方政权,遗址位于今云南弥渡。本书系白子国研究古籍文献选编,以记述白子国历史起源、发展、消亡内容或相关内涵为编选对象。选取古籍文献上至汉代,下至隋唐;有关记载延至清末至民国年间。

2081

《秘册汇函》考[J]/冉旭. --古籍整理研究学刊,2004,03:31 – 36

《秘册汇函》成书于明万历间,为胡震亨等编纂。全书尚未刊竟即遇火板毁,残板复并入《津逮秘书》,但因原本流传不广,尚存留诸多疑问。本文考订了该书作者生平、编纂始末和版本源流。

2082

《秘传眼科龙木论》考[J]/余杨桂,王小川. --广州中医药大学学报,2009,04:416 – 419

《秘传眼科龙木论》是我国现存最早的眼科专著。本文探讨了该书内容出处、学术特点和对后世中医眼科学的影响。

2083

《秘殿珠林石渠宝笈》初续三编之编纂及版本情况考述[J]/刘迪. --古籍整理研究学刊,2009,04:94 – 100

《秘殿珠林石渠宝笈》是一部著录清代宫廷收藏书画的专著,对书画鉴藏和艺术史研究具有参考价值。本文征引史料,考述了该书编纂者、过程、体例及版本情况,讨论了《石渠宝笈》初编版本和内容变化。

2084

《秘书省续编到四库阙书目》补校刍议[J]/张固也,李秋实. --图书馆学刊,2008,05:121 – 124

清人叶德辉刻印《秘书省续编到四库阙书目》时,用宋代公私目录做过校勘,但遗漏尚多,尤以不引《通志·艺文略》为最大缺陷。本文重新考订了该部目录的编撰年代和性质,分析了其校勘体例。

2085

免费的午餐——互联网上的古籍书目[J]/李锡凤. --科技情报开发与经济,2007,13:3 – 5

本文从利用互联网和古籍编目工作的实践出发,介绍了互联网上可用的重要免费古籍书目资源及使用方法,如中国国家数字图书馆、北京大学数字图书馆古文献资源库、上海图书馆古籍书目查询等。

2086

面向数字图书馆的古籍数字化模型构建[J]/李玉海,宋艳辉. --图书馆学研究,2008,08:24 – 26 + 30

本文结合数字图书馆结构、功能、特点,构建了高效古籍数字化模型,分析了为有效执行该模型所必需的数字化描述、数字化存储、数字化访问等问题;构架了面向海量信息存储的 SAN 存储区域网络战略框架。

2087

苗族医药数据库的深层次开发[J]/张季芳,王华南,房芸,罗寰,潘明茜. --贵阳中医学院学报,2006,06:15 – 17

本文介绍了苗族医药特色数据库建设背景,从苗族医药全文数据库建设、三次文献编研、古籍文献数据库建设方面,论述了深度开发情况。

2088

缪荃孙与古籍版本学[J]/王海刚. --图书馆理论与实践,2005,05:59 - 61

本文论述了清末著名文献学家缪荃孙对古籍版本源流、版本鉴定、版本目录的研究与贡献。

2089

民国故宫博物院文献馆清档出版物时间订正[J]/庾向芳,汤勤福. --齐鲁学刊,2010,02:55 - 59

民国时期故宫博物院文献馆出版了大量有关清代档案史料的书籍,但一些书目对于这批出版物出版时间的记述存在错误,本文对此进行了考订。

2090

民国礼学文献流失考论[J]/盖志芳. --山东省农业管理干部学院学报,2006,04:141 - 142

本文介绍了民国时期大量礼学文献流失原因和散佚状况,回顾了中国学者和国外目录版本学家对这些古籍的整理工作成就。

2091

民国时期古籍出版业对图书馆建设的贡献[J]/刘洪权. --图书情报知识,2004,02:94 - 96

民国时期古籍出版业与图书馆建设形成了良性互动关系。本文从图书经费、图书采访方面,探讨了民国时期古籍出版业对我国图书馆建设的贡献。

2092

民国时期古籍出版与现代文化建设[J]/刘洪权. --出版科学,2010,02:103 - 105 + 60

本文从整理保存文献、传承文化、现代学术建立和图书馆建设等方面,介绍了民国时期古籍出版情况,指出其为理解中国文化演进内在轨迹,考察传统文化与现代化关系,提供了一个新视角。

2093

民国时期古籍丛书出版的成就与影响[J]/贾鸿雁. --图书馆杂志,2003,01:76 - 78

本文总结了民国时期古籍丛书出版数量

可观、质量上乘、内容拓展、积极采用新的印刷技术等成就,从保存文化典籍、促进国学研究、普及国学知识方面,论述了该时期古籍出版对社会的影响。

2094

民国时期图书馆刊刻古籍述略[J]/全根先. --新世纪图书馆,2004,05:78 - 80

本文概述了民国时期国家图书馆、地方图书馆和研究性图书馆的古籍刊刻工作,总结了取得的成就。

2095

民文古籍数字化保护系统关键技术研究[A]/于洪志,张华秋. --中国民族图书馆. 第十次全国民族地区图书馆学术研讨会论文集[C],沈阳:辽宁民族出版社,2008

本文分析了藏语、蒙古语、维吾尔语和朝鲜语等我国少数民族语言及古籍特点,探讨民族古籍文献数字化保护系统设计架构,以及民文 WEB 显示、书写规范格式、信息可靠存储等技术难点的实现方式。

2096

民族宝典的精修 优秀文化的传承——《中国少数民族古籍总目提要·土族卷》解读[J]/辛玉琴. --青海民族学院学报,2009,02:23 - 25

《中国少数民族古籍总目提要》是 2010 年中国大百科全书出版社出版的专著,以民族为单元分卷编写。本文分析了《土族卷》的特点,认为其史料翔实、体例完备、结构严谨,客观记录了土族地区流传的古籍、文书、口头文献等珍贵文化遗产。

2097

民族地区古籍整体性保护模式初探——以大理白族自治州为例[J]/刘丽,杨丽奇. --云南图书馆,2010,01:77 - 81

本文以大理白族自治州为例,探讨了民族地区古籍保护模式:采取抢救性、再生性、开发性、研究性、机制性和非物质文化遗产保护为主的整体性模式。提出创建"大理州古籍保护中心""大理州古籍数据中心"等设想。

2098

民族高校古籍数字化工作现状及古籍管理

人员的素质要求[J]/王晓辉.--今日科苑,2008,21:114

本文从认识了解古籍、掌握古代汉语知识、掌握古籍编目知识、熟悉古籍分类、有良好职业道德等方面,论述了我国高校古籍管理人员素质要求,探讨了古籍数字化可行性发展方向。

2099

民族古籍保存保护探析[A]/公萍.--中国民族图书馆.第十次全国民族地区图书馆学术研讨会论文集[C],沈阳:辽宁民族出版社,2008

本文从民族古籍特点、古籍保存保护、古籍文献修复、古籍修复人员培养等方面,论述了古籍保存保护重要性,分析了今后古籍修复和培养人才的必要性、迫切性。

2100

民族古籍保护策略研究[A]/包和平,何丽.--中国图书馆学会.中国图书馆事业百年[C],北京:北京图书馆出版社,2004

本文介绍了我国少数民族古籍概况、保护现状和存在问题,提出了观念创新、立法创新、职能创新、手段创新、优势创新、交流创新等保护策略。

2101

民族古籍保护工作之我见[A]/甘大明.--中国民族图书馆.第十一次全国民族地区图书馆学术研讨会论文集[C],沈阳:辽宁民族出版社,2010

本文从相关法律制定实施、古籍保护宣传展示、人才队伍建设、古籍搜集整理和开发利用等方面,论述了我国民族古籍保护工作。

2102

民族古籍保护及其策略研究[J]/包和平,何丽.--中国图书馆学报,2005,06:82-85

本文肯定了我国民族古籍保护工作成绩,分析了保存机构多而分散、立法不健全、古籍损坏严重且大量流失国外等问题,提出更新观念、健全法制、完善管理体制、采用新技术、开展交流合作等建议。

2103

民族古籍保护开发利用研究述略[J]/莎日娜.--图书馆理论与实践,2007,02:114-116

本文论述了民族古籍保护开发利用研究工作的发端、意义、成就和特点,提出保护开发利用工作中存在的问题及对策。

2104

民族古籍的收集保护与研究宣传[A]/孙秋景.--中国民族图书馆.第十一次全国民族地区图书馆学术研讨会论文集[C],沈阳:辽宁民族出版社,2010

本文从宁有勿缺、宁多勿少、完整系统、厚古宽今、有主有次、确定专人负责、加强横向联合,做到资源共享等方面,论述了民族古籍文库建设应把握的原则,提出了古籍整理研究应遵循的定级方法。

2105

民族古籍的搜集保护与研究开发[J]/王冰.--图书馆研究与工作,2010,01:72-75

本文介绍了我国民族古籍搜集保护和研究开发现状,提出完善管理体制、加强保护、健全法制、培养修复人才、开展多方交流合作、多方筹措资金等策略。

2106

民族古籍的特点及其开发利用研究[J]/包和平.--中南民族大学学报(人文社会科学版),2009,05:80-83

本文论述了民族古籍的特点、历史、现状,提出建立具有鲜明特色的民族古籍藏书体系、合理布局民族古籍资源、加强民族古籍数字化、建立民族古籍学科体系、建设民族古籍资源开发队伍等建议。

2107

民族古籍分类简史[J]/吴凤银,包爱梅.--图书馆学研究,2005,04:62-64

我国各民族古籍分类方法带有本民族的显著特点。本文以藏族、蒙古族和彝族等为例,论述了民族古籍分类特征和历史,对重点分类法进行了客观评价。

2108

民族古籍工作的特点及其未来发展趋势研究[J]/包和平.--图书情报工作,2005,08:90-93

本文从地域边远、语言文字多样、布局分散、内容复杂、国际影响广泛等方面,分析了民族古籍工作的特点;介绍了管理一体化、结构网络化、保护法制化、交流国际化、队伍专家化的发展趋势。

2109

民族古籍管理学的研究对象和任务[J]/包和平. --情报资料工作,2003,04:17-19

本文论述了创建民族古籍管理学的意义、研究对象、研究内容、学科地位、研究任务和研究方法。

2110

民族古籍及其整理[A]/董彩云. --中国民族图书馆.第十次全国民族地区图书馆学术研讨会论文集[C],沈阳:辽宁民族出版社,2008

本文介绍了我国少数民族古籍的存藏、流失情况,分析了民族图书馆对少数民族古籍的收集整理工作,对未来工作进行了展望。

2111

民族古籍计算机检索网络建设研究[J]/包和平. --现代情报,2005,06:50-51

本文论述了建立民族古籍计算机检索网络的背景、条件、方法和途径,省(自治区、直辖市)以上的民族古籍信息部门建立成批检索系统,实现用户直接使用终端联机检索,最终建立全国检索网络的建议。

2112

民族古籍检索的原理和方法[J]/包和平. --现代情报,2004,09:128-130

本文介绍了少数民族古籍检索特征、作用、内容、要求和原理,从文献检索学角度阐述了工具法、扩展法、循环法、抽查法等方法及成效。

2113

民族古籍开发与民族语文工作[A]/张公瑾. --国家民族事务委员会文化宣传司.构建多语和谐的社会语言生活——民族语文国际学术研讨会论文集[C],北京:民族出版社,2009

本文分析了民族古籍的历史现实价值,提出做好开发利用不仅包括书面古籍,还包括口传古籍;整理开发要保留民族文化独特气质、韵味和精神;要将古籍整理开发和信息化处理结合起来。

2114

民族古籍目录的计算机处理[A]/李灵秀,李燕. --中国民族图书馆.第十次全国民族地区图书馆学术研讨会论文集[C],沈阳:辽宁民族出版社,2008

本文以云南大理白族自治州图书馆为例,从民族古籍目录与CNMARC规定差异、民族古籍机读目录格式GJMARC设计方面,论述了民族古籍目录的计算机处理问题。

2115

民族古籍书目数据库建设探讨[J]/包和平,包爱梅. --图书馆理论与实践,2003,06:83-85

本文分析了民族古籍书目数据库建设存在的收录不完整、分类不标准、著录不规范、标引不统一等问题,提出了开展收集整理工作、采用现有国家标准、加快整顿现有书目数据等建议。

2116

民族古籍数字化保护系统中ORACLE数据库的并发控制研究[J]/李勇,达哇彭措. --计算机时代,2007,10:62-63

本文论述了在民族古籍数字化保护系统中解决并发事件的两种封锁机制,认为在操作时应采用适当封锁机制,锁定需要修改的"行",防止并发事件产生,保证ORACLE数据库的完整性和一致性。

2117

民族古籍数字化建设研究[A]/杨崇清,龚文龙. --中国民族图书馆.第十次全国民族地区图书馆学术研讨会论文集[C],沈阳:辽宁民族出版社,2008

本文阐述了现阶段加强民族古籍数字化建设意义,从民族古籍相关标准制定、民文多文种统一平台处理、民文古籍数字化关键技术研究等方面,探讨了民族古籍数字化建设中的问题和对策。

2118

民族古籍数字资源长期保存机制研究［D］/申毅. --北京师范大学,2010

本文分析了民族古籍数字资源长期保存面临的问题,从指导思想、基本原则、总体目标和基本构成方面,论述了建立民族古籍数字资源长期保存机制的构想,提出对策建议。

2119

民族古籍缩微胶片数字化图像分割方法选取研究［J］/张留杰,单广荣. --福建电脑,2008,01:3 - 4

本文以民族古籍数字化保护技术开发为基础,分析了民族古籍缩微胶片图像特征,通过对比数字图像分割方法优缺点,探讨了民族古籍缩微胶片数字化可行方法。

2120

民族古籍与民族古籍学［J］/张公瑾. --中央民族大学学报,2003,06:105 - 110

本文概括了民族古籍学的定义和任务、民族古文字与民族古籍情况,分析了民族古籍的重大文献价值和整理研究意义。

2121

民族古籍整理后继工作的几点思考［A］/公萍. --中国民族图书馆.第十一次全国民族地区图书馆学术研讨会论文集［C］,沈阳:辽宁民族出版社,2010

本文分析了民族古籍整理工作重要意义,提出民族古籍原著出版与研究型著作出版相结合、民族古籍数字化与图书馆检索相结合、注重后继人才培养、建立民族古籍传承人员命名制度等建议。

2122

民族诗库的瑰宝,诗歌评注的力作——读《田氏一家言》评注本［J］/丘铸昌. --湖北民族学院学报（哲学社会科学版）,2001,04:117 - 120

本文是中央民族大学出版社1999年10月出版的《田氏一家言》评注本的书评,介绍了该书特点和古典诗歌评注研究成就。

2123

民族图书馆特色数据库建设——浅谈民族地区图书馆数字化［J］/林光. --哈尔滨市经济管理干部学院学报,2002,03:70 - 71

本文分析了建设民族图书馆特色数据库的意义、可行性和措施,提出由中国民族图书馆牵头,调动全国各民族图书馆系统力量,相互配合、科学论证、统筹规划、分步实施,推进特色数据库建设。

2124

民族文献学研究浅议［J］/包和平. --古籍整理研究学刊,2002,01:26 - 28

本文从"提高对民族文献学研究重要性认识;着重研究解决民族文献学出现新问题;加强队伍建设,不断提高民族文献学研究水平"等方面,论述了民族文献学研究内容和意义。

2125

民族文字古籍文献数字化保护对策研究［A］/于洪志,杨崇清. --中国民族图书馆.第九次全国民族地区图书馆学术研讨会论文集［C］,沈阳:辽宁民族出版社,2006

本文介绍了民族文字古籍文献分布、存藏和保护情况,论述了民族文字古籍文献数字化保护对策:对民族文字古籍文献采用图像扫描、数码照相等技术进行数字加工,搭建数据库,建立数字化保护技术网络平台等。

2126

民族文字古籍文献数字化保护技术研究项目中的图片存储及呈现［J］/梁弼,钱建军. --电脑知识与技术,2008,07:1317 - 1319 + 1328

本文探讨了如何在 Oracle 数据库中存储民族文字古籍文献数字图片,以及用 JSP 在 Web 中上传呈现;基于 B/S 模式基础,对以前 Web 中图片上传和呈现的算法进行改进,使图片在网上传输和显示的速度更快。

2127

民族文字古籍·云南民族博物馆图文丛书［M］/谢沫华主编. --昆明:云南美术出版社,2010

本书以图文并茂、通俗易懂形式介绍了云南民族博物馆陈列的纳西族、彝族、傣族、藏族、苗族等多民族文字古籍。

M

2128

民族文字古籍在现代化条件下的整理与利用[J]/胡波.--内蒙古民族大学学报(社会科学版),2003,03:94-96

本文比较了汉文古籍整理与民族文字古籍整理异同,从编制索引、校勘、今译和注释等方面,论述了如何利用现代科技手段整理民族古籍,以及整理工作的意义。

2129

闽北长乐县李氏家族古文书契史料价值之分析[J]/林国良.--吴凤学报(在台湾地区发表),2009,17:585-600

本文以我国闽北长乐县(今长乐市)李氏家族清末民初的古文书契为基础,透过文物名称、性质、时间、地点、价格、背景、文物相关性等说明,探析了1856年至1937年间113件古文书契的史料价值。

2130

闽人藏书存湘记[J]/罗益群.--图书馆,2000,02:67-70+66

本文对现存湖南师范大学图书馆的一批源于闽人的珍贵古籍流传来湘的经过作了介绍,并择要介绍了其中珍善本及藏书钤记印章。

2131

明版《西厢记》载录[J]/黄季鸿.--古籍整理研究学刊,2009,03:60-67

明版《西厢记》所知见者全本、选本、节选本等凡96种,本文详其版本、存佚、收藏等汇为一编,为深入考察与研究《西厢记》版本传播与现存状况提供方便与参照。

2132

明词辑补17首[J]/余意.--古籍整理研究学刊,2009,03:46-48

《全明词》《全明词补编》为明词整理做出重要贡献,但仍有词作散佚于相关文献。本文从文集、书画集和诗词选集等辑出了明代词作17首,增补词人4位。

2133

明代藩府刻书概述[J]/罗凤莉.--新世纪图书馆,2007,02:61-62

明代宗藩藏书丰富,著作如林,雕椠兴盛,对传统文化传承发展起到了推动作用。本文从背景、数量、质量和特征方面,阐述了明代藩府刻书状况。

2134

明代藩府著述辑考[J]/陈清慧.--古籍整理研究学刊,2009,02:59-69

藩府是明代社会一个特殊的政治和文化群体,对于明代社会、政治、经济、文化有着重要影响。本文对明代藩府著作和撰述做了较为全面的钩沉、辑录和考释。

2135

明代坊刻古籍版画——以《列女传》版本为例(Editions of Biographies of Women as Examples of Printed Illustrations from the Ming Dynasty)[J]/(意)米盖拉(Michela Bussotti).--汉学研究(在台湾地区发表),2010,02:169-224

公元1600年前后在徽州与金陵间刊刻的《列女传》三种坊刻本均附有插图。本文通过刻印图像和特点研究,揭示了明末江南刻书世界与版画生产状况,以及明代出色的版画生产一直延续到清代的史实。

2136

明代佛教方志及作者考——《全元文》补遗[J]/曹刚华.--黑龙江民族丛刊,2008,06:100-105

明代佛教方志中收录有大量文史价值较高的元人作品,多未被《全元文》收录。本文补遗了元人作品十余篇,概述了作者和史事。

2137

明代佛教方志文献研究概述[J]/曹刚华.--中国地方志,2007,10:33-37

本文从明清和20世纪以来两个时期讨论了我国明代佛教方志研究:明清研究主要体现在目录学分类与著录;20世纪以来研究成果涉及提要式概述、从旅游文化角度考察明朝佛教方志、探讨明代佛教方志的编纂传播及史料价值等。

2138

明代古籍版本学考略[J]/曹之.--四川图书馆学报,2006,05:64-67

本文从古籍版本源流、古籍版本鉴定、古籍版本学家、标志性成果方面，论述了我国明代古籍版本学成就。

2139

明代古琴谱论现存概要分析[J]/赖慧玲. -- 人文与社会学报（在台湾地区发表），2010，06：25 – 61

明代是中国古琴艺术理论发展和出版繁盛时期。本文梳理了当今保存明代古琴学的主要文献，整理了其中琴谱、琴论的保存现况与内容概要。

2140

明代《弘正诗钞》辑者考[J]/陆林. --中国 典籍与文化，2002，01：52 – 55

明嘉靖刻本《弘正诗钞》，《四库全书总目》不知编者何名，《中国古籍善本书目》署作杨□辑，《四库全书存目丛书》直书其人为杨二山。本文根据有关史料考证，该书作者为明嘉靖年间进士山东海丰人杨巍。

2141

明代江南士人的抄书生活[J]/陈冠至. -- （在台湾地区发表），2009，01：115 – 143

本文以明代苏州府、松江府、常州府、杭州府、嘉兴府与湖州府等"江南六府"为研究范围，论述了该区域文士重视抄书、彼此间互相借阅传抄、保存流通古代典籍、传播知识与文化、促进著述和创作等情况。

2142

明代毛晋《津逮秘书》之编纂与所收书版本 **之选析研究[D]/郑育如. --台北大学（台湾地** **区），2008**

《津逮秘书》是明代毛晋所编撰的笔记杂录。本文介绍了毛晋汲古阁藏书与出版事业的背景和成就，论述了该书编刻体例、收书情形、版式特色、版本价值、版本流传与影响等。

2143

明代闽人著作 12 种提要[J]/陈旭东. --古 籍整理研究学刊，2006，04：11 – 15

清代乾隆敕修《四库全书》过程中，共有 36 种闽人著述被《四库全书总目》列入"存目"，同时亦被列入"禁毁"。本文截取其中 12 种明代闽人著述，叙其要略及其被禁毁的缘由。

2144

明代私家书目伪书考[J]/李丹. --古籍研 究，2007，01：134 – 144

明代私家藏书目录大都已散佚，传世书目约 20 种收入《明代书目题跋丛刊》，但其中有多家书目系伪造。本文考辨了明代私家书目中的伪本、伪书情形。

2145

明代私人抄本研究[D]/陈佼. --河南大 学，2010

本文分析了明代私人抄书活动兴盛的原因、地域分布和主要抄本类型特征、价格状况，揭示了抄本在流传过程中发挥的重要作用。

2146

明代晚期市井文化与书籍装帧艺术风格的 **发展[D]/田雪梅. --苏州大学，2006**

明代晚期市井文化高涨，书籍内容日趋世俗化，书籍装帧的艺术风格逐渐脱离了宋元旧制，呈现出一种崭新的风貌。本文探讨了市井文化对书籍装帧艺术的影响，以及当时书籍装帧艺术风格的特点和成就。

2147

明代以前的古籍校勘述略[J]/傅杰. --福州 大学学报（哲学社会科学版），2000，03：85 – 90 + 106

本文论述了明代以前古籍校勘沿革状况，总结了从先秦至明以前历代古籍校勘的成就和特色。

2148

《明代驿站考》勘补二则[J]/陈彝秋. --江 海学刊，2010，04：49

《明代驿站考》（增订本，杨正泰著，上海古籍出版社 2006 年版）是一部考论精详的明代交通地理研究论著，但存在疏漏之处，本文作了勘补二则。

2149

明嘉靖重刻版《宣和博古图》浅议[J]/张晓 敏. --图书情报通讯，2006，02：56 – 57

河北张家口市宣化区图书馆藏明嘉靖七

年(1528)重刻《博古图》,是一部保存完整、传世不多的珍贵善本古籍。本文在专家鉴定基础上,探讨了其具有的学术、文物和艺术价值。

2150

明嘉靖《陕西通志》(校点本)序[J]/贾治邦. --中国地方志,2004,09:8 - 11

明嘉靖《陕西通志》是一部省级地方志书。本文系该书校点本的序言,文章分析了该书内容、特点、重要价值和整理研究意义。

2151

明刊朱熹年谱述评[J]/尹波. --求索,2009,11:212 - 215

本文梳理了明代朱熹年谱版本刊刻和传承关系,提出韩国藏叶公回本是朱熹年谱史上极为重要的环节;戴铣本、李默本影响了其后整个明代朱熹年谱的刊刻;李默本成了清王懋竑集大成之朱子年谱的重要来源。

2152

明刻百十五卷《东坡全集》版本考[J]/黄天禄. --图书情报工作,2004,07:121 - 123 + 118

本文根据藏书印章和有关资料,考述了明刻百十五卷本《东坡全集》版本、特征、刊刻时间、源流和学术价值等。

2153

明末清初时事小说考订[J]/张平仁. --古籍整理研究学刊,2004,02:29 - 32

关于明末清初时事小说的作者、成书时期、所反映事件的结束时期及两者之间的时间差等问题,《明代小说史》研究着力甚多,但存在错讹和含混之处。本文辨析了明末清初时事小说鉴别标准,对上述错误做出考订。

2154

《明末忠烈纪实》校读札记[D]/李军杰. --南京师范大学,2010

清初徐秉义《明末忠烈纪实》记载了明末崇祯朝和南明各朝的史事,长期以来以抄本流传,1984年浙江古籍出版社出版了张金庄点校本。本文以该点校本为底本,发现其文字方面的讹误,对该书所记史实进行了补充纠正。

2155

明前期诗作者及其别集考录[D]/徐永明. --复旦大学,2004

本文系作者从事《全明诗》课题编纂的工作成果:点校明人诗集,将其转成共计90余万字的电子文本;考证了57位明诗作者的生卒年;撰写了30位诗人小传;撰写了70余位作家诗文别集的叙录《明初诗文别集叙录》。

2156

明清白话小说校勘标点举误[J]/王文晖,杨会永. --古籍整理研究学刊,2000,02:50 - 52

近年出版的明清白话小说中出现了不少校勘、标点等方面的失误。失误原因部分是出版部门疏漏,更主要是校点者缺乏对明清白话词汇的了解而导致失校、误校和误点,本文列举数例予以说明。

2157

明清白话小说校勘札记[J]/周志锋. --宁波大学学报(人文科学版),2006,01:1 - 5

由于不明俗字俗语等原因,今人整理出版的明清白话小说经常出现失校、误校和擅改情况。本文择取8例予以讨论,辨其正误。

2158

明清时期古籍丛书浅探[J]/胡春年. --江西图书馆学刊,2004,01:72 - 73

本文通过对明清时期编纂大型丛书现象分析,探讨了刻印丛书对保存和传播古籍、便利学者利用等具有的重要意义。

2159

明清时期《商君书》校勘研究[D]/陈欣. --南昌大学,2007

《商君书》是战国法家的一部代表作,明代学者曾对其进行评校,清代出现了一大批成就卓异的有关《商君书》校释著作。本文从校勘和训释的特点及其成就角度,对明清时期的《商君书》代表性校本进行了探讨。

2160

《明清以来苏州社会史碑刻集》校点献疑[J]/吴葆勤. --古籍整理研究学刊,2006,05:51 - 53

由王国平、唐力行主编,苏州大学出版社1998年出版的《明清以来苏州社会史碑刻集》,是研究江南社会史的重要资料汇编。本文就该书中碑铭部分存在的校点问题,提出了商榷意见。

2161

明清以来学者补《元史艺文志》成果述考[J]/何广棪.--树仁学报(在香港地区发表),2008,04:21-55

《元史艺文志》是清代钱大昕撰写的一部目录学著作。本文考述了明清以来学者增补《元史艺文志》的成果与贡献。

2162

明清之际传教士与中国古籍流散[J]/潘德利,张洪钢.--图书馆论坛,2010,02:177-180

中国古籍大量流散海外与明清之际传教士在中国的活动有关系。本文揭示了明清之际法、英、美、德等多国来华传教士,直接或间接运走中国古籍文献的方式及其所扮演的角色。

2163

《明人传记资料索引新编》简介[J]/王德毅.--明代研究(在台湾地区发表),2010,14:163-168

本文作者曾编写《明人传记资料索引》,编辑时没有广泛利用明代方志,后来有了增补索引的计划。本文介绍了新编索引的编制过程、编排方法等,并以王守仁小传和传记资料为例,说明了新编索引的特色。

2164

明人夏言词版本述略[J]/汪超.--古籍整理研究学刊,2009,01:87-90

夏言是明中期政治家、文学家,其词有单行本和与诗文合刊等情形。本文考述了夏言词别集版本和收有词作的夏氏诗文集版本系统。

2165

《明诗纪事》人物小传订补[J]/邱进春.--古籍整理研究学刊,2005,04:79-84

清末陈田辑撰《明诗纪事》是研究明诗和明史的参考书,经蔡传廉等学者点校,于1993年经上海古籍出版社出版。本文对点校本中人物小传存在的点校错误19条,提出了考证意见。

2166

明诗整理、明诗文作者及其别集考录[D]/赵素文.--复旦大学,2006

本文作者参与了《全明诗》课题编纂工作。本文梳理了该课题的研究成果:重新审校了他人点校明人诗集,把校后结果加以斟酌选择,录入电子文档;独立校点明人诗集80余万字;考证了39家明集作者生卒年;撰写了50家明集作者小传和75种明别集叙录。

2167

《明实录研究》失误一题——兼论吴本《明实录》的史料价值[J]/郝艳华,张琳.--图书馆杂志,2007,01:63-67

当代学者谢贵安《明实录研究》,是目前海内外研究《明实录》篇幅最大的专著。本文认为该书未将现存吴廷燮写本《明实录》作为重要版本加以研究是一失误,指出吴本《明实录》多数抄自内阁明清档案,具有较高史料价值。

2168

《明史·选举志》订误七条[J]/黄明光.--湖南大学学报(社会科学版),2004,05:78-79

本文广征《明实录》《皇明进士登科考》《明清进士题名录》《国榷》以及有关地方志史料,在山东大学教授黄云眉《明史考证》之外,对《明史·选举志》中的另外7条错误作了订正。

2169

《明史·艺文志》著录30部小说集解[D]/肖良.--华中师范大学,2008

本文以《明史·艺文志》前30部小说为研究对象,按著录顺序,梳理了历代官私家藏书目中的相关著录、版本考订或作品评论,以按语形式概述了作者生平、成书年代、主要内容、历代流传、现存版本等情况。

2170

《明史·职官志一》考误十一则[J]/郭培贵,叶辉.--古籍整理研究学刊,2010,02:36-

39

本文据《明实录》等文献考证发现,中华书局《明史·职官志一》1974年点校本存在讹误、脱漏和表述不准十余处,分析了其致误原因包括剪裁史料失当、考证不精和引征史料讹误等,根本原因在于编纂和刻印或传抄者的疏忽。

2171

明《泰山志》整理论略[J]/周郢.--泰山学院学报,2004,02:64-68

明《泰山志》编纂于嘉靖年间,是现存泰山第一部山志。本文探讨了该书内容与价值,从补充新资料、采用新成果、提出新见解、尝试新体例方面,论述了该书的校勘笺证等整理工作。

2172

《明文海》文渊阁本抽毁稿初探[J]/刘阳.--图书馆工作与研究,2003,04:37-38

《明文海》为明末清初思想家黄宗羲编纂的一部明文总集。河南省图书馆藏《明文海》抽毁稿,是对《四库全书》进行复检时从文渊阁原藏抄本中抽毁的部分散叶。本文分析了《明文海》的抽毁稿情况和抽毁原因。

2173

明中晚期古本《大学》与《传习录》的流传及影响[J]/张艺曦.--汉学研究(在台湾地区发表),2006,01:235-268

《传习录》是明代心学大师王阳明著作。本文叙述了明中晚期许多人因读该书或古本《大学》而接受王学,甚至许多倾向程朱学的人也转入王学阵营的情况,说明在讲学活动以外,书籍流布对学说传播和对时人的影响非常可观。

2174

《冥祥记》校读札记[J]/熊娟.--西南交通大学学报(社会科学版),2009,05:11-14

本文从标点断句有误、文字形近致讹、掺杂衍文、不明词义而误四方面对南北朝"释氏辅教之书"《冥祥记》存在的讹误和疏漏进行了校勘。

2175

莫友芝《韵学源流》重校举要[J]/饶文谊,梁光华.--古籍整理研究学刊,2009,05:30-31

清代莫友芝《韵学源流》是一部音韵学史专著。作者以前人未见《韵学源流》手稿为底本,重校世传莫书各种印本讹误衍脱231条,本文举其要者6例予以分析校勘。

2176

莫友芝之目录版本学研究[D]/薛雅文.--东吴大学(台湾地区),2001

本文介绍了晚清金石学家、目录版本学家莫友芝生平和著述。根据其所撰书目和特色,分析了书目类型、著录内容、编排方式,并与其他书目进行比较,揭示了莫友芝所撰书目的文献学价值。

2177

《墨经》的作者问题及诸本之比勘[J]/周小兵.--古籍整理研究学刊,2006,04:38-42

《墨经》是战国后期墨家著作,包括今本《墨子》中的《经上》《经下》《经说上》《经说下》《大取》《小取》。本文分析了《墨经》的作者归属,对比了几个版本异同,论述了《墨经》的文化史意义。

2178

木活字印刷文化在浙江家谱中的传承与发展[J]/丁红.--图书馆杂志,2008,02:76-80

本文讨论了浙江家谱在中国木活字印刷文化发展史上的地位,认为当代木活字印刷文化绵延不绝的生命力在于家谱纂修过程中市场机制的作用。

2179

木犀轩藏书聚散考[D]/高洋.--北京大学,2010

"木犀轩"是清末民初藏书家李盛铎私人藏书楼。本文梳理了木犀轩及四代主人生平;考证了木犀轩室名别号;分析了木犀轩藏书构成和藏书聚散以及去向。

2180

木质典藏柜用材对纸张保存性之影响[J]/杜明宏,陈俊宇,夏沧琪.--林产工业(在台湾地区发表),2006,01:49-57

本文以木质典藏柜为对象,分析了不同

木材对纸张力学性质、纸张颜色以及经乙醚萃取处理后保存性的影响,反映了不同纸张对典藏柜材质的不同耐受性。

2181

《穆天子传》鲁迅抄本考[J]/张杰.--上海鲁迅研究,2006,01:152-159

本文对鲁迅抄本《穆天子传》进行了考证,详细分析了该抄本的抄录时间和所据底本。

2182

《纳西东巴古籍译注全集》诠释[M]/习煜华编.--昆明:云南民族出版社,2010

本书是国家"九五"重点出版工程项目《纳西东巴古籍译注全集》的辅助读本,从古籍名称、释读东巴、书写文字、古籍跋语、古籍题解、念诵背景等9个方面,对100卷东巴古籍的基本内容做出诠释。

2183

《纳西东巴古籍译注全集》中的年号纪年经典[J]/喻遂生.--内江师范学院学报,2006,05:79-84

本文对《纳西东巴古籍译注全集》中的年号纪年经典进行考察,通过18则跋语的辨正,分析了《全集》年号纪年经典的研究价值。

N

2184

纳西象形文古籍[M]/李锡主编. --昆明:云南人民出版社,2003

本书收录了用纳西象形文字记载的祭天、祭风、祭神、祭星等仪式上所用经文等资料。

2185

纳西族东巴古籍翻译方法概述[J]/李英. --西南古籍研究,2008,00:176 – 182

本文介绍了19世纪末到20世纪80年代纳西族东巴经籍翻译整理的历史情况,对各位学者译著所采用的方法进行归纳分析,探讨了东巴经籍翻译中的问题。

2186

纳西族母语和东巴文化传承读本·纳西族东巴古籍选读(全三册)[M]/郭大烈,杨一红主编. --昆明:云南大学出版社,2006

本丛书是云南省第一套纳西语言文化教材。本书选自纳西东巴古籍,注有纳西拼音文、国际音标、汉文直译,末尾附意译。

2187

廼贤文献情况稽考[J]/刘嘉伟. --图书馆工作与研究,2010,04:74 – 76

本文对元代文人廼贤的《金台集》《河朔访古记》《南城咏古诗帖》流传情况进行了考述,搜集甄辨廼贤佚诗。通过廼贤文献的考察,以期正确认识和全面了解少数民族古籍文献。

2188

南北朝笔记小说零札[J]/曾良. --古籍整理研究学刊,2000,03:30 – 33

南北朝笔记小说中的口语词由于俗字或文字讹变而难以理解,本文对此作了校理和疏解,对古籍整理有一定的借鉴作用。

2189

南北朝时期古籍版本学考略[J]/曹之. --山东图书馆季刊,2006,02:7 – 10 + 21

南北朝时期是古籍版本学的重要发展时期。本文从同书异本和版本学家两个方面论述了这个时期古籍版本学的成就。

2190

南北朝佚文辑考[J]/魏宏利. --古籍整理研究学刊,2010,03:82 – 85

清代严可均所辑《全上古秦汉三国六朝文》是一部研究唐以前政治、经济、文化的文献总集。本文对严辑南北朝文未收部分文献进行了辑考,供相关的研究参考。

2191

南管谱《梅花操》之版本与诠释研究[D]/李静宜. --台湾师范大学(台湾地区),2006

本文通过比较南管谱《梅花操》不同版本,以具有代表性馆阁的演奏为基础,对其写传与活传进行诠释,认为《梅花操》各版本曲簿同中有异,虽篇幅长度相近,但分段上存有差异。

2192

南海桂文灿及其《经学博采录》[J]/柳向春,王晓骊. --(在台湾地区发表),2010,02:65 – 98

清代学者桂文灿的《经学博采录》记录了道咸同光四朝经学学者。本文论述了《经学博采录》的内容价值、版本源流、异同优劣等,以期对研习清代晚期经学史者提供帮助。

2193

《南海寄归内法传校注》补[J]/王绍峰. --古籍整理研究学刊,2003,02:46 – 48

本文从词汇训诂出发,对中华书局版王邦维先生的《南海寄归内法传校注》中的若干条校勘,提出了补正意见。

2194

南海明珠:香港中文大学图书馆古籍民国

文献数码化计划[J]/黄潘明珠.--澳门图书馆暨资讯管理协会学刊(在澳门地区发表),2009,11:43-48

本文介绍了香港中文大学图书馆古籍民国文献数字化计划的背景和概况,以及图书馆特藏善本书库,古籍、民国书籍,香港文学特藏,香港文学期刊,报纸和卜赵如兰音乐特藏等馆藏数字化内容。

2195

南京大学图书馆和元智大学的古籍数字化比较研究[J]/陈书梅.--河北科技图苑,2008,04:48-51+26

本文对南京大学图书馆和台湾元智大学的古籍数字化情况进行比较研究,分析了两单位古籍数字化在理念、建设方式和内容上的异同,揭示了各自的特色。

2196

南京师范大学文学院古典文献专业概况[J]/方向东.--经学研究论丛(在台湾地区发表),2009,17:59-62

本文介绍了南京师范大学文学院古典文献专业成立背景、发展历程、招生情况和专业特色。

2197

南京图书馆馆藏古籍防霉防虫处理[J]/龚德才,李晓华,何伟俊,龚洁荣.--东南文化,2000,03:127-128+5

本文结合南京图书馆古籍保护和修复工作实践,论述了现代图书馆馆藏古籍的虫霉防治措施。

2198

南京图书馆馆藏《宋玉集》综考[J]/刘刚.--鞍山师范学院学报,2003,01:37-41

本文考察了南京图书馆藏战国时期宋玉撰《宋玉集》的抄录时间,对比各版本之间异同,梳理出该抄本的整体脉络,认为该藏本当为清康熙间抄本,而清抄本的祖本当是明万历末抄本。

2199

南京晓庄学院古籍普查工作的几点体会[J]/杜存迁.--科教文汇(中旬刊),2010,01:38+58

本文以南京晓庄学院古籍普查工作为例,论述了古籍普查对了解古籍存藏,加强保护与开发的意义;摸清家底、如实著录、分级保护原则;通过牌记、纸张、序跋、避讳鉴定版本的方法。

2200

南开大学馆藏善本古籍《封氏闻见记》题跋叙录[J]/施薇.--津图学刊,2004,06:21-22

南开大学图书馆藏唐封演撰《封氏闻见记》善本两种,上有关于两书版本的题跋款识。本文通过考察该题跋款识了解了两书的版本价值,认为明纯白斋抄本尤为珍贵。

2201

南开大学图书馆藏书中的秦氏题跋研究[J]/惠清楼,施薇,江晓敏.--图书馆工作与研究,2006,02:66-69

本文利用南开大学图书馆馆藏清代藏书家秦更年《婴闇题跋》等文献,梳理和探析了秦更年生平、题跋概况和题跋内容。

2202

南宁古籍文献丛书(全八册)[M]/《南宁古籍文献丛书》编纂委员会编.--南宁:广西人民出版社,2008

本丛书包括南宁府志、古籍资料汇编、古代诗文选辑、古代名人旅邕事略等图书若干种,主要涵盖古代百越之地的方志等文献。采取了影印的出版形式。

2203

南平市古籍文献联合目录[M]/林碧英主编.--福州:海潮摄影艺术出版社,2006

本书汇集了福建南平各县(市)公共图书馆藏古籍文献资料目录,集中展现南平珍贵的文化遗产概况,为读者查询古籍文献资料提供方便。

2204

《南齐书》点校订补[J]/熊清元.--古籍研究,2002,04:24-27

本文以中华书局1972年版1987年11月印刷本《南齐书》为对象,对11处文字和标点错误进行校勘。

2205

《南齐书》校勘举隅［D］/柳向春. --南京师范大学,2002

本文通过对中华书局版《南齐书》分析研究,指出其中史实、标点、断句、校勘等方面不足,并对此进行纠正和补充。

2206

南曲钩沉［J］/谯进华. --古籍研究,2000,04:70 – 76

本文将作者所见传奇剧本中未收录的南曲曲调进行了罗列,以补明代沈璟著《南九宫谱》等南曲收录专书之不足。

2207

南宋方志学家周应合考述［J］/汤文博. --安徽师范大学学报(人文社会科学版),2009,05:611 – 614

本文结合新见史料,考证了宋代地方志书《景定建康志》作者周应合的家世、生平、仕宦经历和主要事迹。

2208

南宋横城义塾及其《义塾纲纪》考论［J］/顾宏义. --南京晓庄学院学报,2007,05:107 – 111

本文从起源、发展和历史意义等方面,介绍了宋末浙南地区影响较大的民办书院横城义塾以及理学家方逢辰参与制订的《义塾纲纪》。

2209

南宋黄善夫本《史记》校勘研究［D］/苏芃. --南京师范大学,2010

本文分为上、下两编:上编为对宋代黄善夫本《史记》综合校勘研究,下编为黄善夫本《史记》校勘异文的考证札记。

2210

南宋临安睦亲坊陈宅书籍铺考略［J］/李传军. --青岛大学师范学院学报,2007,02:78 – 84

本文从发展过程、刊刻书籍内容和历史意义等方面,介绍了南宋临安最重要的书坊——睦亲坊陈宅书籍铺。通过查考文献史籍,认为两家陈宅书籍铺实际同为一家,店主为父子关系。

2211

南宋吕氏《春秋集解》作者考补证［J］/高焜源. --思辨集(在台湾地区发表),2004,07:175 – 191

《春秋集解》系宋人对春秋做注解的书籍,作者尚存争议。清四库馆臣在《四库全书总目提要》中提出原刻本作者并非吕祖谦,今人欧阳炯先生指出四库馆臣说法是因循前人错误。本文支持欧阳先生看法,论证此书作者就是吕祖谦。

2212

南戏《孟姜女》遗存续考［J］/徐宏图. --戏曲学报(在台湾地区发表),2008,03:19 – 34

高腔醒感戏《孟姜女》系南戏遗存剧目,长期依附道教仪式流传至今,是研究戏曲宗教关系的典型资料。本文考察了该戏的遗存情况,提出其特点是熔祭仪、戏剧为一炉,集演员、道士为一身,合剧本、科书为一体。

2213

《南雁圣传仙姑宝卷》的发现及其概貌［J］/徐宏图. --中国文哲研究通讯(在台湾地区发表),2005,02:95 – 123

《南雁圣传仙姑宝卷》是以朱氏仙姑修炼成仙故事为题材的典籍。作者在浙江温州发现了该书的木刻插图传本,为南雁仙姑洞道院原主持吕利民收藏。本文叙述了该书的发现过程及正文、叙跋、插图等概况。

2214

南诏大理古籍文献的保护与开发［A］/赵建祥. --中国民族图书馆.第十次全国民族地区图书馆学术研讨会论文集［C］,沈阳:辽宁民族出版社,2008

本文对南诏大理文献的特点、作用和价值作了分析研究,在此基础上,阐述了保护南诏大理文献的意义,并提出几点建议。

2215

南诏大理国史料索引的编制刍议［J］/何俊伟,丁丽珊. --大理学院学报:综合版,2010,03:6 – 8

本文介绍了南诏大理国有关史料索引的

编制现状，论述了该工作对南诏大理文化研究的价值和意义。

2216

内蒙古地区蒙文古籍搜集保存的历史痕迹[J]/伯苏金高娃.--内蒙古图书馆工作，2005，02：86-90

本文梳理了内蒙古地区个人和机关搜集保存蒙古文古籍历史痕迹，介绍了中华人民共和国成立后国家开展一系列搜集保存蒙古文古籍工作、所得到的各界帮助和取得的成果。

2217

内蒙古古籍修复远景规划[J]/何砺砮.--内蒙古图书馆工作，2009，02：68-70

本文梳理了内蒙古古籍存藏和破损状况，提出内蒙古古籍修复原则与未来的修复计划。

2218

内蒙古自治区蒙医药博物馆系列丛书·馆藏古籍文献图解[M]/毕力夫编.--呼和浩特：内蒙古人民出版社，2009

本书系内蒙古自治区蒙医药博物馆系列丛书——馆藏古籍文献图解。该书从蒙医药博物馆藏1680部文献中遴选148部代表性文献著作，集结成册，以助挖掘和光大蒙医药学。

2219

内蒙古自治区线装古籍联合目录（全三册）[M]/何远景主编.--北京：北京图书馆出版社，2004

本书将内蒙古自治区各级各类图书馆收藏的汉文线装古籍全部进行整理、著录、分类、统一编目、收录，是揭示内蒙古自治区汉文线装古籍的重要工具书。

2220

宁波最早的近代中文报刊《中外新报》（1854—1861）原件及其日本版之考究[J]/卓南生.--新闻学研究（在台湾地区发表），2008，96：1-44

本文根据现存《中外新报》原件、江户时期日本官方删定的《官板中外新报》和当时日

本知识界流传的手抄本等，对宁波最早的中文报刊《中外新报》创刊、闭刊日期、版式及其内容特征进行了考究。

2221

宁夏大学图书馆藏古籍普查及个案研究——以经部总类、易类为中心[D]/佟玲.--宁夏大学，2008

本文以宁夏大学图书馆藏经部古籍的总类和易类文献为对象，运用比较分析、归纳统计方法，梳理了该馆古籍文献存藏现状、古籍普查和整理研究工作，提出相关保护措施和建议。

2222

宁夏大学图书馆藏经部、史部古籍善本述论[D]/李又增.--宁夏大学，2009

本文以宁夏大学图书馆藏经部、史部古籍为研究对象，概述通过普查摸清了馆藏古籍善本家底，并以古籍刊刻时间，介绍了明、清两朝刻本，以期促进对馆藏经部、史部古籍善本的全面认识。

2223

宁夏大学图书馆藏史部纪传类古籍述论[D]/苏会俭.--宁夏大学，2008

本文以宁夏大学图书馆藏史部纪传类文献普查为基础，探讨了馆藏古籍刊刻年代时间跨度、刊刻机构名称和北京大学图书馆藏印所占比例。其中对《尚史》《后汉书》进行专题考证，探讨其学术价值。

2224

宁夏大学图书馆藏子部、集部古籍善本考述[D]/王艳秀.--宁夏大学，2009

本文从刊刻年代、刻书机构、雕版情况方面，简述了宁夏大学图书馆藏子部、集部古籍善本的版本；对普查中发现问题较多、学术界有争议的古籍善本书，或有研究价值的古籍进行了个案研究。

2225

宁夏地方文献研究述评[A]/黄秀兰.--国家图书馆古籍馆.2004年地方文献国际学术研讨会论文集[C]，北京：国家图书馆出版社，2006

本文通过梳理研究脉络,综述了宁夏回族自治区 25 年来地方文献的研究成果。

2226

宁夏地区古籍文献寄存体系建设实证研究[A]/王岗,尹光华. --中国民族图书馆. 第十一次全国民族地区图书馆学术研讨会论文集[C],沈阳:辽宁民族出版社,2010

本文在调查研究的基础上,根据宁夏地区古籍文献收藏与保护的实际情况,提出了构建宁夏地区古籍文献寄存体系的设想,并对其模式进行了探讨。

2227

《农桑辑要》与元代经济[J]/程美明. --中南民族大学学报(人文社会科学版),2003,S2:125 - 126

本文分析了元代《农桑辑要》的内容和特点,指出该书是一部为生产者提供技术知识、指导生产的教科书。文章论述了该书与元代经济的关系,认为它的颁行促进了元代农业和手工生产水平的提高。

2228

农史物产史料来源探微——以各类史志书籍相关记载为例[J]/衡中青,侯汉清. --中国地方志,2008,08:44 - 51

本文探研陆费执先生和万国鼎先生集辑的物产史料的来源:汇总了农书、方志、专门异物志、博物志、物产志、笔记、正史、本草和小学类典籍中的农史物产史料。

2229

农业古籍版本择用探析[J]/张红萍. --安徽农业科学,2010,30:17229 - 17230 + 17307

本文对农业古籍版本的特点、类型进行了分析,并就如何鉴别、选择、利用古籍版本作了探讨。

2230

农业古籍本体的构建及其检索机制研究[J]/何琳,曹玲. --现代图书情报技术,2006,12:37 - 39 + 53

本文以数字化建设中农业古籍本体构建为例,从数据选择、构建方法、总体设计等方面探讨了领域本体构建流程,介绍了采用 Jena 提供的语义网开发接口开发的基于领域本体的语义检索原型系统。

2231

农业古籍本体构建及应用[J]/曹玲,何琳. --广西师范大学学报(自然科学版),2007,02:1 - 4

本文以农业古籍本体构建为例,从数据选择、构建方法、总体设计等方面探讨领域本体构建流程,并采用 Jena 实现了对该本体的可视化浏览和基于自然语言的语义检索。

2232

农业古籍辨伪述略[J]/李凌杰. --安徽农业科学,2010,02:1065 - 1066

本文结合古农书辨伪演化轨迹,针对《四库全书总目提要》记载古农书的立论、事实的真伪进行考辨,以期为古农书辨伪方法的深入研究提供参考。

2233

农业古籍断句标点模式研究[J]/黄建年,侯汉清. --中文信息学报,2008,04:31 - 38

本文探讨了部分农业古籍断句、标点识别模式:采用句法特征词断句法、同义语标志词法进行断句;利用反义复合词、引书标志、时序对子句标点;使用农业用语和禁用模式表提高可读性和准确性。

2234

农业古籍全文数据库建设研究[J]/梁晓燕,曹玲. --科技情报开发与经济,2007,28:37 - 38

本文从农业古籍保护利用角度,论述了农业古籍数字化的重要意义,探讨了农业古籍全文数据库建设方案。

2235

农业古籍全文数字化加工技术[J]/金晨,牛离平. --农业图书情报学刊,2005,10:8 - 9

本文针对农业古籍数字化建设,阐述了农业古籍全文数据库开发情况,深入分析了以图文结合方式建立农业古籍全文数据库的原理。

2236

农业古籍数字化刍议[J]/杨坚,朱世桂,包

平. --农业图书情报学刊,2005,12:35 - 37 + 46

本文在回顾农业古籍整理成就的基础上,分析了数字化整理的迫切性和可行性,针对数字化工作中存在的难点提出了解决方案。

2237

农业古籍数字化项目的建设意义和 SWOT 分析[J]/常春,潘淑春. --情报杂志,2005,11:117 - 118 + 121

本文论述了农业古籍数字化项目的社会、经济意义。通过 SWOT 方法,分析项目的资源优势、政策机遇、管理制度劣势、人才流失、版权问题,提出利用优势、把握机遇,顺利完成研究项目的策略。

2238

农业古籍数字化研究——以构建《齐民要术》研究知识库为例[J]/周广西,曹玲. --兰台世界,2008,06:18 - 20

本文从农业古籍保护和利用角度,以中国杰出农学家贾思勰《齐民要术》研究知识库的构建为例,展开论述,分析了农业古籍数字化的重要意义,并介绍了该工作的进展。

2239

农业古籍数字化整理研究[D]/曹玲. --南京农业大学,2006

本文以中国农业遗产信息平台的设计和构建为例,从农业古籍书目数据库建设、元数据设计、全文数据库构建等方面分析,论述了农史综合性文献数据库的建设方案和流程。

2240

农业古籍数字图书馆项目评价方案[J]/常春,张桂英. --现代情报,2005,11:59 - 61

本文分析了农业古籍数字图书馆的用户种类,针对农业古籍和用户特点,从用户角度设计了农业古籍数字图书馆评价方案,涵盖

收藏目的、资源内容、网页结构、网络技术、读者日志等五个方面。

2241

农业古籍图文数据库建设中的质量管理与控制[J]/盛玲玉. --农业网络信息,2007,11:90 - 92

本文结合国家农业图书馆农业古籍数字化建库工作实践,对书目数据和图像数据的加工过程、链接过程质量检查和控制方法等进行了探讨。

2242

农业古籍自动编纂的设计和研究[J]/常娥,侯汉清. --南京农业大学学报(社会科学版),2007,01:99 - 104

本文论述了农业古籍自动编纂的重要意义、流程和算法设计,包括分割农业古籍的章节、提取子句关键词、计算紧凑度和深度值,以及按阈值确定分割点等环节。

2243

农业科学数据平台古籍知识揭示系统设计与实现[J]/潘淑春,褚叶平,盛玲玉,朱跃华,刘升平. --农业网络信息,2008,03:49 - 52

本文介绍了在构建国家农业科学数据共享平台中,B/S 结构农业科学知识内容揭示系统的设计思想、方法和技术;农业古籍知识资源的组织、开发和利用;古籍图像知识内容的标引。

2244

《农政全书》数字化研究[D]/殷子. --南京农业大学,2007

本文采用历史文献研究和文献计量学方法,论述农业古籍数字化整理的基本思路和技术方法:以明代徐光启《农政全书》为例,融合数据库技术、网络技术和全文检索等技术手段构建数字化古籍检索系统。

O

2245

欧美的中国古籍索引编制概观[J]/陈东辉. --中国史研究动态,2005,11:26 – 29

本文对欧美国家中国古籍索引编制情况做了概述,评价了欧美主要国家在该领域取得的成果,以期促进东西方汉学研究的交流。

2246

欧美地区中文古籍数字化概述[J]/毛建军. --数字与缩微影像,2008,01:36 – 38

本文对欧美地区中文古籍书目数据库和古籍全文数据库建设情况做了调查和分析,对国际合作开发建设中文古籍数字化资源工作进行了概述。

2247

欧美图书馆古籍善本收藏与利用制度探讨[J]/陈开建. --四川图书馆学报,2009,02:65 – 68

本文对欧美国家图书馆馆藏古籍善本资料保存与利用行为标准进行了探讨,归纳出欧美图书馆行业行为规范要点,为国内同行开展馆藏古籍善本和名人字画等珍贵文献保存利用提供参考。

2248

欧美中国古籍索引编制概况[J]/陈东辉. --中国索引,2006,01:28 – 30

本文论述了美国、法国、英国、德国等欧美国家在中国古籍索引编制领域所取得的成就,肯定了西方学者利用先进技术编制中国古籍索引工作的可取之处。

2249

欧、王碑志文比较论[J]/吉文斌. --重庆三峡学院学报,2008,01:97 – 98

本文以欧阳修、王安石碑志文为例,从构思、叙事章法、行文特色、选材、措辞等方面举例比照,从而论证欧文多优游不迫,王文多"峻画曲折之言"的艺术特征。

2250

《欧阳行周文集》八卷本版本源流考述[J]/杨遗旗,黄红英. --湖南科技学院学报,2010,05:184 – 186

《欧阳行周文集》系唐代欧阳詹编著的诗文别集。本文考述了该书善本八卷系统版本源流,分析闽刻本、明万历刻本和万历影抄本、清鲍氏旧藏写本、清吴翌凤写本和清嘉庆王氏麟刊本的异同。

2251

《欧阳行周文集》十卷本版本源流考述[J]/杨遗旗,唐元华. --古籍整理研究学刊,2010,01:25 – 31

本文对《欧阳行周文集》善本十卷本系统的版本源流进行了考述,比对分析了以宋蜀刊本为首的十个版本间的异同。

2252

欧洲一些国家所藏蒙古文古籍及其缩微片的整理研究[J]/德力格尔. --内蒙古大学学报(人文社会科学版),2000,04:80

本文对内蒙古大学学者在丹麦、德国、挪威进行学术访问期间搜集的蒙古文古籍(缩微片)进行了归类,对其版本、价值等做了研究,论述了欧洲一些国家所藏蒙古文古籍的类型和特点。

P

2253

"牌记"浅议[A]/王苹. --中国民族图书馆.第十次全国民族地区图书馆学术研讨会论文集[C],沈阳:辽宁民族出版社,2008

本文通过分析古籍文献牌记发展过程、内容特征,探讨了牌记在古籍版本鉴定中的重要依据作用,以及在艺术装饰设计和古代版权研究方面的重要价值。

2254

牌记与版本鉴定[J]/朱亚莉. --西安教育学院学报,2000,04:54 – 56 + 62

本文对中国古籍中牌记的类型进行了梳理,提出利用牌记鉴定版本时应注意的五个问题。

2255

牌记在古籍版本鉴定中的作用[J]/顾惠冬. --南通职业大学学报(综合版),2002,01:58 – 61

本文论述了古籍牌记的内涵、外观和作用,认为能为版本鉴定中确定版刻时间、地点、编辑者等提供直接可靠的证据。文章还提出后人利用牌记要注意借鉴,注意例外,综合考察。

2256

泡水古籍抢救对策及其预防[A]/杨长虹,李春. --中国民族图书馆. 第十次全国民族地区图书馆学术研讨会论文集[C],沈阳:辽宁民族出版社,2008

本文以中国民族图书馆水泡古籍事件为例,分析了原因。并就泡水古籍抢救对策及其预防作了深入探究,提出一些参考建议。

2257

培养和深化软件开发能力推进数字图书馆建设[J]/周青松. --云南图书馆,2007,01:59 – 62

本文研究了数字图书馆建设中,培养和深化软件开发能力的重要性和可行性,并以古籍文献系统开发为例进行了阐述。

2258

《佩文斋书画谱》署录《续书史会要》正误[J]/张金梁. --古籍整理研究学刊,2002,05:78 – 82

清代《佩文斋书画谱》中署录《续书史会要》存在诸多问题,本文对此展开探讨,分析出现问题缘由,并对错误逐条做了订正。

2259

《朋友书仪》一卷研究[J]/王三庆,黄亮文. --敦煌学(在台湾地区发表),2004,25:21 – 73

敦煌写经《朋友书仪》是中古时期保存较为完整的月仪类作品。本文论述了该文献得名由来,以及作为唯一一种月仪性质的书仪,可从中追寻到早期月仪发展的线索。

2260

彭兆荪生平交游著述考[D]/罗军. --暨南大学,2010

本文考述了清代诗人彭兆荪的家世、生平事迹、交游活动,以及彭兆荪诗文集和其他著述版本源流问题。

2261

《澎湖厅志稿》点校琐议[J]/陈文豪. --白沙历史地理学报(在台湾地区发表),2006,01:193 – 215

本文以台湾成文出版社影印出版的《澎湖厅志》为底本,与林文龙点校本《澎湖厅志稿》比对,从断句标点、讹误衍漏、应校改未校改三个方面,指出点校本的一些待商榷处。

2262

批校本《资治通鉴》记略[J]/戴立强. --古籍整理研究学刊,2006,02:85 – 87

辽宁省博物馆藏清胡克家翻刻本《资治通鉴》为朱笔批校本。本文将批校本中眉批、相关正文或注文，与标点本对照并附说明列表。

2263

皮日休等诗文订补［J］/尹楚兵. --盐城师范学院学报（人文社会科学版），2010，06：17 – 19

本文对晚唐五代作家皮日休、张蠙、齐己诗文的误收、漏收、诗题错误、文字缺讹等分别作了订补。

2264

皮影戏手抄剧本的修护与保存——以高雄县政府皮影戏馆之藏品《陆凤阳铁求山》剧本为例［D］/吕坚华. --台南艺术大学（台湾地区），2009

本文以高雄县文化局皮影戏馆的皮影戏手抄剧本《陆凤阳铁求山》为例，阐述了由于保存环境及设备不佳，脆弱的剧本劣化，并被现场演出污渍加速老化的现象，提出了保存和维护方式。

2265

《篇海类编》真伪考［J］/杨载武. --西华师范大学学报（哲学社会科学版），2007，01：31 – 34

本文将明坊贾伪托宋濂、屠隆之名编印的《篇海类编》与明代辞书《详校篇海》进行对比研究，认为《篇海类编》实本之于《详校篇海》，是将《详校篇海》改头换面后重新翻刻而成的一本伪书。

2266

评管锡华《汉语古籍校勘学》［J］/殷翔. --安徽文学（下半月），2009，11：377

本文对管锡华《汉语古籍校勘学》学术价值和作用进行了评述，认为该书具有完善的校勘学系统、丰富细致的内容和例证、方便的实用性、特色的专论和附录，但还存在一些美中不足。

2267

评《论语汇校集释》［J］/宋立林. --东方文化（在香港地区发表），2010，01/02：262 – 266

《论语汇校集释》是当代学者黄怀信主编，上海古籍出版社2008年8月出版的儒家文献整理研究专著。本文系该书书评，介绍了该书学术成果、在校勘整理上的创新之处和不足。

2268

评三部藏书文化著述［J］/张世兰. --大学图书馆学报，2010，03：124 – 125

本文综合评述了近年来出版的《中国藏书楼》《中国藏书通史》和《藏书中国丛书》的特点及共同之处，肯定了三部书对中国藏书史、古籍整理和版本学研究的参考意义。

2269

评《山东大学图书馆古籍善本书目》［J］/苏位智，杨洪升. --大学图书馆学报，2007，04：102 – 104

本文是《山东大学图书馆古籍善本书目》的书评。文章认为该书质量上乘，著录完备，读提要如见书之全貌；编有多种索引，方便读者，且富有开创意义；考订精严，行文简明，具有较高的学术性和可读性。

2270

评《山东大学图书馆古籍善本书目》的文献价值［J］/周洪才. --书目季刊（在台湾地区发表），2007，02：151 – 160

《山东大学图书馆古籍善本书目》2007年由齐鲁书社出版，收录古籍善本2000余种。本文从著录了一批稀见之本、移录了不少名家手跋、印文考释既富且博等方面，分析了该书的文献价值。

2271

评上世纪九十年代两种《日知录》校注本［J］/陈致易. --安徽大学学报（哲学社会科学版），2007，01：77 – 81

本文以陈垣遗稿《日知录校注》和黄本《日知录》为底稿，对岳麓书社1994年版《日知录集释》和甘肃民族出版社1997年版《日知录》存在引文起讫、断句、校勘方面的错误，进行了溯源与订正。

2272

评《四库大辞典》的优点和不足［J］/杨琳. --辞书研究，2005，01：120 – 126

本文介绍了吉林大学出版社大型解题式古籍书目《四库大辞典》在内容和编纂上的优点,并举例说明其在收书与校对上的不足之处。

2273

评《四库全书荟要》的文献特色[J]/陈得媛.--图书馆工作与研究,2008,04:65-67

本文论述了清代《四库全书荟要》精、善、真、简、珍的文献特色,认为随着台湾世界书局影印本的发行,该书在学术研究和古籍整理中发挥着越来越重要的作用。

2274

评王利器著《吕氏春秋注疏》[J]/张子开.--汉学研究(在台湾地区发表),2005,01:495-499

2002年巴蜀书社出版了当代历史学家王利器专著《吕氏春秋注疏》。本文系该书书评,介绍了本书的编纂情况、特点、体例和学术成就。

2275

评《先秦兵书通解》[J]/萧海扬.--图书馆杂志,2004,04:69-72+41

本文从文献整理的角度,对天津人民出版社2002年8月出版的《先秦兵书通解》进行考察,分析了该书的价值和整理方法。

2276

评新编《黄遵宪全集》[J]/黄爱平.--社会科学战线,2006,05:189-192

本文是针对陈铮整理编纂、中华书局出版《黄遵宪全集》的书评。文章认为该书采择广博、收录全备、内容丰富、编校精审,标志着学术界对黄遵宪著述的整理编纂进入一个新阶段。

2277

萍乡市古籍保存及利用状况分析[J]/贺卫兵.--萍乡高等专科学校学报,2009,04:116-118

本文通过对江西萍乡市古籍保存利用状况的调查分析,提出应加强古籍保护、针对古籍特点进行合理的开发利用,为本地区政治、经济、文化事业可持续发展服务。

2278

剖析侗族医药民间古籍藏书[J]/萧成纹.--中国民族民间医药杂志,2003,03:130-133

作者在侗乡行医50年,接触了大量侗族民间医药古籍藏书。本文从中选择26种集结成文,加以介绍。

2279

莆仙地方文献数字化共建共享的实践与思考[J]/郑丽航,李红学.--莆田学院学报,2006,06:91-94

本文论述了福建莆仙地方文献资源数字化共建共享的必要性、紧迫性,和数字化建设的实践经验,并就共建共享过程中反映出的问题进行了探讨。

2280

普林斯顿大学东亚图书馆藏吐鲁番文书唐写本经义策残卷之整理[A]/刘波.--中国敦煌吐鲁番学会、浙江省社会科学界联合会.百年敦煌文献整理研究国际学术讨论会论文集[C],杭州:浙江大学古籍研究所,2010

美国普林斯顿大学东亚图书馆收藏的中国古写本藏品类型丰富。本文介绍了对吐鲁番文书唐写本经义策中的策问残卷的初步整理,并对相关问题进行了分析。

2281

普米族韩规古籍的文化内涵及其价值[J]/奔厦·泽米,谭超,李洁,胡文明.--云南师范大学学报(哲学社会科学版),2010,04:85-89

普米族是中国56个民族之一。韩规古籍是普米族祭司使用的宗教典籍,包括普米族历史发展的政治、经济、文化、社会等内容。本文介绍了普米族韩规古籍的存藏现状、文化内容,阐述了其翻译价值。

2282

谱录考略[D]/李志远.--苏州大学,2003

本文对谱录进行了名与实的考证,从史的角度详述了谱录所含个体的发展兴盛过程,对说录个体进行分析,分别从编著、刊行思想和编著体例对于辞书学的意义进行研讨。

Q

2283

《七录序》探微二则[J]/张固也.--古籍整理研究学刊,2008,01:24–28

本文讨论南朝梁阮孝绪《七录序》涉及的两个早期目录学史上的重要问题:《晋中经簿》的分类和《七志》的纪亡书。

2284

齐、梁朝藏书文化评析[J]/廖铭德.--古籍整理研究学刊,2008,01:40–45

本文论述了在王室政权和文化士人的倡导与实践下,南朝齐、梁藏书文化推动了古代藏书事业的发展;儒学、佛教、玄学三教援引并存,为南朝齐、梁藏书文化活动提供了良好的社会人文环境。

2285

《齐民要术》的中文信息数据化处理与研究[D]/杨九龙.--西北农林科技大学,2000

本文探讨了农业古籍中文信息数据化处理理论与实践问题。论文利用软件系统提供的数据,构建了《齐民要术》的农学体系,分析该书的引文正误及农学价值,并论述了引文时段作者类型和地域分布。

2286

《齐民要术》数字化整理初探[J]/殷子,高荣,曹玲.--科技情报开发与经济,2007,30:76–77

本文论述了《齐民要术》的研究价值、数据库建设的意义,分析了知识库的构成方式。

2287

齐齐哈尔市图书馆藏古籍源流初探[J]/王彪.--齐齐哈尔师范高等专科学校学报,2006,02:95–97

本文对齐齐哈尔市图书馆藏古籍来源进行了分析探讨,梳理出清末建馆初期的采购、其后各时期的采购和征集、捐赠、交换等重要积累方式,为进行馆藏古籍源流的微观研究打下基础。

2288

齐齐哈尔市图书馆古籍文献藏书概况[J]/杨力.--河南图书馆学刊,2009,03:136–138

本文回顾了齐齐哈尔市图书馆历史概况,论述一百年来馆藏古籍数量、来源、特色,以及馆藏古籍在黑龙江图书馆界的位置。

2289

祁氏澹生堂藏书小识——澹生堂重建四百年祭[J]/王燕飞.--绍兴文理学院学报(哲学社会科学版),2002,03:13–15

明代山阴祁氏澹生堂藏书楼,在中国私家藏书史上曾创造了辉煌业绩。本文勾勒了当时重建澹生堂的风貌、史迹以及藏书家之品格,以补史佚。

2290

祁阳陈澄中旧藏善本古籍图录(全十二册)[M]/中国国家图书馆,上海图书馆,中国嘉德国际拍卖有限公司编.--上海:上海古籍出版社,2006

本书将中国国家图书馆和上海图书馆所藏陈澄中旧藏善本古籍500多种加以梳理,撰写解题,配以彩色书影,宣纸精印。

2291

《〈歧路灯〉词语汇释》补遗[J]/肖燕.--洛阳大学学报,2005,03:39–42

《歧路灯》是清李绿园用河南方言创作的一部长篇白话小说。河南大学张生汉教授出版了阐释《歧路灯》方言词汇的专著《〈歧路灯〉词语汇释》。本文对此书未能收录的部分方言词汇作了补充。

2292

《歧路灯》词语札记[J]/苏杰.--现代语文(语言研究),2010,03:148–150

清代小说《歧路灯》是研究 18 世纪中原官话的宝贵资料。本文从认知角度出发，结合文本校勘，对《歧路灯》中几个"字面普通而义别"的常用词进行了考辨。

2293

《歧路灯》校点与明清社会生活[J]/苏杰. --明清小说研究,2010,02:153 – 163

《歧路灯》描写明清社会生活，具有重要历史认识价值。本文以上海图书馆藏清抄本对栾星校注本加以校核，分"医卜星相""食货财用""文艺礼俗"三部分展开讨论，提出校点意见凡 36 则。

2294

启功先生古籍题跋考释[J]/张廷银. --北京大学学报(哲学社会科学版),2009,04:146 – 150

本文对启功先生给诗文集及信札所作题跋涉及的相关问题进行了考释，还原其鉴定文物古籍的具体过程，以便于后人识别判断文物古籍真伪及价值，了解和学习古物鉴定方法。

2295

启功、曾毅公旧藏《敦煌变文集》稿本述略[J]/刘波,萨仁高娃. --艺术百家,2009,04:106 – 110

本文介绍了启功、曾毅公先生旧藏《敦煌变文集》手稿。手稿体现了王重民、启功、曾毅公等编者校录编辑此书的过程。通过稿本与出版本异同的对比分析，揭示稿本的学术史价值。

2296

契机与挑战——关于提高古籍编目人员综合素质的思考与建议[A]/宋平生. --中国图书馆学会.新世纪的图书馆员[C],北京:北京图书馆出版社,2003

本文介绍了古籍编目项目领导组织的工作要点，探讨了提高古籍编目人员个人综合素质的具体方法。

2297

《千金要方》备急本与新雕本方剂文献异同考[D]/曾风. --北京中医药大学,2006

本文论述了唐代医药学家孙思邈《千金要方》备急本版本特点，考证了新雕本刊刻年代和刻者，比较了两者方剂文献异同，在揭示孙氏学术思想的同时，查明宋人改动《千金要方》具体做法与具体内容。

2298

《千金翼方校注》摭记[J]/陈增岳. --天津中医学院学报,2002,01:8

《千金翼方》为唐代著名医学家孙思邈撰著。上海古籍出版社 1999 年 5 月出版《千金翼方校注》，全书参考古籍 50 余种，校勘注释 3400 余条。本文校订了《千金翼方校注》中的校勘和标点欠妥之处。

2299

《千顷堂书目》考校[D]/孙瑾. --南京师范大学,2009

清黄虞稷撰《千顷堂书目》，是《明史·艺文志》著录书目的基础和《四库全书总目》考校明人著作的重要依据。本文对《千顷堂书目》的引文、勘误进行了考订，并对比了不同版本的异同。

2300

《千顷堂书目》误收唐人著述考[J]/张固也,贺洪斌. --图书馆理论与实践,2010,04:52 – 56

本文针对清《千顷堂书目》收书内容问题，考证该书误收 5 种唐人之书，系根据明代的藏书目录、非藏书目录和其他史料著录。

2301

钱大昕校勘方法析论[J]/陈惠美. --东方人文学志(在台湾地区发表),2004,03:197 – 208

钱大昕系清代学术巨擘、史学大家、乾嘉学派代表人物。本文从审定文献材料是非、据众本对校、据本书前后互校、据相关知识推断等方面，总结了钱大昕的古籍校勘方法。

2302

钱大昕佚序两篇略述[J]/侯富芳. --中国典籍与文化,2006,03:76 – 78

本文从北京出版社《四库未收书辑刊》中辑得嘉定钱大昕《廿二史言行略序》《妥先类

纂序》佚文二篇，并对各自的内容、特点和价值进行了分析。

2303

钱明"《王阳明全集》未刊佚文"句读正误[J]/陈清春，张都爱.--孔子研究，2007，01：122－126

浙江省社科院哲学所研究员钱明所著《阳明学的形成与发展》附录有《王阳明全集》未刊佚文48种57篇。本文针对该书附录佚文存在的断句和标点问题进行了列举与订正。

2304

钱牧斋、钱孙保、毛子晋及其他——读黄裳《来燕榭书跋钱牧斋先生尺牍》[J]/刘奉文.--古籍整理研究学刊，2003，01：87－90

本文对毛子晋汲古阁刻本《后汉书》题记的作者问题进行辨析，澄清了自缪荃孙以来形成的错案，对钱牧斋晚年与毛子晋之间的关系问题提出不同认识。

2305

钱谦益《初学集》编注问题略考[J]/李鸣，沈静.--历史文献研究，2009，01：317－324

本文对钱谦益《初学集》的刊刻年代进行考证，并对钱曾《初学集诗注》的作者问题等进行了梳理和考辨。

2306

钱曾藏《道德指归论》述略[J]/佘彦焱.--古籍整理研究学刊，2006，05：56－58

钱曾系清初著名藏书家。本文根据相关书目及题跋对其旧藏《道德指归论》的版本和收藏源流进行考察，理清了钱曾旧藏此书的递藏脉络和相关版本情况。

2307

钱曾的藏书、钞书与版本学[J]/魏思玲.--河南图书馆学刊，2002，05：78－80

本文论述了钱曾所著《读书敏求记》对图书版本鉴定方法的总结，包括根据版刻、字体、纸张、墨色等不同特征考定图书雕版印刷的年代，从初印、重印、原版、翻刻等方面评定图书的版本优劣。

2308

《乾嘉诗坛点将录》（整理本）校读札记[J]/王艳.--文教资料，2009，18：65－67

《乾嘉诗坛点将录》是乾嘉诗坛的一部奇书。本文以民国版本目录学家叶德辉编辑并刊印的《乾嘉诗坛点将录》为对象，利用原版影印本资料，对整理本的文字讹误和标点错乱问题进行了辨析。

2309

乾隆皇帝"稽古右文"的图书编纂事业[J]/叶高树.--"故宫"学术季刊（在台湾地区发表），2003，02：59－105

清乾隆皇帝留心旧籍的搜罗整理和编撰图书，作为彰显文治的具体成绩。本文从聿资治理的右文思想、敕纂诸书的业绩和动机、官方编纂群书的文化统制策略等方面，论述了乾隆的图书编纂事业。

2310

《乾隆石经》考述[J]/何广棪.--古籍整理研究学刊，2008，01：7－17

本文详引史料，对清代《乾隆石经》刊刻经营、所涉人事、重修奏修等事项作了系统考述，既补前贤所未及，亦多有发明。

2311

潜研堂文集外编[J]/柳岳梅，许全胜.--中国典籍与文化，2003，02：32－36

江苏古籍出版社主编陈文和辑有《潜研堂文集补编》一书，本文为之补辑了《小蓬莱阁金石文字序》、《吴彩鸾书切韵跋》、联语二副等内容，并附以作者按语。

2312

黔南苗族口述史歌的翻译整理与研究价值[A]/吴正彪.--国家民族事务委员会文化宣传司编.民族语文国际学术研讨会论文集[C]，北京：民族出版社，2009

本文以田野调查中所获的黔南苗族口述史歌为例，就民族口碑古籍的翻译整理与研究价值等问题进行探讨，从民俗、语言、民族以及伦理学的角度阐述了民族口碑古籍的学术价值。

2313

黔彝古籍举要[M]/陈世鹏著.--贵阳：贵州民族出版社，2006

本书介绍了黔彝古籍的主要内容,揭示其学术价值,评述了这些彝文古籍的收集、整理、翻译和出版情况。

2314

浅论地方高校在古籍保护中的重要作用[J]/王永祥.--科技情报开发与经济,2009,23:42-43

本文从人才支撑、宣传教育、文化传承、资源共享等方面,就地方高校在古籍保护工作中的重要作用进行了探讨。

2315

浅论高校图书馆古籍文献资源的管理及利用[J]/王美杰.--河北科技图苑,2010,01:47-49

本文介绍了高校图书馆古籍文献管理与利用现状,分析了该项工作未受到重视的原因,探讨了加强古籍文献开发利用的途径。

2316

浅论高校图书馆古籍信息开发的前期准备[A]/骆晓曙.--全国高校社科信息资料研究会.网络环境下的高校社科信息资料建设——全国高校社科信息资料研究会第十一次年会论文集[C],2006

本文论述了高校图书馆信息咨询服务部门古籍专题文献信息开发时的前期准备工作,提出信息咨询服务部门不能直接向读者提供不经考辨的二次、三次信息资料,以避免造成理解偏差。

2317

浅论古籍的流通与保护[J]/仇家京.--图书馆研究与工作,2001,01:59-60

本文结合国家图书馆古籍阅览服务工作实际,以该馆古籍保护现状为基础,梳理并分析了文献典籍保护工作存在的问题,提出一些针对性建议。

2318

浅论古籍数字化的发展阶段[J]/李弘毅.--上海高校图书情报学刊,2002,02:24-27

本文从历史发展角度,分析了不同阶段古籍数字化发展的基本特色,并针对当前实现数字化所涉及的问题,提出了自己的看法。

2319

浅论古籍数字化与文献信息资源共享[A]/张青.--湖北省图书馆学会.湖北省图书馆学会2009年学术年会论文集[C],2009

本文阐述了古籍数字化的含义、作用和现实意义,指出深厚的人文社会科学基础、优良的网络环境、完备的检索条件和手段密切结合,为古籍文献资源共享提供了可能性。

2320

浅论古籍图书管理现代化[J]/王震.--大众文艺(理论),2007,11:72-73

本文分析了古代典籍在图书文献体系中的重要地位,阐述了建立线装古籍书目数据库的必要性,以及古籍从业人员面临古籍管理与服务现代化时应做的准备。

2321

浅论古籍文献资料中的搜集问题[J]/白青.--中国图书情报科学,2004,01:63-64

本文从文献学角度探讨了文献价值索引理论关于三次文献资料搜集的原理和方法,认为应充分借助目录学、版本学、辨伪学、校注学等研究成果,特别是辑佚辑录方法,推动高校图书馆古籍整理工作。

2322

浅论古籍信息咨询服务的新思路[A]/骆晓曙.--全国高校社科信息资料研究会.全国高校社科信息资料研究会第六次会员代表大会暨第13次学术研讨会论文集[C],2010

本文以图书馆学科馆员的视角,从文献价值索引角度探讨了信息检索问题,为开展深层次咨询服务和古籍文献信息化工作提供了新的思路。

2323

浅论古人以抄本书保存、补正、流传珍贵典籍的功绩[J]/陆汉荣,周惠琴.--苏州铁道师范学院学报(社会科学版),2001,03:83-86

本文以具体实例,评述了古代抄本书对珍贵典籍的流传、补正缺略的功绩,肯定了精善抄本世无刻本、世所罕见、精美绝伦的价值。

2324

浅论古伪书的利用价值[J]/王新凤.--延安

大学学报(社会科学版),2009,01:126 – 128

本文列举了伪书的种类,论述了不同性质、不同程度伪书各自的利用价值,并提出研究古籍中伪书的科学价值、史料价值和文学价值,对现代史料研究具有理论指导意义。

2325

浅论馆藏古籍文献的保护与研究开发[J]/李更成. --黑龙江科技信息,2009,24:120

本文分析了馆藏古籍文献的意义,论述了其在新时期弘扬中国传统文化、繁荣学术研究方面的重要作用,认为古籍从业人员应对馆藏古籍文献进行科学合理保护和深层次开发利用。

2326

浅论汉语歧义对古籍注释歧解形成的影响[J]/刘畅. --励耘学刊(语言卷),2006,02:159 – 167

本文论述了汉语因词义的概括性与系统性、词的组合关系和古汉语以汉字为载体而生成的歧义对古籍注释歧解的形成产生的重要影响。

2327

浅论开发中医药古籍的重要价值——以潮汕民间祖传手抄中医秘方为例[J]/陈汉初,陈杨平. --广东史志(视窗),2007,02:59 – 63

本文以潮汕民间祖传手抄中医秘方为例,从文化价值、医学实用价值、经济效益及战略意义方面,论述了开发中医药古籍的重大意义。

2328

浅论清初朴学在整理古籍方面的贡献[J]/李文遵. --当代图书馆,2003,04:29 – 31

清乾嘉时期的朴学大师们,以"明道救世"为目的,校订群经。本文论述了他们在语言学、目录学、版本学、校勘学、辨伪学和辑佚学方面取得的成果,以及为我国古籍整理所作出的贡献。

2329

浅论清刻古籍善本[J]/钟淑娥. --图书馆理论与实践,2003,03:79 – 80

本文从清刻古籍中的清人著述和前代著述两个方面,考证并论述了清代善本古籍的刊刻、流传情况。

2330

浅论唐代景教文献的整理与研究[J]/赵家栋,聂志军. --古籍整理研究学刊,2010,06:8 – 13

本文论述了唐代景教文献整理与研究的现状、意义、对象,阐释了整理与研究的方法与创新之处。

2331

浅论王重民的文化典籍整理方法[J]/孙红艳. --古籍整理研究学刊,2002,03:92 – 95

本文分析论述了中国古文献学家王重民先生古籍整理方法和学术价值,认为他提出的"文化典籍"范畴,兼容中西文献学方法,于实践和理论均取得显著成就。

2332

浅论网络环境下的图书馆古籍资源应用[J]/王桂兰. --图书馆建设,2000,01:43 – 45

本文介绍了网络环境下图书馆古籍资源的检索目标,论述了图书馆古籍资源数据库建设的理念和推进策略。

2333

浅论锡伯文与满文的传承及其出版[J]/佟克力. --满族研究,2006,04:85 – 90

本文以论述清以前锡伯族先祖固有语与女真语的关系入手,梳理了1947年锡伯文概念的形成、锡伯文与满文之间的传承关系、锡伯文出版内容与清代满文读物的关系等。

2334

浅论《中医古籍考据例要》及中医古籍研究方法[J]/张瑞贤. --北京中医药大学学报,2006,10:670 – 671

本文以《中医古籍考据例要》为对象,论述了传统考据学对研究中医古籍的重要作用,提出中医古籍研究工作应以传统考据学为基本方法,并具备考据学的基本素养与学风。

2335

浅论中医古籍数字化中生僻字的输入方法[A]/张伟娜. --中国中医科学院中医药信息

研究所.2007年学术年会论文集[C],2008

本文作者根据实际工作体会,介绍了六种中医古籍数字化中生僻字的计算机输入方法,以期对提高中医古籍数字化的工作效率有所裨益。

2336

浅评曹之《中国古籍版本学》[J]/赵博雅.--青年文学家,2009,13:80-81

本文是曹之先生著《中国古籍版本学》(修订本)的书评。文章分析了该书的内容和学术价值意义,认为其中包含了我国古籍版本学的许多最新研究成果,尤其在古籍版本学史、版本源流等方面独具新意。

2337

浅释《古籍普查规范》[J]/苏品红.--国家图书馆学刊,2006,03:9-14

《古籍普查规范》规定了古籍普查的工作内容和要求,为开展古籍修复提供了科学准确、规范的基础数据。本文就编制《古籍普查规范》遵循标准、普查要素的相关思考进行了诠释。

2338

浅述《幼幼集成》电子版整理的必要[J]/阎琪,丛丽.--辽宁中医杂志,2007,11:1552

本文从介绍清代陈复正辑订的儿科专书《幼幼集成》对儿科临床良好的指导作用入手,分析了使用该书的不便之处,阐述对该书进行电子化整理的必要性。

2339

浅说古籍装帧形态框架结构[J]/方俊琦.--绍兴文理学院学报(哲学社会科学版),2009,06:114-116

本文对人民美术出版社《中国古代书籍装帧》中建立的"古代书籍装帧初期形态、正规形态、册页形态"框架结构进行了辨析,提出建立真正的古籍装帧形态基本框架结构的建议。

2340

浅说先秦两汉魏晋南北朝时期中原文献经部的辑佚[J]/张君蕊.--吉林广播电视大学学报,2007,01:56-57+82

本文梳理了目前学界对先秦两汉魏晋南北朝时期中原文献经部的辑佚工作,分析了目前工作取得的成果,探讨了该类文献的辑佚方法。

2341

浅谈编撰《四库全书总目》的组织管理[J]/王绪林.--现代情报,2003,04:109-110

本文探讨了《四库全书总目》编撰起因,阐述了编撰《四库全书总目》组织管理的内容。

2342

浅谈大理地方文献的收集[J]/何俊伟.--大理学院学报,2003,04:5-7

本文从地方文献概念、大理地方文献的构成要素、大理地方文献的收集三个方面,论述大理地方文献的收集整理工作,并提出作者的建议。

2343

浅谈傣医药文献古籍档案管理[J]/希莎婉.--中国民族医药杂志,2008,02:76-78

本文论述了傣医药文献古籍档案管理的基本现状、在医药领域中的地位、发展趋势及存在的问题,提出了今后工作的建议和意见。

2344

浅谈地方少数民族古籍的原生性保护[J]/沈峥.--大众科技,2010,04:203-204

本文介绍了地方少数民族古籍破损的情况和原因,并从改善存藏条件和有计划性地修复两个方面,探讨了对地方少数民族古籍开展原生性保护的措施。

2345

浅谈地方图书馆古籍数字化资源建设[J]/郑淑玉,毛建军.--农业图书情报学刊,2007,05:52-53

本文在调查研究的基础上,探讨了国内地方图书馆古籍数字化资源建设的基本情况和基本原则。

2346

浅谈对敦煌遗书修复的认识[A]/周苏阳.--林世田,蒙安泰.国际敦煌项目第六次会议论文集[C],北京:北京图书馆出版社,2007

本文介绍了敦煌遗书前期研究方法,探讨了修复方案的制订,举例说明了修复步骤。

2347

浅谈甘肃省地县公共图书馆古籍管理工作[J]/王维平. --图书与情报,2005,05:84-86

本文介绍了甘肃省地县公共图书馆馆藏古籍基本情况,分析了古籍管理工作中存在的问题,从硬件和软件两个角度提出了五条工作建议。

2348

浅谈高校古籍的开发与利用[J]/董润丽. --古籍整理研究学刊,2000,05:49-51

本文分析了高校图书馆古籍管理模式落后、整理工作起步晚、阅读率低等问题,探讨了加强目录建设、建立古籍书目数据库、出版古籍图书、采取倾斜政策等古籍开发与利用的新途径。

2349

浅谈高校图书馆的古籍管理工作[J]/马滴滴. --高校图书馆工作,2007,05:90-92

本文分析了高校图书馆古籍管理与保护工作不受重视的原因,提出高校古籍管理的重点,即运用现代管理手段和现代技术加强对古籍的挖掘和整理。

2350

浅谈高校图书馆古籍保护工作面临的问题与对策[J]/何艳艳. --图书馆工作与研究,2009,07:86-87

本文从实际工作出发,分析了高校图书馆古籍保护工作面临的问题,有针对性地提出了三点改进举措。

2351

浅谈高校图书馆古籍保护与管理[J]/李海霞. --商丘师范学院学报,2010,07:129-131

本文从提高人员素质和改善存藏环境两个方面论述了改进高校图书馆古籍保护工作的方法,并对高校图书馆古籍管理工作提出四点建议。

2352

浅谈高校图书馆古籍文献的保护与管理[J]/刘秀荣. --晋图学刊,2008,06:59-62

本文探讨了高校图书馆古籍保护与管理面临的问题,提出充分运用现代管理手段加强对古籍的挖掘和整理,强调了古籍保护与古籍修复密不可分的重要关系。

2353

浅谈高校图书馆古籍文献的保护与利用[J]/李飞. --内江科技,2010,04:62

本文介绍了高校图书馆古籍文献管理现状,分析了对现藏古籍采取保护措施的必要性,探讨了针对古籍图书的开发利用方法。

2354

浅谈高校图书馆古籍资源数字化建设问题[A]/刘婕,范洁. --华北地区高等学校图书馆协作委员会.华北地区高校图协21届学术年会(天津)论文集[C],2007

本文介绍了古籍资源数字化的优越性,阐述了高校图书馆开展古籍资源数字化建设工作的意义和作用,并提出在开展该工作中应注意的一些问题。

2355

浅谈公共图书馆古籍的保护与利用[J]/王桂红. --科技情报开发与经济,2010,05:90-92

本文探讨了公共图书馆古籍保护与利用过程中存在的问题,阐述了图书馆古籍保护与管理的重点,提出充分运用现代管理手段改善古籍保护的措施。

2356

浅谈公共图书馆古籍文献的保护和利用[A]/高进桂. --甘肃省图书馆学会.甘肃省图书馆学会成立30周年纪念大会暨2009年年会论文集[C],2009

本文针对古籍文献受到不同程度损坏的现状,介绍了公共图书馆古籍文献的保护和利用措施,提出为了更好地服务读者,古籍工作人员必须提升素养,更新观念,开创古籍利用的新途径。

2357

浅谈古籍版本鉴定的方法[J]/谷怡敏. --科技情报开发与经济,2007,24:104-105

本文分析了古籍藏书经部书较全,史部

中清史资料较多、清人别集较多等特点，从唐人写本、宋刻、元刻、明刻、抄本、稿本和其他7个方面，论述了古籍版本鉴定的方法。

2358

浅谈古籍版本中的牌记[J]/马智忠. --唐山学院学报，2008，05：64－65＋94

本文从牌记的内容和作用两方面加以归纳，分析了牌记作为古籍版本的重要标志之一，为古籍版本鉴定提供依据的重要作用。

2359

浅谈古籍保护工作[J]/周春华. --科技情报开发与经济，2009，30：34－36

本文阐述了古籍的含义，分析了古籍保护工作的重要性、紧迫性和现状，提出了做好古籍保护工作的具体措施。

2360

浅谈古籍保护工作的国际化[J]/田丰. --图书馆工作与研究，2010，08：88－90

本文围绕如何通过国际交流与合作进一步推动我国古籍保护工作的主题，对古籍保护国际交流的内容、策略和方法，提出了思路和建议。

2361

浅谈古籍保护与传播[J]/何源. --中国科技博览，2009，29：325

本文以重庆市北碚图书馆为例，针对古籍保护与传播，提出了加大古籍保护力度，提升古籍保护技术，加快古籍人才培养，加强对古籍文献的宣传等四条措施。

2362

浅谈古籍丛书的价值与开发利用[J]/魏书菊，赵新莉. --河北师范大学学报（哲学社会科学版），2002，01：110－112

本文从分析古籍丛书价值及其开发利用情况入手，论证了古籍丛书汇集、辑佚、提供精本善本和普及的功用，提出介绍古籍丛书目录、编制馆藏古籍丛书目录索引，是实现古籍丛书资源共享的基础。

2363

浅谈古籍的保护与利用[J]/舒琼. --图书情报论坛，2004，01：61－62＋30

本文从原生性和再生性两方面介绍了古籍保护措施；从整理出版、数字化建设和文献检索三方面介绍了古籍的利用途径。

2364

浅谈古籍的分类与利用[J]/李春燕. --内蒙古图书馆工作，2006，04：98－99

本文论述了古籍的特点、古籍分类方法，以及如何运用目录查询等问题。

2365

浅谈古籍的管理与利用——以广州大学图书馆为例[J]/郑慧. --图书馆界，2005，02：32－34

本文以广州大学图书馆存藏的四万余册线装古籍图书为例，就如何管理与利用古籍资源作了探讨。

2366

浅谈古籍的市场营销[J]/张莹，陈丽梅. --科技情报开发与经济，2010，30：105－106

本文分析了古籍图书市场的现状，运用市场营销的思路，从古籍市场营销的队伍、选题、价格策略等方面论述了如何做好古籍图书的市场营销。

2367

浅谈古籍的手工修复与纸浆补书[J]/邢雅梅. --当代图书馆，2008，02：43－44＋42

本文阐述了古籍修复的基本原则，对手工修复与纸浆修复两种方法进行了介绍，并对两种方法的优缺点进行了对比。

2368

浅谈古籍的修复与保护——《金匮要略直解》修复随笔[J]/邢雅梅. --晋图学刊，2009，02：52－53

本文结合清初医学家程林撰《金匮要略直解》一书的修复实践，阐述了古籍修复与保护的技术、过程、措施与意义。

2369

浅谈古籍害虫的治理[J]/郝素珍. --人力资源管理（学术版），2009，05：250＋254

本文梳理了目前古籍保护中所采用的物理和化学防治虫害技术方法，根据实际效果，提出了如何进一步加强古籍保护技术研发的建议。

2370

浅谈古籍价值的开发与利用[J]/杨艳芳.--新乡学院学报(社会科学版),2009,06:64 - 66

本文围绕古籍开发的必要性、开发所遵循的原则和可能面临的问题进行了探讨。

2371

浅谈古籍书的修复及字画装裱[J]/朱红艺.--河南图书馆学刊,2002,06:82 - 84

本文从目的、原则、内容、必要条件、要点方面论述了古籍修复工作;从装裱的作用、艺术价值、形式、工作环境和基本程序,色彩在装裱字画中的应用和推陈出新方面介绍了字画装裱技艺。

2372

浅谈古籍书名中"常用字、词"类之英译[J]/刘洪泉,何璐.--双语学习,2007,10:165 - 166

本文立足汉语传统表达形式,结合中外学者的研究成果,讨论了在正确理解原文献前提下,如何将古籍书名"常用字、词"翻译成英文。

2373

浅谈古籍书目数据库建设的前期准备[J]/魏书菊,王杏允.--大学图书情报学刊,2002,02:47 - 48

本文论述了在建设古籍书目数据库之前,必须做好的前期准备工作,包括古籍文献编目的著录标准格式、古籍书目数据库建设规范。

2374

浅谈古籍书目数据库建设中的主题标引[J]/张洪茹.--江西图书馆学刊,2008,01:38 - 39

本文从古籍、主题标引、古籍主题标引概念,我国古籍主题标引现状、利用《中国分类主题词表》对古籍进行主题标引的可行性等方面,阐述了古籍书目数据库建设中有关主题标引的相关问题。

2375

浅谈古籍书目索引的编纂[J]/陈莉.--图书情报知识,2005,03:50 - 52

本文从书名索引词条的选取,责任者索引词条的选取,丛书(含总集、汇编等)子目的书名与责任者应该做索引三方面,针对古籍书目索引编纂存在的问题提出意见。

2376

浅谈古籍书影的拍摄[J]/赵葆英.--河南图书馆学刊,2009,04:131 - 132

本文从古籍书影拍摄的实际需要出发,阐述了所需各种摄影器材的选择;根据不同用途和需要选取不同的拍摄内容;拍摄优秀书影影像所需的拍摄基本技术;对所取得图像的后期处理等问题。

2377

浅谈古籍数据库的用字问题[A]/张鸣鸣.--全国中小型公共图书馆联合会.全国中小型公共图书馆联合会2009年研讨会论文集[C],2009

本文针对目前古籍数据库建设中存在的混乱现象,尤其是简繁字转换和异体字、避讳字、通假字等语言文字问题,对古籍检索造成的影响等,提出解决方案。

2378

浅谈古籍图书的保护与利用[A]/卜林,德竟利.--詹福瑞.国家图书馆第九次科学讨论会论文集[C],北京:北京图书馆出版社,2007

本文针对国家图书馆古籍馆库房和古籍图书现状,提出建立保存本库、进行排查、改善库内藏书环境、防虫和酸性监控、温湿监控系统、函套制作等七点建议,并对古籍图书的保护与利用提出三点意见。

2379

浅谈古籍图书机读目录的著录方法[J]/沈娟.--科技情报开发与经济,2008,07:44 - 46

本文以北京电影学院图书馆藏古籍为例,根据中文古籍图书著录细则,探讨了古籍图书机读目录的著录方法。

2380

浅谈古籍伪书的编撰意图及其价值挖掘[J]/简文辉,叶锦青.--古籍整理研究学刊,2004,03:90 - 93

本文探讨了古籍伪书编撰产生的六类主要意图,并由此展开对不同伪书存在价值的挖掘与思考。

2381

浅谈古籍文献的保护与开发[J]/唐俊. --云南图书馆,2006,04:34 – 36

本文结合云南省图书馆工作实际,论述了古籍保护对策和古籍开发的设想。

2382

浅谈古籍文献的保护与利用[J]/周志玉. --图书情报工作,2010,S2:173 – 174 + 247

本文论述了做好古籍文献保护和挖掘其学术研究价值、经济价值的重要性,分析了开展古籍文献保护工作的基本技术、方法,提出利用古籍文献为学校服务的具体措施。

2383

浅谈古籍文献的开发和利用[J]/王斌. --科技情报开发与经济,2010,16:122 – 123

本文从目前古籍文献开发和利用存在"重藏轻用"现状入手,论述了古籍文献开发的必要性,指出只有开发利用古籍文献,才能提高古籍文献的利用率,实现古籍数字化。

2384

浅谈古籍文献的开发与利用[J]/魏书菊,冯惠遵. --河北科技图苑,2002,01:59 – 60 + 75

本文从"开拓进取,更新观念"指导思想入手,论述了新时代古籍信息咨询服务中的被动性咨询服务和主动性咨询服务两种形式。

2385

浅谈古籍文献数字化[J]/孙爱玲. --情报探索,2007,09:34 – 35

本文阐述了古籍文献数字化的基本特征、形式和现状,并论述了古籍文献数字化的重要意义。

2386

浅谈古籍修复的科学化管理[J]/张志清. --国家图书馆学刊,2004,02:60 – 63

本文从"古籍修复管理系统"设计入手,从规范记录、分解工作程序、实施权限管理、完善图书馆业务管理体系、促进古籍修复标准化、实现资源共享方面,探讨了该系统设计应遵循的科学管理理念。

2387

浅谈古籍修复的配纸[J]/刘晓东. --山东图书馆季刊,2003,04:98 – 99

本文论述了古籍配纸应严格遵循"整旧如旧"的修复原则,做到知纸、懂纸,并提出古籍配纸需注意的几个问题,包括注意搜求旧纸、采光条件良好、不可急于求成等。

2388

浅谈古籍修复的若干要点[A]/李大东. --中国文物保护技术协会. 中国文物保护技术协会首届学术年会论文集[C],2001

本文记述了作者在长期古籍修复工作中总结出的若干条行之有效、整旧似旧的古籍修复经验。

2389

浅谈古籍修复工作[J]/王洁. --图书馆研究与工作,2006,02:66 – 67

本文针对古籍修复初学者遇见的种种情况,总结梳理了初学者工作前应做好的各项准备,并对所遇见问题提出注意事项。

2390

浅谈古籍修复工作在古籍数字化中的重要作用[A]/蔡雪玲. --中国图书馆学会古籍整理与文献保护专业委员会、国家古籍保护中心. 全国图书馆古籍工作会议论文集(2008·天津)[C],北京:国家图书馆出版社,2009

本文介绍了古籍修复利用和古籍数字化概念,论述了修复工作在古籍数字化中的重要性,并对古籍修复工作进行了展望。

2391

浅谈古籍修复及保护[J]/林凤. --引进与咨询,2000,04:53 – 54

本文简要叙述了福建省图书馆修复各种馆藏古籍的经验技巧,以期对同行业的专业人员有所启示。

2392

浅谈古籍修复人员的基本素质[J]/贺琳. --图书馆论丛,2005,04:42 – 43

本文总结了古籍修复工作人员应具备的基本素质,包括无私奉献、爱岗敬业、具备多方面知识、努力培养自身悟性等。

2393

浅谈古籍修复人员的素质及其队伍的稳定 [J]/杨晓黎. --图书馆研究与工作,2001,03:60-61

本文通过对浙江省部分市、县图书馆古籍保护现状的分析,论述了古籍修复的迫切性,并阐述了古籍修复人员的素质要求和稳定队伍应采取的措施。

2394

浅谈古籍修复与技术[J]/魏清. --晋图学刊,2007,02:39-42

本文通过作者长期从事古籍修复的经验总结,在严格遵循古籍修复原则前提下,探讨了图书馆古籍善本修复与技术,为同行业人士提供一定参考。

2395

浅谈古籍修复原则[A]/盛兰. --湖北省图书馆学会. 湖北省图书馆学会 2009 年学术年会论文集[C],2009

本文分析了古籍保护和古籍修复之间的关系,并对古籍修复的原则和具体实施进行了探讨。

2396

浅谈古籍修复中的古籍保护[J]/孙永平. --图书馆界,2008,02:69-70

本文以古籍修复中修复材料技法与古籍保护方法相结合的实践,论述了古籍保护应采取修复与保护并重的观点。

2397

浅谈古籍修复中的四个不容忽视的问题 [A]/王金玉. --中国文物保护技术协会. 中国文物保护技术协会第二届学术年会论文集[C],2002

修复不可再生的残破古籍是保护文物的当务之急,整旧如旧是修复古籍的不变原则。本文提出修复过程中不容忽视的四个问题,意在为所有古籍修复人员提出警示。

2398

浅谈古籍修复中的纸张脱酸[J]/孙永平. --

今日科苑,2008,24:66

本文根据作者长期从事古籍修复实践经验,从脱酸材料的选择入手,对纸张脱酸的三种方法进行分析,并针对问题提供了解决方法。

2399

浅谈古籍整理工作的意义及未来发展趋势 [J]/刘丽萍. --辽宁公安司法管理干部学院学报,2008,02:94-96

本文通过对古籍和古籍整理工作的介绍,论述了古籍整理工作的意义和未来发展趋势,提出要以现代眼光看待过去,并发掘认识到过去东西的现实意义,真正做到"古为今用"。

2400

浅谈古籍中常见的古纸种类与制法[J]/黄震河. --科技情报开发与经济,2005,13:76-77

本文介绍了传统古纸的分类,阐述了各朝代古籍用纸特征和古代手工造纸的方法。

2401

浅谈古书序跋在版本鉴定中的作用[J]/王军. --中小学图书情报世界,2009,01:57-59

根据我国古书序跋的种类和特点,本文总结分析了序跋在古籍版本鉴定中的作用,针对其不足之处,提出在利用序跋鉴定古籍版本时应该注意的问题。

2402

浅谈馆藏古籍的保护与利用[J]/陈小华. --科技创新导报,2009,14:207

本文对粤东山区基层图书馆将一批珍贵古籍遗弃在仓库的案例进行分析,总结了对基层图书馆馆藏古籍抢救性保护的措施,同时探讨对古籍图书进行适度开发利用的可能。

2403

浅谈馆藏古籍的防护与管理[J]/曹素华. --潍坊学院学报,2010,05:60-61

馆藏古籍的防护与管理是高校图书馆工作的重要组成部分。本文介绍了潍坊学院图书馆馆藏古籍的现状,阐述了古籍防护的重点措施,提出馆藏古籍管理应着重解决的突出问题。

2404

浅谈馆藏历史文献的整理、开发和利用
[J]/丁红.--贵图学刊,2002,04:35－37

在了解历史、明晰现状、总结经验、找出问题的基础上,本文针对浙江图书馆藏历史文献的整理、开发和利用,探讨了开发与利用的新观念、新思路、新途径。

2405

浅谈馆际古籍复本交换[J]/杨健,程仁桃.--图书馆工作与研究,2008,11:46－47

本文针对一些图书馆线装古籍复本量过大问题,提出馆际古籍复本交换的建议,分析其可行性,设计交换的流程并提出其中的重点和难点。

2406

浅谈广西气候对馆藏古籍文献的影响及保护措施[J]/来云.--内蒙古科技与经济,2009,16:156－157

广西地处亚热带季风区域,气温高、湿度大。本文结合作者自身经验,分析广西气候对古籍的影响,提出保护古籍的必要性和措施。

2407

浅谈贵州古籍文献数字化建设[J]/罗丽丽.--理论与当代,2008,06:40－41

本文就贵州为顺应时代发展要求、搞好古籍文献数字化建设等展开论述,总结了若干经验,提出一些方法,并对未来进行了展望。

2408

浅谈海南大学图书馆对海南地方文献及古籍的保存和利用[J]/邓玲.--中国图书情报科学,2004,08:41－43

本文介绍了海南大学图书馆围绕古籍与地方文献保护所开展的一系列活动,叙述了该馆古籍资源建设概况,总结了地方文献工作保护和服务的实践经验,并提出几点建议。

2409

浅谈湖北地方古籍的整理思路[J]/刘艺.--

图书情报论坛,2003,01:51－52

本文总结了湖北地方古籍的特性和优势,针对当前地方古籍保护工作的不足之处提出几点看法。

2410

浅谈基于古籍文献资源保护与原生数字资源的馆藏建设——兼述苏州大学图书馆的数字化建设[J]/计云倩.--河北科技图苑,2010,06:75－77

本文介绍了苏州大学图书馆古籍文献资源保护、开发利用和数字资源建设的情况,探讨了纸质资源与数字资源有效整合的方式,分析了数字资源的采集途径和数字图书馆建设平台的开发前景。

2411

浅谈家谱的保护和利用[J]/袁彤.--图书馆工作与研究,2010,03:67－69

本文通过介绍国内外家谱收藏、保护和研究现状,提出家谱研究应引起学界的重视。

2412

浅谈建立和完善少数民族古籍整理体系[J]/林秀.--内蒙古图书馆工作,2006,03:93－94

本文从少数民族古籍的历史文献价值出发,分析了古籍整理保护现状和存在的问题,阐述加强少数民族古籍整理工作的必要性,结合自身经验,从少数民族古籍的修复和保管方面提出几点见解。

2413

浅谈江西省公共图书馆古籍保护工作[J]/欧阳周霞.--南方文物,2010,02:144－145

本文介绍了江西省公共图书馆馆藏古籍及其保护工作现状,并以该馆为例,就当前古籍保护工作存在的问题提出了对策。

2414

浅谈蛟川方氏重校本《毛诗后笺》[J]/陈才.--上海高校图书情报工作研究,2010,04:43－45

本文对安徽省图书馆藏《毛诗后笺》清代蛟川方氏重校本作了介绍,厘清了《毛诗后笺》版本源流,为整理《毛诗后笺》提供了参考,推动了《毛诗后笺》的流传。

2415

浅谈接受理论对古籍英译的启示[J]/张军历. --图书与情报,2009,01:122 – 124 + 128

在古籍翻译过程中,由于语言、文化、思维的差异,容易造成译者的表层理解从而引起误译。本文基于前人研究,结合古籍英译的特殊性,探讨了古籍英译的文本选择、意义实现和读者接受性等问题。

2416

浅谈旧志著录——以《中国地方志联合目录》为例[A]/刘景会. --江西省图书馆学会.首届江西省科学技术协会学术年会第二十七分会场暨江西省图书馆学会 2010 学术年会论文集[C],2010

本文以《中国地方志联合目录》为例,对与旧志著录有关的几个问题提出建议,并在参考现有书目著录规则和方法的基础上,试图总结出一套更适合旧志著录的方法。

2417

浅谈考古资料在古医籍研究中的作用[J]/王素芳,刘玉贤,刘伟. --中医文献杂志,2003,02:32 – 35

本文论述了考古资料在古代医籍整理研究工作中的重要意义和作用,以期引起业界的重视。

2418

浅谈李盛铎在收藏古籍中的功过是非[J]/冯方. --古籍整理研究学刊,2004,06:96 – 97

本文通过对清末民初藏书家李盛铎藏书来源的揭示,评价了他在古籍西归中的地位与功过。

2419

浅谈凉山彝文古籍的修复与整理[J]/沙马打各,肖雪. --西昌学院学报(社会科学版),2008,02:113 – 115 + 129

彝文古籍是了解彝族文化和历史的重要资料。本文以凉山彝文古籍为研究对象,分析其特点,并探讨了彝文古籍的修复与整理。

2420

浅谈临沧古籍普查与分布[J]/李恩凤. --临沧师范高等专科学校学报,2010,03:134 – 136

本文论述了民族古籍的概念和内涵,以临沧民族古籍文献为例,提出了普查工作对系统了解临沧民族古籍文献资源、开展抢救整理和开发利用的重要意义。

2421

浅谈旅顺博物馆收藏的吐鲁番文物古籍[A]/艾尔肯·伊明尼牙孜·库吐鲁克. --新疆吐鲁番地区文物局.第二届吐鲁番学国际学术研讨会论文集[C],上海:上海辞书出版社,2005

本文介绍了旅顺博物馆吐鲁番文物古籍收藏情况,包括 6 世纪的回鹘文字、5—6 世纪的活字木刻以及吐鲁番文物等,呼吁各界将吐鲁番文物古籍整理工作重视起来。

2422

浅谈蒙古文文献资源的数字化管理[A]/德力格尔. --华北地区高等学校图书馆协作委员会.华北地区高校图协 21 届学术年会(内蒙古)论文集[C],2007

本文探讨了蒙古文文献数字化管理研究内容和对策,蒙古文文献数字化拟采取的方案与可行性,实现蒙古文文献数字化以及加强特色化建设的意义,蒙古文文献数字化的步骤计划等。

2423

浅谈民族古籍数字资源长期保存的问题[A]/申毅. --中国民族图书馆.第十一次全国民族地区图书馆学术研讨会论文集[C],沈阳:辽宁民族出版社,2010

本文论述了民族古籍数字资源长期保存所面临的严峻问题,从宏观和微观层面加以分析,并针对如何解决问题提出建立长期保存机制的设想。

2424

浅谈民族文献的开发利用[J]/乔文凤. --内蒙古图书馆工作,2000,04:72 – 73

民族文献的开发利用是形成公共图书馆藏特色的重要手段。本文从图书馆民族文献工作的征集、编辑联合目录、整理古籍、馆际交流、数据库、呈缴本等方面提出一些思考。

2425

浅谈谱牒装帧、保管及修缮[J]/潘补补.--图书馆杂志,2004,01:44+19

本文论述了谱牒因私秘性而形成的装帧、保管及修缮法方面特殊要求,并提出几点看法。

2426

浅谈黔西北彝族古籍整理与开发利用[J]/王应忠.--人口·社会·法制研究,2009,00:395-397

本文论述了贵州西北彝族古籍的历史文化价值,指出该地区地方民族古籍文献保护工作的不足,并对其开发与利用提出思考。

2427

浅谈清末普通图书的抢救拍摄[J]/张莉.--数字与缩微影像,2005,03:26-28

本文作者结合实际工作经验,简述清末出版的普通图书几大特点,并对抢救过程中需注意的问题提出应对方法。

2428

浅谈《清史稿艺文志拾遗》的美中不足[J]/喻春龙.--古籍整理研究学刊,2006,02:35-38

本文对航空教育家王绍曾主编《清史稿艺文志拾遗》的文化价值和意义做出总结,提出其诸如重复著录、著录之书归属不一、漏收《清史稿·艺文志》著录之书等瑕疵。

2429

浅谈《群书治要》、《通典》、《意林》对《管子》的辑录[J]/耿振东.--湘南学院学报,2009,03:25-30

唐魏征《群书治要》、唐杜佑《通典》、唐马总《意林》中,对先秦学术著作《管子》均有辑录,本文论述了上述三书在辑录中显示出的不同思想取向,并分析了产生差异的原因。

2430

浅谈如何开发地方文献[J]/李汉兴.--科技情报开发与经济,2008,09:44-45

本文阐述了开发地方文献对地区政治、经济、文化、科技建设的重要意义,探讨了开发地方文献的方式方法。

2431

浅谈少数民族古籍保护与开发利用[A]/杨萌,杨锐明.--中国民族图书馆.第十一次全国民族地区图书馆学术研讨会论文集[C],沈阳:辽宁民族出版社,2010

本文分析了少数民族古籍保护与开发利用的现状,针对存在的问题提出具体保护措施和对策,并提出开发利用的手段和方法。

2432

浅谈少数民族古籍人才培养[J]/杜娟.--内蒙古图书馆工作,2008,04:69-72

本文从少数民族古籍保护现状入手,探讨了少数民族古籍人才培养的紧迫性和重要性,提出相关对策。

2433

浅谈少数民族古籍数字化建设[A]/许丁.--中国民族图书馆.第十一次全国民族地区图书馆学术研讨会论文集[C],沈阳:辽宁民族出版社,2010

本文在论述少数民族古籍文献价值基础上,针对古籍数字化建设提出了具体措施。

2434

浅谈绍兴图书馆地方文献的数字化[J]/高祥宏.--科技情报开发与经济,2010,11:52-54

本文在分析地方文献数字化必要性和可行性基础上,论述了绍兴图书馆地方文献数字化实施步骤与方法,即选定网页制作工具、网页测试、数据库宣传以及网站的维护。

2435

浅谈《摄政王令》雕版再现[J]/张永林.--中国印刷,2008,06:100-101

清顺治元年(1644)《大清国摄政王令》由扬州广陵古籍刻印社重新雕刻。本文对著名文物鉴定家傅熹年先生捐赠的雕版原件作了介绍。

2436

浅谈数位时代图书文献的维护[J]/黄婉君.--"国立"台湾大学医学院图书分馆馆讯(在台湾地区发表),2002,60:1-2

本文从图书损坏的肇因、受损图书的维

护,以及修复图书的再造利用三方面,略述图书馆从业人员在数字化时代做好图书文献保护工作应有的念观。

2437

浅谈数字图书馆中的图形化查询技术——GIS 在北京大学古文献资源库中的应用[J]/王燕. --大学图书馆学报,2006,01:58 – 62

本文概述了 GIS 技术在北京大学古籍数字图书馆系统中的应用,指出该系统在实践中的意义。

2438

浅谈遂宁公共图书馆古籍文献的保护[J]/青凌云. --四川职业技术学院学报,2009,02:127 – 128

本文在四川遂宁公共图书馆古籍文献管理现状调查分析的基础上,阐述加强古籍文献保护的重要意义,提出开展遂宁古籍文献保护的措施和方法。

2439

浅谈缩微技术在图书(档案)馆中的应用[J]/刘红建,牛晓莉. --吉林地质,2001,01:76 – 78

本文阐述了缩微技术在图书(档案)馆中的应用价值,认为此技术是解决当前图书(档案)馆经费短缺、库藏空间紧张行之有效的方法。

2440

浅谈图布旦主任医师整理藏医药古籍文献的贡献[A]/本考. --陶广正、王杰、柳长华. 第七届全国中医文献学术研讨会 医论集粹[C],香港:亚洲医药出版社(香港地区),2004

本文对全国知名藏医药学家图布旦从事一生的藏医药古籍文献整理工作作了介绍,论述其精研医理、注重古籍文献的事迹,总结其整理藏医药学古籍文献的学术思想和整理藏医药古籍文献的贡献。

2441

浅谈图书馆的古籍收藏与保护[J]/徐景和. --中国科技博览,2009,19:336 – 336

本文论述了图书馆古籍修补装帧原生性保护和利用现代技术对古籍进行的再生性保

护,针对古籍收藏与保护存在的问题,提出几点建议。

2442

浅谈图书馆对古籍文献的保护[J]/彭昌林. --贵图学刊,2005,03:20 – 21

本文介绍了我国图书馆古籍保护现状,论述古籍保护防虫、防潮和修复,以及现代技术应用对古籍文献保护利用的意义。

2443

浅谈图书馆古籍保护工作[J]/曾洁莹. --科技信息,2006,03:157

本文从原生保护和再生保护两大方面对图书馆古籍保护工作进行了论述,探讨如何科学、妥善地保护古籍,最大限度地延长古籍寿命。

2444

浅谈图书馆古籍保护工作[A]/张常明. --贾晓东. 思考·探索·创新——2006 年首届浙江省公共图书馆馆长论坛论文集[C],杭州:浙江古籍出版社,2006

本文论述了我国图书馆古籍保护现状,探讨防虫、防潮和防止纸张老化、修复装帧等古籍保护措施。

2445

浅谈图书馆古籍的保护工作[J]/黄转红. --农业图书情报学刊,2010,05:151 – 153

本文分析了当前图书馆古籍保护工作面临的问题,提出加强古籍保护的措施,并就培养古籍修复保护工作人员提出建议。

2446

浅谈图书馆古籍的保护与利用[J]/寇硕. --商丘职业技术学院学报,2010,04:123 – 124

本文分析了高校图书馆古籍保护与管理工作不受重视的原因,阐述图书馆古籍保护与利用的重点。

2447

浅谈图书馆古籍管理中的全文检索的应用[J]/邹忠民. --福建图书馆学刊,2001,04:51 – 53

全文检索技术能很好地解决古籍管理中原始文献和二次文献问题。本文在阐述全文检索含义、特点的基础上，分析了全文检索技术应用于古籍信息管理的必要性和可行性。

2448

浅谈图书馆古籍数字化［J］/杨明丽.--图书馆论丛，2010，03：19－21

古籍数字化是21世纪图书馆古籍整理的发展方向。本文就古籍数字化的类型、特点和存在的问题、古籍数字化的技术核心等进行了论述。

2449

浅谈图书馆古籍文献的保护［J］/王海辉.--科技情报开发与经济，2007，26：64－65

本文论述了图书馆古籍文献的保护问题，包括对破损古籍进行修补装帧的辅助性保护和利用现代技术对古籍文献进行的再生性保护。

2450

浅谈图书馆古籍修复中的配纸［J］/张斯，陶伟.--中国科教创新导刊，2007，09：128

本文结合作者的工作经验，论述了古籍配纸需注意的几个问题，提出如何使古籍修复继续体现应有的历史研究与文物价值的观点。

2451

浅谈闻一多整理古籍《诗经》的成就［J］/文春霞.--活力，2009，S1：172

近现代学者闻一多从事古典文献学研究，创建了《诗经》新训诂学。本文诠释了闻一多的历史贡献。

2452

浅谈我国古代官私书目中的道教典籍［J］/刘永海.--中国道教，2005，04：36－40

本文按照历史朝代顺序，对我国官私目录中的道经记载进行了梳理和研究，总结了历代官私书目对道经著录的5个特点。

2453

浅谈我国古籍数字化发展进程及发展方向［J］/托雅.--内蒙古科技与经济，2004，16：139－140

本文简述了我国古籍数字化的历史和进程，并对其发展方向做出展望。

2454

浅谈我国古籍载体的演变［J］/黄琴.--贵图学刊，2004，03：35－36

本文从甲骨与金石、简牍与缣帛、书籍的产生和发展三方面介绍了古籍文献载体的演变过程，并论述了造纸术、雕版印刷术和活字印刷术的发展。

2455

浅谈我国少数民族古籍保护及开发利用［A］/潘志强.--中国民族图书馆.第十次全国民族地区图书馆学术研讨会论文集［C］，沈阳：辽宁民族出版社，2008

本文阐述了我国民族古籍保护、开发、利用、研究工作的意义，论述了少数民族古籍保护开发利用中存在的问题及相应对策。

2456

浅谈我校馆藏古籍的管理与利用［J］/熊伟华.--广州大学学报（社会科学版），2002，09：58－60

本文介绍了广州大学图书馆藏古籍的基本情况，梳理了馆藏古籍的重要版本，并就管理和利用提出了若干看法。

2457

浅谈我校馆藏古籍的现状及问题［J］/余述淳.--大学图书情报学刊，2001，01：45－46

本文介绍了安徽大学图书馆古籍藏书的基本情况，对其在古籍保护整理工作中出现的问题进行了分析。

2458

浅谈西北民族大学图书馆馆藏古籍的开发与利用［J］/桂兰.--社科纵横，2008，06：156－157

本文以西北民族大学图书馆古籍开发和利用现状为例，分析了管理模式落后、古籍整理工作起步晚、读者面窄等问题，探讨了加强目录建设、建立古籍书目数据库、出版古籍图书、培养智能型人才等发展途径。

2459

浅谈西北民族地区高校图书馆古籍普查、保护与研究——以宁夏大学图书馆馆藏古籍为例［A］/胡玉冰.--中国民族图书馆.第十一

次全国民族地区图书馆学术研讨会论文集[C],沈阳:辽宁民族出版社,2010

本文以宁夏大学图书馆馆藏古籍为例,针对西北民族地区高校图书馆古籍普查、保护、研究方面普遍存在的问题提出建议。

2460

浅谈西南旧志及古籍数据化整理[J]/高国祥. --社科纵横,2009,12:114 - 117

本文阐述了地方志的形成、演变和发展过程,通过对西南地区历代郡县建制和旧志遗存整理情况分析,论述了古籍整理和数字化需开展的学术阶段和瓶颈问题,并针对古籍整理工作提出看法。

2461

浅谈新疆维吾尔自治区古籍办收藏的维吾尔文古籍及编辑整理方法[A]/艾尔肯·尼牙孜. --中国民族图书馆.第十一次全国民族地区图书馆学术研讨会论文集[C],沈阳:辽宁民族出版社,2010

本文介绍了新疆维吾尔自治区少数民族古籍办收藏的各类维吾尔文古籍,以及从事维吾尔文古籍整理工作的相关情况。

2462

浅谈新时期图书馆古籍保护与利用[J]/胡红贞. --农业图书情报学刊,2009,11:110 - 112

本文围绕开展古籍普查、改善古籍保管条件、古籍原生性与再生性保护特点、提高馆员业务水平等方面展开论述,探讨了在数字化时代图书馆如何发挥古籍的社会作用。

2463

浅谈音韵学在校勘中的应用[J]/马智忠,李寅生. --宁夏大学学报(人文社会科学版),2010,01:11 - 14

本文作者择取前贤时俊校勘之例,从正标点、订讹误、明通假、纠错简、补阙脱、删衍文六方面,论述音韵学在校勘中的运用和作用。

2464

浅谈云南少数民族古籍文献的保护[J]/李钊,刘红梅. --云南图书馆,2010,03:79 - 81

本文从云南省公共图书馆古籍保护工作入手,介绍该省对五大类少数民族古籍文献开展的保护工作,说明目前古籍数字化工作的意义,并对未来发展提出展望。

2465

浅谈云南纸质古籍图书的保护[J]/李晓丽. --云南电大学报,2007,02:92 - 93

本文论述了云南少数民族纸质古籍图书保护的重要性,介绍了几种保护古籍图书的化学方法、修复方法和电子化管理方法。

2466

浅谈章学诚目录学研究的文化视角[J]/郑天一. --河南图书馆学刊,2004,06:69 - 70

章学诚是中国方志学的奠基者,一生致力于方志学理论研究和方志撰述。本文介绍了他目录学研究中渗透的历史文化思考,并分析了此种思想的形成与发展历程。

2467

浅谈中国古籍的电子出版[J]/王立清. --出版发行研究,2003,06:45 - 48

本文介绍了中国古籍的电子出版现状,分析其特点,并对当今中国古籍电子出版的问题和发展前景提出看法。

2468

浅谈中医古籍出版存在的问题[J]/杜杰慧. --中国出版,2008,06:39 - 40

本文分析论述了当今中医古籍出版存在的影印、排印、校注、今译、重复出版、数字化等六大问题。

2469

浅谈中医古籍图书的市场营销[J]/芮立新. --中医药管理杂志,2007,12:941 - 942

本文从选题策划与市场营销、价格策略与市场营销、渠道策略与市场营销三方面,分析论述了中医古籍图书市场的营销策略。

2470

浅谈中医古籍阅读能力培养与医古文课程改革[J]/王育林,崔锡章. --中医教育,2008,06:30 - 32

本文介绍了中医古籍阅读课程的设置,分析了中医古籍阅读能力培养问题,并对医古文课程的改革提出了看法。

2471

浅谈中医药古籍馆藏与现代数字化图书馆的资源建设[J]/林万莲.--时珍国医国药,2003,02:123-125

本文简述了中医药古籍在我国医药发展中的地位和作用,探讨现代数字化图书馆资源建设与传统图书馆的区别,以期为医学图书馆工作发展提供参考。

2472

浅探《校勘学释例》[J]/张子侠,田亚琼.--五邑大学学报(社会科学版),2008,04:38-41

本文探讨了陈垣《校勘学释例》的贡献:认为其对古籍校勘规律、方法进行了详细总结;归纳了沈刻《元典章》误文并分析误例,概括出校法四例。

2473

浅探拟定版本源流表之进路与方法[J]/陈茂仁.--屏东教育大学学报(在台湾地区发表),2006,24下:373-411

本文探讨了拟定古籍版本源流表的进程与方法:由选择整理的书入手,进而考察书名、序、目录、文字的异同,了解某书存世版本的概况和彼此之间的关系。

2474

浅析曹之的《中国古籍版本学》(修订本)[J]/张丽艳.--北方文学(下半月),2010,01:39+41

本文分析评述了曹之先生《中国古籍版本学(修订本)》(武汉大学出版社2007年8月出版),认为该书具有体例完善、条理清楚、内容翔实、材料新颖、图文并茂等特点。

2475

浅析传统伪书与现代伪书的异同——从梁启超的古籍辨伪学来分析[J]/王娜.--图书馆界,2009,01:10-12

本文以梁启超的辨伪理论为基础,从类型、危害、原因和辨伪方法等方面对传统伪书与现代伪书作了比较。

2476

浅析高校图书馆古籍整理工作[J]/王磊,王硕,郑建丽,姜元鹏.--中国西部科技,2008,26:95-96

本文围绕高校图书馆古籍工作,论述了古籍整理的意义、古籍的分类、古籍整理方式方法和古籍的保护。

2477

浅析古籍善本在现代社会中的开发利用[J]/武安国.--网络财富,2009,13:116-117

本文围绕古籍善本在现代社会的开发利用,提出要培养高素质的专业人才,提高工作人员整体素质,调整信息时代古籍善本的开发利用方向等建议。

2478

浅析馆藏古籍文献的开发利用与知识服务[A]/花建斌,初虹.--中国图书馆学会.中国图书馆学会专业图书馆分会2010年学术年会论文集[C],北京:国家图书馆出版社,2010

本文探讨了古籍文献开发利用的必要性、可行性和利用途径,并就古籍文献开发利用与知识服务的关系,以及如何在古籍文献研究开发中做好知识服务工作进行了论述。

2479

浅析《绛云楼书目》的若干问题[J]/王红蕾.--中国图书馆学报,2010,06:100-104

本文从目录学角度出发,从款目著录、分类部次、款目组织、类目设置等方面,对钱谦益《绛云楼书目》作深入分析,以期对中国传统目录学研究及钱谦益研究有所裨补。

2480

浅析马叙伦《老子校诂》的训诂特色[J]/李春晓.--福建师范大学学报(哲学社会科学版),2009,06:85-91

本文从引用版本、字义解析、音韵分析等方面入手,详细论述了马叙伦《老子校诂》的训诂特色。

2481

浅析民族古籍的翻译[J]/许亚娜.--青年文学家,2009,22:117

本文分析了非书面古籍的翻译方法,并对音译和意译的原则提出看法,呼吁各界重视我国民族古籍的整理和翻译。

2482

浅析闽籍藏书家的抄书与刻书[J]/王长英. --文献信息论坛,2009,01:27-30

本文分析梳理了福建藏书家搜集、保存古籍文献,抄写、刻印图书的史实,肯定其为保存与创造中华文化典籍做出的贡献。

2483

浅析谱录类目的古籍目录学意义[J]/李志远. --文献,2003,02:251-256

本文作者受耿素丽《浅析古籍目录中子部农家类与谱录类之关系》一文启发,总结了目录史发展的内在原因,分析了四部分类中谱录类的设立原则。

2484

浅析《四库全书总目》的考据——以史部提要为中心[J]/史丽君. --图书与情报,2005,02:74-78

本文从人物、书名、典章制度、异闻等方面入手,以《四库全书总目》史部提要为考察对象,分析了其对传统目录学和考据学的重大意义。

2485

浅析《四库全书总目》对典籍版本的考证——以史部提要为中心[J]/史丽君. --图书与情报,2005,05:98-101+105

本文以《四库全书总目》史部提要为对象,分析了《总目》对典籍版本的考证,注重所录古籍的版本差别、版本产生和流传过程、善本标准等,提出研究人员在版本研究中应克服形式主义倾向。

2486

浅析图书馆古籍的保护与利用[J]/陆健,李洪波. --科技资讯,2010,17:255

本文探讨了图书馆古籍保护工作面临的问题,从图书馆人员素质、古籍的"藏"与"用"和再生性保护等方面提出相应策略,并对充分利用图书馆古籍进行了论述。

2487

浅析图书馆古籍修复工作[A]/傅晓岚. --中国图书馆学会古籍整理与文献保护专业委员会、国家古籍保护中心. 全国图书馆古籍工作会议论文集(2008·天津)[C],北京:国家图书馆出版社,2009

本文分析了古籍修复工作的重要性和必要性,指出古籍修复工作存在的问题,并提出了解决问题的方法和策略。

2488

浅析我国古籍中的善本[J]/杨朝霞. --图书馆建设,2000,02:85-88

本文分析了我国古籍中善本的朝代问题和种类问题,总结出"去粗取精,去伪存真"这一实践原则。

2489

浅析现存宋代私人书目的特点[J]/刘平中. --文教资料,2006,09:67-68

本文以晁公武《郡斋读书志》、陈振孙《直斋书录解题》和尤袤《遂初堂书目》三部书为例,梳理其书籍思想内容、版刻情况、学术渊源、流变特点、著录和整理,总结了宋代藏书家书目的目录学特点。

2490

浅析彝族《指路经》之三大特征[J]/王树平,罗布瓦体,蒋晓莹. --青年文学家,2009,19:124

彝族古籍《指路经》属于毕摩文献,是一部史诗性文学作品。本文论述了其三大特征:作者的特殊性、内容的严肃性、流传的稳定性。

2491

浅析中文善本古籍修复技术[J]/陈明利,彭艳. --图书馆学刊,2006,03:39-40

本文探析了古籍修复工作的性质,修复技术与新技术结合,新世纪古籍修复技术发展趋势等问题。

2492

浅议避讳及其在古籍版本鉴定中的作用[J]/宋春淑. --唐山学院学报,2005,02:45-46

本文从避讳的范围、方法、特点等方面,论述避讳研究在鉴定古籍版本真伪、成书年代、刊刻演变中的重要作用。

2493

浅议地方志古籍书目数据库之建设[J]/荆

惠萍. --中北大学学报（社会科学版），2010，01：31－33

本文阐述了建设地方志古籍书目数据库，对于图书馆实现自动化和地方古籍文献资料数字化的意义；对经济建设的促进作用；坚持标准化、规范化著录的必要性。

2494

浅议古籍的保护[J]/李恩凤. --临沧师范高等专科学校学报，2009，03：138－140

本文论述了古籍保护的现状，分析了古籍保护的方法和重要性，并对古籍保护的未来做出展望。

2495

浅议古籍机读目录数据的著录[J]/肖玲. --江西图书馆学刊，2007，01：45－49

本文对古籍机读目录数据的著录进行了探讨，并就如何提高书目数据质量谈了看法。

2496

浅议古籍普及读物出版的几个问题[J]/张继红. --中国出版，2003，10：48－49

本文分析了当前古籍普及读物出版中重复出版、导向与责任不清、政策倾斜不力等问题，提出了加大投资力度、加强政策性倾斜等措施。

2497

浅议古籍收藏——铜版印刷整版书之我见[J]/陈孔坛. --文物鉴定与鉴赏，2010，03：94－98

本文从古籍收藏的角度，对铜版印刷整版书的版本鉴定和投资价值进行了分析。

2498

浅议古籍书目数据库的建设[J]/范俊红. --图书馆学刊，2003，06：46

本文结合实际，就古籍书目数据库建设过程中的汉字平台、著录标准、分类标准，以及通用的编目软件和人员素质等问题进行了探讨。

2499

浅议古籍书目数据库之建设[J]/刘曼丽. --情报杂志，2000，05：74－75

本文分析了建设古籍书目数据库的意义，提出为保证古籍书目数据库的质量，必须坚持标准化、规范化原则。

2500

浅议古籍数字化人力资源的开发与管理[A]/李桂荣. --首都师范大学电子文献研究所、首都师范大学国学传播中心. 第二届中国古籍数字化国际学术研讨会论文集[C]，北京：五洲传播出版社，2009

本文结合当前古籍数字化现状，探讨了古籍人才培养面临的问题，就古籍数字化人才培养提出若干建议。

2501

浅议苏州艺芸书舍及其藏书的历史价值[J]/邢大立. --科技情报开发与经济，2010，11：38－39

本文介绍了苏州艺芸书舍概况，阐述艺芸书舍主人汪士钟的藏书特点及其藏书散佚的历史命运，探讨了艺芸书舍藏书的历史价值。

2502

浅议唐代藏书事业[J]/刘文英. --四川文物，2002，03：67－70

唐代古籍图书是我国优秀文化遗产的重要组成部分。本文介绍了唐朝统治者的藏书政策和措施，论述了该时期藏书家及学者搜集、整理、编著和保管图书的方法。

2503

浅议图书馆馆藏古籍文献的保护[J]/孙红雯. --农业图书情报学刊，2010，04：120－123

本文论述了加强古籍文献保护的必要性，分析了危害古籍文献的因素，针对这些危害因素提出相应的保护措施。

2504

浅议图书馆与古籍整理修复[J]/格根哈斯. --内蒙古科技与经济，2005，24：143－144

本文介绍了当前古籍修复工作的现状，分析了该工作遇到的问题，并对未来做出展望。

2505

浅议网络环境下的中医药学古籍文献资源共享[J]/顾东蕾. --中国中医药信息杂志，

2005,01;109 - 110

本文介绍了网络环境下中医药学古籍文献资源共享的背景,分析了该项工程的技术前提、机制和模式。

2506

浅议网络环境下高校图书馆的古籍数字化[J]/赵霞. --江西图书馆学刊,2007,02:115 - 117

本文论述了古籍数字化的必要性,分析了高校图书馆古籍数字化现状和古籍数字化建设中存在的问题,并提出相应对策。

2507

浅议西部地区古籍文献的保护与开发利用[J]/姚朝进. --中国图书情报科学,2004,01:27 - 28 + 30

本文通过对西部地区古籍文献管理现状的调查,论述了加强西部地区古籍文献保护的意义,和开展古籍文献保护与开发利用的程序和方法。

2508

浅议新疆少数民族古籍的保护和出版[J]/郭德兴. --中共伊犁州委党校学报,2008,04:103 - 104

本文从宣传力度、管理体制、机构建立和现代化技术运用方面,对新疆少数民族古籍的科学保护和出版工作进行了分析。

2509

浅议彝族毕摩古籍文献的开发与利用[J]/秦晓莉. --西南民族大学学报(人文社科版),2004,03:460 - 461

本文立足古籍开发和民族文献的利用,阐述了开发、利用彝族毕摩古籍文献的主要途径和措施办法。

2510

浅议中医抄本古籍文献价值的评估标准[J]/刘培生,李淑云. --中国中医药信息杂志,2005,10:98 - 100

本文根据作者对中医抄本文献整理的工作实践,就如何确定抄本文献的价值和评估标准提出看法。

2511

羌族口碑古籍略述[J]/余永泉. --阿坝师范

高等专科学校学报,2005,01:20 - 22

本文分类介绍了羌族口碑古籍,包括神话、传说,民间故事,创世史诗、叙事诗,民间歌谣,谚语、谜语、寓言和童话五大方面。

2512

羌族释比经典的性质和价值[J]/陈兴龙. --西南民族大学学报(人文社会科学版),2007,09:42 - 45

本文在作者多年深入调查研究的基础上,对当今学术界对羌族释比经典理解的不当之处进行了梳理和修正,并从多个角度论述了释比经典的内涵、性质和价值。

2513

羌族释比经典及其研究价值初探[J]/贡波扎西. --西华大学学报(哲学社会科学版),2008,02:20 - 22

本文在介绍羌族释比经典八种类型的基础上,探讨了释比经典在历史、哲学、文学、科技等方面的研究价值。

2514

抢救国家文献——1940—41 中央图书馆搜购古籍档案展[J]/阮静玲. --(在台湾地区发表),2008,116:40 - 44

2008 年,台湾地区举办了"1940—41 中央图书馆搜购古籍档案展",展品还包括当时购书过程的来往信函、相关签呈和工作报告等史料档案。本文叙述了该次展览的内容、展品选介等情况。

2515

抢救少数民族古籍 保护人类共有遗产——简述锡伯族古籍总目提要编纂工作[J]/郭德兴. --中共伊犁州委党校学报,2009,04:99 - 101

本文以编纂锡伯族古籍总目提要为例,概述了汉文、满文、锡伯文、俄文四类锡伯族古籍的存藏现状,以及新中国成立后锡伯族古籍的搜集、整理、出版和研究工作。

2516

《秦汉金文汇编》释文订补[J]/徐正考. --古籍整理研究学刊,2000,01:22 - 25

孙尉祖、徐谷甫编著的《秦汉金文汇编》,

所收铭文的释文中存在不少问题。本文对其中部分进行了订补,包括误释者23则,缺释、漏释者10则,衍文者3则,释文不一致者3则,其他问题5则。

2517

秦汉蒙学字书与《说文解字》[J]/方敏. --湖北大学学报(哲学社会科学版),2010,03:47 - 50

本文从字头选择、卷数确定、部目设立、列字次序、析形释义理据及训释方法方面入手,分析了秦汉蒙学字书对《说文解字》的影响。

2518

《秦惠文王祷祠华山玉版》新探[J]/周凤五. --"中央研究院"历史语言研究所集刊(在台湾地区发表),2001,01:217 - 232

本文考证了《秦惠文王祷祠华山玉版》的作者。根据玉版所载祭祀对象,参照先秦文献所见天子与诸侯的祀典,比较玉版与《秦封宗邑瓦书》《四年相邦戈》的文字体势,确认了玉版作者。

2519

青岛市博物馆馆藏明代万历《道藏》再探[J]/王红玲,张藜. --宗教学研究,2010,01:11 - 16

本文以《道藏》渊源和存世版本情况为背景,介绍了现藏于青岛市博物馆的一套完整明版《道藏》,并分析了其重要价值。

2520

青岛市图书馆古籍书目[M]/冷秀云主编. --北京:国家图书馆出版社,2009

本书揭示了青岛市图书馆馆藏。共收录古籍书目5160种,包括明代前期内府本《周易传义大全》等珍稀善本和明清两代山东人著作。书后还附编了书名、著者索引。

2521

青海民族古籍工作取得突破性进展——《中国少数民族古籍总目提要·土族卷、撒拉族卷》正式出版并举行首发式[J]/辛元戎. --中国土族,2008,02:4 + 81

本文介绍了《中国少数民族古籍总目提要·土族卷、撒拉族卷》编纂历程和正式出版发行的重大意义。

2522

《青溪寇轨》作者平质[J]/凌郁之. --古籍整理研究学刊,2008,05:20 - 23

本文对宋代史书《青溪寇轨》作者进行了考据,认为书中"容斋逸史曰"一段是南宋文学家洪迈逸文,《青溪寇轨》应为洪迈主持修纂《四朝国史》时辑集的一部史料文本。

2523

青州古籍名录[M]/张庆刚,陈晓华,冯汉君著. --青岛:青岛出版社,2010

本书系文化青州大型书库《青州文史》系列之四,收录了青州市存藏三级以上古籍条目209种226部。以经部、史部、子部、集部、丛书五部分类法分类。

2524

青州归来堂考略[J]/王利伟. --古籍整理研究学刊,2004,02:83 - 86

青州归来堂系宋代金石学家赵明诚的私人藏书楼。本文在研究现存史料的基础上,对归来堂的存毁过程进行了考证。

2525

倾情护宝藏 众志写华章——百卷《纳西东巴古籍译注全集》的抢救整理出版[J]/赵世红. --今日民族,2003,05:14 - 18

《纳西东巴古籍译注全集》由东巴文化研究所编纂,1999年云南人民出版社出版。本文综述了该文集的编纂缘起、东巴古籍收藏现状,梳理了自60年代以来东巴古籍的收集、翻译、整理、出版工作。

2526

清抄本《经世大典》述略[J]/王彦霞,郝艳华. --图书馆杂志,2006,06:78 - 79

元代政书《经世大典》明中叶散亡,仅有少量清儒辑本流传于世。本文分析论述了辽宁省图书馆藏清抄本《经世大典》与传世本的不同之处。

2527

清钞本《聊斋诗文集》述评[J]/骆伟. --澳门文献信息学刊(在澳门地区发表),2010,

02:37 - 42

本文介绍了清钞本《聊斋诗文集》的基本情况,论述了蒲氏作品受到王士禛重视与肯定、该书与《聊斋志异》的关系、其中蕴含的忧国忧民爱国思想,以及该书的学术价值,并增补了蒲松龄戏剧著作。

2528

清初岭南佛门史料整理研究[J]/仇江. --中国文哲研究通讯(在台湾地区发表),2010,03:13 - 60

本文介绍了《岭南名寺志·古寺系列》《清初岭南佛门史料丛刊》《华严丛书》三个系列的清初岭南佛门史料整理研究情况,论述了该系列丛书的编纂缘起、过程进展、具体内容以及思考建议。

2529

《清初人选清初诗汇考》"待访书目"考论[J]/朱则杰. --浙江大学学报(人文社会科学版),2005,01:82 - 88

本文对美籍华裔学者谢正光《清初人选清初诗汇考》附录"待访书目"中,《近代诗抄》《国朝诗隽》《国朝诗风》《诗风》《高言集》《云山酬唱》6 种的编者、卷数、版本、著录等进行了考辨。

2530

《清初人选清初诗汇考》六补[J]/潘承玉. --古籍整理研究学刊,2002,05:64 - 71

美籍华裔学者谢正光的《清初人选清初诗汇考》,被誉为清初诗学、史学研究创举之作。本文就所见善本文献,特为增考康熙间刻本 5 种,乾隆初稿本 1 种,另添列待访书多种,作为该书的补充。

2531

清代安徽地区私人刻书馆藏举隅[J]/徐晓俊. --图书馆工作,2007,04:63 - 66

本文以清代安徽私人刻书家为线索,依据安徽省图书馆馆藏,展示相应的古籍书目文献,梳理馆藏地方刻书文献的外部特点、相关信息、馆藏地点,方便读者快捷获取安徽地区古籍文献。

2532

清代藏书大家陈揆[J]/黄国光. --河南图书馆学刊,2003,06:80 - 83

本文依据大量史料,简要叙述了清代藏书大家陈揆聚书、藏书、校书、著书等方面的活动,揭示他对文化事业做出的贡献。

2533

清代藏书家书札[J]/李烨. --中国典籍与文化,2006,02:123 - 127

本文介绍了清乾嘉、道咸年间常熟藏书家之间关于考证、校雠和版本、目录之学的一些书信。

2534

清代词谱词选在《全宋词》编校中的价值[J]/谢永芳. --古籍研究,2009,S1:156 - 164

本文以中华书局 1965 年版《全宋词》为文献依据,从《全宋词》编校过程中使用清代词谱词选的角度入手,探讨后人相关词学整理研究成果对于编定前代断代词总集的价值。

2535

清代丛书收书之原则与汉、宋学之转变[J]/陈智贤. --中国文化月刊(在台湾地区发表),2003,274:20 - 43

本文从汉学、宋学之判定,《通志堂经解》收录图书之原则与宋学,《四库全书》收书之标准与汉学、宋学之抉择,《皇清经解》收录图书之原则与汉学等方面,探析了清代丛书收书原则与汉、宋学转变情况。

2536

清代地方文献之搜集与收藏举隅[J]/唐新梅,罗鹭. --图书馆,2010,02:131 - 133

本文所举清人诗文集 6 种,计稿本 1 种、木活字印本 2 种、清刻本 3 种,都是《清人别集总目》和《清人诗文集总目》没有著录的稀见文献。原本存佚不明或误以为已佚,从古旧书市场搜集而得以收藏整理。

2537

清代地理古籍考据成果之概述[J]/何超. --剑南文学(经典阅读),2010,11:79

本文梳理了考据学下清代地理古籍的整理,揭示了古代地理典籍考证校勘状况,为现代考证历史地理提供借鉴。

2538

清代殿版古籍（上）[J]/李国强.--艺术市场,2006,07:94-95

本文从清代殿版古籍的价值、刻书、修书过程、内容、材料、鉴定,以及清代殿版古籍中出现的避讳等方面介绍了清代殿版古籍。此为上篇。

2539

清代殿版古籍（中）[J]/李国强.--艺术市场,2006,08:76-77

（同上）。

2540

清代殿版古籍（下）[J]/李国强.--艺术市场,2006,11:112-113

（同上）。

2541

清代方言韵书《字音会集》的四种版本[J]/余颂辉.--古籍研究,2009,S1:65-68

本文介绍了清代方言韵书《字音会集》的传世版本,比较研究四种版本的特点,并针对该书的源头考察阐述了作者的见解。

2542

清代方志学家张澍五种方志著述论略[J]/漆子扬.--中国地方志,2010,02:50-54

清代方志学家张澍一生编著整理方志20余种,本文遴选《续黔书》《蜀典》《大足县志》《泸溪县志》《凉州府志备考》五种,撮其宏要,考述体类卷帙、纂写背景、著述特点。

2543

清代福建私家藏书研究[D]/方挺.--福建师范大学,2007

本文采用文献研究法和比较分析法,分析了清代福建私家藏书崛起的原因,对清代福建私家藏书史实作了阐述和考订,并论述了清代福建私家藏书文化意蕴和对文化的贡献。

2544

清代宫廷的古董房藏书[J]/白帕晶.--历史档案,2003,01:89-91+84

本文以《古董房书目》为依据,介绍了清代同治、光绪年间宫廷的古董房藏书情况。

2545

清代古书版权页特性之探讨[J]/翁雅昭.--台湾美术（在台湾地区发表）,2005,610:46-55

本文以台湾汉学中心282部清代善本为对象,通过考察统计和版本学、印刷史等领域既有成果分析,厘清了清代牌记的形成和编辑背景,探讨清代古书牌记的编辑要素,确立清代牌记演变过程和定位关系。

2546

清代闺秀诗话笔谈[J]/王英志等.--苏州大学学报（哲学社会科学版）,2009,02:50-64

本文选取了《妇人集》《名媛诗话》《袁枚闺秀诗话》《小黛轩论诗诗》等10种清代闺秀诗话进行讨论,对其作者、内容、价值、版本等进行了分析。

2547

清代河南的书院刻书述略[J]/孙新梅.--兰台世界（上半月）,2010,11:77-78

本文介绍了清代河南书院的历史背景和刻书种类,分析了该书院刻书精良的原因。

2548

清代河南巡抚衙门档案的特点[J]/段自成.--兰台世界:下半月,2010,09:58-59

本文讨论了清代河南巡抚衙门公文档案的类型、版本以及档案中的浮签、眉批和公文投递方式。这些档案对研究清代的河工、捻军起义,清代巡抚衙门的文书制度和行政运行机制具有重要的史料价值。

2549

清代徽籍藏书家鲍廷博[J]/张健,汪慧兰.--安徽师范大学学报（人文社会科学版）,2001,02:250-253

鲍廷博是清代乾隆时期著名藏书家,本文介绍了其生平和所藏之书的种类、价值。

2550

清代吉林流人著述考[J]/任树民,李秋.--古籍整理研究学刊,2010,05:105-108

本文分门别类,对清代吉林流人、流经吉林的流人以及流人后裔写有吉林者的著述一一考证。

2551

清代辑佚成就述论[J]/李慧慧.--西南古籍研究,2010,00:310－321

本文论述了清初、四库馆臣、清中叶和清末四大时期的书籍辑佚情况、辑佚成就,分析了其得失。

2552

清代辑佚考[D]/郭国庆.--南京大学,2007

本文采取比较、分析、归纳法,以《四库全书》《续修四库全书》所收辑佚书为主要资料,对清代辑佚书进行了考据。

2553

清代辑佚学研究综述[J]/胡喜云,王磊.--图书与情报,2009,01:136－140

本文综述了清代辑佚学研究情况、研究方向和目前取得的成就。

2554

清代辑佚研究述略[J]/李涵.--图书馆杂志,2000,04:58－60＋42

本文论述了清代辑佚的发展历程、成就、特点和代表人物,从四方面分析了辑佚兴盛的原因,并对清代辑佚工作给予评价。

2555

清代江南地区学术研究兴盛与私家藏书发达之关系初探[J]/陈东辉.--古籍整理研究学刊,2004,04:12－15

本文探讨了清代江南地区学术发展与私家藏书间互为因果、互相促进的关系;提出江南地区学术尤其朴学的昌盛,促进了私家藏书的兴旺;论述了私家藏书之兴盛对学术尤其是朴学发展的促进作用。

2556

清代江西刻书家黄秩模年谱[J]/付琼.--南昌大学学报(人文社会科学版),2010,03:92－97

清代江西刻书家黄秩模是《逊敏堂丛书》《国朝闺秀诗柳絮集》的编刻者。本文以两书编刻为主线,对谱主的生平事迹作大致系年,考证了被学界所忽略的生卒年问题。

2557

清代校勘学研究综述[J]/胡喜云.--新世

图书馆,2008,04:58－62

本文从综合探讨和个案研究两方面,梳理综述了清代校勘学的研究情况,并分析研究取得的成绩和存在的不足,旨在加深对清代校勘学的认识。

2558

清代《金匮要略方论》稀见注本选介[J]/胡滨,严康维,王树芬.--浙江中医学院学报,2003,01:68－69

作者系统查阅了国内现存《金匮要略方论》历代注本,筛选清代稀见注本予以介绍。本文扼要叙述了这些著作的书名、卷数、作者、现存版本、主要内容与学术价值。

2559

清代进士韩瞻斗及其藏书[J]/吕鸿玲.--图书馆工作与研究,2007,04:70－72

本文从清代进士韩瞻斗藏书入手,分析了该批藏书的价值,并论述了韩瞻斗的家世、人品与学识。

2560

《清代经世文选编》(初稿)前言[J]/来新夏.--澳门文献信息学刊(在澳门地区发表),2010,02:93－98

《清代经世文选编》(初稿)由南开大学教授来新夏汇编。此文为该书的前言,介绍了清代经世文编纂缘起,项目申请和编纂过程,对编纂工作中的若干问题加以说明。

2561

清代梨园花谱流行状况考略[J]/吴存存.--汉学研究(在台湾地区发表),2008,02:163－184

本文通过考察晚清梨园花谱的写作动机、文字风格、作者群、读者群及其出版流传状况,揭示了花谱在晚清北京作为士人阶层特有的流行读物之特质、社会影响和作用。

2562

清代连城四堡雕版印刷发展概况[J]/黄青松.--福建图书馆理论与实践,2009,02:58－59

本文阐述了福建连城四堡雕版印刷的形成、发展、兴衰,论证了四堡书坊对古籍版本研究的作用。

2563

清代律赋的注释评特色例析[J]/詹杭伦. --四川师范学院学报(哲学社会科学版),2002,05:1－8

本文通过对清代律赋选本的举例分析,揭示清代律赋选家注典、释义和评点特色,供今人整理利用古籍参考。

2564

清代名人存世书目的收集整理及其意义[J]/张庆余,曾庆淼. --高校图书馆工作,2006,06:52－53＋88

本文论述了当代对清代名人存世书目收集整理的一系列措施,分析了该项工作的重大意义。

2565

清代宁夏籍湖广提督俞益谟《青铜自考》卷十一校勘札记[J]/马丽,田富军. --西夏研究,2010,03:81－88

本文论述了对清代宁夏籍湖广提督俞益谟《青铜自考》刻本、抄本的研究:考证了抄本成书年代;以康熙四十六年(1707)刻本十一卷为底本,对照抄本21、22两册进行篇目和内容校勘;对两种版本共34处异文进行了考辨。

2566

《清代朴学大师列传》标点本举误[J]/申屠炉明. --古籍研究,2000,03:31－31

本文列举分析了湖南岳麓书社据泰东书局影印出版、支伟成撰《清代朴学大师列传》标点本中的"讹误乃至错板现象"。

2567

清代《钱注杜诗》暗中流传与突破禁毁考述[D]/李爽. --首都师范大学,2007

本文考述了清代《钱注杜诗》的传播史,以"暗中流传""突破禁毁"两个关键环节,揭示清代接受《钱注杜诗》学术创见核心成果的倾向,阐发了此过程所折射的清代政治对学术的影响。

2568

清代诗人潘耒未刊诗稿考[J]/朱永慧. --古籍整理研究学刊,2002,06:84－87

本文根据有关资料,考证了吉林大学图书馆收藏的抄稿本《遂初堂诗》,认为该书为清代诗人潘耒未刊诗稿,补充了潘耒已刊诗集《遂初堂诗集》中所缺一年的诗作,是研究潘耒诗和生平的重要资料。

2569

《清代诗文集汇编》立项与编纂选目述略[J]/沈乃文. --清史研究,2010,02:137－140

《清代诗文集汇编》是国家清史纂修工程中最大的文献整理项目。本文概述了其立项过程、编纂原则和重大意义。

2570

清代书目题跋选叙——《海王村古籍书目题跋丛刊》前言[J]/沈乃文. --文津学志,2007,00:49－62

本文系作者为中国书店2008年出版的清代《海王村古籍书目题跋丛刊》所做的前言。文章对丛书收入的30种清代书目题跋作了简介和评论,概述了作者旨趣、成书原委、流传过程,以及由于损毁、整理、增删、传抄、刻印等等原因而产生的不同版本。

2571

清代书札文献的分类与史料价值[A]/邹振环. --上海社会科学院传统中国研究中心. 社会·历史·文献——传统中国研究国际学术讨论会会议论文[C],2006

本文从文献学角度,将清代书札文献分为家书、友朋书札、论学尺牍、情书、宗教尺牍、女子行简、公函密折、应酬函集、遗札九类,并简要分析了其史料价值。

2572

清代《说文》校勘材料辑录析论——以他书所引异文为论述中心[J]/翁敏修. --汉学研究集刊(在台湾地区发表),2008,06:129－164

汉许慎《说文解字》在流传过程中经过清代学者的考订校补。本文由清代《说文》校勘著作中引用的异文材料入手,从校勘为《说文》研究基础、材料旁征博引、考证方法细密、成果信而可征等方面论述了清人的考据工作。

2573

清代宋诗选本研究[D]/高磊. --苏州大

学,2010

本文以 70 种清代宋诗断代选本为研究对象,采用文献与批评相结合的研究方法,探讨了清人编宋诗选本的动因和特征、宋诗选本与唐宋诗之争的关系,并选取一些代表性选本,开展深入的个案研究。

2574

清代台南坊刻本初探[J]/杨永智.--东海大学文学院学报(在台湾地区发表),2004,45:149-177

本文围绕作者近年接触的台南诸书坊流传迄今的书版和刊本,将经眼所及的典籍、书目,详加胪列登录,厘清刊刻缘由、出版始末、影响流布等,希冀对于清代台南"坊刻本"的历史发展有所考证。

2575

清代台湾藏书考略[J]/杨永智.--东海中文学报(在台湾地区发表),2004,16:297-324

本文叙述了清代台湾书籍的流通情况和清代台湾官方、私家的藏书概况,考证了清代台湾各家藏书遭受自然和人为因素破坏的史料记载和艺文故实。

2576

清代"同光本"《三丰全集》考略[J]/郭旭阳.--郧阳师范高等专科学校学报,2008,05:7-10

本文就清代朱道生重刊的"同光本"《三丰全集》的存世状况、版印特征、演变轨迹等进行研究,拟对解决多年来因版本递刻、内容增删、编者更替造成的学术疑案有所参考。

2577

清代皖人撰辑丛书经眼录[J]/黄镇伟.--古籍研究,2003,04:59-62

安徽自古为人文荟萃之地,蒋元卿先生《皖人书录》著录春秋以迄 20 世纪初叶数千年间 6600 余位皖人 17000 余种著述,大家辈出,名著迭见。作者在全国各图书馆查阅古籍,经眼多种清代皖人所撰丛书,特择数种稀见之本,略作提要,以为徽学文献研究之助。

2578

清代吴地藏书家校勘学家惠栋[J]/吴玲芳.--苏州市职业大学学报,2006,01:20-22

惠栋是清代著名藏书家、校勘学家。本文梳理了他对汉代易学的整理、保存和研究工作,分析了其在文字、音韵、训诂、辨伪、辑佚、校勘等方面取得的成就。

2579

清代学术史的一部力作——读漆永祥《汉学师承记笺释》[J]/杜泽逊.--北京大学学报:哲学社会科学版,2006,06:152-154

《汉学师承记》系清代经学家江藩的著作,为最早对清代汉学进行全面总结与评价的专著。上海古籍出版社 2006 年出版了漆永祥的《汉学师承记笺释》,本文评述了漆编著此书的历程和编纂原则、学术特点,分析其对学习研究清代学术史的价值。

2580

清代研究《山海经》重要成果的新发现——陈逢衡《山海经汇说》述评(上)[J]/赵宗福.--大陆杂志(在台湾地区发表),2001,01:47-48

《山海经汇说》是清学者陈逢衡研究《山海经》的重要著作。本文分析了该书的学术价值,以及长期被埋没不彰的原因,并将其置于中国神话研究史的大背景下给予合适的评价。

2581

清代研究《山海经》重要成果的新发现——陈逢衡《山海经汇说》述评(下)[J]/赵宗福.--大陆杂志(在台湾地区发表),2001,02:27-32

(同上)。

2582

清代御医曹沧洲《医案》整理选录[J]/李崇忠.--西南古籍研究,2004,00:420-435

云南大学图书馆古籍部收藏了石印版本的清代御医曹沧洲《医案》。本文简述了该古籍的整理过程和工作方法,并选辑一些行医验案,分析了其价值。

2583

清代著名藏书家版本目录学家钱曾及其善本书目《读书敏求记》[J]/胡春年.--山东图

书馆季刊,2004,02:104 - 106

本文介绍了清代著名藏书家、版本目录学家钱曾撰写的第一部善本书目《读书敏求记》的成书过程和学术价值。

2584

《清宫述闻》校订后记[J]/陈晓东. --紫禁城,2010,02:112 - 114

《清宫述闻》系讲述清代帝后起居、典章制度、清宫机构等的专著,由章乃炜编写,紫禁城出版社 1990 年出版了该书的竖排校点本。本文为校订后记,综述了该书的特点、学术价值和不足。

2585

清华大学的古籍善本收藏[J]/刘蔷. --收藏,2009,01:119 - 120

本文以《清华大学图书馆藏善本书目》出版为例,分析该书内容和价值,认为该书系统揭示了目前清华大学图书馆古籍善本收藏整理情况,以及金石拓片等馆藏古籍珍品。

2586

清华大学图书馆焚余古籍的修复、整理与研究[A]/刘蔷,高宣. --中国国家图书馆. 中文善本古籍保存保护国际研讨会论文集[C],北京:北京图书馆出版社,2002

清华大学图书馆收藏有一大批在抗日战争时期被严重焚损的线装古籍。本文介绍了焚余书损毁纪实,焚余书的现状、修复工作,焚余书的整理与研究进展。

2587

清华大学图书馆馆藏焚余古籍的整理与研究[J]/刘蔷. --清华大学学报(哲学社会科学版),2001,06:88 - 92

清华大学图书馆收藏有一大批在抗日战争时期被严重焚损的线装古籍,本文是对其修复整理工作和相关研究成果的介绍。

2588

清华大学图书馆收藏古彝文典籍述论[J]/刘蔷,朱崇先. --文献,2006,02:25 - 30

本文从传承历史、收藏内容和学术价值等方面,评述了清华大学图书馆珍藏的一批古彝文典籍。

2589

清嘉庆朝刑科题本社会史料辑刊(全三册)[M]/杜家骥编. --天津:天津古籍出版社,2008

本书为清代嘉庆时期刑科题本中的社会基层史料。按照案件内容所反映的社会生活,分为宗族家庭关系、亲戚关系、乡里关系等 13 类。所录档案均为中国第一历史档案馆所藏。

2590

清康熙年间实测:《北京皇城地图》[J]/孙果清. --地图,2010,02:132 - 133

本文介绍了清代内阁旧藏、现藏于台湾的《北京皇城地图》的内容、测绘历史、版本特点和学术价值。

2591

清末莲池书院刻印图书浅析[J]/李墨,王丹阳,郭佳. --文教资料,2008,03:108 - 109

本文通过对清末莲池书院刻印图书的源流探索,综合地方志、书目、史料等文献信息,分析阐述了莲池书院与莲池书局的关系,同时列出一份比较完整的"莲池"书目。

2592

清末民初湖州三大藏书家之探析[J]/董惠民. --浙江学刊,2004,05:196 - 198

陆心源、刘承干和蒋汝藻是清末民初湖州三大藏书家,本文对其各自生平、藏书背景、藏书特点、学术价值和散佚情况等进行了介绍。

2593

清末民初我国学者对国外藏书和藏书机构的考察[J]/李利,何静. --新世纪图书馆,2007,05:83 - 85

本文综述了清末民初我国学者和清政府官员对日本、欧美一些国家藏书及藏书机构的考察情况,并简要论述了其主要成就。

2594

清末民初武昌陶子麟书坊刻书业考略[J]/江凌. --长江论坛,2008,04:82 - 85

清末民初湖北陶子麟以擅长刊刻宋元旧椠闻名于当时。本文论述了武昌陶子麟书坊刻书的品种、数量及其特点。

2595

清末民初中国古文献外流概述[J]/冯方.--古籍整理研究学刊,2005,05:32-36

本文概述了清末民初中国古文献外流背景、外流情况,以及外流的内外因,揭示了我国古代灿烂文化典籍被外掠夺的事实。

2596

清末民国古籍书目题跋七种(全八册)[M]/程仁桃选编.--北京:国家图书馆出版社,2009

本书选取清末民国稀见古籍书目题跋七种:《持静斋藏书纪要》《文禄堂访书记》《群碧楼善本书录》《墨海廎书目补提要》《郋园读书志》《廉石居藏书记》《适园藏书志》,以供读者了解历代古籍刊撰、流传亡佚、版本源流、校勘辨伪、内容得失等参考。

2597

清末民国间温州乡邦文献的整理与研究[J]/俞雄.--古籍整理研究学刊,2000,05:1-6

清末至民国中期,温州出现了一场对乡邦文献进行整理的文化运动。本文对此运动的产生、过程和做法进行了研究,并引出对今日的启示。

2598

清末民国云南名医余道善及《仲景大全书》[J]/李平,楚更五,余品高,余泽高,杨俊斌.--云南中医学院学报,2010,05:42-43

本文介绍了清末民国时期云南名医余道善及其所著《仲景大全书》,考证了作者生平和著作内容,分析了该书的临床应用价值。

2599

清末中日文人对影钞及覆刊汉籍的主张——以杨守敬《古逸丛书》成书过程为例[J]/许媛婷.--"故宫"学术季刊(在台湾地区发表),2010,04:121-156

本文以清末民初目录版本学家杨守敬辑刻《古逸丛书》为例,探讨中日文人对影钞与覆刊汉籍在观念和主张上的差异性,总结了杨守敬在覆刊古籍过程中面临的尊古与勘古

两难困境,及其努力促进域外汉籍回流中土的用心。

2600

《清平山堂话本》校点拾补[J]/王文晖.--古汉语研究,2003,04:86-88

《清平山堂话本》是明代编刻的一部短篇小说集,该书的整理存在不少失校、误校、误点、误注现象,本文选取了七个俗语词予以补正。

2601

《清平山堂话本》校读记[J]/曾昭聪,刘慧.--图书馆理论与实践,2010,05:51-54

《清平山堂话本》是明刊《六十家小说》的辑佚本,本文就其中的误校、失校、误点等现象作进一步讨论。

2602

《清平山堂话本》校议[J]/高云海,刘志军.--古籍整理研究学刊,2003,05:95-96

本文针对《清平山堂话本》中的误校、误点等问题,参考相关文本,依篇目页行为序分条校勘补正。

2603

清乾隆时期"天禄琳琅"藏书的特点及其现象[J]/杨果霖.--(在台湾地区发表),2006,02:127-154

本文以《天禄琳琅书目·前编》所收录的已经毁于火灾的首批"天禄琳琅"藏书为对象,探讨了该批图书特点与现象,以期今人对此藏书有更深入的了解。

2604

清人笔记稿本《柳弧》述略[J]/宋平生.--中国典籍与文化,2002,01:63-67

《柳弧》是一部内容丰富却又鲜为人知的清人笔记稿本。本文对《柳弧》作者丁柔克的生平、写作过程,以及该书的主要内容和文献价值诸方面,作了评述。

2605

清人别集的价值——《南开大学图书馆藏稀见清人别集丛刊》序[J]/来新夏.--中国文化,2010,02:232-233

本文是南开大学图书馆编《南开大学图

书馆藏稀见清人别集丛刊》的序言,对馆藏清人别集丛刊成书过程、版本特点和文献价值等进行了介绍。

2606

《清人别集总目》编纂撷谈[J]/李灵年,杨忠. --古籍研究,2000,01:124 - 129

本文介绍了 2008 年安徽教育出版社出版《清人别集总目》的特点、成书过程和不尽如人意之处。

2607

清人的唐代文献辑佚研究[D]/张健. --吉林大学,2007

本文围绕四库馆臣的辑佚,清代的私家辑佚,全唐诗辑佚、全唐文辑佚,对清人的唐代文献辑佚和特点进行了梳理、分析和归纳,以期进一步展开深层次的研究。

2608

清人辑佚魏晋子书成果述评[J]/袁敏. --西南石油大学学报（社会科学版）,2010,03:89 - 93

本文重点梳理了清代周广业、严可均、马国翰、王仁俊、黄奭等人辑佚成果,共辑得魏晋子书 98 种。在此基础上,文章分析评述了各家的辑佚体例、辑佚源和得失。

2609

《清人诗文集总目提要》订补[J]/朱则杰. --浙江大学学报:人文社会科学版,2006,03:79 - 86

《清人诗文集总目提要》由柯愈春编著,北京古籍出版社 2001 年出版,分上、中、下 3 册。该书整理了现存清人全部诗文集,著录 19700 余人的 40000 余种别集。本文对其中存在的若干舛误与疏漏进行了订正与补充。

2610

《清人诗文集总目提要》订误[J]/李婧. --古籍研究,2009,S1:371 - 374

作者认为,柯愈春编著的《清人诗文集总目提要》为整理清人诗文集和全面研究清代文学提供了重要线索。本文针对书中挂万漏一之处,进行了条分缕析的考辨。

2611

《清人诗文集总目提要》正误四则[J]/曹丽. --社科纵横:新理论版,2010,01:149 - 150

本文对柯愈春编著《清人诗文集总目提要》未能一一经眼的部分待考著作和考证失误之处,进行了补正。

2612

《清人诗文集总目提要》作者再考[J]/曹丽. --图书馆理论与实践,2010,02:91 - 93

本文对柯愈春编著的《清人诗文集总目提要》中著者生平待考及考证失误之处进行了探讨,补正四例错误,均源于同名同姓。

2613

《清人室名别称字号索引》补遗数则[J]/魏小虎. --中国索引,2004,04:55 - 56

作者在经眼一些较为珍贵的清代稿本、抄本时,发现其中不乏可以增补上海古籍出版社 2001 年出版的《清人室名别称字号索引》的第一手材料。本文将其搜集整理,以供补遗。

2614

清人书札与乾嘉学术——从《昭代经师手简》二种谈起[J]/陈居渊. --汉学研究（在台湾地区发表）,2007,02:265 - 294

本文以《昭代经师手简》为例,从清代学人书札视角出发,对乾嘉学术进行了社会史研究,认为清人书札是清代学术的重要组成部分,其经学样式、经学指向,尤其与清代乾嘉学术有着密切联系。

2615

清诗版本丛考[J]/朱则杰. --古籍研究,2002,03:53 - 58

本文对一些清代诗歌的版本问题进行了考辨与澄清。

2616

清诗纪事成犹未,谁识兵尘在眼前——陈融《清诗纪事》初探[J]/程中山. --汉学研究（在台湾地区发表）,2008,03:263 - 289

本文根据近代著名诗人、诗评家陈融抗日战争期间在上海《青鹤》杂志上连载的《清诗纪事》,参考《越秀集》《秋梦庐诗话》等相关著述,探讨了《清诗纪事》的编纂特色和意义。

2617

清诗总集编者及版本丛考[J]/朱则杰.--淮阴师范学院学报(哲学社会科学版),2008,02:239－242

本文对清诗总集的编者和版本问题进行了考察,辨正了《续宛雅》编者、《国朝诗的》编者及卷数、《蔗根集》编者、《宜兴任氏传家集存遗》编者及版本、《辽东三家集》编者及版本等五个案例。

2618

清诗总集考证三题[J]/朱则杰.--厦门教育学院学报,2006,04:1－3

本文从《前八大家诗选》《今乐府》影印本拼板错误、《闲情集》王士禄序系朱鹤龄作、《明诗综》与《静志居诗话》等方面对清诗总集中三个问题进行考订。

2619

清诗总集所见名家集外诗文辑考[J]/朱则杰.--深圳大学学报(人文社会科学版),2007,06:103－107

清诗总集中有大量作品为作者本人的诗文别集所未收,可以用来辑佚补充。本文对其中若干著名作家的作品予以采辑,并酌加考证。

2620

清诗总集佚著五种序跋辑考[J]/朱则杰.--厦门教育学院学报,2007,02:25－28

本文对《寒山集》《南音集》《诗存》《同人诗草》《二王子今体诗》等五种清诗总集佚著序跋加以考证,以梳理有关清诗总集的线索和大致情况。

2621

《清实录》宫藏版本考[J]/谢贵安.--中国历史学会史学集刊(在台湾地区发表),2008,40:119－148

本文对清代官修编年体史料汇编《清实录》6种比较系统的宫藏版本进行考证,分析探讨了其形成过程、收藏源流、各自功能、相互关系以及各自的特殊功能。

2622

清史纂修工程与清史图录数据库建设[J]/

吴利薇.--图书馆学刊,2006,04:34－35

本文通过对国家清史纂修工程图片征集项目的介绍,分析了参加该项目的文献基础和地域优势,阐述了清史纂修工程图片征集工作流程以及此项工作对我们的启示。

2623

清修《四库全书》河南采进本研究[J]/高远,孙玉荣.--古籍整理研究学刊,2008,03:52－57

本文以个案研究的方法对河南采进本进行分析,探讨清修《四库全书》对河南这一特定区域的历史影响,以弥补"四库学"区域研究中河南的弱势状况。

2624

清宣统时期流失宫外古籍考[J]/向斯.--收藏家,2001,12:20－27

本文对宣统时期清宫所藏古籍进行了详细考据,系统介绍了由于历史原因流失散佚的大批藏书。

2625

《清异录》版本源流考[J]/邓瑞全,李开升.--古籍整理研究学刊,2008,04:48－55

《清异录》最早完成于五代末至北宋初,是中国古代一部重要笔记。本文在考察现存主要版本的基础上,大致理清了《清异录》的版本源流,并对各本的特点、优劣作了初步分析。

2626

清昭仁殿藏天禄琳琅珍籍播迁述略[J]/魏训田.--泰山学院学报,2003,02:92－94

本文介绍了原存于清皇宫昭仁殿中天禄琳琅珍籍迁移及保藏的历史过程。1924年,天禄琳琅部分珍籍被盗运出宫,最后入藏国家图书馆。故宫劫余部分在抗战时期南迁,最终入藏台北"故宫"博物院。

2627

《清真大典》编纂略评[J]/杨晓春.--元史及民族与边疆研究集刊,2008,00:142－144

本文对2006年黄山书社出版的《清真大典》的编纂原则、版本特点和历史价值进行了介绍和分析。

2628

《清真释疑》版本考[J]/薛莲. --古籍整理研究学刊,2004,05:82-83

本文介绍了大连图书馆所藏两种《清真释疑》,考证出《清真释疑》的版本渊源,纠正各家的著录错误,尤其是海正忠先生的舛讹,并论述了乾隆三十三年(1768)本的意义和价值。

2629

琼海奇甸有遗篇——明王弘诲与他的《天池草》[J]/王力平. --中国典籍与文化,2004,02:36-40

本文介绍了明代海南名宦王弘诲的生平及其作品诗文集《天池草》的特点,分析了《天池草》的文献价值。

2630

丘葵《钓矶诗集》略考[J]/李鸣,马振奎. --历史文献研究,2008,01:176-181

本文对宋末元初文人丘葵著作《钓矶诗集》的版本流传情况作了梳理,并对国家图书馆所藏《钓矶诗集》作简要说明。

2631

"丘乙己"解读与古籍整理[J]/曾良. --中国典籍与文化,2008,02:89-92

古籍中的"丘乙己",因鲁迅先生小说《孔乙己》的深远影响,今人常误改为"孔乙己"。本文对"丘乙己"的历史渊源作了疏解,认为在古籍整理中,不能以今律古,将其校为"孔乙己"。

2632

《秋胡变文》校注拾补[J]/曹小云,刘敬林. --古籍整理研究学刊,2008,06:25-27

《秋胡变文》为唐敦煌卷子写本,其秋胡故事先后被收编入多种敦煌文献的校注集本。本文就各校注本共同存在的失校、误校或争议问题,进行补校,凡9例。

2633

求真文 明真义——中医古籍校读法论要[J]/段逸山. --中医文献杂志,2009,01:8-12

本文探讨了古籍校读法的含义,认为这是一种边校边读、校读结合的读书法。文章从文本差错甚多、缺乏行家校读、关乎健康生命三个方面,论述了中医古籍尤须校读的问题。

2634

《屈大均诗词编年笺校》补正[J]/何淑苹. --东方人文学志(在台湾地区发表),2009,03:211-225

清初文人屈大均是岭南三大家之一。学者陈永正2017年整理出版了《屈大均诗词编年笺校》,存在不足和疏漏之处。本文进行了考订补正。

2635

屈赋楚简释证(上)[J]/黄灵庚. --大陆杂志(在台湾地区发表),2000,04:46-47

本文运用近年出土于湖北江陵战国楚墓竹简文字材料,考释屈原名字及屈赋作品中《恒》《传说》《隐思》《成堂》《秋冬》《顺欲》《上下未形》等十三条词语,以发明屈赋新义,倡行先贤的二重证据法。

2636

屈赋楚简释证(下)[J]/黄灵庚. --大陆杂志(在台湾地区发表),2000,05:36-43

(同上)。

2637

瞿佑《资治通鉴纲目集览镌误》考述[J]/乔光辉. --古籍整理研究学刊,2009,03:5-10

本文考述了元末明初文学家瞿佑《资治通鉴纲目集览镌误》的内容和价值,认为对进一步探究瞿佑的治学思想与学术视野大有裨益。

2638

全国部分省市旧志整理情况简介[J]/秦邕江. --广西地方志,2006,06:19-23

本文介绍了2005年召开的全国地方志系统旧方志整理与开发利用研讨会情况,对全国方志系统旧志整理工作作了综述。

2639

全国高校古籍重点保护单位古籍资源揭示状况与服务能力评价研究[J]/李文林,曾莉,张稚鲲,谢松. --南京中医药大学学报(社会科学版),2010,04:238-241

本文以入选全国古籍重点保护单位的高校网站为分析对象,结合用户体验,对其满足古籍研究者信息服务的能力进行了评价,分析了优缺点。

2640

全国收藏的蒙古文古籍述略[J]/张学勤.--内蒙古图书馆工作,2004,04:110-115

本文以《中国蒙古文古籍总目》为统计分析基础,综述了全国蒙古文古籍的文献分类特点、地域分布特点、单位和个人收藏者特点。

2641

全国图书馆古籍工作会议论文集(2008·天津)[C]/中国图书馆学会古籍整理与文献保护专业委员会,国家古籍保护中心合编.--北京:国家图书馆出版社,2009

本论文集收录了中国图书馆学会2008年天津年会的论文。论文围绕古籍业务研究、资源共享、学术交流等议题,涵盖古籍整理、普查、保护、修复、书目数据数字化,以及古籍开发、利用、复本交换及古籍科研立项、学术研究与交流等问题。

2642

全国性清诗总集佚著五种序跋辑考[J]/朱则杰.--淮阴师范学院学报(哲学社会科学版),2006,03:332-337

本文考证了清初《麦薇集》《诗遁》《清风集》《缬林集》《今诗综》等5种全国性的诗歌总集佚著序跋,分析了其历史背景、成文过程、文章特点和学术价值。

2643

全国中医古籍保存与保护现状调查分析[J]/张伟娜,裘俭,刘国正,李鸿涛,程英,李兵,彭莉,牛亚华.--中国中医药信息杂志,2009,06:1-4

本文为调研报告。2006年2月至12月,中国中医科学院中医药信息研究所"中医药古籍保护技术体系研究与利用"项目组,就全国中医药古籍保存、保护开展调研,涉及全国中医专业图书馆和部分公共图书馆中医药古籍资源、古籍保护与修复、保护环境与场所等方面。

2644

《全汉赋校注》的贡献[J]/常森.--书品,2006,05:36-41

汉赋是汉代涌现出的一种有韵散文,形成于汉初。《全汉赋》为现代人所编,作者费振刚、胡双宝、宗明华合作辑校而成,《全汉赋校注》是在《全汉赋》基础上推出的。本文分析了《全汉赋校注》的学术价值。

2645

《全金诗》补遗[J]/周峰.--古籍研究,2000,01:62-63

金代杰出史学家、文学家元好问对金诗进行了全面搜集整理,历经15年编成《中州集》10卷,收诗人251人,诗2060首。本文作者发现仍有一些金诗未见收录,本文中予以介绍和补遗。

2646

《全金元词·刘秉忠》校正补遗[J]/李向军.--古籍整理研究学刊,2005,01:65-66

中国当代词学家唐圭璋主编的《全金元词》,收录了元代名臣刘秉忠词作81首。本文对其中错讹之处进行列举与分析,另据元人熊梦祥《析津志》补录其佚词一首。

2647

《全梁文》所收"萧纲、萧衍、萧绎"文勘误[J]/李柏.--图书馆理论与实践,2009,08:45-47

本文以清代文献学家、藏书家严可均《全梁文》中所收萧衍、萧纲、萧绎之文作为研究对象,对其中存在的误收、重出、篇题讹误、作者小传舛误等问题,进行分析辨正。

2648

《全辽金诗》拾遗[J]/佟培基.--文献,2006,01:82

《全辽金诗》是一部断代总集,系国家古籍整理规划重点项目。本文依据故宫博物院藏石渠宝笈三编之《宋张择端清明上河图卷》卷末金、元、明人之题跋,梳理了《全辽金诗》所未收诗作以补遗。

2649

《全辽金文》校订[J]/薛瑞兆.--古籍整理

研究学刊,2008,04:33 - 38

本文从小传撰写、作品辑佚、文字校勘等方面,校订了《全辽金文》"金文"部分存在的问题。

2650

《全辽金文》整理出版情况简介［J］/牛贵琥. --民族文学研究,2003,02:102

本文介绍了 2001 年 11 月由山西大学文学院编纂、山西古籍出版社出版的《全辽金文》项目,分析了其学术价值。

2651

《全明词》补辑［J］/张仲谋. --徐州师范大学学报,2004,06:47 - 52

本文针对饶宗颐、张璋纂辑,中华书局 2004 年出版的《全明词》,从《四库全书》《续修四库全书》等大型古籍中,辑得《全明词》失收词人 20 余家,词作 200 余首,刊载其中一部分补遗。

2652

《全明词》补遗［J］/陆勇强. --南阳师范学院学报,2006,05:40 - 44

本文从总集、别集、笔记、地方志等各类文献中,辑录《全明词》未收之佚作 41 首,并对《全明词》未及收录的作者,考证了其姓氏、字号、里籍、生平事迹等。

2653

《全明词》补遗——日本藏稀见明人别集所载词辑录之一［J］/王兆鹏,(日)萩原正树. --古籍整理研究学刊,2007,01:25 - 29

本文根据日本现藏多种稀见明人诗文别集,对《全明词》未收录的词进行辑录补遗,包括陆釴词 4 首、费案词 25 首、李攀词 7 首、刘世伟词 1 首、周诗词 1 首、曹大同词 8 首、沈演词 8 首、陈言词 20 首。

2654

《全明词》续补遗——日本藏稀见明人别集所载词辑录之二［J］/王兆鹏,(日)萩原正树. --古籍整理研究学刊,2007,02:18 - 23

《全明词》收录晚明词人梁云构词两首。本文依据日本国立国会图书馆和内阁文库庋藏的明刊本《豹陵集》和《豹陵二集》,去其重复,以补《全明词》未收梁云构之作 109 首。

2655

《全明词》补 27 首［J］/陆勇强. --古籍整理研究学刊,2007,01:30 - 33

本文从总集、别集、词话、笔记、地方志等各类文献中,辑录《全明词》未收之佚作 27 首,并对《全明词》未及收录的作者,略考其姓氏、字号、里籍、生平事迹等。

2656

《全明词》采录作品考源［J］/张仲谋. --南京师大学报（社会科学版）,2005,03:115 - 119

本文对《全明词》采录作品的来源进行了考据,认为所收商辂词 5 首,4 首为苏轼作品误收;所收汤显祖词 16 首,1 首为高启词误入,13 首采自其戏曲作品;所收陆钰《射山诗馀》,实为其子陆嘉淑（号射山）的作品。

2657

《全明词》的缺失订补［J］/王兆鹏,吴丽娜. --中国文化研究,2005,01:123 - 130

本文针对《全明词》的缺失,梳理出词人断代不严、词人编排失序、真伪互见失考、误收诗曲为词、词集版本取校不广、文献失范参考书目错误迭见、词人生平欠缺考订等 7 类问题,以期对日后订补有所裨益。

2658

《全明词》订补六则［J］/耿传友. --古籍整理研究学刊,2007,02:24 - 26

本文以国家图书馆藏《三旌义门王氏族谱》等家谱资料为参考,对 2004 年中华书局版《全明词》一些人物小传进行订正、充实,并增补了一些词作。

2659

《全明词》《全清词》辑补示例及其他［J］/朱则杰. --杭州师范学院学报（社会科学版）,2005,06:59 - 61

中华书局 2004 年版《全明词》和 2002 年版《全清词》（顺康卷）两部断代词全集在作家、作品方面,都存在漏收等问题。本文根据清初徐崧《百城烟水》,为两书做一些增补,同时阐述了作者的观点。

2660

《全明词》拾遗[J]/陆勇强. --中国文学研究,2006,02:59-62

本文从总集、别集、笔记、地方志等各类文献中,辑录《全明词》未收之佚作32首,并对《全明词》未及收录的作者,略考其姓氏、字号、里籍、生平事迹等。

2661

《全明词》疏失举隅[J]/陆勇强. --学术研究,2005,07:133-138

本文梳理了《全明词》中存在的疏失:将本该入清的作者误作明人收录;析一人为二人,前后两处著录;对比较常见的文献利用不足,致使某些词家的作品短缺过多。

2662

《全明词》新补[J]/周明初,叶晔. --南京师范大学文学院学报,2008,03:60-66

《全明词补编》由浙江大学教授周明初编撰、浙江大学出版社2006年出版。该书是对《全明词》的辑补。凡《全明词》未收之明代词人词作、已收词人之未收词作,均在收录之列,共辑录629位词人5021首词作。在此基础上,作者又辑得38家150多首明词,大部分出自珍稀本古籍,本文整理刊布其中11家50首。

2663

《全明词》新补12家45首[J]/周明初,叶晔. --厦门教育学院学报,2009,04:24-29

本文作者从国内所藏图书中陆续辑得38家150多首明词,大部分出自珍稀本古籍,现依《全明词》《全明词补编》体例,整理刊布其中的12家45首。

2664

《全明词》新补15家59首[J]/周明初,叶晔. --阅江学刊,2010,02:89-95

本文作者从国内所藏图书中陆续辑得38家150多首明词,大部分出自珍稀本古籍,现依《全明词》《全明词补编》体例,整理刊布其中的15家59首。

2665

《全明词》续补(一)——台湾所藏珍稀本明人别集所辑明词之一[J]/周明初,叶晔. --古籍整理研究学刊,2009,02:33-39

台湾"中央研究院"傅斯年图书馆、汉学研究中心所藏珍稀本明人别集中明词值得重视,本文陆续刊布从这两处图书馆搜采来的15种别集中的近300首明词,以飨读者。

2666

《全明词》续补(二)——台湾所藏珍稀本明人别集所辑明词之二[J]/周明初,叶晔. --古籍整理研究学刊,2009,03:40-45+4

(同上)。

2667

《全清词·顺康卷补编》拾遗[J]/李保阳. --古籍整理研究学刊,2009,06:64-66

《全清词·顺康卷》第一册收陆世仪词1首,《全清词·顺康卷补编》未补陆词。本文依据词学家赵尊岳刻陆氏《桴亭词》,除去与《全清词·顺康卷》重出者外,可补陆词21首。

2668

《全清词·顺康卷》补遗[J]/陆勇强. --学术研究,2003,09:129-137

本文从《凭山阁增辑留青新集》《留青二集》、嘉庆《增修宜兴县旧志》等清代文献中,辑录《全清词·顺康卷》未收之佚作76首,以供将来《全清词》补编时参考。

2669

《全清词·顺康卷》拾遗[J]/陆勇强. --南阳师范学院学报,2005,04:60-65

本文从总集、词话、笔记、地方志等各类文献中,辑录《全清词·顺康卷》未收之佚作40首,并对《顺康卷》未及收录的作者,略考其姓氏、字号、里籍、生平事迹等。

2670

《全清词·顺康卷》未收词集补遗[A]/张雁. --程章灿. 中国古代文学文献学国际学术研讨会论文集[C],南京:凤凰出版社,2006

南京大学中文系全清词编纂研究室主编的《全清词·顺康卷》2002年由中华书局出版。本文围绕全清词的编纂工作,对《全清词·顺康卷》的一些疏漏和其他失误进行了补充。

2671

《全清词·顺康卷》在文献研究的意义与贡献[J]/许慧淳. --中国文哲研究通讯(在台湾地区发表),2006,03:13 – 24

《全清词·顺康卷》由南京大学中国语言文学系编纂,于2002年经中华书局出版。本文从成书背景、原因、时间、内容等方面,论述了该书在文献研究方面的意义和贡献。

2672

《全清散曲》(下册)卢前《饮虹乐府·小令》点断拾误[J]/卢偓. --江苏教育学院学报:社会科学版,2009,05:87 – 89

本文依据齐鲁书社1985年出版的凌景埏、谢伯阳编《全清散曲》,所选现代著名学者、散曲作家卢前《饮虹乐府》中773首小令,参考《康熙曲谱》,特别是与卢前散曲论著和专集,整理出《全清散曲》中卢前小令部分的文字舛误60条。

2673

《全三国文》录文出处补正[J]/韩绪耀. --古籍研究,2009,S1:244 – 246

《全三国文》出自清代学者严可均编纂的《全上古三代秦汉三国六朝文》。商务印书馆1999年版《全三国文》中有的文章漏标出处,或所标出处有错误,本文对其录文出处补充纠正,辑得札记40条。

2674

《全上古三代秦汉三国六朝文》所收诔文补遗[J]/赵厚均. --古籍整理研究学刊,2005,04:72 – 75

清严可均《全上古三代秦汉三国六朝文》收录诔文范围甚广,片言只语皆予以采入,乃至有存目者,为研究先唐诔文提供了丰富的资料。但由于文献浩繁,难免有所遗漏。本文就闻见所及,为之补遗。

2675

《全宋词》的整理过程——兼谈当今古籍整理的几个问题[J]/曾大兴. --清远职业技术学院学报,2010,04:11 – 17

《全宋词》整理工作经历了一个漫长的过程。前辈学者自始至终保持一种奉献精神和一丝不苟的工作态度,探索、总结出一套词集整理的原则与方法。本文重温《全宋词》整理过程,对今天的文学古籍整理工作提出几点看法。

2676

《全宋词》校订四则[J]/仝建平. --运城学院学报,2010,06:41 – 42

本文作者比对明初覆大德本《翰墨大全》,对《全宋词》进行校订,认为该书所记中科院藏《翰墨大全》的版本和卷数、刘应李词《登武夷平林》略有错误;"竹林亭长"实为熊禾别名;对邓剡词《浪淘沙》《唐多令》略加校勘。

2677

《全宋诗》补遗12首[J]/韩震军. --古籍整理研究学刊,2006,06:24 – 25

清代谢启昆的《粤西金石略》曾为《全宋诗》编著者采用,然而翻检《粤西金石略》,发现仍有遗珠。本文比对《全宋诗》所录及诸家所补之篇什,补其所遗宋诗12首,以期对宋诗研究有些许裨益。

2678

《全宋诗》补正[J]/叶舟. --古籍整理研究学刊,2007,03:52 – 59

《全宋诗》是一部具有重大学术价值的宋诗总集,但因工程浩大,难免挂漏之失。永乐《常州府志》中所收大部分诗文未收录其中。本文对其中数百首宋诗进行了整理,对《全宋诗》进行补正,以期对相关研究起到促进作用。

2679

《全宋诗》补59首[J]/韩立平,彭国忠. --古籍整理研究学刊,2006,05:26 – 29

《全宋诗》收入了大量宋人乐语和致语中的口号,然亦有疏漏之处。本文从宋人别集中辑录了59首口号,作为对《全宋诗》的补遗。

2680

《全宋诗·胡铨诗集》辑补[J]/胡建升. --古籍整理研究学刊,2008,02:47 – 49

本文从清《胡澹庵文集三十二卷补遗一

卷》《海外新发现〈永乐大典〉十七卷》《永乐大典》(中华书局影印本),以及宋元明清有关文章选集中辑出胡铨诗歌 12 首,订补《全宋诗·胡铨诗集》。

2681

《全宋诗》辑佚 120 首(一)[J]/胡可先. --古籍整理研究学刊,2006,05:21 – 25

作者从披览方志及《永乐大典》残卷所得,辑成《全宋诗》辑佚作 120 首。本文所辑佚诗,均为《全宋诗》未收诗人之作。凡作者事迹可考者,先作小传,后录佚诗。文后附引用书目,以便查检。

2682

《全宋诗》辑佚 120 首(二)[J]/胡可先. --古籍整理研究学刊,2006,06:20 – 23

(同上)。

2683

《全宋诗》江浙诗歌标点、韵字正误[J]/钱毅,袁喜竹. --中国韵文学刊,2010,02:48 – 51

本文梳理了《全宋诗》江浙诗歌中存在的标点错误、韵字错误:标点错误主要有句号与逗号的误标、标点的遗漏;韵字错误主要有形讹、倒文、擅改原文等。

2684

《全宋诗·梅询诗集》辑考[J]/胡建升. --古籍整理研究学刊,2010,06:33 – 35

《全宋诗·梅询诗集》遗漏了多首宋代诗人梅询诗歌,本文从《许昌梅公年谱》中辑佚 1首,从《许昌梅公诗略》中辑佚 19 首,从明钱毅的《吴都文粹续集》并略加考证。

2685

《全宋诗》僧诗补佚(一)[J]/冯国栋. --古籍整理研究学刊,2009,02:40 – 42

本文从俄藏黑水城文献《慈觉禅师劝化集》、南宋宗晓《乐邦文类》和禅宗灯录中辑出宋代僧诗 54 首。

2686

《全宋诗》失收诗人及其佚诗丛考——以稀见汉籍《唐宋千家联珠诗格》为中心[J]/卞东波. --古籍整理研究学刊,2006,05:30 – 34

宋元之际于济、蔡正孙编集的《唐宋千家联珠诗格》是一部研究中国古典诗学发展的重要著作,书中有近 400 首《全宋诗》未收佚作,本文选取其中 13 位宋代诗人,对其生平进行考证,并辑录其佚诗。

2687

《全宋诗》拾零[J]/程毅中. --书品,2004,01:82 – 91

《全宋诗》的编纂,是古籍整理的一项重大工程。由于卷帙浩繁、成于众手,而从事实际工作的又多有新参与古籍整理的青年学者,不免出现一些疏失。本文就其中不足之处提出见解。

2688

《全宋诗》宋诸帝诗补[J]/王智勇. --文史,2002,02:144

作者在参加《全宋诗》宋诸帝文的整理校点时,发现宋代诸皇帝诗作存在遗漏之处。本文就遗漏之处予以订补。

2689

《全宋诗·文彦博诗》辑补[J]/申利. --古籍整理研究学刊,2009,03:56 – 59

《全宋诗》卷 273 至卷 278 辑录北宋名臣文彦博的诗集,集外又补辑 8 首,但仍有遗漏。本文根据《两宋名贤小集》、乾隆《济源县志》、同治《榆次县志》《宋人小集》等文献,辑录集外佚诗计 35 首又 2 句,并勘正 4 处讹误。

2690

《全宋诗》韵字、标点正误[J]/钱毅. --中国韵文学刊,2005,03:111 – 114

《全宋诗》存在韵字、标点讹误,本文对此加以分析,提出韵字上的讹误有:字形相近而致讹,不明音韵而致讹。

2691

《全宋诗》札记[J]/陈庆元. --中国韵文学刊,2001,02:92 – 97

本文针对《全宋诗》存在的问题,列举并探讨了不同作者实为一人、出处有误、重出、误收等 16 例。

2692

《全宋诗》证误举例[J]/方健. --学术界,2005,01:142 – 159

《全宋诗》是中华人民共和国成立以来规模最大的古籍整理项目,也是各种错讹极为严重的总集。作者从已发现的上千例失误中筛选出100余例,就《全宋诗》的小传订补、误收重出、辑佚补遗等几个方面进行辨正;版本校勘、编者拟题、注文按语等亦有涉及。

2693

《全宋诗》指瑕四例[J]/侯体健.--古籍整理研究学刊,2006,02:40-43

《全宋诗》中偶有谬误,本文对其中的一些谬误分类举例并加以辨析,白于学界,以供研究者参考。

2694

《全宋文》笔谈[J]/林庆彰,谢和平,张立文,刘琳,方健,郭齐,李冬梅,张尚英,王小红.--中国文哲研究通讯(在台湾地区发表),2007,02:195-216

四川大学古籍整理研究编辑的《全宋文》至2006年8月全部出版。本文是该书出版后学者撰写的评论,论述了《全宋文》的编辑过程和该书对研究宋学的贡献。

2695

《全宋文·杨杰集》校议[J]/曹小云,张铉.--古籍整理研究学刊,2009,04:47-50

宋代学者杨杰有诗文集《无为集》传世,《全宋文》收录该集,但其校勘不无可商之处。本文提出40条,供学界参考。

2696

《全唐诗》仙神鬼怪谐谑诸卷校考新札[J]/汤华泉.--古籍研究,2009,S1:165-176

《全唐诗》卷860至卷873为仙、神、鬼、怪、梦、谐谑、题语、判等歌诗韵语。本文查考各条歌诗韵语出处,校其正文和本事的讹阙衍倒,辨别若干作品的主名,并检出一些误收、重出之作。

2697

《全唐诗》载吕温二首诗均为伪诗说——《全唐诗》杂考之一[J]/莫道才.--古籍整理研究学刊,2005,03:81-82

清《全唐诗》所载唐代吕温二首诗(《嘲柳州柳子厚》《嘲黔南观察南卓》)与吕温的事迹不符,均为伪诗,且两诗在录写时有笔误,本文对此进行考证,以供学界研究参考。

2698

《全唐文补编》(前十卷)校读札记[J]/谢思炜.--古籍整理研究学刊,2007,03:32-35

《全唐文补编》由中华书局2005年8月出版,作者陈尚君。本文讨论了《全唐文补编》前十卷中的录文、校勘、标点问题,并提出修正意见。

2699

《全唐文补编》文字校勘举隅[J]/周阿根.--语言科学,2009,05:554-560

作者在对照拓片、研读录文的基础上,利用文字学、词汇学、历史学方面知识,校读了《全唐文补编》所收五代墓志录文,发现录文在校勘方面存在诸多可商榷之处。本文择其要者展开讨论,以期有助于墓志等古籍的研究和整理。

2700

《全唐文纪事·贡举卷》校勘举证[J]/张静.--古籍整理研究学刊,2004,01:76-84

《全唐文纪事》共120卷,由清朝嘉庆年间陈鸿墀纂辑。该书中华书局1959年12月版卷十四、十五为"贡举",共有105条内容,引自41种书目。本文从史料入手,运用校勘学知识,对《全唐文纪事·贡举卷》在征引材料时出现的问题进行了考证。

2701

全托裱修复方法之探讨[A]/邱晓刚.--林世田,蒙安泰.国际敦煌项目第六次会议论文集[C],北京:北京图书馆出版社,2007

根据作者多年工作经验,本文探讨了古籍全托裱修复技巧和适用情况。

2702

《全元文》编纂始末[J]/李修生.--中国典籍与文化,2007,02:103-108

本文概述了北京师范大学古籍所《全元文》编纂工作,分析了成书特点和学术价值。

2703

《全元文》补目160篇[J]/刘洪强.--古籍整理研究学刊,2009,03:49-55

本文依据新文丰出版社 2008 年出版的《丛书集成新编》等和地方碑刻,对凤凰出版社 2004 年出版《全元文》时未收录的文章进行了补正。

2704

《全元文》补遗十篇——翻检《宋遗民录》偶得[J]/崔志伟,李超.--古籍整理研究学刊,2010,06:39-42

本文作者从明人程敏政辑《宋遗民录》中发现《全元文》失收作品 10 篇,抄录标点,以补《全元文》之缺。

2705

《全元文》校读[J]/薛瑞兆.--古籍整理研究学刊,2010,04:21-25

本文以《全元文》为对象,详加校审,梳理出其混入金人作品、署名不当、漏辑、版本选择不善等四个方面的问题。

2706

《全元文》拾补 10 篇[J]/张立敏.--古籍整理研究学刊,2007,05:78-81

本文作者在石刻史料中发现《全元文》遗漏的几篇散文,胪列于文中,期与学者共享。

2707

《全元文》拾遗 7 篇[J]/谷春侠,刘慧.--古籍整理研究学刊,2010,06:36-38

本文从清《山右石刻丛编》、民国《江苏金石志》、民国《陇右金石录》、清《句容金石记》中辑得印长老、陈秀民、何鹗、胡芳叔、忽欲里赤、倚南海牙、金钥文 7 篇,这些作者均不见于《全元文》,以补《全元文》之缺。

2708

《全元文》疏失举例[J]/张如安.--书品,2006,02:72-78

《全元文》中存在种种疏失。本文作者就平日检索和阅读所得,对《全元文》的疏失略陈管见。

2709

《全元文》误收吴澄集外文一篇[J]/李舜臣.--江海学刊,2005,02:64

《全元文》卷四八七据清《西江志》卷一七九康熙五十九年(1720)刊本,辑录吴澄集外文《揭曼硕诗序》1 篇。本文作者捜诸文献,另举它证于文中,认为此文作者另为他人,《全元文》实属误收。

2710

《全元文》整理质疑[J]/刘晓.--文献,2002,01:251-260

《全元文》由北京师范大学古籍研究所编撰整理,江苏凤凰出版社出版。本文针对该书漏收作者、作者小传考证欠精详、文献搜集不全、选用版本不当等问题进行了探讨。

2711

《全元文》之李穑《麟角寺无无堂记》点校献疑[J]/牛海龙.--语文学刊,2009,S1:9

本文就《全元文》中李穑所作《麟角寺无无堂记》,与《韩国文集丛刊》所收《牧隐稿》之文本作比较,提出作者点校质疑。

2712

《全元文》诸失补罅[J]/潘荣生.--古籍整理研究学刊,2010,01:52-58

《全元文》卷帙浩瀚,难免疏失。本文就"讹文失校""遗文失补""录文失全""异本失附"及"其他疏失"等五方面,试为补正。

2713

全注全译古籍医学经典(全八册)[M]/(东汉)张仲景著;董正华,杨轶,孙理军主编;张登本等译.--北京:新世界出版社,2010

本书包含《全注全译黄帝内经》(上下册)《全注全译神农本草经》《全注全译黄帝八十一难经》《全注全译伤寒论》《全注全译温病条辨》《全注全译金匮要略》《全注全译针灸甲乙经》。

2714

全祖望《经史问答》万氏刻本缀语——兼谈上海古籍出版社本《全祖望集汇校集注》(上)[J]/辛德勇.--书品,2004,05:84-89

在清代乾嘉学者当中,浙东学派重要代表人物全祖望以淹贯经史而著称,《经史问答》十卷,便是体现其经史研究心得的代表性著述;《全祖望集汇校集注》2000 年由上海古籍出版社出版。本文对《经史问答》的版本源流和《全祖望集汇校集注》存在的问题做了评述。

2715

全祖望《经史问答》万氏刻本缀语——兼谈上海古籍出版社本《全祖望集汇校集注》(下)[J]/辛德勇.--书品,2004,06:28－38

（同上）。

2716

诠释古籍 要实事求是[J]/钟肇鹏.--国际儒学研究,2007,00:223－226

本文讨论了诠释古籍应把握的基本原则:尊重原文,力求古书本义;坚持历史唯物主义的基本原则,实事求是;摒弃成见。

2717

《群书考索》与宋代"宝训"[J]/李建国.--古籍整理研究学刊,2009,01:22－25

"宝训"是宋代创立的一种独特而重要的史书。作者从宋代类书《群书考索》中共辑得宋代宝训佚文 42 条,本文对其略加整理和分析,以供参考。

2718

《群书丽藻》考论[J]/卢燕新.--古籍整理研究学刊,2010,01:102－106

《群书丽藻》是五代编成的大型通代诗文总集。本文论述了其编纂人、卷次、编纂体例和选录内容特点等,比较了其与唐人编纂的大型通代总集的异同之处,分析了《群书丽藻》的选学意义。

R

2719

让古籍生根再萌芽——世界书局的时代发展[J]/秦汝生. --文讯(在台湾地区发表),2006,254:102 – 107

本文从综合型出版社、奠定古籍出版方向、世界书局年轻化三方面,介绍了世界书局面对出版环境交替,维持古籍出版路线,让古籍生根重新萌芽生长所作出的努力。

2720

让古籍数字化成为可能——古籍数字化处理技术[J]/包铮. --数字与缩微影像,2003,04:7 – 10

数字化是古籍整理发展的未来方向。本文分析了古籍数字化的三大难题:用字和字处理问题,OCR 的局限问题、系统开放性问题,并分别论述了解决方案。

2721

让古籍为读者服务——《拉失德史》出版始末[J]/瑞金. --新疆新闻出版,2009,02:40

《拉失德史》是新疆察合台后王时期的历史著作,新疆人民出版社于 2007 年出版现代维吾尔文版《拉失德史》。本文介绍了该书的写作、翻译和出版经过。

2722

让历史起死回生——古籍修复的秘密[J]/陶如军,杨寰(摄影),徐安(摄影). --中华遗产,2007,03:118 – 129

本文以国家图书馆古籍修复组为例,论述了古籍修复的工作内容、古籍修复的技术要求、古籍修复人才培养面临的挑战。

2723

让史料复活 为文明存史——厦门大学出版社出版大型丛书《中国稀见史料》始末[J]/蒋东明,侯真平. --大学出版,2008,01:53 – 55

本文从"抢救传播中华文明史料的意义;查核多种书目,鉴定史料版本,确保史料稀见的努力;出版所获得的学术资源支持"等方面,介绍了厦门大学出版社大型丛书《中国稀见史料》的出版过程。

2724

让维吾尔医药学古籍重放异彩——《维吾尔医药学古籍》出版始末[J]/瑞金. --新疆新闻出版,2009,06:41

本文回顾了新疆人民卫生出版社《维吾尔医药学古籍》系列丛书的出版过程,包括编辑团队的选择、编译机构的设立、书稿翻译和校对、出版单位的确定等。文章还论述了该系列丛书的出版价值和现实意义。

2725

荛圃藏书活动与版本思想[J]/屠友祥. --大陆杂志(在台湾地区发表),2000,01:13 – 31

清代藏书家、目录学家黄丕烈,号荛圃,在古籍版本鉴别及学术价值探讨方面有独特识见,把鉴赏与考镜古书源流合为一体,撰有《荛圃藏书题识》。本文介绍了其藏书经验及版本思想的精要之处。

2726

人间至宝——《钱氏二王手泽》流传考略[J]/胡平法. --台州学院学报,2009,01:23 – 26

本文介绍了五代吴越国王钱镠和钱弘俶手卷《钱氏二王手泽》由来和内容,以及该书两次遭受意外但完璧归赵的历史过程,分析了该版本的收藏价值,

2727

人类的记忆——云南民族古籍文化遗产(中英文本)[M]/谢沫华,起国庆,杨莉编著. --昆明:云南美术出版社,2005

本书以中英文对照的形式,介绍了云南民族古籍文化遗产,内容涵盖五个方面:原始

记事与表意方式、金石铭刻与木刻印版、民族文字与文献古籍、文书档案与族谱家牒、民族古籍与绘画插图。

2728

人命千金——院藏古代医药图书简介[J]/吴璧雍.--"故宫"文物月刊（在台湾地区发表）,2003,245:56－63

本文介绍了台北"故宫"博物院藏《黄帝内经》《千金方》《伤寒论》《本草纲目》《妇人大全良方》等古代医药图书情况。

2729

人文学者使用中文古籍全文资料库之研究[J]/吴明德,黄文琪,陈世娟.--图书资讯学刊（在台湾地区发表）,2006,01/02:1－15

本文通过访谈10位人文学者,探讨了他们使用古籍全文数据库的情形、对于古籍全文数据库的看法及其对学术研究的影响,认为古籍全文数据库不会改变文史领域的研究议题,也不会取代纸本古籍。

2730

任渊《山谷内集诗注》商榷一例[J]/王多,吕晓春,陈开勇.--古籍整理研究学刊,2001,03:33－36

本文考察了宋朝文学家任渊《山谷内集诗注》对黄庭坚《题竹石牧牛并引》一诗的注解,通过分析黄庭坚诗文中的特殊用法,认为该诗是化用佛典,由此指出任渊对该诗的注解有误。

2731

认识古籍版刻与藏书家[M]/刘兆佑著.--台北:台湾学生书局（台湾地区）,2007

本书综述了古籍基本知识和历代著名藏书家的藏书特色及其轶闻轶事。该书上编为"认识古籍版刻",谈论古书的刊刻方法、行款和装订等知识;下编为"认识藏书家",共介绍24位著名藏书家。

2732

认识图书纸质[J]/张丰吉.--佛教图书馆馆刊（在台湾地区发表）,2006,43:9－23

本文从纸是人类生活的必需品谈起,论述造纸原料、纸浆制造方法对图书纸质优劣的影响和图书保存方法,建议将图书放置在低温、干燥、光线弱的环境中保存,以延长图书的寿命。

2733

日本藏中国方志及研究综述[J]/米彦军.--中国地方志,2005,07:56－61

本文从历史角度,综述了日本藏中国方志,日本学者对中国方志的研究和研究者身份、研究成果,分析了日本近年地方史志研究趋向,以及日本藏中国方志研究的历史学意义。

2734

日本东洋文库藏宁夏《宁灵厅志草》考略[J]/胡玉冰.--宁夏社会科学,2009,04:96－101

本文对日本东洋文库藏清代宁夏《宁灵厅志草》的编修体例、内容、文字等进行梳理分析,评述了其在研究宁灵厅历史、地理、经济、教育、语言方面的价值。

2735

日本访读云南史料文献散记[J]/朱端强.--云南师范大学学报（哲学社会科学版）,2005,04:49－53

本文介绍了日本国立国会图书馆、公文书馆、东洋文库的发展概况,按地方文献在日本汉籍中的著录形式,综述了原刊原抄本、大型丛书本、和刻汉籍本三类云南史料文献。

2736

《日本宫内厅书陵部藏宋元版汉籍影印丛书》影印说明（第一辑）[J]/安平秋,杨忠,曹亦冰,刘玉才,顾歆艺,顾永新.--中国典籍与文化,2003,01:110－126

日本宫内厅书陵部藏宋元版汉籍140余种,因属日本皇家机构,所藏图书不对外开放,日本学者少有看书机会,中国学者对这部分藏书了解更少。中国线装书局整理了这些古籍,并于2002年10月影印出版了丛书第一辑。本文是该丛书编纂缘起和各书影印说明。

2737

日本古旧遗址中发现的零残中医古文献概

况[J]/马继兴. --天津中医药大学学报,2008,03:139－142

本文介绍了日本古旧遗址近代考古发掘的零残中医药古代文献概况,并对这部分存藏内容进行了考据和梳理。

2738

日本国会图书馆藏黎庶昌遗札[J]/王宝平. --文献,2008,03:56－71＋2

日本所藏中国古籍文献中,有许多珍贵的书札。本文披露的是日本国立国会图书馆藏我国晚清外交家和散文家黎庶昌致日本明治维新时期官僚宫岛诚一郎的书札。

2739

《日本国见在书目》的学术价值[J]/陈俐. --文教资料,2007,22:123－124

《日本国见在书目》由日本学者藤原佐世奉敕编纂,模仿了《隋志》的分类结构和次序。本文介绍了其成书过程、作者生平和内容,梳理了版本特点和研究价值。

2740

《日本国志·礼俗志》校读札记[J]/李玲. --古籍整理研究学刊,2009,01:33－36

本文作者在校读《日本国志·礼俗志》的过程中,以该书的征引文献《秩苑日涉》《江户繁昌记》为参考,研究了黄遵宪注解《礼俗志》的讹误和中华书局陈铮点校本的失误,并予以纠补。

2741

日本汉文古类书《秘府略》文献价值研究[J]/唐雯. --古籍整理研究学刊,2004,05:24－32

本文通过对日本所编大型汉籍类书《秘府略》引用文献的统计分析,介绍了其所保留的珍秘文献,通过与宋《太平御览》相同部类的比较,推测《秘府略》保留北齐类书《修文殿御览》残文的可能性,揭示了《秘府略》的重要文献价值。

2742

日本见存《王羲之草书孝经》考察[J]/庄兵. --止善(在台湾地区发表),2010,09:81－102

《王羲之草书孝经》是东晋王羲之书写的《孝经》,为中国早已失传而仅存日本之作。本文考察了书中见存16位中日历代书家所留跋文、印鉴,梳理了该书的由来、流传和文献价值。

2743

日本江户时期市河世宁所辑陆游佚诗[J]/郝润华. --文献,2000,04:182－188

本文介绍了日本江户时期学者市河世宁辑录陆游佚诗的事迹。市河世宁搜集清《全唐诗》未收作品,编成《全唐诗逸》三卷,该书于清嘉庆年间传入我国,现附录于中华书局校点本《全唐诗》卷末及上海古籍出版社影印本《全唐诗》末。

2744

日本流传的两种古代《孝子传》[J]/赵超. --中国典籍与文化,2004,02:4－10

日本流传的汉代刘向《孝子传》两种古抄本,近来得到学术界的重视与深入研究。本文介绍了这两种《孝子传》和有关研究情况,通过佚文探讨了中国古代艺术品的有关内容。

2745

日本流传中国古籍简述[J]/(日)高桥智. --文史知识,2010,03:83－90

本文论述了汉籍进入日本后,日本文献发展经历的几个阶段性改变:一是汉字文献的传入,二是佛教文献的传入,三是印刷术的传入,四是宋刻本的流入,五是朱子之学的传入。

2746

日本满文古籍文献及其整理研究概况[J]/黄金东. --满族研究,2010,03:101－104

本文概述了日本满文古籍文献及其整理研究工作,和该部分文献整理研究的成果。

2747

日本内阁文库藏《医学原始》考[J]/肖永芝. --浙江中医杂志,2006,07:426－427

《医学原始》是清代我国中西医学汇通的代表著作之一。该书原有九卷,但国内孤本仅残存四卷。本文作者在实际考察日本内阁文库藏九卷本《医学原始》后，从作者、成书、版本、内容特色等角度，考证了该书的学术价值。

2748

日本庆长时期汉籍活字本出版的意义——以《四书》为中心［J］/（日）高桥智.--北大史学,2009,01:18－32

本文以日本所刊活字印本《四书》为中心，梳理了日本汉籍由写本到刊本的历史，分章论述古活字版的流行和古活字印本《大学》《中庸》《论语》《孟子》出版详情，对日本庆长时期汉籍活字印本出版意义作了探讨。

2749

日本收藏中国农业古籍概况（续）［J］/王华夫.--农业考古,2000,03:321－323

本文概述了日本东洋文库成立后，所收藏332种中国农业古籍和与农业有关系的中国古籍情况。

2750

"日本所藏中文古籍数据库"介绍［J］/（日）高田时雄.--汉学研究通讯（在台湾地区发表）,2010,01:33－37

由日本京都大学人文科学研究所汉字情报研究中心编制的"日本所藏中文古籍数据库"于2001年启动。本文概述了数据库编制委员会所进行的企划、技术设计、数据输入、数据成品校对和维护等工作情况。

2751

日本所存朝鲜旧藏中国古籍之研究——以成篑堂文库藏书为中心［J］/金程宇.--古典文献研究,2010,00:257－273

本文以古朝鲜王朝王室图书馆奎章阁藏书书目《奎章总目》和燕行日记等书面记载为基础，对日本现代学者德富苏峰成篑堂文库藏书中涉及朝鲜旧藏中国古籍进行了梳理和研究。

2752

日本天理图书馆所藏宋刊《刘梦得文集》流传考略［J］/刘卫林.--新亚学报（在香港地区发表）,2007,25:297－309

《刘梦得文集》系唐刘禹锡文集，日本天理图书馆藏有该书南宋初浙刻本。本文论述了该刻本的版本式样、历来诸家对此书的有关著录、版本流传等情形。

2753

日本现存中日按摩古籍网络调查的初步结果［J］/李强,赵毅.--中医文献杂志,2006,01:9－11

作者对现存于日本的古代中日按摩医著开展了网络调查。本文经过梳理，从资料、方法、结果和考按等方面介绍了调查结果。

2754

日本杏雨书屋藏《敦煌秘笈》中李盛铎藏书印管见［J］/陈涛.--北京师范大学学报（社会科学版）,2010,04:74－81

本文通过对日本杏雨书屋藏《敦煌秘笈》中李盛铎藏书印的调查，就李氏敦煌藏卷所钤藏书印的种类、钤印时间及李氏藏卷钤印习惯等问题进行了研究探讨。

2755

日本学者的《韵镜》研究［J］/李无未.--古汉语研究,2004,04:5－16

《韵镜》是中国古代通过声韵配合表形式，展示中古声韵状况及其配合规律的等均书，与广韵互为补充、互相参证。本文通过汇集资料和客观评述，梳理了日本学者对《韵镜》的研究情况和实绩，探讨了日本"《韵镜》学"发达的原因。

2756

日本中文古籍数据库制作的最近动向［J］/（日）高田时雄.--（在台湾地区发表）,2005,104:28－30

本文从中文古籍目录数据库、中文古籍的图像数据库（图像库）、中文古籍讲习会教材等方面，介绍了日本中文古籍数据库制作的进展情况。

2757

日本中文古籍数字资源的建设［J］/毛建军.--图书馆建设,2009,03:33－35

本文综述了日本收藏、整理和编目中文古籍现状和中文古籍数字资源建设概况，列举了其中有代表性的中文古籍书目数据库。

作者认为,日本所藏汉籍目录数字化和共享程度已经达到一定水平。

2758

《日藏汉籍善本书录》序[J]/任继愈. --书品,2006,02:3 – 5

本文点评了北京大学严绍璗教授的新著书稿《日藏汉籍善本书录》,分析了该书的特色和价值,并探讨了中日文化交流的意义。

2759

日藏弘仁本《文馆词林》校读札记[J]/李柏. --兰州学刊,2008,10:191 – 192

日藏唐弘仁本《文馆词林》保存了大量的先唐及初唐佚文,但也存在一些失误。本文系作者在校读弘仁本《文馆词林》时所做的札记。

2760

日藏弘仁本《文馆词林》卷次不明之阙题残篇考辨[J]/许云和. --古籍整理研究学刊,2007,05:21 – 24

本文对目前学术界讨论的日藏唐弘仁本《文馆词林》中一个卷次不明、题名和作者之名均阙的残篇进行了考辨。根据文中线索,考证该文是魏文帝黄初年间的作品,题名待考。

2761

日藏弘仁本《文馆词林》中两汉文的文献价值[J]/伏俊琏,姚军. --古籍整理研究学刊,2010,01:1 – 4

本文论述了日藏唐弘仁本《文馆词林》收录两汉文文献的价值,认为其可补辑严可均《全汉文》和《全后汉文》未收之篇章,补注所录文献的出处,增补残篇断句,校正文字错讹,考辨作家生平和作品的时代背景。

2762

日藏稀见汉籍《中兴禅林风月集》及其文献价值[J]/张如安,傅璇琮. --文献,2004,04:30 – 52

本文介绍了日藏宋代古籍《中兴禅林风月集》的成书及其选诗概貌,从了解宋代诗僧的点滴事迹和校勘诗歌作品两方面论述了该书的文献价值。

2763

《日知录》文渊阁本抽毁稿解析[J]/周新凤. --图书馆工作与研究,2005,06:54 – 55

本文将原文渊阁本《日知录》抽毁稿与上海古籍出版社影印文渊阁《四库全书》中《日知录》、康熙三十四年(1695)吴江潘氏遂初堂刻本《日知录》比对分析,揭示了在《四库全书》编纂过程中,该书受到的抽毁和删改。

2764

熔古铸今 继往开来——评《新千年整理全本〈徐州府志〉》[J]/陆建芳. --中国历史地理论丛,2004,01:154 – 155

本文是对2001年中华书局出版的《新千年整理全本〈徐州府志〉》的点评,总结了其文字易于解读、增补断档文献、索引检索方便等特点。

2765

熔铸古籍 编撰精粹——评《中国古籍编撰史》[J]/罗粤民,龙小花,王彩. --甘肃高师学报,2008,06:133 – 134

本文是对曹之编撰、武汉大学出版社2001年出版的《中国古籍编撰史》的述评,评论了该书的内容、体例、编写过程和学术价值,以及该书的一些亮点。

2766

如何鉴别古籍版本[J]/王玉信. --中国防伪,2001,06:63

本文简要论述了古籍的造伪手段,介绍了梁启超先生辨伪古籍的12条经验。

2767

如何利用改革开放后的影印古籍[A]/侯蔼奇. --赖伯年. 图书馆改革与发展——陕西省社会科学信息学会第六次学术讨论会论文集[C],西安:陕西旅游出版社,2003

本文梳理了改革开放后古籍整理影印出版工作蓬勃开展的现状,探讨影印古籍对图书馆藏书结构所造成的改变,提出5条提高影印古籍利用率的方法。

2768

如何培养古籍专业人才——与沈津先生座谈纪要[J]/钟稚鸥. --图书馆论坛,2005,01:

1 – 3

本文是与沈津先生座谈的纪要。会谈以如何培养古籍专业人才为主题,纪要归纳出古籍专业人才成长需要良好的环境和专家指导,需要长期训练和积累,需要目录学、版本学、文献学良好基础等要点。

2769

如何确定中医抄本古籍的文献价值[A]/刘培生.--中国中医药信息研究会.中国中医药信息研究会第二届理事大会暨学术交流会议论文汇编[C],2003

中医抄本古籍是中医古籍文献的重要组成部分,本文探讨了抄本研究难度远大于刊本的原因,提出确定抄本价值的三项基本原则,并以两部中医抄本古籍为例进行了考察。

2770

如何使用古籍[J]/谢莺兴.--东海大学图书馆馆讯(在台湾地区发表),2006,63:24 – 46

本文概述了台湾东海大学图书馆藏线装古籍情况,从纸本式的工具书检索、资料库的检索方面,介绍了如何检索利用馆藏古籍。

2771

如何做好农业古籍编目工作[J]/孙玉玲,董晓玲.--农业图书情报学刊,2004,01:101 – 103

本文围绕如何做好农业古籍编目工作,分析阐述了古籍编目的现状、农业古籍编目的特点,农业古籍编目存在的问题和不足,认为从事农业古籍编目的工作人员应具备多种学科知识。

2772

如何做好彝文古籍整理翻译工作[N]/陈大进.--贵州民族报,2009 – 12 – 24B02

作者结合多年工作经验,梳理了从事彝文古籍整理翻译工作的感想。本文提出整理翻译彝文古籍时,要注意彝文用字、彝文注音、音译汉字和词语注释前后统一。

2773

儒家文化对类书编纂之影响[J]/王利伟.--图书与情报,2004,04:32 – 34

类书是中国古代典籍中具有鲜明特色的

文献种类,与中国历史上长期占统治地位的儒家思想有着密切关系。本文从类书的编修、分类思想、类目体系方面,阐述了儒家文化对类书编纂产生的深远影响。

2774

儒学古籍整理的新成果——徐湘霖《中论校注》评介[J]/木言.--天府新论,2001,04:96

本文对四川师范大学徐湘霖《中论校注》的内容和学术价值作了评价,指出其较好地吸取了清人与今人的研究成果,校勘方法精审,注释材料扎实,对汉末文学家徐干"中论思想"在中国思想史上的价值作了明确定位。

2775

《儒学警悟》考略[J]/曹家欣.--上海金融学院学报,2008,05:69 – 71

本文考略了南宋《儒学警悟》,认为此书编辑校勘工作细致,可见编撰者严谨的治学态度。《儒学警悟》由宋人俞鼎孙、俞经编辑,俞氏家族其他成员对其勘刻出力颇多。

2776

《儒藏》编纂平议与新构想[J]/金生杨.--西南民族大学学报(人文社会科学版),2006,07:153 – 157

本文分析了北京大学、中国人民大学、四川大学各自编纂《儒藏》的版本特点,认为《儒藏》的编纂不能仅满足于当前,还需要有新的构想,从新的角度入手,实施区域性、专经性、断代性《儒藏》编纂,实现整体与局部的结合。

2777

《儒藏》编纂随札——目录版本校勘六则[J]/李畅然.--儒家典籍与思想研究,2009,00:498 – 520

本文讨论了目录版本和校勘方面各三个议题。目录版本方面涉及十三经注疏合刻本的书题、注疏撰人题的递嬗过程等内容;校勘方面通过几个生动、典型的例子,强调异文正误的判断宜慎而又慎,提出四库本《四书或问》多妄改等观点。

2778

《儒藏》编纂随札(其二)——目录版本、标点文字七则[J]/李畅然.--儒家典籍与思想研

究,2010,00:363 – 383

本文围绕《儒藏》编纂实践中遇到的问题,探讨了目录、版本、标点和文字学等存疑之处,梳理成七条札记。

2779

《儒藏》编纂杂记[J]/尹波. --儒藏论坛,2006,00:283 – 286

《儒藏》系儒学文献大型丛书,国家重大学术文化项目,由北京大学联合国内外 34 所高校和研究机构、近 300 位学者参与完成。2004 年底,四川大学古籍所编纂的《儒藏》首批 50 册完成。本文作者结合亲身经历,分析了《儒藏》编纂工作中选目、资料、校勘、制作方面的难点。

2780

《儒藏总目》之编纂[J]/张玉范,沈乃文. --儒家典籍与思想研究,2009,00:417 – 432

《儒藏总目》是"《儒藏》编纂与研究"项目的子项目,属儒学的专题目录。本文介绍了《儒藏总目》选择版本的原则、基本目录分类体系和编写体例。

2781

儒藏总序——论儒学文献整理的必要性和紧迫性[J]/舒大刚. --西南民族大学学报(人文社会科学版),2005,09:6 – 11

本文系四川大学古籍所所长、《儒藏》首席专家兼主编舒大刚为《儒藏》所撰的总序。作者认为,儒学作为历经 2500 余年发展的系统理论,已成为人类文化的共同遗产和财富。认真搜集和整理儒学文献,建构完备的儒学文献库,十分必要而迫切。文章还综述了儒学的发展、历代儒学文献的整理,以及本次《儒藏》编撰的特点等。

2782

汝南文献钩沉[D]/李正辉. --河南师范大学,2006

"汝南文献钩沉"是国家古籍整理出版"十一五"规划重点项目"中原文献钩沉"的子项目。本文介绍了该书的撰写细则,并从经史子集各部文献和参考文献方面加以详细探讨。

2783

《入唐求法巡礼行记校注》札记[J]/阚绪良. --古籍研究,2001,02:19 – 21

《入唐求法巡礼行记校注》系日本入华求法僧人行记校注丛刊之一,由释圆仁原著,日小野胜年校注,花山文艺出版社 1992 年出版。2007 年国内学者白化文、李鼎霞、许德楠等再度修订校注,补充了中国学者研究成果。本文介绍了此书的编写和流传。

2784

阮刻本《毛诗正义》引文校证[J]/郑春汛. --古籍整理研究学刊,2006,06:65 – 69

清阮元校刻的《十三经注疏》本之《毛诗正义》引文颇多。本文将这些引文与原书相较,发现有不少阮本误引影响到阅读;有的阮本不误原书今本反误;原书已佚者通过旁证和传统小学方法作校正。

2785

阮刻《毛诗注疏》底本诸说之辨正[J]/李慧玲. --中华文史论丛,2008,01:273 – 298

本文根据文献记载和目验,考辨了清阮元校刻《毛诗注疏》所用之底本,认为阮元所采用的十行本并非宋版,而是元刻明修本,早于十行本的八行本才是真正的"各本注疏之祖"。

2786

阮刻《十三经注疏》本《礼记·月令》校读札记[J]/邱奎. --大学图书情报学刊,2010,05:91 – 95

成书于唐前的《玉烛宝典》大量引用《礼记·月令》文字,而这些引文与现今通行的阮元校刻《十三经注疏》本之《礼记》多有不同。本文对比差异,梳理了阮本错误,以及《玉烛宝典》的文字特征和文献价值。

2787

阮元的校勘学和编纂学成就[J]/宋丽群,孟鸥. --青岛大学师范学院学报,2002,01:30 – 32

本文探讨了清阮元在校勘古籍等文献学领域的成就,包括主持校刻《十三经注疏》和编纂《经籍纂诂》《畴人传》等。

2788

阮元刊刻《古韵廿一部》相关故实辨正——兼论《经义述闻》作者疑案[J]/陈鸿森. --"中央研究院"历史语言研究所集刊(在台湾地区发表),2005,03:427-466

本文论述了两个问题:一是考证清阮元刊刻《古韵廿一部》原委,辨正王国维《观堂集林》的相关舛误;二是借阮元与王引之商讨刻书之事,考证王引之对其父王念孙晚年古韵学改变的态度实无所悉,和今本《经义述闻》所增条目的真实作者。

2789

阮元文选楼藏书考述[J]/钱宗武,陈树. --湖南城市学院学报,2007,03:80-82

本文介绍了清代名儒阮元的藏书处所文选楼,阐述阮元与文选楼紧密相关的藏书、读书、校书、刻书等学术活动,梳理了阮元的藏书精神。

2790

阮元《揅经室外集》研究[D]/王文德. --台北市立师范学院(台湾地区),2001

本文介绍了清阮元的家世、交游、事功及其学术述要,分析探讨了阮个人选集《揅经室外集》一书的由来、性质,以及该书叙录的优劣得失和著录书目的特色,并附书影与著录书目表。

2791

阮元著述文本的总貌及其整理的现状和意义[J]/钱毅,王传东,嵇银宏. --古籍整理研究学刊,2007,01:61-66

本文梳理了清代学者阮元著述文本的种类、版本和整理情况,分析阮元著述的学术价值。

2792

若干新认定《千字文》写卷叙录及缀合研究[J]/张新朋. --敦煌学辑刊,2008,01:48-55

敦煌文献中保存了不少《千字文》写卷。作者在调查敦煌文献过程中,相继考定了《千字文》写卷数十件。本文把若干件前人未曾著录或前人已著录但可补正者逐一梳理,以供相关研究者参考。

S

2793

萨都剌佚作考[J]/杨光辉. --古籍整理研究学刊,2004,04:80 - 84

本文作者从各种文献中辑得元末少数民族诗人萨都剌佚作30 余篇,认为这些作品对分析研究萨都剌的思想十分重要,同时可以旁证萨都剌的生卒年份。

2794

三部宋版书的命运[J]/田鹤年. --书屋,2009,07:54 - 59

本文综述了《汉书》《文选》《杜诗》三部重要的宋刻古籍,自北宋初年刊印问世后,在世间辗转流传的历史过程。

2795

三部中国古籍修补技术专著之评介[J]/阎燕子. --图书与情报,2007,06:133 - 136

本文通过比对肖振棠、丁瑜著《中国古籍装订修补技术》(书目文献出版社)、潘美娣著《古籍修复与装帧》(上海人民出版社)、朱赛虹著《古籍修复技艺》(文物出版社),分析评述了三本中国古籍修复技术专著的内容、实用性、优缺点和学术价值。

2796

三朝本《三国志》版本略谈[J]/舒和新. --古籍整理研究学刊,2002,04:96 - 96

所谓"三朝本",是指明代国子监把南宋国子监和元代西湖书院的书版集中起来,加以修补重印的书籍。本文综合多方面资料,考察了三朝本《三国志》的版本流传,对三种版本的特色和价值进行了比较分析。

2797

《三国》版本研究的硕果——读中川谕的《〈三国志演义〉版本的研究》[J]/黄霖,顾越. --明清小说研究,2001,02:230 - 233

本文分析评述了日本新潟大学中川谕

《〈三国志演义〉版本的研究》一书的成书特色和学术价值,评价了其对《三国》版本研究的推动作用。

2798

《三国典略》考[J]/李玉峰. --古籍整理研究学刊,2007,01:55 - 60

唐代丘悦《三国典略》现已亡佚。笔者广泛查考唐代历史文献,对此书作者生平、撰写历史背景、流传情况进行了考察。本文以书目记载为基础,分析研究了《三国典略》的体例、特点、史料来源、史料价值等。

2799

《三国志辞典》商正[J]/吴金华. --徐州师范大学学报(哲学社会科学版),2002,02:32 - 38

张舜徽主编的《三国志辞典》从《三国志》中选释了一部分词语。本文对该辞典的失误进行探讨,梳理出11 种问题,旨在为推出全面收录《三国志》词语的大型辞典提供参考。

2800

《三国志》点校本校读札记[J]/李定乾. --古籍整理研究学刊,2004,03:57 - 60

中华书局点校本《三国志》是学界公认的权威版本,但在校勘方面仍有可商榷之处。本文从校改不妥、改而未竟、当改而未改等方面举例辨析。

2801

《三国志》古写本残卷中值得注意的异文[J]/吴金华,萧瑜. --中国文字研究,2005,01:100 - 110

20 世纪出土的六种《三国志》古写本残卷中,有许多值得注意的异文,有的异文至今鲜为人知。本文从文化史、文献学、语言文字学等角度对此展开讨论和综合研究。

2802

《三国志》管窥[J]/吴金华. --中华文史论

丛,2001,63:185-208

本文围绕西晋史学家陈寿《三国志》和东晋史学家裴松之注文展开讨论:文本在流传过程中发生讹误,有些误文隐藏很深,至今未克校正;历史文化与语言文字的演变,造成古今隔阂,使读者产生理解上的障碍。

2803

《三国志》何焯批校研究[D]/李铭.--复旦大学,2010

本文概述了前人和今人利用清代学者何焯批校《三国志》的情况:将何批校分成古今字、通假字、异体字三类,选取个案予以分析;对何的注释重新辨析;从同义词和同素逆序词角度,讨论批校;评述中华书局点校本利用何批校的得失。

2804

《三国志》校诂拾零[J]/苏杰.--古籍整理研究学刊,2001,05:44-49

本文讨论了《三国志》校诂问题:对中华书局陈乃乾校点本提出商榷;论证卢弼《三国志集解》、张元济《三国志校勘记》有价值的意见;从立目、书证的角度补正《汉语大词典》;就今注今译本的问题展开讨论。

2805

《三国志》校诂拾零(续)[J]/苏杰.--古籍整理研究学刊,2002,04:80-83

(同上)。

2806

《三国志》校诂拾零(叁)[J]/苏杰.--古籍整理研究学刊,2004,05:68-74

(同上)。

2807

《三国志》今注今译问题辨析[J]/苏杰.--南京师大学报(社会科学版),2001,05:156-160

本文辨析了《三国志》今注今译本校勘训诂方面的问题:校勘与训诂的错位;表达内容的隔膜导致误读;表达形式的隔膜导致误读。提出做好注译工作必须熟悉古代典籍,借鉴前人研究成果,加强三国文化和中古汉语的研究。

2808

《三国志》日译本得失谈[J]/倪永明.--古籍整理研究学刊,2005,04:67-71

本文对《三国志》日译本与中文今译本进行了比对,从语言解释、底本校勘角度列举二者的得失,借以说明在汉籍今译工作中中日学术交流的重要性。

2809

《三国志》日译本释疑[J]/倪永明.--古籍整理研究学刊,2007,04:24-27

本文提出《三国志》日译本240处疑问,结合前人和时贤研究成果,进行了辨析;围绕日译本作者提出的但尚未引起国内学者重视的内容展开讨论。

2810

三家《南唐书》传本考[J]/杨恒平.--古籍整理研究学刊,2007,06:57-61

《南唐书》是一部记载五代时南唐国历史的纪传体史书。有三本:宋胡恢撰,已佚;宋马令撰;宋陆游撰。本文考证了胡恢《南唐书》的流传踪迹,对马、陆二书现存版本进行了梳理。

2811

三家《诗》流传情况考[J]/郝桂敏.--沈阳师范大学学报(社会科学版),2007,02:25-27

三家《诗》指西汉"鲁诗""齐诗""韩诗"三个解说《诗经》的学派,同属今文学派,在汉代盛行一时,之后渐亡。本文对三家《诗》亡佚时间进行了考证,得出《鲁诗》《齐诗》亡于西晋,《韩诗》今仅存《韩诗外传》。

2812

三秦版《唐鉴》断句勘误[J]/卿道夫.--苏州科技学院学报(社会科学版),2004,01:76-79+96

本文针对2003年出版的三秦版《唐鉴》,梳理出四方面疏误,包括将《唐鉴》编入《历代名家小品文集》丛书中;有不少明显的讹误未予纠正;注释粗疏;断句之误数以百计。本文列举不同类型例证70余条,予以勘误。

2813

三秦出版社《唐鉴》校注本简端记[J]/钱汝

平. --图书馆杂志,2008,08:74 – 77

本文对三秦出版社出版,白林鹏、陆三强校注的北宋学者范祖禹《唐鉴》一书标点错误进行了驳正,同时分析了其致误的原因。

2814

三十家 三十年——读《近代藏书三十家》(增订本)[J]/李军. --书品,2009,06:23 – 29

《近代藏书三十家》是台湾学者苏精撰写的一部民国时期藏书家小传。本文对该书进行了介绍和评价,肯定了该书的文化价值。

2815

三十年来中国古籍数字化研究综述(1979—2009)[A]/耿元骊. --首都师范大学电子文献研究所、首都师范大学国学传播中心.第二届中国古籍数字化国际学术研讨会论文集[C],北京:五洲传播出版社,2009

本文对1979—2009年间古籍数字化30年历程进行了研究综述。此过程分为三个阶段:1979年至1994年,起步、探索、介绍阶段;1995年至2001年,提高、建设、初步发展阶段;2002年至2009年,基本完善、商业应用、网络化阶段。

2816

三十年酿出的一坛醇酒——读张葆全先生的《〈玉台新咏〉译注》[J]/沈伟东. --出版广角,2008,04:60 – 62

张葆全先生著、广西师范大学出版社2007年出版的《〈玉台新咏〉译注》是迄今第一部关于汉梁时期《玉台新咏》的译注。本文评价该书:作者做学问扎实认真,书里注释精准详明,译文准确流畅。

2817

三苏祠藏清代道光眉州刻版《三苏全集》考[J]/徐丽. --蜀学,2009,00:104 – 111

本文考证了四川眉山三苏祠藏清代道光眉州刻版《三苏全集》的雕版镌刻由来,分析论述其版式装帧特点和学术价值。

2818

《三希堂法帖》之赵佶书迹阙遗考述[J]/张多强. --古籍整理研究学刊,2009,01:83 – 86

清代汇刻丛帖《三希堂法帖》卷六、七刻有宋太宗、高宗、孝宗书迹,却无书画大家徽宗赵佶书迹。本文从赵佶"个性独立的书法风格、因艺灭国的君王行为、唯我独尊的书画签押、值得称道的书学贡献"方面加以考述,揭示此举虽是臣下所为,实乃皇权意志使然。

2819

《三元经》版本的文献学研究[J]/姜守诚. --成大历史学报(在台湾地区发表),2007,33:75 – 118

《三元经》是明清时期流行的道经。本文以国家图书馆藏13种版本为对象,对诸本篇章结构、扉画造型、文末牌记等予以比对分析,初步判定《三元经》成书年代以及传抄中内容、文字方面的变化。

2820

三种《礼记正义》整理本平议——兼论古籍整理之规范[J]/王锷. --中华文史论丛,2009,04:363 – 391

本文对龙抗云、田博元、吕友仁先生整理的《礼记正义》,从凡例的制定、底本的选择、对校本的确定、标点、校勘和序跋的撰写、附录的收集等方面进行对比,认为吕友仁整理的《礼记正义》为最佳整理本。

2821

三种《四印斋词卷》之汇校及其版本源流[J]/林玫仪. --中国文哲研究通讯(在台湾地区发表),2010,04:125 – 165

清学者王鹏运《四印斋词卷》有浙江图书馆藏张宗祥钞本、国家图书馆藏本、中科院图书馆藏本三种,本文考证了三种版本的汇校情况、流传经过和版本源流等。

2822

三种宋人笔记篇目比勘小记[J]/赵姝. --辽宁省博物馆馆刊,2008,00:539 – 543

辽宁省博物馆藏有毛晋汲古阁刻本三种:陆游《老学庵笔记》、姚宽《西溪丛语》、王明清《挥麈前录》,均为宋人笔记。中华书局曾出版三种铅印标点本。本文对三种笔记不同版本间内容分合和条目进行了比勘和探讨。

2823

《散原精舍诗文集》刊误举隅[J]/胡迎

建.--古籍研究,2004,02:146-148

上海古籍出版社 2003 年出版的《散原精舍诗文集》搜集了近代古文大师陈三立的佚诗佚文。此书前言与附录中或为作者或为刊印时误植之处有多点,本文举数例以供校注者参考,或有利于重版时更正。

2824

"僧孺",还是"僧襦"?——由《大唐新语》一处异文谈古籍校点若干问题[J]/杨春俏.--唐山师范学院学报,2008,03:8-9

本文对中华书局点校本《大唐新语》涉及南朝梁代诗人王僧孺之名字进行考辨,发现点校时所据底本和对校本,两处俱作"孺"字,《太平广记》引录《大唐新语》,则作"襦"字,认为"襦"正"孺"误。

2825

山东大学图书馆古籍善本书目[M]/山东大学图书馆编撰.--济南:齐鲁书社,2007

本书收录山东大学图书馆历年入藏的宋元明旧刊本,批校题跋本,稿本,抄本,清代精刻本,日本、朝鲜本,及存放于院系资料室的古籍善本,分为经、史、子、集、丛五部 40 余大类。

2826

《山东大学图书馆古籍善本书目》编撰体例及特点[J]/武凤.--图书馆杂志,2007,08:77-78

本文介绍了《山东大学图书馆古籍善本书目》的编撰体例和特点,认为该书的出版不仅全面反映了山东大学图书馆古籍善本书的概况,而且为学术界开展版本目录学研究提供了翔实资料。

2827

山东省古籍重点保护单位(第一批)[M]/山东省图书馆,山东省古籍保护中心编.--济南:齐鲁书社,2009

本书是山东省第一批 24 家重点古籍保护单位汇编,对每个单位进行了简要介绍和图片说明,并综述了这些单位开展古籍保护的措施、设施、设备等方面工作。

2828

山东省回族古籍辑录[M]/《山东省回族古籍辑录》编委会编.--银川:宁夏人民出版社,2008

本书分为提要条目、古籍研究、编纂体会、领导讲话及相关文件四大部分;提要条目包括书籍类、铭刻类、文书类、讲唱类和附录;书中收录条目共计 374 条,并附有照片 58 幅;是山东省首次对回族古籍进行收集、整理、编纂和出版。

2829

山东省图书馆藏《四库全书》进呈本考略[J]/唐桂艳.--文献,2008,03:138-143+2

作者检核山东省图书馆馆藏,发现《四库全书》进呈本 13 种,其中底本 6 种,本文对此一一考述。

2830

山东省珍贵古籍名录(第一批)[M]/山东省图书馆,山东省古籍保护中心编.--济南:齐鲁书社,2009

本书收录 3810 部古籍目录,包括汉简《孙膑兵法》《赵秉忠状元卷》、宋刻《万卷菁华》等珍贵古籍,以先秦两汉时期、魏晋南北朝隋唐五代时期、宋辽夏金元时期、明代、清代顺序排列。

2831

《山东师范大学图书馆古籍目录》序——兼论古籍简易目录之发展及其重要作用[J]/王绍曾.--山东图书馆季刊,2000,01:22-26

本文系古文献学家王绍曾为《山东师范大学图书馆古籍目录》所做的序。文章介绍了该目录的编撰过程,并论述了古籍简易目录的发展和重要作用。

2832

山东师范大学图书馆馆藏古籍书目[M]/张宗茹,王恒柱编纂.--济南:齐鲁书社,2003

本书载录山东师范大学图书馆藏 1911 年以前写、刻、钞、印各类版本的典籍,并附有 1949 年以前反映中国古代学术文化、采用传统著述方式及古典装帧形式的书籍,以及 1949 年以后线装形式的古籍印本。

2833

山东文献整理的里程碑——评《山东文献

集成》[J]/江曦.--山东图书馆季刊,2007,01：
99-101

《山东文献集成》是一部大型地方文献丛书,由山东大学出版社2007年影印出版。全书收入山东先贤遗著稿本、钞本和流传不广又有重要价值的刻本,计1000种。本文评价该书具有代表性强、选本精、学术价值高、影印效果好的特点。

2834

《山海经》古本篇目考[J]/刘宗迪.--先秦两汉学术（在台湾地区发表）,2007,08：
43-67

本文考察了《山海经》古本篇目。通过分析叙述风格和文本结构,认为先秦古本《山海经》有10篇;西汉时期学者分入《海外经》中的内篇4篇,遂有《汉书·艺文志》的13篇本;西汉刘歆校订《山海经》,取《山志》地理书与13篇本合并,并入者即今本《山海经》中的《山经》5篇,于是有今本18篇本。

2835

《山海经》吴宽抄本的版本文化气质[J]/张步天.--福建师大福清分校学报,2009,01：
4-6

版本文化是典籍版本反映的一种文化现象。本文分析论证了《山海经》吴宽抄本的版本文化气质:版面格局疏朗大方,字体间架气韵静雅,留有多处藏章印记,具有中国古代士大夫藏书风范。

2836

《山居录》——我国现存最早的种药专著[J]/张固也,李辉.--南京中医药大学学报（社会科学版）,2008,04：208-212

唐人王旻的《山居录》是一部记载药物栽培的古农书,也是现存最早的种药专著。本文从书中涉及的人物、地名等史实,考证了该书的成书年代,指出该书存在后世窜入内容、注文所引别本异文分歧等问题。

2837

山西博物馆珍藏古籍善本[J]/李凤琴,周君平,谷锦秋,历春（图）.--收藏,2007,10：
62-65

本文介绍了山西博物馆珍藏古籍善本的数量、种类、特色等,阐述其收购、采集、捐献等多种古籍馆藏建设途径。

2838

山西大学图书馆古籍藏书览要[J]/张梅秀.--晋图学刊,2000,02：58-59

山西大学图书馆建馆之初,接收了原晋阳书院的藏书,以后不断零散购进,初成规模。本文揭示了该馆所藏明刻本、清刻本、抄本和批校题跋本。

2839

山西大学图书馆馆藏孤本叙录[J]/张梅秀.--文献,2002,03：251-257

《中国古籍善本书目》收录有山西大学图书馆藏的古籍善本340余种,其中包括孤本数种。本文对此一一作了介绍。

2840

山西古籍出版社建社十年回顾[J]/张继红.--编辑之友,2003,05：68-69

值此山西古籍出版社建社十年之际,本文作者以建社当事人之一,对该社十年来的出版实践作了简要回顾,并提出未来工作的一些设想。文章还对未来古籍出版业的发展作了展望。

2841

山西古籍印刷出版史志[M]/李晋林,畅引婷著.--北京:中央编译出版社,2000

本书考证了山西古籍印刷出版史:唐宋起步、金元鼎盛、明清至民国持续发展;揭示有刻版印刷以来山西历代古籍版本种类。

2842

山西历史文化书目举要[J]/仝建平.--兰州学刊,2010,01：176-180

本文对山西历史文化资源中主要的、有代表性的书目进行分类介绍,并提出总结整理现有成果对进一步开展研究十分必要。

2843

山西省古籍保护工作述略[J]/王开学.--晋图学刊,2010,01：72-75

本文从古籍收藏现状、收藏特点、体制建设、修复保护、人才培训、安全管理、宣传展示、珍贵古籍名录和重点古籍保护单位申报等方面,综述山西省古籍保护工作情况。

2844

山西省图书馆古籍善本书目[M]/山西省图书馆编. --太原:山西人民出版社,2007

本书目收录了 2006 年前山西省图书馆收藏的古籍善本约 3000 种,40000 册,收录范围、著录、分类均依照《中国古籍善本书目》标准,同时根据本馆实际略作变通。

2845

山西师范大学图书馆藏善本书举要[J]/杨艳燕. --晋图学刊,2010,03:105 - 107

本文梳理介绍了山西师范大学图书馆所藏古籍状况、来源、特色与价值。

2846

《山西文献总目提要》补正[J]/李裕民. --史志研究,2002,01:64 - 66

《山西文献总目提要》由刘纬毅主编、山西人民出版社 1998 年出版。该书收集山西历代文献资料,撰写提要;已经散佚者,尽量钩稽史料。本文在肯定其价值基础上,对该书遗漏或失误之处予以补正。

2847

山泽多藏育 土风清且嘉——徐复、程千帆等专家学者谈《江苏地方文献丛书》[J]/王华宝. --古籍研究,2000,01:132 - 134

本文是《江苏地方文献丛书》的书评,概述了丛书编纂过程、版本特点和学术价值,呼吁开发和利用文化资源发展当代新文化,实现文化的传承和整合。

2848

陕西碑刻的现状与保护对策研究[J]/吴敏霞,何炳武,王京阳. --文博,2005,05:104 - 107

本文简述了陕西碑刻历史,针对其现状梳理了目前面临的五大问题,提出了保护碑刻实物和碑刻文字的八个方法。

2849

陕西典藏古籍的史学价值[J]/刘思怡. --新西部(下半月),2009,08:136 - 137

本文从积累了广博的史料,丰富了史学内容,深化了史学研究等方面,阐述了作者对陕西典藏古籍史学价值的粗浅认识。

2850

陕西典藏古籍价值研究[J]/吴敏霞,袁宪,刘思怡,李巍,高叶青. --文博,2009,04:82 - 87

本文通过调查,对陕西典藏古籍价值进行了深入研究,论述了其在丰富史学内容,深化史学研究方面的参考价值;对弘扬传统文化,繁荣当代文学创作的意义;对发掘陕西地域特色文化,促进地方史地研究,提升文化品位的独特作用。

2851

陕西方志古籍数字化刍议[J]/李广龙,赵正. --兰台世界,2010,04:31 - 32

本文以陕西方志古籍为研究对象,论述了陕西方志古籍数字化的必要性、实现步骤和实现方式。

2852

陕西方志类古籍信息资源对县域经济发展之价值研究[J]/袁宪,刘思怡,高叶青. --新西部,2010,10:102 - 103

本文从发展特色农业经济、促进旅游业发展、打造特色文化品牌、防灾减灾方面,阐释了陕西方志类古籍揭示的大量信息资源,对发展陕西县域经济具有重要价值,并探索使用方志信息促进县域经济发展的途径。

2853

陕西公共图书馆古籍保护现状聚焦与前瞻[J]/陈新. --图书馆学刊,2009,08:87 - 90

本文通过陕西部分公共图书馆古籍现状问卷调查和结果统计分析,聚焦古籍保存保护现状,提出加强古籍保护的责任感和使命感,加强宣传,争取立法,改善存藏条件,培养专业人才,突破制约公共图书馆运行和发展瓶颈等建议。

2854

陕西古籍存藏的问题与对策研究[J]/吴敏霞,袁宪,党斌. --文博,2008,03:38 - 44

本文在调查研究基础上,梳理出陕西省存藏古籍数量较大、种类丰富、价值不菲的特点,并针对目前存在的重视程度不够、经费投入不足、管理制度缺失、业务素质偏低等问题，提出加强古籍保护和利用的意见建议。

2855

陕西古籍总目·陕西省社会科学院分册[M]/陕西省社会科学院图书馆编. --西安：三秦出版社，2008

《陕西古籍总目》系国家"十一五"古籍整理出版规划重点项目，是陕西省境内现存汉文古籍的综合目录，旨在全面反映陕西现存汉文古籍的品种、版本和收藏情况。本书为该丛书第一册。

2856

陕西基层公共图书馆古籍管理人员现状调查分析[J]/翟淑君. --农业图书情报学刊，2010，06：293 – 295

通过问卷调查和实地访谈，本文分析综述了陕西基层公共图书馆古籍管理人员现状和基本特点：文化水平普遍偏低，收入偏少，从业时间长，专业素养较低。对此，文章提出了改进意见和建议。

2857

陕西近代藏书家李岳瑞[J]/郎菁. --收藏，2010，12：88 – 91

李岳瑞是维新变法时颇有建树的一位陕籍京官，1964 年其私人藏书一万余册进入陕西省图书馆古籍部珍藏。本文以此为基础，评述了李岳瑞的生平和藏书人生。

2858

陕西楼观台和澳大利亚国立大学藏《老子八十一化图说》木刻刊本年代考证[J]/雷朝晖. --文博，2009，04：88 – 92

本文从图像学、版本学角度，考证了陕西楼观台和澳大利亚国立大学藏《老子八十一化图说》。认为两书为同一版本所印，与东京大学藏、民国十九年（1930）版本《金阙玄元太上老君八十一化图说》均为民国时期刻印，是明代版本的翻制。

2859

陕西省申报《国家珍贵古籍名录》概述[J]/侯蔼奇. --当代图书馆，2009，04：23 – 26

本文论述了陕西省两次申报《国家珍贵古籍名录》工作过程，并做了比对；对陕西省各单位所藏珍贵古籍进行揭示和宣传，以促进全省古籍保护工作。

2860

陕西省图书馆藏清雍正刻本《唐陆宣公集》的藏印及传递原委[J]/杨居让. --图书馆工作与研究，2008，07：83 – 85

本文通过仔细核查比对和资料佐证，得出陕西省图书馆所藏善本《唐陆宣公集》的确切刊刻时间为雍正元年（1723）；另一方面通过书中钤盖的藏书印，以及对收藏者资料的研究，搞清了陕西省图书馆藏《唐陆宣公集》的收藏渊源。

2861

陕西省图书馆《古今图书集成》收藏始末[J]/杨居让. --图书与情报，2005，04：118 – 120

本文介绍了清雍正铜活字版《古今图书集成》的编印流传情况和陕西省图书馆所藏该书的辗转流传过程。旨在与图书馆古籍工作者共勉：保护与珍爱古籍责无旁贷。

2862

陕西省图书馆馆藏古籍中的名家藏本[A]/郎菁. --天一阁博物馆.《天一阁文丛》第八辑[C]，杭州：浙江古籍出版社，2010

陕西省图书馆百年来汇集的古籍善本中，调拨、收购、受捐的名家藏本占了很重要位置。本文整理考述出部分藏家，如李根源、刘军山、于右任、宋伯鲁、李岳瑞、赵执博、罗振常、秦曼青、蒋抑卮、封文权、莫棠、谢光甫、王淡如等，见于馆藏章的一一记录。

2863

陕西师范大学图书馆藏稀见古籍述略[J]/张凡，杨朝霞. --图书馆理论与实践，2001，02：49 – 51

陕西师范大学图书馆收藏古籍文献较多，在西北高校图书馆中名列前茅。本文针对馆藏的稀见古籍，从著者、版本、行格、序跋、藏印等方面略加介绍。

2864

陕西医史博物馆馆藏孤抄本医籍——《百

药图》赏析[J]/王妮.--中医药文化,2008,06：43－44

陕西医史博物馆馆藏孤抄本医籍《百药图》,是一部以民间秦腔剧本形式介绍中药性能与功效的特殊医书。本文介绍了该书作者清末陕西户县上马营张兆罴的生平,概述了文本内容、流传过程和学术与艺术价值。

2865

善本古籍保护与利用的平衡[J]/陈洁.--图书馆建设,2005,03：22－23

本文从专业角度,讨论了古籍善本的著作权、古籍保护利用的法律依据、古籍的科学利用与合理保护三大问题,意在引起学界注意。

2866

善本古籍的保存修护——以清宫天禄琳琅藏书《渊颖吴先生集》为例[J]/高宜君.--"故宫"文物月刊(在台湾地区发表),2009,317：38－45

本文以清宫天禄琳琅藏书《渊颖吴先生集》为例,介绍了该书的基本情形及劣化状况、修护步骤、修护原则等保存修护事宜。

2867

善本古籍《广韵》版本考[J]/张亮,谭晓明.--图书馆学刊,2010,03：96－99

本文对宋代韵书《广韵》及其相关版本的全国收藏情况进行了简要介绍,论述了辽宁师范大学图书馆藏善本古籍《广韵》的版本价值。

2868

善本古籍后设资料(metadata)之发展现况——以傅斯年图书馆为例[A]/林妙桦.--中国科学院计算机网络信息中心、社科院信息化管理办公室、"中研院"计算中心.第三届(2005)两岸三院信息技术与应用交流研讨会论文集[C],2005

台湾傅斯年图书馆,自1988年起开始馆藏善本古籍数字化工作。迄今,除逐步扫描全文影像外,还进行了后设资料(metadata)之描述及加值工作。本文以傅图在善本古籍数字化中,对后设资料规划与设计并建制所属

数字典藏系统为例,简述了国内外善本古籍后设资料的发展现况。

2869

《伤寒论》影宋本及刘渡舟本所据底本述实[A]/钱超尘.--陶广正、王杰、柳长华.第七届全国中医文献学术研讨会医论集粹[C],香港：亚洲医药出版社(香港地区),2004

本文以中医古籍《伤寒论》影印宋本为基础,梳理北京中医药大学刘渡舟教授主编版本的整理情况,详细介绍了刘本的整理经过和馆藏《伤寒论》的考察史实。

2870

《伤寒选录》浅析[J]/汪沪双,张玉才.--安徽中医学院学报,2004,04：6－8

本文介绍了中医古籍出版社2002年影印出版的明代医家汪机著作《伤寒选录》,概述了其著录和成书过程,总结分析了影印版的编辑体例和主要内容,以及版本特色和学术价值。

2871

伤科古文献的整理研究[J]/丁继华.--中国骨伤,2004,01：63－64

中医骨伤科有着悠久历史和独特疗效。由于种种原因,古代医籍浩如烟海,但流传至今的伤科医著寥若晨星,自春秋战国至明清3000年来,留存而又见闻于世仅有十余本。本文概述了作者数十年来从事伤科古籍整理研究的经历和成果。

2872

《伤暑全书》与《增订伤暑全书》考[J]/肖永芝,黄齐霞.--中华医史杂志,2010,04：237－239

明代医家张鹤腾《伤暑全书》、清代医家叶霖《增订伤暑全书》是两部重要的温病学著作。本文探讨了两书作者、成书经过、学术渊源和版本传变,考订《全国中医图书联合目录》《中国中医古籍总目》存在关于两书的误识。

2873

《商君书》的成书与命名考辨[J]/张林祥.--古籍整理研究学刊,2007,02：1－3

本文考辨了《商君书》的成书和命名。作

者认为,其成书上限应为公元前260年,而下限则难以断定;编者当为商鞅后学或商鞅学派,后经西汉刘向手校,编定为29篇。该书最初应无名,至刘向校定,始以《商君》为书名,后变为《商君书》。

2874

商务印书馆与铁琴铜剑楼[J]/郭亮. --收藏,2006,06:88 - 90

商务印书馆是国内著名的出版企业,出版过《四部丛刊》《四库全书珍本初集》等古籍;铁琴铜剑楼是蜚声中外的中国四大藏书楼之一。本文介绍了近代杰出出版家张元济与铁琴铜剑楼主瞿启甲的一些逸事,反映了商务印书馆与铁琴铜剑楼的交往和细微关系。

2875

《上海佛教碑刻文献集》校补[D]/钱倩. --南京师范大学,2009

《上海佛教碑刻文献集》由上海古籍出版社2004年出版。本文借助文献资料和实物资料,对书中所收录碑文进行校补,希望更准确、更完整地呈现上海地区的佛教碑文。

2876

上海古籍版《茗柯文编》刊误与标点商榷数则[J]/胡迎建. --古籍研究,2003,03:57 - 58

上海古籍出版社1984年出版的《茗柯文编》,收集清代文学家张惠言的作品,书中存在错字、标点不当等可商榷处。本文提出数则,进行考辨,供出版较详注释本参考。

2877

上海古籍版《茗柯文编》勘误与标点商榷数则[J]/胡迎建,吕红红. --古籍整理研究学刊,2006,05:54 - 55

本文针对上海古籍出版社出版的清《茗柯文编》中的错字和标点失当之处,提出勘误和商榷意见。

2878

上海古籍本《直斋书录解题》评述[J]/张守卫. --图书馆理论与实践,2009,11:61 - 64

上海古籍本《直斋书录解题》吸收前人校勘成果,纠谬补阙,胪列异同。本文详细论述

该书在资料引用和校勘上所取得的成就,并列举了存在的不足。

2879

上海古籍出版社《俄藏敦煌文献》第11册非佛经文献辑录[J]/高启安,买小英. --敦煌学辑刊,2003,02:9 - 47

本文是上海古籍出版社出版的《俄藏敦煌文献》第11册非佛经文献的辑录,共139件。

2880

上海通社与《通社丛书》[J]/柳和城,刘承. --出版史料,2009,01:110 - 120

本文记述了上海通社"创办宣言"及其成员和广告中的《通社丛书》的情况,对《通社丛书》二十种和"续刊目次"做了简要介绍,并对通社社址进行了考证;认为通社在传播西学、提高民族自强心方面做出过贡献。

2881

上海图书馆碑帖拓片收藏研究概况[J]/仲威. --澳门图书馆暨资讯管理协会学刊(在澳门地区发表),2002,04:85 - 106

本文从碑帖拓片藏品的来源、分类编目整理、碑帖的研究、整理发现、陈列展示与编辑出版等方面,介绍了上海图书馆碑帖拓片收藏研究情况。

2882

上海图书馆藏碑帖善本资源概述[J]/仲威. --澳门图书馆暨资讯管理协会学刊(在澳门地区发表),2007,08:75 - 92

本文概述了上海图书馆藏碑帖善本资源情况,讨论了碑和帖的概念、如何区分碑与帖和关于拓本的问题。

2883

上海图书馆藏稿本解题四篇[A]/虞万里. --上海社会科学院《传统中国研究集刊》编辑委员会. 传统中国研究集刊(第六辑)[C],上海:上海人民出版社,2009

上海图书馆藏清人稿本数千种,复旦大学出版社择其46种编为《上海图书馆未刊古籍稿本》。每种撮其旨意,各为解题。本书所收即为其中的4篇,包括经部2篇、史部2篇。

2884

上海图书馆藏钱大昕手札九通[J]/许全胜,柳岳梅. --文献,2003,04:241-250

江苏古籍出版社1997年出版了《嘉定钱大昕全集》10册,主编陈文和先生辑有《潜研堂文集补编》,学者称善,今师其意,再为补苴,以臻美备。作者将上海图书馆所藏钱大昕手札集为一编,略加案识。另辑钱氏友朋书札五首,作为附录。

2885

上海图书馆藏清人诗话稿钞本26种提要[J]/张寅彭. --人文中国学报(在香港地区发表),2001,08:157-174

本文对26种上海图书馆藏清人诗话稿钞本书目作了提要:概述这些稿本与钞本的情况,分析其较高的诗学与文献价值,据此了解当年成书的情况。

2886

上海图书馆藏王重民先生手稿提要[J]/王世伟. --国家图书馆学刊,2004,01:82-86

本文考述了上海图书馆藏17件王重民手稿,介绍其内容和发表情况,分析了其学术价值。

2887

上海图书馆的家谱数字化资源服务——古籍保护效果的一个实例[J]/黄显功. --图书馆学刊,2008,01:4-6

本文以上海图书馆家谱数字化资源服务为例,综述了上海图书馆20世纪90年代开展古籍数字化建设概况,以此为背景,介绍了上图开展古籍保护,将家谱资源数字化以及服务所取得的成效。

2888

上海图书馆古籍修复工作的回顾与展望[A]/童芷珍. --中国国家图书馆.中文善本古籍保存保护国际研讨会论文集[C],北京:北京图书馆出版社,2002

本文回顾了上海图书馆古籍修复事业的历史,在总结经验的基础上,梳理了当前海内外普遍存在的专业修复缺乏等现象,提出若干建议和对策。

2889

上海图书馆所藏高密家谱简述[J]/王铁. --历史文献研究,2010,01:18-21

上海图书馆藏有山东高密家谱6种,所述家族都是元代至明中期从外地迁入的。本文考证了该段史实,认为这些家谱记载与地方志文献相参证,可反映明、清两代高密户口、文化的发展状况。

2890

上海图书馆未刊古籍稿本(全六十册)[M]/《上海图书馆未刊古籍稿本》编辑委员会编. --上海:复旦大学出版社,2008

本书收录了上海图书馆藏明、清学人著述之未刊稿本46种,以经、史、子、集四部分类,依次为经部12种,史部16种,子部4种,集部14种。

2891

上野贤知《〈左氏会笺〉三稿》发墨[J]/孙赫男. --辽宁大学学报(哲学社会科学版),2006,03:114-118

日本学者上野贤知《〈左氏会笺〉三稿》涉及三个问题:竹添光鸿《左氏会笺》的著述目的;其与岛田翰的关系;其原稿的存佚、与定本的差异。本文依据相关文献,加以考索辨析,深入探讨了上野氏研究的问题。

2892

《尚书·尧典》缺文举例——兼谈卫宏《诏定古文尚书序》的可信性[J]/王宁. --古籍整理研究学刊,2004,02:72-74

本文列举《尚书·尧典》中4处缺讹现象,加以分析和辨正,证明今文《尚书》28篇中确有口传造成的文字错误;兼论东汉学者卫宏《诏定古文·尚书序》具有一定可信性,不能全都否定。

2893

《尚书义考》整理本指瑕[J]/王光汉. --古籍整理研究学刊,2001,05:25-30

《尚书义考》是清代学者戴震的经学著作。本文梳理了其整理本在校勘、标点上存在的问题:未明句义、词义、典故,乃至破句、破词;未明语法,乃至割断谓宾、割断谓补、错解文句关系等,指出古籍整理应免蹈"明人多刻书而书亡"的覆辙。

2894

《尚书》札记二则[J]/宋华强.--古籍整理研究学刊,2001,05:31－33

本文对《尚书·尧典》中"陟方"二字,从训诂角度进行考证,认为"陟方"应读为卜辞中的"方",即征伐方国的意思;根据战国秦汉文字材料,分析了《盘庚下》中异文产生的原因。

2895

尚志钧教授本草文献研究述要[J]/陶国水,倪项根,赵怀舟,任何.--上海中医药大学学报,2008,02:4－8

本文概述了我国本草文献学者尚志钧教授60年躬耕本草文献研究所取得的成果,涵盖其本草文献研究的"过去""现状"以及"将来",并对"尚派"学术精华、学术特征和为学方法作了简要阐述。

2896

少数民族古籍版本——民族文字古籍(插图珍藏本)[M]/黄润华,史金波著.--南京:江苏古籍出版社,2002

本书借助多幅插图和书影图像,介绍了中国少数民族古籍版本,阐述其对丰富中华民族文化的作用。

2897

少数民族古籍保护工作迫在眉睫[A]/秦江月.--中国民族图书馆.第十次全国民族地区图书馆学术研讨会论文集[C],沈阳:辽宁民族出版社,2008

本文概述了少数民族古籍的类型、特征、现状,和对其进行保护的必要性和紧迫性;梳理少数民族古籍损毁原因并提出解决措施;介绍国家针对少数民族古籍保护所开展的一系列工作。

2898

少数民族古籍保护现状及对策[J]/何丽.--图书情报工作,2004,06:64－66

本文分析了少数民族古籍损坏、散存、收藏的现状,就如何开展少数民族古籍保护提出对策。

2899

少数民族古籍的保护与开发[A]/那宝瑞.--中国民族图书馆.第十次全国民族地区图书馆学术研讨会论文集[C],沈阳:辽宁民族出版社,2008

本文阐述了少数民族古籍保护的重要意义和当前少数民族古籍的类型、整理情况,提出进一步做好民族古籍保护与开发的具体措施。

2900

少数民族古籍的分类与编目[J]/董绍芹.--内蒙古图书馆工作,2009,02:61－62＋50

本文从我国古籍分类的历史入手,论述了少数民族古籍分类与编目相关问题。

2901

少数民族古籍的科学管理和开发利用[J]/包和平.--中国图书馆学报,2001,01:44－46＋54

本文分析了少数民族古籍语言文种多样性、载体形态复杂性、文献体裁多样化和文献分布地域性等特点,提出这些古籍收集工作应实现分类标准化,编目要符合其特点和规律,还应重视流通管理和现代化管理,实现资源共享。

2902

少数民族古籍的抢救、整理与发展[J]/李冬生.--中国民族,2006,05:43－46

本文论述了少数民族传统文化及其文化的多样性,以及文化相互交融所形成的中华民族多元一体的文化体系,阐明少数民族古籍是这一文化体系中重要组成部分,应该加大抢救、整理与发展的力度。

2903

少数民族古籍的收集与保存[J]/何丽.--中国图书馆学报,2004,01:93－95

本文总结了少数民族古籍收集保存工作的内容,包括古籍的收集、整理、典藏、库房管理,古籍开发利用等,认为应制定发展策略,建立有利于古籍保护的工作机制,加强对少数民族古籍的收藏、保护和开发利用。

2904

少数民族古籍的收集、整理与保护[A]/塔娜. --中国民族图书馆. 第十次全国民族地区图书馆学术研讨会论文集[C],沈阳:辽宁民族出版社,2008

本文分析了目前少数民族古籍收集现状,提出应制定相应的策略和措施予以改进,包括根据古籍存世情况,采取安全有效的保存措施;克服和限制损坏古籍的不利因素;保证古籍的搜集和集中;维护古籍的完整、准确、系统、安全;有效地利用、开发和流传。

2905

少数民族古籍的数字化及数据库建设[A]/刘佳. --中国民族图书馆. 第十次全国民族地区图书馆学术研讨会论文集[C],沈阳:辽宁民族出版社,2008

本文介绍了中国民族图书馆利用现代信息技术手段,对少数民族档案、资料、图书数字化、管理与利用的情况,阐述少数民族古籍的定义、特点和少数民族古籍数据库建设的一系列问题。

2906

少数民族古籍的展示、开发和利用[A]/和丽芳. --中国民族图书馆. 第十次全国民族地区图书馆学术研讨会论文集[C],沈阳:辽宁民族出版社,2008

本文讨论了图书馆如何展示和合理开发利用少数民族古籍文献资源;建立良好的少数民族古籍文献生态环境;为具有高文化含量的新型人文经济的形成提供优质服务;促进本地区经济建设发展等问题。

2907

少数民族古籍的整理和保护研究[A]/刘永英. --中国民族图书馆. 第十次全国民族地区图书馆学术研讨会论文集[C],沈阳:辽宁民族出版社,2008

本文论述了少数民族古籍为深层次研究少数民族历史文化提供了真实宝贵的资料;整理与保护少数民族古籍是一项时间长、专业性强的工作;通过分析我国少数民族古籍保存现状,就如何开展整理和保护工作提出建议。

2908

少数民族古籍管理现代化的思考[J]/刘晓明. --内蒙古图书馆工作,2010,02:90 – 92

本文在分析国内外民族古籍研究现状的基础上,论述了少数民族古籍是图书馆文献体系的重要组成部分,不应是图书馆现代化的盲区;少数民族古籍藏用矛盾呼唤管理方式与服务方式的现代化。

2909

少数民族古籍暨南诏大理古籍文献资料研究现状分析[A]/彭丽芬. --中国民族图书馆. 第十次全国民族地区图书馆学术研讨会论文集[C],沈阳:辽宁民族出版社,2008

本文综述了少数民族古籍的含义与类别、少数民族古籍研究保护概况,以及大理白族自治州图书馆南诏大理文献资料中心对地方民族古籍文献收藏研究的状况与成果。

2910

少数民族古籍人才问题及解决办法[A]/陶玉芝. --中国民族图书馆. 第十次全国民族地区图书馆学术研讨会论文集[C],沈阳:辽宁民族出版社,2008

本文分析了少数民族古籍保护存在人员少、一线工作人员素质低、人才分布不合理、流失严重等问题,提出通过高校大力培养少数民族古籍专业人才、加大培训力度、建立激励制度、提供良好平台和介入资格认证制度等措施。

2911

少数民族古籍研究及开发利用[J]/牛娅芳. --鄂尔多斯文化,2009,04:23 – 25

本文综述了少数民族古籍研究的现状,提出利用现代化手段加强少数民族古籍保护;加大少数民族古籍文献抢救力度;加快少数民族古籍文献研究及开发利用等措施。

2912

少数民族口碑古籍与非物质文化[J]/马小琴. --青海民族研究,2006,02:26 – 28

本文阐述了少数民族口碑古籍与非物质文化遗产的关系,论述挖掘、抢救和保护少数民族口碑古籍与"申遗"的重要意义,并就如何健全和完善少数民族口碑古籍的保护提出建议。

2913

少数民族文字古籍文献的多样性[A]/艾合买提. --中国民族图书馆. 第十次全国民族地区图书馆学术研讨会论文集[C],沈阳:辽宁民族出版社,2008

本文通过对不同的文字、内容和古籍使用材质的研究分析,阐述了我国少数民族文字古籍文献的多样性。

2914

少数民族文字古籍文献的特点及保护修复工作[A]/申晓亭,郑贤兰,全桂花. --中国国家图书馆. 中文善本古籍保存保护国际研讨会论文集[C],北京:北京图书馆出版社,2002

本文论述了少数民族古籍文献修复的重要意义,以及当前开展此项工作所面临的技术、人力、资金问题,提出了具体对策建议。

2915

少林寺古本佛经保护记[J]/翁连溪,李阳泉. --中国宗教,2008,05:32 – 34

本文介绍了河南嵩山少林寺古本佛经的发现、护藏和传承,研究了少林寺外在形态上保留的建筑、碑刻,文化形态上保留的僧制、禅堂规约及以武术为代表的修习方法。

2916

绍嵩《江浙纪行集句诗》对《全唐诗》校勘、辨重和辑佚的文献价值[J]/张福清. --古籍整理研究学刊,2007,06:45 – 52

南宋陈起编《江湖小集》中的释绍嵩《江浙纪行集句诗》历来少受古代文学研究者的关注,虽然《全唐诗补编》《全宋诗》从中辑出了部分佚句,但对其文献价值尚无人研究。本文就其对《全唐诗》的校勘、辨别重出作品和辑佚做出探讨,挖掘《江浙纪行集句诗》被学人忽视的文献学价值。

2917

绍往哲之书 开后学之派——论叶德辉的刻书[D]/徐卫胜. --北京师范大学,2004

本文从生平经历、刻书内容、价值、缘由、

特点等方面概述了清末藏书家叶德辉的刻书成就:刊刻多种珍罕古籍,协助张元济刊刻《四部丛刊》等。文章还对世人所诟病的《双梅景暗丛书》做出评述,充分肯定其价值。

2918

绍兴图书馆藏古籍地方文献书目提要[M]/赵任飞主编. --扬州:广陵书社,2009

本目录收录了绍兴图书馆藏古籍地方文献516种,按经史子集丛分类。收书下限为1949年之前线装古籍;区域包括山阴、会稽等绍兴府治八邑;内容包括与绍兴相关的,绍兴籍和寓居绍兴人士编撰的,经绍兴人点校或刊刻的书籍。

2919

绍兴图书馆古籍善本收藏概况及其特色[J]/唐微. --图书馆研究与工作,2009,01:63 – 65

本文介绍了绍兴图书馆所藏元刻孤珍、明清精雕、稿钞佳品、域外汉籍、乡邦文献、医籍佛卷及历代珍稀题跋批校本等古籍善本,择要论述了其特点和价值。

2920

畲族古籍概论——兼谈福建畲族古籍特点[J]/刘冬. --福建广播电视大学学报,2004,06:62 – 65

本文概述了畲族古籍及其特点,包括畲族文人著述,畲族社会文化官方或民间档案,畲族历史、文化图卷,社会和家族碑刻楹联、畲族歌谣唱本、家族文书、巫术唱本等,以及正史、方志和历代文人著述中有关畲族文化的记载。

2921

畲族古籍文献概述[J]/黄倩红. --文学界(理论版),2010,05:188 – 189

本文从畲族口传文献和汉文记载的畲族相关文献两方面,介绍了畲族古籍文献,后者包括碑刻、楹联、图卷等。

2922

畲族文献珍品荐[J]/陈惠民,蓝荣清. --图书馆研究与工作,2003,01:56 – 59

本文以浙江省云和县图书馆为例,介绍

了该馆地方文献部确立的畲族文献收藏范围、专著和论文机读目录现状、数字化工作进展。遴选特藏文献 15 种，给予提纲挈领式述评，窥斑见豹，以飨读者。

2923

设立古籍鉴定与保护学一级学科的初步构想[J]/宋承志. --图书情报工作,2010,11:128 – 131

本文从我国古籍保护工作的现状出发，分析设立"古籍鉴定与保护学"一级学科的必要性和可行性，提出了建立与国内古籍保护工作相适应的"古籍鉴定与保护学"一级学科、发展独立完整系统的古籍鉴定与保护学的构想。

2924

《歙纪》校点商榷[J]/方光禄. --古籍研究,2009,S1:361 – 367

《歙纪》是明末曾任歙县知县的傅岩在任职期间所作各种公文、判牍、诗赋，以及各级官员对其评语的汇录，全书 10 卷，序 1 卷。现经陈春秀校点，黄山书社 2007 年出版。本文就校点本欠精之处，列举数例，进行订正。

2925

《歙事闲谭》述评[J]/诸伟奇. --文献,2001,04:202 – 213

《歙事闲谭》为近现代方志学家、诗人、书法家、文物鉴赏家许承尧著。本文对《歙事闲谭》的作者、撰写、内容特点和学术价值等进行了分析与评述。

2926

深居天一阁的古书修复师:李大东[J]/阎燕子. --图书与情报,2008,01:137 – 139

本文是作者与天一阁古书修复师李大东的谈话记录，以访谈的形式介绍了古籍修复行业面临的挑战和这项工作的重要意义。

2927

《深圳旧志三种》纪事[J]/于志斌. --图书与情报,2007,02:140 – 141

深圳学者张一兵花费十多年心血，将康熙《新安县志》、嘉庆《新安县志》、天顺《东莞旧志》汇集一起，校注出版了《深圳旧志三种》

（海天出版社 2006 年）。本文作者结合编辑工作，记叙了该书编纂过程中的一些往事。

2928

《神仙传》校读札记[J]/凌云志. --古籍整理研究学刊,2005,01:57 – 59

晋葛洪编撰的道家著作《神仙传》，语言多有特色。本文以《四库全书》为底本，参校他书，选择该书中一些有代表性的讹误汇录成文。

2929

《神仙传》异文释例[J]/柴红梅. --古籍整理研究学刊,2010,06:70 – 73

晋葛洪撰《神仙传》流传至今，已非原帙，形成了不同的版本系统。本文从文字和语词角度，通过考证，举例分析了《神仙传》三个流传版本系列的异文类型。

2930

沈家本《旧抄内定律例稿本》命名臆解[J]/孙家虹. --法制史研究（在台湾地区发表）,2005,07:255 – 289

本文针对清代沈家本《旧抄内定律例稿本》进行考述，认为该书是秋审实践的结果和秋审中具有"准律例"效用的法律文档。作者认为中国古代存在大量内部成规，对其研究有利于全面认识古代司法审判的真实面目。

2931

沈家本《续汉书志注所引书目》研究[D]/王钦. --东北师范大学,2009

本文研究了清代沈家本《续汉书志注所引书目》，包括:对续汉书志注划分句读;参考后汉书中华书局本核实沈目首见某篇是否准确;核对沈目引用其他书籍之文准确与否，有无辑本;注明沈目错误之处和遗漏;误字衍字讳字和书目存佚情况等。

2932

沈括《梦溪笔谈》的文献学成就[D]/孔天祥. --北京师范大学,2008

本文梳理了沈括的生平和著作，圈点沈括的主要学术领域，立足文献学视角，论述沈括《梦溪笔谈》一书在文献学方面的贡献。

2933

沈括《守令图》与荣县《守令图》关系探原

[J]/郭声波. --四川大学学报(哲学社会科学版),2002,03:114 – 119

北宋科学家沈括曾编绘过全国地图《守令图》,宋末即已失传;1964 年四川荣县发现北宋宣和《守令图》碑刻,其底图来源迄今不详。本文探讨了两者的关系,认为沈括《守令图》传绘本就是宣和《守令图》的最早底图。

2934

沈铭彝"竹岑札记"非书考——《中国古籍善本书目》一误[J]/陈渊斐. --古籍整理研究学刊,2005,04:16 – 18

本文考察了大连图书馆所藏清代沈铭彝《竹岑札记》,确定其并非书籍,而是沈铭彝的一个笔记簿,同时指出《中国古籍善本书目》对此文献的著录错误。

2935

沈涛《柴辟亭读书记》解文训诂方式探析[J]/王珺. --社会科学家,2005,S1:512 – 513

清人沈涛《柴辟亭读书记》致力于解文训诂。本文通过考察该书内容,认为沈涛通过对前人作品的研读和思考,对作品的可推敲之处给予了翔实论证,这是一部值得研究的训诂学著作。

2936

沈涛《说文古本考》研究[D]/钟哲宇. --"中央大学"(台湾地区),2008

本文将清人沈涛对《说文古本考》的研究放入学术史脉络中检视,探讨了沈涛校勘的得失,同时在清代众家《说文》研究者中,选取段玉裁、王筠、桂馥、严可均、钮树玉为参照对象,揭示沈涛与其他清代研究者学说的异同。

2937

《沈约集校笺》点校举误[J]/熊清元. --古籍整理研究学刊,2003,01:84 – 86

浙江古籍出版社 1995 年出版的《沈约集校笺》存有失误。本文仅就标点、校勘两方面各举九例,进行讨论。

2938

沈周现存著作刊本与北京图书馆庋藏之手钞孤本《石田稿》之考述[J]/吴刚毅. --(在台湾地区发表),2002,02:149 – 187

本文针对明代绘画大师沈周现存著作的性质、内容、体例和价值进行了整体考察,论述了其他著作刊本缺乏系统研究的现状,并考证了国家图书馆收藏的沈周诗歌海内外手钞孤本《石田稿》。

2939

慎终追远寻家谱——家谱中心及"故宫"文献馆简介[J]/刘修妏. --社教双月刊(在台湾地区发表),2002,108:17 – 19

本文阐述了家谱的文献价值,认为家谱有助于弘扬中国人自古以来的慎终追远美德,并介绍了家谱中心和台北"故宫"文献馆馆藏家谱的情况。

2940

声韵学与古籍研读[J]/陈新雄. --声韵论丛(在台湾地区发表),2001,10:1 – 19

本文从不明声韵就不能理解古书文义和诗文胜义方面,举例说明了声韵学与研读古籍的密切关联。

2941

声韵学与古籍研读之关系[J]/陈新雄. --北市大语文学报(在台湾地区发表),2008,01:1 – 15

本文从不明声韵就不能理解古书之文义、不明声韵就不能领会诗文之胜义两个方面列举实例,论述了声韵学对研读古籍的重要性。

2942

《圣济总录》乾隆本之版本状况分析[J]/王振国,杨金萍,何永,金秀梅,杨俊杰,刘耀. --中华医史杂志,2006,04:206 – 210

《圣济总录》乾隆本为清代汪鸣珂的重刊本。本文对其版本状况进行了考察:推考序刊时间和汪刻版本的来源;比较乾隆本与元刻本、日本活字本、乾隆本与清代程林《圣济总录纂要》异同之处,分析了产生差异的原因。

2943

《圣散子方》考[J]/牛亚华. --文献,2008,02:114 – 119 + 2

"圣散子方"是古代的方剂名称。本文以

中国中医科学院图书馆藏《圣散子方》孤本医书为对象,参考版本学家研究成果和其他文献资料,考证其版本为明刻,不是北宋刻本。

2944

盛世修典 发掘民族文化真精神[J]/陈静. --中国哲学史,2003,04:129

本文介绍了国家重点出版规划项目《中华道藏》项目缘起、历史上的道教经书编修工作和本书的学术价值。

2945

盛世修典——访《中华大典》总编任继愈先生[J]/侯瑞丽. --今日中国(中文版),2001,06:44 – 45

《中华大典》是1990年经国务院批准,以国家名义组织编写的一部古籍大型系列丛书。我国著名哲学家、历史学家任继愈先生担任编纂委员会主任。本文是对任先生挂帅编纂《中华大典》艰辛历程的访谈。

2946

盛世修典 继往开来——《续修四库全书》编纂出版纪实[J]/张静山. --出版史料,2003,02:4 – 17

《续修四库全书》是新闻出版总署和国家古籍整理出版规划小组重点出版项目。本文介绍了该丛书的编纂经历,历数从1994年初策划,到2002年4月完成全部1800册编纂出版的过程和艰辛。

2947

盛宣怀藏书与刻书述略[J]/周蓉. --中国典籍与文化,2004,04:103 – 106

本文围绕我国近代史上著名官僚、买办盛宣怀在上海创办愚斋图书馆的事迹,评述其对藏书与刻书的贡献,并对其藏书和刻书的价值进行了探讨。

2948

盛宣怀与愚斋藏书[J]/吴平. --图书馆杂志,2001,03:56 – 57

本文介绍了中国近代著名官僚、买办盛宣怀的生平和藏书特点,阐述其愚斋藏书进入华东师范大学图书馆馆藏的史实。

2949

嵊州市图书馆馆藏古籍工作概述[J]/俞慧君. --图书馆研究与工作,2007,03:68 – 69

本文概述了浙江省嵊州市图书馆馆藏古籍和上报《浙江省古籍善本联合目录》的工作情况。

2950

《尸子》辨[J]/徐文武. --孔子研究,2005,04:122 – 128

本文通过考辨,认为先秦时期存在两种名为《尸子》的古籍。其一为鲁《尸子》,鲁人尸佼所著,作于战国中期;其二是楚《尸子》,楚国尸姓学者所著,作于战国晚期。鲁《尸子》早佚,今存辑本《尸子》是楚《尸子》。

2951

《尸子》汪辑本初探[J]/王彦霞. --图书馆杂志,2005,01:79 – 83

先秦古籍《尸子》至今有七种辑佚本,其中以清代汪继培辑本最优。本文探讨了汪辑本的基本面貌和特征,并通过与诸家辑本比较,分析了汪辑本的长处。

2952

诗歌研究之"第三只眼"——《越南汉喃古籍的文献学研究》评析[J]/潘慧琼. --中国诗歌研究动态,2008,01:426 – 431

本文评析了刘玉珺《越南汉喃古籍的文献学研究》的特点和学术价值,认为其在中越文化比较研究视野下,采用了文献资料搜抉与考证、实物资料辨析与参证、实地调查资料数据统计与分析、理论推引与阐发等研究方法。

2953

《诗经》出土文献和古籍整理[J]/夏传才. --河北师范大学学报(哲学社会科学版),2005,01:66 – 75

本文论述了王国维先生利用当时新发现的各种文字对《诗经》作了广泛考释,提出"二重证据法"理论,起到奠基者作用;20世纪考古发现的许多新材料,如甲骨卜辞、敦煌卷子、鲁诗石经、吐鲁番残卷、阜阳汉简、郭店楚简等,必将对诗经学研究产生重大影响。

2954

《诗经》新注释本的创造性实践——评刘毓

庆教授编著《诗经图注》两卷本［J］/夏传才. --山西大学学报(哲学社会科学版),2002,01:49 – 51

本文从正文、韵脚、注释、诗旨、章评、考评、配图等方面,分析了刘毓庆教授编著《诗经图注》两卷本的版本特色和学术价值,认为此版本是《诗经》新注释本的创造性实践。

2955

《诗经选》注音指误［J］/吴波. --古籍整理研究学刊,2001,04:9 – 10

余冠英先生的《诗经选》用现代民歌形式翻译《诗经》作品,由于缺乏音学知识,注音多有讹误。本文就其中一部分进行整理,将讹误归纳为四类,对每一个音误加以分析纠正。

2956

《诗经》训诂献疑［J］/杜晓萍. --古籍整理研究学刊,2006,06:45 – 47

本文选择前人训释《诗经》时出现的5条典型不当训释,进行补正,并从方法论层面提出应注意的问题:解释忌烦冗迂回;注意阐发文中特殊辞例所包含的丰富意蕴;对于受句法限制而产生临时意义的词语,应注重词义引申理据等。

2957

《诗经》研究的一部重要参考书——评刘毓庆《诗经百家别解考》［J］/赵逵夫,韩高年. --山西大学学报(哲学社会科学版),2003,02:125

本文对刘毓庆等编著的《诗经百家别解考》(国风部分)进行述评,从素材的挑选与整理、研究观点的推陈出新两个方面分析了该书的特点。

2958

《诗经原始》标点献疑［J］/巩曰国. --古籍整理研究学刊,2009,04:51 – 53

本文以晚清学者方玉润著作《诗经原始》中华书局点校本为例,梳理其标点方面存在的问题,包括因引文不明而致、因文意不明而致、因文本有误而致的错误。

2959

《诗经原始》之原始［J］/周艳. --古籍研究,2009,S1:76 – 82

本文对《诗经原始》自问世以来从不受重视到引发重视的过程进行了梳理,探究其背后的原因,意在使学者们更具体地看清楚文学思想史上的重要问题。

2960

《诗林广记》版本系统述略［J］/马婧. --古籍整理研究学刊,2009,06:99 – 102

宋末元初蔡正孙所撰《诗林广记》自问世后,元、明、清刊版不绝,并远播朝鲜、日本。现存十余种版本,大体归纳为元刻八行本、元刻十行本、明王瑛本、明王圻本四种系统。本文对此四种版本系统进行了比较与分析。

2961

《诗毛氏传疏》释例［D］/朱建山. --南京师范大学,2007

清代学者陈奂著作《诗毛氏传疏》从文字、训诂、名物、校勘诸方面阐发《毛传》,公认为清代古文《诗经》学研究的集大成之作。本文通过系统考察该书,从三个方面对其体例进行归纳与总结。

2962

《诗品》考实［J］/逯钦立,李思清(整理),刘孝严(整理). --古籍整理研究学刊,2010,05:1 – 21

本文是逯钦立教授20世纪40年代后期旧作,从版本、序文、成书年代、体例、评诗标准五方面,对南朝钟嵘《诗品》进行考证和阐述。在逯钦立先生100周年诞辰之际,学刊特别刊出本文,以为纪念。

2963

诗人注杜 诗心处处——评韩成武先生等《点校〈杜律启蒙〉》［J］/李新. --大学出版,2006,02:62 – 64

韩成武先生主持的《点校〈杜律启蒙〉》一书由齐鲁书社2002年出版。本文是对该书的书评,分析了其版本特点和学术价值,指出该书对于古典文学研究学界和杜甫研究学界的意义。

2964

《诗三家义集疏》点校失误辨析［J］/滕志

贤.--古籍整理研究学刊,2000,01:38-42

《诗三家义集疏》是清代学者王先谦对今文三家诗的辑佚之作。本文列举中华书局1987年点校本《诗三家义集疏》点校失误,分析其致误原因,予以辨析。

2965

诗《王梵志诗校注》札记[J]/卢甲文.--培训与研究(湖北教育学院学报),2000,03:18-21

上海古籍出版社1991年出版项楚《王梵志诗校注》;中华书局1983年出版张锡厚《王梵志诗校辑》;上海古籍出版社1990年出版张锡厚《王梵志诗研究汇录》,本文通过各版本的分析比对,梳理了对唐王梵志诗的看法。

2966

诗文书法 举国著名——忆杨沧白先生及其捐献珍贵古籍[J]/许彤.--理论界,2010,03:122-123

中国近代民主革命家杨沧白热心于古籍字画收藏,其诗词、文章、书法、文物鉴赏,均自成一家。本文介绍了杨先生诗词、书法,回顾评价其向重庆图书馆捐献古籍的事迹。

2967

《诗渊》所收戴复古集外诗[J]/王岚.--古籍整理研究学刊,2004,01:71-75

南宋诗人戴复古虽有《石屏诗集》传世,但遗逸不少。本文作者利用《〈诗渊〉索引》,将其中戴复古集外诗全部辑录编排,梳理《诗渊》《索引》摘录、编录错误,纠正前人利用《诗渊》考佚的失误。

2968

湿法金镶玉做法介绍[J]/葛瑞华,魏清.--晋图学刊,2010,01:67-68

本文以山西省图书馆古籍修复实践为例,介绍了湿法金镶玉修复的工艺,探讨其优缺点和适用度,以便于寻求更多更好的古籍修复方法。

2969

《十大才子书》和《四大奇书》的由来——兼论古籍残本零册的收藏[J]/陈孔坛.--文物鉴定与鉴赏,2010,08:90-95

本文作者查阅收集有关材料,考证了古籍《十大才子书》和《四大奇书》的由来,并结合多年整理、收藏古籍文献的经验,对古籍残本零册的版本鉴定和收藏提出若干看法。

2970

《十道志》辑佚的新资料[J]/郝艳华.--图书馆杂志,2004,03:74-76

《十道志》是唐代地理总志,早已亡佚,存世者仅有清人辑佚之作。本文作者在朝鲜刻本《樊川文集夹注》中寻得其佚文若干,为《十道志》辑佚提供了新的资料。

2971

《十国春秋》禅僧列传校读记[J]/张美兰.--古籍整理研究学刊,2002,03:77-79

《十国春秋》是记载五代十国史事的专书,由清吴任臣根据五代两宋时各种材料收编而成。本文依据五代两宋时的禅宗语录,对其中部分禅僧列传作补注,并校证部分点校错误。

2972

十六国北朝官府藏书活动述论[J]/陈德弟.--图书馆工作与研究,2004,03:40-42

本文梳理了十六国北朝的官府藏书活动,包括对图书文献的收集、典藏、管理、校雠、编目、流通、利用等内容,论述战乱状态下十六国北朝在该方面取得的成就。

2973

十六载筚路蓝缕 四十人精诚协作——《历代赋评注》编后絮语[J]/赵逵夫.--辽东学院学报(社会科学版),2010,04:84-88

巴蜀书社2010年出版了《历代赋评注》,由著名辞赋研究专家赵逵夫教授担任主编,40位从事古代文学研究学者协作完成。本文作者以参编此书的经历,对编撰过程、特点和学术价值进行了介绍和评价。

2974

"《十三经词语索引》系统"的设计和建立[J]/甘锐.--辞书研究,2000,06:42-49

"《十三经词语索引》系统"是以计算机辅助,对《十三经》中词语和例句进行检索的计算机系统。本文介绍了该系统的设计思想、结构和实现方式,分析了该系统的特点。

2975

《十三经辞典》编写的缘由、原则及特点[J]/迟铎.--辞书研究,2000,06:1-5

《十三经辞典》由陕西师范大学文学院辞书编纂研究所主持编写,陕西人民出版社2002年出版第一批五经,至2012年全部出齐,共15册。本文概述了《十三经辞典》编写缘由、编写原则和内容特点。

2976

《十三经注疏》简体横排本校点商榷——以《毛诗正义·毛诗音义》为例[J]/唐智燕.--古籍整理研究学刊,2010,04:57-61

本文梳理了北京大学出版社1999年出版的《十三经注疏》简体横排本校点方面疏漏之处:录文出错、句读疏失、校订疏漏、字体有失规范等;以《十三经注疏·毛诗正义》为例,详列疏失条目,以期修订完善。

2977

《十三经注疏校勘记》中的两类校勘记[J]/唐光荣.--古籍整理研究学刊,2004,03:48-52

阮元《十三经注疏校勘记》为清代校勘学集大成者。本文通过对带圈校勘记和带"补"字校勘记的考察,对整部《十三经注疏校勘记》的撰写体例进行了解读,并由此对此部著作成书过程作了再思考。

2978

《十三经注疏》中《三礼》注疏句读辨误[J]/万丽华.--古籍整理研究学刊,2006,02:61-64

本文以中华书局1980年版《十三经注疏》中三礼部分为对象,对其中注释句读辨误问题进行了梳理,分析归纳出若干义例,参考当今学者的研究成果,就句读处理存在较大分歧之处进行了辨析。

2979

《石仓十二代诗选》全帙探考[J]/朱伟东.--文献,2000,03:211-221

本文探考了明末诗人曹学佺编纂的历代诗选《石仓十二代诗选》,通过对流传、散佚过程和著录问题的阐释,尽量展现该书所刊刻卷帙的全貌。

2980

《石鼎联句》是否古茶书之探讨[J]/章传政,黎星辉,朱自振.--图书与情报,2006,03:132-134

本文以中国农业遗产研究室《中国农业古籍目录》中"《石鼎联句》抄本"为对象,考察了其序跋、首页和内容,以及历代书目著录情况和现在存藏情况,以阐释书名不同的抄本实质上是同一部茶书的观点。

2981

《石鼓文》北宋三拓本述要——兼评徐宝贵"又一北宋拓本之发现"[J]/赖炳伟.--古籍整理研究学刊,2002,06:88-92

本文介绍了《石鼓文》北宋三拓本的发现、流传及各翻印本情况,评述徐宝贵《石鼓文三种北宋拓本外又一北宋拓本之发现》一文的错误。

2982

《石鼓文·吴人》集释——兼再论石鼓文的时代[J]/王辉.--中国文字(在台湾地区发表),2003,29:87-108

石鼓文是先秦时期的刻石文字,因其刻石外形似鼓而得名,文字多有残缺。《石鼓文·吴人》明安国十鼓斋先锋本残存40字,郭沫若又据中权、后劲本补3字。本文比核出土考古资料,就相关文字集释提出见解。

2983

石鼓文研究的最新成果——《石鼓文整理研究》评介[J]/张世超.--古籍整理研究学刊,2009,01:95-96

徐宝贵先生《石鼓文整理研究》2008年由中华书局出版。这是其承担全国高等院校古委会重点研究项目的结项成果,也是他在石鼓文研究领域艰苦探索的总结。本文评价该书材料全、有新见、研究方法科学周密。

2984

石介钞本与《谢章铤集》之整理[J]/陈昌强.--古籍研究,2009,S1:236-243

本文综述了北宋学者石介的生平、石介钞本的发现始末以及石介与老师谢章铤的交往史实,评价了石介钞本的版本价值、文献价值,以及对《谢章铤集》整理的参考价值。

2985

石派书的体制兼论现存《青石山》的版本等[J]/陈锦钊.--通俗文学与雅正文学(在台湾地区发表),2002,03:387-407

石派书,北方鼓曲的一种,得名于清代评话艺术家石玉昆。本文以现存中长篇石派书为基础,论述了石派书的体制,石派书篇幅组织、各书引头诗词的作用,以此订正现存《青石山》石派书各种版本的疏漏。

2986

《石渠阁精订天涯不问》——一部院藏袖珍本旅行交通手册[J]/吴璧雍.--"故宫"文物月刊(在台湾地区发表),2003,248:82-87

明学者蒋时机《石渠阁精订天涯不问》是台北"故宫"博物院藏的一套袖珍本旅行交通手册。本文介绍了该书的基本内容、重编与新刻等情况。

2987

《石渠余纪》之点校订误[J]/刘丽君.--赤峰学院学报(汉文哲学社会科学版),2007,01:19-21

北京古籍出版社1985年出版的晚清王庆云《石渠余纪》点校本存在不足之处,本文以其卷一、卷二中的部分篇目为例,予以说明并订正。

2988

实施古籍保护计划若干问题的思考[J]/苏品红.--图书馆工作与研究,2008,02:57-59+65

本文对实施国家古籍保护计划中遇到的普遍性问题,尤其是参加文化部督导组调研工作过程中发现的实际问题,进行梳理、归纳,提出了解决问题的具体建议。

2989

实施古籍数字化之断想[J]/段泽勇,李弘毅.--重庆图情研究,2001,04:15-19

本文认为实现数字化是古籍整理与研究的必然趋势,针对当前古籍数字化建设中存在的问题提出一些看法。

2990

实用中医古籍丛书·随息居饮食谱[M]/(清)王士雄原著;宋咏梅,张传友点校.--天津:天津科学技术出版社,2002

本书是一部营养学专著。全书列食物331种,分水饮、谷食、调和、蔬食、果食、毛羽、鳞介七类。是研究中医食疗法、养生保健、祛病延年的必备参考书。

2991

实用中医古籍丛书·小儿推拿秘旨[M]/(明)龚云林原著;董少萍,何永点校.--天津:天津科学技术出版社,2005

本书是一部儿科推拿专著。该书介绍小儿推拿手法及穴位,收录了推拿疗法的歌诀和小儿常见病实用方。

2992

实用中医古籍丛书·针灸大成[M]/(明)杨继洲著;孙外主点校.--天津:天津科学技术出版社,2004

本书集历代名家之针论、针法和针技精华,汇集整理杨氏家学之粹,内容丰富,资料珍贵,是一部传统针灸学术的重要文献。

2993

《拾遗记》考论[D]/张春红.--西藏民族学院,2008

本文以六朝时期笔记小说《拾遗记》为对象,对该书内容、作者、美学特色、文学特征及其文学文献价值进行了考辨。

2994

食治文献发掘整理及研究[D]/王眉.--成都中医药大学,2010

本文从食治的含义、药食关系和食治史略方面入手,对中医药古籍中食治文献进行发掘、整理与研究,对其现状、面临问题和应用进行探讨,在药食关系的分析中,对药物与食物的联系与区别展开讨论。

2995

史部史钞类的发展与标准——以《四库全书总目》为核心[J]/刘德明.--兴大人文学报(在台湾地区发表),2008,41:1-21

本文以史部史钞类古籍为对象,论述了

此类古籍的形成过程;《四库全书总目》对此类的看法和标准四库;馆臣对此类的各种批评,分析总结了《总目》评价较低的原因,以及此类古籍存在的缺点。

2996

史籍正误二则[J]/彭洪俊.--消费导刊,2009,07:220

2005年中华书局出版了由贺次君、施和金点校,清代学者顾祖禹所撰《读史方舆纪要》一书。本文对书中卷四《历代州域形势南北朝隋》和《肇域志》两则进行正误。

2997

《史记》电子资源述评[J]/刘伟,胡海香.--史学月刊,2003,10:93-97

本文以《四库全书·汉籍全文检索系统》《国学宝典·二十五史多媒体全文检索系统》数据库中的《史记》电子版文献为对象,对比分析各数据库的功能和特点,总结其存在的问题,提出若干解决方案。

2998

《史记》殿本研究[D]/王永吉.--南京师范大学,2007

本文通过研究殿本《史记》的刊刻,并与明北监本、清金陵书局本对比,揭示该殿本的形成过程及其价值,总结殿本的优胜之处,为《史记》的重新校理提供参考。

2999

《史记》《汉书》校读四则[J]/葛佳才.--古籍研究,2002,04:39-40

本文作者基于《汉书》较多节录于《史记》,行文大同小异的事实,以《史记·匈奴列传》《汉书·匈奴传上》互校,汇校异文,删衍补脱,正读是讹。

3000

《史记》《汉书》校读札记[J]/周俊勋.--古籍整理研究学刊,2000,02:35-38

《史记》和《汉书》是我国历史上两部重要的史书,但两书均存在讹误。本文通过对两书相关部分的比勘,校读出书中存在错误,并分析了致误的原因,以助于更好地利用这两部书进行古籍研究和整理。

3001

《史记》、《汉书》校读札记[D]/邓晓艳.--陕西师范大学,2006

本文运用对校法和他校法校读《史记》和《汉书》中的相关篇章,找出两部书中的异文和不同之处,利用训诂学、音韵学及古代汉语知识等对部分异文中的用词及语法现象进行分析。

3002

《史记》校辨四家谈[J]/赵生群,方向东,谢秉洪,吴新江.--古籍整理研究学刊,2010,03:48-66

1959年中华书局出版了标点本《史记》,本文梳理了该书编写过程、学术成就和存在的问题,针对南京师范大学四位学者校点《史记》形成的观点进行了校辨。

3003

《史记》校点本讹误辨正[J]/王华宝.--古籍整理研究学刊,2003,03:84-88

中华书局校点本《史记》存在可商榷之处。本文就校点本底本之讹衍脱倒、漏校及误校、标点不当等疑误之处,在前人和旧作的基础上,又检出30余条,进行辨正,以供参考。

3004

《史记》校点发正[J]/苏芃.--古籍整理研究学刊,2010,01:107-112

本文针对中华书局整理本《史记》中存在的校点问题,参照《史记》的其他传本,结合有关资料,撰成札记20则,进行讨论辨正。

3005

《史记》校读札记[J]/胡伟.--语文学刊,2006,09:58-59

本文介绍了《史记》在史学研究中的重要地位,论述了"三家注"为人们阅读《史记》提供的便利,以及中华书局校点本存在的问题,提出若干看法,仅供参考。

3006

《史记》校勘研究[D]/王华宝.--南京师范大学,2004

本文以中华书局校点本《史记》为对象,

从古文献学的角度，综合运用校勘学、版本学、汉语史和文化史方面知识，参考相关资料，进行了系统的校勘研究。

3007

《史记》金台汪谅刊本简述［J］/吴丽冠. --新北大·史学（在台湾地区发表），2007，05：107 - 115

本文论述了《史记》金台汪谅刊本的校订缘起、流传和收藏情况，结合清代士人的评价，对其存在问题和价值进行了探析。

3008

《史记》三十世家校诂［D］/蔡德龙. --南京师范大学，2007

本文以中华书局点校本《史记》为据，选取其中"三十世家"部分，对其中疑点，广参诸家之说，加以研究、校勘和训诂。文章采用传统学术札记的形式，以期对《史记》文本整理、词语训诂略有助益。

3009

《史记》整理平议［J］/王华宝. --南京师大学报（社会科学版），2003，05：149 - 155

中华书局校点本《史记》存在新生文字差错、径自改移增删、脱漏校改符号等问题。本文从各种底本对校、古籍整理规范、学术成果吸收方面加以论述，认为随着学术研究的深入，对《史记》有重加整理的必要。

3010

《史记志疑》点校举疑［J］/李淑燕. --古籍整理研究学刊，2004，03：53 - 56

清代学者梁玉绳的《史记志疑》由中华书局点校出版。本文列举了该版本的一些疏误之处，包括标点错误、讹文、脱文、衍文、倒文、错乱六个方面。

3011

史学理论与史学史文献整理的新成果［J］/凌晨. --北京师范大学学报（社会科学版），2008，03：36

《中华大典·历史典·史学理论与史学史分典》2007 年由上海古籍出版社出版。本文是对该书的书评，分析了其特点和学术价值，认为该书是史学理论与史学史文献整理

的新成果。

3012

"史学三裴"在文献学上的贡献［J］/王纯. --图书与情报，2001，03：68 - 70

南朝时期史学世家裴松之、裴骃和裴子野祖孙三代，对前人著作进行了高水平的注释和学术研究。本文对"三裴"在文献学上的家承和贡献作了探讨和述评。

3013

《世本》版本流变略论［J］/原昊. --大庆师范学院学报，2008，03：82 - 84

本文对先秦时期史学著作《世本》的版本流变进行考证，认为其可分为两个阶段，即诸侯、大夫的家谱记载以至小史汇编成专书阶段和该书的整理、注释及散佚阶段。

3014

《世本集览》手稿本之文献价值［J］/崔富章，周晶晶. --文献，2010，04：52 - 58

本文论述了先秦时期重要史籍《世本》的流传及其文献价值；介绍了清王梓材《世本集览》手稿本及其文献价值，并对 2007 年北京图书馆出版社（今国家图书馆出版社）影印出版该书的"影印说明"作了补正。

3015

《世本·作篇》七种辑校［J］/原昊，曹书杰. --古籍整理研究学刊，2008，05：41 - 49

本文以《作篇》为例，将《世本》七家辑佚之文排列比较，校订文句、比勘引书以核异同，并力图为《作篇》研究提供较为清晰的平台。

3016

世界的记忆遗产——抢救保护少数民族古籍意义重大［J］/普学旺. --今日民族，2004，06：39 - 40

本文从政治、经济、历史、文化等方面，论述了整理保护云南省少数民族古籍的重要意义。

3017

《世说新语》书名异称辨疑［J］/尤雅姿. --兴大人文学报（在台湾地区发表），2002，32上：39 - 54

《世说新语》是魏晋南北朝时期"笔记小说"的代表作。本文针对书名异称问题作一辨析，认为南朝刘义庆之名为《世说》；唐以后《世说新书》之名数见于文籍；北宋末年迄今，通行书名刊定为《世说新语》。

3018

《世说新语新校》商榷——兼及校勘古籍应注意的一些问题[J]/李传书.--古籍整理研究学刊,2006,04:46－49

《世说新语新校》李天华著，岳麓书社2004年出版。本文就该书中数条校文提出商榷，认为校勘原文所引古书，应以外校法为主；原文文从字顺，不必另行标新立异；"音近义通"可作为校勘依据，不可滥用。

3019

《世说新语》札记[J]/游黎.--古籍整理研究学刊,2001,01:50－55

本文参照前人研究成果，对《世说新语》中部分字词的释义和两则标点问题提出新的见解，提出对古籍的整理与研究不能脱离原文的内容、产生时代、文化背景等要素而独立存在。

3020

《世说新语》注引袁宏《名士传》考略[J]/张亚军.--古籍整理研究学刊,2010,03:25－28

东晋文学家袁宏所著《名士传》，记述了魏晋名士的逸闻轶事，南朝梁刘孝标注《世说新语》保存了该书多则史料。本文对《名士传》与《世说新语》之间的渊源进行了考据。

3021

市场化下的古籍出版[J]/止庵.--出版广角,2007,04:11－12

本文探讨了市场化下的古籍出版问题，认为古籍出版不能完全市场化，只能部分市场化。

3022

《事类赋注》的文献学研究[D]/魏小虎.--华东师范大学,2004

《事类赋注》宋吴淑撰，类书。本文从标题、注文入手，揭示该书引文基本出自《太平御览》；在辨明两书内容异同及其原因的基础上，通过若干实例阐述如何对其文献价值做出全面、恰当的评估和充分合理的利用。

3023

《〈事类赋注〉引汉魏六朝赋考》疏误考——与程章灿先生商榷[J]/魏小虎.--津图学刊,2004,01:21－22

本文针对南京大学程章灿教授所撰《〈事类赋注〉引汉魏六朝赋考》一文所用校勘方法可商榷之处，择其要者，略作叙考，包括6处辑佚问题和19处校勘问题。

3024

视病如亲——唐代医家孙思邈及其医著《千金方》[J]/吴璧雍.--"故宫"文物月刊(在台湾地区发表),2005,267:56－62

本文从孙思邈其人、大医习业与大医精诚、《千金方》传承等方面，介绍了唐代医学家孙思邈及其著作《千金方》相关情况。

3025

试论标点古籍应具备的相关知识[J]/邹芳.--邯郸职业技术学院学报,2009,02:34－36

本文论述了标点古籍的必要性，以及古籍标点必须掌握的重要知识，包括古汉语知识、古代文化常识、古籍整理校勘知识等，并以例佐证和探讨。

3026

试论藏书印的源流、类型及功能[J]/熊焰.--东南文化,2003,08:36－39

本文通过介绍藏书印的基本概念、历史上的应用情况以及在现代的传承应用，探析了藏书印的源流、类型和功能，对古籍及藏书印诸方面的研究和利用具有现实意义。

3027

试论陈垣对古典文献学的贡献[J]/邹应龙.--山东图书馆季刊,2006,03:75－78

本文回顾了我国著名史学家陈垣在文献保护、编目整理和目录学方面的工作成就，论述了陈垣先生对我国古典文献学走上科学化发展道路，开辟和规整目录学新的编撰体式，建立科学完整的校勘学理论与方法论的贡献。

3028

试论程敏政《新安文献志》[J]/何庆善. --古籍研究,2002,02:69-73

明代程敏政编写的《新安文献志》是研究徽州文化的资料专书。本文对该书在主旨立意、资料搜集和考据辨伪方面的特点进行了分析介绍。

3029

试论大型索引项目的管理工作——谈《古今图书集成索引》的管理工作[A]/林仲湘. --中国索引学会. 2005 年中国索引学会年会暨学术研讨会论文集[C],2005

《古今图书集成索引》由广西大学编写,1985 年初刊。本文结合作者工作实践,从现代管理学角度,对《古今图书集成索引》编写过程中决策、组织、控制、创新和领导等经历和心得进行了介绍和分享,分析总结了不足之处。

3030

试论地方文献对地方文化的延续功能——以绍兴图书馆为例[J]/赵任飞. --图书馆研究与工作,2008,03:66-67

本文以绍兴图书馆为例,探讨了通过复制、翻印、编目,以及利用现代计算机技术,对古籍地方文献进行数字化管理,实现资源共享的工作经验,为地方文献的保存、延续和弘扬找到了更为持久的途径。

3031

试论丁惟汾先生的方志观及其对《惠民县新志》的影响[J]/唐桂艳. --中国地方志,2008,08:35-38

本文根据山东省图书馆藏《惠民县新志》稿本和其中信函两通,介绍了近代学者丁惟汾对方志的认识,分析了他对方志体例以及具体类目设置的见解,以期为方志编纂理论总结作有益的探索。

3032

试论《读书敏求记》在版本目录学上的意义[J]/贾卫民. --津图学刊,2004,03:63-65

本文介绍了清代藏书家钱曾编制书目《读书敏求记》的事迹,从率先编辑善本书目、

重视版本考订、注重版刻风貌、从群体角度考察版本现象四个方面论述了该书在版本目录学上的意义。

3033

试论佛教著作对古籍编撰的影响[J]/曹之. --图书馆论坛,2009,06:265-270+264

古代佛教著作数量众多。本文主要论述佛教著作对于古籍编目、翻译、义疏、学案、语录、文学著作的影响。

3034

试论佛经出版对古代出版的影响[J]/曹之. --山东图书馆学刊,2009,05:1-5

本文从重视底本、组织严密、校勘精审、"经生"和经折装、雕版印刷的先行者等方面论述了佛经出版对古籍出版的影响。

3035

试论高校图书馆古籍保护工作的人才问题[J]/朱慧,杨兴山. --情报探索,2008,10:88-90

本文介绍了高校图书馆古籍保护与利用的现状,分析了目前古籍保护工作的古籍整理、修复与数字化的人才问题,提出了相应的培养方法。

3036

试论高校图书馆新方志的收藏[J]/孙谷秀,周正颖. --广西地方志,2000,01:35-36

本文作者结合在湖南师范大学图书馆长期收集地方志的工作实践,从收集、管理、利用三个方面梳理体会,以期对业界人员提供启示。

3037

试论公共图书馆古籍收藏特征与开发利用[A]/王红芳,王玉清. --甘肃省图书馆学会. 甘肃省图书馆学会 2008 年年会论文集[C],2008

本文介绍了公共图书馆古籍收藏保护的特征,并对收藏的独特性、日常维护、古籍的开发加以论述。

3038

试论古典诗歌异文校勘的方法[A]/胡绍文. --上海市社会科学界联合会. 生命、知识与

文明——上海市社会科学界第七届学术年会文集(2009年度)哲学·历史·文学学科卷[C],上海:上海人民出版社,2009

由于版本源流、传抄失误和后人窜改等原因,古典诗歌出现异文,而且其校勘与其他文体不尽相同。本文依据中华书局1979年版《全唐诗》,结合其中杜诗异文,探讨了古典诗歌异文校勘的方法。

3039

试论古籍版本学的产生时期[J]/曹之. --新世纪图书馆,2006,01:7 - 9 + 14

本文分析了古籍版本学特点,认为从同书异本的大量出现、校勘工作的蓬勃开展、善本概念的形成、版本目录《七略》的出现,说明先秦两汉时期已经产生了古籍版本学。

3040

试论古籍版本学的成熟时期[J]/曹之. --图书与情报,2007,02:103 - 106

本文从同书异木及其研究、善本观、标志性成果等方面,论述了宋代古籍版本学的成就,提出宋代是古籍版本学的成熟时期。

3041

试论古籍编撰的意义[J]/吕娟,杨青. --科技信息(学术版),2006,03:266 - 267

本文通过对我国古代编撰古籍原因的分析,阐述了古籍编撰的现实意义:弘扬民族优秀文化;促进地方经济发展;提高民族自信心、增强民族自豪感;推动文献学理论深化和发展;借古鉴今、繁荣现代编撰事业。

3042

试论古籍插图的数字化[J]/杨之峰. --江西图书馆学刊,2007,04:118 - 119 + 122

本文以历代绘画目录的著录项目、大型搜索引擎的检索功能和专题图像数据库的实践为依据,探索了古籍全文数据库中所附插图的检索途径。

3043

试论古籍电子化的理想模式[J]/张尚英. --中国典籍与文化,2001,04:17 - 24

本文论述了电子化古籍较传统古籍简单方便、省时省力、准确性高、传输快捷、不易漏检、能穷尽、能统计等优势,探讨了古籍电子化这种新型古籍整理方法的理想模式。

3044

试论古籍庋藏与保护[J]/康芳芳. --科技情报开发与经济,2010,20:40 - 42

本文介绍了古籍庋藏与保护的现状,阐述了古今学者对此提出的观点,对比分析了古代与现代保护古籍的途径和方法,揭示了古籍庋藏与保护工作的历史延续性、变化性及重要性,为做好古籍保护工作提供了参考。

3045

试论古籍数字化的国家宏观政策体系[J]/郜丽红. --中州大学学报,2010,04:39 - 41

本文在介绍我国古籍数字化建设现状的基础上,论述了制定古籍数字化国家宏观政策的社会意义,探讨了我国古籍数字化宏观政策体系的构建问题。

3046

试论古籍索引与古籍索引电子化[J]/韩琴. --情报科学,2010,07:1113 - 1116

本文结合我国古籍索引工作的具体实践,对计算机用于古籍索引编制所带来的古籍索引电子化实践作了论述。

3047

试论古籍文献管理人员的学养[J]/杨士安. --科技情报开发与经济,2005,02:55 - 56

本文从素质涵养、技术素养、理论修养、文化学养等方面阐述了古籍文献管理人员应具备的学养,提出了提高古籍文献管理人员学养的基本途径。

3048

试论古籍修复人才的培养模式[J]/刘小兵,顾宁一. --南京中医药大学学报(社会科学版),2007,02:86

本文分析了我国目前需要修复的古籍数量与古籍修复人员数量比例失衡、一大批专业修复人员退休或转行、有些修复绝技面临失传,论述了开展古籍修复专业人才培养工作的紧迫性,并就古籍修复人才的培养模式作一探讨。

3049

试论古籍修复人才的现状与培养[J]/林崇

煌. --浙江高校图书情报工作,2000,01:52 –
54

本文列举了古籍修复人才的现状,分析
了造成修复人才奇缺的原因,阐述应从领导
支持、有效管理、资金使用、开展活动等方面
培养古籍修复人才。

3050

**试论古籍修复职业准入制度的建立[J]/田
丰. --出版科学,2009,04:61 – 64**

本文从分析古籍修复专业要求和社会化
趋势入手,提出应尽快建立古籍修复职业准
入制度,包括推行古籍修复人员从业与执业
资格认证、古籍修复机构准入条件与资质评
定、设立古籍修复行业协会等。

3051

**试论古籍序的作用[J]/姚维保,韦景竹. --
津图学刊,2004,05:33 – 35**

本文通过对古籍文献序文的分析,总结
出古籍序五方面的作用:导读功能,学术功
能,推荐功能,宣传功能,欣赏功能。

3052

**试论古籍整理[J]/汪琳. --兰台世界,2010,
04:60 – 61**

本文论述了古籍整理对保存中华民族文
化遗产,弘扬中华民族优秀文化,为学习、研
究古文献提供帮助的作用,提出要加强对古
籍的保护,加强人力、财力的投入,大力推进
古籍文献的数字化建设。

3053

**试论古籍整理研究数字化、信息化的现状
与问题[A]/祝尚书. --中华书局编辑部. "中
国传统文化与21世纪"国际学术研讨会论文
集[C],北京:中华书局,2003**

古籍整理与研究作为一门具有中国特色
的古老学科和传统学术,应该尽快实现数字
化、信息化。本文介绍了我国古籍整理研究
数字化、信息化的进展和现状,论述了存在的
不足和问题。

3054

**试论古籍资源的开发利用[J]/蒋莉,张千
年. --山东图书馆季刊,2005,01:108 – 111**

本文介绍了我国古籍资源开发利用工作
存在的诸多问题,分析了相关原因,提出在加
大对古籍这种特殊文献信息资源保护的同
时,应采取有效措施,提高古籍资源的开发利
用率,以充分发挥其价值。

3055

**试论馆藏古籍保护管理工作[J]/陈永耘. --
图书馆理论与实践,2003,05:96 – 97**

本文以宁夏博物馆馆藏古籍为例,对其
存藏现状进行了综述,分析讨论了古籍保护
工作应注意的问题和采取的措施,进一步揭
示了古籍及其保护管理工作在文博事业中的
重要性。

3056

**试论贵州彝族古籍整理及分类[A]/范
波. --彝族古文献与传统医药开发国际学术研
讨会组委会. 彝族古文献与传统医药开发国
际学术研讨会论文集[C],昆明:云南民族出
版社,2001**

本文对贵州彝族古籍存藏现状、古籍特
性及其整理工作中的得失进行综述,在此基
础上,主张采用《中国图书馆图书分类法》的
分类方法,对彝文古籍作新的分类整理,以利
查阅和方便读者。

3057

**试论《国家珍贵古籍名录》中的几处缺憾
[J]/刘树伟. --图书情报工作,2009,19:135 –
137 + 31**

本文以《第一批国家珍贵古籍名录》为对
象,探讨了其中四个存疑问题,论证了《天盖
楼四书语录》《西清古鉴》《全唐诗》《古文渊
鉴》的版本情况,并进行了正误。

3058

**试论河南古籍文献的服务与利用[J]/杨
凡. --时代教育(教育教学),2010,10:297 –
298**

本文论述了时下古籍文献服务与利用的
基础,以及重藏轻用、人员素质、普查平台等
方面的不足,提出以古籍普查为前提,以古籍
数字化为资源保障,以读者与馆员的互动为
主导的文献服务利用构想。

3059

试论洪颐煊《读书丛录》的校勘方法与特点
[J]/贾慧如. --历史文献研究,2008,01:267 –
277

本文以清代乾嘉时期学者洪颐煊的考据
学著作《读书丛录》为例,对其校勘方法进行
了分析,总结了乾嘉考据学家校勘文献的突
出特点:学者的校勘;在具体校勘中,重视异
文而非版本。

3060

试论洪颐煊《读书丛录》的文献学成就
[D]/贾慧如. --北京师范大学,2007

本文对洪颐煊《读书丛录》的文献学成就
进行了探讨,提出该书卷二十四纯考宋元版
本,具有版本目录学的功用,总结了洪氏版本
学分析,注重考察书籍版本价值和学术价值,
不佞古本,重实际价值的特点。

3061

试论黄省曾刻《谢灵运诗集》的意义与作用
[J]/吴冠文. --深圳大学学报(人文社会科学
版),2007,05:104 – 110

明代黄省曾刻本《谢灵运诗集》是现存谢
灵运诗集中最早的版本。本文通过考察明代
其他谢集重要辑本,发现该本在谢集整理中
具有不可替代的作用,认为由于未留意这一
重要版本,现有的谢灵运作品整理本均存有
不小的缺憾。

3062

试论加强民族古籍的搜集与保护在民族地
区图书馆事业中的重要作用[J]/敖日娜. --西
域图书馆论坛,2010,02:11 – 13

本文论述了加强民族古籍的搜集与保护
在民族地区图书馆事业中的重要作用,包括
提高民族地区图书馆核心竞争力,在地区经
济建设、民族团结教育中发挥积极作用,为当
地群众营造丰富多彩的人文环境和充实的精
神世界。

3063

试论《金刚经》灵验记在汉语史研究中的意
义和价值[J]/陆琳. --求索,2008,09:174 –
176

本文论述了唐代时兴起的《金刚经》灵验
记在汉语史研究中的意义,分析了相关研究
对汉语史、古籍整理、辞书编纂的重要价值。

3064

试论科学发展观与图书馆古籍的保护和利
用[J]/李晓宁. --当代图书馆,2010,03:59 –
62

本文结合理论与实践,阐述了如何处理
好古籍保护与古籍的关系;如何科学有效地
保护好古籍和科学合理地利用好古籍,认为
古籍管理部门应认真领会"以人为本"的精神
实质,在实践中全面提升自身的综合素质和
服务水平。

3065

试论黎族古籍及其社会价值[J]/高泽强
(昂·德威·宏韬). --新东方,2010,05:27 –
31

本文介绍了四种黎族古籍(口碑、汉文、
外文、实物),从神话、语言、历法、地名、黎锦、
石器六个方面分析了黎族古籍的文化内涵,
论述了黎族古籍在学术研究、旅游开发和传
统美德三个方面的价值。

3066

试论理学对古籍整理的影响及宋校本《千
金要方》的特点[J]/曾凤. --北京中医药大学
学报,2010,07:447 – 448

本文论述了理学对宋代古籍整理的影
响,从理论化、条理化、系统化、实用性四个方
面分析了宋校本《千金要方》的特点。

3067

试论《梁溪词选》的版本[J]/林玫仪. --中
国文哲研究通讯(在台湾地区发表),2003,
02:209 – 216

《梁溪词选》是清代学者侯晰所编词集,
有浙江图书馆藏本、上海图书馆刻本、上海图
书馆钞本三种版本。本文对比梳理了三种版
本异同之处。

3068

试论刘承干的藏书思想[J]/张红燕. --河南
大学学报(社会科学版),2005,01:130 – 133

本文介绍了近代私人藏书家刘承干兴建

嘉业堂藏书楼,广泛收藏宋元精椠、明清书籍、稿抄本的事迹,分析了其藏书思想,对其开放借阅藏书、刊刻流通珍秘古籍、校勘严格的开明作法予以肯定,并对嘉业堂的衰落进行了思考。

3069

试论留学人员在古籍回归中的价值担当[J]/王文风,王曼茹.--图书馆学刊,2009,07:19 - 20 + 36

本文探讨了利用公派留学人员参与古籍回归事业的可行性,认为该工作为留学人员提供了报效祖国、发挥聪明才智的平台,节省财力人力又容易签证成行,在培养人才的同时抢救回归了流失古籍。

3070

试论卢文弨书信中校勘思想方法[J]/王璐.--西北农林科技大学学报(社会科学版),2009,03:137 - 140

本文介绍了清代校勘学大师卢文弨从事校勘事业的情况,以《抱经堂文集》为对象,分析研究了收集于其中的卢文弨现存书信,探讨了书信中的校勘思想和方法,举例说明书信中所见卢文弨校书的不足之处。

3071

试论民族地区加强少数民族古籍保护的重要意义——从大理州民族古籍保护工作说起[A]/杨建萍.--中国民族图书馆.第十次全国民族地区图书馆学术研讨会论文集[C],沈阳:辽宁民族出版社,2008

本文从大理白族自治州民族古籍保护工作说起,论述了古籍保护对民族地区文化建设和经济建设的重要意义,结合大理州古籍保护工作具体做法,提出民族地区的古籍保护应突出特色,扎实做好基础工作。

3072

试论民族古籍的特征[J]/吴曙光.--贵州民族研究,2004,01:74 - 78

民族古籍是中国古籍的一个重要而特殊的组成部分。本文就民族古籍馆藏概况和特征展开讨论,分析了目前民族古籍图书尚未形成规范统一的分类和馆藏及其原因,意在解决对民族古籍馆藏的认识问题。

3073

试论民族古籍整理的科学性——以壮族古籍整理为例[J]/梁杏云.--广西民族研究,2001,01:51 - 54

本文以壮族古籍整理为例,论述了民族古籍整理的科学性:做好版本鉴定,选取较古老、完整的善本进行整理;保留古籍原貌,翻译力求准确达意,体现民族文化特征;注释贴切精辟,揭示民族古籍中丰富而深刻的文化内涵。

3074

试论明代丛书《古今逸史》的特色与价值[J]/周亚萍.--邯郸职业技术学院学报,2007,01:52 - 54 + 57

本文从明吴琯编《古今逸史》的选材与体例、分类以及文献价值三个方面分析了该部丛书的成就。

3075

试论清代的公私藏书[J]/徐寿芝.--盐城师范学院学报(人文社会科学版),2001,02:127 - 131

本文分析了清代图书事业得到空前发展的原因,介绍了以"七阁"为主的皇室藏书、以《四库全书》为代表的官府藏书和藏书名家名楼的私人藏书,论述了清代藏书保存古籍文化,对近现代图书馆事业发展的启迪作用。

3076

试论清代古籍版本学的成就[J]/曹之.--图书馆论坛,2006,06:341 - 346

本文从同书异本研究、善本观、版本学家和标志性成果等方面论述了清代古籍版本学的成就,提出清代是古籍版本学的繁荣时期。

3077

试论日本所编的中国古籍索引[J]/陈东辉.--文献,2005,02:74 - 91

日本汉学界对中国古籍索引非常重视,结合有关学术研究编制了大量中国古籍索引。本文介绍了日本所编中国古籍索引的种类和名目,对其常用的排序方法和特点进行了分析,指出这些索引的学术价值。

3078

试论《儒藏》"论部"的分类方法［J］/舒大刚.--古籍整理研究学刊,2006,01:52－59

《儒藏》是儒学文献的大型丛书。本文历考古今目录分类方法,以自创"三藏二十四目"分类体系,贯通"四部",归本儒学,提出在《儒藏》"论部"按"儒家""性理""礼教""政治""杂论"五类著录儒家理论文献。

3079

试论少数民族古籍的开发与保护［A］/金勇,金智力.--中国民族图书馆.第九次全国民族地区图书馆学术研讨会论文集［C］,沈阳:辽宁民族出版社,2006

本文从我馆少数民族古籍开发与利用现状、特点、思路、保护少数民族古籍的对策四个方面,论述了少数民族古籍的开发与保护。

3080

试论少数民族古籍的数字化及数据库建设［A］/苏光红.--中国民族图书馆.第十次全国民族地区图书馆学术研讨会论文集［C］,沈阳:辽宁民族出版社,2008

本文对少数民族古籍数字化的意义、特点、优势及数据库建设中应该注意的问题作了探讨,强调少数民族古籍数字化对学术研究的基础性作用和为读者提供便捷、准确查询工具的价值。

3081

试论少数民族古籍人才培养［A］/黄川.--中国民族图书馆.第十次全国民族地区图书馆学术研讨会论文集［C］,沈阳:辽宁民族出版社,2008

本文结合少数民族古籍人员素质的现状,提出了少数民族古籍人才培养的几点建议和意见。

3082

试论少数民族古籍整理出版中的若干问题［J］/米娜瓦尔·艾比布拉·努尔.--新疆社科论坛,2008,01:90－91

本文以新疆少数民族古籍整理、编辑、出版工作为例,从少数民族古籍的选材、质量管理、电子化等方面分析了目前面临的问题,也

对解决方法进行了探讨。

3083

试论少数民族古籍之抢救保护［A］/姚炳烈.--贵州省档案局、贵州省档案学会.贵州省档案局、贵州省档案学会"纪念贵州省档案馆成立50周年"学术交流会论文集［C］,2010

本文介绍了少数民族古籍的概况与分类,从提高对该工作重要性的认识;明确指导思想,坚持抢救保护原则;突出重点;加强法制教育宣传工作方面,论述了如何加强对挖掘和抢救少数民族古籍重要性的认识,及其方式方法。

3084

试论实施古籍修复资质认证管理的必要性与可行性［A］/张平.--中国中医科学院中医药信息研究所.首届中医药信息发展大会［C］,2006

本文围绕古籍修复资质认证管理这一问题进行探讨,对资质认证管理方式的产生与应用、实施古籍修复资质认证的必要性、可行性、古籍修复机构资质认证、古籍修复人员资格准入等进行了论述。

3085

试论《说文解字系传》的文献学价值［J］/杨恒平.--图书馆论坛,2007,04:151－154

本文从五代《说文解字系传》博引古书,对《说文解字》进行注解这个角度加以分析,认为其保存了大量现已散佚的古代典籍,学术价值不仅仅限于文字学范畴。在文献学方面,对于辑佚古书和校勘今存古籍亦极具价值。

3086

试论《四部丛刊》出版特点版本成就及局限［J］/杜少霞.--图书馆工作与研究,2007,06:75－77

《四部丛刊》是民国时期商务印书馆出版的大型古籍丛书。本文在简介《四部丛刊》出版特点的基础上,分析论述了其在版本方面的成就和局限。

3087

试论《四库全书总目·小学类》之序与语文

思想［J］/陈美琪. --儒学研究论丛（在台湾地区发表）,2010,03:249 - 276

本文以《四库全书总目》小学类为对象,辨析小学类之序文,并借以考见四库馆臣在权力、知识下的语文思想与有清一代的学术思潮。

3088

试论《四库全书总目》《中国古籍善本书目》的分类得失［J］/杨梅,孙玉钊,王瑛. --云南档案,2008,01:56 - 59

本文从经、史、子、集四个部分入手,对清《四库全书总目》和中华人民共和国成立以后编修的《中国古籍善本书目》子目以及子目下细类的比较,总结两书在目录划分上的优点和不足之处。

3089

试论孙诒让的版本观［J］/窦秀艳,李海英. --图书馆理论与实践,2003,02:85 - 87

本文论述了晚清文献学家孙诒让对古籍版本鉴别、考证、校勘的方法及态度,认为今日仍有值得借鉴之处。

3090

试论陶弘景对保存《神农本草经》原貌的贡献［J］/柳长华,丁侃. --环球中医药,2009,03:203 - 204 + 213

本文通过对《本草集注第一序录》写本的考察,分析了南朝梁时陶弘景所处的历史时期、整理古籍的态度和具体的整理方法,认为陶氏严谨的治学态度和开创性的工作,为《神农本草经》原貌的保存做出了巨大贡献。

3091

试论图书馆古籍工作的任务和人才培养［J］/陈莉,韩锡铎. --图书馆论坛,2005,05:56 - 58 + 125

本文围绕图书馆古籍工作呕待完成的任务;完成这一任务工作人员必备的素质;如何达到这一素质三个问题,论述了图书馆古籍人才培养工作。

3092

试论图书馆古籍文献的破坏因素及保护措施［J］/吴宏想. --魅力中国,2010,06:234

本文从实际工作出发,概述了当前县级图书馆古籍文献存藏现状和文献遭到损毁的常见原因,分析古籍保护经费和高科技设备不足,古籍保护观念不到位等问题,有针对性地提出加强保护的措施建议。

3093

试论网络环境下古籍图书的保护与利用［J］/石岩. --理论观察,2009,05:153 - 154

本文论述了网络环境下对古籍图书开展保护的必要性,认为必须大力探索适合网络环境的保护与利用途径,认真研究古籍数字化中存在的问题,制订应对策略。

3094

试论伪书的辨别及其对档案文献编纂的启示［J］/徐欣. --云南档案,2008,01:61 - 62

本文分析了伪书出现的原因,论述了伪书混淆史料价值、模糊文献真正价值的危害,阐明了辨伪的原则和方法,并结合工作经验谈了辨伪对档案文献编纂的启示。

3095

试论《文选》李善注的文献史料价值［D］/杜松. --南京师范大学,2008

本文以南朝《文选》李善注为对象,通过考证引书数量、分析引用文献在实际运用中的方法类型和存在的不足,对李注的文献史料价值进行了综合探讨,认为对李注引书的研究,受材料限制等因素影响难以有定论。

3096

试论我国古代文献保护的技术方法［J］/傅文奇,张桓. --山东图书馆季刊,2005,03:118 - 121

本文从古代文献的墨、防蠹纸、辟蠹药、建筑保护、管理等方面探讨了古代文献保护的技术方法。

3097

试论我国古籍保护的行业管理［J］/田丰. --理论界,2009,04:159 - 160

本文论述了古籍保护行业具有保护对象珍贵性、保护技术专业性、保护措施国家性、保护工作社会性等特点,提出在现阶段古籍保护行业管理中加强人才专业培养、建立职业准入制度、设立行业协会等有关措施。

3098

试论我国古籍数字化建设的机制创新[J]/杨琳瑜,邢继光.--通化师范学院学报,2010,12:66－68＋71

本文阐释了古籍数字化建设过程中存在的观念、技术、管理、市场、人才和经费等障碍;从更新观念、加快技术研发、统筹管理规范市场、国际合作和人才培养等途径破除障碍等方面,论述了古籍数字化建设的机制创新。

3099

试论我国藏缅语民族古籍传统分类体系及其继承发展[J]/李敏.--图书馆理论与实践,2008,03:123－126

本文以藏缅语诸民族古籍中的纳巴文古籍、藏文古籍、彝文古籍为例,梳理这些古籍传统分类体系和分类思想,介绍和分析近现代专家学者对民族古籍分类的探索与成果,对目前如何继承与发展这些传统分类体系提出作者见解。

3100

试论西部大开发中古籍地方文献的保护与利用[J]/邢丽娟.--甘肃省经济管理干部学院学报,2002,03:27－29

本文论述了保护和利用古籍地方文献对西部大开发的重要意义,介绍了古籍地方文献的保护技术,提出必须注重新技术在实践中的应用,使其物尽其用,为西部的繁荣做贡献。

3101

试论现代化语境中民族古籍的出路问题[J]/吴曙光,张丽霞.--图书馆,2008,03:97－99

中国少数民族古籍原件收集的历史悠久,成绩斐然。但在现代化语境中,由于《中图法》没有给民族古籍作为单一类设置,没有作为专题文献集中收藏,问题颇多。本文探讨了民族古籍的出路问题,必须走向数据网络化,攻克民族文字数字化的技术难关,以实现信息资源的共建共享。

3102

试论新疆少数民族古籍文献资源的开发利用[J]/巴哈提·乌塔尔拜.--内蒙古科技与经济,2009,18:137－138＋140

本文介绍了新疆地区少数民族古籍文献搜集整理出版的现状和资源优势,论述了少数民族古籍文献开发利用的重要意义。

3103

试论《医方类聚》对《儒门事亲》文献研究的贡献[J]/肖国钢.--中医文献杂志,2007,04:20－22

本文论述了明代《医方类聚》所辑录的《儒门事亲》的文献价值,总结了其对文献研究、校勘、中外医学交流史研究的重要意义,并对一些校勘工作进行了举例分析。

3104

试论俞樾的校勘学成就[J]/杜季芳.--西华师范大学学报(哲学社会科学版),2009,03:29－32

本文介绍了清末校勘训诂学家俞樾的校勘学思想,和他以校勘取胜的三部著作;论述了俞樾校勘学成就:说明校勘的起源与必要性,归纳校勘条例,指出校勘的方法和注意事项等,为后人校勘古籍提供了宝贵经验。

3105

试论《原本玉篇残卷》引书材料的文献学价值——以引《左氏传》为例[J]/苏芃.--图书馆杂志,2006,12:74－77

《原本玉篇残卷》顾野王作,中华书局1985年出版。该书保留了大量的古籍书证引文,本文以其中征引《左氏传》为例,探讨了这些书证引文的文献学价值。

3106

试论早期儒家经典的文本歧变——简本《缁衣》与传世本《礼记》再对比[J]/郜同麟.--浙江社会科学,2010,11:96－100

本文通过对比研究简本《缁衣》与传世本《礼记·缁衣》,考察其文字歧异,论述战国到汉初儒家经典文本歧变的一般规律,包括外在语言形式的改善、儒家思想的增强以及学术思想的转向。

3107

试论张金吾《爱日精庐藏书志》及其著录版

本之特色[J]/詹晓惠. --东吴中文线上学术论文(在台湾地区发表),2009,07:31 – 44

《爱日精庐藏书志》系清代江苏常熟藏书家张金吾著。本文综述了张金吾生平传略、"爱日精庐"藏书、《爱日精庐藏书志》现藏版本情形、版本目录、著录特色等,揭示了该书对后代藏书家、版本著录等方面的深远影响。

3108

试论张元济对古籍整理的贡献[J]/郝永伟. --南昌教育学院学报,2007,03:58 – 61

本文从搜访求购丰赡的善本书资源、精校精勘的为人作嫁襟怀、坚实的出版步履三个方面,论述了现代出版业之父张元济对古籍整理的贡献。

3109

试论张元济"书贵初刻"思想的成因与实践启示[J]/寿勤泽,高奋. --中国出版,2007,11:46 – 49

本文详细分析了张元济"书贵初刻"思想的历史成因和该思想在古籍校印中的实践运用案例,并评价了该思想在古籍整理出版上的得失。

3110

试论赵世暹的藏书特色和藏书思想[J]/孟化. --图书馆理论与实践,2009,04:89 – 91

本文介绍了中国近代水利专家、藏书家赵世暹将珍贵典籍《金石录》和多年收藏的书籍捐给国家的事迹,分析其藏书特色和藏书思想,认为这些对中华文化的保存、传播起了很大作用。

3111

试论《中国少数民族古籍总目提要》的纲领性和发散性作用[J]/雷兴魁,雷晓静. --回族研究,2007,03:66 – 69

本文围绕《中国少数民族古籍总目提要》,论述了其开放包容、和谐共进、科学创新的设计思路和项目原则;在民族古籍学科中的纲领性和发散性作用,指出《总目提要》工程实施中应当注意的几个问题。

3112

试论中医古籍的保护[J]/陆伟路. --上海中医药杂志,2010,09:16 – 17

本文分析了中医古籍由于年代久远、收藏分散、保管简陋、自然损害等原因而日渐耗损,提出四大保护措施:最大范围调查盘点现存中医古籍,加强对中医古籍监管力度,利用现代技术进行再生性保护,重视对内容的整理挖掘。

3113

试论中医古籍内容的开发与方法[A]/孙海舒,符永驰. --中国中医科学院中医药信息研究所. 首届中医药信息发展大会[C],2006

本文围绕中医药发展趋势、中医古籍利用现状、古籍内容的开发方向与方法、开发古籍的现代手段等问题进行了论述。

3114

试论自由标引在古籍文献标引中的应用[J]/王海宁. --图书馆理论与实践,2009,11:23 – 24

本文对自由标引的概念、优缺点和应用前景作了简要介绍,并结合古籍文献的特点,论述了在这种文献标引中应用自由标引的理论可行性,举例说明这种标引方法在相关课题中的实践应用。

3115

试论自由标引在中医古籍图像文献标引中的应用[J]/张伟娜,刘国正,符永驰,范为宇,裘俭. --国际中医中药杂志,2008,02:101 – 102

本文对自由标引的概念、优缺点和应用前景作了介绍,结合中医古籍图像文献的特点,阐述了在这种文献标引中应用自由标引的理论可行性,并举例说明这种标引方法在相关课题中的实践应用。

3116

试论1980年以来新校本新旧《唐书》校勘研究[J]/詹宗佑. --兴大历史学报(在台湾地区发表),2007,19:177 – 204

本文从目前有关校勘文章着手,探讨了自1980年以来新旧《唐书》新校本的校勘问题,归纳了近30年来校勘论文蓬勃发展成果丰硕的原因;新旧《唐书》校勘的主要成果、重要论著和问题,提出对新旧《唐书》校勘的未来展望。

3117

试评《文献著录实用手册》中的古籍编目[J]/周克. --图书馆工作,2001,04:60 – 61

本文作者结合多年从事古籍管理编目的经验,从著录内容、版本类型、作者朝代、标识符使用四个方面,对《文献著录实用手册》中古籍著录部分进行评价与分析,并指出两大不足之处。

3118

试述鉴定古籍版本的方法[J]/陈丽萍. --黑龙江史志,2008,16:34 – 35

鉴定古籍版本的方法很多,可以依据原书内容、形式以及利用有关图书资料来鉴定版本。本文主要从形式方面概述古籍版本的鉴定方法。

3119

试述鉴定古籍版本的方法[J]/郑巧妙. --中小学图书情报世界,2007,01:45 + 49

版本鉴定是版本研究的基础工作。本文从审查卷数、编例、学术源流、名物制度、内容时限、篇目、文字等方面概述古籍版本的鉴定方法。

3120

试述宁夏大学图书馆馆藏古籍善本——兼以馆藏善本《满洲四礼集》为专书个案研究[J]/李又增. --宁夏师范学院学报,2009,01:72 – 77

本文介绍了宁夏大学图书馆馆藏古籍善本普查情况、古籍的保护与开发情况,对存在的问题进行了列举和分析;以馆藏善本《满洲四礼集》为例,论述了其版本特点和校勘问题,对其文献价值进行了分析。

3121

试述图书馆古籍保护的历史机遇[J]/张志清. --图书馆工作与研究,2007,03:25 – 27

本文综述了中华古籍遗产的概貌和古籍保护严峻形势;《国家“十一五”时期文化发展规划纲要》颁布和“中华古籍保护计划”开展后全国古籍保护的新形势和新任务;“中华古籍保护计划”开展后图书馆古籍工作的历史机遇和使命。

3122

试谈白族理学文献的整理和研究[J]/施捷华. --大理学院学报,2005,S1:140 – 142 + 154

本文论述了白族理学文献的整理与研究,包括理学在白族地区的传播、大理地区理学的兴盛、理学文献整理和研究现状与问题,提出应摸清文献典籍的家底,编写目录索引,做好校勘、注释、研究及今译等工作,提高社会效益。

3123

试谈古籍保护中预防性保护工作的重要性[A]/蔡雪玲. --福建省图书馆学会. 福建省图书馆学会 2008 年学术年会论文集[C],2008

本文介绍了古籍损坏的主要原因,提出了古籍预防性保护的原则和具体措施,分析了该工作的重要性。

3124

试谈海南回族古籍及其历史文化价值[J]/杨忠泽,高泽强. --回族研究,2000,04:64 – 68

本文探讨了海南回族古籍的整理范围和时限,从民族来源、民族的交流与融合、语言的研究和意义等方面阐述了海南回族古籍的历史文化价值,以便于读者对海南回族古籍有较为全面、系统的了解和认识。

3125

试谈网络环境下的古籍数字化[J]/王华伟,王莉. --工会论坛(山东省工会管理干部学院学报),2008,04:160 – 161

本文论述了古籍数字化工作的重要性,提出应了解古籍数字化概念和现状,认识在网络环境下保护和利用古籍、发展古籍数字化的必要性,提出古籍数字化建设中存在的问题,以及相应对策。

3126

试谈网络环境下古籍 CNMARC 著录字体的使用[J]/荆惠萍. --黑龙江史志,2009,14:72

本文针对古籍书目数据库建设工作中古籍 CNMARC 著录标准存在的问题,剖析了繁体字和简化字的优势和不足,以及二者之间转换的不便,结合工作实践,提出合理有效的繁简结合、藏用并举的处理办法。

3127

试谈我国古典文献的开发与利用[J]/李杰. --河北科技图苑,2000,02:61 – 63

本文通过列举实例,颂扬古往今来开发和利用古典文献之典范,以启当今"以史为鉴",努力开发与利用古典文献,为社会主义两个文明建设服务。

3128

试谈县级图书馆古籍保护、利用和服务[A]/朱光华. --福建省图书馆学会.福建省图书馆学会2009年学术年会论文集[C],2009

本文作者结合多年工作经验,阐述了当今县级图书馆古籍保护、利用和服务现状堪忧,造成资源浪费,提出县级图书馆的古籍文献必须做到有效保护,合理利用,规范管理,并对此详加论述。

3129

试谈线装古籍的科学化管理[A]/刘培生,程英. --中国中医科学院中医药信息研究所.首届中医药信息发展大会[C],2006

本文对线装古籍的科学化管理进行了研究,围绕影响馆藏线装古籍科学化管理的诸因素、解决方案、具体工作方法等进行了论述。

3130

试探敦煌出土五种汉文写本《坛经》的先后亲疏关系[J]/白光. --普门学报(在台湾地区发表),2010,59:1 – 32

本文以禅思想史的逻辑发展为背景,通过文本对照,利用统计学和校勘学相结合的方法,论证了敦煌出土的五种汉文写本《坛经》不仅有共同的祖本来源,而且存在一定的前后亲疏关系。

3131

试析古籍修复人员的流失与对策[J]/骆廷. --图书馆论坛,2006,04:82 – 84

本文以近50年来我国古籍修复人员队伍建设为切入点,分析了人员流失的个人、管理、社会三大原因,探讨了改进的对策。

3132

试析古人避讳在古籍版本鉴定中的作用[J]/郭建华. --河北建筑科技学院学报(社科版),2005,02:157 – 159

本文通过梳理各朝代古籍文本中避国讳情况,说明古人避讳在古籍版本鉴定中的作用。

3133

试析明代版刻的情况及特点[J]/韩红宇. --青海师专学报,2001,03:18 – 20

本文介绍了明代版刻发展的社会条件、明代刻书情况,分析了明代版刻数量大、分布广、门类全,阶段、系统分明,装帧、印刷精良的特点,总结了存在的不足。

3134

试析四库馆臣对清代易学之评价——以《四库全书总目提要》之《经部·易类六》为中心[J]/周志川. --儒学研究论丛(在台湾地区发表),2010,03:125 – 141

本文通过对《四库全书总目提要》之《经部·易类六》的爬梳,总结分析了四库馆臣对清朝易学的看法和评价,包括对明末遗民易学家的看法;清政府调和汉宋易学的主张;部分臣儒配合清廷的政策明遗不仕清廷易学家的看法等。

3135

试析序和跋在古籍版本鉴定中的作用[J]/金凤. --佳木斯大学社会科学学报,2007,02:176 – 177

序和跋是一本书的前言和后记。本文析述了序跋在古籍版本鉴定中的作用,认为序和跋能帮助了解成书经过、学术源流及刊刻、出版情况;对后人进行版本鉴定确定版刻时间、地点、刊刻者提供了重要依据。

3136

《释迦方志》校注续补三则[J]/王绍峰. --古汉语研究,2007,03:33 – 34

唐释道宣著《释迦方志》曾经范祥雍先生整理,本文结合赵城金藏、碛砂藏等本,对范书校勘中的不足提出三则补正意见。

3137

手抄稿本《迦陵词》研究［D］/白静. --南开大学,2007

本文梳理了明末清初陈维崧词集刊流,与各版本之间的源流关系;论述手抄稿本《迦陵词》存书的基本情况和文献价值;对该书评点作者进行了分类考察和个案分析;归纳该书的评语类型及其所反映的文学思想。

3138

《守圉全书》中保存的徐光启、李之藻佚文［J］/汤开建,马占军. --古籍整理研究学刊,2005,02:79 – 82

本文以明末天主教徒韩霖军事著作《守圉全书》为对象,辑出徐光启《钦奉明旨录呈前疏疏(摘)》和李之藻《恭进收贮大炮疏》两篇佚文,并进行了考证。

3139

首都图书馆古籍书画珍品集萃［M］/首都图书馆,北京现代东方美术研究院编. --天津:天津人民美术出版社,2001

本书分为四部分:古代珍本,选择各个历史时期有代表性的古籍版本;近世撷英,选取清末至民国时期出版的早期报刊、名作版本和老照片;京华特藏,从不同角度再现北京历史风貌;异域选胜,选取日朝英法等国古籍和早期图书。

3140

首图馆藏古籍插图数据库建设概述［J］/刘乃英. --图书馆工作与研究,2002,S1:56 – 57

本文介绍了古籍插图的检索利用价值和首都图书馆正在建设的古籍插图数据资源库的基本内容与功能。

3141

书海指南:中国古籍导读［M］/张伟保著. --台南:能仁出版社(台湾地区),2007

本书从介绍中国古籍流变入手,对典籍分类的特性与重点、四部分类法、古代图书分类简史等作了综述。

3142

书籍设计专业中开设古籍修复课程的构想［J］/李爱红. --浙江工艺美术,2009,03:106 –

109

本文从优势、体系、实践三个方面论述了在艺术院校书籍设计专业中开设古籍修复课程的可行性和必要性,并分析了该举措的现实意义。

3143

书经拍卖 行之远矣——从古旧书的拍卖看旧平装书的保藏与利用［J］/吴悦. --新世纪图书馆,2004,06:74 – 76

本文通过分析古旧图书的拍卖活动,意在引起人们对旧平装书的重视,从而加强对其的保藏和利用。

3144

书林掇英——魏隐儒古籍版本知见录［M］/魏隐儒著. --北京:国家图书馆出版社,2010

本书系已故古籍版本鉴定家魏隐儒先生的遗稿,是一部提要式古籍善本书目,收录了作者自从事古旧书业以来经眼的数千种珍稀古籍。编排体例上,采用四部分类法。全书分为经、史、子、集、戏曲、小说六章。

3145

《书林清话》中所呈现的宋代出版文化［J］/庄欣华. --国文学志(在台湾地区发表),2008,16:105 – 128

本文以清末藏书家叶德辉《书林清话》为对象,研究宋代书籍出版的相关现象。该书以“宋”为条目名称者多达40条,几乎占了全书条目的三分之一。本文梳理了这些条目的内容、宋代图书出版的概况,总结宋代出版文化的特色。

3146

《书目答问》的一个数学社会史考察［J］/洪万生. --汉学研究(在台湾地区发表),2000,01:153 – 162

本文从数学社会史的角度对张之洞的《书目答问》进行考察,分析该书所推荐的“天文算法”书目和“算学专门家”,认为该书清楚地反映了晚清算学逐渐专业化的趋势,并对该书的贡献和局限性进行了客观评价。

3147

《书目答问·经部》校记［J］/张振珮,张新

民.--西南古籍研究,2004,00:215－227

本文以张之洞《书目答问·经部》为例,辑录学者张振珮手校本眉批按语,参校其他初刻后印本,努力还原原书面貌,彰显王秉恩刻本的价值,为该书的整理与解读提供校勘学依据,以丰富西南地方古籍研究的目录学线索。

3148

《书目答问》与《四库全书总目》别史类分类之比较[J]/蔡天怡.--大学图书馆(在台湾地区发表),2005,01:143－156

本文以《书目答问》与《四库全书总目》为对象,比较两书目别史类所收图书分类的异同,厘清别史的范围、地位和特性。

3149

书目的运用与文献生态[J]/周彦文.--书目季刊(在台湾地区发表),2002,04:1－11

本文探讨文献生态的概念和内涵,举例论证文献生态是一种整体的、动态的诠释系统,提出了解文献生态,可以明了书目与学术间的互动关系及其基本的结构原理,有利于解析学术史中的各种现象。

3150

书目数据库建设中的古籍分类问题[J]/郑贵宇.--图书馆理论与实践,2000,05:23－25

本文根据我国古籍分类的现状,提出书目数据库建设中古籍分类的问题,对"四库法"的修改提出一些看法。

3151

书评:《柏克莱加州大学东亚图书馆中文古籍善本书志》[J]/李庆.--台湾东亚文明研究学刊(在台湾地区发表),2006,02:131－137

本文向读者介绍了由上海古籍出版社出版,陈先行主编,郭立暄等编写的《柏克莱加州大学东亚图书馆中文古籍善本书志》。

3152

书评:《宋代文献学研究》[J]/曹书杰.--东方文化(在香港地区发表),2009,01/02:262－267

本文针对山东大学张富祥教授撰写的《宋代文献学研究》一书进行评述,肯定了这

部断代文献学著作的成就,并阐述了几点初读此书的感想。

3153

书评:《域外汉籍丛考》[J]/陈尚君.--人文中国学报(在香港地区发表),2008,14:407－416

《域外汉籍丛考》是金程宇对保存在日本、韩国以及中国的域外汉籍文献进行考察的论文结集,2007年由中华书局出版。本文系对该书的书评,介绍了该书内容、学术成果等。

3154

书评:《中国古籍善本书目》述评[J]/周延燕.--(在台湾地区发表),2005,01:229－240

本文介绍了《中国古籍善本书目》的编辑缘起、编辑过程和参与人员,论述编辑体例,分析了其功能价值和优缺点,以期对此书有比较深入的了解。

3155

书同文公司《四部丛刊》电子版对我国今后古籍数字化工作的启示[D]/全没.--辽宁师范大学,2007

本文以书同文公司《四部丛刊》电子版为例,介绍了国内外古籍数字化的发展历程;探讨了古籍数字化的定义、必要性和意义,分析书同文公司《四部丛刊》电子版采用的技术、检索功能、辅助研究支持功能、显示模式、开发组织方式、存在的优缺点,和对我国古籍数字化工作的启示。

3156

书写才女——清初烟水散人《女才子书》探论[J]/毛文芳.--汉学研究(在台湾地区发表),2007,02:211－244

本文以"女才子"的典型塑造,欲望与历史的两重笔调,绣像为文本视像的展演,造访的读者声音等四条线索,对清代烟水散人《女才子书》的写作动机、全书内容、叙述笔调、时代回应等方面进行探讨。

3157

书也要衣装——披上黄袍的图书文献[J]/刘美玲.--"故宫"文物月刊(在台湾地区发

表),2010,328:96-105

本文从中国古代书籍的装帧发展、清宫古籍的装帧形式、穿上上古制服的群籍、展现典雅藏书风格的宛委别藏、展现圣威的皇室史料等方面,论述了图书文献的包装形式和风格。

3158

书页纸面沾黏物的移除[J]/杨时荣.--台湾图书馆管理季刊(在台湾地区发表),2006,01:43-48

本文针对修补过程中原件纸面上出现修补遗留材料这一现象,讨论了如何判断沾黏物的存留或移除,以及移除时所采取的用料与方式等问题,以文字、图片相辅说明,使内容更能简明呈现,读者了然易懂。

3159

"书"妆打扮中国意——谈中国传统书籍装帧形式与欣赏[J]/林长庆.--台湾美术(在台湾地区发表),2005,610:10-21

本文通过介绍中国古书的过去,探讨书的发生缘由、了解书的形态,借此推广书的保护或修复的装帧工艺,体验书的另一"外在美"和进一步发现书与文化生活的"创造力"。

3160

梳理古籍 旨在今用——《中国少数民族古籍管理研究》评介[J]/曹捷.--情报资料工作,2006,02:108-109

本文是对《中国少数民族古籍管理研究》一书的述评,全面介绍了该书内容,肯定了该书对中国少数民族古籍的整理、分类、编目、鉴定、保护、译注和出版等理论与实践问题进行的深入研究和探讨。

3161

疏解密致 包孕宏深——评《李商隐诗歌集解》[J]/吴振华.--古籍研究,2001,04:117-121

本文是一篇书评,对中华书局1988年12月初版、1998年再版的《李商隐诗歌集解》进行分析,从校记、集注、笺解三个方面分析了其特点和价值。

3162

述古堂钱遵王抄本《易筋经》的介绍与评述

[J]/周伟良.--成都体育学院学报,2008,08:1-4

本文以国家图书馆古籍部藏西谛本《易筋经义》抄本和台湾汉学研究中心藏述古堂钱遵王抄本《易筋经》为例,介绍了清代述古堂钱遵王抄本《易筋经》的基本情况和相关研究,论述其学术意义。

3163

述论胡克家《文选考异》之校勘[J]/钟东.--古籍整理研究学刊,2006,04:54-58

本文针对清代胡克家校勘记《文选考异》,肯定了该书对版本流传过程中造成的异文、注释混乱问题的梳理,以及采用考因、内证、训释等方法进行校勘,并列举诗歌部分实例,举证《文选考异》的基本校勘方法。

3164

述钱塘汪氏自存本振绮堂重刻《湖船录》[J]/辛德勇.--社会科学战线,2010,01:106-114

本文对清代厉鹗撰写、振绮堂重刻《湖船录》的成书情况、版本源流及相关问题进行全面考述,指出汪氏振绮堂这一版本,是现存诸本中最早的刊本,也是《湖船录》现有传本中唯一的单刻旧本。

3165

《述书赋》成书及版本源流考[J]/赵华伟.--古籍整理研究学刊,2009,02:55-58

本文在撷拾文献并比勘诸说的基础上,对唐代书法理论著作《述书赋》的成书原委、年代和注文作者归属等问题做了考证;另外对《述书赋》数种版本溯本求源,厘定出研究《述书赋》的较好底本。

3166

《述学》整理本标点订误[J]/李金松.--书品,2005,06:70-82

辽宁教育出版社大型丛书"新编万有文库"点校出版清代学者汪中的《述学》。本文梳理了其中点校错误类型,包括误解文意、不明句读而未将原文点断,给予订正。

3167

数据库系统在中医药领域的应用与展望

[J]/张林,许文忠(指导).--中华中医药学刊,2007,01:133-135

本文综述了数据库系统在中医药领域的应用情况,分析探讨其用于中医现代文献检索、古籍原文浏览检索、不同疾病辨证研究、针灸研究,以及中药方剂检索与分析等方面的经验与不足,对中医药数据库系统发展趋势做出展望。

3168

数据库制作管理系统平台在系统整理《黄帝内经》古籍中的应用[J]/仝芳洁,赵博.--成都中医药大学学报,2010,03:89-91

《黄帝内经》为我国现存最早的较为系统和完整的医学典籍。本文探讨了依托数据库制作管理系统,建设《黄帝内经》古籍数据库,实现对《内经》古籍研究的系统整理,《内经》医药理论和技术传播、开发利用的电子化。

3169

数码相机在图书馆古籍文献中的应用[J]/赵江龙,赵江燕.--图书馆工作与研究,2009,04:101-102

本文阐述了数码相机的技术优势,以及如何利用数码相机对古籍文献进行拍摄,使古籍文献得到开发和利用。

3170

数万本古籍一人修[N]/刘景洋.--太原日报,2008-04-21009

本文概述了我国古籍整理、修复方面的专门人才十分匮乏、"万本古籍一人修"的状况,呼吁社会各界将古籍修复工作重视起来。

3171

数位典藏相关标准与后设资料线上混成培训课程之设计与发展[J]/顾大维,张家绮,黄永欣.--教育资料与图书馆学(在台湾地区发表),2009,01:97-118

本文探讨了依据教学设计的理论原则,将数字典藏的制作标准、流程和后设数据技术作系统化整理,设计出数字搭配实体的综合课程,并针对数字典藏训练推广课程的规划提出若干建议。

3172

数位化古籍校勘版本处理技术——以CBETA大正藏电子佛典为例[A]/释惠敏,杜正民,周邦信,王志攀.--罗凤珠.语言、文学与资讯[C],新竹:清华大学出版社(台湾地区),2004

本文介绍了1924年至1934年编辑出版的《大正藏》所参用的版本说明、巴利语佛典说明和校异说明,论述了CBETA《大正藏》校勘版电子佛典的条目修订、版本略考和CBETA《大正藏》数字化校勘版的处理技术。

3173

数位资讯保存之探讨[J]/欧阳崇荣.--档案(在台湾地区发表),2002,02:36-47

本文介绍了数字化资料的发展现状,提出数字化资料保存面临着安全、保存与典藏的问题,探讨其保存方法、策略和其他应考虑的因素,并提出一些建议。

3174

数学古籍数字化资源著录保存工具的研究和实现[J]/张蓓,董丽,姜爱蓉.--现代图书情报技术,2004,08:56-60

本文介绍了清华大学图书馆开发的数学古籍数字化资源著录保存工具,探讨在解决数字资源长期保存问题时遇到的关键问题,从元数据编码、数据处理和用户界面三方面提出了解决方案。

3175

数字报刊及古籍全文检索系统设计与实现[D]/门山山.--北京科技大学,2009

本文介绍了利用现代科学技术对报刊和古籍进行数字化后建立的全文检索系统,探讨了该系统如何实现对使用简体汉字书写的报刊和使用繁体汉字书写的古籍文章进行全文检索的功能。

3176

数字出版视野下古籍出版创新刍论[J]/刘果.--编辑之友,2009,08:54-56

本文探讨了数字出版与出版的数字化两个概念的异同,提出古籍的数字出版应该包括古籍数字化在内,具体内容有中国古代文献的数字化编辑制作、数字化印刷、数字化发行和数字化阅读消费。

3177

数字方志建设与思考[J]/王荟,肖禹.--中国地方志,2005,11:51－55

本文从数字方志总体结构、资源组织结构和资源库结构的设计与思考等方面,论述了如何按照数字图书馆的建设要求,将数字方志建设成具有开放性、可交换性、可扩展性、有序化、系统化、标准化的知识网络。

3178

数字化背景下中国古籍出版模式的重构[J]/李明杰,俞优优.--出版发行研究,2009,12:48－52

本文从古籍出版主体的合作与融合、古籍出版流程再造、古籍产品功能的重新定位三方面探讨了数字化背景下中国古籍出版模式重构的思路。

3179

数字化古典文献综述[J]/杨琳.--中国史研究动态,2004,04:20－27

数字化文献的出现给查阅文献资料提供了极大便利,每一位资料检索者应该熟悉并充分利用现有的数字化成果。本文将目前所掌握的数字化古典文献加以综述,以供文史工作者参考。

3180

数字化古籍及其对方志研究的影响[J]/王宪洪.--中国地方志,2009,04:34－38

本文探讨了数字化古籍对方志研究的影响,包括数字化古籍的电子载体,网络传递,智能检索系统,辅助检索工具,集成数据库等,为足不出户检索与利用方志提供条件,扩大方志学术研究的视野,推动学术研究水平的提高。

3181

数字化古籍软件的成就及面临问题[J]/康琳.--科技创新导报,2007,36:121－122

本文以《文渊阁四库全书》全文检索系统等工程为例,介绍了目前数字化古籍软件的发展规模,并分析了数字化古籍软件面临的盲目开发、技术不足、经费匮乏等问题。

3182

数字化古籍应注意之问题[J]/张苗苗.--青年文学家,2010,15:212

本文论述了古籍数字化发展中面临的技术、资源利用等客观问题和盲目照搬照抄等主观问题,提出数字化古籍使用中尤其要注意主观上的问题。

3183

数字化古籍由录入改扫描势在必行[A]/薛天纬.--首都师范大学电子文献研究所、首都师范大学国学传播中心.第二届中国古籍数字化国际学术研讨会论文集[C],北京:五洲传播出版社,2009

本文介绍了数字化古籍由录入改为扫描的必要性和具体操作过程,并从避免错误、稀见字录入、使用价值、阅读感受和文献容量五个方面论述扫描的优势。

3184

数字化古籍与传统古籍的比较[J]/郑淑玉.--科技信息(学术研究),2006,10:313

本文通过比较数字化古籍与传统古籍的区别和联系,分析了数字化古籍相对传统古籍具备的优势和存在的缺陷,提出数字化古籍与传统古籍之间应取长补短,优势互补。

3185

数字化环境中高校图书馆特藏建设探赜[J]/段双喜,山顺明.--晋图学刊,2010,03:25－30

本文通过分析图书馆特藏建设的意义,提出特藏对象不一定是古籍,高校图书馆可以围绕专题搜集特色文献,对特色文献进行数字化,加强特藏宣传和服务。

3186

数字化技术在农业古籍中的应用[J]/张红萍,郑学红,孙玉玲.--农业图书情报学刊,2004,10:33－35

本文以中国农业大学图书馆农书古籍数字化建设为例,分析了高校图书馆面临的形势与任务、馆藏资源数字化建设的规划与目标、农业古籍图书数字化建设的目的和意义,提出了图书馆馆藏资源数字化建设意见和建议。

3187

数字化将是"海外古籍回归"主要方式

[N]/潘启雯. --中国社会科学报,2010－02－25002

本文介绍了海外古籍数字化回归的缘起,分析其对中华典籍文化传播和继承方式的创新性意义,并总结了这项工作刚刚起步面临解决的问题。

3188

数字化前的中医古籍整理方法探讨[A]/王淑民. --中国中医科学院中医药信息研究所. 首届中医药信息发展大会[C],2006

本文围绕选择经典著作的经典版本原样录入式、精校录入式、精校精注录入式等方面,对数字化前的中医古籍整理方法进行了探讨。

3189

数字化趋势下的回族古籍整理与研究[J]/雷晓静. --回族研究,2007,03:70－76

本文综述了数字化趋势下汉文古籍文献数字化成果的启示,分析论述回族古籍整理与研究应如何面对数字化、数字化过程中会遇到哪些难题和解决方案,以期引起同行对回族古籍文献数字化的重视和探索。

3190

数字化时代的古籍保护策略探析[J]/陈典平. --河池学院学报,2010,02:110－114

本文在系统归纳古籍遭受破坏各种原因的基础上,探讨了数字化时代的古籍保护策略。

3191

数字化万卷阁古籍文献保护与利用分析[J]/张春媛. --农业图书情报学刊,2010,12:237－238＋259

本文以黑龙江古籍文献重要基地——齐齐哈尔万卷阁为例,结合当前国家古籍文献保护的优惠政策,就如何更好地保护、开发和利用万卷阁古籍文献进行探讨,并对万卷阁古籍文献数字化提出了建议。

3192

数字化为古籍整理带来划时代的变革[N]/何馨. --中国社会科学院院报,2008－04－29001

本文介绍了社会科学文献出版社2008年出版的《康熙字典》修订版,认为其利用现代信息检索技术,使《康熙字典》这部古代重要字书实现了数字化的转化,体现了现代信息检索技术的重要作用和强大功能。

3193

数字化中医古籍的理想模式及其相关问题研究[D]/罗忠毅. --成都中医药大学,2005

本文以中医文献研究的视角,考察了现有数字化中医古籍文献,通过对数字化中医古籍文献理想模式的分析,探讨了与之相关的内容问题、技术问题及其相互关系。

3194

数字化资源与古文献参考咨询[A]/李凡. --中国图书馆学会. 中国图书馆学会年会论文集(2006年卷)[C],北京:北京图书馆出版社,2006

本文从图书馆参考咨询馆员的角度,对近年出版的数字化古籍资源做出分析,结合咨询实例,对中文古籍数字化开发的内容和方向谈点认识。

3195

数字环境下云南少数民族古籍文献数据库建设[A]/张邡. --中国民族图书馆. 第十次全国民族地区图书馆学术研讨会论文集[C],沈阳:辽宁民族出版社,2008

本文作者通过云南少数民族文献资源的构成调查,分析论述了构建民族文献数据库的重要意义,和现阶段信息处理技术为民族文献数字化可提供的技术支持,在此基础上,提出建设云南少数民族古籍文献数据库的几点建议。

3196

数字技术在古籍整理中的运用初编[D]/陈国庆. --兰州大学,2008

本文将计算机与古籍整理结合起来,从古籍的录入、标点、音韵、校勘、索引、训诂、辑佚、统计和辨伪等方面论述了数字技术在古籍整理中的运用。

3197

数字时代的古籍现代化建设[J]/潘雅茵. --

澳门图书馆暨资讯管理协会学刊（在澳门地区发表），2002，04：51－63

本文从认识古籍资源现代化建设、我国古籍现代化进展、古籍现代化建设的前沿目标、数字化操作模式和技术展望等方面，论述了数字时代的古籍现代化建设情况。

3198

数字时代古籍版本鉴定方法的新拓展［J］/董运来.--图书馆论坛，2007，03：40－42

本文介绍了数字时代古籍版本鉴定的特点，和利用数字文献、电子书等方法查阅、鉴定古籍的方法，认为随着版本研究的系统化、科学化，完善的电子版本目录逐渐出现，有助于版本鉴定走向科学、成熟。

3199

数字时代古籍目录学的发展研究［J］/曾伟忠.--图书馆学研究，2010，09：2－5

本文从加强古籍开发和利用角度出发，回顾了古籍目录学研究动态、国内外中文古籍目录建设情况，分析研究了当前古籍目录学发展存在的问题和发展趋势，对数字时代古籍目录学的发展提出了展望。

3200

数字时代馆藏古籍的开发与利用［A］/韩梅.--南京图书馆.继承发展 开拓创新——纪念汪长炳、钱亚新先生诞辰100周年暨南京图书馆新世纪首届学术年会论文集［C］，南京：南京图书馆，2003

本文探讨了数字时代如何提高图书馆古籍编目的质量、强化图书馆与读者之间的联系、加快图书馆信息化进程、推动馆藏古籍的开发与利用等问题。

3201

数字水印在版权保护中的研究与应用［J］/陈红娟，王绪本，朱杰，汪刘焱.--内蒙古石油化工，2007，03：82－84

本文针对医学古籍数字化过程中的版权保护问题，提出结合置乱技术的小波域图像水印算法，并利用该置乱变换方法对水印图像进行保密处理。实验证明，该水印算法对图像处理和防伪效果较好。

3202

数字图书馆与古籍数字化［J］/陈立新.--现代图书情报技术，2002，S1：56－58

本文简述了我国古籍数字化建设的发展概况、主要作用，并对古籍数字化建设面临的一些问题进行了探讨。

3203

数字图书馆中古籍元数据 WebGIS 服务的设计与实现［D］/李峰.--北京大学，2003

本文以北京大学图书馆特色馆藏古文献的数字化服务为研究对象，围绕如何有效地获取元数据、自动提取古籍元数据中的时空信息、建立与历史地图的连接并提供基于 WebGIS 的综合服务等关键问题展开讨论。

3204

《双孝记》本事考［J］/刘崇德，李晓芹.--河北大学学报（哲学社会科学版），2010，06：1－5

明传奇《双孝记》早已失传。本文作者在整理清代《曲谱大成》稿本时，检出5首《双孝记》佚曲，对照元传奇《王祥卧冰》，考证《双孝记》为《王祥卧冰》的改本，本事即为《二十四孝》的王祥故事。

3205

"双赢"开发古籍资源探讨——兼论发挥地域优势构建西部地区高校图书馆核心竞争力［J］/朱立芸，程里.--开发研究，2002，05：30－32

本文探讨了西部高校图书馆与发达地区"双赢"开发古籍资源的可能性，提出应发挥地域优势，注重馆藏古籍电子出版物和数字文献的市场开发，提高服务水平，培养有素养的人才队伍，进而构建西部高校图书馆核心竞争力。

3206

谁来救救13万册古籍文献？［N］/义富，瑞琳，何勇.--扬州日报，2006－04－06C01

本文论述了古籍保护的意义，披露由于存藏技术落后等种种原因，扬州珍藏的近13万册古籍书正面临保存困境，拟引发人们对抢救该部分古籍文献的关注。

3207

谁在左右学术——论古籍数字化与现代学术进程[J]/吴夏平.--山西师大学报（社会科学版），2010，03：100－103

本文梳理了古籍数字化影响学术活动的几个方面，认为时下流行的"e考据"集中了各种要素，是其典型代表，而技术引领学术是数字化时代学术研究的最大弊病，提出几条去弊建议。

3208

《水经注》标点差错举隅[J]/金文明.--编辑学刊，2001，03：78－79

由上海古籍出版社出版、陈桥驿先生点校的《水经注》，对原文的理解和标点存在若干讹误，本文对此进行列举与订正。

3209

《水经注校》勘误释例[J]/郑海涛.--理论界，2007，03：175－176

王国维先生的《水经注校》是《水经注》各类注本中较有代表性者。然而，其中也有疏漏之处。本文讨论了该注中明显讹误之处，予以勘误。

3210

《水经注疏》校札[D]/王勇.--南京师范大学，2006

本文通过北京科学出版社1957年杨守敬《水经注疏》影印本和台北中华书局1971年影印点校本前二十卷的对校，参校明清以来《水经注》版本7种和其他相关典籍，考订苏版《水经注疏》失误250处，鄂版《水经注疏》失误60处。

3211

水利古籍数字化与弘扬水文化[A]/朱晓光.--中国科学技术协会、河南省人民政府.第十届中国科协年会——文化强省战略与科技支撑论坛文集[C]，2008

本文介绍了水利古籍数字化项目的建设背景、内容，阐述了数字化建设与修复的原则和水利古籍数字化成果，论述了水利古籍数字化的意义。

3212

水木娜嬛——清华大学图书馆古文献的传承整理和数字化建设[J]/王雪迎，宋建昃.--大学图书馆学报，2007，01：69－72＋14

本文介绍了清华大学图书馆古文献传承、整理工作和现状，论述了古籍书目数据库，古籍联合目录数据库建设、中美百万册书数字化联合项目和清华古文献数字图书馆建设等数字化工作。

3213

水书古籍抢救状况及版本定级鉴定审视[A]/潘朝霖.--中国民族图书馆.第十次全国民族地区图书馆学术研讨会论文集[C]，沈阳：辽宁民族出版社，2008

本文介绍了全国水书古籍抄本现状，分析了水书古籍整理、定级与鉴定工作的六大困难，由此引出少数民族古籍所面临的困难与问题，呼吁有关方面加以扶持帮助。

3214

水族古籍《水书》保存保护现状及对策研究[A]/吴贵飙.--中国民族图书馆.第十次全国民族地区图书馆学术研讨会论文集[C]，沈阳：辽宁民族出版社，2008

本文作者近两年4次深入到水族聚居地区对水族古籍《水书》的历史沿革和保存保护现状进行了深入调查研究，通过综合比较、系统分析和研究，提出了保存保护水族古籍的对策和措施。

3215

睡虎地秦简通假字研究[J]/徐富昌.--台大中文学报（在台湾地区发表），2004，21：29－31＋33－83

本文以1975年12月湖北云梦出土的《睡虎地秦简》为例，考察其用字现象，通过《说文》及其他出土文献材料，论证该简的通假现象和原则。

3216

说故宫藏本季振宜《全唐诗》[J]/段筱春.--中国图书评论，2004，09：37－39

本文介绍分析了明末季振宜编故宫藏本《全唐诗》的版本特色和学术价值，考证了季振宜写本《全唐诗》中并未发现"'沧苇'诸印及注土钟藏印"这一问题。

3217

说韩愈文集的两个注本[J]/李福标. --学术研究,2005,11:141 - 142

本文对上海古籍出版社 1957 年马其昶《韩昌黎文集校注》和 1984 年钱仲联《韩昌黎诗系年集释》两个版本进行比较分析,内容涉及体例、校对、辨伪、辑佚、注释等方面,分析了各自的特点和学术价值。

3218

说黄宗羲《明儒学案》晚年定本[J]/郭齐. --史学史研究,2003,02:43 - 50

本文通过对清代黄宗羲《明儒学案》郑、贾二本次序、案题、内容等方面的比较分析,证明郑本乃作者初稿,贾本各方面均优于郑本,应是郑本的修订本,亦即黄宗羲的晚年定本,于现存诸本中为最善。

3219

《说唐后传》叙评[J]/梁玉玮. --河南图书馆学刊,2004,04:91 - 93

本文对清代《说唐后传》故事的形成和发展进行了探源,并对其版本和作者进行了考证。

3220

《说文解字》的流传与版本[J]/冯玉涛. --图书馆理论与实践,2004,04:49 - 51

东汉许慎编纂的《说文解字》是中国历史上第一部字典。本文通过古书引用的材料,介绍了从东汉到六朝时期该书的流传情况,分析了不同版本之间的差异,认为《木部》残卷最接近许慎原书的面貌。

3221

《说文解字系传》引书考[J]/杨恒平. --古籍整理研究学刊,2006,02:28 - 32

本文通过详加考定五代时南唐徐锴《说文解字系传》收录的 9000 余字引书情况,梳理了该书征引古书的数目,并对引书中所遵循的体例加以探讨。

3222

《说文解字系传》征引文献考[D]/杨恒平. --河南师范大学,2002

本文介绍了五代时南唐徐锴《说文解字系传》征引文献的数量、名称以及征引文献的条例,论述了征引文献的学术价值以及存在的问题,并对该书征引文献进行了详订。

3223

《说文解字义证》信息化中异体字的处理[J]/姜永超,郭翀. --现代语文(语言研究),2009,02:111 - 112

清代桂馥撰《说文解字义证》在信息化过程中面临异体字难题。本文介绍了通过保真和整理相结合的原则,确保全书的系统性并方便异体字计算机处理的方式,以期为古籍信息化中异体字处理提供借鉴。

3224

《说文解字注》句读识误[J]/杨宝忠. --河北大学学报(哲学社会科学版),2000,05:90 - 95

上海古籍出版社据经韵楼版缩印的清段玉裁《说文解字注》,在出版时对全书作了圈点断句。本文肯定了其断句工作成绩,并指出第 2 版中存在的数十条断句疏误,逐一做了说明和引证。

3225

说子部[J]/王智勇. --图书馆学刊,2002,S1:125 - 126

自《隋书·经籍志》始,四部法在中国古代书目分类中占据了绝对统治的地位。本文对古籍中的子部部分进行了论述。

3226

司空图诗文编年补正[J]/陈言. --古籍研究,2000,01:48 - 54

司空图,晚唐诗人、诗论家。本文对《司空图年谱》《司空图新论》《司空表圣研究》《司空图选集注》等文献中的司空图诗文编年内容进行了补正。

3227

司马彪《庄子注》研究[D]/李晶. --四川大学,2004

晋代学者司马彪《庄子注》有不同版本,各家或引书引文有错误,或考证校释有疏失。本文针对这些问题,分而论之,进行考补,谈谈一得之见。

3228

《司马法》成书及版本考述［J］/王震.--古籍整理研究学刊,2007,06:87-89

《司马法》,春秋时期军事著作之一。本文介绍了《司马法》的内容和流传、春秋时期司马穰苴家世生平、司马穰苴与《司马法》的关系,论述了今本《司马法》辨伪并对《司马法》版本进行了综述。

3229

司马光指解本《古文孝经》的源流与演变［J］/舒大刚.--烟台师范学院学报(哲学社会科学版),2003,01:24-32

本文历考司马光指解的经本渊源及其流传、演变情况,并证以大足石刻《古文孝经》,认为司马光指解本传至南宋宁宗时,与范祖禹《古文孝经说》、唐玄宗《今文孝经注》合并,并经过改篡,原貌尽失,造成误注为经的现象。

3230

《司牧安骥集校注》简评［J］/张泉鑫.--农业考古,2003,03:289-290

《司牧安骥集》是我国现存最早的一部综合性中兽医专著,为唐代李石等编著。本文是一篇书评,针对中国农业出版社2001年出版的《司牧安骥集校注》,从版本特点、校注情况和文献价值等方面进行了分析与评价。

3231

《思复堂文集》校读札记［D］/卢培.--南京师范大学,2008

本文讨论了清代浙东历史学家邵廷采《思复堂文集》的版本问题,围绕《文集》的最早刊刻时间及有无二十卷本进行考辨,并评述了今本浙江祝鸿杰点校本的问题。

3232

斯人已去 风范常存——记湖北大学古籍研究所所长张林川［J］/周春健.--出版科学,2005,01:73-76

湖北大学古籍所在全国古籍整理学界、辞书学界和出版界享有较高声誉,为我国古籍整理和辞书编纂事业做出很大贡献。本文介绍了湖北大学古籍研究所所长张林川的事迹。

3233

斯人云逝 大著长存——《顾亭林诗笺释》书后［J］/陈祖武.--书品,2001,01:16-21

本文以王冀民先生古籍整理研究著作《顾亭林诗笺释》为例,对其笺诗评艺、以诗证史、知人论世、可据可依的特点略举数例进行点评。

3234

四百年前福建南音刊本的发掘——读《满天春》《钰妍丽锦》《百花赛锦》［J］/孙星群.--音乐研究,2004,02:58-64

本文对《满天春》《钰妍丽锦》《百花赛锦》三本四百年前福建南音刊本古籍进行了详细的对比分析,包括名称、命名、插图、琵琶抱持法、唱词比较五个方面。

3235

四堡坊刻考略［D］/傅阿循.--福建师范大学,2006

本文挖掘了福建长汀四堡坊刻的兴起和产生的深远历史文化影响,补充整个福建刻书史研究中的不足和缺陷,以还四堡坊刻应有的历史地位。

3236

《四部备要》本《饴山诗集》校勘失误［J］/刘聿鑫.--中国典籍与文化,2007,01:20-21

本文作者以清代《饴山诗集》因园本为底本,重校中华书局民国时期《四部备要》本,发现《四部备要》本在校勘方面存在不明词义、擅自改字的问题。本文举例加以讨论。

3237

《四部备要》与《武英殿聚珍版丛书》之字体造形比较研究［J］/曾启雄,翁雅昭.--科技学刊(在台湾地区发表),2003,06:435-446

本文以《四部备要》《武英殿聚珍版丛书》为对象,借由版本学、印刷史、图书史、校雠学等文献,探究两者的字体造形特性。比较工具以永字八法为主,借以了解《四库全书》之后印刷字体的演变规律。

3238

《四部丛刊》初编散考［D］/卢佳妮.--复旦大学,2009

《四部丛刊》是商务印书馆民国时期辑印的大型古籍丛书。本文以该丛书发行次数最多、版本最复杂的"初编"为研究对象，结合一手数据和实例，通过文献学方法从版匡测量法考、描润考、《四部丛刊书录》考三个方面作了探讨。

3239

《四部丛刊电子版》的一些问题——以《四部丛刊》本贾谊《新书》为例[J]/潘铭基. --中国语文通讯（在香港地区发表），2007，81/82：61－71

本文以《四部丛刊》本贾谊《新书》为例，比较《四部丛刊电子版》文本页面和原文图像，发现了文本页面中的一些错别字并分析错误原因，提出全文文本用于学术论著并不可靠，需要核对原文图像。

3240

《四部丛刊》未刊书考略[J]/柳和城. --济南大学学报（社会科学版），2009，06：1－8＋89

民国时期商务印书馆出版的《四部丛刊》先后出了《初编》《续编》《三编》。本文考察了《四编》《五编》由于抗战爆发，商务印书馆遭到浩劫而未能出版的史实，对拟议中的《四编》《五编》收录书目进行了探讨和研究。

3241

四部法"小说家"类浅论[J]/李万健. --文献，2002，01：170－178

本文对四部法书目中"小说家"或"小说"类进行探讨研究，厘清其收书范围和类目含义，辨识古书目中"小说家"的意义，以便给四部法合理设类，更加科学地类分古籍。

3242

四部分类法的应用及其类表的调整[J]/李致忠. --澳门图书馆暨资讯管理协会学刊（在澳门地区发表），2002，04：111－142

四部分类法是反映中国传统学术文化的分类法，在当今古籍编目分类中存在局限性。本文介绍了中国古籍四部分类法的应用，以及其类表的调整依据、原则和方法。

3243

四部分类法简论[D]/何发苏. --南昌大学，2005

本文论述了中国古籍综合目录四部分类法的起源和解体，梳理了从唐至清，经、史、子、集四部内外的变化和基本框架，论述了十二分类法对四部分类法的影响及其相互关系，并分析了四部分类法的学术思想特点。

3244

《四部正讹》研究[D]/李鹏. --山东大学，2008

本文从辨伪学学科框架建构的角度出发，对明代文献学家胡应麟所著的《四部正讹》进行研究，内容涉及此书的成因、辨伪思想、伪书类型、辨伪方法等方面，并探讨此书的功过，明确其在中国辨伪学史上的里程碑地位。

3245

四川高校古籍数字化建设之思考[J]/范佳，周佳慧，周天茹. --四川图书馆学报，2008，03：30－33

本文分析论述了四川高校古籍数字化建设滞后的现状，从深度开发地方特色古籍资源和有效整合资源两方面对四川高校的数字化建设进行思考，探讨其进一步发展的思路。

3246

四川古彝文字库设计及其字符集的编码[J]/陈顺强，张阳，熊剑. --西南民族大学学报（自然科学版），2009，04：913－918

本文探讨了利用字库设计技术设计四川古彝文字库的思路；根据现代字符编码设计原理对四川古彝文字符集进行科学编码的构想，指出该项工作是四川古彝文系统研制与开发的前期工作。

3247

四川凉山彝族甲骨简牍皮书古籍考略[J]/熊克江，黄承宗. --四川图书馆学报，2004，02：69－70

本文就四川省凉山彝族自治州雷波县近年在境内发现一批传世彝族甲骨、简牍、皮书等古籍文献和其他文物的事实，结合国内彝族的历史文化概览和凉山中华人民共和国成立前夕特殊的奴隶制社会形态，对这批古籍文献进行了考证。

3248

四川少数民族古籍研究述论[J]/何耀军.--西南民族大学学报(人文社科版),2004,12:73-75

四川民族古籍工作中有大量民间古籍亟待整理,本文分析了其经费缺乏、机构不顺的问题和蕴藏丰富、独具特色、弥足珍贵的文献特点,提出积极探索、拓宽领域、统筹规划、确保投入、数字化网络化服务、资源共享等措施建议。

3249

四川省公共图书馆古籍现状摸底调查与分析[J]/唐岚.--四川图书馆学报,2007,05:2-9

本文从收藏数量、保存条件、专业人员、破损和编目情况等方面,对四川省部分公共图书馆古籍现状进行了问卷调查,并对结果进行统计分析,认为目前四川公共图书馆系统亟待摸清古籍家底,改善保护条件,开展古籍修复抢救。

3250

四角号码检索法亟待规范[J]/王同策.--中国索引,2004,02:6-8

本文分析讨论了古籍索引多采用四角号码检索法的原因,以及该检索法的问题:异体纷出、字形不准、取号失据、自相抵牾等,提出应规范繁体字字形,从严掌握古书翻印的"例外",规范四角号码检索法取号规律等。

3251

四角号码检字法不可弃[J]/罗瑛.--辞书研究,2007,05:88

本文作者结合从事古籍整理研究工作的经验,分析了四角号码检字法的优点,论述这种汉字检索法在查找那些部首难辨、笔画繁多、拼音不知的古籍用字时的用途。

3252

四库存目标注[D]/杜泽逊.--山东大学,2003

《四库全书附存目录》(简称《四库存目》)在清编纂《四库全书》时仅列为存目,计

6793种。《四库存目标注》是作者对上述存目进行标注的目录学专著。本文是作者为该书所做的序论,从四库存目由来及发覆、《四库存目》进呈本、四库存目标注的学术价值等方面,对此书作了介绍。

3253

《四库存目标注》编著之意义[J]/李祚唐.--书目季刊(在台湾地区发表),2008,04:1-13

本文论述了杜泽逊编、上海古籍出版社2007年版《四库存目标注》编著意义,认为该书增加了底本来源、采进本、现存版本藏所和刊抄刻写者名号、藏书家名号印鉴两种索引,对《四库全书总目》疏漏讹误多有考辨,体例完备,更切实用。

3254

四库分类体系中的小说归属刍议——从二十世纪编纂的几种古籍书目谈起[J]/杨健,吴英梅.--图书馆工作与研究,2003,04:34-36

本文针对四库分类体系中小说归属问题的分歧,区分了古籍中两种类型的小说,即以实录为原则的"丛残小语"和以虚构和想象为本质的近代文学意义上的散文体叙事文学,认为前者应归属子部小说家类,后者归属集部小说类。

3255

四库馆臣补正《经义考》成果考论[J]/杨果霖.--"国立中央图书馆"台湾分馆馆刊(在台湾地区发表),2003,04:99-122

《四库全书总目提要》经部提要的编纂多取资于清代朱彝尊《经义考》一书。本文探讨了四库馆臣引书的方式、种类、作用、优劣和考证,指出其存在"大胆论断""疑而未解""辨证错误""错引文献""片面取择"等疏失。

3256

四库馆臣对文献取用原则的剖析[J]/吴哲夫.--书目季刊(在台湾地区发表),2005,02:1-9

本文从《四库全书》整体著录的概况,分析说明四库馆臣取用文献的原则,得出《四库

全书》的编纂寓有"承先启后""继往开来"的用意。

3257

《四库全书》版本浅说[J]/邓骏捷.--澳门图书馆暨资讯管理协会学刊(在澳门地区发表),2008,10:101-106

本文介绍了《四库全书》的编纂情况,论述了"南北七阁"与《四库全书》的存毁,以及现今《四库全书》的影印出版与数字化。

3258

《四库全书》本胡曾《咏史诗》的文献价值[J]/赵望秦.--古籍整理研究学刊,2008,02:3-6

本文论述了《四库全书》所收南宋人胡元质重新编排注释的胡曾《咏史诗》文献价值:一可用以校勘文字,二可资以辑录佚文,三可据以推断某些古籍的亡佚时代。

3259

《四库全书》本《雪山集》[J]/金镐.--中国文学研究(在台湾地区发表),2000,14:115-131

四库全书集部别集类中收录了宋代王质《雪山集》。本文据历代书目记载,考察了《雪山集》的流传过程、各种版本源流及其优劣,认为四库本《雪山集》并非足本,以及通过对不同版本互为考校增补,使《雪山集》能得见其原貌。

3260

《四库全书存目丛书》收录《卧游录》问题商榷[J]/杜海军.--书目季刊(在台湾地区发表),2006,03:31-33

宋代吕祖谦《卧游录》流传有内容截然不同的两种版本。本文对此进行考证,认为这两种版本现难辨真伪;分析了《四库全书存目丛书》收一弃一的做法对学术研究的影响,并提出将两本兼收并蓄的建议。

3261

《四库全书存目丛书》子目著录之随意性举证[J]/潘荣生.--图书馆建设,2004,03:107-109

《四库全书存目丛书》由此书编纂委员会编,齐鲁书社1997年出版。本文针对该书各子目著录在书名、卷次、其他著者、附刻文献等方面存在随意性问题,进行了举证与分析。

3262

《四库全书》的成书与时空环境[J]/吴哲夫.--"故宫"文物月刊(在台湾地区发表),2009,320:62-70

本文从历史长河流动下的收书框架、现实环境下的新文化界线观、欧风东渐下的新知识轮廓等方面,论述了《四库全书》的成书与时空环境。

3263

《四库全书》的坎坷命运[J]/杨茜,章易.--文史天地,2004,10:46-48

《四库全书》是中国历史上最大的一部丛书,始编撰于清乾隆三十七年(1772)。本文回顾了这部丛书由古至今历经的编纂、成书、散佚、流传、收集、整理、出版、研究等过程。

3264

四库全书的欧西文明曙光[J]/吴哲夫.--中文学报(在台湾地区发表),2004,11:35-46

清乾隆时期秉承高宗之意,四库馆臣在修书凡例中开列了外国作品。《四库》中收录的主要是明清时期耶稣会传教士携入而经翻译的西方知识译著,为数极微。本文探讨了入选《四库》的西文书籍的著录原则和收录情况。

3265

《四库全书》阁本提要论略[J]/张传峰.--阜阳师范学院学报(社会科学版),2000,05:19-22

本文在介绍《四库全书》阁本提要基础上,将阁本提要与《四库全书总目》提要进行比较研究,分析两者差异,以开拓提要研究的视野。

3266

《四库全书》赓续诸编所收女性著述[J]/卢嘉琪.--成大历史学报(在台湾地区发表),2007,32:35-79

本文以近20年海峡两岸出版的数套《四库全书》为对象,赓续诸编《四库全书》所收的女性著述,包括女教作品、别集、诗文总集等,论述这些书籍的写作原则及其意义。

3267

《四库全书简明目录标注》——中国重要的古籍版本目录[J]/段晶晶. --图书馆理论与实践,2003,04:85 - 86

本文介绍了清代《四库全书简明目录标注》作者邵懿辰的生平,并对全书的编制体例和内容做了评价。

3268

《四库全书简明目录·集部》标点举正[J]/周录祥. --重庆文理学院学报(社会科学版),2010,06:152 - 154

清《四库全书简明目录》上海古籍出版社标点版,存在许多标点讹误,影响读者使用。本文就其集部标点问题,举正37则。

3269

四库全书校勘管窥[J]/季忠平. --古籍研究,2003,03:52 - 56

作者参与了四库全书文渊阁本《建康实录》整理和相关点校本对校工作,本文梳理介绍了作者对四库全书文渊阁本校勘工作的认识和见解。

3270

《四库全书》经部底本来源分析[J]/冯春生,柳斌. --图书馆工作与研究,2003,03:30 - 31

本文检《四库全书》经部之著述暨存目,就其所据底本之来源逐一爬梳,以彰各地各家藏书之所采,以明各地各家藏书之所特。

3271

《四库全书》刘宗周著作初探[J]/钟彩钧. --中国文哲研究通讯(在台湾地区发表),2003,02:75 - 99

《四库全书》所收刘宗周著作《刘子遗书》《刘蕺山集》与道光十五年(1835)吴杰刊《刘子全书》的差异较大,本文以此为对象,通过比对资料,探讨了《刘子遗书》《刘蕺山集》在刘宗周著作流传上的地位。

3272

四库全书史部政书类通制及仪制二属各书著录及版本之研究[D]/潘欣怡. --台北大学(台湾地区),2008

《四库全书》史部政书类共分六属。本文讨论其中通制及仪制之属43部,对历代书目著录情况、重要版本及其题识汇录进行研究,将各书版本、版式、卷数、记载书目以及现藏地诸项分类著录。

3273

《四库全书》私人呈送本中的宋瑞金家藏本[J]/江庆柏. --图书馆理论与实践,2009,10:49 - 51

四库馆开,清高宗向全国征集图书,河南宋瑞金献出家藏抄本九种,但在目前四库学研究论著中,尚无人论及此事。本文考察分析了宋瑞金家藏本被湮没不闻的原因。

3274

四库全书私人呈送本中的郑大节家藏本[J]/江庆柏. --图书馆工作与研究,2008,06:56 - 58

此前研究认为,乾隆年间为修《四库全书》,浙江藏书家郑大节进献图书82种,被收录48种。本文根据呈送书目《浙江省第五次郑大节呈送书目》《二老阁进呈书》《二老阁挑取备用进呈书》,比对《四库全书总目》,考定郑进献图书为121种,被收录95种。

3275

《四库全书》体系的构建及其价值评说[J]/赵达雄. --情报资料工作,2000,04:43 - 45

本文论述了诞生于18世纪80年代的《四库全书》《总目》《简目》与200年后相继出版的《存目丛刊》《续编》《禁毁丛刊》及电子版《四库全书》,构建了浩博宏富的"四库"体系。然钦定《四库全书》缺陷,严重影响了其使用价值,理应进行正本清源的革新。

3276

《四库全书》相关著作谈[J]/薛泳. --和田师范专科学校学报(汉文综合版),2005,05:209

《四库全书》在编纂和成书后,围绕全书产生了一系列著作。本文对这些著作进行了评述,包括《四库全书总目提要》《四库全书简

明目录》《四库全书荟要》《四库全书考证》
《武英殿聚珍版丛书》。

3277

四库全书医家类提要分析[J]/林君谕.--书府(在台湾地区发表),2005,25/26:67-82

本文从作者、书名、版本、卷数、年代、内容、特色;著述原委、内容依据、时代背景、考定依据;作品比较、医者比较、用药方式、价值得失等方面对四库全书医家类提要做出分析。

3278

《四库全书》影印本与库本的差异论析[J]/李祚唐.--学术月刊,2002,02:52-58

本文综述了文渊阁《四库全书》影印本与库本的差异:全书收录范围模糊、若干书种排序的变动。分析了产生差异的原因,认为现今出版者有责任与学术界共同努力,清除影印本与底本差异造成的负面影响。

3279

《四库全书》与法国《大百科全书》编纂出版及其社会影响[J]/萧东发,周悦.--出版与管理研究(在台湾地区发表),2007,03:105-122

本文以法国《大百科全书》和《四库全书》为例,论述了18世纪东西方分别出版的这两部书及其产生的社会影响,分析了两书由于东西方文化底蕴的不同而呈现的风格差异和学术特点。

3280

《四库全书》与《四库全书存目丛书》[J]/马鼎.--新北大·史学(在台湾地区发表),2000,01:69-102

本文从《四库全书》冠绝古今中外、《四库全书》分布存佚、巴黎大学通儒院与《四库全书》影印等方面,介绍了《四库全书》与《四库全书存目丛书》相关情况。

3281

《四库全书》与文澜阁[N]/山石.--人民日报海外版,2001-05-01003

本文介绍了文澜阁建设缘起、其作为官府藏书阁珍藏《四库全书》的定位,以及之后两百多年间,阁、书离离合合,屡经磨难的历史。

3282

《四库全书》与文宗阁[J]/裴伟.--江苏省高等学校图书馆学报,2001,04:62-63

本文介绍了金山文宗阁的来历、兴毁、馆藏;文宗阁《四库全书》与镇江的密切关系;"文宗阁—绍宗藏书楼—复建文宗阁"的艰难历程。

3283

《四库全书》与《续修四库全书》[J]/顾关元.--华夏文化,2002,02:60-62

本文分析了《四库全书》和《续修四库全书》的联系和渊源,论述了出版《续修四库全书》的价值和意义。

3284

《四库全书》原文电子版及其对古籍工作的影响[J]/任瑞娟,崔广社.--图书情报工作,2000,02:52-53

本文从《四库全书》原文电子版的产生与特点入手,分析了其对于图书馆古籍工作所产生的积极影响,并从使用角度提出完善其软件检索功能的建议。

3285

《四库全书》载《图绘宝鉴》底本考原[J]/何庆先.--古籍整理研究学刊,2004,06:81-85

本文通过对元代画史著作《图绘宝鉴》四库本和正德本、津逮秘书本、借绿草堂本等版本比较,发现四库本的底本孔府本并非正德本,而应是嘉靖本或其增补本毛大伦本;并考论嘉靖本的底本是正德本的一个残本。

3286

《四库全书》之前后[J]/魏忠.--图书馆理论与实践,2003,02:83-85

本文就《四库全书》的编纂过程、版本流传情况和学术价值等方面进行了考论。

3287

《四库全书》之《贞素斋集》"提要"辨正[J]/魏崇武.--北京师范大学学报(社会科学版),2001,04:140-143

《四库全书》之《贞素斋集》"提要"中有四处错误,本文对此逐条进行了辨正。

3288

《四库全书》著录清代御制文献研究[D]/周宏仁.--淡江大学(台湾地区),2006

本文介绍了御制文献的历史概况,对《四库全书》收录的清代御制文献进行了解析,揭示其文献特色和目的,指出《四库全书》纂修时的疏漏与缺失,意在揭示这些御制文献所展现的重要意涵和对于执政者治国的重要性。

3289

四库全书子部儒家类图书著录原则析论[J]/蔡淑闵.--孔孟月刊(在台湾地区发表),2003,02:40 – 47

本文从"存佚文、资考证、别裁谨严、精华本、笃实醇正、不拘门户、重人品、溯本源、羽翼经史"方面,分析了四库全书子部儒家类图书著录原则,探讨了存目原因。

3290

《四库全书总目》编纂的学理基础[J]/郭眉扬.--河南社会科学,2010,04:161 – 162

本文以《四库全书总目》为例,论述了古籍目录分类从六分法到四分法的递嬗;古籍目录提要从单一向系统的完善;古籍目录大小序从萌生向成熟的发展。

3291

《四库全书总目》"别史类"比较分析[J]/季秋华.--图书馆理论与实践,2010,11:72 – 75

本文以《四库全书总目》"别史类"为对象,通过比较《中国丛书综录》和《中国古籍善本书目》的分类,提出三者在处理"别史类"方面的异同之处,论述了其产生异同的原因,旨在为编纂《中华古籍总目》提供借鉴。

3292

《四库全书总目》补正六则[J]/丁延峰,林丽.--图书馆理论与实践,2007,06:63 – 65

本文作者参览《四库全书总目》,发现若干疏误之处,予以考证和补正6则。

3293

《四库全书总目》补正十则[J]/董运来.--

图书馆杂志,2004,03:68 – 70

本文对《四库全书总目》做出补正10则。

3294

《四库全书总目》的史学方法论[J]/张鸿恺.--兴国学报(在台湾地区发表),2007,08:229 – 241

本文从"《四库全书总目》对史学传统全面反省和系统总结""把当代及后世史学发展纳入完善的史学体系"的成就分析,论述了该书通过史学方法论,所揭示的"以史为鉴""以史蓄德""以史存史"宗旨。

3295

《四库全书总目》殿本与浙本之比较[J]/司马朝军.--四川图书馆学报,2002,06:59 – 63

本文通过考察中华书局《钦定四库全书总目》整理本校记材料,分析论述了《四库全书总目》殿本与浙本之间的差异,并用完全归纳法证明殿本优于浙本。

3296

《四库全书总目》对贾谊《新书》的评述[J]/(日)工藤卓司.--师大学报:语言与文学类(在台湾地区发表),2010,02:77 – 100

本文以西汉贾谊与所著《新书》为例,探讨了《四库全书总目》对《新书》的评述及其原因,论证《四库总目》背后带有解消"门户"的政治意图。

3297

《四库全书总目》对宋、元之际"《尚书》学"的评述[J]/许华峰.--"中央大学"人文学报(在台湾地区发表),2000,22:97 – 136

本文通过《四库全书总目》相关材料的比对考证,认为清乾隆四十一年(1776)前后,《总目》编者曾以汉学立场,对《尚书》类提要的内容作了调整。经由实际举证,提出不可轻信《总目》对宋元之际《尚书》学的评述的观点。

3298

《四库全书总目》对总集编纂之批评[J]/吴斌.--大学图书情报学刊,2009,03:90 – 92

本文梳理了《四库全书总目》对历代总集的著录,对总集编纂的观点,对具体问题提出的批评,论述了《总目》对于总集编纂的认识。

3299

《四库全书总目》分类体系中艺术相关类目之探析[J]/刘美玲. --"国立中央图书馆"台湾分馆馆刊(在台湾地区发表),2001,04:78 – 90

本文据《四库全书总目》所收与艺术主题相关(主要为音乐、绘画、书法、器物艺术)的典籍归类状况,探讨了《四库全书总目》分类与当时学术、艺术、社会发展的关系。

3300

《四库全书总目》"《洪武圣政记》"条考误[J]/许振兴. --古籍整理研究学刊,2006,02:38 – 39

本文胪列证据,指出《四库全书总目》以《洪武圣政记》分内容为"六类"和"不行于明代"两项都是编撰者粗心大意的错误记载。

3301

《四库全书总目·经部·易类》研究[D]/李威侃. --中山大学(台湾地区),2004

本文综合比较前人研究成果,对《四库全书总目》版本辨证、思想、内容及其价值得失作概括性探讨,补充前人版本辨证的疏漏,归纳阐发其中"易类"的思想内涵。

3302

《四库全书总目》善本观初探[J]/司马朝军. --图书情报工作,2002,08:117 – 120 + 110

本文从正反两方面探讨了《四库全书总目》的善本观,认为《总目》之善本观是考订家的善本观,而非赏鉴家的善本观。

3303

《四库全书总目》诗类著录情况分析[J]/岳书法. --西华师范大学学报(哲学社会科学版),2003,05:122 – 126

本文从微观层面对《四库全书总目》诗类的著录情况进行了分析,归纳《总目》的体例、价值和不足,以对《总目》研究和《诗经》学史研究提供帮助。

3304

《四库全书总目》十种清诗总集提要补正[J]/朱则杰,夏勇. --浙江大学学报(人文社会科学版),2007,01:72 – 78

《四库全书总目》集部总集类存目所涉的某些清诗总集存在一定问题,本文依据近年问世的《四库全书存目丛书》等相关古籍进行研究,对《四库全书总目》10 种清诗总集提要予以补正。

3305

《四库全书总目》史部"正史类"目录研究[D]/杨海廷. --郑州大学,2009

本文分析了《四库全书总目》史部"正史类"的源流和提要编撰所遵循的原则,对《总目》史部"正史类"提要内容及其作用和意义进行了研究。

3306

《四库全书总目》所反映的史家意识[J]/林美伶. --世新中文研究集刊(在台湾地区发表),2010,06:69 – 86

本文围绕《四库全书总目》"编撰者归属"问题展开讨论,认为该书系以纪昀为首的四库馆臣集体著作,而清高宗则是影响其编纂取向的关键;通过分类结构、提要内容和当时学术倾向的分析,揭示《总目》所反映的是带有帝王观点和儒臣理念的史家意识。

3307

《四库全书总目》提要辨误——以《续宋编年资治通鉴》、《钱塘遗事》、《五代史阙文》为例[J]/黄雁鸿. --书目季刊(在台湾地区发表),2009,04:73 – 83

本文以《四库全书总目》中《续宋编年资治通鉴》《钱塘遗事》《五代史阙文》提要为例,将其中记载与其他文献对比研究,寻找误谬之处加以辩证。

3308

《四库全书总目提要》的分类问题研究[J]/宋迪. --文教资料,2008,20:70 – 71

本文从目录学角度对《四库全书总目提要》的分类进行研究,提出该书采用的四部分类法是中国古代目录的典范,但其是特定历史背景下的产物,有着鲜明的时代印记,目前应该探索适用于现代社会的古籍分类方法。

3309

《四库全书总目提要·经部小学类》校文津

阁本记[J]/龚鹏程.--书目季刊(在台湾地区发表),2007,01:49-69

本文考校了《四库全书总目提要·经部小学类》文津阁本,从总目与阁本的关系和比较、小学类一(训诂之属)、小学类二(字书之属)、小学类三(韵书之属)方面予以论述。

3310

《四库全书总目提要》经部"小学"类小序注析[J]/刘海琴.--古籍整理研究学刊,2003,05:59-65

本文通过对《四库全书总目提要》经部"小学"类小序的注释和分析,略窥"小学"类分并改隶的历史轨迹,并对小序本身作一定的修正、补充。

3311

《四库全书总目提要》学术思想与方法论研究[D]/赵涛.--西北大学,2007

本文论述了《四库全书总目提要》的产生背景、编纂历程,梳理了经史子集四部的学术源流和学术背景,从文献学和学术批评角度对该书的学术思想和方法论进行了研究。

3312

《四库全书总目提要》著录"内府藏本"研究[J]/杨果霖.--醒吾学报(在台湾地区发表),2005,29:73-90

《四库全书总目提要》著录713部"内府藏本",外加2部"内廷藏本"。本文通过研究"内府藏本",考察清廷藏书情况,弥补《天禄琳琅书目》《天禄琳琅书目续编》所载图书的不足。

3313

《四库全书总目》五种清诗总集提要补正[J]/朱则杰.--深圳大学学报(人文社会科学版),2006,03:91-94

《四库全书总目》集部总集类存目涉及某些清诗总集存在的若干问题,本文依据近年问世的《四库全书存目丛书》,对《总目》内5种清诗总集条目和提要做出补正。

3314

《四库全书总目》研究[D]/司马朝军.--武汉大学,2001

本文考察了《四库全书总目》编纂过程和各个版本特色,从分类学、目录学、版本学、编撰学、辨伪学、辑佚学、考据学角度总结归纳了该书的学术方法和学术贡献;从尊孔、宗郑、刺朱、砭俗、排外、崇实、黜虚七个方面概述《总目》的思想倾向;总结了该书在辨伪方面的成就。

3315

《四库全书总目》与古籍版本鉴定[J]/司马朝军.--图书情报知识,2003,02:25-27

本文从形式和内容两个方面归纳总结《四库全书总目》的版本学内容。

3316

《四库全书总目》与汉宋之学的关系[J]/夏长朴.--"故宫"学术季刊(在台湾地区发表),2005,02:83-128+205

本文挖掘《四库全书总目》的编纂过程,针对乾隆皇帝和四库馆臣对汉宋之争的看法,从现存可靠的文献资料中寻找合理解释,探讨该书在汉宋之学消长过程中所扮演的角色。

3317

《四库全书总目》与《四库全书简明目录》之比较[J]/司马朝军.--上海高校图书情报学刊,2002,02:58-59

本文从著录数量、排序、书名、解题等方面对《四库全书总目》与《四库全书简明目录》进行比较,研究认为《总目》和《简目》一详一略,但其思想主旨一脉相承;两书尽管有诸多不同,但是分类体系相同。

3318

《四库全书总目》与《小方壶斋舆地丛钞》辑录有关东南亚记载的史籍概况的分析[J]/张维屏.--中国历史学会史学集刊(在台湾地区发表),2002,34:69-93

本文通过《四库全书总目》《小方壶斋舆地丛钞》辑录有关东南亚记载的史籍分析,探讨了其蕴含的时代背景与编撰特点。提出《总目》持有特定的官方政治立场,《小方壶斋舆地丛钞》则收录了叙述亲身经历的私人游记。

3319

《四库全书总目》元代"四书"类提要疏证
[J]/廖云仙.--勤益学报(在台湾地区发表),
2003,02:109－130

（阙如）。

3320

《四库全书总目·子部杂家类》存目论误例
举[J]/周录祥,胡露.--古籍整理研究学刊,
2006,04:21－24

《四库全书总目》子部杂家类存在诸多问
题,本文就其中有关姓名字号、职官、时间、籍
贯等方面的讹误,分类例举若干则。

3321

《四库全书》纂修对清代藏书的影响[D]/
汤宪振.--东北师范大学,2008

本文围绕《四库全书》纂修对清代藏书的
影响,介绍了该书纂修的历史背景及其目的,
分析论述了纂修工作对清代官府藏书和私人
藏书的影响。

3322

《四库提要》分纂稿之整理与研究[J]/吴
格.--书目季刊(在台湾地区发表),2007,01:
31－48

本文论述了《四库提要》分纂稿概念、形
成过程和重要性,认为今人所见《四库提要》
因经四库馆反复修订,已非分纂稿原貌。对
分纂稿的整理与研究,应从编纂体例、人员分
工、修改润色、增删取舍等方面比勘原稿和
定稿。

3323

《四库提要》考订[J]/杜泽逊.--图书馆理
论与实践,2004,01:43－44

本文据中华书局出版的缩小影印浙江刻
本《四库全书总目提要》,对其经部春秋、孝
经、五经总义诸类的某些记录的错讹之处,分
别进行考证、辨订,凡13则。

3324

《四库提要著录丛书》编纂札记之一——在
一个简单的主题下对中国古代典籍的"原生
态"保存[J]/罗琳.--书目季刊(在台湾地区
发表),2008,02:1－6

本文系《四库提要著录丛书》编撰札记,
梳理了该书的编纂宗旨、缘起及其体例,论述
了该书因未被四库馆臣遵乾隆旨意篡改、删节
和剃补而独具的"原生态"保存价值。

3325

四库文化工程与古籍数量问题[J]/纪晓
平.--图书馆杂志,2001,11:54－55

本文分析了清代《四库全书总目》、近代
书目学著作《贩书偶记》、2000年中华书局版
《清史稿艺文志拾遗》中的记载,对中国古籍
数量的统计问题进行了研究。

3326

"四库学"通论[J]/周积明.--"故宫"学术
季刊(在台湾地区发表),2000,03:1－21

"四库学"著述文篇繁多。本文从乾嘉之
际到光宣年间、1911年—1949年、1949年至
今三个时间阶段,梳理了"四库学"整体进展,
列举了其中的关键作者。

3327

《四库总目·黄御史集》提要辨正[J]/李最
欣.--古籍整理研究学刊,2007,05:39－42

四库馆臣对《四库总目·黄御史集》的卷
数著录、成书过程、编者、刊刻历史等问题的
陈述多有舛误,本文对此分别举例辩证。

3328

《四库总目提要·东轩笔录》条辨补[J]/张
旭东.--书目季刊(在台湾地区发表),2009,
04:85－88

《东轩笔录》是北宋魏泰记载太祖至神宗
六朝旧事的笔记。《四库总目提要·东轩笔
录》条记载,南宋学者晁公武认为该书说法多
不可信。本文提出晁公武系北宋元祐党人后
代,怀恨于魏泰等新党人,故诬及此书。

3329

《四库总目提要·青箱杂记》条辨证[J]/张
旭东.--书目季刊(在台湾地区发表),2008,
01:37－40

《青箱杂记》是宋吴处厚编撰的轶事小说
集。本文考证提出《四库总目提要·青箱杂
记》中"成都置交子务,误以寇碱为张咏"系四
库馆臣误引自晁公武《郡斋读书记》,《青箱杂

记》原书并无此条。

3330

"四库总目学"史研究［D］/陈晓华. --北京师范大学,2004

本文从文献学史和学术批评史的角度归纳了"总目学"研究的成果,总结了有关学者对《四库全书总目》思想文化的研究。同时,从纵向概述了"总目学史"四个历史阶段的发展进程,归纳了"总目学"研究的流派及方法,并对"总目学"发展提出了前瞻性设想。

3331

四类稀见期刊版本考证［J］/聂家昱. --图书馆杂志,2001,09:56－57

本文考证了经折装、蝴蝶装、包背装本和巾箱本四类稀见期刊版本,为著述未见提及的包背装提供了实证。

3332

《四溟山人全集》第三次辑补［J］/李庆立. --聊城大学学报（哲学社会科学版）,2003,03:24－26

明代诗人谢榛《四溟山人全集》重修本颇多遗漏,且编校不乏粗疏之处。本文对其讹误予以匡正和补遗,辑补诗4首、尺牍2篇,评明诗80则。

3333

《四溟山人全集》再辑补［J］/李庆立. --西北师大学报（社会科学版）,2001,06:71－75

本文作者在有关明代诗人谢榛整理研究成果的基础上,辑得《四溟山人全集》（重修赵府冰玉堂本）遗诗4首、遗诗句2则、遗诗话21条,发现诗话异文较多者22条。

3334

《四时纂要》研究二题［J］/倪根金. --南都学坛,2000,04:13－17

本文作者针对古农书《四时纂要》,对比从古籍中稽查到的引文与明代朝鲜翻刻本,论证了翻刻本是真的;从《四时纂要》刻印历史、流传情况、书目著录和明清古籍引用数量变化考察,认为该书佚失当在明清之际。

3335

《四书大全》研究［D］/张岩. --中南民族大学,2009

本文以明代翰林学士胡广等奉敕纂修的《四书大全》为例,从纂修的历史文化背景、体例特征与版本信息、社会文化与学术影响、后人的评价四个方面,对其进行了系统考察。

3336

"四萧"文献学研究综述［J］/李柏. --湖南科技学院学报,2008,09:27－29

萧衍、萧统、萧纲、萧绎在南朝文坛上举足轻重。目前,学术界对于"四萧"研究虽然取得了很多成果,但仍显不足,尤其对于"四萧"的文献学研究相对滞后,本文从文献学角度,对"四萧"研究进行了综合考察。

3337

《四印斋所刻词》的词学文献价值［J］/巨传友. --古籍整理研究学刊,2009,05:26－29

本文论述了晚清王鹏运《四印斋所刻词》的词学价值:确立了晚清校词学的基本规范;该书序跋保存了王鹏运词学言论,为研究其词学思想提供依据;为考察临桂词派交游提供重要资料;保存稀有词集本子,为学词者提供借鉴。

3338

四字节汉字处理技术在古籍数字化中的应用——以龙语翰堂典籍数据库为例［J］/肖永红. --数字图书馆论坛,2006,04:36－38

本文以龙语翰堂典籍数据库为例,介绍了四字节汉字处理技术的特点,处理古代文献中生僻字、古字的保存、编辑和全文检索的优势,及其在古籍数据库建设中的应用。

3339

宋版古籍佚存书录（全四册）［M］/夏其峰编著. --太原:三晋出版社,2010

本书记录了数量可观的宋代刻工及刻工名录,经过汇集、核重、编次、连缀成篇。共收录宋代刻书目录4600余种,刻工6000余人。全书对宋版书的辨伪具有重要意义。

3340

宋版书及佞宋之风［J］/崔建利. --聊城大学学报（哲学社会科学版）,2002,03:99－101

本文分析了宋版书成为历代版本中的珍

品的原因,认为宋代书籍刊刻由于重视文化传承和保存,商业气息较少,避免了刻印过程中的粗制滥造,保证了书籍中文献内容的可靠性。因此,对宋版书的研究具有独特的学术意义。

3341

宋版书研究［J］/王东波. --图书与情报,2000,04:73-75

本文从数量、价值、特征等方面对宋代古籍进行了全面揭示和研究,探讨了宋代古籍鉴别的一般规律和基本方法。

3342

《宋本广韵》引《国语》例辨正［J］/郭万青. --古籍整理研究学刊,2008,02:66-69

江苏教育出版社 2008 年出版《宋本广韵》引《国语》共计 19 例,其中 15 条或不见于今传《国语》,或以注文作正文,或文字有异,或训释欠妥。本文通过资料爬梳,对其不当之处予以勘正。

3343

宋本《三谢诗》考［J］/吴怿. --文献,2006,03:63-65

宋代唐庚辑《三谢诗》为现存三谢诗集最早的本子,收录南朝谢灵运诗 40 首、谢惠连诗 5 首和南朝齐诗人谢朓诗 21 首。本文对该书的版本源流问题进行了考证。

3344

宋本《乐府诗集》考［J］/尚丽新. --古籍整理研究学刊,2006,05:59-64

本文考察了《乐府诗集》的三种宋本——傅宋本、绛宋本、钦宋本,介绍了傅宋本的鉴定和递藏,部分复原了绛宋本和钦宋本。通过三者的比较分析,理清了三者关系并做出价值判断。

3345

宋本《伤寒论》刊行后流传演变简史［J］/钱超尘. --医古文知识,2004,02:10-12

本文研究了宋《伤寒论》流传演变简史:包括北宋大字本、小字本和翻刻北宋小字本的背景与特点;日本内阁本、中国北图本、中国台北"故宫"博物院藏本三个赵开美本的关

系和异同,发现赵本有初刻本、补刻本之异。

3346

宋本《伤寒论》刊行后流传演变简史(二)［J］/钱超尘. --医古文知识,2004,03:28-32

(同上)。

3347

宋本《伤寒论》刊行后流传演变简史(续二)［J］/钱超尘. --江西中医学院学报,2004,03:29-33

(同上)。

3348

宋本《伤寒论》刊行后流传演变简史(续完)［J］/钱超尘. --江西中医学院学报,2004,06:23-26

(同上)。

3349

宋本《陶弘景集》源流考［J］/王京州. --古籍整理研究学刊,2006,03:73-77

本文考证了宋本《陶弘景集》的刊刻时间、人员和流传,发现文嘉抄本、史臣纪抄本等较好地保存了宋本原貌;道藏本与黄注序刻本均源于宋本;黄注序刻本以丁丙跋本为底本;严辑全文本又以黄注序刻本为蓝本。

3350

《宋朝事实类苑》研究［D］/孙琼歌. --河南大学,2009

《宋朝事实类苑》南宋江少虞编纂。本文对比了该书各个版本的特点,并对其在取材、编排和价值方面的不足之处进行了研究分析。

3351

《宋大诏令集》的价值及整理［J］/王智勇. --四川大学学报(哲学社会科学版),2000,04:80-85

《宋大诏令集》系北宋八朝的诏令汇编。本文通过《宋大诏令集》对《宋史》《宋会要》《长编》等史籍误载、漏书的补正,阐述了该书的史料价值,从辨伪、存佚、文献校勘方面阐述了其文献价值,并对进一步整理提出设想。

3352

宋代版本学家知见名录［J］/李明杰. --图书馆研究与工作,2004,04:59-64

本文通过考察宋代历史文献,对宋代版本学家资料进行了发掘和整理,为宋代版本学研究提供了参考。

3353

宋代笔记小说的整理与运用[J]/陈妙如. --中国文化大学中文学报(在台湾地区发表),2001,06:43 – 67

本文将见载于书目的宋代笔记小说整理出来,得400余部;逐部检视,挑出具有民间故事的篇章,得180余部。文章认为宋代笔记小说的整理可分两个方向运用之:一为民间故事研究,一为古籍整理。

3354

宋代《崇文总目》之探讨[J]/张围东. --"国立中央图书馆"台湾分馆馆刊(在台湾地区发表),2000,04:42 – 57

本文通过对宋代官修藏书目《崇文总目》的研究,分析论述了古籍的种类和分类方法、编纂过程、影响古籍目录的功用;当代目录学发展的特点及其影响;目录学产生和发展的一般规律。

3355

宋代的题跋与版本学研究[D]/李宝. --吉林大学,2007

本文从题跋文与版本学关系研究出发,论述了宋代题跋文、题跋文与版本学、宋人题跋中版本鉴定的基本方法,分析了宋代题跋对版本学的影响和题跋文在学术研究中的价值与地位。

3356

宋代雕版书籍之鱼尾造形研究[J]/曾启雄,林长庆. --设计学报(在台湾地区发表),2002,01:75 – 86

本文以172部宋代雕版书籍为主要对象,归纳出古书"鱼尾"的种类和意义,考察发现宋代善本书籍的编辑设计没有统一性,整体呈现多样性的表现。

3357

宋代宫廷藏书考[J]/方建新,高深. --浙江大学学报(人文社会科学版),2007,03:52 – 60

本文考证了宋代官方藏书机构和处所,宫廷藏书的管理机构和制度,及其对提高皇室成员文化素养、实施重文政策、促进社会文化繁荣发展的积极作用。

3358

宋代宫廷藏书续考——专藏皇帝著作的殿阁[J]/方建新,王晴. --浙江大学学报(人文社会科学版),2008,03:107 – 115

本文考证了宋代在皇宫为前朝去世的君主建置专门殿阁,收藏其御书、御制与诗文著作、书法手迹的制度,分析这一创举的意义,肯定其体现出的重视文教、促进宋代文化繁荣发展的积极作用。

3359

宋代馆阁藏书漫谈[J]/张学军. --古籍整理研究学刊,2008,01:46 – 49

宋代馆阁藏书在品种数量、藏书内容、藏书的方式方法、藏书的利用等方面超过以往任何时代。本文主要论述其独特之处。

3360

宋代国子监刻书考论[J]/顾宏义. --古籍整理研究学刊,2003,04:41 – 46

本文考证了宋廷对国子监刻书内容、质量控制、机构设置及其管理、图书刻印发行出售等方面的详备制度,分析其对当时各地州县官学大量印行图书,以及后世国子监刻书产生的重大影响。

3361

宋代江西学人版本研究活动考述[D]/付强. --南昌大学,2010

本文介绍了宋代江西学人的学术背景,论述了他们揭示版本现象,辨析和研究书籍版本,对版本中存在的谬误进行校改勘正,对一书多本现象产生原因分析和探察的版本研究活动,分析了学人版本研究活动的学术定位。

3362

宋代校勘《史记》初探[J]/史明文. --图书馆理论与实践,2006,02:109 + 121

本文简要论述了宋代官府对史学著作《史记》进行过的大规模校勘活动和私人校勘

成果。

3363

宋代经学著作雕版印刷述论[J]/李庆立,范知欧.--古籍整理研究学刊,2005,02:90－94

本文从宋代统治阶级意愿、士人经学研究状况和普遍的社会风气方面,论述了当时经学著作雕版印刷受到的影响;介绍了官刻本、家刻本和坊刻本三大雕版印刷系统,分析各自的特点和对传播经学知识、普及经学思想做出的贡献。

3364

宋代刻书业的发展与宋诗的近世化现象[J]/(日)内山精也.--东华汉学(在台湾地区发表),2010,11:123－168

本文论述宋代刻书业的发展对居于中国语言文化传统中心的诗歌产生的影响和带来的"近世化现象";考察宋代刻书业的变化、诗学关联书籍的出版情况和南宋末期流行的江湖派创作活动促使传统诗歌世俗化、近世化的经过。

3365

宋代蓝田四吕著述考[J]/李如冰.--古籍整理研究学刊,2010,05:93－100

北宋陕西蓝田吕大忠、吕大防、吕大钧、吕大临兄弟四人在经学、史学、金石学、地理学、文学等方面都有突出表现。本文根据现存文献资料记载,对蓝田四吕的全部著述逐一考辨,梳理了四吕的学术成就。

3366

宋代类书的文献价值[J]/丁原基.--应用语文学报(在台湾地区发表),2002,04:29－56

本文对现存宋代类书加以探讨,上溯类书内容、体制的形成与发展,探析宋代类书在内容与体制上呈现的文献价值,并借以了解宋代社会在文化方面的发展情形。

3367

宋代类书类四六文叙录[J]/施懿超.--古籍整理研究学刊,2007,03:8－14

本文详细梳理了宋人所编几种四六类类书的版本源流,并对其所收四六文情况作一概述,涉及《圣宋名贤千家表启翰墨大全》等4种。

3368

宋代儒家经籍出版研究[D]/陈信如.--淡江大学(台湾地区),2009

本文从唐代到宋代的社会背景出发,搜集有关宋刻本的文献资料,论述了十三经单疏本、经注义疏合刻本和建刻音释注疏本的产生原因、版本特征、与传世刻本的异同,整理其出版特色,探讨了宋代儒家经籍出版的价值和贡献。

3369

宋代新编童蒙读物初探[D]/潘伟娜.--四川大学,2005

本文探讨了宋代童蒙读物研究意义、现状、对象和研究情况,将其分为伦理道德、历史知识、博物、识字、诗歌属对、综合类等进行论析,重点考述《童蒙训》《十七史蒙求》《名物蒙求》三部代表性读物,总结了宋代童蒙读物的特点。

3370

宋代杂著笔记七种文献解题——以非图书文献为重点[J]/刘兆佑.--书目季刊(在台湾地区发表),2008,03:21－31

宋代杂著笔记以非图书文献而言,多载石刻、金器、建筑、器物、书画、风俗、谚语等资料。本文从近百种宋代杂著笔记中,择其载非图书文献较多者7种,撰为解题,以体现宋人杂著笔记的文献价值。

3371

宋代杂著笔记所征引佚书二十一种考述[J]/刘兆佑.--(在台湾地区发表),2007,02:65－90

本文就宋代杂著笔记所载佚书,选择21种予以考述。这些佚书资料,可补史书艺文志及公私藏书目录之不备;可供辑佚之资,借以考见佚书的内容;所载人物,可补史传之不足;对于当时制度、物产、中外交通、地理、风俗等内容的记录,均可提供值得参考的资料。

3372

宋代著录《史记》初探[J]/史明文.--古籍

研究,2006,01:84 - 89

本文通过挖掘不同类型书目对《史记》著录的侧重点,分析了官修书目著录、私家书目著录和类书著录各自的体系和特色。

3373

宋代纂修杭州志考述[J]/吴洪泽.--古典文献研究,2010,01:333 - 343

本文考述了宋代地方志《杭州图经》《乾道临安志》《淳祐临安志》《咸淳临安志》的编纂、流传和现存情况。

3374

宋德佑(祐)刻本《春秋集注》[J]/王清原.--图书馆学刊,2006,05:F0002

1989年辽宁省图书馆古籍部在整理未编目线装书时,发现一部完整无缺的宋德祐刻本《春秋集注》。本文对其版本特点和价值进行了简单介绍。

3375

宋雕"崇宁藏""毗卢藏"残卷考[J]/沈乃文.--中华文史论丛,2008,03:65 - 136

本文以北京大学藏宋代《崇宁万寿大藏经》残卷和《毗卢大藏经》残卷为对象,对其雕造时间起讫和经过、收经数量、版式行格、字体刀法、纸墨装订、刻工印工、两者关系、残卷在海内外收藏情况、鉴定得失等,进行了详细研究,纠正了一些误说,提出一些新的结论。

3376

宋洪刍及其《香谱》研究[J]/刘静敏.--逢甲人文社会学报(在台湾地区发表),2006,12:59 - 102

本文从北宋《香谱》众多作者中,考订为洪刍撰写,并考察洪刍生平事迹,探讨其撰写此谱的可能性;探讨《香谱》的流传和版本问题,论述其体例与内容特色;评述《香谱》因应社会需求而产生,保存文献、整理编纂的贡献。

3377

《宋景文集》版本源流浅考[J]/王玉红.--时代文学(上),2010,04:203 - 204

本文简要介绍宋代文人宋祁生平,并对其别集《宋景文集》宋代各版本、明清民国版

本在国内以及日本的流传情况,作了较为详细的考证。

3378

宋刊《切韵指掌图》底本考辨[J]/刘明.--中国典籍与文化,2010,02:151

本文考辨了国家图书馆藏宋刻本《切韵指掌图》底本的源流问题。

3379

宋刻本《晦庵先生语录大纲领》考——附录朱子、范如圭、程端蒙、李方子佚文[J]/石立善.--宋史研究论丛,2007,00:360 - 425

本文对宋刻本《晦庵先生语录大纲领》的体裁、特征、所据底本、编纂者、刊行年等问题进行了考证,并附上朱子、范如圭、程端蒙、李方子佚文。

3380

宋刻《汉书》版本考[J]/周晨.--襄樊学院学报,2002,01:76 - 79

本文介绍了班固《汉书》北宋本和南宋本两大版本系统,并分析了13种宋刻本各自的特点。

3381

《宋辽夏金元史数据库》建设构想[A]/贾文龙.--首都师范大学电子文献研究所、首都师范大学国学传播中心.第二届中国古籍数字化国际学术研讨会论文集[C],北京:五洲传播出版社,2009

本文对《宋辽夏金元史数据库》建设构想进行了综述,包括:以时人诗文为数据库主体;以篇目章节检索为图文对照间的联系;以工具书库作为检索词的延伸;以影像资料为文本古籍的补充;以论著索引为学术前沿的反映。

3382

宋荦著述考补[J]/刘万华.--殷都学刊,2010,02:55 - 60

清初诗人宋荦好著述,本文作者在前人总结之外发现其著述多种,梳理成文,为研究宋荦生平和文学成就提供更多资料。

3383

宋敏求《河南志》考——兼与高敏、党宝海

先生商榷[J]/张保见. --河南图书馆学刊,
2003,05:79-82

本文对北宋藏书家宋敏求《河南志》的流
传,进行了全面考述,并对辑本进行了探讨,
否定元人说和党宝海新说,肯定了清徐松辑
本当为宋书之说。

3384

宋、明、清书籍版心形式研究[J]/李绮莹. --
大明学报(在台湾地区发表),2008,09:189-
206

本文以版心为中心,进行了古书版心内
鱼尾、象鼻、版心文字分布与空间配置等视觉
要素分析,以了解宋、明、清中国古书版心在
装饰与功能性交替下所创造的空间、符号视
觉效果。

3385

宋人版本鉴定方法考略[J]/李明杰. --新世
纪图书馆,2004,04:67-69+66

本文从内容鉴定和形式鉴定两大方面,
梳理宋代版本鉴定的方法和体系,并对其进
行评价。

3386

宋人年谱综述[J]/尹波. --四川大学学报
(哲学社会科学版),2004,02:107-108

年谱是按年月编次人物事迹的一种传记
体裁,大量出现于宋代。本文对宋人年谱的
编纂背景、特色和学术价值进行了综述。

3387

宋儒《诗经》音释与《经典释文》版本考订
[J]/张民权. --古籍整理研究学刊,2003,06:
64-69

本文通过对宋代《诗经》音释的研究,考
订了唐代《经典释文》版本中的一些异文,可
补充近代黄焯《经典释文汇校》中的一些研究
结论。

3388

宋儒杨慈湖著述考录[J]/赵灿鹏. --书目季
刊(在台湾地区发表),2006,04:17-38

杨慈湖是南宋后期最有影响的儒学人
物,其心学思想是宋代理学的重要内容。本
文考察了其著述的存佚情形、刊刻经过、版本

流传等;除著作目录正编外,另立外编一项,
收录了明清时期出现的慈湖著作选本。

3389

宋僧三书考[J]/李国玲. --宗教学研究,
2005,02:78-79

本文对宋僧正受《楞严经合论》十卷、本
嵩《华严七字经题法界观三十门颂》二卷、子
璿《首楞严义疏注经》二十卷三书作了详细考
辨,考证其成书时间、版本源流,并对《佛藏子
目引得》等书著录中的讹误作了纠正。

3390

《宋史》讹误考校五则[J]/杨晓斌. --古籍
整理研究学刊,2005,01:63-64

本文将中华书局本《宋史》与其他宋代史
料对校,发现其中三类讹误,分别为地名讹、
人名讹、文字讹。在此基础上,进行了考校,
共订正讹误5则。

3391

《宋史》校订举偶[J]/李之亮. --华北水利
水电学院学报(社会科学版),2004,04:34-
37

元代脱脱等人编纂的两宋断代史书《宋
史》中某些史事的记录存在问题。本文对其
中某些人物事件进行了考辨,廓清该书记述
不清甚至错误之处。

3392

《宋史·职官志》订误[J]/龚延明. --文献,
2008,04:126-132

本文对《宋史·职官志》的一些讹误进行
归纳和订补,以供中华书局出版新点校本《宋
史》时参考。

3393

《宋史》诸纪、传时误补校[J]/张林祥. --古
籍研究,2007,01:47-59

中华书局点校本《宋史》诸纪、传时尚存
有部分讹误未经校出,本文对此进行补校。

3394

宋蜀刻本《杜荀鹤文集》版本考[J]/金
镐. --书目季刊(在台湾地区发表),2003,04:
59-71

本文考证了上海图书馆藏宋蜀刻本《杜

荀鹤文集》的版本问题,包括版式、行款、印记、编次、刊刻年代;自明代藏于黄翼圣"莲蕊楼"至入藏上图的流传过程;与另一种杜荀鹤诗集比较,彰显此帙的目录、版本和校勘学价值。

3395

宋蜀刻本《陆宣公文集》考[J]/赵望秦.--古籍研究,2001,03:23-25

南宋蜀刻本《陆宣公文集》十二卷,今人有认为是二十二卷本的残存。本文作者详细考据,认为原刻在陆集十二卷本系统中为足本,并不残缺。

3396

《宋太祖实录》探微[J]/燕永成.--史学史研究,2008,04:98-105

本文考证了编年体史书《宋太祖实录》经过4次编修,成书3部;其纪事受皇帝直接干预和史臣避忌;存在缺漏、原无后增以及与它史有异等问题;其流传和对后世造成的影响。

3397

宋琬集外诗文考述[J]/陆勇强.--内江师范学院学报,2010,11:71-73

本文从别集、总集、方志等各类文献中,共辑得清初文人宋琬集外作品若干,凡诗7首、序1篇、书信1通,并对部分诗文中涉及的人物加以相应说明和考证。

3398

宋文渊海 学林大观——写在《全宋文》即将刊行之际[J]/方健.--宋代文化研究,2009,02:25-36

本文是四川大学古籍所《全宋文》正式出版发行的书评,介绍了该书历经20年爬梳剔抉、搜辑校点整理的出版过程,对该书的内容特点和文献价值进行了分析。

3399

宋叶采《近思录集解》版本源流考[J]/程水龙,严佐之.--华东师范大学学报(哲学社会科学版),2006,05:94-100

宋代叶采《近思录集解》现存有元代与明前期的仿宋刻本或重刻本,明嘉靖至万历年间主要刻本为周公恕分类改编本;自明代崇

祯至清乾隆,出现仿刻、重刻、合刻等版本。本文就各种版本逐一梳理,注其存佚,考其源流。

3400

宋以前《金匮要略方》流传史研究[D]/梁永宣.--北京中医药大学,2006

本文采用传统目录学、版本学、文献学等研究方法,对宋及以前22部与张仲景医书流传相关的重要医籍进行系统分析,对相关条文逐条对比,以还原东汉医家张仲景《金匮要略方》的原本流传面目。

3401

宋余仁仲万卷堂刻《春秋公羊经传解诂》的两个印本[J]/张丽娟.--中国典籍与文化,2010,04:70-75

南宋余仁仲万卷堂刻《春秋公羊经传解诂》今存两个传本。本文考察了这两个传本的递藏源流和文字异同,分析两本之间的文字差异源自初印本与修订后印本的差别,以期借此为宋刻本的修补版研究提供实例。

3402

宋元古籍 珍而不秘——"宋元善本图书学术研讨会"记实[J]/吴璧雍.--"故宫"文物月刊(在台湾地区发表),2002,228:74-93

本文系台北"故宫"博物院于2001年12月17日、18日召开的"宋元善本图书学术研讨会"记实,包括开幕致辞、专题演讲、九篇学术论文提要、三篇专题报告摘要。

3403

《宋元旧本书经眼录》研究[D]/武元磊.--山东大学,2010

本文介绍了清代版本目录学家莫友芝的生平、著述和其版本目录学代表作《宋元旧本书经眼录》的成书、主要内容,论述了该书的学术价值以及莫友芝的版本目录学成就。

3404

宋元明清古籍版本发展概略[J]/李光华.--贵图学刊,2010,01:52-54

本文分宋朝、辽金元、明朝、清朝等阶段,简要叙述了宋元明清各个时期古籍版本的发展概况。

3405

宋元善本图书学术研讨会论文集[C]/"故宫"博物院编. --台北:"故宫"博物院(台湾地区),2001

(阙如)。

3406

《宋元书景》考——兼论百年前古籍书影事业[J]/(日)稻畑耕一郎. --中国典籍与文化,2010,04:100 – 108

本文介绍了清末藏书家缪荃孙编选《宋元书景》的概况,论述其在民国古籍书影史与版本目录学上的地位、作用和影响。

3407

搜集电子本古籍 丰富古籍室馆藏[J]/胡露. --韩山师范学院学报,2009,05:102 – 105

本文通过分析高校图书馆古籍馆藏现状,探讨了补充电子古籍的必要性和可行性。

3408

《搜神记》校勘札记[J]/王华宝. --古籍整理研究学刊,2000,02:53 – 55

本文以东晋《搜神记》汪绍楹校注本为例,讨论整理本中存在的词语考释、校勘、标点等问题,对其进行校补,并综述了古籍整理工作中普遍存在的一些问题。

3409

《搜神记》校释拾遗[J]/张艳. --古籍研究,2003,02:25 – 27

东晋《搜神记》校点工作偶有疏漏,本文校补数则,以求正于方家。

3410

苏林《汉书音义》辑佚[D]/殷榕. --武汉大学,2004

本文爬梳宋、元以前古文献百余种,辑得三国时期苏林《汉书音义》佚文485条,经考证,分归于今本《汉书》的被释语句下,并根据《汉书》卷次与语句出现的先后依次排列,以供学者们研究之用。

3411

苏轼《艾子杂说》研究[D]/邱淑芬. --彰化师范大学(台湾地区),2007

本文以苏轼《艾子杂说》的寓言专书为对

象,讨论了此书的著录、流传和作者;以明代赵开美刊本为底本,进行校对与注解;从题材来源、内容寓意、人物形象、写作技巧、艺术手法等方面分析该书内容和形式,探究该书作为中国第一本寓言专集的特色、产生的缘由和对后代寓言的影响。

3412

苏轼词籍版本流传及其时代意义[J]/张芸慧. --东方人文学志(在台湾地区发表),2002,01:55 – 93

本文作者对现今藏有善本书籍的图书馆馆藏目录进行了检索,将有关苏东坡词籍的书目作一归纳,梳理了宋、元、明、清以及民国以来苏东坡词的刊刻情形,并借由各词籍的序跋,探讨东坡词刊刻在各时代所呈现的意义。

3413

苏轼《富郑公神道碑》的西夏译文[J]/孙伯君. --宁夏社会科学,2002,04:84 – 86

本文考证西夏文《德行集》中迄今未获解读的一段文字,实际节译自苏轼的《富郑公神道碑》,是现存最早的用少数民族文字翻译的苏轼作品,表明东坡诗文在西夏产生过影响。

3414

苏轼、黄庭坚题跋文研究[D]/毛雪. --郑州大学,2003

本文考察了苏东坡、黄庭坚题跋的时代动因、宋代的学术文化水平、散文发展、创作主体趣尚,论述了苏黄题跋在题材、体式、表达、趣味上的拓展创新,并对其共同趋向与相异风貌作了对比研究。

3415

苏轼《论语说》辑补[J]/舒大刚. --四川大学学报(哲学社会科学版),2001,03:97 – 99

苏轼《论语说》明代已佚,1992 年卿三祥、马德富重作辑佚,本文在卿、马二氏所辑外,补充辑录了《论语说》佚说十余条,可补文献不足之缺。

3416

苏轼《论语说》流传存佚考[J]/舒大刚. --

西南民族学院学报（哲学社会科学版），2001，06：123 - 125

苏轼《论语说》明代已佚，本文对其成书、流传和散佚过程进行系统考述，并介绍了近时对该书的辑佚情况。

3417

《苏舜钦集编年校注》补正[J]/杨松冀.--西华师范大学学报（哲学社会科学版），2004，01：114 - 115

巴蜀书社出版的《苏舜钦集编年校注》在校注上有不少疏漏和失误，本文择其大者数例，给予补正。

3418

苏辙《论语拾遗》试探[J]/陈升辉.--问学集（在台湾地区发表），2003，12：158 - 174

《论语拾遗》系北宋文学家苏辙著作。本文从内容分析、苏辙对《论语》及其他引文的使用、苏辙在《论语拾遗》中展现的思想等方面，论述了该书相关情况。

3419

苏辙《诗集传》的成书及版本考[J]/李冬梅.--乐山师范学院学报，2002，02：21 - 24

本文考证了苏辙《诗集传》的成书过程，结合版本源流情况比较了各版本的优劣，论述了该书在苏辙学术生涯中的重要性。

3420

苏州藏书家的藏书印[J]/费愉庆.--图书馆理论与实践，2007，01：124 - 126

本文介绍了苏州藏书家藏书印的种类、印文内容、可作为版本鉴定必要依据和了解书籍收藏流传过程的作用，以便藏书文化研究者和古籍爱好者对藏书的鉴赏。

3421

苏州图书馆藏古籍善本提要·经部（全三册）[M]/苏州图书馆编.--南京：凤凰出版社，2004

《苏州图书馆藏古籍善本提要》选自该馆近2000种古籍善本，按四部分类排列，每书附书影一幅。内容包括书名、卷数、编著者、册数、版本、行格、原序跋、印章、著录情况、编著者生平、主要内容及特色等。本书为经部

部分。

3422

苏州图书馆藏古籍善本提要·史部（二函六册）[M]/苏州图书馆编.--北京：中华书局，2010

本书对该馆所藏古刻珍本、孤本旧钞、先贤手泽的内容精要、考据源流、流传情况、作者作品历代评价等进行了介绍。

3423

俗字与古籍校勘七题[J]/曾良.--文献，2007，02：153 - 160

古籍中的俗写、俗字问题影响古籍整理和词义研究工作，本文谈了几则与俗字密切相关的古籍校勘问题，以供学界参考。

3424

俗字与古籍整理举隅[J]/曾良.--中国典籍与文化，2003，02：62 - 65

本文通过实例，阐述了运用俗字知识校正古籍讹误、分析古籍讹误和异文原因、帮助古籍语义理解等方面的作用，对古籍整理有一定的参考价值。

3425

《素问考》之研究[J]/（日）平根弘治，郭秀梅.--医古文知识，2000，04：21 - 23

本文通过统计分析《素问考》引用中国文、史、医古籍的情况，论证了该书成书在秦汉之际的推测，并推论该书作者与日本医经著作《素问识》作者丹波元简不是师生关系，《素问考》只是《素问识》成书的基石之一。

3426

《素问》王冰注部分引书简考[J]/成建军，沈海霞.--山东中医药大学学报，2004，02：126 - 129

本文对唐代王冰《素问》注中部分古籍的引用情况、撰者、成书年代和隋唐史志书目中收载概况进行了考察，认为其中部分引书具有较高的中医文献学价值，值得深入研究。

3427

《素问》王冰注系统化初探[J]/彭达池.--图书馆理论与实践，2007，06：61 - 63

本文作者从典籍系统的一般特点出发，

结合唐人王冰对《素问》整理的实践，探析了注释过程中系统化的方法，从而为古籍整理提供借鉴。

3428

溯千古雅韵，成一脉源流——评《中国鼓词总目》[J]/王秀珍.--晋图学刊,2006,06:71－72

本文以山西古籍出版社 2006 年出版的《中国鼓词总目》为对象，从鼓词的整合性整理、鼓词整理中新概念的提出、鼓词进一步整理研究和未来发展，以及本书出版后在曲艺界产生的影响等方面，对《总目》进行了评价。

3429

溯史料本源 循学术规范——评《册府元龟（校订本）》[J]/郁贤皓.--古典文献研究,2008,01:582－587

由周勋初教授等 25 位先生校点的《册府元龟（校订本）》，由凤凰出版社 2006 年出版。本文是对该书的书评，包括原书特色、编纂过程、学术价值等。

3430

溯源内廷四阁《四库全书》[J]/刘清.--福建图书馆理论与实践,2008,191:49－53

本文围绕文渊、文源、文津、文溯皇家四阁的建置，以及《四库全书》的贮藏和散佚等方面作溯源考证。

3431

《算经十书》校勘的新进展——《算经十书》郭书春、刘钝校点评介[J]/傅海伦.--古籍整理研究学刊,2002,04:71－75

本文介绍了《算经十书》的流传和历代校勘情况，评述了中国科学院自然科学史研究所郭书春、刘钝在总结前人经验教训基础上，对各校勘本深入研究、加以甄别、重新校勘该书的过程，及其校点的突出特点。

3432

《隋人书出师颂》及《文选》异文[J]/易敏.--井冈山师范学院学报,2005,01:5－8

本文对照故宫博物院《隋人书出师颂》和《文选·出师颂》，梳理了因字形辨识、同实异名以及汉字使用等原因造成的异文现象，并

指出在古籍整理与研究中区分字、词异文对应关系的必要性。

3433

《隋书·经籍志》的作者争鸣及其分类沿革[J]/侯延香.--中国图书评论,2004,02:32－34

本文从编纂历史和考证成果两方面，考证了我国现存第一部四部分类目录《隋书·经籍志》的真正作者，并论述了其分类沿革。

3434

《隋书·经籍志》研究[D]/施宁华.--郑州大学,2007

本文对《隋书·经籍志》的编撰者、编撰经过、体例结构、著录方法、分类体系、文献学思想及其对我国目录学、文献学的影响等问题，展开系统研究，并阐发了对我国古籍考证、辑佚、辨伪等文献整理工作的思考。

3435

《隋书·经籍志》著录魏晋子部名家类著作考述[J]/袁敏.--图书馆理论与实践,2010,12:55－59

本文系统梳理了《隋书·经籍志》所载魏晋子部名家类著作之书名、作者、亡佚、辑佚情况，并通过比较今存之《人物志》与辑佚所得之《士纬》，考述魏晋名家在观念上的异同。

3436

《隋书·天文志·五代灾变应》勘误[J]/唐燮军.--古籍整理研究学刊,2007,06:78－80

本文通过稽考、比对相关史料，逐条罗列《隋书·天文志·五代灾变应》中的部分讹误并进行订补。

3437

隋唐时期类书的编纂及分类思想研究[D]/刘刚.--东北师范大学,2004

本文以隋唐两朝为限，从编纂情况、分类体系、分类思想方面对类书的有关问题进行了断代研究，分析隋唐时期类书的发展原因、编纂特点、编纂观念、分类体系和佚因，探究了隋唐类书分类思想的源流、概况、成因及特点。

3438

隋唐五代古籍版本学考略[J]/曹之.--山东

图书馆季刊,2007,02:2-5

本文从同书异本及其研究、版本学家及其成果等方面论述了隋唐五代时期古籍版本学的成就,认为该时期是古籍版本学的重要发展时期。

3439

隋唐五代韵书、类书、总集的编纂与文化建设[J]/刘正平.--西北成人教育学报,2001,03:33-36

本文在前人研究基础上,考证隋唐五代官修私撰了大量韵书、类书和总集,并从社会文化建设、发展的角度对这一问题进行了探讨。

3440

岁月留痕——院藏石刻文字拓本定年举例[J]/王竞雄.--"故宫"文物月刊(在台湾地区发表),2009,320:82-89

《郃阳令曹全碑》系东汉王敞等人为郃阳令曹全纪功颂德而立的石碑。本文以台北"故宫"博物院藏该碑刻墨拓本为例,从内容、字口拓墨、残缺裂痕等方面,分析该拓本传拓上限在清光绪元年(1875)以后,下限在1956年以前。

3441

孙安邦点校本《云自在庵随笔》标点错误举例[J]/詹亚园.--浙江海洋学院学报(人文科学版),2010,03:30-35

本文从孙安邦点校本《云自在庵随笔》中举出10例标点错误,并试为改正。

3442

孙家正部长在全国古籍保护工作会议上的讲话[J]/王阁.--西域图书馆论坛,2007,01:4-5

本文系时任文化部部长孙家正在全国古籍保护工作会议上的讲话。该会主题:贯彻落实国务院办公厅《关于进一步加强古籍保护工作的意见》(国办发〔2007〕6号)精神,研究部署古籍保护工作。

3443

孙犁·修书·仿制——记一次有意义的孙犁作品仿制工作[J]/万群.--图书馆工作与研究,2003,05:63-64

天津图书馆开展了孙犁先生早期作品仿制工作。本文作者叙述了参与此项工作的体会,深感孙犁先生对历史典籍爱惜之深、研究之精、保护之重,举例说明孙犁先生的另一重身份——书籍的修复者和保护者。

3444

孙思邈《备急千金要方》的版本考查[J]/崔淑原,和中浚,王缙.--中国民族民间医药,2010,24:52+54

本文从历代官修目录、史志目录、私人目录等目录学书中,考查了唐代医家孙思邈《备急千金要方》的版本源流,并总结了各自的特点,以期充实该书的版本系统。

3445

孙希旦《礼记集解》研究[D]/万丽文.--南京师范大学,2007

《礼记集解》系清代文人孙希旦的代表作。本文从作者生平著述,《礼记集解》成书与版本,《礼记集解》的内容、体例和特点方面,研究了《礼记集解》。

3446

孙衣言及其《永嘉丛书》研究[J]/吴佩娟.--东吴中文线上学术论文(在台湾地区发表),2008,01:165-180

本文考察了晚清学者孙衣言整理、研究乡邦文献的事迹,介绍其藏书楼"玉海楼"、《永嘉丛书》等著作,论述《永嘉丛书》的内容、特点、文献学价值,以及对温州地区搜集整理乡里先哲遗著的文化运动的影响。

3447

孙诒让文献学贡献评述[J]/孙晓.--浙江工业大学学报(社会科学版),2004,01:45-50

本文评述了晚清浙江朴学大师孙诒让在目录学、古籍校勘、版本鉴藏和方志学等文献学领域的实践与成就。

3448

孙诒让训诂研究[D]/方向东.--南京师范大学,2004

本文通过对晚晴学者孙诒让35部有关经学、诸子学、校勘学著作的阅读研究,爬梳整理了孙诒让研读古书所采用的训诂理论和方法,重新审视其训诂校勘成果。同时,纠正了中华书局版孙氏著作中的排印和标点错误。

3449

孙诒让《札迻》校读古籍引证文献材料分析[J]/徐凌,孙尊章.--温州大学学报(社会科学版),2008,05:61-65

本文分析了晚清学者孙诒让《札迻》校读古籍引证文献材料的特点,和《札迻》校读古籍引书的方式,指出孙诒让引证文献的不足之处。

3450

孙诒让《札迻》文献校读研究[D]/徐凌.--西南师范大学,2005

本文从文献的征引、文字与文献互证两方面对晚清学者孙诒让《札迻》进行研究,对《札迻》校读古书所涉文献和文字材料做抽样整理与分析,梳理其校读古籍的方法和治学思想,为《札迻》研究提供材料借鉴和方法探索。

3451

孙诒让《周礼正义》王、陈点校本误读、失校辨正[J]/刘兴均.--古籍整理研究学刊,2002,02:76-81

中华书局1987年出版的晚清孙诒让《周礼正义》王文锦、陈玉霞点校本,尚有可商榷之处,本文辨正了其中误读、失校各十余处。

3452

蓑衣拓本的装裱探讨[J]/许兆宏.--书画艺术学刊(在台湾地区发表),2009,06:315-332

本文探讨了"蓑衣裱"石碑拓片装裱形式的制作过程、特点和长期保存可能产生的问题,以期通过了解"蓑衣裱"装裱形式及相关问题,促进其在文物保存修复领域的应用。

3453

缩微工作走出困境的探索[J]/尹群.--山东图书馆季刊,2007,02:32-34

本文分析了我国图书馆界缩微工作的现状,以山东省图书馆为例,提出缩微工作走出困境的方法。

3454

缩微技术发展应用的明天——与数字技术的融合[J]/陈婷.--数字与缩微影像,2007,03:16-18

本文对国内公共图书馆系统缩微技术应用中存在的优、劣势进行了分析,就缩微技术与数字技术的融合发展进行了讨论。

3455

缩微技术面临的挑战和发展空间[J]/郝志娟.--数字与缩微影像,2005,03:56-58

本文从缩微技术的历史定位入手,分析了缩微技术因环境变化面临的挑战和压力,阐述了目前形势下缩微技术的生存依据和发展空间。

3456

缩微技术人员培训之我见[J]/李爱华,黄秀芬.--图书馆学研究,2003,02:85-86+89

本文论述了图书馆缩微工作不同环节的技术要求,提出应对相应的缩微技术人员进行素质培训。

3457

缩微技术与缩微制品的发展研究[J]/陈军,李晓.--缩微技术,2002,01:5-7

本文针对缩微技术的优势和不足,分析了缩微制品的应用前景,提出应该走缩微技术与计算机技术相结合的道路,阐述适时建立缩微文献数据库的发展方向。

3458

缩微技术在数字化馆藏中的重要作用[J]/崔春青.--影像材料,2002,02:53-54

本文论述了缩微技术在图书馆文献存藏中的重要作用和技术优势,以及如何将缩微技术与现代化设备技术相结合,使其在现代图书馆资源数字化中发挥应有的作用。

3459

缩微胶卷的利用与古籍影印[J]/姜亚沙.--数字与缩微影像,2005,03:28-31

本文作者结合多年在全国图书馆文献缩微复制中心工作的经历,阐述古籍影印出版工作的深远意义,介绍了选题原则和一些案例,分析列举了古籍影印书的主要特点、影印过程和工作程序。

3460

缩微数据库建立之我见［J］/田玲. --缩微技术,2002,03:31－33

本文结合作者参与缩微数据库建设的实践,阐述了建立缩微数据库的意义、作用、基本流程和建库工作中存在的问题,认为建设缩微数据库是图书馆缩微事业发展的方向,是实现图书馆缩微资源共享的必由之路。

3461

缩微文献数字化建设探索——以天津图书馆“缩微文献影像数据库”项目为例［J］/赵晟. --江西图书馆学刊,2010,04:120－122

本文以天津图书馆的“缩微文献影像数据库”项目为例,概述了该项目的规划目标、设计方案、检索工具、著录标准、版权保护、项目测试和上线应用等情况。

3462

缩微与数字:图书馆文献的保存与利用［J］/张伟云. --档案与微缩（在台湾地区发表）,2005,78:36－43

本文论述了贵州全省图书馆文献利用与保护的现状、文献资源具有的独特优势、数字图书馆建设中存在的问题,提出了图书馆文献利用的前提是先存后用、注重馆藏积累、数字化资源建设注重实用等建议。

3463

所见残本《唐书·天文志》一种版刻年代叙录［J］/张彦妮. --古籍整理研究学刊,2005,05:48－49

本文以东北师范大学图书馆藏残本《唐书·天文志》为例,介绍了该书刊刻时间、行款目次、刻工姓名、所钤印记等版本特征,从书中避宋讳、补版断版、字迹漫漶、多用省笔俗字、纸糙色黄似元代印书用纸等方面,判断该书为宋刻元递修本。

3464

所见《新入诸儒议论〈杜氏通典详节〉》版刻年代考略［J］/吴欣. --古籍整理研究学刊,2004,05:84－85

本文评述了《新入诸儒议论〈杜氏通典详节〉》作为宋刻元递修本的版本特征,包括书间避宋讳、多用省简字俗字、宋代帝号前均有抬头、纸糙色黄为元代印书多用之梗棒纸等。

3465

索引钩玄问旧典 知古鉴今谱新篇——满族古籍和《中国少数民族古籍总目提要·满族卷》工作简记［J］/辽宁省民委古籍办. --中国民族,2004,01:19－22

本文介绍了满族产生发展和创制语言文字的历程,以及满文古籍来源、分布情况、保存现状;以《中国少数民族古籍总目提要·满族卷》编纂工作为例,回顾了国家整理保护满文古籍一系列具体工作,包括搜集整理、装裱微缩、改善存藏环境、抢救性修复、编制古籍总目提要等。

3466

“索引”一词是从日本抄来的?——论中国古籍中的“索引”及其流变［J］/平保兴. --图书馆杂志,2010,03:18－20

本文论述“索引”一词在我国古籍中的流变,并指出现代意义上的“索引”这一术语是中西文化结合的产物。

3467

索引与知识发现［A］/史睿. --中国索引学会.2005年中国索引学会年会暨学术研讨会论文集［C］,2005

本文旨在探讨数字图书馆发展新趋势与传统索引的关联,并提出利用传统检索工具实现知识发现的方案。

3468

《琐蛣杂记》与《六合内外琐言》叙考［J］/萧相恺. --中正大学中文学术年刊（在台湾地区发表）,2007,10:1－24

《琐蛣杂记》《六合内外琐言》均为清代学者屠绅所撰。本文从写作背景、作者生平、文本内容、版式特征等方面,比较论述了《琐蛣杂记》和《六合内外琐言》的学术价值和版本学价值。

T

3469

"他校"小议[J]/沙志利. --儒家典籍与思想研究,2009,00:521-533

"他校"是古籍校点中不可或缺的校勘手段。本文针对《儒藏》书稿中或新出校,或沿袭旧校时出现的若干问题,指出他校要在充分占有数据、理解文意、了解校本的前提下展开,方可使错误降到最低限度。

3470

他们是我国古旧书业的"续命汤"和"保护神"[J]/周岩. --广东印刷,2000,05:64-65

本文介绍了中国书店自成立以来所做的古籍装订和修补工作。

3471

台北"故宫"博物院典藏原北平图书馆藏传奇善本研究[D]/洪莜敏. --台北大学(台湾地区),2009

本文选择台北"故宫"博物院藏原北平图书馆藏传奇善本141部,从源流、内容、价值方面对其进行了研究。

3472

台港地区所编古籍索引综述[J]/陈东辉. --辞书研究,2005,03:212-219

本文梳理了近年来中国台湾地区、香港地区所编古籍索引成果,从编制方法、收录范围、检索方法、专题研究、著录规则、出版方式等方面,论述了台港地区古籍索引编制概况和学术价值。

3473

台湾版《永乐大典》追忆[J]/刘冰. --出版史料,2004,02:24-26

本文回顾了出版台湾版《永乐大典》的时代背景、编者生平、内容选择、用纸用墨、版式特征、注释方式和学术价值等情况。

3474

《台湾大学图书馆藏珍本东亚文献目录——日本汉籍篇》述介[J]/蔡碧芳. --"全国"新书资讯月刊(在台湾地区发表),2009,131:64-65

《台湾大学图书馆藏珍本东亚文献目录——日本汉籍篇》系中国台湾学者张宝三主编、日本学者住吉朋彦编辑,2008年台湾大学出版中心出版,调查台湾大学图书馆所藏日本汉籍现存状况的书目。本文介绍了该书的编纂缘起、体例、内容、特点等。

3475

台湾大学图书馆所藏珍本日本汉籍之来源、特色与学术价值[J]/张宝三. --台大中文学报(在台湾地区发表),2006,25:375-416

本文概述了《台湾大学图书馆藏珍本东亚文献目录——日本汉籍篇》编辑缘起,进而探讨台湾大学图书馆所藏珍本日本汉籍之来源、特色与学术价值等。

3476

台湾地区古籍书目数据库的建设及其特点[J]/毛建军. --福建图书馆理论与实践,2007,03:58-60

本文介绍了台湾地区计算机与古籍整理的早期实践,从突出数据库建设的长期性和计划性、注重数据库建设的交流与合作、重视古籍书目数据库的兼容与整合等方面,总结了该地区古籍书目数据库的建设特点。

3477

台湾地区古籍文史电子参考资源资讯系统建置之分析[A]/郑恒雄,吴敏萱. --辅仁大学图书馆. 2004年古籍学术研讨会论文集[C],新庄:辅仁大学(台湾地区),2004

本文以建置机构为纲,介绍了中国古籍文史电子参考资源在台湾地区的建置情况,分析各家系统的主题内容、规范标准、检索之界面与功能等。

3478

台湾地区中国古籍数位化的现况与展望
［J］/罗凤珠. --书目季刊（在台湾地区发表），
2001,01:23 - 34

本文回顾了台湾地区中国古籍数字化的发展进程，从典藏范围、人才培养、著录标准、引入统计模型和计算机语言学方法、重视相关古籍之间的关联等方面，对未来数字化发展趋势做出展望。

3479

"台湾佛教文献数位资料库"的建构与缘起
［J］/杜正民. --佛学研究中心学报（在台湾地区发表），2002,07:391 - 408

本文论述了"台湾佛教文献数位资料库"建构特点和缘起，认为该数据库系承续台湾大学哲学系杨惠南教授多年来研究与执行的各项台湾佛教相关计划内容，及其他佛教资料库多年来累积的经验及技术，将相关文献数字化并建构成数据库。

3480

台湾公藏宋版书调查研究［D］/陈怡薇. --
淡江大学（台湾地区），2008

本文以台湾地区公藏宋版书为研究范围，运用历史、比较及内容等研究方法，进行归纳、整理与分析，以便对台湾地区公藏宋版书的发展源流、收藏情况、刊印内容、特色及学术价值作较具体而系统的评述。

3481

台湾古籍数字化略析［J］/许红健. --内蒙古科技与经济，2008,22:187 - 188

本文以台湾地区古籍数字化规划为例，以点带面说明了台湾古籍数字化工作取得的成绩，并从应用服务与培训推广服务、资料库建制过程管理与版权管理两方面，论述了台湾古籍数字化规划与管理的实践。

3482

台湾"故宫"博物院所藏观海堂旧藏日本古钞本《论语集解》之价值［J］/（日）高桥智. --
"故宫"学术季刊（在台湾地区发表），2008,
04:107 - 134

本文以台北"故宫"博物院所藏观海堂旧藏日本古钞本《论语集解》为例，论述了日本流传汉籍的历史价值，以及观海堂旧藏书在文献学上的价值。

3483

台湾历史研究的宏大出版工程［J］/蒋东明. --中国图书评论，2005,07:40 - 41

本文概述了台湾历史研究的宏大出版工程——《台湾文献汇刊》的收录范围、辑录原则、主要内容、版本特征、出版过程、学术价值和社会影响。

3484

《台湾日日新报》单张修复纪要［J］/杨时荣. --"国立中央图书馆"台湾分馆馆刊（在台湾地区发表），2000,06:53 - 57

《台湾日日新报》创刊于1898年，是日本殖民时代台湾发行量最大的报纸。本文系《台湾日日新报》单张修复纪要，介绍了该报纸的原装形式与材料、过去曾经修复情形、现在劣损情况、准备采行之修复方式及使用材料、修复后检测、修复图示等。

3485

台湾省文献委员会历年采藏之碑碣拓本分析［J］/杨正宽. --台湾文献（在台湾地区发表），2000,03:1 - 8

本文论述了台湾省文献委员会历年采藏碑碣拓本的经过、地域分布、时间分配、内容分析等情况。

3486

台湾与海外地区中文古籍书目数据库的建设［J］/毛建军. --图书馆学刊，2007,04:107 -
109

古籍书目数据库的建设既有利于中文古籍联合目录的实现，也极大便利了中文古籍资源的检索与利用。本文论述了中国台湾地区、日本、韩国、欧美国家中文古籍书目数据库的建设情况。

3487

台湾中文古籍数字化成果特色谈［J］/许红健. --农业图书情报学刊，2009,01:130 - 133

本文通过网络调查和成果分析，论述了台湾地区中文古籍数字化成果的特点，以及古籍数字化在保存与共享、利用与研究、文化传承等方面具有的重要意义。

3488

台湾中文善本古籍数位化的现况及展望[J]/顾力仁,张围东.--澳门图书馆暨资讯管理协会学刊(在澳门地区发表),2009,11:9－42

本文介绍了台湾"中央研究院"历史语言研究所等台湾地区善本古籍收藏单位,参与善本古籍数位典藏计划的内容、标准化工作流程及其涉及的相关技术。

3489

台湾"中央研究院"历史语言研究所傅斯年图书馆善本古籍维护及典藏环境概况[A]/吴政上.--中国国家图书馆.中文善本古籍保存保护国际研讨会论文集[C],北京:北京图书馆出版社,2002

本文介绍了台湾傅斯年图书馆存藏中文善本古籍的环境和所采取的保护及修复措施,同时对该馆引进的图书修复、保护技术和设计及今后的工作计划作了简述。

3490

太白山自然保护区文物古籍档案的保护和利用[J]/贾良珍,刘华君.--陕西档案,2009,04:47

本文介绍了陕西省太白山自然保护区文物古籍档案存藏现状,针对缺乏应有保护的问题,提出了加强文物古籍档案保护利用的建议对策。

3491

《太谷学派遗书》整理后记[J]/方宝川.--书品,2001,06:13－16

《太谷学派遗书》是清嘉庆、道光年间儒家太谷学派历代学人著述汇编。本文介绍了此书的创作背景、收录范围、书名卷数、传承源流和整理出版过程。

3492

《太平广记》版本流传研究[J]/张华娟.--新亚论丛(在台湾地区发表),2005,07:228－242

本文围绕宋代文言纪实小说《太平广记》,论述了刻本出现时间、已知版本流变、各种版本间关系、现代排印本优劣等。

3493

《太平寰宇记》校点本的重大贡献[J]/邹逸麟.--书品,2008,06:3－8

本文举例概述了自隋至清地理资料中政区设置情况,论述了宋代乐史所著《太平寰宇记》的收录范围、文本内容、资料价值和校点本的整理特色,包括校勘标点、填补脱漏文字、纠正史实错误、补充带有研究性质的校记等。

3494

《太平经合校》标点拾误(一)[J]/王柯.--古籍整理研究学刊,2005,03:71－76

《太平经》传为东汉方士于吉所著,《太平经合校》经道教研究专家王明整理,2014年由中华出局出版。本文从字音字形、误解词义、俗语误用、道教问答形式等方面,列举了《太平经合校》中句号、逗号、问号、顿号、引号的错误使用情况,计61条。

3495

《太平经合校》标点拾误(二)[J]/王柯.--古籍整理研究学刊,2007,03:39－43

(同上)。

3496

《太平经合校》标点拾误(三)[J]/王柯.--古籍整理研究学刊,2007,04:48－52

(同上)。

3497

《太平经合校》校对补说[J]/俞理明.--古籍整理研究学刊,2002,01:88－90

《太平经》传为东汉方士于吉所著,《太平经合校》经道教研究专家王明整理,2014年由中华出局出版。本文列举了合校本中存在的擅改原文、形近字误用、取舍标准不一、原文顺序排列失当、引用资料未注明出处等问题,并予以订正。

3498

《太平经》文字脱略现象浅析[J]/俞理明.--古籍研究,2000,03:32－34

《太平经》传为东汉方士于吉所著。本文

从语气中断、上下文脱节、意义突然转变、上下文完全对立等方面，论述了造成上述现象的原因是文字脱略。

3499

《太平三书》简介及校勘［J］/吴坤地.--中小学图书情报世界,2007,11:63－64＋62

《太平三书》是研究当涂、芜湖、繁昌等皖江地域历史的重要古籍文献。本文论述了该书的主要内容、编排结构、资料价值，并对部分文字讹误进行校勘。

3500

《太平御览》点校后记［J］/孙雍长,夏剑钦.--古籍整理研究学刊,2000,06:35－38

《太平御览》是宋代学者李昉等编纂。本文从语言文字方面入手，肯定了该书辑录资料所保存古字古义和异文现象的学术价值；同时，对书中讹误做简要分析，包括：收入部分封建糟粕内容、辑引材料缺乏明确原则和科学标准、引文出处未标明、引用文献随意删节改写等。

3501

《太平御览》研究［D］/周生杰.--南京大学,2007

本文用比较、归纳、统计等方法，对宋代类书《太平御览》成书、编纂、版本源流、引用文献、文献价值、对前代类书的利用和对后代类书的影响、海外流传及存在缺陷等问题展开研究。

3502

《太平御览》引《史记》考校［D］/龚碧虹.--南京师范大学,2008

本文以《太平御览》所引《史记》异文为据，采用校勘、训诂的方法，考证了中华书局本《史记》文字的某些讹、误、衍、夺之处。

3503

《太平御览》引《释名·释言语》考［J］/林海鹰.--古籍整理研究学刊,2005,03:60－62

本文以《释名》第12篇《释言语》为例，将《太平御览》征引《释名·释言语》26条与现存最早的《释名》版本——明代翻刻南宋本对校，以期对今本《释名》的整理和研究有所裨益。

3504

太史公自序:古籍目录的典范［J］/黄子房.--湖北师范学院学报（哲学社会科学版）,2006,04:130－132

本文介绍了我国古籍目录渊源，从作者生平、编排结构、提要内容、创作原则、写作方法等方面，论述了作为古籍目录典范的《史记·太史公自序》的学术价值和思想意义。

3505

泰山岱庙藏明万历圣旨及《道藏》考［J］/范恩君.--中国道教,2003,01:41－42

本文论述关于岱庙称"东岳泰山天子庙"问题，介绍了明神宗皇帝御赐岱庙《道藏》及所颁圣旨的情况，并考证了岱庙所藏《道藏》的版本源流。

3506

泰山名志有新笺——《泰山志校证》简评［J］/牛芳.--山东图书馆季刊,2006,02:87－88

本文对泰山学院青年学者周郢所作《泰山志校证》进行简要评述，认为其书对原志进行疏解、补苴、考订，辑录珍稀资料，提出视角独到的新见解。

3507

《泰誓》考［D］/张力.--西北大学,2001

本文考察了从先秦到隋唐时代各种《泰誓》版本的源流、真伪、篇数和之间的关系，为商周之交的历史和年代研究提供历史文献参考。

3508

坛经版本考［D］/许嘉村.--"中央大学"（台湾地区）,2007

本文梳理了前辈学者对《坛经》所作学术研究和主要观点，从创作背景、版本形态、现存状况、递藏源流等方面，论述了该书的文本内容和各版本之间的传承关系。

3509

弹词《倭袍传》的流传与诸文本［J］/（日）冈崎由美.--戏剧研究（在台湾地区发表）,2008,02:123－143

本文以日本早稻田大学图书馆藏木活字弹词《倭袍传》为例,论述了该书的文本内容、流传情况、版本特征、藏书钤印和各版本的存目状况。

3510

谈版本的重要性及其鉴定[J]/廖雯贞.--坊商学报(在台湾地区发表),2003,11:3-12

本文介绍了版本意义、种类和版本学,从免受错字欺骗、辨别图书真伪、图书馆工作者须明版本知识、知晓古籍有无残缺、古籍整理工作不能脱离版本等方面介绍了版本的重要性,提出了版本鉴别的知识和方法。

3511

谈长江三峡库区古籍保护措施[J]/郭莉.--现代教育教研,2010,11

本文围绕长江三峡库区古籍保护工作,论述了涂布增寿、脱酸保书、装皮做套、防虫杀虫、书库通风、清污除迹、修补书页等原生性保护措施和缩微技术等再生性保护措施。

3512

谈电子版古籍"善本"[A]/李先耕.--首都师范大学电子文献研究所、首都师范大学国学传播中心.第二届中国古籍数字化国际学术研讨会论文集[C],北京:五洲传播出版社,2009

电子版古籍"善本"从载体介质上分,有软盘版(早期产品,现罕见)、光盘版(DVD、CD)、硬盘版、U盘版、网络版等;从内容形式上分,有图像版与文字版。本文以古籍整理为例,对电子版古籍图像版和文字版进行了比较分析。

3513

谈对毛装古籍的修复——抄本书《湖南文士贯籍》的修复实践[J]/汤印华.--图书馆学刊,2006,03:125+141

本文以清抄本《湖南文士贯籍》的修复实践为例,介绍了毛装古籍的修复经验。

3514

谈高校图书馆古籍文献资源的开发与利用[J]/宋力.--河北科技图苑,2008,02:63-64+7

本文分析论述了我国高校图书馆古籍文献资源开发与利用方面存在的问题,有针对性地提出了构想、对策和建议。

3515

谈古籍版本的分类[J]/罗江文.--西南古籍研究,2004,00:43-49

本文在剖析前人古籍分类法得失基础上,提出了一种新的分类方法,即对复杂文献版本按层面划分的建议。

3516

谈古籍版本的客观著录[J]/荆惠萍.--贵图学刊,2010,02:53-55

本文论述了古籍版本的内涵、类型和著录版本的意义,分析了版本鉴定的依据与目录的关系,以及客观著录版本的重要性和必要性。举例说明古籍版本的标准化著录方式。

3517

谈古籍标点的著作权[J]/唐超华.--知识产权,2001,05:45-46

本文从法律角度探讨了古籍标点的著作权问题,认为古籍标点是一种创造性智力活动,产生演绎作品,应享有著作权。

3518

谈古籍电子版的保真原则和整理原则[J]/李运富.--古籍整理研究学刊,2000,01:1-7

本文围绕目前古籍电子化中已取得的经验和存在的问题,讨论了古籍保真和古籍整理的关系与原则,主张文物存储性的电子图形版应坚持保真为主,资料应用性全文版则应坚持整理为主的原则。

3519

谈古籍普查与古籍工作人员专业素养的提升[J]/彭红.--科技情报开发与经济,2009,16:82-84

本文论述了普查工作对从业者职业道德、职业技能、职业心理的素质要求,认为古籍普查为工作人员专业素养的提升提供了渠道。

3520

谈古籍书目数据库有关年谱的著录[J]/李

淑文,王淑梅. --晋图学刊,2002,02:21 – 22

本文举例说明了不同类型年谱的著录规则,包括:自撰年谱和他撰年谱、独立装帧出版的年谱和附加在谱主著作之后出版的年谱、含有附属文献的年谱、以丛书形式出版的年谱等。

3521

谈古籍数位化[J]/朱岩. --澳门图书馆暨资讯管理协会学刊（在澳门地区发表）,2002,04:143 – 149

本文从恰当选题、合理目标定位、先进的技术路线、社会化合作之路等方面,论述了中文古籍电子化值得注意的问题。

3522

谈古籍阅览室建设中的科学性[J]/刘二苓. --大家,2010,09:105 – 106

本文从资源建设、古籍典藏、读者服务、管理制度四方面,对古籍阅览室建设的科学性进行了探讨。

3523

谈顾广圻的版本学思想[J]/贾卫民. --江苏图书馆学报,2002,05:33 – 35

本文以《思适斋书跋》为例,论述了清朝校勘学家顾广圻的版本学思想,包括:以对校法校勘版本,择善而从;考察版本源流,深谙各版本递藏关系;在群体审校中鉴定版本,重视版刻特征等。

3524

谈广东地方文献中古籍的开发与利用[A]/钟东,冯吉. --国家图书馆古籍馆.第二届地方文献国际学术研讨会论文集[C],北京:国家图书馆出版社,2009

本文以岭南文化为背景,论述了广东地方古籍的开发与利用,探讨了目前广东地方文献馆藏资料的建设状况和地方文献整理出版的情况。

3525

谈建立古籍书目数据库的人员配置[J]/李淑文,刘军. --图书馆学研究,2002,02:75 – 76

本文论述了建立古籍书目数据库的专业人员配置问题,重点阐明了不同学科知识结构的专业人员在古籍书目数据库建设中所起的作用。

3526

谈金镶玉古籍装帧[J]/张根明. --丽水师范专科学校学报,2004,04:126 – 128

金镶玉是古籍装帧的高级形式,尤其是善本、珍本乃至毛装稿本,运用金镶玉装帧,既可保护原书,也可使古籍整齐美观。本文介绍了金镶玉古籍装帧操作程序中的扎眼、铺放、折边、折页和装订等工序。

3527

谈利用古籍丛书的若干问题[J]/邹爱芳. --河南图书馆学刊,2007,04:102 – 103

本文分析了古籍丛书利用中存在的判断难、查找难、选择难问题,阐述其产生的原因,探讨了在古籍丛书开发管理中,需重点突出解决的问题及其建议。

3528

谈蒙医药古籍的开发与保护[J]/其其格. --内蒙古民族大学学报,2007,01:142 – 144

本文介绍了蒙医药古籍的开发利用现状,从防光、防尘、防虫、温湿度调节等方面,论述了蒙医药古籍的直接保护手段;从缩微复制、影印出版、电子扫描、光盘存储等方面,论述了蒙医药古籍的间接保护手段。

3529

谈民族古籍特藏库的建设与管理[A]/甘大明. --中国民族图书馆.第十次全国民族地区图书馆学术研讨会论文集[C],沈阳:辽宁民族出版社,2008

民族古籍特指我国少数民族用自己文字书写并保存下来的历史文献。本文简述了建立民族古籍特藏库的意义,围绕特藏库的建设与管理提出了作者的认识与建议。

3530

谈培养少数民族古籍人才的现实问题及对策[A]/白明成. --中国民族图书馆.第十次全国民族地区图书馆学术研讨会论文集[C],沈阳:辽宁民族出版社,2008

本文阐述培养少数民族古籍人才的意义,分析了少数民族人才缺乏的现状,提出少数民族古籍人才应具备的素质和培养途径。

3531

谈前辑古佚书的汇集整理与古佚书新辑新考[J]/郑杰文. --中国典籍与文化,2008,04:99 – 102

本文通过对前辑古佚书汇集整理与古佚书新辑整理的分析比较,认为在全面掌握了前人所辑古佚书成果的基础上,最大限度地补辑前人所辑漏收之古佚书和前人所辑漏收之佚文,汇合新旧辑佚并加以考辨,可以整理编辑分部、分类编排的多卷本《古佚书全辑》。

3532

谈"清钞本"俗字[J]/蔡信发. --国文天地(在台湾地区发表),2005,242:22 – 38

本文从"正俗字之研讨,有其时代性与习惯性;正俗字之辑证,可明用字趋向与梗概;正俗字之采录,钞本可涵盖官府之书;正俗字之区分,可知类例之异同正伪"等方面,介绍了"清钞本"俗字的演变历程等。

3533

谈《清代图像人物研究资料索引数据库》的建设[J]/唐金华. --农业图书情报学刊,2007,04:191 – 193

本文从清朝历史研究的重要性开始,介绍了《清代图像人物研究资料索引数据库》建设的背景、方法、步骤及已经取得的成果。

3534

谈善本书的过去与未来[J]/陈惠美. --国文天地(在台湾地区发表),2010,299:35 – 38

本文从古人珍视善本书、图书馆典藏善本书的优点、利用善本书等方面,论述了善本书的过往历史和未来展望。

3535

谈少数民族古籍的整理和保护[J]/欧秀琼,刘永英. --贵图学刊,2009,03:54 – 55

少数民族古籍整理是深层次研究我国少数民族历史文化的基础性工作。本文分析论述了我国少数民族古籍的保存现状,就如何着手整理和保护少数民族古籍这项时间长、专业性强的工作提出建议。

3536

谈《史记会注考证附校补》印行存在的问题——兼论书籍翻印中应注意的事项[J]/王裕秋,张兴吉. --海南师范学院学报(社会科学版),2006,05:125 – 127

本文举例说明了《史记会注考证附校补》印行中存在的"对所据底本缺乏细致的说明""对所据底本删节过多"等问题,提出了古籍翻印应遵循"忠于原本"的基本原则,不应轻易地改动原书内容。

3537

谈《四库全书》不同历史时期版本的流传[J]/杜欣明. --兰台世界,2006,07:64 – 66

本文从"清代《四库全书》的纂修和版本纰漏""成书200年间的版本散失""改革开放后版本的逐步完善""数字时代电子版本的传播"等方面,介绍了《四库全书》不同历史时期版本的流传情况。

3538

谈《四库全书》及其征集与禁毁[J]/刘伟红. --函授教育(继续教育研究),2002,05:106 – 107

本文在介绍《四库全书》有关知识的基础上,重点探讨了为编纂《四库全书》而进行的征书、禁书活动。

3539

谈宋朝官私四家图书目录[J]/王晓红. --济南教育学院学报,2002,03:60 – 62

本文介绍了宋代官修和私人修撰的四部图书目录,即《崇文总目》《郡斋读书志》《遂初堂书目》《直斋书录解题》,论述了这些书目对研究宋朝藏书的学术价值,是后人了解中古时期古籍必不可少的参考书。

3540

谈《太平广记》——以文献学为主的考察[A]/王国良. --文献与资讯学术研讨会论文集(在台湾地区发表)[C],2001

《太平广记》是宋人编撰的一部大型类书。本文以文献学为主,考察了该书的体裁、版本、校勘、辑佚、文献价值和存在的问题。

3541

谈谈陈澄中先生旧藏宋刻本《注东坡先生诗》[J]/赵前. --版本目录学研究,2009,00:

173 – 179 + 11

2008 年嘉德公司从海外征集到一册宋嘉定六年（1213）淮东仓司刊本《注东坡先生诗》，为近现代著名藏书家陈澄中先生旧藏。本文对此书的著者、题跋、递藏等问题进行了分析研究。

3542

谈谈古代线装书的印数[J]/沈津. --收藏，2010,09:111 – 113

本文根据作者自身收藏经验，探讨 1949 年以前出版的古籍图书的印数、版权、书价、出版时间等信息，意在给从事文献学、版本学、目录学研究的专家学者启示。

3543

谈谈古籍的保藏[J]/陈素清. --河北科技图苑，2002,04:74 – 75 + 73

本文讨论了古籍日常保护中的防火、防水、防尘、防强光、防潮、防高温、防虫霉等问题。

3544

谈谈古籍的查检[J]/丁建东. --现代语文，2006,09:122 – 123

本文面向当今的青年学者及大学生、研究生等人群，探讨了如何提高典籍的检索能力，简单介绍了一些目录学知识。

3545

谈谈古籍信息在 Internet 上的发布[J]/丁波涛. --图书馆杂志，2000,03:20 – 22

本文针对在互联网上发布古籍信息的技术难点，提出利用现有平台上发布古籍的几种可行方法，并通过比较详细说明了用 CGI 实现的方法。

3546

谈谈古籍修复防虫防蛀水预处理的方法[J]/孙永平，李家翠，邓艳琴. --图书馆界，2002,04:35 – 36

作者根据多年的实践经验，论述了水的预处理在古籍修复中防虫防蛀的作用和重要性，举例说明了古籍修复防虫防蛀水预处理的方法。

3547

谈谈《经籍举要》[J]/徐有富. --古籍整理研究学刊，2002,06:46 – 49

作者认为，我国现存最早以独立形式出现的推荐书目应为清代文人龙启瑞的《经籍举要》，研究《经籍举要》当以道光二十八年（1848）本为依据。本文从分类、收录范围、著录等方面，介绍分析《经籍举要》的特点。

3548

谈谈满文古籍分类如何借鉴《四部法》的问题[J]/李婷. --满语研究，2002,02:35 – 38

本文分析了满文古籍的分类状况，提出编制全国统一的满文古籍分类表的意义，并对满文古籍的分类如何借鉴《四部法》的问题提出看法。

3549

谈谈《儒藏》编纂的分类问题[J]/舒大刚. --四川大学学报（哲学社会科学版），2004,04:56 – 63

本文探讨了儒学文献的类别、古代群书分类方法和《儒藏》的分类体系，进而提出"六编""三藏""二十四目"的儒学文献著录体系。

3550

谈谈三种古籍的修复[J]/甘岚. --河南图书馆学刊，2009,03:125 – 128

本文以《王铎手稿》《唐人写经》《康熙字典》为例，从版本特征、装帧形式、用纸用墨、修复步骤等方面，介绍了蝴蝶装、卷轴装、线装等古籍"修旧如旧"的修复原则和实际操作过程。

3551

谈谈少数民族古籍的保护与开发[A]/张宏，程宪宇. --中国民族图书馆. 第九次全国民族地区图书馆学术研讨会论文集[C]，沈阳：辽宁民族出版社，2006

本文介绍了少数民族古籍主要内容、保存数量和社会意义，从思想理念、管理体制、保护措施、开发方式等方面，论述了如何保护与开发少数民族古籍的问题，提出了要注意古籍保存状况和利用率、兼顾内容和种类特点、重点保护珍稀典籍等观点。

3552

谈谈少数民族古籍人才的培养[A]/苏光

红,赵静,张智明.--中国民族图书馆.第十次全国民族地区图书馆学术研讨会论文集[C],沈阳:辽宁民族出版社,2008

本文讨论了我国少数民族古籍人员现状、培养的必要性、如何开展人才培养工作。作者认为,少数民族古籍人才培养与少数民族古籍整理、保护和利用三者相辅相成、相得益彰。

3553

谈谈使用中药"灵香草"避防古籍蠹虫[J]/汪沪双,邓勇.--图书馆,2010,02:130+133

古籍书库的虫霉防治,是古籍保管的基础性工作。本文以安徽中医学院图书馆自2005年开始使用中药"灵香草"避防古籍藏书蠹虫为例,介绍了相关工作体会和应注意的问题。

3554

谈谈《图书馆古籍修复人员任职资格》标准[J]/张志清.--国家图书馆学刊,2006,03:32–36+43

本文论述了《图书馆古籍修复人员任职资格》编制背景、意义,并对其结构和内容进行说明。文章后附标准文本,以便同行参考。

3555

谈谈图书馆善本古籍库的建筑设计要求[J]/李景仁,周崇润.--四川图书馆学报,2003,01:79–81

本文从指导思想、隔热设计、防水防潮、防火设计、空调设备、设计范例等方面,阐述了善本古籍库建筑设计的特殊要求和实践经验。

3556

谈谈魏晋南北朝的私家藏书[J]/陈德弟.--文史知识,2007,05:65–71

本文从时代背景、藏书来源、收书嗜好、借抄活动、书坊出版、目录编纂、讲学著述、与官方藏书互补等方面,论述了魏晋南北朝私家藏书的发展历程和对我国古籍传承所作贡献。

3557

谈谈文献资源的开发利用与共享[J]/邓德

好.--湖北师范学院学报(哲学社会科学版),2000,02:105–108

本文从获取官方资料、重视工具书应用、实现古籍有效整理、开发民族文献资源等方面,论述了文献资源开发利用的现状,并提出建立健全组织机构、制定相应政策法规、发挥馆际协调合作、编制联合目录等推进资源共享的对策建议。

3558

谈谈我国高校图书馆古籍文献保护与修复的若干问题[A]/刘冬青.--华北地区高等学校图书馆协作委员会.华北地区高校图协21届学术年会(河北)论文集[C],2007

本文以河北省高校图书馆为例,从保护意识淡薄、保存条件简陋、藏用矛盾突出、亟待资金支持、缺乏专业人才等方面,论述了影响我国古籍保护和修复的不利因素,提出了增强保护意识、争取经费投入、培养专业技术人员、加强各馆协作、建立健全规章制度等改善建议。

3559

谈谈中国古籍插图的几种类型[J]/徐洁.--图书馆建设,2001,01:108–109

本文回顾了中国古籍插图起源,概述了古代插图版式,包括:唐代的多面连式、版心插入式、上图下文式;宋元时期单面插图或多面合页连式;明代古籍插图建安派和金陵派特点、清代插图衰落等情况。

3560

谈唐洛阳籍元行冲、毋煚对目录学的贡献[J]/张宏荣.--河南图书馆学刊,2004,05:84–85

本文介绍了唐代目录学家元行冲《群书四部录》著录文献丰富、辑录各书序跋作为提要、著录体例完备等编撰特色;介绍了唐代目录学家毋煚《古今书录》中目录学思想观点,包括:目录的产生是解决藏用矛盾、书目的价值在于快速提供图书信息、应以科学的态度对待目录编撰等。

3561

谈图书馆古籍文献数字化[J]/张宛艳.--当

代图书馆,2008,04:62 - 64

本文介绍了图书馆古籍文献数字化建设现状,从完全图像、目录文本正文图像、全文本、全文图文对照等方面,概述了当前古籍文献数字化方式,针对数据文件格式不一、选题内容重复、人才断层匮乏等问题,提出了统一技术标准、构建共享平台、成立建设领导小组、培养新型古籍研究人才等建议。

3562

谈图书馆中古籍的整理与数字化[J]/郑秀琴. --黑龙江史志,2010,13:97 - 98

本文介绍了数字图书馆的概念和优势,论述了古籍数字化过程中的问题及解决对策。

3563

谈新疆地区少数民族文字古籍的保护与利用[J]/丛冬梅. --西域图书馆论坛,2010,04:30 - 34

本文简述了新疆少数民族古籍文献收藏情况、入选《国家珍贵古籍名录》的文献,以及本地区开展少数民族文字古籍保护与利用的现状,就如何加大收集、整理和保护力度提出了工作思路。

3564

谈用现代技术整理研究古文献[J]/李秀琴. --北方论丛,2001,04:127 - 128

本文论述了在古文献整理过程中现代计算机技术的运用,不仅便于编辑专题资料,又能在对比互证、识正伪、查佚书等方面发挥作用。此外,在训诂、方言、语法、修辞、比较语言等学科研究中也发挥着重要的作用。

3565

谈元代藏书家及藏书文化[J]/韩秀利. --东方人文学志(在台湾地区发表),2009,01:81 - 95

本文论述了元代藏书的社会文化背景、私家藏书的兴起和特点、私人藏书来源,归纳总结了元代藏书家和藏书文化的贡献。

3566

谈云南红河方块瑶文古籍及其翻译[J]/盘金祥. --民族翻译,2009,03:56 - 61

本文记述了瑶文古籍在民间保存、收藏、传承及其搜集、整理的调查情况,并对方块瑶文古籍的翻译进行了初步探讨。

3567

谈再版中医古籍的删节[J]/牟允方. --浙江中医学院学报,2001,01:21

本文就再版中医古籍《经方实验录》《医学衷中参西录》《通俗伤寒论》相关内容的删节提出不同看法,认为再版前人著述,应忠于原著,保存其原貌。

3568

谈郑振铎对中国古典文献学的贡献[D]/刘燕霞. --山东大学,2006

本文通过回顾郑振铎先生在中国古典文献收藏整理方面的成就,论述了他对中国古典文献学、版本目录学、文学史研究方面的贡献。

3569

谈纸书文献资产的保存——以四库全书为例[J]/吴哲夫. --淡江中文学报(在台湾地区发表),2006,14:219 - 234

本文从常见的纸书灾害谈起,分析了古人对书害防治的方法,剖析了四库馆臣护书成功的种种措施。

3570

谈中国古代书籍形态的构成和演变[J]/朱延松. --大众文艺,2009,24:176

本文介绍了中国古代书籍形态三个主要发展阶段:第一阶段是文字诞生前的初期形态,包括结绳书、契刻书、陶文书;第二阶段是书籍的发展演变形态,包括甲骨文、金文、石刻、简牍、帛书等;第三个阶段是书籍的成书形态,即册页形态。

3571

谈中医药古籍的检索与应用[J]/李晓艳. --图书馆建设,2007,04:99 - 100

本文从古籍分类和馆藏编排体例入手,论述了如何检索中医药古籍文献和相关工具书在检索中的利用。

3572

谭其骧先生谈《肇域志》整理[J]/朱惠荣. --西南古籍研究,2008,00:28 - 31

《肇域志》是明清时期著名地理学家顾炎武考察山东时写就的地理著作。《肇域志》整理是国家古籍整理出版规划小组恢复工作后确定的第一个项目,由谭其骧先生主持。本文回顾了整个项目整理编纂过程,缅怀和纪念谭先生。

3573

谭献《箧中词》浅探[J]/林友良.--东吴中文研究集刊(在台湾地区发表),2004,11:145－160

《箧中词》系晚清词学大师谭献编撰的一本专选清代词人之作的词选集,全书选清词近千首,为清代重要的词选本。本文探析了其选词原则:以"才人之词""学人之词""词人之词"选录,反映了作者崇尚南唐、北宋词风的趋向。

3574

谭莹古籍整理活动研究[D]/丁伟国.--华南师范大学,2006

本文以谭莹所整理出版的古籍著作为基础,通过对著作进行的阅读、分析,以其古籍整理活动为切入点,分别从谭莹的生平与著述、谭莹校勘刻书的时代背景、谭莹所刻古籍的主要成就、谭莹刻书的特点、谭莹整理刊刻古籍的意义,及谭莹刻书的不足等六个方面展开论述,力图对谭莹事迹和撰著进行较系统完整的梳理,对谭莹的古籍整理工作做出较全面的评价。

3575

谭正璧《三言二拍资料》札记[J]/黄大宏.--古籍整理研究学刊,2002,04:8－14

近现代文人谭正璧的《三言二拍资料》是迄今研究明代白话短篇小说"三言二拍"最重要的参考书,其搜罗与成书有关的资料十分宏富,足资学者研究所需。但该书也存在瑕疵,如所收资料多系罗列,对各篇关系缺乏深入考辨等。本文以经眼材料为据,对此诸问题进行了研究。

3576

《镡津文集》校注[D]/邱小毛.--广西大学,2003

契嵩是北宋时期重要佛教界代表人物,其思想对后来禅宗思想的发展及宗教政策有过重要影响。《镡津文集》是契嵩的诗文集,由御溪东郊草堂释怀悟所编。本文从《镡津文集》切入,对契嵩生平、诗歌散文作了梳理;对其诗文校注,力求做到校勘求精,注释求准。

3577

探究插图在古籍设计中的运用[J]/顾艳秋.--艺术与设计(理论),2009,01:48－50

书籍插图是一种古老的绘画艺术,用图画来说明书籍文字内容,增加阅读过程的兴趣。本文通过对艺术插图缘起和发展的追溯,分析插图在古代文学作品中的运用,总结插图的艺术特点和艺术价值。

3578

探秘山西古籍珍本[N]/毕树文.--发展导报,2008－07－08001

本文从搜集整理、书目编制、存藏现状、开发利用、珍贵典籍的文本内容和版本特征等方面,概述了山西省古籍文献保护工作。

3579

探索符合古代小说实际的校勘之路——孙楷第古代小说校勘方法浅探[J]/苗怀明.--古籍整理研究学刊,2003,04:47－50＋28

本文以新近出版的《小说旁证》为例,对近现代古典文献学、敦煌学、戏曲理论家孙楷第校勘古代小说的成就、治学方法进行总结,认为探索符合古代小说实际的校勘之路,对校勘整理具有典范意义。

3580

探索网络环境下古籍文献和地方文献的利用[J]/邹霜.--贵图学刊,2002,03:64－65

本文论述了网络环境下图书馆古籍文献数字化,应有利于馆藏文献的建设,有利于古籍和地方文献保护,有利于资源利用。

3581

探讨澳门文献学的实践意义[J]/杨开荆.--澳门文献信息学刊(在澳门地区发表),2009,01:2－14

本文论述了澳门文献学研究有利于传承

澳门历史文化遗产;有效管理日益增长的文献信息资源,加速建立澳门文献目录期刊索引,整合图书馆特色资料库;对世界各地有价值的澳门文献资源进行科学组织分类等问题。

3582

探讨中草药物对古籍保护的神奇作用[J]/王玉玲.--中国科技信息,2008,15:177-178

本文通过探讨人类利用中草药物和现代科技开展对古籍的保护,揭示了中草药物对古籍保护的作用与影响。

3583

探析科技文化创新环境下古籍文献的保护与修复——兼谈高校图书馆古籍文献保护与修复的整改新措施[J]/刘冬青.--图书馆工作与研究,2007,02:92-94

本文以高校图书馆古籍文献保护与修复为例,分析了不利因素,有针对性地提出了旨在将古籍文献保护与修复推向法制化、科学化、规范化、普及化方向的措施和建议。

3584

探寻古籍修复与古籍管理的契合点[J]/邹爱芳.--新余高专学报,2004,03:36-38

本文从高校古籍修复与管理的特性入手,结合实际工作需要,论述了两者在工作中相互结合的必要性,并探讨了两者结合的可行模式。

3585

汤注《高僧传》校点商榷总汇[J]/刘飙.--古籍整理研究学刊,2008,05:34-40

《宋高僧传》是中国佛教史上最为重要的史籍之一。本文整理汇集了专家、学者研究国学大师汤用彤先生校注《高僧传》的成果,另附缀作者发现可供商榷的校点数处。

3586

《唐大和上东征传》校注本商兑[J]/郭天祥.--扬州大学学报(人文社会科学版),2005,03:87-92

中华书局1979年出版《唐大和上东征传》日真人元开著、汪向荣校注。笔者认为汪先生校注本有很大成绩,但仍存在对底本和对校本的选择、标点、校勘及注释方面的问

题,本文针对这些问题进行了探讨。

3587

唐代目录考[J]/张固也.--古籍整理研究学刊,2001,04:34-37

本文对《新唐书·艺文志》著录的13部唐代目录作全面考证,包括每部目录的作者、编撰、内容、流传、评价等,供目录史学者参考。

3588

《唐代墓志》校读札记[J]/周阿根.--语言科学,2008,04:425-429

《唐代墓志》系南京博物院重点科研课题"唐代墓志研究"系列成果之一,由南博研究员袁道俊主编,是一部拓片、录文对照的石刻史料集。作者在认真对照、研读拓片和录文基础上,运用文字学、校勘学知识,针对该书录文在校勘、标点方面存在的疏漏提出商榷意见。

3589

唐代《史》《汉》古注考[J]/张固也.--淮阴师范学院学报(哲学社会科学版),2002,02:258-261

《新唐书·艺文志》著录22种唐代学者为《史记》《汉书》所作的注。本文通过考察书目著录和其他史料,研究诸书撰述的缘起、内容大概、流传影响等,推断其亡佚时代,并对其注释、音义、杂论、辨疑等做出考证。

3590

唐代中日文献中有关渤海诗文的整理与研究[D]/呼唤.--东北师范大学,2007

本文介绍了渤海文学作品的存佚情况,运用古籍整理的相关知识对渤海现存诗文进行辑佚、校勘、注释,从文学和历史的角度评述渤海诗文的思想内容、艺术特色,及作品中所反映出的渤海国与唐中央王朝在政治、经济、文化等方面的关系。

3591

《唐二家诗钞》版本考述[J]/陈晨.--古籍整理研究学刊,2009,03:68-73

本文是现存十二卷本《唐二家诗钞评林》和《合刻李杜诗钞评林》的考述。经研究,二

者为明代梅氏《唐二家诗钞》的衍生另刊本，其题署均系书坊妄题，但该系列选本在题名、卷次、文本上的差异并非全为书坊窜改所致。

3592

《唐会要》成书考略[J]/邢永革.--古籍整理研究学刊,2004,04:35－40

《唐会要》为北宋王溥所撰，是我国最早一部断代典制体史籍，取材于唐代实录文案，分门别类地记载了唐朝各种典及其沿革。本文以南宋王应麟《玉海》引用《唐会要》较多的类书进行考察，对《唐会要》编纂流传中的模糊问题做了新的探索，从中梳理出《唐会要》《会要》《续会要》间的关系和整理工作。

3593

《唐会要》校读札记[J]/董兴艳.--史学史研究,2007,03:119－122

本文考据了《唐会要》通行本的版本问题，指出了1991年上海古籍出版社出版的点校本《唐会要》中的错讹。

3594

《唐会要》校勘拾遗[J]/邢永革.--古典文献研究,2008,00:508－512

《唐会要》是研究唐史的重要文献，编纂历经唐、五代至宋初几个阶段，成书于不同人之手，难免有舛误之处。1991年上海古籍出版社出版的点校本，以江苏书局本为底本，校以《武英殿聚珍版丛书》本。本文校勘了该点校本中的10处错讹。

3595

《唐会要》正误[J]/邢永革.--古籍研究,2002,03:63－67

本文围绕1991年上海古籍出版社出版的点校本《唐会要》，以他校为主，兼用理校、本校法，拾遗补漏，将发现的日期及数字错误、专有名词错误等进行订正。

3596

《唐鉴》版本述略[J]/佘彦焱.--上海博物馆集刊,2000,00:521－524

《唐鉴》系宋代史学家范祖禹撰述的有关唐代历史的重要专著，在古籍编目中归入史部史评类，既可作为《资治通鉴》唐史资料补充，又反映宋代史家的治史方法与观点。本文利用上海博物馆、上海图书馆所藏资料，对该书的版本源流进行了探讨。

3597

《唐六典》撰修始末考[J]/钟兴龙.--古籍整理研究学刊,2006,03:8－12

《唐六典》是研究唐代典章制度和中国古代法制史重要参考文献。关于撰修经过，历代文献均是简略记载，且缺乏时间界定。本文全面梳理了各类文献记载，并以历任主持撰修者为标志，把撰修过程划分为五个阶段。据考，该文献撰修历经16年，四易主持人，14人参与撰修工作，是集贤院撰修著作中历时最长、用功最为艰难的一部集体创作。

3598

唐人别集提要五种[J]/杨军.--唐代文学研究,2000,00:658－668

本文择取五种唐人别集，从著者生平、学术评价、结集过程、体例编次、内容要旨及版本流传等方面进行评述。

3599

《唐诗鼓吹》版本刍议[J]/孙微,李兰瑛.--古籍整理研究学刊,2001,04:23－26

本文对《唐诗鼓吹》版本状况作梳理，介绍了元代郝天挺《注唐诗鼓吹》、明代廖文炳《唐诗鼓吹注解大全》的版本情况，着重分析了清代陆贻典等人《唐诗鼓吹笺注》的版本源流及清代文禁对该版本的流传所产生的影响。

3600

《唐诗三百首》研究[D]/邹坤峰.--上海师范大学,2009

本文以《唐诗三百首》的编选特色为中心，通过对其清代主要版本的梳理、社会文化背景的述评、向西方世界传播情况的介绍，揭示影响《唐诗三百首》成功传播的因素。

3601

唐宋类书征引《国语》资料汇编[M]/何志华,朱国藩,张锦少编著.--香港:香港中文大学出版社(香港地区),2009

本书利用香港中文大学中国文化研究所

汉达古文献资料库,以电脑检索系统辑录《北堂书钞》《艺文类聚》《群书治要》《初学记》《一切经音义》《白孔六帖》《太平广记》《太平御览》《续一切经音义》《事类赋注》《册府元龟》等所引《国语》原文和诸家佚注汇集成册。

3602

唐宋亡佚佛教经录丛考[J]/冯国栋. --浙江大学学报(人文社会科学版),2008,05:52 - 60

本文通过对历代目录学著作与佛教史传的考察,辑录唐宋亡佚经录 19 种(14 种为唐人所撰,5 种为宋人所撰)。通过考证,基本确定这些目录的作者、写作时间和主要内容。

3603

唐五代别集的文献整理与研究概观[J]/王永波,黄芸珠. --古籍整理研究学刊,2003,01:23 - 30

本文对中华人民共和国成立 50 年来唐五代别集文献整理与研究概观进行了述评,认为学术界对唐五代别集的整理研究工作成绩是显著的,但也存在诸如底本选用不当、校勘不精、考订不严等问题,文章据实进行了阐述。

3604

唐五代禅宗修习的典籍:以敦煌写本《六祖坛经》为考察范围[J]/张勇. --普门学报(在台湾地区发表),2002,10:1 - 12

本文考察了敦煌写本《坛经》中引用的佛典和正文之后所附的佛教文献,阐述了《坛经》写本上出现佛典的意义,提出敦煌研究不应该忽略边缘性研究材料的观点。

3605

唐五代书目考略(上)[J]/李艳秋,张雷. --山东图书馆季刊,2009,01:85 - 88

本文是《中国古代书目考略》的第二部分——唐五代部分。1982 年 9 月,王国良发表《唐五代书目考》,考录唐五代书目 37 种。为了反映一代目录的全貌,笔者本着有闻必录、存佚兼收、巨细不遗的原则,多方搜辑,共辑得各类书目 108 种。

3606

唐五代书目考略(下)[J]/李艳秋,张雷. --

山东图书馆季刊,2009,02:89 - 92
(同上)。

3607

唐以前正史艺文、经籍志之续补考证著作举要[J]/赵飞鹏. --成功大学学报(人文. 社会篇)(在台湾地区发表),2000,35:1 - 24

本文以历代学者对唐代以前历朝正史中"艺文志"与"经籍志"部分所做的续补、考证、注解著作为对象,加以分析研究,举出其中较为重要的若干种,撰写提要。

3608

唐折冲府新考[J]/刘思怡. --中国历史地理论丛,2007,03:156 - 160

本文根据《全唐文补遗》第一至八辑和《全唐文补遗·千唐志斋新藏专辑》记载,在前人研究唐代折冲府基础上,新增补了 19 个折冲府,并对前人研究中存在的重复、错讹现象进行订正。

3609

《唐摭言》清代抄刻本源流考——兼论"白头"与"臼头"本之争[J]/陶绍清. --古籍整理研究学刊,2010,01:36 - 44

唐五代间科举专书《唐摭言》至清代抄刻频繁,版本殊多。本文在对清代诸本逐一比校的基础上,梳理各本源流情况,并对该书中的"白头""臼头"本之争作简要述评。

3610

《桃花扇》的三种完全不同的注释本[J]/蒋星煜. --戏文,2005,04:43 - 44

本文比较分析了《桃花扇》注释本中较有代表性的梁启超注释本、王季思注释本、徐振贵评校本的《却奁》。

3611

《桃花扇》的影印本和整理本[J]/吴书荫. --中国文化研究,2002,02:41 - 45

本文围绕戏曲古籍孔尚任《桃花扇》的影印本和整理本展开研究,以期引起古籍整理和出版工作者的重视,提高古籍出版质量。

3612

陶澍《靖节先生集》研究[D]/魏晓娟. --西北大学,2010

本文以晚清经世派代表人物陶澍和《靖节先生集》为研究对象,对其生平、作品、思想做出考察。文章介绍了《靖节先生集》成书流传与现存版本情况;分析了陶澍所运用的校勘原则、校勘方法及其所取得的成果;考察了陶澍编注陶集时所采用的注释方法;总结了陶澍注《靖节先生集》的价值、特点和不足。

3613

陶洙与抄本《石头记》之流传[J]/胡文彬. --红楼梦学刊,2002,01:199-208

本文从北京师范大学图书馆古籍部收藏《脂砚斋重评石头记》抄本被发现切入,介绍了近现代藏书家、红学家陶洙生平事略,梳理了陶洙与抄本《石头记》关系的记载,分析了陶洙与北师大抄本《石头记》的关系,希望对北师大抄本的深入研究有所裨益。

3614

套印本和闵刻本及其《会真图》[J]/范景中. --新美术,2005,04:77-82

本文对古籍套印本和闵刻本分别进行详细介绍,并以明末《会真图》为例,对闵刻本的特点、源流、流传和影响进行了分析。作者认为闵齐伋对中国套印本的贡献是无人媲美的。

3615

套印与评点关系之再检讨[J]/陈正宏. --文学遗产,2010,06:134-136

套印技术出现以后,是否反过来又影响评点本书籍,或如何影响评点本书籍,学界迄今并无共同的认知。本文以所见的中国、越南、日本近世刊行的汉籍双色印评点本实物为例,对这一问题做了探讨。

3616

特色需逐步形成 坐标应正确定位——关于古籍出版社选题策划的再思考[J]/徐勇,罗少强. --中国出版,2001,09:21-22

本文以天津古籍出版社为例,从学术类图书出版、地方史志的编修、碑帖书法作品策划、古钱币和文物收藏的关注、历史文献作品的创新等方面,举例说明了古籍出版选题的方法途径。

3617

提高高校古籍阅览室服务的几点措施[J]/张园. --黑龙江科技信息,2009,35:202

本文围绕高校古籍阅览室读者群处于萎缩状态和如何提高其利用率问题,结合服务实际,提出利用好现有馆藏古籍资源并编制机读目录,积极开发网上古籍资源,配备相应的古籍检索工具书并指导使用,采购高质量的点校本、注释本和今译本,加快对1911年以前古籍开发整理,建立新版古籍库等措施。

3618

提高新版古籍利用率 促进古籍文献的保护[J]/夏春田. --图书馆工作与研究,2001,06:21-22

本文介绍了提高新版古籍利用率,解决古籍文献供需矛盾的方法途径,包括:做好新版古籍文献的宣传工作、提高馆员服务意识和业务素质、编制二三次文献检索工具、设置专题检索目录、开辟专题阅览室、加强馆际交流合作、加强数字化建设等。

3619

提高中医药古籍文献检索效率的探讨[J]/孙玲,刘浩,黄洁. --湖北中医学院学报,2001,01:63

中医药古籍检索是中医教学、科研、医疗工作中经常遇到的问题,掌握检索方法和工具是提高检索效率的重要一环。本文以万密斋学术思想研究的文献检索方法为例,对该问题进行了探讨。

3620

提升大学生发掘和利用古籍能力的教学实践——以中医为例[J]/王姝琛. --中国成人教育,2010,17:125-126

本文以中医教学为例,论述了提升发掘和利用中医药古籍能力,对中医人才培养具有重要的作用。文章提出通过利用中医医史文献学科优势对课程设置优化组合,加强中医古典医籍相关课程教学条件的建设,理论与实践相结合教学模式的建立等建议。

3621

体质凝重之文——《王魏公集》述评[J]/杨

安邦. --东华理工学院学报（社会科学版），2004，04：9 - 12

《王魏公集》系北宋大臣王安礼著，收录了作者撰写的大量宋代国家祭祀大典的祭文。本文从版本源流、内容特点、学术价值角度，对《王魏公集》的整理点校作了述评。

3622

天津大学图书馆部分馆藏善本古籍叙录 [J]/纪淑文，刘家新. --津图学刊，2002，01：29 - 30

本文从书名、卷数、著者、编者、成书背景、文本内容、编制体例、流传情况等方面，概述了天津大学图书馆藏部分善本古籍的版本特征和学术价值。

3623

天津图书馆古籍善本书目（全三册） [M]/天津图书馆编. --北京：国家图书馆出版社，2008

本书所收书目包括天津图书馆建馆以来（1908—2008）入藏的善本古籍 4860 种，5358 部。书目著录包括书名、卷数、著者、版本、稽核、附注等项；丛书、合刻、汇印以及各类汇编之书详列子目；残缺不全者，按实存罗列子目；复本子目从略。

3624

天津图书馆古籍善本题跋甄录 [J]/张文琴. --图书馆工作与研究，2010，10：82 - 85

作者对天津图书馆藏 200 余部后人撰写的古籍题跋逐一甄别，选录九部古籍题跋。本文所题之书具为善本，所录诸条题跋多是首次发表。

3625

天津图书馆古籍善本图录（定级图录） [M]/陆行素主编. --天津：天津古籍出版社，2009

本书以文化部发布的《古籍定级标准》为依据，对天津图书馆藏古籍善本进行定级。收录古籍善本 528 种，仿《中国版刻图录》编例。全书分两个部分：前半部分为著录释文；后半部分为书影图录。两部分均按经史子集四部分类顺序编排。

3626

天津图书馆古籍善本图录（鉴赏图录） [M]/陆行素主编. --天津：天津古籍出版社，2009

本书以天津图书馆藏殿版和唐人写经为主，兼录明清泥金写本等，收录古籍善本约 214 种，唐人写经 178 种。仿《中国版刻图录》编例，分两个部分：前半部分为著录释文；后半部分为书影图录。两部分均按经史子集四部分类顺序编排。

3627

天津图书馆馆藏孤本古籍丛书提要 [J]/刘尚恒. --图书馆工作与研究，2001，02：34 - 35

《中国古籍总目提要·丛书卷》系国家古籍整理出版规划小组的重点科研项目。作者在撰写天津图书馆馆藏古籍丛书提要时，接触到其中孤本十余种，将其续选刊载于本文中。

3628

天津图书馆馆藏活字本述略 [J]/季秋华. --图书馆工作与研究，2006，03：59 - 60

本文以天津图书馆藏活字本为例，论述其来源、馆藏特点和重编活字本书目之目的。

3629

天津图书馆申报古籍整理出版项目的思考 [A]/李国庆. --中国国家图书馆. 中国古典文献学国际学术研讨会论文集 [C]，2009

本文从天津图书馆藏古籍整理影印项目、"四库学"项目、编纂工具书、编纂影印大型古籍丛书四方面，阐述了天津图书馆申报古籍整理出版项目的思考。

3630

天津图书馆影印古籍"四库全书系列"书目数据库的特点 [J]/王阁. --深图通讯，2007，02：34 - 35 + 42

本文从不启用古籍编码数据字段、以"嵌入字段技术"与连接单元挂接、提供原文献收藏单位附注说明、启用 9 字段标引《四部分类法》分类号、责任者名称规范控制、多层析出文献的著录分析等 10 方面，介绍天津图书馆"四库全书系列"书目数据库的编制特点。

3631

天津查氏水西庄善本古籍叙录［J］/张文琴. --图书馆学刊,2009,10:89 - 91

天津查氏水西庄是我国清代中期三大著名私家园林之一,也是《红楼梦》中大观园原型之一。本文着重介绍了查氏家族主要人物著作及其版本流传情况,使读者对水西庄有个完整认识,以推进水西庄研究和复建步伐。

3632

天禄琳琅——乾隆御览之宝［M］/刘美玲编. --台北:"故宫"博物院(台湾地区),2007

"天禄琳琅"是清代皇室典藏珍籍的代称,也是乾隆皇帝御览之宝。清乾隆九年(1744)乾清宫昭仁殿开始收藏内府藏书,题室名为"天禄琳琅",共600余部,至今仍存世的有300余部,典藏于台北"故宫"博物院。本导览手册择"天禄琳琅"藏书精华,作简要介绍。

3633

《天禄琳琅书目》考订伪本图书方法析论［J］/杨果霖. --书目季刊(在台湾地区发表),2006,03:9 - 29

乾隆四十年(1775),乾隆皇帝指派于敏中等编出《天禄琳琅书目》10卷,嘉庆二年(1797)彭元瑞等又编《天禄琳琅书目后编》20卷。著录清宫所藏宋元以来精刻精钞善本书籍1000余部。《天禄琳琅书目》内容涉及古籍伪本的考证,本文尝试厘清其考订之法,给予适度评论。

3634

《天禄琳琅书目》研究［D］/唐桂艳. --山东大学,2004

本文参考前人研究成果,梳理了《天禄琳琅书目》的基本情况,体例和影响,版本学内容和藏书、刻书、抄书史料,论述了其文献学价值和研究成果。

3635

天禄遗篇——谈院藏宋本晦庵先生文集［J］/吴璧雍. --"故宫"文物月刊(在台湾地区发表),2008,303:92 - 101

《晦庵先生文集》是宋代理学集大成者朱熹的文集,台北"故宫"博物院藏有该书宋本。本文从朱熹生平概述、编刻时间推测、编辑内容介绍、与百卷通行本的比较等方面,对该本进行了论述。

3636

天一阁藏书保护经验谈［J］/李大东. --文物保护与考古科学,2003,01:52 - 54

天一阁位于浙江宁波,建于明嘉靖年(1561—1566),已有400多年历史,为至今仍保护较完整的古代藏书楼。本文介绍了天一阁的历史、现状,提出手工除虫和日常养护结合,是保护天一阁藏书切实可行的措施。

3637

天一阁藏书研究［D］/王敏. --郑州大学,2006

本文从介绍天一阁藏书始末出发,论述了天一阁藏书文化和古代私人藏书楼对现代图书馆正反两方面的影响。

3638

天一阁藏五种孤本明代专志考录［J］/柯亚莉. --西南交通大学学报(社会科学版),2008,06:138 - 141

本文对天一阁藏《吴山志》《罗浮山志》《齐云山志》《香泉志》《摄山栖霞寺志》5种明代山水志和寺院志版本特征、卷次篇目、序跋、著录、纂修和流传等进行了考述。

3639

天一阁的藏书与刻书［J］/项真. --边疆经济与文化,2009,03:170 - 171

宁波天一阁是我国现存历史最早、保存最好的古代藏书楼,所珍藏的7万余卷古籍多为海内孤本,尤以明代方志与科举文献为丰。本文论述了天一阁收藏、保管古籍的经验和对于刻书事业的贡献,认为对今天图书馆建设仍具有重要借鉴意义.

3640

天一阁古籍纸的分析及护养经验浅谈［A］/李大东. --中国文物保护技术协会. 中国文物保护技术协会第二届学术年会论文集［C］,2002

笔者对天一阁400余年藏书状况作了深入有效的调查研究。本文在分析天一阁古籍用纸构成基础上,从实践出发,总结了古籍护养"喜干忌湿、喜暗忌光、喜实忌虚、喜清忌浊"的"四喜四忌"经验。

3641

天一阁——图书馆史上璀璨之星[J]/冯瑞华.--沧桑,2009,01:181－182＋188

本文论述了天一阁藏书在图书馆史上的地位与贡献。

3642

天一阁与《四库全书》——论天一阁进呈本之文献价值[J]/崔富章.--浙江大学学报（人文社会科学版）,2008,01:148－155

天一阁进呈图书640种,其中近六分之一入选《四库全书》,七分之五入选《四库全书总目》。本文通过对天一阁进呈本的梳理和分析,说明其在《四库提要》编撰过程中所发挥的作用和历史文献价值。

3643

田野调查法在藏医古籍保护中的运用[J]/潘秋平,罗国安,冯岭.--西南民族大学学报（人文社科版）,2010,11:55－57

藏医古籍保护的基础工作有古籍田野调查,包括普查、典型调查等。本文介绍了田野调查法的准备和开展方法,论述田野调查法在藏医古籍保护中的优势和运用。

3644

填补杜牧研究空白的传世之作——何锡光《樊川文集校注》评介[J]/丁鼎.--重庆三峡学院学报,2008,05:153－156

何锡光先生整理校注的《樊川文集校注》由巴蜀书社刊行问世。本文是一篇书评,作者认为该著作充分体现了校注者在古籍整理及文史研究上的深厚功底和认真态度。

3645

条理明晰,审慎精当——评张善文《尚氏〈易〉学存稿校理》[J]/马新钦.--古籍整理研究学刊,2008,02:95－96

尚秉和先生是近代著名《易》学家,所著《周易尚氏学》《焦氏易林注》等是今人研习《易》学的重要书籍。但尚氏《易》著不仅鲜有标点本,且存在较多讹舛衍脱现象。当代易家张善文,2002年起多方访求尚氏《易》学原稿,历经三年校理,终成《尚氏〈易〉学存稿校理》。本文就该书的四个特色做出评论。

3646

铁琴铜剑楼藏书经验探微[J]/李立民.--图书馆论坛,2007,04:174－177

铁琴铜剑楼系清代四大私家藏书楼之一,建于清乾隆年间,距今已有200多年历史。本文评述了铁琴铜剑楼的藏书经验:客观上受明清藏书文化传统影响,也与五代藏书楼主瞿氏子孙淡泊名利、以藏书读书为乐的文化素养休戚相关,给后人留下了一笔丰富的文化遗产。

3647

《铁琴铜剑楼藏书目录》初探[J]/姚伯岳.--常熟理工学院学报,2008,09:110－117

《铁琴铜剑楼藏书目录》是一部提要体私人藏书目录,反映了清末四大私家藏书楼常熟瞿氏铁琴铜剑楼所藏古籍善本的情况。本文探讨了该书目成书经过、内容体例、特点价值,并将其与清代其他藏书志相比较,肯定了其在清代版本目录学中的地位。

3648

《铁琴铜剑楼藏书目录》著录版本之特色[J]/李蕙如.--东方人文学志（在台湾地区发表）,2007,01:175－190

清代常熟瞿氏铁琴铜剑楼、聊城杨氏海源阁、归安陆氏皕宋楼、钱塘丁氏八千卷楼,并称南北藏书四大家。本文梳理了《铁琴铜剑楼藏书目录》10项特色:记载版式行款、勘正版刻异同、说明刻印工拙、著录刻书牌记、钞录前人序跋、考订刊刻年代、陈述藏书源流、记载版本名称、备载卷第编次、记载纸张印刷等。

3649

铁琴铜剑楼 名扬海内外[J]/沈慧瑛.--档案与建设,2007,02:38－41

本文作者就常熟铁琴铜剑楼瞿氏家族数代藏书的历史、特点、如何避免战乱和捐献国家的经过,采访了瞿氏后人瞿冕良先生,本文由采访记录稿编录。

3650

《通志堂经解》版本研究[D]/王爱亭.--山

东大学,2006

《通志堂经解》是清初学者徐乾学辑刻的丛书。本文从版本学角度研究了《通志堂经解》。全文分上下两篇:上篇为"总论",概述《通志堂经解》总体情况;下篇为《通志堂经解》诸书版本源流考。下篇对丛书所收经解逐一考查其刊刻特征和版本源流,为全文之重点。

3651

《通志堂经解》之编纂及其学术价值[A]/林庆彰. --文献与资讯学术研讨会论文集(在台湾地区发表)[C],2001

《通志堂经解》是清代编著阐释儒家经义的大型丛书,辑刻者有徐乾学、纳兰成德诸说。本文探讨了《通志堂经解·序》作者问题,以及该书编纂动机、经过、学术价值、影响等。

3652

《通志·艺文略》对医籍著录的贡献[J]/李莹,刘更生,李虹. --山东中医药大学学报,2001,04:295 – 296

宋代郑樵《通志·艺文略》著录中医药图书662部,首次将"医方"列为一级类目,并开创性地将所著录的中医古籍分为26类,对后世医籍分类产生了重要影响。本文论述了《通志·艺文略》中"医方"类书籍的著录特点。

3653

同声与异响:翁方纲四库提要稿与《四库全书总目》集部提要较论[J]/曾纪刚. --辅大中研所学刊(在台湾地区发表),2008,19:1 – 28

本文以翁方纲"四库提要稿"与《四库全书总目》集部提要比较,就"论人"与"论学"两个基本议题进行归纳讨论。

3654

"同书异本"致因考[J]/李明杰. --古籍整理研究学刊,2005,02:83 – 89

本文论述了古籍的制作和传播方式是"同书异本"现象产生的原因,如文字本身的差异、誊抄副本的传统、剽窃作伪的行为、佛经的翻译和流传、历代书厄、学术论争、名讳

及时政的规避等。

3655

同一地域不同时代方志版本内容自动合并的研究与实现[J]/姜慧敏,白振田,周金水,余松,衡中青. --广西地方志,2008,05:29 – 32

《方志物产》是1950中国农业遗产研究室主任万国鼎领导辑录的资料汇编。本文以该书为例,论述了同一地域不同时代方志版本的自动合并算法,即按照方志体例规律,先比较段落,去掉相同段落,保存不同段落;再将段落内容进行比较,去同存异,标注异文版本来源的算法。

3656

同义复词与《史记》《汉书》校勘[J]/王文晖. --长江学术,2010,01:146 – 150

本文以《史记》《汉书》中"责过""邈绝""屯舍止""很戾""鄙妒"等词的用法为例,论述了现今不通古人文法,对古籍中同义复词的使用错误,强调研究同义复词的必要性。

3657

同治进士韩瞻斗及其家藏图书略考[J]/时红明. --社科纵横(新理论版),2008,04:185 – 186

本文以同治进士韩瞻斗家藏古籍为例,论述了韩先生的家世人品、学识成就以及这批古籍的版本状况。

3658

《桐君采药录》考察[J]/马继兴. --中医文献杂志,2005,03:6 – 9

《桐君采药录》为上古时期托名之作。本文论述了《桐君采药录》书名、卷数、撰写时代、流传概况、主要内容、佚文出处以及与其他早期本草学古籍的比较优劣。

3659

《铜版四书体注》赏析——关于铜版整版印书的探讨[J]/陈孔坛. --东方收藏,2010,06:112 – 115

本文论述了清道光丁酉年(1837)白纸特大开本《铜版四书体注》递藏有序、开本阔大、用纸考究、刻字紧凑等特点。

3660

铜活字中文辨识之序列比对演算法研究

[J]/侯玉松,吴德玲,林世勇,谢智伟,林婉婷.--长庚科技学刊(在台湾地区发表),2007,07:123-137

本文论述了铜活字中文辨识之序列比对演算法,即将研究生物信息学的 DNA 序列比对法,应用于字库搜寻比对,考查其辨识准确度与执行速度,经实验结果得出该算法辨识正确率可达90%左右的结论。

3661

铜仁地区古籍文献工作的困惑与出路[N]/梁海斌.--铜仁日报,2009-05-09004

本文以贵州省铜仁地区古籍文献工作为例,论述了该地区古籍资源的现状和困难,提出重视古籍保护、加强古籍管理、改善存藏环境、培养后备人才等解决对策。

3662

铜仁地区少数民族古籍的价值评估及利用[J]/梁海斌,滕继承.--中共铜仁地委党校学报,2008,03:62-64

本文论述了贵州省铜仁地区少数民族古籍的覆盖面、涉及范围、内容、种类、载体形式、历史源流、存世状况等情况,提出加强古籍普查、数字化、出版研究等开发对策。

3663

《童溪王先生易传》考析[J]/张素梅.--图书馆理论与实践,2005,02:67

《童溪王先生易传》是宋代学者王宗传著作,本文考析了该书的书名卷数、版本特点和国家图书馆所藏该版古籍的刊刻印记。

3664

痛并乐观着:宗教古籍的保存现状[N]/王辉.--中国民族报,2008-06-24008

本文从宗教古籍保护迎来曙光、诸多问题困扰宗教古籍保护、经版应得到更多关注等方面,论述了当前宗教古籍保护工作现状。

3665

图书版本学要略[M]/屈万里,昌彼得著.--台北:文化大学华冈出版部(台湾地区)

本书论述了我国古代图书名称形制的演变、历代刻书状况、版本鉴别方法、考订古籍版本必备参考书、版本著录方法以及鉴定版本常用术语等。

3666

图书编撰学研究的一部力作——读《中国古籍编撰史》[J]/陶佳珞.--图书情报工作,2000,11:92-93

《中国古籍编撰史》系武汉大学信息管理学院曹之专著。本文从古籍编撰学理论发展历史、古籍编撰者、古代图书编撰内容、古代图书编撰形式等方面,论述了该书的研究内容。

3667

图书馆保护古籍善本的几点措施[J]/安晓东.--内蒙古科技与经济,2006,18:219-220

本文论述了存放环境的温湿度、光线辐射、微生物危害、空气污染对古籍善本存藏的不利影响,提出控制温湿度、纸张去酸、调整存藏位置、净化空气等防护措施。

3668

图书馆的社会职能与古籍提供[J]/周晓舟.--图书馆建设,2005,03:23-24

本文论述了图书馆的发展历程是从"重藏"向"重用"转变,其社会职能是维护和保障知识自由,传播文化、提供资料。作为文化遗产重要组成部分的古籍,应在做好相关保护的前提下,向社会团体、个人提供,实现知识自由、文明传播的目的。

3669

图书馆古籍保护策略探寻[J]/陆锐梁.--科技情报开发与经济,2008,20:24-25

本文论述了古籍保护工作的特殊性、迫切性、必要性,通过实例分析,归纳出强化图书馆古籍保护、加强古籍修复、提升从业人员素质等保护策略。

3670

图书馆古籍编目亟待解决的问题[J]/韩锡铎.--图书馆论坛,2003,06:143-145

本文针对当前图书馆古籍编目的现状,从尚无统一的"四部分类法"、未形成统一著录规范、百万册线装书尚未编目等方面,分析了图书馆古籍编目亟待解决的问题。

3671

图书馆古籍部工作探讨[J]/林京榕.--情报

理论与实践,2007,04:514－516

本文从读者服务现状、文献开发情况、古籍保护方式方法、员工素质提升策略等方面,论述了图书馆古籍部业务工作。

3672

图书馆古籍的管理及其利用[J]/李珍.--图书与情报,2001,01:34－36

本文从图书馆古籍管理、采编编目、人员素质提升、古籍开发利用等方面,论述了图书馆古籍管理和利用,以期更好地为读者提供阅览服务。

3673

图书馆古籍的数字化管理初探[J]/赵葆梅.--晋图学刊,2010,06:26－28

本文论述了古籍数字化管理的时代意义、图书馆古籍数字化组织检索方法、当前古籍数字化存在问题和建议。

3674

图书馆古籍工作探微[J]/毛艳丽,徐伊男,付志杰.--长春师范学院学报(自然科学版),2010,02:145－146

本文围绕图书馆古籍保护与开发,提出应以现代科技手段对古籍进行保护和利用,以"尊重历史,保护文献,传承文化"为旨归,将馆藏古籍文献整理出版,进行更高层次的开发与利用,以期为弘扬民族文化遗产做出贡献。

3675

图书馆古籍管理及其利用[J]/刘盛华.--图书馆论坛,2004,05:170－171＋200

本文从图书馆古籍管理现状、古籍整理编目、人员素质提升、古籍开发利用等方面,论述了如何更好地进行图书馆古籍管理和利用。

3676

图书馆古籍鉴定与保护研究新方法列举[J]/戴群.--云南档案,2010,09:63－64

本文从古籍鉴定、古籍定级、《国家珍贵古籍名录》申报、古籍保护工作方法等方面,列举了近年来图书馆古籍鉴定与保护研究方面的新方法。

3677

图书馆古籍开发研究——兼谈高校图书馆古籍开发[D]/刘梅.--陕西师范大学,2009

本文从图书馆与古籍收藏、古籍的基本知识与古籍开发、古籍开发的成就与存在问题、图书馆古籍开发途径与方法等方面,论述了图书馆古籍开发利用的现状。

3678

图书馆古籍利用之管见[J]/马智娟.--内蒙古科技与经济,2007,13:124－125＋127

本文针对当前古籍利用过程中的成绩与存在问题,提出图书馆应从藏用并举、规范古籍管理、提升人员素质、科学开发利用等方面,做好图书馆古籍利用工作。

3679

图书馆古籍普查工作探索[J]/周立军.--四川图书馆学报,2009,02:72－75

本文探讨了图书馆古籍普查存在的人才缺乏、无章可循、缺乏联网普查平台、民间古籍普查困难、未形成长效机制等问题,提出准备工作要完善、人员配置要合理、加强信息共享、做好民间古籍普查、重视古籍保护利用等建议。

3680

图书馆古籍普查前期工作刍议[J]/曾洁莹.--图书馆论坛,2009,03:153－155

本文从古籍普查、方案制定、人才选拔培训、设备工具配置、参考书遴选等方面,论述了图书馆古籍普查前期工作。

3681

图书馆古籍书库文献典籍分析评估及管理模式构建[J]/张利.--图书馆界,2010,03:28－30

本文以首都图书馆为例,从古籍书库文献系统性、藏品价值、藏品质量等方面,探讨了图书馆古籍书库文献典籍的分析评估;从古籍书库分层管理、文献循环式管理、工作质量评价模式等方面,论述了书库文献管理模式的构建。

3682

图书馆古籍书库文献典籍数字化保护刍议

[J]/张利.--图书情报工作,2010,S1:316 - 317

本文从数字化保护古代典籍的优势、古籍书库文献有效保护措施、古籍数字化保护策略等方面,论述了图书馆古籍书库文献典籍数字化保护情况。

3683

图书馆古籍书目数据数字化工作之浅见[A]/石梅.--中国图书馆学会古籍整理与文献保护专业委员会、国家古籍保护中心.全国图书馆古籍工作会议论文集(2008·天津)[C],北京:国家图书馆出版社,2009

本文从提供高效便捷的书目信息查询、全面揭示古籍书目信息、提供远程服务节省经费、为文献资源共享和古籍保护做好前期准备等方面,论述了图书馆古籍书目数据数字化工作意义。

3684

图书馆古籍数字化前处理工作研究[J]/赵云.--农业图书情报学刊,2007,03:121 - 123

本文研究探讨了图书馆古籍数字化前处理工作的性质、目标、遵循原则、组织模式、一般流程等问题。

3685

图书馆古籍数字化资源建设研究[J]/陆健,李洪波.--中国科教创新导刊,2010,26:251

本文梳理了我国图书馆古籍数字化工作概况、意义、方式方法,提出古籍数字化工作应遵循"统筹规划,三个结合""突出重点,先急后缓""确保质量,追求效率""规范古籍书目数据的格式"等原则。

3686

图书馆古籍文献保存的影响因素及对策[J]/王斌,贺培凤.--中华医学图书情报杂志,2010,04:44 - 48

本文从温湿度、酸碱度、空气污染、光辐射、生物危害等入手,分析了图书馆古籍文献保存的影响因素,提出控制温湿度、纸张去酸化处理、保证良好的内外环境、避免古籍受强光辐射、古籍文献保存的生物制剂等保护

对策。

3687

图书馆古籍文献保护与管理探究[J]/郭明侠.--兰台世界,2009,22:65

本文探讨了图书馆古籍文献保护的环境问题、观念问题、人员素质问题和藏用矛盾问题,认为图书馆古籍文献保护的管理,应注重改善藏用条件、制定严格管理制度、积极开发数字资源、加强古籍深层次开发、加强工作人员在职培训等。

3688

图书馆古籍文献的保护与管理[J]/方宽泰.--图书馆研究与工作,2008,02:73 - 75

本文以杭州市余杭区图书馆为例,从古籍藏用矛盾、古籍保护观念缺乏、人员素质尚待提高等方面,论述了该馆古籍保护工作存在的问题,提出藏用并举、强化古籍保护观念、做好从业人员培训等解决方法。

3689

图书馆古籍文献特色馆藏的甄别布局和命名[J]/骆秀文.--时代文学(下半月),2010,06:164 - 165

本文探讨了图书馆古籍文献藏书工作意义、藏书布局标准、文献甄选原则和古籍文献特色馆藏的命名等。

3690

图书馆古籍文献限制使用的合法性与合理性辨析[J]/李丹.--图书馆建设,2005,03:21 - 22

本文探讨了古籍文献限制使用的合法性依据、古籍文献限制使用的合理性辨析、如何做才是对古籍的真正保护等问题,提出在确保古籍安全的前提下,应有效地做好总体规划,实现古籍文献使用的传播共享。

3691

图书馆古籍修复之刍议[J]/林崇煌.--浙江高校图书情报工作,2001,04:60 - 64

本文从选择待修古籍、制定修复方案、选用修复方法、提高人员素质和技术水平等四个方面,论述了古籍修复特点、修复流程和未来发展方向。

3692

图书馆古籍饮食文化数据库建设[J]/何静. --图书馆学研究,2004,05:14 – 16

本文论述了建设古籍饮食文化数据库的必要性、数据库主要内容和建立古籍饮食文化数据库的方法途径。

3693

图书馆古籍阅览、咨询的现代服务[A]/张群. --浙江省图书馆学会. 新世纪的图书馆与信息服务——浙江省图书馆学会第九次学术研讨会论文集[C],2004

本文从分析服务对象范围、古籍阅览咨询服务方式、文献藏用矛盾等问题入手,提出图书馆古籍阅览咨询现代服务的理念,即处理好古籍藏用关系、储备专业人才、建设专用数据库、开发有针对性的服务模式等。

3694

图书馆古籍整理工作[M]/王世伟主编. --北京:北京图书馆出版社,2000

本书从图书馆古籍的载体形制、收藏保护、流通阅览、整理工作的现代化、开发与利用等方面入手,论述了图书馆古籍整理工作。

3695

《图书馆古籍整理工作》一书的几个问题[J]/张展舒. --图书馆界,2004,01:3 – 4 + 14

《图书馆古籍整理工作》由王世伟著,2000 年由北京图书馆出版社出版。本文从殿本、局本、朱印本、蓝印本、行格、刻工等方面,对该书提出商榷意见。

3696

图书馆古籍整理人员的培养与提高[J]/曾洁莹. --科技情报开发与经济,2007,06:47 – 48

本文从增强事业心、提高业务素质、坚持勤学苦练三个方面,论述了培养与提高图书馆古籍整理人员素质的方法途径。

3697

图书馆古籍咨询服务特色探讨[J]/谢雷. --图书情报论坛,2005,04:66 – 68

本文从满足读者需求、创造适宜的环境氛围、人性化阅览服务、树立品牌意识、实现古籍咨询特色服务等方面,探讨了古籍咨询服务特点和对工作人员的专业要求。

3698

图书馆古旧文献的管理与保护[J]/寻霖,章曼纯. --图书馆,2003,06:67 – 69

本文结合作者多年从事古籍文献工作的经验,从古籍阅览、库房管理、古籍修补、人才培养等方面,论述了图书馆古旧文献保护工作。

3699

图书馆建立古籍破损档案的必要性[J]/解说. --图书馆论坛,2007,04:143 – 145

本文从分析古籍破损档案修复内容、修复现状入手,论述了图书馆建立古籍破损档案的必要性:掌握图书破损情况,制定详细的修复计划;从微观上了解古籍破损类型、修复程度;避免修复前查找破损古籍的盲目性,减少严重破损古籍的借阅率,做到有的放矢等。

3700

图书馆旧书修补工作浅析[J]/吴春明. --科技情报开发与经济,2009,15:56 – 58

本文论述了图书馆旧书修补必要性、修补材料、选择标准、操作工艺和普通旧书修补与古籍珍本装订修补方法上的区别。

3701

图书馆善本特藏应合理利用[J]/曾雪梅,杜晓红. --图书与情报,2001,03:55 – 58

本文论述了图书馆善本特藏的内容范围、保护观念、保护方法等,提出提高从业人员素质、处理好藏与用矛盾、适当加大资金投入、改善古籍存藏环境等建议。

3702

图书馆事业中一个亟待关注的课题——古籍的整理、修复与再生[J]/罗明兰. --图书情报工作,2005,02:121 – 122 + 125

本文综述了我国古籍保护的现状,分析现存传世古籍保护所面临的人才匮乏、经费不足、科研薄弱、科研设备短缺等难题,在此基础上提出:摸清家底、集中力量、统一规划;培养古籍整理、修复人才;运用现代化的手段将古籍信息原状原貌地转移到其他载体中存储等建议。

3703

图书馆数字化建设中古籍分类刍议[J]/王林. --内蒙古图书馆工作,2005,01:47 - 49

本文从古籍的内容形式特征、古籍分类现状、制定《中国古籍分类法》的必要性等方面,论述了图书馆数字化建设中古籍的分类问题。

3704

图书馆缩微技术应用存在的问题及解决办法[J]/宣季林. --数字与缩微影像,2005,01:37 - 38

本文分析了我国缩微技术管理现行体制的弊端和缩微品收藏率和利用率低的现状,提出打破传统观念,重新认识缩微技术在图书馆的地位与作用,做好缩微资料整理开发、科学确定馆藏结构和收藏范围、提高缩微制品利用率等解决办法。

3705

图书馆缩微品的分布及利用[J]/王振. --数字与缩微影像,2005,03:54 - 56

本文分析了图书馆缩微品的分布现状,以及缩微品在中华人民共和国成立前后报刊、民国文献、古籍文献服务中的利用情况,提出实现文献资源由物流转换为信息流是解决图书馆缩微品分布与利用之间矛盾的有效方法。

3706

图书馆文献遗产的保护[J]/肖蕾. --兰台世界,2008,12:64 - 65

本文论述了图书文献遗产保护的范围现状,和图书馆管理过程中加强图书文献遗产保护的方法,包括改善古籍存藏环境、做好古籍再生性保护、加强古籍文献管理、提升工作人员素质等。

3707

图书馆要担负起收藏保护利用古籍的职责[J]/史茂广. --吕梁高等专科学校学报,2005,03:77

本文从制定专门措施、划拨专项资金、成立专门机构、抽调专职人员等方面,论述了图书馆如何担负起古籍收藏、保护、利用的职责。

3708

图书馆应加强古籍整理后备人才的培养[N]/吴敏卿. --新乡日报,2009 - 12 - 08006

本文从古籍整理现状入手,论述了古籍整理后备人才的培养问题,包括培养对古籍整理工作的热爱、增强工作事业心、理论与实践相结合,提升古籍整理职业素养等。

3709

图书馆应用文献影像技术探讨[J]/陈天伦. --缩微技术,2000,03:31 - 33

本文从图书馆收藏、利用、文献管理等方面,探讨了图书馆应用文献影像技术必然性,提出图书馆应该站在更高的位置看待文献资源,在保持原有的传统服务项目的同时,运用新技术打破图书馆服务地理时空限制,发展信息处理、加工业务,提高图书馆资源的利用率。

3710

图书馆应重视民族古籍的收集与整理[J]/贺莉. --理论观察,2006,01:132 - 133

本文从民族古籍的范围、内容、宗教色彩、版本状况、保存意义等方面入手,论述了民族古籍的存藏现状和特色,提出加大资金投入、强化保护观念、加快收集整理、做好文献修复等保护对策。

3711

图书馆应重视少数民族文献工作[J]/梁俭. --贵图学刊,2009,04:49 - 50 + 53

本文从少数民族文献存藏价值、特征与作用、保存方式等方面,论述图书馆应重视少数民族文献工作和加快少数民族资源数字化建设。

3712

图书馆应重视收集少数民族古籍[J]/向朝芬. --今日民族,2004,12:58 - 59

本文分析了造成少数民族古籍流失的原因,包括强势文化的冲击、价值观念的变化、未能正确认识少数民族古籍的价值等,提出转变思想观念、加强收集保护和抢救工作、抽调专职人员、采用先进技术手段等抢救少数民族古籍的措施建议。

3713

图书馆应做好古籍文献著录工作［J］/闫佳梅. --图书馆学刊,2001,S1:56 - 57

本文结合工作实践,从文献书名、卷数、著者、印刷抄写时间等方面,提出图书馆做好古籍文献著录工作的思路。

3714

图书馆在古籍管理中的地位和作用［J］/党亚瑞. --黑龙江科技信息,2008,33:180 + 62

本文从图书馆与古籍的关系入手,分析了图书馆在古籍管理中的地位作用、古籍管理的现状,提出应强化古籍管理人员职业素养、加大后备人才培养、引进急需人才、做好古籍管理的服务等工作建议。

3715

图书馆纸质文献典藏环境基准［J］/温台祥,杨时荣. --台湾图书馆管理季刊(在台湾地区发表),2010,04:30 - 38

本文从古籍库房温度、湿度、光线、空气悬浮颗粒、气体污染物等方面,讨论了图书馆纸质文献典藏环境建设的参考标准。

3716

图书馆专业期刊中设置古籍研究栏目情况的调查与分析［J］/张燕婴. --图书馆,2008,04:106 - 108

本文对 2004—2006 年图书馆学专业期刊、各家图书馆专业期刊设置古籍研究栏目进行了调研,分析了该类栏目存在"一稿多发"、文章论题过大、"炒冷饭"等问题,提出强化论文选题的查新查重、建立外审制度、及时与作者沟通、避免一稿多投等改进建议。

3717

图书维护体系建构上的期盼［J］/杨时荣. --书苑(在台湾地区发表),2003,55:70 - 81

本文梳理了台湾地区图书维护体系建构的方法途径,包括建构图书文献维护体系、引进东西方维护设备与观念、挖掘现有好的传统维护技法、创新发展适合本土的技术等,提出设计适用于各类团体单位所需维护空间、

加强推广维护常识规划、提升修复人员的职称待遇和培训等。

3718

图书文献保存性修复［M］/杨时荣著. --台北:南天书局(台湾地区),2008

本书由具数十年图书修复理论与实务经验的杨时荣编写,叙述了修复处理的各式基本程序与步骤,附有修复案例的纪要与图示。

3719

图书文献学论集［C］/胡楚生著. --台北:台湾学生书局(台湾地区),2002

本书所收有关目录、版本、图书、文献的论文,可以反映近世传统学术研究的趋势,彰显当代出版事业对于学术研究的影响,青年学子也可从中了解读书究学的入门途径。

3720

图书文献,治学良方——《中国历代文学总集述评》读后看古籍文献整理［J］/于惠. --"全国"新书资讯月刊(在台湾地区发表),2008,120:40 - 43

《中国历代文学总集述评》系当代学者林庆彰主编,王冠文、吴怡青、许淑芬编辑,万卷楼图书股份有限公司于 2007 年出版。本文介绍了该书编辑缘起、撰者身份和内容,提出了有待修正和补强的地方。

3721

图书蛀虫、防虫处理［J］/岩素芬. --佛教图书馆馆刊(在台湾地区发表),2006,43:40 - 49

本文为台湾地区香光尼众佛学院图书馆"纸质图书保存维护管理研习会""图书蛀虫、防虫处理"课程实录,内容包括图书蛀虫概念、常见的图书蛀虫、图书防虫处理步骤、全面性侦测和整合性虫害管理等。

3722

图书缀订的方式与步骤［J］/杨时荣. --台湾图书馆管理季刊(在台湾地区发表),2008,01:95 - 112

本文从图书缀订方式入手,图文并茂地论述了自殷商、隋唐、宋代至明清时期的各种图书缀订特点和基本走线方式、步骤,提出图

书缀订的意义是便于书籍的典藏保存、阅读与买卖。

3723

图文并茂的古籍图书[J]/李国章.--编辑学刊,2002,04:49-50

本文以大型专业画册、博物馆珍藏、鉴定与欣赏、普及传统文化图文本为例,分析了2002年上海古籍出版社古籍图书出版状况,认为该批古籍图书有效实现了社会效益与经济效益的统一,体现了上海古籍出版社在传承发扬中华民族优秀文化传统方面取得的成就。

3724

图文并茂 赏读皆宜——评《中国古籍稿钞校本图录》[J]/严佐之.--图书馆杂志,2001,04:47-49

本文从版本特色、编纂过程、编辑原则、学术价值等方面,论述了《中国古籍稿钞校本图录》的内容和特点。

3725

土家族地区民间古籍的整理与保护研究——对鄂西五峰土家族自治县的田野调查[J]/李诗选.--湖北民族学院学报(哲学社会科学版),2010,04:10-16

本文以鄂西五峰土家族自治县田野调查为例,梳理了该地区民间古籍的种类和价值,提出开展普查登记;建立当地珍贵古籍名录;抢救整理民间演唱类古籍资源;加强领导、协同配合,共同做好民间古籍保护;制定完善相关地方法规等保护对策。

3726

土家族文献资源开发的思考[J]/聂亚林.--湖北经济学院学报(人文社会科学版),2005,10:147-148+164

本文介绍了土家族文献资源存藏基本情况、开发意义,提出在土家族文献资源开发利用中,应注意文献资源调查、实现资源共享、引入现代技术开发等建议。

3727

《吐鲁番出土砖志集注》释文商榷三则[J]/

肖瑜.--广西大学学报(哲学社会科学版),2007,06:129-130

《吐鲁番出土砖志集注》是当代学者侯灿、吴美琳所著,2003年由巴蜀书社出版。本文从文字学、词汇学和古籍标点等方面入手,对该书中的3处不当释文提出商榷。

3728

吐鲁番考古及出土文献研究的回顾与前瞻——以晋—唐汉文非佛经为主[J]/王素.--汉学研究通讯(在台湾地区发表),2001,03:221-239

本文围绕晋—唐汉文非佛经,论述了吐鲁番考古及出土文献整理概况、相关研究发展历程,提出新世纪该项研究应该解决的问题,包括抓紧编写考古报告、规范学术研究、建设研究人才队伍等。

3729

推陈出新问旧典 知古鉴今谱新章——《中国少数民族古籍总目提要·回族卷》第一次编纂工作会议综述[J]/马广德.--回族研究,2004,03:70-73

本文论述了《中圈少数民族古籍总目提要·回族卷》编纂缘由、编纂历程和第一次编纂工作会议的讨论要点。

3730

推介《容斋随笔》新整理本[J]/张继海.--书品,2006,01:60-62

《容斋随笔》是南宋文学家洪迈的读书笔记,2005年经学者孔凡整理由中华书局出版的。本文论述了该书在底本选择、整理校勘、内容标点、资料附录、索引设计等方面的特点。

3731

托裱严重破损文件的一些方法[J]/史凤联.--档案与微缩(在台湾地区发表),2002,64:54-55

本文结合作者工作实践,论述了对严重破损文件进行托裱修复的方法,包括采取配垫绫托裱、托裱时先整托后补洞和在洗心、揭托纸过程所采用的手法等。

W

3732

挖改古籍著录问题初探[J]/徐忆农.--文教资料,2001,04:137－142

本文论述了挖改古籍的两种方式:版上挖改和纸上挖改,提出挖改古籍著录时,要根据不同情况区别对待的观点。

3733

挖掘历史资源 开拓发展空间——由《老苏州·百年历程》看地方古籍社的选题拓展[J]/王华宝.--出版参考,2002,16:20

《老苏州·百年历程》是文史专家徐刚毅所著,2001年由凤凰出版社出版。本文从挖掘历史资源、开拓发展空间等方面,介绍了地方古籍出版社在古籍类选题拓展上求新求变的有益探索。

3734

外交见闻录——宋本《宣和奉使高丽图经》[J]/吴璧雍.--"故宫"文物月刊(在台湾地区发表),2006,282:40－49

《宣和奉使高丽图经》系北宋外交官徐兢出使高丽所撰的见闻。本文介绍了该书作者生平、成书经过、内容述要、流传脉络等。

3735

《外台秘要方》文献研究与数字化探讨[D]/李洪雷.--山东中医药大学,2004

《外台秘要方》是唐代著名医家王焘辑录的综合性医书。本文采用传统文献学方法与文献数字化方法对该书进行研究,旨在深入了解王焘医学思想、形成背景、学术特点。通过征引文献的结构分析,了解隋唐以前方书流传和方剂学、疾病学发展概况;隋唐时期意识形态和医学思想对该书编撰的影响,揭示古籍流传对于已佚方书的辑佚以及现存方书校勘的重要意义。

3736

外文古籍的概念与界定初探[J]/董绍杰,卢刚,毕国菊.--图书馆学研究(应用版),2010,07:96－98

本文以黑龙江省图书馆所藏西文、日文、俄文古籍为例,探讨了外文古籍的概念、内涵外延、划分标准,提出外文古籍的年代界定标准。

3737

弯曲书页图像处理方法及在古籍数字化中的应用[D]/刘一斐.--首都师范大学,2009

本文针对纸质文档尤其是古籍厚重书页拍照问题,提出弯曲书页图像处理方法:使用抛物线数学模型,对书页边缘线进行三维重构,得到一系列文字的位置点,用这些点的坐标模拟出文本线,根据文本线与水平线之前的差距进行精确恢复。该方法在古籍数字化中得到有效应用。

3738

完善图书馆古籍修复工作重在落实[J]/杨敏仙.--云南图书馆,2010,01:88－89

本文从人才匮乏、资金不足、场地不理想、修复技术有待提高、理论研究尚待加强等方面,分析了图书馆古籍修复工作现状和问题,提出加强政府政策保障、加大资金投入、重视人才培养、呼吁社会支援、提升人员职业素养等改善建议。

3739

《宛委别藏》研究[D]/曾佳钰.--台北大学(台湾地区),2006

《宛委别藏》由清朝学者阮元收集、编纂而成。本文介绍了该书的编纂背景、搜书献书过程、辑录内容、学术价值,以及《宛委别藏》与《四库全书》的传承关系。

3740

晚明短篇世情小说集《杜骗新书》版本考[J]/牛建强.--文献,2000,03:200－210

《杜骗新书》是明代学者张应俞编纂的短篇世情小说集。本文从居仁堂余献可初刻本、存仁堂陈怀轩后刻本、东京大学东洋文化研究所藏本,考证了该书版本递藏源流。

3741

晚清民间书坊"督造书籍"印考略[J]/杨丽莹.--图书馆杂志,2010,08:78 - 80 + 97

本文围绕晚清民间书坊"督造书籍"印,结合版本比对,叙述了该印的形制、来源、功能,举例说明钤盖"督造书籍"印的扫叶山房、校经山房、江左书林三家书坊间关系,以期对晚清坊刻本的鉴定、晚清印刷史研究提供参考。

3742

晚清时期《申报》馆古籍出版述论[J]/王晋玲.--常熟理工学院学报,2005,01:98 - 100 + 105

晚清时期《申报》馆在古籍出版方面具有起步早、力度大、精品多的特点,本文论述了该馆发展历程、发行方法,包括利用广告宣传、招股预约、让利发行等,指出其对部分古籍校勘用功少、择选版本较次等问题。

3743

《晚清四部丛刊》序[J]/林庆彰.--书目季刊(在台湾地区发表),2010,03:135 - 136

《晚清四部丛刊》系台湾文听阁出版公司出版、仿民国商务印书馆《四部丛刊》方式编辑的大型丛书,收录清道光二十年(1840)以降的著作,按经、史、子、集四部分类。本文是该丛书的序,论述了此书的成书过程、分编情况、收书范围、学术成就等。

3744

晚清以来扬州古旧书肆札记[J]/徐雁,谭华军.--中国典籍与文化,2002,04:66 - 75

本文记述了晚清以来扬州古旧书行业演变和变迁历程,包括扬州版刻衍变、书肆变迁、书贾经营风貌,以及近现代文化名人周叔弢、朱自清、阿英等与扬州古旧书业的关系等。

3745

皖西学院馆藏之元刻《乐府诗集》残本[J]/

舒和新.--图书馆杂志,2001,08:50 - 52

本文介绍了安徽皖西学院图书馆元刻《乐府诗集》残本的主要内容、版本鉴定过程、版式特征、题字钤印等,以期梳理出此本乐府的流传过程和递藏经历。

3746

《万寿仙书》存世版本考辨[A]/程英,张志斌.--中国中医科学院中医药信息研究所.2008 年学术年会论文集[C],2009

《万寿仙书》是明代罗洪先著作,后经清代曹无极增辑。本文围绕该书现存刻本,论述了该书的主要内容、递藏经历、版本特点和鉴定方法等。

3747

《万育仙书》与《万寿仙书》考[J]/程英,张志斌.--中医文献杂志,2009,03:5 - 8

《万寿仙书》是明代罗洪先著作,后经清代曹无极增辑;《万育仙书》是清代曹无极辑校的著作。本文从作者、刊行年代、收录内容、版式特征、挖改情况等方面,比较《万育仙书》《万寿仙书》异同,提出两书虽有承继,但内容有别,不宜混为一谈。

3748

汪机《伤寒选录》初探[J]/张玉才,赵军.--中医文献杂志,2004,02:8 - 10

《伤寒选录》是明代名医汪机专著。本文从该书著录、写作经过、编写体例、收录内容等方面,论述了《伤寒选录》的校勘情况和学术贡献。

3749

汪机《伤寒选录》研究[D]/万四妹.--安徽中医学院,2005

《伤寒选录》是明代名医汪机专著,本文论述了该书的成书年代、出版经过、版本沿革、流传情况、整体结构、研究方法、学术成就,以及其在伤寒学派中的学术地位。

3750

汪中《述学》版本考述[J]/林胜彩.--文与哲(在台湾地区发表),2009,14:227 - 264

清学者汪中著《述学》,包括论述经义及地理金石训诂之学,并收录其文学创作。该书保存整理刊布,其子汪喜孙有重要贡献。本文考述了汪喜孙刻本等该书的版本系统及流传情况。

3751

王安石集的古本与新版[J]/杨天保,徐规. --古籍整理研究学刊,2007,03:24 – 28

本文从收录数量、记载格式、编次分类的文本概念入手,综述了宋代文学家王安石诗文集"临川本""龙舒本""杭本"三大古本系统的刻印特点、版式特征。

3752

王安石《唐百家诗选》研究[D]/杨艳红. --西北大学,2008

《唐百家诗选》是宋代文学家王安石编选的一部唐诗总集。本文采用统计法分析了该书所选诗人、诗歌分布和择选特点,论述了该书成书背景、编选意图、刊刻经过、版本源流情况、诗学和文献价值。

3753

王柏和他的《诗疑》[J]/杨艳娟. --太原大学教育学院学报,2004,S1:59 – 61

《诗疑》是宋代著名的经学家王柏的著作,本文论述了该书创作背景、主要观点、学术价值,以及对《诗经》研究的贡献。

3754

王伯祥与《二十五史》及《二十五史补编》[J]/李雅. --山东图书馆学刊,2010,01:35 – 39

王伯祥是民国时期著名的文史学者,在开明书店工作期间,他主持了《二十五史》及《二十五史补编》的出版。本文在介绍王伯祥历史资料整理活动的基础上,综述了《二十五史》《二十五史补编》的成书背景、编辑过程和学术价值。

3755

王国维图书版本、目录学著作之文学性研究[D]/鲍广东. --佛光大学(台湾地区),2008

本文从近代国学大师王国维图书版本、目录学著作入手,论述了王国维著作所具备的文学性,包括文学理论思想、文本语言特征、个人体验、创意发现等。

3756

王灏《畿辅丛书》初探[J]/王颐瑞. --东吴中文研究集刊(在台湾地区发表),2009,15:101 – 122

《畿辅丛书》是清代学者王灏著作,本文综述了作者生平经历、《畿辅丛书》的成书背景、刊刻年代、收书书目、主要内容等。

3757

王焕镳《曾南丰先生年谱》诗文系年辨误与补正[J]/邹陈惠仪. --大陆杂志(在台湾地区发表),2000,02:1 – 11

《曾南丰先生年谱》是当代文史学家王焕镳所编著作,主要记载北宋文学家曾巩生平事迹。本文对《曾南丰先生年谱》诗文系年中所存在的讹误予以辩误与补正。

3758

王荆公《易解》考略[J]/金生杨. --古籍整理研究学刊,2001,03:13 – 20

《易解》是宋代文学家王安石的易学作品。本文考略了该书的写作背景、写作时间、流传著录、解《易》的特色、对后世的影响等,评价了王荆公《易解》的学术价值和哲学思想。

3759

《王荆文公诗注》版本源流考[J]/周焕卿. --古籍研究,2006,01:68 – 74

《王荆文公诗注》是南宋学者李壁的笺注本。本文在总结前人研究成果基础上,从该书宋元两个版本系统入手,考略了《王荆文公诗注》收录内容、版式特征、递藏源流和"眉州本""抚州本""元大德五年(1301)本"等重要版本。

3760

《王龙唱和词》手稿修复工作札记[J]/孙永平. --图书馆界,2010,03:67 – 68

《王龙唱和词》是清末民初学者王鹏运、龙继栋二人唱和词手稿汇编。本文系作者修复《王龙唱和词》时的工作札记,介绍了王龙手稿概况、修复方案、修复方法与步骤,提出修复中应注意手稿排序、托裱方式、裱纸选用、浆糊调制等问题。

3761

王楙《野客丛书》研究[D]/苏芳洁. --台北市立教育大学(台湾地区),2009

《野客丛书》是宋代学者王楙所撰。本文从内容、分类、现存版本、征引文献等方面,论述了该书的学术价值。

3762

王旻《山居要术》新考[J]/张固也. --中医药文化,2009,01:48－51

《山居要术》是唐代学者王旻编撰的著作。本文考证了该书的成书背景、编成年代、作者生平和版本源流。

3763

王鸣盛《蛾术编》之探析[J]/张惠贞. --南师语教学报(在台湾地区发表),2004,02:121－135

经清学者王鸣盛等人提倡,目录学成为清代考据学中的显学,《蛾术编》是体现王鸣盛目录学思想的专著。本文探析了其"尊经求古,以汉儒为宗"的治学背景,以及《蛾术编》的内容。

3764

王鸣盛《十七史商榷》之特色与评价探究[J]/张慧贞. --成大宗教与文化学报(在台湾地区发表),2008,10:1－17

本文探讨了王鸣盛史学的代表作《十七史商榷》的特色,认为王鸣盛考据史学以补前代学术未校十七史的空白,为后人治史开辟一条道路;以治经方法来考证史学,为以后的二十四史校正工作奠下基础;全书贯串了审事迹之虚实、辨纪传之异同的考证功夫,颇具有参考价值。

3765

王念孙《读书杂志·逸周书》校雠补正[J]/刘精盛. --古籍整理研究学刊,200,03:36－38

《读书杂志·逸周书》是清代语言学家王念孙的专著。本文从论证不足、理据不足、校勘有误等三个方面,考察了该书存在的校勘论证讹误之处,并予以补正。

3766

王念孙《吕氏春秋》校本研究[J]/张锦

少. --汉学研究(在台湾地区发表),2010,03:291－324

本文从校勘、训诂、作者研究等方面,论述了清代语言学家王念孙《吕氏春秋》校本的创作背景、成书经历、内容概略、学术价值等。

3767

《王念孙手稿》辨误[J]/佘彦焱,柳向春. --图书馆杂志,2005,05:79－80＋8

《稿本丛书》为北京大学图书馆特藏部所编,1996年由天津古籍出版社出版,其中第五册收录了《王念孙手稿》。本文梳理了《王念孙手稿》创作背景、内容概要、收录篇目、所存卷数等,并辩误所存在的问题。

3768

王僧虔《论书》考[J]/丛文俊. --古籍整理研究学刊,2001,06:9－13

《论书》是南齐书法家王僧虔的书法批评理论著作。本文分析了该书《辱告》的文字内容、抒发思想、征引文献等,考证该段文字实为王僧虔《答竟陵王萧子良书》。

3769

王叔和《脉经》文献研究探析[J]/陈婷. --北京中医药,2009,03:201－203

《脉经》是西晋名医王叔和著作。本文从书目著录考镜源流、影刻复刻传承基础、论文阐述启迪学术三个方面,探析了该书历代文献研究的学术成果。

3770

王树民先生的人生历程与学术贡献[J]/秦进才. --邯郸学院学报,2006,02:83－87

本文论述了历史学家王树民的人生历程、"胸怀全局,行守本位"的学术理念,以及在中国古代史、史学史、古籍整理、历史文献研究、史学理论方面的学术贡献。

3771

王韬《遁窟谰言》探析[J]/王馨云. --东吴中文研究集刊(在台湾地区发表),2004,11:43－61

《遁窟谰言》是近代学者王韬的文言小说集。本文探析了王韬生平、成书过程、版本概况、主要内容等,从反映现实弊病、寄寓人生理想、宣扬传统道德、赞颂自由爱情四方面，评价了该书的思想内涵和文学价值。

3772

王维集整理本的三大缺憾[J]/王辉斌. --襄樊学院学报,2008,06:38-43

本文以中华书局2005年版《王维集校注》为底本,参考清代赵殿成《王右丞集笺注》,从古籍整理的角度对其在校勘、注释和真伪方面存在的缺憾进行了梳理,列举实例,并对有关错误予以订正。

3773

《王无功文集(五卷本会校)》和《全唐文(影印本)》的异同[J]/刘艳萍. --魅力中国,2010,17:228

本文通过韩理洲点校的《王无功文集》上海古籍出版社1987年版和《全唐文》中华书局1990影印版中唐代王绩文章的对比,对其中《祭杜康新庙文》《元征赋》存于《王无功文集》和《全唐文》中的不同状态作了论述,并辅以凭据,考证了两篇文章的真实性。

3774

王西林与《温病指南》[A]/任旭. --中华医学会医史学分会. 中华医学会医史学分会第12届1次学术年会论文集[C],2008

《温病指南》是清代名医王西林的著作。本文介绍了该书作者生平、版本源流、学术内容、点校情况。

3775

王欣夫先生及其文献学成就[J]/陈幼华. --图书情报工作,2009,11:16-18+27

王欣夫先生系中国现当代古典文献学家。本文从王欣夫先生生平、家学渊源、资料搜集、古籍校勘、整理编纂稀见古籍等方面,介绍和评价了其生平事迹和文献学成就。

3776

王欣夫先生《松崖读书记》蠡测[J]/漆永祥. --图书与情报,2004,06:50-54

《松崖读书记》是古典文献学家王欣夫所著。本文综述了该书辑录时间、辑录过程、残存现状、体例卷帙、所据底本等情况。

3777

王雪苔整理《辅行诀藏府用药法要》资料的

修复与装帧[A]/彭莉,郎彩茹,李鸿涛,姜岩,储戟农,裘俭. --中国中医科学院中医药信息研究所.2008年学术年会论文集[C],2009

《辅行诀藏府用药法要》是中国中医研究院副院长王雪苔整理的敦煌石室佚本。本文综述了该书文献整理、资料收集、修复方法、装帧过程。

3778

王英明《重刻历体略》顺治本考证[J]/徐光台. --"故宫"学术季刊(在台湾地区发表),2010,04:45-74

《重刻历体略》是明代学者王英明的著作。本文根据11篇序和跋,研究考证了该书现存的六种印本,认为台北汉学研究中心所藏顺治本是成书时间最早的印本。

3779

王应奎与《柳南随笔》和《续笔》[J]/李烨. --常熟理工学院学报,2007,05:112-116

《柳南随笔》《续笔》是清代学者王应奎的著作,本文考略了两书的成书背景、版本流传和删改条目,根据抄本对书中被删改部分作了补充。

3780

王云五与商务印书馆的古籍出版[J]/刘洪权. --出版科学,2004,02:51-59

本文以商务印书馆1902—1950年间古籍出版情况为例,论述了现代出版家、商务印书馆总经理王云五的教育背景、出版理念、出版成绩,以及胡适整理国故理论和方法对王云五古籍出版理念的影响。

3781

王祯《农书》的数字化研究[D]/宋静. --南京农业大学,2008

《农书》是元代农学家王祯的著作。本文从作者生平、版本源流、内容体例、研究成果,知识库概念、需求分析、设计结构、构建原则,知识库设计方案、功能测试、参考文献链接等方面,综述了对《农书》古籍专题数据库建设的思路和架构。

3782

王质《诗总闻》新论[J]/黄忠慎. --(在台湾

地区发表),2008,01:113 – 138

《诗总闻》是南宋学者王质的著作。本文论述了作者解经的基本立场、《诗总闻》的著述体例与解经方法,力求揭示该书写动机和在《诗经》学史上的意义。

3783

王重民《敦煌古籍叙录》的著录特点——兼谈敦煌出土《王梵志诗》整理情况 [J]/宗岩. --哈尔滨职业技术学院学报,2010,02:47 – 48

本文论述了文献学家王重民《敦煌古籍叙录》的著录特点:依四部分类法排列;先录书名著者,次著原藏号码,再著该种古籍各种版本;每种古籍题记按编写年月排列;自撰题记只著年月、不著姓名。同时,介绍了敦煌《王梵志诗》出土、流散和整理情况。

3784

王重民古籍版本辨伪成就述略[J]/许葆华. --大众文艺,2010,03:145 – 146

本文从辨卷数作伪、辨书名作伪、辨序跋作伪、辨藏书印作伪、辨批校题跋作伪等方面,论述了文献学家王重民古籍版本辨伪成就。

3785

王重民《美国国会图书馆藏中国善本书录》订补 [J]/范邦瑾. --(在台湾地区发表),2008,01:139 – 184

《美国国会图书馆藏中国善本书录》是文献学家王重民的著作。本文从收录范围、善本书甄别、分类体系、著录体例等方面,对该书存在的讹误予以订正。

3786

王重民《美国国会图书馆藏中国善本书录》订补(续)[J]/范邦瑾. --(在台湾地区发表),2008,02:109 – 128

(同上)。

3787

王重民目录学研究述要——纪念先师王重民教授诞辰 100 周年[J]/周文骏. --北京大学学报(哲学社会科学版),2003,03:133 – 136

本文论述了文献学家王重民在书目索

引、古籍善本、敦煌遗书、目录学史和古代印刷史等方面的研究成就。

3788

王重民年谱[D]/李墨. --河北大学,2008

本年谱记述了文献学家王重民生平事迹、学术研究、师友交游、思想变迁、著述作品和学术影响。

3789

王重民先生的生平与著述[J]/王余光. --图书情报工作,2003,05:5 – 6

本文按时间顺序,介绍了文献学家王重民在国立北平图书馆任职、海外访书、抗战期间参与北平图书馆善本南迁、在北京大学图书馆学系任教的生平事迹,总结了其在索引编纂、敦煌学和文献目录学等方面的学术成就,高度评价了其为中国图书馆事业所作出的杰出贡献。

3790

王重民先生的学术成就——纪念先生诞生 100 周年[J]/周文骏,王红元. --图书情报工作,2003,06:5 – 10

本文论述了文献学家王重民在书目索引、古籍善本、敦煌遗书、图书学史和目录学史等方面取得的学术成就。

3791

王子霖古籍版本学文集(全三册)[M]/王雨著;王书燕编纂. --上海:上海古籍出版社,2006

王雨,又名王子霖,古籍版本学家。本书第一册为《古籍版本学》,第二册为《古籍善本经眼录》,第三册为作者其他论文、日记、信札等内容。

3792

《王子霖古籍版本学文集》书后[J]/吴铭能. --书目季刊(在台湾地区发表),2008,02:97 – 104

本文是吴铭能为《王子霖古籍版本学文集》写的后记,介绍了古籍版本学家王子霖的生平,《王子霖古籍版本学文集》成书经过、主要内容和学术价值等。

3793

网版印刷与古籍文案的复制[J]/张新江. --

丝网印刷,2009,09:38 - 39

本文介绍了网版印刷用于古籍文案复制的优点和注意事项,论述了复制古籍文案工作流程中的制版、用纸、油墨、印刷方法等重点环节。

3794

网格环境下藏文古籍文献互操作技术研究[D]/张显政. --西北民族大学,2010

本文探讨了文献资源共享和网格技术的概念与特点,阐述用网格技术实现藏文古籍文献互操作的可行性,提出网格环境下藏文古籍文献互操作系统模型。

3795

网际网路中医药典籍文献动态资料库研究[J]/陈逸光. --中医药杂志(在台湾地区发表),2000,01:43 - 51

本文从资料库服务器架设原理、中医古籍文献文档转换、景岳全书及相关资料数字化、建设网页基本理论等方面,梳理了中医古籍文献动态资料库建构原理。

3796

网罗散佚 精选细校——读《全宋文》之《诗》学文献[J]/李冬梅. --社会科学研究,2007,03:194 - 195

本文以四川大学古籍整理研究所编纂《全宋文》所收有关《诗经》类单篇文献为例,从文献收集、版本选择、资料补遗等方面,探讨了该书对研究宋人《诗经》学所具有的价值:网罗散佚,集宋代《诗经》学单篇文献之大成;精选底本,订补《诗》学文献著述辑录之缺失;白璧微瑕,宋代《诗经》学单篇文献之补遗。

3797

网络版图文彝文古籍检索系统的建设基础及初步设想[J]/木戈约布,杨晓玲. --科技信息(科学教研),2008,15:360 + 343

本文从彝文古籍的收集、分类、整理;古彝文字库建设、输入法开发、检索系统流程等方面,探讨了网络版图文彝文古籍检索系统建设基础和初步设计构想。

3798

网络古籍利用的文献学问题与对策[J]/陈恩维. --数字图书馆论坛,09:75 - 77

本文分析了网络古籍利用存在的版本、目录、校勘等文献学问题,提出重视文献来源、使用官方数据库、选择好的校勘本等对策建议。

3799

网络古籍全文检索系统简介[J]/陈爽. --文史知识,2002,04:100 - 105

本文从创建人、建设时间、收录范围、特色收藏、数据库特点等方面,介绍了台湾"中央研究院"汉籍电子文献、台北寒泉检索系统、台湾大学中华电子佛典线上藏经阁大正藏全文检索、简帛金石资料库等台湾地区规模较大的网络古籍全文检索系统。

3800

网络环境下白族文献资源建设[J]/何俊伟. --科技情报开发与经济,2007,06:79 - 80

本文论述了网络环境下白族家谱文献资源建设的意义、价值、途径、措施,提出加强文献收集、优化数据库建设、做好文献分类等建议。

3801

网络环境下的缩微技术[J]/赖永忠. --缩微技术,2002,02:16 - 18

本文从缩微技术历史和现状入手,分析了在文献信息管理中,数字技术与缩微技术各自的优势与不足,提出在网络环境下,缩微技术应与数字技术相融合,共同促进文献信息的利用与发展。

3802

网络环境下东巴古籍文献的开发利用与保护[J]/和帖森,张菊. --云南图书馆,2010,04:88 - 90

本文从文献整理、普查实践、征集收藏等方面,论述了网络环境下东巴古籍文献的开发利用与保护现状,提出了改善保存环境、加强文献修复、启动学科建设、增加资金投入等建议。

3803

网络环境下高校图书馆古籍数字化工作浅议[J]/甘亚非. --四川图书馆学报,2005,06:

62 - 64

本文从古籍数字化概念、建设现状、标准化与实用性等方面，论述了网络环境下高校图书馆古籍数字化工作，提出了遵循标准、合库建设、软件兼容、规范著录等建议。

3804

网络环境下古籍编目人员的文化素质建设

[J]/荆惠萍. --运城学院学报，2009，05：106 - 107 + 110

本文论述了网络环境下古籍编目人员应掌握以下技能：汉语言知识、目录学知识、版本学知识、专业技术知识、网络信息知识等。

3805

网络环境下古籍分类的探讨[J]/严美丽，何宇杰. --中华医学图书情报杂志，2007，04：45 - 46

本文论述了古籍分类的基本情况、古籍数据库建设的基本情况、国图古籍数据分类情况，提出了合理使用《中文普通线装书分类表》、增加 690 字段（即《中图法》分类号字段）、编纂"古籍主题词表"等建议。

3806

网络环境下古籍数字化的现状与对策[J]/米淑琴，谢红. --科技情报开发与经济，2010，14：53 - 55

本文论述了古籍数字化的基本概念、现实意义、建设现状，提出统一规划、系统开发、资源共享、提高人员素质和加大经费投入等对策。

3807

网络环境下古籍文献的保护[J]/石岩. --黑河学刊，2005，03：119 - 120

本文论述了古籍文献的特点、网络环境下古籍文献保护的作用，分析了数字化古籍文献的不足，包括可观影像却不能触其实体、难以从图像辨别真伪、未能如实反映古籍全貌、文献信息易丢失损坏等。

3808

网络环境下民族古籍检索工具的选择[J]/陈新颜. --华章（教学探索），2007，12：42 - 43

本文从选择检索工具的方法、对比选择

合适的检索工具、制定选择检索工具的方案、检索工具质量评价等方面，论述了网络环境下民族古籍检索工具的特点和使用范围。

3809

网络环境下图书馆古籍的复制保存与利用[J]/陈丽莎. --图书情报论坛，2005，02：31 - 33

本文论述了图书馆古籍保护存在手段单一、人员匮乏的问题，介绍了网络环境下图书馆古籍保护技术，包括复制、数字化、缩微制品等，提出网络环境下图书馆古籍保护对策：增加资金支持、提高保护技术水平、重视专业人才培养等。

3810

网络环境下图书馆古籍的整理和利用[J]/王斌，贺培凤. --农业图书情报学刊，2010，11：139 - 142

本文从古籍整理和利用现状、网络环境下的古籍数字化方式、网络环境下古籍数据库建设、网络环境下古籍资源的共享等方面，论述了网络环境下图书馆古籍的整理和利用情况。

3811

网络环境下图书馆古籍资料资源共享的实现[J]/尚源. --内蒙古科技与经济，2010，09：138 - 139

本文介绍了网络环境下图书馆古籍资源存藏、检索、服务等方面所发生的变化，论述了网络技术在图书馆古籍数字化、网络安全中的应用，提出资源共享是网络环境下古籍资源应用必由之路的观点。

3812

网络环境下信息服务模式构建研究——以古籍数字化建设为例[D]/张承华. --山东大学，2007

本文介绍了我国大陆、台湾、香港地区和国外的古籍网络资源的分布状况，从古籍外观、内容特点、数字化建设等方面，论述了网络环境下信息服务模式的构建。

3813

网络环境下藏文古籍的开发利用与保护

[J]/卓玛吉. --图书馆工作与研究,2009,08:58 - 60

本文概述了藏文古籍特色、收藏价值、开发保护的现状和意义,提出加快藏文古籍特色数据库建设、加大藏文古籍开发研究力度、推进缩微与影印出版工作、横向联合资源共享等保护利用措施。

3814

网络时代高校图书馆特色馆藏数字化的建设[J]/杨秀丽. --山西科技,2001,06:24 - 25

本文从结合本校馆藏特色、古籍数字化意义、工具书数字化、学术性文献数字化、学位论文数字化等方面,论述了网络时代高校图书馆特色馆藏数字化的建设,提出高效信息服务应走联合发展、形成规模、经济效益和社会效益相统一之路。

3815

网络下的西夏文及西夏文献处理研究[J]/柳长青,杜建录. --宁夏社会科学,2008,05:113 - 115

本文从改进计算机技术、补正"西夏字库""夏汉电子字典"、建立新的网络字库和在线夏汉电子字典等方面,论述了网络下的西夏文及西夏文献处理。

3816

网络信息检索工具——民族古籍研究的利器[J]/陈新颜,梁艳红. --科技信息(学术研究),2007,33:30 + 33

本文从手工检索工具、计算机网络检索工具两方面,论述了民族古籍检索工具的类型、特点、作用、搜索引擎发展现状等。

3817

往者不可谏 来者犹可追——中国古籍回归的理性思考[J]/潘德利. --图书馆理论与实践,2009,11:6 - 8

本文论述了在古籍文献回归的过程中,必须坚守国家"不拍卖"的回归宗旨、寻找古籍回归的合理路径、避免依法追索法律漏洞、警惕高价回购圈套、堵住现有古籍非法外流的"黑洞"等。

3818

危害档案馆古籍的昆虫及其中药防治[J]/张云杰,李清平. --湖北档案,2008,09:25 - 26

本文介绍了书蠹、白蚁、蟑螂、毛衣鱼等危害档案和古籍的昆虫,提出用中药染纸防治、中药蒸熏防治的方法。

3819

危险管理在古文献保护工作中的应用[J]/陈天伦. --数字与缩微影像,2007,02:33 - 35

本文介绍了古文献危险管理的意义、目标、认识与分析、内容与步骤,提出应重视系统规划、形成一套完整的古文献保护体系的观点。

3820

韦力 古籍收藏一大家[J]/于贞志. --文化月刊,2001,12:118 - 119

本文从收藏缘起、藏书经历、收书范围和数量等方面,介绍了著名收藏家韦力的古籍收藏情况。

3821

维吾尔医古籍《Shipa'il kulub》学术价值考证[J]/伊河山·伊明. --中国民族医药杂志,2006,04:67 - 68

《Shipa'il kulub》是清代维吾尔医药学家白地尔丁苏皮阿胡努木的著作,本文考证了《Shipa'il kulub》的成书背景、编写体例、写作特色和学术价值。

3822

维吾尔族古籍文献开发利用的思考[J]/库来西·塔依尔. --新疆社科信息,2008,04:17 - 22

本文概述了维吾尔族古籍文献的特点、开发现状、开发价值、资源建设情况,针对维吾尔族古籍文献开发利用中存在经费、人才缺乏、工作各自为政、缺乏统一规划等问题,提出建立专门机构、配备专业人员、筹集专项经费、确定统一著录规则、深入民间搜集古籍等保护建议。

3823

维吾尔族古籍文献开发利用的思考(续)[J]/库来西·塔依尔. --新疆社科信息,2008,05:11 - 15

(同上)。

3824

潍坊古籍书目[M]/栗祥忠,戴维政主编.--北京:北京图书馆出版社,2006

本书收录范围为潍坊市图书馆、博物馆、潍坊学院图书馆、市辖县图书馆、博物馆、民间古籍收藏家所藏古籍计3635种。

3825

《潍坊古籍书目》编辑与思考[J]/王彭兰,刘满奎.--山东图书馆季刊,2006,04:112-114

本文以编辑《潍坊古籍书目》为例,提出做好古籍存藏、提升从业人员素质、合理配齐所需缺藏古籍、严格管理古籍馆藏等保护建议。

3826

《潍坊古籍书目》刍议[J]/范春义,曹广华.--山东图书馆季刊,2008,02:115-116+120

本文从收录内容、著录格式、收录时间、附录设置等方面,讨论了《潍坊古籍书目》存在收录不全、条目排列混杂、印刷错误等缺憾。

3827

伪皇宫藏书聚散考[J]/王清原.--文献,2005,02:200-208

本文从长春伪皇宫藏书来源、散出的下落、流散原因、流散书目等方面,考察了伪皇宫藏书的聚散情况。

3828

"伪满洲国"时的吉林方志[J]/蔡宏,李爱华.--东北史地,2006,02:82-84

本文从修纂缘起、成书过程、编纂经过、收录内容等方面,论述了修纂"伪满洲国"时的吉林方志史料来源和学术价值。

3829

卫宏《古文官书》考述[J]/徐刚.--中国典籍与文化,2004,04:78-84

《古文官书》是汉代学者卫宏的著作,原书已佚失。本文从书目著录、引用情况、思想内容、学术倾向等方面,对古籍中引用该书的材料进行梳理,提出清以来认为此书作者是卫恒的观点是错误的。

3830

为海外汉学发展作贡献——记哈佛大学哈佛燕京图书馆善本部主任沈津先生[J]/朱政惠.--学术月刊,2001,03:92-96

本文从生平事迹、访书经历、善本古籍管理、古籍整理成果等方面,介绍了版本学家沈津先生为海外汉学发展所作的贡献。

3831

为了明天不再遗憾——采取新举措加大民族古籍工作力度[J]/关尔.--今日民族,2003,05:1

本文介绍了20年来云南省的少数民族古籍抢救整理出版工作,提出加大资金投入、强化古籍保护观念、加强后备人才培养、及时抢救濒危古籍等建议。

3832

为往圣继绝学,集儒史之大成——读四川大学编《儒藏》之首批成果[J]/廖名春.--西南民族大学学报(人文社科版),2005,09:3-5

本文介绍了四川大学古籍研究所编纂《儒藏》的缘起、编纂人员,论述了该校舒大刚教授创造的"三藏二十四目"著录体系和《儒藏》首批成果的学术价值。

3833

未来古籍出版的对策与趋势分析[J]/王育红.--科技与出版,2002,03:57-59

本文从营造提高社会氛围、开拓选题范围、注重版本式创新、古籍善本数字化等角度,分析论述了未来古籍出版的对策与发展趋势。

3834

魏晋南北朝抄书人对传播典籍与文化的贡献[J]/陈德弟.--文史杂志,2008,02:8-10

本文探讨了魏晋南北朝抄书业发展的历史背景、形成原因、社会影响和学术价值,以及抄书人对传播典籍与文化的贡献。

3835

魏晋南北朝的图书出版事业[J]/周少川.--历史文献研究,2008,01:51-61

本文综述了魏晋南北朝出版业的发展情况、区域特征、出版规模,对后世图书事业产生的影响,包括造纸技术的改进、卷轴装帧形式的出现、锤拓技术和水色印章的创新等。

3836

魏晋南北朝古籍逐字索引丛刊·集部第二十一种·诗品逐字索引[M]/刘殿爵,陈方正,何志华编.--香港:香港中文大学出版社(香港地区),2007

本书全面搜集《诗品》现存不同版本,加以标点、校勘。另附全书用字频数等。

3837

魏晋南北朝类书成因初探[J]/曹之.--古籍整理研究学刊,2001,03:8-12

本文从魏晋南北朝骈文的产生、发展、抄撰之风盛行、图书分类水平、公私藏书、纸张普及等方面,探讨了类书的成因。

3838

魏晋南北朝私家藏书述论[J]/陈德弟.--图书与情报,2006,01:106-110

本文分析论述了魏晋南北朝时期私家藏书的时代背景、藏书活动、藏书家组成、私人藏书发展迅速的原因、私家藏书的社会意义等。

3839

魏晋南北朝兴旺的佣书业及其作用[J]/陈德弟.--历史教学,2004,11:19-22

本文分析探讨了魏晋南北朝佣书业的发展、官藏与私藏书籍的关系、佣书业繁荣发达的原因以及社会效益、历史意义等。

3840

《魏书》校勘札记[J]/钱松.--古籍整理研究学刊,2006,03:54-59

《魏书》系北齐魏收撰,是现存叙述北魏历史最原始和最完备的资料。其整理研究,经历了北宋、明、清、近代等,中华书局1974年出版的点校本《魏书》,系研究之大成者。本文以标点本《魏书》为基础,比勘了有关版本,参考其他典籍,撰成校勘札记47条。

3841

《魏源全集》编辑手记[J]/夏剑钦.--中国编辑,2005,01:75-77

《魏源全集》以清代思想家魏源《古微堂诗集》为蓝本编辑而成,2001年由岳麓书社出版。本文从辑佚、编校两方面,梳理了该书的编纂过程和魏源学术思想和历史地位。

3842

魏源与《皇朝经世文编》[J]/金树祥,梁继红.--古籍整理研究学刊,2000,03:19-23

《皇朝经世文编》是清代思想家魏源编纂的著作。本文探讨了该书的编纂背景、成书过程、编制方法、学术影响和研究价值。

3843

《温病大成》评介[J]/丁春.--福建中医学院学报,2009,05:66-67

《温病大成》由中国中医科学院院长曹洪欣教授任总编,2007年福建科学技术出版社出版。本文介绍评价了该书出版背景、成书经过、出版特点和学术意义。

3844

温故知新 登高望远——人文社古籍图书出版硕果累累[J]/管士光.--出版广角,2001,10:59-60

本文回顾了人民文学出版社建社50年来的古籍图书出版工作,从建社宗旨、丛书出版、古籍整理等方面梳理了其出版成果。

3845

《温热论》传本及相关问题研究[J]/张志斌.--中华医史杂志,2007,04:230-233

《温热论》是清代温病学家叶天士所著。本文从书名、著者、成书背景、写作过程、传本内容等方面,研究比较了该书两个传本的异同,得出两个版本文字差别较大,但学术内容一致的结论。

3846

温州市图书馆藏抄稿本日记叙录[J]/陈瑞赞.--文献,2008,04:150-159

温州市图书馆现藏线装古籍约16万册,其中抄稿本日记共25部33册。本文按馆藏编号、书名作者、版本册数、内容提要、递藏源流等方面,对温州图书馆藏抄稿本日记作概要叙录和考订。

3847

"文革"期间重印古籍的特殊任务[J]/程毅中. --出版史料,2006,04:24 – 25

本文以作者亲身经历,从时代背景、出版缘起、查找书目版本、择选版本、完成任务、出版信息等方面,回忆了"文革"时期接受"中央交办"任务,参与古籍重印工作的往事。

3848

"文革"期间浙图抢救古籍亲历记[J]/何槐晶. --收藏,2006,08:44 – 47

本文作者回顾了"文革"期间参与抢救浙江图书馆古籍、接受10多家单位公藏、个人私藏古籍的亲身经历,介绍了该批古籍收藏信息、古籍书目、递藏源流和学术价值。

3849

"文革"时期古籍及研究专著出版纪事[J]/方厚枢. --出版史料,2003,01:8 – 16

"文革"开始,我国古籍整理出版工作被迫停顿。1971年,周恩来在毛泽东同意下作出明确批示,古籍及研究专著出版才稍有一丝转机。本文回顾了该阶段"二十四史"点校恢复、章士钊《柳文指要》出版、周总理批准出版一批古籍、四部古典文学名著重印发行等出版往事。

3850

《文馆词林》阙题残篇考证[J]/姜维公. --古籍整理研究学刊,2004,01:65 – 70

《文馆词林》由唐代许敬宗等奉敕编撰而成。本文围绕该书日藏弘仁本中阙题残篇,考证了该篇作品的写作背景、流传情况、文体特征、主要内容等,提出该篇作品实为马融《上林颂》的观点。

3851

《文馆词林》韵文的校点问题[J]/季忠平. --古籍整理研究学刊,2006,04:50 – 53

《文馆词林》由唐代许敬宗等奉敕编撰而成。本文从定标点、避形讹、订旧误、删衍文、补脱文、正倒文、校新误、辨俗字等方面,论述了该书的韵文校点问题。

3852

文化橱窗——谈中国古籍的版面设计[J]/吴璧雍. --"故宫"文物月刊(在台湾地区发表),2009,310:104 – 117

古籍版面设计蕴含着智慧和文化传承,像一扇扇橱窗,透过其可以看见时代思潮演绎的轨迹。本文从溯源、由竹帛到册页、册页时代的版面设计、版框、界行行款、版心鱼尾、书耳等方面,论述了中国古籍的版面设计。

3853

文化共享工程建设与古籍文献的发掘保护和利用[J]/朱毅. --数字与缩微影像,2007,01:18 – 20

本文论述了文化共享工程的建设目标、建设现状和缩微文献的重要作用,提出了应进一步挖掘保护和利用古籍文献的观点。

3854

文化情结:中国古代私家藏书心态探微[J]/周少川. --图书馆学研究,2002,06:91 – 95

本文从文化认同的心理,以读书为乐的意识,"黄金满籝,不如一经"心态,藏书私密祈求永保等方面,探讨了中国古代私人藏书家的文化心态。

3855

文跻欧、曾,百代足式——张岳诗文代表作《小山类稿》点校出版[J]/吴锦通. --古籍整理研究学刊,2001,05:65

《小山类稿》是明代名臣张岳的著作。本文论述了该书作者生平、成书背景、版本特色和点校意义。

3856

文集的刊刻与时代政治——《实政录》的版本与刊刻问题[J]/解扬. --汉学研究(在台湾地区发表),2008,04:167 – 195

《实政录》是明代名儒吕坤的著作。本文论述了该书的版本情况、刊刻动机、成书背景,以及刊书者赵文炳因卷入政治派别斗争而对该书所做的篡改。

3857

文集的史料意义问题举说:并论明儒陈白沙文集的文本差异问题[J]/朱鸿林. --"中央研究院"历史语言研究所集刊(在台湾地区发

表),2002,03:553 – 582

本文探讨了明儒陈白沙文集不同版本所见篇章和文字上的差异及原因,揭示了编者立场、刊行目的、时代学风等是影响版本内容的重要因素,作者个人的知识学养决定着文章所载资讯的可靠性。

3858

文津阁《四库全书》本《樊川集》版本优劣谈——以《四部丛刊·樊川文集》等版本为参照[J]/吴在庆,高玮. --福建师范大学学报(哲学社会科学版),2010,01:105 – 110

本文以《四部丛刊·樊川文集》版本为参照,与商务印书馆据国家图书馆藏影印的文津阁《四库全书》本《樊川集》进行了比对,从残缺状况、文字内容、收录范围、文本编排、目录信息等方面,论述了该诗集各版本的优劣之处。

3859

文津阁《四库全书》简介[J]/刘千惠. --国文天地(在台湾地区发表),2006,249:104 – 107

本文从四库缘起及七阁现况、文津阁本于七阁中的重要性、文津阁本的学术价值方面,介绍了文津阁《四库全书》相关情况。

3860

文津阁《四库全书》影印本使用中的问题及对策研究[J]/段永辉,李晓泽,李冠楠. --图书馆建设,2008,08:111 – 112

文津阁《四库全书》是七部《四库全书》中存放保管最完整的一部,它的影印出版,有利于中华民族文明的传播。由于当代读者对古籍分类不十分了解,在具体使用过程中存在着检索不便的问题。本文作者经过不断地研究探讨,针对上述问题提出了解决办法。

3861

文津文库·余嘉锡古籍论丛[M]/余嘉锡主编. --北京:国家图书馆出版社,2010

本书收录了《古籍校读法》等论著和古籍序跋论述30余篇。内容涉及古籍校读方法、古籍流传、古代书册制度沿革等,考证缜密,论述详博。

3862

文澜阁《四库全书总目》残卷之文献价值[J]/崔富章. --文献,2005,01:152 – 159

本文从成书背景、成书年代、收录范围、版本信息、内容卷数等方面,论述了文澜阁《四库全书总目》“浙本”与“殿本”区别,以及《总目》残卷的特点和价值。

3863

文澜阁写本《四库全书》残本七种[J]/杨洪升. --文献,2010,03:69 – 78

本文从版本特征、文本内容、装帧形式、文献价值等方面,考察了南开大学图书馆藏文澜阁《四库全书》残本七种。

3864

文明的守望——古籍保护的历史与探索[M]/詹福瑞主编. --北京:北京图书馆出版社,2006

本书分为四部分,包括:书籍材料和印刷术的演变、古籍的散亡;颁发法律法规保护古籍;中华古籍特藏保护计划;保护计划的前期筹备与启动等,内容还涉及古籍保护理论、古籍修复方法以及国家在古籍调拨、购买、收藏、保护等方面所作出的努力。

3865

“文明的守望”古籍善本特藏品展览目录[J]/国家图书馆善本部. --文津学志,2007,00:250 – 273

2006年5月受文化部委托,国家图书馆举办了“文明的守望——古籍保护的历史与探索”大型展览。本文简要介绍了参展的156件展品,包括书名、卷数、版本、主要内容等。

3866

文明的守望者:赵万里先生[J]/谷秀洁. --图书馆论坛,2007,03:153 – 156

本文从访书、编目、辑佚、保护和授业等方面,评述了版本学家赵万里创建的版本目录理论、学术成就、治学方法,以及在国家图书馆善本库建设、古籍保护、人才培养等方面所做的贡献。

3867

《文史典籍整理》课程导言[J]/启功. --北

京师范大学学报(人文社会科学版),2002,03:15-22

本文系启功先生为北京师范大学《文史典籍整理》课程撰写的导言,包括课程设置、古代典籍概况,古书真伪辨别、古籍校勘、历代文风语音差异、古今方音知识等内容。

3868

文史古籍中《神农本草经》佚文考略[A]/马继兴. --中华中医药学会. 中华中医药学会第八届中医药文献学术研讨会医论集锦[C],2005

《神农本草经》是上古时期神农氏托名之作。本文从书名、著者、成书年代、主要内容、版本信息等方面,考略了中国文史古籍中收录的《神农本草经》31条佚文,以及日本文史古籍中收录的5条佚文。

3869

文溯阁《四库全书》琐谈[J]/王清原. --图书馆学刊,2001,06:61-64

本文探讨了文溯阁《四库全书》的成书背景、入藏经历、存藏环境、校对勘误、迁徙过程以及学术研究情况。

3870

文同《丹渊集》四题[J]/罗琴. --古籍整理研究学刊,2001,04:25-27

《丹渊集》是北宋诗人文同的著作。本文从李应魁刻本、楚永蒲刻本、出版校记、命名情况等方面,考证了该书的思想内容和学术价值。

3871

文献保存同志会与"孤岛"古籍抢救[J]/郑春汛,向群. --上海高校图书情报工作研究,2009,01:53-56

文献保存同志会是抗战时期郑振铎、张寿镛、何炳松、张元济、张凤举等,为抢救古籍在上海秘密发起的活动。本文论述了该会成立过程、组成人员、文献收藏采购活动,以及"孤岛"时期古籍抢救的社会价值和学术意义。

3872

文献编目新理念对古籍数字化的影响[J]/

鲍国强. --数字图书馆论坛,2006,12:18-23+28

本文在分析归纳文献编目FRBR、复本编目、文献关联、全面规范和工具保障等新理念基础上,从书目揭示、信息规范、知识链接和工具保障层面,阐述新的编目原则和理论对古籍数字化工作的影响。

3873

文献·理论·信息——试论中医古籍语言系统构建的三个重要维度[J]/朱玲,崔蒙. --世界科学技术(中医药现代化),2009,04:585-588

本文从文献、理论、信息等方面,论述了构建中医古籍语言系统的重要维度,提出文献是基础、理论决定深度、信息是关键的观点,强调在语言系统构建中,应重视对文献中概念内涵的准确把握和对中医理论的深刻理解。

3874

文献数位化典藏之回顾与展望[J]/蔡辉振. --汉学论坛(在台湾地区发表),2003,02:149-180

本文从产生背景、发展过程、数字化特点、数据库建设与分类等方面,回顾和展望了海峡两岸文献数字化的现状和发展。

3875

文献数字化在文献保护工作中的几个问题[J]/谢芦青,黄正雨. --高校图书馆工作,2000,01:43-45

本文论述了文献数字化在文献保护工作中存在的信息丢失、新旧设备更替、版权问题、汉字处理复杂、入藏管理难等问题,建议发展数字技术的同时,应充分认识数字化的不足,随时寻找适当的解决对策。

3876

文献缩微工作漫谈——我与浙图缩微走过20年[J]/芦继雯. --数字与缩微影像,2010,02:32-34

本文从工作起步、持续发展、完成三大文献抢救任务方面回顾了浙江图书馆文献缩微工作走过的20年历程,论述了文献缩微对保护古籍所起的作用。

3877

《文献通考》版本考[J]/刘兆佑.--(在台湾地区发表),2005,02:155－172

《文献通考》是宋代学者马端临的著作,自刊行以来,历代多次刊刻、传抄,各本均有优点与缺失。本文讨论了《文献通考》历代版本的优劣和流传情况,建议以元泰定元年(1324)西湖书院刊本为底本,以他本为辅本,从事校勘工作。

3878

《文献通考》之文献资料及其运用与整理——"政书"文献资料研究之一[J]/刘兆佑.--应用语文学报(在台湾地区发表),2001,03:1－37

"政书"是记载典章制度的文献。宋代学者马端临《文献通考》系"政书"的一种,历来研究多偏重在"经籍考"部分。本文讨论了《文献通考》内容取材、著录方式、文献价值、文献整理方法等,以期读者能更清楚了解《文献通考》资料来源。

3879

文献学与文艺学的并举——评姚品文《宁王朱权》[J]/孙书磊.--书目季刊(在台湾地区发表),2003,04:127－129

《宁王朱权》是江西师范学院副教授姚品文的著作。本文评述了该书的主要内容、写作方法、研究途径,评价其具有文献学与文艺学相容并举的写作特色。

3880

文献用纸脱酸方法之分析[J]/田周玲.--图书馆工作与研究,2009,09:72－74

本文分析了文献用纸中酸的主要来源、酸对纸张的破坏作用机理,提出纸张脱酸的主要方法,包括脱酸剂的使用、PH 值的测定、碱的保留量、脱酸的预处理工艺等。

3881

文献与资讯学术研讨会论文集[C]/吴雪美编.--台北:东吴大学中国文学系(台湾地区),2001

本书收录了文献与资讯学术研讨会所发表的 12 篇论文,主要包括:杂著笔记资料的运用、先秦典籍的流传与出土文献、道家哲学资料呈现的学术流别发展网路、《心经》索引典建置之研究、古籍数字化工具箱等。

3882

文献渊薮 学术津梁[J]/崔建利,杨雅君.--兰台世界,2010,07:72

本文从成书背景、著者生平、编纂过程、递藏源流等方面,综述了以"四库"命名的古籍丛书,包括《四库全书》《四库全书存目丛书》《续修四库全书》《四库禁煅书丛刊》《四库未收书辑刊》。

3883

文献整理研究新成果——《文献辨伪学研究》评介[J]/陈亦伶.--国文天地(在台湾地区发表),2009,05:99－102

《文献辨伪学研究》是武汉大学教授司马朝军的专著,由武汉大学出版社 2008 年出版。本文从成书背景、著作内容、辨伪方法、研究成果等方面,评述了该书作为文献整理研究新成果的学术价值。

3884

文献整理中的点校失误匡正——以职官科举为中心[J]/祖慧.--文献,2004,03:282－287

本文围绕古时职官科举,从版本目录、校勘标点、职官制度、地理、年代学等方面,论述了近年来今人校注古籍出版物中所存在的若干讹误。

3885

文献资源建设与文献资源共享——安顺市图书馆的古籍文献资源建设与古籍文献资源共享初探[A]/王有林,张凌.--全国中小型公共图书馆联合会. 全国中小型公共图书馆联合会 2009 年研讨会论文集[C],2009

本文介绍了贵州省安顺市图书馆古籍文献资源建设现状和资源共享工作实践,揭示其存在缺乏经费、观念陈旧、重藏轻用等问题,提出更新观念、加大政府政策支持、增加经费投入等解决对策。

3886

《文选》赋类李善注所收旧注解题[J]/张

珊.--古籍整理研究学刊,2010,06:96-100

《文选》由南朝梁萧统撰著,唐代学者李善注释。本文从文本概貌、注释真伪、引用资料、版本特色等方面,评述了《文选》赋类李善注所收旧注的学术价值。

3887

《文选》校勘札记[D]/孙富中.--南京师范大学,2004

本文从补充书证、考订讹误、成说商榷、资料整理等方面,探讨了中华书局1977年影印本《文选》、上海古籍出版社2000年影印本、中华书局1987年影印《四部丛刊》本、敦煌本《文选》残卷校勘情况。

3888

《文选》李善注引《汉书》考校[D]/赵玉芳.--南京师范大学,2008

南朝梁萧统《文选》是我国现存最早的一部诗文总集。唐李善注本《文选》大量注引《汉书》中的材料,使今人得以窥见《汉书》传至唐所存面貌,也可将其作为考证相关古籍的参考资料。本文利用李善注《文选》引用《汉书》的注释材料,考究同异,以期对《汉书》或《文选》研究有所帮助。

3889

《文选》李善注引《史记》辑校[D]/曹凯.--南京师范大学,2008

唐李善注《文选》在注引《史记》时,常常意译、错引。本文从名字区别、随意添字、版刻错误、漏引原文、征引不一等方面,举例说明李善注引存在的讹误,以揭示《史记》的本来面貌。

3890

《文选》李善注征引《韩诗》异文研究[J]/程苏东.--信阳师范学院学报(哲学社会科学版),2009,05:116-120

《文选》由南朝梁萧统撰著,唐代学者李善注释。本文从该书征引《诗经》体例入手,研究其如何选择征引《韩诗》,包括正文用字词相同、注释切合文意,将单个异文置入李善注整体考虑,以期辨明难以决断的异文等。

3891

《文选》陆善经注研究[D]/尹曙光.--四川大学,2010

本文从唐代学者李善经注释《文选》的成书背景、注者生平、卷次分布、训诂体例、引书情况等方面,论述了该注本与李善注、《文选》钞、五臣注、《文选》旧注的异同。

3892

文渊阁本四库全书书前提要[M]/中华古籍出版社编辑委员会编.--台北:中华古籍出版社(台湾地区),2009

本书系文渊阁本四库全书书前提要经部目录,包括易类、书类、诗类、礼类、春秋类、孝经类、五经总义类、四书类、乐类、小学类。

3893

文渊阁《四库全书》本《管子补注》考略[J]/郭丽.--历史档案,2009,03:128-131

本文以《管子补注》陆贻典校本为底本,与文渊阁四库本《管子补注》作比较,以说明文渊阁四库本《管子补注》的文献价值。

3894

文渊阁四库全书电子版,让中国古籍风华再现![J]/吴玉爱.--清华图书馆馆讯(在台湾地区发表),2000,41:2

台湾清华图书馆在典藏商务印书馆影印出版的《文渊阁四库全书》基础上,购入该书电子版。本文介绍了《文渊阁四库全书》电子版的内容和检索使用方法。

3895

《文渊阁四库全书电子版》述评[J]/孙秀玲.--国文天地(在台湾地区发表),2007,268:33-39

本文介绍了《文渊阁四库全书电子版》资料库的建设缘起,以及检索方式、结果显示、阅读功能、辅助功能等系统应用,分析了3.0新版的特色和缺失。

3896

文苑英华[M]/李宗焜整理.--台北:"中央研究院"历史语言研究所(台湾地区),2008

宋刊本《文苑英华》原书一百册一千卷;至今存世只有十五册一百五十卷。其中一册为台北史语所藏本,这是存世宋本中唯一没有印行过的,它的装订也是宋代原装——蝴蝶装。本书是该藏本的原刊影印本,装订亦仿宋装原式。

3897

《文苑英华》版本装帧拾遗[J]/王曼茹,潘德利. --河南图书馆学刊,2009,02:126 – 128

本文综述了北宋《文苑英华》成书背景、刊刻过程、版本源流、装帧形式、托裱用纸等。

3898

《文章轨范》研究——以其版本流传和文化传承功能为中心[D]/邓婉莹. --复旦大学,2010

《文章轨范》为南宋学者谢枋得专著。本文综述了作者生平、成书背景、编纂动机、成书时间、版本流传、文化传承功能、影响意义等,研究探讨该书在评点学、文章学、教育学、汉学传播等方面的学术意义。

3899

《文子》与先秦两汉典籍重见资料汇编[M]/何志华,朱国藩,樊善标编著. --香港:香港中文大学出版社(香港地区),2009

本书以《正统道藏》本《通玄真经缵义》为底本,校以别本,旁参学者顾观光、俞樾、孙诒让、张元济等诸家校记,同时利用香港中文大学中国文化研究所汉达古文献资料库,辑录《文子》与先秦两汉典籍新发现资料。

3900

文字训诂与古籍整理举隅[J]/李发. --南昌航空大学学报(社会科学版),2010,01:88 – 92

本文从订补出土文献释文之误、订补传世训诂材料之误、补充前贤时修释义之缺等方面,论述如何用训诂方法整理古籍。

3901

闻一多的古籍文献整理观及其价值[J]/刘丽萍. --图书与情报,2009,04:138 – 141

本文介绍了现代文学家闻一多的古籍文献整理观,包括提出整理文献"三项课题",树立真善本相统一的检验标准,确认整理文献是编纂文学史的最基本工作等。

3902

闻一多整理古籍的真善美标准[J]/杨天保. --广西师范大学学报(哲学社会科学版),2005,01:140 – 142

本文综述了现代文学家闻一多将真善美相统一美学标准引入古籍整理,确立新的古籍整理衡量标准。

3903

翁方纲《两汉金石记》成书考[J]/刘天琪. --中华书道(在台湾地区发表),2009,63:21 – 28

《两汉金石记》是清代学者翁方纲所撰我国金石学史上的名著,开创了以断代为体例著述金石碑版的先河。本文考察了该书作者、成书背景、条件和过程等。

3904

翁方纲《诗附记》手稿及其海外流布研究[D]/彭成锦. --台湾师范大学(台湾地区),2010

本文介绍了清代文学家翁方纲的生平、经学著作和研究成果;探究其著作《诗附记》手稿的主要内容、海外流布情况;借此手稿讨论其人与著作的价值;以此为例为域外汉籍作为国际汉学研究主题的合理性提出辩护。

3905

翁方纲与《四库全书》[J]/何广棪. --新亚学报(在台湾地区发表),2006,24:357 – 373

本文从翁方纲参修《四库全书》、翁方纲所撰《四库全书提要稿》、翁方纲之校雠文溯阁《四库全书》等方面,综述了清代文学家翁方纲编纂《四库全书》的工作历程。

3906

翁方纲纂《四库全书提要稿》的流传与研究[J]/吴格,乐怡. --澳门图书馆暨资讯管理协会学刊(在澳门地区发表),2002,04:75 – 84

《四库全书提要稿》是清代文学家翁方纲担任四库馆纂修官时校阅图书、撰写札记和提要的手书稿本。本文通过嘉业堂钞本、影印本、通行本《四库全书总目》的比较研究,综述了该书的版式内容、分纂责任、校阅流程、提要修改、刊布流传等问题。

3907

"翁氏藏书"回归记[J]/赵兰英. --党政论

坛,2002,05:24

本文介绍了"翁氏藏书"——一个家族六代保存的私人藏书,在海外漂泊半个多世纪,上海图书馆出资购回的历程,兼论"翁氏藏书"回归祖国的文化意义。

3908

翁氏六世藏书的回归[J]/郑重.--寻根,2000,05:96-99

本文概述了晚清政治家翁同龢"状元门第,帝师世家"的生平事迹,介绍翁氏六世藏书分散保存、远涉重洋、回归祖国的辗转经历。

3909

翁同龢古籍版本鉴定方法述略[J]/江山.--苏州科技学院学报(社会科学版),2010,02:65-68

本文评述了晚清政治家翁同龢的古籍版本鉴定方法,以及他在版本鉴定上取得的成就,分析其家学渊源、学术修养、藏书实践、与著名藏书家交往等成因。

3910

我对古籍修复人才培养的几点认识[J]/王斌.--图书馆学刊,2010,08:23-24

本文以辽宁省图书馆为例,围绕古籍修复工作中修复人才缺乏、普遍年龄较大、知识结构不合理等问题,提出加大培训力度、规范行业制度、加强人员交流、开设古籍修复专业、加强修复人才培养等对策。

3911

我馆的古籍整理与保护[J]/范锦泉.--中小学图书情报世界,2009,09:34-36

本文以苏州第五中学图书馆为例,介绍了该馆搜集整理古籍的全流程:制定总体方案,明确目标任务;登记、分类、细化编目;确定著作朝代、著者生平、版本源流等,提出古籍整理保护的宗旨在于继承传承发扬优秀传统文化。

3912

我馆中医古籍文献数字化制作[J]/陈进,王杰贞,胡成湘,黄肇隽.--医学信息学杂志,2006,03:200-201

本文从文献甄别筛选、数字化转换、数据库平台搭建、电子图书生成、文献标引、书目数据著录、资源库信息与书目信息挂接等方面,介绍了首都医科大学图书馆中医古籍文献资源库的建设过程。

3913

我国傣族的古籍[A]/张公瑾.--中国民族图书馆.第十次全国民族地区图书馆学术研讨会论文集[C],沈阳:辽宁民族出版社,2008

本文介绍了我国傣族古籍存藏现状、分类标准、文献内容,阐述傣族古籍版本鉴定应遵循的原则,以及不同傣族地区应使用不同形式的传统文字。

3914

我国第一部语词索引《老解老》研究[J]/王雅戈,侯汉清.--中国图书馆学报,2007,02:81-85

《老解老》是古籍名著《道德经》的字词索引,由清代蔡廷干创作。作为我国第一部语词索引,对古籍研究方法和索引技术产生过较大影响。本文介绍了蔡廷干的生平事迹、《老解老》的编排结构和技术创新,以及相关索引研究论著对它的评价。

3915

我国高校图书馆古籍文献保护工作研究[J]/覃燕梅.--图书馆论坛,2007,04:36-38+115

本文概述了高校图书馆古籍收藏、特色古籍情况,指出因自然条件、环境因素、保护观念、人才素质等主客观原因,高校图书馆应着重加强和拓展古籍文献"再生性保护"。

3916

我国古代书坊刻书史略[J]/丁宏宣.--贵图学刊,2002,01:34-35

我国古籍就刻印系统区分,除官刻书、家刻书外,还有书坊刻书。本文综述了自唐代至清代我国书坊刻书发展历程、刻书范围、印刷方法、代表性刊刻地等刻书史略。

3917

我国古代贮藏物害虫防治的主要策略与方法[J]/丁伟,刘怀.--西南农业大学学报,

2000,04:335 – 338

本文根据大量古籍和相关文献,系统研究了我国古代贮藏物害虫防治的策略与方法,分析了"密封法"、生态因子调控法、植物杀虫、药物和物理曝晒相结合等防治害虫方法的原理,探讨了现代虫害防治技术的历史渊源。

3918

我国古籍出版 50 年概说[J]/王育红. --中国编辑研究,2004,01:207 – 214

作为我国出版事业的有机组成部分,中华人民共和国成立 50 年来古籍出版经历了从小到大的发展过程,既有艰难挫折,更有辉煌成就。本文概述了政治经济、出版政策、社会学术思潮、出版人才培养等因素,对古籍出版的影响。

3919

我国古籍机读目录著录问题探讨[J]/董爱辉. --高校图书馆工作,2003,03:40 – 43

本文就古籍机读目录著录的几个突出问题,如分类号著录、著录信息源确定、检索点选取、连接技术应用等作了探讨。

3920

我国古籍联合目录建设模式实证分析[J]/李青枝. --图书馆界,2010,06:80 – 82 + 90

本文基于我国古籍联合目录建设状况的调查,归纳了现阶段我国古籍联合目录建设的模式;通过实证,对各种模式下的联合目录文献收录情况、功能特点等进行了分析,以期为今后古籍联合目录建设提供参考。

3921

我国古籍书目数据库建设标准规范探讨[J]/周琳洁. --图书馆建设,2010,02:47 – 50

本文探讨了我国古籍书目数据库建设的标准规范,围绕繁简字混用、著录检索标准不统一、分类法使用不规范等问题,阐述修订著录标准、做好数据库分类、规范古籍字库等古籍书目数据库标准规范建设的策略。

3922

我国古籍数字化的现状及展望[J]/王桂平. --图书情报知识,2000,04:50 – 51 + 54

本文综述了我国古籍书目与古籍善本数字化的进展与现状;从超文本技术广泛应用、古籍数字化的标准规范、网络化发展趋势、普本古籍数字化、制作辅助软件和电子工具书、数字式照相等方面,对古籍数字化的前景做出展望。

3923

我国古籍数字化建设的国家控制与管理模式研究[J]/王立清. --情报资料工作,2009,02:49 – 53

本文综述了我国古籍数字化产生背景、发展过程、从业主体类型等,提出针对公益性和商业性的古籍数字化,应采用不同的控制与管理模式,前者可用选题控制、成本效益评估模式;后者则可通过市场经济杠杆,间接地实现国家管理控制。

3924

我国古籍数字化建设发展概况及其剖析[J]/张春景. --现代情报,2003,12:103 – 104 + 106

本文综述了古籍数字化在国家图书馆、上海图书馆、北京大学图书馆的实施概况,以及我国古籍数字化项目的主要成果,提出在数字化建设中,应保护数字化知识产权,包括数据加密、水印加载、软件加密、数字签名、CA认证技术、入侵检测技术等。

3925

我国古籍数字化建设国家控制与管理政策探讨[A]/王立清. --首都师范大学电子文献研究所、首都师范大学国学传播中心. 第二届中国古籍数字化国际学术研讨会论文集[C],北京:五洲传播出版社,2009

本文从制定政策主体、现有政策、政策作用领域等方面,探讨了我国古籍数字化建设国家控制和管理政策的现状、存在的问题,提出加强政策研究与协调、制定科学发展战略、规范控制程序、加强数字化过程监理、统一建库标准等改进建议。

3926

我国古籍数字化建设探析[J]/康尔琴. --图书馆学刊,2010,06:52 – 53

本文探析了古籍数字化的必要性和我国古籍数字化的概况；针对古籍数字化过程中存在的问题，提出统一规划加强领导；加大宣传开发力度、走联合开发社会化道路、注重人才管理等建议。

3927

我国古籍数字化建设：障碍、创新和趋势[A]/刘涛. --《图书情报工作》杂志社、图书情报工作研究会.《图书情报工作》杂志社、图书情报工作研究会第 21 次学术研讨会论文集[C],2009

本文从科学认识古籍数字化的必要性出发，分析了古籍数字化建设存在的障碍，从更新管理理念、加快技术研发、提升古籍数字化质量、设立专门机构统筹管理、联合开发走社会化道路等方面，讨论了我国古籍数字化建设机制创新和未来发展趋势。

3928

我国古籍数字化进展与研究述评[J]/朱锁玲,包平. --图书馆理论与实践,2009,09:18 – 21

本文对我国古籍数字化进展与研究现状进行了梳理。在此基础上，评述了古籍数字化研究在技术和理论方面取得的成果，以及在古籍数字化过程中亟待解决的问题，给出相关的意见和建议。

3929

我国古籍数字化理论研究综述[J]/李广龙. --情报探索,2009,11:12 – 14

本文综述了 21 世纪以来古籍数字化理论研究现状和成果，概括古籍数字化理论研究应包括古籍数字化概念、性质、特征等内部基础理论和技术处理层面外部理论两个方面。

3930

我国古籍数字化面临的问题浅议——兼论古籍数字化的标准规范[J]/张家钧. --剑南文学,2010,11:186

本文介绍了我国古籍数字化的现状，从汉字处理、OCR 技术应用、数字化古籍研究支持功能等方面，分析探讨古籍数字化技术发展和存在问题，论述了古籍数字化标准规范

制定的重要性。

3931

我国古籍数字化研究的统计分析[J]/李盛庆. --图书馆界,2010,02:11 – 15

本文统计了 2009 年以前我国古籍数字化研究论文数量、登载期刊、著述作者和写作主题，分析梳理古籍数字化从书目、索引初级检索到智能全文检索的发展道路，根据我国古籍数字化研究的发展趋势，探讨了未来的发展方向。

3932

我国古籍数字化之探析[J]/王敏. --四川图书馆学报,2005,06:29 – 32

本文探讨分析了古籍数字化的必要性、我国古籍数字化所取得的阶段性成果，在此基础上，对未来古籍数字化发展方向进行了展望。

3933

我国古籍药物防蛀技术述略[J]/沈天鹰. --文物修复与研究,2007,00:152 – 154

古纸文献存世千百年是我们祖先长期行之有效防蛀方法和经验的例证。本文介绍了古代文献中记录的古籍防蛀方法，包括纸张药物处理法、装裱装订处理法、建立虫霉防治环境等。

3934

我国古籍整理出版事业的回顾与展望[J]/张曦仲. --生产率系统,2001,02:70 – 71

本文回顾概述了中华人民共和国成立以来我国古籍整理出版事业的指导思想、出版成果和发展历程，对未来前进道路和发展方向做了展望。

3935

我国古籍装帧形式演变述论[J]/张光华. --河池学院学报(哲学社会科学版),2006,04:69 – 72

本文从书写材料、图书制作方式、美化保护需要等方面，论述了我国古籍装帧形式的演变与发展。

3936

我国古旧书业的现状与发展[J]/江翠平. --

出版与印刷,2004,03:11－14

本文梳理了我国古旧书业发展现状和新的经营形式,对古旧书业出路和未来发展做出展望:包括增加古旧书销售网点、多渠道扩充货源、形成特色经营、扩展读者范围、采用新方式扩大销售渠道等。

3937

我国古医名著《本草图经》作者与书名考[J]/黄显堂.--图书馆,2009,02:51－53

《本草图经》是我国古代药物学名著,历代史料中对其书名著者记载不一。本文从书名考证、作者考辨、版本特征等方面,考实该书书名《本草图经》;著者为宋代药物学家苏颂,对于本书的著录和古籍图书的定名核实具有参考价值。

3938

我国古粤方言词典数字化系统设计研究[J]/唐晓阳,林英.--广州大学学报(社会科学版),2003,03:53－57

本文综述了我国方言词典数字化系统开发的目的、意义和方言词典的体例特点、用户要求;探讨了古粤方言词典数字化系统数据结构的方案设计、系统功能、检索标准等。

3939

我国近代藏书文化的属性分析及其对现代图书馆学的影响[J]/孙洪林.--图书馆建设,2010,06:4－6

藏书文化是中华民族传统文化的重要组成部分。本文分析评述了我国近代藏书文化的属性和对现代图书馆学的影响,包括经世致用思想成为现代图书馆学形成与发展的理论平台;民族精神和民族价值观成为现代图书馆发展的核心动力等。

3940

我国民族古籍保护工作现状及对策研究[A]/甘大明.--民族文化宫博物馆.中国民族文博(第三辑)[C],沈阳:辽宁民族出版社,2010

本文概述了我国民族古籍保护工作的现状,提出改进民族古籍保护工作的对策:加强古籍保护观念;重视古籍宣传展示;做好人才队伍建设;强化古籍保护法律的制定与实施;做好古籍搜集、管理、保护、整理、开发利用等。

3941

我国民族古籍传统分类体系概述——以纳西族、藏族、彝族古籍为例[J]/李敏.--贵州民族研究,2007,03:87－94

本文以纳西族、藏族、彝族古籍为例,概述了我国古代民族古籍传统分类特点和近现代学者的分类方法,提出建立适用而完善的民族古籍分类体系的初步设想。

3942

我国民族古籍的书目控制[J]/包和平,王学艳.--图书馆杂志,2002,03:21－24

本文论述了民族古籍书目控制的意义,分析民族古籍书目控制的现状和特色,提出加强民族古籍书目控制的建议。

3943

我国民族文献资源建设概况及其开发利用的未来展望[J]/包和平.--大连民族学院学报,2000,04:59－64

本文概述了我国民族文献资源建设现状,从服务功能综合化、结构网络化、交流国际化、检索手段现代化、队伍专家化等方面,展望了民族文献资源未来的开发和利用。

3944

我国图书馆古籍数字化的发展现状及其思考[J]/刘安琴.--当代图书馆,2006,01:36－38

本文综述了我国公共图书馆和高校图书馆古籍数字化建设和利用概况,指出在古籍整理、古籍修复、人才培养、数据库建设方面存在的问题,提出科学合理规划、加大经费投入、提升从业人员素质、横向合作等加强古籍文献开发利用的对策。

3945

我国图书馆古籍数字化工作探析[J]/王璇.--四川图书馆学报,2007,05:48－50

本文从书目数据库建设、全文书目数据库建设方面,探析了我国图书馆古籍数字化的发展概况,就古籍数字化的长远发展,提出加强古籍保护、实行整体规划、制定统一标准、联合开发走社会化道路、注重人才培养与管理等建议。

3946

我国图书馆界"古籍保护"研究的计量分析[J]/欧阳菲.--中山大学研究生学刊（社会科学版），2008，04：126－133

本文回顾了近年来我国图书馆界关于"古籍保护"的研究，通过量化分析描述了研究现状和成果，提出重视古籍保护研究、提升研究质量水平、推进新技术引进、加强国际交流等，对于图书馆古籍文献收藏和利用的重要意义。

3947

我国亡佚目录书简介[J]/孙梦岚.--集宁师专学报，2002，02：89－92

我国的目录学著作从汉代刘向父子开始，历代均有著述，然由于种种原因，此类著述多有亡佚。本文根据该类书籍编撰时递相参照，根据现存而考知亡佚的原理，对从西汉至魏晋南北朝时期亡佚的目录书进行了梳理，并作简要介绍。

3948

我国藏传佛教寺院文化的宝库——藏文典籍著名印书院考述[J]/吴引水.--青海民族研究，2008，03：84－87

本文借助于史籍，考察了我国藏传佛教寺院文化的载体——藏文典籍著名印书院，从藏文木刻技术产生背景、发展过程、刻印范围、刊行代表作等方面，阐述了藏文典籍的印制工艺。

3949

我国中文古籍数字化管理的问题与对策[J]/赵瑞生，赵雪云.--北京档案，2010，10：37－38

本文介绍了我国中文古籍数字化的研究现状，分析了古籍数字化管理中存在的缺乏统一协调机构、著录规则不一、技术尚待提高等问题，提出加强标准研究制定、做好古籍资源库建设、实现古籍档案检索网络化等对策建议。

3950

我国最早的粤方言词典数字化系统设计研究[J]/黄小娅，林英，唐晓阳.--图书馆论坛，2003，03：59－61

本文综述了粤方言词典数字化系统开发的目的、意义，探析了我国最早的粤方言词典数字化系统《广东省土话字汇》的体例特点、用户要求、数据库系统功能和结构设计思想。

3951

我和古籍有个约会——访全国政协委员、版本目录学家李致忠[J]/史慧玲，杨茜.--中国政协，2003，12：54－55

本文以访谈形式，评述了版本目录学家李致忠的生平经历、社会影响和从事古籍保护工作所取得的成果。

3952

我校勘《水经注》的经历[J]/陈桥驿.--杭州师范学院学报（社会科学版），2004，05：1－6

《水经注》是北魏地理学家郦道元代表作，该书历代版本较多且多有差异甚至互相抵牾。本文叙述了作者自20世纪70年代起，校勘多个版本《水经注》的艰辛历程，包括郦注殿本、杨熊注疏本、杭州大学出版社《水经注校释》、浙江古籍出版社简化字本等。

3953

我使用数字化古籍的几点感受和改进意见[A]/薛天纬.--首都师范大学电子文献研究所、中国诗歌研究中心、中国传统文化数字化研究中心.第一届中国古籍数字化国际学术研讨会论文集[C]，北京：北京国学时代文化传播股份有限公司，2007

作者在完成国家社科基金课题"唐代歌行论"的过程中，多次使用数字化古籍，发现其存在内容不全、缺乏索引编制、不符合阅读习惯等问题。本文叙述了作者的使用感受，提出优先扫描善本、编制索引应包含标题文字、多录别集等改进建议。

3954

我校馆藏古籍中的两种元刻残本[J]/舒和新.--六安师专学报，2000，04：28－29

皖西学院图书馆藏《乐府诗集》《增刊校正王状元集注分类东坡先生诗》两种元刻残本。本文对这两部书的主要内容、保存状况、入藏过程、版本特征、学术价值等作了专门介绍。

3955

我与《南华真经口义》[J]/陈红映. --西南古籍研究,2004,00:83 - 85

《南华真经口义》系宋代林希逸撰《庄子》注释评析著作,32 卷。本文叙述了作者点校《南华真经口义》所经历的 6 个春秋。

3956

我与壮学研究二十年[J]/张声震. --广西民族研究,2006,02:82 - 86

本文叙述了作者从 1985 年从事整理民族古籍工作起,20 年来参与抢救修复、整理普查、保存保护、调研考察等一系列壮学研究活动和工作经历。

3957

我院的古籍保护工作概况[J]/郭华. --科技风,2009,07:92 + 108

本文以甘肃中医学院图书馆古籍保护工作为例,分析论述了开展古籍保护的紧迫性和必要性,提出加强该馆古籍保护的措施,包括加大资金投入、改善存藏环境、重视古籍修复、提升人员素质等。

3958

卧琴楼主及后代名人[J]/王长英,黄晓勇. --福建图书馆理论与实践,2010,04:59 - 61

卧琴楼位于福建省福州市仓山区,是清光绪年间进士陈自新私宅,也是福州近代著名藏书楼,曾藏有古籍百余箱。本文介绍了卧琴楼的建造背景、建筑形制、收书范围、楼主及后人生平事迹等。

3959

无愧历史 珍惜时代 出好古籍精品[J]/邬书林. --出版发行研究,2010,11:5 - 10

本文总结了改革开放 30 年来我国古籍整理出版工作取得的成绩,论述了新时期加强该项工作的重要性,提出在古籍整理出版工作中要增强改革创新意识。

3960

无总题名古籍的 CNMARC 格式著录[J]/陈素清. --江苏图书馆学报,2001,06:16 - 18

在古籍书目数据库建设中,无总题名古籍的 CNMARC 格式著录有其独特方法。本文结合建库实践,通过实例,对无总题名古籍的含义、特征、CNMARC 格式著录方式、方法进行了分析探讨。

3961

吴澄文集版本考略[J]/李军. --古籍整理研究学刊,2010,04:70 - 74

吴澄是元代理学家,有多种经学著作传世,其文集历元、明、清代均有刊刻,其中主要为百卷本和 49 卷本。本文梳理了吴澄文集自元至清的刊刻流传线索,阐述了各家书目对明初刻本著录不一的原因,并对现存刻本的存佚残缺篇目进行了考察。

3962

吴克岐辑著的三部红学丛书[J]/邓子勉. --中国典籍与文化,2000,02:56 - 60

南京图书馆古籍部藏有稿本《读红小识》《犬窝谈红》《忏玉楼丛书》,是清末民初著名红学家吴克岐辑著的红学丛书。另有《忏玉楼丛书提要》亦为吴氏所著稿本。本文介绍了上述古籍的创作背景、主要内容和版本信息。

3963

吴氏太和堂版《本草纲目》印刷情况[A]/邢泽田. --钱超尘、温长路. 全国李时珍王清任学术思想研讨会论文集[C],北京:中华中医药学会等,2002

在《本草纲目》的版本研究中,顺治九年(1652)吴氏太和堂版刻印与否,一直为人争议。为厘清《本草纲目》历代刊印脉络,本文以个人收藏的《本草纲目》线装医药古籍为例,考证了吴氏太和堂本的刊刻情况。

3964

《吴式群诗集》述考[J]/徐建华. --山东图书馆季刊,2002,02:100

《吴式群诗集》是清代文人吴式群的手抄

稿本,属山东省地方文献。受山东省图书馆《馆藏古籍各省地方文献目录》启发,本文对《吴式群诗集》稿本的创作背景、内容特色、学术意义进行了考述。

3965

吴淑《事类赋》研究[D]/谢朱娟.--中国文化大学(台湾地区),2006

《事类赋》是宋代学者吴淑著作。本文介绍了作者生平和该书内容,以及历代学者对此的研究情况,探讨了该书的部目建置、文献征引、历代刻本流传情况和文学、文献学价值。

3966

吴伟业《梅村诗话》考辨[J]/邬国平.--古籍研究,2003,02:15－19

《梅村诗话》以记叙明清之际诗人事迹为主,明代文学家吴伟业借由摘章引句的诗话形式来说史、存史。本文考辨了《梅村诗话》写作时间、体例、内容、不同版本之间的比较等问题。

3967

吴希贤先生的一世书缘——从旧书铺学徒到古籍鉴定专家[J]/赵安民.--出版史料,2007,02:112－115

吴希贤先生是我国当代著名古籍鉴定专家。本文对吴先生毕生从事的收集、整理、鉴定、抢救我国珍贵古籍文物工作进行了回顾和评述。

3968

吴兴刘氏嘉业堂藏书聚散考略[J]/吴格.--书目季刊(在台湾地区发表),2004,04:17－44

本文采摭浙江湖州(吴兴)刘氏家族的传记资料、藏书史料,对20世纪初崛起的江南著名私家藏书楼嘉业堂藏书积聚和散佚的历史略作考察。

3969

吴玉贵《资治通鉴疑年录》补遗[J]/朱振宏.--大陆杂志(在台湾地区发表),2000,05:27－43

本文针对中国社会科学院研究员吴玉贵《资治通鉴疑年录》一书,对其中错误、疏漏之处做进一步考订和补遗。

3970

《吴越备史》的成书、流传及版本源流考[J]/李最欣.--古籍整理研究学刊,2005,05:37－47

本文通过对宋代学者钱俨《吴越备史》历代版本的文字比对,结合前人的序跋、著录,梳理了该书的成书过程、流传过程、版本存佚和递藏源流。

3971

《吴越春秋》补注[J]/肖旭.--古籍整理研究学刊,2000,04:37－39

《吴越春秋》是东汉学者赵晔著作,贵州人民出版社2008年出版了该书的译注本。本文就译注本中存在的校勘标点、引文内容、参考注释等可商榷之处,逐一进行了补正。

3972

《梧门诗话》是如何从十二卷变为十六卷的[J]/强迪艺.--图书馆杂志,2004,08:70－72

《梧门诗话》是清代文人法式善的著作,现存有国家图书馆本和台湾本,两本卷数不同,北图本佚失3卷半。本文考察了国家图书馆本和台湾本卷数变化的原因,以期复原国家图书馆本佚失的内容。

3973

《五百家注音辨昌黎先生文集》研究[D]/王东峰.--西北师范大学,2007

宋魏仲举编纂并刊刻的《新刊五百家注音辨昌黎先生文集》,汇集了两宋时期韩集校勘及笺注的成果。本文介绍了该书成书背景、内容体例、版本著录等,考证了此书实际征引的注家,分析其集注特点和方法、文献价值和学术影响,说明该书对现今古籍整理的借鉴意义。

3974

五代墓志校点举误[J]/周阿根.--古籍整理研究学刊,2007,02:32－34

五代时期是近代汉语发展史上的重要时期,本文围绕五代时期的出土墓志文献,利用拓片对读录文,对其中的校勘、标点等问题进行了探讨,择选可商榷之处 20 例,汇集成文。

3975

五代时期后唐官府藏书事业考述[**J**]/陈德弟. --中国典籍与文化,2003,03:25 – 30

本文考证了五代时期后唐的官府藏书事业,包括后唐政府对图书典籍的搜聚、庋藏、管理、校雠、雕印等内容,评述了在战乱状态下后唐官府藏书事业所取得的成就。

3976

五峰土家族自治县民间古籍整理与保护研究[**J**]/李诗选. --长江论坛,2010,05:88 – 95

湖北五峰土家族自治县民间散落湮藏有大量古籍文献。经田野调查发现,这些文献主要有民间家谱、金石铭刻、文书及讲唱等四大类,具有重要历史文化价值。本文介绍了当地古籍整理现状,提出制定民族文化发展大纲、全面开展普查登记、建立地区珍贵古籍名录、开展工程项目保护等保护对策。

3977

五家《补晋书·艺文志》平议——编纂《补晋书艺文志辑校汇注》刍议[**J**]/朱新林. --图书馆杂志,2010,07:70 – 77

清代学者丁国钧、文廷式、秦荣光、吴士鉴、黄逢元五家相继对《晋书》开展了补撰艺文志的工作。本文通过编纂体例、收录范围、文献考证等方面,分析了五家《补晋书艺文志》的长处和弊端,以期能更好地利用这些文献资料。

3978

《五礼通考》引春秋经传校议[**D**]/魏雪松. --南京师范大学,2009

本文选取清代秦蕙田编撰《五礼通考》引《春秋经传》为研究对象,以文渊阁《四库全书》本《五礼通考》为底本,与浙江古籍出版社点校本对校,参以其他相关典籍,校勘所引字、句,对其异文进行考证。

3979

《五礼通考》引《汉书》考异[**D**]/顾国. --南京师范大学,2008

本文对文渊阁《四库全书》本《五礼通考》引《汉书》异文进行考证,其间参校南京图书馆所藏秦氏味经窝初刻本《五礼通考》、中华书局点校本《汉书》及相关文献,对两者异文进行甄别考异。

3980

《五礼通考》引《宋史》考异[**D**]/关小芳. --南京师范大学,2008

本文选取文渊阁《四库全书》本《五礼通考》所引文献《宋史》作为研究对象,与中华书局点校本《宋史》对校,并参考味经窝初印本、江苏书局本和《宋会要辑稿》《续资治通鉴长编》《文献通考》《续通典》《续通志》等相关典籍,对其异文进行考证。

3981

五十年来河北古籍整理研究的回顾与前瞻[**J**]/秦进才. --邯郸师专学报,2000,02:14 – 18 + 21

本文回顾了 50 年来河北古籍整理与研究事业的发展历程,总结所取得的出版成果和积累的工作经验,对未来的机遇与挑战进行了展望,提出科学选题、培养学术带头人、加强国际文化交流、成立古籍整理研究协调规划机构等建议。

3982

五台山传志点校的一次成功结集——贺《五台山传志选粹》出版[**J**]/王杰瑜,任润林. --五台山研究,2000,03:46 – 48

《五台山传志选粹》经山西省社会科学院研究员崔玉卿点校、由山西人民出版社 2000 年出版。本文围绕点校、辑录、文献整理等方面,评价了该书的文献学价值。

3983

《五岳游草》明刻本的形式[**J**]/卿朝晖. --中国典籍与文化,2010,04:83 – 86

明代地理学家王士性著作《五岳游草》早有刊刻,却一直未见该版古籍。苏州图书馆所藏的两卷残本,经过反复论证,确认是该书的明刻本。本文通过该残本与清代冯甦重刊本在形式、内容上的比勘,结合其他有关文献,揭示王士性原稿的概貌。

3984

《武当山游记》文字异同说略[**J**]/程明

安. --郧阳师范高等专科学校学报,2001,04：37－41＋45

古籍中《武当山游记》约十余篇,散见于集成本、游记本、贾本、赵本、王本、袁本各处。本文通过对《武当山游记》多个版本的比勘考证,认为游记本错误最多,贾本、赵本讹误也不少,而集成本则大体是可资信赖的。

3985

武汉图书馆馆藏古籍善本数据库的建设与知识型数据库的实现[J]/陈琦,潘志鹏,叶莉,鄢静慧,张蓉. --图书馆论丛,2003,04：19－22＋15

本文以武汉图书馆为例,介绍了中国古籍书目数据库的发展历程,结合该馆古籍善本数据库的建设和开发现状,提出了建立以古籍书目数据为依托的中国古籍知识型数据库的构想。

3986

武术古籍整理与研究[J]/郑勤,王玉德,张霞. --体育文化导刊,2009,01：123－127

本文综述了中华人民共和国成立以来武术古籍的整理情况、研究现状,提出整理武术古籍是时代的需要、学术发展的需要、武术本身发展需要的观点。

3987

武术经典古籍介绍[J]/齐言. --力与美(在台湾地区发表),2000,118：30－37

本文依照出版年代顺序,介绍了《武编》《剑经》《耕余剩技》《内家拳法》《手臂录》《苌氏武技书》《拳经拳法备要》《太极拳论》《太极拳经》《十三势行功心解》等武术经典古籍。

3988

武威市博物馆古籍及其保护现状[J]/高辉. --陇右文博,2009,01：72－74

本文介绍了武威市博物馆古籍存藏的现状,分析了当前工作的不足之处,并提出了解决方案,对未来工作进行了展望。

3989

武玄之《韵诠》考述[J]/李丰园. --南阳师范学院学报,2004,05：51－54

唐代学者武玄之所撰《韵诠》今已大半亡佚,本文就其佚文探讨了此书的概貌及其在音韵学和训诂学方面的学术价值,并对其中的一些词语作了考证,提出这些词语的训释在研究唐代的词汇和文化等方面具有重要的作用。

3990

武英殿本四库全书总目提要(全五册)[M]/(清)永瑢纂辑. --台北：商务印书馆(台湾地区),2000

《武英殿本四库全书总目提要》简称总目、四库总目、四库提要,共200卷,分经、史、子、集四部,44类、67个子目,录收《四库全书》著作3461种、79307卷,附录未收入《四库全书》著作6793种、93551卷。各书之下编有内容提要,详为考辨。

3991

《武英殿聚珍版丛书》零种的鉴定[J]/杨之峰. --图书馆学刊,2009,01：89－91

清代武英殿聚珍版印书是我国规模最大的一次木活字印刷工程,福建、江苏、浙江、江西、广东先后翻刻,品种不同,版式相近,大多以零种流传。本文从收录范围、版框大小、字体用墨、避讳字、活字本特点等方面,为该套丛书零种提供了一些鉴定方法。

3992

务川历史古籍文献资料辑录[M]/王明析选编. --遵义：遵义康达彩色印务有限公司,2010

本书是务川文史资料第13辑,旨在集中阐述与回望贵州省务川仡佬族苗族自治县历史文化和民族风情,按照年代顺序收集整理辑录历代史书地志等文献资料,由务川籍人士和曾经生活在务川的各类人士撰写。

3993

《物类相感志》和《格物粗谈》内容之比较研究[D]/宋军朋. --华东师范大学,2004

《物类相感志》宋赞宁著,现存十八卷本和一卷本。本文通过内容比较得出结论：结合宋元官私著录引用该书内容,推断十八卷本更接近原貌;十八卷本、一卷本内容差异甚多,属同名而实异的两本书;《物类相感志》一卷本和宋《格物粗谈》部分内容相同,但从全文内容看,两书的构成是多源的。

3994

物外奇宝——水镜堂刻本《自叙帖》[J]/李郁周. --中华书道(在台湾地区发表),2004,44:58-73

《自叙帖》是唐代怀素创作的书法作品,近世以来最为知名的怀素《自叙帖》刻拓为水镜堂藏石本。本文介绍了孙沐题记本、王世贞题跋本、张廷济补缀本等水镜堂刻本《自叙帖》的传世拓本。

3995

寤寐思服解——声韵知识在古籍研读上之效用举隅[J]/李添富. --声韵论丛(在台湾地区发表),2001,10:37-54

由于汉语声义同源的特性,依据训诂观点进行诗义推求的同时,声韵知识的掌握运用是最为重要的一环。本文以《诗经·周南·关雎》"寤寐思服"的说解为例,探析声韵知识对研究古籍的效用。

X

3996

西安碑林博物馆所藏古籍线装书述略[J]/黄小芸. --碑林集刊,2008,00:461-468

本文综述了西安碑林博物馆所藏古籍线装书书目信息、保存现状和版本特点,围绕建立中华古籍联合目录和古籍数字资源库,实现古籍分级保护,提出加大资金投入、改善存藏环境、培养修复人才等保护建议。

3997

西安碑林藏明嘉靖本《初学记》[J]/李阳. --文博,2010,04:67-69

明嘉靖本《初学记》是西安碑林博物馆藏古籍善本之一,被列入《国家珍贵古籍名录》。本文对《初学记》编者徐坚、序者秦金生平、事迹和版本情况作了介绍,就该馆古籍保存现状,提出了改善古籍库房条件、培养专业修复人员、增强古籍保护意识等建议。

3998

西安碑林九部古籍入选《国家珍贵古籍名录》略述[J]/罗宁丽. --碑林集刊,2010,00:377-384

本文从书名卷数、主要内容、版本特征、入藏经历等方面,综述了西安碑林博物馆入选第一批、第二批《国家珍贵古籍名录》的9部古籍。

3999

西安交通大学图书馆珍藏的善本古籍[J]/刘雯. --当代图书馆,2000,01:49-50

西安交通大学图书馆历史悠久,藏书丰富,除收藏大量科技图书外,还保存了一些善本古籍,计有38种3067卷。本文介绍了该馆所存古籍的书名、卷数、版本信息和保存现状。

4000

西北大学图书馆部分珍藏本述略[A]/李文遴. --韩理洲. 中华传统文化与新世纪——西北大学百年校庆国际学术研讨会论文集[C],西安:三秦出版社,2004

西北大学图书馆所藏古籍约1.7万种,其中善本458种,含7—9世纪敦煌写经和佛经刻本、宋元明清的刻本、活字印本、抄本等,此外还藏有朝鲜、日本刻书。本文简要介绍该馆所藏部分善本精品的书名卷数、内容概要、流传情况、版本信息等。

4001

西北大学图书馆馆藏古籍探源[J]/刘曼丽. --西北大学学报(哲学社会科学版),2002,01:171-174

本文从自行购买、接收拨交、社会捐赠等方面,探讨梳理了西北大学图书馆馆藏古籍的收藏渠道。

4002

西北地方志善本古籍叙录[J]/石玫,万振新. --图书与情报,2005,05:42-43

西北地方志和善本古籍文献,因自然环境和人文环境所致而具有特殊的文献价值。本文综述了兰州大学图书馆馆藏地方志古籍的书名、卷数、版本信息、主要内容和历代编修情况,以期对西北地区学术研究和西部大开发提供参考。

4003

西北地区古籍普查、保护与开发利用——宁夏大学图书馆藏古籍普查考述[A]/刘志军,庄青. --中国图书馆学会、甘肃省图书馆学会. 西北五省(区)图书馆第十次科学讨论会论文集[C],2010

本文以宁夏大学图书馆藏古籍普查为例,综述了该馆馆藏古籍保护研究、开发利用情况,论证在全国范围内组织开展古籍普查的重要性和必要性。

4004

西北地区古籍文献资源存藏现状概述[J]/
易雪梅,金颐. --社科纵横,2008,09:107－110

　　本文从古籍文献资源存藏特点、单位分
布、存藏条件等方面,分析概述了西北地区古
籍文献资源的存藏现状,认为西北地区古籍
文献资源保护任重而道远。

4005

西北农林科技大学的古籍收藏[J]/张歆
杰. --收藏,2010,10:97－101

　　本文回顾了西北农林科技大学图书馆馆
藏古籍的收藏历程,分析了该馆古籍的特色
与价值,梳理了针对馆藏古籍所开展的一系
列保护利用与研究工作。

4006

西北农林科技大学图书馆古籍文献的形成
与发展[J]/陈建文,冯风. --陕西农业科学,
2010,06:200－202＋216

　　本文介绍了西北农林科技大学图书馆古
籍文献的入藏背景、收藏现状和藏品特色,以
及学术价值和开发利用情况。

4007

西北农林科技大学图书馆古籍文献资源的
建设与利用[A]/张波,冯风. --中国图书馆学
会、甘肃省图书馆学会. 西北五省(区)图书馆
第十次科学讨论会论文集[C],2010

　　本文回顾了西北农林科技大学图书馆古
籍文献资源的形成渊源,包括图书馆长期购
置、古农学研究室大力搜求、相关机构和个人
的无偿捐赠等,从为科学研究服务的角度,阐
述了未来建设与利用的发展方向。

4008

西部大开发与少数民族古籍整理[J]/马
勇. --西南民族学院学报(哲学社会科学版),
2001,06:100－101

　　作为少数民族文化建设组成部分的少数
民族古籍整理,如何面对西部大开发是值得
关注的问题。本文探讨了少数民族古籍整理
在西部大开发中,如何变文化优势为资源优
势的问题。

4009

西部地区古籍文献管理的调查与思考[J]/
蒲放. --黔西南民族师范高等专科学校学报,
2008,02:104－106

　　本文作者在调研西部地区三省交界图书
馆对古籍文献管理的现状后,分析了管理工
作中存在的问题,提出了树立正确管理观念、
分类分层管理、加大地方古籍征集、注重文献
开发等建议。

4010

西部地区民族古籍的保护与开发[J]/莎日
娜. --内蒙古社会科学(汉文版),2006,06:
69－73

　　近年来,西部地区民族古籍的保护开发
无论从基础性保护工作,还是开发利用和研
究方面都有所创新和进展。本文从全力开发
文献资源、充分利用网络环境、建设特色文献
数据库、开拓西部文化产业等方面,对未来保
护与开发工作做出展望。

4011

西谛本《易筋经义》与述古堂本《易筋经》的
比较研究[J]/周伟良. --中州学刊,2008,05:
213－218

　　《易筋经》传为南北朝禅僧菩提达摩所
著。本文从版式、藏印、序言、跋语、正文内
容、学术价值等方面,分析考证了国家图书馆
藏西谛本《易筋经义》和台湾汉学研究中心藏
述古堂钱遵王抄本《易筋经》的异同和学术
价值。

4012

西汉时期刘向父子的古籍编校与整理[J]/
许正文. --延安大学学报(社会科学版),2010,
06:99－102

　　西汉时期刘向、刘歆父子的古籍编校与
整理,对汉代以前学术思想传播、古籍流传和
普及做出重大贡献,使后人得见周代及先秦
诸子学说之大全;在点校整理基础上形成我
国历史上第一部系统的目录学著作《七略》和
古籍提要文集《别录》。

4013

《西湖佳话》校读札记[J]/杨继光. --重庆
邮电学院学报(社会科学版),2006,05:
744－747

海峡两岸中华古籍保护论著提要(2000—2010)

《西湖佳话》是清代以西湖名胜为背景的短篇小说集。《古本小说集成》收录有此书。本文以清王衙《西湖佳话》影印本为底本,校勘上海古籍出版社《古本小说集成》1980年修订本、浙江文艺出版社1985年修订本中的讹误。

4014

《西湖览胜诗志》的存目与禁毁[J]/彭万隆. --中国文哲研究通讯(在台湾地区发表),2006,02:93 – 118

《西湖览胜诗志》系清代文人夏基撰,《四库全书存目丛书》《四库禁毁书丛刊》均收录有此书。本文介绍了夏基及与其著述关系极为密切的宋维藩生平;对该书的存目禁毁情形进行了考辨。

4015

《西昆酬唱集》研究[D]/许琰. --西北师范大学,2007

《西昆酬唱集》北宋文学家杨亿编。本文通过对版本、诗人、诗歌研究,揭示西昆诗歌产生的历史文化背景;通过考究诗人创作,总结诗歌艺术特色,审视诗歌新变特质与局限性,从而力争客观评价西昆诗歌在宋代诗歌史上的地位与价值。

4016

西南大学图书馆藏稀见古籍述略[J]/张丽芬. --西南农业大学学报(社会科学版),2010,03:255 – 259

西南大学图书馆收藏古籍16万余册,其中善本古籍两万余册。本文遴选该馆部分宋元明清刻本、稿钞本、外国刻本等,以时代先后为序,对著者、版本、行格、题跋、藏印等略加考述。

4017

西南大学图书馆古籍文献整理与开发探研[J]/张丽芬. --绵阳师范学院学报,2010,12:140 – 143

本文概述了西南大学图书馆古籍文献整理开发利用的现状,联系实际,提出了开发与利用的对策,包括继续加强基础工作、做好数据库建设、重视古籍二次文献开发、积极向外拓展、参与大型项目、提高古籍经济与文化双效用等。

4018

西南古籍研究(2001年)[C]/林超民主编. --昆明:云南大学出版社,2002

《西南古籍研究》是云南大学教授林超民主编的系列丛书,2001年所辑主要内容包括《重视云南史料笔记的发掘》《明代滇黔桂地区方志书目考》《历代志滇笔记考》《云南旧方志发展的高峰》《一部研究云南近代史的资料汇编》等。

4019

西南古籍研究(2004年)[C]/林超民主编. --昆明:云南大学出版社,2005

《西南古籍研究》是云南大学教授林超民主编的系列丛书,2004年所辑主要内容包括《中国民族史史料学刍议》《谈古籍版本的分类》《贵州笔记的史料价值》《〈泰律篇〉专气音校注》等。

4020

西南古籍研究(2006年)[C]/林超民主编. --昆明:云南大学出版社,2007

《西南古籍研究》是云南大学教授林超民主编的系列丛书,2006年所辑主要内容包括《〈元朝征缅录〉笺证》《试论方国瑜对中国目录学的贡献》《建立云南民族资料库的构想》《20世纪初期外国人有关云南的研究著述》《明清时期有关白族的史料概说》等。

4021

西南古籍研究(2008年)[C]/林超民主编. --昆明:云南大学出版社,2010

《西南古籍研究》是云南大学教授林超民主编的系列丛书,2008年所辑主要内容包括《经营兵"营制总册"与清史的编纂和研究》《西南边疆教育考察团〈建议书〉概说》《西南少数民族文字医药古籍的发掘利用介绍》等。

4022

西双版纳傣族贝叶经编译整理之我见[J]/岩香宰. --今日民族,2008,05:17 – 20

贝叶经是傣族传统文化的百科全书。本文阐述了作者对搜集编译整理贝叶经重要意义的认识,认为对于弘扬民族传统文化,研究傣族历史文化,构建和谐社会,增进与东南亚各国人民的友好交往,具有不可替代的作用。文中还介绍了编译整理贝叶经的主要方法。

4023

西魏大统六年巨始光等造像碑略考——造像题记与拓本流布的一些问题[J]/林保尧. --艺术学(在台湾地区发表),2004,21:109 – 145

(阙如)。

4024

西夏本《贞观政要》译证[J]/聂鸿音. --文津学志,2003,00:116 – 124

西夏译本《贞观政要》1909 年出土于内蒙古额济纳旗的黑水城遗址,今藏俄罗斯科学院东方研究所圣彼得堡分所。本文对西夏本《贞观政要》全文进行翻译整理,以期为补充我国文献史和翻译史提供历史资料。

4025

西夏古籍文献数字化处理[A]/刘鹏飞. --教育部高等教育司、东南大学. 第二届全国大学生创新论坛论文集[C],南京:东南大学出版社,2009

西夏古籍文献的研究目前还处于手工查阅的阶段,亟须研发计算机辅助软件,以加快西夏文献研究进程。本文介绍了西夏古籍文献的图像处理、西夏文字的模式识别、西夏文在线研究网站,并阐明上述成果的实现过程。

4026

西夏活字版印本的发现及其在早期版本研究中的价值[J]/牛达生. --中华印刷科技年报(在台湾地区发表),2003,00:245 – 254

本文介绍了宁夏贺兰木活字《本续》、甘肃武威泥活字《维经》、敦煌木活字《本原经》《要语》、俄藏泥活字《维经》等西夏时期的活字本特点,分析了泥活字和木活字版印本在版本上的区别,探讨了其学术价值。

4027

西夏辽金元艺文志 25 种(全二册)[M]/(清)王仁俊,(清)黄虞稷撰. --台北:世界书局(台湾地区),2009

本书共收辽、金、元著述 18250 条,内含《辽艺文志目录》《千顷堂书目》《辽史拾遗补经籍志》《钦定续文献通考经籍考金代部分目录》《补元史艺文志辽代部分》等,并将清代学者龚显曾《金艺文志补录》重刊本列入。

4028

西夏文古籍字库建立研究[A]/柳长青. --杜建录. 西夏学(第六辑)——首届西夏学国际论坛专号(下)[C],上海:上海古籍出版社,2010

作者认为,以往的西夏文字库大多通过人工"隶定楷化"后生成,所造西夏字均带有明显的现代汉字风格。为此,本文从文字风格、力度美感、检索功能、文字库设计、标准化和数字化方面,就如何建立一套源自西夏时期古籍文献的原始西夏文字库做了探讨。

4029

西夏文四角号码输入法研究[J]/柳长青,史伟,杜建录. --宁夏大学学报(自然科学版),2010,04:324 – 328

本文概述了西夏文四角号码计算机输入法的研究:在 Windows 系统下实现西夏文录入,为西夏古籍数字化和文本化提供了专用在线输入平台;利用在线模糊输入方法修复西夏古籍中部分残缺西夏字;该输入法对如契丹、女真文等少数民族语言文字数字化研究也具有借鉴意义。

4030

西夏文献整理研究的里程碑(代序)[J]/陈育宁. --西夏学,2007,00:1 – 2

《中国藏西夏文献》由宁夏大学牵头编纂,2007 年起由甘肃人民出版社分批出版。本文为该套书的序言,综述了该书的编纂过程、分编类型、版本特点和文献价值。

4031

《西域水道记》稿本研究[J]/朱玉麒. --文献,2004,01:172 – 194

《西域水道记》是清代学者徐松所撰。本文探讨了该书的写定年代、校勘价值、递藏情况、与通行刻本的区别等问题。

4032

《西域闻见录》异名及版本考述[J]/高

健. --中国边疆史地研究,2007,01:118 - 122

　　本文通过对《西域闻见录》不同版本的书名、卷数、内容等对比考证,认为该书最早的书名和版本并非传刻最广的《西域闻见录》,而是《异域琐谈》。

4033

西藏藏医学院图书馆古籍文献资料目录[M]/西藏藏医学院编. --拉萨:西藏人民出版社,2007

　　该书收录了公元前和公元8世纪至20世纪的藏医、藏药、天文、历算、佛教等方面的古籍条目。从著者而言,有印度教成就者贤者、藏传佛教各教派的学者;从著作而言,主要有德格、纳唐、拉萨三种不同版本。

4034

《希麟音义》引《广韵》考[J]/徐时仪. --文献,2002,01:24 - 35

　　《希麟音义》,又名《续一切经音义》,系辽代僧人释希麟所撰。该书引用数条《广韵》,大致保存了辽时所见《广韵》的原貌。本文就其所引《广韵》与唐传本《切韵》《唐韵》和宋代所撰《广韵》的异同作了考察。

4035

《析津志辑佚》句读订误九则[J]/吴志坚. --元史及民族与边疆研究集刊,2008,00:140 - 141

　　《析津志》是关于元代首都的方志,其书久佚。国家图书馆经过多年努力,根据多种古籍整理成《析津志辑佚》,于1997年由北京古籍出版社出版。该书为北京地区地方史、元代社会史研究,提供了极其重要的资料。本文考察了书中存在的句读讹误,并做出订正。

4036

析论《陶渊明文集》版本流传[J]/黄怡婷. --黎明学报(在台湾地区发表),2009,01:137 - 148

　　《陶渊明文集》系东晋文学家陶渊明文集。本文探讨了该书宋元以前和明清时期的版本刊刻流传情形、现存概况、学术价值等。

4037

析清人辑佚《傅子》的成就[J]/陈见微. --

文献,2000,03:222 - 232

　　本文对《傅子》的现存辑本进行了比较,论述了清人在辑佚工作上校勘精审的特点,介绍了清人对《傅子》增补文字的情况,肯定了清人辑佚《傅子》取得的成就。

4038

析天一阁新书库设计理念[A]/王宏星. --天一阁博物馆.《天一阁文丛》第八辑[C],杭州:浙江古籍出版社,2010

　　本文从建筑结构、书架材质、建筑群朝向、库房软硬件配置等方面,阐述了宁波天一阁新书库的设计理念。

4039

悉心搜求 化身千百——张元济的藏书印书活动[J]/陆三强. --收藏,2008,10:104 - 107

　　张元济先生是我国近代著名学者,出版家,一生贡献卓著,其中他收藏善本秘籍,创办涵芬楼、东方图书馆,以及辑校印行古籍如《四部丛刊》《百衲本二十四史》等,最为世人称道。本文介绍了张元济先生的生平事迹以及辑校古籍、藏书印书的成就。

4040

稀见南京文献《金陵世纪》述论[J]/成林. --古籍整理研究学刊,2008,06:21 - 24

　　被《四库全书总目》列为存目的明陈沂《金陵世纪》,是一部稀见南京文献。本文据《四库全书存目丛书》影印国家图书馆藏隆庆三年(1569)刻本,对陈沂生平、写作背景、成书时间、结构内容、学术价值略作了评述。

4041

稀见清代福建宁化伊氏《耕道堂诗钞》及其作者群考[J]/朱则杰. --福州大学学报(哲学社会科学版),2006,01:5 - 9

　　《耕道堂诗钞》是清代文人伊恒聪等8位诗人诗作合集,但该集流传稀少,作者生平情况已不为人知。本文对该诗集和作者群体进行了考证,以增进人们对清代家族文化的了解。

4042

锡伯族古籍·盛京移驻伊犁锡伯营镶红旗官兵三代丁册[M]/永志坚,张炳宇主编. --乌

鲁木齐:新疆人民出版社,2003

本书是中国清代八旗兵的档案资料,以满语、汉语、拉丁语三种文字写就,记载当时锡伯营八旗官兵及其父、祖的编制情况。

4043

锡伯族古籍与历史研究60年[J]/顾松洁. --满语研究,2009,02:86－91

本文回顾了60年来锡伯族古籍文献与历史研究情况,分析了存在的研究焦点过分集中、整理出版停滞、后备人才匮乏等问题,提出加强锡伯族古籍整理、重视人才培养、着力开发利用等改进建议。

4044

锡伯族古籍资料辑注[M]/贺灵,佟克力辑注. --乌鲁木齐:新疆人民出版社,2005

本书辑录了锡伯族古籍资料、档案、方志、论著、游记、调查报告、手抄传本、家谱、碑铭、纪实散文、萨满神谕等。

4045

锡伯族家谱及其价值[J]/郭德兴. --中共伊犁州委党校学报,2009,02:51－52

本文探析了锡伯族家谱编纂起源和发展历程,以及锡伯族家谱的编制类型和历史文化价值。

4046

戏曲文献发掘与研究的新收获——黄仕忠《戏曲文献研究丛稿》评介[J]/李芳. --国文天地(在台湾地区发表),2007,260:84－87

《戏曲文献研究丛稿》是学者黄仕忠所撰戏曲文献研究论文的结集,包括版本研究、文献整理、书目著录等,2006年在台北出版。本文系对该书的评介,介绍了该书内容、特点、创新点和突出贡献。

4047

夏代散文文献之总检讨[J]/贾海生. --古籍整理研究学刊,2004,02:60－71

夏代散文文献可分为两类:一是书面文献,即夏代就用文字形成的文献;另一类是口述文献,即从夏代开始口耳相传,到后代才形诸文字的文献。本文即从这两个方面对夏代散文文献作了比较全面的检讨,以期对古代

文献典籍的形成过程有更深入的认识。

4048

厦大古籍所校点《闽书》明朝科第与人物传记考订[J]/程妹芳. --闽江学院学报,2010,03:126－129

《闽书》为明代地方史学家何乔远的专著。经厦门大学古籍所校点,福建人民出版社1994年出版了《闽书》校点本。本文从时代背景、科举实况、校勘标点、征引他证等方面,考察了《闽书》校点本明朝科第与人物传记中的讹误,予以补正。

4049

厦门古籍序跋汇编[M]/厦门市图书馆编. --厦门:厦门大学出版社,2009

本书分为经、史、子、集四部分,内容包括:春秋或问跋,春秋五论序,四书存疑序,易经存疑序,古文类抄序,四书合单讲义序,说书自序,天下要书序,池上史论序,永春县志序等.

4050

《先秦汉魏晋南北朝诗》校订释例[J]/陈尚君. --古籍整理研究学刊,2007,01:9－12

《先秦汉魏晋南北朝诗》是中国先秦至隋的诗歌总集,由逯钦立编,中华书局1983年出版,共135卷。本文以现存宋前古籍文献为依据,通过全面复核逯书引文,参酌学界前人成果,调查唐前诗歌存留,考察了该书的订补改编历程和校订体例。

4051

先秦两汉典籍引《尚书》资料汇编[M]/陈雄根,何志华编著. --香港:香港中文大学出版社(香港地区),2003

本书以时间为序,按照《尚书》篇名、分句、语段次序,收录了先秦两汉典籍所见《尚书》异文。

4052

先秦两汉典籍引《诗经》资料汇编[M]/何志华,朱国藩主编. --香港:香港中文大学出版社(香港地区),2004

本书以时间为序,按照《诗经》篇名、分句、语段次序,收录了先秦两汉典籍所见《诗

经》异文。

4053

先秦两汉典籍引《周礼》资料汇编［M］/何志华,陈雄根编著. --香港:香港中文大学出版社(香港地区),2010

本书以时间为序,按照《周礼》篇名、分句、语段次序,收录了先秦两汉典籍所见《周礼》异文。

4054

先秦两汉古籍文献数据化推手——专访香港中文大学何志华教授［J］/何淑苹,郭妍伶. --中国文哲研究通讯(在台湾地区发表),2009,04:1 – 17

本文从生平事迹、工作经历、研究兴趣、学术研究等方面,论述了香港中文大学教授何志华致力于先秦两汉古籍文献数据化所取得的成果和社会影响。

4055

先唐别集考述［J］/徐有富. --文学遗产,2003,04:26 – 32

本文对先唐别集源流、称名、编纂途径,以及社会背景,作了较为系统的考述。

4056

咸丰二年《监本四书》版本问题初探［J］/石菲. --黑龙江生态工程职业学院学报,2007,02:126 – 127

本文通过对咸丰二年(1852)版《监本四书》的论述,认为该版本存世稀少,且已存版本为残书。

4057

县级图书馆古籍普查工作之我见［J］/莫艳红. --图书馆论坛,2009,05:142 – 143 + 152

本文分析了县级图书馆古籍普查工作现状,针对专业人员匮乏、古籍未分类、目录不全等问题,提出省古籍保护中心进行业务辅导、各县自主增强业务能力、做好古籍分类和编目的解决对策。

4058

县级图书馆古籍图书收藏与保护方法浅探［A］/梅爱明. --中国图书馆学会社区乡镇图书馆专业委员会等.新环境下图书馆建设与

发展——第六届中国社区和乡镇图书馆发展战略研讨会征文集(下册)［C］,武汉:湖北科学技术出版社,2007

本文论述了县级图书馆古籍来源、存藏现状、破损情况,探讨做好古籍普查、改善存藏环境、培养专业人才、推进古籍修复等古籍图书收藏与保护的方法。

4059

县级图书馆应重视和加强地方文献及民族古籍采集工作［J］/杨顺花. --云南图书馆,2007,01:110 – 112

本文以四川省剑川县图书馆为例,论述了民族古籍采集的意义、范围和重点,以及加强地方文献存藏、建设具有地方特色和民族特色的馆藏文献等问题。

4060

现存《春秋繁露》单行本版本考略［J］/崔涛. --华中科技大学学报(社会科学版),2004,03:95 – 98

《春秋繁露》是汉代哲学家董仲舒的著作。本文从成书背景、文本内容、版式特征、校勘辑佚、历代版本比较等方面,考察了《春秋繁露》现存单行本的版本情况。

4061

现存明人文集的特色与"明人文集联合目录与篇目索引资料库"建置概况［J］/张璉. --明代研究通讯(在台湾地区发表),2000,03:37 – 44

本文分析了现存明人文集的特色,从整理明人文集书目、汇编文集资料、统一书目记录格式、编目建档、提要撰写等方面,综述了台湾汉学研究中心"明人文集联合目录与篇目索引资料库"的建设概况。

4062

现存司马光文集版本考述［J］/李文泽. --四川图书馆学报,2001,02:72 – 80

本文考述了现存北宋文学家司马光文集版本的刊刻背景、书名卷数、主要内容、版式特征、辑佚校勘和学术价值。

4063

现存《永乐大典》儿科文献研究［J］/张如

青,张雪丹. --中医儿科医学杂志(在台湾地区发表),2005,01:24-30

本文以成书背景、文本内容、征引文献、儿科病证类型、儿科方剂、治疗方法为对象,研究探讨了现存《永乐大典》儿科文献的学术价值和实践意义。

4064

现存远山堂"两品"的版本评析[J]/赵素文. --中国典籍与文化,2006,01:54-58

远山堂"两品"即明代戏曲评论家祁彪佳《远山堂曲品》《远山堂剧品》。本文从成书背景、创作过程、作者声明、递藏源流、历代版本异同等方面,评析了现存远山堂"两品"的版本状况。

4065

现存主要医牛古籍简介[J]/作者不详. --中兽医学杂志,2006,05:52

医牛古籍,中兽医古籍的一种。本文从作者生平、成书年代、文本内容、版本信息、整理出版等方面,介绍了《牛经》《养耕集》《牛经备要医方》《大武经》等13种现存主要医牛古籍。

4066

现代古籍保护技术的进展与应用[J]/王玉玲. --科技情报开发与经济,2008,19:23-24

本文阐述了现代科技在纸张保护与应用方面的研究进展,介绍了现代防治害虫的新成果、新技术在古籍保护方面的应用,展望了纸张撕裂强度、纸张的材料成分、纸张除酸等方面的研究方向。

4067

现代技术与中医药古籍的保护利用[J]/向青. --贵阳中医学院学报,2007,05:49-51

本文论述了中医药古籍保护的重要意义和我国中医药古籍保存利用现状,针对中医药古籍目录存在讹误较多、版本不清、收录散杂等问题,提出加强中医药古籍普查编目、培养专业人才、推进缩微、光盘、网络技术应用等对策。

4068

现代学术与传统考据学——陈尚君教授

《全唐文补编》及其相关成果的意义和方法[J]/戴伟华,赵小华. --中国文哲研究通讯(在台湾地区发表),2006,02:153-168

本文以现代学术与传统考据学角度,从编纂缘起、搜罗辑佚、辨伪考证、治学方法、治学精神、文献考订方面,评述了复旦大学教授陈尚君《全唐文补编》及其相关成果的学术意义和治学方法。

4069

线装古籍整理与利用初探[J]/李紫健,陆音,金之华. --中国图书情报科学,2004,11:35-37

本文以东北农业大学图书馆为例,探讨了馆藏线装古籍分类、著录、装函、排架等整理方法和"加强人才培养、提高从业人员素质、配备相应工具书、开展主动服务、提高古籍利用率、建立古籍数据库"等古籍利用方法。

4070

线装历史 古籍故园——中国古代雕版印刷基地四堡探寻[J]/涵林. --中国出版,2005,09:61-63

本文介绍了明清时期我国华南地区最重要的出版中心——福建省连城县四堡镇雕版印刷业的兴起、发展,印刷特色和保存现状等。

4071

线装书里的栏[J]/步一棋. --印刷杂志,2000,09:53-56

本文介绍了线装书版式里的栏线产生背景、兴起时间、衍变经过、工艺流程、制作标准,以及对古籍版本鉴定的参考价值。

4072

相关反馈在古籍页面图像内容检索中的应用[J]/刘莉,张亮,张琪,周向东,施伯乐. --计算机工程,2003,S1:10-12

相关反馈是近年来计算机图像检索领域的研究热点。本文介绍了将相关反馈基本原理应用于古籍检索系统,以"修正查询向量"方法改善检索效果。创新之处:针对古籍检索样本中多个对象同时进行,对正例和负例采用不对称处理方法。实验表明,该应用改善了古籍检索系统的查全率和查准率。

4073

香港大学冯平山图书馆古籍善本的收藏与著录[J]/张丽娟. --大学图书馆学报,2004,05:65-67

本文概述了香港大学冯平山图书馆藏古籍善本的来源、内容、整理编目情况;该批古籍抄、稿、校本的收藏经历、文本内容、版本特征;广东地区文献和广东人著述的特色和学术价值。

4074

香港大学冯平山图书馆古籍收藏与整理现况[A]/陈伟明. --中国国家图书馆. 中文善本古籍保存保护国际研讨会论文集[C],北京:北京图书馆出版社,2002

本文概述了香港大学冯平山图书馆建馆70年来古籍收藏历程,以及所藏宋元刻本、明清刻本钞本的书目提要、主要内容和版本特征。

4075

香港公共图书馆在古籍文献、民国文献资源建设与数位化的现况与展望[J]/李光雄. --澳门图书馆暨资讯管理协会学刊(在澳门地区发表),2009,11:49-51

本文介绍了香港公共图书馆古籍文献、民国文献资源建设与数位化现况,提出提升多媒体资讯系统功能、继续数位化现有典藏和推行征集行动、加强政府部门合作以及学术机构与文化团体合作等展望。

4076

香港所藏古籍书目[M]/贾晋华主编. --上海:上海古籍出版社,2003

本书共收录香港中文大学、香港大学、香港浸会大学、香港科技大学、香港城市大学等11家图书馆馆藏中文古籍书目7368种,丛书子目18718种,收录范围为1911年以前写、抄、刻、印本中文古籍。

4077

《香港所藏古籍书目》编纂纪要[J]/贾晋华. --中国索引,2004,01:31

《香港所藏古籍书目》由复旦大学教授贾

晋华主编,上海古籍出版社2003年出版。本文概述了该书的编纂方法、收录原则、版本特色、学术价值。

4078

《香港中文大学图书馆古籍善本书录》评介[J]/李孟晋. --书目季刊(在台湾地区发表),2005,01:41-44

《香港中文大学图书馆古籍善本书录》由李直方主编,共收录古籍善本848种14018册,依中国古籍传统分类法经史子集丛五部编排。本文介绍了该书的编纂缘起、内容、体例、特点等。

4079

香港中文大学图书馆古籍善本书录增订版[M]/香港中文大学图书馆编. --香港:香港中文大学出版社(香港地区),2001

香港中文大学图书馆现藏善本古籍,多收于1966年至1970年间,其中不乏传世珍本。本书收录了该馆馆藏古籍善本条目848种14018册,按经、史、子、集、丛五部分类编排。书目详载书名、著者、版本、册数、版框、行款、版式、刻工、内封、牌记、卷端、序跋、后人批校、题跋、藏印等,附有多种索引。

4080

香港中文大学图书馆中国古籍目录[M]/陈秉仁主编. --香港:香港中文大学出版社(香港地区),2004

本书收录香港中文大学图书馆所藏自清嘉庆元年(1796)至宣统三年(1911)古籍条目4070种,依经、史、子、集、丛五部编次。所载书目约四分之一为清道光后粤港古籍,部分未见于大陆图书馆;所载古籍,反映清中叶粤东自两广总督倡学刻书后之蓬勃刊刻事业;亦收录一批早期香港文化资料,弥足珍贵。

4081

香港中文大学图书馆中文古籍管理与保存:不同阶段的发展和挑战[A]/吴余佩娴,林炽荣. --中国国家图书馆. 中文善本古籍保存保护国际研讨会论文集[C],北京:北京图书馆出版社,2002

本文介绍了香港中文大学图书馆古籍善

本藏书编目和管理情况,以及所采取的保存保护措施和所面临的问题.

4082

湘西民族古籍的类型、内容、存世状况与保护探析[J]/李鸿雁,彭凤兰.--图书情报工作,2008,10:133－135＋142

本文探析了湘西民族古籍的类型、内容、存世状况、整理保护情况,提出加强民族古籍保护力度、做好普查登记、培养修复保护人才、改善存藏环境等建议。

4083

湘西民族古籍的特点与价值[J]/李鸿雁.--新世纪图书馆,2009,01:53－55

本文探析了湘西民族古籍具有内容广泛、载体多样、作者众多、宗教色彩浓厚、语言多样等特点,认为其学术价值体现在史学、文学、艺术、教育、科学、经济和娱乐等方面。

4084

湘西石刻古籍的形成及其功用浅谈[J]/李鸿雁,朱长菊.--民族论坛,2009,11:54－55

本文从载体材料、刻石工匠、传统意识和风俗习惯方面,论述了湘西石刻古籍形成的客观条件和主观因素,其功用主要体现在歌功颂德、记事纪念、抒情显能、言禁示行等。

4085

湘西土家族苗族自治州苗族古籍总目提要[M]/张应和,田仁利编.--北京:中央民族大学出版社,2009

本书收录苗族古籍条目820条,其中书籍类228条、铭刻类33条、文书类77条、讲唱类482条,从书名、卷数、作者、内容、版本、学术影响方面予以介绍。

4086

湘西土家族苗族自治州土家族古籍总目提要[M]/田仁利编.--北京:中央民族大学出版社,2009

本书收录土家族古籍条目882条,其中书籍类119条、铭刻类148条、文书类44条、讲唱类571条,从书名、卷数、作者、内容、版本、学术影响方面予以介绍。

4087

翔实博洽 后出转精——评周相录著《元积

年谱新编》[J]/聂永华.--唐都学刊,2005,06:46－49

本文从唐代文学家元积事迹补正、作品系年补正、辨订伪作、辑录佚作等方面,评述了河南师范大学教授周相录著《元积年谱新编》。

4088

《降魔变文》校注商补[J]/俞晓红,詹绪左.--安徽师范大学学报(人文社会科学版),2010,01:111－117

《降魔变文》又名《降魔变神押座文》,属敦煌变文之一种。本文从成书年代、文本内容、校勘标点、佛教常识、版本信息、旁引他证等方面,商榷了《降魔变文》校释中注而未确、校而未善未尽之处。

4089

项目式培训古籍修复人才——加快少数民族地区古籍修复人才培养的一个有效模式[A]/杨胜锋.--中国民族图书馆.第十一次全国民族地区图书馆学术研讨会论文集[C],沈阳:辽宁民族出版社,2010

本文从培训目标、培养模式、培训流程、培训内容、培训对象等方面,论述了项目式培训古籍修复人才,是加快少数民族地区古籍修复人才培养的有效模式。

4090

消渴古籍数字化研究势在必行[J]/章红英,刘宁,彭莉,赵飞,王秀英,李文刚,史青,梁贲,付永慈,齐佳.--时珍国医国药,2005,09:831－832

本文介绍了古籍数字资源建设的研究概况和消渴古代文献数字资源库建设现状,从专科疾病史、糖尿病临床研究、科技文献资源有效利用等方面,论述了消渴古籍数字化研究的必要性且势在必行。

4091

萧梁藏书机构考论[J]/陈德弟.--图书馆工作与研究,2010,03:55－58

本文介绍了萧梁藏书机构的创立背景、机构设置、处所分布的概况,从统治者治国理念、个人经历、兴趣爱好方面,考析了南朝时期萧梁王朝官府藏书事业兴旺发达的原因。

4092

萧衍著述摭录[J]/谭洁. --古籍研究,2006,02:275 – 285

本文就历史背景、书名卷数、文本特征、版本信息、他书载录、引用文献等方面,摭录梁武帝萧衍著述的流传、辑录情况。

4093

萧绎《金楼子》的版本及其写作时间[J]/杜志强. --文献,2004,01:43 – 50

《金楼子》是南朝梁元帝萧绎的著作。本文论述了该书的创作背景、作者生平、写作时间、文本内容和版本特征等。

4094

小残卷斋古书经眼录稿本三种述略——吴中藏书家吴慰祖事迹掇存[J]/李军. --书目季刊(在台湾地区发表),2009,03:9 – 31

本文介绍了吴中藏书家吴慰祖生平事迹;从古籍来源、书目信息、版本特征、牌记钤印等方面,考证复旦大学图书馆馆藏《善本书题识辑存》《历代书目杂钞》《书画录》三种稿本为吴氏小残卷斋旧藏。

4095

"小藏家"中的佼佼者——常熟赵氏旧山楼[J]/韩文宁. --中国典籍与文化,2000,02:32 – 35

我国私家藏书历史悠久,近代以瞿、杨、丁、陆"四大家"为巨,还有众多"小藏家",清代常熟赵氏旧山楼就是其中之一。本文介绍了赵氏藏书楼背景、格局、收藏、特色等,以及郑振铎先生搜寻抢救旧山楼藏《脉望馆抄校古今杂剧》的事迹。

4096

《小品方》残卷翻字与注释献疑[A]/沈澍农. --中华中医药学会. 中华中医药学会全国第十七届医古文学术研讨会论文集[C],2008

《小品方》是南北朝医家陈延所撰。本文从医学常识、文本内容、版本特征、校勘标点等方面,简述该书日本藏残卷刊行本中翻字、注释的错讹之处,并予以补正。

4097

小议古籍修复工作[J]/杨利群. --云南图书馆,2008,02:77 – 78

本文介绍了古籍保护的意义和古籍修复工作现状,从政府政策支持、加大资金投入、重视古籍修复、建设专业人才队伍等方面,提出了改进古籍修复工作的措施。

4098

《孝经注疏》研究[D]/陈一风. --华中师范大学,2003

《孝经》由唐玄宗李隆基注、北宋学者邢昺疏。本文研究探讨了唐以前《孝经》成书、流传状况;唐玄宗对《孝经》经文的正定;唐玄宗《孝经御注》文本内容;《御注孝经疏》注疏历程和《孝经注疏》的主要特点等。

4099

《啸赋》残卷校证[J]/金少华. --敦煌学辑刊,2007,02:160 – 167

《啸赋》残卷是较早公布的敦煌写卷之一。本文从成书年代、文本内容、版式特征、字形字义、旁引他证方面,综述了前人研究成果并作若干勘误。

4100

携手发掘藏文古籍的宝库[J]/阿华. --中国西藏(中文版),2003,02:54 – 55

本文综述了藏文古籍存藏现状、版式特色、藏文古籍开发,从加快古籍整理编目、建设藏文古籍数据库、培养民族古籍保护人才、重视数字化出版利用等方面,展望了未来工作。

4101

写本《甘珠尔》形成的历史分期及编纂问题考辨[J]/夏吾李加. --西藏研究,2009,03:67 – 79

《甘珠尔》为藏文大藏经之一部,写本《甘珠尔》是研究《甘珠尔》的重要史籍。本文尝试性地把写本《甘珠尔》划分为酝酿、形成、系统、艺术创造及修善积德四个编纂阶段予以阐述,对不同阶段写本《甘珠尔》编纂中存在的误区和疑难问题进行了考辨。

4102

写本与版刻之俗字比较研究[J]/蔡忠霖. --文学新钥(在台湾地区发表),2005,03:

139 – 155

本文综述了俗字采录、版本特征、文本内容和不同时代的俗字,对写本与版刻的俗字进行了比较研究,提出应建立系统、全面的俗字研究理论。

4103

写在《苏轼词编年校注》出版之后[**J**]/邹同庆,王宗堂. --书品,2003,03:44 – 52

《苏轼词编年校注》由邹同庆、王宗堂编撰,中华书局 2002 年出版。本文介绍了该书的编纂动机、成书历程、编排体例、校勘原则等。

4104

谢国桢文献学成就三论[**J**]/夏雪,王记录. --殷都学刊,2005,04:35 – 39

本文从版本学、目录学、文献学思想三方面,论述了版本目录学家谢国桢的学术成就。

4105

《谢朓集》版本渊源述[**J**]/(日)阿部顺子. --古籍整理研究学刊,2000,01:59 – 64

《谢朓集》是南齐诗人谢朓的诗集。本文从成书背景、内容特色、版本特征、递藏源流等方面,论述了《谢朓集》的版本渊源和从宋代到清代的版本流变过程。

4106

谢肇淛的著述及部分作品版本源流[**J**]/廖虹虹. --古籍研究,2009,S1:251 – 269

本文从创作背景、成书时间、文本内容、版本特征、递藏源流等方面,分史、子、集三类,探讨了明代诗人谢肇淛著述和部分作品的版本源流。

4107

谢肇淛及其《麈余》研究[**D**]/吴依珊. --成功大学(台湾地区),2005

《麈余》是明代诗人谢肇淛的著作。本文研究探讨了该书作者生平、学术背景、分类依据、艺术价值、审美追求等。

4108

谢肇淛《五杂组》版本述略[**J**]/廖虹虹. --五邑大学学报(社会科学版),2004,03:46 – 48

《五杂组》是明代诗人谢肇淛著作。本文从创作背景、文本内容、流传经历、历代版本梳理等方面,述略该书各版本之间的源流关系和变异情况。

4109

《谢榛全集》辨误[**J**]/李庆立. --古籍整理研究学刊,2002,01:79 – 84

《谢榛全集》是明代诗人谢榛的著作,2000 年经齐鲁书社点校出版。本文从成书背景、文本内容、收录范围、版本特点、校勘标点等方面,论述了该书前言、序跋、正文、附录佚诗佚文等存在的讹误。

4110

《谢榛全集》辨误(续一)[**J**]/李庆立. --古籍整理研究学刊,2002,02:64 – 69

(同上)。

4111

《谢榛全集》辩误(续二)[**J**]/李庆立. --古籍整理研究学刊,2002,03:60 – 66

(同上)。

4112

《谢榛全集》讹误举要[**J**]/李庆立. --聊城师范学院学报(哲学社会科学版),2001,02:100 – 113

《谢榛全集》是明代诗人谢榛著作,由齐鲁书社 2000 年点校出版。本文从前言、序跋、字体辨识、文章断句、正文校勘标点,误作佚诗重收漏收、附录错讹方面,列举订正该书存在的讹误。

4113

谢庄集校注[**D**]/韩丽晶. --东北师范大学,2006

本文论述了南宋文学家谢庄生平事迹、诗歌艺术、文学价值、学术贡献等,并对其现存的诗文作校注。

4114

《解州版金藏》募刻的重要文献——《雕藏经主重修大阴寺碑》[**J**]/王泽庆. --佛学研究,2002,00:320 – 327

山西绛县太阴寺存有元代绛州地方官民所立《雕藏经主重修大阴寺碑》,记载了金代募刻大藏经的简要经过。本文介绍了该碑地理位置、文字特征、碑文内容、记录史实等，评述其对考证《解州版金藏》，即《赵城金藏》的学术价值。

4115

《心经》索引典建置之研究［**A**］/释自衍. --文献与资讯学术研讨会论文集（在台湾地区发表）［**C**］,2001

《心经》是大乘佛法教义总纲。本文透过经文分析,撷取经文重要概念,依词汇的等同关系、阶层关系、关联关系建置《心经》索引典,探讨佛教索引典的编制对佛学研究的重要性。

4116

《欣赏编》版本考辨［**J**］/张秀玉. --图书馆界,2010,01:6 - 8

《欣赏编》为明代弘治至正德间沈津所编丛书。本文介绍了成书背景、作者生平、择选原则、版式特征、流传过程等,考辨《欣赏编》正德本、嘉靖本、万历本等历代版本演变情况和传承关系。

4117

《新安旌城汪氏家录》初探［**J**］/汪庆元. --文献,2003,04:28 - 35 + 47

《新安旌城汪氏家录》为元代徽州家谱,现藏安徽省博物馆。该书已为《中国古籍善本书目·史部》著录,但界界对其内容尚不甚了解。本文介绍了该家谱的编制年代、编撰动机、著述体例,并就其史料价值和学术价值作初步探讨。

4118

新安医籍数字化整理的必要性和可行性［**J**］/汪沪双. --中国中医药信息杂志,2005,09:111 - 112

新安地处江南一隅,辖皖南诸县和江西婺源等,历代名医辈出,传世之医籍甚多,形成中国医学史上"新安医学"一脉,目前存世的有近500部。本文介绍了新安医籍的存藏现状,论述了利用数字化技术整理新安医籍的必要性和可行性。

4119

《新安志》志源考述［**J**］/肖建新. --安徽师范大学学报（人文社会科学版）,2007,351:70 - 75

南宋学者罗愿《新安志》是在南北朝以后地记、图经,尤其是北宋大中祥符《新图经》的基础上修撰而成的,它继承了地记、图经地理记载的传统,又打破其局限,特别是增加历史文化内容,使地方志不断完善,走向成熟。

4120

新版《墨子间诂》点校献疑［**J**］/张笛,庄斌. --烟台教育学院学报,2004,03:23 - 27

《墨子间诂》由清代经学家孙诒让著、孙以楷点校。中华书局于2001年出版了《墨子间诂》新点校本,与1986版点校本相比,点校质量有明显提高,但仍存在一些可商榷之处。本文梳理了新点校本的讹误之处,包括标点不确、引文不明、体例不一等。

4121

新版《仪礼注疏》校点讹误举隅［**J**］/张文. --儒家典籍与思想研究,2010,00:296 - 313

《仪礼注疏》由汉代经学家郑玄注、唐代经学家贾公彦疏;新版点校本,由当代学者王辉点校,上海古籍出版社2008年出版。本文从文本内容、引用文献、标点断句、校勘讹误、注释疏漏等方面,梳理了该书存在的校点讹误。

4122

新编《贵州省古籍联合目录》概述［**J**］/罗丽丽,陈琳. --贵州文史丛刊,2007,04:87 - 89

本文介绍了根据贵州省各大图书馆馆藏古籍编制而成的《贵州省古籍联合目录》的收录范围、类目设置、著录内容和编排体例等,以及这部工具书在古籍研究和整理过程中的作用。

4123

新编《天津图书馆古籍善本书目》概述［**J**］/白莉蓉. --图书馆工作与研究,2005,02:41 - 43

本文概述了《天津图书馆古籍善本书目》的编制经过、书目特点、收录范围、类目设置、著录内容等。

4124

《新编新注十三经》刍议[J]/袁行霈.--北京大学学报(哲学社会科学版),2009,02:5-10

作者认为,今传《十三经》有一个漫长的形成过程,其间经过多次变动。本文将《十三经》的形成过程作一简要的论述。

4125

《新定书仪镜》相关问题的探讨——附论其他书仪写卷的缀补[J]/黄亮文.--敦煌学(在台湾地区发表),2008,27:435-457

书仪是古代知识分子日常生活中的书信范本和仪节制度,《新定书仪镜》为唐代学者杜友晋著作。本文以该书写卷为中心,探讨了写卷缀合、内容范围、版本系统问题,附论了其他书仪写卷。

4126

新发现的两部太谷学派遗书[J]/王明发.--中国典籍与文化,2002,01:68-73

新发现的两部清太谷学派遗书是南京博物院图书馆藏、刘厚泽捐赠的《周氏遗书》和南京古籍书店藏、刘慎诒抄本《太谷经》。本文从收藏来源、文本内容、版式特征、递藏经历等方面,论述了两书的原始概貌、传承关系和异同之处。

4127

新发现的柳亚子辑《分湖诗钞》[J]/张明观,柳光辽.--南京理工大学学报(社会科学版),2007,05:85-88

本文介绍了上海图书馆古籍部新发现的柳亚子辑《分湖诗钞》手稿的内容和编排,并考证了柳亚子编辑这部手稿的时间及未能定稿印行的原因。

4128

新发现的王十朋、朱熹佚文及其文献价值[J]/周洪才.--古籍整理研究学刊,2005,03:45-47

清《禹山仁村竹氏宗谱》所载南宋王十朋《东海竺氏家谱序》、宋代朱熹《宋驸马淮宁伯文甫竺公行状》是未见于二人文集和年谱的重要佚文,对堪补《宋史》《嵊志》和二人文集、年谱之缺,研究嵊县(今嵊州市)禹山仁村竺氏姓源变迁和朱熹政治思想倾具有文献价值。

4129

新发现湖北《茅田王氏宗谱》所存冯京等宋人佚诗文辑考[J]/王娇,王可喜.--古籍整理研究学刊,2008,02:50-52

本文考证新发现湖北《茅田王氏宗谱》自宋淳熙戊戌年(1178)至民国辛巳年(1941)凡13次续修,完整连续;该谱所存冯京、王厚、王彦融等宋人诗文未被《全宋诗》《全宋文》所录,甚为珍贵。

4130

新发现清人日记手稿及其文献价值[J]/李青枝.--兰台世界:下半月,2010,10:63-64

本文概述了新发现清人《张修府日记》手稿版本情况,揭示日记内容,并举例论证其文献价值。

4131

《新辑搜神记 新辑搜神后记》编辑感言[J]/周旻.--书品,2007,04:78-81

晋代史学家干宝撰《搜神记》,晋代文学家陶潜撰《搜神后记》,南开大学教授李剑国辑录二书编撰《新辑搜神记 新辑搜神后记》,中华书局2007年出版。作为该书责任编辑,本文作者发表编辑感言,从内容、体例、语言风格、推论思路等方面,评述了该书的文学价值和学术价值。

4132

新技术在古文献保护方面的应用[J]/陈修英.--图书情报工作,2001,06:82-84

本文论述了丝网加固、纸张脱酸、防虫防霉、字迹保护等原生保护技术和影印出版、缩微、数字化等再生保护技术在古文献保护方面的应用。

4133

新见古籍《五溪苗族古今生活集》略述[J]/胡彬彬.--民族研究,2010,06:101-103

抄本《五溪苗族古今生活集》是记述五溪地区(即今湘桂黔边界苗族聚居地区)历史的重要资料,民国陈心传编著,现藏湖南邵阳松坡图书馆。作者观览此书之后，深觉其价值，遂以本文对此书作者、成书经过、文献价值等作了考索引申，介绍于学界。

4134

新疆少数民族古籍保护工作对策［J］/艾尔肯·买买提. --西域图书馆论坛,2009,02:13－15

本文概述了新疆少数民族古籍存藏现状和保护意义,针对存在的问题,提出增强古籍保护意识、改善存藏环境、加大资金投入、培养专业从业人员、引入先进保护技术等对策。

4135

新疆少数民族古籍论文选编［C］/贺忠德主编;新疆少数民族古籍办公室编. --乌鲁木齐:新疆人民出版社,2005

本书收录了《新疆俄罗斯族文学》《古代和田塞语》《新疆回族民歌概说》《清代新疆历史满文档案及其整理出版工作》等文。

4136

《新疆图志·艺文志》舛误举证［J］/高健. --新疆地方志,2004,02:13－15

《新疆图志》由清末新疆布政使王树楠纂;《新疆图志·艺文志》由清华承谟撰,汇集了魏晋至清末有关新疆历代著述79种,是一部中国传统解题式书目。由于《新疆图志》舛误较多,尤以《艺文志》为最,本文在前人勘误基础上,就所见又作考订。

4137

新疆宗教古籍资料辑注［M］/贺灵编. --乌鲁木齐:新疆人民出版社,2006

本书辑录了新疆地区传说、档案、游记、方志、手抄本、调查记录、萨满神谕等多种古籍文献,反映了当地原始信仰萨满教、袄教、西域佛教、摩尼教、伊斯兰教、藏传佛教等教派概貌。

4138

新旧唐书经籍艺文志失载唐人著述考［J］/莫道才. --古籍研究,2004,02:223－225

本文作者读《旧唐书》之人物纪传,见其中多叙及唐人所著书之状况,检之《经籍志》（简称《旧志》）及《新唐书·艺文志》（简称

《新志》）,尚有失载者,计26种。

4139

新旧唐书经籍艺文志所载书名变异考——《唐人著述考》之一［J］/莫道才. --常德师范学院学报（社会科学版）,2001,06:83－86

本文通过比对晋《旧唐书》人物纪传与《经籍志》及北宋《新唐书·艺文志》,得新旧唐书经籍艺文志所载唐人著述名称与原书名有所变异者48种。

4140

新框架下的图书馆古籍工作［J］/陈琳. --图书馆建设,2003,03:99－100

本文通过对古籍分类、编目、读者服务等项业务工作的阐述,说明古籍工作人员应当具备相应的业务素质,才能做好各项基础业务工作。

4141

《新列国志》与《列国志传》的比勘［J］/聂付生. --明清小说研究,2000,01:192－193

《新列国志》是明代文学家冯梦龙在《列国志传》基础上改编而成的一部通俗历史小说。本文从作者生平、创作背景、文本内容、改编过程、故事细节、史料引用等方面,比勘《新列国志》与《列国志传》的异同之处和承续关系。

4142

新善本《辛亥庚戌剧目》考论［J］/谷曙光. --文艺研究,2009,06:160－163

《辛亥庚戌剧目》是清末京剧表演艺术家谭鑫培宣统年间演出剧目汇编。本文从创作背景、演出年代、剧目内容、表演艺术、名家题跋等方面,考论了《辛亥庚戌剧目》的学术价值。

4143

新时期安徽古籍整理出版的成就与特点［J］/诸伟奇. --安徽文献研究集刊,2004,01:1－4

本文介绍了安徽省古籍存藏现状,从古籍整理建制完善、遵循古籍整理规律规范、重视图书质量、强调持续推进等方面,概述了新时期安徽古籍整理出版的成就与特点。

4144

新时期古籍的整理与出版[J]/赵晓鹏、张安国. --运城高专学报,2000,01:46 – 47

本文从指导思想、整理分类、编制体例、学术研究等方面,概述了中华人民共和国成立以来我国古籍的整理出版工作现状和取得成就。

4145

新时期古籍修复专业的办学定位与人才培养方案[J]/葛怀东. --新世纪图书馆,2007,06:69 – 70 + 90 + 2

为适应古籍保护工作的需要,金陵科技学院与南京图书馆联合办学,共同培养古籍修复人才。本文从古籍修复专业的办学定位与人才培养方案两方面,探讨了新时期古籍修复人才的培养模式。

4146

新时期广东省少数民族古籍工作思路初探[J]/张菽晖. --广东技术师范学院学报,2006,01:17 – 21

本文总结了广东省民族古籍整理工作取得的成绩,针对存在的困难与问题,提出争取各级党政领导的重视支持、强化组织机构建设、建立高素质的专业队伍、加强协调交流、加速古籍保护和抢救工作等解决对策。

4147

新时期民族高校图书馆古籍工作略论[J]/易志亮. --内蒙古科技与经济,2009,13:142 – 143

本文从古籍工作对人员的特殊要求、古籍存储与传输、特色馆藏的开发利用和管理、读者服务基本策略等方面,论述了新时期民族高校图书馆古籍工作。

4148

新时期民族古籍工作发展的探索与思考[J]/陈乐基. --贵州民族宗教,2005,01:41 – 43

本文分析了贵州省古籍存藏情况,从深化对民族古籍工作重要性认识、树立科学发展观、加强民族古籍全方位工作、推进民族文化繁荣发展等方面,探讨了新时期民族古籍

工作现状和未来发展。

4149

新时期音韵古籍整理的简要回顾与思考[J]/李无未. --古籍整理研究学刊,2002,06:30 – 33

本文论述了新时期音韵古籍整理现状,认为编制整理规划、编写《汉语古今字音总汇》、调查已佚音韵古籍、影印罕见音韵古籍、总结音韵古籍整理理论、培养人才等工作刻不容缓。

4150

新时期壮族古籍整理回顾[J]/黄桂秋. --百色学院学报,2010,04:44 – 50

本文从整理机构酝酿建立、整理工作全面开展、整理成果结集出版、跨省区协作、学术理论研究等方面,回顾了新时期壮族古籍整理工作。

4151

新世纪古籍整理的丰硕成果——评校订本《册府元龟》[J]/刘红儒. --苏州大学学报(哲学社会科学版),2008,06:120 – 121

《册府元龟》由宋代学者王钦若等编修,其校订本由南京大学教授周勋初主编,凤凰出版社2006年出版。本文从校勘、标点、索引等方面,论述了该书的整理特色。

4152

新世纪图书馆古籍数字化的几个问题[J]/宫爱东. --图书馆学刊,2000,01:18 – 20

本文从可能性、汉字库、检索工具、检索方式等方面,论述了新世纪图书馆古籍数字化的现状,针对存在的缺乏机构领导、经费支持、协调机制等问题,提出加强组织领导、联合开发、加大经费保障等对策建议。

4153

《新唐书》点校本修订刍议[J]/武秀成. --古籍整理研究学刊,2008,02:27 – 32

本文分析了《新唐书》中华书局2000年点校本存在的校勘不够精审,漏校甚多;校勘分寸拿捏不当,部分校记尚需斟酌;校改原则把握不严等问题,运用本校与他校的方法,在充分吸取前贤和当代学者有关校点考订成果

的基础上,撰写了新的校记,以期就教于方家。

4154

新文化进程中的古籍整理——以20世纪早期商务印书馆的古籍整理为考察中心[D]/徐晓琴. --上海大学,2009

本文从成立背景、发展历程、编印重点、整理方法、出版成果等方面,考察了20世纪早期商务印书馆的古籍整理工作,旨在观照新文化运动进程中的古籍整理及其意义。

4155

新形势下高校图书馆古籍保护工作面临的问题与对策[A]/何艳艳. --中国图书馆学会古籍整理与文献保护专业委员会、国家古籍保护中心. 全国图书馆古籍工作会议论文集(2008·天津)[C],北京:国家图书馆出版社,2009

本文介绍了目前高校图书馆古籍保护工作现状,分析该项工作面临的馆舍条件差、管理不到位、专业人才少等问题,提出加大资金投入、改善存藏环境、加强古籍管理、培养后备人才等对策。

4156

《新序》校诂商补[D]/牛和林. --曲阜师范大学,2009

《新序》是西汉目录学家刘向的著作。本文从校勘方法、钩沉古注、考释异文、疏通语法、辨析字形、审视文例等方面,讨论了该书各校注本的可商榷之处。

4157

《新语》校注补义[J]/李若晖. --古籍整理研究学刊,2002,06:62 – 66

陆贾《新语》是西汉初年的重要著作,但历来研究者甚少。近年王利器先生汇旧注古本,撰为《新语校注》一书,甚为精当。本文从校勘、注释两个方面对王著进行了补正。

4158

新中国成立之初对文献典籍的抢救和保护(上)[J]/谭华军,徐雁. --图书馆,2003,01:89 – 91

本文综述了新中国成立之初对文献典籍

抢救和保护工作业绩,包括在战火中抢救和保护文化典籍,百废待兴之际成立文物保管委员会,废旧纸堆中抢救文献典籍,到全国各地搜购古旧书刊资料,郑振铎抢救和保护文献典籍卓越建树。

4159

新中国成立之初对文献典籍的抢救和保护(下)[J]/徐雁,谭华军. --图书馆,2003,02:90 – 93

(同上)。

4160

《新中国出土墓志·重庆卷》校补及研究[D]/季芳. --西南大学,2008

《新中国出土墓志·重庆卷》由中国文物研究所编著,文物出版社2002年出版。本文从校勘方法、讹误原因、类型等方面,研究校补了该书所载墓志释文中存在的问题。

4161

新中国古籍整理出版工作的回顾与展望[N]/杨牧之. --中国新闻出版报,2003 – 09 – 15003

本文从古籍整理出版事业曲折前行、古籍整理出版成绩斐然、古籍整理出版面临的形势和任务、古籍整理出版工作任重而道远等方面,回顾和展望了新中国古籍整理出版工作。

4162

新中国图书馆的古籍整理与保护[J]/李致忠. --图书馆杂志,2009,06:3 – 10

本文从时代背景、形成原因、发展历程,介绍了新中国成立后我国图书馆界出现的三次古籍整理高潮;从古籍原生性保护、再生性保护方面,论述了当前图书馆古籍整理与保护的状况。

4163

新中国中医古籍出版工作概述[J]/刘从明. --贵阳中医学院学报,2008,05:1 – 3

本文从中华人民共和国初期、"文革"后、新时期三个历史分段,概述了中华人民共和国成立至今我国中医古籍出版工作,提出加强政府政策支持、加大资金投入、强化保护理念、重视人才队伍等发展建议。

4164

新中国中医文献整理研究工作简要回顾[J]/张灿玾. --中医文献杂志,2003,03:49 - 51

　　本文从指导思想、时代背景、机构建设、项目规划、整理成果等方面,回顾了中华人民共和国成立以来中医文献整理研究的基本概况。

4165

新中国 60 年古籍整理与出版[J]/卢有泉. --编辑之友,2009,10:35 - 38

　　本文回顾了中华人民共和国成立60年来我国古籍整理出版事业的历程,分析了古籍出版大众化的趋势,从报纸宣传、电视传播、网络出版等方面,论述了古籍整理出版与现代媒介的关系。

4166

新资料《稗家粹编》的研究价值[J]/向志柱. --文学遗产,2007,06:139 - 142

　　《稗家粹编》现存明万历年文会堂刻本,堪称海内外孤本。《北京图书馆古籍珍本丛刊》卷八十收录。全书八册八卷,卷首题"钱唐胡文焕德甫选辑;友人庄汝敬修甫编次;侄孙光盛校正"。本文讨论了《稗家粹编》编选目的和研究价值。

4167

邢澍著述考辨[J]/漆子扬. --古籍整理研究学刊,2000,03:59 - 64

　　本文考辨了清代目录学家邢澍著述的基本内容、学术价值、版本源流和存佚情况。

4168

《型世言评注》补正[J]/王锳. --汉语史学报,2010,00:10 - 16

　　《型世言》是明代陆人龙所撰,经学者王锳评注,1999 年由新华出版社出版。本文从创作背景、文本内容、校勘标点、漏注误注等方面,讨论了该书存在的评注讹误。

4169

《型世言评注》再补[J]/程志兵. --山东理工大学学报(社会科学版),2009,06:65 - 68

《型世言》是明代陆人龙所撰,经学者王锳评注,1999 年由新华出版社出版。本文从词语注释、文字校勘、断句标点等方面,讨论了该书所存在的可商榷之处。

4170

《醒世姻缘传》的三处标点和注释[J]/秦存钢. --现代语文(语言研究版),2007,02:89

　　《醒世姻缘传》是清小说家西周生的作品,经中国人民大学教授黄肃秋点校,1981 年由上海古籍出版社出版。本文讨论了该标点注释本三处校勘、标点的讹误。

4171

《醒世姻缘传》黄注辨疑——与黄肃秋先生商榷[J]/宋立堂. --温州师范学院学报(哲学社会科学版),2006,03:76 - 78

　　《醒世姻缘传》是清小说家西周生的作品,经中国人民大学教授黄肃秋点校,1981 年由上海古籍出版社出版。本文从时代背景、字形字义、俗语用法、地方方言等方面,商榷、辨疑该书误注漏注问题。

4172

《醒世姻缘传》注释商榷[J]/张泰. --蒲松龄研究,2000,02:110 - 119

　　《醒世姻缘传》是清小说家西周生的作品,经中国人民大学教授黄肃秋点校,1981 年由上海古籍出版社出版。本文从时代背景、方言用法、字音字义、引用他证等方面,讨论了该书注释中存在的讹误。

4173

杏雨书屋藏《本草品汇精要》传本考[A]/肖永芝,黄齐霞. --陶广正、王杰、柳长华.第七届全国中医文献学术研讨会 医论集粹[C],香港:亚洲医药出版社(香港地区),2004

　　杏雨书屋位于日本大阪,系日本武田科学振兴财团私立图书馆,以收藏东亚医药古籍著称。该书屋收藏有丰富的中日两国本草书籍,中国明代著名《本草品汇精要》弘治原本即收藏于此。本文从成书年代、文本内容、版本特征、递藏源流方面对传本进行了考证。

4174

修复·鉴赏两相宜——记天津图书馆为北

京市文物局修复的一批珍本古籍[J]/万群. --
图书馆工作与研究,2006,02:70 - 72

本文以天津图书馆为北京市文物局修复
的一批珍本古籍为例,结合具体修复实践,探
析古籍修复与鉴赏的关系,进而提升了传统
意义上古籍修复的内涵。

4175

秀才必读——谈南宋广都本《六家文选》
[J]/吴璧雍. --"故宫"文物月刊(在台湾地区
发表),2005,273:40 - 45

宋代将唐代文臣吕延济、刘良、张铣、吕
向、李周翰《文选》注释与唐李善《文选》注合
于一书,即《六家文选》。本文从台北"故宫"
博物院藏宋绍熙后广都裴氏刊本入手,探讨
了李善注和五臣集注的编辑、合刻、钤印与传
存等问题。

4176

徐复先生对古文献学的贡献[J]/王华宝. --
古籍整理研究学刊,2000,06:63 - 64 +61

本文评述了我国现当代国学大师徐复的
治学特点和主要成就:以语言学治文献学;总
结规律、归纳条例以指导整理文献;继承学术
传统,强调会通求实创新;精核考证名物、典
章制度进行综合研究;弘扬学术文化精神,端
正学术发展方向等。

4177

《徐复传》版本考[J]/邹陈惠仪. --古籍整
理研究学刊,2004,01:90 - 93

《徐复传》是北宋著名文学家曾巩创作的
一篇传记。本文从创作背景、作者生平、文本
内容、版本信息等方面,分析考证了曾巩《隆
平集》、南宋历史学家李焘《续资治通鉴长
编》、南宋历史学家王称《东都事略》、元代政
治家脱脱《宋史》等不同版本。

4178

徐乃昌古籍丛书编纂的成就及特点[J]/张
敏慧. --安徽师范大学学报(人文社会科学
版),2002,01:72 - 74

本文论述了学者徐乃昌编纂、刊刻古籍
丛书的特点,包括:注重影刻宋元旧本、留心
清代学者研究著述、重视丛书刊刻的专门化、

刊刻与编纂的统一等。

4179

徐乃昌刻书的文化价值和意义[J]/张敏
慧. --图书与情报,2006,02:123 - 126

本文从时代背景、文本内容、选书原则、
版本特征、学术价值等方面,介绍了学者徐乃
昌刻书的文化价值和意义。

4180

《徐文长文集》与《徐文长三集》的读者之争
及其版本问题[J]/付琼. --古籍整理研究学
刊,2004,03:37 - 42

《徐文长文集》《徐文长三集》是明代文学
家徐渭的著作。本文论述了两书的学术价值
和传承关系,通过考察《文集》与《三集》在万
历后期的读者之争,得出了关于其版本关系
及版本优劣的结论。

4181

徐行可先生捐藏祭[J]/冯天瑜. --图书情报
论坛,2010,03:6 + 35

湖北省图书馆历史悠久、馆藏渊富,其丰
厚藏书重要来源之一,是湖北藏书家的奉献,
其中献书数量巨大、质量上乘莫过徐行可先
生。其贡献的 10 万册藏书中,古籍善本批校
本、抄稿本近万册,不乏海内孤本。本文高度
评价了徐先生及后人变家藏为国藏,发挥天
下之公器不朽功能的功德。

4182

徐元诰《〈国语〉集解》刊误[J]/俞志慧. --
古籍整理研究学刊,2008,04:39 - 42

《国语》相传是春秋时期左丘明所撰的一
部国别体著作;《〈国语〉集解》为民国学者徐
元诰撰。本文析出徐元诰《〈国语〉集解》一书
讹误140 余条,逐一校正,其中个别问题的是
印刷时偶误,也有少量标点问题,更多则是与
原文有出入或是断句问题。

4183

许瀚与《攀古小庐收藏镜铭》[J]/梁爱
民. --河南图书馆学刊,2010,04:138 - 139

许瀚是清代著名朴学家、校勘学家、金石
学家,由于生活贫困、地位较低,其著作生前
大多没有刊行,经后人整理后流传。《攀古小

庐收藏镜铭》即是他未曾出版的著述之一,此书在各种有关许瀚的著作中未见著录。本文对该书作了简要介绍。

4184

许景衡的文集及佚作[J]/陈光熙.--古籍整理研究学刊,2008,01:32 – 35

宋代学者许景衡文集《横塘集》原有 30卷,明中叶以后散佚不传。清乾隆间编《四库全书》,从《永乐大典》中辑出 20 卷,缺佚颇多。本文探讨了许景衡文集及佚作的保存流传和辑佚情况。

4185

许浚与《东医宝鉴》[J]/朱建平.--中国中医基础医学杂志,2009,01:11 – 12

《东医宝鉴》由朝鲜李氏王朝医家许浚于1610 年编著,是韩医学引进中医学并开始本土化的代表性著作。此书主要依据中国医书,然而经过编纂则形成了独有的风格。本文介绍了《东医宝鉴》的编纂与流传,及其重要的文献价值和史学研究价值。

4186

许任《针灸经验方》及其流传[J]/王宗欣.--中华医史杂志,2002,03:18 – 20

《针灸经验方》由朝鲜太医许任著,成书于 1644 年。这是朝鲜针灸史上一部重要著作,清代廖润鸿编《勉学堂针灸集成》,收载了《针灸经验方》全部内容,该书对中国针灸产生过一定影响。本文介绍了该书创作背景、作者生平、文本内容及其流传情况。

4187

许印林之方志学述评[J]/丁原基.--应用语文学报(在台湾地区发表),2001,03:39 – 76

本文评述了清代书法家、校勘学家许瀚(字印林)方志学成就,包括:重视吸纳前人研究成果、关注当地地理沿革、强调全面而周到地采集资料、重视所编方志的实用价值等。

4188

《续经籍籑诂》后序[J]/白兆麟.--古籍研究,2002,02:1 – 1

《续经籍籑诂》由古籍学家吴孟复总撰,安徽省 6 所高校 23 位老中青教师通力合作,

历经 14 个寒暑完成,安徽教育出版社出版。本文概述了编撰《续经籍籑诂》的经历。

4189

续往哲之性命 遗来学以轨辙——述《罗雪堂合集》特色与价值[J]/萧文立.--古籍整理研究学刊,2007,05:96 – 96

西泠印社版新编《罗雪堂合集》收录学术论著 171 种,包括文集 16 种,专著 155 种,新编书信集 3 种。本文阐述了该书的编纂过程、收录范围、写作特色和学术价值。

4190

《续文献通考·选举考·金登科总目》订补[J]/杨寄林.--古籍整理研究学刊,2003,05:55 – 58

《续文献通考·选举考·金登科总目》是明代学者王圻所撰。本文考察了该书存在漏编、误编、汗漫、校勘讹误问题计 18 处,予以订补。

4191

《续修四库全书》是怎样"修"成的[J]/李国章,王兴康,吴旭民,水赉佑.--编辑学刊,2002,05:49 – 52

本文概述了由《续修四库全书》编委会编、上海古籍出版社 2002 年出版的《续修四库全书》的出版动机、编辑过程和治学态度。该书共 5300 余种,沿袭《四库全书》体例,经部 260 册,史部 670 册,子部 370 册,集部 500册。用绿、红、蓝、赭四色装饰封面。

4192

《续修四库全书》与《四库全书》[J]/顾关元.--国文天地(在台湾地区发表),2000,187:35 – 36

本文从时代背景、政治导向、收书范围、择选原则、学术取向等方面,分析了《四库全书》优秀著作应选录而未予入选的原因,阐述《续修四库全书》的文化意义。

4193

《续修四库全书总目提要》辨正十六则[J]/赵嫄.--上海高校图书情报工作研究,2008,01:58 – 60

《续修四库全书总目提要》是中国近代学

术史一项浩繁的文化工程。该书收录古籍条目34096种,数量超过《四库全书总目》,自齐鲁书社影印问世以来,受到学术界一致好评。由于未经最后整理,讹误不少,本文就笔者所见讹误16则,予以辨正。

4194

《续修四库全书总目提要》辨证十六则[J]/李淑燕. --版本目录学研究,2009,00:365 – 368

本文从《续修四库全书总目提要》所收书的作者字号、籍贯、及第时间,书的卷数、版本等方面,析出该书舛讹16则,予以辨证。

4195

《续修四库全书总目提要》订误[J]/程远芬. --澳门文献信息学刊(在澳门地区发表),2010,02:43 – 46

《续修四库全书总目提要》(齐鲁书社影印稿本)是继《四库全书总目》之后一部重要的大型提要式古籍目录,但是未经统一删削整理,存在重复、抵触、讹误之处。本文举例予以说明订正。

4196

《续修四库全书总目提要》订误[J]/王爱亭,崔晓新. --图书馆学刊,2009,02:86 – 88

《续修四库全书总目提要》是继《四库全书总目》之后的一部大型古籍提要目录。本文就齐鲁书社影印稿本中所见若干错误进行辨正。

4197

《续修四库全书总目提要》订误七则[J]/杜季芳. --图书馆杂志,2007,02:80 + 96

本文以齐鲁书社与中国科学院图书馆1996年合作出版的《续修四库全书总目提要》影印稿本第29册为对象,从文本内容、校勘句读、旁引他证、注释讹误方面,订误7则。

4198

《续修四库全书总目提要》订误十二则[J]/路子强. --山东图书馆学刊,2009,01:95 – 96

《续修四库全书总目提要》(稿本)这部提要式目录,是研究传统学问所必备之书,因此对其中的错讹进行考订就很有必要性。本文

通过查询原书或参考众家书目,就所发现的12则进行了订误。

4199

《续修四库全书总目提要》(稿本)"永嘉丛书"条辩正[J]/李海英. --图书馆杂志,2001,05:63 – 63

本文以齐鲁书社与中国科学院图书馆1996年合作出版的《续修四库全书总目提要》影印稿本"永嘉丛书"条为对象,从时代背景、作者生平、文本内容、文献考证方面,与作者商榷。

4200

《续修四库全书总目提要·经部》"尚书类"断句谬误举例[J]/郑裕基. --中华技术学院学报(在台湾地区发表),2006,35:23 – 51

《续修四库全书总目提要·经部》1993年由中华书局出版。本文从创作年代、书名、人物字号、行文体例、俗语套用、引文出处讨论了该书存在的谬误,包括讹甲字为乙字、讹专称为通称、忽略检核原书等。

4201

《续修四库全书总目提要》举正[J]/王爱亭. --图书馆杂志,2006,11:79 – 80 + 66

本文以《续修四库全书总目提要》影印稿本为对象,举证在书名、朝代、体例、引文、校勘标点、版本信息方面存在的讹误。

4202

《续修四库全书总目提要》明代楚辞学著作提要补考[J]/陈炜舜. --书目季刊(在台湾地区发表),2007,03:41 – 52

本文以《续修四库全书总目提要》明代楚辞学著作提要为对象,考察其书籍内容失察、误解史料、征引讹误、叙述未清等问题,予以补正。

4203

《续修四库全书总目提要》正误[J]/李淑燕. --图书馆学刊,2009,07:96 – 98

本文以《续修四库全书总目提要》影印稿本为对象,考察其书名、卷数、著者、创作年代、主要内容、引用文献方面存在的讹误,并予以补正。

4204

续修四库提要的四种版本[J]/潘树广. --古籍研究,2001,01:1-2

本文从时代背景、创作动机、项目成员、编纂过程、内容特色、学术价值等方面,分析比较了台湾商务印书馆、中华书局、齐鲁书社与中国科学院图书馆、上海古籍出版社《续修四库全书总目提要》4种版本的异同。

4205

《续资治通鉴长编拾补》点校疑误[J]/何新所. --古籍整理研究学刊,2006,04:59-63

《续资治通鉴长编拾补》清代学者黄以周等辑著,经上海师范大学古籍研究所研究员顾吉辰点校,2002年由中华书局出版。本文讨论了点校本在标点、排印、史实校勘方面的疑误。

4206

《续资治通鉴》讹误考校举例[J]/郝润华. --古籍整理研究学刊,2001,04:51-54

《续资治通鉴》清代学者毕沅编修,经历史学家容肇祖、聂崇岐点校,1999年由中华书局出版。本文从文字讹误、脱文、衍文、倒文方面,举例说明点校本中存在的讹误,并予以纠谬。

4207

《续资治通鉴》西夏史事点校疑误举隅[J]/刘正平. --宁夏社会科学,2002,03:87-89

本文以容肇祖、聂崇岐点校,中华书局1999年出版的《续资治通鉴》为对象,举例说明该点校本"西夏史事"存在的误标、失校、错改、错补、脱漏等点校失误。

4208

《轩辕黄帝传》考[J]/张固也. --社会科学战线,2008,05:79-83

《轩辕黄帝传》是现存最完整的黄帝传记,清初以来一直被认为是南宋之作。本文从创作背景、文本避讳、制度规范、版本特征、引用情况等方面,考证了佚名所著《轩辕黄帝传》的创作时间当为唐代初期。

4209

宣化图书馆藏明代《博古图》浅议[J]/张晓敏. --文物春秋,2006,02:76-78

《博古图》是南宋画家刘松年所绘。本文从绘本特征、历史意义、学术价值、艺术成就等方面,考述新发现的张家口市宣化区图书馆藏明代嘉靖七年(1528)重刻《博古图》,是一部保存完整、传世不多、非常珍贵的善本古籍。

4210

《玄怪录》新校本与《稗家粹编》本异文[J]/向志柱. --书品,2007,01:80-86

《玄怪录》是唐代文学家牛僧孺所撰,当代点校者不乏其人。本文分析比较了新版程毅中点校本(中华书局2006年)与明代胡文焕《稗家粹编》本的异同。

4211

玄笈秘囊 芸香馥郁——《古籍善本》自序[J]/陈先行. --图书馆杂志,2004,01:68-71

《古籍善本》陈先行著,2009年由台湾猫头鹰出版社出版。本文为陈先行先生为《古籍善本》所做的序言,论述了善本内涵和价值认知等问题。

4212

玄应《一切经音义》版本考[J]/于亭. --中国典籍与文化,2007,04:38-49

《一切经音义》是唐代僧人释玄应所编。本文从版式、用字、字形、文本、被释辞目经目差异、版本系统源流等方面,考证了该书高丽藏本、赵城广胜寺金藏本、宋碛砂藏本、明永乐南藏本的异同。

4213

玄应《一切经音义》写卷考[J]/徐时仪. --文献,2009,01:30-41

唐释玄应所撰《一切经音义》,共25卷,是现存最早的集释众经的佛经音义。本文考辨了该书写卷与刻本的异同、传承源流关系和学术价值。该书成书后存于释藏,并有传抄本流行。

4214

玄应《一切经音义》异文研究[D]/姜良芝. --浙江大学,2008

唐释玄应《一切经音义》又称《玄应音

义》,是佛藏中的经典文献。该书成书后辗转传抄,版本众多,形成了大量异文。本文论述了作者以此书所见版本异文为研究内容,发掘《玄应音义》异文的学术价值。

4215

《玄应音义》研究[D]/徐时仪. --上海师范大学,2003

唐释玄应《玄应音义》成书之后,一直存贮于释藏之中,其价值远未为人们充分认识,直到清代才开始对此书的研究和利用。从词典学角度看,收词、注音、释义是该书最重要的几部分。本文围绕收词和释义,从结构、内容、作用意义三个方面展开研究。

4216

玄应《众经音义》的成书和版本流传考探[J]/徐时仪. --古籍整理研究学刊,2005,04:1-6

唐释玄应所撰《众经音义》实际上尚是一部未及完成的初稿,其成书年代涉及玄应的卒年。本文在逐字比勘《众经音义》现存各本的基础上,考证了《众经音义》的成书年代和传抄刊刻及早期版本。

4217

学存文献 功在乡邦——《吴孟复安徽文献研究丛稿》出版[J]/赵敏. --古籍研究,2007,01:303-305

《吴孟复安徽文献研究丛稿》由淮北煤炭师范学院安徽文献整理与研究中心编辑,黄山书社2006年出版,集结了安徽著名学者、地方文献整理与研究专家吴孟复关于安徽文献研究的散篇文字。本文还介绍了该书的成书历程、著述规范和学术价值。

4218

学理相切劘 疑义共商略——"海峡两岸中国古典文献学国际学术研讨会"综述[J]/李芳民. --西北大学学报(哲学社会科学版),2006,02:172-176

由西北大学和淡江大学联合举办的"海峡两岸中国古典文献学国际学术研讨会"2005年9月在西安举行。研讨会围绕当代学术背景中的古典文献学与学理及其相关问题

研究,目录、版本、校注、辑佚与辨伪等研究,中国古代文史与作家作品文献学研究等议题展开研讨。

4219

《学林》点校商榷[J]/熊清元. --古籍整理研究学刊,2000,01:43-47

《学林》由宋代学者王观国著,1988年中华书局出版了北京大学教授田瑞娟的点校本。本文从创作背景、经史原文、误注漏注、字形词义等方面,就该点校本存在的讹误,给以商榷和辨正。

4220

《学林》点校遗误举正[J]/熊清元. --古籍研究,2000,01:38-41

《学林》由宋代学者王观国著,1988年中华书局出版了北京大学教授田瑞娟的点校本。本文论述了该书点校本存在的校勘标点、误注漏注、字形词义、引用文献、旁引他证等可商榷之处。

4221

学林点校指瑕[J]/曹艳芝,李梦飞. --古籍整理研究学刊,2005,04:37-41

宋代王观国所撰《学林》,专门考辨六经史传及其他书中文字的形、音、义,在宋代考据学著作中非常著名。作者详阅全书后发现中华书局1988年出版的北京大学教授田瑞娟点校本疏误颇多,本文略举数例加以说明。

4222

学人海外访回古籍目录总汇[J]/潘德利. --沈阳师范大学学报(社会科学版),2010,04:128-131

本文综述了中国学人海外访书的艰辛过程、访回古籍成果和学术价值,针对地区类别局限、分类目录缺乏、访回线索不够、存在交叉重复等问题,提出提升访书者素养、积累访书线索、把握访书时机、加强国际交流等对策。

4223

学术之宗 明道之要——论《汉书·艺文志》的目录学价值[J]/郭明志. --古籍整理研究学刊,2003,06:58-63

《汉书·艺文志》系西汉著名历史学家班固著,是我国现存最早的一部综合性书目,在中国目录学史上具有重要理论地位。本文分析论述了该书的著录体例、序跋思想和学术价值。

4224

学问的渊薮——《四库全书》系列[J]/徐小燕.--东吴大学图书馆馆讯(在台湾地区发表),2004,19:1-9

本文从出版年代、收书范围、文本特征、版本信息、著述体例方面,综述了《四库全书》系列:《文渊阁四库全书》《四库全书珍本》《四库全书荟要》《四库全书存目丛书》《四库未收书辑刊》《四库禁毁书丛刊》《续修四库全书》的学术价值。

4225

学习历史 服务现实——在《续修四库全书》出版座谈会上的讲话[J]/李瑞环.--中国图书评论,2002,08:4-6

《续修四库全书》2002年由上海古籍出版社整理出版。本文论述了该书的编纂历程和学术价值,并对未来国家古籍出版事业做出展望:总结保护文化遗产和纂修《续修四库全书》的有益经验,借鉴前人研究成果,发扬求真务实的作风等。

4226

学习民国时期的古籍出版[J]/吴永贵.--出版广角,2007,04:21-23

本文综述了民国时期商务印书馆的古籍出版工作,认为该时期商务印书馆古籍出版深入而系统,从"大型化的丛书规模,精品化的名家供稿,阶梯化的出版系列"中显见出来的出版气魄和能力,依然是后人仰望的对象。

4227

学有师而力愈勤,薪虽尽而火已传——新年读书三题遥寄美国哈佛燕京图书馆善本部主任沈津先生[J]/徐雁.--书目季刊(在台湾地区发表),2007,04:105-116

本文从时代背景、治书学艺、工作经历、学术价值等方面,论述了美国哈佛燕京图书馆善本部主任沈津在海外研学所著《书城风弦录》《书韵悠悠一脉香》《中国珍稀古籍善本书录》的内容和特色。

4228

寻根:台湾族谱资讯网的设计与建立[J]/陈昭珍.--中国图书馆学会会报(在台湾地区发表),2004,73:27-44

本文介绍了族谱文献与学术研究的价值,全球族谱网络系统的现状,台湾族谱在华人族谱中的地位,以及"台湾族谱资讯服务网"的设计方案、服务理念和系统架构。

4229

寻古觅籍 成绩卓著 任重道远——国家民委副主任丹珠昂奔谈少数民族古籍工作[J]/杨玎.--中国民族,2010,12:8-13

本文系国家民委副主任丹珠昂奔的访谈录。他介绍了保护整理少数民族古籍的指导思想、发展历程、工作成果和社会意义;提出今后主要任务有:扎实做好基础性工作、推进信息化和人才队伍建设、加大经费投入、完善管理体制和运行机制、实施品牌战略、打造精品力作等。

4230

寻找敦煌的海外游子——流失海外敦煌西域文献文物的编纂出版[J]/府宪展.--敦煌研究,2006,06:192-199

本文叙述了上海古籍出版社为编纂出版流失海外的敦煌西域文献文物所做出的努力及取得的丰硕成果,总结了整理出版工作的经验与教训,对海外文献的编辑体例做了详解,提出今后工作展望。

4231

寻找古籍整理和地方文学遗产发掘的平衡点——蒲向明《玉堂闲话评注》评介[J]/苏自勤,冉耀斌.--甘肃高师学报,2007,06:42-45

陇南师范高等专科学校教授蒲向明专著《玉堂闲话评注》,是五代学者王仁裕笔记小说《玉堂闲话》的辑佚本。本文从写作特色、文本注释、版本选择、文献引用等方面,论述了《玉堂闲话评注》的学术价值。

4232

寻找视角 创造读者——关于古籍图书出版

创新的几点思考[J]/刘果. --出版广角,2009, 05:36 – 37

本文从寻求资金支持、整理出版规划、调研读者需求、打造知识品牌等方面,论述了古籍图书出版创新问题,提出应改变视角、寻找可持续发展路径。

4233

荀勖《中经新簿》是有叙录的吗？[J]/张固也. --图书馆杂志,2008,07:68 – 73

《中经新簿》是三国至西晋时文学家荀勖的著作。本文通过史料记载、作者生平、文本内容、写作特征等方面的考证,认为"荀勖《中经新簿》是有叙录的"这一说法不能成立。

4234

《荀子集解》校勘补正[J]/张小苹. --江南大学学报(人文社会科学版),2010,06:75 – 78

清末学者王先谦的《荀子集解》错误颇多,本文以中华书局1988年版《荀子集解》点校本为底本,以六种古刻本相校,辑得《荀子集解》行文体例、误注漏注、引文出处、用字讹误错误56例,予以校勘和补正。

4235

《荀子校释》之我见——评王天海新著《荀子校释》[J]/张启成. --贵州民族学院学报(哲学社会科学版),2006,06:203 – 206

《荀子校释》经古籍整理专家王天海校释,上海古籍出版社于2005年出版。本文摘取其中颇具新意的条目,与台湾学者毛子水《荀子训解补正》相应条目进行对比,论述了两位学者的不同写作风格和学术倾向。

4236

《荀子》诸注误说举例[J]/霍生玉. --山东教育学院学报,2006,05:59 – 61

作者认为,对古籍前人之注作仔细校订是一项重要工作。历代前贤著书立说,其中不乏真知灼见,然亦有以今拟古随意揣测,或妄改原注者。本文以对唐杨倞《荀子注》历代注本的讹误为例,说明古籍整理研究应以一种科学审慎态度对待前人之注。

4237

《燕史》的卷数、传本与辑佚[J]/邱居里. --中国典籍与文化,2006,01:47-53

明代郭造卿《燕史》是著名的北京地方志。这部书从编纂起,就受到当时及后世的瞩目,由于未能刊刻,以致后来对其卷数和流传都语焉不详。作者从郭造卿《海岳山房存稿》中辑佚出《燕史》全部篇序和部分议论,本文介绍了这部分文献概貌和学术价值。

4238

烟台公共图书馆馆藏古籍书目[M]/吕志正主编. --济南:齐鲁书社,2002

本书共收录烟台市8个公共图书馆馆藏古籍4511种77397册(含有少量影印古籍),一般以辛亥革命(1911年)为收录时间下限。

4239

《烟霞小说》考[J]/潘树广. --文献,2001,04:159-164

《烟霞小说》是明代学者陆贻孙所编。本文考证了该书的编纂背景、作者生平、收书数量、类属和子目著者等问题。

4240

严可均《全梁文》辨正[J]/李柏. --社会科学战线,2009,05:179-181

《全上古三代秦汉三国六朝文·全梁文》是清代文献学家严可均所编。该书收录了萧衍、萧纲、萧绎、萧统的文章。本文对其存在的失考、误收、重出问题进行了考察辨正。

4241

言言斋古籍丛谈[M]/周越然著;周炳辉辑;周退密校. --沈阳:辽宁教育出版社,2001

本书汇编了1933—1938年民国藏书家周越然先生为上海《晶报》所撰写的书话专栏,包括古籍掌故、取本源流、购书趣闻、真伪鉴定等内容,计221篇。

4242

研精覃思 务求本义(一)——郭霭春先生《金匮要略校注语译》学术特点简述[J]/吴仕骥. --天津中医药大学学报,2009,02:57-60

《金匮要略》由我国东汉著名医学家张仲景著,《金匮要略校注语译》系当代医学家郭霭春编,中国中医药出版社1999年出版。本文简述了《金匮要略校注语译》学术特点:校勘全面精审,注释旁征博引,训诂言必有据,重视首家注本,匡正古注错误。

4243

研精覃思 务求本义(二)——郭霭春先生《金匮要略校注语译》学术特点简述[J]/吴仕骥. --天津中医药大学学报,2009,03:113-115

(同上)。

4244

研究敦煌学卓有成就——访浙江大学古籍所许建平教授[J]/沈明谦,郑谊慧. --国文天地(在台湾地区发表),2010,07:107-111

本文系台湾师范大学沈明谦等对浙江大学古籍所专门研究敦煌学与经学的许建平教授的采访文稿,从自立自成的学思经历、治学、敦煌经学价值,给有志从事敦煌学同学的建议方面论述。

4245

研究古籍索引的学术意义[J]/马会敏. --科技信息,2009,18:351

本文从"帮助读者提高查找古代文献的效率;发掘文献宝藏,吸收古人的研究成果;编写古籍索引能在学术上有新的发现"方面,论述了研究古籍索引的学术意义。

4246

研究广州文献的指南——评介《广州文献书目提要》[J]/袁钟仁. --广东史志,2001,01:74-76

《广州文献书目提要》由李仲伟、林子雄、倪俊明编，广东人民出版社 2000 年出版，收录有关广州地区政治、经济、文化、军事、历史、地理和科学技术方面的图书 11852 种。本文介绍评述了该书的收录范围、内容特色和学术价值。

4247

研究刊印的藏文古代文献概述［A］/华锐·阿华.--中国民族图书馆.第九次全国民族地区图书馆学术研讨会论文集［C］,沈阳:辽宁民族出版社,2006

本文从著者、册（卷）数、主要内容、出版时间等方面,分别概述了当前刊印的藏文古籍和研究藏文古代文献的学术著作。

4248

研讨古籍善本源流之意义——日本流传中国古籍之大概［J］/(日)高桥智.--"国立"台湾师范大学图书馆通讯（在台湾地区发表）,2006,71:2 - 7

本文从上古（截至 12 世纪）、中世（截至 16 世纪）、近世（截至 19 世纪）、近代（截至 20 世纪）等时代阶段,梳理了日本流传中国古籍的概貌,探讨了古籍善本源流意义。

4249

《揅经室集》版本初探［J］/沙志利.--古籍整理研究学刊,2009,02:49 - 54

清代学者阮元的诗文集《揅经室集》版本情况较为复杂,目前各种目录和整理本著录颇有讹误。本文利用目前易见的该书各版本,对其版本源流略作梳理,纠正各书谬误,并对新的整理工作提出了底本选择的建议。

4250

《揅经室外集》与阮元目录之学［J］/朱岩.--盐城师范学院学报（人文社会科学版）,2007,05:104 - 108

《揅经室外集》是清代学者阮元的文集,其所著录书目多可验之于阮元《宛委别藏》丛书。本文论述了该书著录书目的方法特色,借此阐明《宛委别藏》丛书的收书特色,彰显阮氏版本目录学的学术价值。

4251

《颜山杂记》校注及研究［D］/郑娟.--江西师范大学,2010

《颜山杂记》是清代学者孙廷铨的著作。本文以山东师范大学图书馆藏康熙十七年（1678）影印本为底本,采用对校、他校、理校等方法,对该书进行点校整理。

4252

颜师古《汉书注》音义研究综论［J］/万献初.--古籍整理研究学刊,2010,06:56 - 63

本文分综述了前人对隋唐经学家颜师古《汉书注》的研究著述,在肯定各家研究成果的同时,指出因材料研究不足所导致的讹误,认为音义研究必须通过音义互联,仔细辨析同质、异质材料,建立专题数据库以实现穷尽性研究。

4253

《颜氏家训集解》释词补正［J］/宋闻兵.--古籍整理研究学刊,2001,04:4 - 6

北齐文学家颜之推《颜氏家训》因其"家法最正,相传最远"而被后人赞为"古今家训之祖"。当代学者王利器《颜氏家训集解》为之"考出处、明字义、断是非",是研究《颜氏家训》的集大成之作。本文拟在"明字义"方面,为《集解》作若干补正。

4254

颜延之佛学著述考略［J］/杨晓斌.--图书馆杂志,2008,08:78 - 79

颜延之是南朝宋元嘉时期的学者,信奉佛教,佛学著述较多。然由于其作品散佚严重,今人难以获知他的佛学观点。本文依据相关文献著录,稽考梳理了颜延之佛学著述的篇目、真伪、存世情况。

4255

衍芬草堂友朋书札及藏书研究［D］/金晓东.--复旦大学,2010

本文以清代藏书家蒋光煦未刊书信集《故交遗翰节存》《名人尺牍节录》《邵位西致寅防公函》《故交遗翰节存补遗》《西涧草堂书目》未刊稿为文献基础,结合历史背景和前人成果,还原蒋氏衍芬草堂藏书活动原貌,考察其藏书史实,彰显其藏书贡献。

4256

《眼科良方》的成书年代及内容特色［A］/

和中浚.--中国中医科学院中医药信息研究所.首届中医药信息发展大会[C],2006

《眼科良方》为清代临床医学家叶桂本著。本文围绕成书年代、作者生平、方药配伍规律、内容特色、同书异名、版本流传等进行了研究。

4257

《演繁露》校读后记[J]/金程宇,李贵.--古籍研究,2000,04:52-53

《演繁露》是南宋学者程大昌所撰的学术笔记。本文校读考证了该书的版本、源流、体例、卷数等问题。

4258

《演繁露》训诂考[D]/王洪涛.--浙江大学,2007

本文以《演繁露》为例,从揭示文字的演变、修正古注、记录当时方言俗语等入手,讨论了南宋学者程大昌在训诂学方面所取得的成就。

4259

扬起地方文献开发利用的风帆[J]/李怡苹.--云南图书馆,2006,04:31-33

本文介绍了云南图书馆古籍地方文献保护和开发利用的工作现状,提出了利用地方资源为本地区"三个文明建设"服务、抓紧管理人员素质提高、将日常工作与课题研究相结合等工作建议。

4260

扬雄《法言》的版本与流传[J]/张兵.--古籍整理研究学刊,2004,04:73-79

《法言》是汉代扬雄语录体散文著作,历史上形成了13卷本和10卷本两大版本系统。本文分别简述了它们的特点,并进行了优劣比较。通过唐宋类书、古书旧注对《法言》的征引,考察了《法言》在宋代以前的流传情况,发现其旧本与今本之间差异甚微。

4261

《扬州画舫录》版本初探[J]/王伟康.--江苏广播电视大学学报,2008,06:28-31

《扬州画舫录》由清代学者李斗著,初刻于乾隆六十年(1795),先后有乾隆藏本、同治

重印本、光绪石印本、民国石印本、中华书局断句排印本、江苏广陵古籍刻印社本、山东友谊出版社本等。本文论述了各个版本的特色,对内容误记、版刻错讹、句读之误作了辨正。

4262

《阳春白雪》版本考[J]/张雁.--古籍研究,2001,03:30-35

《阳春白雪》由宋代学者赵闻礼编。本文从该书抄配情况、版本特征、文本内容、流传等方面,比对了历代9个版本的异同。

4263

杨伯峻《列子集释》商榷[J]/陈广忠.--古籍研究,2003,04:47-50

《列子集释》是语言学家杨伯峻所著,1979年由中华书局出版。本文从标点失误、释文有误两方面,举例说明了该书存在的可商榷之处21例。

4264

杨伯峻《孟子译注》指瑕[J]/庄荣贞.--长春师范学院学报,2001,03:55-58

语言学家杨伯峻《孟子译注》是古籍译注著作中的代表作品,然似有微瑕。本文从注释欠详、译文有违原文、注释欠贴切等方面,指出该书所存些许讹误。

4265

杨基《眉庵集》版本及佚文考[J]/杨世明.--古籍整理研究学刊,2006,03:78-82

《眉庵集》是元末明初诗人杨基的著作。本文介绍了该书现存的几种版本,并比较优劣,指出今日校勘之理想选择。另从多种古籍中辑得杨基别集已佚而可增补之诗词20余首、文数篇,借此整理补充完整杨基在世作品。

4266

杨基佚文四篇[J]/贾继用.--古籍整理研究学刊,2008,05:59-61

元末明初诗人杨基作为"吴中四杰"之一,以诗名世,然而其文向来少有人留意,其别集《眉庵集》亦不收录。本文将杨基所写4篇佚文全数辑补刊出,供相关学者参考使用。

4267

杨家骆教授整理古籍之成果——以编刊《中国学术名著》为例[J]/胡楚生.--书目季刊（在台湾地区发表）,2001,02:1-10

台湾大学教授杨家骆担任世界书局总编辑期间,编刊《中国学术名著》凡5000余种。本文就其出版内容、编辑体系、版本依据、搜罗材料、撰写要旨等作分析概述,以揭示杨教授在出版史、古籍整理方面的贡献。

4268

杨炯《盈川集》版本源流考[J]/程苏东.--文献,2010,02:108-119

本文通过对唐代诗人杨炯《盈川集》各版本卷数、内容、特征的比对,考证了该书的版本源流。

4269

杨浚与冠悔堂藏书[J]/尤小平.--闽台文化交流,2008,02:145-148

本文考察了清代藏书家杨浚的生平事迹和主要著述,及其藏书楼冠悔堂藏书的收藏来源、书目数量、藏书流散经过等。

4270

杨利群 妙手仁心修复古籍[N]/杨燕.--云南日报,2010-07-09009

本文以修复"纳格拉洞藏经"为例,介绍并评述了云南省图书馆古籍修复专家杨利群的生平事迹、修复成果和独创的人工纸浆补书法。

4271

杨明照先生"文心雕龙校注"略例[J]/张霞云.--古籍研究,2007,01:228-235

四川大学教授杨明照是著名的《文心雕龙》研究专家,先后撰有《文心雕龙校注》等四部"龙学"专著。本文通过举例说明此前注本中存在的句读失当、校字有误、失于勘检、注释不切文意等问题,以此彰显杨明照《文心雕龙》校注工作的重要价值。

4272

杨氏海源阁藏书印考略[J]/马明霞.--山东图书馆季刊,2007,03:108-111

本文通过对清代四大藏书楼之一杨氏海源阁藏书印的考察,探究了藏书印在古籍版本鉴定中的史料价值和艺术价值。杨氏海源阁藏书印,包括杨氏家族姓名印、别名字号印、室堂斋名印、鉴藏印等,反映了其历史悠久的藏书文化。

4273

杨氏海源阁及其藏书略述[J]/姜民.--大学图书馆（在台湾地区发表）,2005,01:123-142

山东聊城杨氏海源阁为清末四大私家藏书楼之一,曾与常熟瞿氏铁琴铜剑楼并称"南瞿北杨"。本文略述了杨氏海源阁藏书的来龙去脉,着重介绍其镇阁之宝"四经四史"书名卷数、收藏来源、版本信息等。

4274

《杨氏家传针经图像》考[D]/岗卫娟.--中国中医科学院,2007

本文通过对清抄本《杨氏家传针经图像》（中国中医科学院图书馆藏）不同传本的考察,运用目录学比较学方法,从"书名、成书年代与作者,传本源流,基本内容与学术渊源,学术价值及对后世影响,与传世窦氏针灸著作比较,传抄失误举例"展开研究。

4275

杨守敬《汉书二十三家注钞·服虔》校补[D]/孙亚华.--武汉大学,2004

"服虔《汉书音训》"是《汉书》23家旧注中十分重要的一种,亡佚已久。清末目录版本学家杨守敬从《史记注》《水经注》《文选注》中,辑得《音训》佚文669条,编成《汉书二十三家注钞·服虔》。本文对杨《钞》进行了校补。

4276

杨守敬《汉书二十三家注钞·孟康》校补[D]/徐珮.--武汉大学,2004

孟康为三国时著名学者,其《汉书音义》在训诂考据方面均有较高成就,然久已亡佚。清末杨守敬所辑《汉书二十三家注钞·孟康》,搜录了颜师古《汉书》集注等四书,以还原《汉书音义》本貌。本文通过真伪考辨、字句校正、遗文补辑、出处疏明、条目核实,检出杨氏所录孟康注文缺辑条目20条,予以校补;又从《后汉书》等重要古籍中征引孟康注文,予以增辑。

4277

杨守敬与《古逸丛书》[J]/夏日新. --江汉论坛,2009,11:87 – 90

《古逸丛书》是清末搜集散佚在日本的汉籍而刊刻的一套丛书。本文从《古逸丛书》刊刻的源起、底本的搜集、校勘督印等方面,论述了清末目录版本学家杨守敬在刊刻《古逸丛书》中发挥的重要作用。

4278

杨守敬与"国立""故宫"博物院藏观海堂医书[J]/吴璧雍. --"故宫"学术季刊(在台湾地区发表),2004,04:149 – 176 + 216

台北"故宫"博物院收藏的古医书主要来自晚清藏书家杨守敬的藏品。本文以此批医籍为中心,从生平纪略、访书始末、入藏"故宫"始末等方面,记述了杨守敬搜书经过及杨氏观海堂医书特色和价值。

4279

杨守敬在古籍西归中的重大贡献[J]/冯方. --长春师范学院学报,2005,03:38 – 39

清末目录版本学家杨守敬在出使日本期间,使中日两国有识之士重新认识到在日中国古籍的重要性。本文简要介绍了杨守敬对在日古籍西归中的重大贡献,包括重金购买日藏汉籍目录、影印出版日藏大陆久佚古籍、购回多种国内已佚善本等。

4280

杨树达之训诂在古籍整理及辞书编纂中的应用[J]/卞仁海. --湖北第二师范学院学报,2008,04:30 – 32 + 40

杨树达系中国近现代语言文字学家。本文通过全面考察,从形义观、音义观、语义观方面,举例说明杨树达的训诂在"古籍整理及阅读"和"辞书编纂"方面的应用。

4281

《杨嗣昌集》序[J]/张显清. --湖南文理学院学报(社会科学版),2006,02:144

《杨嗣昌集(全二册)》底本为中国科学院图书馆藏旧钞本《杨文弱先生集》等,由湖南文理学院梁颂成辑校,岳麓书社2008年出版。本文为《杨嗣昌集》辑校本的序言,介绍梁教授整理的《杨嗣昌集》增补了旧抄本的缺失,并附有杨嗣昌研究资料。

4282

杨循吉著述考[J]/李祥耀. --古籍研究,2003,01:17 – 22

本文从单行本、合集本、佚书逸文三个类别对明代文学家杨循吉的生平著述进行了梳理考证。

4283

杨荫浏音乐文献工作管见[J]/景月亲. --交响——西安音乐学院学报(季刊),2001,04:66 – 70

本文介绍了现当代音乐教育家、中国民族音乐学奠基者杨荫浏先生音乐文献学术研究的主要内容,包括:民族民间音乐搜集整理,古籍音乐资料辑录辑佚,文献考据、古谱翻译等。

4284

《杨忠愍公墨刻》的源流与价值[J]/王英智,赵河清. --保定师范专科学校学报,2006,01:91 – 92

《杨忠愍公墨刻》系明代名臣杨继盛著。本文考证了该书作者生平事迹、版本特征、递藏源流和学术价值。

4285

姚范及其《援鹑堂笔记》述要[J]/王晓静. --语文学刊,2009,24:64 – 65 + 73

姚范,清代桐城派代表人物,既创作诗文,又广校诸书,对桐城派文学创作和学术思想的形成有着重要影响。本文介绍了姚范的生平事迹,对其学术笔记汇编《援鹑堂笔记》的版本、内容作了考述。

4286

姚范及其《援鹑堂笔记》研究[D]/周怀文. --安徽师范大学,2006

《援鹑堂笔记》是清代桐城学者姚范的一部学术笔记。本文从作者生平交游、学术活动、作品考证、文献学成就、文史思想、学术影响等方面,论述了该书的文学史地位和后世影响。

4287

姚莹俊藏书题跋辑录[J]/季秋华. --文献,2010,04:94 - 101 + 2

天津图书馆藏有清末民初古籍版本目录学家姚莹俊藏书数十种,其中有姚氏题跋21则。这些题跋以藏书家的视角谈访书、购书、藏书之心得;版本优劣得失,善本与俗本之异同;购书逸事等。本文对姚氏题跋进行了辑录,以供研究使用。

4288

《药王千金方》整理研究序例[A]/高文柱. --陶广正、王杰、柳长华. 第七届全国中医文献学术研讨会 医论集粹[C],香港:亚洲医药出版社(香港地区),2004

《备急千金要方》《千金翼方》系唐代孙思邈著。《药王千金方》为上述两书的整理汇集本,由著名中医文献学专家高文柱校释。本文作者将该次整理原则、专家队伍组成、起例发凡标准和有关研究事宜,略作说明。

4289

要高度重视和实施南京古籍文献的抢救性整理和出版工作[J]/朱同芳. --改革与开放,2010,07:39 - 40

本文分析了南京古籍文献的存藏现状,从论述古籍文献的作用和意义的角度,强调实施南京古籍文献的抢救性整理的重要性,提出要从推进地方文化建设出发,做好南京古籍文献的出版工作。

4290

要重视少数民族古籍——以新疆维吾尔自治区维吾尔族古籍整理为例[A]/阿布都热扎克·沙依木. --中国社会科学情报学会. 图书馆、情报与文献学研究的新视野(2):中国社会科学情报学会 2008 年学术年会论文集[C],北京:中国书籍出版社,2010

本文以新疆维吾尔族古籍整理为例,讨论了少数民族古籍整理的途径,包括:培养青年民族文化古籍整理人才、在新疆高校举办古语学习班和古籍整理培训班、把民族文字古籍整理作为保护少数民族文化权利的有效手段等。

4291

也论图书馆古籍保护[J]/沈大晟. --四川图书馆学报,2004,01:79 - 80

本文摘录了我国古代文献中有关书籍保护的部分论述,从谨慎复制、仔细修缮、善防虫害、小心检阅等方面,提出了古籍保护应注意的问题。

4292

也谈古籍保护与书画收藏[J]/夏国军. --河南图书馆学刊,2003,02:39 - 41

本文讨论了古籍保护和书画收藏的方法和措施:包括对书籍外部湿度温度监测、防光、防尘、防霉、防虫;对书籍内部纸张脱酸处理,以延缓纸张老化等。同时,从挂、卷、藏方面对书画收藏中的注意事项提出建议。

4293

也谈《青楼集》的版本系统[J]/马素娟. --古籍研究,2002,04:43 - 46

《青楼集》系元代学者夏庭芝著,记述了元代松江地区,以及当时几个大都市艺人的生活片段。针对近年来关于《青楼集》研究增多且日益深入的现状,本文在前人研究的基础上,通过对资料的搜集和分析,梳理了《青楼集》的版本系统。

4294

也谈《中经新簿》四部之小类问题[J]/张固也. --图书馆理论与实践,2008,04:63 - 66

《中经新簿》是三国至西晋时文学家荀勖的著作。本文从命名原则、分类体例、文意误解、缺本推测方面,比较分析了该书四部之下的 14 个名称,提出其实为分卷名称,而非真正小类的观点。

4295

叶昌炽与《藏书纪事诗》[D]/胡一女. --武汉大学,2004

本文介绍了晚清文献学家叶昌炽生平,考证其著作《藏书纪事诗》的编撰缘起、编撰经过、版本流传情况,重点阐释了此书的体例编排、内容特点和深远影响。

4296

叶昌炽《缘督庐日记》研究[D]/王立民. --

复旦大学,2006

《缘督庐日记》系晚清文献学家叶昌炽著。本文由文本研究入手,分析了叶氏《日记》诸传本形态、文本原貌及流变;梳理了叶氏生平、仕宦交游、治学原委、著述撰作及刊布;辑录叶氏《日记》《文集》和图书馆藏本中所载目录、版本学题跋、考证文字。

4297

叶德辉的历史文献学成就论略[J]/李安.--湖南师范大学社会科学学报,2003,03:85-88

本文论述了清末民初版本目录学家叶德辉在历史文献学方面取得的成就,主要体现在:广搜珍本秘籍、留意明清善本、重视辑佚古籍、辨析校勘方法、探究版本类名起源、讲究辨别善本方法、揄扬私家目录、订补前人阙误、推进刻书事业等。

4298

叶德辉对校雠学、目录学、版本学三者关系的理解[J]/沈俊平.--"国立中央图书馆"台湾分馆馆刊(在台湾地区发表),2000,06:28-35

清代乾嘉时期学者曾对校雠学、目录学、版本学的关系有不同的理解。本文结合叶德辉版本目录学著作《书林清话》《书林余话》《观古堂藏书目》,以及校雠学、目录学和版本学历史源流和发展轨迹,论述了叶先生对三者关系的理解和学术方法。

4299

叶德辉文献学研究[D]/刘孝平.--武汉大学,2005

清末民初版本目录学家叶德辉利用丰富的私人藏书,从事目录、版本、考据、辑佚研究,著述颇多。他在藏书分类上的继承与创新、在古籍版本鉴定考证与辨伪上的独特思想,对当时和后世的藏书家、版本学家都有深远影响。本文对叶德辉的文献学思想进行了系统总结。

4300

叶德辉与《四部丛刊》[J]/沈俊平.--古籍整理研究学刊,2002,02:82-87

版本目录学家叶德辉与出版家张元济私交甚笃,故当张元济刊印《四部丛刊》时,叶德辉积极参与此事。本文介绍了《四部丛刊》择选原则和影印方法,从刊印缘起、指导思想、搜求古籍、鉴定版本、校勘复核、借印原则方面,概述了叶德辉所做的贡献。

4301

叶梦得作品辑佚[J]/潘殊闲.--古籍整理研究学刊,2006,06:26-30

南宋文学家叶梦得系两宋之交文化名人,其著述《石林总集》百卷惜已亡佚。本文从《全宋词》《全宋诗》等有关文献中,辑得叶梦得现存著述33篇:诗歌1篇,词作1篇,散文24篇,书法绘画7篇,另有残诗2句。

4302

叶启发堂号考[J]/王秀山.--零陵学院学报,2002,S1:110-111

本文从文化学角度对民国时期湖南藏书家叶启发的堂名、字号进行了考证,同时考证了湖南叶氏家族的文化源流。

4303

叶廷琯及其《吹网录》[J]/胡艳红,詹看.--山东图书馆季刊,2005,03:112-114

晚清学者叶廷琯,学术成就颇丰,著有学术笔记《吹网录》,其篆刻之学为人称道,而其生平和学术成就知之者甚少。本文通过校订史书、考订碑帖、考证前人笔记,考察了叶廷琯的治学成就及其《吹网录》。

4304

夜访浙江大学古籍研究所所长张涌泉教授[J]/张涌泉.--中国文哲研究通讯(在台湾地区发表),2006,03:1-11

本文系台湾学者郑卜五、杨济襄在开展浙江地区经学研究过程中,于2005年4月10日对浙江大学古籍研究所所长张涌泉的采访记录。文章分享了张教授求学历程心得、敦煌文献研究经验和研究方向等。

4305

一本伪书的样态——论《四库全书总目》中的《春秋道统》[J]/刘德明.--儒学研究论丛(在台湾地区发表),2010,03:209-225

《春秋道统》被收入《四库全书总目》中的

"春秋·存目"类,原书已亡佚。浙江图书馆藏有《刘绚质夫先生春秋通义》一书,浙江大学崔富章教授认为此书即《四库全书总目》中的《春秋道统》。本文在比较二书内容基础上,从出现时间、历史记载、内容来源、他书著录引用等方面分析,发现浙图藏书有作伪迹象。

4306

一笔珍贵的教育资源——清华大学古文献的传承整理和利用[J]/宋建昃,王雪迎. --清华大学教育研究,2006,S1:82 – 86

本文论述了清华大学古籍文献的收藏来源、专题特色、存藏现状和整理开发情况,提出该校应充分发挥古籍文献在建设一流大学中的作用。

4307

一编在手 元曲通融——论《全元曲》编撰体例的创新[J]/田同旭. --沧州师范专科学校学报,2003,04:9 – 12

《全元曲》12卷校注本,徐征、张月中主编,河北教育出版社1998年出版。本文论述了该书编撰体例的创新性,即融作家评介、曲文校注、本事考证、版本著录于一体,突破《全唐诗》《全宋词》仅汇集校勘作家作品的体例,既可用于学术研究,又可用于阅读欣赏。

4308

一部创新格的治书信史——记饶宗颐《潮州志》的纂修与重刊[J]/林英仪. --中国地方志,2006,10:57 – 61

国际汉学大师饶宗颐,曾于1946—1949年主持《潮州志》修志工作。当时,饶教授年甫而立,风华正茂,奋发有为,以超凡的魄力,发挥"三长"之才能,兴创新格,成为全国罕见的文化盛事。本文写于《潮州志》重刊之际,评述了饶先生的杰出贡献和《潮州志》的学术价值以及社会价值。

4309

一部记录皖人著作馆藏书目之力作——评《安徽省馆藏皖人书目》[J]/梁垣祥. --图书馆工作,2010,03:63 – 64

《安徽省馆藏皖人书目》系安徽现存皖人著作馆藏一次较为全面系统的汇集。本文评述了《安徽省馆藏皖人书目》的编纂特点,包括:收录丰实、涵括全面、体例创新、查阅方便、编排合理、科学有序、装帧雅致等,对于研究安徽地方文献、文化史、思想史、古籍整理开发与利用具有重要参考价值。

4310

一部具有实用及收藏价值的巨著——《中医古籍医论荟萃》评介[J]/曾定伦,袁忠玉. --中国中医急症,2004,10:692

《中医古籍医论荟萃》由全国知名中医黄自立编著,汕头大学出版社2003年出版。本文简要分析评价了该书的版本特色、学术价值和实用意义。

4311

一部具有鲜明时代特色的古籍整理著作——评吴广平先生校注的《宋玉集》[J]/陈靖武. --船山学刊,2002,04:142

本文对2001年由岳麓书社出版、湖南科技大学教授吴广平先生校注的《宋玉集》的版本特色、校勘原则、学术价值进行了评述。

4312

一部具有显明特点的满文图书目录——简评《辽宁省图书馆满文古籍图书综目》[J]/吴元丰. --满族研究,2003,04:95 – 94

《辽宁省图书馆满文古籍图书综目》卢秀丽、阎向东编,辽宁民族出版社2002年出版。本文从编排体例、收录范围、书目提要、主要内容等方面,评价了该书的学术价值,认为是一部内容比较全面、具有显明特点的满文图书目录。

4313

一部颇具特色的古籍图录——评《澳门大学图书馆古籍特藏图录》[J]/钟蒲. --澳门文献信息学刊(在澳门地区发表),2009,01:123 – 126

本文评述了澳门大学图书馆编《澳门大学图书馆古籍特藏图录》的编纂特色:揭示馆藏精品、展示传承有序的藏书、提要撰写精审、装帧印刷精美等。

4314

一部体例完备富于创意的古籍善本书

目——评《山东大学图书馆古籍善本书目》[J]/周洪才,周慧.--山东图书馆季刊,2008,03:69-71

《山东大学图书馆古籍善本书目》山东大学图书馆编,齐鲁出版社2007年出版,收录了古籍善本2000多种,10000余册。本文评述了该书的编制特色:著录文献价值较高的稀见本;释文信息量大;收录古籍内涵丰富;著录审慎、索引齐备、编排体系科学。

4315

一部《西厢记》版本目录文献的集大成之作——评陈旭耀博士的《现存明刊〈西厢记〉综录》[J]/仝婉澄.--国文天地(在台湾地区发表),2009,286:92-95

《西厢记》自元朝问世,数百年流传中呈现出千姿百态的版本面貌。本文对陈旭耀著,上海古籍出版社2007年出版的《现存明刊〈西厢记〉综录》一书作了评述,认为该书从文献学角度展开研究的学术成果,为《西厢记》版本研究树立了新的典范。

4316

一部由冯梦龙等名家批校评点的明嘉靖刊《汉书》[J]/舒和新.--皖西学院学报,2002,03:38-41

皖西学院图书馆所藏明嘉靖刊《汉书》,曾为冯梦龙、吴育等收藏,并留有冯梦龙、吴育等人的批校和吴育所录张惠言的评点。本文介绍了这些批校评点所包含的作者独特见解,认为名家的批校评点和收藏使得该书具有更加珍贵的史料价值和收藏价值。

4317

一部有很高学术价值的书目——初读李灵年、杨忠主编的《清人别集总目》[J]/陈庆元.--文教资料,2001,02:105-109

《清人别集总目》由南京师范大学教授李灵年、杨忠主编,安徽教育出版社2000年出版。本文在分析该书编纂原则、内容特点的基础上,评述了其在古籍整理保护上的学术价值。

4318

一场别开生面的文化盛筵——新疆历史文献暨古籍保护成果展综述[J]/黄润华.--西域图书馆论坛,2010,04:1-3

2010年8月,新疆历史文献暨古籍保护成果展在新疆维吾尔自治区博物馆开幕。本文综述了该次展览的筹备过程、目的意义、展览特点,以及重点藏品的内容和版本。

4319

一代文献巨编,百世学术典范[J]/舒大刚.--文学遗产,2007,02:148-149

《全宋文》是四川大学古籍研究所编的宋代文章总集。2006年由上海辞书出版社、安徽教育出版社出版。本文回顾了该书的编纂历程、版本特点和学术价值。

4320

一份珍贵的明代刻书价银资料——从《方洲先生文集》说起[J]/白莉蓉.--图书馆工作与研究,2008,11:69-72

本文介绍了明万历刻本《方洲先生文集》中所载的一份珍贵的明代刻书工价资料。此类资料极为少见,是了解和研究明代雕版印刷的经济成本、刻工生活状况和中国印刷史研究的重要资料。同时,文章考证了江浙地区刻书工价和刻工生活。

4321

一个具有技术特色的古籍数据库——《龙语瀚堂》[J]/王绯.--中国索引,2005,03:45-46

古籍电子化产品由于技术本身的原因,很多生僻字、古字无法通过电脑和互联网进行研究和传播。《龙语瀚堂》典籍数据库解决了这个技术瓶颈。本文介绍了该数据库的建设动机、技术特色、使用价值,数据库自身附录的《说文解字》和《康熙字典》字库。

4322

一脉相承五百年——《荔镜记荔枝记四种》明清刊本汇编出版概述[J]/郑国权.--戏曲学报(在台湾地区发表),2009,06:17-34

《荔镜记荔枝记四种》是泉州梨园戏传统剧目。该剧目在传承中虽有变化,但不曾中断,还派生出一百多首弦管曲,这种动态和静态并行的传承方式,在中国戏剧史上是很独特的。本文概述了该版本流传经历、文本内容、刊刻成书、历史意义和文化价值。

4323

一门三代藏书家——记杨氏海源阁三世主人[J]/宋红.--古籍整理研究学刊,2005,01:92-93

本文论述了海源阁三代藏书家杨以增、杨绍和、杨保彝的收藏动机、藏书范围、搜集历程,以及整理书目、严格保存管理等情况。

4324

《一切经音义》引书考论[J]/王华权.--长沙铁道学院学报:社会科学版,2009,03:81-84

《一切经音义》是唐代僧人慧琳所编。作为中古时期一部重要字书,它引用了唐以前约450多种古文。本文从引用文献和种类、引用体例和特点,论述了该书的文献学价值。

4325

一项"艰巨的历史性任务"——读郭书春先生的《汇校(九章算术)》(增补版)[J]/周瀚光.--中国科技史杂志,2006,04:369-373

辽宁教育出版社2004年出版的《汇校(九章算术)》,是继清人戴震和今人钱宝琮后,对《九章算术》进行校勘和整理的最新成果,也是当前阅读和研究《九章算术》所能依据的最好本子。本文综述了该书的特色:版本搜罗全、考订用力勤、创见新意多。

4326

一种基于DCT变换的古籍图像可见水印算法[J]/计云倩,沈晓峰.--中国科技信息,2010,13:32-33+27

本文介绍了基于DCT变换的古籍图像可见水印算法,即利用古籍图像的纹理将原始图像分块,将水印图像嵌入原始图像频域中,以显示所有权。实验表明嵌入水印的图像对中值滤波、有损压缩、剪切等攻击性操作具有较强的防护性,能有效保护古籍图像的版权。

4327

一种灵活可扩展的古籍数字对象的设计与实现[J]/林颖,程佳羽.--图书馆杂志,2005,12:56-60

本文从古籍资源组织、管理、服务的需求和特点出发,论述利用Fedora数字对象构建灵活可扩展的古籍数字对象;提出一种古籍数字对象框架的设计方案,在示例基础上,展现这种结构框架的灵活性和扩展性。

4328

伊通县"萨满文化"民族古籍现状调查研究[A]/李天舒.--中国民族图书馆.第十次全国民族地区图书馆学术研讨会论文集[C],沈阳:辽宁民族出版社,2008

本文是吉林省伊通满族自治县地方文献资源开发利用现状调研报告。考察了萨满文化由来、萨满民族古籍研究成果,指出民族地区图书馆负有搜集、整理、保护、传播及开发民族文化遗产的职能,要提高收藏质量与保护能力,更要拓展专藏的情报支持能力。

4329

医籍校读例释正误莒论[J]/党继学,李亚军.--陕西中医学院学报,2000,05:56-58

《灵枢》《素问》是我国两部中医经籍,始见于《黄帝内经》,主要部分形成于战国至东汉时期。本文选取《灵枢》《素问》在流传中产生的部分误文、脱文、衍文、错简、误倒、混淆、妄改之例,采用对校、本校、他校、理校的方法予以校释。

4330

《医林改错》版本简识[J]/温长路,刘玉玮,温武兵.--江西中医学院学报,2004,06:32-33

《医林改错》系清代医学家王清任著。本文从刊刻特点、文本内容、版本沿袭、反复刊印状况等方面,综述了自清代以来《医林改错》71个版本的概貌,分析该书的版本源流问题。

4331

《医心方》校勘拾遗[J]/陈增岳.--古籍整理研究学刊,2001,01:64-64

《医心方》是日本永观时期医学家丹波康赖的著作。本文选择该书的流行版本为讨论对象,结合中医典籍的相关记载,对该书文本内容旁校复核,以期纠正书中校勘的若干失误。

4332

《医学切要》亟需辨伪与整理[J]/钱超尘.--中医药文化,2009,04:23-25

本文以上海图书馆藏明末清初医学家傅青主著《医学切要》手抄本为研究对象,介绍了该书的主要内容和辨伪方法,考证了书名、卷数和著者情况,提出了《医学切要》的整理方案和措施。

4333

《医学原始》影印本补正[J]/牛亚华.--中医文献杂志,2007,02:12-14

《医学原始》系清代医学家王宏翰著。本文将影印本《医学原始》与日本内阁文库《医学原始》9卷抄本对照,发现影印本漏掉了包含5篇序文和9卷目录的内阁文库9卷抄本第1册的全部内容。本文特对缺失部分作处简述,并予以补正。

4334

《医学正旨择要》考[J]/楚更五,李平,张建英,肖湘滇,杨俊斌.--云南中医学院学报,2010,02:52-53

本文考证了清代云南医学堂陈子贞等教官所编写的教材《医学正旨择要》的版本内容和编写过程,阐述具有清代云南特色的教材,对研究当时中医学课程体系和教学内容等,具有重要学术价值和实际应用价值。

4335

《仪礼经传通解·丧礼》整理方法研究[D]/钱莹科.--华东师范大学,2010

本文以《仪礼经传通解·丧礼》作为主要文献,以此分析编者宋代经学家朱熹的整理方法,解析其分类体系,梳理其补充的条目,彰显其校勘成果,从而总结出整理《丧礼》的方法和特点,及其对后人的影响。

4336

《仪礼正义》略考[J]/乔辉.--社会科学论坛(学术研究卷),2008,11:93-96

清代是《仪礼》研究的顶峰时期,名家辈出,著作众多。其中学者胡培翚的《仪礼正义》影响甚远。本文试就作者生平、该书的成书过程进行略考,阐述该书的价值和影响。

4337

《仪礼注疏》句读辨误[J]/万丽华.--古籍整理研究学刊,2009,04:59-61

本文针对中华书局1980版《十三经注疏》中《仪礼》注疏存在的问题,从当读而失读、不当读而误读、当属下读而误属上、当属上读而误属下等方面,就其中有代表性句读错误进行了分析辨误,从中归纳出若干义例,以助相关礼制的研究。

4338

仪征刘氏的校雠工作与校雠条例论析[J]/曾圣益.--政大中文学报(在台湾地区发表),2010,14:123-168

仪征刘氏是清代中晚期至民初著名的学术家族,数代从事文献工作。本文依据刘氏校勘的典籍和其撰述的校勘记,归纳其校雠学的内容,阐述其校雠学的特色及得失,总结其从事校雠工作的原则和方法,为当前古籍整理工作提供参考。

4339

《夷坚志》的版本研究[J]/张祝平.--古籍整理研究学刊,2003,02:66-77

《夷坚志》系南宋文学家洪迈编。本文对宋以后所能见到的版本和选本进行了梳理比对,对明祝允明手抄本《夷坚丁志》、明王光祖选本《感应汇征夷坚志纂》、明钟惺评点本《新订增补夷坚志》、宋《分类夷坚志》做了研究论述。

4340

《夷坚志》佚文补正[J]/赵章超.--古典文献研究,2009,00:566-571

南宋文学家洪迈所编文言志怪小说集《夷坚志》,自明代以来陆续散佚。本文作者从近年宋代文言小说研究中,翻检诸书,复得诸家辑补所未备者20余则,整理成文以作佚文补正。

4341

遗散在俄罗斯伊尔库斯克的中国古籍[J]/

段洁滨. --晋图学刊,2001,01:74 - 77

本文介绍了俄罗斯伊尔库斯克的历史地位,考证了中国古籍在伊尔库斯克形成的几个阶段,列举了现遗散在伊尔库斯克的部分中国古籍。

4342

彝文古籍必须进行深层次研究实现"书同文"[J]/陈英. --毕节师范高等专科学校学报(综合版),2003,04:18 - 20

本文介绍了我国彝文古籍整理保护现状,提出在确切落实记载内容条件下,将滇川黔桂超方言通用彝文,代换原书中同音混用字或多形混用字,以实现彝文古籍"书同文",这一做法对研究民族历史文化、加强民族团结、维护祖国大一统具有重要意义。

4343

彝文古籍编目及其著录规则初探[J]/杨怀珍. --国家图书馆学刊,2003,04:56 - 62

基于编目著录理论与方法,本文作者根据近20年彝文古籍编目著录实践经验,结合彝文古籍合订成册的抄本多、稿本与转抄本很难辨别、多数典籍不署名等实际情况,通过归纳总结和条分缕析,探讨了符合彝文古籍现状及其特点的著录方法。

4344

彝文古籍翻译世家罗氏三代人对彝语文事业的贡献评介[J]/陈世良. --贵州民族研究,2001,01:117 - 123

本文评述了彝文古籍翻译世家罗氏三代人罗文笔、罗国义、罗正仁的历史功绩、学术成就,以及对彝文古籍翻译、教学和研究所做出的贡献。

4345

彝文古籍历史档案的现状与保护[A]/肖黎煜. --国家档案局档案科学技术研究所. 源于实践 服务全局——兰台工作纵横[C],2008

本文概述了彝文古籍历史档案的保存现状,通过分析当前整理保护彝文古籍历史档案存在的问题,提出加强文献搜集、改善存藏环境、推进古籍数字化等解决办法。

4346

彝文古籍历史档案开发利用模式探析[J]/

乔晓梅,谷凯波. --云南档案,2008,04:24 - 25

本文针对当前彝文古籍历史档案保存和利用现状,分析探讨了新近产生的创新模式和方向:包括通过影视、歌曲、服饰设计向社会推广;将其作为民俗文化的重要组成部分,发展旅游文化产业;为规划和建设特色文化区提供优质服务等。

4347

彝文古籍数字化刍议[J]/禄玉萍. --毕节学院学报,2008,05:32 - 35

本文根据彝文古籍保存现状和数字化建设的必要性,从改变传统观念、统一标准规范、加强技术交流合作、强化专业人才队伍等方面,探讨了实现彝文古籍数字化问题。

4348

彝文古籍在北京地区的实际状况及研究现状[A]/阿侯·依热. --中国民族图书馆. 第十次全国民族地区图书馆学术研讨会论文集[C],沈阳:辽宁民族出版社,2008

本文概述了彝文古籍在北京地区存藏研究现状的调查和价值评估,阐释了这些古籍与现代学科的关系,及其应用前景,呼吁有关部门重视北京地区彝文古籍的保护和研究,对其价值给予关注,对它们的应用前景予以支持。

4349

彝文古籍状况述要[J]/王明贵. --贵州文史丛刊,2002,02:84 - 87

本文回顾了国家和社会各界对彝文古籍开展的一系列整理保护工作,综述彝文古籍的起源、数量、载体、作者、内容和目前的存藏情况。

4350

彝州公共图书馆古籍文献的现状、保护与传承[J]/张欲辉. --楚雄师范学院学报,2009,12:20 - 22 + 25

本文概述了云南楚雄彝族自治州图书馆古籍收藏现状、内容特点,针对家底不清、破损老化、存藏环境亟待改善、数字化建设急需推进、人才匮乏等问题,探讨了古籍文献保护的基本策略,提出加强宣传、提高认识、完善古籍保护制度建设等建议。

4351

彝族古典文献的保护与开发利用[J]/朱崇先. --云南民族大学学报(哲学社会科学版),2007,06:38-42

本文探讨了使彝族古典文献成为可持续性开发利用文化资源的途径。提出在运用传统方法加强抢救和保护基础上,积极主动地应用现代科学技术,争取实现古典文献数字化,以便更加合理有效地开发和利用。

4352

彝族古籍的数字化保护和开发[J]/普梅笑. --河池学院学报,2009,06:110-114

彝族古籍是彝族文化的重要组成部分。本文介绍了彝族古籍保护开发的现状,从收集彝文古籍文献、宣传古籍价值、统一数字化格式策略,阐述彝族古籍数字化保护和开发的构想。

4353

彝族医药古籍文献综述[A]/王敏. --彝族古文献与传统医药开发国际学术研讨会组委会.彝族古文献与传统医药开发国际学术研讨会论文集[C],昆明:云南民族出版社,2001

彝族医药古籍是彝族医药起源和发展的载体。本文综述了具有代表性彝族医药古籍的版本信息、版本流传、文本内容等情况。

4354

以对二甲苯聚合物进行脆弱书籍及档案之加固[J]/夏沧琪,杜明宏,岩素芬,蔡斐文. --林产工业(在台湾地区发表),2005,03:223-235

本文论述了以对二甲苯聚合物镀膜,进行各类纸张和脆弱书籍档案加固的应用厚度实验,和加固性能评估。实验结果显示:两种对二甲苯聚合物镀膜对纸张耐折、强度提升有显著功效,该处理还有助于提升纸张的抗湿润性能和抗霉菌性能。

4355

以古籍复制开发作为古籍保护的手段[A]/陈红彦. --中国国家图书馆.中文善本古籍保存保护国际研讨会论文集[C],北京:北京图书馆出版社,2002

传统的古籍保护更多地强调保管,采取控制使用的办法,注重损坏后的修复。本文认为有计划地复制、开发、出版、数字化,使其化身千万,以多种方式留存信息,使其服务社会、接近大众,是更为有效、可行的古籍保护办法。

4356

以机制创新解古籍修复难题[A]/张平. --中国图书馆学会古籍整理与文献保护专业委员会、国家古籍保护中心.全国图书馆古籍工作会议论文集(2008·天津)[C],北京:国家图书馆出版社,2009

本文通过概述当前古籍修复工作现状,分析评述了现行古籍修复申报审批制度及其机制,提出建立针对提高修复质量为核心的管理制度和建设修复材料统一订购发放制度的办法,以新机制建设破解古籍修复难题。

4357

以临床受益为核心的古代医案研究模式探析[J]/钱峻,李文林,张稚鲲. --湖南中医杂志,2010,06:94-96

本文概述了古代医案的研究现状,认为临床受益是古代医案研究的核心价值,提出基于临床受益的古代医案研究模式构想,包括建立具备分析功能的古代医案数据库、以主题词为切入点进行相关的临床应用研究、开展古代医案数据研究成果的临床研究等。

4358

以普查为契机,加强图书馆古籍保护[J]/魏秀玲. --农业图书情报学刊,2009,12:104-106+109

本文基于古籍文献特有的收藏价值及目前古籍保护现状,论述了以普查为契机,进一步加强图书馆古籍保护的前提是,领导重视、经费保障、人员素质提升;具体对策和改善途径有,修复破损古籍、改善存藏环境、加强数字化建设、培养古籍管理人才等。

4359

以史为镜 鉴往昭来——我国史上几次重要的古籍整理工程概述[J]/岳延春,林凤. --图

书馆学刊,2010,05:101 – 103

本文概述了我国历史上几次重要的古籍整理工程:汉代古籍整理、明代编修《永乐大典》、清代修纂《四库全书》,分析评价其价值和历史贡献,以期"以史为镜 鉴往昭来"。

4360

以现代复制手段促进古籍的保护与利用[J]/彭红. --黑龙江史志,2009,19:12 – 13 + 40

本文从论述古籍保护与利用的关系入手,说明缩微复制、数字复制、仿真复制等现代化复制技术的应用,对促进古籍保护与利用的意义。

4361

以现代技术重现传统文献的探索——上海图书馆的古籍数字化工作[J]/张磊,胡新. --数字图书馆论坛,2006,12:5 – 11

上海图书馆是国内最早开始古籍全文数字化的图书馆。本文对上图古籍数字化工作历程与内容作了介绍,简述古籍书目数据库、全文影像光盘数据库和全文影像网络数据库的建库现状与服务现状,介绍了古籍数字化的技术方案与应用的实践经验。

4362

以 CADAL 项目为例探析国内古籍特色数据库建设[J]/孙琴. --大学图书情报学刊,2010,01:57 – 59

近年来,国内古籍特色数据库建设发展迅速,但良莠不齐。本文从 CADAL 的基本功能、建设目标、著录选目、扫描方式等方面,对 CADAL 项目中的古籍数据库进行了分析比较,探析了国内古籍与民国文献特色数据库的建设现状。

4363

义乌市图书馆的古籍采购实践[J]/翁和永,何梓良. --图书馆研究与工作,2010,04:32 – 33

本文结合工作实践,从积极争取专项经费、制定采选方针、规范采购程序、正规市场选购古书、掌握市场行情等方面,介绍了浙江义乌市图书馆古籍资源建设的工作方法。

4364

《异苑》词语校释琐记[J]/方一新. --古籍整理研究学刊,2000,01:33 – 37

《异苑》是南朝宋学者刘敬叔的著作,叙事平实流畅,口语性较强。本文是作者阅读《异苑》的读书札记,计 15 条,就词语的校勘和训释两方面的问题谈了看法。

4365

《异苑》文献研究[D]/胡文娣. --山东大学,2009

本文通过简述南朝宋学者刘敬叔《异苑》历代著录、版本流传情况,重点研究分析了其传世版本的由来、传承体系、真伪等有争议问题,以及今见本《异苑》的内容、版本特征和佚文补正。文章附录了刘敬叔年表,以辨析作者生平履历的众多疑点。

4366

《易》学杂著的搜集整理与运用[A]/黄沛荣. --辅仁大学图书馆. 2004 年古籍学术研讨会论文集[C],新庄:辅仁大学(台湾地区),2004

本文采用图书文献学研究方法,将收集、整理与运用《易》学杂著之经验,作了系统性论述,进而综论古籍整理的相关问题。

4367

益今日 惠千秋——读《楚雄彝族自治州旧方志全书》有感[J]/林超民. --楚雄师范学院学报,2006,02:79 – 82

由杨成彪主编、云南人民出版社 2005 年出版的《楚雄彝族自治州旧方志全书》,计 9 卷 13 册。该书收录了楚雄州明清和民国时期编纂并流行至今的各类府志、州志、县志、盐井志以及乡土志 54 种,约 700 万字。本文评介了该书的内容、特点和学术价值。

4368

逸园影印洪武本《书史会要》考[J]/张金梁. --文献,2003,03:220 – 230

《书史会要》系明代史学家陶宗仪著。本文考证了该书逸园影印洪武本的文章排列、卷数、内容,将之与明初有活动记载,或有明确生卒纪年的书家情况作比较,对其被断定为明洪武初刻本的说法提出异议。

4369

《逸周书》词语校正补释[J]/周玉秀.--古籍整理研究学刊,2009,04:74-77

《逸周书》战国时期佚名文献汇编,现存最早的古书之一。本文运用多种训诂方法,对《逸周书》中的若干词句做了较为深入的探讨,计17条;在充分吸收前人校注成果基础上,提出了作者新的见解。

4370

《逸周书》丛考[J]/李绍平.--衡阳师范学院学报(社会科学),2002,01:81-84

本文考证了《逸周书》的若干问题:《逸周书》本名《周书》,称今名始于东汉,而非晋代;《逸周书》本为先秦古籍,并非出自汲冢;该书各篇篇名之末原来没有"解"字,引用时,应去掉"解"字;本书卷四《大匡》当是《文匡》之误。

4371

《瘗鹤铭》校补[J]/陆宗润.--"国立"历史博物馆馆刊(在台湾地区发表),2007,166:36-49

《瘗鹤铭》是书法史上重要的研究资料,也是宋朝以来书家习字的范本。该碑曾长期坠入长江,清代康熙时重新出水。本文根据其出水前后铭石变迁、见存字量、分布情况、存字形态变化等,对《瘗鹤铭》进行了校补。

4372

《因话录》校勘标点举正[J]/陶敏.--古籍研究,2006,01:3-7

《因话录》是唐代学者赵璘撰写的文言笔记小说集,1978年上海古籍出版社用古典文学出版社原纸型重印。本文从词义理解、注释讹误、标点断句等方面,改正了该版遗漏的校点错误。

4373

《因话录》若干讹漏补正[J]/万军杰,龚丽娜.--廊坊师范学院学报,2007,05:32-33+36

1958年、1979年,古典文学出版社、上海古籍出版社分别出版了唐代学者赵璘《因话

录》的点校本,均对原书一些校点错误有所改正,但仍遗留了一些漏误可议之处。本文对其一一举正。

4374

《殷芸小说》校注琐议[J]/范崇高.--重庆师范大学学报(哲学社会科学版),2005,01:38-41

《殷芸小说》由南朝梁殷芸著。本文对古典文学作家周楞伽辑注本中的注释和校勘部分提出补充和修正意见,以期对恢复原书面貌和准确理解原书有所帮助。

4375

《殷芸小说》研究[D]/罗荷芳.--广西师范大学,2010

本文以古典文学作家周楞伽辑佚的《殷芸小说》为底本,参考历代著录《殷芸小说》的目录学著作和引录《殷芸小说》条文的典籍,探讨该书的成书背景、文本性质、流传状况等,以期抛砖引玉,吸引更多的学者关注《殷芸小说》的研究。

4376

蟫庵论著全集(全二册)[M]/昌彼得著.--台北:"故宫"博物院(台湾地区),2009

《蟫庵论著全集》系图书文献学专家昌彼得著,台北"故宫"博物院出版社2009年出版。该书介绍了台北"故宫"博物院所藏善本文献的版本掌故、内容提要、存藏现状等。

4377

应当重视缩微事业的人文关照[A]/刘元奎.--中国档案学会.2003年海峡两岸档案暨缩微学术交流会论文集(大陆地区代表部分)[C],2003

本文论述了重视文献缩微事业人文关照的重要意义和方法途径,包括加强人文研究的重要性、开发过程体现人文性、大力宣传其人文价值、推进法律条文立法、提升人员专业素质等。

4378

应进一步重视宗教古籍保护[J]/方广锠.--藏外佛教文献,2008,03:6-11

本文概述了宗教古籍的存藏、分布情况

和宗教古籍保护的意义,分析了宗教古籍数量急剧减少、缺乏完整著录、保存条件堪忧等问题,认为"中华古籍保护计划"将宗教类古籍纳入其中是及时而重要的决策。

4379

应劭著述考论[D]/王忠英. --山东师范大学,2010

应劭是东汉文献家和名物学家。他博学多识,勤于著述,代表作有《风俗通义》《汉官仪》《汉书音义》等,内容涉及历史、官职、民俗、礼仪、姓氏等领域。本文从家世生平、著述考疏、文献价值方面,考论了其著述和对中国文献及文化的贡献。

4380

《英藏敦煌社会历史文献释录》补校[D]/贾娟. --南京师范大学,2008

《英藏敦煌社会历史文献释录》由郝春文等编,社会科学文献出版社2009年出版。本文从古文献整理角度,将该书与图录本《敦煌宝藏》《英藏敦煌文献》比勘和重合真迹,对书中36个卷号内容作校订,还包括标点、校记、释文后的说明、参考文献等。

4381

《英藏敦煌社会历史文献释录·斯63号〈太上洞玄灵宝无量度人上品妙经〉》校正[J]/叶贵良. --敦煌学辑刊,2002,02:145 - 148

《英藏敦煌社会历史文献释录》有不少误录、误断之处。本文就该书中《斯63号〈太上洞玄灵宝无量度人上品妙经〉》存在的古今字误用、径改原文、误引文献等误录、误断之处作校正。

4382

英藏敦煌写卷《春秋经传集解》述论[J]/李索. --河北师范大学学报(哲学社会科学版),2005,02:93 - 100

本文综述了英藏敦煌写卷《春秋经传集解》。该文献共12个编号,13卷,其中10卷为西晋杜预集解之抄本,3卷为《春秋左氏传》节选本,多为南北朝时期所抄。与阮刻本相比,保存有参考意义的异词异字千余处,在版本、校勘、语言方面具有重要学术价值。

4383

英伦汉籍闻见录[J]/林世田,张志清. --文献,2005,03:54 - 69

2005年,作者应英国国家图书馆国际敦煌项目邀请赴英访学,涉猎英国国家图书馆和博物馆、伦敦大学亚非学院图书馆、牛津大学博德利图书馆、Sam Fogg文物商店所藏中国古籍善本、老照片、西文修复、敦煌文献修复等,收获良多,特撰此文与同行分享。

4384

《营造法式注释》卷上"乌头门与灵星门"误作同类门的献疑[J]/张亦文. --古建园林技术,2004,04:18 - 19

本文从建筑颜色、结构样式文献记载、门的功能作用等方面,对梁思成先生所著《营造法式注释》中"乌头门与灵星门"误作同类门的问题进行了考证,以臻完善。

4385

《楹书隅录》误定版本考略[J]/丁延峰. --古籍整理研究学刊,2006,04:35 - 37

《楹书隅录》是清代海源阁藏书楼主人杨以增之子杨绍和撰,著录宋元校钞269种。本文根据版式、刻工、讳字、序跋等,对该书中9种被误定版本的古籍进行了考订。

4386

景印解说:高邮王氏父子手稿[M]/李宗焜编. --台北:"中央研究院"历史语言研究所(台湾地区),2004

高邮王念孙、王引之父子是乾嘉学术代表人物,他们对经义、文字、声韵、训诂的考订,为学界珍视。台湾"中央研究院"历史语言研究所收藏有王氏父子论学手稿,且有未曾发表的书稿。本书辑印了史语所藏王氏父子全部手稿,附释文及论述,供学界研究参考。

4387

影响顾廷龙先生学术生涯的几件事[J]/王世伟. --国家图书馆学刊,2006,02:71 - 74

在图书馆事业家、古籍版本目录学家顾廷龙的人生经历中,有几件事对其学术的发展产生过重要的影响。本文对此作了介绍和评述：弃理从文的成长背景，在沪创办合众图书馆，整理《尚书文字合编》，参与重要古籍版本鉴定。

4388

影响纸质档案保存之因素——材料与造纸方法[J]/张丰吉. --档案（在台湾地区发表），2003,04:90-98

影响纸质档案保存的因素主要有纸张材质和外在环境。本文分析探讨了纸张材质的影响，认为纤维原料、制浆方法、漂白条件、抄纸方式都会对纸张保存造成不利影响，因此，修复重要档案、印制古籍，务必选择变质少、性质优异的纸张。

4389

影印古籍析出文献著录[J]/李璞. --四川图书馆学报,2008,06:49-52

本文结合影印古籍数据库建设实践，对影印古籍析出文献、析出文献分类标引、CNMARC格式著录、主题标引问题进行探讨，提出对析出文献可应用《中图法》和"四库法"共同进行分类标引。文章还对析出文献主题标引的必要性和可行性进行了阐述。

4390

影印《四库全书》系列书目数据库的规范控制[J]/王阁. --图书馆论坛,2007,04:8-10

本文围绕影印《四库全书》系列书目数据库建设，分析了以古代个人名称标目的编制特点，探讨了编目中责任者名称、正题名前置词、交替题名等古籍文献题名规范控制问题。

4391

影印宜止 比勘当行——读蔡元培、袁同礼先生"对于影印《四库全书》的建议"有感[J]/赵达雄. --出版发行研究,2001,08:76-78

本文概述了1933年时任北平图书馆馆长蔡元培和副馆长袁同礼，获悉教育部决定影印《四库全书》后，提出关于影印此书的建议，认为"影印宜止 比勘当行"，阐明《钦定四库全书》无须再度影印的观点。

4392

影印珍本古籍文献举要[M]/姜亚沙编. --

北京:北京图书馆出版社,2002

本书介绍了《纪录汇编》《宪章录》《南北史合注》等73种珍本古籍文献的书名、异名、卷数、种类、成书年代、内容体例、版本价值等。

4393

应用充氮封存技术保护珍贵文献可行性研究[J]/周崇润,李景仁. --国家图书馆学刊,2003,04:66-69

现代充氮封存技术具有防止文献老化和虫霉产生等优点，并且技术成熟、成本低廉。本文论述了充氮封存技术应用于图书馆文献保护的可行性。

4394

应用缩微技术抢救馆藏古旧文献[J]/刘薇. --数字与缩微影像,2006,03:26-28

本文以湖南图书馆为例，介绍了该馆应用缩微技术抢救古代文献的工作成果，从读者服务、数字化建设、整理出版等方面，兼述其开展社会化服务的工作实践。

4395

应用统计遮罩比对方法与统计决策规则于古籍手写文字之辨识[J]/蔡殿伟,蒋德威,黄有评. --技术学刊（在台湾地区发表）,2006,03:299-308

本文介绍了应用统计遮罩比对和统计决策规则，辨识古籍手写文字的方法。经过古籍《金刚经》的实验，其结果证实这种方法是适用的。

4396

应用现代计算机信息技术建立中医药珍善本古籍档案与多媒体管理系统[J]/刘国正,符永驰,李斌. --中医药管理杂志,2002,05:47-48

本文综述了国内外中医古籍整理研究、保存现状，通过分析现有工作基础和条件，有针对性地提出中医药珍善本古籍多媒体数据库的工作内容和技术构想。

4397

应用型古籍修复人才的特质与培养方案构建[J]/葛怀东. --图书馆论坛,2010,05:164-

165 + 127

本文阐述了古籍修复人才应具备的基本特质,并据此提出应构建相应的人才培养方案,完善修复人才培养机制。

4398

《永乐大典》保存、研究与传播的过去与未来——参加《永乐大典》编纂 600 年国际研讨会札记[J]/王世伟. --图书馆杂志,2002,07:74 – 76

本文从仿真影印《永乐大典》的文物性与文献性、《永乐大典》的印刷本与数字化、保护历史与保护古籍、《永乐大典》研究的过去与未来等方面,综述了《永乐大典》编纂 600 年国际研讨会主要内容。

4399

《永乐大典》本江苏佚志研究[D]/崔伟. --安徽大学,2010

明代纂修的大型类书《永乐大典》,辑录了自先秦至明初 8000 余种古籍资料。2004年中华书局出版马蓉《永乐大典方志辑佚》,收录江苏省方志 48 种。本文以此为底本,结合张国淦《永乐大典方志辑本》(2006 年),按照行政区划对江苏佚志和佚文逐部进行了研究。

4400

《永乐大典》的流散与回归历程[J]/周春玲,张洪钢. --图书馆学刊,2010,10:92 – 94

《永乐大典》是中国历史上最大的一部百科全书。本文概述了《永乐大典》的编纂经过与身世之谜,重点论述了《永乐大典》被内盗与外掠所造成的损失和国家竭力抢救回归的艰辛历程。

4401

《永乐大典》散聚述略[J]/范开宏. --图书馆杂志,2000,07:61 – 62

本文简述了《永乐大典》自明代至今的收藏情况、散佚过程、现存情况、整理保护、研究历史等情况。

4402

《永乐大典》述略[J]/黄俊霞. --农业图书情报学刊,2005,06:35 – 37

《永乐大典》是我国历史上辑录古籍数量最多、涉及知识门类最广的一部类书。本文梳理分析了有关《永乐大典》正本下落的不同观点,认为至今仍为疑案;论述了《永乐大典》与《四库全书》的传承关系,以及目前《永乐大典》收集、保存、研究的情况。

4403

永乐大典数位化相关问题之探讨:兼论资讯科技对古籍整理的影响[J]/顾力仁. --图书馆学与资讯科学(在台湾地区发表),2002,01:33 – 48

本文探讨了《永乐大典》的主要内容、数字化的方式以及数字化的意义和效益,兼论现代信息科技对古籍整理的运用和影响,以及当前古籍影像数据库、全文数据库、书目数据库的建设现状。

4404

《永乐大典》修复始末[J]/杜伟生. --国家图书馆学刊,2004,02:64 – 68

本文从《永乐大典》的存藏状况、装帧特点入手,详述了《大典》修复工作缘起、准备材料、修复原则、修复技法、修复过程和修复经验。

4405

《永乐大典》与古籍主题标引[A]/鲍国强. --中国国家图书馆.《永乐大典》编纂 600周年国际研讨会论文集[C],北京:北京图书馆出版社,2003

本文通过对《永乐大典》所辑入的未拆分古籍主题标引系统的归纳、说明,比较了《永乐大典》古籍主题标引和目前古籍主题标引的异同,提出了 600 年前古籍主题标引工作对我们的有益启示和主张尽早全面进行古籍主题标引工作的几点认识。

4406

《永乐大典》与《四库全书》编纂的比较[J]/周晓聪. --天水师范学院学报,2006,01:90 – 93

本文通过《永乐大典》《四库全书》的比较,认为二者在编纂目的和方法、思想内容、学术影响等方面存在差别,但其汇辑中国漫

Y

长历史进程中留下来的文化遗产,强调荟萃古籍,保证文献的完整性,其价值和意义是相通的。

4407

永乐文渊:清代宫廷典籍文化艺术特展导赏手册[M]/陈浩星编. --澳门:澳门艺术博物馆(澳门地区),2007

本书系澳门艺术博物馆"永乐文渊——清代宫廷典籍文化艺术特展"的导览手册。该展览共分"稽古右文""渊海缥缃""文学侍从""娴嫒珍赏"4 个单元,内容涉及典籍、宝玺、书法、绘画、画像、铜版画、瓷器、砚台、袍服、工艺品等。

4408

《永历实录》校读札记[D]/马延娇. --南京师范大学,2008

《永历实录》由清代思想家王夫之著,上海古籍出版社、岳麓书社、中国书店相关版本对该书做出了校勘和史料辨正。本文谨以 1982 年岳麓书社出版本为底本,参考相关记载,就其部分文字、部分缺字予以校补,兼论该书的史料不足,并加以辨正。

4409

用传承文化恒心做古籍保护事业[N]/张志清. --光明日报,2009 - 07 - 01012

本文以郑振铎"西谛藏书"排架为例,评述了国家图书馆古籍文献存藏、整库排架、古籍整理、开发保护等工作。

4410

用方正德赛平台构建馆藏中医药古籍文献数据库[J]/李文林. --医学信息学杂志,2008,03:31 - 34

本文介绍了国内中医药古籍文献数据库的建设状况,从背景条件、步骤、内容、建设标准、应用技术等方面,论证了使用方正德赛平台构建中医古籍数据库的建设过程和取得的成果。

4411

用汉文翻译注释彝族古典文献应遵循的几点原则[J]/朱崇先. --语言与翻译,2008,02:46 - 49

用汉文翻译注释少数民族古典文献是民族古籍整理研究、推动文化资源共享的重要工作。本文根据彝族古典文献特点,论述了用汉文译注彝族古典文献所要遵循的原则:尊重原著、准确对译、风格统一、内容真实、慎用音译、精审定稿、开阔视野等。

4412

用户参与式农业古籍数字图书馆访谈评价法[J]/常春,黄桂英. --图书馆论坛,2006,01:82 - 84

本文介绍了用户参与式农业古籍数字图书馆访谈评价法,包括参与式访谈方法;访谈内容的制定;用户的确定;调查人员的培训;访谈过程中时间、地点细节分析;最后的数据统计等。

4413

用局部测光来解决拍摄善本书的难题[J]/黄焕霖. --缩微技术,2002,04:30 - 31

本文针对污染严重的古籍善本书拍摄难度大问题,结合工作实践,从测光系统的性能、不同的曝光条件、测光表的分档、胶片密度、冲洗条件等方面,介绍了用局部测光解决拍摄难题的方法。

4414

用于信息检索的古文统计分析[J]/张敏,马少平. --中文信息学报,2001,06:40 - 46

本文介绍了用于信息检索的古文统计分析方法,包括运用多个专用语料库动态知识合并方法,对古文高频、低频使用的规律加以总结分析;将现代汉语的单字、双字进行比较,按照使用频度对古汉字分类;将统计结果运用到中文古籍信息检索系统中。

4415

用于引书识别的引书引用模式研究[J]/衡中青,侯汉清. --图书情报工作,2009,15:142 - 145

本文研究目的是,研究古籍引书的引用模式,进而探讨计算机模式识别方法在引书识别中的应用。具体方法为以明、清、民国时期广东地方志物产门类资料为语料,抽取所有引书的引用模式,分别对引书名称模式和

441

引用表达方式进行研究。

4416

用 ILAS 编制古籍文献机读目录的实践 [J]/孙红强. --河南图书馆学刊,2003,02: 42－44

本文从理论认识、字段设计、著录位置、检索途径等方面,介绍了郑州图书馆根据《古籍文献著录规则》选择 CNMARC 字段,结合 ILAS 系统编制古籍文献机读目录的实践。

4417

用 Microsoft Excel97 软件管理古籍目录的设想 [J]/桂罗敏. --情报杂志,2001,04:20－22

本文从系统功能、编程步骤、字段拆分等方面,探讨了用 Microsoft Excel97 软件的特殊功能对古籍目录进行管理,以提高古籍目录研究和检索功效的设想。

4418

《幽明录》、《世说新语》校释研究——以与类书比勘为中心 [D]/陈静. --浙江大学,2005

六朝小说《世说新语》《幽明录》具有重要的语言价值,包含了较多的口语语词,能较真实地反映当时的语言面貌,二书均题署南朝宋刘义庆所著。本文从与类书比勘的角度,结合训诂的研究方法,对书中的语词、注释、若干新词进行校释研究。

4419

尤袤及其《遂初堂书目》研究 [D]/林育慈. --华梵大学(台湾地区),2008

《遂初堂书目》是南宋藏书家、文学家尤袤所撰的私家藏书书目。本文追溯了尤氏家族的由来和重要人物的情况,简要介绍尤目成书、体制、特色等内容,重点探讨该版本目录对后世中外书目的影响。

4420

尤袤文集首刻时间考及其诗文辨伪辑佚 [J]/张艮. --古籍整理研究学刊,2008,01: 36－39

本文考察了南宋藏书家、文学家尤袤文集的版本流传情况,包括尤袤文集首刻时间在尤袤当世,其文集在元、明两代尚有流传;

尤袤文集的最新整理成果和辨伪、辑佚情况。

4421

由差距看发展——武汉大学图书馆古籍保护和修复工作浅见 [A]/曾义. --湖北省图书馆学会. 湖北省图书馆学会 2009 年学术年会论文集 [C],2009

本文对比分析了发达国家和我国古籍修复事业现状,针对武汉大学图书馆古籍修复设备原始、破坏性修复现象严重等问题,提出改善空气质量、光照、温湿度控制、杀虫消毒、加大资金投入、提升人员素质等建议。

4422

由《大正藏》输入经验兼谈古籍整理 [J]/萧镇国. --佛教图书馆馆讯(在台湾地区发表),2000,24:92－102

《大正藏》日小野玄妙等编,收录了中国经律论、中日著述 3497 部、13520 卷。本文概述了该书传入台湾以及数字化的过程,从软件特性、输入原则、输入法和字库表、校对、缺字、转档等方面,探讨了运用计算机输入校对进行古籍整理的方法和路径。

4423

由点校本《黄庭坚诗集注》谈古籍整理出版中存在的问题——以《内集》诗注为例 [J]/孟国栋. --中国出版,2009,02:60－61

刘尚荣校点本《黄庭坚诗集注》,以清光绪间陈三立覆宋刊《山谷诗注》为底本,2003 年由中华书局出版。本文以《内集》诗注为例,就该书录文错误、断句疏失、字体失范、校勘不清等,论述了古籍出版整理中存在的问题。

4424

由"国学网"看古籍网络化 [J]/秦阿娜. --电子出版,2003,08:12－13

本文以"国学网"为例,针对古籍网络化存在的技术、人才、统筹、标准等问题,提出建设专业古籍网站,恰当解决字体问题,注意版本选择,以发展的眼光走向国际化,重视宣传和品牌建立,重视人才培养,强调知识产权保护等建议。

4425

由两岸文献学的现况论文献学的定位问题

[J]/周彦文. --书目季刊(在台湾地区发表),2004,01:1－17

本文介绍了两岸文献学的发展现况,征引相关学者的论述,论证建构"文献学"独立学科的必要性、可行性。在此基础上,概述了架构"文献学"的方法论和理论系统构想,以期将当前的文献学从一个概念转化成为独立的"文献学"学科。

4426

由《日知录》谈编纂《四库全书》的政治目的[J]/蔡妙真. --"故宫"学术季刊(在台湾地区发表),2000,04:145－178

《日知录》是明末清初思想家顾炎武的代表作品。本文以此书为例,从原抄本内容、传世版本、四库本的删改情形等方面,论述了清乾隆编纂《四库全书》的政治目的。

4427

由《四库全书》子部"术数类"禁毁书论禁毁标准的发展与形成[J]/许崇德. --"故宫"学术季刊(在台湾地区发表),2004,04:111－147＋215

在编纂《四库全书》期间,不少著作被定性为禁毁书。本文以禁毁《元天玉历祥异赋》《乾坤宝典》两部天文星占著作的过程为例,探讨了禁毁书标准的形成发展,以及其与官场观望迎合习气的关系。

4428

油印嚆矢——记孙雄清末的一套油印本书[J]/苏晓君. --中国典籍与文化,2009,02:99－102

蜡纸油印是流行于20世纪的一种易于操、作成本低廉的印刷方法,由西方传入。清江苏文人孙雄开中国油印书籍之先声,从1907至1911年中连续出版了至少21部油印本书(现藏国家图书馆),它们是清末誊写孔版印刷书籍兴起后的代表,其中更有现存最早的藏本。

4429

《游记》研读首选 古籍整理力作——吕锡生点校《徐霞客游记》出版[J]/顾吉辰. --江南论坛,2009,05:61－62

《徐霞客游记》是明代地理学家徐霞客的代表作。2009年,广陵书社出版了由史记研究专家吕锡生的《徐霞客游记》点校本。本文介绍了该书的编纂过程、版本特色和学术价值。

4430

有代表性的两部彝文古籍的整理与翻译——以《西南彝志》与《彝族源流》为例[J]/王继起. --贵州民族宗教,2008,04:25－29

本文以《西南彝志》与《彝族源流》为例,介绍了贵州毕节地区彝文古籍保存现状和整理翻译工作,阐述了这两部有代表性的彝文古籍的编纂背景和翻译特色。

4431

有关国家《古籍著录规则》商榷二题[J]/王元庆. --图书馆论坛,2001,04:82－83

《古籍著录规则》由中国国家标准化管理委员会制定,2008年发布。本文认为《古籍著录规则》中,"按……朝代名称"、"以卒年为准"、按"著者时代"著录等规则,有失科学规范,应予以更正。

4432

有关《经义考》著录的几项分析(上)[J]/杨果霖. --"国立中央图书馆"台湾分馆馆刊(在台湾地区发表),2002,04:96－109

本文以清朱彝尊《经义考》为例,通过计算机,从存佚考察报告,经籍重出考察,典籍分类归并,引用文献整理,历朝经籍数量,经籍名家分析方面,统计分析了此书的著录特点,以示现代技术对文献整理的重要辅助作用。

4433

有关《经义考》著录的几项分析(下)[J]/杨果霖. --"国立中央图书馆"台湾分馆馆刊(在台湾地区发表),2003,01:111－114

(同上)。

4434

有关《陇右王汪氏世家勋德录》的几个问题[J]/汪楷. --陇右文博,2002,02:73

本文考察了元代《陇右王汪氏世家勋德录》存世情况。经考,该书仅有元代文人虞集的一篇序文保留，内容仅见明清目录学载录，不见刻本或抄本流传；关于书名，清代钱大昕与倪灿记载不一，该书极可能在清代以前已佚。

4435

有关中外关系史的一些画照内容与史实探真——对今人为一些古籍画照所作说明文字之补正 [J] / 谭世宝. --文化杂志（在澳门地区发表），2003，49：183 - 200

现存有关清代以前中外关系史中的绘画，以及照相术传入中国后拍摄的早期照片，今人在整理说明文字时存在错误之处。本文以《中国贸易书Ⅱ》《昔日乡情》等书为例予以说明订正。

4436

《酉阳杂俎》点校订补 [J] / 刘传鸿. --古籍整理研究学刊，2002，06：67 - 72

《酉阳杂俎》唐代小说家段成式著，经方南生点校，1981 年由中华书局出版。本文参照脉望馆本、《学津》本、《津逮》本、《稗海》本，对该点校本中失校、误校、标点错误等做出订补。

4437

《幼学琼林》流传台湾考 [J] / 杨永智. --东海大学文学院学报（在台湾地区发表），2006，47：83 - 116

《幼学琼林》明程登吉著。该书现存木刻本 20 种、石印本 29 种、战后台湾地区出版品计 25 种。本文援引台地知见，旁征内地传承，介绍了《幼学琼林》传入台湾地区的时代背景、流传过程和文本间的传承情况。

4438

《幼幼新书》及其回归珍善版本 [A] / 万芳. --中国中医研究院. 庆祝中国中医研究院成立 50 周年首届中医药发展国际论坛暨首届中医药防治艾滋病国际研讨会论文集 [C]，2005

《幼幼新书》宋代名医刘昉著。该书宋版在国内早已失传。2001 年科技部立项"国内失传中医善本古籍抢救回归与发掘研究"课题，经努力，《幼幼新书》宋版（卷三十八）、日

多纪元简手跋本得以回归并结集出版。本文介绍了该书内容特点、版本传承，日多纪氏校勘本特点和宋版残卷存藏现状。

4439

于鬯《春秋》四传《校书》训诂研究 [D] / 熊焰. --暨南大学，2010

本文以清于鬯《〈春秋〉四传〈校书〉》为例，从字词解释、句读分析、语法探讨、修辞说明、起例发凡、典制考订、史实补明、文本校勘方面，考察了其训诂内容，研究了于氏"利用对文，推求词义；根据异文，比照诂义；联系字音，因声求义；扣紧原文，语境求义；遍检典籍，集例见义"等训诂方法。

4440

于细微处鉴版本——从《古今医统大全》初刻年代谈起 [J] / 王少丽，穆春林. --医古文知识，2000，04：25 - 27

《古今医统大全》明代医学家徐春甫著。本文考证了该书初刻年代，分析导致该版本混乱的原因是，卷帙浩繁又著录时未及通览全书，指出版本鉴定是一项专业性强且细致的工作，必须秉持严谨求实的科学态度。

4441

余嘉锡《四库提要辨证》探析 [J] / 胡元玲. --书目季刊（在台湾地区发表），2001，01：13 - 21

目录学家余嘉锡《四库提要辨证》是对《四库全书总目》做出分析的著作。此书立足于目录学对《四库全书总目》所做的分析，显示出深刻的辨证思想。本文从目录类别、编著体例、功能作用、类例分析等方面，探析了余氏编纂提要的学术观点。

4442

余校本《广韵》"互注"补校 [J] / 曹洁. --古籍研究，2003，03：13 - 15

《新校互注宋本广韵》余迺永校注，上海辞书出版社 2000 年出版。本文指出了余校本在读音互注与校勘方面的遗漏，列出当补条目，对余校本《广韵》"互注"作了补充。

4443

余萧客及其《古经解钩沉》研究 [D] / 许慈

珍.--高雄师范大学(台湾地区),2010

《古经解钩沉》清余萧客著。本文梳理了余萧客其人生平、交游、学术活动,师承关系,以及学思历程和吴派对余萧客治学的影响;对余氏代表作《古经解钩沉》内容、得失等进行探讨,厘清该书对当代学术研究的影响。

4444

俞正燮及《俞正燮全集》的整理[J]/诸伟奇.--中国典籍与文化,2006,01:112-117

俞正燮为清代著名学者,长于局部考证,于治学中体现出求实精神、进化观点和以传统反传统的思辨方法。黄山书社2005年出版了《俞正燮全集》,辑录其存世著作。本文就俞氏著作校点之难撮要论述,彰显古籍整理工作的学术性。

4445

俞著《〈国语〉韦昭注辨正》献疑[J]/郭万青.--古籍整理研究学刊,2010,05:76-83

《〈国语〉韦昭注辨正》绍兴文理学院教授俞志慧著,中华书局2009年出版。本文从字义辨析、注释讹误、句读误用等方面,检出未协之处30条,稍加辨正,以有益于《国语》的传播与研究。

4446

《渔洋山人精华录笺注》郭象升题跋批校抄评[J]/杨艳燕.--沧桑,2010,01:227-228

郭象升是近代教育家和藏书家,留下题跋批校文字丰富。本文辑录山西师范大学图书馆馆藏《渔洋山人精华录笺注》郭象升所作题跋、批校,并进行分类评释,以期对清王士禛诗文艺术特色、版本源流,郭象升学术思想研究有所助益。

4447

《虞初新志》版本考[J]/林淑丹.--语文与国际研究(在台湾地区发表),2008,05:97-112

《虞初新志》系清代张潮编撰的传奇小说集。本文辨析了该书乾隆期间诸版本的关系,与咸丰元年(1851)以后版本的不同之处,考证现今通行的150篇短篇最后于何版本中

确立,以作为《虞初新志》研究的重要参考依据。

4448

与后世人相处之日长——评《中国古籍编撰史》[J]/王玲,倪波.--图书情报知识,2000,04:74-76

本文从学术体系、学术内容、学术精神三个方面,评析了《中国古籍编撰史》的学术价值和内容特色。

4449

《禹航免涵陈氏宗谱》著录考订[J]/胡晨.--图书馆研究与工作,2010,01:71-72

清光绪十六年(1890)木活字印本《禹航免涵陈氏宗谱》是迄今浙江余杭地区唯一存世的书瑞堂陈氏家族古籍家史文献。本文简要介绍该宗谱的文献特征、世系情况,并对其著录问题进行了考订。

4450

《玉海》版本流传考述[J]/杨万兵.--大学图书情报学刊,2008,02:91-93

《玉海》是南宋文献学家王应麟编纂的大型类书。本文以1987年江苏古籍出版社本、上海书店影印的浙江书局本、1992年上海古籍出版社四库类书丛刊本为例,考述了《玉海》的版本流传情况。

4451

玉林市古籍保护人才培养初探[A]/李俊.--广西图书馆学会.广西图书馆学会2009年年会暨第27次科学讨论会论文集[C],2009

本文介绍了广西玉林市古籍保护工作现状,指出古籍保护人才匮乏是制约当地古籍保护工作的主要因素,提出更新人才培养理念、重视古籍保护人才培养、在职培训和专业培训相结合、培养后备人才、提升在职人员素质等建议。

4452

《玉山名胜集》的版本特点及成因[J]/谷春侠,刘慧.--宜宾学院学报,2010,08:120-124

《玉山名胜集》系元末文艺盛会玉山雅集的结集,现存版本数量众多。本文概述了其版本特点:明刊次数多而流传寡,现存本以清

抄本为主,卷数差别大且编次混乱;分析了出现这种状况的成因:单元独立和可以自由分合的体例,随得随编的编辑特色,好事者传抄和战乱中失补等。

4453

《玉台新咏》与其版本初探[J]/王景鸿. --(在台湾地区发表),2001,67:167 – 183

《玉台新咏》是一部汉朝至梁朝的诗歌总集。本文探讨了该书编者、内容、风格特色和形成原因,并以国内学术机构庋藏的各种版本为主,研究了其版刻源流。

4454

域外汉籍及其版本鉴定概说[J]/陈正宏. --中国典籍与文化,2005,01:14 – 19

域外汉籍是指古代中国周边受汉文化深刻影响的几个国家以汉文(主要是汉语文言文)撰写、刊行的书籍。本文以朝鲜、日本、越南等国古代刊印的汉籍为例,探讨了域外汉籍的定义分类、刊印历史、刊本价值和鉴别方法。

4455

域外汉籍研究——一个崭新的学术领域[J]/张伯伟. --学习与探索,2006,02:159 – 160

本文梳理了域外汉籍研究在国内开展的现状,介绍了域外汉籍的研究方法和研究成果,阐述域外汉籍的研究主要集中在流传、出版、版本;现存情形与研究概况、史料价值;中国与东亚各国的关系等方面,并对该类研究未来的方向做出展望。

4456

《寓简》的版本和学术价值[J]/邓瑞全,陈娜. --淮北煤炭师范学院学报(哲学社会科学版),2008,01:8 – 13

《寓简》是宋代沈作喆所撰笔记类著作。本文考证了该书历代著录情况、版刻流传概况,并对作者的生平、学术和思想做了梳理,以期对全面认识宋代社会有所助益。

4457

寓作于注的大作——陈连庆《〈晋书·食货志〉校注〈魏书·食货志〉校注》序[J]/何兹全. --古籍整理研究学刊,2007,01:1 – 2

《〈晋书·食货志〉校注〈魏书·食货志〉校注》是东北师范大学教授陈连庆的遗著。本文是历史学家何兹全为该书所做的序,介绍了此书的编纂历程,评介了书的内容特点和学术价值,并对书中采用的古籍注释原则、注释体例等做了讨论。

4458

《豫章丛书》本《苣山文集》点校后记[J]/谢苍霖. --江西教育学院学报(社会科学),2005,02:60 – 63

《苣山文集》明末清初张自烈著。该书清中辑刻后遭到禁毁,民国初年始得以刊入地方丛书《豫章丛书》。本文通过版本考察,认为《豫章丛书》本与俞王爵校辑本同源,差异较小,而与清初叶瞻泉刻本差异较大,故取俞辑本以校《豫章丛书》。

4459

《元草堂诗余》研究[D]/罗丽纯. --成功大学(台湾地区),2005

《元草堂诗余》元代凤林书院辑,收录62位词人203首词。本文通过作品内容、艺术技巧、词坛影响等考察词作,认为该词集作者系以江西庐陵为中心而辐射至江西各地,作品以遗民身世家国、抒情怀乡、时序节令等内容为主。

4460

元代古籍版本学考略[J]/曹之. --山东图书馆季刊,2006,04:11 – 15

宋元是古籍版本学的成熟时期。本文从同书异本研究、善本观、版本学家和标志性成果等方面,论述了元代古籍版本学成就。

4461

元代回族汉文古籍述论[D]/朱桂香. --宁夏大学,2010

中国回族出现在元代后期,基于元朝统治者采取的宗教自由政策,加之伊斯兰本身的发展,留下了一批珍贵的古籍文献。本论文选取了现存的部分元代汉文文献,对其进行文献学的梳理和研究,并对元代回族文献的特点和价值给予评述和总结。

4462

元代江西书院刻书考论［D］/薛颖. --江西师范大学,2008

元代江西书院兴盛,促进了刻书业发展。本文从文献整理角度,运用目录学、文献学方法,对元江西书院刻本作了考证,并将版本与社会历史环境相联系,从中寻绎元代书院官学化发展历程,以及对刻书业的影响,从而研究元代的文化政策和整个社会文化氛围。

4463

元代类书存佚考［J］/贾慧如. --图书馆杂志,2009,09:63 – 67

类书是中国独有的文献载体,在中华典籍中占有重要地位,其编纂从三国魏始,延续至今,元代类书发挥着承前启后的作用。由于元代无大型官修类书,其重要性往往被忽略。本文通过对元以来书目的梳理考辨,得出元代类书现存 27 种,散佚不存 23 种,计50 种。

4464

元代类书考述［J］/贾慧如. --图书馆理论与实践,2009,07:53 – 57

本文通过对历代书目的爬梳考辨,总结出元代类书现存 27 种、散佚不存 18 种,并列出存藏书名、卷数、作者、内容提要。此外,对几种因未见而存疑、前人误载为元代类书的情况作了考述。

4465

元代台宪文书汇编［M］/洪金富点校. --台北:"中央研究院"历史语言研究所(台湾地区),2003

本书收录了中台、南台的公文奏议、各级监察机构的沿革文字、公署图考等元代监察史料,是有关元代监察制度史料的综合性汇集,对中国监察制度史和元代政治、军事、法律、社会、经济、文化史的研究具有参考价值。

4466

元代王祯《农书》异版插图考辨［J］/沈克. --新美术,2008,05:95 – 97

《农书》元代农学家王祯著。本文考辨了该书嘉靖本和库本中插图,通过比较两本插图中职官的服饰形制、冕服的使用场合、贵族妇女的头饰衣纹、树石和园林背景的异同,提出嘉靖本中插图更接近原作图像的观点。

4467

"元代文化研究暨《全元文》编纂研讨会"纪要［J］/魏崇武. --民族文学研究,2004,02:144

2003 年 11 月,元代文化研究暨《全元文》编纂研讨会在北京师范大学召开。本文为该研讨会的纪要,概述了会议议题、参加人员、讨论情况、专家意见和会议成果。

4468

元代文化研究暨《全元文》编纂研讨会综述［J］/青华. --古籍研究,2004,01:312 – 314

本文系"元代文化研究暨《全元文》编纂研讨会"综述。概述了会议目的意义和主题;介绍了元代文化研究现状和《全元文》的编纂整理情况;汇总专家学者对《全元文》编纂工作的建议;从版本特色和学术价值方面对江苏古籍出版的《全元文》做出评价。

4469

元代医籍年表［J］/刘时觉. --中华医史杂志,2003,01:46 – 50

本年表载录现存的元代 1280 年统一全国至 1367 年元亡共 88 年间中国医学古籍。

4470

《元典章》点校释例［J］/洪金富. --中国史研究,2005,02:113 – 118

《元典章》元朝地方官署编。其史料丰富,惟传世各本,脱讹颇多,句读为难。本文举两篇官文书为例,从文本内容、著述风格、体制规格方面,点校考释该书的错讹之处。订正《典章》错误,煞费周章,盖《元典章》编者、钞者、梓者草率其事使然也。

4471

《元典章》研究综述［J］/张金铣. --古籍整理研究学刊,2010,04:26 – 29

本文讨论了《元典章》版本流传以及整理和研究等问题。全文概述《元典章》性质、编纂及其版本情况,考察学术界对《元典章》体例、文体、语言结构及其价值的研究,并对《元典章》释读、整理情况进行总结。

4472

元好问词集的版本问题［J］/颜庆余. --书目季刊（在台湾地区发表），2008,04：15 - 26

本文讨论了元好问词集版本问题。三大独立流传系统：五卷本，明清时期通行版本，有众多抄本，清中叶出现印本；三卷本，以印本形式在域外流传，清末民初传回中国；凌选本，以三卷本为基础，是清末朱孝臧以前清代学者用以校勘五卷本的主要依据。

4473

元校残本《韩非子》流传者述——《韩非子》善本考述及其序跋题识辑录之三［J］/马静，张觉. --古籍整理研究学刊，2006,06：48 - 52

元代何犿所校《韩非子》写本已失传，尚有明万历翻刻本《韩子迂评》传世。本文考述了该书的刻书过程、流传情况，纠正了学者陈启天《增订韩非子校释》与陈奇猷《韩非子新校注》的误说。附录了相关序跋题识，以免研究者再为其附录之误文所误。

4474

元结《箧中集》校本探究［J］/薛雅文. --东吴中文研究集刊（在台湾地区发表），2001,08：151 - 184

本文从力矫绮靡诗风、开启新乐府运动、收录当时不出名的诗人作品、反映唐诗多样面貌方面，论述了唐代文人元结《箧中集》对唐诗创作的贡献和学术价值。

4475

元刊本《校正素问精要宣明论方》及其文献价值［J］/牛亚华. --中医文献杂志，2008,05：5 - 7

本文就中国中医科学院图书馆藏 7 卷本《校正素问精要宣明论方》与历史文献中有关元刊本《宣明论方》的记载进行对比，考证了 7 卷本为一部完整的元刊本，纠正了现代相关文献所说该元刊本为 10 卷本，残存 7 卷的错误说法。

4476

元明古籍讹误的类型［J］/杨继光. --嘉兴学院学报，2009,02：88 - 94

本文归纳了元明古籍讹误的类型：因俗字而误、因形近而误、因音近而误、句读有误、不明词义而误、不了解传统文化、史实考察不严谨、不明诗词格律，并运用俗字学、词汇学、训诂学、文献学、校勘学、音韵学、历史学等方面的知识，纠正上述讹误。

4477

元明时期西藏佛经在内地的流传及其对装帧艺术的影响［J］/吴明娣，杨鸿蛟. --美术观察，2006,11：101 - 104

本文从存世数量、经书种类、装帧形式、使用材料、制作工艺等方面，论述了元明时期西藏佛经对内地古籍装帧的影响，认为这是内地与西藏文化艺术交流的重要见证。

4478

元椠书韵一脉香——绍兴图书馆藏珍稀古籍文献举要［J］/王燕飞. --绍兴文理学院学报（哲学社会科学版），2009,03：10 - 13

本文概述了浙江绍兴图书馆入选首批《国家珍贵古籍名录》的 4 部元刻本的书名卷数、文本内容、版本特征、入藏经历情况。

4479

《元声韵学大成》版本及研究状况考［J］/邹德文. --古籍整理研究学刊，2005,06：85 - 92

明代文人濮阳涞《元声韵学大成》具有鲜明的个性和革新精神，在明代韵书中有重要地位。但受《四库全书总目提要》评价过低的影响，学者对该书仅作概述性的介绍。本文对该书的作者、版本、研究状况加以介绍，讨论了其在语音和语音史方面的学术价值。

4480

元数据在汉语文古籍数字化中的应用［J］/熊静. --图书与情报，2010,01：89 - 92

本文介绍了古籍元数据的定义、范围和标准建设的现状，在比较 MARC 格式和基于 DC 的元数据格式的基础上，提出 DC 元数据更适应网络环境，当为古籍数字化建设首选的观点。

4481

元《析津志·原庙·行香》篇疏证［J］/洪金富. --"中央研究院"历史语言研究所集刊（在台湾地区发表），2008,01：1 - 40

《析津志·原庙·行香》元末学者熊梦祥著,记载元朝皇帝皇后等24人影堂所在、原庙和行香日期,系研究元室祭祀制度的重要史料。本文更正了该书的错字,考证了数个难以确定的人物姓名、寺庙名称,提出个别日期在元代政治文化脉络中的文献意义。

4482

元兴文署《资治通鉴》版本问题疑辨[J]/吴哲夫. --"故宫"学术季刊(在台湾地区发表),2002,02:25 – 36

宋元之际史学家胡三省《资治通鉴》注本的最早印本,历来认为出自元代兴文署。本文考察了元兴文署相关资料,和明代散曲家王磐生平事迹,参照胡注本书册版刻工名姓,揭示《王磐序》乃后人伪作,认为《通鉴》胡注书的祖本乃元福建地区的出版物。

4483

元兴文署《资治通鉴》版本研究[A]/吴哲夫. --宋元善本图书学术研讨会论文集(在台湾地区发表)[C],2001

(阙如)。

4484

元遗山诗系年考辨十则[J]/狄宝心. --江苏大学学报(社会科学版),2009,03:52 – 55

宋金时期文学家元好问在金亡后所作20余首诗的具体写作时间,清李光廷《广元遗山年谱》和当代缪钺《元遗山年谱汇纂》或未编年,或编年有误。本文根据新发现的史料和研读文本所得,对上述两谱中相关内容的阙误作了补充和订正,计10则。

4485

《元稹集》辨伪与辑佚[J]/周相录. --古籍整理研究学刊,2005,04:42 – 47

《元稹集》是唐朝文学家元稹的作品集。现行《元稹集》版本主要是北宋宣和年间辑录刊刻的。本文参考北宋、南宋、明代和近现代补辑成果,甄辨伪作、补辑作品,考证了疑伪之作9篇,未辑佚文9篇(包括残篇)。

4486

《元稹集》标点举正[J]/周相录. --古籍研究,2003,02:103 – 104 + 114

《元稹集》是唐朝文学家元稹的作品集。本文从顿号、句号的误用,词义误解、句意误断、标点漏用等方面,举正中华书局点校本中存在的标点讹误。

4487

《元稹集》校勘献疑[J]/周围. --古籍整理研究学刊,2001,03:48 – 52

本文在对校《元稹集》不同版本的基础上,运用校勘学知识,对当代学者冀勤点校本中存在的误校进行辨正,一定程度上澄清元集流传过程中产生的讹误,以期恢复元集的原貌。

4488

元稹诗集整理中的若干问题[J]/王辉斌. --襄樊学院学报,2006,01:52 – 57

本文分别从校勘、编年、注释、集评、其他五个方面,择其要点,对三秦出版社出版的《元稹集编年笺注》(诗歌卷)做出订正。

4489

《园林草木疏》辨伪[J]/张固也. --中国典籍与文化,2009,01:49 – 52

《园庭草木疏》系唐代王方庆著。本文通过对该书流传情况的考察,认为该书在晚唐五代时就已经失传。明代《说郛》所收《园林草木疏》,实为明人从唐段成式《酉阳杂俎》抄出的部分内容,增加一些泛言花草形状的文字,伪托为王方庆著作版本。

4490

袁寒云旧藏宋元本拾零[J]/韩进. --上海高校图书情报工作研究,2010,04:51 – 54

袁克文(号寒云)是民国时期重要的宋元善本收藏家。本文从书名、卷数、著者、内容、钤印、版本鉴定等方面,介绍了华东师范大学图书馆馆藏袁氏旧藏宋本。

4491

袁宏道《潇碧堂集》作品系年订疑[J]/何宗美. --古籍整理研究学刊,2007,05:25 – 31

《潇碧堂集》是明代散文家袁宏道的作品,该书中若干篇目存在创作时间疑而未定的问题。本文在前辈学者研究基础上,从篇目文本、注疏内容和篇章间所涉及事件前后因果关系入手,考证了11篇作品的写作时间。

4492

《袁枚全集》校补[J]/陈正宏.--中国文学研究(辑刊),2001,02:276-384

《袁枚全集》是清代散文家袁枚著作,经苏州大学教授王英志点校,江苏古籍出版社1993年出版。本文对点校本中疏漏之处,如误释、漏注、补释不确、标点误用等,进行了校订补正。

4493

袁氏赠保定师专图书馆重要古籍提要[J]/王英智,李晓泽,赵娜.--保定师范专科学校学报,2006,04:104-106

图书馆学家、目录学家袁同礼,对中国近代图书馆事业的发展和学术研究做出了重要贡献。本文介绍了袁氏后人将家藏图书捐赠保定师范专科学校图书馆的事迹,并择其中5种珍贵古籍撰写提要,内容涉及书名、卷数、著者、内容和版本特征等。

4494

袁氏赠书提要及袁同礼部分著述题解[J]/赵河清,王英智.--保定师范专科学校学报,2007,03:106-107+110

图书馆学家、目录学家袁同礼子女将家藏图书捐赠保定学院(原保定师范专科学校)图书馆。本文作者对所赠重要古籍撰写了提要;对赠书中袁同礼本人著述撰写了题解,认为从袁氏后人所赠版本类书籍和袁自著书目、同仁所赠书目考察,可见袁在中国近现代目录学史的重要地位。

4495

袁同礼与北图善本运美之前前后后[J]/曾凡菊.--学术论坛,2008,05:156-158

本文从时代背景、南迁动机、转运海外、存藏现状等方面,回顾了北平图书馆善本辗转运往美过的前后经历,揭示了目录学家袁同礼先生为近代中国图书馆事业所付出的艰辛努力和做出的卓越贡献。

4496

袁选《精镌古今丽赋》价值初探[J]/杨居让,姜妮.--图书馆理论与实践,2010,01:65-67

本文通过对明代散文家袁宏道选《精镌古今丽赋》、清代学者陈元龙辑《历代赋汇》的对比研究,论述了《精镌古今丽赋》特点、版本价值和文献价值,进一步说明该书是赋学研究者研究赋学的重要参考资料。

4497

《原本玉篇残卷》引《说文》与二徐所异考[J]/冯方.--古籍整理研究学刊,2000,02:56-58

本文就南朝梁陈间训诂学家顾野王《玉篇》残卷中征引的许慎《说文》内容,与今传世大小徐本《说文》进行文本比勘,考究其不同之处,指出大小徐本偏离许氏原书真本的弊端,评述了顾氏《玉篇》残卷的文献学价值。

4498

《原本玉篇残卷》征引《说文·言部》训释辑校[J]/冯方.--古籍整理研究学刊,2002,06:93-95

《原本玉篇残卷》为南朝梁、陈间训诂学家顾野王所撰《玉篇》的唐写本,其征引《说文》训释颇多,是研究《说文》古本、校勘今传大小徐本的重要资料。本文辑出该书征引《说文·言部》训释若干,随文略作校勘,以期为研究《说文》的学人提供参考。

4499

《圆悟佛果禅师语录》究竟有多少卷——北藏、龙藏十七卷与径山藏二十卷差异的原因[J]/鲍滢.--天府新论,2005,S2:289-290

《圆悟佛果禅师语录》宋代高僧圆悟克勤撰。本文考证了其卷数,认为现存四个版本中,大正藏、径山藏在分卷上基本一致;龙藏和北藏在分卷上统一,而龙藏17卷,径山藏20卷,差异原因一是分卷的起止不一,二是部分内容上有互置的情况。

4500

《缘督庐日记》稿本述略[J]/王立民.--古籍整理研究学刊,2006,03:83-86

《缘督庐日记》系清代文献学家叶昌炽著,其手稿现藏苏州市图书馆。本文简要介绍了苏图所藏手稿的形制,辑录了日记中夹页、扉页等处的零散文字,补充说明其中被涂抹的部分,以期使研究者了解日记全本的面貌。

4501

远方之见:我国整理藏族古籍文献成果述略[J]/刘瑞,张华勇.--兰州教育学院学报,2010,04:44-46

藏族文化在中华民族多元文化中具有重要地位。本文考察了国家大型出版社系列、北京以外地方出版社系列和其他期刊等方面,综述了中华人民共和国成立以来,尤其是改革开放以后,我国在整理藏族文献方面所取得的成果。

4502

远流版《凤山县采访册》勘误[J]/胡巨川.--高市文献(在台湾地区发表),2008,03:67-101

《凤山县采访册》由清卢德嘉主持编撰,是清末台湾凤山县的重要史料,詹雅能点校本于2007年经远流出版事业有限公司出版。本文系对该点校本的校勘,对有关字词句等提出了商榷修订意见。

4503

"愿倾涓滴酬江海 发奋同庚建设篇"——著名版本目录学家瞿冕良先生印象记[J]/赵宣.--大学图书馆学报,2006,02:107-108

本文从成长背景、工作经历、治学精神、古籍保护整理编目实践等方面,概述了版本目录学家、苏州大学图书馆副研究馆员瞿冕良先生的生平事迹和治学精神。

4504

约园善本《困学纪闻》考[J]/苏晓君.--中国典籍与文化,2005,02:19-24

张寿镛为近代藏书大家,其所藏善本《困学纪闻》在确定刊刻年代上存在争议。本文参考近代藏书家丁丙、李盛铎、陆心源、傅增湘等人的判断依据和方法,提出根据书后陆晋叙文和书自身版本特征,应将刊刻年代定为元泰定二年(1325)的观点。

4505

《乐府诗集》明清校本述评[J]/尚丽新.--古籍整理研究学刊,2004,01:42-52

本文通过评述《乐府诗集》明清时期冯校本、毛校本、赵校本、钱校本、陆校本、劳校本,阐释了它们的史料价值:为《乐府诗集》版本研究提供材料和线索,部分复原了该书亡佚的两个宋本,致后人了解《乐府诗集》明末元本的流传状况。

4506

《乐府杂录·熊罴部》考辨[J]/亓娟莉.--文献,2010,01:168-171

《乐府杂录》是唐代段安节的音乐史料论著。此书传本较多,文字互有出入。清钱熙祚曾对其详加校勘,收入《守山阁丛书》,是现中华书局、上海古籍出版社所出通行本的底本。本文对1988年上海古籍出版社本"熊罴部"一处讹误予以考辨。

4507

《乐录图》考[J]/朱旭强.--西南民族大学学报(人文社科版),2006,12:210-212

古代佚书通常依赖文献学家的辑佚,或通过目录学著作对该书的记载获得信息。但对于《乐录图》这类历代书目罕有提及的古籍而言,注释辑佚难度较大。本文通过对书名进行语义符码和文化背景层面的分析,在具体的学术史情境中还原该书的性质,提出《乐录图》系两汉盛行纬学的产物,乐纬的一种。

4508

《乐书要录》基本内容考证[J]/赵玉卿.--交响(西安音乐学院学报),2001,04:11-14

《乐书要录》成书于唐代,郎万顷等编,以专论乐律学内容为主。《乐书要录》原书10卷,现只有五、六、七卷留存下来,其他7卷散佚。本文论述了今存3卷的基本内容,对其他几卷的内容也进行了考证。

4509

岳麓本《祖堂集》校勘商榷[J]/林丽.--古籍研究,2004,02:131-138

《祖堂集》是五代南唐泉州招庆寺禅僧编。本文从因校对不精而导致错误、影印本自身存疑而岳麓本校勘尚需斟酌两方面,对该书1996年岳麓书社本校勘有误之处进行了讨论。

4510

《越风》版本考[J]/张桂丽.--古籍研究,
2009,S1:216–221

《越风》是清代诗人商盘所辑,收录了清
顺治至嘉庆间约480名越中诗人的诗作,计录
诗2260余首。本文分析比勘了《越风》现存
的三种版本,考察其版本异同、优劣、刊刻
源流。

4511

越刊八行本注疏考[J]/(日)长泽规矩也
著;萧志强译.--中国文哲研究通讯(在台湾地
区发表),2000,04:35–39

在宋刊注疏本中有八行大字本,称为"越
刊八行本"或"两浙东路茶盐司刊本",俗称
"三山黄唐本"。本文考证了该注疏本的版本
系统、学术价值和流传情形等。

4512

越南汉喃古籍的文献学研究[M]/刘玉珺
著.--北京:中华书局,2007

本书在中越文化比较研究视野下,从传
播流布、抄写刊印、记录分类、文献特色等方
面,对汉文典籍的分支越南汉喃古籍进行研
究,填补了中越文化交流史和域外文献学方
面的空白。

4513

《越南汉喃文献目录提要》编纂始末[J]/刘
春银.--中国文哲研究通讯(在台湾地区发
表),2003,49:17–27

本文在分析汉文化对古代越南文化的深
远影响、越南现存大批汉文古籍原因的基础
上,概述了刘春银、林庆彰、陈义主编,台湾
"中研院"亚太区域研究专题中心出版的《越
南汉喃文献目录提要》编纂始末。该书分上
下两册,上册为目录提要正文,下册为索引。

4514

《〈越南汉喃文献目录提要〉补遗编译计划》
计划简介[J]/林庆彰,刘春银.--亚太研究论
坛(在台湾地区发表),2004,23:156–163

本文介绍了《〈越南汉喃文献目录提要〉
补遗编译计划》的编纂缘起、目标重点、相关

研究回顾评估、实施步骤方法、预期成果及学
术价值。

4515

越南汉喃研究院所藏的中国重抄重印本小
说[J]/陈益源.--东华汉学(在台湾地区发
表),2005,03:255–282

本文介绍了越南人文与社会科学国家中
心"汉喃研究院"所藏的中国重抄重印本小
说,从书名、卷数、篇幅、回目、主要内容等方
面,与中国小说原著一一比对,以阐明该文献
参考价值。

4516

《粤东省城图》的修复及几种溶剂的使用试
验[J]/肖晓梅.--图书馆论坛,2007,01:99–
100+103

本文探讨了清《粤东省城图》的修复过程
中,几种化学溶剂的溶胶性能和在古籍修复
中的应用实践。

4517

粤港两地图书馆文献保护与修复工作比较
[J]/肖晓梅.--图书馆论坛,2009,05:56–58

本文从经费、硬件设备、人员结构、管理
制度、人员培训等方面,分析比较了粤港两地
图书馆的工作重点、技术基础、发展方向,文
献保护和修复工作的异同,以期取长补短,促
进两地图书馆文献保护事业的共同发展。

4518

《云笈七签》文献学研究[D]/林威妏.--辅
仁大学(台湾地区),2000

《云笈七签》系宋张君房著。本文介绍了
该书各版本的主要特征,并将各版本的相异
之处,《云笈七签》引用经书书目与明《正统道
藏》比对,以表格的方式扼要列举出来。

4519

云南红河地区彝族地方文献及非物质文化
遗产的保护及传承[A]/马慧,毛芳.--中国民
族图书馆.第十次全国民族地区图书馆学术
研讨会论文集[C],沈阳:辽宁民族出版
社,2008

本文介绍了红河州古籍收藏单位的古籍
存藏情况,针对古籍文献保护存在的问题,提

出争取政府支持、加大经费投入、拓宽文献征集渠道、成立专门文献陈列室、增加文献工作人员培训等措施。

4520

云南民族地区地方古籍文献资源开发与利用[J]/罗静玲. --云南图书馆,2003,04:68 – 70

本文介绍了云南民族地区地方古籍文献资源存藏现状,从拓宽征集渠道、加大抢救力度、创造地方文献资料开发利用的良好环境、注重"民族特色"等方面,探讨了地方古籍文献资源保护和开发利用的工作方向。

4521

云南民族古籍的书目控制[J]/颜艳萍. --云南图书馆,2008,03:82 – 85

本文综述了云南省民族古籍书目的现状、数据库建设障碍和建立民族古籍书目数据库的基本策略,对民族古籍的书目控制提出建议,包括成立领导小组、确保资金来源、广泛开展收集整理、采用现有国家标准、加快整顿现有书目数据等。

4522

云南民族古籍文献的收集 保护 开发和利用[J]/彭淑慧. --云南图书馆,2007,03:137 – 139

本文介绍了云南民族古籍文献的概况、当地古籍收集的途径,民族古籍文献的保护工作,提出云南民族古籍文献收集保护和开发利用与建设民族文化大省、绿色经济强省、旅游大省的目标密不可分。

4523

云南民族研究文献资源与其特色文献数据库建设[J]/宋光淑. --云南师范大学学报(哲学社会科学版),2001,03:84 – 89

本文从资源特色、收集来源、存藏分布、开发利用等方面,介绍了云南民族研究文献资源的概况,提出云南民族特色文献利用与开发存在分散化、档次低等弱点,在建设民族文化大省的进程中,要把民族研究特色数据库建设作为云南图书馆的工作重点。

4524

云南少数民族古籍方面的法律保护研究[J]/杨云鹏,万志红. --现代法学,2000,04:102 – 104

民族古籍是民族文化的重要组成部分。本文介绍了云南少数民族古籍概况,针对法治不完善的现状,提出加强对少数民族古籍重要性的认识,加强立法,加大执法力度、实行综合治理等对策。

4525

云南少数民族古籍文献调查与研究[M]/李国文著. --北京:民族出版社,2010

本书记录了云南民间古籍版本、名称、存在形态、基本内容,介绍了西双版纳、德宏、临沧等10州市现存古籍民间流传、保存、研究的总体情况,评估了不同民族或地域同一民族文献的形成与发展。

4526

云南少数民族文字古籍保护问题研究[A]/华林,侯明昌. --李友仁. 信息社会与多元化——云南省图书馆百年馆庆国际学术研讨会论文集(1909—2009)[C],昆明:云南大学出版社,2009

云南现存有丰富的少数民族文字古籍,这些古籍文献殊为珍贵,但保存现状不容乐观。本文分析了造成云南少数民族文字古籍损毁、流失的多种因素,提出强化保护理念、加强古籍管理、提升从业人员素质、合理使用古籍等解决对策。

4527

云南省图书馆藏本《安龙逸史》的价值[J]/万永林,甘友庆. --西南古籍研究,2008,00:456 – 460

《安龙逸史》明末清初诗人屈大均著。本文在参阅大量相关史料的基础上,通过比对云南省图书馆藏本、吴兴嘉叶堂刻本、1984年浙江古籍出版社标点本,认为云南省图书馆藏本《安龙逸史》有着重要的版本和史料价值。

4528

云南省图书馆藏善本古籍叙录[J]/王水乔. --西南古籍研究,2004,00:15 – 26

本文依据《中国古籍善本总目》收录的云

南善本古籍书目,对云南省图书馆庋藏部分作了简要题录,涉及该批古籍的书名、卷数、现存情况、主要内容、递藏源流等。

4529

云南省图书馆馆藏古籍的修复——以《周易本义》为例[J]/杨利群.--云南图书馆,2010,02:78-79

《周易本义》宋朱熹注。本文以云南省图书馆藏《周易本义》版本的修复为例,介绍了该馆古籍修复程序:依据《古籍特藏破损定级标准》对被修复古籍的破损现象进行分析、定级;参照《古籍修复技术规范与质量要求》提出修复步骤和修复方法。

4530

云南省图书馆庋藏珍稀佛教经典举隅[J]/陈研晶.--云南档案,2009,08:20-21

云南省图书馆藏有古籍善本1619部,其中有369部收入《中国古籍善本总目》。本文以历史年代为序,从版式、装帧、题识、内容等方面,介绍并揭示了云南省图书馆庋藏珍稀佛教经典的版式特征、史料价值和学术价值。

4531

云南藏文古籍概述[J]/徐丽华.--中国藏学,2002,02:90-96

本文概述了云南藏文古籍的基本情况:主要分布在迪庆藏族自治州和附近州县;按时间可分为吐蕃时期、藏传佛教形成初期、甘丹颇章时期;按内容可分为藏传佛教格鲁、噶举、宁玛诸派古籍,民间藏书、档案文献等,其中相当数量的藏文古籍具有云南地方特色。

4532

运城市公共图书馆古籍收藏与利用情况调研报告[J]/武吉虹.--晋图学刊,2004,01:75-77+80

本文综述了山西运城市公共图书馆古籍文献资源收藏、整理利用情况,分析了该地区古籍文献资源收藏优势,指出在整理和开发利用方面的不足,提出加强古籍保护意识、加大古籍文献收藏力度、创造良好的存藏条件、加强古籍修复、提高管理人员素质等改进建议。

4533

运用科技提升服务·承先启后再创新——简述图书馆数位典藏保存策略[J]/黄婉君.--"国立"台湾大学医学院图书分馆馆讯(在台湾地区发表),2005,80:1-3

本文从基础层保存策略、核心层保存策略、辅助层保存策略等方面,探讨了图书馆数字化典藏保存策略。

4534

醰籍几多香 包藏无限意——《绍兴图书馆馆藏古籍地方文献书目提要》简介[J]/唐微.--图书馆研究与工作,2010,01:63-65

《绍兴图书馆馆藏古籍地方文献书目提要》收录古籍条目518种,撰录人物简介357则。本文结合编纂该书的工作实践,介绍该书目提要具有体例完善、著录准确、分类合理、编排科学等特点。

4535

《韵补》所引汉代著述及其文献价值:以《易林》为例[J]/张雷.--福建论坛(人文社会科学版),2000,03:41-43

宋吴棫撰《韵补》所引汉代著述,多为世人所见,可用来校、补现存文献缺失。本文以汉代象数学专著《易林》为例,阐明在汉代文献整理和研究方面,宋《韵补》和《太平御览》等类书不可替代的文献价值。

4536

蕴藏中华远古文明的另一宝库——彝文古籍[J]/陈英.--广西文史,2002,02:69-72

本文介绍了彝文古籍的历史、特点、存藏情况和文献价值,认为彝文古籍像汉文古籍一样记载古代人、事、时、地、物等信息,对研究民族历史、哲学、文学、语言、文字、声韵、训诂、民俗、宗教等有着重要参考价值。

Z

4537

杂著笔记之文献资料及其运用[J]/刘兆佑. --应用语文学报(在台湾地区发表),2000,02:1－33

本文探讨了杂著笔记的性质、范围、内容和价值,以及运用、整理的方式方法,以期当代学者能正确认识此类文献的重要价值,进而正确使用其丰富的文献资料开展学术研究。

4538

杂字类函(全十一册)[M]/李国庆编. --北京:学苑出版社,2009

本书编收杂字书目 13 类 80 种 168 个版本,基本囊括了存世的杂字书。

4539

再接再厉 开创修志工作新局面——在永宁县第二轮修志工作启动会议上的讲话[J]/刘天明. --宁夏史志,2006,04:30－32

本文系宁夏社会科学院副院长刘天明在永宁县第二轮修志工作启动会上的讲话。文章回顾了永宁县志的编纂历程、编纂成果、资料收集情况和修志经验,对未来工作作出展望。

4540

再论高校图书馆古籍文献的开发与利用[J]/刘小兵. --内蒙古科技与经济,2008,13:172－173

本文从观念陈旧、人员素质偏低、数字化建设薄弱等方面,分析了目前高校图书馆古籍开发利用中的问题,提出转变重藏轻用的传统观念、加大人才培养、编制科学的古籍目录、采用多种形式开发利用古籍等改善对策建议。

4541

再论《汉语文古籍机读目录格式使用手册》使用中的问题[J]/张磊. --图书馆工作与研究,2005,03:27－29

本文以修补本、覆刻本、丛书附录著录为对象,讨论了在《汉语文古籍机读目录格式使用手册》使用中,100、200、3--字段、丛书等特殊情况的古籍著录问题。

4542

再论《隋书·经籍志》[J]/刘岳. --湖北师范学院学报(哲学社会科学版),2009,02:95－97

本文简述了《隋书·经籍志》的成书经过、作者争论问题,认为该书的学术价值在于标志我国古代书目四部分类法确立,体现了古代目录学"辨章学术,考镜源流"的精神,为后世古籍流传研究和文献整理提供了指导线索等。

4543

再论《轩岐救正论》的成书年代[J]/陈俊孙. --中医文献杂志,2001,01:26

《轩岐救正论》系明代学者萧京著,清朝顺治二年(1645)刊刻于福州,康熙十三年(1674)重刻。本文在综述前人研究成果的基础上,考证了该书的作者、作者生平和成书年代。

4544

再论易传的作者及其流传经过[J]/陈进益. --清云学报(在台湾地区发表),2000,01:251－265

本文从方法与范畴、孔子与《易》的关系、先秦古籍引《易》情形、《帛书周易》之讨论、今本《易传》之讨论等方面,分析了《易传》的作者及该书的流传经过。

4545

再论《彰所知论》与《蒙古源流》[J]/沈卫荣. --"中央研究院"历史语言研究所集刊(在台湾地区发表),2006,04:697－727

本文对《彰所知论》所载印度、吐蕃、蒙古王统的藏文原文与元代沙啰巴的汉译文作了对勘，纠正一些因译文的不完美而造成前人对文献的错误理解；讨论了《彰所知论》于藏、蒙写史传统中的位置和影响，及其与《蒙古源流》的关系。认为《彰所知论》的确不是《蒙古源流》所载蒙古王统的直接来源，而且"印、藏、蒙同源说"并不始于《彰所知论》。

4546

再谈古籍网络化的意义及存在的问题［J］/李杏丽. --管理观察，2010，23:8

本文从忠实原本、便于阅览、检索快捷等方面，讨论了古籍网络化的意义，对网络化过程中出现的人工录入错误、繁简字转换、版本选择等问题，建议采取核对原书、以规范字体录入、优选版本、注重宣传等措施。

4547

再谈古籍整理的学术规范问题［J］/吕华明. --西北大学学报（哲学社会科学版），2000，03:136 – 140

本文针对当前学术界关于古籍整理学术规范存在的争议问题，表明了作者的意见：古籍整理的串解，应博采古今众说之长，由编者客观地融会贯通，使之真正体现原诗文本义；古籍整理的引证应注明出处，结合今人的成果来引证，并加以注明。

4548

再谈图书馆古籍的藏与用［J］/周道霞，龙文. --重庆图情研究，2008，01:37 – 38

本文通过分析古籍的含义、古籍收藏历史和文化传承，探讨了对图书馆古籍的"藏"与"用"问题。

4549

再谈中医古籍整理［J］/王小亮，陈楚玉，陈静. --医学信息学杂志，2007，03:297 – 298

本文论述了中医古籍成书方式、版本鉴定方法、编目原则，认为中医古籍整理人员应具备的条件，除有历史学、文献学基础外，还需有一定的中医专业知识，对较有影响的医书、医方、医家有概略性的了解。

4550

再现民族的社会事实和历史走向——为

《中国少数民族古籍总目提要》而作［J］/全国少数民族古籍整理研究室. --中国民族，2004，01:8 – 11

本文回顾了我国少数民族古籍的历史和少数民族古籍存藏意义，从古籍搜集、整理编目、数据库建设、数字化出版等方面，论述了少数民族古籍原生性保护和再生性保护的工作实践。

4551

再议敦煌学类目的设置［J］/周义鞶. --河西学院学报，2005，01:36 – 38

本文针对敦煌学在《中图法》的类目设置过于简单粗略的现状，分析了敦煌学文献被分散到各大类所导致的问题，提出三个具体解决方案。

4552

再造古籍 还原历史——清嘉庆二十四年刊《新安县志》景印本后记［J］/孙立川，郭杰. --深圳大学学报（人文社会科学版），2008，05:142 – 144

本文系清嘉庆二十四年（1819）刊《新安县志》景印本后记，综述了广东新安县历史沿革、修志背景、方志内容、版本价值、现实意义，以及今社会贤达为重刊此书所作出的努力。

4553

再造中华善本［J］/赵兰英. --瞭望，2003，34:48 – 49

本文介绍了由文化部、财政部共同支持，国家图书馆承办的"中华再造善本"工程的工作历程、选书原则、收录范围和历史意义。

4554

在古籍编目工作中的几点思考［J］/程广荣. --牡丹江教育学院学报，2004，01:112 – 119

本文从图书馆古籍编目重要性说起，分析了编目中存在分类有误、著录有误、繁简转化有误、版本有误、排序有误等问题，解决上述问题关键在于提高古籍工作人员的素质，文章论述了古籍从业人员应具备的素质。

4555

在古籍西归中由杨守敬于日本辑回的崔骃

《四巡颂》[J]/冯方. --古籍整理研究学刊,
2003,05:33 – 35

汉代学者崔骃《四巡颂》由目录版本学家
杨守敬从日本辑回。本文在总结前人研究的
基础上,考证了该书应为唐本,揭示了其辗转
流传历程和文献价值。

4556

在古籍整理出版规划小组成立会上的讲话
[J]/周扬. --出版史料,2003,04:116 – 119

本文系周扬同志在全国古籍整理出版规
划小组成立会上的讲话。讲话指出文化遗产
保护对于当今社会的意义、整理出版古籍图
书的方针与方法,希望加强古籍整理出版规
划、做好古籍出版顶层设计、统筹协调合作共
享、创造良好的出版环境等。

4557

**在古医籍的分类与编目中体会中医传统文
化**[J]/穆靖. --天津中医药大学学报,2008,
01:49 – 50

中医古籍与中国传统文化的形成与发
展,一脉相承。中医古籍书名体现了中医传
统文化的博大精深,但是由于很多古医籍书
名不能直接体现书籍内容,这种信息障碍给
分类编目带来困难。本文由古医籍分类编目
的讨论,引申至中医古籍书名规则的探讨。

4558

在满文古籍图书著录上的探析[A]/卢秀
丽. --中国民族图书馆.第九次全国民族地区
图书馆学术研讨会论文集[C],沈阳:辽宁民
族出版社,2006

满文古籍图书的著录,到目前为止尚未
有统一规范的著录规则。笔者在整理满文古
籍图书过程中,运用汉文和汉文古籍著录规
则进行了著录。本文分析探讨了满文古籍图
书著录过程中遇到的问题,介绍了所采用解
决问题的方式方法。

4559

在美国所读《碛砂藏》[J]/王菡. --文献,
2004,02:152 – 159

《碛砂藏》全称《宋碛砂延圣寺刻本藏
经》,因雕刻于碛砂延圣寺而得名,是佛教诸

藏的汇编。本文介绍了美国普林斯顿大学葛
思德书库藏宋元版本《碛砂藏》的文本特征、
版本特色和学术价值。

4560

在全国古籍保护工作会议上的发言[J]/丹
珠昂奔. --西域图书馆论坛,2007,01:13 – 15

本文系国家民委副主任丹珠昂奔在全国
古籍保护工作会议上的发言。文章回顾了少
数民族古籍保护工作的进展和基本经验,分
析了存在的问题,从加强古籍保护观念、加快
古籍普查编目、加大宣传力度、提升从业人员
和民众古籍保护意识等方面提出了希望。

4561

**在日常工作中求学问——古籍编目工作小
记**[J]/刘大军. --大学图书馆学报,2010,04:
106 – 110

本文以作者从事古籍编目工作的实际经
验为基础,对古籍编目中考证的必要性进行
了论证;对工作中所作考证以及此前编目记
录中存在的问题进行了类述;最后对古籍编
目工作者应具有的工作态度及专业素质作了
总结。

4562

在宿迁市第二次地方志工作会议上的讲话
[J]/缪瑞林. --江苏地方志,2005,S1:44 – 46

本文是中共宿迁市委副书记缪瑞林在第
二次地方志工作会议上的讲话。分为四部
分:提高对地方志修编工作重要性的认识;抓
住重点,认真做好编(续)修工作;修用结合,
切实做好读志用志工作;加强领导,确保编
(续)修工作顺利完成。

4563

**在《中华大典·明清文学分典》出版座谈会
暨学术研讨会上的讲话**[J]/王炜,乐云,鲁小
俊. --武汉大学学报(人文科学版),2006,01:
18 – 27

由武汉大学教授吴志达、陈文新等领衔
编纂的国家重大文化工程《中华大典·明清
文学分典》,由凤凰出版社2005年9月出版。
全书共5个分卷,计1200万字。同年10月,
武汉大学举办了出版座谈会暨学术研讨会。

本文为武汉大学党委书记顾海良在会上的致辞。

4564

在 2007 年全国图书馆古籍工作会议上的总结发言[J]/王荣国. --图书馆学刊,2008,01:1－3

本文系时任辽宁省图书馆馆长王荣国在2007 年全国图书馆古籍工作会议上的发言。从古籍普查、再生性保护、人才培养、数字化等方面,探讨了未来加强古籍保护工作应注意的问题。

4565

藏文《大藏经》的编纂历史、编目方法及研究状况[J]/格日草. --兰州交通大学学报,2007,05:150－152

本文概述了藏文《大藏经》的形成背景、编纂历程、编目方法、研究状况、各版本对勘出版等情况,以期对这部举世闻名的佛教经典有更全面的了解,推进相关领域研究。

4566

藏文佛学研究典籍与藏族传统文化[A]/阿华·阿旺华丹. --中国民族图书馆.第十次全国民族地区图书馆学术研讨会论文集[C],沈阳:辽宁民族出版社,2008

本文从佛经内容、刊印类别、分布情况等方面,介绍了藏文佛学典籍整理现状,梳理了前人贤哲著述的佛学研究古籍和近现代学者刊发的藏文佛学著作。

4567

藏文古籍保护技术的元数据检索技术研究[A]/单广荣,于洪志,李应兴,满正行. --嘎日迪等.民族语言文字信息技术研究——第十一届全国民族语言文字信息学术研讨会论文集[C],北京:西苑出版社,2007

本文介绍了藏文古籍保护技术的定义和元数据的重要性,结合藏文古籍保护技术的实际情况,设计了数字资源的元数据结构和基于元数据的检索系统。

4568

藏文古籍书籍类数字图书馆元数据标准的设计研究[J]/施艳蕊,单广荣. --甘肃科技,2009,11:10－12

书籍类元数据标准是建立藏文古籍书籍类数字图书馆的基础性工作。本文根据藏文古籍书籍的特点和要求,参考国际通用元数据制定规则,提出藏文古籍数字图书馆书籍类元数据标准。

4569

藏文古籍数字图书馆设计研究[J]/单广荣. --计算机工程与设计,2009,01:255－258

本文分析了国内外数字图书馆发展现状和藏文古籍的特点。根据古籍按民族分卷、民族按文种立卷的分类标准,采用 J2EE 规范和 DreamWeaver、JSP、XML 技术,设计出藏文古籍数字图书馆的体系结构,以期推进藏文古籍数字图书馆建设。

4570

藏文古籍图录[M]/赵国忠,卓玛吉,才让卓玛,李毛吉著. --兰州:甘肃人民美术出版社,2010

本书收录藏文古籍 109 种,其中 15 种入选《国家珍贵古籍名录》,包括唐代敦煌藏文写卷《大乘无量寿宗要经》、清初三色手抄本《大藏经》(甘珠尔部分),以及全文采用贵重矿物质颜料书写的明代套色手抄本《圣三宝念要经》等。

4571

藏文古籍文献述略[J]/阿华. --青海民族研究,2001,03:65－70

藏文古籍文献是藏学文献的重要组成部分,是藏学研究的第一手资料。本文概述了藏文古籍文献的现存情况、分布位置、年代分期,以及整理、出版和研究情况。

4572

藏文古籍文献数据库系统建设的探讨[J]/孙力. --情报杂志,2006,07:143－145

本文论述了开发建设藏文古籍文献数据库的重要意义,探讨建设藏文古籍文献数据库涉及的标准问题和数据库系统的结构,指出藏文古籍文献数据库系统建设过程中存在的标准问题、分工协作问题和安全性问题。

4573

藏文古籍载体述略[J]/徐丽华. --青海民族

学院学报,2002,02:111 – 114

本文简述了藏文古籍载体的基本概念、种类、形式和材质特点,对其发展演变历史作了考察。

4574

藏文文献的开发与利用[J]/陶晓辉. --西南民族大学学报(人文社科版),2006,07:243 – 246

本文分析了藏文文献开发中存在的思想重视不够、经费投入不足、缺乏协调等问题,提出了成立协调机构、编制地区性的藏文联合目录和全国性古籍总目、利用科技手段共同开发利用的举措。

4575

藏文文献数字化保护系统功能测试研究[J]/张克宏,于洪志. --西北民族大学学报(自然科学版),2006,03:32 – 35 + 62

本文介绍了藏文文献数字化保护系统功能测试研究,介绍了等价类划分法、边界值划分法、错误推测法、因果图法等功能测试方法。

4576

藏文文献学刍论[J]/宾秀英. --西南民族学院学报(哲学社会科学版),2000,04:146 – 147

本文概述了藏文文献学的定义、学科意义和开发利用现状,从国家强盛、民族团结、社会稳定、经济繁荣、科学进步、党和国家的重视等方面,论述了建立藏文文献学的依据。

4577

藏医古籍保护现状调研[J]/潘秋平,冯岭. --西北民族大学学报(自然科学版),2009,04:68 – 71

本文系藏医古籍保护现状的调研报告。以图书馆、藏医院、寺院、民间收藏为研究对象,从存藏环境、保护措施、人员素质、整理编目等方面开展调研。

4578

藏医古籍目录翻译的难点探析[A]/切军加,冯岭. --中华中医药学会. 第三届中医药现代化国际科技大会论文集[C],2010

本文根据藏文语法修辞、藏学术语的特殊性,结合从事藏医古籍翻译的实践,分析探讨了藏医古籍目录翻译中存在的歪、偏、反、繁等难点问题。

4579

藏医古籍文献数据库研究[J]/冯岭. --中医研究,2010,01:77 – 78

藏医古籍文献数据库的建设是藏医古籍文献再生型保护的重要举措。本文讨论了藏医古籍文献数据库的建设目标和建设流程,提出建立包括藏医古籍书目、全文和专题三种形式的文献数据库,从软件系统和硬件系统两方面,把握藏医古籍文献数据库设计。

4580

藏医古籍信息化平台建设[J]/冯岭,仁旺次仁,黄启舟,李传新,黄文浩. --中国藏学,2010,04:132 – 135

藏医古籍信息化平台建设的主要内容为,藏医古籍文献收集平台、藏医古籍文献整理平台、藏医古籍信息化发布平台。本文介绍了上述三个平台的工作内容、检索方式和收录古籍类别等。

4581

藏医药古籍目录编写体例[J]/潘秋平,仲格嘉,冯岭. --时珍国医国药,2010,02:450 – 451

《藏医药古籍目录》的编写是藏医药古籍保护与整理的重要环节。本文从书名、著者、版本、内容提要、存佚情况等方面,探讨了藏医药古籍目录的编写体例。

4582

藏医药古籍整理[J]/冯岭. --辽宁中医药大学学报,2009,10:7 – 8

本文分别论述了古代藏医药古籍整理、新中国成立以后藏医药古籍整理,以及国外藏医药古籍整理的基本情况。

4583

《藏医珍稀古籍丛书》之一·藏医学史总论(藏文版)[M]/宿喀·洛追杰波著. --成都:四川民族出版社,2001

本书内容涉及藏医发展历史、基础理论、专用名词、藏药方剂、服用方法等。

4584

《藏医珍稀古籍丛书》之二·藏医学卸据详解(藏文版)[M]/详巴·郎吉扎巴桑布著.--成都:四川民族出版社,2001

本书内容涉及藏医起源、发展简史、藏医原理、藏医医德、发展分支、著名藏医医家等。

4585

《藏医珍稀古籍丛书》之三·藏医学诀窍续(藏文版)[M]/仁钦兀色著.--成都:四川民族出版社,2001

本书内容涉及诊断各类常见病的方法、藏药方剂、服用办法等。

4586

《藏医珍稀古籍丛书》之四·藏医学要义明解(藏文版)[M]/管却达杰著.--成都:四川民族出版社,2002

本书内容涉及人体元素、疾病表现、治疗原理、药性鉴别、配制方法等。

4587

《藏医珍稀古籍丛书》之五·藏医卸据诠释(藏文版)[M]/索南益西降泽著.--成都:四川民族出版社,2002

本书内容涉及藏医起源、发展简史、藏医原理、藏医医德、发展分支、著名藏医医家等。

4588

《藏医珍稀古籍丛书》之六·苯教四部医典·第一卷(藏文版)[M]/谢乌赤西等整理.--成都:四川民族出版社,2003

本书收录藏族草药 200 多种,藏药成分剂 100 多种。

4589

《藏医珍稀古籍丛书》之七·苯教四部医典·第二卷(藏文版)[M]/谢乌赤西等整理.--成都:四川民族出版社,2003

同上。

4590

《藏医珍稀古籍丛书》之八·藏医掘藏秘方(藏文版)[M]/降阳钦则,雄秋多吉著.--成都:四川民族出版社,2003

本书内容涵盖历代藏医发展史、名医医术、行医实践、疑难病症诊治、医理药理等。

4591

《藏医珍稀古籍丛书》之九·医学八支摘录(藏文版)[M]/宇妥·云丹衮波著.--成都:四川民族出版社,2003

本书从全身病支、儿童病支、妇女病支、魔鬼病支、创伤支、中毒支、返老支和壮阳支方面,介绍了常见病的病源、病理、病症、预防措施和用药处方。

4592

《藏医珍稀古籍丛书》之十·班戈洛珠秘方(藏文版)[M]/罗奔洛珠著.--成都:四川民族出版社,2004

本书内容涉及藏医历史、藏医发展、藏医把脉、诊断方法、药剂配方,对常见病、疑难病的特殊治疗方式等。

4593

《藏医珍稀古籍丛书》之十一·藏医精髓与医学宝典(藏文版)[M]/吉布美拉泽仁真巴·乌杰洛佩著.--成都:四川民族出版社,2004

本书概述了藏医学发展历程、发展特点、诊断方法、著名医学专家和学术价值。

4594

《藏医珍稀古籍丛书》之十二·嘎佳琼珠医著(藏文版)[M]/嘎佳琼珠著.--成都:四川民族出版社,2005

本书内容涉及藏医学理论、诊治方法、1008 种药的具体配方和主要疗效。

4595

《藏医珍稀古籍丛书》之十三·龙王与大比丘的问答(藏文版)[M]/措协信鲁,江登热志著.--成都:四川民族出版社,2005

本书论述了常见病、疑难病的发病原因;收录各类注意事项、治疗方法、药剂配制等。

4596

《藏医珍稀古籍丛书》之十四·人体医学诠释、医疗研究(藏文版)[M]/伯佳泽巴·益拉哈夏让尼玛巴著.--成都:四川民族出版社,2007

本书介绍了藏医诊断原理、诊治方法和藏医对人体的特殊解释。

4597

《藏医珍稀古籍丛书》之十五·甘露要义八支秘诀解析（藏文版）[M]/斯卡巴·勒协措著. --成都：四川民族出版社,2007

本书记录了人体结构、发病原理、常见病症状、治疗方法、药物配方等内容。

4598

《藏医珍稀古籍丛书》之十六·藏医学窍诀·斗银换（藏文版）[M]/章底华旦坚参著. --成都：四川民族出版社,2007

本书内容涉及常见病的临床表现、诊断方案、药物选择、推荐剂量、疗程时间、副作用监测等。

4599

藏族医学古籍文献举要[J]/柳森. --兰州学刊,2007,S1:106 – 107 + 105

藏医学是中国传统医学的重要组成部分,历史悠久、内容丰富。本文从年代、著者、渊源、主要内容和实用价值等方面,概述了《四部医典》《月王药诊》《兰塔布》《蓝琉璃》《品珠本草》等有代表性的藏医古籍文献。

4600

早年鲁迅与草木虫鱼——关于几种植物学古籍的周氏兄弟手抄本[J]/顾农. --上海鲁迅研究,2008,03:114 – 127

鲁迅从小就对草木鱼虫有兴趣,同时也留心有关花木的古书,抄录过不少。本文从兴趣爱好、标本采集、抄录内容、汇编方法等方面,介绍了周氏兄弟关于植物学古籍的手抄本。

4601

造纸纤维材料与造纸方法对纸质文物保存之影响[J]/张丰吉. --浆纸技术（在台湾地区发表）,2004,02:43 – 49

本文提出了影响纸张性质的因素,包括纤维原料的种类、纸浆生产方式、漂白条件及抄纸方法等;各项因素选择及处理条件的不适当,均会影响到纸质文物的保存性质。

4602

择善而从 言必有据——评《清真集校注》[J]/王晓骊. --书品,2003,06:18 – 22

本文对中华书局 2002 年版《清真集校注》的校勘、注释、辨证、集评等方面进行了评价,分析了该书的学术价值。

4603

怎样修复书砖[A]/李大东. --成都市文物考古研究所、成都博物馆等. 第七届全国考古与文物保护化学学术会议论文集[C],2002

作者结合自身从事古籍修复的工作经验,介绍了修复书砖的修复工具、修复方案和修复步骤,认为通过沸水或熏蒸方法洗揭书砖,能较好地实现修复目的。

4604

曾国藩富厚堂藏书研究[J]/刘金元. --图书馆,2009,05:138 – 139

富厚堂藏书楼位于湖南省双峰县,是保存至今的国内七座实构私家藏书楼之一。本文从耕读传家、搜集珍籍、扩大规模、编纂刊印典籍等方面,研究富厚堂藏书所体现的曾国藩读书、收书、藏书的思想脉络。

4605

曾朴《补后汉艺文志并考》平议[J]/朱新林. --中国典籍与文化,2009,02:94 – 98

《补后汉艺文志并考》清末民初出版家曾朴著。本文认为该书采用辑录体提要形式,吸收了清人大量的研究成果,充分发挥了目录学"辨章学术,考镜源流"的学术史功能,集中体现了曾朴的史学和目录学思想。

4606

增广贤文研究[D]/邱盛煌. --台北市立教育大学（台湾地区）,2005

《增广贤文》是一本具有实用价值的启蒙教材。本文以明代佚名《增广贤文》为研究对象,探讨了该书的版本流衍、修辞韵律、主题内涵、特色价值等情况。

4607

扎扎实实做好湖南省少数民族古籍工作[J]/湖南省民委古籍办. --中国民族,2004,01:23 – 25

本文综述了湖南省少数民族古籍整理工作的指导思想和总体原则;各民族古籍的分布和存藏情况;该省民族古籍总目提要编纂

工作成果。

4608

詹福瑞同志在全国古籍保护工作会议上的发言[J]/詹福瑞.--西域图书馆论坛,2007,01:11-12

本文为时任国家图书馆馆长詹福瑞,2007年2月28日在第一次全国古籍保护工作会议上的发言。

4609

战火劫难 古籍新生——记清华大学焚余书始末[J]/刘蔷.--中国国情国力,2002,02:39-42

1940年6月24日,日本飞机疯狂轰炸重庆北碚,使历尽艰险、辗转南运到此的清华大学图书馆馆藏古籍珍本10007册尽付一炬,仅抢得残卷2000余册。本文追忆了这段令人唏嘘不已的历史,概述了近年来清华大学对劫后焚余书的收藏修复、整理研究成果。

4610

战火中的国宝大营救——郑振铎与陈君葆的护书佳话[J]/谢荣滚.--百年潮,2008,03:45-49

本文追忆了著名作家、翻译家、藏书家郑振铎先生与香港文化界知名人士陈君葆,于抗战时期联手保护、保存国家珍贵古籍、古文物所作出的重要贡献。

4611

张岱年与安徽古籍整理[J]/钱耕森.--古籍研究,2001,01:109+115

本文介绍了当代国学大师、北京大学教授张岱年对安徽省古籍整理工作所作出的贡献。包括对清代哲学家戴震、安徽大学校长刘文典著述的整理。

4612

张岱《四书遇》注解四书之特色[J]/邓克铭.--"中央大学"人文学报(在台湾地区发表),2008,35:1-36

本文评析了明末清初史学家张岱《四书遇》注解四书的特色,包括对阳明心学的倾向;对程朱理学的取舍;广引经史子集之佛道。文章还归纳了其性体无善无恶说、提倡

经世观念、融合三教的学术思想。

4613

张岱著述考[J]/左尹.--古籍研究,2002,02:62-68

明末清初史学家张岱著作范围遍及四部。本文以经、史、子、集为序,简要介绍其著述的版本、内容、流传和存佚情况,摘录其较为罕见的书序、题跋原文。

4614

张祜诗歌创作论略及宋蜀刻本《张承吉文集》点校[D]/叶瑶.--陕西师范大学,2010

《张祜诗歌创作论略及宋蜀刻本〈张承吉文集〉点校》分上、下两编:上编为唐代诗人张祜诗歌创作论略,从文本及相关文献资料入手,论析其诗歌创作宗旨、题材内容、艺术特点、版本源流;下编为宋蜀刻本《张承吉文集》的点校,并写出校记。

4615

张华集校注[D]/马鸿雁.--东北师范大学,2005

本文介绍了西晋名臣张华的生平、作品著录流传情况,分析了其诗文思想内容和艺术特色,运用古籍整理相关知识,对现存诗文进行了辑佚、校勘和注释。此外,文章还包括前人误收作品汇编、张华年表、历代评论资料汇编等资料。

4616

《张家山汉简〈二年律令〉集释》评价[J]/张淑一.--中国史研究动态,2006,06:28-29

《张家山汉简〈二年律令〉集释》吉林大学教授朱红林著,社会科学文献出版社2005年出版。本文评述了该书的主要内容、释文体例和史料价值,认为该书是国内关于张家山汉简基础性研究的第一部专著。

4617

《张耒集》整理摭谈[J]/李逸安.--书品,2000,03:80-85

本文回顾了宋《张耒集》整理点校工作,梳理了各版本的流传和现存情况,提出点校整理应从考辨版本源流入手的观点。文章还披露了该书整理出版后陆续发现的疏漏和

不足。

4618

张乃熊藏书研究［D］/黄庭霈. --台湾大学（台湾地区）,2008

张乃熊为民国初年的藏书家,继承了其父张钧衡的大部分适园藏书,且精于版本目录学研究。本文介绍了张氏藏书始末、版本特色、文献价值和流通情况。

4619

张瑞玑"谁园"藏书考略［J］/赵玲玲. --晋图学刊,2008,03:68 – 71

本文从山西省图书馆收藏的一批钤有特殊标记的古籍线装书入手,揭示20世纪50年代张小衡捐赠其父辛亥时期名人张瑞玑"谁园"藏书的经历,简述了张瑞玑的生平事迹,介绍了"谁园"藏书楼的建筑特点和藏书数量。

4620

张舜徽之文献学探析［J］/吴健诚. --东吴中文研究集刊（在台湾地区发表）,2006,13:49 – 66

张舜徽,华中师范大学历史系博士生导师、著名历史学家、20世纪中国传统文献学理论奠基者,其治学方法走博通之路,遍及四部。本文重点探析了张舜徽的文献学观点和研究特色。

4621

张维先生与西北地方文献［J］/张京生. --图书馆理论与实践,2009,01:97 – 99

本文对甘肃省目录学家张维的生平事迹和相关著作进行了研究,阐述了其对西北地方文献的征集、保存、整理所作出的重要贡献。

4622

《张协状元校释》序言［J］/陈增杰. --温州师范学院学报（哲学社会科学版）,2006,01:11 – 12

《张协状元》为现存最早的南戏剧本,经温州师范学院中文系副教授胡雪冈校释,由上海社会科学院出版社2006年出版。本文为《张协状元校释》的序言,肯定了该书的校勘

原则,即古籍校勘不宜以今意改原字,失却古本面目。

4623

张元济辑印《百衲本二十四史》在版本学上的意义［J］/赵惠芬. --兴大中文学报（在台湾地区发表）,2003,15:251 – 287

本文分析了近代出版家张元济辑印《百衲本二十四史》的动机,从"版本精良；搜罗放佚,取用海外秘笈；方便读者阅读,补全残卷或残叶；保存文献,影印留真；考校补正,有功于学术"等方面,探讨了其在版本学上的意义。

4624

张元济全集·第8—10卷·古籍研究著作［M］/张元济著. --北京:商务印书馆,2010

《张元济全集》共10卷,1—3卷为书信、4—5卷为诗文、6—7卷为日记、8—10卷为古籍研究著作。张元济先生的古籍研究著作,内容包括浙江嘉兴、海盐先哲著述,刊刻典籍的序、跋、识语、校勘记等,与古籍收购、藏弄、影印、出版相关的著述及文字资料。

4625

张元济搜求整理校勘辑印古籍文献述略［J］/马明霞. --兰台世界,2007,17:62 – 63

本文介绍了张元济（1867—1959）从事古籍搜求、整理、校雠并辑印出版大量古籍文献,及其在中国近代出版史和学术史上做出的重大贡献。

4626

张元济图书事业研究［D］/吴芹芳. --华中师范大学,2004

本文分析了出版家张元济刻书、校书、藏书的过程和特点,总结了其注重实用、版本选取、重视质量、多样化的刻书思想；态度严谨、重视初刻、灵活运用多种校勘方法、完备著录校勘结果的校书思想；以及看重宋元刊本、藏以致用、科学管理的藏书思想。

4627

张元济先生与古籍版本学［J］/杨安利,黄显堂. --图书馆理论与实践,2007,03:104 – 106

本文概述了出版家张元济在古籍搜求整

理、鉴别版本真伪、探究版本源流等方面取得的成就。

4628

张元济与地方文献的收集整理和出版[J]/刘应梅. --文献,2005,02:265 - 275

本文从《张元济书札》《张元济诗文》《张元济日记》《校史笔记》《张元济古籍书目序跋汇编》《张元济傅增湘论书尺牍》《张元济年谱》等研究论著入手,综述了出版家张元济收集整理、出版地方文献的取舍倾向。

4629

张元济与东方第一图书馆——从涵芬楼到东方图书馆[J]/张维. --华商,2008,20:135 + 134

东方图书馆,商务印书馆附设的图书馆,1924 年建立于上海,其前身为涵芬楼(藏书楼)。本文介绍了出版家张元济创立东方图书馆的时代背景、基础条件、创建原因和该馆的收书规模与社会影响。

4630

张元济与古籍整理[J]/张喜梅. --太原师范专科学校学报,2002,02:57 - 59

本文探讨了出版家张元济整理影印出版古籍的主要类型、内容特点和学术意义。

4631

张元济与涵芬楼[J]/宋红,张桂兰. --兰台世界,2010,09:36 - 37

涵芬楼,商务印书馆在上海时期的藏书楼,创立于 1904 年。本文介绍了出版家张元济创立涵芬楼的时代背景、建造动机和搜求、收藏、出版古籍的工作历程。

4632

张元济与嘉业堂主人刘承干[J]/李性忠. --图书馆杂志,2002,10:69 - 72

本文从时代背景、结交过程、出版原则、古籍配补、出版刊印等方面,介绍了出版家张元济与嘉业堂藏书楼主人刘承干在古籍存藏、文化传承上的贡献。

4633

张元济:中国出版第一人[J]/辉文. --国学,2009,12:40 - 41

本文回顾了"中国出版第一人"出版家张元济嗜书、寻书、藏书、编书、出书的人生经历。

4634

《张之洞全集·论金石札》标点正误[J]/彭忠德. --湖北大学学报(哲学社会科学版),2004,01:87 - 89

《张之洞全集·论金石札》晚清洋务派代表人物张之洞著,经河北师范大学苑书义注解,河北人民出版社 1998 年出版。本文针对注解本中标点误用、词义误解等讹误,予以订正。

4635

《张之洞全集·劝学篇》标点商兑[J]/彭忠德. --新国学,2002,00:197 - 204

本文针对河北人民出版社 1998 年版《张之洞全集·劝学篇》中,因语法疏忽、逻辑误判、内容误解所造成的标点讹误,提出商榷意见。

4636

张之象《唐诗类苑》编刻考[J]/杨波. --中国文化研究,2010,03:126 - 131

明代政治家张之象编纂的《唐诗类苑》采用以类系诗的编排方法,有着完备的收录原则和统一的编制分工。本文从书稿编定、割裂刊行、全本刊刻、海外流传等方面,考证了该书的编刻情况。

4637

张仲葛教授赠农博希见农业古籍说[J]/肖克之. --农业考古,2004,03:248 - 250

本文简述了北京农业大学教授张仲葛向中国农业博物馆两次捐赠古籍的事迹,择选所赠稀见古籍《鹌鹑论》《通天晓》等,介绍其书目信息、版本特征、内容提要,以便读者研究参考使用。

4638

张宗祥与图书馆[J]/徐洁. --津图学刊,2002,02:61 - 62

本文评述了浙江图书馆原馆长张宗祥对京师图书馆的古籍整理、浙江图书馆的建设、文澜阁《四库全书》的恢复保存所作出的贡献。

4639

张宗祥与文澜阁《四库全书》[J]/刘亮.--华夏文化,2005,03:57-59

本文综述了浙江图书馆原馆长张宗祥的生平和文澜阁《四库全书》的流传情况。文章回顾了张先生募集资金、组织补抄、重庆战火中守护古籍、辗转运回杭州等艰辛历程。

4640

张宗祥与增订本《明文海》[J]/徐由由.--中国典籍与文化,2000,04:97-102

明末清初黄宗羲编纂的《明文海》是一部明代文章总集,以搜罗作者之多,采集文章之富而著称。然此部总集在编纂体例、文章归类、作者篇目采选上存有种种问题。浙江图书馆原馆长张宗祥83岁挂帅整理、校勘此书。本文评述增订本弥补了黄氏《明文海》的缺陷,保存了珍贵史料,提高了该书的文献价值和学术价值。

4641

章丘李氏藏板初探[J]/宁荫棠,韩玉文.--山东图书馆季刊,2002,01:72-74

2000年,山东章丘埠村镇西鹅庄村民李应顺将家中珍藏的一批清代古籍木刻印板捐给章丘市博物馆。本文探讨并介绍了李氏藏板的数量、板材、规格和内容,对比了印板与著录的不同之处,以及初步整理考证的结果。

4642

章氏四当斋李氏泰华楼旧藏与燕京大学图书馆(上)[J]/胡海帆.--收藏家,2006,08:58-62

本文介绍了燕京大学图书馆寄存、接收藏书家章钰"四当斋"藏书和藏书家李文田"泰华楼"碑拓的始末,评述该批旧藏的文本内容、版本特点和文献价值等。

4643

章氏四当斋李氏泰华楼旧藏与燕京大学图书馆(下)[J]/胡海帆.--收藏家,2006,09:20-24

(同上)。

4644

章钰藏书题跋补辑[J]/王文蓓,汪桂海.--文献,2010,04:102-106

藏书家章钰"四当斋"藏书题跋甚多。本文在查阅国家图书馆藏章氏捐赠古籍善本的基础上,发现其中尚有部分题跋被《章氏四当斋藏书目》所漏,故将这些题跋辑录于文中,以供学界参考使用。

4645

《彰所知论》传承过程及《情世界品》补订[J]/王启龙.--中华佛学学报(在台湾地区发表),2002,15:367-397

本文考察了国内外学者对元代医家八思巴《彰所知论》的学术研究成果。在此基础上,结合汉藏文献史料,以笔者视角探究了此书的版本特征、传承过程、文献史料源流,对其藏文原本汉译中漏译或译得不全之处进行了补订。

4646

《昭明文选》奎章阁本研究——《昭明文选》版本源流与斠读[D]/解梦.--台湾师范大学(台湾地区),2000

本文以韩国奎章阁本《文选》为底本,结合相关史料和各版本内容,考证了《文选》版本之间的关系和版本历史源流。同时,引用西方版本学"critical edition"的概念,试图建立《文选》各版本的详细对照资料库。

4647

昭质堂本《樊川文集》考论[J]/叶帮义.--文献,2008,02:70-77

《樊川文集》是唐代诗人杜牧所著。本文从体例、出版者、内容、流传等方面入手,评介了该书昭质堂刻本的文献价值。

4648

《赵城金藏》发现始末及其版本问题[J]/方自金,马学良,张克清.--图书馆建设,2010,12:99-101

本文以《赵城金藏》中《因明论理门十四过类疏》为例,综合各家已有研究成果,对这部珍贵古籍的来龙去脉、版本流传、现存情况作了大致梳理。

4649

《赵城金藏》修复工作始末[J]/杜伟生.--

国家图书馆学刊,2003,02:54 – 59

本文回顾了国家图书馆镇馆之宝《赵城金藏》的入藏经过,综述了该部大藏经的修复过程,和修复工作所得到的经验和启示。

4650

赵殿成《王右丞集笺注》研究[D]/王爱兵. --暨南大学,2010

《王右丞集》系唐代著名诗人王维作品集;《王右丞集笺注》系清代学者赵殿成著,是王维诗文有重要价值的笺注本。本文介绍了赵殿成生平和《王右丞集笺注》的成书背景、版本源流、编次特点,分析了赵殿成注释特点和注释所体现的诗学理念。

4651

《赵飞燕外传》成书及版本传承比校研究[J]/林于弘. --"国立中央图书馆"台湾分馆馆刊(在台湾地区发表),2003,03:86 – 91

《赵飞燕外传》托名西汉大臣伶玄所著。本文根据现有的各个版本,通过比较研究,考证了该书的成书过程、版本源流、传承关系。

4652

赵璘《因话录》研究[D]/史佳楠. --上海师范大学,2010

《因话录》唐赵璘著,作为唐代笔记小说中的佼佼者,受到历代学者的认可,然就其研究现状,尚显不够。本文在系统整理《因话录》的基础上,研究评析了其资料来源、文本内容、著述目的、编撰特点和史料价值。

4653

赵谦著述考[J]/张明明,丁治民. --中南大学学报(社会科学版),2007,06:749 – 755

本文介绍了明代儒学家赵谦的生平事迹,从成书时间、现存版本、卷数、创作动机、注释体例等方面,考述了赵氏现存的7部著作。

4654

赵之谦《汉学师承续记》评说[J]/江庆柏. --古籍整理研究学刊,2006,06:8 – 11

《汉学师承续记》清代书画家赵之谦著。本文肯定了该书在资料收集、文献使用方面的成就,认为该书人物小传尚有疏漏、文献著录尚有缺失,就整理本存在的问题作了客观的评析和补正。

4655

哲蚌寺藏古籍目录[M]/百慈藏文古籍研究所编. --北京:民族出版社,2004

本书收录了西藏三大寺院之一——哲蚌寺所藏古籍22320部的目录,著录内容包括书名、著者、卷数、成书年代、版本状况、内容简述等,具有资料价值和历史研究价值。

4656

浙江大学图书馆藏《籀庼述林》版本考略[J]/程惠新. --文献,2008,02:78 – 86

1947年,经学家孙诒让次子孙延钊将家藏玉海楼藏书465部2990册(多为善本)捐赠浙江大学,其中有《籀庼述林》四种,包括1916年刻本1种,稿本2种、抄本1种。本文考察了四种版本间的传承关系、收文范围、编排体例和各自在文献与校勘方面的特色。

4657

浙江大学图书馆馆藏古籍来源述略[J]/高明,尤钟麟. --浙江高校图书情报工作,2001,01:44 – 48

本文从考察老浙江大学、浙江师范学院、杭州大学等古籍收藏情况入手,对浙江大学图书馆馆藏古籍进行了溯源。

4658

浙江海宁蒋氏家族藏书源流考[J]/陈心蓉,金晓东. --图书情报工作,2010,03:142 – 146

本文通过对蒋楷来青阁、蒋光煦别下斋、蒋光焴衍芬草堂、蒋光焴西涧草堂藏书的考察,考证了浙江海宁蒋氏家族的藏书源流和递藏情况。

4659

浙江省博物馆藏古籍书目[M]/浙江省博物馆编. --上海:上海辞书出版社,2006

本书收录了浙江博物馆藏古籍书目,著录内容包括书名、著者、卷数、年代、版本、内容简述等。

4660

浙江省博物馆善本著录校对札记[J]/裴樟松. --东方博物,2007,04:120 – 123

2005 年,浙江博物馆完成了古籍著录工作。笔者在对古籍著录进行总校对时,对 20 世纪 80 年代著录已入库保管的 118 种善本古籍也作了校对,过程中摘录部分要点和整理心得作了相关札记,汇编成文,以供研究参考。

4661

浙江省中医药善本古籍多媒体数据库的建设[J]/朱树良. --中国中医药信息杂志,2010,S1:80 – 81

浙江省中医药善本古籍多媒体数据库(浙江中医药大学图书馆馆藏古籍部分)的制作已经完成。本文介绍了国内外同类项目研究现状,综述了该项目的建设方法和工作过程,分析了建立该数据库的社会和经济效益。

4662

浙江图书馆的历史文献收藏及其特色[J]/丁红,程小澜. --图书馆工作与研究,2002,01:34 – 37

本文综述了浙图建馆一百年来历史文献的收藏简况,对馆藏《四库全书》、唐宋元写本与刻本、明刻本与史料、明清别集、浙江地方文献、释家经典、域外汉文古籍、名人手札、金石拓片、木刻板片的数量、精品代表、编录状况、文献特色等作了介绍。

4663

浙江图书馆古籍保护历程及发展趋势思考[J]/杨晓黎. --图书馆研究与工作,2002,01:70 – 72

本文对浙江图书馆古籍保护历程作了简要回顾,分析了古籍保护现状和问题,思考了发展趋势,认为最为可行的古籍保护办法是延缓性保护与再生性保护两者的结合。

4664

浙江图书馆古籍善本概述[J]/童正伦. --书品,2000,02:86 – 93

本文介绍了浙江图书馆古籍善本的存藏概况,择选部分特色馆藏作简要介绍,包括书名卷数、文本内容、版本特征、现存状况等。

4665

浙江图书馆古籍善本书目[M]/浙江图书馆古籍部编. --杭州:浙江教育出版社,2002

本书系浙江图书馆馆藏古籍善本书目,范围以清代乾隆六十年(1795)为下限,采用中国古籍善本书目分类法,按类编排,各条书目内容包括作者、卷数、书名、年代、版本、文本简述等。

4666

《浙江图书馆古籍善本书目》的编制与特点[J]/丁红. --国家图书馆学刊,2000,03:58 – 63

作者结合自身参与编制工作的实践,斥文讨论了《浙江图书馆古籍善本书目》的编制基础、基本特点:录收书目精校缜勘,类属合理题名统一,宽收浙江地方文献,著录众多海内孤本等。

4667

《浙江图书馆古籍善本书目》序[J]/傅璇琮. --书目季刊(在台湾地区发表),2002,04:79 – 83

本文为《浙江图书馆古籍善本书目》序言。作者认为,本目录既吸收了《中国古籍善本书目》的经验,又有地方特色,对善本标准、著录体例、收辑范围、浙江地方文献特色体现方面,都有新的探索,堪称古籍编目的又一成果。

4668

浙江图书馆古籍与善本书目解题[J]/丁红. --图书馆研究与工作,2001,01:55 – 58 + 62

本文结合浙江图书馆馆藏古籍与善本书目的实例,对该馆古籍目录学近百年的发展特点和沿革变化作了探究。文中介绍善本古籍目录时,注重分类方法和版本流变,通过书目解题,对馆藏古籍体例、内容、著录方法、比对差异等略作评论。

4669

浙江图书馆金石拓片的开发与利用[J]/张素梅. --图书馆研究与工作,2004,02:69 – 70

本文以编制《馆藏浙江金石拓片目录》、重建万松书院和钱王祠、出版《表忠观碑》为例,介绍了浙江图书馆馆藏金石拓片的利用情况,分析存在的问题,提出了一些建设性的意见。

4670

浙江中医药古籍资源调查与分析[J]/胡滨,吕志连,朱树良,鲍晓东,赵丰丰.--中国中医药信息杂志,2003,02:87-89

本文概述了实施浙江中医药古籍资源调查的目的意义、调研范围、统计分析和结论成果。该项调查与分析,将为浙江中医药学传承发展提供中医药古籍信息资源,为中医药古籍的整理研究提供较为完整的书目数据,为中医药文献研究提供依据和原始材料。

4671

浙江中医医史文献研究探讨[J]/胡滨,杨炯声,王劲松,余建华.--浙江中医学院学报,2005,02:70-72

本文介绍了中医医史文献研究的内涵与意义,在总结分析近现代浙江中医医史文献研究成果的基础上,探讨了今后的研究方向,提出医史研究应该"拾遗补缺"、加强中医药古籍的整理,重视为中医临床提供借鉴。

4672

浙图珍藏《西厢记》版本考[J]/徐雪凡.--戏文,2005,03:50-51

本文从浙江图书馆所藏的《西厢记》入手,考察了元、明、清以来,元杂剧作家王实甫《西厢记》的版本流传情况和各版本的传承关系。

4673

《贞观政要》的版本和佚文[J]/彭忠德.--历史研究,2002,06:172-176

唐人吴兢所著《贞观政要》各版本分类、条目顺序不同,若干条目文字也存在差异,甚至还有21章4800余字的佚文未得到研究和运用。本文阐述了该书各版本的基本情况,对今传通行本之外的佚文略作介绍。

4674

《针灸甲乙经》数字化整理研究初探[J]/邓小英,王凤兰.--陕西中医,2008,07:857-859

本文从古籍整理、解析标引、研究意义三方面,综述了魏晋间医学家皇甫谧《针灸甲乙经》整理成果,得出以下结论:《针灸甲乙经》

数字化整理是中医古籍整理的延续,保留了中医药古籍的原貌,使其所蕴涵的知识通过简捷的检索方法得以使用。

4675

珍本古籍外流:藏书家后代导演的悲剧[J]/潘德利.--沈阳师范大学学报(社会科学版),2009,06:116-118

本文以陆树藩皕宋楼藏书、叶启倬观古堂藏书、盛宣怀愚斋藏书、李盛铎敦煌文献等古籍存藏流散海外的实例,分析评述了由于藏书家后代的原因,造成珍本国宝外流不可挽回的损失,以期后人引以为鉴。

4676

珍贵古籍名录是怎样编制出来的[N]/李致忠.--光明日报,2008-07-22012

本文介绍了第一批《国家珍贵古籍名录》的甄选原则、收录范围、入选标准和著述体例。

4677

《真诰》版本考述[J]/冯利华.--古籍整理研究学刊,2006,04:29-34

《真诰》是南朝学者陶弘景编撰的道教典籍。由于此书目前还没有进行过校注,为了便于《真诰》的系统整理,本文对该书的成书、整理、版本递传情况作了考证。

4678

真空充气包装贮存物品的机理分析[J]/王志文,廖义奎.--真空与低温,2004,04:235-237

真空充气包装贮存是指通过抽真空和充入氮气来处理粮食等物品,保证它们在长期储藏时不易氧化和变质。本文分析探讨了将真空充气包装贮存方法应用于古籍文献保存的机理。

4679

真正的古籍图书,不存在市场化危机——访岳麓书社社长易言者[J]/高霞.--出版广角,2010,07:8-9

本文是对岳麓书社社长易言者的访谈录,内容涉及岳麓书社的经营状况、古籍市场面临的危机与潜力、古籍出版多样化的突破口、古籍图书的营销方式、古籍图书的数字化等。

4680

整合古籍数字化资源的必要与可能[N]/唐磊.--中国社会科学院院报,2007-09-18003

本文介绍了整合古籍数字化资源的必要性与可能性,从统一数据标准、掌握资源分布、成立业界联盟等方面,论述了未来古籍数字化公共平台的建设,提出充分发挥现有知识谱系的作用,把握计算机信息处理逻辑,整合古籍数字化资源的建议。

4681

整理本《礼记正义》评议——兼论古籍整理之规范[A]/王锷.--赵伯雄、周国林、郑杰文.古籍整理研究与中国古典文献学学科建设国际学术研讨会论文集[C],济南:山东大学文史哲研究院古典文献研究所,2009

本文从凡例的制定、底本的选择、对校本的确定、标点校勘、序跋的撰写、附录收集等方面,对龚抗云、田博元、吕友仁的《礼记正义》整理本进行对比,认为吕先生整理本是《礼记正义》最佳整理本。文章还兼论了古籍整理的规范。

4682

整理本《毛诗正义》标点商榷[J]/李正辉.--河南图书馆学刊,2009,06:114-116

北京大学1999年校点本《毛诗正义》是一个惠及学林的整理本,然其尚有可议之处。本文从书中检得13处有问题的标点,就分隔符、引号、逗号等用法和校勘记中因标点引起的误解,略作讨论。

4683

整理本《周易正义》和点校本《周易本义》疏失举隅[J]/刘元春,李伟.--广西大学学报(哲学社会科学版),2008,S1:215-216

本文以北京大学出版社1999年出版的整理本《周易正义》和九州出版社2004年出版的点校本《周易本义》为研究对象,试举两书在文字和标点方面的失误数例,并予以订正,以期对古籍整理研究提供一些帮助。

4684

整理出版并重:开掘陕西古籍资源[J]/小
水.--当代陕西,2005,03:44-45

本文综述了陕西省古籍保护工作现状、成绩和遇到的风险与挑战,提出争取政府支持、提升人员素质、多元化数字化开发、推进古籍整理出版等对策建议。

4685

整理敦煌文集与文字录校——重读《敦煌诗集残卷辑考》及其相关评论[J]/张锡厚.--中国韵文学刊,2005,02:15-20

文字录校是整理敦煌文献的基础。本文评述了《敦煌诗集残卷辑考》在文字录校方面存在的录诗未全、照录失校、误录臆校、识辨未周、音同形近、滥施空围、审校未精等问题,并予以订正。

4686

整理和利用《长短经》必须考源[J]/周斌.--古籍整理研究学刊,2004,06:10-15+62

《长短经》唐代赵蕤著。本文考证该文献是"述而不作"的抄纂品,全书约19万字,有18万字是从先秦至唐的110余种书中明抄暗引而来。因其暗引(不写出书名、作者名),故整理时必须考源;因其明抄(写出书名、篇名或作者名),又常将书名、篇名或作者搞错,故利用其辑佚古籍也必须考源。

4687

整理林辰藏书札记[J]/于静.--鲁迅研究月刊,2007,11:92-95

本文以《鲁迅述林》《鲁迅事迹考》为例,论述了鲁迅研究专家林辰购书、访书、藏书、读书的生平事迹。

4688

整理《通志二十略》经过纪要[J]/王树民.--河北师范大学学报(哲学社会科学版),2000,04:78-81

本文综述了整理《通志二十略》的工作历程。宋郑樵《通志二十略》是列入国家古籍整理出版规划的项目,历经十余年的努力,现已完成了校点工作,校勘出2386条讹误,其中有原文严重脱漏、年代错乱等,也存在着误校和疑难问题。

4689

整理俞正燮文集的里程碑——读《俞正燮全集》[J]/徐有富. --古籍研究,2006,02:292-298

俞正燮,清代思想家。《俞正燮全集》注解本由黄山书店2005年出版。本文介绍了俞正燮的生平事迹,和《俞正燮全集》的内容、特点与文献价值。

4690

正确把握文化形势 确保《总目提要》编纂质量——以《甘肃藏族卷》为例[J]/马更志. --甘肃民族研究,2007,03:81-85

本文回顾了《中国少数民族古籍总目提要·甘肃藏族卷》的编纂历程,分析了藏族古籍与民间文化保护的形势,提出明确编纂目的、细化编纂分工、规范编目原则、协调各存藏单位关系等确保《总目提要》编纂质量的建议。

4691

正确选择修复措施是古籍修复工作的关键[A]/杜伟生. --中国国家图书馆. 中文善本古籍保存保护国际研讨会论文集[C],北京:北京图书馆出版社,2002

本文列举了修复措施选择不当而造成古籍文物价值、资料价值损失的实例,强调正确选择修复措施的重要性,分析了"溜视""揭裱""割裱"等方法对古籍修复的影响。

4692

正续《四库总目》中泰山著述提要述评[J]/周郢. --书目季刊(在台湾地区发表),2001,03:33-40

清代所修《四库总目》及民国时所修《续四库总目》共收录有关泰山的著述16种,对诸书版本、内容、价值等,均有述评。本文对正续《四库总目》有关泰山著述的得失与正误试加评议。

4693

《正音撮要》作者里籍与版本考论[J]/王为民. --古籍整理研究学刊,2006,06:53-56

《正音撮要》清代高静亭著,成书于嘉庆庚午年(1810),是目前所见最早的清代"正音课本"。本文考证了《正音撮要》的版本源流,认为现存版本共有十种四个系统。

4694

证据今古 巨细咸蓄——读《康熙诗词集注》[J]/高林广. --广播电视大学学报(哲学社会科学版),2002,04:30-32

《康熙诗词集注》王志民等校注,内蒙古人民出版社1994年出版。该书在版本校勘、考镜源流、诠次辨证、疏注考订方面成功地运用了以诗证史、诗史互证研究方法,不仅为研究康熙诗词提供了完备的读本,而且为保存和整理古代典籍做出了重要贡献。

4695

《证治准绳》类方文献整理和数字化探讨[J]/高日阳. --中医研究,2006,07:52-54

本文总结了利用数字化技术,对明朝医家王肯堂《证治准绳》类方进行文献整理和数字化的全过程。目的在于使该书中的类方可以被计算机识别,形成结构化数据库,为进一步发现类方的内在规律创造条件。

4696

郑观应著作及其版本述略[J]/冯建福,吴春玲. --澳门文献信息学刊(在澳门地区发表),2010,03:96-103

郑观应是我国近代革新思潮的代表人物,著有《盛世危言》等。本文梳理了《盛世危言》《救时揭要》《剑侠传》《易言》等郑观应著作及版本情况。

4697

郑樵对校雠学的贡献[J]/左平熙. --档案,2008,03:24-26

校雠学包括目录、版本、校勘三部分。校雠的含义从"校勘"扩大到"文献学",与南宋校雠学家郑樵对校雠概念的发展有很大关系。本文尝试从郑氏校雠学特点上入手,探究其创新发展的规律。

4698

郑樵对图谱文献与"亡书之学"的贡献[J]/时永乐. --文献,2000,03:104-109

本文从扩大历史文献资料范围,创立新的图书分类法,总结历代文献散亡原因,系统提出求书八法,丰富发展校雠学文化内涵等方面,论述了宋代校雠学家郑樵在古典文献学理论与实践上所取得的成就。

4699

郑樵所引《四库书目》考[J]/张固也,李秋实. --图书馆,2009,06:52 – 53

宋哲宗元祐时期,秘书省采编补写大批图书,编为《秘书省续编到四库阙书目》,校雠学家郑樵引用时省称《四库书目》。本文考证了郑樵引《四库书目》诸条与《秘书省续编到四库阙书目》的比较,提出两本书目90%内容一致、今本《秘目》系后人增补。

4700

郑樵之文献学[J]/刘兆佑. --应用语文学报(在台湾地区发表),2004,06:1 – 22

郑樵是宋代史学家、校雠学家。本文从强调文献必要性、阐述图书分类重要性、创发新图书分类法、发明三段分类法、主张编次目录应兼录佚书等方面,论述了郑樵的文献学理论和思想。

4701

郑钦安医书阐释[M]/(清)郑钦安著;唐步祺阐释. --成都:巴蜀书社,2004

本书收有清代伤寒学家郑钦安所著《医理真传》《医法圆通》《伤寒恒论》三书。作者根据临床经验,对三书进行点校和阐释。

4702

郑善夫文集版本考述[J]/史小军,王勇. --民办教育研究,2010,04:1 – 6

明代儒学家郑善夫文集版本共有11种,现存9种。本文介绍了这些版本的刊刻和馆藏情况,比较了各个版本异同,梳理了其版本源流,修正了《中国古籍善本书目》等古籍目录中的错误。

4703

郑玄《礼记注》初探[D]/张琴. --安徽大学,2006

本文在前人研究成果的基础上,从版本、文献、校勘的角度,考察了汉代经学家郑玄《礼记注》的流传情况,分析了《礼记注》"声之误"的注释与校勘。

4704

郑玄《毛诗笺》校勘成就初探[J]/李世萍. --古籍整理研究学刊,2007,05:52 – 54

本文探析了汉代经学家郑玄《毛诗笺》的校勘成就,认为其注《诗》"宗毛为主",但不拘泥一家之见;《毛诗笺》对《毛诗》多有改动,训释方式不拘一格;本之三家,灵活运用多种校勘方法,订正了《毛传》中的诸多误字。

4705

郑玄《仪礼注》训诂术语释义例刍议[J]/邓声国. --古籍整理研究学刊,2002,03:33 – 39

本文分析了汉代经学家郑玄《仪礼注》训诂术语释义的用例,总结了该书的训诂条例和训诂方法,揭示了郑玄运用训诂术语简明扼要释义的训诂特色。

4706

郑玄与文献整理[J]/王纯. --图书情报知识,2000,02:22 – 23

汉代经学家郑玄整理、注释了大批古籍,为汉文献史研究提供了丰富的资料。本文概述了其整理古籍、校勘文字、鉴定版本、考证时令、遍注群经等文献学成就。

4707

郑玄《周易注》流变考[J]/许继起. --经学研究论丛(在台湾地区发表),2003,11:1 – 56

本文根据散见的史料,阐述了汉代经学家郑玄《周易注》的成书和解《易》的特点,考察该书由盛到衰的传播过程和后代的辑佚状况,分析了各辑本的特点及其对恢复郑氏《易注》的原貌所做的贡献。

4708

郑振铎"孤岛"救国宝[J]/倪怡中. --出版参考,2005,26:38 – 39

本文介绍了"八·一三"后珍贵古籍流失的历史背景,回顾了藏书家郑振铎在"日据"上海搜求古籍、组织"同志文献会"、利用政府扩建费收书、购买玉海堂等江南藏书楼古籍的艰辛经历和工作成就。

4709

郑振铎沪上"抢救"珍本古籍[J]/韩文宁. --民国春秋,2001,02:14 – 18

本文概述了藏书家郑振铎先生在"八·一三"日军占领上海之际,抢救珍本古籍文献的事迹。

4710

郑振铎先生与古籍版本学[J]/杨安利. --津图学刊,2003,01:37 - 39

本文从搜集古籍的版本特色、分析版本价值和源流、版本鉴定的贡献等方面,探讨了藏书家郑振铎在古籍版本研究上的成就。

4711

郑振铎与旧书[J]/韦泱. --上海鲁迅研究,2009,01:12 - 14

本文综述了藏书家郑振铎购书藏书、不顾生命安危,抢救"沪上"文物的生平事迹。

4712

郑振铎与中国文学文献学[J]/张秀婧. --大众文艺,2010,07:104

本文介绍了藏书家郑振铎的收藏范围和数量,总结了他注意收集明清生僻诗文集、重视收集俗文学资料、推进文献资料整理、创新目录编纂体例等文献学成就。

4713

郑州市图书馆古籍整理琐谈[J]/李红岩. --河南图书馆学刊,2010,04:27 - 28 + 52

古籍整理是郑州市图书馆的传统学术项目。本文从标点、校勘、工具书查找等方面,梳理了古籍整理经验,对 30 年来郑州市图书馆的 46 种古籍整理成果,逐一列举。

4714

支机集完帙之发现及其相关问题[J]/林玫仪. --中国文哲研究集刊(在台湾地区发表),2002,20:113 - 174

《支机集》是明末学者蒋平阶及门人周积贤、沈亿年的词集。本文介绍了《支机集》完帙本的发现经过,分析了完帙本内容及其在学术研究上的重要性,探讨了蒋氏一门词作创作成果,以及此书对云间派词论研究的参考价值。

4715

芝秀堂本《古今注》版本考[J]/孔庆茂. --古籍整理研究学刊,2008,03:50 - 51

芝秀堂刻本《古今注》20 世纪曾被断为宋刻本,而今人则著录为明代正德、嘉靖年间的翻刻本。本文从该书原刻版本特征入手,考证出芝秀堂原刻部分与后补刻的部分,其版框、字体、墨色浓淡、书版磨损程度存在很大差异,由此断定,两者不是同一时代的书版,芝秀堂本《古今注》确为宋刻明印本。

4716

知识地图在中医药信息领域的应用设想[J]/李彦文,崔蒙,赵英凯,李志勇. --世界科学技术:中医药现代化,2009,04:638 - 640

本文从概念、作用、描述语言、构建工具等方面,介绍了知识管理模式——知识地图,总结其所具有的高效、便捷、可视化特点,提出了中医药信息领域合理应用知识地图的构想。

4717

织品与纸质保存修护国际交流研讨会论文集[C]/蔡斐文主编. --台南:文化资产保存研究中心筹备处(台湾地区),2005

2005 年 12 月,织品及纸质保存修护国际研讨会在中国台湾地区举办。本书内容涉及与先进国家的专案合作计划、引进合乎世界潮流的观念技术、培养国际视野修复人才、织品和纸质载体最新保护成果等。

4718

《直斋书录解题》补正[J]/主父志波. --图书馆理论与实践,2009,10:52 - 53

《直斋书录解题》是南宋藏书家陈振孙所撰私家藏书目录。现行的上海古籍出版社出版的点校本,存在年代误判、缺少校语、注释讹误、漏引原文等疏漏之处,本文对此进行了勘正。

4719

《直斋书录解题》的版本学成就探析[J]/李明杰. --图书馆,2005,06:47 - 50

本文从著录版本、比较版本异同、鉴定版本、考订版本源流、评价版本优劣等方面,评述了南宋藏书家《直斋书录解题》的版本学价值,揭示其在中国古籍版本学史上的重要地位。

4720

《直斋书录解题》史部分类述论［J］/张守卫.--图书馆理论与实践,2010,11:63－67

本文介绍了南宋藏书家陈振孙《直斋书录解题》前史部分类概况、史部子目立类依据,探讨了该书史部新创和更易的类目,指出了该书未设三级类目、未能在类目上反映新出现的史书体裁、若干书籍和类目归属不当等不足。

4721

《直斋书录解题》佚文八条［J］/张守卫.--中国典籍与文化,2008,01:118－120

本文从宋元时期历史学家马端临的《文献通考·经籍考》中,发现上海古籍出版社本《直斋书录解题》所未收录的佚文8条,经检索,亦未见他人辑佚。全文对佚文按卷次顺序进行辑录,并略作考证。

4722

纸绢文物修复知识管理［J］/叶仁正.--档案与微缩(在台湾地区发表),2003,68:36－38

本文介绍了作者从事纸绢文物装裱修复工作的实务研究心得,分析了图书、文献、档案及书画等各类纸绢素材产生劣变的原因,提出了积极推广优质的理念技术、建立合理化的系统管理知识架构等建议。

4723

纸润墨香话古籍［M］/孟宪钧,陈品高著.--北京:学苑出版社,2009

本书采用问答的方式,为读者详细讲解了古籍的基本概念、古籍善本的标准、古籍版本学、古籍的分类、古籍辨伪、市场价格等等,既有学术价值,又兼具很高的实用价值,可说是专门性学者以及古籍收藏爱好者的首选。

4724

纸书彝文献数字化实践［J］/吴启山,王瑾.--贵州民族研究,2008,04:65－69

本文概述了彝文献存藏现状和文献数字化历程,从硬件设备与应用环境、扫描前准备、数字化过程、扫描后处理、数字化结果等方面,介绍了纸书彝文献数字化的方法步骤。

4725

纸于至善——纸质科技文物保存维护手册［M］/王玉丰编.--高雄:科学工艺博物馆(台湾地区),2003

纸质历史文献资料与图书档案是人类宝贵的文化遗产,对于社会的进步和科学的发展具有重要的价值。本手册针对近年来公私收藏文物典籍与日俱增,急需保存保护专业技术的现状,为指导纸质科技文物如何保存和维护所编制的工具书。

4726

纸张保护修复的人才培养问题［A］/詹长法.--苏荣誉、詹长法、(日)冈岩太郎.东亚纸质文物保护——第一届东亚纸张保护学术研讨会论文集［C］,北京:科学出版社,2008

本文从人才短缺、传统保护技术不能有效传承、现代科技与传统工艺各自为政等方面,概述了我国古籍保护修复现状,结合国内文物保护培训体系和欧洲、日本的纸张保护教育培训经验,提出了加强古籍保护学科建设、加速传统工艺现代科技融合、重视从业人员在职培训、推进合作培训和国际交流等建议。

4727

纸质档案修护机具及引进方式之探讨［J］/洪温临.--档案(在台湾地区发表),2002,04:101－107

本文介绍了德国、荷兰、美国、日本、新加坡、中国大陆等国家纸质档案的维护技术及修护机具,提出了机器修护纸质文物必须注意的事项,以及修护机具的引进方式。

4728

纸质图书的酸化危机与除酸处理［J］/叶莉.--科技信息,2010,08:352

本文介绍了纸质图书酸化危机的来源及成因,并提出相应的除酸处理方法。

4729

纸质文物保存环境控制初探［J］/余敦平.--档案与微缩(在台湾地区发表),2006,80:15－23

本文从文物劣化的因素、保存环境的温湿度、微小环境的控制、保护箱盒在文物保存上的应用、照度、紫外线、空气污染物质、国画展示时的防震措施等方面,探讨了纸质文物保存环境控制方式。

4730

纸质文物保存入门:认识纸质文物及其保存方法[J]/蔡斐文. --林业研究专讯(在台湾地区发表),2005,05:12 – 14

本文针对纸质文物的保存问题,探讨了纸材的原料分类及纤维的特性,并分析了文物自身、环境、人为等影响纸质文物保存的因素,从而了解纸质文物损坏的原因,进而预防损坏的发生。

4731

纸质文物保护修复的传统与现代[J]/张晓彤,王云峰,詹长法. --中国文物科学研究,2007,01:61 – 65

本文以中日韩三国在北京举办的第一届东亚纸张保护学术研讨会为契机,总结了造纸术的起源和发展、造纸技术、纸质文物的病变和破坏原因,概括了纸质文物保护修复技术的各种方法,并对传统保护修复工艺和现代保护技术在纸质文物保护修复中的作用进行了述评。

4732

纸质修复组[J]/林丽真. --艺术观点(在台湾地区发表),2003,20:17 – 20

本文介绍了台湾古物维护所纸质修复组学员的学习心得,包括学习心得、在职心得、见微知著、进德修艺、心得与期许等多篇文章。

4733

制浆造纸技术与纸质文物保存[J]/张丰吉. --林业研究专讯(在台湾地区发表),2005,05:8 – 11

(阙如)。

4734

中草药对古籍及档案防虫的历史分析[J]/徐小滨,刘大伟. --沙棘(科教纵横),2010,12:10 + 51

本文介绍了几种利用中草药对古籍及档案防虫的方法:利用中草药的药性——染纸防虫;利用中草药的芳香性——气味防虫;利用中草药材质——制纸防虫。

4735

中草药在古籍保护中的应用[J]/牛亚华,刘国正,蔡德英,裘俭,符永驰,刘培生,程英. --中医杂志,2009,07:659 – 662

本文在梳理历史文献的基础上,介绍了十余种植物类药物、数种矿物类药物和一种动物类药物在古代书籍保护中的应用方法,系统整理了古代应用中草药保护古籍的经验,以期为现代古籍保护提供借鉴。

4736

中古时期一部重要的文献——《齐民要术》[J]/刘洁. --古籍整理研究学刊,2004,03:27 – 30

《齐民要术》是北魏时期农学家贾思勰的著作,本文介绍该书的作者生平、版本特征、文本内容、语言特点,以期能促进该书的文献整理和汉语史的研究工作。

4737

中古史书校勘札记[J]/高明. --古籍整理研究学刊,2002,05:51 – 54

本文从词语研究和训诂的角度,对中古史书标点本在校勘方面的讹误,如断句、标点、注释等提出校正,共17条。

4738

中古史书勘误三则[J]/李柏. --吉林师范大学学报(人文社会科学版),2008,05:65 – 66

中华书局"二十四史"点校本是研究中古史料的权威版本。本文将该系列中《晋代·刘琨传》《南史·周舍传》《梁书·夏侯传》点校讹误列出3则,并进行勘误。

4739

中国传世文物收藏鉴赏全书·古籍善本(全二册)[M]/《中国传世文物收藏鉴赏全书》编委会编. --北京:线装书局,2006

本书由故宫博物院、中央美术学院、清华大学、收藏家协会等从事文物鉴定、古籍整理的专家学者共同编撰,分为中国古籍善本收藏的发展史、善本时代特征、善本辨伪、善本版本等章节,各章均以历史时期为序展开叙述,卷尾附有近年艺术品市场拍卖概况。

4740

中国传统古籍的守护者——访复旦大学吴格教授[J]/袁明嵘.--国文天地(在台湾地区发表),2008,07:103 – 107

本文系台湾中国文哲研究所袁明嵘对复旦大学吴格教授的采访,从与古代文学结缘、《三家诗义集疏》点校、《嘉业堂藏书志》整理、胡玉缙先生遗著整理、对文献整理的计划及想法等方面进行了论述。

4741

中国传统书写用纸的文献学研究——以笺纸、套格纸为中心[D]/姜昳.--复旦大学,2008

本文选取中国传统书写用纸为题,运用文献学实证方法,以文献记载和文献实物为据,探讨通过绘制、印刷等方式加工,用于日常书写的笺纸和通常用于古籍撰抄的套格纸,这两种历史悠久又具有中国特色书写用纸的源流、形制,及其与特定书写的关联等。

4742

《中国丛书综录》对中国古籍目录索引的贡献[J]/陈秉仁.--中国索引,2005,03:2 – 5

《中国丛书综录》是20世纪以来中国最具影响的大型古籍检索工具之一。本文综述了该书的主要贡献:搜罗宏富,创丛书目录之最;子目分类,开丛书专目之先河;著录详明,解中国目录学久悬之矛盾;检索方便,辟古籍索引之新途径。

4743

《中国丛书综录·集部》订补——以日本所藏图书为据[J]/李锐清.--(在台湾地区发表),2008,01:63 – 92

本文以日本东洋文库等48所藏书机构所藏丛书为研究对象,从书名、卷数、内容、版本等方面,对《中国丛书综录·集部》加以订补,计12小类,52则。

4744

《中国丛书综录》校补[J]/杨艳燕,张辉.--图书馆杂志,2007,07:73 – 75

本文将山西师范大学图书馆入藏的300余种丛书与《中国丛书综录》《中国丛书综录补正》《中国丛书综录续编》《中国丛书知见录》四部目录书比勘核对,就上述四书中未收录的丛书或版本、子目有差异者作了校补。

4745

《中国丛书综录》举疑[J]/李淑燕.--古籍研究,2009,S1:368 – 370

本文以《中国丛书综录》为研究对象,以讹误出现的页码为序,举疑该丛书中斋名、人名、卷数、著者、书名、朝代著录不一等十条,并给予订正。

4746

《中国丛书综录·子部》订补——以日本所藏图书为据[J]/李锐清.--(在台湾地区发表),2007,02:91 – 159

本文以日本东洋文库等48所藏书机构所藏丛书为研究对象,对《中国丛书综录·子部》中漏收、误收的条目进行了订补,计12小类,95则。

4747

中国达斡尔族古籍汇要[M]/孟志东编著.--海拉尔:内蒙古文化出版社,2007

本书由七部分组成,包括"达斡尔和索伦源流考""黑龙江乡土录"等,均系达斡尔知识分子所著。全书涉及达斡尔民族来源的探讨、达斡尔风俗文化的研究等方面,对研究和传播达斡尔民族历史文化具有重要参考价值。

4748

中国大陆古籍存藏概况[M]/潘美月,沈津编著.--台北:"国立"编译馆(台湾地区),2002

本书介绍了1884年至1949年中国大陆公私藏书概况;当前公共图书馆和大学图书馆存藏古籍现状,存藏古籍在内容和版本上的特色;藏书目录编撰和古籍整理利用的成果等。

4749

中国大陆图书馆文献保护灾难预案调查[J]/林明,张靖.--中国图书馆学报,2010,04:61 – 71

本文分析了大陆图书馆文献保护灾难预案的调查情况;综述了设立图书馆文献保护

灾难预案的必要性;从长期保持员工热情、争取政府财政支持、灾害的持续再评估、古籍保护优先权等方面,论述了实施预案的前提条件和物质基础。

4750

中国大陆 2005 年图书馆古籍工作动态[J]/吴格.--汉学研究通讯(在台湾地区发表),2006,01:33 - 36

本文从《中华再造善本》的出版、《中国古籍总目》的编纂、古籍保护工作标准开始制定、2005 年全国图书馆古籍及地方文献工作会议的召开、《四库系列丛书目录索引》即将出版等方面,汇总了中国大陆 2005 年图书馆古籍工作动态。

4751

中国的古籍[M]/朱仲玉编著.--上海:上海文化出版社,2001

(阙如)。

4752

中国的书院志及其学术价值[J]/王华宝.--南京晓庄学院学报,2005,06:104 - 115

书院志是以记载书院发展历史、讲学情况和管理办法等的专志。本文简述了《中国历代书院志》的主要内容和基本特点,探讨了书院志的基本格式、名称、总数、存佚和学术价值。

4753

中国地方志的著录方法[J]/衡中青,侯汉清.--图书馆理论与实践,2009,07:104 - 107

中国地方志的著录规范来源于普通古籍的著录规则。本文结合传统著录方式——简目、提要、考录,和现代著录方式——MARC、DC 元数据等,综述了当前中国地方志著录方法和实践经验。

4754

《中国地方志集成》编排上的几点不足——以湖北、湖南、安徽、浙江、福建等省为例[J]/李文珠,范文明.--中国地方志,2008,05:34 - 41

《中国地方志集成》凤凰出版社编,1991 年出版。本文以湖北、湖南、安徽、浙江、福建

等省为例,分析说明了该书编排上的不足,诸如州府划分错误、下辖区县错误、名称误录、收录不全、印刷错误等。

4755

《中国地方志总目提要》序言[J]/来新夏.--中国地方志,2002,01:60 - 62

《中国地方志总目提要》金恩辉、胡述兆共同主编,汉美图书有限公司 1996 年出版。本文系中国近现代史专家、方志学家来新夏先生为《中国地方志总目提要》与《新志总目提要(1949—1999)》合订出版撰写的序言。概述了《提要》编写的艰辛历程、编纂特色和文献价值。

4756

中国雕版古籍版式研究[D]/李洪波.--中央美术学院,2010

本文以雕版古籍版式研究为对象,论述了雕版之前文字载体的版式和雕版古籍版面元素;古籍版面元素的产生与变迁历程;雕版古籍图文版式的构成方式;对版式发展演变的影响。

4757

中国东北古文献学论略[J]/李德山.--东北师大学报(哲学社会科学版),2005,01:86 - 90

本文综述了东北古文献学的发展历史、研究对象、研究方法,未来发展方向;从时间和空间上分析阐述东北古文献概念形成、定位、归类,与其他学科的关系;东北古文献学关联的民族文字和民族语言研究等。

4758

中国古代藏书楼的今日"重现"[J]/陈梧华.--河北科技大学学报(社会科学版),2001,01:73 - 75

本文就"重现"古代藏书楼的方法进行了探讨,提出应用数字化虚拟再现技术,利用藏书楼古籍数据库资源,实现传统藏书楼的虚拟再现和藏书楼古籍资源的共享,以激发中国古代藏书楼的活力,发挥藏书的价值。

4759

中国古代档案保护思想探析[J]/麻新纯.--

北京档案,2005,11:12－15

本文探讨了中国古代档案的保护思想,围绕存藏现状,阐述了库房建筑原则、有害生物防治、档案装裱装订和档案保护制度等管理理念。

4760

中国古代档案两大部类说[J]/王金玉.--档案学研究,2001,03:12－14＋11

历代档案往往将簿籍与案牍相提并论,反映出古人已将档案划分为两大部类的观念。本文从史料记载、分类规则、主要职责、人员分配、传承关系等方面,对古代档案两大部类说进行了探析。

4761

中国古代地方志的著录[J]/李淑文,刘军,王淑梅.--图书与情报,2002,03:70－71

我国古代地方志在古籍文献中占有重要地位,因此建立古籍书目数据库时,地方志的正确著录也事关重要。本文以100字段"政府出版物代码"、200字段"题名"、7--字段的著录为例,探讨了中国古代地方志的著录体例和著录规则。

4762

中国古代典籍著录的发展[J]/郝艳华.--图书馆理论与实践,2006,02:106－108

本文梳理了传统中国古籍目录的著录内容和著录体例,试图研究揭示中国古代典籍著录的发展轨迹。

4763

中国古代妇德教化文献述论[J]/郝润华,周焕卿.--图书与情报,2003,01:21－25

本文从作者、内容、历代著录、存佚情况、版本流传等方面,概述了我国历代妇女品德教化的文献典籍。

4764

中国古代会要体史籍研究综述[J]/卓越.--阴山学刊(社会科学版),2008,05:111－113

会要体是典志史籍的体裁之一,是指会聚朝廷典章制度之要的断代专史。本文综述了中国古代会要体史籍研究从20世纪30年代起步,经历了初步发展、重点发展、全面展开、深化提高四个阶段,90年代至今的研究以唐宋会要为重点,研究层次日趋细密。

4765

中国古代菊花谱录存世现状及主要内容的考证[J]/王子凡,张明姝,戴思兰.--自然科学史研究,2009,01:77－90

本文综述了前人对古代菊谱研究的成果,考证了中国古代菊谱存世状况和发展沿革,总结各朝各代菊谱的内容和特点,揭示了当时菊花栽培的技术水平和审美取向。

4766

中国古代民歌辑录的事略综论[D]/缪丹艳.--上海音乐学院,2007

本文以古代民歌辑录方式为视角,借鉴考古学方面的研究成果,对相关史料进行了解读,探究并综述了我国古代民歌辑录的运作方式、历程和相关事宜。

4767

中国古代目录书名著录试探[J]/肖荣.--图书馆学刊,2005,01:79－80

作者认为,以今天的古籍目录著录规则去衡量古代目录作品的著录,可以发现体例并不一致,这是文言文习惯和古文无标点所致。本文从书目起源论述中国古代各种目录作品,概括出其著录的形式,讨论了中国古代目录书名著录的研究意义。

4768

中国古代书籍上的版权标记[J]/舒琼.--图书情报论坛,2003,02:61－62

本文从宋代至清代购置刻本稿本、雕刻版片、刻印牌记、附录榜文、印刷售卖和保护所有权等一系列行为入手,分析简述了我国古代书籍上的版权标记。

4769

中国古代书目著录中的互著法和别裁法[J]/王国强.--郑州大学学报(哲学社会科学版),2002,04:130－133

本文论述中国古代书目著录有互著和别裁两种方法,作为文献著录的辅助,互著别裁法具有备著述之源流和供检阅之方便等价值。文章考察了互著法和别裁法的起源,认为互著别裁法由中国文化整体观特质所孕育，是中国目录学发展到成熟阶段的结果。

4770

中国古代文化典籍的鉴赏与启示[J]/朱玉华. --江西科技师范学院学报,2004,05:57 –59

本文概述了中国古代文化典籍鉴赏的学术价值、社会意义和启示:认识中国历史发展历程和规律、接受崇高爱国主义精神熏陶、激发对祖国锦绣河山的热爱等。

4771

中国古代文献保护方法发展的基本特征[J]/王国强,孟祥凤. --图书馆论坛,2010,06:280 – 283

本文分析论述了中国古代文献保护方法发展的整体面貌，以及在此过程中所形成的时序特征、地域特征和保护观念特征。

4772

中国古代游记的整理与出版[J]/贾鸿雁. --山西师大学报(社会科学版),2005,06:100 –104

本文介绍了中国古代游记整理出版的历程、特征和成果，指出未来发展方向和应注意的问题，包括加强游记的校注辑佚，按地域编选出版游记，编纂游记资料汇编，实现游记数字化等。

4773

中国古籍版本学(第二版)[M]/曹之编著. --武汉:武汉大学出版社,2007

本书分为概论、源流和鉴定三编:概论编，包括中国古籍版本学基本理论;源流编，包括古籍版本学史、写本源流、刻本源流、插图本和拓本源流;鉴定编，包括古籍版本鉴定方法等。

4774

中国古籍版本演化举要[J]/骆秀文. --成都大学学报(社会科学版),2004,02:92 – 93

本文概述了中国古籍版本的演化发展历史和历代版本的书体特征。包括雕版印刷术发明以前的古籍版本情况;从宋刻本、辽金元刻本到明清刻本，以及官刻、坊刻、私刻本的

发展沿革。

4775

中国古籍版刻图志[M]/熊小明编著. --武汉:湖北人民出版社,2007

本书介绍了中国古籍版刻的起源、早期应用，宋、辽、金、元、明、清各代刻本、写本、活字印本的主要内容和刊刻特点。作者认为，研究古籍版刻，是为了更好地了解其所承载的先哲理想与历史经验;古籍制作工艺和艺术形式，也是中华传统文化中的瑰宝。

4776

中国古籍保护的问题分析与战略研究[J]/刘家真,程万高. --中国图书馆学报,2008,04:8 – 13

本文根据126个古籍收藏单位递交的"全国古籍重点保护单位申报书"，分析了古籍保护存在的主要问题，包括古籍损坏速度和程度加剧，古籍保护环境亟待改善等，提出了加强人才培养、增加经费投入、实施调研督导等解决对策。

4777

中国古籍保护计划一年回顾与未来工作展望[J]/詹福瑞. --澳门图书馆暨资讯管理协会学刊(在澳门地区发表),2009,11:1 – 7

2007年1月，国务院办公厅颁发了《关于进一步加强古籍保护工作的意见》。本文回顾了一年来中华古籍保护计划推进情况和取得成效，展望未来古籍保护的主要工作内容和两岸五地的合作前景。

4778

中国古籍保护与利用[J]/李致忠. --山东图书馆学刊,2009,01:1 – 3

本文是对版本目录学家李致忠的访谈，内容涉及中华再造善本工程、古籍保护的现状、古籍保护的方法、古籍从业人员的素质要求等。

4779

中国古籍编辑提要简史[M]/王超明著. --天津:天津古籍出版社,2004

本书是为中国古代图书编辑提要所做的一部简史，上起先秦，下至清代。书中讨论了

中国古代图书提要编辑问题,对古代图书的七分法和五分法等也做了详细的阐述。

4780

中国古籍编撰史[M]/曹之著. --武汉:武汉大学出版社,2006

本书系统论述了中国古籍编撰学理论的发展历史,包括官、私修书机构,代表人物及经验等,古代图书编撰内容、编撰形式等。

4781

中国古籍插图版式源流考[J]/王致军. --图书馆工作与研究,2002,06:24 – 27

自唐至清,中国版刻艺术家为适应不同书籍对图版类型的需要和大众审美趣味,对版刻插图版式、版型不断进行变革。本文考察了古籍插图的产生发展过程、版式特征、版型流变,以期对研究中国古代版画史、书籍插图史有所助益。

4782

中国古籍插图精鉴[M]/周心慧主编. --北京:中国青年出版社,2006

本书精选中国古籍中经典插图约 1000 幅,每幅图版均配有说明文字,包括刊印时间、内容、作者、技巧技法等,以图文并茂形式,介绍我国古籍插图发展历史、风格流派及技法传承。

4783

中国古籍插图研究[J]/赵达雄. --中国文化月刊(在台湾地区发表),2004,278:93 – 109

中国古籍插图博大精深、源远流长。本文研究了中华民族自古以来图书并称、图文并重的出书理念,认为中国版画插图艺术发展至明代达到登峰造极。

4784

中国古籍的插图[J]/赵达雄. --中国典籍与文化,2000,04:106 – 119

中国古籍在重视内容的同时,讲究字体、版式、装帧样式的美观,特别是插图的运用。本文系统梳理了中国古籍插图艺术的发展,以期引起学界对这笔宝贵文化遗产的重视。

4785

中国古籍的修复及其人才的培养[J]/张岚. --上海高校图书情报工作研究,2003,04:45 – 46

本文从开展国家学位教育、创新培养模式、开展在职专业培训、增加对口就业机会、消除用人机制障碍等方面,探讨了古籍修复人才培养的方法途径。

4786

中国古籍的药物学保护技法述论[J]/奚可桢. --图书馆杂志,2003,05:75 – 77

本文以植物药材研究为对象,论述了中国古籍药物学保护技法,包括黄薜浸染、硬黄加蜡、雄黄改字、花椒防虫、松香糊剂、芸香草防蠹、狼毒草制纸等。

4787

中国古籍分类的历史及未来发展趋势研究[D]/郑明. --北京师范大学,2009

本文从古籍分类的源流、演变、现状、存在问题等方面,综述了中国古籍分类的历史和未来趋势。文章在肯定"四部法"分类法主导地位的同时,指出它仅是一种不稳定的方法,未来随着各种古籍目录书的不同而发生变化,需要制定一部更为权威、稳定的分类法。

4788

中国古籍稿抄校本图录(全三册)[M]/陈先行等编著. --上海:上海书店出版社,2000

本书收录了《孔子家语》《安希范游记》《王文成传》《卜居集》《蒙史》等 109 种稿本古籍的内容提要和稿本图片。

4789

中国古籍联合目录与目录学史研究[J]/王菡. --国家图书馆学刊,2003,01:45 – 48

本文回顾了中国目录学史的产生和发展,分析了古籍联合编目未能实现的原因,讨论了中国古籍联合目录编纂的分类体例、类目设置和演变、新学西学的分类、时间下限界定等问题。

4790

中国古籍善本赏玩[M]/邱东联编著. --长沙:湖南美术出版社,2007

本书收录了多幅古籍善本、佛经、拓印本

的图片,并加以文字说明,标注尺寸大小、市场参考价等,供收藏爱好者研究、赏玩、流通时参考。

4791

《中国古籍善本书目》补正四题[J]/张梅秀. --图书馆理论与实践,2006,06:61-62

本文依据山西大学图书馆藏4种古籍善本,从版本、卷数、内容等方面,对《中国古籍善本书目》进行了补正。

4792

《中国古籍善本书目》订误十二则[J]/崔晓新. --图书馆建设,2010,12:96-98

《中国古籍善本书目》是我国目前最全面、最具权威性的古籍善本联合目录。然因该书目编纂工程巨大,所涉古籍数量众多,难免偶有错漏。本文择选朝代、作者、分类、著录等处12则讹误,予以订正。

4793

《中国古籍善本书目》经部、史部正误[J]/张群,苏立峰. --图书馆建设,2004,06:93-97

本文以浙江图书馆馆藏为例,纠正《中国古籍善本书目》经部、史部中存在的书名、卷数、版本、著录处等讹误,计39条。

4794

《中国古籍善本书目》勘误三题[J]/张升. --图书馆理论与实践,2004,02:59-60

本文从版本之误、失收之误、作者之误三方面,纠正了《中国古籍善本书目》中的存在的某些失误。

4795

《中国古籍善本书目》失误举隅——《吴越备史》馆藏等情况的记载舛漏之正补[J]/李最欣. --古籍整理研究学刊,2005,02:95-97

《吴越备史》宋钱俨著,现存的善本共有21个版本,但《中国古籍善本书目》仅著录了11个,而且著录颇多舛漏。本文订补了《中国古籍善本书目》漏载的10个版本并修正了相关图书馆对此10个版本内容的记载失误。

4796

《中国古籍善本书目》收录河南省图书馆藏部分书目正补[J]/周新凤. --古籍整理研究学刊,2007,05:47-51

本文将《中国古籍善本书目》收录的河南省馆藏书的部分书目,与馆藏古籍进行核对,分析了《中国古籍善本书目》在著录和标示上存在的失误,并予以补正。

4797

《中国古籍善本书目》述评[J]/周延燕. --(在台湾地区发表),2005,01:229-240

《中国古籍善本书目》共收录中国大陆古籍善本约60000种,收藏单位近800家,为近数十年来所编规模最大的现藏古籍善本联合目录。本文综述了该《书目》编辑缘起、编辑过程、收录范围、种数册数、收藏单位、参与人员、编辑体例、功能价值、优缺点等。

4798

中国古籍善本书目索引(全二册)[M]/南京图书馆编纂. --上海:上海古籍出版社,2009

《中国古籍善本书目》是一部中国大陆地区所藏古籍善本的总目录,按经、史、子、集、丛五部分类,著录了近6万种部善本古籍。为方便广大研究者使用这部大型工具书,南京图书馆组织人员历时数载,编纂了《书名索引》和《著者索引》。

4799

《中国古籍善本书目》未收书八种[J]/阳海清,刘烈学. --上海高校图书情报学刊,2000,02:54-56

《中国古籍善本书目》在著录湖北图书馆馆藏善本时,少量存疑。本文根据湖北图书馆馆藏善本,对《书目》中未收录的8种善本古籍进行了介绍和补正。

4800

《中国古籍善本书目》与古籍导读[J]/仇家京. --上海高校图书情报学刊,2001,03:49-51

本文围绕强化检索效应与导读功能、绘制《古籍分类法对照表》、撰写古籍类目小序与总序等,讨论了如何改进《中国古籍善本书目》利用问题,以期使中国善本古籍更好地为读者检索利用,使《书目》真正起到"古籍导读"的作用。

4801

《中国古籍善本书目》著录曲阜颜氏著述辨误[J]/周洪才. --图书馆杂志,2004,07:67 - 69 + 48

《中国古籍善本书目》是 20 世纪版本目录学领域标志性工程。本文就该书著录的曲阜颜氏著述《海岱人文》《颜修来杂著五种》《颜衡斋日记》等,就前后排序、著而不全等问题加以校正。

4802

中国古籍善本总目(全七册)[M]/翁连溪编校. --北京:线装书局,2005

《中国古籍善本总目》共七册,第一册为经部,第二册为史部,第三册为子部,第四至六册为集部,第七册为索引,编制内容还包括分类目录、藏书单位代号表、索引字头笔画检字和索引字头拼音检字等。

4803

中国古籍书目数据库建设浅议[J]/康尔琴. --图书馆界,2003,02:14 - 16

本文分析了建立统一的中国古籍书目数据库的有利条件和不利因素,认为图书馆古籍编目系统应打破公共、高校、科研所的围墙,在统一分类法、统一著录标准、统一机读格式、统一字库前提下通力合作。

4804

中国古籍数位化座谈会摘要报告[J]/吴淑云. --东海大学图书馆馆讯(在台湾地区发表),2009,88:7 - 8

本文系 2008 年 11 月 28 日在台湾大学召开的中国古籍数位化座谈会摘要报告,包括会议时间、地点、内容、参会人员、会后报告等。

4805

中国古籍数字化国际学术研讨会综述[J]/郝丽艺,张青. --高校社科动态,2007,06: 6 - 10

2007 年 8 月,首届中国古籍数字化国际学术研讨会在北京召开。本文是该次研讨会的综述,分析归纳了该次研讨会主题、分主题、研讨情况和成果。

4806

中国古籍数字化建设若干问题的思考[J]/秦长江. --兰台世界,2008,04:12 - 13

本文综述了中国古籍数字化建设的发展历程,分析了古籍数字化建设的难点,包括缺乏整体规划、从业人员认知有偏差、数字化水平有待提高、侵权问题严重等,提出加强整体规划、扶植古籍数字化产业、打击侵权行为、保障数据安全、加强国际合作等建议。

4807

中国古籍数字化进程的现状与问题探究[J]/杨凡. --考试周刊,2009,52:148 - 149

本文概述了我国古籍数字化建设的发展现状,针对存在的问题,提出完善数字资料归类整理、提升检索效率和利用率、充分利用信息技术、从海量的信息中获取知识等对策建议。

4808

中国古籍数字化进程和展望[J]/潘德利. --图书情报工作,2002,07:117 - 120

本文从产生背景、建设思路、发展历程、标准规范、书目数字化、内容数字化、代表性数据库等方面,系统分析介绍了中国台湾、香港、大陆古籍数字化进程和发展趋势。

4809

中国古籍数字化资源调查与分析[J]/李明杰,肖秋惠. --图书馆杂志,2002,05:25 - 28

本文通过机编索引及单书检索系统、光盘版全文数据库、网络资源三方面,全面调查我国古籍数字化信息资源的分布状况,提出了重视版本的选择和校对、编码标准化、实现全文检索中知识发现功能等建议。

4810

中国古籍网络出版概述[J]/毛建军. --河北科技图苑,2007,01:36 - 38

本文论述了中国古籍网络出版的概念、特点和意义;将古籍网络出版划分为公益型和商业型两种运作模式;针对出版中存在的观念、人才、共享、版权等问题,提出改变传统观念、培养专业人才、协调合作共建共享、加强网络出版著作权保护等对策。

4811

中国古籍文献的酸化与防酸化[J]/李景仁,周崇润.--中国图书馆学报,2002,05:79－82

本文综述了中国古籍文献酸化现状及其危害,从造纸原料、造纸工艺、装帧和印刷材料、有害气体、灰尘虫霉等方面,分析了造成酸化的原因,介绍了湿式处理法、非水溶液法、气相脱酸法等防酸化措施。

4812

中国古籍文献流散轨迹与形式研究[J]/潘德利,王凤娥.--图书情报工作,2009,07:10－14

本文概述了中国珍稀古籍流布世界各地的情况,古籍流散的轨迹主要有文化交流传播、商人贸易走私、僧侣与传教士携带、外国探险队巧取豪夺、战争时期大劫掠等多种形式,分析了这些状况所造成的不良后果。

4813

中国古籍修复与装裱技术图解[M]/杜伟生著.--北京:北京图书馆出版社,2003

本书是一部较为全面论述和讲解古籍修复知识的专著。全书共10章,内容包括古籍修复基础知识、古籍修复用纸、古籍修复技术分解动作、字画装裱技术常识、拓片的装裱与修复等。

4814

中国古籍修复之技术知识保存的个案研究[D]/钟玉如.--台湾大学(台湾地区),2005

本文从知识保存的角度出发,研究了古籍修复之技术知识保存概念和知识保存工具,探讨了古籍修复技术知识保存的可行性和成效,进而提出古籍修复技术知识保存方面的具体建议。

4815

中国古籍选介[M]/冯汉亭编著.--兰州:甘肃人民出版社,2000

本书选取历史、地理、文学、哲学、科技等方面的古籍643部,对每部古籍的名称、著者、成书年代、内容、版本等作了简要介绍。

4816

中国古籍在美国的流散与分布[J]/王嫚

茹.--图书情报工作,2010,07:18－20＋25

本文重点揭示了中国珍稀古籍文献在美国20余家图书馆、博物馆收藏与分布概况,提出回归古籍要有区别和选择,尽量避免竞买方式,可采取协商转让、影印出版、合作再造和古籍数字化等多种回归策略。

4817

中国古籍整理出版的回顾与展望[A]/宋一夫,岳庆平.--中华书局编辑部."中国传统文化与21世纪"国际学术研讨会论文集[C],北京:中华书局,2003

本文概述了20世纪中国古籍整理出版的基本情况,分析了古籍载体变化、古籍图书市场潜力、古籍整理出版社会化和学科建设等问题,对中国古籍整理出版的发展趋势作了展望。

4818

中国古籍整理体式研究[M]/冯浩菲著.--北京:高等教育出版社,2003

本书是教育部推荐的古文献学专业研究生教学用书。书中首次将中国历代古籍整理著作的体式归纳为编辑类、校释类、目录类、类书类四类;各类之下划分出若干小类目,每一类目都代表特定的古籍整理体式,进而形成比较全面、系统、科学的古籍整理体式体系。

4819

中国古籍纸本装帧演进考述[J]/卢锦堂.--佛教图书馆馆刊(在台湾地区发表),2009,49:48－60

本文以中国古籍装帧形式出现的时间为序,分别论述了卷轴装、叶子(贝叶式、幅叶式)、经折装、旋风装(说法不一,其后或演变为更讲究的龙鳞装)、黏叶装、缝缋装、蝴蝶装、包背装、线装等装帧形式。

4820

中国古籍中有关缅甸资料汇编(全三册)[M]/余定邦,黄重言编.--北京:中华书局,2002

本书汇编了中国古籍中有关缅甸的资料。全书共分6章:唐代以前的合为一章,唐、宋、元、明、清代各为一章。书中文献先按记述内容、性质相近者分类,再按撰写时代顺序排列,以便读者检索和就近比对。全书所选古籍计 137 种,书后附有引用书目和地名索引。

4821

中国古籍中有关新加坡马来西亚资料汇编 [M]/余定邦,黄重言编.--北京:中华书局,2002

　　本书汇编了中国古籍中有关新加坡、马来西亚的资料。全书分为四部分:汉代至元代,明代,清代,民国,汇编内容以清代古籍中有关新加坡、马来西亚的记述为主,书后附有引用书目和地名索引。

4822

中国古籍装帧形式源流考[J]/孙占山.--辽宁师专学报(社会科学版),2007,05:133 – 135

　　本文以历史发展时间为序,对古籍的装帧形式和源流进行了考察。内容涉及甲骨文、金文、简、牍、册、策、帛书、卷轴装、经折装、旋风装、蝴蝶装、包背装、线装等。

4823

中国古籍装帧演变述论[J]/王燕.--阜阳师范学院学报(社会科学版),2007,01:133 – 134

　　中国古籍的装帧形式因不同时期对书写材料、制作方式、装潢美化、图书保护的需要不同,经历了卷轴装、旋风装、经折装、册页装的变化。随着时代发展,册页装又演变为梵夹装、蝴蝶装、包背装、线装等渐趋完善的形式。

4824

中国古籍资源数字化的进展与任务[J]/李国新.--大学图书馆学报,2002,01:21 – 26 + 41 – 91

　　本文从实现文本字符数字化,基于超链接设计的浏览阅读环境,强大的检索功能,具备研究支持功能等方面,概述了古籍资源数字化的基本特征和 20 世纪 90 年代中期以来中国古籍资源数字化理论发展与实践成果。

4825

中国古籍总目・史部(全八册)[M]/中国古籍总目编纂委员会编.--北京:中华书局,2009

　　《中国古籍总目》是现存中国汉文古籍的总目录,沿用传统四部分类法,分类著录各书的书名卷数、成书时代、著者名录、著作方式、出版年代、出版者、出版地、版本类别、批校题跋、收藏机构等,全面反映了中国及海外图书馆所存汉文古籍的收藏现状。

4826

中国古籍总目・子部(全七册)[M]/中国古籍总目编纂委员会编.--上海:上海古籍出版社,2010

　　(同上)。

4827

中国古籍总目・丛书部(全二册)[M]/中国古籍总目编纂委员会编.--北京:中华书局,2009

　　(同上)。

4828

《中国古籍总目》编纂介绍[A]/吴格.--中国国家图书馆.中国古典文献学国际学术研讨会论文集[C],2009

　　本文介绍了《中国古籍总目》的编纂原委、编纂分工、调查范围、收书范围,探讨了《总目》的分类设置和立目原则。

4829

《中国古籍总目》编纂述略[J]/吴格.--中国索引,2010,02:32 – 36

　　《中国古籍总目》编纂,自 1992 年以来,经规划筹备,调查清理,编纂审订,定稿出版诸阶段,历时 17 年终告完成。这是现存中国汉文古籍总目录,旨在全面反映中国及海外图书馆现存中国汉文古籍的收藏状况。本文介绍了其编纂内容、编纂特点和编纂意义。

4830

《中国古籍总目》西学书籍分类研究[J]/李国庆.--中国索引,2005,01:19 – 25

　　本文从西学文献的产生、分类和意义三方面,论述了《中国古籍总目》西学类的设立,分析了西学类定名为新学类的原因,并对新学书目一、二级类目的选定,新学分类目录的合成,核查环节需要做的核查工作进行了探讨。

4831

中国馆藏和刻中医古籍的考察与研究［D］/白华. --中国中医科学院,2006

本文以中国馆藏和刻中医古籍为研究对象,采用目录学、版本学方法,对其现存数量、种类、特点以及分布情况进行了统计分析,以期系统地了解和刻中医古籍的形成缘由和发展现状,为更好地发挥国内和刻中医古籍的作用提供参考。

4832

中国国家博物馆图书馆的民族古籍保护工作［A］/赵东. --中国民族图书馆. 第九次全国民族地区图书馆学术研讨会论文集［C］,沈阳:辽宁民族出版社,2006

本文从防火、防光、调整温湿度、防治虫害鼠害、防治污染气体、科学设计库房等方面,介绍了中国国家博物馆图书馆民族古籍保护工作。

4833

中国国家图书馆古籍藏书印选编（全十册）［M］/孙学雷,董光和主编. --北京:线装书局,2004

本书精选国家图书馆藏160多万册古籍中的近万方藏书印,予以汇编。书中既有机构藏书印,如国子监、编译图书局等,又有私人藏书印,如著名藏书家钱曾、孙星衍、杨守敬等。

4834

中国国家图书馆所藏《隐湖倡和诗》述略［J］/（日）三浦理一郎. --文献,2001,02:146 - 157

《隐湖倡和诗》明末清初毛晋等著。本文介绍了中国国家图书馆所藏《隐湖倡和诗》的成书过程、编纂特点、版本来源和史料价值。

4835

中国国家图书馆文献保护工作概述［J］/李景仁,周崇润. --图书馆,2005,02:75 - 77

本文在分析当前文献保护面临的问题和挑战基础上,介绍了国家图书馆近年来的文献保护工作,包括机构设置、研究成果、工作

项目和国际交流活动等。

4836

中国汉语古籍著录研究［D］/孙学雷. --武汉大学,2005

著录项是古籍书目信息的承载者,对古籍内容、形式特征的认识、把握、选取有着重要作用。本文从著录项目、著录标识符、著录信息源等方面,分析了中国汉语古籍著录三种主要形式——空格式传统古籍著录、标识符号式标准古籍著录、字段式机读古籍著录的特点。

4837

中国黑水城文献的百年沧桑［J］/张洪钢,王凤娥. --图书情报工作,2010,07:14 - 17

黑水城文献是中国西夏学研究重要的原始文献资料,自发现以来几乎全部被掠夺流失海外。本文综述了黑水城文献的发现、内容、形式以及学术价值,重点讨论了黑水城文献的海外流布与回归问题。

4838

《中国话本大系》校勘订补［J］/李申,段力雄. --盐城师范学院学报（人文社会科学版）,2007,03:97 - 99

1990 年起,江苏古籍出版社陆续整理出版了《中国话本大系》,为专业工作者提供了可靠的研究资料。但由于全书规模宏大、校点者水平不一等原因,书中还存在不少问题。本文从当校未校、校而未当、阙字未补等方面,校勘了该书中存在的问题。

4839

《中国基本古籍库》的特色与启示——兼谈古籍全文数据库的标准与规范［J］/毛建军. --管理学刊,2009,05:104 - 106

本文回顾了古籍全文数字化的实践历程,分析《中国基本古籍库》所展示的古籍全文数据库的标准与规范,指出古籍全文数据库的标准与评价研究将有利于古籍全文数据库建设和整合。

4840

"中国基本古籍库"简介［J］/黄智信. --国文天地（在台湾地区发表）,2007,04:10 - 15

本文概述了"中国基本古籍库"内容,介绍了其收录宏富、广聚善本、检索方便、功能多样等特点,提出了收录著作可酌加增收、有其他善本可以补充或抽换、版本可以著录更清楚、售价不宜过高等建议。

4841

中国近代古籍出版发行史料丛刊(全二十八册)[M]/徐蜀,宋安莉编. --北京:北京图书馆出版社,2003

本书辑录了清末民国时期的图书销售目录、宣传册页、征订样本等。书中所列古籍分为两类:一是宋元以来的刻本与写本旧籍;二是当时以刻印或石印、铜印等新技术制作的古籍。

4842

中国近代古籍出版发行史料丛刊补编(全二十四册)[M]/韦力编. --北京:线装书局,2006

本书收录了近代民办书局书目、私人刻书目,其中清末2种,民国97种,版本涉及铅印本、石印本、油印本,共计99种。本书既可作为了解版本目录学知识的重要史料,也可作为研究古籍的工具书。

4843

中国近代古籍出版发行史料丛刊续编(全二十四册)[M]/殷梦霞,李莎莎编. --北京:国家图书馆出版社,2008

本书辑录了民国时期各地主要官办书局、民办书局的书目、征订样本、佛学书目、故宫博物院出版书目等,是《丛刊》的重要补遗。

4844

"中国科学院图书馆古籍目录网络数据库"解读[J]/罗琳. --中国索引,2004,03:8 – 13

本文描述了以读者为本,以中文古籍为中心,人性化设计理念,规范化著录的理想的中文古籍书目网络数据库。解读了基于DC元数据格式的"中国科学院图书馆古籍目录网络数据库"的设计理念。

4845

中国历代私人藏书家的历史功过[J]/陈福季. --河北科技图苑,2001,01:31 – 33 +9

本文评述了中国历代私人藏书家的显著特征:珍藏文化典籍、校勘文献、刻印流传古书、辑佚失传古籍、利用藏书著书立说等,以及思想保守、藏书秘不示人、偶将珍贵文献殉葬的历史局限。

4846

中国历史博物馆藏普通古籍目录[M]/中国历史博物馆图书资料信息中心编. --北京:北京图书馆出版社,2002

本书为中国历史博物馆图书馆所藏普通古籍目录,收录范围包括元明清的刻本、活字印本、铅印本、石印本、抄本等。

4847

中国蒙古文古籍目录集大成之作——综述《中国蒙古文古籍总目》和《蒙古文甘珠尔·丹珠尔目录》[J]/乌林西拉,李凌. --蒙古学信息,2003,03:40 – 45

本文综述了《中国蒙古文古籍总目》《蒙古文甘珠尔·丹珠尔目录》从酝酿定题到编辑、出版的过程。本文简要介绍了两部书的编纂历程,分析了各自的特点和价值。

4848

《中国蒙古文古籍总目》的出版与蒙古文古籍文献的开发利用[J]/斯琴图. --黑龙江民族丛刊,2002,01:116 – 119

本文介绍了《中国蒙古文古籍总目》的编撰历程,从有利宣传交流、提高古籍的利用率、推进蒙古文古籍文献整理出版、编制其他书目索引等方面,阐述了该书的出版对开发利用蒙古文古籍的重要意义。

4849

《中国蒙古文古籍总目》——蒙古族历史文化的荟萃与见证[A]/申晓亭. --呼和浩特市人民政府等.中国·内蒙古首届草原文化研讨会论文集[C],2004

本文介绍了当前蒙文古籍的存藏情况,回顾了《中国蒙古文古籍总目》的编纂历程,分析了该书的特点和学术价值。

4850

中国蒙古文古籍总目(全三册)[M]/《中国蒙古文古籍总目》编委会编. --北京:北京图书

馆出版社,2000

本书收录了国内 180 个藏书单位和 80 位个人所收藏的 1949 年以前中国抄写、刻印的蒙古文文献,共 13115 条,分图书经卷、档案资料、金石拓片、期刊报纸四部分,依照国际和中国国家标准著录,参照《中国图书分类法》建立了符合蒙古文古籍特点的分类体系。

4851

《中国蒙古文古籍总目》题名汉译谈[J]/申晓亭. --文献,2000,02:93 – 107

本文介绍了《中国蒙古文古籍总目》编纂过程中蒙古文古籍题名汉译的重难点,通过实例列举,总结了蒙古文古籍题名汉译的原则和方法。

4852

《中国蒙古文古籍总目》——中国第一部大型少数民族古籍全国联合目录[J]/孙蓓欣,申晓亭. --中国图书馆学报,2000,06:66 – 68

本文是对《中国蒙古文古籍总目》的书评。作者认为,此书是中国第一部大型少数民族古籍全国联合目录,具有著录标准、数据准确、分类翔实、编排科学、检索方便等特点。

4853

中国民族古籍研究 60 年[M]/张公瑾,黄建明主编. --北京:中央民族大学出版社,2010

本书采取史、志结合的方法,将民族古籍的整理与研究分为四个时间段,按照汉藏语系藏缅语族、壮侗语族、蒙古语族、突厥语族、满－通古斯语族、回族及其他的顺序编排。

4854

中国民族图书馆馆藏蒙古文古籍概述[A]/海梅. --中国民族图书馆. 第十一次全国民族地区图书馆学术研讨会论文集[C],沈阳:辽宁民族出版社,2010

本文介绍了中国民族图书馆馆藏蒙古文古籍文献现状,重点概述了其所藏宗教类文献北京版《甘珠尔》、非宗教文献 1716 年北京版《格斯尔汗传》等文献的数量、文种、内容和版本等。

4855

中国民族图书馆水湿文献的抢救[J]/甘大明. --文物保护与考古科学,2007,04:41 – 44

由于暖气管道爆裂,中国民族图书馆馆藏大量珍贵文献被热水浸泡或熏蒸。本文介绍了该馆综合运用多种水湿文献的抢救方法,特别是文物界所常用的低温干燥法,完成受损文献除湿和抢救性修复。

4856

中国民族图书馆藏文古籍文献资源综述[A]/先巴. --中国民族图书馆. 第九次全国民族地区图书馆学术研讨会论文集[C],沈阳:辽宁民族出版社,2006

本文从收集、整理、研究、开发、利用等方面,综述了中国民族图书馆藏文古籍文献资源概貌。

4857

中国南方回族古籍资料选编补遗[M]/马建钊,张菽晖主编. --北京:民族出版社,2006

《中国南方回族古籍资料选编》系统选编了广东、广西、湖南、湖北、福建、四川、云南、海南、贵州、江西、重庆 11 个省区回族谱牒、碑刻匾联、历史人物、文化教育、经济商贸、社会团体、清真寺等回族古籍资料。本书收录的是该书的遗漏资料。

4858

中国农业古籍辑佚考略[J]/郑琪. --安徽农业科学,2010,02:1036 – 1037

本文结合农业古籍著录与散失情况,探讨了农业古籍辑佚方法与内容,以期为未来的相关研究提供借鉴。

4859

中国农业古籍目录[M]/张芳,王思明主编;中国农业科学院,南京农业大学中国农业遗产研究室编. --北京:北京图书馆出版社,2003

本书分正编、副编两部分,正编部分辑录了我国现存的农业古籍目录,包括校注性、解释性和汇编性等类农书 2084 种;副编部分辑录了世界各地收藏的农书目录,包括《日本收藏的中国农业古籍目录》《美国收藏的中国农业古籍目录》等。

4860

中国农业古籍数字化综述[J]/王文英. --农

业考古,2009,06:36-38

农业古籍数字化是数字信息资源建设的主要方向。本文结合农业古籍搜集整理,讨论了农业古籍数字化定义、意义、进程和农业古籍数据库的构建,给出了农业古籍的数字化访问的方式。

4861

中国少数民族古籍保护立法对策研究[A]/马学林. --中国民族图书馆. 第十次全国民族地区图书馆学术研讨会论文集[C],沈阳:辽宁民族出版社,2008

本文论述了中国少数民族古籍保护立法的必要性、可行性,提出了中国少数民族古籍保护立法的框架结构和实施建议。

4862

中国少数民族古籍的收藏与研究现状[J]/包和平,包爱梅. --内蒙古社会科学(汉文版),2004,06:9-14

本文综述了中国少数民族古籍文献在国内外的收藏与研究情况,提出拓展共享资源、编辑索引、专题调研、整理出版等工作,同时广泛开展国际交流与合作,对深化民族古籍整理与研究有着重要意义。

4863

中国少数民族古籍管理学概论[M]/包和平,何丽,王学艳编著. --北京:民族出版社,2006

本书内容包括中国少数民族古籍管理学的研究对象和任务;少数民族古籍的特点和价值;当烽民族古籍概况;少数民族古籍收藏与研究的历史和现状;少数民族古籍的普查、搜集与统计等。

4864

中国少数民族古籍管理研究[M]/何丽著. --沈阳:辽宁民族出版社,2005

本书讨论了少数民族古籍科学管理问题,包括整理分类、编目体例、古籍鉴定、收藏情况、保护现状、学术价值等。

4865

中国少数民族古籍集成(汉文版)(全一百册)[M]/徐丽华主编. --成都:四川民族出版社,2002

本书是新中国成立以来最大的少数民族古籍(汉文版)整理项目,也是第一套系统整理出版的少数民族古籍丛书。共收书2000余种、9000余册、50000余卷,内容涉及中国少数民族的文化、历史、政治、经济、军事、地理、民俗、文学艺术等方面。

4866

中国少数民族古籍集解[M]/《中国少数民族古籍集解》编委会编. --昆明:云南教育出版社,2006

本书收录了中国少数民族古籍书目4000条左右,附图200余幅。简介和释文力求简明、准确,科学性和知识性并重,读者通过条目释文即可获得该古籍文献的最基本的知识。

4867

中国少数民族古籍:留住昨天的记忆——民族文化遗产的总汇——中国少数民族古籍抢救、整理简述[J]/全国少数民族古籍整理研究室. --中国民族,2004,01:5-7

本文简述了中国少数民族古籍内容、分布和特点,总结了少数民族古籍保护工作所取得的成果,提出利用现代科技手段加大抢救、整理少数民族古籍的力度,推进学科建设和后备人才培养等工作建议。

4868

中国少数民族古籍:留住昨天的记忆——让丝绸古道重放异彩 新疆民族古籍工作谱新篇[J]/新疆维吾尔自治区民委古籍办. --中国民族,2004,01:16-18

新疆自古以来就是一个多民族、多种宗教、多种语言文字并存的地区,也是中西方文化交流的重要汇集地。本文从搜集、整理、出版、宣传等方面,综述了新疆少数民族古籍保护所取得的成果。

4869

中国少数民族古籍:留住昨天的记忆——藏族古籍抢救、搜集、整理、出版纪实[J]/西藏自治区社科院古籍出版社. --中国民族,2004,01:14-15

本文以纪实形式回顾了藏族古籍的存藏现状，近年来抢救、搜集、整理、出版藏族古籍所取得的工作成果。概述了六省市区藏文古籍协作会的成立，为挖掘和抢救藏族古籍创造了有利条件，包括成立机构、制订规划、投入经费、培养人才等。

4870

中国少数民族古籍论（第四辑）[C]/李晋有等主编. --成都：巴蜀书社，2001

本书收录了《论中国少数民族古籍的保护、研究与发展》《史诗研究与古籍整理》《清代蒙古族科举考略》《发展中的甘肃少数民族古籍事业》等文章。

4871

中国少数民族古籍论（第五辑）[C]/周明甫主编. --成都：四川民族出版社，2004

本书主要内容有《傣族文字发展史上的几个问题》《我国突厥语民族古籍研究述评》《女真文制字规律再探》《论八思巴字的文字类型》等。

4872

中国少数民族古籍书目控制的走向和任务[J]/包和平，王学艳. --内蒙古大学学报（人文社会科学版），2004，05：113 – 118

在全球化背景下，民族古籍书目控制产生了本质的变化。本文介绍了国内外中国民族古籍书目控制概况，分析了全球化背景下中国少数民族古籍书目控制的走向和任务。

4873

中国少数民族古籍书目数字化及其国际合作化前景[J]/包和平，王学艳. --情报资料工作，2006，04：72 – 75

本文综述了近年来中国民族古籍在国内外的出版情况，认为随着信息技术发展、全球网络基础设施的扩大以及数字化服务的快速增长，传统民族古籍书目功能和发展模式受到挑战。所有变化和成就，为中国少数民族古籍书目数字化描述了国际化合作的前景。

4874

中国少数民族古籍文献保护及规范研究[A]/董文良，杨崇清，宝音. --中国民族图书馆.第九次全国民族地区图书馆学术研讨会论文集[C]，沈阳：辽宁民族出版社，2006

本文综述了少数民族古籍的基本概况，提出加强现代化手段保护开发民族古籍、利用现代化手段抢救少数民族古籍文献、推进少数民族古籍文献的开发利用等建议。

4875

中国少数民族古籍文献的保护与开发利用[J]/宝音. --内蒙古民族大学学报（社会科学版），2008，04：19 – 22

本文探讨了抢救少数民族古籍文献和以现代化手段保护开发民族古籍两个问题，提出开发利用少数民族古籍文献的具体建议，包括争取稳定的专项经费、组织开展整理编目、形成合力共同开发等。

4876

中国少数民族古籍总目提要·白族卷[M]/张公瑾主编，国家民族事务委员会全国少数民族古籍整理研究室编. --北京：中国大百科全书出版社，2004

本书收录白族古籍条目1707条。全书分四部分：书籍类、铭刻类、文书类、讲唱类，展示了白族丰富多彩的民族历史文化遗产。

4877

中国少数民族古籍总目提要·达斡尔族卷[M]/张公瑾主编，国家民族事务委员会全国少数民族古籍整理研究室编. --北京：中国大百科全书出版社，2009

本书收录了达斡尔族现存古籍条目，涵盖书籍类、铭刻类、文书类、讲唱类等，展现了达斡尔族丰富多彩的民族文化遗产。

4878

中国少数民族古籍总目提要·东乡族卷 裕固族卷 保安族卷[M]/张公瑾主编；国家民族事务委员会全国少数民族古籍整理研究室编. --北京：中国大百科全书出版社，2006

本书收录了东乡族、裕固族卷、保安族的古籍条目，内容包括历史、宗教、政治、经济、文学、艺术诸方面。

4879

中国少数民族古籍总目提要·侗族卷

[M]/张公瑾主编;国家民族事务委员会全国少数民族古籍整理研究室编.--北京:中国大百科全书出版社,2010

本书收录贵州、湖南、广西、湖北四省区侗族古籍条目共 1756 条,其中书籍类 67 条,铭刻类 235 条,文书类 30 条,讲唱类 1424 条。

4880

中国少数民族古籍总目提要·哈尼族卷[M]/张公瑾主编;国家民族事务委员会全国少数民族古籍整理研究室编.--北京:中国大百科全书出版社,2008

本书收录哈尼族古籍条目 1609 条,其中书籍类 25 条,铭刻类 12 条,文书类 6 条,讲唱类 1566 条。全书按甲、乙、丙、丁四编顺序排列。

4881

中国少数民族古籍总目提要·赫哲族卷[M]/张公瑾主编;国家民族事务委员会全国少数民族古籍整理研究室编.--北京:中国大百科全书出版社,2010

本书收录了赫哲族现存古籍条目,涵盖了文书类、讲唱类、书籍类、铭刻类等,展现了赫哲族丰富多彩的民族遗产。

4882

中国少数民族古籍总目提要·回族卷·铭刻[M]/张公瑾主编;国家民族事务委员会全国少数民族古籍整理研究室编.--北京:中国大百科全书出版社,2008

本书收录了回族铭刻类古籍条目 1454 条,按内容分为建修清真寺碑、圣旨敕谕碑、功德记事碑、教义教规碑、规约章程碑、契约告示碑、捐资施地碑、人物碑、题名题咏碑、墓志墓地碑、其他碑、匾额、楹联、铭文、砖雕等15 大类。

4883

《〈中国少数民族古籍总目提要〉卡片登录方法补充说明》质疑[J]/李雄飞.--满族研究,2000,03:51–53

本文从书题、作者、内容提要、版本、规范,对《〈中国少数民族古籍总目提要〉卡片登录方法补充说明》可商榷之处提出修改建议。

4884

中国少数民族古籍总目提要·柯尔克孜族卷[M]/张公瑾主编;国家民族事务委员会全国少数民族古籍整理研究室编.--北京:中国大百科全书出版社,2008

本书收录新疆维吾尔自治区、黑龙江省的柯尔克孜族古籍条目 1571 条,其中书籍类4 条,讲唱类 1567 条。

4885

《中国少数民族古籍总目提要·柯尔克孜族卷》编纂情况及柯尔克孜族古籍文献[A]/伊斯拉木·伊萨合.--中国民族图书馆.第十一次全国民族地区图书馆学术研讨会论文集[C],沈阳:辽宁民族出版社,2010

本文概述了《中国少数民族古籍总目提要·柯尔克孜族卷》的编纂情况,和所收录的具有代表性的柯尔克孜族古籍文献。

4886

《中国少数民族古籍总目提要》类目设置分析[J]/李敏,李焱.--图书馆工作与研究,2007,05:29–30+33

《中国少数民族古籍总目提要》是我国编制的第一部全国少数民族古籍解题书目。本文在梳理其类目结构的基础上,阐述了各级类目设置特色及其在我国少数民族古籍分类目录中的地位,指出"书籍编""文书编"等类目设置和划分上的不足,提出改进意见。

4887

中国少数民族古籍总目提要·黎族卷[M]/张公瑾主编;国家民族事务委员会全国少数民族古籍整理研究室编.--北京:中国大百科全书出版社,2010

本书收录了黎族古籍文献条目,涵盖了文书类、讲唱类、书籍类、铭刻类等。

4888

《中国少数民族古籍总目提要》满文卷著录细则之我见[J]/李雄飞.--大学图书馆学报,2003,02:78–80+92

本文在借鉴了汉文古籍整理经验基础上,对《中国少数民族古籍总目提要》满文卷的著录规则进行了细化,并对其中不尽完善之处,如书题、卷数、作者、版本、纸质、行格、藏书印等的著录,提出了具体的改进意见。

4889

中国少数民族古籍总目提要·毛南族卷 京族卷[M]/张公瑾主编;国家民族事务委员会全国少数民族古籍整理研究室编. --北京:中国大百科全书出版社,2009

本书中毛南族卷、京族卷均按甲、乙、丙、丁四编的顺序排列,其中甲编为书籍类,乙编为铭刻类,丙编为文书类,丁编为讲唱类。

4890

中国少数民族古籍总目提要·苗族卷[M]/张公瑾主编;国家民族事务委员会全国少数民族古籍整理研究室编. --北京:中国大百科全书出版社,2010

本书收录了苗族古籍条目3000余条,内容包括书籍、铭刻、文书、讲唱等诸多方面。

4891

中国少数民族古籍总目提要·仫佬族卷[M]/张公瑾主编;国家民族事务委员会全国少数民族古籍整理研究室编. --北京:中国大百科全书出版社,2009

本书收录了仫佬族古籍条目829条,内容涵盖书籍类、铭刻类、文书类、讲唱类等。

4892

中国少数民族古籍总目提要·纳西族卷[M]/张公瑾主编;国家民族事务委员会全国少数民族古籍整理研究室编. --北京:中国大百科全书出版社,2003

本书收录了纳西族古籍条目1834条,展示了该民族丰富多彩的历史文化遗产。

4893

中国少数民族古籍总目提要·羌族卷[M]/张公瑾主编;国家民族事务委员会全国少数民族古籍整理研究室编. --北京:中国大百科全书出版社,2009

本书收录羌族古籍条目1592条,内容包括宗教、政治、经济、文学、艺术等诸多方面。

4894

中国少数民族古籍总目提要·土族卷 撒拉族卷[M]/张公瑾主编;国家民族事务委员会全国少数民族古籍整理研究室编. --北京:中国大百科全书出版社,2007

在长期发展中,土族、撒拉族文化遗产靠口耳相传的方式保存。本书收录土族各类词条1336条,撒拉族各类词条1806条,填补了土族、撒拉族文化历史上无本民族文字古籍的空白。

4895

中国少数民族文字古籍定级标准之我见[J]/杨长虹. --图书馆理论与实践,2008,05:119 – 121

科学制订少数民族文字古籍定级标准,关乎妥善保护修复少数民族文字古籍之大略。本文从总体思路、指导原则、细则架构、分级说明等方面,探讨了少数民族文字古籍定级标准问题。

4896

中国少数民族文字古籍及其书目概况[J]/包和平. --图书情报工作,2000,10:84 – 88

本文综述了少数民族文字古籍的产生背景、发展历程、收藏分布、编制体例、编目成果等。

4897

中国少数民族文字古籍文献现状调查[A]/齐宝和,吴贵飙,崔光弼. --中国民族图书馆.第九次全国民族地区图书馆学术研讨会论文集[C],沈阳:辽宁民族出版社,2006

本文介绍了中国少数民族古籍的基本概念、年代界定和民族古籍的基本概况,总结了藏文、蒙古文、维吾尔文古籍的分布、特点、搜集整理情况,并提出数字化保护方案。

4898

中国少数民族文字古籍整理研究中的几个问题[J]/史金波. --文献,2010,03:13 – 21

本文从重视少数民族文字古籍整理研究、力促普查搜集少数民族文字古籍、做好少数民族文字古籍的定级保护工作、发掘少数民族文字古籍的文化价值等方面,对中国少数民族文字古籍整理研究提出建议。

4899

中国社会科学院历史研究所 图书馆藏书特

色管窥[J]/吴展.--全国新书目,2006,13：69－70

本文简要介绍了中国社会科学院历史研究所图书馆收藏的古籍图书,包括古籍珍善本、古籍丛书、古籍家谱、古籍方志、徽州文书等。

4900

中国书籍形制的演变及中国古籍版本真赝品的鉴定[M]/周蓉生著.--北京:中国青年出版社,2000

本书内容包括中国早期图书的形态,书籍形制的演变,印刷术对古代典书籍的影响,版本鉴定方法等。

4901

中国陶瓷古籍集成[M]/熊寥,熊微编注.--上海:上海文化出版社,2006

本书是中国陶瓷古籍史料的汇编,上篇辑录了二十四史、地方志、文人笔记著述、史志、奏折、碑刻、出土陶瓷等所载的陶瓷史料;下篇辑录陶瓷古籍专著,包括《陶说》《景德镇陶录》等,均按古籍原貌刊出。

4902

中国陶瓷古籍集成:注释本[M]/熊寥主编.--南昌:江西科学技术出版社,2000

本书分上下两篇,上篇为古籍中的陶瓷史料,包括论述、奏折、碑铭等,按时期分卷编排;下篇为陶瓷古籍专著,包括《陶说》《景德镇陶录》等,按原貌刊出。对史料中出现的专业术语和难点做了通俗易懂的注释。

4903

中国图书档案文献遗产保护的问题与对策[J]/王喜和.--兰台世界,2007,18:34－35

本文在分析论述我国图书档案文献遗产保护现状和存在问题的基础上,从加强立法、积极参加国际合作、推进专业教育与培训等角度,提出图书档案文献遗产保护的对策。

4904

《中国图书馆分类法》组织民族古籍的可行性、局限及其改造[J]/李敏.--图书馆建设,2009,07:16－18

《中国图书馆分类法》为现代文献的组织和检索而编制,所设民族文献类目过于分散和笼统,不能完全适应民族古籍的归类、排架与检索。本文提出应从增设相关类目、增加类目注释、增设交替类目等方面进行调整,使其更好地著录民族古籍。

4905

《中国文献编目规则·古籍》过简条文举例[J]/侍霞.--河南图书馆学刊,2002,04:39－40

本文举例分析说明《中国文献编目规则·古籍》中关于"附刻文献""无总题名文献""残书""附录""补遗"等的著录,表述过于简略、不便使用。

4906

中国医科大学馆藏明刻《仲景全书》近代流传考[J]/傅海燕.--中华医史杂志,2008,02:99－102＋封底

《仲景全书》是汉代医学家张机的著作。本文比勘了《中国医学书目》《续中国医学书目》所载的两个不同版本,考证了《仲景全书》的内容及其在近代的源流问题。

4907

中国彝族医药文献现状及分析[D]/鹿燕.--中央民族大学,2004

彝族医药文献数量和内容十分丰富,具有很高的发掘价值。本文概述了彝族医药文献的田野调查以及彝族医药文献保存保护现状,提出强化政府统筹力度,重视民间文化、文献的传承,抢救彝族医药文化和文献遗产等建议。

4908

中国艺术品投资与鉴宝丛书——古籍善本[M]/黄燕生著.--北京:中国水利水电出版社,2005

本书以近年来流通于艺术品拍卖市场的古籍为对象,全面叙述古籍的流通状况和价格变迁,并选择具有代表性的200种古籍善本予以重点评介。分为概述、古籍鉴定常识、古籍鉴定工具书、古籍善本鉴赏四部分。

4909

中国云南德宏傣文古籍编目(中英傣文本)

[M]/尹绍亭,唐立,快永胜,岳小保编. --昆明:云南民族出版社,2002

本书所收云南德宏现存傣文古籍文献条目,涵盖文学、佛经、历史、语言、医药、天文、法律、礼仪、占卜、咒术等方面,书内附有傣文对照。

4910

中国云南耿马傣文古籍编目[M]/尹绍亭,唐立主编. --昆明:云南民族出版社,2005

本书收录云南耿马傣文古籍文献条目431种,涵盖佛教经典、地方史料、民族文学、天文历法、医药、占卜、伦理道德、生产知识、礼仪等,书内附有傣文对照。

4911

中国云南孟连傣文古籍编目(傣汉对照)[M]/尹仑,唐立,郑静主编. --昆明:云南民族出版社,2010

本书收录了云南孟连傣族拉祜族佤族自治县傣文古籍文献150余种,内容涵盖历史、语言、文学、习俗、医药、历法、宗教等方面,部分附文献前言后记,其中有5种附文献全文。

4912

中国珍稀古籍善本书录[M]/沈津著. --桂林:广西师范大学出版社,2006

本书为文献类工具书,遴选了版本鉴定专家沈津经眼的存世罕见中文古籍,著录版本、著者、内容,考证了其递藏源流和内容得失。

4913

《中国珍稀古籍善本书录》序[J]/沈津. --图书馆杂志,2006,02:70 – 71

本文论述了《中国珍稀古籍善本书录》的编纂起源、成书过程、内容特点和学术价值。

4914

中国中医古籍总目[M]/薛清录主编. --上海:上海辞书出版社,2007

本书收录重点是1911年以前历代流传下来的中医古籍及其影印本、复制本;保留了《全国中医图书联合目录》中收录的1911至1949年间出版的近代中医药著作;收录了一批流失海外在国内已经失传的中医古籍影印

本、复制本。在本书的编撰后期,又收集到台湾6家图书馆馆藏中医古籍目录,以附录形式列于书后。

4915

《中国中医古籍总目》《中国古籍善本书目》文献著录比较研究[A]/刘培生. --中国中医科学院中医药信息研究所.2008年学术年会论文集[C],2009

本文探讨了《中国古籍善本书目》《中国中医古籍总目》古籍编目中,描述语言差异产生的原因,分析其不同说法所具有的内在联系,并对著录规则进行了完善。

4916

中国中医科学院图书馆的镇馆之宝——《补遗雷公炮制便览》[J]/郎彩茹,裴俭. --中国医学文摘(中医),2009,01:87 – 88

本文简要介绍了中国中医科学院图书馆中明内府彩绘稿本《补遗雷公炮制便览》的存藏过程、版本特色和学术价值。

4917

中国中医科学院图书馆中医古籍保护工作述要[J]/裴俭. --图书馆工作与研究,2008,05:61 – 63 + 71

本文概述了中国中医科学院图书馆古籍保护工作的进展,以及该馆修复濒临损毁的古籍,研究、出版、传播珍稀孤善古籍等古籍保护工作成果。

4918

中华本《南齐书》校勘记失误举隅[J]/柳向春. --古籍研究,2003,02:28 – 31

《南齐书》为南朝梁史学家萧子显所撰,1972年中华书局出版了经山东大学教授王仲荦点校的整理本。本文举例说明该整理本存在的年代、人名、避讳、脱文、误删、官职称谓、字形讹改等可商榷之处,计23则。

4919

中华本《史记》与金陵书局本再勘[J]/方向东. --浙江师范大学学报(社会科学版),2009,02:23 – 26

1959年,中华书局出版了标点本《史记》,选用经张文虎校订刊刻的金陵书局本为底

本,参考前人的研究成果,加以分段标点。本文举例探讨了该书中标点、文字和版本方面的讹误,并予以订正。

4920

中华本诸史《选举志》商榷[J]/赵伯陶. --古籍整理研究学刊,2009,01:26 - 32

本书以中华书局本《新唐书》《旧五代史》《宋史》《金史》《元史》《明史》《清史稿》中的《选举志》为研究对象,从年代、官职称谓、词义误用、句读漏标、前后数目矛盾等方面,逐一举例说明上述诸史《选举志》中的讹误,并予以补正。

4921

中华典籍聚珍·国家珍贵古籍特展图录[M]/国家图书馆古籍馆编. --杭州:浙江古籍出版社,2009

2009 年 7 月,"国家珍贵古籍特展"在国家图书馆古籍馆开幕。本书为该展览的图录,辑录被展出的珍贵古籍 170 余种,并附录书名、卷数、著者、成书年代、内容体例、版本价值、存藏情况、递藏源流等内容。

4922

中华点校本《高拱论著四种》辨误[J]/岳天雷. --古籍整理研究学刊,2010,04:62 - 66

《高拱论著四种》明代高拱著,经流水点校,1993 年由中华书局出版。本文从标点、断句错误;引文体例不一;校勘不当;错字漏校,漏字未补等四个方面,辨正了该书的点校讹误。

4923

中华古籍善本"再生"问题的思考[J]/纪晓平,李杨琳. --图书馆学研究,2006,05:99 - 101 + 24

本文从讨论中华古籍善本"再生"的重要性、必要性和紧迫性入手,论述了该项工作一直受到党和国家高度重视并逐渐向规模化、技术化、系统化发展。通过总结分析,提出在实施过程中,应注意正确处理藏用矛盾、做好长期规划、慎重选择"再生"古籍等建议。

4924

中华古籍修复工作的现状与思考[A]/郎彩茹,裴俭,彭莉. --中国中医科学院中医药信息研究所. 2007 年学术年会论文集[C],2008

本文论述了中华古籍修复工作的现状和所面临任务重、时间紧、人员缺乏等问题,提出注重传统手工经验的总结,加强理论和技术研究,科学化规范化管理,促进国内外同行间交流,争取更多资金投入等对策。

4925

中华魂魄的继承——从古籍保护工作说起[J]/李会敏,刘二苓. --才智,2010,23:162

本文综述了古籍保护的必要性和紧迫性,针对古籍修复存在的人员不足、职称低、老龄化、后继无人等现状,提出加强古籍普查整理,分层次培养古籍修复人才,加快古籍保护学科建设等建议。

4926

中华人民共和国时期的古籍整理出版历程[J]/雷坚. --广西地方志,2006,06:13 - 18

中华人民共和国成立后,古籍整理出版事业受到重视和支持,特别是改革开放以后,重视的程度和支持的力度也是前所未有的。本文分全国和广西两个层次,综述了中华人民共和国成立以来我国古籍整理出版事业的历程和发展。

4927

中华书局版《东华录》校勘指疑[J]/蒋桐媛. --广西师范学院学报,2006,02:128 - 131

《东华录》清蒋良骐著,经南开大学教授林树惠等点校,1980 年由中华书局出版。本文指出了《东华录》中华书局点校本中,因字形相近,在义理上失察、人名官职名称出错等校勘失当之处,并予以补正。

4928

中华书局版《元稹集》存在的八个主要问题略说[J]/周相录. --唐都学刊,2003,02:1 - 4

由冀勤点校、中华书局 1982 年出版的《元稹集》,存在较多不足之处。本文从录校不精、误校失校、引文不确、轻率校改、误收误补、标点失误、未能广参异本等方面,简要举例说明书中讹误。

4929

中华书局版《元稹集》误校考[J]/周相

录. --古籍研究,2002,01:83 - 86

《元稹集》是唐朝文学家元稹的作品,经冀勤点校,1982 年由中华书局出版。本文列举分析了点校本中存在的轻率改字、词义误用、时间错判、补字有误、标点漏标错标等错讹之处。

4930

中华书局本《二程集》标点校勘商榷 6 则[J]/王秀玲. --古籍整理研究学刊,2007,04:57 - 57

《二程集》北宋理学奠基者程颢、程颐全部著作的汇集。由哲学史家王孝鱼点校,中华书局 2004 年出版的《二程集》是目前学界公认较好的校注本,然其仍存在标点校勘方面的失误。本文指出《二程集》校注本可商榷失误 6 则,并加以辨析。

4931

中华书局本《河南志》校点摘瑕[J]/贾二强. --西安文理学院学报(自然科学版),2000,02:84 - 86

清徐松辑自《永乐大典》的《河南志》一书,以其保留北宋宋敏求《河南志》大量佚文而久为古都洛阳研究者所器重。1994 年中华书局出版了学者高敏的整理点校本,为今人提供了一部方便利用的新印本,然时见瑕疵。本文略分类例,进行了辨析。

4932

中华书局本《史记》标点商榷[J]/孙毕. --古籍研究,2003,01:87 - 89

《史记》整理本经国学大师顾颉刚主持整理,1959 年由中华书局出版。本文从误解文意而断句有误、标点误标漏标等两方面,举例说明了整理本存在的讹误,并予以订正。

4933

中华书局点校本《晋书音义》的几个校勘问题[J]/陈国宝. --古籍研究,2003,03:42 - 44

《晋书音义》唐代名臣房玄龄等修撰,1974 年经中华书局点校出版。本文指出该点校本字音误判、形近而讹、抄录错讹而未校出的校勘问题,计 8 条,并予以订正。

4934

中华书局点校本《南齐书》校点讹误述例[J]/何庆善. --古籍研究,2007,01:24 - 29

《南齐书》南朝梁萧子显撰,1996 年中华书局以百衲本为底本的点校本出版。本文针对点该校本,校勘出标点错打、漏打、断句不清等讹误数处,并订正之。

4935

中华书局点校本《宋史》献疑[J]/张其凡. --湖北大学学报(哲学社会科学版),2003,03:80 - 82

《宋史》元代政治家脱脱等撰。中华书局 1985 年出版的点校本二十四史,堪称迄今为止的最佳版本。然百密一疏,亦难免有误本。本文作者撷拾读《宋史》时所见舛误 16 处,并予以订正。

4936

中华书局与《四部备要》[J]/纪晓平,朱宏谊. --图书馆学研究,2002,11:83 - 84

2002 年是中华书局成立 90 周年纪念日。在 90 年风雨历程中,中华书局对我国近现代出版事业做出杰出贡献。本文仅就中华书局崛起之初的历史背景及《四部备要》的编纂过程、内容、学术价值作重点阐述。

4937

中华文化之根——古籍[N]/熊建. --人民日报海外版,2008 - 08 - 19006

本文是对几位古籍专家的访谈,内容涉及古籍价值与意义、古籍生存现状、古籍保护的具体方法。

4938

《中华再造善本丛书》简介[J]/黄智明. --国文天地(在台湾地区发表),2006,249:108 - 111

"中华再造善本工程"是 2002 年 5 月由财政部、文化部共同立项的国家重点文化工程,《中华再造善本丛书》系该工程出版成果。本文介绍了该丛书的编纂缘起、出版情况、版式装帧、体例特点等。

4939

"中华再造善本工程"及其思考[J]/潘德利. --图书情报工作,2005,02:141 - 143

本文介绍了"中华再造善本工程"项目的

缘起与指导思想,论述"中华再造善本工程"的背景、意义及特色;在对近期取得的重大成果进行统计分析的基础上指出广泛挖掘,补全残缺,填补佚失,抢救民间典籍,确保考辨正确,统筹规划,资源共享是完成这项重要工程的有效途径。

4940

《中华再造善本》:一项功在千秋的事业——关于《中华再造善本》的几点说明[J]/李致忠. --中国出版,2006,08:51 - 52

"中华再造善本工程"是 2002 年正式立项建设的国家重点文化工程;《中华再造善本》编纂出版的效果首先取决于选目工作,提出"一传本,二扬学"的选书基调和"宋元从宽,明清从严"的遴选原则;以及本书的编纂和出版情况。

4941

中、日古籍修复方法之异同——以《重修扬州府志》为例[J]/曹晋. --河南图书馆学刊,2009,05:159 - 160

本文介绍了中日两国古籍修复现状,并以清代方志《重修扬州府志》修复为例,进行了对比分析,总结了两国古籍修复方法的异同,以期推动修复技术发展。

4942

中山大学图书馆古籍善本书目[M]/中山大学图书馆编. --桂林:广西师范大学出版社,2004

本书收录中山大学图书馆古籍善本书目 2000 多种,主要是 1911 年以前的线装等古典装订形式之书。全书采用传统的段落式著录,包括书名、卷数、责任者时代、责任者姓名、著作方式、出版时间、出版者、版本类别、稽核及行款版式。

4943

中山大学图书馆古籍收藏与特色[J]/钟稚鸥. --中山大学学报论丛,2000,02:280 - 283

本文介绍了中山大学图书馆馆藏古籍历史,分析了馆藏善本、稿本、抄本、批校本、名家收藏本、广东地方文献、舆图和碑帖等古籍特色。

4944

中山大学图书馆馆藏碑帖的整理与保护[A]/程焕文. --辅仁大学图书馆.2004 年古籍学术研讨会论文集[C],新庄:辅仁大学(台湾地区),2004

本文论述中山大学图书馆馆藏碑帖的收藏缘起、流传变化、抢救保护和整理利用,总结学术大师们的成绩,并阐述在数字化网络化时代,图书馆在古籍整理中的历史使命和重要作用。

4945

中山大学图书馆馆藏古籍来源考略[J]/陈莉. --岭南文史,2009,03:49 - 53

本文介绍了中山大学图书馆馆藏古籍的四种来源:院校合并、外部购置、社会捐赠、馆际交换。

4946

中山大学图书馆馆藏古籍修复保护计划启动——兼记古籍修复专家潘美娣二三事[J]/肖晓梅,缴健. --图书馆论坛,2003,06:266 - 267

本文介绍了中山大学图书馆在特聘专家潘美娣指导下开展的馆藏古籍修复保护计划,记述潘美娣多年从事古籍修复工作中的几个事例,阐述了古籍修复的重要性和复杂性。

4947

中山大学图书馆善本古籍保护构想[A]/李庆涛. --中国国家图书馆. 中文善本古籍保存保护国际研讨会论文集[C],北京:北京图书馆出版社,2002

本文介绍了中山大学图书馆善本古籍馆藏概况与图书保护工作现状,论述了中山大学图书馆善本古籍保护构想和古籍文献数字化工作的实施情况。

4948

《中图法》与古籍子部分类如何对应[J]/张国娟. --图书馆杂志,2001,02:62 +41

本文举例探讨了依据《中国图书馆分类法》给古籍子部分类的一些具体问题。

4949

《中图法》组织民族古籍的可行性、局限性

与改进措施［A］/李敏.--中国民族图书馆.第十次全国民族地区图书馆学术研讨会论文集［C］,沈阳:辽宁民族出版社,2008

本文分析了《中国图书馆分类法》组织民族古籍的可行性,列举了其类目设置上的现代特征、汉族倾向和民族文献类目的分散、笼统、缺乏指向性等问题,提出了增设类目、增加类目注释、增设交替类目等改进措施。

4950

中外古籍善本保存与利用制度比较研究［J］/李明娟,李明杰.--大学图书馆学报,2010,05:10 - 15 +86

本文从法律规范、管理规章和技术标准三个层面评述我国古籍善本保存与利用现状,比较分析中外古籍善本保存与利用制度的异同,指出建立职业规范是缓解当前古籍善本藏用矛盾的根本途径。

4951

中文兵书文献管理现状调研报告［J］/罗红艳,韩冬梅,寻霖.--理论月刊,2010,05:134 - 137

本文对中外重要图书馆兵书文献管理进行了考察,认为中文兵书文献目前基本处于自主管理状态,应尽快开展以下工作:中文兵书文献普查,编制书目数据库;精选结集出版并制作多媒体图书;系统开展文献数字化工作。

4952

中文古典文献的数字化及对其整理研究的影响［D］/陈爱志.--福建师范大学,2008

本文概述了中文古典文献数字化的内涵和外延,论述了数字化古典文献的重要意义;国内外在中文古典文献数字化建设中的成果和展望;数字化的古典文献给古典文献整理与研究工作带来的影响。

4953

中文古籍检索及其数字化趋势［J］/许磊,张莉萍.--聊城大学学报(哲学社会科学版),2002,05:121 - 123

本文论述了中文古籍检索所需的主要工具书,介绍了当前古籍检索数字化的情况及其发展趋势。

4954

中文古籍联合目录资料库合作建置研讨会纪要［J］/吴淑云.--东海大学图书馆馆讯(在台湾地区发表),2004,38:44 - 47

本文系2004年9月27日—29日在台湾汉学研究中心召开的中文古籍联合目录资料库合作建置研讨会纪要,介绍了缘起、会议内容、个人心得和建议等。

4955

中文古籍全文数据库的类型与规范［J］/毛建军.--中国索引,2008,02:14 - 18

本文调查了国内外中文古籍全文数据库的建设情况,并从中文古籍全文数据库的媒介和对象角度进行了分类,提出古籍全文数据库的建设标准和规范问题。

4956

中文古籍全文资料库建置比较研究［J］/顾力仁.--(在台湾地区发表),2001,02:197 - 216

本文通过对4种港台地区电子资源的对比分析,就建立中文古籍全文资料库所涉的输入方式、标准格式、校对、缺字、造字、标记、检索等问题进行了讨论。

4957

中文古籍书目数据库的调查与分析［J］/毛建军.--图书馆论坛,2007,05:75 - 78

本文对国内外图书馆开发建设中文古籍书目数据库的现状作了调查和分析,内容涉及中文古籍机读书目的实践、中文古籍书目数据库的建设、古籍联合目录数据库的理想和实现。

4958

"中文古籍书目资料库"评介［J］/张晏瑞.--国文天地(在台湾地区发表),2007,04:4 - 9

"中文古籍书目资料库"系台北汉学研究中心发起建设的大型古籍书目资料库项目,收录海内外各合作图书馆藏1911年以前成书的汉籍。本文介绍了该资料库概况、特色、缺失和学术价值。

4959

中文古籍数据库建设与参考咨询服务[J]/
高熔. --大学图书情报学刊,2005,02:63 - 64

本文指出,高校图书馆有必要加大古籍
电子文献收藏力度,同时要对中文古籍数据
库及网络信息资源做全面调查、宣传,并提供
良好的链接,为学校中文教学、科研提供多层
次、多模式的参考咨询服务。

4960

中文古籍数字化保存保护:合作构想[A]/
(美)杨彼德. --中国国家图书馆. 中文善本古
籍保存保护国际研讨会论文集[C],北京:北
京图书馆出版社,2002

本文论述了数字技术在中文古籍管理和
保护中的应用前景,介绍了美国国会图书馆
及其有关中国的古籍藏书情况,并对古籍保
护合作项目的研究、规划与开发和文献数字
化保护合作的设想做了进一步探讨。

4961

中文古籍数字化成果与展望[D]/王冠
中. --东北师范大学,2005

本文从概述资源分类、具体资源介绍、面
临的问题和解决问题的设想、未来的发展趋
势五部分介绍中文古籍数字化资源,并结合
作者参与古籍数字化工作的经验,分享了相
关心得。

4962

中文古籍数字化刍议[J]/姚佳梅. --佳木斯
教育学院学报,2003,01:108 - 109

本文论述了古籍数字化的意义、古籍数
字化资源的种类和特征,指出了古籍数字化
建设中应注意的问题。

4963

中文古籍数字化的成果与存在问题[J]/陈
阳. --出版科学,2003,04:47 - 48 + 46

本文介绍了我国古籍数字化工作在数据
库检索系统、光盘版古籍、古籍网络化三个阶
段取得的成果,论述了数字化古籍检索输出
方便、便于校勘、功能多样等优势,指出其存
在的问题。

4964

中文古籍数字化的成就与挑战[J]/岳占

伟. --殷都学刊,2004,04:100 - 103

本文总结了我国中文古籍数字化的简要
历史和辉煌成就,分析了近年来古籍数字化
工作面临的若干挑战。

4965

中文古籍数字化的发展概述[A]/程宪
宇. --《图书情报工作》杂志社、图书情报工作
研究会.《图书情报工作》杂志社、图书情报工
作研究会第 21 次学术研讨会论文集
[C],2009

古籍数字化是利用现代信息技术将古籍
转化为电子媒体的形式,通过光盘、网络等介
质予以保存和传播,是古籍整理发展的方向。
本文概述了古籍数字化的现状、问题和趋势。

4966

中文古籍数字化的进展与主要成果述评
[J]/吴家驹. --南京师范大学文学院学报,
2004,03:178 - 183

本文回顾了中文古籍数字化的发展历
程,对代表性数据库进行了评介,总结古籍数
字化建设的主要成果,并就古籍数字化开发
中存在的问题与发展前景提出意见。

4967

中文古籍数字化的现状与意义[J]/刘伟
红. --图书与情报,2009,04:134 - 137

本文从古籍数字化的概念谈起,介绍了
古籍数字化的现状,阐述了古籍数字化对古
籍整理、文献保护、文化传承的意义。

4968

中文古籍数字化的再思考[J]/陈力. --国家
图书馆学刊,2006,02:42 - 49

古籍数字化工作需要将古籍的特点与数
字技术、现代信息技术的特点相融合。本文
从汉字处理、文本校勘、内容整合等方面对古
籍数字化工作中的重点和难点问题进行再
思考。

4969

中文古籍数字化的主体构成及协作机制初
探[J]/李明杰,俞优优. --图书与情报,2010,
01:34 - 44

本文将中文古籍数字化单位主体归为图

书馆、学术机构和数字企业,以表格的形式展示了各主体的古籍数字化成果,分析了各自的数据类型、系统功能和选题分布特点,提出了古籍数字化协作机制的构建途径。

4970

中文古籍数字化方法之检讨[J]/陈力. --国家图书馆学刊,2005,03:11 – 16

本文总结了中文古籍数字化以来取得的成绩,检讨了数字化方法存在的问题,认为数字化方法应遵循数字图书馆建设的一般规则;采用开放式、分层次、结构化的数据库来组织和揭示资源;在古籍与古籍之间、古籍与现代普通图书之间建立有机联系,提供完整的知识体系。

4971

中文古籍数字化基本理论问题刍议[J]/李明杰. --图书馆论坛,2005,05:97 – 100

本文对什么是古籍数字化、什么样的古籍适合数字化、由谁来实现古籍数字化,以及如何实现古籍数字化等基本理论问题进行了探讨。

4972

中文古籍数字化建设[J]/龚娅君,刘春金. --浙江大学学报(人文社会科学版),2006,04:174 – 176

本文就中文古籍数字化建设现状、建设样式、建设技术、古籍数字化建设存在的问题等进行了探讨。

4973

中文古籍数字化开发研究综述[J]/周迪,宋登汉. --图书情报知识,2010,06:40 – 49

本文通过对中文古籍数字化开发研究的调研,就书目数据库建设和古籍数字化建设两个方面,综述了中文古籍数字化在理论探索和具体实践上取得的成绩,以及在规划、标准、技术、合作等方面存在的问题。

4974

中文古籍数字化浅析[J]/何贤英,李秀娟. --科技情报开发与经济,2008,01:13 – 15

本文分析了中文古籍数字化的现状,阐述了我国古籍数字化过程中存在的问题,提

出了今后的研究重点。

4975

中文古籍数字化体系与工具系统[A]/姜哲,马少平,金奕江,张敏. --中国中文信息学会基础理论专业委员会. 第八届全国汉字识别学术会议论文集[C],2002

本文把数字图书馆思想引入中文古籍数字化工作中,提出了一个古籍数字化体系以及相应的工具系统,对其中的关键环节进行了研究。

4976

中文古籍数字化现状分析[J]/刘春金,吕瑛,王劲松,郑红月,杨炯声. --江西图书馆学刊,2008,02:112 – 113 + 126

本文对现行古籍数字化建设中的基本理论、相关技术、资源共建共享、人才培养等问题进行了分析,并提出古籍数字化的对策和发展方向。

4977

中文古籍数字化研究[D]/崔雷. --吉林大学,2010

本文从基本内涵、性质与要素入手,分析了我国古籍数字化的发展历程、内地和港台地区古籍数字化的现状,探讨了古籍数字化的问题、对策和前景,并提出图书馆联盟将对古籍数字化事业起到推动作用。

4978

中文古籍数字化研究[D]/王立清. --北京大学,2006

本文对中文古籍数字化理论与实践进行了研究,探讨中文古籍数字化的发展进程,分析古籍数字化的多元化主体,论证古籍数字化建设的国家控制与管理模式,以及对中华文化传承、读者阅读和传统学术研究的影响。

4979

中文古籍数字化中应注意的几个文化融合问题[J]/蓝永. --兰台世界,2009,10:64 – 65

本文以文化的视点探讨了中文古籍数字化理论意义和实践意义,涉及三个文化融合问题:中国传统文化思维方式与西方现代文化思维方式的融合,人文文化与自然科学文

化的融合,中华传统文化与现代文化的融合。

4980

中文古籍数字化资源概览[J]/孙安.--科技资讯,2009,16:228-229

本文围绕中文古籍数字化资源的定义和类型,概览了大陆、台湾、香港地区的中文古籍数字化资源。

4981

中文古籍文献数字化建设的实践与思考[J]/龚娅君.--中华医学图书情报杂志,2009,01:19-20

本文围绕中文古籍文献数字化建设的现状和工作实践,针对存在的问题,阐述了作者的对策和对未来发展的思考。

4982

中文古籍信息检索技术研究与实现[D]/张敏.--清华大学,2001

本文概述了信息检索技术的定义、发展历程,介绍了中文古籍信息检索系统组成,各组成部分在整个系统中所起的作用,索引分类、索引项的组织等内容,研究了中文古籍信息检索技术实现、存在问题和对策。

4983

中文历史文献全文数据库建设实践——汉籍全文检索系统介绍[A]/袁林.--张普、徐娟、甘瑞瑗.数字化汉语教学进展与深化——第六届中文电化教学国际研讨会论文集[C],北京:清华大学出版社,2008

本文介绍了全文数据库汉籍全文检索系统的建设和架构,总结了该系统平台功能优越,兼容性强,库结构适合中文古籍,操作方式适合文史工作者习惯,直观易用等特点。

4984

中文善本古籍保存保护的研讨与思考[J]/孙利平,刘源泓.--国家图书馆学刊,2002,01:7-10

本文综述了2001年10月国家图书馆在北京召开的"中文善本古籍保存保护国际研讨会"概况、研讨内容,引发的思考。针对普遍关注的古籍保护与修复问题,提出开展教育培训、标准化规范化建设、促进行业交流等

建议。

4985

中文善本古籍保存保护国际研讨会论文集[C]/中国国家图书馆编.--北京:北京图书馆出版社,2002

本书共收录北京"中文善本古籍保存保护国际研讨会"论文37篇,内容涵盖古籍保存保护技术、发展趋势、古籍开发和数字化等,形式包括实践经验总结和理论探讨与研究,反映了该领域的发展现状与研究水平。

4986

中文善本古籍保存保护国际研讨会论文综述[J]/李景仁,周崇润.--图书馆杂志,2002,08:34-36

"中文善本古籍保存保护国际研讨会"于2001年10月16—19日在北京召开,来自全球40余家图书馆和研究单位76位代表参加此次会议,会上发表论文40余篇。本文对此次会议论文进行了综合评述与重点引述。

4987

中文书目著录法之探讨[D]/许馨.--辅仁大学(台湾地区),2009

本文在综述中文书目著录的形式流变、著录法演进和内涵基础上,比较分析了古代和近代中文书目著录法的异同,展望中文书目著录法的趋向,提出未来发展的建议。

4988

中文说澳文献之整理及其编目——附《中国古籍涉澳史料汇编》及《中文说澳文献总目(索引)》编辑之计划[J]/罗志欢.--澳门历史研究(在澳门地区发表),2009,08:166-171

本文介绍了中文说澳文献整理编目的两个计划:编制《总目(索引)》,调查澳门开埠以来的研究成果,理清发展轨迹;编辑出版《中国古籍涉澳史料汇编》,从历代中国古籍中钩稽涉及澳门史事的资料。

4989

中文拓片资源库的建设与服务[J]/龙伟.--现代图书情报技术,2005,05:20-22

本文介绍了国家图书馆中文拓片资源库的建设目标、关键组成部分和相关应用服务。

该资源库是在数字图书馆标准规范指导下，利用数字图书馆相关技术建设的，包括元数据、对象数据和应用系统三部分。

4990

中小型图书馆古籍数码化建设研究[J]/王莺.--网络财富,2009,08:176－178

本文分析了中小型图书馆开展大规模古籍数字化建设，面临经费困难、专家配备不足等问题，提出以"书目数字化加全文数码化"方式代替古籍数字化，以解决古籍藏与用矛盾和无法资源共享等弊端。

4991

中小型图书馆民族古籍工作浅谈[A]/鞠红耘.--中国民族图书馆.第十次全国民族地区图书馆学术研讨会论文集[C],沈阳:辽宁民族出版社,2008

本文围绕中小型图书馆馆藏民族古籍文献整理与保护、散存和流失民族古籍文献的搜集、民族古籍文献现代化建设工作等方面进行了探讨。

4992

中小型图书馆如何建立古籍书目数据库[J]/熊伟华.--图书馆论坛,2004,03:98－101

本文阐述了中小型图书馆建立古籍书目数据库的必要性和优势，提出建库面临的问题及其解决方法。

4993

《中兴馆阁书目》考略[D]/李静.--吉林大学,2006

《中兴馆阁书目》南宋陈骙编撰。本文对该书作者、成书经过和流传情况作了考察;分析了《书目》分类、解题和史料价值;研究了《书目》与《直斋书录解题》《宋史·艺文志》的关系。

4994

中央民族大学图书馆藏古籍满族家谱综述[J]/李婷.--满族研究,2008,01:114－118

本文综述了中央民族大学图书馆藏古籍满族家谱的基本情况、版本和史料价值。

4995

中央民族大学图书馆古籍的收藏与价值[J]/李婷.--西北民族大学学报(哲学社会科学版),2008,05:142－145

本文介绍了中央民族大学图书馆馆藏古籍的来源、内容、特点和价值。

4996

中央民族大学图书馆馆藏古籍满族家谱综述[J]/李婷.--贵图学刊,2007,03:40－43

本文以中央民族大学图书馆馆藏23部满族家谱为研究对象，对其基本情况、版本、相关史料、价值等进行了综述，认为满族家谱所蕴藏的丰富资料值得发掘与研究。

4997

"中央研究院"数位典藏成果与资源[A]/陈永发.--中国科学院计算机网络信息中心、社科院信息化管理办公室、"中央研究院"计算中心.第七届(2009)两岸三院信息技术与应用交流研讨会论文集[C],2009

该文为第七届(2009)"两岸三院信息技术与应用交流研讨会"论文。就台湾"中央研究院"1990年启动的学术资源数字化工程的成果与资源做了介绍。

4998

中医儿科鼻祖钱乙及其《小儿药证直诀》[J]/张如青.--中医儿科医学杂志(在台湾地区发表),2008,01:6－18

北宋医家钱乙系中医儿科鼻祖，本文介绍了其行医50余年的事迹。钱乙儿科学术思想、临证方治和亲历医案，经门生整理编纂为《小儿药证直诀》，文章评述了此书的临床实用价值。

4999

中医肺系疾病古籍文献的整理及数据库的建立[J]/彭波,童佳兵,王传博,杨程,张四春,李泽庚.--安徽中医学院学报,2010,01:3－5

本文综述了中医肺系疾病古籍文献整理及数据库建设概况，认为通过对古医籍文献系统整理、归类、汇总和录入计算机并建立数据库系统，可系统汇集历代肺系疾病研究精华，为肺系疾病的深入研究奠定基础。

5000

中医古籍版本学[M]/吉文辉、王大妹主

编.--上海:上海科学技术出版社,2000

本书依据中医古籍版本研究最新成果和编者长期从事古籍管理工作的实践经验编撰而成,介绍了中医古籍版本沿革与重要医籍版本系统;论述了中医古籍版本学功能、作用,及版本鉴定的方法和途径。

5001

中医古籍保护[J]/项尚.--当代医学,2007,10:76－80

本文通过介绍我国中医古籍流失和存藏现状,论述了国家为保护中医古籍所做的一系列工作,归纳总结了目前中医古籍保护事业取得的成绩,并对未来做出展望。

5002

中医古籍保护需要政策性干预[N]/周乙龙.--中国中医药报,2002－09－30

本文系中国中医研究院图书馆薛清录研究员采访录,内容涉及目前我国中医古籍的存藏状况、整理保护工作面临的问题,以及针对这些问题的解决方法。

5003

中医古籍保护与利用对策研究——以上海中医药大学古籍工作现状为例[J]/陆伟路.--医学信息(上旬刊),2010,08:2548－2550

本文综述了上海中医药大学图书馆古籍收藏情况、保护和利用古籍的现状、获批全国古籍重点保护单位给该馆带来的机遇和挑战,结合实际工作中遇到的问题,对推进古籍保护和利用提出了建议。

5004

中医古籍必备丛书·医林改错[M]/(清)王清任著;周计春点校.--北京:人民军医出版社,2007

本书依据清扫叶山房刻本、上海大东书局1937年铅印本点校而成,共两卷。王清任通过数十年行医的观察研究,纠正了前人关于脏腑记载的一些错误。

5005

中医古籍出版社体制改革的三点认识[J]/邓伟,张伯伟,毛超一.--中医药管理杂志,2010,04:369－370

本文概述了作者对中医古籍出版社体制改革的认识:转变行政资源做主角观念,树立市场意识;做好人员安置工作并调动职工积极性;利用改革契机创新体制以实现古籍出版社的可持续发展。

5006

实用中医古籍丛书·厘正按摩要术[M]/(清)张振鋆纂辑;张成博,欧阳兵点校.--天津:天津科学技术出版社,2005

本书为清代医家张振鋆在明周于蕃《小儿推拿秘诀》基础上,旁征60余种文献,重新编次补辑而成。共四卷。介绍各种按摩手法、儿科推拿取穴图说,以及内服、外敷药物疗法。标志着小儿推拿学科体系的正式形成。

5007

中医古籍的俗字研究[J]/孙孝忠,丁春.--福建中医学院学报,2009,01:51－53

本文介绍了俗字的概念,分析了中医古籍俗字研究的现状,探讨了俗字的辨识方法。

5008

中医古籍的现代整理与利用技术探索[J]/章红英,车皓阳,段玉聪,马路,华琳,马赟,胡成湘,田瑞.--中国中医基础医学杂志,2009,08:626－627

本文探讨了循证医学为中医古籍现代整理与利用带来的挑战和思路,以及信息计量学、中医古籍数字化研究和中文信息处理技术各自提供的可能与存在的问题。

5009

中医古籍电子化系统的研究与实现[J]/符永驰,李斌,郭敏华,刘国正.--中国中医药信息杂志,2008,02:103－104

本文介绍了中医古籍电子化系统的主要功能和结构,分析了该系统采用的技术和实现方式。

5010

《中医古籍孤本大全》的版本特色与学术价值[A]/牛亚华.--中国中医科学院中医药信息研究所.首届中医药信息发展大会[C],2006

《中医古籍孤本大全》由中国中医科学院选编、中医古籍出版社 1996 年出版。本文介绍了该书的编辑内容、底本选择、版本特色、学术价值,肯定了该书系抢救、保存中医药珍贵文献典籍重大工程的重要成果。

5011

中医古籍孤本大全·家藏蒙筌(二函十七册)[M]/(清)王世钟编纂. --北京:中医古籍出版社,2001

本书分述中风、痹证、痉证、湿证、痰饮 50 余种内伤杂病,以及五官、妇科、产科、儿科、外科等病的病因、病机和证治方药,间附历代名医的医论或医案。

5012

中医古籍孤本大全·全幼对症录(对症用药赋)(一函二册)[M]/(明)刘汉儒编. --北京:中医古籍出版社,2002

本书分三卷,卷前为对症用药赋;此后三卷主要讨论泻、惊、疳、风、痰、积等 18 类病症,卷末为杂方。

5013

中医古籍孤本精选·本草汇言[M]/(明)倪朱谟编著;戴慎、陈仁寿、虞舜点校. --上海:上海科学技术出版社,2005

本书系作者登门采访当时著名医家 148 人汇集其论药之言而成。前 19 卷载药 608 味;第 20 卷为药学理论;另附作者对功效辨正、用药心得、医疗见闻、药物鉴别、栽培等的药论。

5014

中医古籍孤本精选·本草经考注[M]/(日)森立之撰;吉文辉、宋立人、张敏、李婷点校. --上海:上海科学技术出版社,2005

本书成书于 1858 年。全书 18 卷,分上、中、下三品,收药 365 种。对药品、性味、产地、功用等加以考证,引掘历代医药文献及相关字书与子史文献,论证详晰,药名考证周详。

5015

中医古籍"孤岛现象"及其对策[J]/佟琳、刘寨华、唐丹丽、张华敏. --河北中医药学报,2010,04:6 - 8

本文通过阐述中医古籍"孤岛现象"的含义及其危害,从人为因素与非人为因素两方面,剖析了该现象产生的原因,并提出解决这一现象的几点对策。

5016

中医古籍海外回归简史[A]/万芳. --陶广正、吴熙. 医学求真集览[C],北京:中医古籍出版社,2003

本文简要介绍了从北宋至新中国时期我国中医古籍的海外回归历史,意在引起人们对散失在海外的中医珍本古籍重归故里工作的重视。

5017

中医古籍亟需建立新的检索工具[J]/刘艳. --中医药信息,2006,04:73 - 74

本文分析了在当今社会继承和发扬中医学遗产,实现中医古籍现代化的必要性,探讨了中医古籍建立新检索工具问题,提出应用战略眼光审视中医古籍和现代化的关系,开发和建立中医古籍新的检索工具。

5018

中医古籍校注释译丛书·本草单方[M]/(明)缪仲淳著. --北京:学苑出版社,2005

本书从 499 种明代以前中医药著作中摘录出实用有效的单方、验方、秘方、效方,以及作者搜集的民间疗法及民间秘方等,内容翔实、实用性强、应用范围广。

5019

中医古籍考据例要[M]/王育林著. --北京:学苑出版社,2006

本书是介绍中医古籍目录、版本、训诂等考据学的入门书。全书介绍了阅读中医古籍必备的知识,古今学者研究中医古籍的成果。内容分中医古籍本文之学、中医古籍传注之学、中医古籍考据举例三编。

5020

中医古籍流布日本之研究[A]/白华. --中国中医科学院中医药信息研究所. 首届中医药信息发展大会[C],2006

本文围绕中医古籍流布日本的情况,研究论述了早期中医古籍东传日本概况,江户时期中医古籍输入日本与刊刻情况。

5021

中医古籍书目数据库标注中若干问题的探讨[J]/孙海舒,李斌,王蕊,符永驰.--中国中医药信息杂志,2007,10:103－104

本文分析了中医古籍书目数据库标注的研究意义和遇到的问题,探讨了标注的原则和方法,认为建立中医古籍书目数据库是中医信息学发展的方向之一。

5022

中医古籍数字化初探[J]/尚馥芬.--图书馆学刊,2002,02:19－22

本文简要介绍了中医古籍数字化现状,分析了目前中医古籍数字化工作中遇到的问题,并对此提出了解决方案。

5023

中医古籍数字化多功能阅读环境模型构建[J]/裴丽,曹霞.--中医药信息,2010,01:118－120

本文在分析中医古籍数字化现状基础上,论述了中医古籍数字化多功能阅读环境模式构建的基本原则、基本功能和步骤,以期充分揭示中医古籍的信息单元,便于使用者利用。

5024

中医古籍数字化建设问题探讨[J]/吉聪.--长春中医学院学报,2004,03:64－65

本文针对中医古籍藏用矛盾,论述了中医古籍数字化的必要性;古籍数字化实际操作中面临的主要问题;中医古籍数字化两种录入方式:全文版和图像版,研究对比了两者的优势及劣势。

5025

中医古籍数字化探讨[J]/符永驰,李兵,王建文,李斌,孙海舒,王蕊,刘国正.--中医杂志,2010,12:1128－1130

本文考察了中医古籍数字化的发展历史和研究背景,提出中医古籍数字化有利于保护、利用、整理等目的。从书目选取、内容加工、利用平台、研究支持和整理研究5个方面探讨了中医古籍数字化的方法,并做出展望。

5026

中医古籍数字化研究[J]/符永驰,刘国正,李斌,孙一星,裴俭.--中国中医药信息杂志,2004,06:563－564

本文总结了目前中医古籍的抢救整理和开发工作,介绍了抢救整理中医古籍采用的技术和方法,阐述了中医古籍数字化的基本方法、模式和过程。

5027

中医古籍数字化研究是中医古籍整理的新思路[J]/张玉萍,张应文.--中医杂志,2005,S1:123－124

本文就中医古籍整理的必要性和中医古籍数字化技术的优越性作了探讨,认为中医古籍数字化研究是中医古籍整理的新思路。

5028

中医古籍数字化与知识挖掘[J]/刘毅.--图书馆工作与研究,2010,12:92－94

本文介绍了中医古籍的学术价值和支撑教学、临床医疗的应用价值,论述了利用现代计算机技术,实现中医药古籍数字化,深入挖掘中医药古籍中的知识,培养中医人才和提高中医临床技能。

5029

中医古籍数字化整理方案探讨[J]/李兵,刘国正,符永驰,裴俭,李斌,孙海舒,王蕊.--中国数字医学,2010,05:33－35

本文通过问卷调查和成果调研,建立了基于用户的中医古籍数字化评价指标体系,对现有的中医古籍数据库进行对比分析,结合最新理论和技术,提出以用户服务和研究为中心的中医古籍数字化整理方案。

5030

中医古籍数字化整理方案研究[D]/李兵.--中国中医科学院,2009

本文从理论和学术研究、主要成果两方面论述了中医古籍数字化整理现状;介绍了以科学性、系统性、可操作性和面向用户为原则构建的数字化中医古籍评价指标体系;提出中医古籍数字化整理方案。

5031

中医古籍数字化整理研究概述[J]/彭莉,

范为宇,裴俭,郎彩茹,符永驰.--国际中医中药杂志,2008,03:182 – 183

本文从数字化的内容和形式两方面,对中国大陆中医古籍数字化整理研究工作进行了归类总结,简要介绍了几项重要成果,提出了有待解决的一些问题。

5032

中医古籍数字化整理研究现状[A]/彭莉,范为宇,裴俭,郎彩茹.--中国中医科学院中医药信息研究所. 2007 年学术年会论文集[C],2008

本文简要介绍了数字化的概念和理念,探讨了中医古籍数字化整理研究的内容和形式,并对未来做出展望。

5033

中医古籍数字化资源建设概述[J]/杨继红.--现代情报,2008,05:136 – 138

本文通过对国内中医药古籍数字化资源建设情况的调查和分析,指出中医古籍知识库建设是未来中医古籍数字化的发展方向。

5034

中医古籍题名信息的 CNMARC 格式有关问题探讨[J]/吉聪.--长春中医药大学学报,2006,04:89

本文探讨了 CNMARC 格式著录中医古籍题名信息的规范,推进中医古籍书目数据库标准化建设进程,保障网上信息资源共建共享等问题。

5035

中医古籍图像文献的自由标引方法研究[D]/张伟娜.--中国中医科学院,2008

本文将现代文献的自由标引方法与中医古籍全文图像数据库建设相结合,对中医古籍图像文献的标引利用进行了探讨,旨在为中医研究者查阅和利用中医古籍文献提供可靠便捷的服务。

5036

中医古籍亡佚原因的探究[D]/李会敏.--河北大学,2010

本文利用文献学、目录学、版本学、史学方法,通过分析亡佚和现存古医籍,考察中医古籍亡佚状况和数量,探究亡佚原因,分析其导致中医学学术损失程度。

5037

中医古籍文献的利用与保护[J]/贾克琳.--云南图书馆,2007,02:115 – 116

本文论述了中医古籍保护与利用的矛盾,从让中医古籍文献发挥出最大的学术效用和社会效用的实际出发,提出了相应对策。

5038

中医古籍文献数字化建设的实践与思考[J]/吴桂英.--医学信息学杂志,2010,04:54 – 56

本文以南京中医药大学图书馆中医古籍数据库建设为例,介绍了中医古籍数字化过程,分析了书目著录处理、检索功能实现等方面存在的问题,从加强检索功能、制定统一标准、建立专业人才队伍方面提出改进建议。

5039

中医古籍文献信息化管理研究概述[J]/冷皓凡,谢玲,胡素敏.--江西中医学院学报,2010,01:46 – 47

本文概述了中医古籍文献信息化管理研究的概念、概况、途径和意义。

5040

中医古籍文献资源的数字化建设[A]/裴丽.--中国中医药信息研究会. 中国中医药信息研究会第二届理事大会暨学术交流会议论文汇编[C],2003

本文论述了中医古籍文献资源数字化对充分挖掘、整理祖国医学宝贵遗产,促进中医药学向现代化和国际方向发展的重要性,探讨了其主要原则和制作技术。

5041

中医古籍文献资源的信息构建[J]/裴丽,常存库.--中医药学报,2006,02:3 – 5

本文分析了中医古籍文献资源在利用方面存在的信息障碍,阐述了通过现代信息技术实现中医古籍文献资源信息构建的基本思想。

5042

中医古籍文献资源数字化建设探讨[J]/裴

丽,褚长海. --图书馆学研究,2001,06:67-68

本文论述了中医古籍文献的重要性、文献特点,探讨了中医古籍数字化的主要原则和制作形式。

5043

中医古籍系统抢救整理研究的探讨[J]/符永驰,刘国正,薛清录. --中国中医药信息杂志,2005,07:91-93

本文作者结合近年来参加中医古籍数字化整理研究工作的经验和体会,探讨了进一步做好此项工作的思路。

5044

中医古籍信息利用问题与数字化实施方案[J]/刘文波,裴丽. --中医药信息,2010,06:115-117

本文以中医古籍利用为核心,分析了一般情况下人们利用古籍的途径,以及由于中医古籍信息特殊性而导致的利用问题,提出通过运用数字化、信息化技术手段对中医古籍内容进行全面揭示,展现其隐含信息的建议。

5045

中医古籍信息利用障碍与数字化信息平台构建[D]/裴丽. --黑龙江中医药大学,2006

本文根据现代信息技术的发展成就和中医古籍的信息利用特点,探讨了中医古籍数字化信息平台构建的基本思想,提出对中医古籍内容进行深度揭示和开发,并利用计算机技术为读者提供多种检索途径和辅助利用功能。

5046

中医古籍学习指南[M]/何文彬主编. --上海:上海中医药大学出版社,2000

本书介绍了学习中医古籍必备的基础知识、工具书和必须阅读的中医古籍,以及如何运用所学的基础知识来学习《黄帝内经》《伤寒杂病论》《温病学》等经典。

5047

中医古籍训诂当注重名实考据[J]/刘丹,赖文. --医古文知识,2004,02:45

历史的演变,使古今事物名实每多不符,这对现代中医学人理解中医药古籍造成一定程度的障碍。本文认为,辨别名实作为中医古籍训诂的一项重要内容,应引起必要的重视。

5048

中医古籍养生数据库研究[J]/范为宇,裴俭,符永驰,李斌,张伟娜,刘培生,程英,郎彩茹. --国际中医中药杂志,2008,04:250-252

数字化技术是对中医古籍再生性保护和知识利用的有效方法。本文介绍了中医古籍养生数据库研究的背景、方法与结果,认为为了满足养生信息挖掘研究的需要,还应当进一步对现有数字化信息进行后续深化研究。

5049

中医古籍用字研究[M]/沈澍农著. --北京:学苑出版社,2007

本书论述了"异位字"概念,在此概念之下对中医古籍用字现象进行了分类分析,介绍了异位字解读的方法、技巧和注意事项。副篇以组族形式举例解析了一些典型的"异位字"变化情况,构成了一种新颖的辞书样式。

5050

中医古籍语言系统构建的关键问题与对策[J]/朱玲,尹爱宁,崔蒙. --中国中医药信息杂志,2010,04:98-99

中医古籍在整个中医药学科中地位重要,而构建中医古籍语言系统可以解决因为概念表述方式不统一和相关信息分散,所造成的低效检索后果的发生。本文讨论了构建中医古籍语言系统必要性、困难和需解决的关键问题。

5051

中医古籍珍稀抄本精选(全二十一册)[M]/段逸山,吉文辉主审. --上海:上海科学技术出版社,2004

本书是中医药古籍整理研究的重要参考,汇编了历代医家诸多精辟学术理论与丰富的临证经验,共收辑抄本50余种,绝大多数为清代。

5052

中医古籍整理方法新论——从编纂《针灸

古典聚珍》谈起[J]/王宗欣.--中华医学图书情报杂志,2003,01:32 - 33 + 64

本文从编撰《针灸古典聚珍》谈起,阐述了采用综合系统方法,对中医古籍全面整理的思路。

5053

中医古籍整理与数字化[A]/王凤兰.--中国中医科学院中医药信息研究所.首届中医药信息发展大会[C],2006

本文对中医古籍整理的数字化技术进行了研究,围绕中医古籍资源概况、中医古籍整理与数字化、古籍数字化拟解决的关键性问题展开讨论。

5054

中医古籍整理与文献研究的今昔观[J]/余瀛鳌.--中医药文化,2008,03:8 - 10

本文综述了中医古籍文献整理研究的历史,从西汉到近现代,由简单地校阅目录、目录分类,到组成校正医书局进行精选、整理、校订、增注,之后有了分类详尽的医学官修类书,后出现实用性强、突出诊疗内涵的提要、医案的编写,到现在对中医古籍进行整体的选辑。

5055

中医古籍整理与学术传承[D]/顾漫.--中国中医科学院,2007

本文对中医古籍整理与学术传承进行了探讨,认为中医古籍作为中医学术的载体,蕴藏着巨大的文化能量,而古籍整理作为传承学术的方式和手段,是这一资源开发必不可少的工具。

5056

中医古籍知识分类体系研究[J]/蔡永敏,孙大鹏.--中国中医基础医学杂志,2010,08:650 - 652

本文根据分类明确、容易界定、减少交叉、预留空间等原则,提出了一级分类11类(二级分类53类)分类法,对中医古籍知识分类方法、分类体系进行改进。

5057

中医古籍资源数据库及阅览系统的功能设计与实现[J]/李斌,符永驰,王蕊,孙海舒,李兵.--广州中医药大学学报,2010,06:624 - 627

本文以中国中医科学院为例,简述了中医古籍资源数据库和阅览系统的功能设计思路和实现内容,包括:中医古籍的基本信息,电子中医古籍的分类、检索功能,系统管理功能等。

5058

中医古籍CNMARC格式编目著录之我见[J]/赵宏岩,闫桂银.--长春中医药大学学报,2009,06:997 - 998

本文以中医古籍CNMARC格式编目著录时遇到的问题为例,从中医古籍题名信息的著录与检索点的选取、中医古籍责任者信息的著录与检索点的选取两方面,论述了作者的观点。

5059

中医古籍MARC著录中的几个问题[J]/胡成湘,韩献芳,王秀艳.--当代图书馆,2005,02:39 - 40

本文分析了中医古籍著录的特点和问题,认为中医古籍MARC著录需要进行版本鉴定,确定正题名,选取责任者检索点,详细著录提要项等准备。

5060

中医基础理论数据库的学术建构思路[J]/烟建华,王彤,任廷革,刘晓峰,张帆.--中医教育,2004,04:47 - 49

本文分析了中医基础理论数据库建设的意义,探讨了该数据库的学术建构方式,数据库内容和实施方法。

5061

中医目录文献的编写体例与信息类型分析[J]/曹瑛,张柯欣,王蕊芳.--中华医学图书情报杂志,2008,06:60 - 62

本文分析了中医目录文献特有的编写体例和信息类型,提出利用电子计算机技术手段挖掘和处理中医目录文献中的信息时,应采取针对性的策略。

5062

中医图书版本馆藏数据库结构设计[J]/周

波,秦玉龙. --医学信息学杂志,2006,02:122 - 124

本文介绍了作者参照《全国中医图书联合目录》设计的"中医图书版本馆藏数据库结构",提出 5 个关系模式,以便于根据不同需要准确、方便地输入和查询中医古籍图书版本馆藏信息。

5063

中医文献整理研究之我见[J]/张灿玾. --上海中医药杂志,2001,05:4 - 7

本文回顾了中医文献整理研究历史,阐述了其学术价值和主要内容,认为开展该领域研究是中医学术之基础,是继承和发扬中医药学的重要任务。

5064

中医文献整理与知识挖掘相结合的典范——《温病大成》[J]/李经纬. --中医杂志,2010,02:184 + 189

本文是一篇书评,对福建科学技术出版社出版、曹洪欣主编的《温病大成》进行点评,探讨了该书的编纂特色和学术价值,肯定了该书将中医文献整理和知识挖掘相结合的做法。

5065

中医药该如何走向大众——谈对中医药古籍与名医验案的分类整理与翻译[A]/孙佳. --中国中医研究院. 中医药发展与人类健康——庆祝中国中医研究院成立 50 周年论文集(上册)[C],北京:中医古籍出版社,2005

作者认为,浩如烟海的中医药古籍是人类极其宝贵的财富,但如今部分中医药工作者忽视了对其的阅读与研究。为了更好地发挥古籍的临床指导作用,本文对中医药古籍与名医验案的阅读研究、整理翻译提出了若干建议。

5066

中医药古代文献数字化工程关于构建中医药文献知识库系统的思考[A]/柳长华. --中国中医药信息研究会. 中国中医药信息研究会第二届理事大会暨学术交流会议论文汇编[C],2003

本文以构建中医药文献知识库系统为对象,围绕必须遵循自身发展规律,实行主体发展和开放兼容相结合,全面继承基本理论、观点和方法,深刻理解和掌握科学内涵等问题进行了思考和探讨。

5067

中医药古籍保护技术体系研究与利用[A]/裴俭,刘国正,符永驰,牛亚华,郎彩茹,程英,刘培生. --中国中医科学院中医药信息研究所. 首届中医药信息发展大会[C],2006

本文对"中医药古籍保护技术体系研究与利用"项目立项的可行性、研究内容、方法、现有工作基础、成果利用和考核目标等进行了阐述。

5068

中医药古籍抄本的研究现状及其价值[J]/裴俭,符永驰. --中国中医药信息杂志,2006,01:100 - 101

本文介绍了现存中医药古籍抄本的数量、分布、类别、主要抄写类型,分析了中医药古籍抄本研究的学术价值。

5069

中医药古籍的保护与利用研究[J]/符永驰,刘国正. --中国中医药信息杂志,2006,04:99 - 101

本文分析了中医药古籍的保存现状,探讨了国内外有关研究的进展情况,并对研究途径、目标和方法进行讨论,研究阐述了利用现代技术解决古籍保护与利用矛盾的主张。

5070

中医药古籍的文字现象及整理方法[J]/焦振廉. --福建中医药,2004,01:47 - 50

本文介绍了中医药古籍文字的历史变迁,探讨了中医药古籍中文字的整理方法。

5071

中医药古籍分类的现状分析[J]/刘婷,张兰. --国际中医中药杂志,2009,01:66 - 67

本文以上海商务印书馆《四部总录医药编》、北京中医药大学《祖国医学分类法》《中国丛书综录医家类》、中国中医科学院图书馆《中医图书分类初表》《中医图书联合目录》等目录专著为例,论述其古籍分类,分析中医药古籍分类的现状。

5072

中医药古籍分类管理的重要意义[J]/王红.--黑龙江史志,2008,07:60

本文分析了中医药古籍分类管理的重要意义,认为在中医药现代化进程中,中医药古籍的分类管理是加速科研进步的助推剂,对此要有充分的认识和准备,才能做好中医药科研的得力助手。

5073

中医药古籍管理与保护中存在的问题及其对策[J]/李政.--中华医学图书情报杂志,2009,03:16 – 17

本文分析了中医药古籍的馆藏现状和存在问题,强调了中医药古籍保护的重要性,并对中医药古籍的收藏、管理、修复、保护、管理人员与研究人员的培养等提出了建议。

5074

中医药古籍利用的基础性研究探讨[J]/冯丽,胡滨(指导).--浙江中医药大学学报,2008,02:150 – 152

本文分析了我国中医药古籍研究利用现状和重要性,针对中医古籍书目数据研制、现代读本出版和电子化状况等基础性问题进行探讨,并提出了相应的对策与建议。

5075

中医药古籍善本书目译余谈——浅谈副标题的使用[J]/兰凤利.--上海科技翻译,2003,02:32 – 33

本文以中医药古籍善本书目英译本为例,讨论了副标题的使用问题,提出在中医药古籍善本书目的英译过程中,采用副标题应忠实地再现原文的表层和深层内涵。

5076

中医药古籍数据库建设概述[J]/唐丹.--医学信息,2006,09:1559 – 1561

本文概述了中医药古籍数据库建设及保护开发利用方面的问题,并提出了相应的解决方法。

5077

中医药古籍特色数据库构建研究[J]/王洪

禄.--中国医药导报,2007,29:117 – 119

本文从建设中医药古籍数据库的重要意义、时代背景和前提条件出发,列表分析了天津中医药大学图书馆馆藏中医药古籍分布状况,确立了中医药古籍数据库建设的预期目标,探讨了建设过程和方法。

5078

中医药古籍图书的管理与利用[J]/林琦,陆金国.--甘肃中医,2005,07:60 – 61

本文简述了中医药古籍的地位和作用,阐述了中医药古籍的管理、保护方法及其利用。

5079

中医药古籍文献建库构思[J]/孔祥翔,彭强.--医学信息学杂志,2008,09:34 – 36

本文探讨了建立中医药古籍文献数据库的意义、建库原则、步骤、类型和要求等方面的问题。

5080

中医药古籍文献建库构思[J]/马家伟,蒋若冰.--农业图书情报学刊,2008,10:24 – 26

本文从沈阳药科大学图书馆的实际工作出发,阐述了建设中医古籍文献数据库的意义、原则、步骤、类型和要求等方面问题。

5081

中医药古籍语译的要旨——信、达、雅[J]/刘艳旭,张鹏.--中医药学报,2002,04:60 – 61

本文介绍了中医药古籍语译的方法,探讨翻译文字如何实现"信""达""雅"的要旨。

5082

中医药古籍元数据规范研究[A]/徐春波.--中华中医药学会医史文献分会.中华中医药学会第九届中医医史文献学术研讨会论文集萃[C],2006

本文运用文献学和古籍整理编目法等研究方法,梳理了中医药古籍著录对象之间的关系,结合中医药古籍的不同特点,对中医药古籍元数据著录的标准化结构,中医药古籍元数据著录规范研究等提出构想。

5083

中医药古籍整理研究意义重大[N]/张效

霞. --中国中医药报,2006 - 11 - 24008

本文从发扬传统、社会效用、科研特色和专题出版四个方面探析了中医药古籍整理研究的重大意义。

5084

中医药古文献检索系统研究[D]/李鹏. --河北农业大学,2005

本文从数据库设计、检索策略和浏览表示方法等方面,对中医药古文献检索系统进行考察。实验表明,该系统具有一定的先进性,能够兼容各类古文献,提高查准率与查全率,方便用户对检索结果输出的各种要求。

5085

"中医药基础数据库系统"介绍[J]/任廷革,刘晓峰,高剑波,杨斌,孔广黔,张帆,王欣. --中国中医药信息杂志,2001,11:90 - 91

本文介绍了中医药基础数据库系统的建设沿革,分析了该系统的特点、技术指标和推广应用前景,阐释了数据库应用的短期计划。

5086

中医药院校图书馆古籍资源开发现状与分析[J]/李文林,曾莉. --中华医学图书情报杂志,2010,05;20 - 23 + 27

本文对全国21所中医药院校图书馆网刊中医药古籍资源总量、数字化、整理出版、入选《国家珍贵古籍名录》情况进行了统计,分析了开发模式单一、共享不足等问题,提出加强效益理念引导,促进古籍资源整理开发和利用。

5087

中医药院校图书馆弘扬传统文化之思考[J]/严令耕,龚李倩. --南京中医药大学学报(社会科学版),2007,04:246 - 247

本文分析了中医药院校图书馆在弘扬传统文化中的优势,探讨了提高学生传统文化素养的途径。

5088

中医药院校图书馆应加强中医药古籍馆藏建设[J]/刘汉强,姚勤. --中华医学图书情报杂志,2002,02:25 - 27

本文分析了中医药古籍的特征,论述中医药院校图书馆加强中医药古籍馆藏建设的意义和作用,提出建设的思路和途径。

5089

中医药院校图书馆应加强中医药古籍数字化建设[J]/刘汉强. --农业图书情报学刊,2009,07:72 - 74

本文论述了中医药古籍文献在教学、科研中的作用,探讨了加强中医药古籍文献数字化建设的重要意义和思路。

5090

中医药专业图书馆古籍整理保护人才的引进与培养[J]/张华敏,裘俭,李鸿涛. --中医药管理杂志,2009,11:997 - 998

本文分析了从事中医药古籍保护、整理人员应具备的知识结构,提出通过引进高素质人才,积极创造条件培养人才,注重创新团队建设,加快中医药专业图书馆古籍整理保护人才的培养等建议。

5091

中医要籍重言研究:阅读中医古籍必懂的词汇[M]/崔锡章著. --北京:学苑出版社,2008

本书论述了中医重要古籍中的重言现象,分析了要籍重言的作用和特点。对一些重要古籍中的重言词汇进行了释诂,内容包括《内经》《伤寒论》《金匮要略》《脉经》《针灸甲乙经》的研究等。

5092

中医医药典籍中之 Metadata 的初探——以《本草备要》《医方集解》为例[D]/吴俊德. --政治大学(台湾地区),2002

本文以清汪昂《本草备要》《医方集解》为例,分析了现今中草药资料库、资料仓储、电子超文件领域建设状况;以个别中医典籍为"资料专柜",将 Metadata 描述性资料置于目次概念之下,整合其他典籍及其后设资料。

5093

中医医院图书馆特色数据库建设设想[J]/侯荣先. --中华医学图书情报杂志,2007,05:22 - 24

本文以中国中医科学院西苑医院图书馆特色数据库建设为例,就中医医院图书馆特色数据库的建设构想、建设意义、主要内容、运作方法、注意事项等进行论述。

5094

中医专业图书馆古籍保护体系及规范的研究[J]/李鸿涛,裴俭,张伟娜,符永驰,李兵,周崇润,刘国正.--国际中医中药杂志,2009,06:544-547

本文在对中医古籍保护现状调研和分析的基础上,提出适合中医专业图书馆古籍保护体系的建构模式,阐述了古籍保护技术体系和古籍保护组织体系的研究。

5095

中原文献钩沉·史部[D]/李贵军.--河南师范大学,2008

本文梳理了中原地区自先秦至南北朝的史部文献,通过辑佚,尽量恢复部分散佚古籍的原貌或其中一部分。该论文研究了21种书,按照《中国古籍善本书目》进行归类,并按照作者所处朝代之先后排序。

5096

《中原音韵》版本研究[J]/陈翔羚.--辅大中研所学刊(在台湾地区发表),2003,13:79-91

本文概述了元代周德清著《中原音韵》的主要内容,肯定该书在声韵和戏曲方面的研究价值,并就目前可见的各种版本加以比对考证,尽可能还原此书的原貌和各版本流变情形。

5097

《中原音韵》版本源流辨正[J]/张玉来.--古籍整理研究学刊,2010,01:16-24

本文梳理了元代周德清著《中原音韵》存世的各种版本,将其分为全本、节本、增订删补本、今人刊行本、《韵编》本等系列,讨论并辨正了各式版本的源流及其优劣。

5098

《中藏经》理论传承及成书时间探考[J]/谭春雨.--中医文献杂志,2009,01:33-35

本文对《中藏经》理论传承和成书时间进行了考证,认为该书成书于两汉时期,理论传承不是或不完全是《内》《难》;华佗在狱中烧

毁该书外科学内容,其余残卷流传于道家,方药部分后世可能有过增删。

5099

中州古籍出版社建社30年图书要目(1979—2009)[M]/中州古籍出版社编.--郑州:中州古籍出版社,2009

本书选收中州古籍出版社建社30年来出版主要图书书目11605条,分哲学宗教、政治法律、文学、历史地理、文化教育、语言文字、艺术、医药卫生、综合等九大类。

5100

《中州文献总录》明代卷校正[J]/马怀云.--河南图书馆学刊,2005,01:72-75

中州古籍出版社出版的《中州文献总录》是收录中州古籍书目数量最多的一部工具书,但有些条目内容失实,编排失序,本文就该书中的明代卷条目予以校正。

5101

《忠雅堂集》佚文考释[J]/曲学娟,徐国华.--上饶师范学院学报,2009,01:20-24

《忠雅堂集》是清中叶著名文学家蒋士铨所作,上海古籍出版社1993年出版的《忠雅堂集校笺》,虽为其著作整理集大成者,但仍有失收之作。本文作者从清人诗文集中辑得佚文5篇,撰文探讨这些佚作对研究蒋士铨生平、交友和诗学思想的参考价值。

5102

钟嵘《诗品》卷下"齐道猷上人"正补——佛教文献运用之一例[A]/林伯谦.--文献与资讯学术研讨会论文集(在台湾地区发表)[C],2001

本文以钟嵘《诗品》卷下"齐道猷上人"为例,简述了学界常用的汉文藏经特点,考证指出东晋帛道猷并非如《诗品》所言为齐世胡人,也并非如笺注《诗品》者改订的"宋释道猷",分析了佛教文献对考据文学的助益。

5103

钟嵘《诗品》一种新的版本[J]/邬国平.--文献,2003,02:182-190

作者在翻检明人唐顺之编《稗编》时,发现其中刊有钟嵘《诗品》,未收入曹旭先生著

《诗品集注》《诗品研究》所列的 50 种版本,应是《诗品》的新版本。本文对这一版本进行了介绍与分析。

5104

钟惺评点小说考[J]/李先耕. --古籍整理研究学刊,2007,03:5 - 7

本文就传世署名钟惺评点的小说及其版本进行了考辨,认为这些书籍所署钟惺之名均为伪托,探讨了明清之际钟惺及景陵派对高雅文学、小说批评、书籍出版的重大影响。

5105

仲景论广《伊尹汤液》考[J]/钱超尘. --江西中医学院学报,2003,02:26 - 29

本文通过考证魏晋南北朝时期中医著作《辅行诀藏府用药法要》作者、存佚和整理情况,辨析了该书与商伊尹《伊尹汤液》、汉张仲景《伤寒杂病论》三者的传承关系,认为《伤寒杂病论》在《伊尹汤液》基础上撰成。

5106

仲景论广《伊尹汤液》考(续完)[J]/钱超尘. --江西中医学院学报,2003,03:27 - 32

(同上)。

5107

众里寻它——谈南宋建安余仁仲刊《春秋公羊经传解诂》[J]/吴璧雍. --"故宫"文物月刊(在台湾地区发表),2005,272:40 - 47

《春秋公羊经传解诂》为阐发《春秋公羊传》微言大旨的注释著作。台北"故宫"博物院藏有南宋建安余仁仲刊本。本文从经传与解诂、版本特色、递藏脉络等方面,介绍了该书相关情况。

5108

重视对孤本医书的抢救与发掘[N]/薛清录. --中国中医药报,2003 - 02 - 10008

本文介绍了孤本医书的重要价值和国家对其开展的一系列整理保护工作。

5109

重视特种文献丛书的开发和利用[J]/王霞. --黄石教育学院学报,2004,01:77 - 79

本文简述了特种文献古籍丛书的起源和发展,从类别、辑佚、版本的角度,分析评述了

丛书在保护与普及古籍方面所起的作用,结合工作实际对丛书开发、工具书利用等阐发了作者的观点。

5110

周昂《此宜阁增订金批西厢》的文献价值[J]/段永辉,李晓泽. --兰台世界(下半月),2009,04:61 - 62

本文对古籍善本《此宜阁增订金批西厢》进行研讨,肯定其对金圣叹批改本《西厢记》的分析和评论,论述其历史文献价值、学术研究价值和艺术欣赏价值。

5111

周必大《文忠集》版本考[J]/周莲弟. --中国文化研究所学报(在台湾地区发表),2001,10:63 - 86

南宋学者周必大著有《文忠集》。本文探讨了该书原刻本和流传后世的钞帙在内容、版式、刻印等方面的概况,梳理了现存两个主要版本系统。

5112

周恩来与流失海外珍贵古籍的回购[J]/李致忠. --纵横,2007,06:8 - 9 + 1

本文回顾了 20 世纪中叶周恩来与流失海外珍贵古籍回购的历史,评述了周总理对我国古籍保护事业所作出的巨大贡献。

5113

周海门《圣学宗传》研究[J]/许馨元. --东吴中文研究集刊(在台湾地区发表),2001,08:49 - 74

本文考察分析了明末泰州学社代表人物周海门编撰《圣学宗传》的经历,探讨了《圣学宗传》所代表的时代意义和价值所在。

5114

周林先生的古籍整理思想[J]/周国林. --中国典籍与文化,2009,04:111 - 116

本文论述了周林先生的古籍整理思想:把古籍整理视为弘扬民族优秀传统文化的战略任务,古籍整理与社会主义文化建设关系密切,新时期古籍整理工作目标和指导思想,古籍整理应为社会服务兼顾普及和提高。

5115

周氏《涉笔》考[J]/仝卫敏. --古籍整理研

究学刊,2007,01:89-93

本文根据相关文献,考证周氏《涉笔》全称为周氏《西麓涉笔》,成书于南宋中晚期,作者周氏即南宋永嘉派代表人物周端朝;内容涉及先秦子书真伪及其思想研究、古代兵书兵制研究,兼有对宋人文集的评述。

5116

《周书序》考[J]/王连龙. --辽宁大学学报(哲学社会科学版),2008,02:99-103

本文从文献征引、汉语史、学术史角度,对《周书序》进行了系统考察,认为今《周书序》成文于两晋,其体例与语言多仿自《书序》。西晋太康年间《周书》复出于汲冢,荀勖整理《周书》编写了《周书序》。

5117

周叔弢:倾其所有为国献宝[J]/叶介甫. --四川统一战线,2007,11:44-45

本文回顾了我国古籍文物收藏家和版本学家周叔弢爱书、购书、藏书的一生,以及将精心收藏的珍本古印无条件捐献给国家的事迹。

5118

周叔弢与敦煌遗书[J]/张淑兰. --中国文化遗产,2005,02:89-91

本文介绍了周叔弢的生平、敦煌遗书的内容,通过实例,论述了周叔弢先生所捐献敦煌遗书的特点、文献的历史研究价值。

5119

《周易》中的商代文献[J]/贾海生. --殷都学刊,2004,04:17-20

本文对《周易》中的商代文献进行论述,认为研究《周易》中卦、爻辞中保存的商代文献,可以对古代文献典籍的形成过程有更深入的认识。

5120

周元公集版本辨析[J]/杜泽逊. --文献,2004,03:205-209

《周元公集》是宋代周敦颐文集和史料的合编。本文对其成书、流传、版本等问题做了考辨。

5121

周祖谟《广韵校勘记》补[J]/孙绪武. --古

籍整理研究学刊,2008,02:45-46

本文对周祖谟《广韵校勘记》中几个字词的校勘提出不同看法,并对原校勘作了补充说明。

5122

周作人藏书题记辑录[J]/谢冬荣,石光明. --文献,2009,04:88-96

本文作者从国家图书馆藏周作人藏书中辑得21则手书题记,加以整理,对其内容进行研究,略附按语,以供研究者参考。

5123

朱彬《礼记训纂》研究[D]/蓝瑶. --南京师范大学,2007

本文论述了清代朱彬《礼记训纂》的内容体例、创作特点、写作方法和优缺点,分析了该书在清代《礼记》研究中的成就和地位,并对中华书局饶钦农点校本《礼记训纂》中的疏漏之处作了校勘。

5124

朱端章及其卫生家宝系列方书略考[J]/李昆,王霞. --中华医史杂志,2004,03:173-175

本文综述了宋代医家朱端章生平及其《卫生家宝方》系列方书著作,考证分析了该系列著作存世情况和特点,并探讨其著作的学术价值。

5125

《朱文公订正门人蔡九峰书集传》的版本价值——以两种元代《书集传》刊本互校[A]/许华峰. --辅仁大学中国文学系. 第六届中国经学研究会全国学术研讨会论文集[C],新庄:辅仁大学(台湾地区),2009

本文将现存台湾的两种《书集传》元代刊本与《朱文公订正门人蔡九峰书集传》南宋吕遇龙刻本对勘,论证了三书间的相承关系,认为吕遇龙本错、漏字句,两种元代刊本却不误,客观评价了吕遇龙本版本和文献价值。

5126

朱文钧与《续古逸丛书》[J]/柳和城. --图书馆杂志,2002,12:72-74+66

本文介绍了近代藏书家朱文钧的生平和藏书情况,考察出版家张元济主持影印、商务印书馆出版的大型古籍丛书《续古逸丛书》所据底本部分源于朱文钧藏书的史实,探究了朱文钧与张元济的交往历史。

5127

朱熹《四书章句集注》征引书目辑考[J]/陈逢源,黄瀚仪.--政大中文学报(在台湾地区发表),2005,03:147-179

本文辑考朱熹《四书章句集注》征引书目,经史子集四部共120条,其中宋人著作61条,由此探讨了汉、宋之争的分歧,并梳理了朱熹撰作《四书章句集注》这一段熔铸众说的过程。

5128

朱熹文集版本源流考[J]/尹波,郭齐.--西南民族大学学报(人文社会科学版),2004,03:447-453

本文对宋以来朱熹文集版本流传源流进行了考证,认为台北"故宫"博物院所存宋淳熙、绍熙刻本《晦庵先生文集》,是现存朱熹生前唯一刊刻之本,并断定现存20余个宋本均是宋闽浙二本的复刻修补本。

5129

朱熹与中医古籍[J]/陈国代.--中医药学刊,2005,09:1694-1696

本文介绍了朱熹著作中蕴含的大量中医学知识,并探讨了朱熹严谨的治学态度与疑经改经的治经方法对中医古籍整理与保存的影响。

5130

朱彝尊著述相关文献辑考[J]/朱则杰.--嘉兴学院学报,2005,04:5-9

本文以辑录、考证方式,对朱彝尊散在各处、存有疑惑的文献作了辨正,包括:《书鉴诚录后》,为宋荦临曹全碑卷,佚文《纳兰性德致张纯修二十九简跋》,《蕃锦集》钱澄之《引》,《腾笑集》姜宸英序。

5131

朱彝尊著述续考[J]/杜泽逊,崔晓新.--古籍整理研究学刊,2009,01:53-57

本文将作者在国家清史项目《清人著述总目》编纂过程中新发现的朱彝尊著述34种,一一列举,标明卷数、版本、馆藏、出处。

5132

《诸葛子》考辨[J]/袁敏.--宜宾学院学报,2010,01:46-48

本文对三国时期《诸葛子》的著录、散佚和辑佚情况作了介绍,考证了该书的作者,并整理列举了今存的佚文。

5133

《竹书纪年》研究[D]/邢丽芳.--南开大学,2000

本文从三个方面对史书《竹书纪年》进行研究:《竹书纪年》的流传过程,今本《竹书纪年》辨伪,《竹书纪年》的史学与文献学价值。

5134

祝允明诗文集版本考辨[J]/邝晓平.--古籍研究,2003,02:12-14

本文对当今可见的明祝允明《祝氏集略》几种版本,进行了对比分析,考证了各版本的异同与源流。

5135

祝允明著述考辨[J]/徐慧.--古籍整理研究学刊,2009,04:23-26

本文梳理了祝允明著述考辨存在的问题:著述实同名异或者内容存在交叠包含,部分著述归属有待商榷,著述考辨的完整性,误增或遗漏,并做了修正和补充。

5136

著名古文字学家于省吾的藏书特色[J]/朱永慧.--文献,2001,01:238-243

本文简要介绍了我国古文字学家于省吾的生平和其在甲骨文、金文释读、古籍校订、古器物研究方面的成就,对其藏书按照类型分析了各自特色。

5137

专访当代文献学家——杜泽逊教授[J]/郑谊慧,何淑苹.--书目季刊(在台湾地区发表),2008,02:123-149

本文系台湾成功大学博士生何淑苹等2007年11月16日在台北"故宫"博物院、"中央研究院"学术活动中心对学者杜泽逊的采访记录。从求学历程、王绍曾先生对其影响、编纂《清史稿艺文志拾遗》《四库全书存目丛书》经过等方面进行了介绍。

5138

专访台湾文献学家——吴哲夫教授[J]/郑谊慧,何淑苹. --书目季刊(在台湾地区发表),2010,04:79 - 97

本文系台湾成功大学博士生何淑苹等2008年9月4日在台北"故宫"博物院对文献学家吴哲夫的专访记录,包括其选择文献学作为毕生研究志向的原因、工作感想、对《四库全书》的看法、编选《中华五千年文物集刊》缘由等。

5139

专题:"中华古籍特藏保护计划"标准规范草案阐释——关于中国古籍的定级[J]/李致忠. --国家图书馆学刊,2006,03:2 - 8

本文系"中华古籍特藏保护计划"标准规范草案《中国古籍定级标准》的阐释。该标准将中国古籍划分为一至四级,一至三级下又各分为甲、乙、丙三个等次。文章还阐述了各级各等的划分原则。

5140

撰写公藏善本书志的一个尝试——漫谈《柏克莱加州大学东亚图书馆中文古籍善本书志》[J]/陈先行. --版本目录学研究,2009,00:56 - 65

本文以《柏克莱加州大学东亚图书馆中文古籍善本书志》为例,分析了编纂公藏善本书志的困难之处,论述了该书的特色、学术价值和现实意义。

5141

《篆文大观》系伪托之作[J]/赵铮. --语文研究,2005,01:40 - 42

本文考察了《篆文大观》,认定其为伪托之作,由南唐徐锴的《说文解字篆韵谱》改头换面而成。该伪书是清末或民国初年坊间书贾为了商业利益所为。

5142

庄浪县图书馆古籍管理的现状和思考[A]/王昭平. --甘肃省图书馆学会. 甘肃省图书馆学会成立30周年纪念大会暨2009年年会论

文集[C],2009

本文以甘肃省庄浪县图书馆古籍管理现状为研究对象,综述了该馆古籍整理归类、登记建档等工作成效,针对古籍整理存在人才匮乏和断层、资金短缺、古籍管理意识淡薄等突出问题,提出了建议对策。

5143

《拙庵韵悟》韵图的编纂特点[J]/刘薇. --科教文汇,2006,09:158

《拙庵韵悟》是清赵绍箕所作的韵图,也是近代语音史上的重要韵书。该书以等韵内容丰富,韵图制作角度多样,审音精细而颇具特色。本文考察了韵纲图、韵目图、会声图、会韵图等,以此了解作者的做图思想和制作标准。

5144

《卓氏藻林》辨伪[J]/眭骏. --古籍整理研究学刊,2005,05:82 - 85

作者在编目校书之时,发现明卓明卿《卓氏藻林》实乃剽窃明嘉靖间王良枢之《藻林》。本文对《卓氏藻林》与王氏《藻林》作了真伪辨析。

5145

资料库之利用与学术研究[J]/何志华,潘铭基. --国文天地(在台湾地区发表),2009,292:49 - 56

本文从中国古籍研究中心简介、古典文献与数位科技结合必要、如何利用资料库辅助学术研究、如何善用资料库扩大研究成果等方面,介绍了古文献电子资料库的利用与学术研究情况。

5146

资讯时代图书馆中国古籍组织与利用之探讨[D]/顾力仁. --台湾大学(台湾地区),2000

本文从古籍目录学、图书馆学与信息科学相结合的角度,论述了信息时代图书馆编目作业和信息网络技术对古籍整理的影响,对现今条件下图书馆如何组织与利用中文古籍文献提出了建议。

5147

《资治通鉴纲目》明代刻本考详[J]/严文

儒. --古籍研究,2001,01:12 - 16

本文对南宋朱熹史学著作《资治通鉴纲目》现存几种明代刻本进行介绍,简要分析了各自的版本特点。

5148

《资治通鉴》记载图书文献辑要[J]/封思毅. --(在台湾地区发表),2007,01:139 - 168

本文采用柏杨版语译本,将《资治通鉴》记载图书文献的内容辑录成文,肯定了该书中关于图书文献(偏重典章制度)的记载,凝聚前人心力的遗文、往迹,供后人参思、反省与借鉴。

5149

《资治通鉴·唐纪》及《考异》疑误数则[J]/客洪刚. --古籍整理研究学刊,2008,02:41 - 44

本文在前人研究成果的基础上,对中华书局标点本《资治通鉴》进行本校或他校,对《唐纪》和《考异》部分存在的疑误和疏漏予以校勘。

5150

《缁衣》各版本对照研究——以简本第十四至十六章为中心[J]/江俊伟. --中正历史学刊(在台湾地区发表),2009,12:1 - 40

本文以出土文献《缁衣》第十四至十六章,即经本第七章与第八章为研究对象,对《缁衣》各种版本进行比较,梳理简本与经本在用字上和思想上的差异,以及儒家思想在传播与时代变迁过程中产生的变化。

5151

紫癜古籍文献统计分析研究[D]/曾悦. --辽宁中医药大学,2010

本文介绍了通过数据库和数据统计技术,对紫癜古籍文献统计分析的研究,说明利用现代技术对古籍文献进行多层次、多角度的统计、分析和利用,将为中医临床提供迅速、方便、有效的支持。

5152

自强不息 厚德载物——缅怀浙江图书馆古籍整理专家、研究馆员徐敏惠先生[J]/赵达雄. --图书馆研究与工作,2004,04:76 - 77

徐敏惠先生曾为浙江图书馆研究馆员、古籍整理专家。本文回顾了徐先生的一生,评述了他为我国古籍保护事业所做的杰出贡献。

5153

"自然因素与文献保存保护国际研讨会"纪要[J]/涂静慧. --(在台湾地区发表),2010,126:16 - 18

"自然因素与文献保存保护国际研讨会"于2010年6月在北京举行。本文综述了会议缘起、会议主题、会议流程、讨论情况和参访活动。

5154

字大如钱 墨光似漆——八行本《礼记正义》的刊刻、流传和价值[J]/王锷. --图书与情报,2006,05:106 - 111

珍藏于国家图书馆的八行本《礼记正义》是目前所知最早的《礼记》经、注、疏合刊本,也是南宋浙江刻本中的代表作。本文通过对八行本《礼记正义》刊刻、流传和收藏的考察,探讨了该书的学术、版本和艺术价值。

5155

字诂义府点校本斠误[J]/徐麟. --古籍整理研究学刊,2005,01:54 - 56

本文对清代黄生撰《字诂义府合按》中华书局点校本的文字差错和句读失误,采取分类例析的方式,提出了勘正意见。

5156

《字林》的流传及其在中国语言学史上的价值[J]/万久富. --古籍整理研究学刊,2001,05:13 - 17

本文详述了晋代吕忱所撰《字林》的流传及其影响,揭示了其音切和释义在中国语言学史上的价值。文章认为,《字林》是最先采用反切注音的古代字书,其释义反映了汉魏语词义的发展。

5157

《字统》的体例和特点[J]/林源. --辞书研究,2005,03:151 - 157

本文介绍了魏晋南北朝时期辞书《字统》的编纂体例和特点,认为《字统》收字重视活的语言,释义通俗明白,反映了当时语言发展的实际情况。

5158

宗教古籍的保护与整理迫在眉睫[J]/方广锠.--中国宗教,2010,11:37-44

本文介绍了我国宗教古籍的历史,从保护与整理两个方面分析了宗教古籍的现状,并对未来的整理保护工作进行了展望。

5159

族谱文献学[M]/廖庆六著.--台北:南天书局有限公司(台湾地区),2003

本书以前人的研究成果为基础,融合文献学与图书信息学理论与方法,叙述了族谱文献的搜集、整理、研究、利用、信息化与数字化等,以期为建构谱牒学提供参考。

5160

组织整理古籍、编写资料书工作的感受和体会[J]/李厚全.--广西地方志,2006,06:24-25

作者20世纪90年代中期参加了地情资料书编写和古籍整理工作。本文介绍了开展这项工作的缘由,以及作者从事该工作的感受和体会。

5161

《祖堂集》的文献学价值[J]/詹绪左,何继军.--古籍整理研究学刊,2009,03:11-18

本文以早期南宗禅史籍《祖堂集》,从文献辑佚、提供新说、文本校勘、文字宝典四个方面对该书的文献价值进行了论述。

5162

《祖堂集》校注评议[J]/鞠彩萍.--古籍研究,2005,01:260-267

本文对中州古籍出版社2001年出版的《祖堂集》张华点校本进行了评议,对其校注部分提出自己的看法,指出其中校语不当之缘由。

5163

《纂修四库全书档案》的编纂及其史料价值[J]/旅见.--历史档案,2001,01:126-128

本文介绍了中国第一历史档案馆编、上海古籍出版社出版《纂修四库全书档案》的编

纂原则和方法,分析了该书的特色,总结其史料价值。

5164

《纂修四库全书档案》与四库类文献的校勘[J]/江庆柏.--历史档案,2007,03:132-134+封3

本文以中国第一历史档案馆编、上海古籍出版社出版的《纂修四库全书档案》为对象,探讨了该书对《四库采进书目》和《清代各省禁书汇考》两部书的校勘。

5165

最早最全最真的《明文海》抄本[J]/徐由由.--古籍整理研究学刊,2001,04:38-40

本文从抄写年代、内容的完整程度、抄本与稿本的一致性等方面,对比分析了清代黄宗羲编《明文海》的不同版本,认为浙图本可视为现存最完整的稿本。

5166

醉经楼集[M]/(明)唐伯元著;朱鸿林点校.--台北:"中央研究院"历史语言研究所(台湾地区),2010

本书为明儒唐伯元文集的现代点校本,收录了作者集外诗文、传记、著作目录和交游所写文字,有助于晚明思想文化史的研究。

5167

《醉乡日月》辑校疏证[D]/李宝林.--吉林大学,2007

本文对唐代皇甫崧《醉乡日月》的成书背景、流传情况和历史影响进行了考察;以明代陶宗仪《说郛》为基础,辑录零星佚文,对其进行补遗和校勘;参考相关研究成果,对全书遗文进行了疏证。

5168

《左氏会笺》校雠特点刍议[J]/孙赫男.--齐齐哈尔大学学报(哲学社会科学版),2006,01:76-78

本文结合实例,对日本学者竹添光鸿汇释《左传》的重要著作《左氏会笺》补脱订讹、校订倒衍、审音定义等校雠特点略作探讨,以见其有裨遗经、理董旧文之功。

5169

《左氏会笺》述例[J]/孙赫男.--牡丹江大

学学报,2010,01:3 - 6

本文对日本学者竹添光鸿《左氏会笺》的注释体例,择其要者进行归纳总结和分析阐释,包括疏而破注、广征博引、发凡起例、注语详赡等,旨在明其注述之方,通其治《左传》之门径。

5170

《左传》成书年代问题的多视角考察[D]/刘佳男. --辽宁师范大学,2008

本文在借鉴前人研究成果的基础上,从《左传》的思想倾向、史料来源、书中预言三个视角,综合考察论证了《左传》主体部分创作的具体年代。

5171

《左传》引"诗"的文献学考察[J]/张林川,周春健. --国文天地(在台湾地区发表),2003,218:54 - 58

本文从文献学角度,考察了《左传》所引《诗》中,今诗不载的逸文;同齐鲁韩毛四家诗以及阜阳《汉简》比照存在的异文问题;保存的有关《诗》的其他文献资料。

5172

做好维吾尔医药古籍的挖掘和利用工作[A]/麦麦提依明吾不力卡生木. --内蒙古自治区中蒙医研究所、全国中医药信息工作委员会、《中国民族医药杂志》编辑部. 第四届全国民族医药学术交流暨《中国民族医药杂志》创刊 10 周年庆典大会论文集[C],2005

本文介绍了维吾尔医药古籍的存藏情况和巨大价值,分析了整理保护维吾尔医药古籍的重要意义。

字母

5173

Accelon,一个开放的数位古籍平台[J]/叶健欣. --佛教图书馆馆刊(在台湾地区发表),2008,47:68 - 82

本文以电子佛典发展的三个阶段为经,以佛典数字化的种种困难和解决方案为纬,总结作者从事电子古籍相关工作的心得和感想。探讨了录入缺字、文字编码、文件格式,以及数字内容所有权等问题,并提出了一个开放源码的数位古籍平台架构,以降低古籍数字化的制作、维护和发行,以及使用的门槛。

5174

CADAL 项目与古籍整理[J]/肖卓. --图书与情报,2005,04:82 - 84

本文通过对已有古籍数字化实践的介绍,探讨了 CADAL 项目应用于古籍整理的可行性和重要意义,并提出了其实施过程中的瓶颈问题。

5175

CALIS 古籍编目——古籍文献资源共享的有效准备[J]/吴永萍. --四川图书馆学报,2010,02:43 - 45

本文介绍了 CALIS 古籍编目利用网络技术编纂古籍书目,使异地共同编写书目和建设古籍联合书目数据库成为现实的可行性,介绍了古籍文献资源共享问题和 CALIS 古籍编目为文献资源共建共享所做的前期准备。

5176

CALIS 古籍编目与文献资源共享[J]/吴永萍. --图书馆界,2009,01:79 - 81

本文以 CALIS 古籍联机编目利用网络技术建设古籍联合书目数据库,广域环境下的古籍文献资源共建共享成为现实为背景,对古籍编目、CALIS 古籍编目、CALIS 古籍编目与文献资源共享等问题进行了论述。

5177

CALIS 古籍联合目录数据库重复数据产生的原因与对策[J]/杨健,肖亚男. --图书馆工作与研究,2007,04:62 - 64

本文通过对 CALIS 古籍联合目录数据库中重复数据的分析,归纳了重复数据出现的几种原因,并提出进行质量控制的对策。

5178

CALIS 古籍联机编目对全国古籍普查工作的借鉴与启示[J]/何艳艳. --图书馆学研究,2009,09:96 - 98

本文介绍了 CALIS 古籍联机编目的缘起、成就,以及给全国古籍普查工作的借鉴;论述了 CALIS 古籍联机编目系统的工作机制和如何实现有效对接,以提高普查工作效率,缩短普查时间,推动普查工作良性发展。

5179

CALIS 古籍联机编目系统综述[A]/王燕. --上海图书馆. 管理创新与图书馆服务——第三届上海国际图书馆论坛论文集[C],上海:上海科学技术文献出版社,2006

本文综述了 CALIS 古籍联机编目系统的技术框架、特点、主要功能、工作流程、运营情况、重大意义等,对其不足之处作了分析,以期该系统对推动中国高校图书馆古籍事业产生积极影响。

5180

CALIS 古籍联机编目效益与意义[J]/邱文瑛. --文献信息论坛,2005,04:61 - 62

本文对 CALIS 古籍联机编目的效益与意义进行论述,指出该项目减少了重复劳动,提高了古籍编目的质量,实现了资源共享,对于提高高校图书馆的服务质量,促进其现代化发展具有重要意义。

5181

CALIS 古籍联机合作编目的特点[J]/雷顺利.--山东图书馆季刊,2008,01:54 – 55 + 61

本文论述了 CALIS 古籍联机合作编目的意义、著录特点和古籍编目系统的特征等。

5182

CALIS 古籍联机合作编目规则[M]/CALIS 联机合作编目中心编.--北京:CALIS 联机合作编目中心,2003

本书介绍了 CALIS 古籍联机合作编目规则。这套规则统一软件、统一数据格式,并根据操作人员使用习惯和计算机技术水平进行了简化设计,为提高古籍书目数据著录质量和建成较为完备的古籍机读书目数据库奠定基础。

5183

CALIS 古籍联机合作编目规则(修订本)[M]/CALIS 联机合作编目中心编.--北京:CALIS 联机合作编目中心,2005

本书是《CALIS 古籍联机合作编目规则》的修订本,针对之前著录规则的不足进行了完善、修改、细化。

5184

CALIS 古籍联机合作编目与高校图书馆古籍管理[J]/郑晓霞.--高校图书馆工作,2008,03:28 – 30

本文论述了 CALIS 古籍联机合作编目对高校图书馆古籍管理的作用,包括:开展高校古籍联机合作编目、编目数据批量提供、编目咨询与系统培训的支持,方便成员馆编目工作,提高书目数据库建设效率等。

5185

CALIS 中文古籍联机合作编目的缘起与进展[J]/杨健.--图书馆理论与实践,2006,05:54 – 56

本文介绍了 CALIS 中文古籍联机合作编目的缘起、其制定的编目规则和客户端软件特点,分析了联机编目初期的成就和不足,并提出一些改进建议。

5186

CNMARC 格式古籍丛书编目规则探析[J]/冯方.--中国科技资源导刊,2008,03:38 – 41

本文综述了古籍丛书的揭示现状,并在工作实践基础上,从古籍丛书内容和便于检索等角度,依据对《中国机读目录格式使用手册》各字段含义的理解,探析了古籍丛书在 CNMARC 格式中的著录规则。

5187

SQLServer2000XML 结构描述在类证治裁网际网路化资料统合之应用[J]/陈逸光.--中医药杂志(在台湾地区发表),2003,01:47 – 58

本文介绍了 SQLServer2000XML 结构描述在类证治裁网际网路化资料统合的应用。该系统有三层:一为中医古籍文献整合架构;二为建构中医古籍文献资料库储存所;三为 XML 结构描述。通过 SQLXML 虚拟目录将资料库储存的资料以 XML 文件方式送至网际网络上供浏览。

5188

Unicode 在中文古籍数字化中的应用[J]/林钦.--福建图书馆理论与实践,2010,03:61 – 62 + 57 + 60

本文论述了当前古籍数字化中存在的编码不统一问题,分析了 Unicode 在中文古籍数字化应用中的优点,认为基于 Unicode 的全文检索系统有利于古籍数字化的开发和利用。

5189

Visual FoxPro 在古籍书目四角号码索引编制中的应用[J]/王永华.--河南图书馆学刊,2006,04:105 – 107

本文介绍了运用 Visual FoxPro 编制四角号码索引的详细步骤、有关程序的编写与函数的调用等;分析了在编制过程中可能遇到的问题和解决方法;提出流程控制和质量控制的概念。

5190

Web2.0 时代的古籍保护工作刍议[J]/向辉.--图书馆工作与研究,2009,05:56 – 58

本文从 Web2.0 的概念与内涵出发,探讨了 Web2.0 对古籍保护计划的重要影响,及其在古籍保护计划中的具体应用。

5191

XML 著录古籍元数据初探[J]／山川，罗晨光.--图书馆工作与研究,2007,06:53－56

本文应用 XML 和 XMLSchema 语言描述古籍元数据,以此为框架提供了一种著录古籍元数据的方案,并对基于本体语义的古籍元数据著录雏形进行了探索。

数字

5192

10—14 世纪中国与朝鲜半岛的汉文大藏经交流[J]/章宏伟.--古籍整理研究学刊,2009,06:35-47

本文论述了汉文大藏经在朝鲜半岛的流布和朝鲜半岛汉文大藏经的印造情况,分析了10—14 世纪中国与朝鲜半岛汉文大藏经交流的特点。

5193

1100 种中医药珍籍秘典的整理抢救[J]/刘国正,符永驰,裴俭,薛清录,李斌,程英,郑金生,刘培生,康小梅,段逸山,徐清河,梅智胜,鲍玉琴,魏民,蔡德英.--中国科技成果,2009,18:58+63

本文对 1100 种中医药珍籍秘典整理抢救项目的过程和成果进行了介绍,揭示了项目中主要的科技创新。

5194

1949 年前敦煌文学的收集、著录和整理[J]/吴光正,曹金钟.--学术交流,2005,01:165-175

本文分 20 世纪初、20 年代和 30 年代三个时段,介绍了罗振玉、王国维、胡适、郑振铎和国家公派学者等为调查、搜集、整理敦煌文献所做出的努力。敦煌文献最早整理者是王仁俊,罗振玉及其家族对文献的整理和出版做出了重大贡献。

5195

20 世纪后期大陆荀子文献整理研究[J]/廖名春.--汉学研究集刊(在台湾地区发表),2006,03:79-151

本文从文献整理研究角度,对 20 世纪 50 年代以来大陆荀学研究的概况作了综述,介绍了 50 年来大陆出版 40 多部《荀子》注释、注译著作的现状,肯定了王先谦《荀子集解》注本的价值,并呼吁学者进行《荀子》新注工作。

5196

20 世纪上半叶"四库学"研究综述[J]/陈东辉.--汉学研究通讯(在台湾地区发表),2006,02:29-38

本文作者系统考察了 20 世纪上半叶的古文献学研究史,就其中"四库学"研究加以评述,总结了该研究的曲折历程和多方面重大成就。

5197

20 世纪"四库总目学"研究述略[J]/陈晓华.--图书情报工作,2002,11:110-115

本文系统总结了 20 世纪我国学者开展"四库总目学"的研究成果,并分析了各研究阶段的特点。

5198

20 世纪新出简帛书与书法史重构的可能性[J]/张啸东.--东方艺术,2008,12:06-63+插1-插2

本文介绍了 19 世纪末之前简帛的发现,20 世纪 50 年代以来战国楚系竹简的发现,20 世纪 70 年代中期以来秦简的发现,20 世纪初以来汉代简牍的发现等概况,论述了 20 世纪新出简帛书与书法史重构的可能性。

5199

20 世纪中国古籍版本学史研究综述[J]/李明杰.--四川图书馆学报,2002,06:41-47

本文从版本学起源、历史分期、各阶段版本学成就、版本学家及其流派等方面,对 20 世纪中国古籍版本学的研究现状进行了综述,评论了其取得的成就和存在的不足。

5200

2001—2005 年我国中文古籍数字化研究综述[J]/徐清.--图书情报工作,2006,08:

139 – 143

本文选取 2001 年至 2005 年这一时段,以图书情报专业国家级中文核心期刊相关论文为对象,适当辅以其他重要论文,对近 5 年的中文古籍数字化研究情况作一综述,揭示该研究的主要内容和特点。

5201

2003 年古籍文献掠影[J]/谢佩婕. --(在台湾地区发表),2004,100:27 – 30

本文从古籍文献数位典藏、中文古籍联合目录、台湾地区家谱联合目录资料库、淡江大学第四届文献学术研讨会、哈佛大学燕京图书馆七十五周年庆等方面,总结了 2003 年古籍文献整理研究相关重要工作。

5202

2004 年古籍学术研讨会论文集[C]/辅仁大学图书馆编辑. --新庄:辅仁大学(台湾地区),2004

本论文集收录了 2004 年在台湾辅仁大学召开的古籍学术研讨会专题演讲论文 1 篇、会议论文 14 篇,辅助介绍了该研讨会的缘起、会议主题、会议议程和专题演讲暨论文发表人简介等。

5203

2007 年古籍研究一览[J]/武旭,王涛. --大学图书情报学刊,2008,04:92 – 96

本文分析了 2007 年古籍研究文献的分布、作者构成和研究方向,归纳了所取得的成果,并提出一些有待改进的建议。

5204

21 世纪古籍整理的前瞻[A]/程毅中. --中华书局编辑部."中国传统文化与 21 世纪"国际学术研讨会论文集[C],北京:中华书局,2003

本文论述了作者对 21 世纪如何推动古籍整理的设想:总结 20 世纪的成果;编写古籍新书总目(中华人民共和国成立以来新版古籍);修订已出新版古籍;校点会注新注基本古籍;加强明清后的古籍整理;重要古籍出书之后,另出电子版。

5205

21 世纪中国古籍修复技术的发展之我见[A]/周苏阳. --中国国家图书馆. 中文善本古籍保存保护国际研讨会论文集[C],北京:北京图书馆出版社,2002

本文分析了古籍破损的自然因素和人为因素,以及古籍破损现状,分析论述了古籍修复保护的重要意义,以及修复人员数量过少等困境,从技术层面提出具体的解决建议。

5206

3G 时代的古籍信息化建设初探[J]/邓玲. --文献信息论坛,2010,04:57 – 59

本文论述了 3G 时代古籍信息化的必然性和优越性,浅析了古籍信息化建设的发展趋势。

5207

50 多年来我国古籍出版的质量问题[J]/黄义侠. --出版科学,2006,03:50 – 53

本文从古籍校注、古籍今译、选题情趣、重复出版等角度,探讨了 50 多年来尤其是近 20 年来,我国古籍出版工作中存在的问题。

附录一:题名拼音索引

C

E

J

M

X

Y

字母

数字

附录二:著者拼音索引

毕力夫	2218	曹冬栋	1730
毕鲁燕	1200	曹刚华	2136,2137
毕树文	3578	曹广华	3826
边沙	0206,0210	曹红军	1552
卞春霞	1921	曹洪欣	1172,1185,1186,1187,1188,1189,
卞东波	2686		1190,1191,1192,1193,1194
卞仁海	0941,4280	曹家欣	2775
别敏鸽	1346	曹建国	0154,1631
宾秀英	4576	曹娇林	1890
伯佳泽巴·益拉哈夏让尼玛巴	4596	曹洁	4442
伯苏金高娃	2216	曹捷	3160
柏克莱加州大学东亚图书馆	0090	曹金钟	5194
薄茹	0676	曹进军	0966
卜林	0206,0729,0848,0969,1141,2378	曹晋	4941
步一棋	4071	曹凯	3889
		曹丽	2611,2612
C		曹林娣	0934
才让卓玛	4570	曹玲	0973,2230,2231,2234,
蔡碧芳	3474		2238,2239,2286
蔡德龙	3008	曹培根	0117,0701
蔡德英	4735,5193	曹千里	0181,0895
蔡殿伟	4395	曹书杰	0496,3015,3152
蔡斐文	4354,4717,4730	曹顺利	0438
蔡宏	3828	曹素华	2403
蔡华	2027	曹霞	5023
蔡辉振	3874	曹小云	2632,2695
蔡慧瑛	0748	曹晓宏	0166
蔡妙真	4426	曹鑫	0667
蔡明蓉	1757	曹艳芝	4221
蔡淑闵	3289	曹亦冰	0275,2736
蔡天怡	3148	曹诣珍	2057
蔡翔宇	0493	曹瑛	5061
蔡晓川	1437	曹泳兰	0963
蔡信发	3532	曹之	0619,0665,1501,1680,2138,2189,
蔡雪玲	2390,3123		3033,3034,3039,3040,3076,3438,
蔡雅如	0337,0999		3837,4460,4773,4780
蔡彦	1388	曹志敏	1011
蔡永敏	5056	茶芳	1874
蔡志超	0414	茶慧娟	1424
蔡忠霖	4102	柴红梅	2929
蔡子葵	0534	柴剑虹	1379

陈美琪	1482,3087	陈微	0439,0788
陈美亚	0431	陈伟明	4074
陈梦晴	1932	陈晦仁	1311
陈妙如	3353	陈炜舜	1118,4202
陈明利	2491	陈文豪	2261
陈娜	4456	陈文源	1143
陈楠	1808	陈梧华	0078,4758
陈宁	0767,0880	陈霞	1725
陈品高	4723	陈先行	0057,0090,0286,0766,
陈琦	3985		4211,4788,5140
陈桥驿	3952	陈翔羚	5096
陈清春	2303	陈小荷	0657
陈清慧	1349,2134	陈小华	2402
陈清香	0087	陈晓东	2584
陈擎文	1427	陈晓红	0519
陈庆元	1764,2691,4317	陈晓华	1938,2523,3330,5197
陈全明	0933	陈晓明	2049
陈仁寿	5013	陈协志	0992
陈瑞赞	3846	陈心蓉	4658
陈尚君	0615,0737,3153,4050	陈欣	2159
陈少川	0180	陈新	2853
陈绍博	0262	陈新雄	2940,2941
陈升辉	3418	陈新颜	3808,3816
陈盛港	1895	陈信如	3368
陈世娟	2729	陈兴龙	2512
陈世良	4344	陈雄根	4051,4053
陈世鹏	2313	陈修亮	1761,1762
陈书梅	2195	陈修英	4132
陈淑君	0322	陈秀云	0255,1167,1608,1609
陈戍国	0394	陈旭东	2143
陈树	1887,2789	陈绪军	0589
陈爽	3799	陈雪梅	0237
陈水云	0494	陈训慈	0138
陈顺强	3246	陈亚宁	0322
陈顺智	1718	陈言	3226
陈素清	0614,0762,0795,0843,	陈研晶	4530
	0846,0959,3543,3960	陈艳华	1353,1354,1355
陈涛	2754	陈艳军	0975
陈天伦	0599,3709,3819	陈雁鸣	0311
陈婷	3454,3769	陈燕	1277
陈同丽	0056	陈阳	4963

G

黄天禄	2152
黄廷富	0610
黄庭霈	4618
黄婉君	0063,2436,4533
黄卫华	1880
黄玮夏	0866
黄文浩	4580
黄文琪	2729
黄贤虞	0968
黄显功	2887
黄显堂	3937,4627
黄小娅	3950
黄小芸	3996
黄晓勇	3958
黄秀芬	3456
黄秀兰	1425,2225
黄秀英	0571
黄雅莉	1637
黄亚平	1429
黄艳	0213
黄雁鸿	3307
黄燕生	4908
黄一农	1209
黄一卓	0277
黄怡婷	4036
黄义侠	1499,5207
黄永年	0935,1302
黄永欣	3171
黄有评	4395
黄幼民	0396
黄虞稷	4027
黄宇	0309
黄玉琰	0181,1473
黄芸珠	3603
黄肇隽	3912
黄震河	2400
黄镇伟	2577
黄正雨	3875
黄智明	4938
黄智信	4840
黄忠慎	3782

黄重言	4820,4821
黄转红	2445
黄子房	1597,3504
黄作阵	2041
辉文	4633
惠清楼	2201
霍曼丽	0103
霍生玉	4236
霍艳芳	0665

J

嵇银宏	2791
吉布美拉泽仁真巴·乌杰洛佩	4593
吉聪	5024,5034
吉林省图书馆	0372,0373
吉文斌	2249
吉文辉	5000,5014,5051
计云倩	1324,2410,4326
纪丽真	1900
纪淑文	3622
纪晓平	1655,3325,4923,4936
季芳	4160
季秋华	3291,3628,4287
季忠平	1002,1419,1422,3269,3851
冀淑英	1386
贾二强	4931
贾海生	4047,5119
贾鸿雁	2093,4772
贾慧如	1262,3059,3060,4463,4464
贾继用	4266
贾晋华	4076,4077
贾静波	1696
贾娟	4380
贾克琳	5037
贾良珍	3490
贾名党	1735
贾全明	1560
贾守凯	0118
贾卫民	3032,3523
贾文龙	3381
贾幼宾	0598

孔凡礼	2034,2035
孔广黔	5085
孔庆茂	4715
孔天祥	2932
孔祥翔	5079
孔翊翌	1112
寇江涛	0971
寇硕	2446
库来西·塔依尔	3822,3823
快永胜	4909
匡小烨	1926

L

来新夏	0942,1374,2560,2605,4755
来云	2406
赖碧淡	0878
赖炳伟	0940,2981
赖贵三	0080,0081,1449
赖慧玲	2139
赖文	5047
赖永忠	3801
赖忠勤	1146
兰凤利	5075
蓝德康	1137
蓝荣清	2922
蓝瑶	5123
蓝永	0446,1837,4979
郎彩茹	3777,4916,4924,5031,5032,5048,5067
郎菁	2857,2862
老九	1594
乐怡	3906
乐云	4563
雷朝晖	2858
雷坚	4926
雷顺利	5181
雷晓静	1306,3111,3189
雷兴魁	3111
冷皓凡	5039
冷秀云	2520
黎星辉	2980

李爱国	2078
李爱红	3142
李爱华	3456,3828
李安	4297
李柏	1779,2647,2759,3336,4240,4738
李宝	3355
李宝林	5167
李保阳	2667
李彬源	1698
李斌	1659,4396,5009,5021,5025,5026,5029,5048,5057,5193
李兵	0118,0278,2643,5025,5029,5030,5057,5094
李畅然	2777,2778
李超	2704
李朝军	0120,1412
李崇忠	2582
李川	1299,1300
李传军	2210
李传书	3018
李传新	4580
李春	2256
李春晓	2042,2480
李春燕	2364
李丛	0571
李大东	0771,1022,2388,3636,3640,4603
李大舟	1760
李丹	1039,2144,3690
李德平	1530
李德山	1401,4757
李德胜	0769
李定乾	2800
李东风	1726
李冬梅	2694,3419,3796
李冬生	2902
李恩凤	2420,2494
李二年	1755
李发	3900
李凡	3194
李芳	4046
李芳民	4218

李立民	3646	李秋	2550
李利	2593	李秋实	2084,4699
李烈初	1592	李戎	0317
李灵辉	1661	李荣慧	0790
李灵年	2606	李如冰	3365
李灵秀	2114	李锐	0786
李玲	2740	李锐清	4743,4746
李凌	4847	李瑞方	0563
李凌杰	2232	李瑞环	4225
李龙	0722	李润波	0659
李璐	0764	李若晖	4157
李毛吉	4570	李莎莎	4843
李梅训	0144	李绍平	4370
李孟晋	0406,1981,4078	李申	0611,4838
李梦飞	4221	李胜文	0658
李敏	1167,2040,3099,3941,4886,4904,4949	李盛庆	3931
李明杰	0530,0605,0852,1318,1338,1339, 1903,3178,3352,3385,3654,4719, 4809,4950,4969,4971,5199	李诗选	3725,3976
		李时铭	1801
		李世萍	4704
李明娟	4950	李姝淳	0097
李明侠	0387	李淑芬	0793
李鸣	2305,2630	李淑文	3520,3525,4761
李铭	2803	李淑燕	3010,4194,4203,4745
李墨	2591,3788	李淑云	2510
李南晖	0307	李树亮	0473
李宁	0073	李爽	2567
李鹏	3244,5084	李舜臣	1456,2709
李平	2598,4334	李思清	2962
李平凡	1125	李索	0470,4382
李萍	1697	李涛	1259
李璞	4389	李天保	0582
李绮莹	3384	李天鸣	0085
李强	2753	李天舒	4328
李青枝	3920,4130	李天翼	1121
李清平	3818	李添富	3995
李晴	1827	李廷勇	0185
李庆	3151	李婷	3548,4994,4995,4996,5014
李庆国	1733	李万健	3241
李庆立	3332,3333,3363,4109, 4110,4111,4112	李威侃	3301
		李巍	2850
李庆涛	4947	李为实	1034

刘红建	2439	刘烈学	0281,4799
刘红梅	2464	刘琳	2694
刘红儒	4151	刘灵西	0801
刘洪波	1475	刘崚嵘	1984
刘洪强	2703	刘迈兰	1465
刘洪权	2091,2092,3780	刘满奎	3825
刘洪泉	2372	刘曼丽	1214,1660,2499,4001
刘华君	3490	刘梅	3677
刘怀	3917	刘美玲	0264,3157,3299,3632
刘惠	0107	刘敏超	0102
刘慧	2601,2707,4452	刘明	0483,3378
刘吉宁	0449	刘明华	0481,0826
刘佳	2905	刘乃英	3140
刘佳男	5170	刘宁	0612,2036,4090
刘家和	1642	刘宁慧	0697,0703,0704
刘家新	3622	刘培生	0760,1519,2510,2769,3129,
刘家真	0675,1099,4776		4735,4915,5048,5067,5193
刘嘉伟	2187	刘鹏飞	4025
刘建平	1369	刘平平	1101
刘洁	4736	刘平中	2489
刘捷	1100	刘萍	0621
刘婕	2354	刘琦	0441
刘金元	4604	刘启林	0618
刘菁	0282	刘千惠	3859
刘精盛	3765	刘蔷	1236,2585,2586,2587,2588,4609
刘景会	2416	刘芹	1922
刘景洋	3170	刘清	3430
刘婧	1348	刘清华	0577
刘敬林	1477,2632	刘荣平	1365
刘静敏	0136,3376	刘瑞	4501
刘军	0700,3525,4761	刘尚恒	3627
刘凯军	1442,1443	刘升平	2243
刘蓝	0505	刘盛华	3675
刘莉	4072	刘时觉	4469
刘黎	1936	刘识文	0201
刘丽	0297,2097	刘淑萍	0539,0660
刘丽君	2987	刘曙初	1293
刘丽娜	1806	刘树伟	3057
刘丽萍	2399,3901	刘爽	1352
刘俐	1463	刘思怡	2849,2850,2852,3608
刘亮	4639	刘涛	3927

骈宇骞	0153	乔光辉	1396,2637
平保兴	3466	乔红霞	1031,1838
平根弘治	3425	乔辉	4336
蒲放	4009	乔文凤	2424
浦部依子	0173	乔晓梅	4346
普家清	0167	乔晓勤	1387
普梅笑	4352	乔秀岩	0928
普学旺	1259,3016	乔雪梅	1587
普义南	0995	谯进华	2206

Q

		切军加	4578
漆永祥	3776	秦阿娜	4424
漆子扬	1716,2542,4167	秦长江	4806
亓娟莉	4506	秦存钢	4170
齐宝和	4897	秦佳心	1413
齐佳	4090	秦江月	2897
齐言	3987	秦进才	3770,3981
其其格	3528	秦磊	1047
启功	3867	秦汝生	2719
起国庆	2727	秦晓莉	2509
骞峰	0571	秦邕江	2638
钱超尘	2869,3345,3346,3347,	秦玉龙	5062
	3348,4332,5105,5106	秦玉蓉	0612
钱存训	0052	秦蓁	0214
钱耕森	4611	青华	4468
钱基博	0743	青凌云	2438
钱建军	2126	卿道夫	2812
钱峻	4357	卿朝晖	3983
钱昆	0636	丘世馨	0996
钱茂伟	0134	丘铸昌	2122
钱倩	2875	邱成英	0734
钱汝平	2813	邱东联	4790
钱松	3840	邱煌	0622
钱天善	2060	邱进春	2165
钱婉约	0225	邱居里	0550,4237
钱万里	0623	邱奎	2786
钱毅	2683,2690,2791	邱明	0715
钱莹科	4335	邱笫	1897
钱月莲	0344	邱盛煌	4606
钱宗武	1808,1887,2789	邱淑芬	3411
强迪艺	3972	邱文鸿	0992
		邱文瑛	5180

唐光荣	2977
唐桂艳	0332,2829,3031,3634
唐建	1636
唐金华	1025,3533
唐俊	2381
唐岚	3249
唐磊	0423,4680
唐黎	0114
唐立	4909,4910,4911
唐明贵	1572
唐微	2919,4534
唐雯	2741
唐晓阳	3938,3950
唐燮军	3436
唐新梅	2536
唐元华	2251
唐智燕	2976
唐子恒	1678
陶国水	2895
陶佳珞	3666
陶敏	1910,4372
陶如军	2722
陶绍清	3609
陶伟	2450
陶文鹏	0952
陶晓辉	4574
陶易	1357
陶玉婷	0575
陶玉芝	2910
忒莫勒	0355
滕继承	3662
滕黎君	1839
滕志贤	2964
天津图书馆	0587,3623
田爱虹	2031
田傲然	0191
田灿	1237
田丰	1464,2360,3050,3097
田富军	2565
田鹤年	2794
田建良	0714

田建平	1828
田款	0283
田玲	3460
田泉	0958
田仁利	4085,4086
田瑞	5008
田涛	0511
田同旭	1199,4307
田雪梅	2146
田亚琼	2472
田周玲	3880
仝芳洁	3168
仝建平	2676,2842
仝婉澄	4315
仝卫敏	5115
仝小琳	1117
佟博	1758
佟克力	2333,4044
佟琳	5015
佟玲	2221
佟培基	2648
童佳兵	4999
童岭	1751
童顺荣	0822
童正伦	0708,4664
童芷珍	0507,2888
图亚	2072
涂静慧	0343,5153
涂湘波	0867
屠友祥	2725
托雅	2453

W

万芳	0632,1171,1296,4438,5016
万红	1641
万久富	5156
万军杰	4373
万丽华	2978,4337
万丽文	3445
万群	0263,0506,3443,4174
万群华	1272

Y

张华艳	1825	张莉	2427
张华勇	4501	张莉萍	4953
张桓	3096	张藜	2519
张辉	4744	张力	3507
张会芳	1949	张立	1297
张惠民	1516	张立敏	2706
张惠贞	3763	张立文	2694
张慧贞	3764	张丽芬	4016,4017
张季芳	2087	张丽娟	0914,1074,3401,4073
张继海	1283,3730	张丽霞	3101
张继红	0321,2496,2840	张丽艳	2474
张佳正	0666	张丽珠	1376
张家钧	1372,3930	张利	0779,1489,3681,3682
张家绮	3171	张琏	4061
张嘉宾	1257	张亮	0804,0859,2867,4072
张建龙	0850	张林	3167
张建英	4334	张林川	5171
张健	2549,2607	张林祥	2873,3393
张杰	0969,2181	张琳	0437,2167
张金梁	2258,4368	张凌	3885
张金萍	1496	张留杰	1342,2119
张金铣	4471	张梅秀	2838,2839,4791
张锦少	3601,3766	张美兰	2971
张京生	2006,4621	张美莉	0626
张靖	4749	张苗苗	3182
张静	2700	张民权	3387
张静山	2946	张敏	0616,4414,4975,4982,5014
张玖青	0154,1631	张敏慧	1554,4178,4179
张菊	0371,3802	张明观	4127
张觉	0135,0962,4473	张明明	4653
张军历	2415	张明姝	4765
张军亮	1321	张鸣鸣	2377
张君蕊	2340	张宁梅	0592
张柯欣	5061	张鹏	5081
张克宏	4575	张平	1038,3084,4356
张克清	4648	张平仁	2153
张兰	5071	张其凡	4935
张岚	4785	张其昀	1115
张雷	3605,3606,4535	张琪	4072
张磊	0478,0644,0836,0849,	张启成	2022,4235
	1086,1231,4361,4541	张琴	4703

后　记

2017 年 7 月，在海峡两岸中华古籍保护协（学）会的携手努力下，在古籍界专家的帮助指导下，经过编委会成员的不懈努力，《海峡两岸中华古籍保护论著提要（2011—2015）》（以下简称"《初编》"），由国家图书馆出版社出版，与广大读者见面，受到了海峡两岸读者的欢迎。这是海峡两岸古籍界同仁携手合作的重要成果。

《初编》是一部回溯性古籍工具书，旨在将过去一段时期内在古籍保护研究方面取得的重要成果网罗一帙，为人们了解、利用和研究提供线索和依据，为今后开展相关古籍保护工作、开展学术研究提供些许帮助。

2007 年 1 月 19 日，国务院办公厅发布了《关于进一步加强古籍保护工作的意见》的文件（国办发〔2007〕6 号）。这是由国家主导的在全国范围内开展的古籍保护工作。经过十多年的努力，我国古籍保护工作取得了举世瞩目的重要成果，成就斐然。不断总结经验、为今后的工作提供依据，是我们编纂《初编》的基本思路。

《初编》出版问世以后，得到了业界同仁的首肯和鼓励。其在中华古籍保护工作与学术研究方面，产生了一定影响，发挥了积极作用。有鉴于此，海峡两岸中华古籍保护协（学）会商议，认为有必要按照既定规划，延续《初编》模式，继续编纂出版《海峡两岸中华古籍保护论著提要（2000—2010）》（以下简称"《续编》"）。

2018 年初，我们启动了《续编》的编纂工作。虽然在编纂《初编》的过程中积累了一些经验，《续编》的编制工作应该可以少走一些弯路，但是因为《续编》收录的条目时间跨度大，时间长达十年，资料来源多样，著录项目不完整的情况比《初编》更为严重。特别是许多条目原文没有提要，需要阅读原文后重新撰写提要，工作量增大。加之参编人员的水平参差不齐，还需要花费一些时间进行统稿。更需要言及的是，我们的编纂工作不能例外地受到了 2020 年以来新冠疫情的严重影响。《续编》的编纂工作从 2018 年初启动，历时三载，至今终于蒇事。

即将问世的《续编》，仍由国家图书馆出版社出版。出版后，希望读者和业界专家提出宝贵批评意见，尤其是原文作者，若发现有关提要不准确的问题，在得到您的谅解的同时，更希望您能提出具体修改建议，赐复本会，以便不断完善我们的编纂工作，不断提高编纂水平和质量。

在《续编》即将问世之际，我们已经启动了《三编》的编纂工作。《三编》的起止时间为 1949—1999，拟将中华人民共和国成立以后至 1999 年间重要的古籍保护成果进行收集、整理与总结，为开展中华古籍保护工作和学术研究提供参考依据。

最后，谨向为本书编纂工作提供帮助的所有专家学者和为编纂《续编》付出辛劳的同仁表示衷心感谢！

本书编委会
2021 年 4 月 10 日